最新 花き園芸ハンドブック

元東京都農業試験場栽培部長
テクノ・ホルティ園芸専門学校客員教授
鶴島久男 著

Handbook of Floriculture
by HISAO TSURUSHIMA

株式会社
養賢堂発行
Published by YOKENDO LTD.
TOKYO

Handbook of Floriculture

by HISAO TSURUSHIMA

Guest Professor of Techno-horty College
for Horticulture

Published by YOKENDO LTD.
TOKYO

最新設備の温室でカランコエの周年生産。(デンマークの農園にて)(298, 563頁参照)

F_1のミニシクラメンの大量生産、F_1品種は開花期も品質も均一に生産できる。(長野県のハルディン農園)(576頁参照)

キク苗をロボットなどで自動化生産しているオランダのフィデス社。(299, 377頁参照)

大輪ガーベラの品種「ジャックス」。(356頁参照)

ヒマワリのF$_1$品種「サンリッチオレンジ」。(476頁参照)

1990年代地中海系ピンクのスタンダード、カーネーションの代表品種「ノラ」。(361頁参照)

ユリのアジアティツク系、オリエンタル系の最新品種のアレンジメント。(オランダ、フロリアード'02会場)(505頁参照)

 大輪シクラメンの固定種「信濃紅」は丸山一徳氏育成で歴史に残る銘品種。(579頁参照)

⬆ シクラメンF₁品種「シェイラ」。(580頁参照)

ポインセチアの品種「ウインターローズ」。(636頁参照) ⬇

⬆ ハイドランジアの最新品種「ラブユーキッス」。(谷田部元照氏育成)(606頁参照)

← インパチエンスのハンギングバスケット。欧米ではインパチエンスが花壇苗のトップである。(647頁参照)

↓ F_1パンジーの試作展示状況。わが国では花壇苗のトップがパンジーである。(671頁参照)

ペチュニア大輪咲き黄色F_1品種「プリズム・サンシャイン」。
↓ (684頁参照)

わい性アフリカン・マリーゴールドF_1品種「ディスカバリー」。売店販売用に均一に生育
↓ 開花する。(692頁参照)

 ムービングベンチをトロリーに載せて作業エリアに自動搬送する。（オランダ、ブニック農園）（300, 302頁参照）

 ムービングベンチを利用したセントポーリアのセミ・オートメーション生産。（オランダ、アッペルブーム農園）（299, 301頁参照）

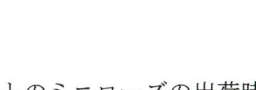 鉢の間隔を広げてベンチに並べるポット・ロボット。（301頁参照）

 ポットのミニローズの出荷時に自動でスリーブをかけトレイに連続的に詰める自動出荷装置。（岐阜県セントラルローズ）（272頁参照）

← ベルサイユ宮殿の南花壇（ル・ノートル考案）のパーテレー花壇は現在も作られている。（2，57頁参照）

ウィーン、シェーンブルーン宮殿前のパーテレー花壇。（57頁参照）↓

↑ ドイツとスイス国境のボーデン湖に浮かぶマウナウ島の珍しいカスケード花壇。（57，64頁参照）

↑ マウナウ島のシンボルの孔雀の彫像花壇。

ベゴニア・センパフローレンスの新品種による毛せん花壇。← （61，681頁参照）

← 2004年に開催された浜名湖花博会場に作られた立体花壇。正面は富士山。(72頁参照)

← オーストリア、ゼェイフェルト村のペンションのペチュニアのウインドウボックス。(54頁参照)

← スイス、アッペンツェルのペチュニア「サフィニア」のウインドウボックス。(54頁参照)

← オランダ、アールスメールの家庭の前庭の花壇。(54頁参照)

 生産者が生産した花は出荷され市場で取引され小売業者に渡る。大都市の大型市場では電光盤による機械ゼリで取引される。(東京、ＦＡＪの機械ゼリ場)(26頁参照)

花苗や園芸資材などを販売するガーデンセンターの出現も家庭の花消費を大きく伸ばした。(群馬県大田市新田のガーデンセンター)(32頁参照)

↑ 花の専門小売店。
(7, 31頁参照)

屋外に広い売り場を持ちセルフサービスで販売する大型量販店のホームセンターは花や園芸の流通、販売や消費の形態を大きく変えた。(東京都内のホームセンター)(33頁参照)

序

　成長と拡大を続けたわが国の花き生産は21世紀を迎えてますます成熟し，生産から販売，利用まで発展して一大花き産業に成長した．川上の研究開発や育種から生産，流通・販売そして川下の消費利用まできわめて多様に拡大し発展した．その間の技術はもちろん，施設・装置や資材の開発とIT化は花き生産の様相を大きく変えている．さらに花き生産は国際的にも拡大し，発展途上国の花き生産の参入は先進国の花きの生産・消費の構造を大きく変えた．すなわち発展途上国生産の花が先進国に輸出されて消費されるという図式が次第に濃くなっている．これからの花き生産やビジネスは世界を視野に入れないと成り立たなくなっている．

　本書の前身「趣味・営利 花卉園芸ハンドブック」は当時，急成長する日本の花き生産の指導書として昭和43年（1968年）に初版を出版した．昭和58年（1983年）には全面改著の「新編 花卉園芸ハンドブック」を送り出した．いずれも栽培中心の技術指導書で読者を指導者，生産者や学生を対象とした．その後，成熟した世界や日本の花き生産やビジネスは大きく変化している．現在の花き産業は研究開発分野から生産，販売，それに関わる施設・資材や種苗生産など多様な業界を包含する大きな産業に成長し多くの人たちが関わっている．そこでこれらの方々を対象とした21世紀版の花き産業ハンドブックというべき本書を25年振りにまとめることとした．

　内容は，世界の花き生産の動向，発展史，花き園芸の基礎，育種や研究の歴史的発展，栽培の基礎理論と生産技術，施設や資材，生産に関わる作業，生産システムや経営など栽培，流通，販売，消費利用まで広範囲な記述につとめた．各論も切り花，鉢物，花壇用花きに分け生産，販売上主要な種類を取り上げ，育種や栽培発達小史など各種類の歴史的背景や文化史にも触れ，単に栽培技術の指導だけでなく花き全般の発展史や文化的側面にもふれ，豊かな人間性を取り戻し，地球環境に優しい21世紀の花き園芸書の上梓に努力したつもりである．その概要は総合索引や今回初めて採用した人名索引を一覧してもらえば本書の概要と著者の意図がお分かりになると思う．

　本書の執筆に際し多くの先輩諸氏の貴重な文献，資料，著書を参考および引用させて頂いた．特に阿部善三郎氏には病虫害について最新の知見，示唆を頂いた，ここに厚く御礼申し上げる．

　昭和33年9月に（株）養賢堂創業者の及川伍三治氏から熱心な依頼を頂き，昭和34年5月に初めて養賢堂より「花卉栽培大成」を出版させて頂いた．その後，再び及川伍三治氏のお力添えで初版の「趣味・営利 花卉園芸ハンドブック」が発刊された．昭和58年11月には二代目社長及川鋭雄氏のお勧めで改著「新編 花卉園芸ハンドブック」を出版し17年間に7版を重ねることができた．今回は三代目及川清社長のご配慮により「最新 花き園芸ハンドブック」として出版することができた．ここに改めて感謝とお礼を申し上げる次第である．また本書の出版に当たっては編集作業に約6年を費やし，完成まで校正に

[2] 序

赤筆を振るわれ緻密な訂正に努められた編集部の池上　徹氏および佐藤　昭氏，奥田暢子さんには深甚の感謝に耐えない．厚く御礼申し上げます．

平成20年10月

小平市花小金井南町の自宅にて

著　者　識

目　次

総　論

1. 序　章 ·· 1
   1.1 花きとは ··· 1
   1.2 花きと花文化の発展 ···················· 1
2. 花き園芸から花き産業へ ············· 4
   2.1 花き園芸の発達 ···························· 4
   2.2 花き産業の発達 ···························· 4
     2.2.1 わが国の花き産業の発達 ········· 5
     2.2.2 わが国の花き生産現況 ············· 8
   2.3 世界の花き産業の発達 ··············· 8
     2.3.1 世界各国の花き生産の現状 ······ 8
     2.3.2 海外で活躍する日系花き生産者と
           日本の花き企業 ······················ 17
3. 花きの生産形態と品目別生産 ···· 21
   3.1 花き生産の経済的条件と自然的条件 ····· 21
     3.1.1 経済条件から見た花き生産地 ······· 21
     3.1.2 花きの品目別生産とその特色 ········ 22
4. 花き産業の全容 ······························· 24
   4.1 生産者および生産組織と指導団体 ···· 24
     4.1.1 共選共販体制と個人出荷 ············· 24
     4.1.2 わが国の花き大規模生産者 ·········· 25
   4.2 花きの流通と卸売業界 ·················· 25
     4.2.1 花き輸送業 ································ 25
     4.2.2 卸売市場と仲卸業 ······················ 26
     4.2.3 市場外取引 ································ 27
     4.2.4 取引コードについて ··················· 29
     4.2.5 輸入花き業者 ···························· 29
   4.3 販売業界 ·· 31
     4.3.1 小売業者 ··································· 31
   4.4 種苗企業 ·· 34
     4.4.1 世界の花き種苗企業の現況 ········· 34
     4.4.2 育種開発と種苗生産 ··················· 37
     4.4.3 新品種の権利保護とUPOV条約 ···· 37
     4.4.4 保護品種の取り扱い ··················· 39
5. 花きの研究と教育普及 ················· 41
   5.1 花きの研究と研究組織 ·················· 41
     5.1.1 わが国の花き研究の発達 ············ 41
     5.1.2 花きの研究機関および研究者組織
           ··· 42
     5.1.3 研究成果や文献の利用 ··············· 44
   5.2 普及事業の組織と普及活動の今後 ···· 44
     5.2.1 農業改良普及事業とその活動 ······ 44
   5.3 花き産業を担う人材の教育 ··········· 45
6. 花きの利用 ····································· 47
   6.1 花きの家庭消費 ····························· 47
     6.1.1 一般的な家庭消費 ······················ 47
     6.1.2 趣味の園芸とガーデニング ········· 47
   6.2 社会園芸 ·· 51
     6.2.1 社会園芸とその領域とは ············ 51
     6.2.2 社会園芸の現状と今後 ··············· 52
   6.3 花きの業務利用 ····························· 56
     6.3.1 花きや植物による装飾業務の発達
           ··· 56
     6.3.2 花　壇 ······································· 57
7. 花き産業を発展させる啓蒙活動
   ··· 72
   7.1 大型のイベントや啓蒙行事 ··········· 72
   7.2 コンテストやコンクール ··············· 73
   7.3 園芸啓蒙施設 ································· 74
   7.4 情報の活用 ···································· 75
   7.5 アドバイザーやコンサルタント ···· 77
8. 花きの分類と種類 ························· 79
   8.1 実用的分類 ···································· 79
     8.1.1 草本植物 ··································· 79
     8.1.2 木本植物 ··································· 86
   8.2 属，種や品種の分類 ······················ 88
     8.2.1 属内での分類例 ························· 88
     8.2.2 品種の分化とシリーズ品種 ········· 88

8.2.3　現在の植物分類は変わる…………88
　8.3　花きの名称と学名………………………89
　　8.3.1　花きの名称…………………………89
　　8.3.2　学名について………………………89
9. 植物の形態と構造……………………92
　9.1　植物の形態と構造………………………92
　　9.1.1　花器管の形態と構造………………92
　　9.1.2　茎と根………………………………92
10. 花きの育種……………………………97
　10.1　育種とは…………………………………97
　10.2　花き育種の歴史的背景…………………97
　10.3　育種の基礎になる遺伝の知識…………98
　10.4　花き育種の目標………………………100
　10.5　最近の主な花き育種の現状とその実際
　　　　…………………………………………101
　　10.5.1　花色の育種とその成果…………101
　10.6　花きの遺伝と育種……………………108
　　10.6.1　花の形を決める遺伝子…………108
　　10.6.2　花の八重咲きの遺伝……………108
　　10.6.3　質的形質の育種の成果の例……110
　10.7　育種の方法……………………………113
　　10.7.1　分離育種法………………………113
　　10.7.2　交雑育種法………………………114
　　10.7.3　突然変異育種法…………………115
　　10.7.4　倍数性育種法……………………116
　　10.7.5　バイオテクノロジーを利用した育種
　　　　　　…………………………………117
　10.8　花き育種の経済性……………………119
　10.9　遺伝資源の収集と保存………………120
11. 花きの生育・開花と環境…………123
　11.1　生育の様相……………………………123
　　11.1.1　休　眠……………………………123
　　11.1.2　ロゼット…………………………124
　　11.1.3　春化作用…………………………125
　11.2　花芽形成と花の発育…………………125
　　11.2.1　花芽分化と花の発育……………126
　　11.2.2　花芽分化の観察…………………126
　11.3　生育・開花に影響する環境要因……127

　　11.3.1　温度と生育・開花………………127
　　11.3.2　光と生育・開花…………………132
　　11.3.3　水と生育・開花…………………139
　　11.3.4　大気およびガスと生育…………143
　　11.3.5　大気汚染…………………………146
　11.4　地球環境の保全と花き生産…………147
　　11.4.1　地球環境に優しい環境対策……148
　11.5　栽培用土と栄養………………………152
　　11.5.1　栽培用土…………………………152
　　11.5.2　植物の栄養と肥料………………160
12. 花きの生産技術……………………173
　12.1　繁殖技術………………………………173
　　12.1.1　種子繁殖…………………………173
　　12.1.2　栄養繁殖…………………………181
　　12.1.3　組織培養の特色と利用…………192
　　12.1.4　組織培養による苗増殖…………192
　　12.1.5　組織培養の増殖過性の概要……193
　12.2　花きの生産形態と技術………………195
　　12.2.1　種苗生産とその技術……………195
　　12.2.2　切り花の生産……………………212
　　12.2.3　鉢物生産…………………………218
　12.3　花き生産の共通的技術………………223
　　12.3.1　植物生長調節物質の利用………223
　　12.3.2　病害虫の防除……………………228
13. 花きの生産施設と設備，装置
　　　　…………………………………………244
　13.1　生産施設………………………………244
　　13.1.1　温室およびハウス………………244
　13.2　生産施設の付帯設備…………………250
　　13.2.1　栽培設備…………………………250
　　13.2.2　施設内の環境制御設備…………252
　13.3　省力作業用自動装置類………………267
　　13.3.1　用土関連装置……………………267
　　13.3.2　作業用装置………………………268
　　13.3.3　運搬作業用装置…………………270
　　13.3.4　出荷関連装置……………………271

14. 花きの経営と生産労力および作業改善 …………… 275
14.1 花きの経営と生産労力 …………… 275
- 14.1.1 花きの経営形態と分化 ………… 275
- 14.1.2 花き生産に必要な労力 ………… 276
- 14.1.3 作業計画と労務管理 …………… 279

14.2 労働条件と賃金報酬 …………… 281
- 14.2.1 花き生産従業者の賃金報酬 …… 281
- 14.2.2 従業者の社会保障と職場環境 … 281
- 14.2.3 安全で快適な職場としての農園 … 283

14.3 花き生産の作業とその改善 ………… 283
- 14.3.1 花き生産の作業の分類 ………… 283
- 14.3.2 作業に関する研究と分析 ……… 284
- 14.3.3 作業体系と作業改善 …………… 288
- 14.3.4 分散型作業と集中型作業 ……… 290

14.4 作業の労働負担と疲労の軽減 ……… 292
- 14.4.1 花きのきつい仕事 ……………… 292
- 14.4.2 作業による疲労と作業強度 …… 293
- 14.4.3 人間工学と作業改善 …………… 294

15. 花きの生産と生産システム …………… 297
15.1 生産とは …………… 297
- 15.1.1 花きの生産と生産システムの発達 …………… 298

15.2 生産システム …………… 298
- 15.2.1 生産システムの構築 …………… 298
- 15.2.2 花き生産のオートメーション化 … 298
- 15.2.3 ムービングベンチ・システム …… 300
- 15.2.4 次世代の花き生産システムは …… 302

16. 花き産業のコンピュータ化 …………… 306
16.1 花き生産のコンピュータの利用 …… 306
- 16.1.1 経営管理 ………………………… 307
- 16.1.2 花き生産の支援システム ……… 307
- 16.1.3 環境制御用コンピュータ ……… 309
- 16.1.4 作物モデルとシミュレーション … 310
- 16.1.5 情報収集と処理利用技術 ……… 313
- 16.1.6 生産システムのコンピュータ化 … 314

17. 品質管理と生産後処理 …………… 318
17.1 品質と品質評価 …………… 318
- 17.1.1 花の品質とは …………………… 318
- 17.1.2 品質評価 ………………………… 320

17.2 品質保持とその技術 …………… 321
- 17.2.1 花きの品質を低下させる要因 … 322
- 17.2.2 品質保持技術 …………………… 324
- 17.2.3 切り花の品質保証 ……………… 328

17.3 品質管理 …………… 331
- 17.3.1 工業に学ぶ品質管理 …………… 331
- 17.3.2 品質管理とは …………………… 332
- 17.3.3 品質管理活動からのヒント …… 332

17.4 生産後処理 …………… 334
- 17.4.1 花きの市場出荷と集出荷組織 … 334
- 17.4.2 収穫と調整 ……………………… 336
- 17.4.3 出荷用包装と容器と台車 ……… 339

各 論

18. 切り花用花き …………… 343
- 18.1 アキレア …………… 343
- 18.2 アネモネ類 …………… 344
- 18.3 アリウム …………… 345
- 18.4 アルケミラ …………… 346
- 18.5 アルストロメリア …………… 347
- 18.6 エリンジウム …………… 350
- 18.7 オキシペタラム …………… 352
- 18.8 オーニソガラム …………… 352
- 18.9 ガーベラ …………… 354
- 18.10 カーネーション …………… 358
- 18.11 カラー …………… 367
- 18.12 カリステフス …………… 369
- 18.13 カルタムス …………… 373
- 18.14 キキョウ …………… 374
- 18.15 キ ク …………… 375
- 18.16 キンギョソウ …………… 388
- 18.17 グラジオラス …………… 391
- 18.18 サンダーソニア …………… 397

- 18.19 シュッコンアスター……………400
- 18.20 シュッコンカスミソウ…………405
- 18.21 シャクヤクとボタン……………412
- 18.22 スイートピーと宿根スイートピー……416
- 18.23 スズラン………………………421
- 18.24 ストック………………………422
- 18.25 スモークツリー…………………428
- 18.26 ソリダゴとソリダスター………429
- 18.27 ダイアンサス類…………………432
- 18.28 ダリア…………………………435
- 18.29 チューリップ…………………441
- 18.30 デルフィニウム…………………448
- 18.31 ネリネ…………………………457
- 18.32 バラ……………………………460
- 18.33 ヒマワリ………………………474
- 18.34 フリージア……………………481
- 18.35 マーガレット…………………485
- 18.36 ミヤコワスレ…………………489
- 18.37 ユウギリソウ…………………492
- 18.38 ユーストマ……………………494
- 18.39 ユリ類…………………………502
- 18.40 ユーチャリス…………………522
- 18.41 ライラック……………………525
- 18.42 ラークスパー…………………528
- 18.43 リモニウム類…………………531
- 18.44 リンドウ………………………542

19. 鉢物用花き…………………550

- 19.1 アザレア………………………550
- 19.2 カルセオラリア…………………554
- 19.3 カンパニュラ類…………………556
- 19.4 カランコエ……………………562
- 19.5 グロキシニア…………………565
- 19.6 クンシラン……………………568
- 19.7 シクラメン……………………572
- 19.8 シネラリア……………………586
- 19.9 ゼラニウムとペラルゴニウム類……589
- 19.10 セントポーリア………………600
- 19.11 ハイドランジア………………605
- 19.12 ブーゲンベリア………………611
- 19.13 プリムラ類……………………615
- 19.14 ベゴニア類……………………625
- 19.15 ポインセチア…………………633
- 19.16 ポット・カーネーション……640
- 19.17 ニューギニア・インパチェンス……641

20. 花壇用花き…………………645

Ⅰ. 花壇用一年生花き…………645

- 20.1 インパチェンス………………645
- 20.2 コスモスと黄花コスモス……649
- 20.3 コリウス………………………652
- 20.4 セロシア類……………………654
- 20.5 サルビア………………………659
- 20.6 ジニア…………………………664
- 20.7 ハボタン………………………667
- 20.8 パンジーとビオラ……………669
- 20.9 バーベナ………………………675
- 20.10 ビンカ…………………………678
- 20.11 ベゴニア・センパフローレンス……680
- 20.12 ペチュニア……………………682
- 20.13 マリーゴールド………………689

Ⅱ. 花壇用多年生花き（含球根）
…………………………………695

- 20.14 アスチルベ……………………695
- 20.15 オステオスペルマム…………699
- 20.16 カンナ…………………………700
- 20.17 ギボウシ………………………703
- 20.18 ハーディー・ゼラニウム……706
- 20.19 シュウメイギク………………708
- 20.20 シルバープランツ類…………710
- 20.21 宿根性サルビア………………713
- 20.22 トリトマ………………………715
- 20.23 フロックス類…………………717
- 20.24 ベロニカ類……………………721
- 20.25 ペンステモン…………………724
- 20.26 ヘルボラス……………………727

20.27 ホイヘラ …………………………… 730	人名索引 ………………………………………… 746
20.28 宿根性ロベリア ………………… 731	学名索引 ………………………………………… 752
総合項目索引 …………………………………… 735	

総 論

1. 序 章

1.1 花きとは

　花を鑑賞することは，人類がその生活の中に豊かさや文化を求めるようになったときから始まったものと見られる．古代人の遺跡や古墳から発掘された壁画や土器に見られる花柄などからも想像され，文明社会が発達してからは，多くの歴史的遺産としての絵画や彫刻のモチーフ，また伝統的な行事や習慣の中に花が使われ，生活に深く関わってきたことからも明らかである．科学や哲学，宗教などの文明が発達し，経済社会が成立するにつれて人類は自然の花の利用だけでなく，人為的に育てて販売換金する花き栽培が生まれ，現代の産業社会ではさらに発展して花き産業になっている．

　さて，いままで"花（はな）"という言葉を用いたが，一般でも広く用いられているこの言葉は考えてみるとかなりあいまいに使われている．例えば"チューリップの花"というとチューリップの花の器官を表し，花の生産者といえば切り花や鉢物全体，すなわち鑑賞植物の意味にもなる．英語のフラワー（flower）も flower of tulip, flower grower などと偶然，日本語の花と同じように使われている．実質的な花と鑑賞植物を区別するため後者には花きが使われることが多い．花きの語源は中国と言われ，花の咲く草木を意味し，英語の観賞植物（ornamental plants）に近い意味をもつ．わが国では江戸時代，貝原益軒の著書「花譜」にみられたというが，一般には明治以降使われている．花卉の卉は当用漢字から除外されたため官公庁の公用では花きが使われているが，民間では花卉組合，花卉連合会，花卉卸売市場などと広く使われているので本書は初版以来"花卉"を使用してきた．しかし本書は本文中，園芸学用語集に従い"花き"を使用することとした．花き園芸（flower gardening, floriculture）は切り花，鉢物，種苗球根などの花き生産（florist's crop production）の他に，流通，販売，利用までをカバーし，さらに趣味園芸（amature gardening）や家庭園芸（home gardening），また，環境を保全する造園（landscaping architecture）の分野にまで広がっている．また花き園芸を研究する分野を花き園芸学（floriculture science）という．

　最近はこの全分野を含め花き産業（flower industry）という用語も使われる．

1.2 花きと花文化の発展

　イラク西北部の洞窟で発見された約5万年前のネアンデルタール人の化石骨の周りから数種の花粉が発見され，フランスの花粉考古学者「ルロア・グラン」はサイエンス（1975）に発表した．埋葬の花と推定して "The First Flower People" と呼ばれている（田中，

[2] 総論

1996).エジプトのウセル・ヘト墳墓遺跡(紀元前1,300年)には女性の髪飾りにスイレンの花をデザインした壁画がある.この他,古代エジプトやギリシャ文化の遺跡には草花のデザインが多く見られ,花は長い人類の歴史の中で信仰や装飾,伝統的な宗教行事などに使われ生活の中に浸透してきた.古代オリエント文明がギリシャやローマを経てヨーロッパに広がったように植物の利用も欧州に伝わり,近世になって文明の開化とともに植物そのものがいろいろな用途に使われ,珍しい野生植物の発見や,改良された園芸植物の出現となった.

16世紀以降,欧州では王侯貴族の宮殿の庭園に草花や樹木を植栽利用されるようになり,その様子は現在もフランスのベルサイユの庭園で伺い知ることができる.さらには次第に一般市民にその利用が波及した.この時代,フランス,ドイツ,イギリスなどで,スイートピー,カーネーション,ダリア,スイセンなどの品種改良が進み,チューリップの品種の発達もこの頃であった.アジアでも中国の唐,漢の時代から欧州と同様,宮廷文化から花きの利用が始まっている.中国は野生植物の宝庫であり17〜18世紀には多くの植物が欧州に渡り,現在の園芸植物の基種になっている.

わが国でも,自然豊かな環境は早くから自然植物への魅力は強く古事記や日本書紀にも花の名が見られ,万葉集に多くの植物が読み込まれていることでもわかる.近世,鎖国をしていて国際交流を拒んできた17〜18世紀の江戸時代には,武家,庶民とも文化が爛熟し中国から渡来したキク,ウメ,アサガオなどをはじめ,豊富な日本原産の植物を加え国際的にも貴重な園芸種が育成されている.この時代,一つの種類から品種の分化が起こり,ツバキ,アサガオ,サクラソウ,ハナショウブ,キク,オモト,セキチク,フクジュソウなどに多数の品種が育成されている.菊池(1950)は「江戸時代には本邦花卉園芸史に特筆すべき多数の著述がある」としてその著書「園芸通論」の中で,わが国の最初の花卉園芸書といわれ,184種の花きが記載された「花壇綱目」(1681)をはじめ「花譜」(1694),「花壇地錦抄」(1694),また斑入植物の図鑑に相当する「草木奇品家雅見3巻」(1827),「草木錦葉集7巻」(1829)などが出版され当時の花き園芸の隆盛ぶりが伺え,盆栽などもこの時期に確立されたものである.江戸時代のわが国における独特な花き園芸の発達について,前掲の菊池は「本邦の花卉園芸は17世紀の後半から18世紀の初頭にありては,世界の水準から見ても決して劣るものではないと思う」といっている.

その後,明治になって欧米の園芸植物や技術の導入によってわが国の花き園芸が急速に変化し,生産園芸から花き産業に発展した.

図1.1　ベルサイユ宮殿の庭園

参 考 資 料

1. 序　章
1) 田中　宏 1996. 最古の花人, 全人教育 5月号, 玉川学園出版部.
2) 菊池秋雄 1952. 園芸通論, 養賢堂. 東京.
3) Posr, Kenneth 1952. Florist's Crop Production and Marketing. Orange Judd Pub. Co. New York.
4) Laurie, Alex etc. 1969. Commercial Flower Forcing. McGroe-Hill Book Co. New York.

[4] 総論

2. 花き園芸から花き産業へ

2.1 花き園芸の発達

　自然界で人類が生活の営みを始めた早い時期から，植物に興味をもちいろいろ利用するようになった．その一つは装飾品や生活用品へのモチーフや図柄として用いること，また祈りや習慣的な行事などに用いることなどの植物文化である．それは後世さらに芸術などに発展する．一方では植物の直接的な利用で料理，香料，薬草やハーブ，装飾など暮らしや生きがいにつながる利用で，長い間，醸成されて現在の趣味の園芸やガーデニングなどに発展している．これらの発達の中で植物文化と鑑賞利用は近世の封建時代には権力者や富裕階級によって宮廷園芸，武家園芸やマニア園芸（好きもの園芸）として花開き，前者は庭園から造園へと変化し，後者は盆栽，希少や珍奇植物の収集栽培などに変化し現在に伝えられている．

　産業としての発達過程は欧米やわが国でも同じような発生をしている．山野に育つ植物や花を売り歩く行商の販売は，栽培生産を促し，やがて生産者と販売者が成立する経済生産の始まりである．19世紀末から20世紀初めにかけて欧米やわが国でも，都市内の花店が自分で農場を持ち販売品を自給するタイプが見られた．しかし現代社会の発展とともに生産と販売が分化し，両者の物流を円滑化する流通業が生まれ発展して花き産業としての基盤を固めていったのである．

2.2 花き産業の発達

　販売を目的としたいわゆる経済的な花き生産は欧米や日本を含め19世紀末から始まったようである．露地生産から次第に温室やプラスチックハウスの施設生産へと拡大したが，本格的に花き生産が拡大したのは第二次世界大戦後である．世界的な経済成長による消費の拡大は必然的に花き生産と販売需要を広げたのである．20世紀の後半，特に1950年代以降は施設装置の開発と技術革新が花き産業を大きく発展させた．その背景にはバイオテクノロジーと分子生物学に加え，エレクトロニクスとコンピュータの活用が花きの生産，流通，販売の様相を大きく変えている．それは今までの国別の花き生産から国際的な花き産業に変貌したのである．特に世界的な花き生産適地である南アフリカや南アメリカなどの切り花大産地の出現は，開発途上国で生産する花きを巨大な消費人口を抱える先進国に輸出するという図式が成り立つに至った．この傾向は東南アジアでも進み，日本をターゲットにしたマレーシア，ベトナム，タイ，インド，韓国，中国などにも巨大な産地が育っている．開発途上国の低コストの切り花に打撃を受けた先進国の花き生産は，欧州のように機械化やオートメーション化によるコストダウンするか，米国のように長距離輸送のきかない花壇苗生産などにシフトして凌いでいる．この点，わが国の花き生産もどのような方策をもって対応するかが問われている．販売面でも低価格大量販売の量販店の台頭は流通革命によるニュービジネスを可能にしてマーケットの裾

を拡大している.
　このような発展は今後,どのように進展するか予測しにくいのが現状である.

2.2.1　わが国の花き産業の発達
(1)　生産の発祥と産地の拡大
　江戸時代の万延元年(1860)江戸の染井村(現在の豊島区巣鴨)を訪れたイギリスのプラント・ハンター,ロバート・フォーチュンは,見渡す限り植木や鉢植えの花が整然と並ぶ大産地を見て驚いたという.当時,すでに人口100万といわれた世界一の都市,江戸に緑や花を生産供給する染井村はまさに園芸産地だった.明治に入って1897年(明治30年)ころ,東京の足立周辺で露地切り花が生産されていたという記録がある.また,1911年(明治44年)には神奈川の小田原で辻村常助は,900 m^2 の温室でゼラニウムやシネラリアの鉢物生産を開始し鉄道貨物で東京に出荷したという.江戸時代からアサガオやホオズキの鉢物を栽培してきた東京,江戸川の鹿骨地区では1909年(明治42年)ころから鉢物や花壇苗の生産をはじめ産地化していった.カーネーションの切り花生産の草分けは伊藤貞作で1911年(明治44年)に東京,中野で栽培をしている.また,バラは森田喜平が1914年東京,大井町で栽培を始めている.しかし,日本の施設園芸の発祥地は多摩川の温室村で,現在の大田区田園調布から世田谷区等々力あたりにかけてで当時の東京近郊であった.この他に1924年,荒木石次郎が100坪の温室を建てたのに始まるが,本格的には関東大震災後に多くの温室が建てられている.犬塚卓一は米国オレゴン州で数年間カーネーション栽培を研修後,カーネーション温室120坪分とボイラーを持ち帰り温室村に米国式のカーネーション温室を建設し,カーネーション温室切り花生産を1925年(大正14年)に開始した.温室は鉄骨木造だが構造は現在の温室とほぼ変わらない.栽培方法も今と大差ない.当時,温室村は3経営者で温室延べ面積は4,000 m^2 であった.その後バラ栽培の森田も移り,当時としては2,600 m^2 の大温室を建設した.温室村は1927年には温室面積10,000 m^2 になり,1937年(昭和12年)には40,000 m^2 のカーネーションとバラの大施設産地となった.温室村は第二次世界大戦により花栽培の禁止と空爆目標を理由に取り壊され,戦後は全国に施設園芸産地が育成される契機となった.国民生活が次第に安定し経済の復興につれて花きの需要も増大し,施設を中心とする都市近郊の生産と,適地を活かした冬季温暖な暖地(伊豆,渥美,高知など)と,夏季冷涼な寒高冷地(北海道,長野県など)の輸送園芸と産地が広がった.やがて産地では生産者が任意の組合を組織し,大都市への出荷にトラックを利用した共同輸送が開始された.その最初は1957年(昭和32年)に愛知県渥美半島の暖地花卉生産協会が始めたといわれている.その後,日本の経済成長につれて各地に行政や農業指導団体の支援によって花き生産団地が育成され,農協連を単位としてわが国独特の共選共販の生産組織が広まった.それまでは原則として個人出荷(個選という)であったが,共選共販は農協連や組合の出荷場で各自の生産品が共同で選別格付され,市場情報に基づく系統が分荷発送し代金回収まで行うシステムである(詳細は334頁参照).1980年以降,組織培養苗の普及とプラグシステムの導入普及により切り花,鉢物とも生産過程が改善され,苗の供給とそれを利用した切り花,鉢物生産などの分業化が進展した.1990年のバブル経済の崩壊はわが国の

花きの消費構造に変化が起こり，さらに量販店の出現によるマーケットの変化は花壇苗生産を刺激し，鉢物も含め雇用者を使った大型経営が各地に生まれている．海外からの輸入花きは切り花だけでなく，鉢物，球根，花苗などの輸入攻勢から効率化やコストダウンの技術革新が求められ，施設生産では装置化や自動化が次第に普及した．

(2) 流通機構の発達

都市近郊で花きの生産が行われるようになると，生産者の花を小売商に売りさばく卸売業が必要となる．わが国で最初に設立されたのは1923年（大正12年）東京の高級園芸市場である．その後，各都市に消費市場として花き市場が設立されたが，戦後の1965年でも41市場があったがいずれも生花市場であった．日本で鉢物や花壇苗専門の市場は1952年（昭和27年）東京，荻窪で西部花卉農業協同組合が設立した荻窪園芸市場が最初である．その後1959年に名古屋に観葉植物と鉢物をセル日本観葉植物株式会社が設立，さらに1962年には同じ名古屋に洋蘭を取り引する日本洋蘭株式会社が設立された．これらは卸売市場の機能としては，生産者の生産品を集荷し競売（セリ）にかけて取引価格を決定し買参人（小売業者，仲卸業者など）に売り渡す業務で，売立て代金を回収して手数料を差し引いて生産者に代金を支払うものである．花き生産が拡大するにつれて卸売市場も各地に設立され，生産地に近い産地市場型と消費地にある消費地市場型とやや性格が分かれてきた．1965年現在，全国に約130の生花および園芸市場があったが，1993年には325市場にもなった．しかし，花き産業も成熟し大量生産，大量販売の時代に入り，流通の要である花卉卸売市場の整備，統合による大型化の必要から，国と地方自治体の監督を受ける大型の中央卸売市場の設立と，地方自治体の認可による卸売場面積が200 m^2 以上の地方卸売市場とに分かれた．本格的な大型の中央卸売市場は1990年（平成2年），東京都大田区に開設した大田市場花卉部（大田花きとFAJが入場）である．4haの敷地をもち台車による自動搬送，オランダ式を改良した機械ゼリ機，コンピュータによる荷の仕分け，配送など大量の荷を効率的に売りさばく機能をもつ．2001年現在，中央卸売市場は19市場（25卸売会社入場），地方卸売市場は180市場となっている．

(3) 小売販売業の発達

消費者に花を販売する業態は早くから発達していたようである．わが国では江戸時代，このころ盛んになった生け花とともに花店は発達した．この時代，武家社会や宮廷公家社会を主体とする多数の生け花流派が生まれている．生け花を中心とした武家や公家社会を背景に花屋や花の卸問屋ができた．このため江戸時代の花屋は京都や大藩の城下町に生まれている．日本生花商協会の記録資料（昭和44年）によると最も古い店は1596年（慶長元年）大阪に開店した花政である．京

図2.1 伊豆半島，伊浜港で船積みの出荷を待つ花俵．当時は陸路がなかった．
(1955年ころ)

2. 花き園芸から花き産業へ

都では元禄年間 (1688～1703) に花商ができてから慶応年間まで7店の花屋ができた．その他，金沢の芳花園 (安永年間)，江戸の花定 (1596) や花繁 (1832) などがあり27店がリストアップされている．明治になって東京，谷中の花重，浅草の花友が開店し，1977年 (明治20年) には東京麻布六本木に洋花も販売するゴトウ花店が開店している．明治以後は生け花が一般庶民のお稽古事として500万人以上の生け花人口になり花店を支える重要な業態となった．さらに仏花や冠婚葬祭の花も主要な業務であった．

第二次世界大戦後わが国の花小売商の販売対応は大きく変わっている．1960年代からフラワーデザインが流行し，デザイン人口の増加とともに生け花人口は激減し，さらに宴会やステージの装飾など業務需要が増大していった．

小売は店頭売りだけでなく通信販売を可能にする (社) 日本生花通信配達協会が1967年に組織され全国1,000店以上の花小売店が加盟した．2004年現在，加盟店数は46,000店で，取引件数213万件，総売上は150億円に達している．1990年のバブル経済の崩壊とそれに続く経済不況は花の業務需要を低迷させたが，家庭消費を伸ばす傾向に変わっている．特に大量生産，大量販売は流通革命を起こし，ホームセンターやスーパーマーケットなどの大型量販店やチェーン店，異業種大企業も花や園芸販売に参入して，花きビジネスを活性化している．

図2.2　街で見られる一般的な花専門店

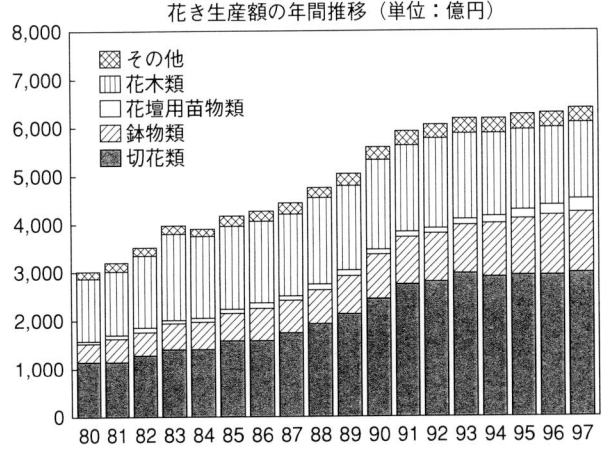

図2.3　わが国の花き生産発達の推移（農水省果樹花き課調査により作成）

2.2.2 わが国の花き生産現況

わが国の花き生産は 20 世紀後半の 30 年間に図 2.3 のように急速に発展したことがわかる．しかし 1990 年以後は生産額の伸びは鈍化し，花き生産が成熟期に入ったと推定される．これはわが国だけでなく世界レベルで花き生産がやや飽和状態に近づいたことを意味する．世界的に見ると日本の花き生産は作付面積と生産金額では違うが，オランダ，米国とともに世界花き生産国のベスト 3 に入る．しかしわが国の花き生産は今後，中進国や開発途上国の生産の動向にもよるが，花の消費は伸びる可能性が高いので生産も再び伸びが期待されている．図 2.3 のようにわが国の花き生産が切り花の割合が大きく (56%)，鉢物 (21%)，花壇苗は僅か (5%以下) で，肩を並べるオランダや米国とは大きく違う．

2.3 世界の花き産業の発達

いまや花き産業は国境を越えた世界的な産業に発達した．国内の花き産業は常に世界の花き産業の動きを視野に入れて生産や販売をしなければならない時代になったのである．ここでは少し遡って世界の花き産業の発達と最近の現状を見ることとする．

営利的な花き生産が開始されたのは 19 世紀末と推測されるが，世界的に見てもドイツの古い種苗会社ベナリーの資料によると，営利栽培向きの品種とみられるシネラリア，プリムラ，ペチュニアなどの品種が 1880 年ころから生産が始まったと思われる．さらに同社の資料では 1900 年を過ぎると種類や品種が急に増えており，生産はこの頃から増加したようである．早くから統計調査が進んでいた米国では，農業センサスによる花き生産統計を Post, K. がその著書「Florist's Crop Production and Marketing」(1952) の中で引用している．1936 年 (昭和 11 年) には全米の花き生産者は 32,000 戸，卸売業者 795 店，小売業者 22,000 店あったと記述されている．また，カーネーション温室は 1946 年 (昭和 21 年)，全米で 13,500 ha だったのが 1959 年には 18,000 ha になり，主な生産地はカリフォルニア，ペンシルバニア，ニューヨーク，オハイオ，イリノイ州などであった．当時，米国の花き生産は切り花が 75%，鉢物 25%で現在の日本と割合に近いものであった．

欧州での花き生産は歴史的にも米国より早く発達したとみられるが，統計は乏しく，ここでは記述できない．米国の花き生産は資本経済が急速に経営の大型化を促したが，欧州では中規模国の都市集合による経済圏の違いと，伝統的な花き利用から中小規模の花き経営が発達した．

欧米の花き生産が発展したのは，わが国と同様第二次世界大戦後である．特に 1970 年以降，世界市場を目標にした開発途上国の巨大花き生産地が南アフリカと南米に出現したことである．これによって米国の切り花生産は完全に消滅している．欧州の先進国は生産の集約化と機械化による省力化でこれを凌いでいるが，この世界市場を対象とした花き産地は 21 世紀になって東南アジア，中近東からインド，中国などに広がる様相をみせている．

2.3.1 世界各国の花き生産の現状

世界各国の花き生産状況を比較することは難しい．統一的な統計があるわけでもなく国によっては統計もなく，あっても調査年次や項目が違い，国によって経済状況も違う

2. 花き園芸から花き産業へ

から同じ表でまとめることはできない．しかしここに敢えて世界の花き生産と販売をまとめたデータがあるので全体の現況を把握するための資料として表2.1に紹介しておく．

(1) オランダ

表2.2に見られるように生産面積や生産金額から見ると世界トップ3に入る．さらに

表2.1 世界各国の花き生産面積と生産額

国　名	作付面積 (ha)		合　計	生産額
	施設面積	露地面積		(U.S. $. × 100万)
欧州地域				
オーストリア	216	529	745	$ 102.0
ベルギー	542	1,100	1,642	336.5
デンマーク	330	353	683	425.7
フランス	1,747	2,048	3,794	1,102.5
ドイツ	2,714	3,908	6,621	1,651.6
アイルランド	49	251	300	7.6
イタリー	4,402	3,252	7,654	2,689.6
オランダ	5,518	2,499	8,017	3,588.0
ノルウェー			310	168.0
イギリス	859	5,945	6,804	471.0
スペイン	2,442	1,788	4,230	486.6
スウェーデン	27	89	116	206.4
スイス	272	373	644	360.0
北米地域				
カナダ	988		988	449.0
メキシコ	800	4,200	5,000	-
アメリカ合衆国	7,121	9,279	16,400	3,719.1
アジア地域				
中国	-	-	59,527	-
インド	-	-	34,000	-
インドネシア	-	-	1,000	-
日本	10,048	11,170	21,218	3,736.0
韓国	2,229	1,718	3,947	290.0
マレイシア	-	-	1,286	20.2
スリランカ	-	-	200	6.5
台湾	-	-	4,033	122.0
タイランド	-	-	7,000	80.0
中近東, アフリカ地域				
イスラエル	-	-	1,950	253.3
ケニア	350	850	1,200	59.0
モロッコ	-	-	450	15.0
トルコ	400	300	700	19.11
ウガンダ	-	-	40	10.0
ジンバブウェ	245	697	942	35.0
中南米地域				
アルゼンチン	-	-	800	-
ブラジル	10,285	-	-	150.0
コロンビア	4,710	47	4,757	475.8
エクアドル	-	-	1,158	20.0
世界合計	-	-	223,105	20,891.04

この資料は：Personal conversations, governmental reports. Association of International Horticulture Producers' "Yearbook of International Horticultural Statistics. Percapita consumption sttistics come mostly from the Flower Council of Holl による表をFloraCylture International 1997. March より引用．

オランダ（Holland）は各国との多量の花を輸出入しているので取引総額も当然世界一になる．施設花きの作目別の推移を見ると表2.2のように1970年から1994年まで生産面積は拡大しているが切り花はバラが増加している他，カーネーションは減少し，キクも横ばいである．これはイスラエルやケニアなどからの輸入切り花増加が影響している．それに反して鉢花，観葉，花壇苗が増加している．オランダは国内産と輸入花きの巨大な量の切り花，鉢物の卸売取引をしているアールスメール花市場

表2.2　オランダの作目別施設栽培面積の推移（単位：ha）

作物名 切り花類	1970	1980	1985	1990	1994
バラ	422	766	753	889	936
カーネーション		456	358	250	213
キク	211	490	518	738	769
フリージア		466	320	322	282
ガーベラ	28	229	26	208	195
ユリ		139	149	210	216
アルストロメリア				83	109
ラン			189	185	196
カスミソウ			76	71	79
花壇用苗		147	170	218	308
観葉植物		272	385	558	613
鉢花類		282	301	425	525
花き類合計	1,869	3,974	4,275	5,140	5,519

注：オランダ温室作物研究所の資料による

（VBA）は，2008年ウェストランド花市場と合併し巨大な花市場フローラ・ホーランドになった．ここの取引の80％はドイツなど海外に再輸出されている．この他，チューリップやユリの球根生産も多く，これらも輸出が大きい．オランダの高品質の切り花は一時わが国への輸入花きのトップを占めていたが，今は4〜5位になっている．開発途上国の低価格の花に対してオランダは生産を重装備の自動化，オートメーション化して省力化とコストダウンに取り組んでいるのも特色である．オランダは2000年に厳しい環境保護法で規制されたので，今後一部の生産は海外に分散しその経営形態も次第に変わるものと推定されている．

（2）米国（アメリカ合衆国：U.S.A.）

米国（United State of America）も日本と並ぶ花き生産国である．早くから企業的な花き経営が発達し切り花を中心に大型経営が成立していた．1970年代後期から南米のコロンビアなどの切り花大産地の出現により，低価格の切り花が大量に輸入され，米国の切り花生産は打撃を受け急速に減少した．その反面，国内の鉢物，花壇苗生産が増加しスーパーマーケットやホームセンターなど大型量販店ビジネスでの需要が増加し大きく発展している．現在，米国で花き生産の盛んな州は図2.6ようである．

（3）ドイツ

世界で最も花を多く消費する国はドイ

図2.4　米国における花壇苗の生産カリフォルニアのコーストナセリーで．

ツ(Germany)である．切り花はオランダとイタリアから輸入しているのでドイツ国内での生産は鉢物や花壇苗，宿根草苗などが中心になっている．政府の1993年のセンサスによると生産農園数は約12,000戸，施設面積が2,700 haで，この内切り花は30％，露地面積は4,667 haでこの内切り花43％は輸送のきかない露地切り花である．ドイツで重要な花きは花壇苗とバルコニー植物といわれるもので，トップのゼラニウムが8,700万本，プリムラが7,400万本，エリカが5,600万本となっている．1991年，日本の栄養系ペチュニアの"サフィニア"が導入されて1992年には16％の小売用生産者が栽培しポピュラーな花になったという．鉢物ではポインセチア，アザレア，セントポーリアなどが重要である．ドイツは最も園芸工学が進んでいるので多くの施設は機械化，自動化されたハイテク生産になっているが，大型生産者だけでなく家族経営の小農園が多いのも特色である．それは技術を尊重するドイツ国民が，ガルテンマイスター制度などを活かし職人気質が息づいているからでもある．

(4) イタリア

イタリア(Itary)も地中海の温暖な気候を活かし早くから欧州の花き生産地として発達してきた．それは国内需要よりも近隣のドイツやフランスなどの花消費国の大量需要を対象に発達したと見られる．北西部の地中海に面するリビエラ地方は冬季，温暖で日照が多く，海に向かった斜面の簡易ハウスでは花き生産が盛んで，一時はイタリアの70％の生産を占めていた．現在では花き生産地は南部のシシリー地方まで広がって生産額では米国に次いで世界の第4位の326,600万ドル，花き輸出国としてもコロンビアに次いで第3位になっている．生産は切り花が主体でカーネーション，ガーベラなどの他，ミモザ（アカシア），ユーカリなどの切り枝やイタリアンスカスなどの葉物が多い．

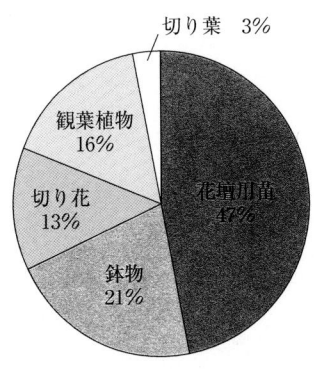

USDA/NASS：Agricultural Statistics Board：Floriculture Crops 1997 Summary

図2.5 米国の花き生産品目別作付割合（1997）

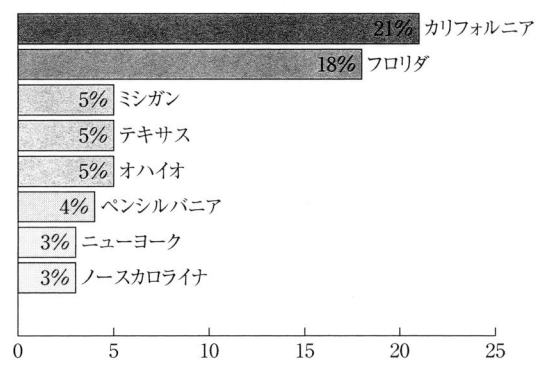

USDA/NASS, Agricultural Statistics Board：Floriculture Crops 1997 Summary

図2.6 米国の花き生産ベスト8の州（1997）

(5) デンマーク

先進国の中で小国ながら先端技術を駆使して，高品質の花きを生産し輸出で成功しているのがデンマーク (Denmark) である．デンマークは切り花は輸入に頼るが鉢物では欧州に高いシェアをもち，同じ集約生産をしているオランダと激しい競合をしている．もともと施設を中心に花き生産を行っていたが，1980年代から鉢物に重点をおき施設の装置化，自動化を計りオートメーション生産を完成させてきた．小国で国内消費は期待できないから空輸可能な中，小鉢でミニローズ，カランコエ，クリスマス・カクタス，エラチオールベゴニア，カンパニュラなどを生産している．特にカランコエは欧州のシェアの90％を抑えている．家族経営で多品目少量生産の小農園もあるが，多くは15,000 m^2 以上の施設で年間1,000万鉢以上生産している．これらはムービングベンチシステム利用のオートメーションに近い生産で，専作か少品目多量生産を行っている．また病害虫の生物的防除も進んでいる．わが国にも年間数百万鉢が輸入されている．

図2.7　地中海リビエラ地方の南斜面を利用した花き産地のハウス

(6) イスラエル

第二次世界大戦後，イスラエル (Israel) が建国されて以来，同国は国策の一つとして輸出花きの生産振興に取り組んだのである．多くの花き研究者を欧米に送り最新の理論と技術を導入し，生産物の流通販売には農務省の花き振興局 (Flower Board of Israel) が担当した．生産面積も1986年には1,000 haだったが，10年後には2,000 haに達しその後やや減少している．施設化率は75％で，バラ，宿根カスミソウ，ソリダゴ，カーネーションなどが主な生産切り花である．とくにイスラエルは宿根カスミソウの研究と

表2.3　デンマークの鉢物生産の推移

	1985	1987	1990	1993
生産者数	672	683	739	634
生産面積　施設	2,720	3,072	3,059	2,977
露地	−	−	530	788
(×1,000 m^2)				

資料：Dansk Erhvervsgartenrforening (DEG), Odense

表2.4　イスラエルからオランダ花き市場に輸出される花きの種類と数量
(1996年5月から1997年7月まで：×100万本)

花き名	輸出数量
バラ	314.4
宿根カスミソウ	112.3
ソリダゴ	97.7
カーネーション	83.1
カメラシウム	73.8
ルスカス	57.4
リモニウム	46.7
ヒペリカム	41.7
ヒマワリ	30.3
アスプレビアス	24.5
リューカデンドロン	23.5
宿根アスター	22.8

(Cees van Vliet, 1998による)

2. 花き園芸から花き産業へ

表2.5 1991年から1996年までのコロンビアの花き輸出の推移（単位：1,000ドル）

年次	カーネーション(スタンダード)	カーネーション(スプレイ)	キク(スタンダード)	キク(スプレイ)	バラ	その他	合計
1991	99,815	28,550	4,360	36,057	65,057	33,479	267,318
1992	128,717	35,116	4,864	40,713	83,344	48,148	340,897
1993	134,920	40,291	4,583	45,572	104,050	52,579	381,996
1994	139,381	45,235	5,529	45,795	118,878	72,019	426,837
1995	146,078	50,252	7,230	51,100	137,084	84,039	475,783
1996	146,380	54,425	7,601	51,968	154,288	96,655	509,496

注：原典は ASOCOLFLORES statistics department. FloraCulture Inter. 1996, Dec.

育種は群を抜いており，いまなお多くの品種を世界市場に送り込んでいる．生産花きの70％は輸出で，その80％はオランダのセリ市場に出荷している．その主な輸出状況は表2.4のとおりである．とくにオランダ市場における宿根カスミソウとソリダゴは輸入が70％前後を占め，その70～80％はイスラエルからのもので，ルスカス，ワックスフラワー，リモニウムなどがそれに次ぎ，最近はヒマワリの輸出切り花も重要な位置を占めている．切り花の輸出は政府の外郭団体 Agrexco が Carmel という輸出エージェントを抱えて意欲的に事業を進めている．近年（1999）はイスラエルからの輸入花きに対する EU の関税引き上げと，オランダ市場における南アフリカの輸入切り花との競合が大きな問題になっている．

(7) コロンビア

20世紀後半に世界的な巨大花き産地として出現したのが南米のコロンビア，エクアドルと南アフリカのケニアなどである．いずれも熱帯高原で年間を通して気温が22℃前後，日照が多く大気が乾燥して花き生産には好適な環境条件をもつ．さらに南米は消費大国の米国に，南アフリカは欧州への空路アクセスが良く，格好な輸出産地である．コロンビア（Colombia）の花き生産は1960年ころから始まっている．

初めて切り花輸出に成功した1965年は20,000ドルであったという．10年後の1975年には200万ドル，1980年以降急速に拡大して5億1,000万ドルに達している．コロンビアの生産輸出企業は約450社，栽培面積は4,500 ha である．生産種類はカーネーション，バラ，キクが主力でその他，アルストロメリア，宿根カスミソウ，リモニウムなどである．生産地はほとんど首都ボゴタ周辺に集まっている．ここの生産企業はいずれもオラ

表2.6 ケニアの花き生産面積と輸出量

花き名	生産面積(ha)1992	輸出量(1993)×1,000kg
スプレイカーネーション	275	8,555
スタンダードカーネーション	42	
リモニウム	112	4,992
アルストロメリア	86	3,584
バラ	80	3,857
オーニソガラム	30	162
ソリダゴ	26	322
ユーフォルビア	20	78
切り葉	20	
チューベローズ	15	33
宿根カスミソウ	15	20
モルセラ	15	72
その他	122	1,971
合計	858	23,646

注：Horticultural Crops Development Authority による．

ンダやイスラエルのシステムによるコンピュータ処理によるレベルの高い計画生産をし，最近では環境問題にも意欲的に取り組む生産をしている．花きの種類別輸出状況は表2.6のようになるが，輸出を推進するため生産者の80％が加入している花き輸出協会（ASO-COLFLORES）がある．コロンビアからの輸出切り花はボゴタから米国のフロリダ州のマイアミに空輸され，ここから世界に配送される．輸出先は米国が80％，次いで欧州，日本にもカーネーションが5,000万から8,000万本輸入されている．

(8) エクアドル

コロンビアに隣接し赤道直下のエクアドル（Ecuador）も注目されている切り花輸出国である．ここも熱帯高原で気候は最適な他に土壌が良質でバラ栽培に適する地帯といわれている．1983年にagrofloraが最初にバラの生産を始めた．現在，エクアドルには花き生産企業は約80社あるといわれ，その面積は1,100 haで80％がバラである．1995年には16トンのバラが輸出され，その70％は米国向けであった．

(9) その他の中南米諸国

コロンビアやエクアドルの花き生産の成功は周辺諸国に大きな影響を与え，コスタリカ，メキシコ，チリ，ブラジルなどに花き生産地が広がっている．

コスタリカ（Costa Rica）はここ30年来，熱帯花きの生産が行われてきたが，今ではレザーファーンの世界的な生産地で600 haの作付けがあり世界に向けて輸出している．メキシコも近年花き生産が伸びており，1995年現在約10,000 haの生産面積があるといわれている．

(10) ケニア

南米と並ぶアフリカの（Kenya）も欧州を対象とした輸出花き生産国である．ナイロビ周辺の熱帯高原（海抜1,800 m）が主な産地で約100社の生産企業が1,200 haで生産しており，施設はその内350 haである．1950年代に野生動物の保護を開始し，世界からサファリ観光客が訪れるようになり航空機が頻繁にアクセスするようになった．この安定した空輸が現在の花き輸出の背景になっている．現在，ルフトハンザ航空他2社でアムステルダムに8時間のノンストップ便を含め週8便が就航している．ケニアでの最初の花き生産は1970年代スプレイカーネーションとリモニウムの生産で始まったといわれる．その後，バラが入り，現在ではアルストロメリア，ブプレウルム，カルタムス，エリンジウム，ヒペリカムなど多様化して他の産地と差別化を図っている．

(11) その他のアフリカ諸国

ケニアに次いでジンバブエ（Zimbabwe）がある．ここも海抜2,000 mの地帯で生産面積245 haで，その内バラが200 ha，宿根アスター45 haである．また，1990年ころからウガンダ（Uganda）も花き生産に参入している．現在，作付面積は200 ha位で，270万本のバラを欧州へ輸出している．アフリカ西北部に位置するモロッコ（Morocco）も欧州に至近の国で1980年代初期からバラの生産を始めている．

現在，250 haの温室またはプラスチックハウスでバラを中心に生産している．

(12) インド

インド（India）も最近，政府が国策として輸出花きに力をいれている国である．同国の

農業および加工食品輸出局の1989年の調査によると花き生産面積は34,000 haで将来は50,000 haになると見ている。しかしその50％はタミール高原のマドラス周辺とバンガロール周辺地域に集まっている。巨大な人口と宗教的利用からバラ，ユリ，ジャスミナム，グラジオラスなどが多いが，近年，輸出花きとして政府はバラの生産を奨励している。このためインドの財閥や海外の合弁企業による花き生産企業は1990年現在約50社設立され生産を開始している。インドからわが国へのバラの輸入は1992年，2,000本足らずだったが，1995年には330万本に増えたが，品質が悪く，単価も低いためその後は減少している。

(13) タイ，マレーシア

東南アジアの熱帯圏でわが国とも関係が深いのはタイ（Thailand）とマレーシア（Malaysia）である。タイは1970年代から日本へのラン切り花輸入がトップを占めてきた。その後，一時，オランダからの切り花輸入に入れ替わったが，デンファレやバンダなど日本で採算のとれないランは依然トップになっている。タイの花き栽培面積は1994年，6,623 haで，このうちランは2,300 haでほぼ1/3に近い。その他の花きではジャスミン，ハス，ガーベラ，バラなど宗教的に使われる国内需要を対象とした花きが多い。

マレーシアの花き栽培面積は1,286 haで，ランはその内57％を占めているが，最近ではカーネーション，キク，リモニウムなどの生産が急速に伸びている。生産はクアラルンプールやジョホールバル地方である。

(14) 中　国

広大な国土と巨大な人口をもつ中国は社会主義と資本主義の調和のもとに目覚ましい経済の発展を続け，近い将来アジアの花き大生産国になることは想像に難くない。オランダの経済資料によると中国の花き生産面積は1986年には6,000 haだったが1995年には15,000 haに伸びたと推定している。1995年までは花き生産地は上海（Shanghai）が50％，雲南省（Yunnan）が16％，広州（Guangzhou）が12％，四川省（Sichun）が12％，深釧（Shenzhen）7％，北京（Peking）が2％であった。主に露地と簡易ハウスでキク，カーネーション，宿根カスミソウ，バラ，グラジオラスなどであった。

しかし中国の急速な経済成長とともに，雲南省の昆明（Kunming）が花きの大生産地として短期間に発展した。この地帯は標高1,900 mで年間平均気温は15℃，最低温度は11℃位で花の周年生産に向く適地である。1999年昆明で開催された世界園芸博覧会前後には，近郊の斗南村（Dounan）にはオランダ式の大型温室が多数建設され，2000年には600 ha以上の花き産地になってい

図2.8　ケニアでのリモニウム切り花栽培

る．生産花きはカーネーションの他に宿根カスミソウ，ユリ，ガーベラなどで，ファレノプシスなどのランの組織培養もすでに大量増殖されている．今のところ中国の経済成長は花き需要を増やし，生産が追いつかない状況で，輸入花きでつないでいる．しかし，わが国への輸出もカーネーションを中心に年々増加している．

(15) 台　湾

1980年頃までは台湾からキクがわが国の輸入花きの2番目を占めていた．しかし，沖縄産のキクが軌道に乗るにつれて減少し，台湾経済の成長につれて内需の拡大からわが国への花き輸出は激減している．1980年代には花きの生産面積は2,511 haだったが，1995年には3,909 haに増加して生産技術も高いレベルに発達した．

1994年，総生産額は2億7,000万ドルに達し，輸出は10％でほとんど国内消費になっている．しかし台湾の輸出は近年切り花や球根は減って，1990年ころから洋ランや花苗の輸出割合が次第に増加している．

(16) 韓　国

30年ほど前までは韓国の花き生産は非常に遅れていた．しかし1980年代に韓国の経済が飛躍的に伸び，国内消費が増大するにつれて花き生産は拡大した．食糧自給として米生産に力を注いできた韓国政府も，園芸生産に資金助成をして振興を奨めている．1996年，韓国の花き生産面積は46,000 haになっており，その19％の8,740 haは加温施設である．最近の花き生産額の伸びは表2.7に示すとおりで，切り花と鉢物が主体になっている．花きの生産地は消費人口の多い京城（Seoul）と南部の釜山（Pusan）周辺であるが，冬季寒冷な京城周辺は鉢物生産が残り，加温施設の切り花生産は冬季温暖な南部の釜山や済州島（Chinju），金泉（Kimhae）などが発展している．国内流通と消費拡大にも意欲的で1994年には京城にオランダ式の花卉卸売市場を開設している．韓国の施設生産は政府の振興政策もあり海外輸出に力を入れ，経営規模の大型化，装置化が図られている．そのため養液栽培も普及し，技術レベルも非常に高い．切り花ではバラの輸出を戦略商品と位置づけ，1997年ころから日本へも輸出し1998年には日本の輸入バラの45％を占めトップになっている．

(17) その他の花き生産諸国

欧州ではスペイン（Spain）も花き生産国としては見逃せない．1989年頃には花き栽培面積が4,000 ha以上あったが，1991年には3,500 ha位に減少した．しかし現在では再び増加する傾向にある．これも国内需要より周辺各国への輸出である．その他，フランス，英国などは省略する．

中近東ではトルコ（Turkey）である．施設切り花生産として英国向けのバラ生産が1970年にアンタリア

図2.9　中国のオランダ式最新花き生産温室（北京市）

(Antalya)地方で始まり,急速にこの地方に花き生産が広まり1995年には165 ha になっている.その背景にはトルコは冬季かなり気温が下がり,夏季まれに40℃になることもあるが,平均気温18℃の地中海気候で輸出野菜の施設栽培が10,000 ha以上あったことによる.現在ではトルコの花き生産の85%がアンタリア地方で,その90%がスプレイカーネーションで主に英国へ輸出している.オセアニアではオーストラリア(Australia)とニュージーランド(New Zealand)も花き生産国に入る.オーストラリアはワックスフラワー,カメラシウムなど独特の野生花きの切り花を世界に輸出しているが,ニュージーランドはシンビジウムやサンダーソニアの切り花やカラーの球根を生産し輸出している.

東南アジアではすでに生産国の仲間入りをしているスリランカ(Sri Lanka)がある.1993年には200 haの輸出花き生産面積があった.生産は主にドラセナ,スキンダプサスなどの熱帯性切り葉物で,わが国へも輸出されている.最近はカーネーションの生産が増加し80%の800万本(1993)が日本へ輸出されている.

さらに東南アジアではこの他にも花き生産国が育っているが,中でもシンガポールやフィリピン,インドネシア,ベトナムなどは輸出切り花生産国として注目されている.

表2.7 韓国における花き生産と消費の推移
(Byoung Ryong Jeong, 1998年の表を一部改変)

		1975	1980	1985	1990	1995	1996
花き生産者の数		2,466	2,733	5,365	8,945	12,509	12,774
生産面積 (ha)		1,070	1,280	2,249	3,503	5,156	5,342
露地面積		979	1,100	1,668	1,715	2,102	2,068
施設面積		91	180	580	1,762	3,054	3,274
生産額 (100万ドル)		8.4	26.7	93.2	299.2	636.2	691.4
品目別販売額	切り花	0.49	4.34	17.96	74.03	282.20	328.56
(100万ドル)	鉢物	0.35	4.17	18.41	124.40	236.31	245.74
	球根	0.03	0.24	2.07	5.80	8.61	10.95
	花木	0.66	2.24	10.57	24.36	24.48	29.19
	植木	6.83	15.59	44.20	69.72	84.15	74.66
	種子	0.04	0.02	0.04	0.88	0.47	2.28

表2.8 韓国における主な花き切り花の生産面積の推移
(出典は表2.7と同じ)

切り花品目	1989	1991	1993	1995	1996
バラ	139	139	329	481	579
キク	277	400	556	658	697
宿根カスミソウ	136	219	300	330	272
カーネーション	53	82	113	153	167
ユリ	67	132	167	186	199
ガーベラ	22	56	46	62	77
グラジオラス	50	68	80	76	66
チューリップ	15	29	19	15	15
合計	759	1,179	1,610	1,961	2,072
切り花合計	867	1,360	1,896	2,323	2,453
切り花,鉢物,植木など合計面積	3,137	3,947	4,598	5,156	5,342

2.3.2 海外で活躍する日系花き生産者と日本の花き企業

海外で数千戸の日本人花き生産者が活躍していることを日本の花き業界ではほとんど知られていない.南米のブラジル,アルゼンチンでは日系花き生産者がその国の花き産業を支えており,米国のカリフォルニアにも多くの日系花き生産者が活躍している.彼らの多くは自力の技術や経営能力でゼロから出発して企業経営や自立経営を実現している.また近年,花き産業の国際化に伴い日本の種苗企業や生産組合が海外で委託生産など業務を拡大していることも目を見張るものがある.

[18] 総論

日系花き生産者の活躍
(1) ブラジルの日系花き生産者

　国土が日本の22倍,人口1億6千万人のブラジルには約150万人もの日系人が活躍し,首都サンパウロ周辺には約1,700戸もの日系花き生産者が同国の花き生産を支えている.1998年から2003年まで3回著者は花き生産指導に滞在したが,彼らの技術レベルと経営の実態は想像を超えるものであった.技術の習得から経営拡大など全て自分達で開拓し,ブラジル人雇用者を使用した1万から2万m^2規模の施設花き経営まで発展させ,ブラジル花きの約70％を生産するまでになった彼らの努力に敬意を払いたい.唯一の援助は日本のJICA（国際協力事業団）やJATAK（全国拓殖農協）などの資金援助や研修支援などが彼らの味方であった.近年,オランダ移住地のオランダ企業や生産者が,最新設備による花き生産を開始し卸売市場も設立して日系花き生産者に脅威を与えている.このため日系生産者もサンパウロ花き農業協同組合（荒木克弥会長）を組織し日本政府の援助とJATAKの協力,彼らの資金も加えて日系生産者の多いサンパウロ近郊に新花き卸売市場を建設し2003年には稼動させている.サンパウロ地方は標高800mで冬季温暖で,夏季も涼しく花きの周年栽培には好適地である.簡易ハウスではキクやカスミソウ,ユーストマの周年切り花生産,鉢物は加温装置のある温室やハウスでエラチオールベゴニア,ハイドランジア,セントポーリアなどを栽培している.特にブラジルではファレノプシス,カトレア,オンシジウムなどのラン生産が首位を占め,観葉植物やシダの生産も多い.サンパウロ北部の汎ズッドラ花き組合は60名位の組合だが,自分達で試験場を作り,育種や組織培養苗の自給,独特の液肥作成販売などを組合が雇用した技術指導員らで運営している.

図2.10　ブラジル日系花き生産者のスプレイギクの周年生産

　この組合では毎年1回,同試験場で大規模なるフラワーショー"アフロード"を開催して花の展示や直売をし,この収入で試験場や技術指導員の経費を賄っている.

(2) アルゼンチン

　花き栽培する移民のみ認めたアルゼンチンも広大な国土に3,000万人の人口で,ここでも約2,500戸の日系花き生産者が同国の花き需要の70％以上を生産している.その内80％は首都ブエノスアイレス周辺に集まっている.アルゼンチンは欧

図2.11　汎ズッドラ花き組合が開催するフラワーショー"アフロード"

州からの移住が多く，家庭の庭に花を植える習慣をもつ．そのため切り花より鉢物，花壇苗の生産が多い．ブエノスアイレス近郊のエスコバールは，日系花き先覚者の賀集九平がブエノスに花を生産供給する適地として，1935年頃60名位の日系生産者を集めて産地化した．最初はカーネーション，バラの切り花，その後，都市化につれて鉢物や花壇苗の産地に変わっている．彼らはJICAの資金援助で土地を購入し，簡易な施設で花き生産しているが，多品目少量生産が多い．日系花き生産者が開発したエスコバールは日系花き生産者が中心になって市

図2.12　エスコバールで年1回開催されるフラワーショーの一部

に働きかけ，市内に緑地とパビリオン2棟をもつ公園のようなフラワーショー会場を50年前に建設した．毎年1回，アルゼンチンおよび日系生産者で組織されたアルゼンチン花き生産組合主催のフラワーショーを1週間開催している．その規模は南米随一ともいえる素晴らしいフラワーショーである．この他，日系を含む全アルゼンチン花き農業協同組合はブエノスアイレス市内に切り花市場を運営してきたが，最近はラプラタに新市場を開設している．

(3) 米国，カリフォルニア州の日系花き生産者

　米国のカリフォルニア州も日系花き生産者が多い．戦前からの移住者が大規模な企業経営をし，すでに2～3世の世代になっている．彼らは日本の花き後継者の派米青年研修受け入れ先にもなって，日本の花き生産発展にも大きく貢献している．特にシバタ・ナセリー，オキ・ナセリー，サニーサイド・ナセリーなど世界的に知られる日系花き生産農園があったが，厳しい米国の資本主義経済の中でなくなるか，経営者が変わっている．1958年に渡米しサリナスでポットマムの生産を始めた松井紀潔は，キク切り花，バラからランに変り現在では全米トップのラン生産者になっている．

日本の種苗企業やJAの海外での活躍

　花きの国際化は国内の種苗企業やJA，生産者組織がコストの安い海外で種子や栄養系花き苗の委託生産をする活躍が目立っている．国内用だけでなく海外向けにも期待して国際的に事業展開している．

参 考 資 料

2. 花き園芸から花き産業へ
1) Aimone, Teresa 1997. Ecuador on the rise. FloriCulture International, June.
2) Benary, Ernst 1993. 150 Years of creative plab¥nt breeding in the Ernst Benary.
3) Editer 1997. World floriculture by the numbers. FloraCulture International, March.
4) Chase, Mindy & Marta Pizano 1995. Shines spotlight on Colombia. FloraCulture International, June.
5) Brunfield, Robin G. etc. 1997. Cut flowers in the Antalya province. FloraCulture International, Dec.
6) Hains, Bill 1994. Ecuador : A high land of floral production. FloraCulture International, Mat/June

7) Hains, Bill 1996. Kenya-poised for growth, even in a tight world market. FloraCulture International, March.
8) Hains, Bill 1997. Taiwan's bright future. FloraCulture International, Sep.
9) JA東京中央会編1992. 江戸・東京ゆかりの野菜と花, 農山漁村文化協会編
10) Kras, Jaap 1994. Korea-on economic miracle. also in the flower industry？
11) Ganninger-Hauck, Doris 1993. German floriculture. FloraCulture International, Dec.
12) 編集部 1997. 花き集出荷機構調査, 花き情報97, No.4.
13) Miller, N. Marvin 1998. A look at 1997 production data for the United State. FloraCulture International, Nov.
14) Moody, H. 1999.Kunming Chaina on horticultural enter stage. FloraCulture International, Sep.
15) 三田鶴吉 1978. 花. 大多摩花連刊（限定）東京.
16) Nederend, S. 1995. Land ten zuiden van de wolke herborgt enorm produktiepotieel Bloemen. Vakblad voor de Blemiserij, 51/52.
17) 農林水産技術会議編1997. 昭和農業技術発達史, 第6巻. (社) 農林水産技術情報協会刊
18) Pizano, Marta 1997. Colombia-three decades of progress. FloraCulture International, June
19) Rrased, R. & B. Ranjitha 1994. Floraculture in India. FloraCulture International Nov.
20) 東京都花卉連編1992. 東京の花, 東京都花卉連刊
21) 鶴島久男2000. ブラジルの日系花き生産者の活躍（1）～(2). 農耕と園芸, 10～11月号.
22) 鶴島久男2000. アルゼンチンの日系花き生産者はいま（1）～(3). 農耕と園芸, 4～6月号.
23) Van Vleet, Cees. 1998. Israel flower growers : survival of the fittest Flower Tech. Vol. 1, No.1.

3. 花きの生産形態と品目別生産

3.1 花き生産の経済的条件と自然的条件

　花き生産は自然の気候条件や立地条件をうまく活かして生産するのが最も品質が良く,低いコストで生産できる.温暖な地方は冬季,簡易な施設や露地でも生産できるし,寒高冷地では夏季良質な花きが生産できる.花き生産開始の初期には自然条件が優先された生産地が生まれたが,やがて施設生産技術の進歩により自然条件が適さない地方でも経済生産ができるようになった.20世紀後半,花き生産が盛んになったのはこの理由による.しかし,花き生産が成熟して各産地間の競争が激しくなると,再び自然条件を最大限に利用した南米やアフリカなどの,熱帯高原における世界的な花き産地が出現した.周年,気温が17～22℃と花きの生育適温に近く,多日照と低湿度に恵まれ,しかも低労賃でできるからである.これらの地方の生産でも生産花きを短時間に空輸や輸送手段,輸送に伴う保管や取り扱いなど,経済条件が伴わないと成功はしない.花き生産地を主な形態に分けると次のようになる.

3.1.1 経済条件から見た花き生産地

　花きの生産地を経済条件から大別すると,輸送園芸型生産地と都市近郊型生産地(地場消費型)とに分けられる.

(1) 輸送園芸型生産地

　大消費地から離れているが自然条件を優先させて生産する産地で良質な花きを低コストで生産できる反面,輸送というコストや制約条件がある.従って切り花など輸送しやすい品目の生産が多い.そのため集団産地などによる共販共選体制や生産組合による共同輸送などでこのハンディを克服している.国内では北海道,長野県,愛知県,静岡県,和歌山県,高知県,沖縄県などに見られる.また,海外で国際的には南米のコロンビアやエクアドル,南アフリカのケニア,ジンバブエなどがこれに相当する.

(2) 都市近郊型生産地

　このタイプは大消費地の地域か,その周辺地域の生産地で出荷販売には優れているが,都市化されて生産環境は悪く,地価や労賃なども高いマイナス要因が多い.

　このため集約生産が可能で,輸送コストのかかる鉢物や花壇苗生産が中心となる.国内では大都市周辺の埼玉県,千葉県,愛知県,兵庫県,

図3.1　輸送園芸地帯の花き生産
(静岡県南伊豆の暖地での露地栽培)

福岡県などの産地が該当し，海外ではオランダなどが相当する．
(3) 寒高冷地型生産地
　夏季冷涼な北方地域や高冷地など天然クーラーを利用した生産地である．
　夏季冷涼な温度条件だけでなく，昼夜の温度差が大きく少雨で露地や簡易施設などの花き生産に適している．わが国では北海道と長野県の両県がその代表的な生産地になっている．海外でもコロンビアやケニアをはじめ，その他，フィリピンのバギオ高原，インドのバンガロール地方，中国の昆明などもこのタイプの生産地に属する．

図3.2　高冷地の露地切り花生産
　　　　（長野県，原村）

(4) 中山間地型生産地
　わが国独特の花き生産地である．山間地の割合が多く，その周辺を含めた地方は農業以外の振興産業は望めない．このため日本の農政の中で中山間地の農業振興は重要な課題になっている．特に花きは同地方の複合経営の換金作目として奨励されている．過疎による労働不足と高齢者労働依存がこれらの地帯では，花木や宿根草の露地切り花など副業的な生産を特化することが望ましい．
(5) 都市近郊および平坦地型生産地
　地場消費を対象とした大都市内の生産から周辺の首都圏地域，さらには面的な延長上の中間地帯まで含まれる．経済的条件が優先する地帯なので資本，労働的集約な施設生産が中心になり，生産は鉢物や花壇苗が多い．輸送園芸地帯は集団生産が多いが，この地帯の生産者は単独点在型なので個人出荷が主である．しかし，大型取引に対応するため生産者のグループ化も見られ，取引も市場出荷より市場外取引が増えている．

3.1.2　花きの品目別生産とその特色
　花きは生産する品目によって生産施設，栽培技術，経営や出荷販売方法なども違い，前述した生産地の自然や経済条件でも異なる．
(1) 切り花生産
　切り花生産（cut flower production）は花き生産の中でも，最も生産量の大きな生産である．露地や施設での生産で多様な種類，品種が使われる．切り花は基本的には植物体から切り離して出荷される半完成品であるから，卸売市場に出荷されるのが普通である．切り花は輸送性のあるものが多く国際商品として流通するが，反面日持ちなどの品質保持が重要である．キク，バラ，カーネーションは世界的にも3大切り花で生産が多く，その他は一年生，多年生や球根など多くの種類が栽培されている．切り花だけでなく葉物や切り枝などもある．また，切り花は促成開花や抑制開花など開花調節により周年開花させる技術や適応品種を利用した作型が分化し，多様な栽培方法が開発利用されている．
(2) 鉢物生産
　容器に植付け，そのまま鑑賞できる完成品として生産，出荷する鉢物生産（potted plant

production) がある．鉢といわれる栽培容器も多様でいろいろな種類があり，用途に応じた種々の鉢容器や鉢サイズがある．植物の植付けも一本植えから数本植えるもの，数種類のものを組み合わせる寄せ植えなどがある．仕立て方も摘心，整枝などいろいろある．栽培種類は一年生，多年生，花木類やサボテン，多肉植物，ラン類など範囲は広い．花を観賞する鉢花の他室内植物の観葉植物までも含まれる．栽培には植付け，

図3.3　花壇苗の生産状況

鉢替えなど労力が多くかかり，資材も必要とする．出荷輸送にはやや経費を要し輸送性は低いと考えられてきたが，最近は小鉢仕立てのものが空輸されるようになった．商品の性格上，市場出荷の他，庭先販売や小売業者との直接の市場外取引が増えている．

(3) 花壇苗生産

小売業者が家庭用や造園用に販売する花壇苗生産（bedding plants production）がある．わが国では花き生産の中では僅かであったが，最近は家庭消費が急増し，花壇苗生産は各地で増加しいる．苗の荷姿は9～10.5cm径のポリポットか4～6cm角のセルパックかカットパック植えである．花壇苗は栽培期間も短く栽培も容易だが，単価は低く，植付け，出荷時に多くの労力を必要とする．出荷のピークは2～6月と9～10月で，その間は需要が少ない．そのため，いままでは鉢物生産と組み合わせた経営だったが，近年は花壇苗専作の生産者も増えている．花壇苗は種類，品種が多く，種子系の一年生の他，栄養系の宿根草の種類もあり，さらには野菜苗もこの中に属する．花壇苗は卸売市場出荷の他，造園業者や大型小売店との直接取引も増加している．

(4) 種苗生産

切り花，鉢物や花壇苗生産者が利用する種子，花苗，球根を生産する種苗生産（seed and transplant production）がある．その大部分は種苗企業や苗販売企業の委託や契約生産する場合が多い．種子生産はいわゆる採種栽培で露地では夏季冷涼で乾燥する地帯で生産し，収益性は高くはない．しかし F_1 採種や，施設内での鉢物用種子生産は技術と労力を要し収益性は高い．種苗企業はコストの安い海外に委託して生産しているから国内での種子生産は少ない．花苗は切り花や鉢物生産者用の他最近では売店小売用の苗生産が増加している．花苗は種子によるセル成型苗と挿し芽などによる栄養系苗がある．これらは種苗企業の他生産団体や地方自治体，農協などの育苗センターで生産して利用農家に供給される場合がある．

　チューリップ，ユリ，グラジオラスなどの球根の養成栽培も露地畑を主体に現在も生産されているが，最近は輸入球根が低価格なこと，植物検疫が緩和され大量に輸入されるため国内の球根生産は減少傾向にある．

4. 花き産業の全容

近代の花き産業は生産，流通，販売業界の他に各部門を支援する種苗，施設資材，研究開発，技術，経営やサービス部門などが加わり大規模な産業に発達している．

4.1 生産者および生産組織と指導団体

農水省の資料によると，わが国の花き生産農家は1964年には61,429戸であったのが，ほぼ30年後の1992年には149,733戸に増加し，その内，切り花生産農家は87,742戸，鉢物生産農家は11,283戸，その他の花壇苗，球根，芝生産農家は50,708戸になっている．その後花き生産農家数はやや減少傾向にあるが，生産者当たりの規模や農業法人化など経営形態は次第に変化している．

花き生産者の生産形態や生産品目別の違いはすでに述べた．生産者組織もすでに述べたように暖地や寒高冷地の輸送園芸産地が切り花を出荷するため共同輸送を開始したことが契機となっている．共同輸送は農協や花き組合などを単位とし，運賃や手数料を軽減する目的が次第に拡大されて共選共販体制による生産組織へと発展した．

4.1.1 共選共販体制と個人出荷

(1) 共選共販体制

花きの出荷は本来，個人出荷で世界の花き生産者は特殊なものを除き家族生産者から企業生産者まで単独で出荷販売している．わが国でも個人出荷が主体であったが1960年代に全国各地に花きの集団産地が育ってから，農協などの指導団体が管轄地域の生産者をまとめて1グループとし，国や地方行政の金融や技術支援を受け生産から販売まで一貫して行う共選共販体制が生まれた．生産品の特性から切り花が主体に発展している．このわが国独特の共選共販システムにより全国各地に花き生産産地が育成され，わが国が花き生産国として発展した要因になったことはいうまでもない．各共選共販産地は栽培方法の平準化，共選による品質規格の均一化を図り産地のブランド化による競争力を最終目標にしている．このシステムのポイントは各生産者の生産品を農協などの共同出荷場に集め，共同で選別格付けし，調整，結束，梱包などの作業ラインをコンピュータ制御による自動化し効率的に作業する．指導系統は市況情報により販売戦略的に各荷を全国の卸売市場に分荷配送するものが多い．売立て代金は系統が回収し，共同計算により各生産者の口座に振り込まれる．また各生産者が同一規格に選別したものを持ち寄り，分荷輸送だけ共同で行う個選共販など実際はいろいろな方法で実施されている．

日本で共販体制による出荷を初めて開始したのは電照ギクを関西方面に出荷していた福岡県八女市花き園芸組合で1961年のことだといわれている．1967年には同じ電照ギク産地の愛知県渥美町泉農協が共販を始めている．その後出荷団体が共同選別格付けする共選に移行し，共選共販体制が確立した．集出荷を共選共販で行う組織は1968年，90団体であったが，1994年現在，共選共販，個選共販の出荷組織は全国で約1,900団体に達している．この内約80％は集出荷場をもち，選花，選別機と梱包機の作業ラインによ

る効率的な作業をしている．また，生産品の格付け，仕分け，結束，梱包は生産者自身が行い集出荷および代金回収は系統が行う個選共販システムもある．これらは卸売市場出荷を対象とした大量生産による出荷システムであったが，最近は大手チェーン販売業者などとの直接取引きなど市場外流通も増えている．

(2) 個選出荷

個人出荷は共選共販に対して個選出荷とも呼ばれる．切り花生産者もこれからは高品質な製品や季節性の高い花き，希少価値のある種類でニッチ

図4.1 農協の共選共販の出荷場に集荷された花のダンボール箱

マーケットや高級専門店をねらう切り花の供給者として今後重要な役割をもつ．また企業的大規模生産者も価格変動の大きな卸売市場出荷より大型量販店やチェーン店との契約出荷が多い．

4.1.2 わが国の花き大規模生産者

花き園芸の発展に伴い大規模な生産者や法人生産者が増えてきた．国税庁による1998年の法人申告所得ランキング（4,000万円以上）に生産法人として斉藤農場（大阪），角田ナセリー（愛知），キヌナセリー（栃木），日本グランドカバー（宮崎），三浦農園（愛知），沖縄県花卉園芸農協（沖縄），具志川ランセンター（沖縄），早川園芸（愛知），豊橋温室園芸農協（愛知），筒井園芸（長野）の10農園が発表されている．

4.2 花きの流通と卸売業界

花き産業の発展成熟によって大きく変化したのが流通卸売業界である．大量生産と大量販売のパイプ役でここがスムーズに機能しないと現代の花き産業は成立しない．

4.2.1 花き輸送業

生産者の生産品を卸売業者（市場など）まで輸送する業界で，陸送のトラック業界と航空貨物業界がある．

(1) 陸送トラック運送業

国内輸送の大部分を占めるトラック業界では一般貨物輸送に委託する場合と，植物専門の輸送業者がある．花きは生鮮品で輸送中の鮮度低下と物理的損傷は致命的なので保冷や輸送時間の短縮が原則である．この点一般貨物輸送は条件が満たされているとはいえないから植物専門輸送が必要となる．しかし稼働率や積載効率の悪い花きに参入する業者は少ない．植物輸送の専門業者としては（株）日本植物運輸がある．現在，花き輸送は卸売市場の保有の専用トラックや，委託運送業者のトラックが生産者を回って集荷しているが保冷車は少ない．鉢物は棚積み用トラックや台車ごと積み込んで輸送している．陸送トラック輸送に関しての長期予測では国内の交通事情，環境問題，慢性的な運転手不足から花きのような非恒常的で鮮度保持に気を使う貨物は次第に敬遠され，運賃の高騰と不便な地域への配車が不能になると推測されている．

(2) 航空貨物業

花きの航空輸送も今後は考慮される問題である．特に海外からの輸入の増加はもちろん，日本列島の南北に長い地形では九州，沖縄や北海道では航空輸送の割合が高まる．国際的に見ると航空貨物企業自体が花き輸送に力を入れている企業と全く無関心な企業とに分かれる．コロンビアから切り花を空輸する業務が80％を占める Challenge Air Cargo などもあるが，一般の航空会社で荷物室の温度調節や積み下ろしの効率的な花き輸送を考えているのはオランダ航空（KLM - Royal Dutch Airline）とルフトハンザ航空（Lufthansa）だといわれている．

4.2.2 卸売市場と仲卸業
(1) 卸売市場

わが国の花き流通で最初に生産者の花を小売業者に販売したのは問屋であった．その後，次第に花の小売商が増えて取引が多くなると，生産者から委託されて販売する卸売市場が生まれた．最初に設立されたのは1923年（大正12年）東京の高級園芸市場だといわれている．1927年には市場が3カ所になり，戦後の1965年（昭和40年），東京には41の生花市場があり年間56億円の売上があった．1997年現在（社）日本花き卸売市場協会に加入しているのは187社で，年間の取扱高は5,576億円になっている．この内中央卸売市場は23市場（29社）で，地方卸売市場が151市場，その他の市場が65社となっている．中央卸売市場は人口20万以上の都市で農林水産大臣の認可を受け地方公共団体が管理し数社が入場している大型市場である．地方卸売市場は都道府県知事の認可を受けて開設する市場である．卸売市場には切り花を取引する生花市場と鉢物，花壇苗などを取引する園芸市場（植物取引市場）とがあり，両方を扱う市場もある．

市場は生産者から委託されて収穫物を仲卸業者や小売業者に販売する業種である．オランダなど海外では生産者による協同組合が運営する花市場で，日本とは性格がやや異なる．

市場の取引

市場は生産者から委託された花の価格を形成し，公正かつ効率的に取引しなければならないので，中央および地方卸売市場は卸売市場法の適用を受ける．以前の取引方法は一定量セリによる競売が義務づけられていたが，市場法の改正によりセリと時間外取引が選択的に認められるようになった．卸売市場の取引には次の方法がある．

1) セリ取引

セリ人が競売にかける商品を提示し，買参人が希望価格をかけ声で合図し，最高値を提示したものにセリ落とされる方式で，セリ人と買参人とのかけ合いで進行し取引に時間を要したが，最近は電子時計や電光掲示盤による機械ゼリを採用しスピード化した市場が多くなった．（図4.2.および4.3参照）

2) 相対取引

生産者または生産者に委託されたバイヤーが仲卸業者や小売業者と現品を前に相互に協議して価格，本数を決めて取引する方法．欧米の花市場ではこの取引が多い．

3）予約相対取引

　業界では予対ともいい，小売業者などの買い手があらかじめ購入したい品目，規格，数量を予約し，市場側は特定の生産者に予約注文して取引時期に間に合わせる取引，価格も生産者と協議して決める．大型取引として扱いが伸びている方式である．この他，特定の生産者と品目，価格や納期を年間契約して出荷してもらう取引もある．

4）先取り取引

　セリにかける目的で出荷された品目をセリ前に優先的に取引すること．この場合取引価格はセリの最高値が立て値になる．以前は引き荷と呼ばれた取引である．

図4.2　大田市場F.A.J.の鉢物セリ場と機械ゼリの電光掲示盤

5）注文取引

　小売業者などの希望により，あらかじめ生産者に注文してもらうものでセリにはかけないで取引する．

以上の内，3）～5）はセリ取引に対して時間外取引ともいう．

(2) 仲卸業

　小売業者が卸売市場のセリ取引に参加しなくても適時に必要な商品が仕入れられる業態である．卸売市場からの仕入れだけでなく輸入業者や生産者などからも仕入れ，小規模から大規模な小売業者を相手に取引している．主に市場内に事務所を併設し，時には市場の取引相場の安定を補完する役割をもつ．しかし，近年市場外流通の増加は仲卸業をも圧迫している．

4.2.3　市場外取引

　現在の流通革命は大型取引に課題の多い卸売市場取引を敬遠して市場外取引にシフトする傾向が強い．その理由は卸売市場の入荷量と価格の変動，無駄な輸送コストと中間マージンによる仕入れ経費の増加にある．この複雑さは時間を要し鮮度を重視する花きにはマイナスになる．大型量販店やチェーン店では厳しい販売競争の中で計画的な価格の設定と規格品の均一性，納期の確保などが何よりも優先する．さらに市場では荷の集分荷にも時間ロスが大きい．これを避けるため直接生産者と契約取引するか，委託生産することにより価格，数量が事前に把握でき，中間経費や

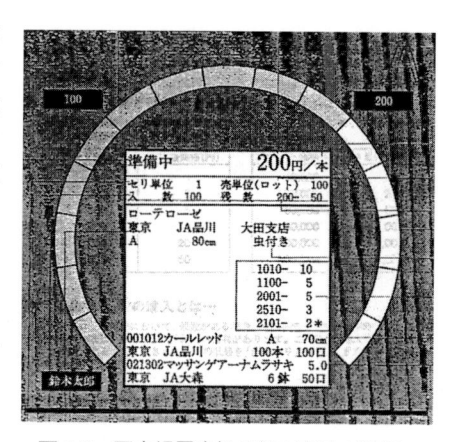

図4.3　同市場電光掲示盤の表示の詳細

輸送コスト,さらには時間のロスすら軽減できる.それらを簡単に比較すると次のようになる.

　　市場取引　生産者→農協→輸送業者→卸売市場→仲卸→配達→小売業
　　　　　　　　（手数料）（運賃）　（手数料）（手数料）（運賃）

　　市場外取引　生産者→輸送業→量販店各店舗（直送）
　　　　　　　　　　　（運賃）

市場外取引には次のような取引がある.
 1) 契約生産取引
　特定の生産者と仕入れ側が品目,数量,価格,納期などの契約を取り交わして取引する.
 2) 委託生産取引
　特定の生産者と契約し,仕入れ側の希望する商品を希望する方法で生産し,希望する納期,数量を納期に納品する.
 3) 情報取引
　生産者と仕入れ側がインターネットや衛星通信,または電話,ファクスなどで情報を交換しながら取引するもので,新しい取引として今後,増えるとみられる.その詳細は次に述べる.

電子商取引

　20世紀末にコンピュータを使った情報取引の電子商取引（electronic commerce, internet commerce）などが急速に発達して取引のスタイルを大きく変えようとしている.ネット上の情報で取引するもので,従来の慣行取引に比べて流通過程を経由しないので中間経費が省け,時間も短縮できる取引である.地域を越えて24時間いつでも取引でき,代金決済もクレジットカードなどで出来るからリアルタイムで取引が出来ることになる.

　電子商取引には企業対企業の取引（B-to-B）と,企業対消費者の取引（B-to-C）があり,経済的には前者が伸びるといわれ,花き業界でも事実 B-to-B が伸びている.衛星通信を利用した切り花のネット取引として「オークネット」が1997年に開始され,年々利用者が増加している.また,卸売市場と小売店を結ぶ電子取引には「フラワーワイズシステム」が1998年から稼動している.やや遅れて「花きネット」も開設されている.

　国際的には米国の電子取引サイトの「フロラプレックス（Floraplex）」が1999年に立ち上げられ,南米,南ア,イスラエルの輸出花きを欧米向けにネット販売するウェブサイトである.フロリダに本社をもつワールド・コマース・オンライン社は大手輸出業者,花小売業者協会,卸売市場と生産者をメンバーにして欧米にそのネットワークを広げている.

　また,わが国でも小売業界の B-to-B イーコマースが増えている.生花小売り業最大手の（株）日比谷花壇は2000年に,全国約3,000店の生花小売店と契約してギフトフラワーのネット販売するウェブサイト「E-フローラ」を立ち上げている.

　しかし,生花のように生鮮品の品質や日持ちなどの情報と実物のズレが横たわるのも,

電子商取引の壁として残りこれらの解決も今後の課題である．

4.2.4 花き取引コードについて

今後，花きの生産から流通，販売までの流れで取引やその事務処理がデジタル化してくると取引商品，すなわち花きでは品種単位のコード化の必要性に迫られる．

すでに食品業界ではバーコード化したJANシステム（Japanese Article Number）が稼動している．これは13桁のバーコードによる商品識別番号で世界標準コードに準じている．花きではオランダが早くから生産者，市場協会，小売業協会が協力して統一的なコードを決めて管理されている．わが国では1994年に「日本花き取引コード」が設定され，新しく加わる品種も含めそれらにコード番号を付けて，取引をより系統化してIT化をしやすくするようになった．現在35,000種以上の花き品種が登録されている．コードの管理や新品種の登録業務は日本花普及協会，日本花き卸売市場協会，日本種苗協会，日本生産者協会などにより組織された日本花き取引コード普及促進協議会が運営している．

花きは同一種類，品種でも切り花，鉢物，花壇苗と違った商品形態で取引されるため，花き取引コードは商品形態2桁と，品種5桁の合計7桁から成り立つ．その一例を示すと表4.1のようになる．

取引コードの検索などは同協議会が発行する「日本花き取引コード」の書籍かフロッピーデスクが年次別バージョンで販売されている．従来は各種苗企業や市場で独自の商品コードで管理をしてきたためと，種類，品種名自体に同種異名が多いこと，さらには生産者および小売業者の商品コードへの認識の薄さから十分機能していないことが指摘されている．

4.2.5 輸入花き業者

現在，輸入花きは全花き取引の10％以下であるが生産地域が南米や南アフリカ，アジアの近隣国にシフトしている状況では，為替の変動など考慮しても今後の増大は避けられない．広義に輸入花きというと切り花の他に鉢物，球根，種苗，苗木まで含まれるが，ここでは切り花を取り上げ，その他は別項で述べる．

(1) 切り花輸入の現状

切り花輸入が本格化したのは1970年ころからで，その取引額は当時5億円程度であったが1995年には250億円に達している．輸入先と輸入花きの品目はここ25年間目まぐるしく変わっている．それは世界の花き生産地の興亡の歴史をも反映している．

わが国は世界50カ国から切り花を輸入しているが，主な輸入国と輸入量の年次別変化

表4.1　日本花き取引コードによるコード番号の例

商品形態	品目名・品種名	日本花き取引コード	
		商品形態	品　種
切り花	ユリ・カサブランカ	11	14545
鉢　物	ユリ・カサブランカ	21	14545
球　根	ユリ・カサブランカ	35	14545

は図4.4のようになる．1980年代の輸入初期にはタイと台湾からの輸入がトップだったが1990年になるとそれまで僅少だったオランダからの切り花輸入が突然トップになり，以後1995年まで輸入のトップを保った．その後，円安などもあってオランダからの輸入が急速に減少し，それに代わってニュージーランド，タイ，シンガポール，マレーシアなどが増加し，さらに韓国，台湾，コロンビアも増加している．

(2) 切り花輸入のビジネス

切り花を輸入している企業は大手商社を含め120社あるといわれる．輸入業者は海外の輸出業者，集荷業者または直接生産者と契約して輸入しているケースが多い．

かつては切り花だけの輸入だったが，現在では労賃の安い現地で花束や包装束に加工して，量販店向けに輸入するようになった．しかし相手国の生産者や輸出業者の信頼度や為替変動，航空輸送のトラブル，厳しい植物検疫などによるリスクを越えても今後の増加が見込まれている．輸入の所要時間はオランダからは4〜5日（市場でセリにかかるまで），コロンビアから5

表4.2 輸入切り花の主要輸出国と輸入数量（1999年：千円）

国　名	金　額
オランダ	3,560,130
タイ	3,135,298
ニュージーランド	2,185,147
韓国	1,442,355
台湾	1,438,206
コロンビア	986,399
オーストラリア	950,475
シンガポール	742,741
マレーシア	592,180
アメリカ	338,090
インド	259,060
南アフリカ	263,653
合　計	17,136,609

注：日本貿易月表による

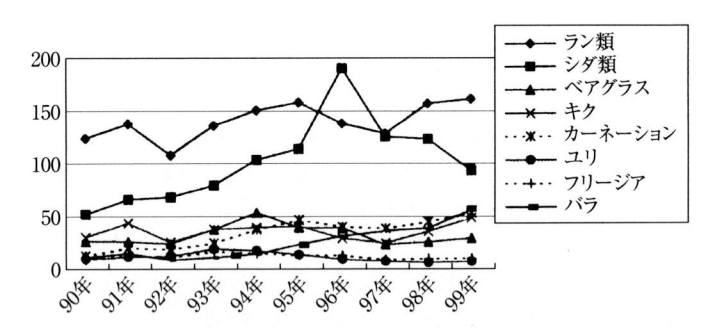

農林水産省植物防疫所「植物防疫統計」および同省農産園芸局果樹花き課調べ

図4.4　主要輸入切り花の年次別数量の変化（100kg）

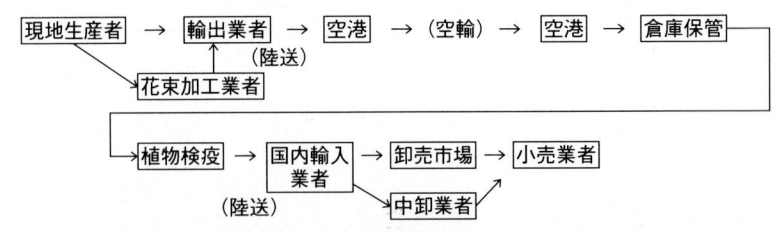

現地生産者 → 輸出業者 → 空港 →（空輸）→ 空港 → 倉庫保管
　　　　　　　花束加工業者（陸送）
→ 植物検疫 → 国内輸入業者 → 卸売市場 → 小売業者
　　　　　　（陸送）　　　　　　中卸業者

図4.5　輸入切り花の現地生産から国内卸売市場のセリにかけられるまでの経路の例

~6日，タイ，シンガポールからは3~4日かかる．輸入切り花が海外の生産地で収穫されてから日本の花き卸売市場のセリにかけられるまでの簡単な経路の例を図4.5に示す．

輸入切り花の仕入れ価格にはFOB価格（エフオービー：相手先の空港，港までの価格）とC＆F価格（シーアンドエフ：日本の空港，港までの運賃を含む価格）がある．航空運賃などは一回に運ぶ荷の量により運賃単価は変わるから少量輸入は高額になる．

輸入切り花の経費について杉山は次のように試算している．例えば輸入カーネーションが卸売市場で30円で仕切られたとすると，1本当たりの航空運賃は12円，通関手数料が0.9円，輸入関連手数料5円，国内運賃3.5円，市場手数料3円で合計24.4円かかる．FOB価格10円で仕入れたとすると明らかに赤字となる．実際は輸送中の損傷や植物検疫で数％のロスがでることがあるので，市場価格が50~60円以上で仕切られないと採算は取れない．

4.3 販売業界

生産されて一定の価格が形成された花き商品は，流通配達され最終的には販売されて利用される．花きの利用が広がると販売対応も多様化し複雑になる．21世紀の花き産業は成熟してますます販売業務は拡大する予測がある．販売業務は一般家庭用と公共需要を含む業務用とに分けられ，販売側は小売用業者と業務用業者とに分けられる．

4.3.1 小売業者

(1) 生花専門店と園芸店

花きの小売業者には一般小売店と最近増加した大型小売店とがある．通産省の商業統計によると1997年現在，花・植木を販売する一般小売店は全国で26,691店で，関係する従業員は90,743人，年間の販売額は8,763億円としている．しかし，一店当たりの年間売上は3,283万円で全体に零細な店舗が多い．

一般小売業の大部分は生花商または花専門店といわれる切り花を専門に販売する業種であるが，その他には種苗，鉢物，花苗，園芸用品を販売する園芸店とがある．生花専門店は顧客の希望に応じた花束を作成して販売する技能者を持つ専門店である．近年は花専門店は技能化と独自化による性格で大型量販店と対抗している．

農水省の「花き産業振興総合調査」(1997) によると一般小売り生花店の2005年の予測では図4.6のように切り花のシェアは落ちる予想である．生花専門店も伝統に生きたビジネスから脱却して，今後は量販店との競合から個性のある店舗やファッション花店への志向が強い．

また，今までにはなかった生花のディスカウント店とそのチェーン店も一方では増えている．

顧客が遠方の知人に花を贈る通信配達制度も早くからできている．1910年米国にFTDが発足し，日本では1953年に日本生花通信配達協会（JFTD）が設立され，1995年現在，全国に約5,600店が加盟し，「花キューピット」と呼んで生花通信配達業務を全国ネットで実施している．これら加盟店は国際的な生花通信配達組織「インターフロラー」を通し世界160カ国へも通信配達ができる．

1) ガーデンセンターについて

大型園芸専門店であるが一般小売業の一業種である．1970年ころから広い売り場と駐車場をもち，花植木から園芸用品まで取り揃えセルフサービスで販売する郊外型ガーデンセンターが出現した．顧客は車で訪れ，楽しみながら購入するガーデニングを対象とした新しい購買力を掘り起こし，家庭消費を著しく促した．特に店員が商品知識をもち，専門のグリーンアドバイザーを置いて顧客のサービスをしているのもここの特色である．

(2) 大型小売店（量販店）

食料品や生活用品などをセルフサービスと格安な価格で販売するスーパーマーケット，ホームセンターなどの大型量販店（mass market）が花きや園芸用品などの販売を始め園芸のビジネスを大きく変化させた．多店舗展開するこれらの量販店は計画的な大量仕入れ，戦略的かつ省力的な販売システム，情報をもとにした商品構成と商品管理による流通革命による．

1) 量販店とチェーンシステム

大型量販店はチェーンシステムで多店舗展開しているものが多い．チェーンシステムには各店舗は独立しているが，本部企業が商品やブランド，販売のノウハウを提供し加盟店として運営する①フランチャイズチェーン（fran-chise chain）と，独立資本の加盟店が互いに協同して一つの企業体のように運営する②ボランタリーチェーン（voluntary chain），本店，支店とも同一企業傘下で商品，販売ノウハウ，宣伝など全て本部の指導で行う③レギュラーチェーン（regular chain）があり，コンビニエンスストアーなどは①や②が多いが，スーパーマーケットやホームセンターは③が多い．

2) 量販店の業務様態と販売方法

量販店はその業務様態から次のように分けられ花きの販売対応もやや異なる．

A. スーパーマーケット　スーパーマーケットは米国で発祥し，セルフサービスによる合理的な小売り業務でわが国には1950年代に誕生し，1994年，

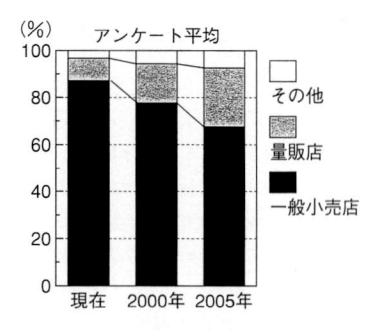

図4.6　切り花の小売りチャンネル予測
（日本花普及センター，1997）

表4.3　スーパーマーケットにおける花商品群別売上構成比

	全体	伸びている企業	横ばい・下降企業
切り花（束売り：ラッピング）	79%	70%	81%
切り花（単品1本売り）	9%	10%	7%
切り花（アレンジ，バスケット）	3%	5%	1%
鉢物（鉢花，観葉植物など）	11%	13%	8%
その他	2%	2%	2%
合計	100%	100%	100%

スーパーマーケットの花き取扱状況（花き産業振興総合調査）花き情報，1996，No.3

全国に8,511店舗ある．スーパーマーケットは日本の造語で食料品を中心に扱う①食品スーパーと衣料を主とした②スーパーストアー，衣食住に関する生活必需品を総合的に販売する③総合スーパーの三つに分けられる．花や園芸用品を扱うのは総合スーパーである．農水省の調査によると自社直営の花売り場をもつスーパーは67％で，その他のテナントで花店が入っているものがあり，次第に増加する傾向にある．しかし，スーパーでの花き販売は清潔さが重点なので切り花が主体である．スーパーで取り扱う花きの商品は表4.3のようになる．スーパーは家庭の主婦が日常の食品を買いに必ず来店する強みがあり，そこに手ごろな価格の花があれば手を出すというチャンスがある．花の場合同一商品を全チェーン店で同時に仕入れることは難しいのが課題で，現在は輸入花きが主体になっている．

B．ホームセンター　ホームセンターは住まいを便利で快適にする商品，すなわちDIY（Do it your self）商品，日常家庭用品，家電用品，カー用品などを扱うセルフサービスのチェーン店として最初，英国に誕生し，そして米国で発展した業態である．わが国で最初に誕生したのは1972年，埼玉県与野市の「ドイト」である．現在（1998）全国に3,200店舗あり，総売上は3兆円以上，1,000億円以上の売上企業は6社に及んでいる．ホームセンターは戸外にも売り場をもち，花苗や植木などの泥物やエクステリア用品なども扱いやすいので，最初から重要な販売品目として位置付けられてきた．1996年ころのガーデニングブームはホームセンターの販売促進による効果も大きかったと見られる．ホームセンターの総売上高に占める各商品構成割合の中でも園芸関係用品は高い位置にあることが次の表4.4でわかる．

　園芸部門の売上についてホームセンターとしては中規模企業だが，園芸には力を入れている（株）ドイトの24店舗の園芸売上構成は表4.5のように植物より園芸用品の肥料，農薬，資材，またエクステリア用品部門の売上が大きいことが特色である．園芸は花苗

表4.4　ホームセンターの総売上に占める商品分野別構成比（1995〜1996）

大分類	95年		96年	
	売上高（百万円）	総売上高に対する比率	売上高（百万円）	総売上高に対する比率
総売上高	1,119,762	100.0	1,208,666	100.0
用具・素材（工具・材料）	199,850	17.8	215,947	17.9
電気（照明・家電関係）	123,303	11.0	127,854	10.6
インテリア（家具その他）	168,449	15.0	171,767	14.2
家庭用品（日常消耗品他）	221,284	18.9	236,188	19.5
園芸・エクステリア（植物・園芸用品他）	183,258	16.4	208,408	17.2
アウトドア・カー用品（レジャー，スポーツ用品）	131,482	11.7	131,438	10.9
教養・娯楽	56,061	5.0	60,381	5.0
サービス	13,113	1.2	15,353	1.3
その他	32,962	2.9	41,330	3.4

注1：ペット用品は園芸に含まれる．
注2：第8回のDIY小売業界実態調査報告書より抜粋し一部改編した．

表4.5　ホームセンターにおける園芸商品の売上構成比（大沼1998,千円）

部　門	96年実績	構成比	98年実績	構成比
園芸用品	268,922	35.9%	347,000	32.4%
園芸植物	31,050	4.2%	48,500	4.5%
エクステリア	81,370	10.9%	109,400	10.2%

や野菜苗，植木など植物が主体であることに変わりない．それだけに今後は植物の売上を伸ばしたいものである．

C．コンビニエンスストアー　日本で最初に開店したコンビニエンスストアは1969年大阪府豊中市に開店した「マイショップ」だといわれている．1974年に東京都江東区豊洲にセブンイレブンの1号店が開店し，翌1975年には豊中市にローソンが開店している．最初は午前7時から午後11時までの営業時間が，その後24時間営業になっている．広い年齢層を対象に日常の生活用品や食品，飲料などを販売し多くはフランチャイズ方式である．本部，問屋に相当するベンダーと各店舗を結ぶオンラインのネットワークで統一した仕入れや商品管理が特色である．業界トップのセブンイレブンは2005年には全国で約10,800店舗となった．コンビニ全店舗数は30,000店舗以上と推定される．このコンビニでも切り花を中心に花を扱う要望は強い．すでに母の日やクリスマスなどの物日には各系列とも花束やアレンジメントの予約販売を始めている．

(3) その他の小売業

花きの小売販売の領域は広がり多様化している．食品企業などが顧客サービスに花を贈答したり，大手通信販売企業が花を営業品目に加え，DM販売や通信販売などで限りなく広がっている．花き産業ではこのようなビジネスチャンスをつかんで伸びている企業もある．

(4) 業務用販売

業務需要や公共需要に対する販売業務で，催事装飾用，冠婚葬祭用，造園景観植栽用などのように植物材料の供給販売だけでなく，二次的に装飾，ディスプレーする業務などを含む．イベント会場の装飾やスポンサーなどの依頼による業務などである．結婚披露宴，宴会場，葬祭などの装飾を専門的に行う企業もある．これらは商業デザイン分野とオーバーラップし，新しい分野としてまだ開拓する余地が残っている．

4.4　種苗企業

花き産業の発展を支えるのが新品種の開発と優良種苗を供給する種苗部門である．それを担当するのが種苗企業で20世紀に大きく伸びた部門でもある．さらに種苗専門の企業だけでなく20世紀には異業種大企業もこの分野に参入している．

4.4.1　世界の花き種苗企業の現況

各国の種苗企業も20世紀前半までは自国中心にビジネスを展開してきたが，後半になってからは種苗の生産，販売とも国境を越えた国際的なビジネスに発展している．現在，世界には1,500以上の種苗企業があり，近年はビジネスの拡大と多様化から企業間の合併

や巨大企業による買収など企業間の競争が激しくなっている．たとえばオランダを代表する花き種苗を生産販売しているスルース・アンド・グルート社（S＆G）はスイスの多国籍企業サンドー（Sandoz）に買収されてノバルティ（Novaties）になり，さらに最近，サンドーとチバガイギが合併してシンジェンタ・シード（Syngenta Seed）になった．20世紀末から21世紀にかけてさらに種苗企業間の統合，提携が急速に進んで，いくつものグループができた．英国のコレグレーブ・シードを中心にしたコレグレーブ・シード・グループ（Colegrave Seed Group），老舗のピルモーラン，フェリモース，クラウス社などを含むリマグレイン・グループ（Limagrain Group），ボール・シードを中心にパンアメリカン・シード，ボール・フロラ・プランツ，バーピー・シードなど多くの企業を買収したボール・グループ（Ball Group）は日本にもTMボール研究所やM＆Bフローラなどの合弁企業を持つ．さらに2001年には前掲のコレグレーブ・シードも買収している．ごく最近，急速にグループ化や買収して大きなグループを形成している企業にオランダのファン・ザンテン・グループ（Van Zanten Group）と日本のキリン・グループ（Kirin Group）がある．前者は栄養系花きを中心に十数社を持ち，その中にはオランダの有名なファン・スターベーレン（Van Staaveren）も買収されている．キリン・グループも栄養系花きを中心に英国，オランダ，スペインなどの花き育種，苗生産，花の卸会社，花市場などの関連企業を買収して世界の花き業界に進出している．すでにキク苗では世界の25％のシェアを獲得している．

　このような統合や合併の進む種苗業界の中で高い開発力と独特のビジネスを世界に展開し単独で対抗している種苗企業もある．日本のタキイ，サカタ，そしてドイツのベナリー社と米国のボジャー社である．両者とも海外に現地法人企業や開発農場を持ち，他のグループ企業と肩を並べている．例えば「サカタのタネ」はSakata Seed America Inc., Sakata Seed Europe B.V.の他英国，フランス，メキシコ，チリ，ブラジル，韓国などに現地法人をもち採種や種苗の販売拠点にしている．研究農場も米国のユマ，フロリダやコスタリカにもつ．タキイもサカタ同様に世界各国に現地法人をもち開発やビジネス展

表4.6　世界の花き生産者に種苗を販売している種苗企業

国　名	種苗会社名	住　所	主な販売花き種子
アメリカ	Bodger seed Golasmith seed PanAmerican seed	Box607, Lompoc CA. Box1349, Gilroy CA. Box438 West Chicago Il.	マリーゴールド，インパチェンス ペチュニア，サルビア パンジー，インパチェンス
オランダ イギリス ドイツ デンマーク	Syngenta seed Floranova Benary seed Daehnfeldt seed	Box2, 1600 AA Enkhuizen Noewich Road, Dereham, UK Box1127, D34331 Hann. Germany Box185 DK5100 Odense Denmark	パンジー，ベゴニア ペチュニア，サルビア ベゴニア，シュツコンソウ ベゴニア，ガーベラ
日　本	(株)タキイ種苗 (株)サカタのタネ	京都市下京区梅小路猪熊東入 横浜市都筑区仲町台	ヒマワリ，ビオラ パンジー，ユーストマ

開をしている．1843年に創業して150年の歴史を持つドイツのベナリー社（Ernst Benary）は種苗企業の創始開拓者であり花き育種や種苗販売の歴史である．プラントハンターが発見した植物を育種して販売することを19世紀半ばから始めている．ベナリー社といえばベゴニアの育種だが，最近は種子系宿根草の育種で一歩前を進んでいる．米国のボジャー・シードもジニア，マリーゴールド，インパチエンス，ポーチュラカなど独特の育種で知られている．

種苗企業のここ30年は F_1 品種の育種の競争であった．世界的には花壇用や鉢物用花きの育種が中心であったが，タキイやサカタなど日本企業は切り花用のユーストマやヒマワリの F_1 育種で国際シェアを得ている．

また，業務内容も欧米では生産者用の種苗と一般消費者用の販売企業は分かれている

表4.7　国内の花き生産者に種苗を販売している種苗企業

会社名	住所	主な販売品目
タキイ種苗（株）	京都市下京区梅小路猪熊東入	ユーストマ，ヒマワリ，ビオラ
サカタのタネ（株）	横浜市都筑区仲町台	ユーストマ，パンジー，ペチュニア
ムラカミシード（株）	茨城県友部町大田町341	ユーストマ，カーネーション，カスミソウ
ミヨシ	山梨県小渕沢町上笹尾	ユーストマ，カーネーション，デルフィ
M&Bフローラ	山梨県小渕沢町上笹尾	パンジー，ビオラ，シクラメン
福花園種苗（株）	名古屋市中区松原町2-9-29	アルストロメリア，HY・リモニウム
シンジェンタ	千葉県多古町高津原向の台	パンジー，インパチエンス
白山貿易（株）	愛知県長久手町砂子631	ニューギニアインパ，ヨーダーマム
キリングリーンアンドフラワー（株）	東京都中央区八丁堀2-24-2	スプレイギク，ポットカーネーション

表4.8　海外の主な栄養系苗の専門企業と，それを販売する国内企業

花きの種類	企業名	国名	わが国での取扱会社
カーネーション	Van Staaveren B.V.	オランダ	ミヨシ，フジプランツ，福花園種苗
	Hilverda B.V.	オランダ	ミヨシ，フジプランツ
	Kooij & Zonen B.V.	オランダ	ミヨシ，フジプランツ，住化農業資材
	Barbret & Blanc S.A.	スペイン	キリングリーン，ミヨシ，フジプランツ
	West Stek B.V.	オランダ	ミヨシ，フジプランツ，住化農業資材
	Selecta Clem	ドイツ	サカタのタネ，ミヨシ，フジプランツ
バラ	Meilland et Cie	フランス	京成バラ園芸
	W. Kordes Sohne	ドイツ	京成バラ園芸
キク（スプレイ）	Fides	オランダ	キリングリーンアンドフラワー，精興園，ミヨシ
シュッコンカスミソウ	Danziger	イスラエル	住化農業資材，ミヨシ
ガーベラ	Florist B.V.	オランダ	タキイ，ミヨシ
	Teranigra B.V.	オランダ	キリングリーンアンドフラワー
アルストロメリア	Royal Van Zanten B.V.	オランダ	タキイ，福花園種苗，
ニューギニア・インパチエンス	Ball Flora Plant	アメリカ	M&B，HIJ，
ポインセチア	Kinetzler GenbH & Co.	ドイツ	白山貿易，サカタのタネ
	Paul Ecke Poinsettias	アメリカ	白山貿易，日本ポインセチア協会
エラチオール・ベゴニア	Gebra Man	オランダ	白山貿易

が，わが国では両方の業務を行っている企業が多い．世界市場を相手に業務を展開している種苗企業は表4.6のようになる．また，国内で生産者向けに種苗を販売している主な種苗企業を表4.7に示す．

また，近年，花きの栄養系苗や花苗を生産販売する種苗企業や異業種企業が表4.8のように増えている．

4.4.2 育種開発と種苗生産

種苗企業は育種開発，種苗生産，種苗販売が主な業務である．

(1) 育種開発

20世紀の種子系育種では均一で旺盛な発育をする一代雑種育種に代表される．ベゴニア，パンジー，ペチュニアなどのF_1育種に始まって切り花用花きのF_1育種時代に入っている．栄養系花きのバラ，カーネーション，宿根カスミソウ，ガーベラなどは欧州の育種が先行している．組織培養増殖を対象にした栄養系品種の育種や，最近では分子育種を利用した品種開発に進んでいる．

(2) 種苗の生産技術

種子生産も採種の容易な固定種の種子生産から人工交配や雄性不稔株を利用したF_1採種生産になっている．そのため採種コストの安いチリやケニアなど海外での種子生産が多くなる．また，雄性不稔株は組織培養増殖により安定した交配親を確保できるようになった．生産した種子も各処理により発芽率，発芽勢，発芽後の成育旺盛さなどプライマ処理や，種子を整形して機械播きが容易になる種子処理技術も発達した．

栄養系の挿し芽苗や組織培養苗の生産も，母株の無病化，均一多量生産が可能になった．さらに種子から幼苗を均一，多量生産できるセル成型苗生産も加わり，苗産業が発達した．

4.4.3 新品種の権利保護とUPOV（ユポフ）条約

優良な新品種を育成した育成者の権利を保護し，育種開発を促すのが新品種保護制度で，増殖が容易な固定種品種や栄養系品種がこの対象になる．花きの場合，国によって種苗法（seeds and seedlings law）や植物特許（plant patent）により保護され，わが国は種苗法で権利が保護されている．これらはいずれも国内法であるから国際的に保護されるにはUPOV条約に加盟しなければならない．

(1) 種苗法

わが国の種苗法は1947年に旧農産種苗法が制定されたが，1978年これを全面改正して品種保護を明確にし，国際条約にも加盟できる種苗法を制定した．この種苗法は①指定種苗の表示に関する規制②新品種保護のための品種登録に関する制度がその骨子になっている．

1) 指定種苗の表示

農園芸生産に使用する種苗は農林水産大臣に届け出て認知された種苗業者でないと取り扱い販売はできない．指定種苗は固定品種と交雑品種が含まれる．これらを販売するには①種苗業者の名称，氏名を表示．②種類および品種の表示．③生産地表示．④採種年月か有効期限と発芽率の表示．⑤数量の表示が義務付けられている．生産者が購入す

[38] 総　論

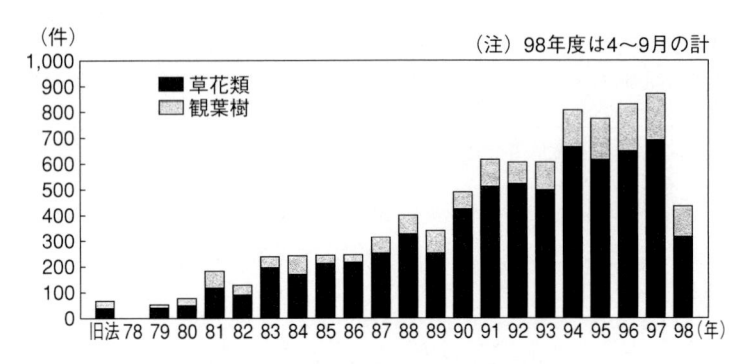

図4.7　花きの品種登録件数の年次推移

る種子袋には①～⑤の事項が明記されているのはこのためである．
2) 新品種の保護と登録制度

国によって指定された農産作物が種苗法によって新品種の育成権を保護する制度である．育成者は育成品種の登録を申請すると，その品種の新規性，区別性や均一，安定性などが審査され認められれば登録される．これにより育成品種の権利が一定期間保護され，権利者以外は許諾なしにはその品種を増殖販売できないことになっている．その後，バイオテクノロジーなどの技術の進歩により育種や増殖技術が進歩し，販売対応も変わって保護品種の権利が侵害される恐れが予測されるため，1991年UPOV条約が大幅に改正され，わが国もそれに併せて1998年に改正された．その後2003年にも改正され罰則の適用と罰金額が引き上げられた．それは従来の植物新品種保護という概念から次第に拡大し，工業特許のような知的所有権としての概念が強くなっている．将来は遺伝資源としてのジャームプラズム（garmplasum）としてや遺伝子の登録保護なども論議されるであろう．

この改正後は①権利が保護される植物の範囲が拡大された．②効力の拡大，種苗の生産や増殖，収穫物や加工品まで権利および育成者の許諾が必要となる．たとえば保護品種が無断で他国で生産され，その品種が輸入され，発見されれば追及できることになる．③従属関係の導入，保護品種を片親にして交配された品種を従属品種という．従属品種が原品種の形質に極似している場合は登録できない．また，登録品種を育種に使用する場合は原品種の育成者の許諾を受けなければならない．④保護期間の延長などである．1997年までわが国の出願件数は11,000件，登録は約6,400件，そのうち花きは4,600件で全体の70％を占め，図4.7のように花き品種の登録は毎年増加していることがわかる．
(2) UPOV条約

種苗が国際流通するようになると，育成された新品種の権利が国際的にネットワークで保護する必要性が生じ，欧州の民間育種家が国際的に新品種の権利保護を求める運動を起こし，フランス政府が1961年にドイツ，ベルギー，オランダなど12カ国が参加して植物新品種の保護に関する国際同盟（UPOV：Union Internationale pour la Protection des Obtentions Vegetales）を組織した．この条約を一般にUPOV条約（ユポフ条約），ま

たはパリ条約と呼んでいる．UPOVの本部はスイスのジュネーブにあり，わが国は1982年に批准している．2002年現在，加盟国はオーストラリア，ベルギー，イタリア，米国などの他コロンビア，ケニア，エクアドル，中国，ブラジル，韓国，台湾なども加入し51カ国になっている．

4.4.4 保護品種の取り扱い

　登録申請された新品種は受理（受理番号交付）後審査されて認められれば登録される（登録番号交付）．登録された品種は一定期間保護される．保護期間中その品種の増殖，生産には育成者（権利保有者：licenser）の許諾が必要となる．許諾された者（licensee）は，権利保有者と契約書を取り交わし，増殖，生産，ときには利用までロイヤルティー（権利行使料，特許権使用料：royalty）を払わなければならない．利用する側は原則として自家増殖はできない．たとえば海外企業Aが権利を所有している品種をわが国の生産者Cが日本の種苗企業Bを通して購入して生産する場合，CはAの権利代行者B（sub-licenser）と契約書を取り交わし，種苗購入の際，ロイヤルティーを支払うが，実際には種苗代に含まれている．種苗企業BはAに代わりロイヤルティーをCから徴収してAに支払う．ロイヤルティーはふつう種苗代の10～15％前後である．この他，栄養系苗または穂を生産者に貸与して，生産し出荷した切り花の本数にロイヤルティーをかけるケースもある．また，Bが権利者Aから増殖権を取得して海外の品種を国内増殖するロイヤルティー増殖がある．この場合Bは増殖し販売した苗本数のロイヤルティーをAに支払う．この方法によって権利保有者の国外での増殖が可能になった．

参　考　資　料

4. 花き産業の全容
1) 農水省農水技術会議編 1997. 流通システムの変遷，昭和農業技術発達史.(社) 農水技術情報協会刊.
2) 原　幹博 1992. 近郊園芸の立場からみた生産上の問題点，園芸学会平成4年秋季大会シンポ要旨.
3) 柏村哲徳 1993. このままでいいのか日本の鉢物物流 '93花葉サマーセミナー資料.
4) 編集部 1993. 花き栽培農家の生産構造統計. 花き情報，No.4.
5) 編集部 1997. 花き集出荷機構調査. 花き情報，No.4.
6) 編集部 1995. 花き流通構造調査.(市場外流通).花き情報，No.4.
7) 杉山　晋 1993. 輸入切り花の将来. 新花卉 No. 198.
8) 編集部 1998. 花き流通構造調査報告書　その2. はなみどり 1月号.
9) 編集部 1996. スーパーマーケットの花き取り扱い状況. 花き情報，No.3.
10) 編集部 1997. ホームセンター，園芸店における園芸植物. 園芸用品の取り扱い状況，花き情報，No.2.
11) Nancy. Laws 1999. Internet Mania. E-commerce. FloraCulture International. May.
12) Nils. van Beek. 2000. Internet brings international growers and traders together. Flower TECH. Vol.3. No.2.
13) Stan. Pahmer 1997. Growing the mass market floral business. FloraCulture International. Feb.
14) 編集部 1995. 花のチェーンストアー展開，はなみどり 4月号.
15) 永井幸喜 1993. ホームセンターにおける園芸の現状と将来. '93花葉サマーセミナー資料.

16) 大沼　茂 1998. ホーム - センターからみたガーデニングブーム, '98花葉サマーセミナー資料.
17) 協議会 1995. 日本花き取引コードの手引き, 日本花き取引コード普及促進協議会編
18) 編集部 1997. 輸入花きの現状と今後の見通し, 花き情報, No.4.
19) 杉山　晋 1997. 花卉の輸入の実態と国内生産体制の問題点, 平成8年度関東東海農業試験場研究推進会議資料.
20) Lynn. Whitmore 1990. Memories ; A seed compay retrospective. Seed world. July.
21) 編集部 1998. 種苗開発戦争の実態, はなみどり 12月号.
22) Monique Krinkels.Number of UPOV member tates soars. Prophyta. 3. Sep.
23) 山田利昭 1999. 1999年植物品種保護制度の仕組み. 育種学研究 1 : 41 - 47.

5. 花きの研究と教育普及

　花き産業の発達の背景には研究の成果が大きく貢献していることを忘れてはいけない．また，その研究成果を技術の実践に伝達する普及活動も大きな力になっている．
　さらには発展する花き産業に参入し従事する新人や後継者の教育も重要である．しかし，国や地方自治体などによる組織的な研究や技術指導は農業の一部門として生産に関するだけで，流通，販売部門は一部民間企業での研究，教育を除き，対象とされていない．花き産業の職業分野が拡大し，関係する人材の必要性も増えて，今後は従来より幅広い分野の研究，教育が望まれる．

5.1 花きの研究と研究組織

　花き産業の実践理論や技術的な基礎は花き園芸学にある．これは花きに関する多くの研究の集積により学問的に体系づけられたものである．その意味では花き研究は世界的にも進んだものといえよう．

5.1.1 わが国の花き研究の発達

　わが国の花き研究として文献資料などを考察した調査研究は1900年代の初期にみられたが，本格的な研究や報告がみられるようになったのは園芸学会の発足以降である．園芸学会の創立は1923年（大正12年）で，1925年に発行された園芸学会雑誌の第1巻，第2号には「蘭科植物種子の無菌発芽について」（平野英一）や「我邦における生花の淵源に就いて」（石井長次郎）など資料研究はみられるが，試験や実験成績の発表は1930年ころから多くなっている．遺伝育種，開花調節や休眠打破などの生理生態，栽培技術の試験研究が行われ始めたのは1940年以降である．当時は日本の戦後処理が終わって経済の成長期に入り各地に花き産地が育成された時期でキク，カーネーション，バラやユリなどの技術研究が行われた．花きの試験研究は大学と国立農業試験場や野菜茶業試験場などで基礎研究を，都道府県の農試，園試は生産に直接役立つ応用研究を分けて行ってきた．各所属の研究者が発表する園芸学会の春秋の研究発表会の課題を，カテゴリー別に分けて年次を追って花き研究の傾向をみたのが表5.1である．花き産業の拡大とともに花き研究も内容が時

表5.1　園芸学会における花き研究発表課題数のカテゴリー別の時代変化

課題項目	1963年	1980年	1999年
遺伝・育種	5	14	24 (9)
分類・生態	6	9	5
花色	3	4	15
繁殖一般	18	18	3
組織培養	−	−	20
開花生理・調節	16	32	13
栄養・培地	5	10	14
水管理	−	6	7
品質保持・日持ち	−	8	13
生長調節	−	3	4
生理障害など	−	2	3
病虫害関連	2	1	−
作型など	−	4	1
栽培一般	9	−	17
種子生理・生産	−	−	7
貯蔵および処理	−	−	1
その他	−	−	3
合　計	64	111	150

注）1：カッコ内は分子生物学関連課題．
注）2：園芸学会春秋発表要旨の発表課題より集計．
（ポスターセッション課題は除いた）

代背景を反映して発展しているのがわかる．花き生産の始動期の1963年の発表課題では繁殖や開花調節など栽培の基本になる技術研究に集中している．20年後の1980年は日本経済の高度成長期で各地に拡大した花き産地間の競争が始まった時期である．開花調節や用土，栄養や品質向上など技術課題や，成長調節剤利用，品質や日持ちなどの研究課題が多くなっていた．

さらに花き産業成熟期の1990年代になると，花き研究に多い花色の研究も色素分布から色素の生合成とそれを利用した育種研究に進んでいる．また組織培養に続いて，分子生物学を利用した研究も増えてきた．対象も生産研究から収穫後処理（post harvest physiology），生産後処理（post production）などへ広がっている．また欧米での花き研究は花き産業の発展を踏まえ，さらに研究の領域が広がっている．花きを含める園芸の社会的，人間的に利用する社会園芸（social horticulture）や，安全な園芸生産（sefety horticulture production），地球環境に優しい園芸生産（freindly environmental horticulture）などが重要な研究課題になりつつある．わが国の花き研究も少し遅れてこのような分野も開拓されようとしている．

以上は国や地方の公的研究であるが，近年は民間企業の花き研究も高いレベルで進んでいる．バイテクや分子育種を利用した品種開発や高品質種苗の技術および生産など公的研究では踏み込めない部分にも発展している．大手種苗企業，異業種大企業でも育種研究所や植物工学研究所を設置し先端技術を取り入れた研究に取り組んでいる．それらの成果はすでに公的研究を上回っているともいわれるが，企業側には多額の開発費が大きな経営負担になっているのも事実であろう．企業研究は非公開が原則だが，今後はできるだけ産学官共同の研究も活発に行われることを期待したい．

5.1.2　花きの研究機関および研究者組織
(1) 研究機関

わが国の花き研究は第二次世界大戦後，大学での研究がスタートし，さらに都道府県の研究機関へと拡大した．わが国の花園芸研究は稲を含む農作物の研究が主体で進んできたが，時代の変化とともに園芸研究，花き研究へと領域が拡大した経緯がある．地方の農業試験場として最初に東京府農業試験場が明治33年（1900）に開設され，その後各府県に同種の試験場が設立された．この東京都農業試験場で正式に花き研究が開始されたのは昭和28年（1953）であったから，各府県の農試の花き研究もそれ以降で，花き研究室や花き部が設置され本格的に花き研究が行われたのは1965年以後である．国立の園芸研究機関は最初，農林省の農業技術研究所の園芸部で始められたが，この後，花き研究も行う野菜試験場が設立され，さらに野菜茶業試験場になって花き部が設置され，花き育種や生理生態などの基礎研究が行われてきた．

1970年から1985年ころには花き生産の発展期で全国的に花き研究が進み，これら研究課題，研究方向の整理や共同化について野菜茶業試験場がリーダーシップをとった．野菜茶業試験場が主催し全国を6ブロックに分け，年に一回ブロック会議を開き，ブロックに属する都道府県の花き研究者が研究成果を発表しあい専門技術員や国の研究者も含め情報交換の好適な場であった．この会議で発表された各場所の成果の要約は「花き試

験研究成績概要集」(非公開)としてまとめられている．このブロック会議は現在はなくなり，それに代わって年一回の課題別研究会が開かれている．国立大学も講座制から大講座制になり，生物生産学科では花き教育とともに花き研究も行われている．農水省の野菜茶業試験場も国の行政改革により2000年から独立行政法人の研究機関として発足し，(独)農業・生物系特定産業技術研究機構に属する花き研究所になり独立した．また，都道府県の農業試験場や園芸試験場も近年，農園芸業界の変化に対応した研究組織への再編などから多くが研究所や研究センターに名称を変更している．

(2) 研究者組織

代表的な園芸研究者の組織は1923年設立された園芸学会(The Japanese Society for Horticultural Science)である．毎年春秋に研究発表会があり花部会の口頭発表とポスターセッションの要約をまとめた発表要旨の成績集を発行している．また，秋の発表会には部会別のシンポジウムも開催される．また会員の投稿論文は年4回発行される園芸学会雑誌に掲載され最近では園芸学研究も発行されている．会員は国公私立大学，短大，専門学校の研究者，国公立試験研究機関研究者，民間企業研究者やその他技術者，学生など広範囲の園芸関係者による組織である．最近は園芸学が発展し，より専門的に分化し，植物や園芸に関する学会が多く設立されている．加えて研究内容が多岐にわたり他の分野の領域にオーバーラップするものがあり，研究者は複数の学会に加入している．海外の学会では米国の園芸学会と国際園芸学会に日本の花き研究者もかなり加入している．これら花き研究に関係する主な学会を表5.2に示しておく．

大学の花き研究専攻には女性が増えているが研究組織の中では意外に少ない．森島(1999)が育種学会他4学会の女性会員(研究者)を調査し，会員2,000名前後の学会で女性会員が一番多いのは細胞生理学会で16.8％，少ない育種学会は7.8％であった．女性の

表5.2 花き研究者が加入している内外の研究組織（学会など）

	学 会 名	事務局の所在地
国内	園芸学会	602-8048 京都市上京区下立売小川東入 中西印刷株式会社内
	日本育種学会	113-8657 東京都文京区弥生1-1-1 東大農学生命科学研究科内
	日本造園学会	150-0041 東京都渋谷区神南1-20-11 造園会館内
	日本植物学会	113-0033 東京都文京区本郷2-27-2 東真ビル内2F
	日本機械学会	160-0016 東京都新宿区信濃町35 信濃町煉瓦館内
	日本植物細胞分子生物学会	113-0032 東京都文京区弥生1-1-1 東大内
	日本生物環境工学会	812-8581 福岡市東区箱崎6-10-1 九州大学生物環境調節センター内
	日本農作業学会	305-8577 茨城県つくば市天王台1-1-1 筑波大学農林技術センター内
海外	International Society for Horticultural Science American Society for Horticultural Science	Dreijenplein 4 6703 HB Wageningen Netherland 701 North Saint Asaph Street Alexander Verginia

年齢層は20代がピーク(29歳42%)で,男性のピークは40～50歳代に比べて若くこれからの加入に期待できる.しかしこの報告では「21世紀は女性の時代といわれるが女子学生にとって社会参加の際のハードルは高いばかりでなく,研究者としてスタートしてもその後の道はなかなか厳しそうだ」とまとめている.

5.1.3 研究成果や文献の利用

試験研究の成果や研究文献は先進的な生産者にとって技術開発や新品種,新作型導入など貴重な情報である.生産者がすぐに役立つ応用研究の地方試験場などの成果は,試験場の研究発表会や試験成績書(非公開もある)などの利用がある.研究員や普及員による技術発表会も行政や農業団体主催で行われるからこれに参加するのも一法である.また,農園芸雑誌や新聞も研究成果の要約や解題が紹介されることもあるから見逃せない.もちろん内外の学会員になることもよい.今後はインターネットなど研究成果や研究情報はより入手しやすくなるに違いない.

5.2 普及事業の組織と普及活動の今後

5.2.1 農業改良普及事業とその活動

花き生産の開始期から発展期にかけて集団産地育成,新花き,新技術導入,規模拡大など生産の発展には普及員の協力が大きく影響している.花き生産者の中でも技術的,経営的にやや低い人たちのレベルアップや平準化には普及員の努力が光っている.花き生産県では,1975年ころから女性の花き担当普及員も採用され,きめの細かい計画や指導が生産者間の良き相談相手にもなってきた.しかし,1990年ころから全体の生産者のレベルが高くなって,地道な従来型の技術や経営指導の必要性が乏しくなり,普及事業として指導内容や方法の転換が迫られるようになった.もともと普通作物の指導が中心に策定されている国の事業の枠組みでは,高度に集約化し施設化した花き園芸経営に向く指導内容とは大きくずれるのは当然である.この矛盾のはざまで花き担当普及員は相当苦労しているに違いない.成熟期に入った花き生産経営では今こそ大きく転換することが迫られている.例えば経営のIT化,機械化,省力化,情報化,雇用労働の問題から作業改善,環境に優しい生産,消費者とのコミュニケーションなどこれから取り組まなければならない課題はあまりにも多い.特に情報社会における情報の収集と利用に対するサービスの提供も普及事業の重要な目標になる.高齢化が進み,優秀な後継者確保と教育も普及の重点項目になる.国は時代にそぐわなくなった事業として統合や縮小を考えず,今こそ指導方針を改正して普及事業を活性化すべきだと考える.

(1) 農業者認定制度

他の産業並みの企業的な経営体を育成するため平成5年(1993),国は「農業経営基盤強化促進法」を制定した.農地の流動化を促して経営規模の拡大をしやすくし企業経営を育てる政策で,その中に「認定農業者制度」がある.10年先を見越して地域の担い手にふさわしい農業者を認定する制度である.認定を受ける農業者は規模拡大や経営,生産などの合理化を含む経営改善計画を作成して市町村に申請し認定を受ける.認定されると①農地利用集積への支援が受けられる.②課税上の特例が受けられる.③支援セン

ターから経営改善支援が受けられる．④資金融資の支援が受けられる．この認定農業者を資金面で支援するために経営体育成総合融資制度が創設されている．これにより現在，花き生産者が規模拡大や装置化，自動化がしやすくなった．スーパーL資金は金利3.5％（内，国が1％，県と市町村0.5％の利子補給），償還期限は25年（据置き10年）の長期資金で融資制度は個人が1億5千万，（複合経営は3億円），法人は5億円である．この他流動資金用の融資としてスーパーS資金もある．平成10年現在，全国で12万5千人の認定農業者がいる．農水省も普及事業の見直しとして平成11年，担い手となる人材育成支援のため認定農業者を普及対象とした．

5.3 花き産業を担う人材の教育

　花き産業が大きく発展し多様な職種，職能に分化すると，各職域で活躍する有能な人材が要求される．しかし急速に拡大した花き産業の各分野に即応した教育が行われていない問題が生じている．多くの社会人を送り出している大学や高等学校は教育内容を社会事情に応じた変更は難しいので，新分野への対応は各種学校の役割になる．

(1) 大学，短大と高等学校の教育

　国公私立大学でも花き産業に関連する講座を開設しているのは農学部や園芸学部をもつ大学である．農学一般の教科内容を広く教育しているが，研究者でもある教授，助教授から教育を受けるから一部には研究者養成教育ともいわれている．学際的な知識はもつが，産業界の実務や実態の把握は全くないから，学生は社会にでて企業など実社会に入って改めて実務教育を受けるか，体験しながら自ら知識を高めなければならないことになる．今後，拡大する社会園芸，環境園芸や流通機構，園芸ビジネスやマーケティングの基礎なども大学のカリキュラムに取り入れてほしい．この点，短期大学や専門学校にはこれらの領域の講座を広げている学校もあるので，農学部を出てからこれらの学校に再入学している学生もかなり多い．また，農園芸界では実務技能の修得はきわめて重要であるが，農場を持ち農場実習を演習している大学，短大は少ない．恵泉女学園短期大学園芸生活科（神奈川県）は永年，実践的な講義と農場実習をリンクさせ，多くの園芸女性を送り出し，業界の発展に大きく貢献したが2005年同科は廃止された．各都道府県の農業高等学校も伝統的に日本の農園芸界を担う人たちや後継者を送り出してきた．現在，花き経営者や園芸販売面には農業高校の卒業生が多数活躍している．大学や短大には欠けている実験や農場設備も完備しているが，最近は技能を習得する実習が十分機能していないようである．実習や技能を教える農業教員の不足と，農場を管理し，生徒の実習を直接支援する有能な農場職員の減少が原因と考えられ，農業高等学校の衰退を嘆く声もでている．国の農園芸教育に対する姿勢が問われている．

(2) 専門学校や各種学校など

　新しい産業分野に対応する多様な学科を用意しているのが専門学校と各種学校である．しかし，ここでも花き関係は，フラワーデザインや園芸福祉などが圧倒的に多く，流通やマーケティング，店舗などの企業経営，情報処理のプロフェッショナル養成の教科をもつ学校はきわめて少ない．また，ガーデニングや造園技術，園芸療法などの実習でき

る設備をもつ学校も少ない．花き園芸から造園，園芸福祉，栽培学まで多面的に専門教育し実習をしている数少ない専門学校にテクノ・ホルティ園芸専門学校（埼玉，東京，大阪）がある．また，1998年，兵庫県が開講した淡路景観園芸専門学校や2002年に開講した岐阜県立国際園芸アカデミーは園芸と造園をクロスオーバーさせた新しい分野を教育する学校として期待されている．

（3）農業大学校や職業訓練校

各道府県が開校している農業大学校も農業後継者の養成を目的として多くの農業後継者を送り出してきたが，最近は関連企業に就職するものも増えている．実践的な講義や実習が他の専門学校や各種学校にはない面をもつからである．また，職業訓練校も業界の就職に利用されているが，造園はあるが花き関係はない．

参 考 資 料

5. 花きの研究と教育普及
1) 阿部定夫 1982. 花卉の試験研究と普及指導，戦後農業技術発達史（続）．農林水産技術情報協会刊．
2) 池田英夫 1998. 大学における園芸学教育の変化と現状，園芸学会雑誌，第67巻，別冊2.
3) 松尾英輔 1997. 園芸と人間のかかわりを探る．農業および園芸，Vol.72, No.9-10.
4) 山極栄司 1998. 農業改良普及事業の50年（2）．農業および園芸，Vol.73, No.10.
5) （野付牛）1998. 行政改革と農業関係研究機関の将来．農業および園芸，Vol.73, No.1.
6) 編集部 1998. 産業化へのひとづくり，はなみどり，7月号．
7) 編集部 1995. 農政ジャーナル，認定農業者制度のメリット．農耕と園芸 11月号．
8) 森島啓子 1999. 育種学研究，1121.

6. 花きの利用

　花きの利用が拡大することによって消費は間接的に増大する．その中でも多いのは一般家庭の利用で，花きの需要を支えている．そのため家庭消費が一般の消費の指標になり国民の花き消費の比較などにも利用される．しかし花きは家庭消費の他にいろいろな面で利用されその用途はますます拡大されている．

6.1　花きの家庭消費

6.1.1　一般的な家庭消費

　家庭生活の中で日常室内を飾るために花を購入したり，誕生日の花，仏花など生活習慣として購入する花をここでは一般的な家庭消費とした．日本の家庭における花き消費は経済の発展や生活の安定とともに伸びてきて，1998年の総務庁の調査によると一世帯当たりの切り花の支出金額は12,268円になっている．また同調査によると年次別傾向は図6.1のようにバブル経済の崩壊からはやや横ばいでガーデニング関連の園芸用品の支出は伸び続けている．いわゆる1996年以降ガーデニングブームといわれる傾向がここに現れている．この調査は全国168市町村の約8,000世帯を調査したもので，切り花の消費が最も多かったのは鹿児島市，園芸品の支出が多いのは山口県で，かつて大都市の支出が大きかったが次第に地方都市に移っている傾向が伺える．

　海外と比較した日本の家庭消費は世界各国の花き消費動向と同列に比較することは不可能に近い．統計のとり方，統計のまとめ方，調査年次が各国によって異なるからである．

　このような事情を越えてオランダの「Flower Council of Holland」がまとめた資料によると世界の花き総卸売額は20,891,000万ドルで，総作付面積は223,105 ha だと推定し，各国の国民一人当たりの花き消費額と市場規模を比較すると表6.1のようになる．

　一人当たりの花き消費額の高いのはスイス，ノルウェー，オーストリアやドイツなどの先進国だが日本はドイツの半分以下で米国とともにフランス，イタリアより低い．

6.1.2　趣味の園芸とガーデニング

　生活が豊かになり労働時間が短縮されると余暇を有効に費やすいろいろな趣味を楽しむようになる．その中で園芸は首位を占める趣味である．趣味の園芸はその後ガーデニングに発展するが，趣味は時としてブームを巻き起こすので一般的な家庭の花や緑の消費とは違った動きをするのでここでは分けて述べる．

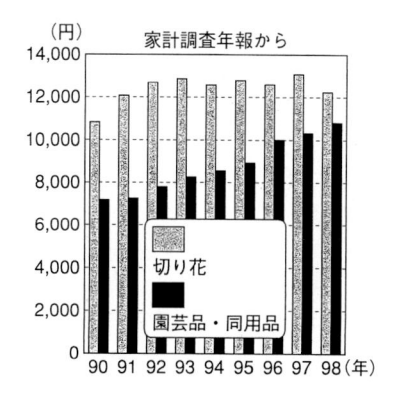

図6.1　家計消費における切り花，園芸品の支出の推移（総理府平成10年度調査）

ガーデニングは本来英語の園芸（gardening）であるが，ガーデニングという概念は以下に述べるようにやや変わっている．家庭園芸の発展の過程で1980年ころ趣味の園芸ブームがあった．余暇を楽しむ傾向が強くなり全国の書店の棚が多くの園芸書で占められ，各地の公民館やカルチャーセンターで園芸講座が開かれた，NHKの「趣味の園芸」番組もこのころ開始されている．この時代の趣味の園芸は植物を育て楽しむというささやかな園芸であったが，1995年頃のガーデニングブームは庭や住まいを花や緑で演出して飾る園芸へと進化している．きっかけは若い女性がイングリッシュガーデンに魅力を感じ，素人でも容易に栽培できて簡単に長期間花が楽しめる「サフィニア」などの出現に始まる．最初の園芸ブームは中高年齢層を中心に広がったが，このガーデニングブームは20代から70代までの広い年齢層に普及したことで，構造的に園芸の消費を拡大していることである．イングリッシュガーデンの影響は庭に宿根草やエクステリア用品でデザインし，ハンギングバスケットやコンテナガーデンで住まいを演出するようになった．住まいを飾るガーデニングは広がって家並みや町並みを飾るように発展し，美しい地域づくり，すばらしい環境づくりへと発展を続けている．

ガーデニングの発展は多様な植物素材の提供もその背景にある．流通革命による量販

表6.1 世界各国における花きの一人当たりの年間消費額と国の花き市場規模（1997）

国 名	花きの一人当たり年間消費額（ドル）	人 口（百万人）	花きの市場規模（百万ドル）
オーストリア	105	7.89	836
ベルギー／ルクセンブルグ	66	10.49	690
中国	0.40	1,203.10	488
チェコ	9	10.43	92
デンマーク	80	5.2	416
フィンランド	66	5.09	335
フランス	66	58.11	3,828
ドイツ	94	81.34	7,607
ギリシャ	31	10.65	332
イスラエル	12	3.55	44
イタリー	60	58.29	3,496
日本	43*	125.51	5,397
オランダ	77	15.45	1,183
ノルウェー	160	4.33	493
スペイン	24	39.40	950
スウェーデン	85	8.82	752
スイス	167	7.08	1,183
イギリス	29	58.30	1,680
アメリカ合衆国	55	263.81	14,586
世界の合計花き市場			44,596

注：FloraCulture International, March 1997に紹介されたオランダ花卉園芸協会調査による数字である．＊日本のデータは切り花の消費だけである．
［注意］各国の統計のとりかたが違うこと，年次もやや違うものもあり表の作成には正確に比較できるよう努力したと協会は述べている．しかしこの種の数字はなく，各国の花き消費動向，花きの市場規模の比較には参考になる．

店やそれに競合するガーデンセンターや園芸店が豊富な植物と園芸品を手ごろな価格で供給していることである．また，マルチメディアからあらゆる園芸情報が入手しやすく多くの家庭人が園芸の学習を果たしたことにもよる．21世紀は環境の時代，人間性を取り戻す時代，われわれの文化を見直す時代ともいわれ，今後ガーデニングは多様な社会に広がるものと予想される．

図6.2　寄せ植えのコンテナガーデン

　マニア園芸は古くからあって，愛好家が集まって特定の植物やそれに関する文献資料を集めたりして熱中するグループで，ふつうの趣味の園芸とはひと味違う．サクラソウ，変化アサガオ，オモト，サツキ，エビネなどその種類は極めて多く多様である．

　香りや味を楽しむハーブ園芸もいまやガーデニングの一部になっている．その他，キッチンガーデン，ポプリ，エディブルフラワーや薬草なども今後は盛んになり，料理専門家や薬草家などとの交流が生まれる．さらに園芸を学ぶ楽しみを児童に与え，幼児と園芸，園芸療法，ビオトープや自然を守る方向へ発展するものと期待されている．このようにガーデニングは関連する各分野と知識やビジネスの支援や交流を持ちながら花き産業が巨大なビジネスに育っていくものと考えられる．

(1) イングリッシュガーデンと英国の園芸

　20世紀末のガーデニングブームに大きな影響を与えた英国のイングリッシュガーデンに触れないわけにはいかない．ブームの後もその影響はまだ続いて宿根草の利用などに波及している．

　1) 日本でいうイングリッシュガーデン

　英国の庭は全てイングリッシュガーデン（English garden）で，われわれがいうイングリッシュガーデンという形式はない．16世紀に作られたハンプトンコートパレスの庭園はフランスの幾何学模様式の影響を受けた庭園で，その後英国庭園は様々に変化しているからである．王室をはじめ王侯貴族が広大な土地を所有して早くから造庭は進み，もともと植物相の乏しい英国が17世紀から18世紀にかけて，プラントハンターが持ち帰った多様な植物がそれをたちまち豊かな庭園に移り変えたようである．フランス式の整形庭園に対して自然風景式庭園が起こり，さらに産業革命後は田園を背景としたコッテージガーデンなども流行し，樹木の植え込みと芝生に宿根草を配植した宿根園（Perennial garden）が現れ，ウィズレイガーデンやヒトコート・マナーガーデンに作られ，これらがわが国でいう英国風イングリッシュガーデンなのである．この宿根草を用いた英国風の庭園はわが国の公園やテーマパークに小規模に作られたが，本格的なイングリッシュガーデンは1992年ころ長野県茅野市北山に作られた「バラクライングリッシュガーデン」や2002年には群馬県新田村に作られた「アンディ・アンド・ウイリアムズ・ボタニックガーデン」がある．

イングリッシュガーデンの影響は，宿根草への関心とこれらをデザインして寄せ植えするハンギングバスケットやコンテナガーデンなどが女性の間に普及し，街角でも多くの作品や装飾を見かけるようになった．

2）英国の園芸とその特色

英国は家庭園芸を含めると社会園芸が世界の中でも特異的に発達している国である．歴史的に多くの庶民と社会団体が園芸を楽しみ育て発展してきた．このため園芸産業のビジネス規模は諸外国よりは小さい．英国の人々は自分達で植物の知識や楽しみを実践し社会活動まで広げている．その原動力はチャリティーとボランティアで個人の楽しみと満足感がそれを支えているようだ．この点が日本の園芸とは根本的に違うことを理解すべきである．英国には王立とつく団体や事業があるがそれはほとんど名称だけで国や王室からの財政援助はない．

図6.3　バラクライングリッシュガーデンの一部

図6.4　ウィズレイガーデンの本部建物

英国の園芸をリードしているのは英国王立園芸協会（Royal Horticultural Society：RHSともいう）である．1861年に設立され植物や園芸に関係する連携，協力して園芸の発展普及に努める団体で全て会員により組織され運営されている．1903年にはロンドン郊外の土地を手に入れ，現在のウィズレイガーデン（Wisly Garden）を開設して運営している．園芸を啓蒙普及する実験，展示を目的とした庭園として有名である．RHSは現在20万人の会員を擁し，日本にも英国王立園芸協会日本支部（RHSJ）がある．RHSは園芸に関する科学的な調査研究，園芸に関する社会的要求に対する援助協力，園芸新品種の試作，園芸技術者のための研修，ウィズレイガーデンの維持など幅広い活動をして英国の園芸を推進している．毎年同会が主催するチェルシーとハンプトンコートのショーは世界から多くの人を集めている．月刊の会報誌「The Garden」は文献価値も高い．RHSの他に英国では次の民間団体が園芸啓蒙や種類品種の保存，歴史的な庭園の保存から環境保全まで強力な運動を展開している．

A．ナショナル・トラスト（The National Trust：N.T.E.）

会員220万人の英国の自然と歴史を守る環境保護団体で遺跡や海岸，沼沢地などの保

護，歴史的建造物や自然の自生地などの買取り，古い庭園の修復など，全く行政の援助を受けず同会の独自の活動として行っている．
B. ナショナル・プラント・コレクションズ（National Plant Collections：NCPPG）
　園芸植物の野生種や園芸品種を民間のボランティアで保存する組織である．現在約6,000名の会員がおり，約50,000種を600カ所の個人庭園またはナセリーで保存している．遺伝資源の保存は重要課題であるが，生きている植物の保存には国や公共団体では膨大な予算を費やす．これを英国ではボランティアの力で一部とはいえ実施している．この詳しい保存リストは毎年「The National Plant Collection Directory」として発行されている．
C. ナショナル・ガーデン・スキーム（The National Garden Schime）
　個人の庭園をチャリティーで一般開放し庭園を愛好する人が一定のガイドに従い自由に訪問できるシステムを運営する団体である．1927年に設立され，現在毎年3,500戸の個人庭園が開放されている．毎年会からイエローブックといわれる開放者の氏名，場所，道順，開放日や時間など詳しく記載されているデータブックが出されている．近年，わが国でもこれに近い方法で一般家庭の庭を開放するオープンガーデンなどの動きがある．
　この他，英国の園芸で奥の深さを示し世界の注目を受けているものにプラントファインダーがある．
D. プラント・ファインダー（Plant Finder）
　英国内で販売されている宿根草を主に山野草，コニファーや一部の樹木など苗を中心に約70,000種とそれを販売している1,300のナセリーのRHS発行の種苗リストである．毎年10％位の種類とナセリーが更新されている．非常に詳細でたとえばペンステモンだけで1997～1998年号には野生種と変種が115種，園芸品種が180種記載されている．現在では検索しやすいようCD-ROMも発売されている．このように英国の園芸人はこれほど詳しい種類品種を検索して楽しむレベルをもっていることと，1,300の小さなナセリーがそれぞれ独自の種類品種を収集販売していることである．また，RHSのプラントファインダーに促されて「The Seed Search」と「Plant World Seed」が英国で，「PPP Index」や"The European Plant Finder"がCD-ROMを含みドイツから出されている．

6.2　社会園芸

　花きを含む園芸が利用の面で多様に広がり人間の生活とより深く関わりをもつようになると，生産だけの園芸研究だけでは対応できなくなり，人間と園芸の関わりを研究する新しい分野が生まれている．1994年，京都で第24回国際園芸学会が日本では初めて開催され，海外の園芸研究者から都市園芸や園芸教育を含む社会園芸に関する多数の発表があって日本の園芸研究者の関心を集めた．都市園芸のセッションは著者が参加した1982年の同学会のハンブルグ大会にもあったが，十数年の間にその領域はさらに広がっている．

6.2.1　社会園芸とその領域とは

　社会園芸とは，松尾（1997）によれば米国のNovak, J.R.が提唱したSocio-Horticultureの訳語である．人間および社会環境と植物との関わりを研究する分野で，健康や医療と植物の関係の園芸療法（Horticultural Therapy），都市住民の快適な生活環境を改善し創造

する都市園芸学（Urban Horticulture），家庭園芸や市民農園などガーデニング，ハーブや調理など生活を楽しむ消費者園芸学（Consumer Horticulture），植物を通しての幼児児童教育，情操や専門教育，生涯教育や花いっぱい運動のように共同作業やコミュニケーションを通して地域社会の連帯感や環境美化などを研究する人間問題研究（Human Issues in Horticulture）などの研究分野が開拓され，その先には地球に優しい環境づくりまで広がっている．国際的には「国際人間－植物会議」が1990年に設立され，毎年シンポジウムが開催されており，国内でも社会園芸学関連の講義をしている大学は5校以上になっている（松尾1997による）．

6.2.2 社会園芸の現状と今後
(1) 園芸療法

園芸療法が米国から紹介されたのは1992年である．その後，各地に研究会や協会が立ち上げられ急速に関心も高まり，実践する医療機関や福祉法人も増えている．もちろん民間活力による活動が望ましいが，医療や福祉に関わる活動だけに，まだ制度も所管する行政も決まっていない点に心配がある．先進の米国では統一的な米国園芸療法協会が資格制度を確立し，教育研修，啓蒙普及，研究など実践を支援している．園芸療法は精神的，身体的，知的障害をもつ人たちの治療やリハビリに植物の栽培を役立てようとするもので，さらに高齢社会を迎え精神安定や生きがいにも役立つ．そのため医療，福祉，園芸，造園の各分野の共同と作業療法士や園芸療法士（まだ制度化されていない）やボランティアの協力が重要である．沢田（1997）は「植物が主役の園芸と人が主役の園芸療法は異なると考えるべきで，園芸療法を実践するためにはまず，人を癒すための知識と技術が必要である」といっている．これから本格的に医療関係機関や福祉関係施設で実践されるものと思われる．

(2) 教養や信仰などの生活文化

古くから日本社会では伝統的に生け花や茶道，各地方の伝統行事や信仰による祝事に植物を用いる生活文化があった．これらの在来文化は欧米文化の導入で残念ながら衰退している．ここで自分達の文化を再び見直す時期が到来している．

1) 生け花

生け花は茶道と並ぶ日本の伝統的な芸術でその発祥は家屋の建築様式が寝殿造りから書院造りになって室内に飾り棚や床の間ができた室町時代の天文年間といわれている．天文11年（1543）に出された「池坊専応口伝」に花をいける方法および精神が述べられていた（西山，1978）．池坊は創始流儀としてその後，宮廷や秀吉などの保護で大きく発展した．池坊は立花（りっか）と，生花（せいか）とがあって，立花は松を芯に立て，他の枝葉の副え（そえ），体（たい）で立体的に構成する．生花は三角型の構成で水際で一本にまとめる構図はその後古流や遠州流に伝えられている．

江戸時代になってからは武家貴族によって支えられ江戸立花などにも発展し，明治までは男性社会の嗜みとして受け継がれてきた．その間，江戸時代には数流派だったが，独特の家元制度による組織化が進んで明治には，その数2,000以上の流派があったといわれる．明治以降欧米文化と洋花の導入によって新しい生け花の盛り花や投げ入れなどの現

代風な流儀（足立流，小原流）などが生まれている．さらに戦後は造形と具象化を意識した前衛生け花の草月流などが現れている．生け花は女性の教養として習得するお稽古ごととして普及し，1960年ころの最盛期には全国で500万人以上の生け花人口があったといわれる．しかし欧米のフラワーデザインが普及するにつれ生け花は後退した．しかし，日本を代表する装飾芸術として海外では今なお高く評価されている．

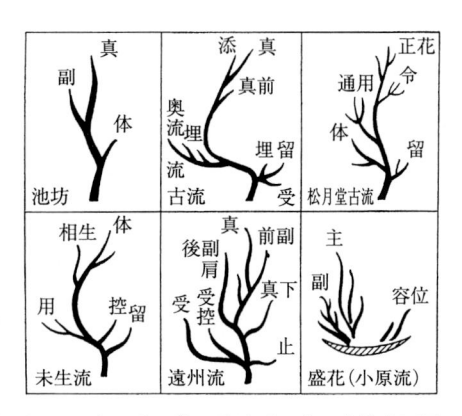

図6.5 主な生け花の諸流派の生け方基本図例

2）フラワーデザイン

欧米で発達した花き装飾のフラワーデザイン（flower design）は戦後，本格的に入ってきて洋風化した日本の住まいや生活の中に急速に普及した．特に生け花に代わって若い女性の間に習得する意欲が強く，1970～1980年代にはブームとなり全国に多数のフラワーデザインスクールが開講された．デザイン人口とともに切り花だけでなくデザインに使う花材のビジネスも急速に拡大した．フラワーデザインは胸飾りのコサージュ（corsage），贈答の花束や結婚式の花嫁が持つブライダルブーケ（bridal bouquet）や誕生日に贈るバースデーブーケ（birthday bouquet），いろいろな花でテーブルなどを装飾するテーブルデコレーション（table decoration）などがあり，現在はテーブルデコレーションはフラワーアレンジメント（flower arrangement）と呼んでいる．フラワーデザインは習得する教養以外に生花専門店や企業および装飾業ではデザイナーとして技能的な職業になっている．多数あるフラワーデザイン組織の中で最大の組織は1967年に設立された（社）日本フラワーデザイナー協会（略称：NFD）がある．会員数35,000名おり，国内唯一の資格認定機関でもある．デザイナーの資格には1，2，3級があり，協会の正会員になるには3級に合格しなければならない．

3）供　花

仏壇や墓に供える仏花の花束，神前や神棚に供えるサカキやシキミなどは以前より需要は減っているが，全国ではまだかなりの利用がある．特に春秋の彼岸，お盆，正月などの物日には需要が集中する傾向がある．墓地を花で飾る習慣は日本でも一部（東京都新島）にあるが，ドイツではキリスト教の教会墓地を花壇で飾る習慣があって墓地全体が美しい．慶祝や哀悼の気持ちを伝える供花も国や地方の宗教や習慣により多く使われる．仏教国のタイやインド，ミャンマーなどでは多くの花が供花として使われる．1997年8月末，パリで起きた英国のダイアナ妃の突然の悲劇は世界中に大きな衝撃を与えた．英国民はダイアナ妃への哀悼の気持ちを花束に託して同妃ゆかりのバッキンガム宮殿やケンジントン宮殿前に殺到して巨大な献花の山を築いた．その様子はブラウン管を通じて世界の人々に報じられた．翌日，ロンドン市清掃局が集めた花束は1万トンに達したと報告されている．人々が哀悼の気持ちを表し宮殿前の広場を花束で埋め尽くした様子は史上

[54] 総論

最大の献花になった．わが国でも著名なアーチストやタレントの死に多くの若者が花束を持って集まる傾向がでてきたが，主催者側がゴミを懸念して断っているのが現実である．

(3) 住環境や景観の保全と地球環境維持

　花や緑で暮らしや住まいを飾る個人の楽しみは次第に広がって，路地，街路，町から都市全体へと広がってゆく．それはまた地域のコミュニケーションを活性化し，環境や景観保全の共同作業やボランティアへとつながり住民の活力が育ってゆく．

　1) 花による街づくり

　キリスト教国の町は最初，その中心に教会ができ，その前の緑と花壇のある広場から町が広がる．開けた欧米の都市ではそれが確認できなかったが1998年南米を訪れ，初めて開けていないインディオの村々を訪問してそれを確かめることができた．

　ある町の教会前で子供を交えた信者の家族が広場に花を植えていた．それはまさに現在の花壇の原点だと思った．今，わが国も各地に住民によるボランティアで花いっぱいの街づくりが進められている．それは素朴なインディオの世界に通ずるものと見る．ここでは北海道，恵庭市恵み野の花による街づくりの例を紹介しよう．

　恵み野は千歳市に接する人口1万人ほどの新興住宅地である．それだけに道路も広く住宅も新しく美しい町並みをもっている．ここの住民が恵み野花づくり愛好会をつくり，みんなで花を育て家の周りに植えることになったのは，仲間の一人がニュージーランドで撮った花の美しい街のスライドを見てからだそうである．その後，どの家も花で美しく飾り，商店会，老人会とも協力して公共の土地にみんなで花壇をつくり管理するようになった．住民たちの手で各家庭の庭を審査し，優れた庭には賞を出している．公共花壇を管理する人を募集したり，みんなで除草する"ふれあい除草デー"を設けたり，町内の花情報を機関誌で常に流している．最近では地方から見に来る人のため町内マップまで作ってい

図6.6　ドイツの教会墓地の花壇

図6.7　恵庭市恵み野の家庭花壇

る．この地域で農業の花苗生産者も協力しており，行政の力も借りずリーダーとメンバーの汗と努力で運営されている街づくりである．1998年には「第5回花の街づくりコンクール」団体の部で建設大臣賞を受賞している．

2）市民農園

都市住民に人気のある市民農園や貸し農園も単なる庭や趣味の延長ではなくいろいろ都市機能や都市環境に関わりのある施設なのである．市民農園の原点は欧州にあるからである．市民農園はドイツのクラインガルテン（Kleingarten）とかシュレーバー・ガルテン（Schreber Garten）といわれ，わが国では分区園と訳している．この分区園はドイツのライプチヒ（Leipzig）で1845年最初に作られている．医師シュレーバーが子供の遊び場に苗床を作ったのが始まりで，次第に家族農園に変わったが，シュレーバーはあくまでもこのクラインガルテンを青少年教育の場と考えていたようである．彼は公益団体をつくりそこが一括賃貸する方式をとった．分区園は趣味と実益を兼ね自然に親しめるという点で人気が出てドイツ国内に広まった．第一次世界大戦は都市住民の食糧難からこの市民農園の必要性が認められ，ドイツ政府は1919年にクラインガルテン法を制定した．小作農を保護し，賃貸権や賃貸価格の規定，地方公共団体が農地を買い上げ市民などに貸し出すことを規定した法律であった．1931年にはドイツクラインガルテン連盟が結成され加入協会数3,880件，会員数43万人，クラインガルテン数は150万カ所になった．1936年には全国のクラインガルテン総面積は45,500 ha，利用者は130万人だったという．ドイツでは分区園を単に都市住民に趣味と実益の場を提供するだけでなく，住民管理のオープンスペースの確保は災害時の避難場所や防火帯，災害防止の緑地帯など都市計画の上からも貴重な都市機能を分担していると理解している．このような考え方は英国ではアロットメント（Allotment），フランスではJardin cuvierなどといわれほぼ同様な機能で市民の間に浸透している．

図6.8　ドイツ，ミュンヘンのクラインガルテン

現在，分区園は週末にシンプルライフが楽しめるコッテージも建て農園全体は付属設備が完備し都市景観的にも緑地機能に近い．

わが国の分区園も意外に古く大正15年（1926年），大阪市農会が二カ所の市民農園を開設し，面積は合計7,000坪（23,100 m^2），1区画20坪（66 m^2）で年間賃貸料は30円であった．最近はわが国でも市民農園に対する関心は高いが農地法に妨げられてドイツのような分区園は今のところ難しい．現在は都市近郊の農家の生産緑地などを一区画3.3 m^{2}から16 m^{2}位に分割して個人または団体に賃貸している例が多い．もっぱら高齢者の野菜園としての利用である．そのため一見するとやや見苦しいところもあって都市景観的にはマイナスになることもある．

3) 園芸教育

人と植物との関わりで園芸教育も大きな課題である．人間は幼児の時から植物に学び，教えられることは多い．この意味で幼稚園，保育園の幼児教育，小学校での学校教育の中で植物を理解させ自然に親しむ機会を与えることは情操を養うためにも重要である．

6.3 花きの業務利用

花きの需要は一般家庭の利用とともに業務利用は大きな分野になって花き産業を支えている．この面も領域が広がって多様化してきた．

6.3.1 花きや植物による装飾業務の発達

(1) 花きの装飾利用

バブル経済時代には各企業がホテルで花緑をふんだんに使用した宴会や，花に埋もれたテレビスタジオのシーンが歌番組で流れたが，不景気時代になってからはこの面の需要が極端に減少した．もちろん結婚式や各種宴会や大型葬儀などでは花が使われている．この業務の担当は大手生花販売企業，催事装飾企業，葬祭企業や総合園芸企業，広告宣伝企業である．業務内容は商業デザイナー，インテリアデザイナー，フラワーデザイナー，生花技術者，造園家，催事施工技術者などが協力しあう業務である．企画，設計，装飾作業，メンテナンスなど一企業が行うことは少なく，各専門企業が分担して行う．

(2) 観葉植物などグリーンの装飾利用

鉢物やコンテナ植えをリースして室内を装飾する業務がある．以前は貸鉢業と呼ばれて，利用企業と契約し一定期間，植物を交互に交換提供する業務である．デパート，事務室，フロアー，ロビーなどに配置されている観葉植物などがこれに相当するが，最近は企業自体が購入利用する割合が多くなっている．最近のオフィスはコンピュータやOA機器でますます殺伐とした環境になるので，緑の植物による勤務者の"癒し"やリラックスが仕事の向上に効果があることはいうまでもない．大きい鉢物のリースは過密な都市環境では駐車難，手作業によるビル内への搬入搬出などがネックになる．さらに返還した鉢物の蘇生養成するためのストックヤードの確保も困難なことがリース業の減少につながる．現在のリース鉢は自動給水装置付きのコンテナ植えが主に使われている．今後ともビルのオフィスの植物の必要性は増すと思われ，最近は吹き抜けでガラス越しに自然光が差し込むアトリウム（atrium）に植物を直接植え込んだ半永久的な植栽が増えている．観葉植物のリースを行う企業団体には日本インドアーグリーン協会がある．

(3) 花きの公共利用

花きの公共利用では花壇があるが，次項で述べるので，ここでは花壇以外の公共利用を紹介する．

1) ワイルドフラワーによる公共および民間用地の緑化

景観や環境を美しく保存させるため荒地，河川敷，高速自動車道の側帯，工場用地などの裸地を丈夫な一年生花きで覆うもので1980年ころ欧米で開発され施工がみられ，わが国へは1985年ころ導入されている．ワイルドフラワー（wild flower）は丈夫な野性的な生態を持ち連続開花する一年生花きなどの種子を環境適応別にブレンドした商品であ

6. 花きの利用　[57]

る．そのまま散播するものと芝やピートモスや保水増量材と混播，特殊水溶性シートに定着して播種するなどの方法が開発されている．

6.3.2 花　壇

　花壇は特定の土地に異なる種類の草花を集団で組み合わせ，デザインに合わせて植栽し人工的な植物群落を形成させ鑑賞を目的とするものである．各種類は特性美を発揮し調和して長く鑑賞できるように構成する．実際には色砂，彫像，芝生，低木なども花壇の素材になり，花壇の周辺の植え込みや建物も花壇を強調する重要な要素になり，造園の一部分だといわれている．その証拠に花壇の理論は園芸で学び，設計施工は造園で実行されているのがわが国での現実である．花壇は従来の概念から広がってプランターやフラワーベース，ウインドウ・ボックスなどコンテナに植えられるものやハンギングバスケットまで含まれるようになった．

（1）花壇の歴史とわが国への渡来

　日本には本来，草花をデザインして植える花壇に相当するものはなかった．
　花壇は欧州の庭園とともに発達して明治になって洋式庭園とともにわが国に入ってきた輸入文化である．

　1）宮廷園芸における花壇の発達

　花壇が本格的に作られたのは1680年ころ完成したベルサイユ宮殿（Versailles）の庭園であった．ルイ14世が1661年から20年かけて建造した地上最大のベルサイユ宮殿には造園家ル・ノートルが当時2,400haの大庭園を造成し，平面的な幾何学模様の大花壇が宮殿周辺に作られ，欧州諸国の王侯貴族の注目を集めた．

　いわゆる幾何学模様の花壇をふんだんに取り入れたフランス式庭園の出現であった．直線と曲線を基調としたフランス式庭園は整形庭園（formal garden）ともいわれ，たちまち欧州各国に広がった．この庭園は低い草花を密に繊細な幾何学模様のデザインで絨毯を広げたように見えるパーテレー・ド・ブローダリー（parterre de broderie）と呼ばれる刺繍花壇で構成された．

　この時代の庭園や花壇は宮殿に付属する宮廷庭園として普及したが，1800年代になると庭園や花壇もやや手ごろな規模のものに変わっていった．特にこの年代は英国を中心にプラントハンターが世界から珍しい植物を欧州に導入し，それらを園芸化し利用植物の種類が増え一般の関心も高まった時代である．

　ベルサイユ宮殿の庭園の特色の一つにオレンジ園がある．これは宮殿の南花壇の先の下に広がる熱帯植物庭園である．南花壇の先の手すりま

図6.9　ベルサイユ宮殿の庭園のパーテレー・ド・ブローダリー（刺繍花壇）（南花壇）

で歩いて行くと眼下にオレンジ園が広がる．この南花壇の真下がオランジェリー（Orangeries）になっている．オレンジなど暖かい地方の植物にあこがれたルイ14世は，オレンジやフェニックスなどを大きなコンテナーに植え，冬はオランジェリーに入れて防寒保護し，春から出して庭に配置してオレンジ園を作らせた．オランジェリーは温室の原型ともいわれ三方をレンガ積みで囲んだ半地下で，南側の窓から射し込む太陽光で日中内部を暖めて夜間は窓で防寒，保温し，越冬させる設備である．この大きなコンテナ植えの技術や飾る手法はその後欧州の人たちの間にも広がり，わが国のコンテナガーデンまで波及している．

図6.10　ベルサイユの庭園のオレンジ園

　英国でフランス式庭園が作られたのは1702年で，ハンプトンコート宮殿（Hampton Court Palace）の庭園でここには幾何学様のプライビーガーデン（Privy Garden）もある．
　このような封建社会に建造された宮殿や庭園，そして花壇はいまも欧州でみられるが，彼らはその保存維持に多くの努力を払っている．ベルサイユ宮殿を始め，いまなお残る多くの宮殿の庭園や花壇はフランスの国立の園芸専門学校や造園職業訓練校でその技術者を養成している．ベルサイユ宮殿のすぐ裏にあるベルサイユ園芸専門学校もその一つである．英国，ハンプトンコートのプライビーガーデンも荒れ果てていたが最近，ナショナル・トラスト組織が改修復元している．わが国にも世界に誇る日本庭園があるが，維持管理する後継技術者を養成する機関はない．

2）庶民や公共の花壇の発達
　時代の変化とともに宮廷庭園から発達した花壇は次第に家庭の花壇や公園の花壇などに広がっていった．それはまた大規模な花壇から中規模，小規模花壇への分化でもあった．この意味で19世紀以後に発祥した公共公園の役割は大きい．ロンドンの中心部にあるハイドパーク（Hyde Park）は1637年に公開された世界で最も古い公園で，隣接するケンジントン・パークと合わせると250haにもなる巨大な公園である．初期，ここには花壇はなかったが1850年ロンドン市民からハイドパークに花壇を作れという提案が出されてから作られている．広大なハイドパークの

図6.11　オランジェリー内に植物を運び込む様子（N.Hesperides画，1676）

中でも花壇があるのは東南の入り口のハイドパークコーナーだけである．

3) 花壇の色彩感覚

英国でも初期には庭園は樹木や多年草, 芝などを主体に植栽する庭園であったから色彩には無頓着であった．庭園に花が植えられるようになってからは色彩とその組み合わせに関心が払われるようになり，1820年代に入って英国では花壇を含めた庭園の色彩が社会的な論争までに発展している．

当時の花壇は花きの種類, 品種を単色でまとめて組み合わせるマッシング (massing) と，種類, 品種, 花色を調和するよう組み合わせて植栽する混合植栽 (mixed planting) とがあり，色彩によるデザインがその生命になるというものである．エリオット (Elliott, B. 1997) によると1830年から1860年には英国の造園雑誌は色彩理論やその応用に関する記事が必ず見られたという．花壇には隣り合わせの植物群には同系色は使わない．赤とオレンジは並列させない．赤と黄，黄と青は並列させてよいなどというジョン・ケイの法則も生まれている．しかしその後，宿根草のボーダー花壇が出現すると色彩のコントラストからグラデーション論議に変わっている．第二次世界大戦後，英国の花壇では単色植えが復活しているが，混植花壇は欧州では広く定着し，今日まで各地に見られる．花床に互いに共存して長く鑑賞できるし，なによりも多様な変化が演出できる点が優れている．わが国のコンテナー花壇でも一年生や多年生の花きを寄せ植えするようになった．しかし本来の花壇では混植花壇はごく僅かである．色彩デザインや植物の組み合わせが難しいからである．

図6.12 ハンプトン宮殿のフランス式庭園
（1702年にLeonard Knyfftが画いた）

図6.13 ハイドパークの花壇

図6.14 ゼラニウムとセネシオの混植花壇
（キュー植物園）

[60] 総　論

4) わが国の公園の導入と花壇の発達

　明治になって欧州から洋式庭園と花壇が都市公園とともに日本の社会にもたらされた．それまでは寺社の境内や名所旧跡周辺の広場などが公園に近い性格をもってきたが，欧米の都市公園は都市計画の一部として市民に休養，健康，快適とリクリエーションの場を提供する緑に包まれた公共の都市空間である．欧州の近代的な都市機能の洋式公園として最初に建設されたのが東京都千代田区の日比谷公園であった．公園敷地は江戸時代は大名屋敷，明治維新後は陸軍の練兵場であったこの土地が選ばれ，基本設計を辰野金吾に依頼し着工したが，その後，林学者本多静六，造園学者小沢酔園，園芸学者福羽逸人などが設計修正して1899年（明治32年）から5カ年かけて建設したが完成前の1903年に略開園式を行っている．当時としては国，東京府，東京市を挙げての大工事だったのである．創設当時の日比谷公園の略図を図6.15に示した．総面積16万 m^2（16ha）で当時，樹木は300種，24,350本，草花125種，2,000株が植栽されていた．主な施設としては洋風花壇と野外音楽堂はほぼ現在と同じ位置，その他日本庭園，芝生，築山，雲形池，運動場に公会堂予定地などは近代都市公園にふさわしいものであった．建設時，日比谷門（現在の日比谷交差点入り口）のイチョウの大木は伐採される予定だったが，本多静六が首をかけて反対し，現在の松本楼の横に移植して今も元気に育っている．また，江戸城日比谷門の外堀の石垣も一部園内に残っている．日本の都市公園を代表する日比谷公園はまた洋式花壇の発祥地でもある．日比谷公園の花壇に植える草花は東京都が浜離宮公園内の苗圃で養成し独特の種類を植栽してきたが，現在は他の公園なみに外部委託

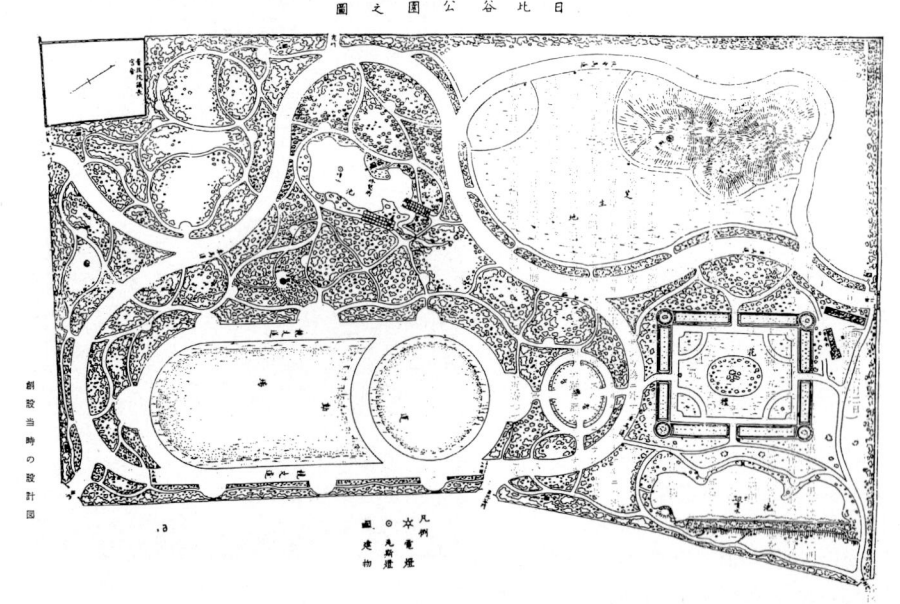

図6.15　創設当時の日比谷公園の設計図（東京の公園80年：東京都公園協会刊1954，より）

になって共通の種類が植えられている．このような都市公園の花壇はその後，全国の大小公園，緑地，街庭などにも作られるように普及した．準公共的なテーマパークや国際博覧会などにも大規模な花壇が作られている．

5）フラワーランドスケーピングとしての花壇

フラワーランドスケーピング（flower landscaping）は花と緑で修景して景観を創生するという意味の新しい言葉である．樹木類を扱う造園と，草花類を扱う花き園芸にも分かれてきて，花壇などは両者にまたがるものであった．草花の生産は花き園芸，その設計植栽は造園と画然と区別され，学問分野も生産利用分野で完全に分かれている．今後の社会では花博などで経験したように，造園と花き園芸が互いにクロスオーバーし協力しあって，研究開発や事業を展開しなければならない時代になってきている．識者らにより早急に改善を図り景観造成や環境保全に努力したいものである．

6）花壇の種類

花壇は利用目的，植栽形式，環境条件，植栽種類などによりいろいろ分けられるが，最近は折衷型もでてきて明確に分けられない場合もある．

(2) 利用目的によるもの

家庭のガーデニングなどで楽しみながら作られる個人花壇（家庭花壇），公園や公共緑地，街庭に作られる公共花壇（public flower bed），高速自動車道のサービスエリアなどの準公共緑地，工場団地のインダストリアル・パーク（industrial park），福祉施設や病院などでの作業療法や休養，リラックスする目的で作られる厚生花壇（therapy flower bed），学校や幼稚園の情操や植物教育，農場の実習などで作られる教育花壇（educational flower bed），集客効果を高める目的のテーマパークや遊園地の商業花壇（commercial flower bed），イベント，博覧会，展示会などの会場の装飾を兼ねて短期間用に作られる模擬花壇（reproduct flower bed）などがある．

(3) 植栽形式によるもの

鑑賞上全体の形式やデザインからは左右対称の幾何学模様の整形花壇（formal type flower bed），不整形なデザインで植栽される不整形花壇（unformal type flower bed），宿根草園のように自然状態に近いデザインで作られる自然風花壇（natural type flower bed）などがある．植栽形式からは：

1）毛せん花壇（carpet bedding）

草丈のごく低い植物だけで平面的デザインで植栽される形式の花壇である．カーペット花壇の原点は (4) の 7) で述べる毛せん花壇であるが，現在はわい性でコンパクトに生育する一年生草花が育成されているため，当時の多肉植物やサボ

図6.16　ベゴニア・センパフローレンスの毛せん花壇（英国，ブライトン市）

テン類から植物材料が変化し毛せん花壇になったと思われる．毛せん花壇は高い所から見下ろす花壇なので細かいデザインが可能で，さらに四方からも眺められる．開花期が同一で長く開花する種類，品種の組み合わせが重要である．毛せん花壇も鑑賞季節により春，夏，秋，冬花壇があり，植栽植物もやや違う．

2）寄せ植え花壇（massing flower bed）

草丈の高い植物を中心に植え，次第に丈の低い種類をその周りにデザインする花壇で，四方から眺められる立体的な花壇である．中心に低木やフラワーベース，彫像などが使われることもある．これも毛せん花壇同様開花期が同一でないと効果は上がらない．これにも季節別の花壇がある．

3）境栽花壇（border flower bed）

これは通路添いや建物，樹木の植え込み，生垣に沿って長く作られる花壇で，片側から眺められるようデザインされる．一番後ろに草丈の高い種類を植え，次第に前に低い種類，品種が植えられる植栽形式でボーダー花壇ともいう．開花期の揃った一年生花きだけでなく，宿根草や低木などを含め長く鑑賞できる半永久的な花壇で庭園の一部として管理されていることが多い．

4）リボン花壇（ribbon flower bed）

通路や建物，樹木やメインになる造形物に沿って細長くライン状に作られる花壇である．境界や視界を遮らないようわい性の品種だけや低性の刈り込み低木やそれらを組み合わせて植栽される．細長いラインを強調するため花色や葉色の鮮明な種類を植えることが多い．

図6.17　植え込みをバックにした境栽花壇（ケンジントン・パーク）

5）自然風花壇（natural flower bed）

あまり形式にとらわれず生育生態や草姿，花色や花の形状，開花期などをうまく組み合わせた花壇で，宿根園（ペレニアル・ガーデン：perennial garden）やハーブ・ガーデン（herb garden）などがある．

(4) 環境条件による花壇

1）ロックガーデン（岩石園：rock garden）

溶岩や火山石などを組んだ傾斜地の岩組みの間に高山性の多年生植物を小集団

図6.18　自然風なペレニアル・ガーデン（八ヶ岳ミヨシペレニアルガーデン）

で植え込んだ半永久的な庭園花壇である．夏季冷涼な地方はよいが，高温な地域ではミストの間欠噴霧で冷涼な環境を保つ必要がある．

2）擁壁花壇（wall garden）

英国などの庭園の一部でレンガ積みや石垣などの擁壁を背景に，擁壁自体につる性植物をよじ登らせたりし，その前に自然風なボーダーを作る花壇である．今でも英国の庭園ではよく見られる．

3）舗石花壇（pavement flower bed）

庭園内の通路や建物周辺，広場や階段などの舗石，レンガ敷き，敷石の隙間や諸所に丈の低い多年生の植物や被覆性の植物を植えた花壇である．

4）水栽花壇（water garden）

池や庭園構成要素であるリリーポンドの周辺の水辺や水の中に水湿に強い植物や水生植物を配植したものである．

5）野草園（wild garden）

多年生の低木や宿根草，球根類などを野草とともに自然風に植栽したもので，最近はその地方の自然植生を保存するための，人為的に手を加えない自然野草園も公園や緑地の中に保存されるようになった．

6）伝統的な花壇

花壇発祥の欧州にはまだ，多くの伝統的な花壇形式が残されている．ベルサイユ宮苑の壮大な幾何学模様の花壇は，絨毯花壇や毛せん花壇の原点になっているが，規模と植栽管理の面で差別したい．今は本来の絨毯花壇ですら欧州で見ることは難しくなっている．

図6.19 英国，ウィズレイのロックガーデン

7）毛せん花壇（carpet bedding）

RHSのElliott, B.（1992）によると毛せん花壇という用語はJohn Flemingが考案した植栽方式だと1868年のガーデナーズ・クロニクル誌に記載されているという．コンパクトに育つ多肉植物や葉色が赤や黄色の多年草でデザインする平面的な毛せん花壇の原型である．しかし，毛せん花壇は中央がやや盛り上がるような形状にその後変化している．この花壇の特色は長い期間鑑賞できること，

図6.20 英国，キュー植物園の擁壁花壇

維持管理が容易なこと，色彩の微妙さが一般の花壇と違うことである．1875年，英国のクリスタル・パレスに作られ，1878年にはパリの万国博覧会に大きなバタフライ形の毛せん花壇が出品されて人気を博したという．現在では丈の低い草花をデザインで平面的に植栽した花壇を毛せん花壇（Carpet bedding）と呼んでいる．

8）ノットガーデン（Knot garden）

樹木を高垣状に刈り込んだもので囲まれたコンパートメント（compartment）といわれる緑空間に平面的に作られる庭園花壇をノットガーデンという．ごく低く刈り込んだツゲ，ローズマリーやラベンダー，サントリーナのような銀葉植物と，間に敷く色砂などで繊細な結び目模様の地味な花壇である．言い換えれば洋風の茶庭の風情がある．ドイツ，ハノーバーのヘレンハウザー庭園（herenhauser garden）にはコンパートメントがいくつか並び，一つしかない入り口からのぞくと，それぞれイメージの違ったノットガーデンが作られ保存されている（図6.22）．

(5) 花壇用花きの生育・開花特性と植栽

花壇は人工的に植物群落を形成させることである．個々の植物，組み合わせる種類や品種が花壇というフィールドで互いに共生し長く生育・開花が続けられるように計画，施工することが望ましい．生育期間の短い一年生花きはやや密に植え，数年にわたって植栽する宿根草などの多年生花きではこの意味から植栽間隔は重要である．このように花壇の設計，施工，管理には植栽する植物材料の生態的特性の理解と把握はきわめて大切である．

1）花壇用花きの生育，開花の特性

最近の花壇用花きは育種が進んで同一種類でも品種の生態的特性はかなり違うものがあるから，設計段階で種類や品種の特性情報を理解していないと十分な計画はできない．

2）草丈と生育

植物が幼苗から発育過程で大きくなるか，発育様相を知ることは特に重要である．幼苗はいずれも小さいが発育すると丈が高くなるもの，株が横に広がるものなど様々である．これらの発育様相はデザインする上でも，植栽間隔，植栽本数

図6.21 古典的な鞍形花壇
（フランス，オレルアンにて）

図6.22 ドイツ，ハノーバーのヘレンハウザー庭園のノットガーデン

6. 花きの利用　[65]

決定の要因になる．一般に花壇というと植物の色彩やその組み合わせが議論されるが，実際は各種類，品種の発育様相を知ることがまず必要なことである．例えばサルビアの苗から開花した成株までの発育様相を，側面および上面から一定間隔で著者がスケッチ記録したものを図6.23に示す．開花始めから開花盛期まで株は横にも上にもかなり形態が増加することがわかる．このような生育様相や株の拡大は当然品種の遺伝性により異なるが，数種類のパターンを知っておけば実用的には判断できるはずである．

一年生花きを草姿のモデルパターンに分けてみると図6.24のようになる．これは成株に近づいて開花し始めて株の断面からモデル化している．植栽時から生育が進んでこのようなパターンの植物が花壇に共生していることを考えてみる．また，株の上面を覆うように付く花部の部分のタイプも植栽間隔決定に関係する．

花壇用花きの開花パターンも花壇の設計やデザインを作成する上では重要である．たとえば①タイプの短期間開花パターンでは満開を頂点に山型になる．②は同じ短期開花パターンだが一斉に開花し終了するパターン，③は長期間連続開花するパターンである．①②の開花パターンをもつ種類，品種の組み合せは開花時期が違うので同時開花は望めない．この点③パターンは連続開花なので開花期がずれても組み合せが可能である．最近は品種により開花パターンの違うものもあるから，品種の組み合せにはあらかじめ品種の特性を知る必要がある．

(6) 種類の組み合わせと植栽間隔

花壇では生育特性の違う種類，品種を組み合わせて植付けるので，それらを互いに競合させないで長期間共生させることが長い観賞を可能にする．このため種類の組み合わせ

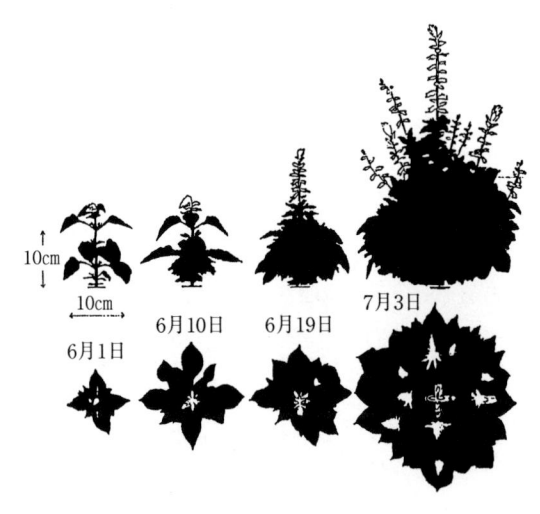

図6.23　サルビア・スプレンデンス品種「ボンファイアー」の生育・開花の時期別発育経過の記録（著者原図）

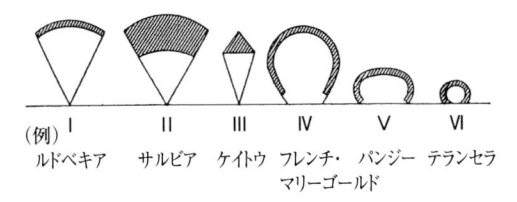

図6.24　花壇用一年生花きの草姿のモデルパターンによる分類（鶴島 1970）

図6.25　主な花壇用一年生花きの開花パターンの比較（鶴島 1964）

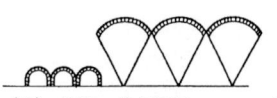

(A) 草姿の違う種類の
マッシング植栽の一例

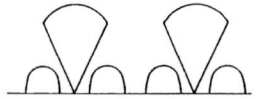

(B) 草姿の違う種類をうまく組み
合わせたミキシング植栽例

図6.26 花壇用一年生花きの草姿の特性を生かした種類
の組み合わせの例

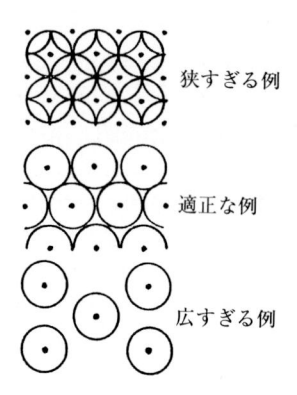

狭すぎる例

適正な例

広すぎる例

図6.27 花壇の植栽間隔と
株の広がりの関係
（横井1963―部改変）

と，植栽間隔は重要なポイントとなる．図6.26は草姿の異なる種類を組み合わせて花壇に植える例を示したものである．Aはふつうの花壇植栽で異なる草姿のグループを組み合わせるもの，Bは欧州に見られる草姿の違った植物を，個体または数個体の集団で組み合わせる混植花壇の組み合わせである．草姿の違う種類の個体をうまく組み合わせ，生育空間を互いに住み分けて無駄な競合をさけ，長く共生できる生態特性利用型の花壇である．

図6.27は横井（1963）が株の広がりと植栽間隔の関係を一般的な模式図で示したものである．

実際に一定の植栽間隔で花き苗を植え，花壇での生育と開花（株の広がりと開花数）と観賞効果を著者が調べたデータ（1970）を図6.28に示す．

花壇にパンジーを16 cm間隔に植えた直後から，60 × 60 cmの調査面積における各株の広がりと裸地率および開花量（数）の時期別変化を真上からトレースし，鑑賞効果を評価したものである．株が床に広がり，開花数が最高の時期で最も鑑賞効果が高く，美しく鑑賞できる時期といえよう．当時のパンジーは春咲き品種で，今のような秋から開花する品種とは異なることを付記しておく．

(7) 花壇を作る周辺環境

花壇の計画設計上と管理上で花壇の環境条件の影響は大きい．造園上，鑑賞面からの環境条件と，花壇に植栽した花きの生育開花に影響する環境条件とがある．

1) 鑑賞上の環境

秋田（1969）によると完成された造園空間の中で調和がとれて作られた花壇が理想だとしている．しかし現在は都市空間や住宅空間など殺伐かつ雑多な周辺環境に作ることが多い．花壇は周辺環境とバランスがとれたデザイン設計で作ることが基本だと著者も理解している．図6.29は秋田が花壇とその周辺の関係の

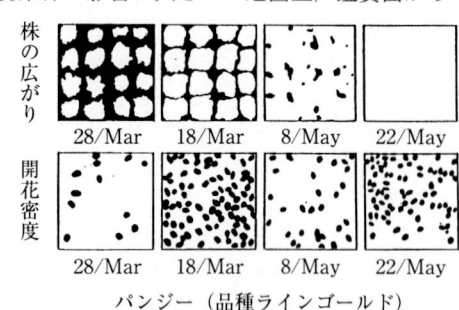

株の広がり　28/Mar　18/Mar　8/May　22/May

開花密度　28/Mar　18/Mar　8/May　22/May

パンジー（品種ラインゴールド）

図6.28 花壇における株の広がりと開花数の
経時的変化と鑑賞効果（鶴島 1970）

重要性を論議した例の図である．Bは建物などの構造物，Cはそれを隠蔽する樹木など，Fは花壇Dを取り巻く空間でこれらのバランスが鑑賞上きわめて重要だとしている．

すなわち花壇は華やかに舞うエンターテーナーであり，それを生かすのはステージすなわち環境である．このことは庭の隅やコンテナ花壇を配置する際も考えなければならない課題である．

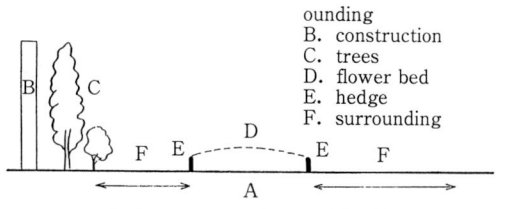

図6.29 花壇と周辺の環境との関係（秋田1969）

B. construction
C. trees
D. flower bed
E. hedge
F. surrounding

2) 植生上の環境

植物が順調に生育する環境の選択と調整も重要である．①土壌と栄養管理：植栽土壌が不適当な場合には有機質やパーライトなどの混入，時には調整ピートを加えたりする．植栽前の元肥施用と生育中の追肥も植付けと花壇管理の必須条件である．②水分条件：多湿地，排水不良地は花壇には向かない．反対に乾燥地も時折の灌水や灌水設備の設置などが必要となる．③日照：花壇の予定地の日照条件も考慮すべき要因である．花壇予定地には日照の良い場所を選ぶ．④大気汚染：最近は大気汚染の影響を受けることがある．都市内や工場地帯では大気汚染に強い種類を選択する．また海浜地区は塩害も受け易いので塩害に強い種類を選択する．⑤人工照明：公園などで街路灯の影響で花壇の花が開花しにくくなる問題が各地で発生している．

日長に対して中間性の種類，品種を選ぶか，照明にフードを取り付け直接光を花壇に当てないようにする．

(8) 花壇のデザインと設計

花壇の設計やデザインの作成は造園設計会社や設計担当事務所，公共花壇は官公庁の所管課の担当技術者が作成する．多くは造園出身者で樹木には詳しいが，花きの特性や栽培など花き園芸に関する知識が乏しいことが現実の設計，企画に大きく影響している．新しい種類の採択や植物の特性を生かしたデザインが生まれないのはこのためである．

1) 花壇の規模

花壇の規模は発注する側の予算と予定地の広さなどの規模によりデザインや内容が決まる．予算規模はデザインや植栽する植物の種類にも関係する．規模が大きくても大柄なデザインで低価格の種類や苗を選べば経費は下がるし，反対に規模が小さくてもきめの細かいデザインで相応の種類を選べば経費は上がることになる．

2) 設計デザインと図面の作成

花壇は生きた植物を植えてデザインを表現するということを忘れてはいけない．とかく，キャンパスに画を描くようにデザインする設計があるが花壇としては失敗につながる．植物のグループごとの高さ，花色の配植，開花期とその推移もデザインに考慮される．図6.30に簡単な寄せ植え花壇のデザイン例と植栽本数を示しておく．

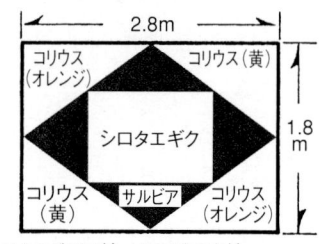

```
          2.8m
   ┌─────────────┐
   │コリウス  コリウス(黄)│
   │(オレンジ)      │
   │    シロタエギク  │ 1.8
   │             │  m
   │コリウス サルビア コリウス│
   │(黄)     (オレンジ)│
   └─────────────┘
```

シロタエギク24株，サルビア40株，
コリウス(黄)36株，コリウス(オレンジ)36株

図6.30　寄せ植え花壇の
　　　　デザイン例

図6.31　図6.30のデザインの寄せ植え花壇

(9) 花壇の発注，施工と植栽
　1) 花壇作成のための発注と事務手続き
　花壇を作る希望をもつ事業体や施主は，造園会社や花壇施工業者に依頼して花壇の作成をするが，公共と民間ではその手続きがやや違うものの一般的には次の過程で進められる．
　①造園設計事務所や造園会社に依頼するか，自分で花壇設計やデザインの図面を制作する．
　②計画書やデザイン図を基に造園会社や造園業者に見積りを依頼する．
　③提出された見積書を検討して諸条件（工期，完成期，管理負担，支払い条件など）を決めて契約する．
　④施工業者が契約条件に沿って花壇を作成する．
　⑤完成後，施主側と契約および施工業者立会で契約どおりのデザイン，植栽種類，規格，本数が植えられているかを確認検収して完了する．
　花壇工事の見積りは表6.2のような例が基礎になって作られる．これは内容がわかり易いようm^2当たりに換算したが，実際は実面積で見積りが作られる．苗代は種類，規格によってかなりの差がある．公共の花壇工事では苗の規格と単位面積当たりの植付け本数が正確に規定される．一般に植栽植物は「標準建設物価表」を参考にして規格や単価が見積もられる．しかし，この冊子に記載されている花壇用花きは限定されているから未記載の種類を公共花壇の設計に入れることは難しくなるのが現状である．ちなみに物価表から主な花壇用花きの規格の例を挙げると表6.3のようになる．実は花壇用花きの苗が12.0cmポットで生産されてきたのはこの造園業界の花壇工事規格によるものである．苗代，単位面積当たりの植付け本数なども12.0cmを基準にしている．現在の花壇用苗は造園工事より量販店販売が増えているから苗規格も次第に販売苗規格に変わっている．関東以北は10.5cmポットが，関西は9cmポット苗が主に流通している．

6. 花きの利用

表6.2 花壇植栽工事の経費見積り事例
（m² 当たり）

苗代	49本×100円	4,900円
植付け手間	地ごしらえ	990
	植付け	810
	灌水他管理	650
資材費		450
諸雑経費	15%	1,170
合　計		8,970

図6.32　花壇の植付け作業

2）植栽材料の準備

花壇施工を受注した業者は図面や見積りに記載されている植物の種類，品種を所要数量，納期に確実に収められるよう発注手配する．そのため常にいつ，何がどこで生産され，どの位の数量が単価いくらで入手できるかという情報をもっていなければならない．また，花壇施工はデザインどおり，見積りどおりにしかも正確かつ迅速に植付けるには職人的な技術を必要とする．以前は花壇職人がいたが，今は，花壇技能者を雇用するか養成しなければならない．植付け労力の手配も技能者と経験者とでは所要労力の算出にはかなりの差がでる．このため造園企業が受注して，実際の施工は一部の花壇施工業者に下請けさせているのが現状である．

3）花壇の植付けの実際

植付けは予定地を除草清掃し，元肥をすき込んで耕うんしてから平らにならし，僅か中央を高くする．図面どおりに水糸などを張ってデザインの地割りをして，それぞれの区画に合わせて植付けるが，職人的な技能者は簡単な目印を付けて，後はデザインどおり経験で植えていく．植付け速度も数倍速く仕上がりの見た目も隙のない仕上がりとなる．一般的な植付けでは花壇の中央から周辺部に苗を植えていく．しかし，実際にはデザインの境界部や外郭の鮮明なラインを出したい部分はやや植付け間隔をつめて植える．よく家庭園芸では苗を縦横碁盤目状に植えるが，専門的には横から眺めても互いに株が重なるよう交互に植え，株の大小を微妙に使い分けて均一に植えられたように見せる．植付けが完了したら株間をならし，整理清掃してから2～3回に分けて十分灌水する．

表6.3　主な花壇用花き苗の規格の例（物価表より）

品　名	規　格	単位
パンジー	株張り　10cm内外	株
マーガレット	1～3本仕立て　12～13.5cm鉢仕立て	株
サルビア	3～4本仕立て　12～13.5cm鉢仕立て	株
フレンチ・マリーゴールド	3～4本仕立て　12～13.5cm鉢仕立て	株
アフリカン・マリーゴールド	1～3本仕立て　12～13.5cm鉢仕立て	株

（10）公共花壇について

以前は公園などの公共花壇は地方自治体の苗圃で育成した花苗を技術職員が所管の公園に植えて管理していた．1970年代から行政改革の名のもとに苗圃は公共用地に転用し，技術職員は減らし，公園などの植物管理を外部委託にしてしまった．

このため日本の自治体には緑を守る技術職員が極端に減少した．台風で街路樹が1本倒れても見積りして外部業者に頼らなければならない．花壇も1m^2当たり1万円以上，年間4回の植替えで4万円以上かかり，100m^2では500万円以上かかるのが現状である．公共花壇ではさらに植付け後の管理まで，除草，灌水，花がらつみまで外部委託しているところが多い．これでは公共花壇は次第に減少するに違いない．欧米では各公園とも苗圃をもち，その公園独自の種類の花き苗を養成して技術職員が花壇づくりしているから，わが国の公園花壇とはひと味違うのである．緑による都市や国土の環境保全，自然保護に本格的に取り組むならばこの点ももう一度見直すべきだと考える．

図6.33　ドイツ，マンハイム市のルイゼン公園（Luisen Park）の苗圃

参考資料

6. 花きの利用

1) Abstract 1994. S-1, Horticulture in Human Life, Culture and Envirnment, XXXIVth, Inter. Horti. Congress.
2) 秋田　浩 1969. 花壇の環境（第1報）鑑賞的環境について，名城大学農学部学術報告 No.5.
3) Bonar, F. 1992. Orange and Orangeries, The Garden July.
4) Coake, D. 1997. "I never knew there were so much flower in all the world" Florist's Review Vol.185 No.11, Nov.
5) Elliott, B. 1993 The vagaries of Carpet Bedding. The Garden, Feb.
6) エリオット・ブレンド 1997. 第5章　英国の庭園における色彩について RHSJ国際フォーラム講演要旨 RHSJ会報．
7) 倉林紗江恵子（編）1997 イングリッシュ・ガーデン・ガイド，主婦の友社．
8) 松尾英輔 1997, 日本おける園芸療法の理解はさまざま，グリーン情報10月号．
9) 松尾英輔 1998, 第25回国際園芸学会会議における人間・植物関係に関するシンポジウム．
10) 恵み野花愛好会編　恵み野花マップ資料．
11) News 1998. From Wisley to Japan, The Garden March.
12) 西川綾子 1994. "日本の花壇デザインはここから始まった" 日比谷公園講座 No.6, 東京都公園協会刊．
13) 岡崎文杉 1976. 図説　造園大要．養賢堂，東京．
14) Strong, R. 1995. Willium's Privy Garden, The Garden June.

15) 佐藤　昌　1971. 分区園の研究, 造園計画研究 No.2. 東京農業大学造園学科編.
16) 沢田みどり　1997. 園芸療法－実践と普及の立場から, 園芸学会平成9年度秋季大会シンポジウム資料.
17) RHS Edt. A-z Encyclopedia of Garden Plants, Dorling Kindersley, London
18) 東京都公園協会編　1954. 東京の公園80年, 東京都公園協会刊
19) 鶴島久男　1970. 花壇用一年生草花の生育開花と観賞効果におよぼす植栽間隔の影響, 造園雑誌, 第33巻, 第3号.
20) 鶴島久男　1964, 花壇の利用と花壇用苗の生産 (2). 農業および園芸, 第39巻, 第10号.
21) Van der Ksmp, G. 1975, Versailles, 日本語版 F. レキュール刊.
22) 横井政人1966, 花壇材料の植え込み. 新花卉 No.37,38. タキイ種苗刊.
23) Yokoi, M.1966. Growth pattern and flowering habit of bedding planta as influenced by planting density. The Technical Bulletin of horticulture, Chiba Univ. No.4.
24) 西山松之助　1978. 花－美への行動と日本文化, 日本放送出版協会.

7. 花き産業を発展させる啓蒙活動

花き産業をこれからも発展させるには、利用や消費拡大に向けて生産、流通、販売の各業界とも協力して啓蒙活動を展開してゆく必要がある。花き産業の中で川上の生産業界がこの面では立ち遅れている。先進国の花き生産業界では生産品の市場取引や通常取引の際、売上の一部を拠出して生産品の啓蒙宣伝活動費に当てている。また、消費拡大のため展示会、見本市、フラワーショーなど生産者集団や組合が積極的に啓蒙活動を推し進めている。

7.1 大型のイベントや啓蒙行事

1990年、大阪で国際花と緑の博覧会が開催された。約100 haの会場は総経費892億円をかけ、82カ国が参加し6カ月の開催期間中約2,300万人が訪れた。この花き園芸と造園の大イベントはその後のガーデニングブームのきっかけになった。これだけの大型イベントは計画から開催まで多くの造園、花き産業業者が関わり活性化し、開催後は生産から販売までが関わる業界挙げての行事になるからである。もちろん訪れる人々に多くのインパクトと園芸への理解を深めたことはいうまでもない。

1999年には中国、昆明で国際園芸博が開催され、2000年には兵庫県の淡路島で国際園芸造園博が開かれ、2004年の静岡県での国際博へと続く。

海外では同様な園芸博は10年に一度開催されるオランダのフロリアード、ドイツのIGAなどがある。伝統的に有名なのはロンドンで毎年開催される「チェルシー・フラワーショー（Chelsea Flower Show）」がある。RHSが主催し、毎年初夏に開かれ、世界から多くの家庭園芸家が集まる。また、同RHS開催の「ハンプトンコート・フラワーショー」もある。プロの生産者のためには、例年11月上旬、オランダのアムステルダムのRAIで開かれる国際フラワーショー（Horti Fair）がある。切り花や鉢物の新品種などを発表展示する最大のショーで、世界から多くの花き生産者が来訪する。園芸の設備や装置、資材展も最大規模である。

国内でも国土交通省と農水省が支援する「都市緑化フェアー」が毎年、大都市持ち回りで開催され、毎春開催される「日本フラワー＆ガーデンショー」（日本家庭園芸普及協会）も定着してきた。また、花き園芸商品展示と相談会的なショーは「ジャパンガーデニングフェアー」が秋に横浜で開かれ、JFMAが主催する「国際フラワーEXPO」（IFEX）も千葉県幕張メッセで秋に開催されている。

図7.1 10年に一度開催されるオランダフロリアード2002の花壇

1都10県の花き生産者団体が主催する「関東東海花の展覧会」も2月に東京で開催される，これは生産者が消費者に向けて開く唯一の展覧会である．この他，各地で行政やJA，地域の生産組合などが主催する品評会や趣味団体が開くコンテストなども花き啓蒙に大きく貢献している．

7.2 コンテストやコンクール

生産した花からフラワーデザインなどの利用面まで，花きの各分野でコンテスト（contest）やコンクール（concours）の競技会が開催され品質や技術を競い合う．

技術や品質向上を通して生産技術の啓蒙から消費者の花への理解などに効果がある．中でも常に新品種を求める花き生産者には世界的な品種のコンクールがある．

(1) 全米品種審査会（All American Selections：AAS）

1932年米国で家庭園芸普及のため野菜と花きの新品種を審査する組織が設立された．その後1988年，花壇用花きのカテゴリーが加わり家庭園芸用種子から生産者用種子の審査会へと変わっている．入賞品種には金，銀，銅賞が与えられたが現在は特別に優秀なものに賞が与えられるようになっている．米国内の約40カ所で試作され審査される．日本の民間育種家で最初に金賞を獲得したのは橋本昌幸氏で，1966年キバナコスモスの品種サンセットで受賞したが近年は日本の種苗企業も受賞している．AAS入賞品種には図7.2のようなマークが付けられている．

(2) フロロセレクト（Fleuroselect）

欧州では1970年，種苗会社が中心になって種苗品種審査会のフロロセレクトを組織した．花きおよび観葉植物の種子を対象としている．審査は約50カ所で試作して決定する．入賞は金賞と佳作賞とがある．また出品した新品種を登録するノベルティー制度があり，認定，登録，権利保護という独自の品種保護制度もある．フロロセレクトも入賞品種は図7.3のマークが付けられる．

(3) フロラ・スター（Flor Star）

国際花壇用花き生産者協会（Bedding Plants International：B.P.I.）が1988年に設立した鉢物やコンテナ，ハンギング・バスケットに向く新品種を審査する組織である．4, 6, 10インチポットの苗で出品し，生産者，種苗会社，大学など20カ所で審査する．入賞品種は必ず種苗登録し，栄養系はロイヤルティーの1/3，種子系は販売額の10%を協会に支払う．

(4) RHSの試作審査会

英国王立園芸協会では19世紀末からウィズレイガーデンの試作圃場で花き，野菜の品種審査を行ってきた．対象種類は毎年変わる．入賞には優秀賞（Award of merit），優良賞（Highly Commended），佳作（Commended）がある．他の審査会ほど営利性は追求されないのが特色である．

図7.2　AASのマーク　　図7.3　フロロセレクトのマーク

(5) フィールド・トライアルとパック・トライアル

各種苗会社が自社開発の花壇用花き新品種を，露地圃場で試作展示するフィールド・トライアル（Field Trial）が早くから行われているが，各種苗会社が離れているため特定の顧客対象であった．ところがカリフォルニアで4月中旬，各種苗会社が一斉に花壇用花きの新品種を出荷スタイルのパック仕立てで，比較展示するパック・トライアル（Pack Trial）が1980年代から開始され，種苗企業人から一般生産者にも注目されている．各社とも自社の開発新品種だけでなく他社の同系の品種との比較が興味深く，しかも一度に各社を順次廻れる便利さが好評である．米国の種苗会社の他，現地法人のタキイ，サカタや欧州系のシンジェンタシードやベナリーも参加し，さらに栄養系苗販売のポール・エッキやフィッシャーなども加わり1999年現在，表7.1のように20社近くになっている．欧州でも8月にパック・トライアルが開かれているが規模は小さい．

7.3 園芸啓蒙施設

半永久的な園芸啓蒙施設としてはテーマパークや植物園，植物公園，植物資料館などがある．

(1) テーマパーク

最近，各地にテーマパークが建設され人気を集めている．いままでのテーマパークは催し物や遊戯施設には経費をかけるが，雰囲気を盛り上げるバックグラウンドの造園修景にはきわめて冷淡であった．これを完全に逆転

図7.4　カリフォルニアのパック・トライアル（ボジャーシード社）

表7.1　カリフォルニアでパック・トライアルを開催している花き種苗会社と開催場所（1999）

会社名	開催場所	
① Goldsmith Seed Inc.	Gilroy	Tel：(408) 847-7333
② Kieft Seed	Gilroy	Tel：(360) 445-2031
③ Syngenta Seed	Gilroy	Tel：(630) 969-4433
④ Golden State Bulb Growers	Watsonville	Tel：(831) 728-0500
⑤ Daehnfeldt	Castroville	Tel：(219) 982-7970
⑥ Floranova	San Juan Bautista	Tel：(831) 623-9474
⑦ American Takii Inc.	Salinas	Tel：(831) 443-4901
⑧ Fisher USA.	Salinas	Tel：(303) 415-1605
⑨ Sakata Seed America	Salinas	Tel：(408) 778-7758
⑩ Yoder Brothers	Salinas	Tel：(330) 745-9596
⑪ Ball Flora Plant	Arroyo Grande	Tel：(630) 588-3167
⑫ Waller Flowerseed Co.	Guadalupe	Tel：(805) 343-5585
⑬ Bodger Seed	Lompoc	Tel：(626) 442-6161
⑭ Benary Seed	Carpinteria	Tel：(630) 790-2378
⑮ PanAmerican Seed	Santa Paula	Tel：(805) 525-3348
⑯ Van Zanten North America	Oxnard	Tel：(805) 984-7958
⑰ Paul Ecke Ranch	Encinitas	Tel：(760) 753-1134

させたのは米国で生まれたディズニーランド（Disneyland）である．植物の演出がすばらしくいたるところで熱帯のジャングルやテーマに側した植え込み，花壇など植物を十分研究し尽くして施工している点は他ではマネできない．"It's a small land"の前の動物のトピアリーなどは実にぴったりとしている．メインゲートのミッキーマウスのデザインの花壇もシンボルにふさわしい．ガーデン・シクラメンを最初に花壇に使ったのもここであった．日本トップの東京ディズニーラ

図7.5 ディズニーランドの"It's a small land"前のトピアリー（ロサンゼルス）

ンドもコピーだから同様である．ディズニーには及ばないが長崎県のハウステンボスや愛知県のデンパークなどがそれに次いでいる．このようなテーマパークの植物植栽の一般に与える影響は大きい．
（2）**植物園と植物公園**
　植物園（Botanical Garden）も大学の附属植物園などは生きた標本の研究と資料館の役割をもつが，植物や園芸に対する知識を提供することの意義も大きい．植物園に公園機能を加え一般に広く公開する植物公園はさらに啓蒙効果は高い．しかし海外の植物園のようにレンジャーなどの職員やボランティアが幼児，児童，一般社会人に対する植物や園芸のガイダンスをより積極的に行ってもらいたい．
（3）**園芸資料館**などについて
　牧野植物園などその植物家が生前収集したさく葉標本や文献資料，活動記録などを保存公開する資料館は各地にある．しかし園芸に関する文献資料，図書などの歴史的資料などを保存公開する公的または私的な資料館はいまのところない．英国の**RHS**が運営しているリンドレイ図書館（Lindley Library）は英国の園芸や植物に関する歴史的文献や資料が収集され公開されている．このような施設がわが国でも必要になっている．

7.4　情報の活用

　ITを含むマルチメディア時代には膨大な情報が流れてくる．特にインターネットは情報大量伝達（mass communication）を可能にしてそれを大きく加速させ，宣伝媒体からホームページの活用までこの領域は広がっている．
　花き産業でも開発，生産，流通，販売まで情報なしには仕事ができなくなっている．後述するイーコマースなどの情報取引は単なる情報から取引のツールにまでなっている．これからの生産者も情報の受信者から発信者に代わるべきである．
（1）**新聞，雑誌やテレビなど**
　在宅のまま得られる情報としては最も容易なものである．特に花きの育種開発から販売までの広い範囲の情報は新聞や雑誌が便利である．これだけは目を通しておきたいも

のを次に挙げておく.
[新聞]
 日本農業新聞（日刊） 日本農業新聞社 Tel：03-5295-7437
 花卉園芸新聞（月3回） 花卉園芸新聞社 Tel：052-201-5771
[雑誌類]
 農耕と園芸（月刊）   誠文堂新光社   Tel：03-5800-5780
 グリーン情報（月刊） グリーン情報社 Tel：052-835-7022
 農業および園芸（月刊） 養賢堂   Tel：03-3814-0911
 趣味の園芸（月刊）   日本放送出版協会 Tel：03-3464-7311
 園芸ガイド（隔月刊） 主婦の友社   Tel：03-5280-7535
[外国雑誌]
 GrowerTalks（月刊）Ball Publishing Co., グリーン情報社取次ぎ
 FloraCulture International,（月刊）Ball Publishing Co., グリーン情報社取次ぎ
 Greenhouse Management & Production（月刊）直接購読

(2) インターネットなどIT情報など

 インターネットの普及はあらゆる情報を在宅で容易に入手できるようになった．もちろん詳細な技術情報はいまのところ難しいが，この他，携帯電話などのモバイルなども次第に機能が向上して技術情報の交換もできるようになった．また，CD-ROMや電子ブックなどもこれからの情報源になるであろう．

(3) 企業のカタログなど

 種苗企業や関連企業の発行するカタログや情報資料も有力な情報源である．
 特に毎年各社が発行する生産者向けの種苗カタログは唯一の新品種情報である．この他一般消費者向けには次の情報誌が発行されている．

 園芸新知識　花の号（月刊） （株）タキイ種苗
 園芸通信（月刊）   （株）サカタのタネ
 新種苗（季刊）   （株）大和農園

(4) セミナーや研修会

 花き産業が発展し業界の業務内容が細分化してより深い知識や技能を求め早い進展に追いつくにはセミナーや研修会はよい機会である．世界的な知識や技能を先取りするため海外のセミナーに参加する人も増えている．もちろん国内でも同様の目的で内外の講師を招いて多くのセミナーが開かれている．次に人気のあるセミナーとして主なものを挙げてみる．

①オハイオ・ショートコース（Ohio Floriculture Shot Course）

 毎年，米国オハイオ大学で開催される花きの生産を中心としたセミナーで各国の専門家が講師で世界中から参加のある著名なセミナーで5日間連続して開かれる．会場はオハイオ市で園芸設備資材展も併催される．

②グロワーズ・エキスポ（Grower's Expo）

 米国のボール社が例年開催する花きのセミナーと展示会がシカゴで開催される．セミ

ナーはオハイオ・ショート・コースに近いが，展示会はオランダNTVショーに準じている．
③花葉サマーセミナー
　千葉大学園芸学部花き研究室を卒業したOBらによる花葉会が主催し，年1回東京で一般を対象にサマーセミナーを開催している．時代を先取りするテーマで海外講師も加え全国から300名以上も参加する人気セミナーである．
④花き懇談会セミナー
　東京農業大学の花卉園芸学研究室の花き懇談会が主催し年2回同大学で開催するセミナーで花きから造園，園芸から文化までと幅広い内容である．
⑤法政大学公開講座
　同大学の産業情報センターが主催する公開講座で"フラワービジネス"もあり花のマーケットビジネスでは唯一の講座でプロに人気がある．内容は毎年プログラムが発表され募集が行われる．
⑥その他
　地方の分野により種々な研修会やセミナーが開催されている．このようなセミナー，研修会の予告情報は前掲の新聞や雑誌のイベント欄に掲載されているから一応目を通しておくとよい．

(5) P.R.活動
　情報の発信に最も広く利用されているのは雑誌，新聞，ポスターなどによるP.R.活動（public relation）である．さらに電波媒体を利用するテレビやラジオによる宣伝，新聞の折込や直接顧客に送付するダイレクトメール（D.M.）も有力な手段だが，ホームページの活用も増えている．

7.5　アドバイザーやコンサルタント

　一般の消費者が花を楽しむための相談から，生産者や販売業者が技術や経営に関するアドバイスを受けるアドバイザーやコンサルタントの必要性が高まり，今後は一つの職業として発展する可能性がある．
(1) アドバイザー
　園芸種苗や資材を手に入れるとき的確なアドバイスをするアドバイザー（advisor）としてグリーンアドバイザーがある．（社）日本家庭園芸普及協会が認定する資格制度に合格した人で園芸店などでは積極的に採用する傾向がある．生産面では公的な農業改良普及員や農協の指導員がこれに相当する業務を担当しているから民間ではあまり育たない．
(2) コンサルタント
　今後，花き園芸分野では発展する可能性が高い重要な分野と考える．プロの生産者を対象とし，農業改良普及員では対応できない内容が多くなるからである．新品種を登録したい人，ブランド化した商品の登録商標手続きなど弁護士や弁理士の支援も必要とする業務，経営規模拡大や施設増設などレイアウトや設備，機械や経費，収益性などの相談にのるコンサルタントは今後，必須の分野である．海外では新農場の建設から経営内

容，増収計画など全般にしかも具体的にコンサルする職業（事務所）があり，マーケティングにも商品管理や商品ディスプレーの指導もするが，わが国にはほとんどない．現在，生産者を対象とした「米村花きコンサルタント事務所」（http://www.yonemura.co.jp）がある．

参 考 資 料

7. 花き産業を発展させる啓蒙活動
 1) 朝日新聞編 1979. 日本の植物園，世界の植物園．朝日新聞社刊，東京．
 2) 倉林沙恵子 1997. イングリッシュ・ガーデン・ガイド，主婦の友社，東京．
 3) 花卉懇談会編 1996. 花と緑の事典，六曜社　東京．
 4) Editer 1999. California Pack Trial Schedule, GrowerTalks March.
 5) 編集部　第8回グリーン・アドバイザー認定「講習・試験」申し込み状況，(社)日本家庭園芸普及協会会報，No.45.

8. 花きの分類と種類

花きには種類，品種が非常に多く，それらを利用したり識別するには似たものをグループに分けて取り扱うほうが便利である．しかし植物の個体識別の類似性からは系統発生や器官形成を基盤にした植物分類学による分類がある．植物分類学では系統的な階級で分類群に分けられている．例えばバラ科にはバラ属やサクラ属などがあり，さらにサクラ属にはウメ，ヤマザクラ，モモなどの多くの種があって分類群の階級の上下関係がわかる．基本的な階級を上から挙げると次のようになる．

門（Divisio）→　　　綱（Classis）→　　　目（Ordo）→
科（Familia）→　　　属（Genus）→　　　種（Species）→
変種（Varietas）→　　品種（Forma）

現在の分類学では種を基本単位とし属，科の階級を重視している．
　さて花きの利用上からは植物学的分類も頭に置きながら実用的な分類で取り扱われている．これは利用面を考えた平面的な分類である．

8.1 実用的分類

花きとして扱う植物を生態，形態的に大別すると草本植物と木本植物とに分けられる．

8.1.1 草本植物（herbaceous plants）

茎の維管束にある形成層が一年でその働きを弱めるか止め，組織が木質化しない植物を草本といい，花きでは一般に草花と呼ばれている．

(1) 一年草花き（annuals）

種子から出発して一年以内に生育開花し結実して一生を終わる植物を一年草といい種子によって繁殖する．一年草には耐寒性によって次のように分けられる．

①耐寒性一年草（hardy annuals）：寒さに強く夏から秋に播種し，冬季戸外で越冬し春に開花する．わが国では秋播き一年草ともいわれている．ヤグルマギク，キンセンカ，セキチク，パンジーなどである．

②半耐寒性一年草（half-hardy annuals）：耐寒性はあるものの，厳しい戸外での越冬は無理なので無加温のハウスや簡単な被覆防寒資材などを掛けて越冬させる秋播き一年草である．ロベリア，バーベナ，クリサンセマム・ノースポールなどがある．

③不耐寒性（tender annuals）：低温には弱いグループで春に播種し初夏から秋に開花する種類で，ふつう春播き一年草といい，マリーゴールド，ケイトウ，ヒマワリ，コスモスなどがある．また，一年草の中には本来，自生地の熱帯または亜熱帯では多年草だが温帯地方では冬枯れるので一年生花きとして取り扱われている種類もある．サルビア，ビンカ，インパチエンスなど，近年は栽培種類や品種が広がって同一種類でも種により一年生と多年生があり，例えば宿根サルビア，宿根バーベナなどは後者の例である．

一年生花きは種子で繁殖するので，種子の生産販売が大きなビジネスになる．

(2) 二年生花き（biennals）

　種子から出発して最初の一次生育期には栄養成長だけ続け，冬季の低温に遭遇し，翌年の初夏の長日期に開花しその後，結実枯死するものを真症の二年生花きといい，ホリホック，ジギタリス，カンパニュラ・メジウム，ヒゲナデシコなど数は少ない．

(3) 多年生花き（perennials）

　多年にわたって生育し，開花結実を繰り返し生存するグループを多年生花きといい，さらに多年草は常緑多年草と落葉多年草とに分けられる．熱帯，亜熱帯地方に自生する多年生花きには前者が多く，温帯や寒冷地に自生する種類には後者が多い．

図8.1　不耐寒性一年生のフレンチ・マリーゴールド

　多年生花きには半低木や球根類，サボテン類，ラン類も含まれるが，園芸利用上では形態の相違から別のグループとして扱っている．多年草は種子繁殖もするが，挿し芽，株分け，吸枝，ランナーや組織培養で増やす．宿根草も同義語として用いられていることが多いが，本書では以下の項で述べる理由から分けたい．

【宿根草について】

　多くの花き園芸書では多年草と宿根草を同義語としているものと，多年草の中で"越冬には地上部が枯死し地下の根株，球根あるいは常緑でも休眠状態で越冬し，春，気温の上昇とともに萌芽し，生育開花するものを宿根草"としているものとがあって特定されていない．

　英国の専門書では"perennials"の概念は多年草で，われわれがいう宿根草には"hardy perennials"とか"herbaceous Perennials"が当てられている．熱帯，亜熱帯性の多年生花きのガーベラ，アンスリウムやクンシランは一般に宿根草とはいわない．ここでいう宿根草は冬季地上部が枯れて休眠または常緑でも休眠状態で越冬し，春に萌芽し生育開花する種類をいうこととした．

(4) 球根類

　茎葉または根部の一部が肥大変形した貯蔵器官をもつ多年生のグループで，生育サイクルの中で一定期間休眠するものが多い．耐寒性の程度と原産地の適応生態から次のように分けられる．

　①耐寒性球根（hardy bulbous plants）：低温に強く冬季戸外で越冬し，秋植え球根と言われる．チューリップ，ヒアシンス，スイセン，クロッカ

図8.2　多年生花きの代表ともいえるキク

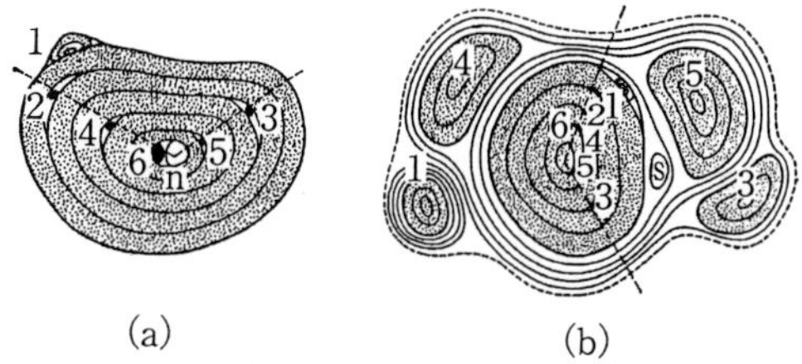

図8.4 チューリップの新球のつき方
(a) 植付け時の種球の横断面, (b) 掘取り時の新球の配列. 1：外子球, 6：中心球, n：ノーズ（芽）, S：花柄の跡. 数字は形成の順序に従って各子球の位置関係を示したもの. 点でうめた部分はりん片, 太線は外皮, 太線外の実線はりん片の痕跡を示す.

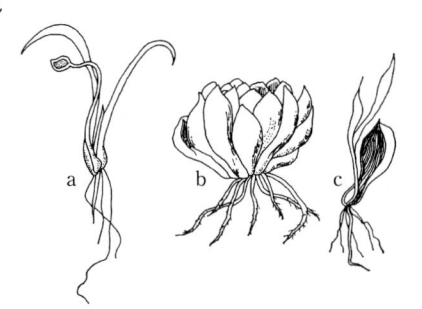

図8.3 宿根草として知られるアスチルベ

図8.5 ユリのりん茎の発生と増殖形態
a：タカサゴユリ実生における球根形成の初期, b：ユリのりん茎, c：りん片挿しでできる子球.

ス, ユリ類など.

② 半耐寒性球根（half hardy bulbous plants）：低温にやや弱く簡単な防寒や保温で越冬できるもので, フリージア, イキシア, ラナンキュラスなど.

③ 不耐寒性球根（tender bulbous plants）：低温に弱い球根類で一般に春植え球根といい, ダリア, カンナ, アマリリス, グラジオラスなどがある.

また, 球根は形態から次のように分けられる.

1）りん茎球根（bulbs）

扁平状に短縮した茎に肥厚した葉の基部がりん片（scale）として中心を包むように重なり球状になったものでタマネギのりん茎が代表である. チューリップやスイセンなど外皮に包まれている有皮りん茎と, ユリなどのように外皮をもたない無皮りん茎とがある. また, りん茎が年々更新するチューリップなどと, 同一球根が肥大しつづけるスイセンやアマリリスなどがある.

2）球茎（corm）

茎の基部が短縮肥大した形態で外皮を剥ぐと頂芽と節に沿って側芽が見られる. グラジオラス, フリージア, クロッカスなどで, 球根は年々更新し, 新球は古球の上に形成される. 新球が浮き上がらないよう太い多肉の牽引根（contractile root）が地下に伸びて

固定する．球根は分球して増える他，木子（cormlet）を形成して増える．

3）塊茎（tuber）

根部または地下茎の一部が肥大して球根状になったもので，形は不定形で，葉柄の基部の付近に芽を形成する．アネモネ，シクラメン，球根ベゴニア，カラジウムがこれに属する．

4）根茎（rhizome）

地下茎が肥大して多肉化したもので，球根の中では最も乾燥に弱く，貯蔵する時には一定の湿度を必要とする．カンナ，ジンジャーなどがこれに属する．

5）塊根（tuberous root）

根部が多肉状に肥大し，その特定の部分から出芽するものと，しないものとがある．塊根もそのまま室内に放置できない．これにはシャクヤク，キキョウなどがある．

6）その他の球根類

この他にも特殊な形態をもつ球根類がある．

① ピップス（pips）：根茎に近い形状だが分岐した先に葉芽，花芽がつく．寒さに強いが乾燥には弱い．スズランがこれである．

② 念珠茎（ringed stem）：根茎部がジュズ状の形になり新球は古球の上に形成される．リボングラスなどがこれである．

③ しゅうい茎（carkin-like rhizome）：地下茎の一種で細長い松かさ状を呈し，途中で折れてもそこから新芽を発生する．アキメネスやアイソローマがこれである．

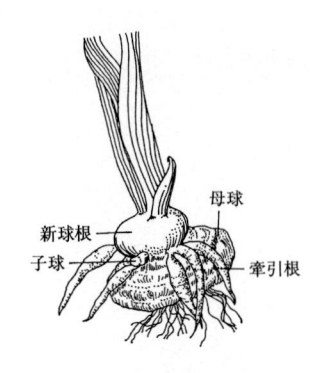

図8.6　グラジオラスの球根更新と新球形成の状況

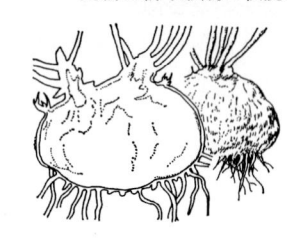

図8.7　シクラメンの球根の断面図

(5) **サボテンおよび多肉植物（cuctus and succulent plants）**

広義には多年草に入るが，形態と栽培が特殊なので園芸上では分けている．葉や茎が退化して特異な形態に変化し，または多肉化し，多量の水分を蓄え，乾燥に耐えられる構造をもつ．特にサボテンは鋭い刺を持ち，サボテン科は約23属，3,000種にも及ぶ大グループである．園芸上栽培されるサボテンは，形態が可憐で幼植物時に観賞するものと，やや大きくなった時期に鉢物，地植えにするものとがある．サボテンの成木は温室内のコンサベートリーなどに地植えしてエキゾチックなサボテン園に利用し，カニバサボテン，シャコバサボテンなどは多数の園芸品種が育成され鉢物で大量生産されている．主なサボテン類の属としては：

コノハサボテン属（モクキリン属：*Peireskia*）モクキリンなど．
ウチワサボテン属（団扇サボテン：*Opuntia*）金烏帽子など．
ハシラサボテン属（柱サボテン：*Cereus*）岩石獅子など．
タマサボテン属（玉サボテン：*Echinocactus*）金鯱など．

ウニサボテン属（海胆サボテン：*Echinopsis*）花盛丸など
　　イボサボテン属（疣サボテン：*Mamillaria*）白絹丸など．
　　カニバサボテン属（蟹葉サボテン：*Epiphyllum*）赤花カニバなど．
　　クジャクサボテン属（孔雀サボテン：*Phyllocactus*）赤花孔雀，白花孔雀など．
主な多肉植物としては：
　　ユーフォルビア属（*Euphorbia*）ハナキリン，鉄甲丸など．
　　スタペリア属（*Stapelia*）犀角，牛角など．
　　セロペギア属（*Celopegia*）ハーマカズラなど．
　　アロエ属（*Aloe*）木立アロエ，千代田錦など．
　　ガステリア属（*Gasteria*）白星竜，臥牛など．
　　ハオルチア属（*Haworthia*）十二の巻，竜鱗など．
　　ブリョフィラム属（*Bryophyllum*）胡蝶の舞，飾蝶など．
　　クラスラ属（*Crassula*）竜宮城，黄金玉など．
　　メセンブリアンテマム属（*Mescenbryanthemum*）曲玉,美玉など．
　　アガベ属（*Agave*）リュウゼツラン，笹の雪など．

(6) ラン科植物（Orchid）
　ラン科植物も，形態および生態の利用上からも特異な共通性をもつので，多年草に属する性状で分けている．世界には約500属以上が分布する大きな科で，形態や性状の変異の幅も大きい．ラン科植物の中では，園芸化が著しく進んで高級な花きとして広く栽培されているものの他，多様な野生原種も収集家によって栽培されている．特にランがこれだけ発達した背景には古くから高級な花としての需要から，欧州のプラントハンターが南米や熱帯アジアから多くの野生ランを採集して本国に送り，これらの交配育種が膨大な品種を生み出した．しかし，現在はワシントン条約によりラン科全種の採取移動が禁止されている．ラン科植物を実用上で大きく分けると次のようになる．

　1）生育習性による分け方
　土壌に根を伸ばして生育する地生ラン（terrestrial orchid）と，樹木や岩石などに寄生着生して生育する着生ラン（epiphyti orchid）とに分けられる．前者にはシンビジウム，パフィオペジラム，エビネなどが属し，後者にはカトレア，バンダ，ファレノプシス，デンドロビウムなどが属する．

　2）生育温度帯による分け方
　原産地の気候により生育適温がかなり違い，栽培するためにも温度帯別に分けられる．

図8.8　カリフォルニア，ハンチングトン・ガーデンのサボテン園

高温性のラン：栽培には25℃以上必要でファレノプシス, エリデスなど.
中温性のラン：15～20℃でよく生育開花するグループでカトレア, エピデンドラム, ミルトニアなど.
低温性のラン：10～15℃でよく生育開花するものでオンシジウム, デンドロビウム, パフィオペディルムなど. エビネ, セッコクなど0℃以下で生存する種類もある.

図8.9 ファレノプシスの花

3) 自生地の生態による分け方

わが国では最も一般的なラン類を洋ランと東洋ランとに分けている. 両者は全く生産も取引も別世界を形成している. 洋ランは熱帯, 亜熱帯圏のランのグループをいい, 東洋ランは日本を含め中国など温帯地方の低温に耐えるグループをいう.

(7) 観葉植物 (foliage plants)

広義には多年草に属するが一般には観葉植物として扱われているグループもある. 主に自然光が乏しい室内で利用するため, 室内植物とかインドアープランツ (indoor plants) とも呼ばれている. 発達した都市社会のビルや近代住宅では事務室や住まいに緑を取り入れ, リラックス効果を目的に発達した. 葉の色彩や形態, 草姿や草形を観賞の対象とするため, それに適した種類を選び, トピアリーや人工的な素材に絡ませたものがインドアーグリーンとして広く使われる. 室内の低照度で長期間鑑賞できるものとして熱帯, 亜熱帯性の植物が多くフィカス (ゴムノキ類), ドラセナ, スキンダプサス, ディフェンバキアなど観葉物として使われる. また, 低温にも強い日本, 中国原産のシュロチク, カンノンチク, ハランやオモトなども和物観葉として利用されている. 室内観葉の大きい鉢物は, 最近, 底面灌水装置付きの鉢になっている.

(8) 斑入り植物とカラーリーフ・プランツ (variegated plants and color leaf plants)

葉に葉緑素を欠くか, 少ない組織が散在して美しいまだら模様などを発現する一種の観葉植物である. 斑入り植物は江戸時代の1716～1735年 (享保年間) に斑入り植物が流行して稀品が収集され世界的に斑入りが発展した. 1827年には「草木奇品家雅見 (種樹金太著) 3巻が発刊され, その2年後には「草木錦葉集 (水野逸斉著) 7冊が完成されている. いずれも木版画による精巧な図録で, 後者は写生図が2,000点も掲載されており, たとえばナンテン47品, ヤブコウジ46品, チャ30品, オモト73品などと今でも想像できないほどの斑入り種が記録されている. 浅井 (1934) は江戸時代からの斑入り種類と名称を調査しているが, その一部を抜粋したものが図8.10である.

わが国の斑入り植物はその後英国などでも流行し, 日本の斑入り植物以外に欧州の斑入り種も注目されるようになった. 最近, 広瀬, 横井 (1998) は「斑入り植物集」という1,358点のカラー図版を英和文併用で解説した写真集を著している. また, 横井 (1997)

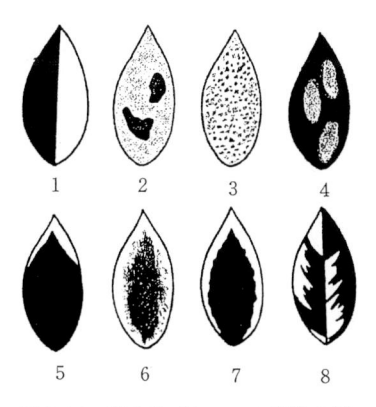

図8.11 アメリカハナミズキの斑入り品種「レインボー」

図8.10 斑入りパターンと名称の例
（浅井 1934 より抜粋）
1：切斑，2：松島斑，3：胡麻斑，4：ぼた斑（更紗），5：爪斑，6：砂子斑，7：覆輪斑，8：掃込斑．

が葉色の多彩な植物を収集調査してまとめた「カラーリーフ・プランツ」には960種が収録されている．カラーリーフ・プランツは横井が初めて正式に使用した名称で，このグループは急速に園芸や造園業界に注目されるようになった．カラーリーフ・プランツは一年生から多年生，木本植物まで含み，葉色が銀色から灰青色のシルバープランツ（銀葉植物：silver plants）もカラーリーフ・プランツである．

図8.12 ロックガーデンの高山植物（キュー植物園）

(9) 野草と高山植物
　　(wild plants and alpine plants)
　園芸化されていない野草も，自然風な趣がすばらしく山野草という愛好分野がある．山野草は人の住環境では栽培の難しいものが多く，それを克服する技術が問われる．日本種の他に欧州など原産の洋種山野草もある．いずれも低温には強いが，夏季の高温乾燥には弱い．これらの植物を高山風に植えるロックガーデン（rock garden）や，無加温で夏季冷涼に保ち，これらを保存するアルパイン・ハウス（alpine house），英国などで見かける石をくりぬいて用土を入れ高山植物を植え込むトルフガーデン（trough garden）などがある．最近では自然保護のため野生植物の採集は禁じられている地域が増えている．
(10) 水生植物（water plants）
　庭園に小さな池や浅い水槽の中に水生植物を植えて楽しむようになった．浅い池や沼

に自生する植物や，水面に浮かぶ植物が使われる．前者にはスイレン，ウォーターカンナ，フトイ，トクサ，ハナショウブなどがあり，後者にはホテイソウ，ウォーターレタスなどがある．

(11) 食虫植物 (insectivorus plants)

昆虫や小動物を捕えて消化吸収して栄養源としている植物を食虫植物という．捕虫器官の形態が珍奇だったり鑑賞の対象として古くから園芸上利用されてきた．趣味家用に使われる他鉢物や一部切り花にも使われる．熱帯，亜熱帯から温帯地方に自生するものがあって以下の温度適応がある．

低温に弱いもの：ムシトリスミレ，ウツボカズラ（ネペンテス）など

低温に強いもの：モウセンゴケ，サラセニアなど．

8.1.2 木本植物 (ligneous plants)

多年生で年数を経過し地上部の組織が木質化し，茎の形成層は年々活動を続けて肥大成長を続ける植物を一般に木本植物という．木本植物は低木（shrubs）と高木（trees）に分けられる．それぞれに葉が周年着生する常緑（evergreen）と冬季に葉が落ちる落葉（deciduous）に分けられる．また，葉の形態から広葉（broad leaf）と，針葉（needle leave）とがある．木本植物の中で花や花付きの姿を利用する花木類，庭園や公共緑地などに植える造園材料としての樹木があり，それには庭園樹，植木，庭木，観賞樹，緑化樹などと名称が多く，一般家庭では庭木，生産面では植木組合など植木が通用し，研究面では観賞樹，緑化樹などが使われ，統一されていない．海外ではこれらを統一した環境樹木（environmental tree and shrubs）なる用語が使われている．

(1) 低木（灌木）

地中または地表に近い部分より多数の茎や幹を出し，高さは成木で7m以下の樹木を低木という．高木を植栽した下に下木として配植したり，地表を覆うように植栽するグランドカバーとしても利用される．これら低木は形を整えるため年間数回刈り込みをするものがある．低木にも常緑と落葉があり使い分けている．また，欧州の影響を受けてカラーリーフの樹種にも関心がもたれている．

常緑低木：ツツジ類，ツゲ類，アベリア，アオキなど．

落葉低木：ユキヤナギ，ヤマブキ，ビジョナギ，コデマリなど．

(2) 高木（喬木）

幹が単一で高さが成木で7m以上に達する木本植物をいい，常緑と落葉とがある．緑化や造園植栽では点と線を構成する主役となる樹木で，公共的には街路樹（street tree）にも使われる．街路樹用樹種には乾湿に耐性があり，旺盛に生育し，剪定にもよく耐えるイチョウ，プラタナス，ケヤキなどが多く使われる．

常緑高木：マツ類，ヒマラヤスギ，ヒノキ，ヒ

図8.13 常緑低木の「コノテガシワ」

バ類，ツバキ，サザンカなど．
落葉高木：サクラ，コブシ，プラタナス，イチョウ，ケヤキなど．
【コニファーについて】
　最近，新しい園芸材料としてコニファー（針葉樹）が注目されている．形が整い，葉が密生し，鮮明な緑から黄金色，銀灰色などのわい性針葉樹（dwarf cinifer）が庭園植栽用から小鉢植えなどに広く利用されている．樹形は鋭いエンピツ形，円錐形，紡錘形から地表を這うものまであり多くの品種が選抜されている．生育がやや遅く刈り込みの必要がないメンテナンスフリーが特色である．主に北欧やカナダなど原産の樹種が多く，夏季の高温乾燥に弱い．日本のチャボヒバやヒムロスギなどもコニファーとして欧州系樹種より性質は強い．輸入樹種の内，「ゴールド・クレスト」（*Cupressus macrocarpa* "Gold crest"）はずば抜けて丈夫で，特に室内の低照度でも長く鑑賞できるので室内植物として広く利用されているが，これに代わる種類は今のところない．主なコニファーには次のものがある．

　　　Chamaecyparis obtusa "Crippsii"
　　　Chamaecyparis lausoniana "Ellwoodii"
　　　Juniperus scopulorum "Gray Gleam"
　　　Juniperus virginiana "Skyrocket"

(3) タケおよびササ類（竹および笹：bamboos）
　広義にはササもタケ類に含まれるが，主として北半球の温帯および熱帯に自生し，47属，1,250種あり，その80％がアジアに産する．タケは茎が太く大きくなるものをいい，茎が細く丈が低いものをササとしているが，最近は節に付く皮（かん鞘）が発育にしたがい脱落するものがタケ，付いたままのものをササとしている．タケ，ササは造園材料として重要である．また，鉢物やグランドカバーとしても利用される．主なタケ，ササには次のものがある．
タケ類：モウソウチク，マダケ，クロチク，ホテイチク，ナリヒラダケ，シホウチク，ホウオウチクなど．
ササ類：オロシマチク，カムロザサ，クマザサ，コウロザサ，チゴザサ，ラッキョウチクなど．

(4) ヤシ類（椰子類：palms）
　ヤシ類も形態，生態が特異なので低木，高木とは別に分けて扱われる．主に熱帯，亜熱帯に原産し，全世界に3,300種が分布する大グループである．茎葉，幹，果実は産業資源として重要なものが多いだけでなく，観賞面でも，切り葉，鉢物，造園材料として利用されている．カン

図8.14　小鉢仕立てのコニファー類

ノンチクやシュロチクは和物観葉として栽培され，シンノウヤシ（*Phoenix roebelenii*）は東京都八丈島では露地で大量に切り葉の生産がされている．ヤシはほとんど単幹で分枝しない．ただ地表から叢生，株たちとなるものがある．また，葉形から掌状葉ヤシ（palmatae palms）と羽状葉ヤシ（pinnatae palms）とに分けられる．

掌状葉ヤシ：ビロウヤシ，ワシントンヤシ，ウチワヤシ，ハクセンヤシ，オウギヤシ，チャボトウジュロ，シュロ，カンノンチク，シュロチクなど．

羽状葉ヤシ：アレカヤシ，ケンチアヤシ，シンノウヤシ，カナリーヤシ，ナツメヤシ，ダイオウヤシ，テーブルヤシ，ココヤシ，クジャクヤシなど．

8.2 属，種や品種の分類

実用上の分類はすでに述べたが，花きの栽培に当たっては，植物分類学や遺伝学を背景とした属，種，品種内の分類を知る必要も生ずる．同一属，種内で多数の種や亜種，系統のあるものでは植物学者や園芸学者の間でも分類が試みられている．ここでは事例を挙げて簡単に説明しておく．

8.2.1 属内での分類例

基本種を中心にその形態や生態から分けられている場合が多い．

（1）ユリ属の分類の例

たとえば花き生産では，栽培される頻度の多いユリについて古くはウッドコック（Woodcock, 1951）らが分類しているが，現在は種間雑種による系統，育

図8.15 低温に強いブティアヤシ（*Butia yatay*）

成が進み，スカシユリ節内の種の交雑によるアジアティック・ハイブリッド（asiatic hybrid）やヤマユリ節内の種間雑種のオリエンタル・ハイブリッド（oriental hybrid），カノコユリ節内の種間交雑によるパシフィック・ハイブリッド（pacific hybrid）が生まれているから，ウッドコックらの分類を修正しなければならない．

8.2.2 品種の分化とシリーズ品種

主要な花きでは品種が急速かつ多様に発達分化している．同一種類でも用途別の品種として高性（切り花用），中性や低性品種（鉢物，花壇用），また栽培の作型分化は品種の早生（早咲き），中生（ふつう咲き），晩生（遅咲き）などに分化し，作付けの多様化，出荷期の拡大に貢献している．品種分化はさらにシリーズ品種（series cultivars）の育成に発展している．形質，生態はほぼ同一で花色だけ違う色違い品種グループなどのことである．切り花や鉢物では，色を組み合わせて出荷することにより取引価格が有利になり，特に花壇用花きでは色の組み合わせは販売面や利用面でも決定的な要因になる．

8.2.3 現在の植物分類は変わる

現在の系統分類は18世紀カール・フォン・リンネが花器官や形態により分けた．しかし近年，分子生物学の進歩はDNA分析により属や種の近縁関係が推定できるようになっ

た．例えばサクラソウ科のシクラメンはヤブコウジ科に，ユリ科のギボウシはリュウゼツラン科に変わる．数十年後には現在の植物の系統分類は全面的に変わると予測されている．

8.3 花きの名称と学名

8.3.1 花きの名称

花きは気軽に各名称で呼び合い，使い分けているが，少し考えてみると意外に難しい．同一種類でも地方により，取引や利用の場でも大きく違うことがある．例えば関東地方で

図8.16 ペラルゴニウムの原種の一つ
P. acerifolium var. *variegata*
（コペンハーゲン植物園にて）

呼ぶ「ヒガンバナ」は九州地方では「マンジュシャゲ」，市場や小売業界で「カーネーション」は「ション」，「ユーストマ」は「トルコ」，「リモニウム」は「チース」などいろいろである．また，ハーブなども宿根草名とは違ったハーブ名で呼ぶ．最近，新しく導入されたコニファーや宿根草などは和名が付けられていないから園芸店でも学名をそのまま呼ぶか，中には消費者に認知しやすいよう勝手に名前を付けている店もある．このように花き名には一般名，業界名，地方名，共通名（和名：正式名），英名，学名（万国共通名）などがあることになる．これはコンピュータによる情報のデジタル化や，すでに述べた花き名の取引コード化に大きな障害になっている．本書ではこのような現状から一般名は園芸学会編「園芸学用語集・作物名編(2005)」および日本種苗協会編「種苗名称分類調査報告書」，標準学術用語辞典編集委員会編「標準学術用語辞典・植物学編(1969)」を参考に学名と併用して採用することとした．

8.3.2 学名について

学名（scientific botanical name）は万国共通の正式な植物名である．学名の概念はスウェーデンの生物分類学者リンネ（Carolus Linnaeus）の「植物の種（1753）」によるといわれているが，正式には1910年ベルギーのブリュッセルで開かれた第3回国際植物学会で「植物命名規約」が制定された．その後1965年，米国のシアトルでの第11回同学会で「国際植物命名規約」が採択され，その後しばしば改正されているが，これにしたがい命名されている．

学名は現在使われていないラテン語を原則使用し，植物分類学上の位置を表す属名（Genuric name）＋種名（Specific name）の二命法で表記し，その後にフルネームの命名者名（著者名：Author name）を付けることになっている．例えば

   Portulaca   *grandiflora*   Hook   マツバボタン
   属　名   種　名   著者名

また，属名の頭文字は大文字とし，変種は次のように var. をつけて変種名を表す．

Celosia argentea Linnaeus. var. *cristata* Kuntze. トサカケイトウ

　学名はさらにその種の形態や生態的特性，原産地，発見者などを表すこともある．*grandiflora*（大輪咲き），*latifolium*（大きい葉の），*ensata*（剣形の葉）．*japonica*（日本原産の），*chinensis*（中国原産の），*Saintpaulia*（セントポールが発見）など

　また，種間雑種による種については種名の前に×印を付ける．例えば数種の交雑で成立したと見られるパンジーの学名は *Viola* × *wittrockiana* Gams となっている．

　最近，花きの学名は分類の改正などによって属名，種名が改正されている．しかし，花きでは従来の学名がそのまま英名や一般名で広く呼ばれているものが多く，その改正が花き業界に混乱を招く場合がある．キクの新属名はオランダなどでは反発が強く業界での呼び名は従来の *Chrysanthemum* に戻されている．

　主要花きで最近，属名が変更されたものとしては：

種類名	旧属名	新属名
キク	*Chrysanthemum*	*Dendranthema*
ユーストマ	*Lisianthus*	*Eustoma*
リモニウム	*Statice*	*Limonium*
ビンカ	*Vinca*	*Catharanthus*
ディモルフォセカ	*Demorphotheca*	*Osteospermum*
マーガレット	*Chrysanthemum*	*Argyranthemum*
マツバギク	*Mesembryanthemum*	*Lampranthus*

　この他同一植物にいくつかの学名が命名されているものがある．以前の発見者や分類学者の同定，意見や認識の相違から複数命名されたもので，現在は正式に採用された学名に対して，これらを同種異名またはシノニム（synonym）という．

　わが国では学名は学者間の呼び名と考えられているが，海外では花き業界で広く使用されていることから，国際化の意味からも一般化されることを望みたい．

参　考　資　料

8. 花きの分類と種類
1) 浅井敬太郎 1934. 我邦園芸史上に現れたる斑入の種類及び名称，園芸学研究集録　第一輯，京都大学農学部園芸研究室編．養賢堂，東京．
2) Clifford, D. 1958. Pelargonium including the Popular Geranium, London Blandfod Press.
3) 広瀬嘉道・横井政人 1998. 斑入植物集．ヴァリェナイン社，岩国市．
4) 本田正次 1978. 学名とは，朝日百科「世界の植物」No.120．朝日新聞社，東京．
5) 菊池秋雄 1950. 園芸通論．養賢堂，東京．
6) 北村四郎 1978. 植物分類学とは，朝日百科「世界の植物」No.120．朝日新聞社，東京．
7) 松本正雄他編 1989. 園芸事典，朝倉書店，東京．
8) 大川　清 1997. 花卉園芸総論，養賢堂，東京．
9) Parker, Helen 1996. RHS, Perennials, Dorling Kindersley, London.

10) Richard, Bird 1993. Hardy Perennials, Award Lock Book, London.
11) 柴田忠祐 1993. わが国に向くコニファー，その (1) 新花卉 No.157，タキイ種苗（株），京都．
12) 塚本洋太郎 1969. 花卉総論，養賢堂，東京．
13) 塚本洋太郎監修 1996. 園芸植物大事典，小学館，東京．
14) 鶴島久男 1980. 園芸利用上からみたペラルゴニウムの概観，新花卉 No.107，タキイ種苗（株），京都．

9. 植物の形態と構造

　植物を扱う園芸技術者や研究者は植物の形態や構造とその名称を知っているのが当然であるが，時には忘れてしまうことがある．生理生態を理解するためにも，また，栽培上で判断する際，さらには学生や作業者に指示するときも必要となる．

9.1 植物の形態と構造

　植物の各部分の形態，構造およびその名称は図9.1のようになる．まず，地表から上の茎や葉，花などの地上部と地下の根や球根などの地下部とに大別される．
　植物を支える茎は根と茎葉をつなぐ器官で，養水分を給配する機能をもつ．

9.1.1 花器官の形態と構造

　花きでは花が主な観賞の対象であるから，花器官の分化，発育の過程はきわめて大切である．育種もこの花器官の改造を目指すからこの器官の変化は日常目にするが，その基本構造を理解しておく必要がある．花器官は生殖器官であるが，種により特異な形態をもち，主な花器官の構造および部分名称を図9.2に示す．

　花器官はがく片，花弁，雄ずい，雌ずい，からなるが，この構造は種類によってかなり異なる．雄ずいは花粉（pollen）を内臓する葯とそれを支える花糸，雌ずいは柱頭，花柱と種子になる胚珠を内蔵する子房からなる．花被は基部が癒合している合弁花（sympetalous flower）と，離れている離弁花（schizopetalous flower）とがある．花弁数は，基本枚数をもつ一重咲き（single flower type）と，花弁が分離，雄，雌ずいが弁化して花弁数が増加した半八重咲き（semi-double type），さらに増加した八重咲き（double flower type）などがある．組織的に花弁が分離したと見られるのは，シャクヤク，アネモネの八重咲きで，雄ずいが弁化したと見られるのはプリムラ類やウメなど，雌ずいの弁化はマツバボタン，雌，雄ずいがともに弁化したものにストックなどがある．また，花の中から花が出る貫生（prolification）という一種の奇形現象がストックやカレンジュラに見られる．

9.1.2 茎と根

　茎は単生する他地際から分枝して多数株立ちとなるものがある．また横に伏し地表を匍匐するように伸びる匍匐茎（stolon），や地上茎（terrestrial stem）の他，地下部に茎を横に伸して養分の貯蔵や新しい芽を発生させる地下茎（subterranean stem），地下茎が変形した球根類もある．茎はその先端に主芽を付け，節には葉

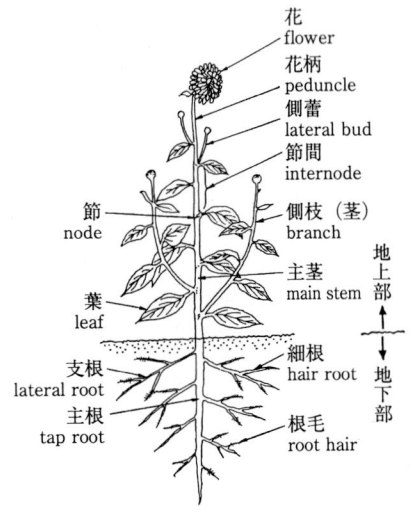

図9.1　植物の地上部，地下部の形態と名称

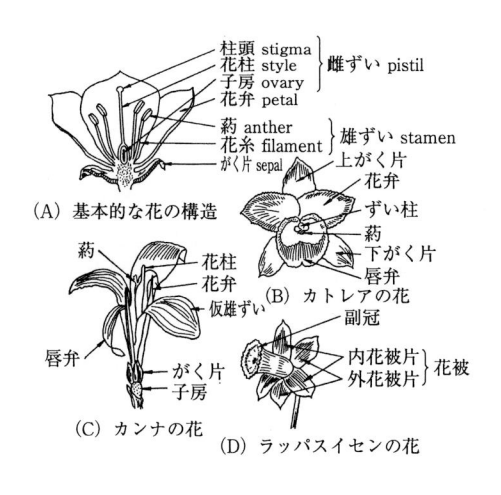

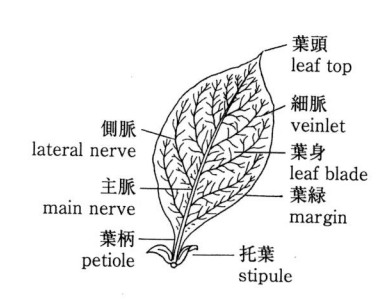

図9.2 花の構造例と名称
(A) 基本的な花の構造
(B) カトレアの花
(C) カンナの花
(D) ラッパスイセンの花

図9.3 単葉の部分と名称

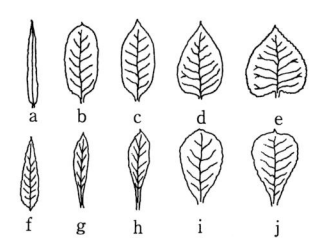

図9.4 葉（単葉）の形
a：線形, b：長楕円形, c：楕円形,
d：卵形, e：心臓形, f：披針形,
g：倒披針形, h：へら形, i：倒卵形,
j：くさび形.

と側芽（潜芽）を付ける．

(1) 葉

葉は葉緑素を含む細胞組織をもち光合成を営む重要な器官である．葉の表面は表皮細胞（epidermal cell）で覆われ，種類によってはクチクラ（cuticle）が発達しているものがある．主に，葉の裏には蒸散やガス交換を行う気孔（stomata）が存在する．表皮組織にはさまれた葉内組織は柵状組織（palisade parenchyma）と海綿組織（spongy parenchyma）からなり，とくに受光面の表皮組織に近い柵状組織の細胞は葉緑体をもち，光合成を活発に営む．

葉は一枚の葉片からなる単葉（simple leaf）と，いくつかの小片からなる複葉（compound leaf）とがある．葉の部分名称は図9.3に示す．

1) 単葉の形（leaf shape）

単葉には次のような形がある．（図9.4 参照）

A. 線形（linear）：葉身の両側が平行して狭い．アルメリア，リュウノヒゲなど．
B. 披針形（lanceolate）：葉身の基部が広く先端がゆるく尖る．ハゲイトウなど．
C. 長楕円形（oblon）：葉身の長さが幅の3倍位になる小判形．パンジー，スズランなど．
D. 卵形（ovate）：葉の基部が幅広く先端が狭くなった卵形，アメリカフヨウ，ペンステモン，サルビアなど．
E. 心臓形（cordate）：葉身全体が心臓形をしているもの，コリウス，アゲラタムなど．
F. 倒披針形（oblanceolate）：披針形を逆にした形．ヤマモモ，イチイガシなど．
G. へら形（satulate）：葉身の基部が細り，先が丸みをもつヘラ形．ハエマンサス，ヘラオモダカ．

H. 倒卵形（obovate）：卵形を逆にした形．ダンギク，クスノキなど．
I. くさび形（cuneate）：先端が幅広く基部が次第に狭くなる形．プリムラなど．
J. 円形（reniform）：円形に近い形．キンレンカ，マルバノキなど．
K. 三角形（deltoid）：葉の先を頂点にほぼ三角形に近い．ポプラなど．
L. 腎臓形（reniform）：葉身が腎臓形に近い．カツラなど．

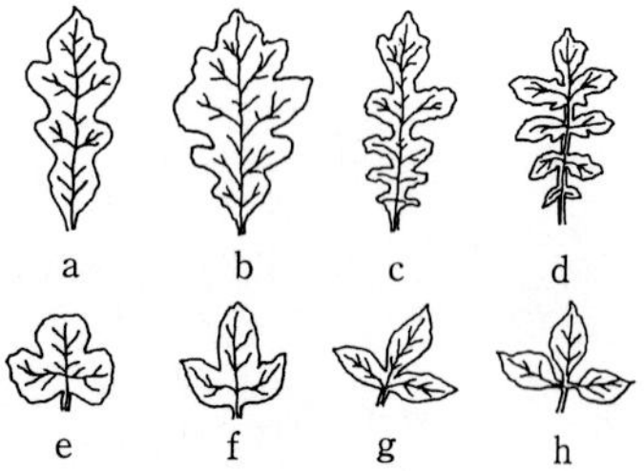

a：羽状浅裂，b：羽状中裂，c：羽状深裂，
d：羽状全裂，e：掌状浅裂，f：掌状中裂，
g：掌状深裂，h：掌状全裂．

図9.5　葉の切れ込みによる分類

2）複葉の形
一本の葉柄に三つ以上の葉片の付いている葉を複葉といい，葉片を小葉（leaflet），さらに小葉を付ける葉柄を小葉柄（petiolule）という．主な複葉には次のようなものがある．
A. 奇数羽状複葉（odd‐pinate）：小葉の数が奇数であるもの．スイートピー，カライトソウ，フジなど．
B. 偶数羽状複葉（abruptly pinnate）：小葉の数が偶数であるもの．ベニゴウカン，サイカチなど．
C. 二回羽状複葉（bipinnate）：羽状葉の葉軸面にさらに，羽状葉の付く形．マーガレット，シザンサス，ラナンキュラスなど．
D. 掌状複葉（palmately compound）：小葉が葉柄から放射状にでる形．ルピナス，デルフィニウム，アラリアなど．

3）葉の切れ込み
葉身はまた切れ込みの程度によっていくつかの形に分けられる．完全な切れ込みは全裂といい複葉と一致する．主な切れ込みによって図9.5のように分けられる．
A. 羽状浅裂（pinnately lobed），B. 羽状中裂（pinnately cleft），C. 羽状深裂（pinnately parted），D. 掌状浅裂（palmately cleft），E. 掌状中裂（palmately cleft），F. 掌状深裂（palmately partes）

4）葉縁の形（切れ込み）
葉縁の形状も同一種類でも品種により差があって識別の手がかりになることが多い．
主な葉縁の形には次のようなものがある．（図9.7　参照）
A. 全縁（entire）：葉の縁に全く切れ込みがない．
B. 鋸歯状（serrate）：縁に鋸の歯状の切れ込みをもつ．
C. 歯状（dentate）：鋸歯状に似るが2辺が等しい．
D. 円鋸歯状（crenate）：鋸歯の尖った先端が丸みをもつ．
E. 波状（undulat）：葉縁が波打つ形．
F. 深波状（sinuate）：葉縁の波が深い形．
G. 重鋸歯状（double serrate）：鋸歯片にさらに鋸歯が入る形．

5）葉の先端および基部の形

これも品種や系統を識別する手掛かりになる形態であるが，ここでは省略する．

(2) 花の付き方

花が花軸に配置着生する形態を花序（inflorescence）といい，鑑賞利用上から花群の配置や形状は開花期間，管理，収穫方法などと深い関係をもつ．花軸の下から上へ，外側から中心に向かって咲く花序を無限花序（indefinite inflorescence）と，花軸の頂端から下部へ向かって咲くものを有限花序（definite inflorescence）という．各花序は次のように分けられている．

1）無限花序

A. **穂状花序**（spike）：垂直に伸びる主軸に穂状に花を付ける．キンギョソウ，ストック，サルビア，グラジオラスなど．

B. **総状花序**（ramema）：垂直に伸びる主軸に柄をもつ花をつける．ジギタリス，ホリホック，ルピナスなど．

C. **円錐花序**（panicle）：主軸に小花梗をつけ総状花序をつける．ソリダゴ，ライラックなど．

D. **散形花序**（umbel）：主軸の頂部に小花柄をつけた花を同じ高さでつける．プリムラ・ポリアンタ，マンリョウなど．

E. **散房花序**（corymb）：主軸に花柄をもつ花をつけ頂部に花が揃う．アゲラタム，コデマリ，ヤマザクラなど．

F. **尾状花序**（catkin）：単一の主軸に柄のない花をつけて垂れ下がる．ポリゴナム，カライトソウ，ヤナギなど．

G. **頭状花序**（capitulum）：主軸の頂部に花盤をつけ，その上に舌状花と筒状花（管状花）を多数つける．キク科の花が代表的である．キク，マリーゴールド，コスモス，マーガレットなど．

2）有限花序

A. **集散花序**（cyme）：図9.7のように上方の花から開花し，次第に下方に遅れて咲く．ミズキ，ガマズミなど．

B. **単頂花序**（solitary）：主軸の頂部に1個の花をつける花序．チューリップ，ラッパスイセン，カーネーションなど．

(3) 葉の付き方

茎に葉が着生するのも一定の規則性があってそれを葉序（phyllotaxis）という．この葉

a：全縁，b：鋸歯状，c：歯状，
d：円鋸歯状，e：波状，f：深波状，
g：重鋸歯状．

図9.6　葉縁の形

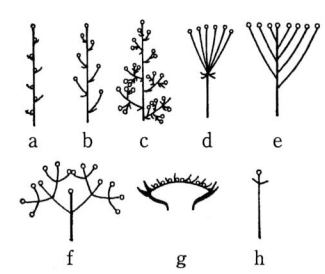

a：穂状花序，b：総状花序，c：円錐花序，
d：散形花序，e：散房花序，f：集散花序，
g：頭状花序，h：単頂花序．

図9.7　主な花序

の付き方は葉腋の芽（側芽）の発生位置をも決定するから，分枝生態や草姿にも関係する．同一節から葉を左右対称に発生するものを対生葉序（opposite phyllotaxis）といい，節ごとに交互に発生するものを互生葉序（alternate phyllotaxis），同じ節から四方に葉を発生させる輪生葉序（verticillate phyllotaxis）がある．対生葉序にも図9.8のような二節対生葉序や三節対生葉序などがある．互生葉序は図9.8のように1/3互生葉序や2/5互生葉序があり，複雑なものでは5/13, 8/21, 13/34互生葉序もある．1/2互生葉序はイネ科植物のように左右対称に互生する．葉序は植物の属の識別の手掛かりにもなるが，実際には発生した葉が光に対し葉柄を曲げているからそのままで葉序を見るのは難しい．

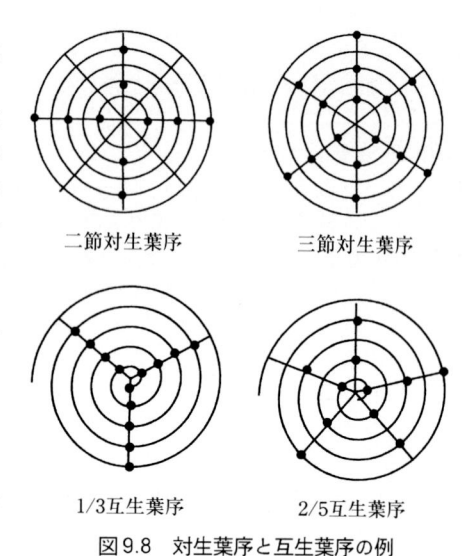

二節対生葉序　　三節対生葉序

1/3互生葉序　　2/5互生葉序

図9.8　対生葉序と互生葉序の例

参 考 資 料

9. 植物の形態と構造
1) 小倉　謙　1966. 植物解剖および形態学. 養賢堂, 東京
2) 小学館編　1994. 園芸植物大事典 別巻. 小学館, 東京.
3) 標準学術用語辞典編集委員会編　1964. 標準学術用語辞典 植物学編. 誠文堂新光社, 東京.

10. 花きの育種

人類が生活の中で食糧を得るため，農耕を始めたときから育種の概念は生まれたものと思われる．それはより多くの収量を得る系統の探索もあった．その後，野生種の多様性に目をつけ，それらの交雑から現在の園芸種や品種が生まれたことはいうまでもない．新種類や品種が育成されるとその利用や栽培も拡大し，特に花きでは20世紀に育種が急速に発展した．

10.1 育種とは

育種とは新しい有用な遺伝子型を創造する技術であると育種学では定義されているが，簡単にいえば，従来のものより有用な種類や品種を育成する技術ということになる．

(1) 品種とは

品種（cultivars, varieties）とは栽培や利用面から見た生物集団の単位で，分類学上では種（species）および亜種（subspecies）の下位に位置し，作物の種類をそれぞれの特徴に基づいて相互に区別した最小の単位である．新品種が成立するためには①優秀性，②均一性，③永続性の3条件を備えなければならない．

(2) 遺伝形質の変異拡大と選抜，導入

育種は植物のもつ遺伝性を利用して遺伝形質を変異拡大し，その中から有用な形質のものを選抜し利用する技術である．

　　　形質変異の拡大──人為的に形質の変異を促し拡大する．
　　　形質変異の導入──遺伝資源の活用（未知の野生種の発見や導入）
　　　遺伝子の組み合わせによる変異の創作──交配，遺伝子組換えなど．
　　　変異の選抜──有用な変異個体の発見と選抜など（分離育種他）

10.2 花き育種の歴史的背景

17～18世紀の江戸時代にはわが国の花き園芸のレベルは世界的に高く，さらに山野に自生する植物相がきわめて豊富であったため，植木屋（当時の植物育種家のこと）といわれた育種家が，枝変わりや実生選抜から多様な品種を選抜して，わが国独特の花き園芸文化を確立したことはよく知られている．欧州では同時期，プラントハンター（plant hunter）といわれる植物収集専門の探検家が，中国，日本や東南アジアから多くの植物を導入したことが育種の契機になっている．ツンベリー（K. P. Thunberg），シーボルト（P. F. von Siebold）やロバート・フォーチュン（R. Fortune）などは日本の植物を欧州に紹介したプラントハンターとして知られている．彼らが欧州に導入した各地の野生種や園芸種は，実生選抜や交雑育種の対象となって19世紀には花きに多くの品種が育成されている．しかし，19世紀までの花き育種は愛好家や趣味家を対象としていたため，育成品種は多様な形質をもって興味深いものであったが，経済的な生産に向くような品種ではなかった．20世紀になって花きの経済的な生産が開始されてからは，営利生産に向くよう

な品種の育種に移行している.

　観賞価値はもちろん,生産や輸送性の高いもの,病気に強く栽培しやすいもの,日持ちのよいものから,周年生産や多様な作型に適するものなどが育種目標になっている.そして花き産業の拡大から,いままでの地域に適する品種から国際的な品種として流通する育種に変化している.

10.3　育種の基礎になる遺伝の知識

(1) 遺伝子と染色体

　遺伝子は核酸（デオキシリボ核酸：deoxyribonucleic acid, DNA）とリボ核酸（ribonucleic acid, RNA）からなり,DNAは二本のポリヌクレオチド鎖がらせん状にねじれた構造をもつ.この遺伝子は染色体上に核酸を構成する塩基が線状に配列して生物の遺伝情報を伝達する.すなわち染色体は遺伝子の担体である.遺伝情報の伝達は核遺伝子の他に葉緑体やミトコンドリアにもDNAが存在し,これを細胞質遺伝子（plasmagene）による細胞質遺伝という.遺伝は1遺伝子を原則として1形質を遺伝するが,現在は発現の機能物質が酵素によることがわかってきたので,1遺伝子－1酵素と考えられている.

　染色体（chromosome）は細胞分裂中期に塩基性色素で濃く染まる棒状の構造体で,その種によって染色体数や形質は違う.このような染色体数や形質的特徴を核型（karyotype）という.核型は種の識別に,また染色体数は交雑可否の判断に使われる.育種を行うときには対象植物の染色体数を知ることが重要である.最近は染色体像をコンピュータの画像処理で定量識別できるようになった.

　半数性の染色体の1組をゲノム（genome）という.ゲノムはその生物が生存に必要な最小の遺伝情報をもっている.半数性のゲノムAを構成する染色体数を基本数xで表す.また,配偶体（花粉や卵）のもつ染色体数をnで表すから2倍体は基本数と染色体数が一致するが,倍数体や異数体になると一致しない.

(2) 遺伝性

　遺伝情報は核遺伝子と細胞質遺伝子に含まれて伝達されるが,その伝達の仕方は異なる.核遺伝子はその遺伝性によって発現力が強い質的遺伝の主働遺伝子（majer gene）と,発現力の弱い量的遺伝を示す微働遺伝子（minor gene）とがある.さらに量的形質に作用力が微量な遺伝子のポリジーン（polygene）がある.主働遺伝子が伝達する質的遺伝は一対あるいは少数の作用性の大きい遺伝子が形質発現を支配するもので,メンデルの法則の優性,劣性が明確に説明できる.ポリジーンが関与する量的遺伝は,作用力が小さい多数の遺伝子の働きが総合されて形質を発現するもので,形態や花色の遺伝に見られるものである.

(3) 倍数性と異数性

　染色体数が基本数の整数倍になっている場合を倍数性（ploidy）という.同種のゲノムが倍加しているものを同質倍数体（autopolyploid）,異種のゲノムが加算されている異質倍数体（allopolyploid）とがある.同質倍数体は遺伝子の種類は変わらず量だけが変化し,一般には細胞の大型化,形態の大型化,晩生化などが伴う.同質倍数体でも3倍体は稔性

が大きく低下する.
　染色体数が基本数の整数倍よりも1本あるいは数本多いか, 少ない場合を異数性 (aneuploidy) という. 一般に異数性の個体は生存力が弱く, 稔性も低く, これを維持するには注意を要する.
　自然界では同一属でも種により染色体数の異なる倍数性や異数性が存在して育種上, 原種間の交配や新しい因子を導入するため野生種と交配する際しばしば問題となる. 次にデルフィニウム数種の染色体数を例に挙げておく.

　　　デルフィニウムの主な原種の染色体数

D. consolida	2n = 16	D. grandiflorum	16
D. belladonna	48	D. nudicaule	16
D. cardinale	16	D. ruysii	32
D. elatum	32	D. zalil	16

(4) メンデリズムは生きている

　親の性質が子に伝わることを実験的に証明したのはメンデル (G. J. Mendel 1865) であった. しかしメンデルの論文は当時注目されず, ユーゴー・ド・フリス (H. deVries) らに認められ, このときをメンデルの法則再発見という.
　メンデルは自家受粉するエンドウを材料として種子の型, 子葉の色など7形質の遺伝を実証している. 単性雑種の雑種第一代目 (F_1) には全て優性の形質だけが現れる優性の法則, 雑種第二代目 (F_2) では対立形質が完全優性の関係では優性 (dominant) の形質と, 劣性 (recessive) の形質をもつものが3:1の割合に, 不完全優性の場合には優性型:中間型:劣性型が1:2:3の比率に分離する分離の法則, 二対以上の対立形質が組み合わされた場合, 各対立形質は全く独立的に行動するという独立遺伝の法則からなる. 最近の遺伝学は体細胞雑種や遺伝子組換えなどバイオテクノロジーの進歩はすばらしいが, 今もメンデリズム (mendelism) が生きていることには変わりない.

(5) 植物の生殖生理

　交雑育種などでは植物の生殖生理は重要である.

A. 有性生殖と無性生殖

　植物が自己と同様な新しい個体を生み出すことを生殖 (reproduction) という. 生殖には雌雄の生殖器官を必要とする有性生殖 (sexual reproduction) と, 雌雄を必要としない無性生殖 (asexual reproduction) とがある. 多くの植物は雌雄同株であるが, 雌雄異株のものもある. 前者には雌雄器官が同一花の中に形成される両性花と, 雌花, 雄花が別々の単性花とがある. 両性花でも雄ずいと雌ずいの熟期がずれて自家受粉できない雌雄異熟花と, 同熟の雌雄同熟花がある.

B. 受粉と受精

　花粉が雌ずいの柱頭 (stigma) に着生することを受粉 (pollination) と呼び, 同一両性花内で受粉することを同花受粉, または自家受粉 (self pollination), 同一株内で受粉することを同株受粉という. これに対して他の株との受粉を他家受粉 (cross pollination) という. 自家受粉によって繁殖する植物を自殖性植物, 他家受粉によって増殖するものを他殖性

植物という．受粉は風によって行われる風媒花，昆虫により花粉が運ばれる虫媒花があり，特定の目的で人が交配する人工交配がある．この場合，自株（花）の花粉が受粉しないよう雄ずいを成熟前に取り除く，除雄（castration）がある．

C. 自家不和合性
　雌雄の両性器官が完全な生殖能力をもつのに，自家受粉で受精しない性質を自家不和合性（self-incompatibility）という．自家不和合の原因には①遺伝的な離反因子説，②抑制物質説（自家の花粉の発芽伸長を抑制する物質が胚珠からでて抑制する），③異型花性によるものなどがある．③の場合は個体によって花柱が長短や形態の違いと花粉の形態などに違いがあって，その組み合わせにより和合または不和合になる．例えばプリムラには花柱が長く，花糸が短い長花柱花と，その逆の短花柱花の2型花があって同一の組み合わせ間では不和合になる．

D. 雄性不稔性
　何らかの理由で花粉が受精機能を失う雄性不稔性（male sterility）という自家受精を妨げ他家受精のみを行う個体がある．雄性不稔には遺伝的なものと外的要因によるものとがあり，ここでは遺伝的なものについて述べる．遺伝的な雄性不稔には①核遺伝子と細胞質遺伝子の働きによるもの，②核遺伝子に支配されるもの，③細胞質遺伝子に支配されるものの3種類がある．細胞質遺伝子による雄性不稔は一代雑種の採種効率を飛躍的に発展させた．種子または栄養繁殖（主に組織培養）で増殖した雄性不稔株と正常稔性株を交互に列植しておくと，雄性不稔株の稔実種子は全て一代雑種種子になる．しかし，多くの花きにはいまだ雄性不稔株が発見できず，人手による除雄や交配作業を一花ずつ行って，一代雑種種子の採種をしているパンジーやペチュニアなどがある．

10.4　花き育種の目標
　育種は遺伝子の新しい組み合わせにより優良な形質の組み合わせをもつ品種を育成することで，対象になる形質（character）には花色，花の形，草丈などの数量的に表現できる量的形質（quantitative character）と，開花の早晩性，低温感応，日長反応，耐病性などの質的形質（qualitative character）とがある．花きの育種の目標としては次のようなものが挙げられる．

◎量的形質の改良（花，葉の色や形態，形状など）
　花の大きさや形態など（花の大きさ，八重化，花形，花房形など）
　花，葉の色やそのパターンなど（花，葉色，多色化，色分けパターンなど）
　草丈や草姿など（草丈の高中低や被覆性，直立，上開，卵型など）
　その他
◎質的形質の改良（生育生態や性状など）
　発芽や生育の旺盛さなど（旺盛さ，早い発育，生育の均一性など）
　開花の早晩性など（早生，晩生の他作型適応性など）
　収穫までの期間短縮など
　栽培管理しやすい生育生態の改良

生産性の向上（単位面積当たりの収量増加，密植可能性など）
特異生態の改良（休眠，ロゼット，低温要求性，日長反応など）
耐病，耐虫，耐候性や耐環境性の改善
日持ちや輸送性の改善など
その他

これらのうち特に重要な課題について次に取り上げる．

10.5 最近の主な花き育種の現状とその実際

10.5.1 花色の育種とその成果

花きでは花色はその生命である．先人は色幅の少ない野生種間を交配して色幅を広げた園芸種を育成してきた．花きの育種は花色の育種から始まったといっても過言ではない．花色は花色素によって発現されるので，花色素の組成，分布から色素の生合成のメカニズムの解明，遺伝子の組換えによる新花色の育成などの研究が進展している．一面，花を観賞する場合には花壇やフラワーアレンジメントなど花色の組み合わせ，調和など色彩学も重要になっている．

(1) 花色素について

花色素は植物組織内の糖や無機物から合成されて花の色を発現するもので，主な色素には次のものがある．

A. フラボノイド色素（Flavonoid）

 a) アントシアニン類（Anthocyanin）

多くの植物の花弁に含まれ，赤，オレンジ，ピンク，青，紫などを発色する最も多い色素である．配糖体の形で存在し，酸性溶液中では赤色，アルカリ溶液中では青色を呈する．このグループには次のような色素が含まれる．

1) ペラルゴニジン（Pelargonidin）：緋赤色，オレンジ色などを発色し，ゼラニウムなどの花弁に含まれる．
2) シアニジン（Cyanidin）：紅色，紅紫色，桃色などを発色し，セントウレア，ダリアなどの花弁に含まれる．
3) デルフィニジン（Delphinium）：青，紫系の花色を発色し，デルフィニウムの花冠に多く含まれる．
4) ペオニジン（Peonidin）：紅紫色を表し，シャクヤクなどの花弁に含まれる．
5) ペチュニジン（Petunudin）：紅紫色を呈する色素でペチュニアの花弁に多く含まれる．
6) マルビジン（Malvidin）：赤紫，紅紫色を発現し，ゼニアオイやハイビスカスの花弁に多く含まれる．

 b) フラボノール類（Flavonol）およびフラボン（Flavone）

黄，淡黄，クリーム，白色などを表す．これらはフラボンを基本とし，主に細胞腋中に配糖体の形で溶解している．アントシアニン色素と共存することが多く，非常に種類

も多い.
  1) ケルセチン（Quercetin）：多くの植物に含有され, 白, クリーム, 淡黄色を表す. パンジー, ストック, ツバキの花弁に多く含まれる.
  2) ケンフェロール（kaempferol）：白, クリームを発色し, バラ, デルフィニウムなどに含まれる.
  3) ミリセチン（Myricetin）：白, 黄褐色を発色し, ヤマモモなどに含まれる.
  4) ケルセタゲチン（Quercetagetin）：フラボノール色素でアフリカン・マリーゴールドの花弁に多い.
  5) アピゲニン（Apigenin）：白, クリームを発現し, ダリアの黄色花の花弁に含まれる.
  6) その他, ルテオリン（Luteolin）, ディオスメチン（Diosmetin）, アカセチン（Acacetin）など多数の色素がある.
  c) カルコン（Chalcone）およびオーロン（Aurone）
  これらは特殊な植物に含まれ, 濃黄色を発色する色素で, 前者にはブティン（Butein）, カルタミン（Carthamin）, 後者にはブラクテアチン（Bracteatin）, スルフレチン（Sulphuretin）などがある.

B. カロチノイド色素（Carotenoids）
  黄, オレンジ, 赤色を発現する色素で細胞中に結晶状で含まれ, 花だけでなく植物体に広く存在し, 動物にも含まれている色素である. カロチノイドにはカロチンとキサントフィルがある.
  1) カロチン類（Carotene）：α, β, γ-カロチン, リコピン（Lycopene）があり, 黄, オレンジ色を発色するが, β-カロチンが最も多い.
  2) キサントフィル（Xanthophyll）葉緑体中に存在する色素で黄赤色を発色する. ビオラキサンチン（Violaxanthin）, フラボキサンチン（Flavoxanthin）など多くの種類を含む.

C. 葉緑素（クロロフィル：Chlorophyll）
  葉組織に存在して光合成を行う色素である. 花弁中に存在することもある. 葉緑体の中に含まれているカロチノイド色素と共存することが多い. クロロフィルにはαとβとがある. 最近は緑がかった花にも人気があり, グラジオラス, ジニア, キク, カーネーションの緑色花の品種などにはこの色素が含まれる.

D. ベタシアニンとベタキサンチン
  フラボノイド色素, カロチノイド色素, クロロフィルは無チッ素性色素化合物であるが, 数そのものは少ない. その組織にチッ素性色素化合物としてベタシアニジン（Betacyanidin）とベタキサンチン（Betaxanthin）がある. アントシアニン色素に似て赤, オレンジ, 黄色を発色する.

  以上の色素はそれぞれが単体または組み合わさり複雑に発色するが, 色素の分布, 花弁の組織学的構造の相違, 花序の状態, 温度や光など生育する環境条件で, 人間の目に感ずる色彩は微妙に変わるものである.

(2) 花色素と花色発現の変化

　花色は同じ花色素が含まれていても微妙に違うことをわれわれは経験する．それに植物体内の色素の濃度や分布，存在する部分や組織構造から花色素の生合成や発現に及ぼす要因がある．

A. 花色素の含有と分布

　花色はいくつかの花色素が組み合わせられて多様な色彩を表し，その部分によっていろいろな模様やぼかしなどになる．花きでは花色の相違が品種の相違になるので，花色素の種類，分布，組み合わせなどが花色の構成要素になる．横井（1975）は多くの花き品種群の花色素分析を行って，品種間の花色素の分布と花色発現との関係を明らかにしている．例えばセントポーリア88品種の花色と色素分布は表10.1のようになる．ピンクの花色の品種はペラルゴニジン，ペオニジン，シアニジン配糖体色素を含有し，青色品種はペオニジン，マルビジン，ペチュニジン，デルフィニジンを，紫品種はペラルゴニジン，ペオニジン，マルビジン，ペチュニジン，デルフィニジンをもつ．そして含有色素の構成比によって花色が変化することがわかる．

　ピンク系はペラルゴニジンが主要色素であるが，ペオニジンの比率が大きくなると赤紫色になる．また，紫系はマルビジンが主要色素だが，ペオニジンが増加してマルビジンと同比率になると紫紅色になる．このような色素の相互関係から横井は，セントポーリアでは原種がすでに青から紫まで変異をもっていたが，その後の育種過程で紫から紫紅色が現れ，紫紅は色幅を広げて赤紫，ピンクを発現してきたと花色の発達経過を推論している．

B. 花色の変化

　同じ花色素をもつ花でも色素が生合成される過程で何らかの要因に影響されたり，環

表10.1　セントポーリア品種の花色分類（横井・上田1978）

花 色	R.H.S カラーチャート グループ	含有花色素 （アグリコン）	品 種 名
ピンク	R-P.P	**Pg**. Pn. Cy	リリアン・ジャレット，ジュピター，リサ，ベビーピンク
	〃	Pg. **Pn**. Cy	ファッショネアー，ステート・ライナー，リンダ
赤紫	R-P.P. P-V	Pg. **Pn**. Cy	モニーク，ルビー，マース，レッドスパークルファイヤーバード
紅紫	P-V	Pg. **Pn**. Cy	
紫紅	V	Pg. **Pn. Mv**. Cy Pt. Dp	コーション・ジャネット
紫	P-V. V. V-B	Pg. Pn. **Mv**. Cy Pt. Dp	スタートリング，アウア・ドーン，エルフリーダ，イオナンサ
青	V-B	Pn. **Mv**. Pt. Dp	ブルーボーイ，ブルーヤンダー，ララバイ
白	W	**Pg**. Pn. Cy	キャンディ，ウインターファンタジー
〃	〃	Pg. **Pn**	オリエンタル・レッド
〃	〃	**Mv**. Pt. Dp	ロバート・オー，トミー・ルー
〃	〃	－	スノー・ガール
〃	Y.G, G.W.	Pg.	グリーン・ジュエル，ライム

＊太字は含有量の多いもの，またPgはペラルゴニジン，Pn. ペオニジン，Cy. シアニジン，Mv. マルビジン，Pt. ペチュニジン，Dp. デルフィニジン．

境条件や花弁の組織の構造などで違った色に見えることがある．青から赤までの花色素として最も多いアントシアニンが，細胞胞のpHにより花色が変わることはよく知られている．アジサイ（ハイドランジア）は土壌のpHによって花色（正しくはがく色）が変わり，土壌から吸収されるアルミニウム（Al）の金属塩とデルフィニジンの結合，非結合で発色が変わることがわかっている．また，アントシアニンがタンニン，フラボン，フラボノールや多糖類などのコピグメント（copigment）といわれる物質が共存することによって発現する（ピグメンテーション：intermolecular copigmentation ともいう）ことがある．このようにアントシアニンがpHや，金属元素，コピグメントの存在によって青色の発現程度に変化を与える．

安田（1964）は黒バラの花弁の黒色の発現を検討し，花弁の表面の構造の特殊性が重要な役割を果たしていることを見出した．バラの赤色品種と黒色品種はシアニンを主体色素とし，クリサンテミンまたはペラルゴニジン配糖体を含む．両品種の花弁の切片は図10.1のようになる．花弁の表皮細胞は共通して乳頭状であるが，黒色品種の表皮細胞は赤色品種のものより著しく縦に長い．黒色品種の花弁は表皮細胞の形態から光の陰影を生じやすく，それに対して赤色品種の表皮細胞はやや短く，横長で先端の傾斜が緩く光の反射が少ない．この差が花色の差となって現れるものと推定している．

(3) 花色の育種の現状

アントシアニンは僅か数種の花色素をもつだけだが，赤から紫，青へと幅広い色調を発現することに多くの研究者が興味をもち，20世紀は青色解明の時代でもあった．その結果，アントシアニンの生合成や花色発現のメカニズムがかなり明らかにされている．林（1957）はツユクサの青色の花弁から天然の色調が失われずに青色の結晶の単離に成功し，この色素がマグネシウムイオンの錯体であることを証明してこれをコンメリニン（Commelinin）と命名した．これによりpHが中性でもアントシアニンに金属イオンを配位する金属錯体説も証明されることになった．さらに近藤ら（1998）は高速X線構造解析によりコンメリニンの精密構造を原子レベルで解明し，世界で初めて真の色素分子の構造解析を行った．この研究により花色の多彩性と安定性に関する金属錯体説，自己会合説，コピグメント説の全てを学問的に説明できるようになった．

A．最近の青色花の育種

古くから青色の種類，品種に人々は強い興味を抱いてきた．そのため野生種がもつ青色を大切に交配して青色の幅を広げてきた．しかし，青色をもたない種類を積極的に育種して青色を導入することは困難とされ，青色のバラ，カーネーションやキクは夢に近いとされてきた．青色の発現には金属元素が関与し，それはごく限られた種類と考えられてきた．ところが，近藤らは金属錯体超分子形成による青色発色には，化学構造上の共通する特

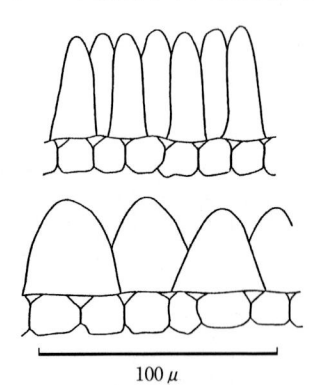

図10.1 バラの黒色品種（上）と赤色品種（下）の花弁上面表皮細胞の違い（安田1964）

徴があったとしてその普遍性を示唆した．これらの研究を基にすでに遺伝子組換えによる新花色の育種が始まっている．

サントリーはオーストラリアのフロリジーン社と共同で青色を発色するデルフィニジンを持たないカーネーションの青色品種を育成した．ペチュニアのデルフィニジン生成酵素の遺伝子hfIcDNAを単離してカーネーションに導入し，淡青色のカーネーション品種"ムーンダスト"を1997年に発表し発売している．

B. 最近の黄色花の育種

今まで黄色花がなかった種類に，黄色品種も20世紀後半に育成が進んでいるスイートピー，ペチュニア，コスモス，デルフィニウムなどに黄花品種が育成されたのも最近のことである．佐俣（1983）はコスモス（*C. bipinnatus*）八重咲の筒状花の花弁先端部にごく僅かに濃い黄色をもつ個体を発見し，25年かけてより黄色い部分が舌状花全体に広る個体を選抜し続けて，黄色花のコスモス"イエローガーデン"を育成発表した．これは長年月をかけて選抜したポリジーンの集積と見られるが，佐俣は最初の花弁の色素には認められなかったカルコンが育成品種には存在したと報告している．今まで全くなかったシクラメンの黄花品種も今話題になっている．シクラメン2倍体品種「ピュアーホワイト」からごく薄い黄色の個体が偶然栃木県の菱沼氏と福岡県の鹿毛氏により発見され，以来選抜を重ね前者は種子系品種「カグヤヒメ」，後者は栄養系品種「ゴールデンボーイ」を発表している．宮島ら（1993）によると黄花シクラメンの花弁の主要な花色素はフラボノール系のカルコンだと確認されている．宮島らは図10.2のように，色素の生合成経路でカルコンからフラボノイド色素への合成過程で中止する劣性突然変異個体だと推定している．従って花弁内の色素量の多い株の選抜を続ければ，より濃い黄花シクラメンが出現できるのではないかと期待している．

C. 分子育種による新花色の育成

花色素の生合成経路の解明は各物質を合成に関与する酵素を支配する遺伝子を導入することにより花色を制御する育種へと急速に発展している．最初に遺伝子導入により新花色の育種を実験的に行ったのは1987年のMeyer, P.らの報告で，遺伝子導入と交雑育種を組み合わせた研究であった．オレンジ色を発現するペラルゴニジン（Pg）を含まないペチュニア属は，ペラルゴニジンの前駆体を合成するジヒドロフラボノール4-リダクターゼ（DFR）酵素を欠くからである．そこでトウモロコシのDFR遺伝子を取り出し，ピンク品種「RLOI」から単離したプロトプラストに導入し，再分化させて形質転換個体を得た．表10.2のように形質転換系の「MPI-15」，「MPI-17」は在来品種に比べペラルゴニジンを多量に含み，赤レンガ色を発現した．しかし他の形質が経済的に乏しかったので在来の数品種と交雑したF_1を得て，F_2にオレンジ個体を選抜し，F_3で商品性の高い

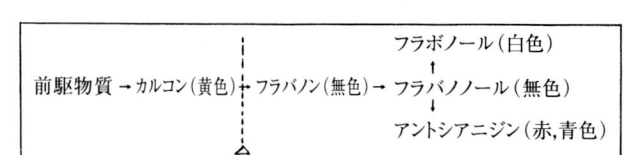

前駆物質 → カルコン（黄色） → フラバノン（無色） → フラバノール（無色）
　　　　　　　　　　↓　　　　　　　　　　　　　　　↓
　　　　　　　フラボノール（白色）　　　　　　　アントシアニジン（赤，青色）

図10.2 黄花シクラメンのフラボノイド色素の生合成経路（宮島ら1993）

表10.2 在来系統と形質転換個体の花色および花色素 (Meyer, P. 1987)

系統	花色	アントシアニンの含量比					
		ペラルゴニジン	シアニジン	ペオニジン	デルフィニジン	ペチュニジン	マルビジン
RLO1	薄いピンク		+		+		
MPI-15	赤レンガ	6			1	3	
MPI-17	赤レンガ	8	2				
L2124	バラ		1	9			
L2134	ピンク			9			1
Y1	赤		8	1	1		
F5	サーモン		9	1			

＊1〜9は数値の大きいほどアントシアニン含量の多いことを示す． ＋は微量．
注）間藤の研究紹介の訳文資料1996による

オレンジ色の系統を得ている．

(4) 花色の色彩学とその計測と表記

　花壇に異なる花色の品種を組み合わせて植栽するときや，いろいろな色の花をアレンジメントして，その色調の美を表現するには色彩学の知識が必要となる．花き園芸上これだけは理解しておくべきポイントのみここで述べる．

図10.3 カラーサークル

A. 色彩と花色

　1) 基本色と標準色

　色彩を形成する3原色 (primary color) は赤，黄，青であることはよく知られている．この内隣り合う色が重なると橙，緑，紫色の secondary color となり，これと前の3原色を加えた6色を基本色 (pure color) という．さらに隣り合う各色の中間色として赤橙色，橙黄色，黄緑色，青緑色，青紫色，赤紫色の6色があり，全12色を円形に配列するカラーサークル (color circle) ができ，この12色を標準色 (standard color) という．

　2) 色の組み合わせ (color harmony)

　基本的にカラーサークルから色の組み合わせが色彩学的に考案され，いくつかの規則が示されている．

　①単色系色彩の調和 (monochromatic color harmony)

　標準色 (black)，灰色 (gray)，白色 (white) を混合配色した色彩を次のように呼ぶ

　　　pure color ＋ black ＝ shade
　　　pure color ＋ gray ＝ tone
　　　pure color ＋ white ＝ tint

　②同系色の調和組み合わせ (analogous color harminy)

　カラーサークル上で接近した2または3色の組み合わせ

［例］
　　　orange～yellow orange～yellow green
　　　red violet～red～red orange
　　　blue～blue violet～violet
③補色の調和組み合わせ（complementary color harmony）
　カラーサークル上で相対する2色の組み合わせ
　　　［例］
　　　blue～orange,　　　red～green
　　　violet～yellow,　　blue violet～yellow green
④非補色の調和組み合わせ（split complementary harmony）
　カラーサークル上の1色と相対する色の両側2色の組み合わせ
　　　［例］
　　　yellow～red violet～blue violet
　　　orange～blue violet～blue green
　　　red orange～blue～green
　　　blue～yellow orange～red orange
⑤3色の調和組み合わせ（triadic color harmony）
　カラーサークル上の等距離にある3色の組み合わせ
　　　［例］
　　　blue ＋ yellow ＋ red
　　　blue green ＋ yellow orange ＋ red violet
　　　green ＋ orange ＋ violet

B. 花色の計測と表記の標準化

　花色の比較識別は品種，系統の識別とその背景になる品種の保護権，登録審査などに関係する重要な手掛かりになってきた．現在，その主な方法としては次のものがある．

　1）カラーチャートによる色彩の比較識別

　品種などの微妙な花色の識別や品種保護法に基づく識別，記載などにはカラーチャート（色名帳：color chart）が使われる．カラーチャートには H.C.C.（Horticultural color chart），B.C.C.（British color council Dictionary of colour standards），R.H.S. Colour chart があるが，国際園芸学会（ISHS）や UPOV では R.H.S. のカラーチャートの使用を勧めている．このカラーチャートは808色の標準色が1（黄色）から202（黒色）まで色彩別にコード番号で配列され，さらに各コードは色彩の濃淡で A～D まで階級別になっている．

　2）微妙な花色を色測し数値で表示する方法

　人が視覚で捕らえる色彩を赤，黄，青などの色相（hue），色が明るいか暗いかの明度（lightness），色が濃いか淡いかの彩度（saturation）の3属性に分けて測色色差計（color machine）を使い各属性を計測し，得られた数値で色彩を比較，表示するものである．明度を L，彩度を a，色相を b とし色立体として示すと図10.4のようになる．この図で明度

L値が大きいほど（白に近づくほど）高く（明るく）なり，a値は＋側で値が大きいほど赤味が強く，－側では青味が強くなる．b値は＋側の値が大きいほど黄色が強く，－側では紫味が強くなる．L，a，bはハンターの色度座標値として色度図上に展開することにより，品種群の花色の分布や色差値が算出できる（図10.5）．

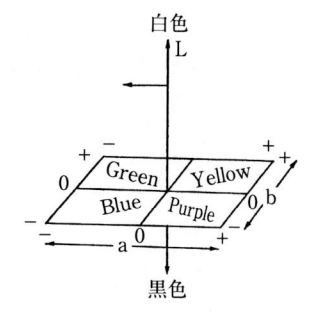

図10.4　色立体とL，a，b値との関係

10.6　花きの遺伝と育種

10.6.1　花の形を決める遺伝子

植物の生殖器官である花は外側からがく片，花弁，雄ずい，雌ずいと器官が並ぶのがふつうである．ところが各器官が変異して，例えば雄ずいが弁化すると花弁数が増えて半八重や八重咲きになる．このような変異を後藤（1997）は遺伝子レベルで解明している．シロイヌナズナ（*Arabidopsis thaliana*）を材料に花の突然変異個体の研究を行い，そのパターンを次のように分けている．

a. 突然変異体：外側から順に心皮，雄ずい，雌ずい，心皮と並ぶもの．
b. 突然変異体：外側から順にがく片，がく片，心皮，心皮と並ぶもの．
c. 突然変異体：外側から順にがく片，花弁，花弁，がく片と並ぶもの．

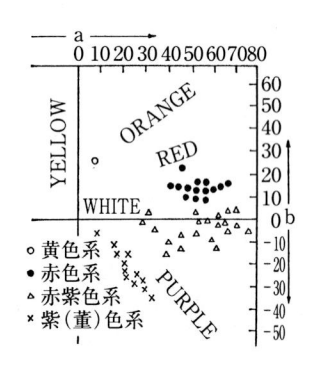

これら突然変異体は隣り合う二つの器官が同時に変化し，それぞれ一つの遺伝子機能が失われた結果と考えられる．この器官が同心円的に外側からがく片，花弁，雄ずい，雌ずいの順に発生すると仮定すると，隣り合う二つの器官が同時に変化するということは，各器官分化の遺伝子一つずつあるのではなく，隣り合う二つの器官を分化する遺伝子が一つだと考え，それらの組み合わせで四つの器官分化が決められるものと推定している．それぞれの遺伝子機能をA, B, Cとすると，外側から順にがく片はA遺伝子の，花弁はA＋B遺伝子の，雄ずいはB＋C遺伝子の，雌ずいはC遺伝子の働きによって器官分化が起こると考えた．さらにAとCは相互の機能を抑制すると仮定すれば，a突然変異はA遺伝子の，bはB遺伝子との，cはC遺伝子の機能がそれぞれ失われた結果と説明している．これは花の形態形成を遺伝子レベルで説明した最近の研究例で，他の植物も同様に説明できると考えられている．

図10.5　ハンター色度図によるペチュニア品種の花色分布（横井1971）

10.6.2　花の八重咲きの遺伝

花弁数がその植物本来の基本数の一重咲き（single flowered）から増加して半八重咲き（semi-double flowered），八重咲き（double flowered）がある．特に観賞価値が高い八重咲きの遺伝性は重要で多くの花きで八重咲き品種の育成のため努力が払われてきた．ペ

チュニア，カーネーション，ストックなどは一重に対して八重は優性である．ここではその数例を述べる．

(1) **ペチュニアの八重咲きの遺伝**

ペチュニアの八重咲きは一重咲きに対して優性であるが，八重株は雌ずいが退化しているので採種できず，100％の八重咲きを発現する種子を生産することは難しく，1920年ころまで欧州では獲得した八重咲き株を挿し芽で増殖していた．わが国で研究していた韓国の遺伝学者兎長春は，ペチュニアのホモ型八重咲き（DD）とホモ一重咲き（dd）を交配した F_1 は全て八重咲き株（Dd）になることを発見した．この理論を坂田商会（現在のサカタのタネ）が利用してオールダブルペチュニアの F_1 品種「ビクトリア」を世界で初めて発表し，1934年米国のオール・アメリカン・セレクションズに入賞し世界の花き種苗界を驚かした話はあまりにも有名である．

(2) **ストックの八重咲きの遺伝**

切り花として重要なストックは八重咲き株は雌・雄ずいが完全に弁化して結実できない．そのため八重咲きを分離する一重咲き系統から種子を採る他はない．ホモ一重系統は自殖で常に一重咲きしかでないが，ストックには八重を分離するヘテロの一重咲き系統があり，それには次のものがあり生産上これらの系統を利用している．

A．**エバースポーティング系**（ever sporting double strain）

この系統の一重咲き株からの種子を播種すると八重咲きが54〜56％，一重が44〜46％分離する．わが国および米国のストック品種はほとんどがこの系統である．八重，一重の分離比が僅か八重の方が多いことに多くの遺伝学者が興味をもち，20世紀前半に研究されている．英国のサゥンダー女史（1928）は因子の交叉説，米国のジョンソン（1953）は致死因子説，フィリップおよびハスキンスらは八重咲き遺伝子を担う染色体の付随体担荷説を唱えている．現実には50〜60％の八重率でも生産上では満足できないので，さらに苗の段階で一重株を除く八重咲き鑑別作業を行っている．その詳細はストックの項で述べる．

B．**トリゾミック・ハイ・ダブル系**（trisomic hi-double strain）

この系統も米国のコーネル大学で発見され，フロスト女史（1927〜1928）らによって研究されている．この系統は八重咲き株を70〜85％と高い八重率を示す系統である．相同染色体の中に1個の過剰染色体をもち，$2n = 14$ が $2n = 14 + 1$ になる．この3本の相同染色体をもつので遺伝的にトリゾミック（3染色体的個体）と呼んでいる．過剰染色体にも八重咲きの遺伝子がのっているため八重率が高いと説明されている．トリゾミック系の一重株は葉が細く見分けやすく，葉の識別で八重率を高めることができるが，トリゾミック系品種は多くはない．

C．**ジャパン・ハイ・ダブル系**

わが国の橋本（1986）はトリゾミック・ハイ・ダブル系よりさらに八重率の高いヘテロ・トリゾミックⅡ系（$2n = 14 + 1t$）を開発した．すなわちジャパン・ハイダブルとして日本の（株）第一園芸から発売された．

D. ハンゼン系（Hansen's stock strain）

デンマークのハンゼン社が選抜販売したストックの八重咲き出現系統で，遺伝性などは明らかではない．八重率は50％位なのでエバースポーティング系から選抜されたものと考えられるが，葉色が八重咲き株は淡黄緑色，一重は緑色なので子葉の色で容易に八重咲き鑑別ができるため欧州ではこの系統の品種が圧倒的に多い．

10.6.3 質的形質の育種の成果の例

(1) 日持ち性の向上

切り花や鉢物の日持ち性（vase life：keeping quality）が強く要求されるようになった．国際化して長距離輸送や貯蔵，販売面における品質保証，消費者の要望から日持ち性のよい商品や品種が望まれるからである．かつてポインセチアは葉や花苞が落ちやすく，日持ちが悪く，栽培や商品化が難しいものであった．このため米国では早くから遺伝や育種学者がこの問題を取り上げ，その成果をさらに育種者が努力し，現在のような葉や花苞が落ちにくく長期間観賞できる品種が育成されたのである．米国のステワート（Stewart, R.N., 1960）は図10.6のようにポインセチアの実生苗を低照度の場所に2週間置き，葉が落ちにくい個体を選んで再び採種して実生し，同様の処理を繰り返して最終的に葉や花苞の落ちにくい系統を選抜した．これらの日持ち性のよい形質は育種に使われ，オハイオのミッケルセン社が1965年ころにポインセチアの長持ち品種（long lasting variety）を育成して発売している．

また，三大切り花の一つのカーネーションも日持ちのよい切り花品種に変わっている．表10.3はカーネーションの日持ち性の育種研究をしている小野崎（1998）が，栽培品種の日持ち性を調査したデータである．

品種により日持ちが4.4日から8.1日の違いがあり，日持ちのよくない品種はエチレンの生成が多い傾向が見られる．カーネーション切り花の老化は内生エチレンが引き金になるので，品種によっては急にエチレンを生成するクライマクテリック型品種（climacteric）と非クライマクテリック型品種があることがわかる．小野崎はこれらの品種を交配し，その中から日持ちがよくエチレン生成の少ない系統の選抜を繰り返して日持ち性のよい試験系統を得ている．小野崎の研究では表10.3のように日持ち性の短い品種は以前栽培されていたシム系で，長い品種は

図10.6　ポインセチアの日持ち性のよい系統選抜過程とその成果（Stewart, R.N., 1960）
上：低照度のところに2週間おいたものの葉および花苞の着生状況．左の個体は低照度で十分葉や花苞を付けている．すなわち長もち系統．
下左：ポインセチアの実生．これを暗所に入れ強いものを残す．
下右：上に同じ．

現在栽培されている地中海系品種であることがわかる．この地中海系品種の育種のトップブリーダーともいえるイタリア，サンレモのNobbio, G.は図10.7のように交配から7年もかけて選抜し育種しているが，最終年には日持ちテスト（図10.8参照）で他の形質がいかによくても14日以上花持ちしない品種は除外して日持ち性を優先している．

(2) カーネーションのフザリウム抵抗性品種の育種

かつてカーネーションの切り花栽培では，いかにして土壌病害の萎凋病を防ぐかが最大の課題であった．1955年ころから世界的に栽培されたシム系品種はフザリウム萎凋病に対して抵抗性は低く，土壌消毒で防除してもときには発生して多数の株が立ち枯れる被害が見られた．しかし1980年ころから南欧州で改良された地中海系品種がでてから萎凋病が激減し，世界のカーネーションは急速にこれらの品種に置き換えられた．それは地中海系の品種にフザリウム萎凋病に対し抵抗性のあるものが多く，さらにフザリウム萎凋病に関する研究が急速に進んで，抵抗性育種や品種の感受性チェックなどが行われるようになったことによる．

フザリウム萎凋病とその抵抗性の研究に意欲的に取り組んだのはイタリア，トリノ大学のGarbalidi, A.で，*Fusarium oxysporum* Schl. emend. Snyd. & Hans. f. sp. *dianthi* の菌系でレースⅡとレースⅣがカーネーションに病原性が強いことを見いだし，その抵抗性の品種間差や抵抗性検定法などを1975〜1983年ころに発表している．しかしその後

表10.3 高温下で栽培されたカーネーション品種の花持ち日数と切断葉片のエチレン生成量との関係（小野崎1998）

品種名	花持ち日数*	葉片エチレン生成量
	(日)	(nl/g/hr)
花持ち性　優		
パラス	8.1	1.52
サンドローザ	7.3	2.18
キャンディ	7.3	1.10
花持ち性　劣		
ホワイトシム	5.7	15.09
ダンガ	5.4	7.39
スケニア	4.4	16.29

＊：91年夏に調査，気温22±℃，茎長50cm．

第1年目	交配	約7,000組み合せ（交配花数）
	↓	
第2年目	第1次選抜	25,000粒数の播種この中から60個体を選抜
	↓	
第3年目	第2次選抜	60系統から30系統を選抜
	↓	
第4年目	第3次選抜	30系統から8系統を選抜
	↓	
第5年目	第4次選抜	8系統から2〜3品種を選抜
	↓	
第6年目	選抜系統の試作	育種者のほか特定生産者のところで試作し販売決定する
	↓	
第7年目	販売決定	品種登録申請繁殖母株の増殖開始
	↓	
第8年目	新品種発表	各国で同時に苗販売が可能

図10.7 イタリア，Nobbio, G.のカーネーションの育種の交配から新品種発表までの過程図

図10.8 地中海系カーネーションのブリーダーNobbio, G.は選抜の最終段階で花持ちテストをして14日以上持たない品種は除外している．

オランダの PIO-DLO 植物保護研究所の Baayen, R.P. がこの問題について 1983 年から 1994 年まで育種研究者や栽培研究者とも協力して精力的に研究している．植物体への菌の侵入の組織学的な解明，フザリウム菌の侵入機構と体内での侵略，感受性品種と抵抗性品種の防御メカニズム比較などを追及している．彼はさらに抵抗性の検定や品種分類を試み，現在のカーネーション育種や栽培に大きく貢献した．

A. Baayen, R.P. の研究概要と菌侵入のメカニズム

この研究のポイントは①フザリウム萎凋病菌を感受性の高い（弱い）品種に接種して感染経過を組織学的に解明した．②抵抗性品種に接種して防御メカニズムを解明し前者と比較した．③萎凋病の病兆と感染侵攻の追跡，④萎凋病に対する抵抗性の程度についての研究であった．その大要は，感受性品種は菌が根の表皮細胞から侵入すると導管組織を侵し，根から縦移動して茎部に達して導管を破壊し隣接する柔細胞組織まで侵すことを明らかにしている．しかし，抵抗性のある品種では根の表皮から侵入した菌に対し，導管を取り巻くコルク層が発達して菌侵入を食い止め，侵入した導管は褐色ガム質で塞ぎ，菌の移行を阻止するメカニズムをもつ．また，抵抗性品種の茎組織で根部同様にコルク組織の発達と侵入導管では菌のコロニゼーションを閉塞や破壊によって阻止する．また，破壊された導管に変わって外側の層で導管の再生する防御機能が見られる（Baayen, R. P., 1986, 1987, 1989）．

B. フザリウム抵抗性の検定

品種のフザリウム抵抗性の程度を検定することは，抵抗性の高い育種親を選ぶためにも重要なステップである．最初の検定法はイタリアの Garbaldi A. が提案している根浸漬法がある．その後，Baayen, R.P. が研究開発した茎接種

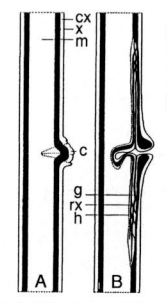

カーネーション品種「Novada」の茎に無菌水 (A) またはフザリウム懸濁液 (B) を接種後3ヵ月目の茎横切断面の状況．
cx＝皮質，
x＝木質部，
m＝髄部，
c＝傷によるカルス形成，
g＝ゲル化した木質導管部のふさがれた部分，
rx＝新生した木質部，
h＝hyperplastic組織．

Neth. J. Pl. Path. 92 (1986)

図10.9 カーネーションの茎にフザリウムを接種した後の侵攻状況模式図
(Baayen, R. P., 1986)

表10.4 フザリウム菌懸濁液混合培地でのカーネーション品種の花粉発芽率と抵抗性との関係（Mercuri, A. ら，1990）

［花粉選抜の概要］ 培地：H_3BO_3 100 mg/l, $MgSO_4$ 200 mg/l, $Ca(NO_3)_2$ 300 mg/l, KNO_3 100/l, NaH_2PO_4 85 mg/l, シュークローズ 15 %, Ager 0.5 %, pH 5.5 発芽条件：24 c, 3 000 Lux, 16時間日長，花粉は固定し着色． 菌ろ液：病原レース 2, 試験濃度 0 %, 7.5 %, 15 %, 30 %

品種	無処理培地	レース2混合培地	耐性ランク
HANDY	14.44 %	3.62 %	a
LEOPOLDO	15.37	5.38	ab
ELSI	18.00	5.85	ab
BARBARA	17.25	6.31	ab
MINI AR.	18.81	7.26	bc
VELVET	22.06	7.98	bc
REVADA	15.50	8.35	bc
NOVADA	19.50	9.65	c

注：抵抗性＝a 弱い＜c 強い

法（stem inoculation）と根接種法（root inoculation）とがあり，オランダのNAKBでは根接種法を採用している．この他圃場に接種物を灌注する圃場検定法（イスラエルなど）もある．現在，*Fusarium oxysporum*には10位のレースがあるがBaayen, R.P.によればレースⅡの検定で実用的には十分だとしている．フザリウムの抵抗性の検定には，この他，花粉による検定法（pollen selection）も研究されている．それはフザリウム菌懸濁液混合培地で花粉を発芽させ，花粉管の伸長の遅速によってフザリウム抵抗性を判定しようとするもので米国やイタリアの研究者により進められている．その一部を表10.4に示しておく．

C．フザリウム抵抗性の品種間差と抵抗性の分類

Baayen, R. P.（1994）は1993年から1994年まで研究の過程で，彼らが開発した検定方法（前掲）で多くの品種を調べて抵抗性の程度を6段階に分けている．

接種源濃度を10⁴胞子/mlとし，接種後12週間後の発生り病率が5％以下をR1とし95％以上をR6としてその間を分け，各レベルの標準品種を次のように示している．

R1	きわめて抵抗性の強い品種	Novada
R2	抵抗性の強い品種	Revada
R3	抵抗性中位の品種	Pallas
R4	僅かに弱い品種	Silvery Pink
R5	弱い品種	Lena
R6	きわめて弱い品種	Sam's Pride

このうちR5とR6はまとめている場合が多い．カーネーションの苗販売会社ではそれぞれ自社品種を独自の抵抗性レベルで表示してきたが，1994年のCPA会議で上記の方法に統一されている．

現在世界のカーネーション生産はほとんど地中海系で抵抗性がR3以上の品種が栽培されているから，シム系の時代のように広域に萎凋病が発生することはほとんどなくなった．

D．カーネーション萎凋細菌病抵抗性の育種

わが国のカーネーション栽培ではフザリウム萎凋病の他に萎凋細菌病（*Pseudomonas caryophylli*）の発生も多く，この病害の抵抗性品種の必要性も高い．（独）農業・食品産業技術総合研究機構花き研究所の山口（1987，1989）や小野崎（1992，1993）がその発生生態や伝染経路，さらに抵抗性の検定から育種研究をすすめている．

10.7　育種の方法

従来からの育種法に加えて近年は遺伝子組換えによる形質転換など分子育種が急速に発達して育種方法も新しい段階に入っている．

10.7.1　分離育種法（系統分離育種：breeding by segregation）

種子繁殖系作物でも自然交雑状態の混系や，園芸種でも放任されて継代を経たものではいろいろな形質が混在しているので，特定な優良形質または均一な形質にするため実生選抜を繰り返して品種を育成する方法である．古くから広く行われてきたが，欠くこ

とのできない方法である．このようにヘテロ（異型接合：heterozygote）の選抜を繰り返してホモ（同型接合：homozygote）に近い状態に形質が揃うことを系統分離（pure line selection）といい，ほぼ遺伝的に均一になったものを固定（fixation）したという．この固定した系統や品種を固定種（pure bred variety）という．種類，品種が多い花きでは常に行われる方法である．

10.7.2 交雑育種法 (cross breeding)

異なる遺伝形質をもつ種類，品種を交配して，新しい遺伝形質の組み合わせ個体群を作出固定するのが交雑育種である．分離育種とともに育種の主流として広く行われてきた．分離育種が消極的な育種法とすれば，交雑育種は積極的な育種法である．交雑は近縁な遺伝関係で可能になるが，同属，同種間でも交雑和合性（cross compatibility）がないと成功しない．交雑育種では形質の遺伝性が解明されているものほど効率的な育種ができる．

(1) 属間と種間交雑

属間になるとやや遠縁になるから交雑は難しくなるが，より変わった形質を期待する花きでは早くから属間交雑が行われてきた．特に洋ランのカトレア属とその近縁属の間では多く見られ，3属間雑種まで育成されている．1990年ころから切り花で見かけるソリダスター（× *Solidaster luteus*）は1910年，フランスのリヨンで *Aster ptarmicoides* と名称不明の *Solidago* との交雑された属間雑種である．

種間交雑は属間より近縁になるから交雑はより可能になるが，種によっては染色体数やゲノムの違いから交雑の困難なものがある．特に野生種から育種が開始された段階では変異の幅を広げるため種間交雑が意欲的に行われてきた．ダイアンサス，ベゴニア，ペチュニア，キクなどの他，宿根草のフロックス，ペンステモン，ゼラニウム，アスチルベなどにも種間交雑による品種が多い．反面，多くの原種をもつのに現在の多様な園芸品種がその内の1，2原種からのみ育成されているシクラメンやセントポーリアなどがある．花きの種間雑種の例としてはオランダのレグロが行ったデルフィニウムの育種研究がある．青，白花の大輪デルフィニウムに種間雑種で赤や黄色の大輪デルフィニウムを育成した研究と，育種の実際をまとめた論文は後世に残るもので，その大要はデルフィニウムの項で述べる．

(2) 種内交雑と一代雑種

種内交雑では画期的な新形質をもつ育種は期待できないが，より多様な形質をもつ品種の発展に大きく貢献し，花きの多様な品種群はこの育種で発達した．この育種は品種間交雑による固定種の育種と一代雑種育種が中心である．

A. 品種間交雑

花き生産分野では多様な品種に対する要求と，シリーズ品種の必要性から特に品種間交雑の育種が盛んである．育成品種は放任採種により品種の特性が継代持続されなければならない固定種であるから，交雑親は固定系統で固定度の高い系統が用いられる．花きでは主要な種類は次第に一代雑種品種に変わっているが，多くの種子系品種ではこの育種が中心になっており，固定種または固定品種としてカタログに掲載されているのは

B. 一代雑種の育種（F$_1$ hybrid breeding：F$_1$育種：エフワン育種）
　主要な花壇用花きではF$_1$品種が主流になっている．雑種一代目が親系統より旺盛な雑種強勢（heterosis：hybrid vigor）と均一性を示す特性を利用し，継代増殖ができず育成者の権利が守られるF$_1$育種が急速に発達した．花きのF$_1$品種を最初に発売したのはドイツのベナリー社（Ernst Benary）で1909年のベゴニア・センパフローレンスであった．その後各社がF$_1$品種を育成していわゆるF$_1$品種時代が到来した．わが国でも坂田種苗（現サカタのタネ）が1966年にパンジーのF$_1$品種「マジェスティック・ジャイアント」を発表し，現在では切り花用のユーストマF$_1$品種は世界のシェアをもっている．
　F$_1$育種の基本的な過程は図10.10のようになり，両親の系統維持，固定系両親間の交配と採種という手順を踏む．交配は人工交配によるか，雄性不稔株利用による．
　F$_1$育種ではF$_1$の遺伝子型を決める両親の組み合わせによるF$_1$組み合わせ能力（combining ability）を検定評価することも重要である．現在ではDNAによるF$_1$親の純度検定も行われている．

10.7.3　突然変異育種法（mutation breeding）

　自然界で普遍的に起こる生物の突然変異も進化の過程を担ってきた．有用な方向に起こった突然変異は栄養繁殖により固定してクローンができる．事実，栄養繁殖系花きは突然変異により出現した品種が圧倒的に多い．このような自然突然変異（spontaneous mutation）の有用性から，積極的な手法として人為突然変異（artifical mutation）を誘発する放射線利用（放射線育種ともいう）などもある．
　花きでは芽条変異（bud mutation）とか枝変わり（bud sport）と呼ばれる周縁キメラ（periclinal chimera）による新花色やそのパターン，葉の色や斑入りなどから多くの品種が連続的に発生している．周縁キメラは成長点の表層の第1層の分裂細胞が発育のズレや放射線などで破壊され，別の遺伝子をもった第2層の細胞が第1層に置き換わる層の変化によって起こるものである．ポインセチアも同一品種から周縁キメラにより花包の赤色から濃赤，白，桃，白桃混色などが枝変わりで生まれる性質がある．ノルウェーのポインセチア・ブリーダーAnnette, T.が育成した品種「アンネット・ヘッグ」から14品種が枝変わりで出ている．
　かつて世界を風靡した温室カーネーションのシム系品種も1938年，米国のメイン州のウイリアムが育成した赤花のWillium Simから，その後40年間に100以上の枝変わり品種が生まれている．
　カーネーションの花色のキメラによる枝変わりの様相をフランスのPierre Pereau‐Leroyが組織学的に研究している．図10.11はシム系の元祖，ウイリアム・シム（赤花）とその枝変わり品種「Jac-

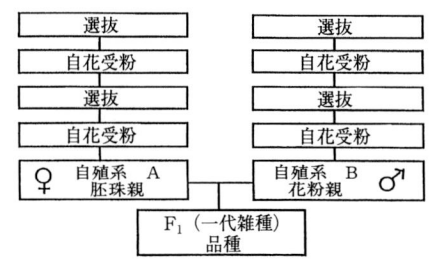

図10.10　F$_1$育種による品種育成は2つの自殖ラインの統合から育成される（Craig, R. 1995）

queline（オレンジに赤のストライプ）」と，Jacky（オレンジ）にγ線を照射して人為的に変異を起こさせた花色の変異のメカニズムを組織学的に追求したものである．図左のオレンジ大輪花に照射するとオレンジ，赤，黄色の大輪個体変異が得られる．さらにそれらを再照射すると同じ3色の変異が現れるが，花の大きさはいずれも小さくなる．赤は花色，サイズとも変化はないが，黄色は花のサイズが赤とオレンジより小さくなる．図右は左の表現型をキメラの組織的な変化を対比して示したものである．近年は組織培養中のビトロ内で発現する突然変異個体の利用もある．

人為的突然変異による育種では紫外線，X線，γ線のような電磁波放射線と，中性子線，α線，β線などのような粒子線が誘発源として使われ，特に最近はイオンビームが生物効果が高く注目されている．実用的には発芽した幼苗や組織培養のビトロ苗，順化苗などに照射処理を行うことが多い．

10.7.4 倍数性育種法

染色体数がゲノム単位で変化することを倍数性（polyploidy）といい，倍数体はゲノムの基本染色体数の倍数から2倍体（$2n = 2x$: diploid），3倍体（$2n = 3x$: triploid），4倍体（$2n = 4x$: tetraploid）などと呼ばれ，同質ゲノムの倍加による同質倍数体と異種のゲノムを含み倍加された異質倍数体とがある．一般に染色体数が倍加されると花や茎葉がやや大きくなり観賞価値も高まる．栽培品種の中には自然発生の倍数体が含まれ，その発見も育種になるが，人為的に倍加する育種手法もあり，コルヒチン処理が有効である．3倍体は不稔になるので，この目的のため3倍体のF_1品種も育成されている．

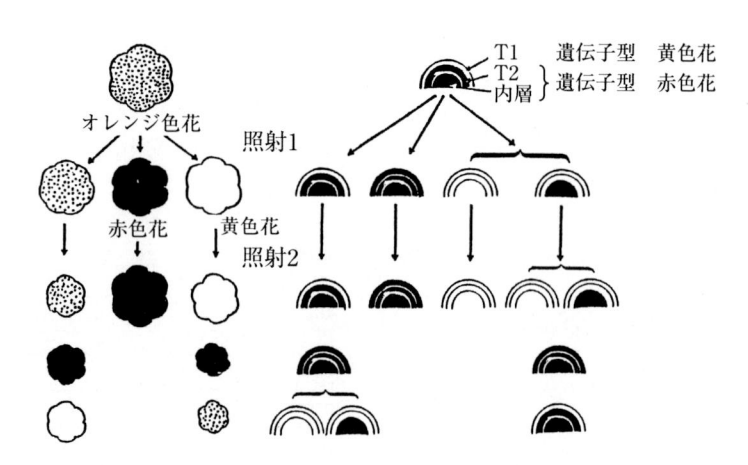

左．花の表現型の変異の観察：照射による花色，花の大きさに及ぼす変異と発生頻度．
右．分裂組織の組織的構造の変異：左の図と対象となる．

図10.11 品種Jacqueline and Jackyの苗に放射線照射したものの花色の変異の発現図
(pierre Pereau-Leroy, 1973)

10.7.5　バイオテクノロジーを利用した育種
　バイオテクノロジー（生物工学：biotechnology）を利用した育種は1950年代から胚珠培養技術による雑種が，その後，葯培養や花粉培養を経て，細胞レベルのプロトプラストの単離培養や細胞融合による体細胞雑種などが行われるようになった．さらに1980年代後半からは遺伝子レベルの分子生物学（molecular biology）が急速に進歩し，分子育種にまで発展している．
（1）胚培養，その他
　遠縁の植物を交配した際，授精後の胚が完全に発育しない未熟胚を摘出し，無菌培養して雑種を作出する技術が胚培養（ovule culture）で，正常の交配では成功しなかった雑種が可能になる．ピンクのテッポウユリの品種「ロートホルン（英名：Casa Rosa）」はテッポウユリとスカシユリの雑種胚から培養育成されたものである．この他に胚珠を培養する胚珠培養（embryo culture），交配後の子房を無菌的に培養する子房培養（ovary culture）もある．
（2）葯および花粉培養
　葯培養（anther culture）は葯を無菌的に床置し，カルスまたは不定胚を経由して植物を再生させるもので，再生植物は半数体である．コルヒチンで染色体を倍加し同質2倍体を獲得する．F_1の交配親を得るために利用される．
　花粉培養（pollen culture）も単離した花粉を培養して半数体植物を育成し，目的は葯培養と同様である．
（3）体細胞雑種および細胞融合
　ドイツのメルヒャース（Melchers）がジャガイモとトマトのプロトプラストを融合させて細胞融合植物"ポマト"を育成したことは当時としては大きな話題であった．単離した細胞の細胞壁を除いたプロトプラスト（protoplast）が他のプロトプラストと一定の条件下で容易に融合することから，電気融合装置を用いたプロトプラストの融合による細胞融合（cell fusion）が可能になったのである．細胞融合により育成された植物を体細胞雑種ともいう．
　Craig, R.（1994）はこれらの新技術を利用した交雑育種は将来，図10.12のような方法を推定している．細胞やプロトプラストから植物体が再生できるようになると，その細胞に病原菌や農薬などのストレスを与え，それに耐えて生き残る細胞を選抜し，再生して病害や農薬に強い植物の選抜も可能になる．これを細胞選抜（cell selection）という．
（4）分子育種
　細胞培養や細胞融合などの細胞レベルの育種は，

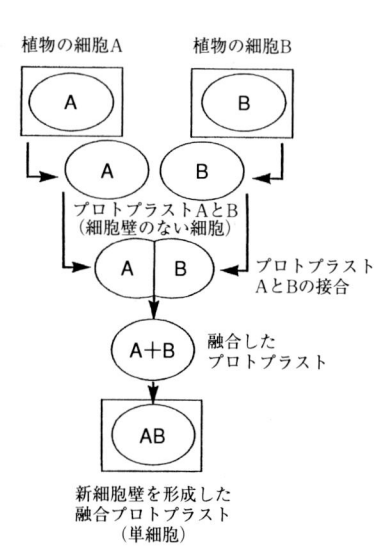

図10.12　プロトプラスト融合による体細胞雑種の例
（Craig, R., 1995）

遺伝子レベルの分子生物学へと発展して1990年代は遺伝子工学（genetic engineering）が実用化された．分子生物学は遺伝子操作を含む遺伝子科学で，遺伝子操作は遺伝子工学的手法によって生殖質（遺伝子がもつ遺伝情報：germplasm）を改変する技術であると武田（1993）は定義している．遺伝子操作は①有用な遺伝子を取り出す，②育種など目的の細胞に導入し，③目的の遺伝子が入った細胞を選抜，増殖して植物を再分化する経過がある．

DNAの解析研究が進んでいろいろなことがわかると，遺伝子組換えだけでなくDNAによる個体の識別や，近縁関係の判定など分子生物学の応用が広がっている．

A. DNAによる系統，品種の識別

育種では交雑する個体間の遺伝性や近縁関係を知ることは重要である．さらには園芸品種と野生種との類縁関係の検索，さらには登録品種の交雑親との関係識別などの解明ができるようになった．DNAによる個体識別は1985年，英国のJeffreys, A.J.らによるDNAフィンガープリント法の開発からである．個体特有のDNA構造の違い（多型性：polymorphism）を可視的に検出する方法である．そのためにはDNA多型性を検出するいくつかの方法がある．PFLP法は制限酵素で切断したDNA断片を膜に転写した後，プローブを用いてDNA多型性を識別する．また，PCR法はDNAを高温で処理し，さらにポリメラーゼと反応させて，増幅したDNAの長さで多型性を検出する方法である．その後開発されたRAPD法はさらに感度の高い方法で利用されている．最近のDNA多型性識別に関するわが国の研究では，柳下ら（1997）がカーネーション品種13種をRFLP法で検出して3グループに分類し，カーネーションの系統分類や品種の同定の可能性を明らかにしている．浅田（1996）はアルストロメリア原種および園芸品種，原種やF_1など9種をRAPD分析して原種と園芸品種の間のDNA多型性を認め，またF_1では両親のDNA多型性が分離していることを見ている．これらの結果からRAPD分析がアルストロメリアの育種親の判定や品種識別に利用できるとしている．岸本ら（1996）はキクの枝変わり9品種の周縁キメラをRAPD分析を行い，供試品種の周縁キメラ構造を推定している．遺伝資源関係では西川ら（1997）は茨城県に自生するヤマユリ（*Lilium auratum*）を53地点から採取し，RAPD分析し，県内に自生するヤマユリが十分な遺伝的多様性を保持し，貴重な遺伝資源であることを確認している．

このようにDNA識別による系統，品種分類やDNA多型性の違いによる解析は育種素

表10.5 単離されている花き育種上有用な遺伝子（大沢の表より改変抜粋，1995）

単離されている遺伝子	発現する形質	対象作物
TMV, CMV, RSVなどの各ウイルスの外被タンパク質遺伝子	それぞれのウイルス病の抵抗性付与	ペチュニア，タバコ，イネなど
rol. C.（わい化）遺伝子	草丈のわい化	タバコ，トルコギキョウ
デルフィニジン合成酵素遺伝子（3'5'ヒドロキシラーゼ）	青色の発色（期待）	バラ
カロチノイド合成酵素遺伝子	黄色の発色（期待）	シクラメン，セントポーリア

材をより計画的に活用できる．DNAレベルの識別は，品種登録などの識別確認も今後はより正確にできるであろう．

B. 遺伝子組換えによる育種

遺伝子組換え（recombination of genes）は別の植物から特定の遺伝子を取り出し，アグロバクテリウムなどの細菌のベクター（遺伝子の運搬者：vector）を用いて間接的に導入するか，パーティクルガンやエレクトロポレーションなどの装置を用いて目的の細胞やカルスに直接導入する．遺伝子を導入した細胞またはカルスは再分化させ，選抜，増殖して形質転換植物（transformant）が得られる．この過程で最初に有用な遺伝子をゲノムの全DNA塩基配列から取り出し単離することは難しく，今は遺伝子を特定せずに染色体を制限酵素で切断し，その断片をクローニングしたゲノムライブラリーの中から有用な遺伝子を探す方法で得ている．現在，花き育種上に有用な遺伝子として単離されているものは大沢（1995）によると表10.5のものがある．

C. 組換え植物の検定と安全性

生鮮食品ではいま組換え食品の安全性が社会問題になっている．口に入れない花きでも環境への影響は無視することはできない．従って圃場栽培にかかる前に，バイオハザード（biohazard）を避けるためにも形質転換体は隔離施設で試作，検定しなければならない．すなわち厳重に隔離された閉鎖系温室で科学技術庁の「組換えDNA実験指針」に従ってテストし，クリアーされたものは，普通の試験温室で農水省の「組換え体利用指針」に従ったチェックを受けて販売できることになっている．

10.8 花き育種の経済性

花きの品種に対する要求は，その時代の社会情勢，生活動向，ファッションなどで好みが変わり，品種開発は常にその動向を視野において育種するが，そこにはタイムラグが生ずる．バイオテクノロジーは開発期間の短縮が期待できるが，それでも育種から商品化までには時間がかかる．育種した品種のライフサイクルは品種力によって異なり，寿命の短いものから長いものがある．育種開発は種苗企業の生命でもあるが，品種開発には時間と人力，それに進んだ研究分析機器や設備投資など過大の開発経費がかかる．大川（1995）はこの問題について非常に興味ある図（図10.13）を示している．育種開発から販売，商品価値喪失までの経過は多くの示唆に富んでいる．種苗業界における品種開発競争は他社よりいかによい品種を早く開発するか，このコストをいかに安く抑えるかが企業にとって重要である．このため先進国の種苗企業では育種の舞台をあらゆるコストの安い開発途上国に移しているものもある．また育種期間を短縮し，年間の交配回数が増加できる育種技術の向上も大きな課題になっている．

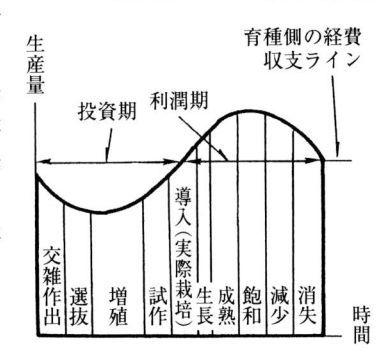

図10.13 花きの新しい種類・品種の導入発展，消失の様式（大川1995）

10.9 遺伝資源の収集と保存

　地球上では多くの野生植物が開発や環境破壊によって絶滅に瀕している．また，われわれが開発育成した品種も激しい更新で消耗されている．今後の利用資源や育種素材としてこれら遺伝資源を収集保存することが国際問題になっている．1974年FAOの提案により植物遺伝資源の国際ネットワークが始まり，国際植物資源研究所（IPGRI）が共同プロジェクトを作りその中心的役割を果たしている．わが国でも1975年以来，農水省ジーンバンク事業が開始され遺伝資源の探索収集を行っている．しかし，これらは食糧作物についてであり花きについてはほとんど手はつけられてはいない．遺伝子組換え技術が進歩して遠縁の植物間の雑種が可能になった現在，変化に富んだ野生植物の遺伝子は今後重要になる．遺伝資源の収集保存には，自生地での探索収集および既往の園芸品種の収集とその保存，これらのデータベース化の研究も必要となる．安藤ら（1994～1999）は，ブラジルからアルゼンチン北部にかけて自生するペチュニア属および近縁属の遺伝資源の調査とその解析を本格的に行い，各種の地理的分布，形態，生態的特性，交雑親和関係など一連の成果は学会に報告されている．この探索の過程で未知の原種も数種発見されている．園芸品種については久松・岡崎（1999）はカーネーションの品種54種について，植物遺伝資源特性調査マニュアルに従った特性調査と有用性評価を行い，花きの遺伝資源データベース化に備えた研究を始めている．特に花きの遺伝資源としての生殖質は種子だけでなく，多年生の球根や植物など活性化された状態での保存など困難性も多い．今後，観賞植物の遺伝資源収集と保存は官民産学のいずれか，または共同か，実施の方向を検討しなければならない．

参 考 資 料

10. 花きの育種
1) 安藤敏夫他 1993～1998. ペチュニアの近縁属の遺伝資源解析，(第1～23報) 園学雑誌 (別)，92～97.
2) 間 竜太郎 1998. 遺伝子組み替えによる花の寿命の延長，平成10年日種協育技研シンポジウム資料.
3) 有隅健一 1978. 新しい花色の育種　新花卉 No.100.
4) 有隅健一 1994. 花色及び成分育種への期待，育種学最新の進歩. 第36集. 日本育種学会.
5) Baayen, R. P. 1987. The history of susceptibility and resistant of carnation Fusarium wilt. Acta Horticulturae, 216. Carnation culture.
6) Baayen, R. P. 1986. Regeneration of vascular tissues in relation Fusarium wilt resistance of carnation. Neth. J. Pl. Path. 92.
7) Baayen, R. P. and others 1988. Differences in pathogenesis observed among susceptible interaction of carnationwith four races of *Fusarium oxysporum* f. sp. dianthi, Neth. J. Pl. Path. 94.
8) Baayen, R. P. 1994. Proposal for a clssification of carnation cultivars according to partial rsistance to Fusarium wilt. C and. J. Bot, 66.
9) Craig, R. 1995. Breeding improved cultivars. Bedding Plants Ⅳ, Ball Publishing.
10) Emsweller, S. L. and others 1937. Improvement of flowering by breeding. U. S. D. A. Breeding

Year Book, 1937.
11) Fishrer, R. A. 1933 Selection in the production of the ever-sporting stock. Ann. Bot. (London) 47.
12) 後藤弘爾 1997. 花の形を決める遺伝子，植物の成長，第12回「大学と科学」University Science主催公開シンポジウム資料.
13) 久住高章 1998. 遺伝子工学による花色の多様化，日本植物細胞分子生物学会 16回シンポジウム資料.
14) 久松 完・腰岡政二 1999. カーネーションの遺伝資源特性調査，野菜茶業試験場 花き部年報 No.12.
15) 近藤忠雄：青色発色色素の超分子構造，平成10年野菜花き並びに茶業課題別研究会．公開シンポジウム発表要旨.
16) Kou, Koku etc. 1999, Studies on Automatic discerimination of double flowering Stock from single flowering seedling by fizzy theory. J. Japan Soc. Sci. 68 (1).
17) 宮島郁夫 1993, 黄花シクラメンの育種，新花卉，No.154
18) 間藤正美 1996，（海外研究紹介）遺伝子導入と交雑育種を組み合わせたペチュニア，オレンジ新花色の育成，施設無縁芸，11月号.
19) Mercuri, A., and others 1991, Pollen Selection in carnation for resistance to *Fusarium oxysporum* f. sp. *dianthi*, Annali Instituto Sperimentale Floricoltura Ⅷ 4.
20) 日本育種学会編 1994, 育種学最近の進歩，第36集. 日本育種学会.
21) 日本ポインセチア協会編 1998. ポインセチア・マニュアル.
22) Legro, R. A. H. 1961, Species hybrids in Delphinium. Euphytica, Netherland Journal of Plants Breeding Vol. 10. No.1,
23) 大澤勝次 1995, 植物バイテクの基礎知識，農山漁村文化協会，東京.
24) 奥野員敏 1999, 農林水産省における植物遺伝資源の現地調査と収集，育種学研究，1.
25) 小野崎 隆 1998, 交雑育種によるカーネーションの花持ち性の延長，平成10年度日種協育技研シンポ資料.
26) 小野崎 隆 1993, カーネーション萎ちょう細菌病抵抗性育種 (1). 農業および園芸 第68巻 第10号.
27) Philip, J. and C.L. Huskins 1931, The cytology of *Matthiora incana* Br. especially in relation to the inheritance of double flowers. Jour, Genetics 24.
28) Saunder, Edith R. 1911, Further experiments in the inheritance of "doubleness and other characters in stock, Jour. Genetics 1.
29) 佐俣淑彦 1983, 新花卉育種，遺伝37巻11号.
30) 杉村隆之 1997, シクラメン品種における花色および花色素について，園芸学会雑誌，66. 別冊1.
31) 武田和義 1993, 植物遺伝育種学 裳華房，東京.
32) 田中和夫 1998, 青いカーネーションの開発と商品化，平成10年野菜花き並びに茶業課題別研究会公開シンポ発表会要旨.
33) 鶴島久男 1991, デルフィニウム系統・品種発達の歴史と現状平成3年度日種協育技研シンポ資料.
34) Stewart, R. N. 1960. The changing poinsettias, Florists Review, Vol. 143, No.3697.
35) 山口 隆 1987, カーネーションの病害抵抗性育種の現状と展望，昭和62年度日種協育技研シンポ資

料.
36) 矢野　博　1993, DNAフィンガープリント法による作物の品種・系統識別, 農業および園芸, 第68巻第1号
37) 山村三郎　1998, 花の形, 葉の色を決めるもの, 育種学最近の進歩, 第40集, 日本育種学会.
38) 横井政人・上田善弘　セントポーリア園芸品種の花色と色素分布, 園芸学会昭和53年春季大会　発表要旨.
39) Yokoi, M. 1975, Color and pigment distribution in the cultivars of selected ornamental Plants. Faculty of Horticulture, Chiba Univ. No.14.

11. 花きの生育・開花と環境

　植物の生育，開花の様相は種類によって違うが，環境条件によっても様々な影響を受けて変わる．花き生産では一定の目的で栽培し，管理するため，生育，開花の様相を理解することと，環境の影響を知ることによって，人為的に環境条件を変えて生育や開花を制御できるからである．

11.1 生育の様相

　植物の発育は茎葉を量的に増大させ花芽が誘導できる花熟期までの栄養生長（vegetative growth）と，花芽を分化形成し，発育開花して結実する過程の生殖生長（reproductive growth）とに分けられる．一般には前者から出蕾までを生育（growth），出蕾から開綻開花から咲き終わりまでを開花（flowering），子房の肥大から稔実までを結実期（ripening）と呼んでいる．栄養生長は発芽後，器官を分化し地上部には茎葉を量的に増大して発育し，地下部には根を分化形成して発育する．発芽後，一定期間は花芽を誘導する環境条件を与えても花芽を形成しない時期があって，これを幼若期（juvenility）という．一年生など寿命の短いものは幼若期は短く，多年生は長く，木本性になるとさらに長い．組織培養や栄養繁殖系苗は幼若性を欠くが，中には持つものもある．幼若期には生長活性は高いが，環境の変化には弱く，育苗期間として環境の変化から植物を保護する管理が必要である．一年生植物は各生育や開花の過程は1回限りのサイクルで終わるが，多年生や木本植物では生育各段階の経過は1年を1サイクルとして毎年繰り返す．この発育のサイクルの中で種類によっては特異な生理生態を持つものがある．

11.1.1 休　眠

　植物のライフサイクルの中で種子，球根，冬季越冬中の根株や枝条の芽が，一時的に生育を停止する状態に入る種類がありこれを休眠（dormancy）という．自生地の低温や高温期，乾燥期などその植物の生育に不適当な時期に休眠をして生存維持をはかる性質である．植物にとってはサバイバルの手段に違いないが，栽培上では障害になる．休眠には生育に適する条件を与えても，一定の時期になると休眠する自発的休眠（spontaneous dormancy）と，不適当な外的要因下では休眠する他発休眠（強制休眠：imposed dormancy）がある．栽培上，休眠を人工処理により覚醒する休眠打破（dormancy break）が行われる．

(1) 休眠のタイプ

　休眠型は植物の種類，形態によって異なる．

A. 種子の休眠

　成熟後，一定期間，発芽条件を与えても発芽しない種子休眠がある．種子休眠性の強いものには，ハゲイトウ，ケイトウ，コリウス，ペチュニア，パンジー，サルビアなどがあり，採種直後の播種では発芽しない．種の不発芽には休眠性の他に発芽抑制物質によるもの，種皮が硬い硬実種子などがある．種子の休眠打破には一定期間低温処理す

る方法や，ジベレリン処理などがある．

B. 球根類の休眠

　熱帯，亜熱帯原産のアマリリス，ダリア，カンナなどは明確な休眠をもたないが，多くの球根類には休眠がある．アイリス，フリージア，グラジオラスなどは高温期に入る直前に休眠に入り，高温に遭遇して休眠が破れるもの，高温期で休眠に入るが，その後の低温によって休眠が破れるチューリップ，スイセン，ヒアシンスなどがある．特に後者は休眠中に花芽形成や葉芽形成が球根内で分化形成される．多くの球根類は低温または高温による休眠打破処理ができる．また，フリージアなどの球根はくん煙処理（チャンバーの中に球根を入れて一定期間煙で充満させる），ジベレリンやエチレン処理で休眠が打破できるものがある．チューリップ，ユリ，スイセンなどは花芽の発育促進のための温度処理も含めた促成のための温度処理が確立しており，それらについて生育・開花・温度の項で述べる．

C. 宿根草の根株や花木類の芽の休眠と打破

　多くの宿根草は冬季は地上部は枯死し地下部の根株は生存して越冬する．この場合低温によって自発休眠するものと，冬季の寒さにより強制的に休眠する種類がある．前者はセイヨウオダマキ，ツボサンゴ，ベロニカなどで，晩秋から初冬にかけて自然低温に遭わせてから掘り上げて，加温室に植え込めば休眠は覚醒されているので開花する．早く掘り上げるには低温処理してからでなければ開花に至らない．低温処理は掘り上げた株を5～8℃に30日以上低温処理して休眠打破してから植付ける．

　冬季，落葉する花木のボケ，ユキヤナギ，キリシマツツジなどは自然低温に1カ月以上，コデマリ，レンギョウ，ハナモモなどは2カ月以上低温に遭遇しないと休眠は覚醒されない．

11.1.2 ロゼット

　カンパニュラやミヤコワスレなどの常緑性の宿根草は，冬季戸外で葉が地際に根出葉のように群がって生育を停止した状態をロゼット（rosette）という．植物体が一定期間，自然にロゼットに入るものと，誘発する環境要因によってロゼット化するものがある．多年生の花きだけでなく，一年生のユーストマなどもロゼット化する．多くは低温短日が引き金になるが，ユーストマのように高温が誘発要因になるものもある．一度ロゼットに入ってしまうと解除する手段はいまのところないので，ロゼットを回避する以外に手はない．シュッコンカスミソウは冬季，低温短日になるとロゼットに入る．武田ら（1981）は10℃以下の温度で8時間の短日になるとほとんどのシュッコンカスミソウはロゼット化する．冬季の切り花生産では電照して14時間日長にし，室温を10℃以上を保ってロゼット化を防いでいる．高温ロゼットが問題になるユーストマは冬季の切り花生産では夏季高温下で播種，育苗するためロゼット化が問題になる．大川（1992）によれば平均気温25℃以上で，かつ夜温20℃以上（昼温30～35℃，夜温20～25℃）の温度条件下では播種時期に関係なくロゼット化する．ロゼットを誘発する苗齢は種子の催芽状態から本葉4枚位までが極めて敏感である．このためロゼットを避けるため高冷地などで播種育苗されている．ロゼットしやすい品種，しにくい品種など品種間差もあるから，品種の選択

により回避する方法もある．また，将来はロゼットしにくい品種の育成も課題になっている．ロゼット性はその誘発要因や状態，打破手段も休眠性に近いので一種の休眠現象だともいわれる．

11.1.3 春化作用

催芽された種子や苗を一定期間，低温に遭遇させると花成が早まる現象をバーナリゼーション（vernalization）または春化作用という．ロシアのルイセンコ（T. D. Lysenko, 1929）が冬季の低温に遭って出穂開花する秋播性コムギを，春に催芽種子を低温処理して播種すると低温を遭わせないのに出穂開花することを認め，学説として提唱した．その後，催芽種子が低温に感応する種子春化作用（seed vernalization）と，一定の大きさの苗で低温感応する植物体春化作用（plant vernalization）に分けられた．

この反応を利用した春化処理には種子処理で効果のあるスイートピー，イエローサルタン，リモニウム・シヌアータなどがある．シヌアータは催芽苗を低温庫の暗黒で傷めずに処理できるが，暗黒処理できない種類はクーラー育苗や高冷地育苗などの代替え処理が行われている．球根の低温処理は休眠打破目的以外に花成促進のために行う．

低温処理して花成を促進させた球根や苗を処理直後，高温環境に植付けると春化処理の効果が喪失することがある．これをディバーナリゼーション（devernalization）または脱春化ともいう．脱春化を防ぐには植付け場所の温度を下げるか，植付け期を遅らせ自然気温の低下を待つ．

11.2 花芽形成と花の発育

種子から出発した植物が栄養生長期を経て花熟に達すると温度，日長やその他の環境

表11.1　主な花きの自然花芽分化期

区分	種類	品種など	花芽分化開始期	調査場所	研究者（年次）
多年草	アキギク	豊年ほか	8月下旬～	東京	岡田（1963）
	ナツギク	筑紫ほか	4月上旬～4月下旬	東京	岡田（1950）
	キキョウ	サミダレ	5月中旬	香川	小杉ら（1955）
	シャクヤク	花香殿	8月下旬	新潟	萩屋（1966）
	シュッコンカスミソウ		茎が20cm位に伸びたとき	京都	武田（1982）
	ハナショウブ		3月上旬	三重	富野（1951）
	リアトリス	紅輝	4月中旬	高知	吾妻（1978）
	ミヤコワスレ		9月下旬～10月上旬	静岡	石田（1960）
球根類	グラジオラス		本葉2枚出現時	横浜	小杉（1950）
	チューリップ	ウィリアムピット	6月下旬	松戸	穂坂（1964）
	テッポウユリ	青軸	3月下旬	横浜	小杉（1951）
	フリージア		11月上旬	香川	小杉（1951）
	ラッパスイセン	キングアルフレッド	5月下旬	香川	小杉（1957）
花木類	アジサイ		10月上旬	東京	小杉（1951）
	キリシマツツジ		6月下旬	東京	小杉（1951）
	キンモクセイ		8月上旬	香川	小杉（1953）
	ツバキ	ハクホウほか	6月上旬～7月上旬	東京	小杉（1951）
	フジ	紫カピタン	5月下旬～6月下旬	松戸	小杉ら（1964）
	ユキヤナギ	早生大輪	10月上旬	東京	小杉（1951）

条件にもよるが，葉原基を分化していた生長点では花原基（flower primordium）を分化する花芽分化（flower bud differentiation）が開始され，いわゆる花成（flower bud formation）過程の生殖生長に入る．花成とは花芽分化開始から花芽が完成し発達して開花するまでをいう．宿根草や球根類を含む多年生の草本植物や木本植物など周年生育のサイクルを繰り返す種類は花成を誘導する自然の環境条件に達すると花芽分化を開始するので，種類によって自然の花芽分化期が決まるが，緯度や標高差によりやや異なる．表11.1は主な花きの自然花芽分化期である．せん定，施肥，移植や開花調節などの管理の判断には自然花芽分化期は重要である．

11.2.1　花芽分化と花の発育

花成に入ると，多くの植物ではその生長点部が肥大して花芽分化開始の兆候を示す．花の器官は外側から総包，がく，花被，雄ずい，雌ずいなどの順で内部に向かって分化し，頂部の花から側枝の花と花房の分化におよぶ．花芽分化から花器官が形態的に完成するまでの期間は，早いものではクルメツツジの約30日，長いものではハナショウブの60日以上のものがある．また，同一種類でも品種により違うものがある．花芽分化から完成までの過程を小杉（1955）がクルメツツジについて観察した結果を図11.1に示す．これで小杉は花芽分化の過程をⅠ：未分化期，Ⅱ：花房分化期，Ⅲ：がく片形成期，Ⅳ：花弁形成期，Ⅴ：雄ずい形成期，Ⅵ：雌ずい形成期に分けている．

また，キクのような頭状花序の花芽分化については岡田（1963）が観察して図11.2のようにその過程を発表し，分化の過程を9つに分けている．

11.2.2　花芽分化の観察

球根の低温処理中や高冷地育苗の時など，花きの分化状況や分化過程の判定や判断に

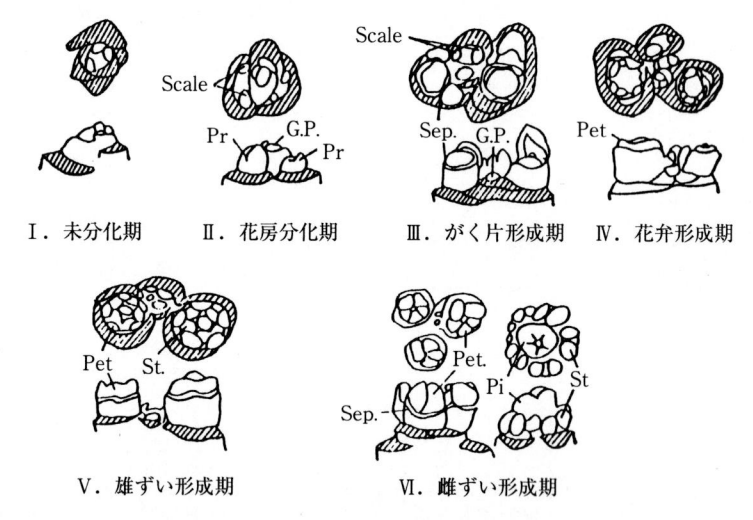

図11.1　クルメツツジの花芽形成（小杉ら 1955）

1. 未分化
(生長点径0.08〜0.10mm)

2. 生長点膨大期
(生長点径0.20〜0.25mm)

3. 総苞形成前期
(花芽径0.30〜0.35mm)

4. 総苞形成後期
(花芽径0.35〜0.40mm)

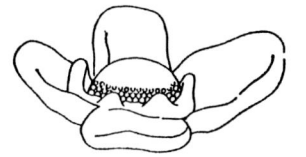

5. 小花形成前期
(花芽径0.45〜0.65mm)

6. 小花形成後期
(花芽径0.66〜0.86mm)

7. 花弁形成前期
(花芽径1.27〜1.77mm)

8. 花弁形成中期
(花芽径1.77〜1.86mm)

9. 花弁形成後期
(花芽径2.32mm)

同小花
(小花径 0.25mm)

図11.2 キクの花芽の分化, 発育段階, 品種「豊年」 (岡田1963)

花芽分化の確認が必要になる．特に花き指導者は生産者からの依頼で直ちに判定することがある．花芽を確認するにはある程度花芽分化の過程を理解しておく必要がある．方法には実体顕微鏡を使った剥皮法やパラフィン法，走査型顕微鏡による撮影映像法などがある．最も現場でもできる剥皮法は，生長点部分を70％エチルアルコールに浸漬貯蔵しておき，随時取り出して実体顕微鏡下で眼科用メスと針を使い，シャーレに入れた水中で生長点部分のりん片状の幼葉を手際よく剥離して生長点を露出させて観察する．

パラフィン法は生長点部分をパラフィンに埋蔵し，ミクロトームにかけて切片を作り検鏡する．研究などで花芽分化の過程を組織学的に解析するには走査型顕微鏡による撮影が分裂細胞組織を含め分化様相が詳しく解明できる．

11.3 生育・開花に影響する環境要因

植物の生育や開花は環境に影響されて強く反応する．この反応を理解すれば，植物の発育に適する地域，時期などが選択され，環境が調節できる施設内では植物の生育や開花を制御できる．栽培の基本はこの環境に対する植物の反応を最大限に利用することにある．

11.3.1 温度と生育・開花
(1) 温度と生育

花きには多様な種類があってそれぞれ原産地によって生育する温度域が違うので，栽培するときはその種類が最も順調に生育する温度域を保持することである．この最も生

表11.2 主な施設花きの生育・開花に最適な昼温と夜温

花きの種類	最適温度 ℃ 昼温	最適温度 ℃ 夜温	年生	適用	出典
アゲラタム	15〜20	10〜16	一年	育苗中の温度	Dietz (1976)
アマリリス	18〜	-	球根		林 (1970)
アンスリウム	20〜25	15〜18	多年		樋口 (1986)
アルストロメリア	25〜30	13	多年		田中 (1986)
アレカヤシ	25〜35	-	多年	育苗中の温度	樋口 (1986)
インパチエンス	20〜25	-	一年	育苗中の温度	西村 (1993)
ガーベラ	18〜20	13	多年	切花栽培の温度	Post (1952)
カーネーション	18〜22	12〜13	多年	施設切花生産中の温度	Holley (1971)
カランコエ	21	16	多年	幼苗,中苗生育中の温度	Ball (1995)
キク	18	16	多年	施設の周年切花栽培	Ball (1995)
キンギョソウ	13〜18	10	多年	切花生産中の温度	Ball (1995)
サルビア	20〜25	-	多年	スプレンデンス種	田中 (1986)
シクラメン	18	16〜17	球根		鶴島 (1972)
シンビジウム	25〜30	17〜18	多年	夜温は時期により変える	加古 (1986)
ストック	15〜18	14〜16	多年	低温遭遇後に花芽分化	藤田 (1986)
ゼラニウム	18〜21	16〜7	多年		Stinson (1971)
セントポーリア	18〜20	16〜18	多年		鶴島 (1986)
チューリップ	20〜25	13	球根	促成栽培中の温度	村井 (1986)
テッポウユリ	18〜21	12	球根	促成栽培中の温度	Hastings (1975)
デルフィニウム	15〜18	13〜16	多年	施設切花栽培の温度	佐野 (1986)
ドラセナ	25〜30	20〜23	多年	施設鉢栽培の温度	樋口 (1986)
ハイドランジア	21	13〜16	多年	施設鉢栽培の温度	Ball (1995)
バラ	22〜24	17	多年	施設切花栽培の温度	Hanan (1973)
パンジー	10〜15	5〜10	一年	花壇苗栽培	池田 (1993)
フィカス	25〜30	13	多年	施設鉢栽培	樋口 (1986)
ファレノプシス	30	20	多年	施設鉢栽培	樋口 (1986)
ペチュニア	15〜25	-	一年	花壇苗栽培	武田 (1986)
ポインセチア	20〜22	16〜17	多年	施設鉢栽培	Shanks (1975)
ユーストマ			一年	施設切花栽培	大川 (1994)
リモニウム・シヌアータ	15〜18	-	一年	施設切花栽培	鈴木 (1986)
リンドウ	20〜24	-	多年	施設切花栽培	吉池 (1993)

注)各出典の記載より作成した.

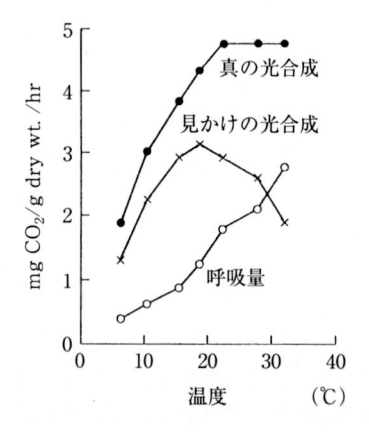

図11.3 植物の呼吸,見かけの光合成,真の光合成におよぼす温度の影響(Stålflt, M. G., 1937)

育に適する温度を最適温度(optimum temperature)といい，これ以上の高温になると生育が停止し障害が現れる限界温度を最高温度(maximum temperature)，反対にこれ以下に低下すると低温障害を受ける最低温度(minimum temperature)とがある．もちろん育種の進んだ現在では原産地の温度域とは違っている種類，品種もある．熱帯や亜熱帯原産の植物は25～30℃位，温帯原産の植物は15～20℃，寒冷地や高山地原産の植物は10～15℃位の温度域に最適温度がある．植物の生育温度は，物質生産や形態形成，光合成，呼吸，蒸散，転流や養水分吸収，窒素同化などの代謝に影響するからである．図11.3は植物の呼吸，見かけの光合成，真の光合成に対する温度の影響を見たものである．植物の生育を支える物質生産は光合成(photosynthesis)によるが，温度が上昇すると，ある時点で能力は低下し，反対に物質を消耗する呼吸は上昇後も続ける．高温低照度下での植物の生育の軟弱化はこのためである．また，植物の形態形成は光合成のない夜間温度の影響が大きい．図11.4は植物の各部の伸長と関係する糖の転流速度と夜温の関係を示したものである．夜間は糖の転流速度と根の発育に強い相関をもつが高温過ぎると鈍化することがわかる．このような現象も含め昼間と夜間では生育適温を分けて考察するようになった．主な施設花きの種類の昼間と夜間の適温は表11.2のようになる．さらに植物の適温は生育過程によってもやや違い，幼苗期，発育期，花芽形成期，開花期などによってやや異なるものがある．発芽や挿し芽発根の適温にも種類によりかなりの相違がある．

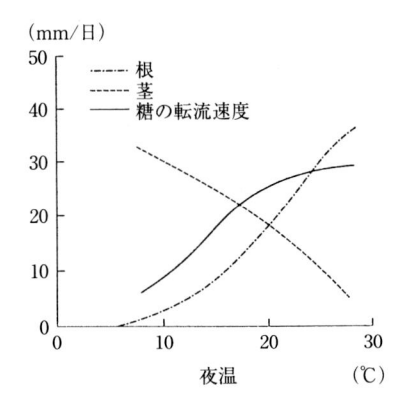

図11.4 植物の各部の伸長におよぼす夜温の影響 (Went, F. W., 1956)

A．DIF の理論とその利用

米国ミシガン大学のロイヤル・ハインズ教授ら(Heins, R.,1991)は昼間と夜温の温度差が植物の草丈に影響することを理論づけし，温度差のディファレンス(difference)からロゴをDIFとした．わが国では冷日暖夜法と訳されているがディフの方が通りがよい．具体的な概要は：

昼間温度を(DT)，夜間温度を(NT)とするとDT − NT = DIFとなる．
そこで 　　　− DIFの場合は：草丈の伸びを抑える．
　　　　　　 ＋ DIFの場合は：草丈の伸びを促す．

という関係になる．同氏らによると植物の茎の伸長期間を遅速段階(生育初期の伸長の遅い時期)，急速伸長段階(生育の最も旺盛な伸長期)と，プラトー段階(開花期が近づき伸長がやや緩慢になる時期)の3段階に分けると，急速伸長段階が最もDIFの効果が高い．

DIFの効果についてハインズらは反応の大きい花きはキク，テッポウユリ，ポインセチア，サルビア，ケイトウ，ガーベラ，インパチエンス，マツバボタン，ペチュニア，ゼラニウムであった．さらにミネソタ大学の報告(1993)ではアゲラタム，ダリア，パン

ジー，ビンカなども加えられている．特にDIFは化学物質で草丈を調節するわい化剤などに代わる環境に優しい処理技術として評価され，花壇苗など短期間に草丈が伸び易いものへ利用する要望が強く，鉢物でも欧米では利用されるようになっている．

B. 低温障害と耐寒性

植物が生育中，最低温度以下に遭遇すると植物体や器官の一部が低温障害（chilling injury）を受けることがある．栽培中の熱帯や亜熱帯性植物など冬季に起こす障害の一つであり，一般の花きでも収穫後の低温貯蔵や低温輸送中にこの被害を受けると経済的な損失は大きい．低温障害は被害の程度が軽度の場合はその後回復する場合もあるが，花は軽度でも商品性を失うことが多い．低温障害は栽培中だけでなく，収穫後処理でも気を配るべきである．耐寒性は同一種類でも品種によってやや程度が異なる．また，長期に渡って少しずつ低温に合わせてゆくと順化して耐寒性をやや高めることもある．

(2) 温度と開花

温度も開花に大きな影響を与える．すでに述べた春化作用などもその例である．また，温度と開花の関係は当然，生育とも相対的に関係していることが多い．例えば花芽が形成されていても温度が開花の鍵を握ることも少なくない．量的短日，長日では花成誘導に温度要因が大きく関わるからである（詳しくは光の項で述べる）．

A. 温度による花成誘導と温度処理

植物には低温や高温で花成が誘導されるものがあり，その反応を利用して低温処理や高温処理による促成や抑制開花が花き生産では広く行われている．低温により花成が誘導されるものには温帯性の宿根草に多い．亜熱帯性の多年生植物には高温によって花成が誘導されるものがある．

1) 宿根草の低温影響と低温処理

アスチルベ（*Astilbe* × *arendsii*）は5℃以下の温度に10～12週間低温に遭遇すると花芽が形成されるから自然状態では12月末には戸外の株は分化している．この株を掘り上げて20℃の加温室へ植え込むと11週間位で開花する．ツボサンゴ（*Heuchera sanguinea*）は10℃以下に30日間遭遇すると花芽分化する．これも12月末には露地植え株は花芽が形成されているので，加温室に植えると1～2カ月で開花する．宿根草の促成開花のための温度処理例を表11.3に示しておく．

このように宿根草や花木類は低温によって花芽分化するもの，休眠が打破されるもの

表11.3 促成を目的とした宿根草の根株の温度処理の例

種類	掘上げ時期	予冷処理	本冷処理	処理後の栽培温度	備考
アスチルベ シャクヤク	1月中旬 8月下旬	…… 10℃ 15日	5℃ 35日 0℃ 40日	夜間16℃ 15℃以上で栽培	3芽以上の株使用 12月下旬開花
シラン	11月中旬	（ジベレリン5ppm処理）		15～20℃	12月下旬開花
キキョウ ドイツスズラン	11月上旬 10月下旬	葉を枯らす ……	1～3℃ 30日 0℃ 30～40日	加温栽培 加温栽培	2～3月開花 12月下旬開花

表11.4 主な花木枝物の促成栽培の要点

種類	促成の要点					出荷目的
	入室期	開花期	促成所要日数	株で行なう	枝で行なう	
ユキヤナギ	12月上旬	12月下旬	20日	○	○	花物
コデマリ	12月下旬	1月下旬	45	○		〃
キリシマツツジ	11月下旬	12月下旬	45	○		〃
ボケ	12月上旬	〃	20		○	〃
レンギョウ	12月下旬	1月中旬	15		○	〃
ツバキ	〃	1月下旬	20		○	〃
ハナモモ（細矢口）	〃	1月中旬	15		○	〃
ジンチョウゲ	1月下旬	2月中旬	15		○	〃
ガクアジサイ	12月下旬	1月中旬	20	○	○	芽物
黄金コデマリ	1月上旬	1月下旬	25		○	〃
ウンリュウヤナギ	12月中旬	1月中旬	15		○	〃

があるが，後者にはジベレリンやエチレン処理も低温に代わる代償効果がある．
　また，このような宿根草の性質を利用し，休眠後期の根株を氷温貯蔵して長期保存し，適時出庫して開花させる抑制開花も今後できることが予想される．
　2）花木類の促成のための温度処理
　わが国では山間地の花き生産として花木切り花の促成が伝統的に行われてきた．冬季の自然低温を生かし休眠が覚醒されたか，気温がまだ低いため萌芽もしていない状態の根株や枝を高温室へ入れて，促成開花する技術が早くから経験的に考案され実用化されてきた．低温遭遇させた根株や枝を1月中〜下旬に掘り上げ，または切枝し25〜30℃位の高温多湿の促成室に入れて開花させるもので，ボケ，ユキヤナギ，ベニキリシマツツジなどは3〜5℃以下の低温に1カ月以上，コデマリ，レンギョウ，ハナモモなどは2カ月以上自然低温に遭わせる必要がある．主な花木類の促成栽培の要点を表11.4に示しておく．花木の枝物は近年減少しているが，欧米ではアレンジメント用に利用が増加しているので，近い将来，わが国でも復活する作目として注目されている．
　3）球根類の温度処理
　多くの球根類は休眠性をもち，その覚醒には一定の低温または高温が必要となる．また，花芽形成にも低温や高温で誘導されるものがある．花き生産で球根類の促成や抑制は重要な位置を占め，その開花調節技術のベースになるのが温度処理である．チューリップは8〜10℃，スカシユリでは5℃の低温で休眠が破れ，発芽が促進され，チューリップ，スイセン，ダッチ・アイリス，クロッカスなどは高温後の低温によって休眠が破れ開花が促される．また，フリージアなどは休眠打破に高温を必要とし，その後は低温で開花を促進する．これらの温度処理は早期開花を目的として休眠を打破しさらに発芽，花茎の伸長を促すためである．主な球根の促成のための温度処理の例を表11.5に示す．この処理は球根の生産地，収穫期，大きさ，休眠の深さなどによってその反応はやや違うので，栽培にはこれらを判断して温度処理など微妙に調整する技術がものをいうことになる．

表11.5 促成,半促成のための主な球根の温度処理

種類	作型 (出荷月)	温度処理		
		休眠打破効果	開花促進効果	低温処理開始
テッポウユリ	10	45℃の温湯に60分 浸漬(処理直前)	10℃ 45日	6月下旬
	11〜3		8℃ 45日	7月下旬〜8月下旬
スカシユリ	11〜12	45℃の温湯に30〜 40分浸漬	5℃ 45〜50日	8月下旬
	1〜2			9月中旬
チューリップ	12	32℃ 4〜7日	5℃ 40〜45日	8月下旬
	1〜2	......	5℃ 40〜45日	9月上旬
フリージア	12	高温+くん煙処理	10℃ 33〜35日	9月上旬
	1〜2	高温処理	10℃ 30日	9月下旬
アイリス	12	くん煙処理 3日	8〜10℃ 34日	8月上旬

　処理は球根を乾燥したまま行う乾冷と湿らせたピートモスやバーミキュライトをパッキングにして処理する湿冷とがある.低温処理は主に高温期に行うので,急に低温の本冷にしないで,最初の1〜2週間は13〜15℃位の予冷をして,慣らしてから本冷にかかるのがふつうである.

[ユリとチューリップの凍結貯蔵(氷温)]
　1980年頃からオランダでユリ球根の凍結貯蔵が開発され,わが国では氷温貯蔵ともいわれる.主にスカシ系のアジアティック・ハイブリッドで利用され,チューリップの凍結貯蔵もある.自然休眠に入った球根を予冷後,凍結貯蔵して保存し,必要に応じて解凍して植付け開花させる方法である.概要は掘り上げ後,休眠に入った球根を1〜2℃で45日位予冷をして球根の生理を整えてから−2℃で凍結させ貯蔵する.処理温度は球根が凍害を受ける寸前の限界温度なので正確な温度管理が要求される.ユリはこの処理が適切にできる品種とサイズがあり,休眠後期での処理は危険である.凍結された球根は,開花目標時期から逆算し出庫して植付けることになる.出庫した球根は5〜6℃で4〜5日間又は,15℃で2〜3日間かけて解凍して植付ける.植付けから開花までの到花日数は品種,栽培温度などにもよるが60〜110日位かかる.球根の促成,半促成栽培では何回にも分けて植付けることになるので,温度処理が複雑になるが,種苗企業がこのような凍結貯蔵を生産者の植付け予定日に応じて,分割供給できるので計画生産がより可能になる.現在,促成切り花用のチューリップ球根は,生産者のオーダーによりオランダの氷温貯蔵されたものが空輸されてくるようになった.生産者は冷蔵に気を使うことなく直ぐに植付ければよい.わが国ではこれをアイス・チューリップと呼んでいる.

11.3.2　光と生育・開花
　植物の生育・開花も光によりいろいろな影響を受ける.光は植物生理の基本である光合成(photosynthesis),光形態形成(photomorphogenesis)などに関与する重要な外的環境要因である.われわれが植物をある目的で栽培するときは,太陽光をどのように利用して生育や開花をコントロールするかを考える.栽培上では自然の光の補光や照明延長の目的で各種の人工光も利用して生育・開花を調節する.

(1) 光と生育

　窓辺近くに置いた植物の茎葉が，光が入る方向に向かって生長することからも生育に光を必要とすることがわかる．生長のエネルギー源となる炭水化物は葉の細胞内で根から吸収した水と，大気中から吸収したCO_2が太陽光を受けた葉緑素を媒体として生成されることはよく知られている．

A. 光と光合成

　<u>光合成のメカニズムは</u>：
　二酸化炭素（CO_2）＋水（H_2O）＋太陽エネルギー（葉緑素）＝炭水化物（（CH_2O）＋O_2）
で表される．この過程は太陽エネルギーによる光化学反応でリン化合物を生成し，さらに吸収したCO_2の固定，還元によって炭水化物を生成するが，この生合成の過程は20世紀の半ばころカリフォルニア大学のカルビン教授らによって解明された．

　しかしこの過程を利用して炭水化物を人工的に合成することはいまだに成功していない．カルビンはその生合成過程が植物によって違うことを発見し，光合成の生化学反応別にC_3，C_4，CAM植物に分けている．

　<u>C_3植物</u>：光合成が葉の柔組織細胞によって行われカルビン回路と呼ばれる過程のみで全反応を終了するもので，ほとんどの植物はこのC_3植物である．

　<u>C_4植物</u>：葉肉細胞でCO_2が固定されてから維管束鞘細胞へ移行し脱炭酸され，カルビン回路で再び固定還元され炭水化物にされるもので，C_3植物に比べ2種類の細胞組織で光合成が行われる．C_4植物は少なく，イネ科，アカザ科，ヒユ科，トウダイグサ科，キク科の一部に見られるに過ぎない．

　<u>CAM植物</u>：光合成の反応はC_4植物と同じだが，C_3，C_4植物は日中気孔を開いてCO_2を取り込むのに対し，CAM植物は夜間，気孔を開いてCO_2を吸収して固定し，昼間にそれを分解しカルビン回路で再固定・還元する．このように全過程を夜と昼に分けて行うのは，CAM植物がサボテン科，ベンケイソウ科やパイナップル科など熱帯の乾燥地に自生するものが多く，日中は激しい蒸散を防ぐため気孔を閉じ，夜間に開いてCO_2を取り込む機作をもつ．

　1）光質および光の強さと光合成

　太陽光が地上に到達する光は300 nmから800 nm（ナノメーター）の波長域で，この中，人間の目に光として感じる可視光線は380～780 nmである．光合成に関与する波長は400～700 nmの青色光域と，600～700 nmの赤色光域との二つにピークがある．花芽分化などの光形態形成に作用する波長域とはややずれている．光合成を人工光照明で補光するときには，このピークの波長域に近い波長を持つメタルハライド・ランプや，高圧ナトリウムランプが有効である．

　光合成は光エネルギーによる生化学反応であるから光の強さとは密接な関係をもつ．暗黒下に置かれた植物は呼吸作用によるCO_2の排出のみ行いCO_2の吸収はない（CAM植物を除く）ので見かけの光合成（光合成の程度をCO_2の呼吸量で示す）はマイナスを示す．光が当たり，次第に強さを増すと光合成速度（強さ）を増しCO_2を吸収するから，呼吸によって排出するCO_2との収支でCO_2排出量が減少し，ゼロになるポイントの光の強さを光

補償点（light compensation point）という。さらに光の強さに応じて光合成速度は増すが，あるポイントで平衡に達する。このときの光の強さを光飽和点（light saturation point）という。光飽和点以下では光合成の増加は光の強さが決め手になるが，CO_2濃度も関係し，濃度が低いと光飽和点も低くなる。

光飽和はヒロハオリズルラン，ヘデラやトラデスカンチアなどの半陰性の植物では5,000 lux，キク，ペラルゴニウムやプリムラ・ポリアンサなど陽光性植物では15,000～25,000 luxである。

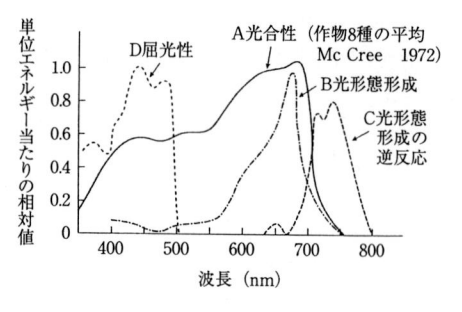

図11.5　植物の反応に影響する光の分光特性
（小原1991）

(2) 光と開花
A. 光周性
　米国のガーナーとアラード（Garner, W.W. and Allard, H.A., 1920）がタバコの開花が一日の日の長さ（day length）に影響されることを見出し，植物の花成が日長によって制御されるこの反応を光周性（photoperiodism），光周反応，日長効果などという。この光周性はその後，両氏の研究を基点として多くの研究者により反応の詳細やメカニズムが解明され，花き生産ではこの理論が広く実用化されている。

1）光周性の花成反応と反応別植物
　日長の長短による植物の開花反応で短日植物（short day plants）と，長日下で開花が誘導される長日植物（long day plants），日長に関係なく開花する中性植物（day neutral plants）とに分けられる。その後これらに属さない反応グループとして特定な日長条件下だけで開花が誘導される定日植物（definite day plants），一定期間長日を経過した後，短日が与えられて開花する長短日植物（long-short day plants），一定期間短日を経過した後に長日で開花する短長日植物（short-long day plants）がある。定日植物はごく少なく，サトウキビの1品種，長短日植物にはブリオフィルム，セストラムなど，短長日植物には鉢物のペラルゴニウムなどがある。12時間以下の日長で花成が誘導されるものを短日植物，12時間以上が長日植物といわれる。その後，花成が特定の日長以下，または以上に絶対的に支配される質的短日植物（qualitative short day plants）および質的長日植物（qualitative long day plants）と，日長で花成が誘導されるものの温度など他の要因も影響する量的短日植物（quantitative short day plants）および量的長日植物（quantitative long day plants）に分けられるようになった。これらにより分けられた主な植物は：

短日植物　質的短日植物：キク，カランコエ，ポインセチア，エラチオール・ベゴニア，
　　　　　　　　　　　　シュッコンアスターなど。
　　　　　量的短日植物：ダリア，サルビア，コスモス，シャコバサボテンなど。
長日植物　質的長日植物：フクシャ，カンパニュラ・イソフィラなど。

量的長日植物：カーネーション，アスター，キンギョソウ，ペチュニア，スイートピーなど．
中性植物：シクラメン，ゼラニウム，パンジー，バラ，ハイドランジアなど．

2) 光周性反応のメカニズム

光周性について初期の考え方は，1日24時間の中で明期（日長）が長いか短いかが花成に影響するものと思われてきた．しかし，花成にはフィトクロームの作用が明らかになり，暗期（夜の長さ）の長短が花成に影響することがわかった．長い暗期の真ん中で照明して暗期を分断する，いわゆる光中断（light break）をして二つの短い暗期にすると長日と同じ反応をする．

光周性を含む光形態形成に影響を与える作用スペクトルは，660 nmの赤色光と730 nmの遠赤色光付近にあることは前に述べた．これらの反応は光の受容体であるフィトクローム（phytochrome）という色素タンパクによることがわかった．このフィトクロームには赤色光を吸収するPr型と，遠赤色光を吸収するPfr型の2タイプがある．この中，Pfr型は生理的に活性なフィトクロームと考えられており，遠赤色光で図11.6のように急速にPr型に変化し，また，暗期でもPr型に変化する．そしてPrとPfrの間には相互に転化することが認められている．

短日植物は，長い暗期の日長が与えられると（短日条件が連続する）PfrがPrに転化してPrが増加し花成が誘導されるが，暗期に赤色光が照射されると増大したPrはPfrに転化してしまうから花成は阻害される．このような関係を日長と光質の組み合わせと植物の花成反応の関係をHannanらが図案化しているので図11.7に示す．

図中，1.は長日条件下では長日植物では開花（＋）するが，短日植物は不開花（－）となる．2.は短日条件下なので開花反応は1.の逆になる．3.4.は長い暗期を光中断（3）するか，断続照明（4）すると長日条件になるから，1.と同様な開花反応になる．5.は長い暗期を遠赤色光で光中断してPfrをPrに転化しても暗期は短縮されてPrはPfrに再転化するので長日条件と同じになる．6.は短日条件下で遠赤色光後，赤色光で再中断されるため両者の効果は消しあって短日条件になる．7.は短日条件下で遠赤色光，赤色光，遠赤色光の順で

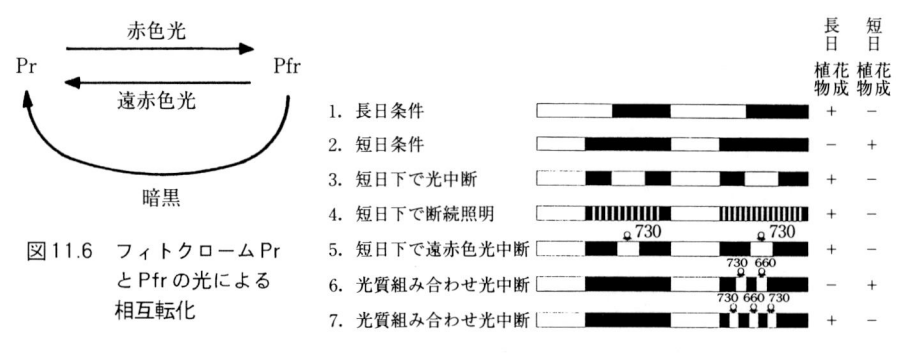

図11.6 フィトクロームPrとPfrの光による相互転化

図11.7 短日，長日および光質の組み合わせと植物の花成反応（Hannan, J.H.ら 1978より改変）

光中断すると遠赤色光の効果で長日条件になることを説明している．
3）光源と光の強さと植物の反応

光形態形成に影響する光スペクトルは660nmと730nm付近の波長なので，人工光源で代行補光するにはそれに近い波長をもつ人工光源が有効である．白熱電灯と白昼タイプの蛍光灯が近い波長をもつので，その経済性からも電照に広く使われている．人工照明による長日処理では照明の明るさ，光の強さが問題になる．光周反応は低エネルギー光化学反応ともいわれ，光合成ほど強い光は必要としない．10～200luxの範囲で感応する．主な種類の感応照度を以下に示す：

キク	50～200 lux	ベゴニア	50～150 lux
ポインセチア	10～50 lux	アスター	50～100 lux
カランコエ	50～100 lux	ペチュニア	200 lux

人工光の場合，光源から感応する植物の葉面に均等に照射するような光源のレイアウトと高さが必要である．参考のために植物の受光面の照度を50luxに保つための光源の距離を表11.6に示す．

電照で日長処理する場合，植物のどの葉が光に反応するかを知ることにより均一な電照ができる．若い葉が光に敏感で，古い葉は鈍い．田中（1968）はキクの部位の葉の日長処理の光に対する反応を研究し図11.8のように明らかにした．図の左は全葉を短日処理したもの，左から2番は上部7葉を短日，それ以下の葉は長日処理，3番目は上部7葉を短日処理し，以下の葉は摘

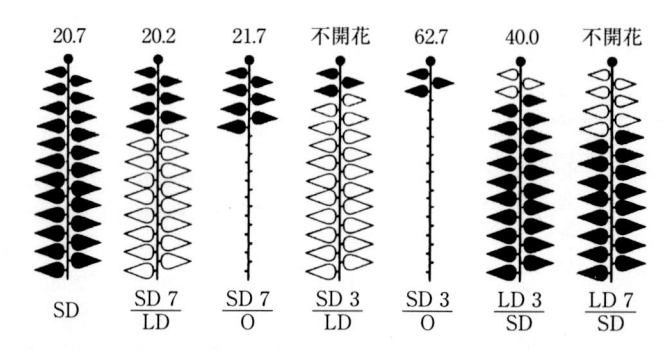

表11.6　50luxの明るさを保つための光源との距離

光源 栽培床幅	生長点から光源までの高さ	光源の間隔	電球の明るさ
90　(cm)	60　(cm)	90　(cm)	25　(W)
120	80	120	40
150	100	150	60
180	120	180	100
210	140	210	100

20.7	20.2	21.7	不開花	62.7	40.0	不開花
SD	SD 7/LD	SD 7/O	SD 3/LD	SD 3/O	LD 3/SD	LD 7/SD

黒色の葉は短日，白色の葉は長日におかれたもの，葉のないものは摘葉したもの，上の数字は処理開始より花芽形成までの日数．

図11.8　キクの異なった部位の葉にあたえた長日処理と花芽形成までの日数．（田中 1968）（阿部ら著：花卉園芸学より引用）

除したものである．いずれも20日前後で花芽形成をしていることから，キクでは上部4枚葉が光によく感応していることになる．しかし4番目の上部3葉を短日，以下の葉を長日にしたものは不開花，次の葉の摘除は著しく花芽形成が遅れることがわかった．すなわち上部7〜8葉が感応するので，電照による補光はこの部分に光が当たるように光源をレイアウトし，遮光による短日処理の場合は，この感応部分が暗黒になるよう被覆材をかけることになる．

4）日長処理のプログラムのための限界日長と自然日長

開花調節を目的として日長処理をするため，電照や遮光を開始する時期，終了時期などは開花期を決定するために重要である．このためのプログラムを作るには，その地方の自然日長と対象花きの自然花芽分化期および分化，発達を支配する限界日長（critical day-length）を確認する必要がある．

★自然日長とは：

気象学でいう日長は日の出から日没までの時間で周年変化し，同時期でも地球上の位置（緯度，経度）によって異なる．わが国でも同日，北海道と九州では時期にもよるが，1時間から1時間30分も違う（図11.9参照）．地方別の日長時間は理科年表などで調べるとよい．

★光周性でいう日長とは：

しかし，光周性でいう日長は植物が弱い光でも感応するから，日の出前と日没後の薄明時間を気象学上の自然日長に加える必要がある．この薄明時間を List, R. J. (1966) は civil twilight（大川は市民薄明と訳している）といい，自然日長に1時間を加えている．

★限界日長と日長処理のプログラム：

生産者が日長制御による作付計画を立てるには，まず，何時から何時までの電照または遮光を何時まで処理すればよいかを考える．日長の処理開始や終了はその花きの限界日長と，その地方の自然日長およびその花きの自然花芽分化期を知る必要がある．花きの限界日長も育種が進んで同一花きでも品種により違いがある．現在，花きの各品種についての限界日長に関する正確なデータはなく，生産者は経験や予測でプログラムを組んでいる．古いが Post K. (1952) は，秋ギクの早生品種は14時間30分，カランコエは12時間45分，ポインセチアは12時間15分が限界日長と

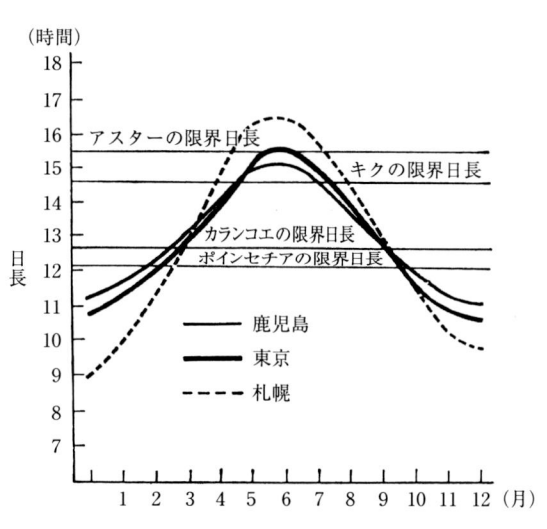

図11.9 各地の自然日長と4種の花きの限界日長との関係（Post, K.データより作図）

している．これを日本の3地方の日長に合わせて図11.9のようにグラフ化してみた．ポインセチアを例にとるなら，東京地方（太い実線）の日長曲線と，ポインセチアの限界日長との左交点の垂直下の時期が，ポインセチアにとってこれより長日になって花芽分化しなくなる時点．右の交点は以後は短日になって自然日長で花芽分化する時期である．理論的にはポインセチアを自然開花より1カ月開花を早めるには，右の交点時期の1カ月前から遮光すればよいことになる．前述のようにこのポインセチアはかなり以前の品種（晩生）であることを付

図11.10 高圧ナトリウムランプで補光している花きの施設生産

け加えておく．反対に開花を遅らせる場合にはこの右交時点より電照することになるが，その期間は遅らせる期間と一致はしない．秋季は気温が下がるのでその分を加算しなければならない．交差時点はあくまでも実験上の数値であるから危険防止のため，実際の処理はこれより前もって早めに電照，遮光を行う．

5）開花調節のための日長処理の実際

a）長日処理（電灯照明）

自然日長を人工照明で延長させるには，電灯照明（電照）により開花を制御する電照栽培（light culture）がある．一般には白熱電灯を用い，専用電球，ソケット付きコードなど電照用のセットを利用している．対象花きにもよるが，植物頂部をほぼ均一に50 luxを保つには100W球を10 m^{2}当たり1球を基準とする．照明時期，時間は夕刻の日没後点灯する前夜照明（明期延長）と，深夜に1～2時間照明する深夜照明（光中断），夜半から明け方まで照明する後夜照明とがある．深夜照明は電力消費量も少なく経済的なので多く採用されている．照明操作はタイマーを使い，広域には区域を区切って時間をずらし順番に照明する．この他，より経済的なサイクリック・ライティング（cyclic lighting）という1分間のうち，3秒点灯し，57秒暗黒をタイマーで4時間繰り返すシステムがあるが，わが国ではあまり使用されていない．

b）短日処理（遮光栽培）

黒色のプラスチック・フィルムか布で植物を覆い一定時間暗黒にする．光に敏感な上部の2/3以上の葉が暗黒になるように遮光する．実際はカーテン式に行うのが効率的で現在はほとんど自動制御で行う．遮光開始時期が夏季や初秋の気温がまだ高い時期には夕刻遮光し，夜間は一時開放し，明け方再遮光する方法もとられる．

(3) 人工光による光公害としての影響

最近では栽培地に目的以外の人工光が入り込んでいる．街路灯や夜間作業する集配センターなどの照明でポインセチアに異常花包がでたり，キクの開花が狂ったりして問題になっている．都市社会における人工光が自然界や農業に与える影響は無視できなくな

り，光公害（light pollution）として環境問題にまで広がっている．生活と公共の安全を守る都市の野外照明は白熱電灯から水銀灯，さらには高圧ナトリウムランプと照度が上がって農業生産や自然植生にいろいろな影響を与えるようになった．首都圏では1月になっても街路灯近くの街路樹の葉が残っているのを見かけるが，この影響である．

米国農務省（U.S.D.A.）の Beltsville Reseach Center は人工光の植生に与えるマイナス影響を研究して1973年，米国園芸学会で発表し HortScience にも報告している．それによると短日性植物が人工光の影響を受け，都市照明で影響の大きいのは白熱電灯＞高圧ナトリウム・ランプ＞メタルハライド・ランプ＞水銀灯の順であった．しかし，24時間明期は明らかに植物の生育にマイナスになるという．

(4) 光の照射および照明についての単位，表示について

最近，光の照射や，照明の際の光度や照射エネルギーの単位と表示が以前とは違ってきている．植物体が受ける光の明るさは照度，この光の光源の明るさは光度，光源から放射される光の量を光束という．照度は人の目で感じる明るさを示す単位なので，植物の光合成やエネルギー収支に関与する光エネルギーとしては，放射束密度や光量子束密度で表すようになった．主な光の強さを表示する単位としては：

<u>照度（illuminance）</u>は人の目で感じる明るさを示す単位で，1 m^2 当たりのルーメン（1 m/m^2）またはルックス（lux, lx）の単位で表す．各波長のエネルギーを一定にした時の波長別光合成速度の強弱は違うので，照度で生長や物質生産の関係を表すことはできないから光量子束密度で表すことになった．

<u>放射束密度（radiant flux density）</u>は単位時間，単位面積が受ける放射エネルギーで，放射照度ともいい，従来の日射量と同じだが，表す単位が kcal・cm^{-2}・h^{-1} とか cal・cm^{-2}・min^{-1} ではなく W/m^{-2}（J・m^{-2}・s^{-1}）で示す．放射束密度は光合成有効放射とも呼ばれる．

<u>光量子束密度（photon flux density）</u>は，光の粒子の最小単位を光量子といい，単位時間（s），単位面積（m^2）に入射する光量子数で光の強さを表したもので，μ mol m^{-2}・s^{-1} の単位で表すことが多い．400～700 nm の波長域の光子量束密度は，光合成有効光子量束密度，あるいは単に PPFD とも呼ばれ，光合成速度と関係する光レベルの検討では PPFD で表すことが多い．

11.3.3 水と生育・開花

植物体は90％以上が水分で構成されている．その上，光合成やチッ素同化などの代謝作用には水は欠くことのできない要素である．植物栄養も水に溶けた形で水とともに根から吸収される．植物の水の供給母体は原則として土壌であり，土壌の水分が植物の生命を支えている．

(1) 水分ストレスと植物の生育

根から吸収した水分は大部分が通導組織を経て葉から大気へ蒸散し，2％以下が植物体内に残る．土壌中の水分が不足すると葉からの蒸散が続くから体内の水分は減少して水分ストレス（water stress）が増大し，結果として生理代謝機能が低下し生育そのものが阻害される．植物の水分ストレスは土壌水分と植物の関係が論議されてきたが，最近は植

物体の水分関係を土壌，植物体，大気圏と系統的な流れのバランスの中で生ずるエネルギーを，統一的な理論とした水ポテンシャルの概念に変わってきている．

1) 水ポテンシャル (water potential)

　土壌→植物体→大気という水分の流れの中で各系や相の間に生ずる落差のエネルギーが水ポテンシャルで，ふつう圧力の単位で表す．植物体内の水ポテンシャルはギリシャ文字の Ψ で示され，簡単な公式で次のように表される．

$$\pm\Psi_t = \Psi_m - \Psi_o + \Psi_p$$

　　　ここで　　　Ψ_t ＝全水ポテンシャル（水分ストレス）
　　　　　　　　Ψ_m ＝マトリックな力による水ポテンシャル
　　　　　　　　Ψ_o ＝浸透圧による水ポテンシャル
　　　　　　　　Ψ_p ＝植物体内部の膨圧に起因する圧ポテンシャル

本来マトリックな力（Ψ_m）は，植物体内のコロイドなどが水を引きつける力によるものである．浸透ポテンシャル（Ψ_o）は，内部の細胞液の溶液中に物質を溶解していることにより発生する．すなわち溶質の濃い溶液が薄い溶液へ細胞膜を通して水が移動する圧である．膨圧に起因する圧ポテンシャルがポジティブの時は細胞内への水の移動が妨げられる傾向がある．植物体内の全ポテンシャルで極端な例は

① Ψ_p が 0 で $\Psi_t = \Psi_o$ のとき植物はしおれ，② $\Psi_p = \Psi_o$ で，$\Psi_t = 0$ のときは水で膨潤状態になっているときである．Ψ_t の値は植物体内の水分状態またはその植物がおかれているところの水分ストレスを表していることになる．この Ψ_t 値の修正が栽培管理の灌水である．

2) 水分ストレスと生育

　適当な水分状態の栽培土壌が次第に乾燥すると植物の水分ストレスは増大して，生育は低下する．さらに乾燥が進むとストレスは高まり植物は萎凋から枯死に至る．反対に土壌に水分が過剰に供給されると時には軟弱な生育をするので，花きを栽培する上からは適度な水分ストレスを与えるのがよく，栽培の水管理は単に水分供給，補給だけでなく，適度な灌水間隔，灌水量の加減が栽培技術の一端にもなる．図11.11は異なる水分ストレスを与えて栽培されたカーネーションの葉表面の細胞と気孔の状態である（Hannan and Kowalczyk ら 1968）．頻繁に灌水してストレスを少なく栽培した A, B の葉に比べ，高いストレスを与えて栽培した C, D は細胞も小さく，細胞壁がやや厚く，気孔も小さくなっている．

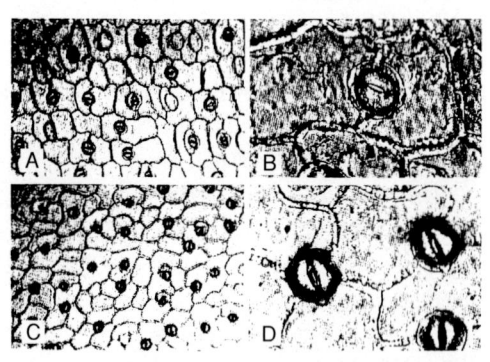

図11.11　異なる水分ストレス（灌水方法）で栽培したカーネーションの葉の気孔の状態の比較（Hannan and Kowalczyk ら，1968）

(2) 土壌水分とその特性

　土壌は植物への水分供給の媒体であ

り水分の受容体でもあるから，土壌中に含まれる水分は次のような性格によって三つに分けられる．
　①吸着水（hygrosopic water）土壌粒子に吸着されている水分
　②毛管水（capillary water）毛管孔隙に毛管作用で保持されている水分
　③重力水（gravitational water）粗孔隙を重力で移動する水分
　この内②は植物に利用される有効水（available moisture）で，①および③は植物に利用されない余剰水（percolation moisture）とか無効水といわれるものである．また，土壌に含まれている水分量は次のように表示される．
　①対乾土重量パーセント（含水重/乾土重）× 100
　②対乾土容積パーセント（含水容積/乾土容積）× 100
　③対最大容水量パーセント（含水量/最大容水量）× 100
　また，植物と関係のある土壌中の水分状態を表す水分常数（soil moisture constants）があって，土壌中の水分状態，水分エネルギーなどと植物との関係を知る目安となる．
　1）最大容水量（maximum water holding capacity）：その土壌の飽和状態の含水量をいい，土壌の物理性によって大きく違う．乾土重量パーセントで示す．吸引圧は0である．
　2）圃場容水量（field capacity）：過剰な重力水が排除された直後，その土壌に保持されている水分量をいい，土壌の物理性によって違う．吸引圧ではpF1.8〜2.0位である．
　3）水分当量（moisture equivalent）：土壌に重力の1,000倍の遠心力を与えて含水量を排除した後残留した水分量をいう．
　4）萎凋係数（wilting coefficient）：土壌中の水分が次第に減少し吸引圧が上昇すると植物は吸水できなくなり，細胞の膨圧が低下し外観では萎れてはいないが，生理的には萎れ始めるときの土壌水分状態を初期萎凋点（incipient wilting point）という．さらに吸水が減少してひどく萎れ，水を補給しても回復しないほどの土壌水分状態を永久萎凋点（permanent wilting point）という．この点は有効水と無効水との限界に近く，萎凋係数ともいい吸引圧ではpF4.2位と考えられている．

（3）栽培上の土壌水分状態の計測と表示
　花きの水管理ではどの位乾いたらどの程度水を与えたらよいかがポイントである．すなわち鉢や栽培床がどの程度の水分状態か確認することである．もちろん長い経験による判断も重要であるが，計測もまた重要なのである．植物の有効水の範囲内で計測する方法には：
　①土壌水分の吸引圧を計測する（pF値の計測）．
　②土壌の誘電率を測定して含水量を算出計測する（TDR法など）．
　③植物体内の水分を直接測定する（サイクロメーター，プレッシャーチャンバーによる方法など）．
　④植物の生体情報から推測する（茎径計，茎流計などによる）．
　この内，花き栽培，特に施設栽培では①の吸引圧による方法が最も広く利用され，自

動灌水の制御のセンサーとしても利用されているのでこの方法について述べる.

1) 吸引圧による土壌水分の計測と水管理

土壌が次第に乾燥して含有水分が減少すると，水は土壌粒子の表面に吸着するエネルギーが高まる．この水の吸着エネルギーがある以上に高まると，それに抗して根が吸水することが難しくなりやがては吸水できなくなる．土壌中に水分がどの位あるかでなく，植物に有効な水が水エネルギーとしてどの位存在するかを知る概念がこの吸引圧である．土壌粒子に吸着する水エネルギーが吸引圧（negative pressure）で，毛管ポテンシャル（matric potential）または水分張力（moisture tention）ともいう．この吸引圧は水柱の高さ，気圧および水柱の対数値で表した pF 値で表示される．土壌水分エネルギーの気圧，水柱，pF 値との関係は表11.7のようになる．

植物に有効な範囲内の吸引圧は水分張力計（テンシオメーター：tensiometer）でリアルタイムで土壌中の吸引圧が計測できる．水分張力計をセンサーとしてコンピュータ制御による灌水の自動化も可能になった．

(4) 灌水管理

施設内のカーネーション生産で1本の切り花を収穫するまでには約3.7 l の水を必要とするといわれ（Hannan and Jasper, 1967），相当多くの水を消費することが推定される．鉢物などの灌水は"水やり3年"といわれるように従来から技能的な作業とされてきた．確かにどの位乾いたら灌水するか，どの位の水量を与えたらよいかは経験的にも難しい．最近は，ノズル灌水，底面吸水灌水，プール灌水と機械的な灌水になり，人が間接的に操作したり，自動制御化するとさらに難しくなる．すなわち，経験的な灌水から数値化やデジタル化した灌水技術に移行しようとしている．その一つが吸引圧を利用した水管理である．灌水のタイミングは吸引圧でいうと"灌水点"である．いわゆる土壌中の吸引圧がどの位高まったときに灌水するかというものである．著者が鉢物のシクラメンで灌水点の実験を行った結果の一部は表11.8のとおりである．鉢物用土の吸引圧が pF1.5 から pF2.5 までの4段階の灌水点で灌水した結果，開花率，葉数，新鮮重ともに良かったのは pF2.0 を灌水点としたものであった．この実験における各区の鉢土壌中の吸引圧の

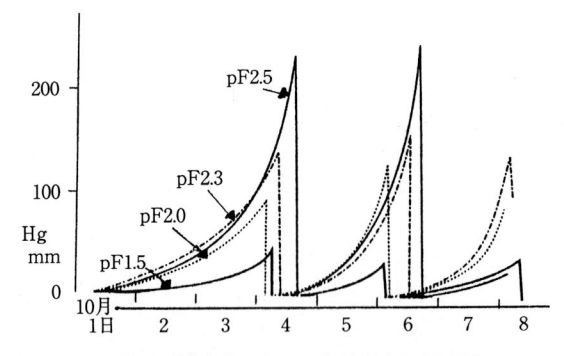

図11.12 異なる灌水点における各鉢用土の吸引圧の計時的変化（鶴島 1976）

表11.7 土壌水分エネルギーの気圧，水柱高，吸引圧の関係

気圧 (bars)	水柱 (cm)	吸引圧 (pF)
− 0.001	− 1	0
− 0.01	− 10	1.0
− 0.025	− 25	1.4
− 0.05	− 50	1.7
− 0.1	− 100	2.0
− 0.25	− 250	2.4
− 0.5	− 500	2.7
− 1.0	− 1,000	3.0
− 2.5	− 2,500	3.4
− 10	− 10,000	4.0

表11.8 異なる灌水点とシクラメンの生育と開花への影響（鶴島1976）

灌水点（毛管吸引圧）	平均葉数	開花率（%）	新鮮重		
			地上部重	地下部重	全量
pF1.5	38.1	56.5	268.4	91.2	350.6
pF2.0	44.6	71.4	284.4	92.4	376.8
pF2.3	38.4	70.0	256.8	99.0	355.8
pF2.5	36.0	37.5	243.4	100.7	344.1

化を計測したものが図11.12である．灌水点がpF1.5は少し乾いたら灌水し，灌水頻度も多く，土壌中が低い水分エネルギー状態を保つ（やや多湿状態）ことがわかる．pF2.5は吸引圧がかなり高まって（乾いてから）灌水するから，シクラメンには灌水直前にはかなり強い水分ストレスを与えていることがわかる．灌水点がpF2.0はそこまで吸引圧が上がらないうちに灌水するからシクラメンには適度な水分ストレスを与える水管理と思われる．

（5）灌水の方法

　花き栽培の灌水は毎日，隔日か数日おきに行う作業労力の中で最も手間のかかる作業である．それだけに機械化や自動化して労力のネックを改善したいという希望は強い．このため現在ではいろいろな自動灌水や灌水装置が開発され自動的な灌水が実施されている．このため灌水に関する新しい技術課題も生まれている．基本的には露地圃場と施設内では灌水方法は異なる．また，床植えの切り花と，隔離された鉢植えやトレイ植えの鉢物と花壇苗では灌水方法自体大きく変わる．さらに前述のように機械化，自動化になると灌水のタイミングや灌水時間（灌水量）などを数値化して，制御機器やコンピュータに入力しなければならなくなる．また，どんなに灌水を自動化しても手直しや補足には手灌水が必要となるに違いない．各灌水方法の設備と管理概要は施設設備の項で述べる．

（6）灌水に使用する水の水質と水資源

　わが国では灌水に使用する水についてはあまり注意を払うことは少ないが，使用する水質は重要な問題である．水源は地下水，農業用水，河川の水，都市上水道など様々だが，花きの生育に影響する要因として無機塩類，微量要素，pH，硬質性やその他有害化学物質の溶解などがある．可溶性塩類としてはECが指標になり，0.75mS/cm以下であることが望ましい．用水中のナトリウム，マグネシウム，硝酸塩，塩化物なども注意を要する．都市上水道に含まれるフッ素も1.0ppm以上になると観葉植物の葉焼けの原因になる．水に恵まれてきたわが国の花き生産者も，これからは水質汚染に注意するとともに良い水源の確保に気を使う必要がある．また，これからは生産者自身が排出する水の水質汚染や，水の節約とリサイクル利用，雨水利用など環境保全にも協力しなければならない．

11.3.4　大気およびガスと生育

　植物は他の生物とともに大気中で生育しているから，大気中の各種ガスが植物の代謝反応に影響している．呼吸作用における酸素や光合成に必要な二酸化炭素などはその代表的なガスである．大気の構成は78％がチッ素ガス，21％の酸素，0.9％のアルゴン，0.03

%の炭酸ガスの他水素，ネオン，ヘリウムなどから成っている．

(1) 酸　素

緑色植物は日中，光合成によって酸素（O_2）を排出するが，夜間は呼吸のみとなり酸素の取り込みだけとなる．密閉された施設内でそのために酸素が欠乏することはほとんどないから酸素の供給を考えることはない．大気中の酸素濃度は安定しているので，植物の地上部は影響を受けないが，地下部の土壌中の酸素は大きく変化し間接的に生育に影響する．

(2) 炭酸ガス（二酸化炭素：CO_2）

炭酸ガスは光合成に必要な大気組成

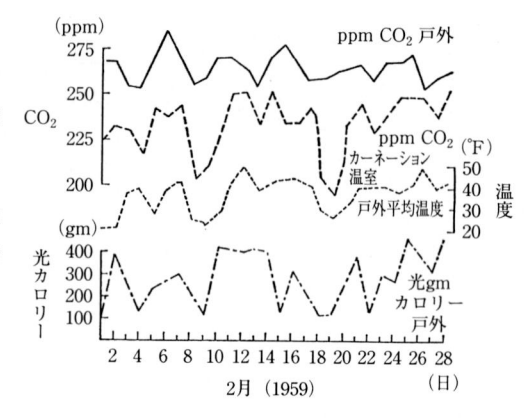

図11.13　カーネーション温室内と戸外のCO_2濃度戸外の平均気温および日射量の変化
（Golsberry, K., 1961）

であるから，その濃度は直接，植物の生育に影響する．大気中の炭酸ガスは地表に近い部分ではいろいろな影響を受けて，季節だけでなく1日の間でも変化する（図11.13）．日射の多い夏季は植物の光合成が旺盛で地上近くの大気の炭酸ガス濃度はやや低下し，秋から冬季はやや増加する．大気中の炭酸ガス濃度が一定のバランスがとれているのは海水からの放出，吸収で自然にコントロールされているといわれている．ところが密閉，半密閉された温室やハウスなどの施設内では植物の光合成や呼吸の影響を受け炭酸ガス濃度は大きく変動する．Golsberry, K.ら（1962）の研究では図11.13のように栽培施設内の炭酸ガス濃度は常に戸外より低く，特に光度と戸外の気温に影響され，気温の低いときは施設内のCO_2レベルは低下する．秋季など炭酸ガスレベルが下がって光合成能力が低下したときは，換気して戸外の空気を室内に導入すれば解決するが，気温が低いと室内の温度を保つため換気はできない．ここに炭酸ガスの施用の必要性が生まれる．施設内の炭酸ガスレベルとカーネーション収量との関係を研究したGolsberry, K.（1961）の結果の一部を表11.9に示す．この研究の炭酸ガス濃度の範囲では，レベルが高いほど切り花収量が増加している．

1) 炭酸ガス施用

冬季曇雨天が連続する北欧の施設生産では炭酸ガス施用が平準化している．このためいろいろな施用装置が使用されている．わが国の日本海側でもそれに近い気候条件をもつ．
炭酸ガス施用の方法は：

　①液体炭酸：ボンベのバルブを開閉して施設内に放出する．最も取り扱いは簡単，欧州でも多く利用されている．
　②固形炭酸：ドライアイスに水を滴下させてCO_2を発生させる．
　③プロパンガス：施設内でプロパンガスを燃焼させてCO_2を発生させる簡単な方法である．プロパンガスの3倍のCO_2を発生する．

④炭酸ガス発生剤：炭酸化合物に有機酸などを加えて CO_2 を発生させる．

炭酸ガス濃度は戸外では300 ppm程度を保つが，密閉した施設内で夜間は高く500 ppm位になる．朝日が当たり光合成が活発になると植物体近くは100 ppm位に下がり，日中温度が上がり換気するまでが CO_2 の施用が必要になる．日中も曇雨天なら施用を継続する．

(3) エチレン

エチレン (ethylene, C_2H_4) は大気中にはほとんどないが，現代社会では化石燃料や化学物質などを燃焼するとき発生するガスで，植物の生育や老化に影響する．

表11.9 カーネーションの収量におよぼす炭酸ガスの増加の影響 (Golsberry, K., 1961)

各月末の累計収量 (本数)	CO_2 濃度 (ppm)		
	200	350	550
1960年9月30日	13	35	43
10月30日	73	83	83
11月30日	91	94	93
12月31日	105	129	151
1961年1月31日	153	201	236
2月28日	218	272	302
3月31日	274	330	368
4月30日	324	401	438
5月31日	378	495	517

1908年，米国のCrocker, W.らはカーネーション生産者から"What is the effect of illuminating gas on carnation"という質問を受けたことからその研究が始まったと，編著「Growth of Plant」(1948) の中で述べている．当時の室内照明に使われていたガス灯の燃焼ガスがカーネーションを萎らせ，後にそれがエチレンであることがわかった．以来，20世紀はエチレンの作用性から，植物体内で生成される合成過程の解明，エチレンの影響や効果はもちろん，生成の抑制から抑制する酵素遺伝子発見，組換えまで研究が進歩したのである．

1966年，Nichols, R.はカーネーションの切り花がエチレンを生成し，そのエチレンによって花が萎れ老化することを発見した．大気に含まれるエチレンガスとして植物に影響する他，（外生エチレン），植物自身が生成発生する内生エチレンが花き生産では収穫後の切り花や鉢物の鮮度保持に影響を与えている．Liebermanは内生エチレンを生成しやすいリンゴの果実でエチレンの基質のメチオニンを発見し，さらに米国のAdamsとYang (1979) やその他の研究者によってs-アデノシルメチオニンからエチレンが生成される過程が明らかになった．エチレンの植物に与える影響をまとめると表11.10のようになる．エチレンによる萎れや老化は，植物がもつエチレン受容体とエチレンの融合によって起こるもので，種類によってエチレンに対する感受性は異なる．主な花きのエチレン感受性は表11.11のようになる．

図11.14 アフリカン・マリーゴールドの苗に対するエチレンの影響 左：無処理，右：1億分の1のエチレン濃度の空気を20時間暴露処理された植物 (Growth of Plant, 1948 より)

表11.10　花きに対するエチレンの影響

◎老化に関連する生理的および生物学的影響
◆呼吸作用の増加
◆細胞内の仕切り性のロス
◆クロロフィルの破壊

◎貯蔵中の影響
◆蕾開綻の抑制（カーネーション）
◆蕾開綻の遅延（バラの一部）
◆萎れる：葉，花苞，花，花弁
◆花被の退色，花弁の内曲

表11.11　エチレンに対する主な花きの感受性（Nowak 1990）

高　い	低　い
アルストロメリア	アンスリウム
カーネーション	アスパラガス
デルフィニウム	ガーベラ
ユーフォルビア・フルゲンス	ネリネ
	チューリップ
フリージァ	
アイリス	
ユリ	
スイセン	
ラン	
ペチュニア	
キンギョソウ	
スイートピー	

感受性の高い種類の切り花は輸送中や貯蔵中に内生エチレンにより老化して鮮度が低下する．銀がエチレン作用を抑制することが見出され，さらにオランダの Veen, H. (1978) が硝酸銀とチオ硫酸ソーダを混合したチオ硫酸銀の錯体が植物に吸収されエチレンの作用を抑制することを発見した．この錯塩が silver thiosulfate anionic complex, すなわち STS と呼ばれる切り花の品質保持剤（延命剤，鮮度保持剤ともいう）として切り花の前処理に広く使用されるようになった．感受性のカーネーション，デルフィニウム，アルストロメリアなどでは高い効果が認められている．STS の廃液の銀処理が環境を汚すという問題があって，STS に代わるエチレン阻害剤が研究されているが，中々 STS に代わる阻害剤は確定されていない．

エチレンは化石燃料の排気ガスや化学物質の生成や燃焼でも発生し，次に述べる大気汚染の要因になっている．（大気汚染の項参照）

11.3.5　大気汚染（air pollution）

生物の生存空間を取り巻く大気（atomosphere）が各種有害ガスによって汚染されるようになったのは，19世紀の産業革命以後である．石炭のばい煙による都市の汚染が始まり，20世紀には化石燃料の大量消費や合成化学など，文明と科学の進歩に比例して多様な汚染物質（pollutant）が大気を汚すようになって，植物生産にも影響がでるようになった．図11.15は米国のデンバーの高速自動車道路のインターチェンジ付近における午前中のエチレンレベルの変化である．通勤ラッシュのピーク8時前後が最も高く，渋滞がなくなる時間には減少している．しかし，連日の周辺に与えるエチレンの影響は深刻である．この

表11.12　エチレン阻害剤の種類（宇田1998）

作用阻害剤	STS（チオスルファト銀錯塩），PPOH（シスプロペニルホスホン酸），NBD（2, 5-ノルボナジエン），MCP（1-メチルシクロプロパン）
生成阻害剤	AVG（アミノエトキシビニルグリシン），AOA（アミノオキシ酢酸），PACME（イソプロピリジン-アミノオキシ酢酸-2-オキソエチルエステル），AIB（アミノイソ酪酸）
作用機作不明	DPSS（1, 1-ジメチル-4-［フェニルスルホニル］セミカルバジド），STB（四ホウ酸ナトリウム），アロコロナミン酸，アミノトリアゾール，フェナントロリン，DACP

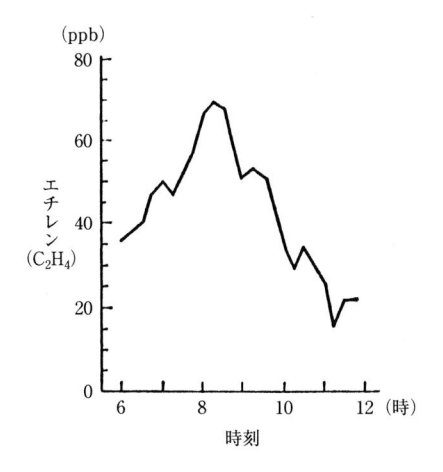

図11.15 高速自動車道のインターチェンジ付近におけるエチレンレベルの変化(コロラド,デンバー)(Hannan, J.J., 1972)

データは少し古く,現在では車の排気ガス規制も厳しくなったから汚染のレベルは下がったと見られるが,現実は車の総量が増えているから監視を続けなければならない.車の排気ガスからはCO_2, SO_4, チッ素酸化物の他多くの汚染物質を出しているからである.特に車や工場から排出される各種ガスの第一次汚染物質は,大気中で太陽光や紫外線などと複雑な光化学反応を起こして毒性が強く広域に拡散する第二次汚染物質のオキシダント(oxidants:PAN, ホルムアルデヒド,硫酸ミストなどを含む)まで発生する.いまでも夏季の高温時,都市ではしばしばオキシダント警報が出ていることはよく知られている.この内PANは植物に被害を与え,都市近郊では農作物も問題になっている.特に首都圏で植えられた花壇苗や,販売されている苗にはオキシダントに弱いものがある.

(1) 大気汚染による花きの被害

大気汚染による植物被害の症状は,一般の生理障害や栄養障害と見分けにくい.大気汚染による植物被害は図11.16のように汚染物質が気孔より侵入して,近辺の葉肉細胞を壊阻して急性症状を表す.汚染物質は細胞の透水性を変質させ脱水を起こして原形質分離による組織の枯死を引き起こす.このため葉の壊疽部分を透かしてみるとシルバーリングといわれる部分が病害による被害との違いになる.大気汚染の被害は気象条件や汚染質,種類,品種,栽培状態,戸外か室内,地形や遭遇時間などで違うが,オキシダントはペチュニアでは7 pphm以上,ヒマワリでは9 pphm以上で被害が現れることがわかっている.

11.4 地球環境の保全と花き生産

人類が創り上げた文明とは裏腹に,多くの環境ストレスを生んで地球そのものの環境を破壊しつつある.このままでは人類はおろか,生物そのものの生存が脅

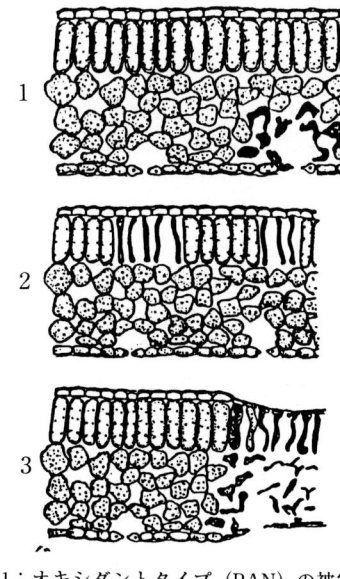

1:オキシダントタイプ(PAN)の被害,
2:オゾンによる被害,
3:フッ化水素による被害.

図11.16 汚染物質による葉組織の被害の相違(模式図)(Rogers, M.N., 1972)

かされる危険がある．20世紀の技術革命は地球環境の破壊を推し進める結果にもなって，そのことに気付いた人類は環境の修復や保全の対策に取り組むようになった．中でも環境に大きな負荷を与えた工業部門では積極的に対応しているが，農業部門はやや立ち遅れている．施設を主とする花き生産でも当然，環境に負荷を与えない生産に取り組まなければならない．

11.4.1 地球環境に優しい環境対策

(1) 地球環境保全や温暖化をめぐる国際的な動き

1985年「オゾン層保護に関するウィーン条約」が制定されオゾン層を破壊するフロンガスや臭化メチルなどが規制の対象となった．さらに1992年，初めてブラジルで国連環境会議（地球サミットともいう）が開催され，地球の温暖化，人口の膨発，熱帯雨林の減少，オゾン層破壊，砂漠化，海洋汚染などが論議され，その解決に取り組む枠組み条約に日本を含む155カ国が署名した．その後，数回の国際会議を経て，1997年に京都で「地球温暖化防止会議」が開催され，この議定書では2008～2012年までに温室効果ガス（二酸化炭素，メタン，亜酸化チッ素，HFCなど）を先進国全体で1990年レベルより5％削減（日本は6％）することに各国が批准したのである．

(2) 地球温暖化とは

地球に照射された太陽エネルギーの輻射熱は地球を取り巻く大気圏のガスにより大気圏外への発散が抑えられ，地表は平均気温を15℃のバランスを保っている．これを温室効果というが，人間の生活や産業の活動が活発化して二酸化炭素（以下CO_2という）などが過剰に排出され温室ガス効果が高まり，気温が19世紀より0.3～0.6℃上昇している．このまま地球の温暖化（global warming）が進むと21世紀末には平均気温は約2℃上昇し，海面の膨張と極地の氷の溶解で海面が約50cm上昇し，世界的にいろいろな影響が出ると推定されている．そのため温室効果を高めるガスといわれるCO_2，メタン，亜酸化チッ素ガスなどの排出が削減の対象になっている．中でも化石燃料の燃焼で発生するCO_2は量的に多く地球規模で抑制することになった．温室の暖房から発生するCO_2も問題になる．施設園芸国のオランダではCO_2発生の少ない天然ガスに切り替えてCO_2発生の総排出量を抑えているが，わが国などは依然としてCO_2発生の多い石油燃料が主体である．

地球温暖化対策として①省エネルギー，②クリーンなエネルギーへの転換，③CO_2の固定や除去が挙げられる．クリーンなエネルギーとは水力，太陽エネルギー，風力や原子力などCO_2を出さないものを指し，CO_2固定は森林の増加などが図られている．

(3) オゾン層を破壊する物質の規制

「オゾン層保護に関するウィーン条約」の決定を実行するため1987の「モントリオール議定書」で具体的にフロンガスは1994年に全廃，臭化メチルは段階的に減らして2005年に全廃

図11.17 巨大都市や工業団地の拡大は多大な環境負荷を自然に与えている（ブラジル，サンパウロ市）

することが決められた．わが国では1988年に「特定物質の規制などによるオゾン層保護に関する法律」が決まり，その対策が進められている．臭化メチルは土壌消毒や植物検疫などで重要な消毒ガスとして広く使用され，使用量は米国に次いで日本が二番目（6,345 t, 1996）に多く，花き栽培でも日常的に使用されてきた．環境問題に敏感なオランダ，ドイツ，スイスでは1998年に使用を廃止している．しかし，臭化メチルの廃止に伴う代替薬剤や技術対策は，国連環境計画の中の「臭化メチル代替技術選択肢委員会（MBTOC）」が設けられて国際的に検討されている．この事実からもこの問題の大きさがわかる．臭化メチルに代わる薬剤として，カーバム剤（キルパー，NCSなど），ダゾメット剤（バスアミドなど），クロルピクリン剤などあるが臭化メチルより効果は劣る．

（4）環境負荷を与える物質の排出の軽減

　環境負荷の大きいものに化学物質がある．農業生産でも農薬と肥料が大きな課題である．特に梅雨など雨季と湿度の高い時期をもつわが国では病害虫の発生も多く，従来から農薬の使用量は多い国であった（図11.18参照）．国民の安全意識も高まり，有機農法や減農薬栽培も行われるようになった．最近は市販の農薬も環境負荷を考慮し毒性の軽減されたものが開発されている．農薬使用の削減は今後の大きな農業問題でもある．オランダやデンマークなどでは生物農業を利用した総合防除が浸透しており，わが国の花き生産でも取り入れる方向に進んでいる．

　肥料も従来は植物が吸収する数倍もの量を施用して地下に集積する他浸透して水質汚染の原因にもなってきた．とくにチッ素が変化した硝酸性チッ素は，血液のヘモグロビンと結合して幼児の酸素欠乏症や，胃で結合して発ガン物質をつくることから水質の環境基準が設定されている．地下水の硝酸性窒素の59％が化学肥料，37％が家畜排泄物による汚染だとされている．オランダは農薬や肥料の余剰液を地下に排出することを厳しく規制し，施設園芸では栽培床と地下を遮断した隔離床や溶液を循環させる閉鎖型施設栽培方式（closed cultivation system）に代わっている．また，植物に必要な肥料をごく薄い養液に溶かし，灌水ごとに点滴灌水（ドリップ灌水）で時間をかけて少しずつ与える養液土耕が切り花などの床栽培に普及している．

　この他，ダイオキシンや環境ホルモンも大きな問題になっている．塩化ビニルを燃やすときにできるダイオキシンは，人類が合成した化学物質の中で最も毒性が強く長く蓄積するもので，ごく微量（1ピコグラム＝1兆分の1g）で人体に影響する．WHOでは1日の耐容摂取量は体重1kg当たり1〜4ピコグラムとしている．

　環境ホルモンは人や動物の体内ホルモン機能に影響を与える人工的な化学物質で，専門的には外因性内分泌撹乱物質（endocrine disruptors）と呼ばれるもので

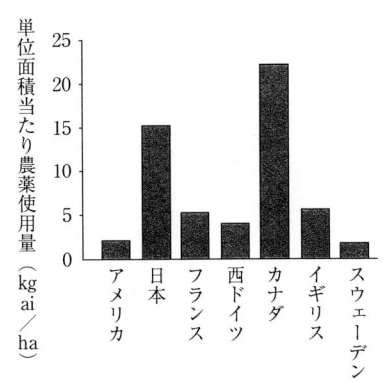

図11.18　1980年代初頭主要国の単位面積当たり農薬使用量（根本1997より引用）

[150] 総　論

ある．

(5) 環境保全と資源対策（ゴミ対策）

　60億の人口を突破した地球上では生活ゴミ，産業ゴミ処理も大きな課題になってきた．焼却ゴミもダイオキシン問題，埋め立てゴミにしても各種の環境問題を派生している．要するにゴミを出さない，ゴミになるような原料，資材，商品は使わない時代に変わっている．農業でも廃プラが取り上げられるが，花き生産でも収穫後の生ゴミ残渣など大量にでる．プラスチックフィルムや使用資材も廃棄すればゴミである．流通，販売業界でも茎葉生ゴミや容器，資材の廃棄ゴミは日常的に出されている．花き卸売市場でも出荷時の包装紙やダンボールも生ゴミとともにゴミ処理に過大の経費を費やしている．オランダの卸売市場に出荷される切り花の容器輸送は，とかくわが国では鮮度保持のバケット輸送の手本として捉えられているが，むしろゴミになる容器材や茎葉など生ゴミを流通過程で全く出さない経済効果の方がはるかに高いのである．

　2000年4月から容器リサイクル法が施行され，プラスチック・ポットやトレイは次第に規格を統一してリサイクルさせるようになった．ポットも生分解性樹脂ポット（土に埋めると土壌中のバクテリアにより分解する）やパルプ，ピート原料としたもの，リサイクルによる再生資材などに代わるようになってきた．

(6) 工業界の環境経営度と環境基準および花きの品質認証

　工業界では他産業に先駆けて驚くほど環境対策が進んで，農業とは大きな較差を生んでいる．それはEU圏が環境に負荷を与えない工業製品を優先的に輸入するという態度が，家電や自動車など輸出企業はこぞって環境対策をせざるを得なかった．

　1）工業界の環境経営度

　　日本経済産業新聞社が日本の企業3,400社を調査（1999）し環境対策を環境経営度として数値化したもの

図11.19　ペットボトルから再生したプラスチックポットの再生マーク

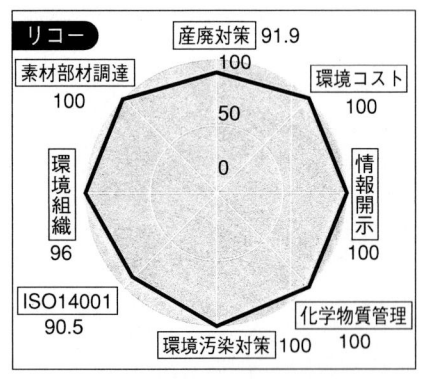

図11.20　1999年度トップの環境経営度のリコーのレーダーチャート　（日経産業新聞1999.12.16より）

で,「ゴミゼロ」,「環境コスト」,「化学物質管理」,「素材部材調達」,「環境汚染対策」,「環境組織」,「産廃対策」の8項目をクリアした企業が大幅に増え,製造業,非製造業とも大手企業はいずれも高い環境経営度に到達している.ここではこの年,製造業でトップにランキングされた「(株)リコー」の環境経営度のレーダーチャートを図11.20に示しておく.花きでは同レベルの環境調査は難しいが同様な考えは常にもっておきたい.

2) 製品の安全性や製造過程の環境認証

製品の安全性や,環境負荷を与えないで製造された商品など,最近ほど製品に対する評価が問われている時代はない.食品を始めとして製品の品質や安全性の評価や認証基準が策定され,製造企業の信頼性が保証されるようになった.その傾向は生鮮品から口に入らない花や緑まで広がっている.その主なものに次のものがある.

[HACCP]

危害分析重要管理点(hazard analysis and critical point)の略で,商品の生産,製造の過程で病原菌や毒物などが混入しないよう管理チェックするシステムである.1999年に発生したカイワレダイコンが発生源といわれた病原性大腸菌O157事件からHACCPシテムが食品に導入された.EU圏では農薬を使用した観賞植物を仕入れない小売り業者が出て,この考えは花きにも取り入れられるかも知れない.

[LCA]

ライフサイクルアセスメント(life cycle assesment)の略で,その製品の製造から利用,廃棄までの一生(ライフサイクル)の過程で環境汚染に影響を与えているかどうかを評価するもの,農園芸生産でも今後は過程を自己評価すべきであり,花きでもISOやMPS認証を受けるようになると思う.

[PL法:Product Liability Law]

製造物責任法で,消費者が製造物の欠陥により被害を受けたとき製造者がその責任を負わなければならないという法律で,わが国では1995年から施行されている.種苗を問わず花き生産品も該当するので今後は注意しなければならない.

[ISO認定]

ISOとは「国際標準化機構」(International Standardization for Organization:アイソ,イソともいう)の略称,1947年に工業規格の国際的統一を促進することを目的に設立され欧州から広がった非政府機構である.わが国では1952年閣議決定されており,現在120カ国が加盟している.JISマークとは異なり品質管理や環境対応管理システムを評価するものである.ISOには次のシリーズがある.

ISO-9000シリーズ:工場や事業所の品質管理システムを第三者(審査登録機関)による審査を受けて認証されるもので,わが国の製造企業の多くが認証を受けている.農園芸業界でもすでに種苗企業,販売業,花き生産者で認証を受けているものが出ている.

ISO-14000シリーズ:1992年の地球サミットの結果を受けて,原材料調達,製造過程,サービス,廃棄物処理など地球環境にかかわる対応をもつ製造業者が審査を受けて環境対策管理を認定するものである.前述の環境経営度上位ランクの企業はほとんど認定を受けており366社(1999)に達し,その後も増加している.EU圏ではISO認定を受

けた企業の製品以外は仕入れない，販売しないという業界が広がっているから，花きでも品質認定を受けていない商品は仕入れないというスーパーや小売業も増えてきている．

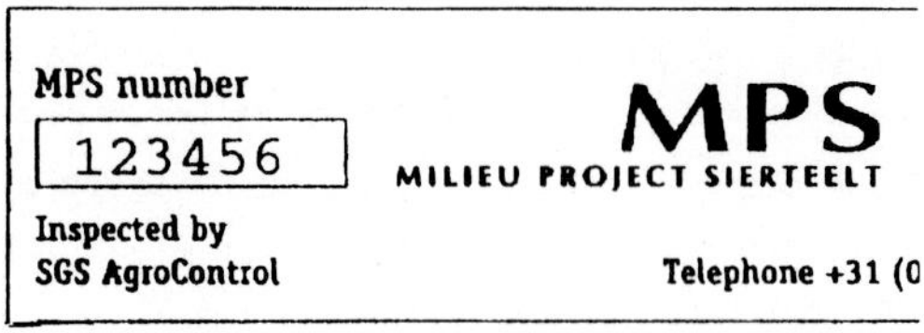

花き生産では ISO 認定とは別に花きの生産農園の環境対応や，生産品の品質を審査認定する MPS 認証

図11.21　MPS認証の保証マーク

制度が世界に広がっている．欧米の花き販売業界では認証製品が優先仕入れされ，わが国でも MPS に対する関心は高まっている．（鮮度保持などの品質保証は別項で述べる）
[MPS 認定]
　1995年，オランダで花き生産者を対象に MPS 認証制度（Milieu Project Sierteelt : The Floriculture Environmental Project）が民間組織として設立されている．花き栽培の環境負荷を減らすため農薬，肥料，エネルギーなどを削減する対策や記録による管理が行われているかを認証する．MPS は環境に対する負荷を減らすだけでなく，生産コストを削減し，MPS 基準で生産されたものは卸売市場や小売商に有利に販売できることである．審査は農薬の使用量40，エネルギー30，肥料20，無駄10ポイントとして合計100ポイントで採点される．この評価は対象国によってやや違う．審査はこの他，労務者の管理，衛生面，福祉や年少労働なども評価の対象となる．MPS 認証は1999年現在，オランダで3,500農園からドイツなど周辺国に広がり，特に輸出花きを生産しているケニアなど南アフリカや南アメリカなどにも広がっている．
[その他]
　MPS認証に近いものにスイスの IP統合生産システム，ドイツにも MPSに相当する KUZ システムがあるが MPS ほど普及はしていない．

11.5　栽培用土と栄養

11.5.1　栽培用土
　土壌は植物を支え，根の発育圏を確保して植物の根に養水分を供給する媒体の役割をもつ．露地の畑や圃場ではそこの自然土壌を栽培土壌として利用することになるので，土壌の適否，土壌環境の良否で栽培場所を選択しなければならない．選択の余地のない場合は，有機物や土壌改良素材を用いて栽培に適するよう改良して利用する．しかし施設内の栽培床や鉢，コンテナにはその植物の生育に適するような土壌や人工素材を混合した栽培用土を作成して用いる．
(1)　栽培用土の発達と標準化
　用土素材を配合して作成する用土を配合土（compost）とか栽培用土（growing medium, growing mix, substrate）といい，一定の規格で市販されているものを調整用土などと呼んでいる．また，ピートモスなどの有機物やパーライトなどの鉱物性素材を配合した用土を無土壌用土（soil-less mix）ともいう．

11. 花きの生育・開花と環境

花きの経済栽培が始まった明治以降，鉢物用土などは先進的な生産者が試行錯誤して，いろいろな用土素材を配合して各種類の栽培に向く用土の配合を経験的に考え出した．これら用土配合割合などが鉢物の技術指標と考えられてきた．表11.13はその一例である．これらはさらに栽培期間によっても素材や配合割合が違い複雑であった．現在でも山野草や古典植物の栽培用土はこのような考えで作られている．

鉢物の用土を科学的に研究し始めたのは1965年（昭和40年）ころからで，シクラメンが鉢物の基幹作目として重要さを増してきてからである．表11.14は，当時シクラメン生産者が使用していた配合土の用土素材とその使用頻度である．現在ではほとんど使われない田土（clay soil）と，いまも使われている腐葉土が当時の主体であった．現在では田土に代わるものとして関東では赤土が，関西ではマサ土が使われ，腐葉土も価格の点でピートモスに変わってきた．鉢物用土をより単純化し，汎用性のある標準用土の開発研究が1975年ころから各都道府県の試験場で行われ，筆者も田土70％＋腐葉土30％とそれに代わる赤土70％＋ピートモス30％の配合土が理化学性とも近似で，広範囲の種類の栽培に向く標準用土の一つとした研究結果をまとめている．近年は配合用土の素材の入手難や，用土作成の労力不足，規模拡大から購入調整用土の利用が増えている．

海外では鉢物用土の標準化，平準化の研究は早くから行われ，その結果，鉢物や苗物の大規模な企業的経営が出現している．欧米で鉢物用土研究に早くから取り組んだのは英国のジョン・インネス園芸研究所（John Innes Horticultural Institute）の Lawrence, W. と Newell, J. で，1936年には壌土，ピートモスおよび砂を配合したジョン・インネス・コンポストを発表している．本格的な鉢物の標準用土はカリフォルニア大学の Baker, K. F. らの研究で，その詳細は1957年に発表されたマニュアル "UC システム"（The U.C.System for Producing Healthy Container-Grown Plants）にまとめられている．標準用土の配合から消毒，栄養，用土作成技術までの研究は企業生産のバイブル的存在に

表11.13 花きの種類別用土配合例（1965年ころ）

キク（鉢植え）	壌土 5：腐葉土 3：川砂 2
アキメネス	腐葉土 5：粘質土 1：川砂 1
アマリリス	砂質土 5：腐葉土 3：川砂 1
球根ベゴニア	壌土 2：腐葉土 1：砂 1
カラジューム	砂質土 3：腐葉土 2：砂 1
シクラメン	粘質土 5：腐葉土 2：川砂 1
グロキシニア	壌土 1：腐葉土 1：川砂 1

表11.14 昭和41年ころのシクラメン生産農家の使用用土の例

調査農家	戸数	項目	田土	腐葉土	川砂	赤土	黒ボク	堆肥	その他
用土素材配合の明らかな農家	31戸	使用戸数	27	27	6	16	3	12	3
		全戸数に対する使用百分比	87％	87	19	51	9	38	9
優良生産農家	10戸	使用戸数	8	9	2	2	2	1	2
		全戸数に対する使用百分比	80％	90	20	20	20	10	20

神奈川園試昭和41年花き試験成績書より

る．さらに，米国のコーネル大学でも 1972年にピートモスとバーミキュライトまたはパーライトの配合土コーネル・ピートライト・ミックス（Cornell Peatlite Mixes）を発表している．このミックスは重量も軽く現在市販されている調整用土などのベースになっている．鉱物や有機物，人工加工物を配合し，天然土壌を使わない用土を人工培養土（artifical compost），または無土壌用土などという．さらに市販の配合土を standard compost とか formuler compost ともいう．配合素材もその後，バークやバークアッシュ（焼成バーク）やココナットファイバーなども使われている．これら人工培養土は作業能率を高め，機械による土詰め，シーダーやポッティング・マシンなど機械装置に適合しやすいことも利用が増加している要因である．しかし一方では，不良な市販用土が出回り，生育不良や品質低下を引き起こし経営を脅かすこともある．

表11.15 主な用土および用土素材の三相割合（％）

素材	固相率	液相率	気相率	全孔隙率
田土	45.6	44.0	10.4	54.4
火山灰土	27.0	57.0	16.0	73.0
赤土	24.8	59.8	15.4	75.2
川砂	24.5	18.9	26.4	45.5
バーミキュライト	13.1	70.0	16.9	86.9
パーライト	7.6	36.8	55.6	92.4
ピート	5.6	63.8	30.6	94.4
腐葉土	9.3	38.4	52.3	90.7

（荒木，1975）

(2) 用土の特性

栽培用土は植物の生育に適するだけでなく，管理が容易で，さらに作業しやすく機械にもかかりやすい用土が望まれる．このような視点から用土の特性を分けてみる．

A. 用土の物理性

用土の粒子の大小，含有する有機物や腐植の多少によって用土の孔隙組成が違い，植物の根の発育や養水分の吸収に大きく影響する．すなわち用土の物理性の通気性（aeration），透水性（water permeability），有効水分の保持（water capacity）などに関係し，これらの指標となるのが土壌三相の三相割合である．

a）用土の三相割合

土壌（用土）の一定容量は固相（solid phase），液相（liquid phase），気相（gaseous phase）の三相からなる．固相は一定の用土容積を占める実質容積，液相は毛管作用が働き毛管水（capillary water）が保持される細孔隙容量（毛管孔隙），気相は毛管水が重力水（gravitational water）とともに排除される粗い孔隙容量（粗孔隙：非毛管孔隙）をいい，全容積に対する三相の百分比が土壌三相割合である．また，液相と気相割合の合計は全孔隙率ともいう．主な用土および用土素材の三相割合は表11.15のようになるが，液相割合の多い用土は保水性が高く，乾きにくくなり，少ない用土は保水性が低く乾きやすい用土である．また，気相割合の大きい用土は透水性がよく，少ない用土では良くない．この表で気相割合を増やし排水をよくするには腐葉土やパーライトを加えて調整し，保水性を高めるにはピートやバーミキュライトを加えて調整する．理想的な用土はこの三相が最適な割合に調整され，適度な透水性と保水性が保たれ根の発育がよく，人為的な水管理もしやすい．筆者の鉢物用土の研究（1967）では，従来用土として田土70％と腐葉土30％の配合土が多くの鉢物の種類で生育や管理上でよい結果が得られたが，それに代

わる赤土70％とピート30％の配合土は土壌三相が図11.22のように気相20〜30％，液相40〜50％，固相20〜30％と両者はほぼ等しく田土，腐葉土の配合土なみに使用できることが明らかである．

B. 用土の化学性

用土の化学性では酸度，塩類濃度，塩基性置換容量，リン酸吸収などは常にチェックする必要がある．

a) 酸度（acidity：酸性度 pH）

用土の酸度は植物の生育や栄養の吸収に影響するので，栽培前にまずチェックすべき項目である．配合土はいろいろな酸度の素材を配合するので酸度をチェックする必要があり，さらに酸度調整の配合素材としても使われる．酸度は水素イオン指数のpH（ピーエッチ，ペーハーともいう）でその酸度の程度を表す．溶液中の水素イオンのグラム数の逆数の対数で示し，pH7.0を中性，これより小さい指数は酸性，大きい指数はアルカリ性になる．一般的に花きが正常に生育する土壌酸度はpH5.5〜6.5位といわれるが，花きの種類により違いその適正酸度は表11.16のようになる．土壌酸度は肥料の肥効に影響する．

　チッ素：pH5.5〜8.0まではよく吸収されるが，5.5以下になると吸収が悪い．
　リン酸：pH7.5以上と5.0以下では著しく吸収が悪くなる．
　カリ：pH8.0まではよく吸収されるが，それ以上になると悪い．
　カルシウム：pH7.0以上でもよく吸収されるが，5.0以下では悪い．
　マグネシウム：pH4.5以下，8.5以上では吸収されなくなる．
　マンガン：pH5.0〜7.5では吸収が少なく，5.0以下で多くなる．

[pHの測定とpH値の補正]

pHの測定は試験試薬による上澄液の呈色反応，電極イオンメーター，簡易イオンメー

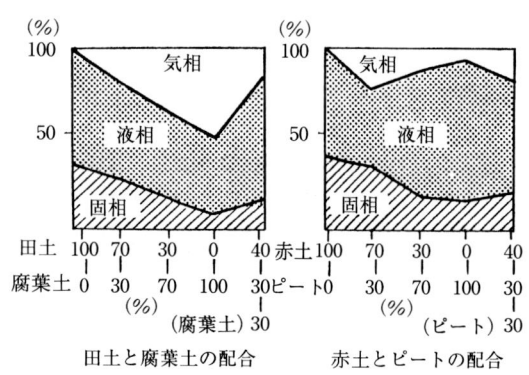

図11.22　田土と腐葉土，赤土とピートモスの各腐葉土の配合土と今後増配合土の土壌三相割合（鶴島1967）

表11.16　土壌酸度と花きの種類と適応性

酸度（pH）	適する花きの種類
弱酸性（5以下）	ツツジ，アザレア，ガーデニア，ベゴニア類，アジアンタム，ネフロレピス，アナナス，スズラン，アゲラータム，カラー，クレマチスなど
弱酸性（5〜7）	キク，バラ，ユリ，シクラメン，カラー，ポインセチア，フクシア，ハナショウブ，キンギョソウ，パフィオペジラム，シンビジウム，カーネーション，ストック，ペチュニア，チューリップなど
中性（7）	ジニア，マリーゴールド，プリムラ類，マーガレット，アスターなど
アルカリ性（7以上）	キンセンカ，シネラリア，ゼラニウム，ガーベラ，スイートピー，ジャーマンアイリスなど

ターなど精密なものから簡易なものまであり，花き生産者では計測は日常的になっている．むしろ問題は，測定値がわかったらどう補正するかであろう．低い pH を上げることは炭酸石灰などで行ってきたが，最近の用土素材は pH の高いものが多く pH を下げる補正の必要が出てきた．酸度の強いピートモスを加えて調整するのが最も簡単であるが，硫黄や硫酸アルミニウムで目的の pH に補正する添加量は表11.17に示しておく．

表11.17 各 pH 値から pH5.0 までに下げるための硫黄または硫酸アルミニウムの添加量 (Nelson, P.V., 1991)

pH の補正	硫黄 (kg/m³)	硫酸アルミニウム (kg/m³)
8.0 から 5.0	2.1	5.2
7.5　　5.0	1.9	4.6
7.0　　5.0	1.5	3.9
6.5　　5.0	1.2	3.1
6.0　　5.0	0.9	2.2
5.5　　5.0	0.5	1.2

H. Tayama (1966) による

b) 塩類濃度 (salt concentration)

土壌に溶けている塩類の濃度が植物の根の活性に影響する．例えば塩水を含む土壌で塩水の成分の塩化ナトリウム (NaCl) の濃度が高まると根が障害を受ける．

塩化ナトリウム以外の硝酸塩，カルシウム塩，リン酸塩，カリ塩など肥料に含まれている塩基類も濃度が高くなると濃度障害を起こす．これを塩類集積 (salt accumulation) といい塩類を成分とする肥料を多用したり，土壌が乾いて塩類濃度が高まると浸透圧が上がって根の養水分の吸収を阻害する．

塩類濃度は土壌溶液の電気伝導度 (electric conductivity : EC) で表し，溶液の比抵抗値の逆数を mm ho/cm または mS/cm 単位で示す．これを EC 値として pH とともに栽培土壌の指標としている．EC 値は硝酸態チッ素と相関があるので肥料濃度の目安にされている．土壌条件にもよるがカーネーションでは0.5～1.0，キクでは0.5～0.7，バラでは0.4～0.8 mm ho/cm 位が適当な EC 値とされている．

EC の計測には EC メーターや簡易な EC 測定機器がある．EC 値が高い土壌は表層を入れ替えるか，湛水して除塩するか，鉢物や花壇苗などは他の用土に替える．

c) 塩基置換容量 (cation exchange capacity : CEC)

土壌粒子は電気的に負 (－) であるから，正 (＋) の電気をもつ陽イオンを吸着する力がある．Ca^{++}，NH^+，K^+ などの陽イオンは土壌粒子に結合され，土壌溶液中の他の陽イオンも置換される．このように交換性イオンを吸着結合する容量を土壌の塩基置換容量といい，乾土100 g 当たりの mg 当量で表される．塩基置換容量の大きい用土ほど交換イオンを多く吸着できるので保肥力があることになる．腐葉土，ピートモス，バーミキュライトなどは塩基置換容量が大きい．

d) リン酸吸収係数 (absorptive cofficient phosphorus)

土壌によってリン酸の吸収固定が違う．リン酸吸収係数が高いものは土壌中の有効リン酸や肥料として施用したリン酸を吸収固定して植物が吸収できなくなる．赤土や鹿沼土，火山灰土はリン酸吸収係数が高いので，これらの畑や使用用土ではリン酸肥料を多く与える．

C. 配合土の用土素材

配合土を作成するには主な用土素材の特色を知る必要がある．

a) 田土（clay soil：沖積土壌，荒木田ともいう）

河川敷や水田などの粘土物質を60％以上含む土壌で，これを風化させると団粒構造の保水，排水とともに保肥力も優れた用土になるので，古くから少容量で栽培する鉢物用土などに使われてきた．しかし，現在では入手しにくく高価なのでほとんど使われなくなった．

b) 火山灰土壌（roam soil：赤土）

現在，わが国は広域に火山灰土壌地帯があるので入手しやすく，最も使われている用土素材である．自然土壌としても植物によく単価も低く表土を除いた赤土は配合土の基土として広く利用されている．塩基置換容量がやや大きいが，肥料分は乏しく，リン酸吸収係数が高い欠点がある．赤土を加工した赤玉土もある．また，粒子が粗く挿し芽床や古典園芸植物の栽培土として使われている鹿沼土もこの土の一種である．

c) 腐葉土（leaf mold）

落ち葉を堆積して腐らせたもので，多孔質で通気，排水に富むとともに保水性もある．配合土の物理性改善には必須の素材であるから，鉢物用土には今なお使う生産者も多い．ケヤキ，クヌギ，ナラなどの落葉広葉樹の葉がよい．腐らせる程度は手でもむと組織が壊れる程度がよい．機械による播種，植え替え用土には不向きなことと，流通，価格の点で次第にピートモスに代わっている．

d) ピートモス（peat moss）

鉢物や苗の用土などの配合素材として広く利用されている世界的な用土素材である．ミズゴケ，スゲ，ヨシ，ヌマガヤなどが沼の水面下に堆積し，無酸素状態で数千年かかって泥炭生成作用でできた有機物で一般に泥炭ともいう．ピートは原体によりミズゴケピート（sphagnum peat），スゲピート（sedge peat）ヨシやヌマガヤのヨシピート（read peat）などがあり，ミズゴケピートが最も上質である．ピートは生成過程で分解度の進んでいない高位泥炭（淡褐色），中位泥炭（茶褐色），低位泥炭（黒褐色）などに分けられ使用上の品質区分とされていたが，現在は人工的に配合ブレンドしてふるい分けられた粗粒（coarse：2.38mm），中粒（medium：2.38〜0.84mm），細粒（fine：＞0.84mm）に格付けされ，さらにpHを調整し肥料を添加した調整ピートなどが流通している．ピートは天然資源で大量消費は自然破壊につながるとして，ココナッツファイバーやバークなどの代替資源が考えられているが，フィンランドのピート学者 Puustjarvi, V. (1956) は現在も毎年推定，約5,000万m^2が新たに堆積されているとしている．

e) バーミキュライト（vermiculite）

ひる石を約1,100℃の高温で焼成処理して製造した軽量多孔質な人工加工土で，保水，排水ともによく無菌，無肥料の用土素材として園芸用土では広く利用されている．pHは中性で塩基置換容量は高い．

f) パーライト（perlite）

真珠岩を高温で焼成処理した鉱物性白色の人工加工鉱物土で，バーミキュライトに近い性質をもつ．中性で塩基置換容量は低い．日本産のパーライトは軟質で砕け易いが，欧米のパーライトは粒子が固く，国内でも輸入園芸パーライトという名称で市販されている．

g) バークおよびバークアッシュ（bark and bark ashes）

樹木のコルク層の皮を砕き発酵処理させたもので，洋ランや観葉植物の植え込み材料として利用されている．粒子が粗いため，焼いて炭化したバークアッシュは用土素材としてセルトレイや機械にもかかる用土になる．

h) ココナット・ファイバー（coconut fiber）

ココヤシの実の繊維を砕いたもので，ピートモスの代替資材として使われる．やや繊維が粗剛で強い酸性を示す．処理に海水に漬けるため塩分が抜けていない場合は害がでる．使用前にチェックし塩分が残っていたら洗浄してから使用する．

i) その他

クリプトモス，もみがら，くん炭，軽石，ゼオライト，スラッグ，ロックウールチップなども使われる．

D．調整ピートと調整用土

鉢物や花苗生産用土は，調整ピートを購入して他の用土素材と自家で配合する場合と，そのまま使用できる調整用土を購入する場合がある．特に生産規模が大きい場合は後者が多い．もちろん，赤土をベースに用土素材で作成する生産者もある．市販の輸入の無調整，調整ピートは表11.18のようなものがある．ピートは極端に乾燥すると全く水分を受け付けなくなるので，調整ピートは湿展剤（wettng agent）が加えられているものが多い．さらにpHが6.5位に調整され，肥料が少量添加されているものもある．この点無調整ピートは極端な乾燥を防ぎ，pHは石灰で調整しなければならない．ピートは袋に圧縮されており，表示で3CUBはほぐすと約170l，4CUBでは230lになる．

調整用土も表11.19のようなものが市販されている．銘柄は常に安定供給される商品を選ぶこと，経営の中で選択した調整用土は，それに合わせた施肥プログラムや水管理も決まるから，むやみにあれこれと変えられない．用土のトラブルは全生産品におよび，決定的な製品に対する信用を失うから選択は慎重にしなければならない．

（3）圃場や用土の消毒

栽培を成功させるためには土壌病害を防ぐための圃場や用土の消毒は欠かせない．臭化メチルの使用が禁止されたため，広域の圃場消毒は多様な方法が開発されよう．農薬による消毒から熱処理，さらに太陽熱消毒も再び見直されている．

A．薬剤による土壌消毒

a) クロールピクリン（chloropicrine）

表11.18　国内で市販されている輸入ピート

銘柄	メーカー（国）	サイズ	袋容量*	調整有無	pH	その他
グローイングミックスNo.1	Fafard（カナダ）	中粒	4CUB	調整	6.0	含微肥料分
ラメキューピートモス	Lameque（カナダ）	粗粒	6CUB	無調整	3.5	
バーガーBP-1	Berger（カナダ）	粗粒	6CUB	無調整	3.5	ごく粗め
バーガーBP-3	Berger（カナダ）	細粒	6CUB	無調整	3.5	
R.H.P.B-1	R.H.P.（オランダ）	−	3CUB	調整	5.8	含肥料

*圧縮容量

表11.19 国内で市販されている主な国産および輸入調整用土

銘柄	メーカー	主な用土組成（％） ピート	バーミキュライト	パーライト	バーク*	砂	その他	袋容量	pH	用途その他
BM-2, #622	京和グリーン	60	20	20	-	-	-	4 CUB	6.0	播種, プラグ用 含肥料
BM-1, #622	京和グリーン	60	20	20	-	-	-	6 CUB	6.2	栽培一般, 含肥料
グローイングミックス #622, No.2,	Fafard	60	20	20	-	-	-	4 CUB	-	栽培一般, 含肥料
メトロミックス350	Grace	○	○	○	●	○	○	3 CUB	6.0	播種, 育苗, 栽培 肥料分僅か含む
ボールプラグ＆シードミックス	Ball Seed	○	○	○	●	-	○	3 CUB	6.0	播種, プラグ用 肥料分僅か含む
ボールパンジーミックス	Ball Seed	○	○	○	●	-	○	3 CUB	5.8	パンジー, 他苗用
ボールアジアミックス4	Ball Seed	○	○	○	●	-	○	3 CUB	-	育苗, 小鉢用
ボールアジアミックス5	Ball Seed	○	○	○	●	-	○	3 CUB	-	ポインセチア, ゼラニウム用
ボールアジアミックス6	Ball Seed	○	○	○	●	-	○	3 CUB	-	ラン, アンスリウム用

(注) ＊バークアッシュなどを含めたバークコンポストを使用　● 配合割合の多いもの

現在使用できる土壌消毒剤としては最も有効であるが，強い催涙性のガス化する液体なので市街地や人家の近くでは使用できない．殺菌，殺虫作用があり，土壌が15℃以上では効果が高いがそれ以下では劣る．処理圃場はある程度乾燥したとき専用の薬剤灌注機で $1m^2$ 当たり2～3カ所に30mlの薬液を灌注し，直ちにプラスチックフィルムで覆う．広い面積の処理には管理機に薬液灌注機とフィルム展張装置のパーツを着装して灌注と被覆を同時に機械で行う．処理後3～5日は密閉し，その後被覆を取り5～7日ガス抜きし，さらに4～5日置いてから植付けする．用土も同様な方法で消毒できる．

b) MITC剤

メチルイソチオシアネートを主成分とする臭化メチルの代替え薬剤で，トラベックサイド油剤，ガスタード微粒剤などがある．油剤は灌注処理，粒剤は土壌の水分に触れてガス化するので処理後はプラスチックフィルムで被覆する．線虫，土壌病害，雑草種子に効果がある．

c) バスアミド

ダゾメット98％成分の薬剤で土壌に混和処理をする．効果はMITC剤と同じである．

B. 熱処理による土壌消毒

熱処理消毒は装置を使うので施設内や鉢物用土消毒が主であったが，臭化メチル使用禁止から戸外の圃場の熱処理装置も開発されている．熱処理による消毒は図11.23のよう

に有用な菌は殺さずに，有害な病原菌や小動物，雑草種子を殺すため熱加減は意外に難しく経験的な技術が求められる．

a）蒸気消毒（steam sterilization）

施設内の栽培床やベンチの用土や鉢物用土などを消毒する．発生蒸気1,000〜1,500kg/hr相当の高圧ボイラーを用い，施設内に常設したパイプに蒸気を送り末端でホジソンパイプなどに接続して床やベンチを消毒する．用土は消毒槽に用土を入れ，これに蒸気を送って消毒する．ボイラーの大型は定置式，小型は移動式がある．

b）熱水消毒

臭化メチルに代わり広い面積の熱消毒用に開発された装置で，熱交換機ボイラーで間接的に熱水を作り，この熱水を散布と保温を一体化した特殊なシートに消毒する地表面に敷設し，シートの小孔から熱水を浸出させ，深さ30cm位をおよそ50℃にして土壌消毒するものである．装置は熱水ボイラーとシート巻取機に分かれ，大型機種ではシート4枚組み合わせで300m^2を約8時間で消毒する．移動式でハウス内だけでなく露地圃場も消毒できる．

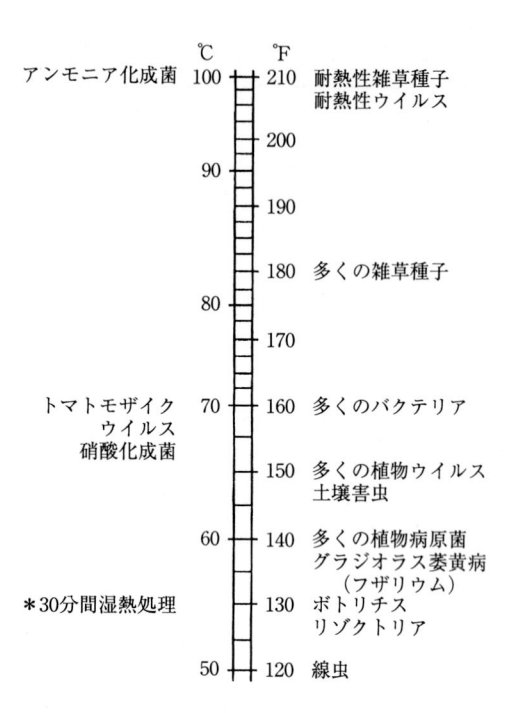

図11.23 土壌生物が死滅する温度
(Mclain, A.H., 1961, Florist's Review, No. 3492)

c）太陽熱消毒

この方法も早くから開発されていたが，最近再び見直されている．施設内の温度が上がる夏季に行うので，床面を攪拌して用土を膨軟にしてから床全面を透明なプラスチックフィルムで覆い，日中ハウスを閉め切ってできるだけ高温に保ち床土の温度を上げる．晴天の日中，地温は地表下10cm位で50℃，20cm位で40℃位になる．これを20〜30日ほど続けて消毒する．小玉（1979）の実験では地温の日変化は図11.24のようになる．この消毒ではフザリウム菌は完全に死滅できないが，白絹病，菌核病，萎凋病や根こぶ病および根腐れセンチュウ病はかなり抑えられるという．

11.5.2 植物の栄養と肥料

植物の栄養と肥料（nutrient and fertilizer）についての考え方と実際は次第に変わってきている．現在では花きの種類や生育段階に応じて必要な栄養を効率的に与え，生産安定につながるマニュアル化した施肥管理を，環境に負荷を与えない方法で行う方向に移行している．

(1) 花きの栄養，施肥管理の技術および研究の発達

花きの経済栽培の歴史とともに施肥管理の研究と技術は進んできた．米国では1930年代にキクやカーネーションの3成分欠乏などの研究（Braoks, J., Davidson, O.）が行われ，1940～1950年代になると各成分の ppm レベルでの吸収や施肥適量などがバラやカーネーション，アザレアなどで研究され（Seeley, G.H., Beach, G. and Kiplinger, O.C.），各成分間の拮抗作用や3成分比の影響などが研究されている．欧州でも花きの肥料の研究は1950年代に多く見られるようになったが，ドイツの Penningsfeld, F.の花き肥料研究の貢献を忘れることはできない．10年間にわたりピート培地をベースに施肥濃度，3成分の影響，有機質肥料での検証などを38種の観賞植物について精力的に試験を行い，その成果を1961年，「Die Ernahrung im Blumen- und Zierpflanzenbau」として出版している．この研究の結果は再現性が高く，そのまま実際の施肥管理に応用できるから今も貴重な文献である．わが国でも1970年代にはカーネーション，シクラメンやハイドランジアなどの肥料研究が見られるようになった．施肥技術も最初は有機質肥料が使われていたが，施肥研究が進むにつれ化学肥料の単肥配合の時代（1960～1970）から省力施肥の目的から溶出を調整する溶出調整肥料（relieased control fertilizer）の利用が普及した．さらに省力と灌水自動化に適合し生育に応じて施肥管理ができる液体肥料（liquid fertilizer：液肥）の利用は，灌水と同時施肥する技術，さらに水耕やロックウール栽培など養液耕の栄養管理の研究へと進み，最近では栄養診断を前提とした施肥管理の養液土耕へと急速に変わっている．

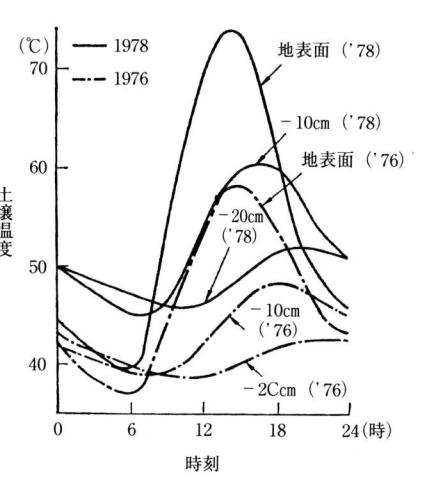

図11.24 太陽熱消毒中のハウス内床土中の温度の日変化（小玉孝司，1979）

(2) 植物の栄養とその吸収

植物体は炭素（C），水素（H），酸素（O），チッ素（N），リン（P），カリウム（K），石灰（Ca），マグネシウム（Mg），マンガン（Mn），硫黄（S），鉄（Fe），ホウ素（B），亜鉛（Zn），モリブデン（Mo），銅（Cu），塩素（Cl）の16元素からなり，これらを植物の必須元素（essential element）という．この内炭素，酸素，水素など多量に吸収する元素を多量元素（macro-element）というが，土壌より肥料として吸収するチッ素，カリウム，リン，カルシウム，マグネシウムを肥料の多量要素としている．それ以外のごく微量だが植物の発育に必要な元素を微量元素（micro-element）という．これらの成分は植物の種類や，生育段階により，それぞれバランスよく吸収されて体内でタンパク質などに合成されるので，この吸収量やその特性は栄養を供給する施肥管理の重要な手がかりになる．例えば花壇用花きの肥料吸収を見た著者ら（1976）の研究では表11.20のようになり，チッ素

表11.20 主な花壇用花きの肥料成分吸収量の比較（鶴島，伊達1976，乾物重%）

種類	N	P_2O_5	K_2O	CaO	Mg	Fe	Mn
サルビア	3.52	0.54	5.04	2.13	0.58	0.033	0.006
フレンチマリーゴールド	3.43	1.14	6.93	1.29	0.48	0.035	0.006
セロシア	2.86	0.68	6.84	3.08	1.50	0.039	0.012
チャイナーアスター	1.31	0.82	3.90	1.89	0.63	–	–
コリウス	2.31	1.39	8.00	3.81	1.16	–	–
ジニア	1.31	0.69	5.66	1.61	0.74	–	–
ペチュニア	2.06	0.41	4.46	1.63	0.54	0.197	–
パンジー	4.11	1.16	4.49	1.02	1.26	0.050	–

を多く吸収しているのはサルビア，フレンチマリーゴールド，パンジーであり，他の成分もそれぞれの種類によって違いがあることがわかる．このデータは開花株の各部位の平均分析値で，実際は花，葉，根などの部位によっても吸収量は違うものである．また，同一種類でも生育段階で吸収成分や吸収量が違う．当然，幼苗期は吸収量は少なく，発育に応じて増加する．この吸収特性は種類によってそれぞれ違い，施肥管理の重要なポイントになっている．図11.25は松尾（1990）がユーストマの養分吸収量の推移を見た研究データである．生育初期は養分吸収そのものが非常に少ないが，生育旺盛期に入ると急速にカリウムとチッ素の吸収量が増加し，他の多量要素は生育後期に向けて緩く増加し，特に開花期にはマグネシウムがやや多く吸収されているのがわかる．

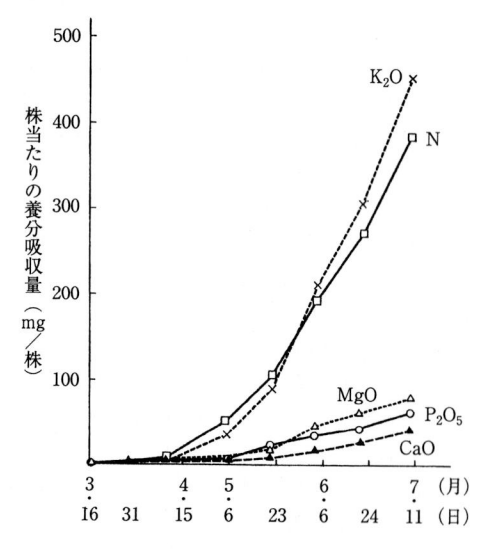

図11.25 ユーストマの養分吸収量の推移（松尾 1990）3月16日定植6月下旬開花，無加温栽培，供試品種「霧の峰」

(3) 肥料成分の影響
A. 成分の生育・開花への影響
 a) チッ素（nitrogen：N）
  植物体の原形質や葉緑体を構成するタンパク質の主成分なので最も多く必要とする成分である．土壌中では移動，流亡しやすいので肥料として常に補給しなければならない成分である．根を通してNH_4やNO_3イオンとして吸収され，欠乏すると生育が著しく低下し，葉が黄化する．
 b) リン酸（phosphorus：P_2O_5）
  細胞の原形質や核などを構成する成分で，根の発育や酵素の生成にも関与する．リン

酸は H_2PO_5 や HPO_4 イオンとして根から吸収され，土壌中では移動しにくく流亡は少ない．欠乏すると茎葉が赤紫を帯び，茎がやや弱く，蕾や根の発育が抑えられる．

c) カリウム（potassium：K_2O）

一般にはカリと呼び，チッ素とともに生育後期まで多量に必要な成分である．植物の水分吸収や蒸散の調節，花蕾や種子の発育にも影響する．土壌中で流亡移動しやすいので常に補給しないと茎葉の黄化を生ずる．

d) マグネシウム（magnesium：Mg）

植物の葉緑素を構成する成分で，各種酵素の活性にも関与する．根からMgイオンがキレート状で吸収される．移動性のある成分で状況によっては補給する必要がある．マグネシウムの欠乏症状は葉脈間にクロロシスの斑点を生ずる

e) カルシウム（calcium：Ca）

茎葉に多く含まれ，タンパク質の合成や細胞分裂，細胞構造の構成に関与する成分である．移動性はなく土壌中では安定するが，土壌のpHを上昇させる．カルシウムが欠乏すると生育が低下する．

f) 鉄（iron：Fe）

光合成，呼吸作用，硝化作用などに関与する酵素形成に必要な成分で，植物の根からFe^{2+}イオンかキレート鉄として吸収される．鉄の欠乏症は最初，葉にクロロシスを起こし，そのまま欠乏が続くと葉は部分的にネクロシス（組織の一部が変色して壊死すること）になる．

g) 硫黄（sulfer：S）

タンパク質形成に微量に必要とする成分でSO_4イオンとして吸収する．硫黄はECを高めるので施用に当たっては注意する．硫黄欠乏は葉脈が黄化し葉脈間はグリーンが残る．

h) マンガン（manganese：Mn）

酵素生成に必要な成分で，Mnイオンかキレート態として吸収される．マンガンは土壌のpHが7以上になると不溶性となり植物に吸収されなくなる．マンガン欠乏は葉脈がグリーンとなって後にクロロシスを呈する．

i) 亜鉛（zinc：Zn）

酵素の活性に関与する移動しにくい微量成分である．Znイオンかキレート態として根から吸収される．亜鉛の欠乏は生育がっしりし，異常な側枝発生や灰緑葉になる．

j) ホウ素（boron：B）

移動しにくい微量成分で植物の組織や花芽形成の調節に関与する．ホウ素はBO_3イオンとして吸収される．ホウ素欠乏は発育を抑え，生長点が枯死することがある．ポインセチアなどはホウ素欠乏に敏感である．

k) 銅（copper：Cu）

酵素活性に影響する移動しにくい微量成分で，Cuイオンかキレート態で吸収される．銅の欠乏は葉が白化した斑点を生じ，ロゼット状に発育する．

l) モリブデン（molybdenum：Mo）

植物の生理代謝や硝酸合成に必要な微量成分でMoO_4イオンとして吸収される．欠乏

すると根の発育が衰え高い硝酸レベルになる．

B. 肥料3成分の影響と施用割合

　肥料として量的に施用するチッソ，リン酸，カリの肥料3成分は，成分相互間の影響もあって，3成分施用のバランスも重要である．前述したドイツのペンニングスフェルトも3成分そのものの影響とともにそのバランスについての研究成果が参考になる．筆者らもペンニングスフェルトの影響を受けて，赤土を培地にサルビアなど7種の主要花壇用花きについて同様な3成分の試験設計で試験をしたが(1971)，その内のサルビアの結果の一部を図11.26および11.27に示す．サルビアはリン酸を欠く(0P)と全新鮮重は3成分を欠くものに近いが，リン酸施用(St)，リン酸倍量施用(2P)と施用量を増すほど新鮮重が大きく増加する．チッソはリン酸ほどでなく，カリは施用量が増えると逆に減少する．このことからサルビアはリン酸の施用に敏感で，次いでチッソであることから著者らはサルビアの3成分に対する反応をP－N型に分けた．

　花きを順調に生育開花させるための施肥には，成分比や成分量を算出して施肥量を決めるが，前掲のペンニングスフェルトの研究成果の中で表11.21の鉢花の最適施肥量と施肥成分割合は参考になるので掲げておく．

　また，肥料成分はそれぞれに影響し合うものがあることも計算に入れておく．すなわち成分間の拮抗作用(antagonism)があるから注意する．例えばチッソとカリの拮抗作用で，カリはチッソの効果を抑える作用がある．この他，リン酸とカルシウム，カリとカルシウムの間にも拮抗作用がある．

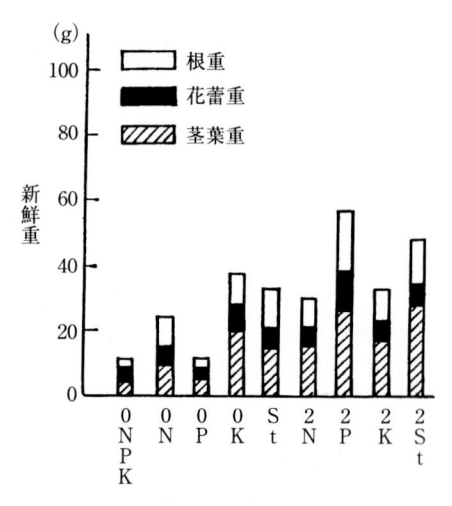

図11.26　サルビアの生育・開花におよぼす肥料3成分の影響
品種：ハービンガー（鶴島 1971）

図11.27　サルビアの肥料3成分の影響
左より0NPK，2K，2P，2N，2St，0K，0P，0N，St，Stは標準施用，0NはSt施用量のうちNを欠く，2NはSt施用量のうち，Nのみ倍量施用，以下同様な設計施用になる．（鶴島ら 1971）

（4）施肥濃度と施用量

花きによって肥料の要求量の多いものと，少ないものがある．肥料の少ない種類は山野草や高山植物，育種が進んでいない野生種に近い種類である．肥料に対する要求量の少ない種類は塩類に対する耐塩性も低いから施用に当たっては注意する．反対に施肥の多い栽培環境で育種された園芸品種は大体，肥料の要求量は多い傾向がある．しかし，総量が多いということで幼苗の育苗期は当然薄めの施肥で管理する．この点液肥は濃度や施用回数で生育に応じて調節できるので都合がよい．

（5）主な肥料とその性状

肥料にはいろいろな種類，形態，機能をもつものが製造販売されている．これらを施肥方法，施肥管理に合わせて選択購入をするべきである．肥料の特性や利用面から次のように分けることができる．

A. 化学肥料（chemical fertilizer）

無機成分を化学的に合成した肥料で，従来はチッ素，リン酸など単成分だけの硫酸アンモニウム（硫安）や過リン酸石灰（過石）などの単肥を配合して使用していたが，これらの何種かを3成分比に配合した配合肥料，さらには3成分比に合成した複合肥料（compound fertilizer）が広く使われるようになった．この複合肥料には各成分の低い（10％以下）低度複合と，高い高度複合とがある．形態にも粉末の他粒状や固形のものもある．さらに肥効から速効性と遅効性，成分の溶出が長期にわたって調節される溶出調整肥料（released control fertilizer）がある．これにはマグアンプKやオスモコート，ロングなどがある．単肥や複合肥料は圃場や施設内の床や栽培用土に元肥（basal fertilizer）として施用し，

表11.21 鉢花の最適施肥量と割合（Penningsfeld, F., 1962）
（元肥として用土1*l*当たりの成分量）

鉢花の種類	N	P_2O_5	K_2O
	(g)	(g)	(g)
アンスリウム・シェルツェリアナム	0.07～0.14	0.05～0.10	0.07～0.20
アザレア	0.10～0.20	0.10～0.15	0.05～0.20
ベゴニア・センパフローレンス	0.14～0.20	0.12～0.18	0.14～0.20
ベゴニア・ローレン系	0.14～0.28	0.12～0.24	0.14～0.35
シクラメン	0.22～0.42	0.18～0.30	0.21～0.50
シネラリア	0.14～0.30	0.10～0.20	0.12～0.25
グロキシニア	0.14～0.25	0.12～0.25	0.14～0.50
クンシラン	0.24	0.24	0.30～0.40
ゼラニウム	0.42～0.70	0.36～0.60	0.40～0.80
カルセオラリア	0.20～0.30	0.09～0.23	0.04～0.40
ハイドランジア	0.28～0.42	赤品種0.24～0.36 青品種0.12～0.18	0.28～0.60
ポットマム	0.30	0.25	0.20
プリムラ・オブコニカ	0.06～0.12	0.05～0.10	0.08～0.20
プリムラ・マラコイデス	0.20～0.30	0.10～0.20	0.20～0.37
プリムラ・ポリアンサ	0.30～0.40	0.23～0.40	0.25～0.33
ポインセチア	0.38～0.70	0.36～0.60	0.42～0.70
セントポーリア	0.42～0.56	0.36～0.48	0.42～0.60

さらには追肥（top dressing）にも使用する．また，単肥や複合の粉末肥料の中には硝酸カルシウムやハイポネックスのように養液や液肥に溶解する原体として用いられるものもある．一般にこれらの化学合成肥料を化成肥料とも呼んでいる．主な化学肥料の種類と成分は表11.22に示す．

B．液体肥料

ここでは複合液体肥料を液肥ということにする．油粕や魚粕を水で発酵させた上澄液を希釈して施用するのも立派な液肥である．海外では自動施肥する液肥は原体肥料や試薬を溶かし混合して施用しておりこれも液肥である．複合液肥には原体が原液状のものと，粉末状のものとがある．現在，よく使われている液肥は表11.22に加えておく．

C．有機質肥料（Organic fertilizer）

油粕，魚粕（魚粉），骨粉など動植物を原料とした肥料で数成分を含み，土壌に施用されてから有機物が分解して肥効を現すが，化学肥料ほど直接的でなくマイルドに効くので塩類耐性の低い種類の施肥管理にはいまも使われている．最近，有機農法など化学肥料を使わない農法ではこの肥料が見直されている．

(6) これからの花きの施肥管理

花きの施肥管理も畑や床土に混ぜたり，手で撒いて施用したりする一面，装置機械で用土に混合したり，自動灌水装置を用いて液肥で自動施用したりして，施肥方法も大き

表11.22 主な肥料と成分一覧表

肥料名	成分比	成分 (%)					肥効, その他
		チッ素	リン酸	カリ	石灰	苦土	
[低度および高度化成]							
くみあい化成2号	9-6-7	9.0	6.0	7.0	−	−	速効性
くみあい化成5号	8-7-6	8.0	7.0	6.0	−	−	〃
くみあい化成8号	8-8-8	8.0	8.0	8.0	−	−	〃
硫加リン安1号	14-12-9	14.0	12.0	9.0	−	−	〃
硫加リン安2号	13-15-10	13.0	15.0	10.0	−	−	〃
硫加リン安3号	13-10-12	13.0	10.0	12.0	−	−	〃
燐硝安カリ1号	15-15-12	15.0	15.0	12.0	−	−	〃
燐硝安カリ604号	16-10-14	16.0	10.0	14.0	−	−	〃
[緩効性肥料]							
IB化成S1号	10-10-10	10.0	10.0	10.0	−	1.0	緩効性
IB化成高度050	10-15-10	10.0	15.0	10.0	−	1.5	〃
[被覆肥料]							
オスモコート	14-14-14	14.0	14.0	14.0	−	−	3-4カ月持続
ロング	13-3-11	13.0	3.0	11.0	−	−	種類で異なる
マイクロロング201	12-10-11	12.0	10.0	11.0	−	2.0	持続100日
マグアンプK	6-40-6	6.0	40.0	6.0	−	15.0	持続1年間
[液体肥料]							
くみあい尿素液肥1号	12-5-7	12.0	5.0	7.0	−	−	速効性
くみあい尿素液肥2号	10-5-8	10.0	5.0	8.0	−	−	〃
ピータースペシャルジェネラル	20-20-20	20.0	20.0	20.0	−	−	〃
ハイポネックス	6.5-6-19	6.5	6.0	19.0	−	−	〃
OKF-1	10-8-23	10.0	8.0	23.0	−	5.0	〃

く変わってきた．これは灌水の方法がいろいろ開発普及し，それに従って施肥の方法も変化したためである．さらに養液栽培や養液土耕も施肥の考え方を大きく変化させた．ここではいくつか新しい施肥方法を簡単に述べる．

A．液肥施用と灌水同時施用

最近の花き生産では複合肥料の施肥と，これに液肥を組み合わせた施肥管理が最も多い．元肥には化成や有機質肥料を用土に混入し，追肥は液肥をホースなどで施用するものである．液肥は均一に散水できるので少々不揃いな苗でも均一化になるので大量生産に向く．この施用には専用液肥を希釈し，微量成分を添加することもある．さらに正確な濃度に希釈する希釈装置（装置の項参照）もあり，pHやECも自動的に調整し，自動施肥をも可能にする．

養液濃度をごく薄くし灌水を兼ねて行う同時施肥もある．同時施肥の液肥は切り花と鉢物，花壇苗でも違い，栽培条件，方法，時期によっても違うが，ここで一例を挙げると，肥効の安定しているリン酸は元肥として床や用土に混入しておき，追肥の液肥はチッ素とカリ成分で切り花では100〜150ppm，鉢物では200〜400ppm程度を目安に施用する．施用は危険回避も含め原液から希釈用ストック溶液をあらかじめ作成しておき，これを作業者やときには装置にかけて希釈させて施用する．希釈用ストック溶液は表11.23を参考に作成する．

B．養液土耕

ふつう液肥の施用栽培と大きく違う点は図11.28のように点滴灌水装置と液肥施用の組み合わせで，点滴口（ドリッパー）が株元に設置され，一定の液肥を頻度高く給液して限

表11.23 チッ素とカリ成分200ppmの液肥を施用するための希釈原液の作成方法（注）くみあい尿素液肥2号のカリは160ppmになる

肥料の組み合わせ	成分 N-P-K	水1ℓに溶かす肥料の量 1:15	希釈倍率 1:200	水10ℓに溶かす肥料の量 1:100	希釈倍率 1:200
硝酸石灰 硝酸カリ	16-0-0 13-0-44	99g 45	180g 90	900g 450	1,800g 900
硝安 塩化カリ	34-0-0 0-0-60	60 33	120 66	590 335	1,180 670
尿素 硝酸カリ	46-0-0 13-0-44	30 45	60 90	300 450	600 900
尿素 塩化カリ	46-0-0 0-0-60	43 33	87 37	435 335	870 670
硫安 塩化カリ	21-0-0 0-0-60	95 30	190 66	950 335	1,900 670
硫安 硝酸カリ	21-0-0 13-0-44	45 45	90 90	450 450	900 900
ピータースペシャル ゼネラルパーポーズ	20-20-20	400mℓ	800mℓ	4ℓ	8ℓ
くみあい尿素 液肥2号	10-5-8	200mℓ	400mℓ	2ℓ	4ℓ

られた根圏内に浸透させて根群も限定して施肥管理する方法である．ふつうの液肥施用のように広く拡散しないから液肥のロスや流亡もなく環境に負荷も与えず，経済的な生産管理ができる点で優れている．すでに各都道府県の試験場で多く関連試験が行われ，キク，カーネーションなどには品質，生産性を落とさず効果があったというデータが出されている．

(7) 花きの生理障害と栄養障害

花き栽培で施肥管理，農薬散布，生長調節剤などを行うと生育や開花に異常な生理障害 (physiological disorder) を起こし生産上問題となることがある．生理障害の表徴 (symptom) は観察では病害，栄養障害，薬害，大気汚染などとの識別が難しい．とくに病害，薬害との区別がつきにくい兆候が栄養障害である．原因を明らかにして早急に対応しなければならないが，生産者段階では判断しにくい．

栄養障害には養分欠乏 (nutrient deficiency) と養分過剰症 (nutrient excess symptom) がある．特に前者は肥料として与えない微量要素欠乏 (micro-element deficiency) でしばしば起こる．重金属などの特定の成分の吸収も生育や開花の異常を呈する．

(8) 簡易栄養診断法の利用

栄養成分欠乏症などの原因究明の目的で栄養診断は行われてきたが，最近ではそれに加えて，健全かつ安定生産のためのガイドラインとして栄養モニタリング・チェックを日常的に利用するようになってきた．それは簡易栄養診断法がいろいろ研究され，簡便で短時間で診断ができる方法が開発されたことによる．

この簡易栄養診断には植物体の栄養状態を診断する栄養診断 (nutritional diagnosis) と，その時の土壌の肥料成分の状態を知る土壌診断 (soil diagnosis：土壌分析，土壌検定などという) の両方を行い双方のデータで診断することが望ましい．植物体と土壌中の成分の

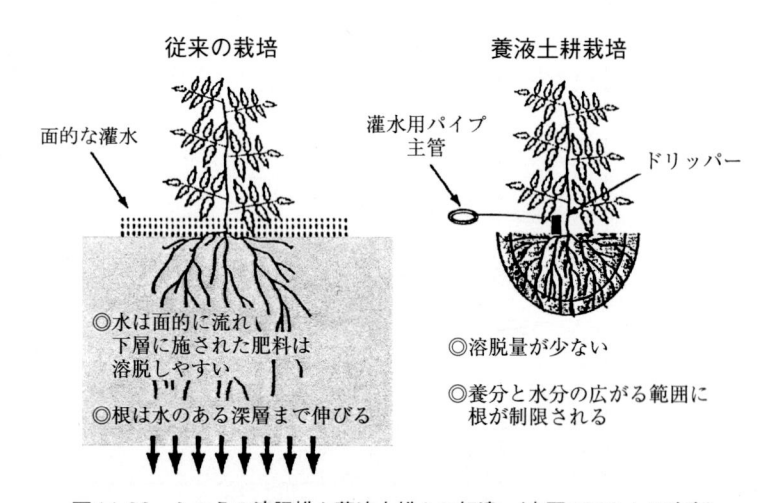

図11.28　ふつうの液肥耕と養液土耕との相違　（中野1999より改変）

11. 花きの生育・開花と環境 [169]

間には質量的にズレがあるからである．

A. 植物体の栄養診断

診断試料の作成と分析方法には幾つかの手法があるが，生産者に普及している栃木県農試が開発した方法ではテスト項目として硝酸態チッ素，アンモニア態チッ素，リン酸，カリウム，カルシウムとECおよびpH値を検出する．試料の植物体は測定部位（ユーストマなどでは最上位完全展開葉直下の茎の部分）を1～2mm厚に切断して試験管に0.2mgとり，蒸留水を2ml加えてよく振とうして30分位おいて体液を浸出させる．栃木方式では各試薬を滴下して呈色させ，標準比色表と比較して含有成分を定量する．ECおよびpH値はコンパクトメーターで検出する．また，キクの大産地，愛知県農総研ではキクの植物体の栄養診断は図11.30のように行い，栃木農試方式とはやや異なる．

左上図：ほう素が不足して葉が巻いてネクロシ状を呈したプリムラ・オブコニカ
右上図：バラ"レッド・ベター・タイムス"の鉄欠乏による葉の症状
左下図：バラ"グロリア・デェイ"の栄養不足症状の葉．
①ちっ素欠乏，②りん酸欠乏，③カリ欠乏，④正常施肥．
右下図：バラ"レッド・ベター・タイムス"の栄養不足症状の葉
上左，ちっ素欠乏．上右，りん酸欠乏．下左，カリ欠乏．
下右，正常施肥．

図11.29 花きの栄養欠乏症の例
(Penningsfeld, F., 1962 による)

B. 土壌分析による栄養診断

栽培床ではポーラスカップを利用した土壌溶液採取管を床に差込

表11.24 シクラメン栽培土壌の排出液による栄養診断基準（栃木農試1997）（単位ppm）

呈色度 項目	1	2	3	4	5	6
NO_3-N	1（少）	2.5（やや少）	5（適）	10（やや多）	25（多）	50（過剰）
NH_4-N	1（欠乏）	2.5（適）	5（やや多）	10（多）	25（過剰）	50（過剰）
P_2O_5	1（欠乏）	2.5（少）	5（適）	10（適）	25（多）	50（過剰）
K_2O	10（欠乏）	25（少）	50（適）	100（やや多）	150（多）	200（過剰）
CaO	10（少）	25（適）	50（適）	100（多）	150（過剰）	200（過剰）

（筆者コメント）栃木方式のカラーチャートが一般に流通していないため，従来式の5段階法で診断している人も多いが参考にはなる．中間色を5などと記載し，応用したらよい．

んで設置し，ここに溜まった土壌溶液を定期的に採取して分析する方法と，栃木方式では鉢物は飽和状態の鉢土に蒸留水を加え，鉢底から滴下する水を採取する．これらの溶液を 2 ml ずつ試験管に分注してそれぞれのテストにかける．簡易分析は植物体分析と同様，各成分試薬かコンパクトメーター（カード型メーター）を使用して測定する．

C．診断結果による補正対応

植物体や土壌分析の結果をどう生かすかが最も大切である．この点のガイドラインが明確でないため，折角の結果をただ判断材料としている場合が多い．標準とする施肥ガイドラインに測定値を比較して多いか，少ないか判断し，その上で実物の状態も比較して補正施用する成分や施肥濃度を決定する．試験研究機関と普及事業が一体協力して簡易栄養診断の実績をあげている栃木県では，ここの部分が完備されている．ここではシクラメンの栄養診断基準（表11.24，11.25）を示しておく．しかし，栽培環境や水管理，施肥管理は各生産者により違うから，この点は自分の農園で栽培経験や分析結果の実施による効果などから自園の栄養診断基準を作成することが望ましい．

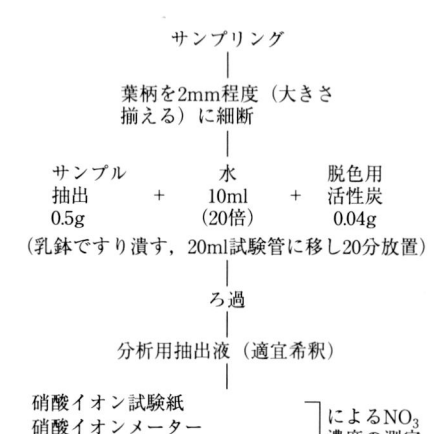

```
          サンプリング
              │
      葉柄を2mm程度（大きさ
      揃える）に細断
              │
  サンプル      水       脱色用
  抽出    +  10ml   +  活性炭
  0.5g     (20倍)     0.04g
  （乳鉢ですり潰す，20ml試験管に移し20分放置）
              │
            ろ過
              │
      分析用抽出液（適宜希釈）

  硝酸イオン試験紙
  硝酸イオンメーター        ┐ によるNO₃
  コンパクト硝酸イオンメーター ┘ 濃度の測定

  カリイオンメーター        ┐ によるK
  コンパクトカリイオンメーター ┘ 濃度の測定
```

図11.30　キクの植物体栄養診断の手順　NO_3-N, K_2O，（加藤 1998）

表11.25　シクラメンの樹液診断によるステージ別栄養診断基準（栃木農試 1997）（単位 ppm）

ステージ	NO_3-N	NH_4-N	P_2O_5	K_2O	CaO
発芽期	25	10	50	1000	100
主芽発達期	50	10	50	1000	100
即芽発達期	50〜100	25	100	1500	250
花芽分化形成期	25	10	100	1500	250
花らい発育伸長期	50〜100	25	100	1500	250
開花期	25	25	100	1500	250
結実期	10	25	50	1000	100

（栃木県方式）

参 考 資 料

11. 花きの生育・開花と環境
1) 大川　清 1992. 花専科，トルコギキョウ（ユーストマ）. 誠文堂新光社，東京.
2) 武田恭明・土井元章・浅平　端 1981. シュッコンカスミソウのロゼット化に及ぼす温度・光および苗齢の影響. 昭和56年園芸学会春季大会発表要旨.
3) 小杉　清・近藤彦三郎 1955. 花木類の花芽分化に関する研究. 第5報 園芸学会雑誌 第23巻，第8号.
4) 岡田正順 1954. 菊の花芽分化および開花に関する研究. 東京教育大学　農学部紀要9.
5) Bragt, J. van and P. A. Sprenkels 1983. Year-round production of Eucharis flower, Acta Horticulturae Vol. 147.
6) Garner, J. M., A.M. Armitage 1998. Influence of cooling and photoperiod on growth and flowering of Aquilegia L. cultivars. Scientia Horticulturae 75.
7) 三浦泰昌 1996. つぼさんご，農業技術大系，第7巻. 農山漁村文化協会，東京.
8) Runkle, E. S., R.D. Heins, A.Cameron and W.Carlson 1992. Forcing Perennial, Greenhouse Grower, May.
9) 大川　清・古在豊樹（監修）原著，ロイヤル・ハインズ 1992. DIFで花の草丈調節. 農山漁村文化協会，東京.
10) 阿部恒充ら 1967. 各種花きの光合成特性. 昭和42年園芸学会春季大会発表要旨.
11) Hannan, J. J., W. D. Holley, K. L. Golsberry 1978. Greenhouse Management, Springer Verlag, New York.
12) 村田吉男 1980. C3, C4, CAM植物の分類と生産性，農業技術. 第35巻，第1号.
13) 小原章男 1991. 植物の生育と人工光源，アグリビジネス. 第6巻，第25号.
14) W. リュンガー（浅平ら訳）1978. 園芸植物の開花生理と栽培. 誠文堂新光社，東京.
15) 田中豊秀 1968. キクの開花調節に関する研究，調節物質の作用を中心として. 第2報 園芸学会雑誌 第37巻，第3号.
16) 荒木陽一 1975. 最近の鉢物用土の種類，特徴と配合土の問題. 農業および園芸，第50巻，第5号.
17) Hannan, J. J., F. D. Jasper, 1967. Water utilization by carnation, Effect of three irrigation regimes on growth and flowering, Colorad Flower Grower Assoc. Buull. 204.
18) Nelson, P. V. and D. A. Bailey, 1994. Specific of water quality, Grower Talks Sep.
19) Croker, W. 1948. Growth of Plant, Reinhold Publ. New York.
20) 兵藤　宏 1998. 花の老化とエチレン，平成10年度日種協育技シンポ要旨.
21) 中野明正 1999.（海外の研究紹介）養液土耕に関する海外の動向. 施設園芸，8月号.
22) Veen H.. 1979. Effect of silver on ethylene synthesis and action in cut carnation, Planta, 145.
23) 編集部 1999. 環境経営度，製造業ランキング本社調査. 日経産業新聞，12月16日号.
24) 坂本有加 1998.（園芸の用語解説）硝酸性チッ素の環境基準. 施設園芸，8月号.
25) Sluis, W. van der 1999. MPS cares for the future enviroment. FlowerTECH, Vol.2, No.2.
26) 堀内　誠 1999. 土壌消毒臭化メチルの国際規制と各国の対応. 平成11年日種育技シンポ要旨.
27) 編集部 1999. 容器包装リサイクル法の概要と花き業界への影響. はなみどり5月号.
28) 根本　久 1997. 世界の天敵利用（3）. 農耕と園芸，11月号.

29) Baker, K. F. 1957. The U. C. System for producing healthy container-grown plants, Cali. Agri. Exp. Sta. Exten. Manual 23.
30) Bunt, A. C. 1988. Media and mixed for container growth plants. Ubwin Hyman. London.
31) 鶴島久男 1973. 花生産におけるピートの特性とその利用 (1)～(2).農業および園芸, 第48巻, 第8～9号.
32) 鶴島久男 1972. 鉢花のプログラム生産 (1). 誠文堂新光社, 東京.
33) 加藤俊博 1998. キク生産と養液土耕栽培. 施設園芸, 9月号.
34) 鶴島久男 1955. 花卉の栄養問題. 農業および園芸, 第30巻, 第7号.
35) 鶴島久男, 伊達 昇 1971. 主要花壇用花きの生育と開花におよぼす窒素, りん酸, カリの影響. 園芸学会雑誌 第40巻, 4号.
36) 中野明正 1999.(研究紹介) 養液土耕に関する海外の動向. 施設園芸, 8月号.
37) 長谷川清善 1992. カーネーションの簡易栄養診断. 農業および園芸, 第67巻, 第2号.
38) 古口光夫ほか. 2000. 花き類の養液土耕法マニュアル. 誠文堂新光社, 東京.
39) Penningsfeld, F. 1962. Die Ernahrung im Blumen- und Zierpflanzenbau, Paul Parey, Berlin.
40) 細谷 毅・三浦泰昌編著 1995. 花卉の栄養生理と施肥. 農山漁村文化協会, 東京.

12. 花きの生産技術

　花きの生産技術もここ数年で著しく進歩した．それは急速に発達した花き園芸学を背景にコンピュータのネットワークによる情報革命，エレクトロニクスとエンジニアリングの支援による省力，効率化による技術革命，さらに地球環境に優しい栽培へと生産環境そのものが今までと大きく様変わりしている．

12.1 繁殖技術

　かつて花き生産者は自ら種苗を繁殖して生産していたが，最近は自家繁殖の他に種苗専門業者や種苗組合から苗を購入して生産にかかるケースが増えている．専業化した種苗生産業者から種苗を購入して切り花や鉢物生産する分業化が進んでいる．従ってここでは自家増殖と種苗生産における専門的な増殖について述べる．

12.1.1 種子繁殖

　種子による繁殖（seed propagation）は主に一年生花きの増殖が多いが，多年生花きでも行われる．ふつうは手播きで行うが，今は自動播種機による機械播きも増えている．このため高い品質や性能の優れた種子が要求されるため，種子技術（seed technology）も発展した．

(1) 種子の品質，性能について

　種子は次のような品質条件を備えているものが良い種子といわれている．

　①遺伝的，物理的に均一な個体を生育するもの．
　　目的の系統，品種が確実に保証され，異品種などの混合がない．
　②発芽，発芽力がよいこと．
　　採種や調整，保存，取り扱いが適切で発芽性能がよい．
　③種子の品質が優れていること．
　　種子のサイズが均一で大きく，新鮮であること．
　④無病で清潔なこと．
　　病原菌による汚染や夾雑物の混入がなく，清潔なこと．

　しかし，最近はより性能の高い種子（seed performance）が要求され①から④のグレードがより高められている．それはセル成型苗システムが普及して高発芽率の種子，発芽力や，発芽後の生育旺盛な種子の必要性が出てきたからである．そのための種子技術の研究が遺伝性，種子の処理技術，採種，調整選別技術にわたって行われ，種子の性能，品質が著しく進歩した．この背景には遺伝的な改善と処理技術の開発がある．

A. 遺伝的な改善

　花きの種類の中には遺伝的に種子の発芽の悪いものがある．発芽率（germination percentage）と発芽力（germinating vigor：発芽勢ともいう）を高めるため，選抜を繰り返しそれらの性能のよい種子の系統，品種が育種されている．特に花壇用 F_1 種子はパックや

ポット苗でより短い発芽期間，短い到花日数と均一性を目指し，種子性能を高める生態育種が進んでいる．

B. 種子処理

1990年ころから種子の処理技術は急速に進歩し実用化した．セル成型システムの自動播種機に適応しやすくするためである．これらの処理されて発芽性能を高めた種子を高性能種子といい，主な処理には次のようなものがある．

1) プライミング処理

発芽性能を高めるための処理でいくつかの方法がある．最も普及しているのはポリエチレングリコール（poly-ethylene glycol：PEG）処理である．ポリエチレングリコールの浸透圧溶液に種子を浸漬させて，吸水させ発芽しかけた状態のまま停止させたものである．プライミング処理した種子は長期保存できないので，花きではパンジー，ペチュニア，ベゴニアなどごく限られた種類が実用化されている．

表12.1のようにプライミング処理した種子は発芽適温の幅も広がり，発芽日数も短縮されている．このような処理した種子に対して，従来の無処理種子をレギュラーシード（reguler seed）という．

2) 種皮処理

花きの種子には外側が綿毛に覆われたり羽根状の組織をもち発芽を阻害するものがあり，これらを機械的に除去したクリーンシードがある．リモニウム・シヌアータ，ラナンキュラス，アネモネなどの種子で，マリーゴールドは細長い羽根状のものを除去したディテイルド・シード（de-tailled seed）が販売されている．

3) フィルムコーティング処理（film coated treatment）

種子を自然分解性のポリマーで被覆したもので，種子伝染性病害予防の農薬や，生長調節剤，肥料分を含ませることもある．種子の原型を保っており，アゲラタム，ゼラニウム，ガーベラ，マリーゴールド種子などに処理される．播種の際，取り扱いやすく播種密度も目視で確認できる．

4) ペレット処理（pelleted treatment）

種子の形状をコーティング剤で均一な球状に整粒加工したもので，微細種子や形状不均一な種子の性能を向上したものである．コーティング剤にはいろいろあるが，花きの場合は高分子ポリマーが多い．現在，わが国でこの処理した種子をコーティング種子といい，かなり普及している．

表12.1 パンジー種子のプライミング処理による発芽温度および発芽率への影響（Carpenter, W.J. 1991）

処理	発芽状況Z			
	温度	発芽率	T 50	T 90-T 10
無処理	10℃	75%	11日	15日
	15	85	5	6
	20	90	4	4
	25	84	4	4
	30	56	4	5
	35	10	5	6
プライミング処理	10	84	6	8
	15	87	4	5
	20	91	3	3
	25	88	3	3
	30	84	3	3
	35	51	4	5

処理方法：－1.0Mpa，7日間，15℃
Z：T 50＝播種から50％発芽する日数
T 90-T10＝発芽10％から90％発芽するまでの日数
(出典) Carpenter, W.J. 1991 : Priming improved high-temprature germination of pansy seed. Hort Science 26 (5) : 541-544

図12.1　マリーゴールドのコーティング種子

　ペレット種子の特色は：
・播種作業がしやすく，適応自動播種機の機種が広がる．
・播種密度の確認も容易になる．
・微細種子などは機械的障害から守られる．
・種子を着色すると播種後の粒数や密度の確認が容易になる．
　5）シードテープや播種シート
　水溶性またはバクテリア分解性のプラスチックテープに一定間隔で種子を封入したもので，テープを所要間隔に圃場の地表に張り，薄く覆土して発芽させるものである．播種シートはシードマットともいい，特殊水溶性の紙に種子を一定間隔で貼り付け，苗床や播種トレイに敷き薄く覆土して発芽させる資材である．
(2) 種子の発芽を促す要因とそのメカニズム
　種子は水分を吸水することにより胚が活性化し，代謝活動と形態形成が次第に進んで発芽が始まる．その代謝には酸素と温度も必須な要因である．
　1）水と酸素
　種子は乾燥状態では，休眠が破れて適温下であっても発芽しないが，水分が与えられ種子内に水分が浸入すると酵素が活性化し発芽活動が開始され，酸素が必要になる．アサガオ，カンナなどの種皮の硬い硬実種子(stone seed)は吸水しにくいので，播種直前70℃の温湯に5分間浸漬するか，硫酸7％液に5秒位浸して種皮を傷め吸水しやすくして播種する．これらの播種用土は適度な水

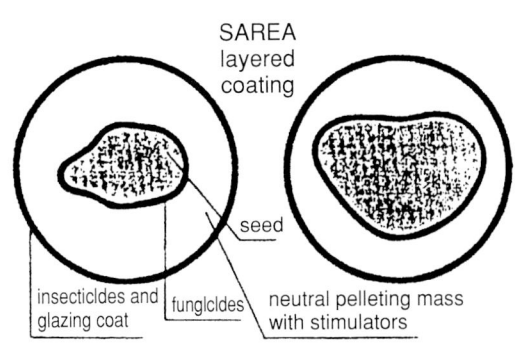

図12.2　コーティング種子の断面の例
　　　　（北条1994の図より）

分と酸素が保持できるものを用い，発芽までは適湿を保つ．

2）温度

水や酸素が供給されても適温に近い温度環境が与えられなければ順調に発芽しない．温帯性の植物は10～15℃，熱帯，亜熱帯植物は25～30℃位に発芽適温がある．栽培上ではいろいろな環境条件で発芽させることになるが，いかに発芽温度を保つかがポイントになる．表12.2はドイツの Massante, M.（1964）が花き種子の発芽温度および貯蔵関係を調査した貴重な研究データで今も大いに参考になる．

セル成型苗生産の発芽では発芽のステージによって適温を変えた方がよいと米国の Koranski, D. ら（1985）は提案している．種子の発芽開始から本葉が展開して移植直前までの期間を4ステージに分け，それぞれの種類別，ステージ別の適温を調べている．この内，

表12.2 観賞植物の温度と種子の貯蔵力および発芽との関係（Massante, M. 1964）

種類	貯蔵力（カ月）		温度（℃）と発芽率（%）			温度（℃）と発芽日数（日）			光に対する反応
	3℃下で	10℃下で	最低温度	最適温度	最高温度	最低温度	最適温度	最高温度	
アスター	52以上	41	-	25（℃） 84～98 （%）	-	-	25（℃） 4～6 （日）	-	無関係
アスパラガス・プルモーサス	24	12	10 4～13	20～25 85～96	35 69～96	10 33～37	20～25 15～21	35 16～25	無関係
アスパラガス・スプレンゲリー	52以上	12	10 12	25～25 84～96	35 92～23	10 35	20～25 14～24	35 16～21	無関係
カランコエ	18	12	-	20 89～95	30～35 4～15	-	20 7～16	30 18～11	光必要
カルセオラリア	4	4	10 28～37	15 82～94	30 3～55	10 15～16	15 9～11	30 17～31	無関係
カンパニュラ・メジューム	52以上	13	-	20 88～99	35 67～84	-	20 4～6	35 6～8	無関係
カレンジュラ（キンセンカ）	52以上	52以上	10 52～74	20～25 89～98	35 54～79	10 8～11	20～25 4～6	35 5～8	無関係
グロキシニア	52以上	24	10 2～5	25 88～98	35 73～81	10 36～38	25 11～13	35 14～18	光必要
シクラメン	52	52	10 16～18	15 82～96	30 16～33	10 51～54	15 27～32	30 41～48	暗黒下で発芽
ジニア	41	41	-	20～25 81～100	-	-	20～25 4～5	-	無関係
ストック	52	41	-	20 83～99	-	-	20 4～7	-	光必要
ストレプトカーパス	（採種直後に播く）		-	20 62～99	35 4～12	10 31～37	20 14～17	35 18～25	光必要
ペチュニア	52以上	35以上	10 27～31	25 85～96	-	10 24～25	25 4～6	-	
ロベリア	35	35	10 49～67	20 81～91	35 35～60	10 21～22	20 4～6	35 6～7	無関係
キンギョソウ	52以上	13	-	20 60～99	35 4～12	-	10 14～21	20 5～7	無関係
マリーゴールド（アフリカン）	52以上	52以上	10 58～62	20 83～90	35 60～76	10 9～10	20 4～5	35 5～7	無関係

(Hannan Massante: Untersuchungen über den Einfluss der Temperatur anf Lagerung und Keimung von Zierpflanzensamen. Gartenwelt Nr.14, 291-293, 1964)

1から3ステージの発芽，発育過程の平均的な温度管理を図12.3に示す．実際は各種類により適温はやや違い，それらは一覧表で発表しているがここでは省略する．
　3）光
　種子には発芽するとき，光を必要とする明発芽種子（好光性種子：light germination seed）と，暗発芽種子（嫌光性種子：dark germination seed）とがある．前者にはプリムラ類，グロキシニア，ニゲラ，サルビア，インパチエンス，ペチュニアなど．

後者にはシクラメン，ラークスパー，ナスターチウム，バーベナ，ビンカなどがある．キンギョソウは25〜30℃では露光下，20℃では暗黒下で発芽がよいという光と温度が相対的な関係のものもある．

(3) 種子の休眠
　種子の休眠については11.1.1で述べたので省略する．

(4) 種子の寿命
　種子の寿命（seed span）は種類によっても違うが，同一種類でも栽培条件，収穫，調整，貯蔵などによっても異なる．種子の寿命は成熟後から経時的に発芽能力が減退し，最終的には発芽不能になる．発芽率低下は種子の品質低下につながる．発芽率を低下させない種子の貯蔵に各種苗企業は設備と技術で努力している．

<u>花き種子の寿命の程度は</u>：

1年以内のもの：アリッサム，カルセオラリア，球根ベゴニア，トレニア，ミオソチス，フロックス・ドラモンディなど．

2〜3年のもの：アスター，アゲラタム，カーネーション，キンギョソウ，グロキシニア，コスモス，コレオプシス，シネラリア，スカビオサ，ストック，パンジー，バーベナ，ビンカ，プリムラ類，ペチュニア，マツバボタン，マリーゴールドなど．

4, 5年以上のもの：カレンジュラ，シクラメン，ヘリアンサスなど．

　近藤（1934）は種子の寿命が1〜2年のものを短命種子，2〜3年のものを常命種子，4〜5年のものを長命種子に分けている．

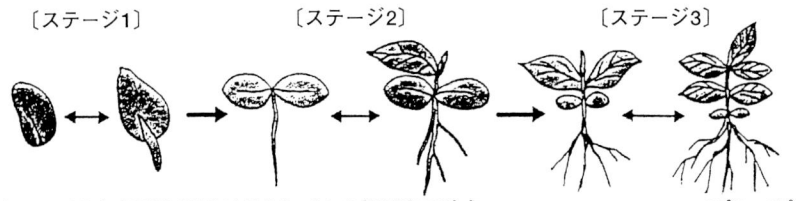

〔ステージ1〕　　　〔ステージ2〕　　　〔ステージ3〕

〔ステージ1〕播種し種子が吸水してから根が出る時点―――――――21℃〜27℃
〔ステージ2〕子葉が展開して発芽そろいとなり、最初の本葉が展開する時点―18℃〜23℃
〔ステージ3〕本葉が展開し4〜5枚にまで生育し、根群が発達する時点―――10℃〜18℃

図12.3　種子の発芽から生育初期のステージ別の温度管理（Koranski, D.ら　1985）

[178] 総　論

(5) 種子の貯蔵と包装

　種子は品質低下を防ぐため一定の条件下で貯蔵する．Harington, J.F. (1959) は①種子の含水量が1％減少するごとに種子の寿命は倍になる．②気温を5℃上げるごとに種子の寿命は2分の1低下する，③そしてよい貯蔵は温度（華氏の数字）と湿度の和が100以下の条件を保つことであるといっている．これらの結果から低温低湿貯蔵が種子の品質保持によいということになり，種類にもよるが相対湿度20〜30％，温度は5〜8℃に貯蔵することが一般的になった．また，種子の含水量をさらに低下させて氷温貯蔵してより長期貯蔵する方法もある．現在，花きの種子の包装は，防湿性の高いラミネート加工された素材の袋が使用されている．上質紙にアルミ箔とポリエチレンを加工したもの，セロファンにアルミ箔，ポリエチレンを加工したものなどがあり，種子の貯蔵から生産者の手に渡るまで利用されている．生産者が種子袋を入手したら低温暗所に保存し，播種時に開封して使用する．

(6) 発芽期間（日数）

　種子の発芽に要する日数は種類によって違うが，また表12.2のように発芽温度によってもかなり違う．播種後2〜3日で発芽するマリーゴールド，ゼラニウム，6〜7日のペチュニア，ジニア，ケイトウ，10〜15日位要するグロキシニア，カランコエ，サルビアなどがあり，シクラメン，クンシラン，アスパラガス・プルモーサスなどは40〜50日かかる．最近は種子の発芽促進処理や加工処理した高性能種子はレギュラーシードより発芽期間は短縮されている．

(7) 播種期と播種量

　播種期は出荷期から逆算したり，作型に合わせて決定する．栽培シーズンや栽培施設環境などによって播種期がずれることもある．播種期を含む生産計画やマニュアルができていればさらによい．播種期までに種子を発注しなければならないが，播種量の決定も重要である．栽培面積や栽培方法，植栽密度などから必要

図12.4　ラミネート加工した種子袋

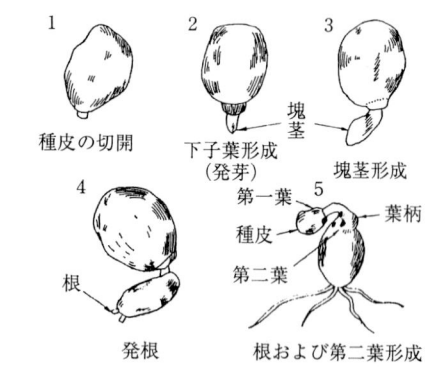

図12.5　シクラメン種子の発芽過程　1〜5までは40日かかる（住友ら1966）

12. 花きの生産技術 [179]

表12.3 主な花きの20ml当たりの種子数と1a当たりの予測播種量

種類	20ml当たり粒数	1a当たり播種量・ml	種類	20ml当たり粒数	1a当たり播種量・ml（1,000鉢当たり）
スイートピー	150	600	ケイトウ	13,000	—
ナスターチウム	40	—	キンギョソウ	40,000	5〜10
アサガオ	75	—	シネラリア	50,000	(2〜4)
ジニア	350	—	プリムラ・ポリアンサ	10,000	(6〜8)
セントウレア	1,300	60	プリムラ・マラコイデス	60,000	(2〜3)
カレンジュラ	300	300	デージー	20,000	10
ストック	3,000	40〜60	カルセオラリア	200,000	(0.3〜0.5)
アスター	4,000	40〜60	グロキシニア	200,000	(0.3〜0.5)
パンジー	4,000	60	ペチュニア	120,000	—
ハボタン	4,000	40	ロベリア	250,000	(0.2〜0.4)
マリーゴールド	5,000	—	ベゴニア・センパフローレンス	360,000	—
三寸セキチク	6,000	—	シクラメン	—	(3,000粒)

種子量を算出する．従来はかなり大雑把な種子量で発注していたが，近年は F_1 種子や高性能種子など高価格になっているので無駄なく正確な必要量を算出する．ところがわが国の種子は容量表示だが，海外の種子は重量表示で統一されていないので播種量の算出の際に困ることがある．種苗企業のカタログに表示されている種子容量当たりの粒数などが唯一の計算根拠になる．一定容量の種子粒数でも品種によって相違があり，さらにペレットやコーティング種子になるとかなり違う．次に主な花き種子の容量当たりの種子数と単位面積当たり播種量を表12.3に示す．これはレギュラーシードを基準としているものである．

(8) 播種の方法
　機械による播種方法はセル成型苗システムの項で述べ，ここでは基本的な手播きについて述べる．
　手播きの方法には直接圃場に播種する直播き（じかまき：direct sowing）と，露地や施設内の栽培床や苗床に播く床播き（bed sowing），箱，トレイ，鉢などに播く方法とがある．

1）直播き
　粗放的な露地切り花栽培などでは，省力のため畑や圃場に直接播種する．種子がやや大きく発芽が容易で幼苗が丈夫な種類ではこの方法で播く．ヒマワリ，コスモス，ケイトウ，ヘリクリサムなどで行われる．また，シードテープもこのような播種方法に利用される．元肥を入れて畝を立て，その上に一定の間隔で種子を播き，覆土し軽く鎮圧しておく．

2）床播き
　有機質や少量の肥料を混ぜて平床を作り表面を平らにならし，種子をばら播いて薄く覆土するものと，一定の間隔で床に1列ごとに種子を播き覆土する筋播き

図12.6　平床へのすじ播き，親指と人差し指でつまんだ種子をひねりながら播き溝に均一に落とす．

がある．同一種類，品種の苗を多量に育苗するときはばら播きにし，多数の品種を少量ずつ播くときはすじ播きにする．ばら播き，すじ播きとも播種密度は重要で種子が重なり合わないよう全体に均一に播く．均一にすじ播きができる簡易なバイブレーター式のハンディな播種機（電池式）も市販されている（図12.7参照）．

3) 箱播き，トレイ播きなどの容器播き

少量の種子や微細種子で発芽後，苗が小さく注意深い管理を必要とする場合には，排水を考えた木箱，プラスチック製のガーデントレイ，セルトレイなどに播種する．播種後，発芽までや発芽後の環境を変えるにも，簡単に移動できるので便利である．嫌光性種子を除いては表面に覆土しないでミスト下に置くことも多い．セルトレイに手播きするには200または288穴トレイに播種用土を詰め，平らにならした所に種子を1穴に2～3粒ずつ（大きい種子は1粒）播き，薄く覆土して軽く指先などで鎮圧し灌水する．

4) 機械播種

別項で述べる．

5) 無菌播種

ラン科植物は種子が超微細でふつうの播種方法では雑菌に侵されて発芽できない．カトレアは1個の朔果（capsule）には50～75万個が含まれているほど種子は小さい．自生地ではランの根に寄生する糸状菌の一種と共生して発芽する．米国のKnudson（1922）は無菌の人工培地上で発芽させる方法を考案して，無菌発芽法（non-symbiotic germination）として大量の苗増殖を可能にしラン生産に大きく貢献している．

(9) 発芽チャンバー

セル成型苗システムでは播種した種子を確実に発芽させる発芽室や発芽チャンバーの利用が急速に普及した．花苗生産では同時に多数の種類，品種を播種することが多いので，それぞれの発芽適温が保てる複数の発芽室や発芽チャンバーが必要となる．市販の発芽チャンバー（室）は①温度のみ調節可能な装置，②温度，湿度が調節可能な装置，③温度，湿度，照明の調節可能な装置，④は③の設備に空調，ガス環境制御も可能な完全なタイプなどがある．また，船舶用コンテナ冷蔵庫の中古品を改造して発芽チャンバーとして利用

図12.7 バイブレーター式播種機を使った播種

図12.8 微細種子のポット播き

している生産者も少なくない．代表的な発芽チャンバーを図12.9に示しておく．

12.1.2 栄養繁殖

植物体の一部を切除，分割して新しい個体の増殖を栄養繁殖（vegetative propagation）という．栄養繁殖は遺伝的に親と全く同じ遺伝性を均一に継承するのが特色である．このため花きでは重要な繁殖方法で，この方法で増殖された苗は栄養系（clone）と呼ばれている．

（1）挿し木

挿し木または挿し芽ともいい，植物体の一部を切断して発根再生させるもので，栄養繁殖では最も一般的な繁殖方法である．

1) 挿し木の種類

挿し木に用いる組織，形態などにより次のように分けられている．

また，草本性のものは挿し芽，木本性のものを挿し木と分ける場合があり，挿し木には穂の熟度により緑枝挿し（soft wood cuttings），半熟枝挿し（semi-wood cuttings），熟枝挿し（wood cuttings）とに分ける．落葉性のもので休眠中の枝を挿す休眠枝挿し（dormant wood cuttings）などもある．

2) 発根のメカニズムと誘導環境条件

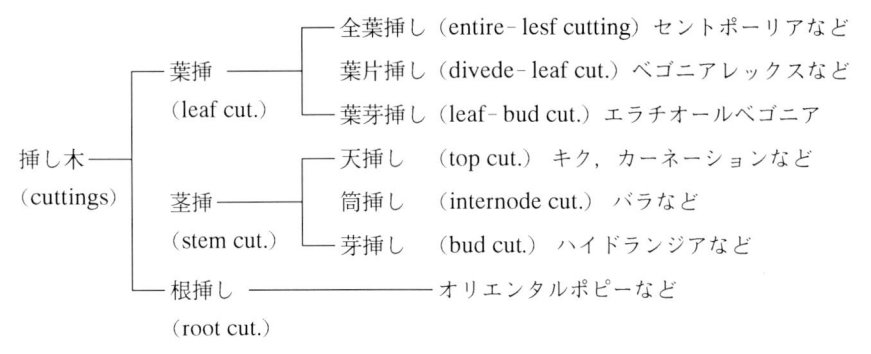

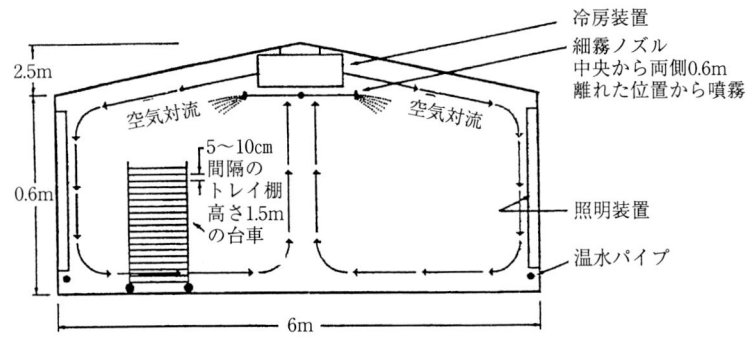

```
                   ┌─ 全葉挿し （entire-lesf cutting） セントポーリアなど
         ┌─ 葉挿 ──┼─ 葉片挿し （divede-leaf cut.） ベゴニアレックスなど
         │ (leaf cut.)└─ 葉芽挿し （leaf-bud cut.） エラチオールベゴニア
         │           
挿し木 ──┤         ┌─ 天挿し  （top cut.） キク，カーネーションなど
(cuttings)├─ 茎挿 ──┼─ 筒挿し  （internode cut.） バラなど
         │ (stem cut.)└─ 芽挿し  （bud cut.） ハイドランジアなど
         │
         └─ 根挿し ──────── オリエンタルポピーなど
            (root cut.)
```

図12.9 完全型の発芽チャンバーの断面図（Styer, R.C., 1966による）

挿し木は本来，根組織でない茎の切断面から不定根を出す．発根のメカニズムについては19世紀末に多くの研究者が取り組み，論議を展開してきたようである．その焦点は，挿し穂が根を形成するのは，特別なホルモンを含む根形成物質が基部の切断面近くに蓄積するためだと考えられてきた．Cooper, W.C.(1936)はレモンの挿し穂を用い，図12.9のように挿し穂の途中を種々な形に剥皮し，上部の切り口にホルモンを含んだラノリンペーストを塗って挿し木し発根状態を確かめている．上下の維管束が完全に切断しているA, Cの穂は発根しなかったが，Bのように一部が縦に接続している穂は接続部分の直下だけ発根している．これは発根にホルモンが影響し，維管束を縦に移行し，下の切断面に集まることを推定したのである．初期のホルモン研究の権威者 Went, F. W.(1938, 1939)は，根の形成は主導的に働く物質としてリゾカリン(rhizocaline)を仮定物質としてホルモンのオーキシンが相助的に作用すると考えた．その後，Hess, K.C.(1964)はオーキシンと相助的に作用する四つの発根補助要因(rooting co-factor)の存在を推論し，これらが細胞分裂を刺激して不定根形成を誘導すると考えた．挿し木の穂の栄養条件によっても発根は支配され，特にチッ素化合物と炭水化物の割合，C/N率(carbon-nitrogen ratio)で炭素化合物の比率が大きいものが発根がよい．

挿し木の環境条件として温度，湿度，光や酸素な

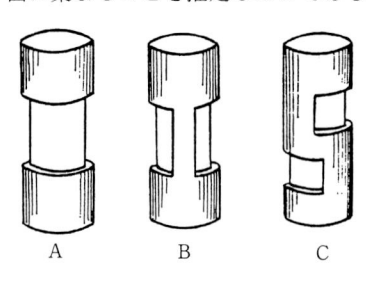

図12.10　Copperの挿し木実験の挿し穂処理の模式図（Cooper原図より改変）

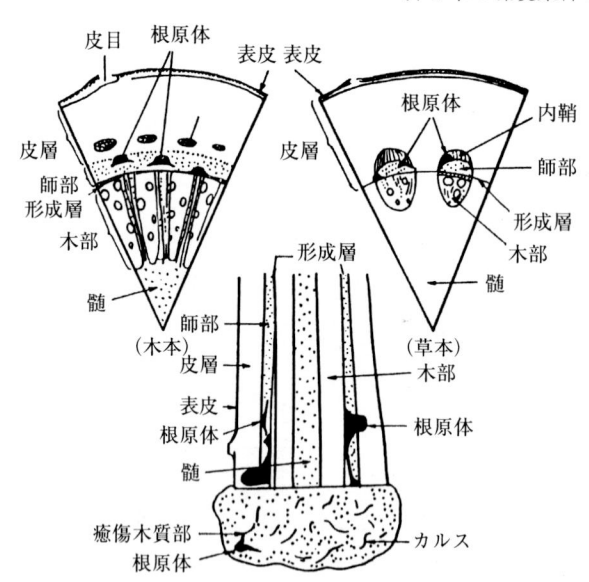

図12.11　根形成における根原体の発現位置（町田1974による）

12. 花きの生産技術

どの要因がある．植物の種類によって発根する適温が違う．一般には15〜20℃位の挿し床温度だが，亜熱帯，熱帯植物ではやや高めの温度になる．このため挿し木の発根を促し安定させる目的で挿し床を底部から加温する低熱加温（bottom heat）を利用し，サーモスタットで温度調節されている．挿し穂は切り口から物理的に水分を吸収するので挿し床は常に水分を保持しなければならない．葉からは水分が過剰に蒸散すると凋れるので，挿し木後は床および挿し木周辺の大気は高湿に保つ．さらに挿し穂は葉で同化して炭素化合物を高め，ホルモンも葉内

図12.12 ベゴニアレックスの葉片挿し白線のように切断し，葉片は葉脈の分岐点が埋まるように挿す．

で生成されるので光も必要である．ミスト装置や密閉挿しはこの点を考慮した挿し木法なのである．挿し木床に挿された穂は発根に先立ち切り口に癒傷組織（カルス：callus）を形成する．そして挿し穂下部の形成層，篩管部などや，ときにはカルス内に根基原（root initial）を形成し，細胞分裂を重ね表皮方向に伸長して根原体（root primordia）になり，形成層をその中に分化して根に発育する．この過程は草本性では挿し芽後15〜20日位，木本性では60〜90日位かかる．

花き生産では切り花や鉢物用の苗として挿し芽苗は大きな苗産業になっている．そして生産コストが安い海外で生産された苗がわが国に多量に輸入されている．航空輸送が簡単な穂（unrooted cuttings）や発根した発根苗（rooted cuttings）として取引されている．

3）挿し木の方法

少量の挿し芽はトレイなどの容器に挿すが，生産的には露地のテラスや寒冷紗下など，施設内ではミスト下にトレイを並べるか，ベンチの挿し芽床などに挿す．

3−1）ミスト繁殖（mist propagation）

適当に光線を当てながら，間断的に細霧ミストを挿し床に散布して葉をぬらし萎凋を防いで発根させるもので，細霧用のミストノズルの配置と，高圧ポンプ，散布を制御する制御装置をセットしたシステムである（図12.13）．1960年代から世界的に普及したシステムで大量の挿し芽の均一な発根が可能になった（装置の説明は別項）．

苗専門生産では施設全体のミスト室を設置するが，切り花，鉢物生産では自給用の苗生産のため，全施設面積の5％位のミスト室を用意する．しか

図12.13 露地のミスト装置を完備した挿し木床（カリフォルニア，モンロビア・ナセリーにて）

し，次第に購入苗を利用するようになって不要になる場合もある．

3-2) 密閉挿し

床をプラスチックフィルムで覆って密閉し，高温期には内部の昇温を防ぐ．この中に挿し芽をし，一度灌水しておけばかなりの期間灌水はしない．経費や労力もかからず，経済的な方法である．

3-3) 葉挿し

セントポーリア，エラチオール・ベゴニア，ベゴニア・レックスなどでは主な増殖手段になっている．葉柄を付けて切断した葉をそのまま挿すと，セントポーリアは切り口から発根するとともに，この切り口の付近から多数の芽が萌芽する．ベゴニア・レックスは広い葉を葉脈に沿って分割切断し，葉脈分岐点を挿し床に埋まるように挿すと切り口から発根し，分岐点から新芽が発生する．

3-4) 直接挿し

省力のため直接，栽培床や鉢に穂を挿す直接挿し（direct cuttings）も広く行われるようになった．キクの切り花生産でも繁殖，育苗の労力をカットできる直接挿しが行われ始めた．栽培床に穂を挿して灌水しながらプラスチックフィルムをベタがけして萎れと乾燥を防ぎ，発根後は直ちに覆いをとる．鉢物生産でも大量生産では直接挿しの効果が大きく行われている．ポインセチア，ミニローズ，エラチオール・ベゴニアなど用土を入れた鉢に穂を直接挿す．直接挿しでは苗を均一に発育させるため，挿し穂は熟度の揃った穂を採穂し作業者も均等な穂を揃えて挿す注意が必要である．

3-5) 接ぎ木挿し

やや発根がしにくい種類を発根しやすい台木に接木して，それを同時に挿すのが接ぎ木挿し（graft-cutting）である．ハワイで改良されたハワイアン・ハイビスカスは花

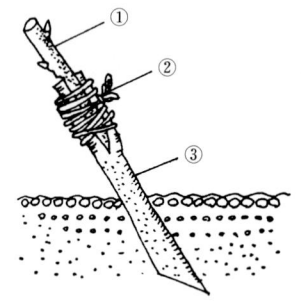

押し木後はやや高温多湿を保つ．
①ハワイアンハイビスカス，
②ビニルテープでしばった上から接ぎろうをぬるとさらによい，
③生育旺盛なふつうのハイビスカス．

図12.14　ハイビスカスの接ぎ木挿し

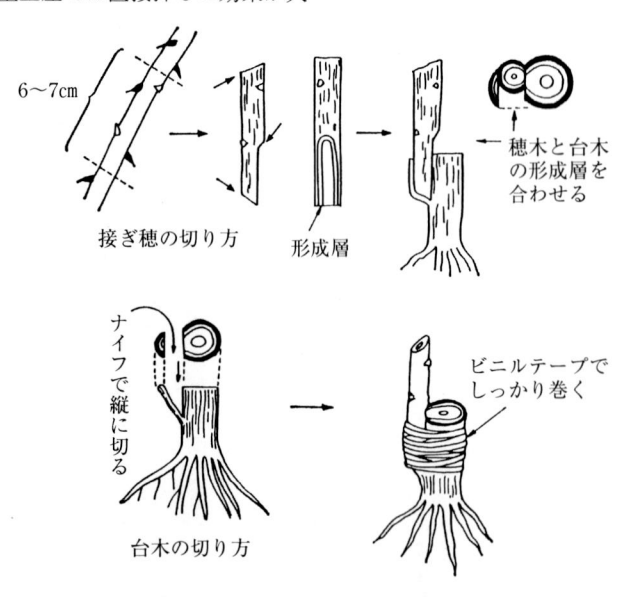

図12.15　バラの切り接ぎの手順

が大輪で花色も豊富な品種が多いが，挿し木の発根はしにくい．ハワイでは発根しやすい原種ハイビスカス（Hibiscus rosa-chnensis）の枝に2芽位付けたハワイアン・ハイビスカスの穂を図12.14のように割り接ぎし，それを直ちに挿し床に挿すと90％位は活着する．

4）挿し木の時期

草本性の花は施設を使えばほぼ周年挿し芽ができるが，温帯性の木本花きには落葉，休眠など自然条件に支配される生育のサイクルを持つものがあり，これらは挿し木のできる時期が限定される．生育旺盛な時期が発根しやすいもの，反対に冬季の休眠期の方が発根のよいものがある．生育時期に挿し木するには採穂する枝の熟度も発根要因になる．これらの挿し木の適期といわれる時期は経験によるものが多いが，試験結果も含め適期を表12.4に示す．

5）発根促進処理

発根しにくい種類について従来からいろいろな発根処理がなされてきた．発根しにくい木本植物では環状剥皮（ringing）を行って，その枝先のC/N率を高め採穂した枝の発根率を高める．草本花きにはショ糖液処理の効果が高く，ごく最近までキクやカーネーションに利用されてきた．キクではショ糖5％液，カーネーションでは2％液に挿し穂を10分間吸収せて挿すと効果がある．しかし，1930年代から1940年代にかけて植物ホルモンの挿し芽発根の促進効果と実用化の研究が進み，米国のボイストンプソン研究所（Boyce Thompson Institute）のHitchcock, A.E.（1935,1940,1942etc.）とZimmerman,

表12.4 主な庭園樹および花木類の挿し木適期

種 類	時 期	用いる枝の部分	種 類	時 期	用いる枝の部分
アスナロ	5〜6月	昨年の枝	ジンチョウゲ	3・5〜7月	昨年の枝，本年の半熟枝
アオキ	6〜7月	本年の半熟枝	ツゲ	5〜6月	〃
アカメモチ	5〜6月	〃	ツツジ類	6〜7月	本年の半熟枝
アジサイ	3〜6月	〃	ツバキ	6〜7月	〃
アセビ	6〜7月	〃	ツタ	5〜6月	〃
イヌマキ	5〜6月	昨年の枝，本年の半熟枝	ヒバ	4〜6月	昨年の枝
イチョウ	3〜4月	〃　　　〃	ヒヨクヒバ	3〜4月	〃
ウメ	2〜3月	昨年の枝	ヒマラヤスギ	3〜6月	〃
エニシダ	9〜10月	〃	ビャクシン	3〜6月	〃
オウバイ	2月	〃　本年の枝	ヒイラギ	3月	〃　古枝
カイズカイブキ	5〜7月	〃	ピラカンサ	7〜8月	〃
キャラボク	3〜4月	〃	フジ	3月	〃
キョウチクトウ	3月,6月	〃（6月—本年枝）	プラタナス	3月	〃　古枝
クチナシ	3・6〜7月	〃　本年の半熟枝	ボケ	9〜10月	本年の枝
ゲッケイジュ	10〜3月	〃	ポプラ	3月	昨年の枝
コウヤマキ	3〜4月	〃	マサキ	7・9〜7月	昨年の枝，本年の枝
コデマリ	3〜6月	〃　本年の半熟枝	マンサク	3月	〃
サザンカ	3・8・9月	〃	ムクゲ	3月	〃
サルスベリ	3・6〜7月	〃　本年の半熟枝	モッコク	3・6〜10月	〃
サンゴジュ	5〜6月	〃	ナンテン	2〜3月	昨年の枝
サカキ	6〜7月	〃	ネコヤナギ	2〜3月	〃
シダレヤナギ	3月	〃　古枝	ユキヤナギ	2〜3・6月	〃　本年の半熟枝
スギ	2〜3月	〃	モクセイ	6〜7月	本年の半熟枝

（宮沢文吾：観賞園芸　田村輝夫他：園芸学会雑誌　Vol.26, No.1より作成）

P.W.(1935, 1939etc.)の研究結果が現在の実用化に貢献している．市販の発根剤のルートン，トランスプラントンなども彼らの研究から開発されたもので，ナフタレン酢酸（NAA：α-naphthalene acetic acid）やインドール酪酸（IBA：indolebutyric acid）などを主成分とした発根促進剤も使われている．実際的には植物の種類，品種ごとに適正なホルモン剤，処理方法，濃度，時間で処理する．具体的な処理濃度や方法は生長調節剤の項で述べる．

(2) 接ぎ木

挿し木で発根しにくいもの，挿し芽苗では旺盛な発育が期待できない場合に接ぎ木（grafting）で繁殖する．接ぎ木は接ぐ部分により枝接ぎ（seion grafting），芽接ぎ（budding），根接ぎ（root grafting）がある．また，台木と穂木の合わせ方により切り接ぎ（veneer grafting），割り接ぎ（cleft grafting），合わせ接ぎ（ordinary splice grafting），鞍接ぎ（saddle grafting），呼び接ぎ（approach grafting）などがある．花きでは切り接ぎと割り接ぎが多い．

1) 接ぎ木の問題点

接ぎ木では台木の種類の親和性の他，接ぎ木作業の際の台木（root stock）と穂木（scion）の合わせる切断面の密着性，作業後の癒合活着までの管理が重要である．

2) 接ぎ木の種類と方法

接ぎ木は草本花きより木本花きに多く，主な種類は次のものがある．
- 切り接ぎで殖やすもの：サクラ，ウメ，バラ，ライラック，ボケ，ボタン，タイサンボクなど．
- 割り接ぎで殖やすもの：クレマチス，ゴヨウマツ，ダリアなど．

表12.5 主な花きの接ぎ木の適期の例

種類	接ぎ木の方法の適期
ウメ	(切) 3月上〜中, (芽) 8月下〜9月上
ウメモドキ	(切) *2月下〜3月上, 3月中〜下
オオヤマレンゲ	(切) 3月中〜下, (芽) 9月中〜下
カイドウ	(切) *2月上〜中, (芽) 9上〜中, (腹) 9月上〜中
コブシ	(切) 3月下〜4月上
サクラ	(切) 3月上〜中, (芽) (腹) 9月下
シャクナゲ	(切) (合) 3月下〜4月上, (呼) 5月下〜6月上
タイサンボク	(切) 4月中〜下, (芽) 8月中〜下
ツバキ	(切) (割) *2, 3月中〜5, (呼) 3月下〜4, (緑) 6月中〜8
ハクモクレン	(切) 4・上〜中, (呼) 3月中〜4月上, (芽) (腹) 8月上〜9月上, (緑) 6月中〜7月中
バラ	(切) (合) *1〜2月中, (芽) 5月下〜9
ハナミズキ	(切) *2月中, 2月中〜3月中
フジ	(切) 3月中〜4月中, (緑) 6月, (腹) 8月
ボタン	(切) 8月下〜9月中
モミジ類	(切) *1〜2月上, 2〜3月中, (呼) 3月中〜7月, (緑) 5月下〜8月, (芽) (腹) 8月中〜9月中
モモ	(切) 3月中〜下, 4月中〜7月中, (芽) 8月中〜9月
ライラック	(切) 3月中〜下, (芽) 9月中〜下
ロウバイ	(切) *2〜3月上, (呼) 3月下5, (芽) (腹) 8月中〜9月上

注) * ハウス，温室などを利用する場合．
(切) 切り接ぎ, (芽) 芽接ぎ, (緑) 緑枝接ぎ, (呼) 呼び接ぎ, (割) 割り接ぎ, (合) 合わせ接ぎ, (腹) 腹接ぎ.

- 合わせ接ぎで殖やすもの：ロードデンドロンなど．
- 芽接ぎで殖やすもの：バラ，ウメ，モモ，カイドウなど．
- 呼び接ぎで殖やすもの：カエデ，モクレンなど．
- 根接ぎで殖やすもの：イチョウ，モクセイ，マンサクなど．

　自然の生育サイクルの中で生理的に形成層など分裂組織が活動する時期に行う接ぎ木適期があり，表12.5に示しておく．一般的には2～3月に行う春接ぎと6～8月に行う秋接ぎがある．

3）接ぎ木の方法

3－1）切り接ぎ

　切り接ぎが行われるのはバラの増殖である．台木はノイバラ（*Rosa multiflora*）が使われてきたが，最近では欧米の *R. canina* や *R.* "*Manetti*" なども使われる．バラも9月中旬～10月中旬の秋接ぎと，休眠が覚める直前の1月中旬～2月中旬の春接ぎとがあり，後者がやや活着率がよい．切り接ぎの方法は図12.15に示す．接合後は接合部を接ぎ木テープでしっかり巻き付け，遮光した施設内の床に接合部まで埋めて仮植する．この他，ボタンも切り接ぎで殖やすが，台木はボタン台とシャクヤク台がある．

3－2）割り接ぎ

　草本ではクレマチス，木本ではゴヨウマツ，タギョウショウなどはこの方法で繁殖する．ゴヨウマツはあらかじめ露地に定植しておいた実生2年生のクロマツ台を地上20 cm位で切り，切り口の中央にナイフで縦に切れ込みを入れ，両手で縦に裂く，一方，穂木は枝先5 cm位の長さに切り取り，切り口を両面からくさび形にそぎ取り，この部分を裂いた台木の部分に挟み台木の葉で包み，上からテープで硬く巻く．

3－3）合わせ接ぎ

　ほぼ同じ太さの穂木と台木を同じ角度で斜めに切って，その切り口を接合させるもので，切断面が平面でないと接合活着しない．ロードデンドロンはこの接ぎ木で増殖し，台木にはポンチカム種（*R. ponticum*）を用い，実生4年生の茎の直径1 cm程度のものを用いる．台木の先3 cm位を斜めに切って，接ぎ穂も昨年伸びた枝の先端から5 cmほどのところで斜めに切り，切り口同士を合わせてから硬くビニルテープで巻く．

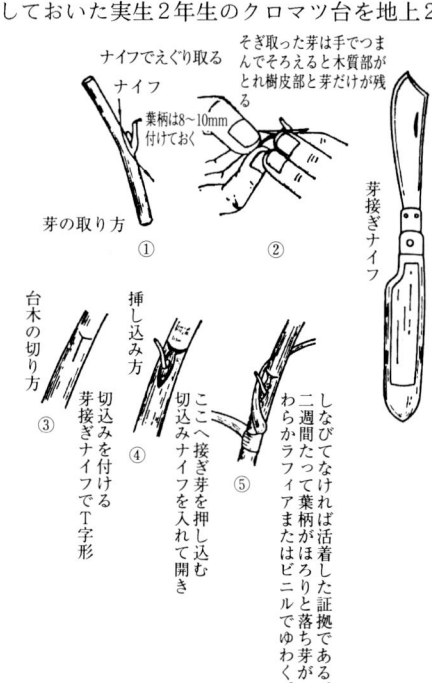

図12.16　バラの芽接ぎの方法

3-4）芽接ぎ

同一親木から多くの芽が採れるので，大量の苗木を生産するのに少ない親木で足りる特色があり，作業も効率的にできるので海外ではバラの接ぎ木はこの方法が多い．バラの芽接ぎはノイバラを台木として7〜9月の秋接ぎで行う．

図12.16の手順で芽は本年勢いよく伸びてやや成熟した茎の芽を芽接ぎナイフで表皮をT字形に切れ込みを入れ，芽接ぎナイフの先を使って皮層と形成層の間を剥がす．芽は硬い休眠芽を表皮と形成層の一部を付けて薄くそぎ取り，手早くT字形に剥いだ間に挿しこみ，芽を傷つけないようにその上からビニルテープを巻いて留める．

(3) 取り木

取り木（layering）は枝の一部を親木から分離させないで発根させ，その後分離して独立個体にする増殖法で，ふつうは発根しにくい種類に行われ，大量増殖はできない．取り木は一般に活動している時期が適期といわれているが，盛り土法などは2〜3月の萌芽直前に行う．取り木は図12.17のような方法がある．

地床のない温室や室内栽培では枝の高い部分に細かい傷をつけたり，環状剥皮してから，その部分を湿らせたミズゴケやスポンジなどで巻き，その上をビニルフィルムでしっかり包み，さらにひもを巻いて縛る．インドゴムノキ，ドラセナ，クロトンなど家庭園芸ではよく高取り法として行われている．

図12.17　いろいろな取り木の方法

(4) 球根の繁殖

球根植物は自然分球したり子球や木子などで増えるので，これを用いて増殖するが中には増殖率の悪いものがあるので人工的な増殖法によるものがある．組織培養も球根の増殖率を大きく向上させた．

1) 自然増殖を利用した繁殖

球根には年々球根が更新するものと同一球根が年々肥大を続けるものとがある．前者にはチューリップ，グラジオラス，フリージア，クロッカスなどで，後者にはユリ，スイセン，ヒア

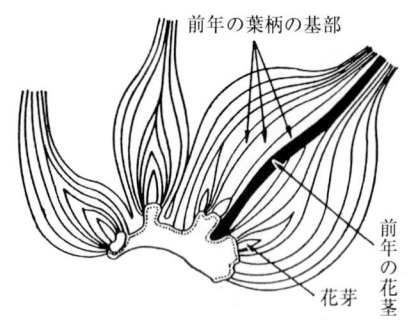

図12.18　スイセンの球根（浅山原図）

シンス，アマリリスなどがある．チューリップは翌春，発育開花する主芽の基部に腋芽がいくつか形成されており，開花後これらが発育して新球になり，その内最大の球は新更新球でその周りに数個の子球（bulblet）が付き，これを増殖用に利用できる．スイセンなどはそのまま肥大を続けるが，外側のりん片間に新芽を形成発育させ

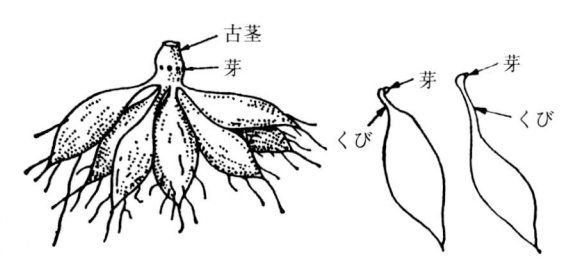

図12.19 ダリアの掘上げ球と分球したもの

て数個に分球する．このような自然分球の他にグラジオラスやフリージアのように更新球の周りに小さな木子（cormlet）を付け，これを増殖用に使用するものもある．球根の自然増殖はやや違うがそれを利用して増殖する方法は次のように分けられる．
・子球により増殖するもの：チューリップ，スイセン，アネモネ，アイリス，クロッカス，チュベローズ，ダリアなど．
・木子により増殖するもの：グラジオラス，フリージア，イキシア，オキザリスなど．
・地下茎を分けて増殖するもの：カンナ，ジンジアー，ジャーマンアイリス，スズランなど．

2）人工繁殖によるもの

増殖率が極めて悪く，短期間に大量の球根を増殖するには人工的な手段で繁殖しなければならないものがある．
・りん片によるもの：ユリ類，アマリリスなど．
・球根に切れ込みを入れ小球の形成を促すもの：ヒアシンスなど．
・球根を分割するもの：アネモネ，グロキシニア，カラジウムなど．
・組織培養によるもの：ユリ類アルストロメリア，ユーチャリスなど．

次に主な人工繁殖の例を挙げておこう．

2−1）りん片繁殖法（scale propagation）

ユリはりん片繁殖で球根を増殖する．9～10月ころ，掘上げた球根の外側および未熟なりん片を除き，中層のりん片をばらし増殖床に薄くばら撒き薄く覆土して乾かないよう管理すると1カ月で切り口に数球の小球が形成されるので，これを原球として圃場で数年栽培肥大させて開花球まで養成する．

アマリリスも大輪系は分球率が低く，何年栽培しても分球しないものもあるのでりん片で増殖する．球周20～30cm位の大球を8月下旬ころ掘上げ，根と葉を切除し，やや乾かしてからナイフで縦に球根を発根部を付けて2分割，4分割と順次切り分け16から32分割する．この分割片を川砂かバーミキュライトを培地にした挿し床に挿すと（図12.20参照），50日位で各分割片は発根と同時に子球を発生するので，なるべく大きくしてから分離して，球根養成にかかる．

2−2）ヒアシンスの人工繁殖

　球根の中でも最も繁殖が悪く球根単価も高いが，オランダで開発された切込み法（ノッチング法：notchng）と，えぐり取り法（スクーピング法：scooping）で増殖されている．7～8月の休眠期に切り込み法は球根の底部から十字にナイフで深い切れ込みを入れる．えぐり取り法（図12.21参照）はやはり球根の低部から高さの3分の1位の深さまでナイフでえぐり取る．切り込みやえぐり取った部分を上向きに砂などに並べ，通風のよい暗所に置くと切断面に多数の子球が形成される．子球形成率は後者がやや多い．この子球は圃場で養成し開花球にするが4～5年位かかる．

図12.20　アマリリスのりん片繁殖

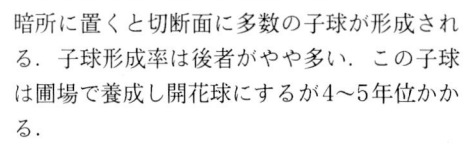

2−3）塊茎分割繁殖法

　塊茎の多くは母球が肥大し，種類によっては周りに肥大塊を形成するのでこれを分割切り分けて増殖する．八重咲きで種子が採れないグロキシニア，球根ベゴニアの増殖，採種用母株の維持などに利用される方法である．

　組織培養による繁殖は組織培養の項で述べる．

図12.21　ヒアシンスのスクーピング法による子球の形成

(5) 株分けその他の繁殖

　この他，宿根草などの多年性の花きは株分けや吸枝などで増やすものがある．

　1）株分け分割で殖やすもの

　年々開花し，株自体が分けつして増加するか，地下の根茎が増えて株が肥大する宿根草などは株そのものを分割して分ける株分けで増殖する．アルメリア，アガパンサス，アスチルベ，フロックス，トリトマなど多くの宿根草がこの方法で殖やされている．春の萌芽直前か，秋の休眠前に地上部を刈り取って株を掘上げ，土を落としてから根株にハサミで切り込みを入れ，さらに両手で左右に引き裂き，繰り返して5～6芽ほどの株に分ける．

　2）吸枝（Sucker）で殖やすもの

　開花後の短日期に入ると地下の株元から地下茎を出すキク，リシマキア，ヘレニウム，シオン，ソリダゴなどがある．これらは株を掘上げ，吸枝を切り取って殖やす．

3) 走茎（ランナー：runner）で殖やすもの

株が成熟する株元から地表を走る走茎を出して増える種類がある．アジュガ，ラナンキュラス"ゴールド・コイン"などは走茎の発芽部分を切り取って殖やす．

（6）組織培養増殖

組織培養（tissue culture）の技術開発と普及実用化は20世紀の花き生産を大きく進展させた．植物体の一部分の細胞塊，組織片あるいは組織塊を分離し，無菌培地で培養して多数の独立個体を再分化させる技術である．1934年，米国のWhite, R.R.がコムギの根端組織を用いて組織培養に成功し，さらに1943年，ウイルスに感染したタバコの茎頂付近の組織にはウイルスの濃度が低いことを発見した．その間にも多くの研究者が胚を摘出して培養する胚培養，がく片や雄ずいなどの器官を培養する器官培養（organ culture），器官培養で生じたカルスを分離して培養するカルス培養（callus culture）など増殖手法が研究されていた．フランスのMorel, G.が1952年，ウイルスに罹病したダリアの茎頂分裂組織の一部を分離培養し，ウイルスが抜けたウイルスフリー株を発見した．すなわち組織培養がウイルスフリー株獲得の手段に利用できることがわかったのである．Morel, G.はその後，シンビジウムのウイルスフリー株の獲得と，1個の茎頂組織から多数のプロトコーム状球体を形成し，それを培養すると膨大な数に増えることを発見し，ウイルスフリー株の大量増殖の可能性を明らかにした．1970年代に入り米国のMurashige, T. and Skoog, F.らは標準的な培養培地のムラシゲ＆スクーグ培地を開発し，組織培養増殖の産業的実用化を前進させたのである．組織培養の内，茎頂分裂組織の一部を数mmの大きさに切り取って培養する生長点培養（apical meristem culture）ともいわれる茎頂培養がウイルスフリー苗獲得のために普及したので，これら培養された苗をメリクロン苗（mericlone：meristem＝分裂組織とclone＝栄養系との合成語）とかMC苗，TC苗などとも呼んでいる．わが国では種苗企業の（株）ミヨシが1972年に培養室を建設し，キク，カーネーションの組織培養苗を初めて生産販売している．特にシュッコンカスミソウの組織培養苗を1975年に販売開始して，5年後の1980年には200万本も販売している．その後，種苗企業から異業種大企業まで組織培養を手がけるようになった．花きでも組織培養苗としてカーネーション，シュッコンカスミソウ，ガーベラ，リモニウム，ラン類など広く利用され培養苗時代が到来した．

しかし，実際には組織培養苗でもカーネーションやシュッコンカスミソウなどは原々種の母株が組織培養苗で，それから増殖した組織培養由来ともいうべきもので，培養苗そのものは，ガーベラやリモニウム苗などである．世界的な花き苗や球根生産国のオランダの状況はわが国とは少し違う．表12.6のように1980年から1990年の10年間の伸びは目覚ましいことがわかる．特に日本と違って観葉鉢物や球根が多

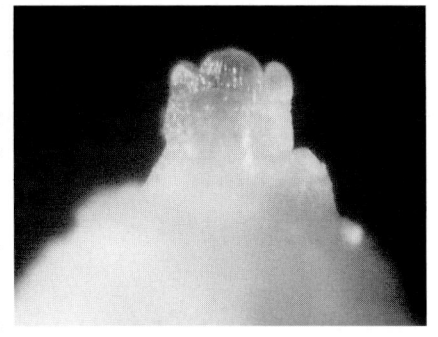

図12.22　カーネーションの生長点

い．切り花苗でもガーベラが急速に組織培養苗に変わったことがわかる．わが国のガーベラも80％はオランダからの輸入苗である．しかし，組織培養苗生産のコストは人件費と光熱費が大きな割合を占めるため，次第に先進国から開発途上国へ生産が移行している．2000年現在，組織培養苗生産の中心はインド，タイ，中国などのアジア地域と中南米地域になりつつある．

表12.6 オランダで組織培養されている主な花き類
（Pieric, R. L. M. のデータより抜粋）

種類	1980年	1985年	1990年
切り花	910,500	11,420,324	21,554,667
ガーベラ	575,000	11,128,202	15,133,580
宿根アスター	0	0	1,634,840
アンスリウム	308,000	165,997	1,516,500
スターチス	0	2,000	1,185,051
バラ	0	0	1,052,500
アルストロメリア	21,000	55,500	652,000
その他の切り花	6,500	68,625	380,196
鉢物	3,118,150	17,412,580	42,539,631
ネフロレピス	0	0	17,776,600
スパティフィラム	0	0	5,380,862
アンスリウム	1,000	0	4,157,750
シンゴニウム	0	0	3,680,996
フィカス	80,000	0	3,289,975
セントポーリア	616,000	0	2,665,000
アジサイ	0	0	962,000
カラテア	0	0	883,836
コルディリーネ	1,700	0	75,010
フィロデンドロン	505,000	0	635,000
プラティケリウム	0	0	600,000
その他の鉢物	209,450	0	1,749,602
球根	563,000	5,358,740	23,937,760
ユリ	505,000	0	23,183,100
その他の球根	58,000	0	754,660
ラン	2,700,000	1,116,740	3,629,375
シンビジュウム	1,603,000	0	1,743,180
その他のラン	1,097,000	0	1,886,195
宿根草	0	0	813,700
ギボウシ	0	0	597,000
その他の宿根草	0	0	216,700

12.1.3 組織培養の特色と利用

組織培養増殖の長所：

①選抜された優良なエリートクローンを均一に増殖できる．

②ウイルスフリー苗が増殖でき，無菌条件で清潔な苗が生産できる．

③短期間に大量増殖できる．

④季節を問わず継続的かつ計画的に苗生産ができる．

⑤ビトロ内で品種や系統の維持保存ができ，ビトロで簡単に輸送できる．

組織培養増殖の短所：

①組織培養増殖できる種類は限られている．

②ラインにのっていない種類，品種はやや増殖に期間がかかる．

③増殖のための施設費と人件費，光熱費がかさみ苗単価が高くなる．

④増殖中の変異やコンタミネーションの危険が伴う．

⑤ビトロ出し直後の苗はストレスに弱く，順化活着の悪いものがある．

組織培養技術の発達は時間と労力を要する栄養繁殖系の花き苗や球根の増殖生産を革命的に変化させた．例えばよく知られているオリエンタル系ユリの品種「カサブランカ」がオランダで育成されたということを耳にしたのは1986年頃であったが，もう1992年には切り花が輸入されて日本の花店に並んでいた．これは初期増殖が組織培養で短期大量増殖されたからである．

均一な苗が短期に大量増殖されることは，その後の栽培方法も単純化されるようになった．このような組織培養苗の大量増殖生産をマイクロプロパーゲーション（micro-propagation）ともいう．

12.1.4 組織培養による苗増殖

一般に組織培養増殖といわれるものには次のものがある．

(1) 茎頂培養法 (tip shoot multiplication)

茎の生長点部分を0.1～0.5mmサイズで摘出し，無菌培地で培養増殖する方法で生長点培養ともいう．この方法でウイルスフリー株が獲得されるものもあるので，組織培養苗生産では広く利用されている．欠点としては初期の増殖率がやや低いことと，分割作業に多くの労力を要することである．

(2) 側芽培養法 (axillary shoot multiplication)

頂芽の活性を抑えて側芽の活性を促し，この側芽を摘出して培養する方法であるが，ウイルスを抜くことはできない．初期増殖は低いが変異が少ないことから短期大量増殖の目的で海外ではかなり多く利用されている．

(3) 不定芽誘導法 (adventition shoot multiplication)

植物の葉，茎，りん片などの切片を培養してカルスを誘導し，これから不定芽を形成させる手法である．培地も液体培地が使用され，特にジャーファンメンターを利用したタンク培養は，労力をかけず大量増殖が可能なので今後期待されるが，実用化はまだごく一部である．

(4) その他

この他には不定胚誘導法もあるが，まだ花き生産では利用されていない．

12.1.5 組織培養の増殖過程の概要

組織培養増殖のビトロ（無菌培養容器：vitro）内増殖を中心とする過程を技術的に次の4ステージに分けられている．

ステージⅠ：生長点，茎頂，側芽から得た外植体（explant）を消毒し，ビトロ内の無菌培地（初代培地）に置床し，組織片から植物体を分化確立させて増殖前段階に発育させる．種類によりこの段階での成功率の低いものがある．ふつう1～2カ月を要する．

ステージⅡ：オーキシンとサイトカイニンのバランスを調節した増繁殖培地に移し，個体の増殖にかかる段階に入る．種類により培地の選択や培養条件の設定が増殖に大きく影響する．芽の種類にもよるが約1カ月サイクルで分割を繰り返して増殖し続け，種類により6カ月から12カ月間分割を繰り返す．

ステージⅢ：増殖終期に達するとビトロ内でオーキシンレベルをやや高くし，発根を促す発根培地に移し発根させて順化の準備に入るステージである．

ステージⅣ：無菌条件下のビトロ内培地から有

図12.23 組織培養の培養室

図12.24 組織培養の分割室 （株）ミヨシ八ヶ岳農場（1993年頃）

菌条件下の温室内の栽培土壌に移植し，ふつうの栽培条件に順化するステージで種類により手のかかるものがある．培地はムラシゲ＆スクーグ培地が基本になっているが，対象植物や増殖目標によって微妙に組成を変えている．培養容器は硬質ガラス製のフラスコの他，ガラスビンや特殊なプラスチック製のベッセルなどが使われる．

図12.25　ビトロ内で増えたガーベラの分割作業

生長点摘出やステージⅠからⅣまでは無菌操作のできるクリーンベンチ（clean bench）内で行い，培養管理は温度制御と人工照明設備をもった培養室で行う．その他，培地の調合，機材の洗浄などの設備が必要である．組織培養増殖では常に雑菌による汚染（コンタミネーション：contamination）を防止するよう機材や作業者の衛生管理は重要である．また，増殖中の変異も常に注意する．継代増殖の初期に容器内に雑菌が侵入したり，植物に変異が起こると，増幅されて重大な損害を招くことになるから監視態勢も重要である．

12.1.6　組織培養の増殖率と順化

植物の種類，品種によって組織培養増殖ができるものと，できないものがある．できるものでも増殖率が低いか，増殖期間がかかるとコスト高になって経済生産はできない．図12.26はChu, I.（1990）による組織培養の増殖率である．30日当たりの増殖率が3倍と5倍とでは1年後の増殖数は大きく違う．実際には2〜2.5倍位が経済的な増殖率で，同一種類でも品種によってかなり違うものである．

栄養系苗生産を目的とした組織培養の基本的な増殖過程を図示すると図12.27のようになる．順調に増殖を続けて予定どおりの苗ができたとしても，ビトロから出して順化する段階で活着が悪いと高い苗になる．宿根草などの多年性花きにはこのようなものがあるが，熱帯，亜熱帯性の観葉植物やラン類の中には培養，順化の容易なものが日常的に利用されている．

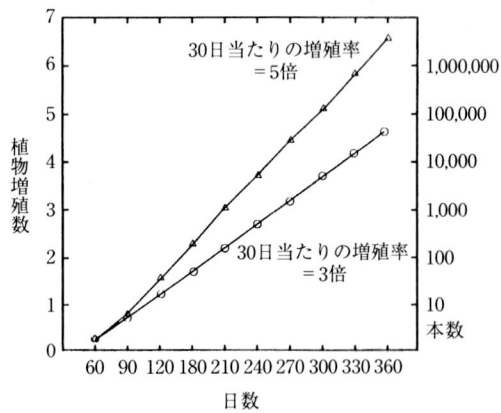

図12.26　組織培養の繁殖スケジュールと増殖率の関係（Chu, I.,1990）

12.2 花きの生産形態と技術

　花き生産では切り花，鉢物，花壇苗や花き苗生産などそれぞれの生産形態には特有の技術があって，時代とともに新技術が開発されている．これらに利用される種苗の生産は種苗企業に独占され，企業内技術として開発されてきたが，ビジネスの拡大は委託生産者も多く関わるようになったので，ここでは種苗生産の基礎的技術に触れることとした．

12.2.1 種苗生産とその技術
(1) 種子生産

　花き生産の基本は種子である．二次生産といわれる切り花，鉢物，花壇用苗生産に使用する種苗から一般家庭で消費する趣味園芸用などの一次生産が種子生産である．かつては採種栽培といわれてきたが，今は種子生産（seed production）といわれるほど生産規模や技術的にも発展している．花き種子は販売する種苗企業が自社で生産する他，委託や契約生産もしている．

　1）種子の委託生産

　生産農家は，種苗企業と契約して原種を受け取り，企業側のマニュアルや指導によって生産するが，1980年ころから種子の委託生産は採種コストの安い海外に委託されるようになった．ふつう固定種の種子は中国など，F_1種子はチリ，メキシコ，コスタリカなどで委託採種されている．

　2）採種の立地条件と種子生産

　採種は露地と室内採種に分けられる．露地採種はマリーゴールド，ジニア，サルビアなど．室内採種ではシクラメン，プリムラ，インパチエンス，ユーストマ，ストックパンジーなど単価の高いF_1種子になる．露地採種は自然の気候に支配されるので，夏から秋にかけて冷涼で寡雨の地帯が理想的である．海外ではカリフォルニアが適地で早くから種苗企業の採種が行われてきたが，最近はメキシコ，チリ，インドなどで採種されている．わが国でも北海道南部，長野県中部などが花き採種に向いていたため採種栽培が行われていたが，現在はほとんど国外に移っている．室内採種は先進国内の施設内で採られている．

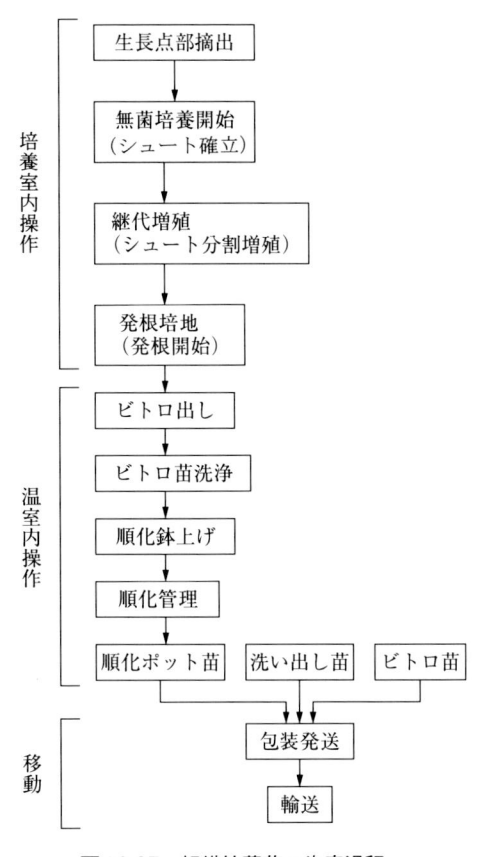

図12.27　組織培養苗の生産過程

（培養室内操作）
- 生長点部摘出
- 無菌培養開始（シュート確立）
- 継代増殖（シュート分割増殖）
- 発根培地（発根開始）

（温室内操作）
- ビトロ出し
- ビトロ苗洗浄
- 順化鉢上げ
- 順化管理
- 順化ポット苗 ／ 洗い出し苗 ／ ビトロ苗

（移動）
- 包装発送
- 輸送

3) 採種法の実際
A. 母株の選抜
　固定品種の採種は遺伝的に優良で均一な母株から採種しなければならないから，品種本来の形質を備えた個体を選ぶ．露地の採種圃場で生育から開花期にかけて，異品種や異形質な特性をもつ個体を抜き取る「抜き取り作業」を数回に分けて行う．抜き取りを厳重にすると採種量が著しく低下するので，実際にはその程度は非常に難しい．

B. 隔離
　固定種の採種は近縁系統や異品種間の風媒や虫媒による自然交雑を防ぐため，ごく少量の場合は袋掛けして採種するが，大量採種では各品種を隔離して栽培する必要がある．交雑しやすいコスモス，マリーゴールド，ジニア，ケイトウなどは最低400 m以上離し，パンジー，サルビア，ペチュニアなどは50〜70 m位離すようにする．室内採種では受粉虫の行動を制約する

図12.28　ペチュニアF_1採種の人工交配の除雄作業

ため，網や寒冷紗などで間仕切りしたり，網室や網チャンバーを使って採種するが，露地圃場では各品種を種類にもよるが一定の距離を離して植え付け，自然交雑を防ぎ，各品種の間に障壁となる作物，例えばトウモロコシや水田，森林などがあれば理想的である．

C. 人工交配
　雄性不稔株の得られない種類や室内採種で自然交配しにくいものでは人工交配しなければならない．開花直前の花弁が開いていない状態のとき，花弁を開いて雄ずいをピンセットなどで取り除く除雄（castration）をし，袋を掛ける．種類によっては花弁を除去しただけで袋掛けしないものもある．2〜3日してから花粉親の花から採集した成熟花粉を筆先につけて，除雄した花の柱頭に花粉を軽くつけ，再び袋を掛けておく．こうして成熟した莢鞘を摘んで収穫することになる．現在でもパンジー，ペチュニア，ユーストマなど雄性不稔株の見つかっていない種類のF_1採種には人工交配により採種している．

D. 雄性不稔株利用のF_1採種
　雄性不稔株利用のF_1種子についての詳細は育種の項で述べたのでここでは事例について紹介しておく．米国のカリフォルニアのロンポック地方では花きのF_1種子の採種が大規模に行われているが，中でもアフリカンマリーゴールドは雄性不稔株利用で効率的なF_1採種をしている．雄性不稔株は組織培養で増殖し図12.29のように花粉親の雌雄完全株と交互に列植する．この組み合わせでは雄性不稔株の開花が遅れ問題があるという．受粉して種子が完全に稔熟した段階で雄性不稔株を抜き取り調整すれば，F_1種子が得られる．

E. 種子の収穫
　種子が成熟したら収穫するが，手作業による摘み取りと，機械収穫がある．コストが

表12.7 主な花きの国内での採種栽培の概要と採種量

種類	播種期	植付け例	収穫期	採種法	採種量 (1a当たり)	備考
アスター	1～2月 (加温施設)	仮植後草丈10cm位で露地圃場に定植	9月下旬	摘み取り後刈取り	約20～30*l*	品種、栽培地により収量に相違がある
ケイトウ	5月上旬 (施設内)	仮植後草丈10cm位で露地圃場に定植	9～10月	摘み取り後刈取り	約2*l*	
コスモス	3月 (加温施設)	仮植後丈15cmで圃場に定植	8～9月	摘み取り後刈取り	約14～18*l*	作柄による収量差が大きい
サルビア (わい性種)	3～4月 (施設内)	同上	同上	摘み取り	約6～8*l*	摘み取回数によって収量差が大きい
ジニア (大輪種)	4月上旬 (施設内)	本葉3～4枚で仮植し丈10cmで圃場に定植	10月上中旬	摘み取り後刈取り	約16～20*l*	品種により収量差が大きい
ジニア (中輪種)	同上	同上	同上	同上	約20～25*l*	
パンジー	8月下旬	本葉3～4枚で仮植、6～7枚で施設内に定植	2～4月 (施設内)	摘み取り	約0.5～0.8*l*	品種による収量差が大きく、黄色品種は少ない
フレンチ・マリーゴールド	4月中旬	本葉3～4枚で仮植、丈10cmで施設内に定植	9～10月 (施設内)	摘み取り後刈取り	約30～40*l*	種子がかさばるので重量には重量で取引きされる
マツバボタン	4月中旬	草丈10cmで露地圃場に定植	9月上旬～下旬	摘み取り	約6～10*l*	摘み取回数により収量差大きく、特に八重は少ない

(注)この表の種類は固定品種を基準としており、品種による採種量は差がある。育種の進んだ品種も採種量は少なくなる。

かかり高品質が要求される F_1 種子はほとんど数回から数十回に分けて摘み取るが、固定品種は機械取りが多い。とくにパンジーやインパチエンスのように種子が成熟すると莢が弾けて種子が飛散するものでは、成熟直前摘み取ることになる。

主な花きの国内での採種栽培と採種量は表12.7のようになる。

F. 種子の調整、選別と品質管理

収穫した種子は委託生産者の段階で乾燥、茎葉を分離、莢皮などの莢雑物や未熟種子を除去した種子を、麻袋や不織布の袋に詰めて種苗業者に引き渡すことになる。種苗企業はこれら種子袋を種子倉庫に保管し、その後、調整選別し、品質鑑定後、販売用の小袋に分けて分別保管する。調整選別は種子選別機にかけて行い、微細種子は最終的には手作業で選別仕分けするものもある。最近は精度の高い種子調整機も開発され

図12.29 雄性不稔株を利用したアフリカンマリーゴールド F_1 種子の採種
(CaliforniaのBodger seed社)

て厳しい選別が確実に行えるようになり，鑑別や発芽試験も効果的に行い，高品質種子の調整が容易になった．種子のペレットやコーティング処理も選別後に処理される．

さらに種子の自動袋詰め機も開発され，微細種子も粒数をカウントして袋に詰められるようになった（図12.31参照）．花きの種子の量目表示は国内では容量，海外では重量という違いがある．このため容量および重量当たりの種子粒数の比較を表12.8に示す．種子の形態により容積表示では粒数が極端に減少することがこの表でわかる．もちろん重量表示でも種子の比重により差が大きくなることは避けられない．最近，種苗会社のカタログでは，種子の量目数表示はコーティングやペレットシードを含め，粒数単位で表示するものが増えている．

（2）種子繁殖系苗の生産

切り花，鉢物や花壇苗生産では自家で種子を播いて育苗しないで，苗を購入して栽培にかかる傾向が多くなり，種子系苗の生産とビジネスが急速に伸びてきた．その牽引力

図12.30　海外の種苗会社の種子倉庫

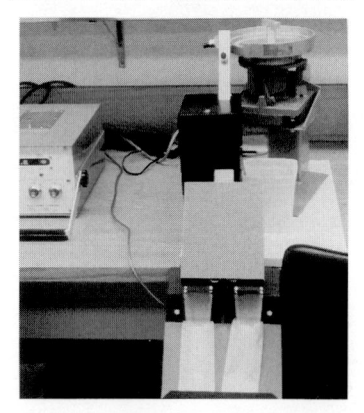

図12.31　微細種子を自動的にカウントして粒数で袋詰めする機械

表12.8　主な花きの種子の粒数と容量および重量との関係

種類	10ml当たりの粒数	10g当たりの粒数
アゲラタム	−	70,000
アリッサム	15,000	30,000
アスター	2,100	4,300
ベゴニア・センパ	−	700,000
セロシア	10,000	10,000
シネラリア	22,000	23,000
シクラメン	−	850
コスモス	400	1,800
ダリア	250	1,000
ダイアンサス	5,500	9,000
デルフィニウム	1,000	3,500
インパチエンス	11,000	15,000
ガーベラ	−	2,500
グロキシニア	180,000	300,000
コキア	−	16,000
ヒマワリ	80	−
ヘリクリサム	3,900	13,000
フレンチマリーゴールド	250	3,200
パンジー	4,200	7,000
プリムラ・マラコイデス	3,200	140,000
プリムラ・ポリアンサ	6,000	10,000
サルビア・スプレンデンス	1,200	2,600
キンギョソウ	180,000	65,000
ストック	3,100	6,500
トレニア	−	130,000
バーベナ	850	5,500
ビンカ	3,300	7,500
ジニア	200	900
ユーストマ	130,000	−

＊種子のサイズや重量は品種や採種条件によって大きく違うものがあり，ペレットなど加工種子ではかなり異なる．
上表はおおよその粒数の把握の参考である．

になったのがセル成形システムである.
 1) セル成型苗システム
 海外ではプラグシステム (plug production system) といわれるが, わが国では商標登録の関係からセル成型苗システムが使われる. 各種の装置を作業ライン化して, セルトレイに用土詰め, 播種, 鎮圧, 灌水などを自動または半自動で行う苗の播種育苗システムである. この革命的な苗生産システムは1970年代ドイツで考案され, さらに英国で自動播種機が開発されているが, 苗生産システムと

図12.32 オランダにおけるセル苗専門企業による生産状況 (ベグモ農園)

して完成し実用化したのは米国で1980年頃であった. 日本では大阪府八尾市の斉藤農場が1984年に導入して苗生産を開始しているが, 販売用のセル苗生産は1986年, 千葉県の (株) TMボール研究所が最初である. 以後急速に野菜苗も含めセル苗システムは国内に広がった. 花きでは海外の花壇苗生産が主体であったが, わが国では作付けが多く, 苗単価の高い, 切り花用のセル化苗から生産が始まり世界の注目を集めた. その後, 欧州でも日本の影響を受けてユーストマ, ストックやトラケリウム苗などが生産されるようになった.

 1-1) セル成型苗システムの特色
[長所]
①播種, 育苗の省力, 迅速化
②装置を利用した作業のライン化
③均一な苗の大量生産
④苗の計画生産
⑤施設, 装置による生産性向上とコストダウン実現
[短所]
①播種機など自動装置類の設備投資がかかる
②高性能種子など価格の高い種子を使用する
③種子1粒当たりの面積が増加する. (広い面積が必要)
④専用トレイや用土を使用する
⑤最低の専用施設と専属担当者を必要とする

 1-2) セル成型苗システム利用のスタイル
 わが国のセル成型苗システムを導入利用している様態は次のように分けられる.
①自家生産に利用する苗を自家でセル苗生産する.
②JAまたは生産者組合が運営する育苗センターで, 組合員の委託または自主的にセル苗を生産する.
③種苗企業, 苗専門業者が販売目的でセル苗を生産する.

[200] 総　論

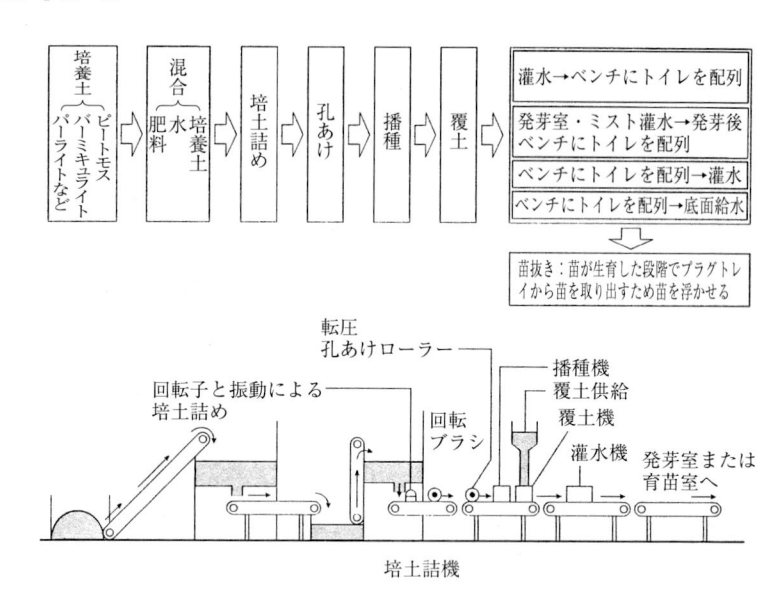

図12.33　セル成型苗生産の作業ラインの装置の基本配置と機能の概要
（日新農工産業（株）の資料による）

1-3) セル成型苗システムの作業ラインの概要と装置

　セル成型苗システムの装置の配置構成とそれぞれの作業機能のプロセスを図12.33に示す．現在では1機種で多機能をもつものも開発されているが基本は変わっていない．装置類も生産規模や目的によって選択，組み合わせを検討する．また，このラインで効率的に作業をしても，多量の播種トレイを発芽室，育苗室への運搬，栽培温室内への移動配置に多くの労力を要するので，運搬手段，通路や施設のレイアウトを考えておく．

A. 播種機

　セル成型システムの心臓部がこの播種機 (seeder) である．自動播種機の開発は面倒な手播きの作業を完全に機械がやってくれるようになった．この播種機は最初，米国で1970年頃に開発されたといわれるがその後，英国で本格的に Vandana tubeless seeder などが開発され，いわゆる自動播種機 (automatic seeder) が1970年代に開発販売されている．自動播種機は作動機能により異なるタイプがあり，導入に当たっては利用目的などから選択しなければならない．播種機には同じ種子を大量に播種するのに適するもの，異なる種類を少量ずつ播種するのに適するものによって機種を選択しなければならない．例えばコーティングやペレット化できないレギュラーシードの播種にはニードルタイプでないと播けない．

図12.34　手操作で簡単に播種できるテンプレート型の Vandana seeder

また，播種機には人手間を要する簡易なテンプレート型があり，価格も手ごろで，パートタイマーにも操作できるもの．この他，家庭用の真空掃除機を改善した手作りの半自動の播種機を工夫している生産者もいる．

A－1）作動機能別の主な機種
①ノズル型自動播種機（nozzle type automatic seeder）
バイブレーター板の上で飛び跳ねる種子をノズルで吸引して播種するもので，種子のサイズに合わせてノズルを交換する．種子の種類，播種粒数，播種精度は高く，最も

表12.9 主な手操作による省力播種機の種類と特性

機種名 （商品名）	製造元	国内販売	作動機能	播種性能	適応トレイサイズ	適応種子	その他
Berry precision Seeder	Berry Seeder Co., 米国	○	真空圧力	200-250/hr	特定シリーズ	ペチュニア以上のサイズ	ブラックモアトレのみ適応（$400位）
Vandana tubless Seeder	Growing System Co. 米国	○	電力	120/hr	特定シリーズ	ペチュニア以上のサイズ	グローイングトレイの多品目少量播種用
Vandana tube Seeder	Growing System Co. 米国	○	電力	120/hr	ほとんど可能	ペチュニア ベゴニア	多品目少量播種用（$3,000位）

表12.10 主な自動播種機の種類と特性

機種名 （商品名）	製造元	国内販売	作動機能	播種性能	適応トレイサイズ	適応種子	その他
Hamilton natural Seeder 米国	T.W. Hamilton	○	真空圧力 圧搾空気	120-400/hr	汎用 レイルで調節	普通種子 ペレットも可	（$8,000）
Blackmore Tubo Seeder 米国	Blackmore Co. Inc.	○	真空圧力	200-300/hr	汎用	ベゴニアサイズ以上	播種精度高い（$10,000）
Blackmore needle Seeder 米国	Blackmore Co. Inc.	○	真空圧力	200-300/hr	汎用	マリーゴールド ジニアも可	（$10,000）
Blackmore cylinder Seeder 米国	Blackmore Co. Inc.	○	真空シリンダー	1,200/hr	汎用		シリンダーの取替が早く少量播に可（$22,000）
Precision drum Seeder 米国	Bouldin & Lowson Inc.	○	高速真空ドラム	500-600/hr	汎用		高速で精度高くオプション多（$20,000）
Hamilton drum Seeder 米国	T.W. Hamilton	○	真空低圧空気	500/hr	汎用		（$15,700位）
Niagara Seeder	Niagara Seeder カナダ	○	真空圧力	120/hr	全トレイ可	ペレットシード デイトルマリーゴールド可	万能で低価格扱い容易（$7,000位）
Old Mill 615-3	Old Mill Co. 米国		電力	20,000粒/hr	全トレイ可		種類交換早い少量播き可（$14,900位）
Seed-Air-Matic	K & W Seederオーストラリア	○	真空圧力	120-140/hr	全トレイ可	丸，細粒子，マリーゴールド可	種子の交換早く扱い容易

注：A look at Seeder：Greenhouse Management & Production. Nov.1995
Product Profile Seeder：Greenhouse Manager. Nov.1998より作成

多く使用されている．大量少品目播種対応の機種である．
②フィーダー型自動播種機

マテリアルフィーダーで種子を一列に並べ，それを順次落下播種するシステムである．多様な種子サイズや形に対応し，播種速度は20～30トレイ/hrで汎用性がある．

③ドラム型自動播種機（automatic drum seeder）

種子を吸引する穴の明いた回転ドラム内を陰圧にして種子を吸引し，ドラムが下向きになった列だけ圧を落として種子を落下播種する高速播種の機能をもつ大量播種機である．ドラムの交換により多種類にも対応できるが，作業の小回りには不向きである．これはシリンダーシーダーともいわれる．

④ニードル型自動播種機（automatic needle seeder）

並んだ注射針状のノズルに種子を吸着させてセルに落とすもので種子の形が多様なマリーゴールド，ジニア，ガーベラなどのレギュラーシードにも適応できる．播種速度は遅いが，汎用性が広いので広く使用されている機種である．

B．セル成型苗用トレイ

海外ではプラグトレイ（plug tray）というセル成型苗用トレイは自動播種機とともにセル成型苗システムの骨格をなす資材である．セルトレイは播種，育苗容器とともに輸送容器にもなり，生産や販売単位にもなる．欧州では発泡スチロール製のトレイが主流で使用後は数回洗浄消毒してリサイクルしているが，米国や日本およびアジアではプラスチック製のトレイが使用されている．セルトレイの選択は播種種類，顧客の要求にもよるが，サイズと播種機など装置類との互換性が優先する．さらに運搬器具や温室のベンチサイズとの適応性も考慮する必要がある．トレイは幼苗が均一健全に発育するよういろいろな機能ももつ．例えばセルの排水穴から根が出ないようにするエアーブルーニングが図られているものや，トレイの中央部の苗の伸び過ぎを防ぐセルの間に通気孔を配置したヘックストレイなどがある．また，トレイの規格がメーカーによって統一されていないことも問題である．次にセルトレイの規格の一例を表12.11示しておく．

C．セル成型苗用の用土

セルはごく僅かな用土で幼苗を健全に発育させるので用土は重要な要素である．排水がよく通気のよい用土がよく，しかも機械でトレイに均一に詰められること，さらに，清潔さも大切である．現在ではほとんど各種の用土素材が適正に配合されpHやECも調節されたセル苗用の市販調整用土が使われている．Tayama, H. (1993)によるとセル成型苗の用途の化学性と肥料の最適なレベルの範囲は表12.12の組成の用土が良いとしている．用土の物理性について池田(1991)によると固相，液相，気相割合が10：65：25程度を目安とすればよいとしている．わが国で市販されているセル成型播種用土には表12.13のようなものがある．

D．セル苗生産の施肥管理

セル成型苗の調整用土は肥料が無添加かごく微量のスターターが添加されている．多くの種類に適応するためでスターターは1週間ほどで切れるからその後は薄い養液を与える．養分無添加の調整用土で発芽直後から栄養を効かせるには，チッ素添加量としてシ

表12.11 プラグトレイの規格の一例（Land Mark 社製）

タイプ		セル数	トレイの大きさ（mm）	セルサイズ（mm）		1トレイの培地容量（ml）
			タテ×ヨコ×タカサ	角型	丸型	
800	SQ	40 × 20	278 × 540 × 19.0	11.9	−	1,360
512	SQ	32 × 16	278 × 540 × 27.0	14.3	−	2,048
406	SQ	29 × 14	278 × 540 × 27.0	15.8	−	1,827
288	SQ	24 × 12	278 × 540 × 27.0	19.0	−	2,074
288	DEEP	24 × 12	278 × 540 × 45.0	19.0	−	2,880
200	SQ	20 × 10	278 × 540 × 45.0	22.2	−	2,500
128	SQ	14 × 8	278 × 540 × 54.5	31.7	−	3,520
98	SQ	14 × 7	278 × 540 × 50.8	31.7	−	3,087
72	SQ	12 × 6	278 × 540 × 45.0	31.7	−	2,016
72	R	12 × 6	278 × 540 × 39.5	−	31.7	1,587
50	SQ	10 × 5	278 × 540 × 57.0	45.0	−	4,250

注：この他国内で販売されているトレイはBlackmore Transplanter製，Growing System Inc. 製，T.L.C. 製などがある．

ネラリア，ベゴニア，プリムラなどで25 ppm，インパチエンスで100 ppm，マリーゴールド，コスモス，ジニアなどで200 ppm位が標準である．発芽2〜3週間後から薄い液肥を追肥として与える．セル成形用の調整土は人工培地に近い組成なので施用する液肥も硝酸態窒素を主体とした液肥で50〜100 ppmレベルとし，用土に添加するには種類によって表12.14のように使い分ける．

E. セル成型苗の品質管理と苗の貯蔵

生産者に販売するセル苗は次のような品質のものが要求される．

表12.12 セル苗の発芽用培地の化学性最適範囲（Tayama, H., 1993）

	最適レベル
可溶性塩類	1.0 mS/cm 未満
pH	5.5-6.4
硝酸態窒素	100 ppm 未満
リン酸	6-8 ppm
カリ	75 ppm 未満
カルシウム	250 ppm
マグネシウム	50 ppm

表12.13 主な市販のセル成型播種用調整用土の例

調整用土	製造元	主な組成	肥料その他
Metro-Mix350	Grace Ltd. U.S.A.	Peat, vermiculite, Burk Aschi,	Sand, Fertilizer Wetting Agent
Ball Plug & seedling Mix	Ball Seed Co. U.S.A.	Peat, Perlite, Vermiculite,	
Ball Asian Mix	Ball Seed Co. U.S.A.	Peat, Perlite, normal charge	
Plug Mix	Grace Ltd. U.S.A.	Peat, Perlite	微量の肥料を含む
BM-2 #622	Berger Co. （京和グリーン）	Peat, Vermiculite Perlite.	微量の肥料を含む
システムソイル-101	京和グリーン イワタニアグリグリーン	Peat, Sand, Vermiculite.	微量の肥料を含む

注：何れの調整用土も国内で入手できる．

表12.14　主な市販の液肥

肥料の名称	会社名	3成分 N-P-K	窒素の内容			備考
			アンモニア態	硝酸態	尿素態	
ピータース	スコット社(米国)	20-10-20	8.0	12.0	-	人工培地向き，Mg，Mu，B，Fe，Zn，Cu，Moを含む
〃	〃	15-11-29	2.1	8.6	4.3	カリを補給し苗を強くする 微量成分は上と同じ
〃	〃	20-20-20	4.0	5.6	10.4	苗全般用 微量成分は上と同じ
〃	〃	9-45-15	9.0	-	-	育苗後期用，出荷前にごく薄いレベルで施用
OK-F-9	大塚化学（株）	15-15-15	1.5	7.5	6.0	Mg1.5%，Mn0.1%，B0.1%，Ca5%，Fe0.1%含む
OK-F-17	〃	12-20-20	1.0	6.5	4.5	Mg1.0%，Mn0.1%，B0.1%，Ca3%，Fe0.1%含む

①各セルの苗が徒長せずしっかりした健苗であること
②トレイに保証本数が確保されていること
③発注者が希望する発育状態であること
④セル苗の根のまわりが適度であること
⑤無病，無害虫の健全な苗であること

　このような苗を生産するには，徒長を防ぐためわい化剤の処理も日常的に行われ，DIFの利用もある．出荷直前の5〜7日間はやや温度を下げてハーディングしてから出荷したい．

　顧客や輸送の都合で予定日に出荷できない時など一時的に苗トレイを貯蔵しなければならない場合がある．苗の品質を落とさず貯蔵する研究はミシガン大学のHeins, R.ら（1993）が発表しており，その一部を表12.15に示す．

図12.35　フィーダー型自動播種機の機種「ブラックモア」

図12.36　ニードルシーダーでジニアの種子を吸引播種しているところ

図12.37　苗が揃って生育するといわれるヘックストレイ

2）ポット苗やその他の花苗生産

花きで苗というと種子から育てた実生苗（seedling），挿し芽で殖やした挿し芽苗（cuttings），組織培養で殖やした組織培養苗（tissue cultured plant：メリクロン苗）などがある．最近はこれらを総称したtransplantという用語が海外で使われだしたが，まだ訳語はない．花き苗は生産者が切り花や鉢物生産に用いる生産者向けの苗（一次苗）と，園芸店やガーデンセンターなどで消費者向けに販売する花苗（二次苗）とがある．両者とも大事だが，最近ではガーデニングブームもあり後者の苗の生産やビジネスが拡大している．両者ともセル成型苗，実生苗や挿し芽苗などをポット，セルパック（カットパック）に上げたものが主体になる．

2-1）生産者向けポット苗や挿し芽苗

生産者向け一次苗はセル苗の他に，実生苗，挿し芽苗を9，10.5，12cmポットに上げたいわゆるポット苗が流通している．また，挿し芽苗も砂上げ苗の他にセルトレイに挿し芽をし発根したセル挿し芽苗も流通している．これらポット苗は種苗企業や苗専門企業が扱い，いずれも受注生産を原則としている．

2-2）消費者向け苗
（小売り販売用苗）

消費者向けの二次生産苗は，セル成型苗や実生苗，挿し芽苗など一次生産した苗を再びポット上げされて市場や，小売店に卸されるものである．二次苗は直接，消費者の購買を促すので，色を組み合わせた花付き苗をトレイに詰め，ラベルを付けて納入また最近は開花前の苗にラベルを付けて出すグリーン苗も流通している．量販店などの小売卸は事前に契約や予約をし，指定された日に指定品目，数量を納品する取引になっている．

(3) 栄養繁殖系苗

栄養繁殖系苗は生産者向け，消費者向けとも著しく拡大した．特に生産者用苗は，カーネーション，バラ，キク，シュッコンカスミソウ，ガーベラなど主要切

表12.15 セル成型苗の種類別最適貯蔵温度と最大貯蔵可能期間（Heins, R. and N. Lange 1993）

種 類	最適貯蔵温度(℃)	最大貯蔵可能期間（週数）	
		暗黒下	光照射下
アリッサム	2.5	5	6
シクラメン	2.5	6	6
ゼラニウム	2.5	4	4
パンジー	2.5	6	6
ペチュニア	2.5	6	6
ベゴニア・センパ	5.0	6	6
ベゴニア・チュベ	5.0	3	6
ダリア	5.0	2	5
ロベリア	5.0	6	6
マリーゴールド	5.0	3	6
サルビア	5.0	6	6
アゲラタム	7.5	6	6
ポーチュラカ	7.5	6	6
トマト	7.5	3	3
バーベナ	7.5	1	1
セロシア	10.0	2	3
ビンカ	10.0	5	6
ニューギニアインパチェンス	12.5	2	3

注：光照射は最小55lxとした．

図12.38 ラベル付きのポット苗

り花が栄養系苗であること，これらの品種が登録品種として国際的に保護されること，さらにロイヤルティ増殖もできることが需要を拡大した．

1）栄養系苗の生産，供給と利用

栄養系苗の生産と販売は国際的に行われている．その背景には①栽培種類，品種が共通化したこと，②品種保護が徹底し世界各地でロイヤルティーの取引きが可能になった，③苗の方が生産の省力や高齢化した生産者環境に馴染みやすいこと，④コストの安い地域で生産し，消費国に空輸で供給できること，⑤病理検定や品質管理，苗生産技術が進んだことなどが挙げられる．栄養系苗として利用の多いものは切り花ではキク，カーネーション，シュッコンカスミソウ，ガーベラなど，鉢物ではポインセチア，セントポーリア，カランコエ，ゼラニウム，ニューギニアインパチエンス，ハイドランジアなど，花壇苗にも栄養系のペチュニア，バーベナなどが増えている．現在，わが国の生産者が利用している輸入花き苗は図12.39に示すとおりその依存度は高い．気候がよく，労賃の安い中南米や南アフリカの開発途上国の産が多く，挿し穂（unrooted cuttings）や発根苗（rooted cuttings）で輸入され，穂で輸入し，国内で挿し芽をしているものもある．穂での輸入は発根苗より単価が安く，長期低温貯蔵ができるが，中南米や南アフリカからの穂は国内生産者の手に届くまで6～7日かかり，その間のムレや暗黒老化（darkness senescence），エチレン障害を受けることがある．

わが国で作付けの多い輪ギクは生産者の高齢化が進み，育苗の労力を減すため，中国，フィリピンなど海外へ苗の生産委託をする例が増えている．

このように苗の生産分業化が進み，生産者が高品質の苗を利用するようになると苗の無病化，品質管理された苗生産システムが生まれてくる．

2）増殖母株の管理と生産システム

栄養繁殖系苗は基本的にはエリートクローン（elite clone）と呼ばれる遺伝的に優良で無病の1個体から無性繁殖で多数の個体に増殖する．この核植物（nuclea plant）は遺伝的に選抜され，さらにウイルスを熱処理や茎頂培養によってフリー化して獲得する．この核

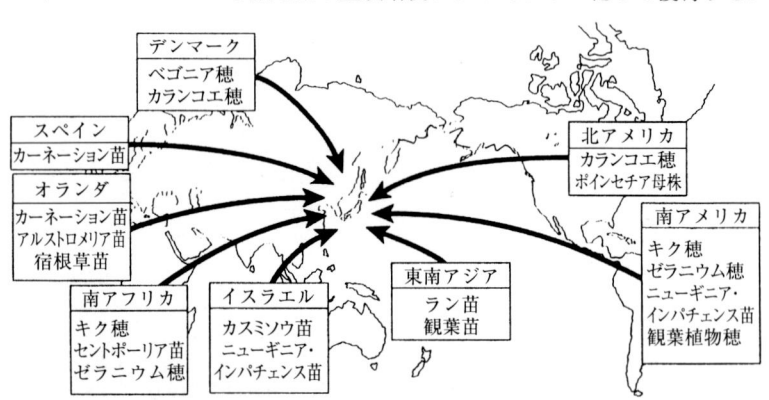

図12.39　日本に輸入されている花き苗，穂の種類と輸出国との関係

植物から挿し芽増殖した第1代目を原々種（SEという）といい，これから増殖した第2代目の個体群を原種（SE），原種から増殖して第3代目の販売苗を取る母株（EE）を得る．この母株から採穂して挿し芽発根させた苗が生産者への販売苗になる．この増殖過程では変異や病気に汚染されないよう，変異検定（開花検定）と病理検定を繰り返し行う必要がある．これをカーネーションの苗増殖のシステムで示すと図12.40のようになる．この図で（a）はウイルス検定によって獲得したウイルスフリーの核植物から増殖するもので，欧州で採用されているシステムである．（b）は茎頂培養によって獲得した原々種から増殖する方法で，ウイルス検定機関が整備されていないわが国ではこのシステムが多い．

3）苗生産における原種母株の病理検定法

自家増殖苗と苗専門生産による苗の大きな違いは，後者はこの病理検定がされた無病苗であるという点にある．無病苗の利用は減農薬にも繋がり環境負荷を軽減することにもなる．病原菌フリー苗を生産するためには，その過程で病理検定が必要である．オランダのように低価格で病理検定し，認証してくれる機関があれば問題はないが，わが国では各苗生産企業がラボを持ち自前で検定しているのが現状である．

実用的なウイルスおよびバクテリアなどの簡易迅速検定法には①生物検定，②電子顕微鏡による診断法，③血清診断法，④遺伝子診断法などがあるが，ここでは主要なものについて述べる．

a）ELISA法（enzyme linked immunosorbant assay：エライザ法）

キクやカーネーションなどの栄養系苗生産では広く利用されている抗血清法の一つである．特定の酵素と結合させた抗体を用いて試料を抗原抗体反応させてその程度により検出定量する方法である．図12.41のように二重抗体法によって低濃度のウイルスの検定が多数の検体を同時かつ迅速に検定できる．現在のエライザ法では80以上のウイルスの

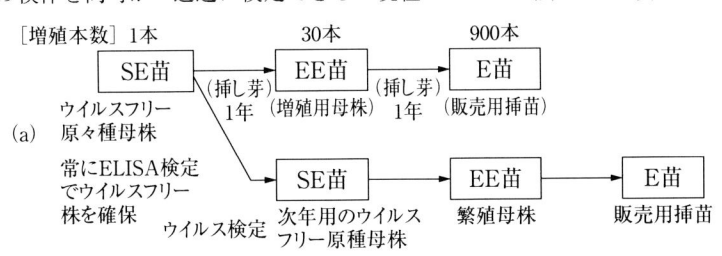

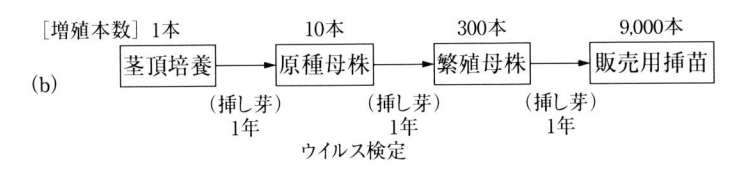

(a) 病理検定を前提とした苗生産システム（カーネーションの例）
(b) 組織培養増殖を前提とした苗生産システム（カーネーションの例）

図12.40　カーネーション苗の増殖システム例の比較

他，バクテリア，ウイロイドや病原性菌類などの検定もできる．エライザ法にはいろいろ改良した方法もあって，簡易な検定キットも海外にはある．

b) DNA探査法（DNA probe technology）

遺伝子診断法の一つで病原体のDNAをDNA探査試薬とマーカー（蛍光塗料やアイソトープ）で試料を処理しインキュベート後マーカーのレベルで測定する方法である．

c) PCR法（polymerase chain reaction）

前法より精度の高い遺伝子診断で，病原体のゲノムの検定部分を選び出し，特定の反応試薬と反応促進剤を処理して，もし病原体が存在していればゲノムの断片は病原体ゲノムと一致し反応を始める．この方法は苗だけでなく種子の検定にも利用できる．

d) DsRNA分析法

植物組織のウイルスやウイロイドを抗血清によらない分析法で試料からDsRNAを抽出し，これに処理した展開パターンのバンドから分析する方法である．この方法の特色は混合感染の検出が可能なこと，繁殖母株のダブルチェックに有効な方法だといわれている．

e) その他の診断方法

◎電子顕微鏡を用いる方法

植物の組織片や汁液を観察してウイルスの存在や形状などからウイルスの種類を特定する．

◎生物検定法

検定植物に検体試料の汁液を接種して病兆を発現させて検定する方法で，検定には時間と栽培環境を必要とする．汁液接種では感染しないウイルスについてはウイルスを抜いたフリー植物に検体試料を接ぎ木し，フリー植物の発現で検定する．検定植物にはアカザ，センニチコウ，ペチュニアなどが利用される．

4) オランダの病理検定の委託機関

大規模な種苗企業では自社で病理検定施設をもつが，それでも多種類の検定が

マイクロプレートの小管に純化した特異的抗体液を入れプレートの表面に吸着させる

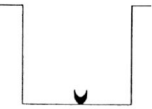

プレートを洗浄する

植物ジュースの抗原の検査液を小管に入れ抗体と結合させる（常温で24時間置く）

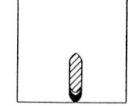

プレートを洗浄する

乾いたら酵素結合抗体を小管に入れる．30℃で3時間置く

プレートを洗浄する

小管に酵素基質を入れる（常温で1時間置く）その後マイクロプレートをマシンにかけウイルスの有無，強弱をチェックする

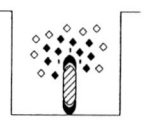

図12.41 マイクロプレートの小管の中でエライザ法による諸処理と反応の過程図（Lawson, R.H. ら，1986）

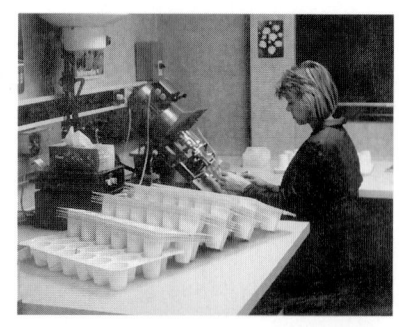

図12.42 ラボでのカーネーション苗のエライザ検定作業の状況（オランダ，ヒルベルダ社）

必要なため専門の検定機関があれば委託検定に出す．種苗を世界に輸出するオランダには種苗企業をメンバーとするNAKSという民間財団の花きの病理検定をする機関が早くからあった．1993年，花きや植木，果樹も加えた民間の基金財団の病理検定組織NAKB（Nederlandse Algemine Keuringsdienst voor Bloemisterij - en Boomkwekerijgewassen）が発足している．オランダ農漁業環境省が監督し，現在1,000以上の種苗や苗専門企業がメンバーになっている．各植物の組織培養委託，メンバー企業の衛生管理指導，生産苗が病原フリーと認定されればエリート認定証明（elite certification）を発行している．現在オランダから輸出される花きや植木苗は全てこの証明書が付いている．また，同機関は国際標準機構のISO認定も行っている．NAKBではエライザ法によるウイルス検定は1検体2～3ギルダーで行っている．

図12.43　フリー株に検体植物を接ぎ木して検定するキクの病理検定（米国のキク苗企業にて）

わが国でもこのような機関の設立を望みたい．

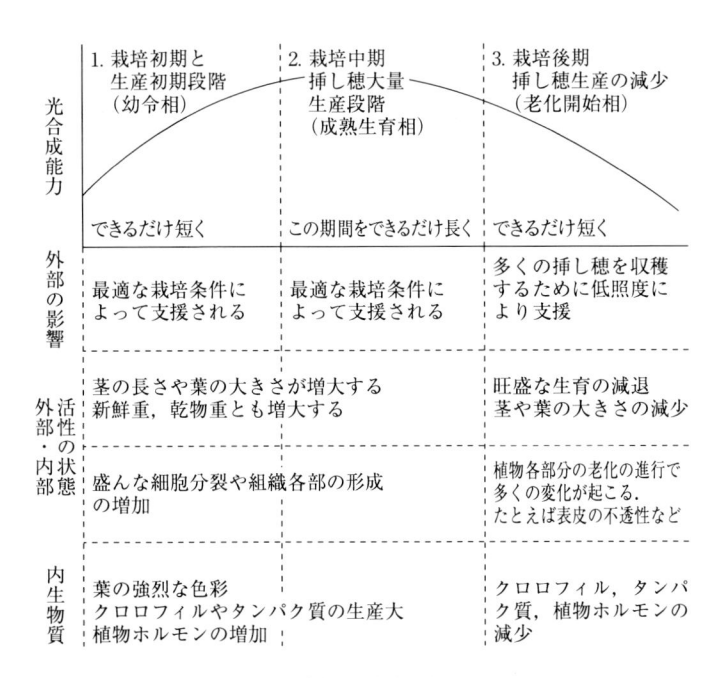

光合成能力	1. 栽培初期と生産初期段階（幼令相）	2. 栽培中期挿し穂大量生産段階（成熟生育相）	3. 栽培後期挿し穂生産の減少（老化開始相）
外部の影響	できるだけ短く	この期間をできるだけ長く	できるだけ短く
	最適な栽培条件によって支援される	最適な栽培条件によって支援される	多くの挿し穂を収穫するために低照度により支援
外部・内部の活性の状態	茎の長さや葉の大きさが増大する 新鮮重，乾物重とも増大する		旺盛な生育の減退 茎や葉の大きさの減少
	盛んな細胞分裂や組織各部の形成の増加		植物各部分の老化の進行で多くの変化が起こる．たとえば表皮の不透性など
内生物質	葉の強烈な色彩 クロロフィルやタンパク質の生産大 植物ホルモンの増加		クロロフィル，タンパク質，植物ホルモンの減少

図12.44　採穂用母株の生育と挿し穂生産の指針（Hentig, W.u.von, 1980）

5）挿し芽苗の生産と管理
5-1）増殖母株の計画と管理

挿し芽など栄養系苗は貯蔵ができないから，原則として生産者からの受注によって苗生産する受注生産である．このため増殖母株の準備は数年先を予想して苗の生産計画で母株数を割り出す．カーネーションなどは図12.40のように原々種から販売苗生産まで数年かかるから，最初の予測を間違うと大きな損失を招く．この見込み生産が栄養系苗のリスキーな部分で，数年先の予測を立て，その計画に沿って原種，母株の増殖を効率的に行う．このように年数と経費のかかった母株からより多数の穂を採取して，高い発根率で挿し苗生産しなければならない．

しかし，採穂母株は植え付け後一定期間たって採穂が開始され，苗が生産できるが，受注期のピークと採穂期のピークの一致も重要である．このピーク時に良質な穂を最大に収穫するための母株の栽培環境と条件についてドイツの研究者Hentig, W.u.von（1980）は図12.44のような栽培指針を示している．また，母株の採穂を継続し，最盛期を過ぎると老化し採穂能力や穂の品質が低下するので，採穂の有効期間は花きの種類によって差があることをHentig, W.（1982）は図12.45に示している．すなわち，アザレア，キクなどは良質な穂が採れる期間は2～4週間と短く，連続採穂するには母株の更新が必要である．この図で採穂開始期の斜線は穂がまだ未熟であり，後期の斜線はやや老化を始めている．この時期の穂は発根も悪く，輸送性も劣る．母株の穂の生産能力は肥培管理，

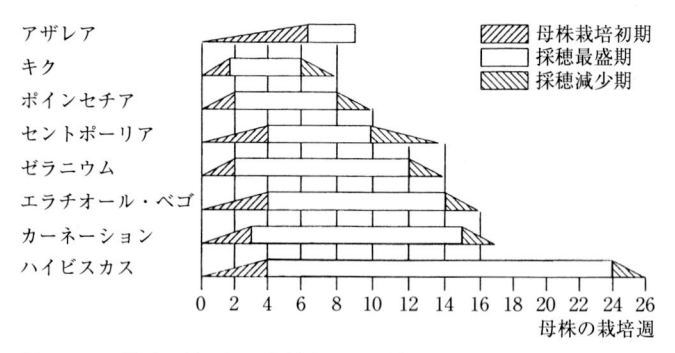

図12.45　増殖母株の採穂有効期間の比較（Hentig, W.u.von, 1982）

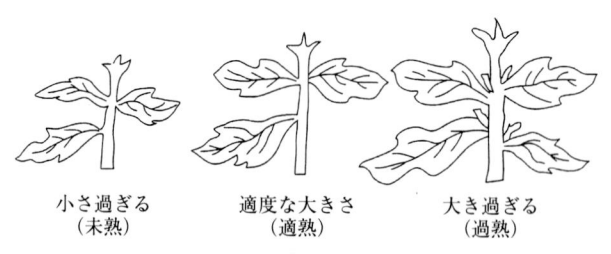

図12.46　キクの挿し穂の大きさと熟度の違い

摘心方法，採穂技術によって異なり，穂の採り過ぎは株を弱らせ，次の採穂までの期間がかかり，採穂数も減少する．このように母株の管理は一般の花き栽培とは違った視点の技術が要求される．

5－2）穂の熟度，大きさ，採穂作業

穂の熟度や大きさの均一であることが第一条件である．挿し芽した時に均一に発根し，定植後は均一に生育する苗が要求されるからである．このため採穂作業は熟度の均一な穂を採穂する．図12.46はキクの挿し穂の大きさと熟度を示したものである．未熟穂（小さく茎がやわらかい）も過熟穂（大きく茎が硬い）も発根やその後の生育が不揃いになるから良くない．最近，施設切り花は密植無摘心栽培になったこと，鉢物も一鉢に数本植えて均一な生育をさせるため均一な穂や発根苗が要求されるようになってきた．このためキクの苗生産では，作業者に図12.47のような穂取りスケールを持たせて均一な穂の採取に気配りしている．海外の採穂現場では，さらに作業者が採穂した穂の熟度や揃いもチェックし，厳重な品質管理を行っている．

5－3）発根苗や穂の低温貯蔵

実際は採穂した穂も挿し芽するまで低温で貯蔵する．穂や発根苗も顧客の指定日や輸送の関係，さらには出荷調整のため貯蔵する．発根苗より穂の方が貯蔵性がある．穂や発根苗の低温貯蔵については Corbineau, F. (1988) の研究があり，表12.16にその一部を示す．この表でキクは数カ月，カーネーションも数週間貯蔵できるが実用上ではやや短くする．

低温貯蔵は発根苗や穂の状態，貯蔵方法などにより低温障害（chilling injury）を受けることがあるので注意が必要である．

5－4）挿し芽作業と発根

苗生産では受注にしたがって挿し芽を開始し，納期に間に合うよう発根させて苗を発送する．実際は委託生産者の農場で苗生産するから受注，苗生産（穂も含む），苗の発送，

図12.47　指にスケールを挟み茎に当てて折るように取るキクの採穂作業

図12.48　各作業者が採穂した一部を秤量検査する（日本のJAが苗の生産委託しているブラジルの企業）

生産管理とビジネスは全てコンピュータで行う．挿し芽は従来，ミスト下の挿し芽床に挿し，発根苗を砂上げし袋詰めにして発送していたが，砂上げ，袋詰め作業を省力するため，最近は，セルトレイに挿し芽をし，トレイごと出荷するようになっている．この他，ロックウール・キューブやソイルブロックを用いて挿すものもある．

挿し芽は手挿しで行い，カーネーションなどの熟練者は200穴のセルトレイ1枚に150～170秒位で挿す．挿し芽用ロボットも開発されているが，品種による穂のサイズや形態の相違から人の補助を必要とし，熟練者とあまり変わらない．挿し芽の際，早く揃って発根させるため発根促進剤を処理する．発根期間はキクでは14～16日，カーネーションでは20～22日位だが品種によっても違いがある．生産分業化の進んでいる海外では早くから挿し芽苗生産の自動化が普及したが，最近は労賃の安い開発途上国に苗生産が移っている．

表12.16 挿し芽苗，穂の貯蔵温度と期間 (Corbineau, F., 1988)

種類	挿し芽のタイプ	貯蔵温度（℃）	貯蔵期間
キク	穂	-0.5～4	4～6週間
	葉切除した穂	1.0	6カ月
	発根苗	-0.5～4	3～6カ月
ペラルゴニウム	穂	1.0～3.0	2～3週間
	発根苗	1.0～3.0	<2週間
カーネーション	穂	0.5	4～6週間
	発根苗	0.5	2～6週間
バラ	穂	-1.0	6カ月
アザレア	穂	-0.5～4.5	4～10週間

図12.49 ミスト下でのキクの挿し芽
（ブラジルのオランダ苗企業）

12.2.2 切り花の生産

花き生産の中心を占める切り花は早くから生産技術が進んでいた．各技術は各論で述べてあるので重複を避け，ここでは共通の課題について述べる．

(1) 切り花の作付けと周年栽培

1) 作型の分化

かつて切り花栽培はその地域の自然環境で開花させる季咲き栽培 (season flowering culture) が中心であったが，次第に需要が拡大すると，施設栽培や開花調節あるいは品種特性（早生，晩生など）を利用して出荷期の幅を広げ周年出荷に発展した．季咲きよりやや早く開花させる半促成栽培 (semi-forcing culture)，より早く開花させる促成栽培 (forcing culture)，反対に遅く開花させる抑制栽培 (retarding culture) と栽培型が分化したが，現在はさらに出荷目標別に作型が生まれ多様に作型分化を遂げている．これは日本が南北に長く地域による気候差から作型が選択できて，トータルとして同一花きが周年出荷できることになり，それが花きの需要を拡大した．

この作型という用語は田中 (1992) によれば野菜園芸の権威者，熊沢が「作付型」を提唱し，同氏の著書で初めて使われ定義づけられたという．これが花きに使われるようになったのは1970年ころだといわれるが，現在はさらに作型が複雑に分化している．

2) 作期拡大と周年栽培

切り花業界の希望は周年安定供給で，農業的な季節生産から作期を拡大し出荷の幅を広げていった．さらには周年生産（year-round culture）によって生産を安定させる方向は施設栽培へと進ませたのである．

周年生産には同一種類を年間連続的に生産するものと，種類を組み合わせた輪作（ローテーション：crop rotation）によるものとがある．前者はバラ，カーネーション，ガーベラなど，後者は鉢物，花壇苗などが多い．

|作付けとカレンダーウィーク|

作型が分化し栽培のスケジュールが細分化されてくると，欧米で使われているカレンダーウィーク（calender weeks）の適応が便利である．すでにわが国でも国際化されている苗の受注，納期などは，ほとんどカレンダーウィーク単位で取引されている．何よりもコンピュータ入力に便利だからでもある．カレンダーウィークはその年の第1週をウィーク-1（W1）とし，12月末までの各週に番号を付け，種苗の受発注や取引月日を週単位で示すものである．作付計画や作業予定などもカレンダーウィークで表示するとわかり易い．表12.17はスプレイギクの周年生産スケジュールの植え付け週と開花時週との関係をカレンダーウィークで示したものである．また，表12.18は，その1作の栽培スケジュールをカレンダーウィークで示したものである．セル成型苗や栄養系苗の注文も現在ではカレンダーウィークになっているから栽培スケジュールもそれに合わせるようになる．

（2）切り花の栽培管理

1）一般管理

1-1）苗の移植と定植

播種した小苗を育苗段階で植え替えることを移植（transplanting）または仮植という．従来は育苗で必ず行う作業であったが，セル成型苗利用によってこの段階は特殊なものを除き省略されるようになった．

表12.17　スプレイギクの周年生産スケジュールの例（日本北部適応）

植付け 週番号	全成育 期間：週	短日 期間：週	開花 時期：週	植付け 週番号	全成育 期間：週	短日 期間：週	開花 時期：週
1	13	9	14	39	12	8	51
2	13	9	15	40	12	8	52
3	13	9	16	41	13	9	2
5	12	9	17	42	13	9	3
6	12	9	18	43	14	9	5
8	11	8	19	44	14	9	6
9	11	8	20	45	14	9	7
10	11	8	21	46	14	9	8
11	11	8	22	47	14	9	9
12	11	8	23	48	14	9	10
13	11	8	24	50	14	9	11
14	11	8	25	51	14	9	12

注：(株)キリンビールの資料による．

圃場や栽培床に苗や球根を開花または収穫まで生育させる目的で植え付けることを定植（set planting）という．定植は作物の生育様相と管理しやすいような植栽方法で植え付ける．露地圃場では図12.50のような条作り（畝）とし，開花時に倒伏しやすい種類では両側に針金やビニル紐を張って支柱をし2〜3条植えとする．また，施設栽培では管理と生産性からほとんど平床植え（bed planting）である．その作物の発育様相に応じた間隔で植え付けるが，単位面積当たりの収量など生産性も考慮した植栽間隔（次項参照）で植え付ける．2〜3条植えや平床植えは点滴チューブな

表12.18 スプレイギク栽培スケジュールの例

週番号（日付）	栽培作業内容
W 10 (3/7)	定植
W 10 (3/7)	電照開始
W 13 (3/28)	摘心
W 16 (4/18)	遮光開始
W 22 (5/30)	摘蕾
W 26 (6/24)	収穫開始

注：日付は参考までに示した．

どの自動灌水もしやすい．しかし平床への苗の定植は長時間，無理な姿勢で作業をするので作業者に大きな肉体的負担を与える．このため球根では構造の簡単な球根植え付け機が早くから開発された．またキクでも自動定植機が開発されているが汎用性が少なく普及していない．

1－2）定植の間隔

切り花栽培では定植の植栽間隔（planting spaces）は単位面積当たりの収量と品質に大きく影響する重要な要因である．収量を高めるため間隔を詰め過ぎると品質が低下するので生産者は定植する際，植栽間隔に悩むところである．栽培種類によっては摘心して数本の茎を立たせる仕立て方では茎立ちが違ってくるのでさらに難しい．切り花の植栽間隔に関する研究は，コンピュータなどで単位面積当たりの収量や品質を予測する上で今後は重要になるが，最近はこの分野の研究はほとんどされていない．そのためここでは古い研究データに頼る他はない．佐本（1976）がキクの植栽間隔と仕立て本数の違いにより$3.3m^2$当たりの茎立ち本数を比較したデータは表12.19のとおりである．すなわち3.3 m^2当たり220本植えで1本立ちと，73本植えの3本立ちでの茎立ち本数はほぼ同じになる．このように単位面積当たりの仕立て本数の違いは切り花の品質に大きな影響がある．佐本の研究ではさらに図12.53のように単位面積当たりの仕立て本数が少ないと上質の茎数割合が高いが，反対に密植になると明らかに等級の低い茎の割合が多くなる．オランダの施設園芸では，単位面積当たりの収量増加とローテーションを増やすため，無摘心密植植えが広がり，収穫も機械化できるからである．わが国でもスプレイギクや輪ギク，ユーストマでは密植無摘心栽培への関心は高い．

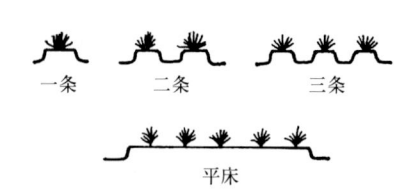

図12.50 条作りと平床作り

表12.19 植栽間隔と仕立て方を変えた場合の$3.3m^2$当たりの茎立ち数の比較例
（切り花キク，佐本1974）

$3.3m^2$当たりの茎立ち本数		1株の仕立て本数		
$3.3m^2$当たりの栽植密度（本数）		1本	2本	3本
220株 (25×6cm)		220	440	660
110株 (25×12cm)		110	220	330
73株 (25×18cm)		73	146	219

図12.51　手作業による小苗の移植作業

図12.52　自動移植機による苗の移植

1－3）摘心と側枝かきと摘蕾

切り花栽培では摘心（pinching）も重要な作業である．摘心によって一株から数本の茎立ちになり，摘心時期をずらすことにより開花期も調節できるからである．摘心の方法には茎の頂部の若い部分を摘むソフトピンチ（soft pinching）と，頂部からやや下がって茎が硬くなった部分で切除するハードピンチ（hard pinching）とがある．前者は茎の軟らかい節間のつまった部分で切除するから側枝はよく揃い立ち数が多い．後者は立ち数が少なく，茎はやや段違いに伸びる．また，摘心は1回だけでなく，萌芽した二次側枝を摘心する2回摘心もある．カーネーションなどは1回目の摘心後，二次側枝は伸びる茎だけを摘心する半ピンチがある．着蕾すると茎上部の側枝や側蕾が発生し，これを除く摘蕾，摘芽作業も労力を要する．最近の育種ではこの側枝が出ない品種もある．

1－4）支柱やネット張り

切り花栽培で露地および施設内とも茎が伸びるものは倒伏を防ぐため支柱立てやフラワーネットを張る．フラワーネットはポリエチレン製で桝目の大きさや種々の規格があるので，植栽間隔に合わせた規格のネットを張る．平床に数メートルおきに支柱を立てこれでネットを支え，丈の高い種類はネットを2～3段に張るものもある．

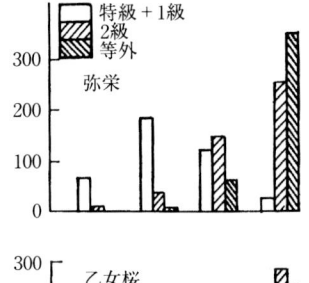

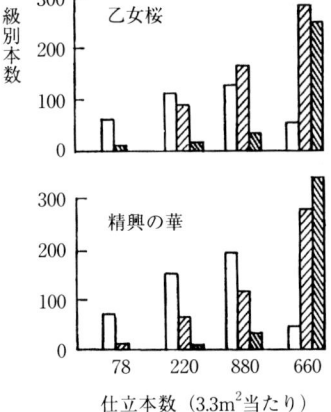

図12.53　仕立て本数を異にするキクの等級別収穫本数割合の比較（佐本1974）

2）切り花の特殊栽培

切り花栽培は露地および施設内とも土耕栽培（soil culture）であったが，省力と効率化のため土耕以外にいろいろな培地を用いた栽培が増えてきた．それらのいろいろな培地

を用いた栽培を板木（1966）は図12.54のように分類している.

ここでは全て述べることはできないので代表的な水耕のNFTシステムとロックウールシステムを紹介する.

2－1）NFTシステム

英国のCooper, A.J.（1973）が開発したNFTシステム（nutrient film technique）は他に先駆けて園芸生産に実用化された．細長いチャンネルの中に，ごく薄くフィルム状に培養液を流し，そのチャンネル内に根を張った植物に吸収させる方式である．この方式には培養液を掛け流すシステムと循環させるシステムとがある．基本的な構造とレイアウトは図12.56と図12.57のようになる．NFTシステムの特色は，栽培期間が短く次々とローテーションでこの設備を利用する種類に適応し，次に述べるロックウール耕は，反対に一作が長期間で一度作付けると一年以上はそのまま栽培するものでなければ採算がとれない．NFT耕の特徴は次のようになる.

①消毒も作付けの間に簡単にできる．養液を通すチャンネルがプラスチックフィルムなどの簡易資材のときは栽培植物体とまとめて処分できる.

②循環系のNFTシステムでは，循環中に養液の蒸散によるロスが多少あるがその補充はきわめて少量で経済的である.

③NFTシステムは植物生産のオートメーション化の可能性が高く，養液の標準化，調整管理などが中心部分で系統的，自動的にでき，さらに養液の供給とそのコントロールも機械的，自動的に操作できる.

④養液の循環再利用するシステムでは，その養液の消毒方法が大きな問題になる.

2－2）ロックウール耕システム（rockwool culture）

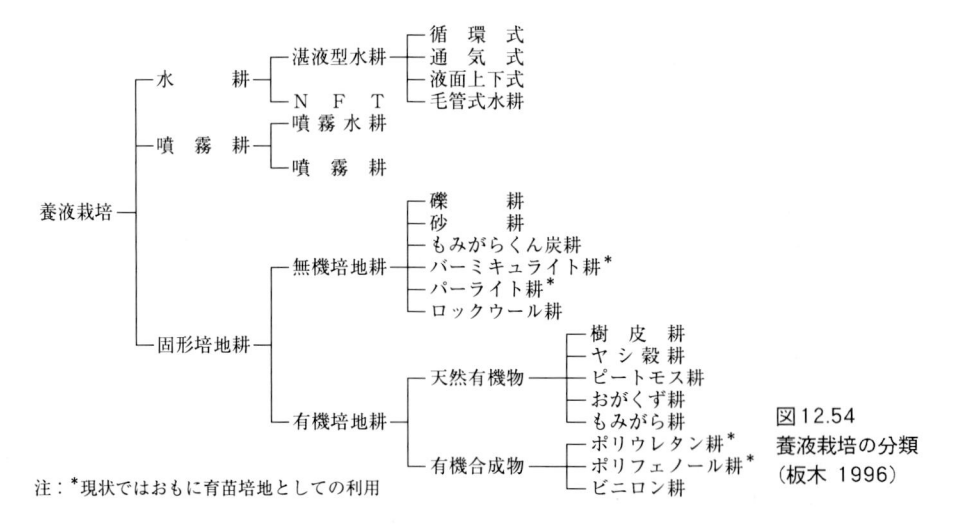

ロックウールは玄武岩，輝緑岩などの天然の岩石や製鉄の際できるスラグなどを1,500℃以上の高温で溶融し，その後いろいろ処理して繊維状物体に成形し，一定の大きさに

図12.54 養液栽培の分類（板木 1996）

注：*現状ではおもに育苗培地としての利用

12. 花きの生産技術 [217]

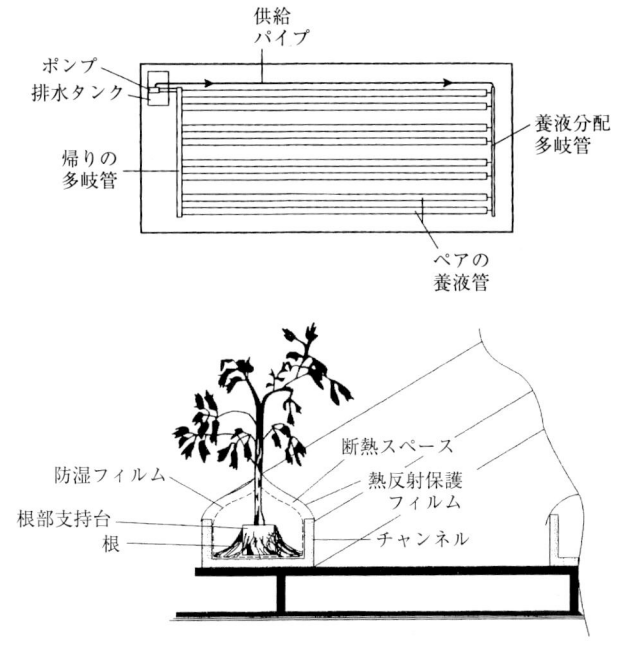

図12.55 NFT耕システムの養液循環のレイアウト (Nelson, P.V. 1991)

図12.56 NFT耕システムの基本構造の例 (Nelson, P.J. 1991)

切断したキューブ（cube），スラブや細かいチップとした製品になっている．主成分は珪酸カルシウムでpHは中性，化学性の活性はなく，繊維の固形部は3〜5％位で，ほとんどが孔隙で空気で満たされている．しかもしっかりした固形培地で容易には崩れない．ロックウールは工業用が多いが，園芸栽培には園芸用ロックウールとして製造されたものを使用する．ロックウールはデンマークで1950年頃に開発され，1970年頃からデンマークやオランダで利用が始まり，次第に世界に拡大した．オランダでは1980年，ロックウール耕の面積は180 haであったが，1988年には2,000 haに達した．オランダではガーベラの80％はロックウール耕である．わが国でも1985年頃から普及し，バラ，ガーベラ，カーネーションなど利用されている．ロックウール耕の概要はロックウールスラブをつなげシルバーのポリエチレンフィルムで包み，スラブの上面に植物を植えたロックウールキューブを一定間隔で置く．ロックウー

図12.57 ガーベラのロックウール栽培（オランダ）

ルスラブに細い点滴チューブを配って間欠的に養液を供給する．養液供給方法もわが国の場合，掛け流し方式が多かったが養液の経済性と環境問題から次第に循環方式に代わっている．

3) 養液管理

水耕やロックウール耕では養液の調整管理は重要である．現在はマニュアル化しているから簡単に操作できる自動給液装置が広く利用されている．栽培中の養液のpHやEC，各成分のレベルのチェックと補充など種類や生育段階でマニュアルどおりに操作する必要がある．初めてロックウールを使用するときはロックウールスラブやキューブの浸漬と酸処理は時間をかけて行う．培養液のpHは種類にもよるがふつうは5.5，ECは1.0を標準とする．養液の調整は使用する水によっても違う場合がある．

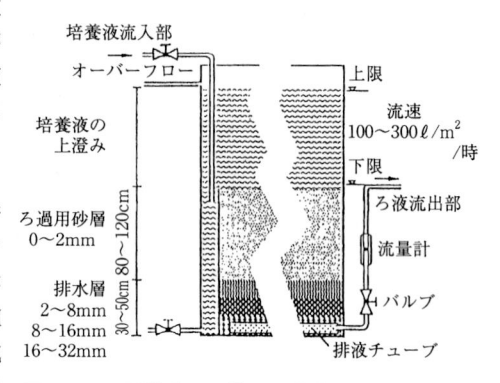

図12.58 緩速砂ろ過装置の構造（池田1996）

4) 循環養液の消毒法

養液の循環を成功させるには養液の消毒方法にかかっている．これは養液栽培に限らず，閉鎖型循環システムやプール灌水でも同様である．循環養液の消毒法には①加熱法，②紫外線照射法，③オゾン処理法，④透過膜によるろ過法，⑤銅や銀イオン処理法などがあり，装置などに相当の経費がかかる．現在は緩速砂ろ過法（slow sand filtration system）が普及している．原理は水道水の浄化法と同じで砂をフィルターとして養液や水をゆっくり浸透させ，その過程で固形物を除去し，砂の上層に形成される微生物層で病原菌やイオンなどを除去するものである．装置の構造は図12.58のような簡単なものである．

12.2.3 鉢物生産

(1) 鉢物および容器の種類

鉢物（potted plant）は一種の容器で栽培するもので，地床に植え付けて栽培する切り花などとはその管理方法が大きく違う．容器内の用土から水や栄養管理まで全て毎日，人手間の管理に頼らざるを得ない点が大きく異なる．このため鉢物栽培では省力の必要性から装置化，機械化が進んでオートメーション生産に近づいている．

1) 鉢および容器の種類

鉢および栽培容器を含めコンテナ（contanier）とも呼ばれるが，これらは栽培から出荷，観賞まで通して使用するものと，栽培用と出荷，観賞用と用途が分かれているものとがある．栽培でも育苗に用いられるポリエチレンポットの他に硬質プラスチック製のプラ鉢があり，観賞用には瀬戸などの陶器製の鉢もある．以前には粘土を焼いて製作した素焼き鉢や駄温鉢もあったがほとんど姿を消し，最近は素焼きに近い観賞鉢のテラコッタも市販されている．

育苗には通称ポリポットというポリエチレンポットがわが国では広く用いられており，

12. 花きの生産技術

これをカゴトレイに並べてトレイ単位で栽培されている．トレイに自動的に並べる装置のポリポットサーバーも市販されている．プラスチック鉢は用途により形状，大きさ，色も違う種々なものが市販されている．鉢のサイズも従来の素焼き鉢の規格が使われ，鉢上部の内径の寸法（尺貫法）もほぼそのまま号数またはセンチで表している．鉢の材質もプラスチック製，陶器製の他に同じプラスチック製でも土中で自然に分解する生分解性ポットやパルプ，ピート製鉢などがある．鉢にはこれら単体の他にユニット状に連結した鉢もあり，その他，ハンギングバスケット，観賞用の大型なもの，街路に配置する鉢容器，ウインドウボックスなど鉢容器からコンテナへと容器の概念は広がっている．

図12.59 プラスチックトレイに詰めたポリポット

2）鉢上げ，鉢替えとその作業

鉢容器に苗トレイや苗床から苗を植えることを鉢上げ（potting），小鉢や中鉢から上のサイズの鉢に植え替えることを鉢替え（repotting）という．鉢上げは幼苗や挿し芽発根苗の植え付けで注意深い扱いが必要だが，セル成型苗ではこの部分がゼロになる．鉢替えは小鉢で根の廻ったものをやや大きいサイズの鉢に植え替えるもので能率よく植え替えるのがポイントである．ドイツの園芸作業研究の権威者 Stoffert, G.,(1991) は鉢替えの改善方法について比較研究しているが，ここで一部を図12.60に示す．①から②は手作業，③，④は機械（ポッティングマシンなど）によるもの，⑤，⑥はソイルブロックや用土塊を利用した簡易な省力方法を比較している．それぞれ作業効

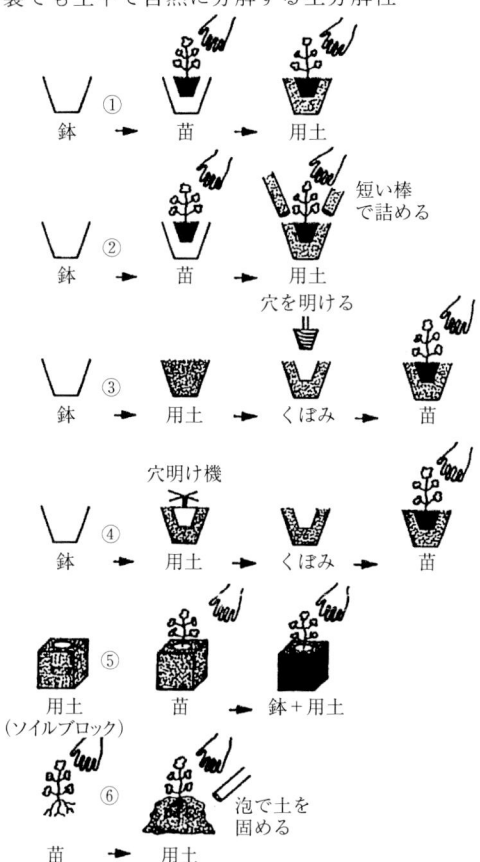

図12.60 苗の鉢替え作業の6手順の比較
（Stoffert, G.,1991による）

率，設備投資額，生産コストなどが大きく違い，それぞれの栽培種類や規模に合わせて選択しなければならない．手作業の栽培手順の他に，セル苗を自動移植機やポッティングマシンで③，④の作業に接続すると連続システムになって効率的に作業ができる．

　大量の鉢替え作業は連続した集中作業になる．雇用労力で鉢替え作業を効率的に行うには図12.61のような鉢替え作業デザインで行う．鉢替え作業ラインを連続かつ持続的に稼動させるためポットのトレイ詰め，用土の準備補給，苗の準備補給，鉢上げしたトレイの運搬などの小作業を密接に連携して有機的に作業する．このような集中作業は作業室で行うもので，関連資材なども近くに保管し絶えることなく，連続的に補給できるレイアウトが基本になる．

3) 鉢物の仕立て方と摘心，整枝など

　鉢物では同一種類でも，栽培者の販売戦略，保有する技術レベル，経営規模などから仕立て方を選択し，組み合わせて生産することが多い．鉢物の仕立て方の基本は鉢サイズで，同一品種でも図12.63のように鉢サイズの違いから商品性や用途も違うことがわかる．次には1本植えと，寄せ植え，さらに無摘心，摘心栽培の違いがある．また，中，小鉢のポリエチレンポットで栽培し，出荷の際にプラスチック製化粧鉢にすっぽり入れて出すものもある．鉢サイズや仕立て方の違いは施設内のベンチなどの単位面積当たりの収容鉢数が違い，販売単価を計算すると大鉢より小鉢の方が単位面積当たりの収益が高いことがある．しかし，これらの選択は生産者の独断を避け，消費者ニーズや売れ筋商品情報を把握して生産出荷する．

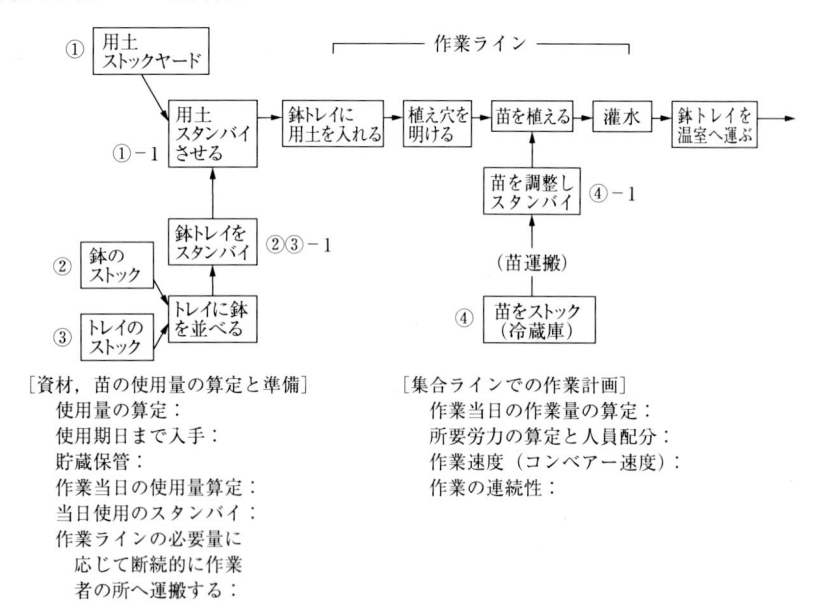

図12.61　鉢替えの集中作業を連続稼動させる小作業との連携デザイン

4）鉢物栽培のスペーシング

栽培中の鉢を並べる間隔は鉢物栽培では極めて重要なポイントである．施設内になるべく多くの鉢を収容したいことと，詰め過ぎて徒長し品質を落として単価が下がることの兼ね合いだからである．発育に応じて鉢の間隔を広げるが，これを鉢広げまたはスペーシング（spacing）という．横への発育の早い種類は最初から十分間隔をとるが，遅いものはやや詰めてもよい．要は発育に応じて鉢の間隔を広げることだが，灌水チューブなどを配ってあるとスペーシング作業は労力を要する．手灌水，灌水マット，プール灌水はこの点気配りする必要はない．スペーシングと鉢物の品質とは強い関係があるから良質生産には手まめにスペーシングしなければならない．生産鉢数が多いとどのような手順で行うかも必要労力に関係する．ムービング・ベンチ・システムでは鉢広げ機能の装置もある．また，小鉢はトレイ詰めで栽培するが，株の発育に応じてトレイ中の鉢を間引いてスペースをとる．

図12.62　ポッティングマシンによる鉢替え作業（オランダ）

5）その他

鉢物の管理では灌水，施肥，環境調節，生長調節剤処理などいろいろな課題があるが，それぞれの項目で述べてあるので省略する．

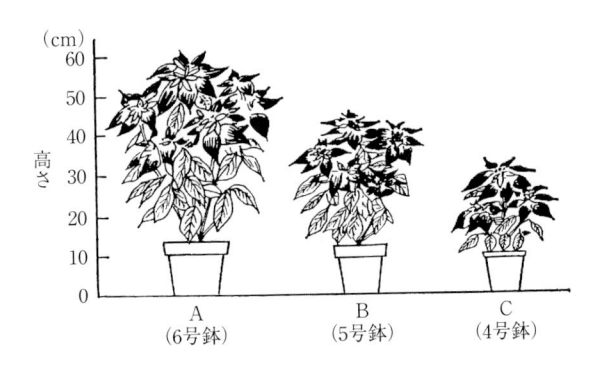

図12.63　ポインセチアの摘心時期を変えた草丈，草姿など仕立て方の違い

12.2.4　花壇用苗の生産

（1）花壇用苗の栽培管理

花壇用苗は園芸店，ガーデンセンターやホームセンターなどで販売する家庭需要と，公園や緑地，テーマパーク花壇などの造園需要とがある．花壇用苗は一年生花きが主力であったが最近は栄養系の宿根草など多年生花きも増え，ハーブや野菜苗もこの中で取り扱われている．従来は鉢物経営のローテーションの一貫として作付けられてきたが，最近では花壇苗専作の生産者に代わり，経営規模も大きなものやグループ生産，地域生産が生まれている．

花壇用苗の特色は春,秋の需要期と夏,冬の非需要期に明確に分かれていること,需要期の天候が売れ行きや花き苗の取引に大きく影響する.

また,消費者の需要が多様なことと,販売側も特異性を出そうとするため取引種類や品種が多様化し,1経営体で200〜500品目も生産している例も少なくない.

1) 作付けと栽培管理

花壇用苗は栽培期間が短く,耐低温性のものが多いから,露地や無加温か簡易暖房のハウスで栽培できるため簡単に経営に入れる特色がある.さらにセル成型苗の利用や,自園でのセル苗生産も経営を容易にしている.しかし多種類少量生産型になり,それらを無駄なく生産し販売する技術と営業力が必要である.とくに販売先が量販店などになると計画的な安定生産,品質の均一性,受注や契約に沿った計画生産ができる能力を要求される.

図12.64 コンベヤーラインの流れ作業でセル苗をポットトレイに鉢替えをする花壇用苗

2) 苗の植付け

花壇用苗の生産では苗の植付けと出荷が最も労力のいる山場になる.契約取引では納期が決まっているから苗の植付けも予定通りしなければならない.苗の植付けを予定通り行うには,効率的に行うため手順の工夫や装置の導入も考える必要がある.苗の植付けも大量になると作業ラインを組んで集中作業的に行う.(図12.64参照)

3) 育苗管理

花壇用苗は均一かつしっかり生育させるためには生育の適正な調整用土の使用,均一な水と栄養管理など(生産技術の項参照)に努力する.苗は温度に敏感に反応するから温度管理も気が抜けない.花壇用苗は出荷後,変化した店頭環境に置かれるので棚持ちの良い商品が要求される.このため出荷4〜5日前から順化させて出荷するようにしたい.

4) 出荷に向けての作業と,発送のロジスティクス

花き市場向け出荷には花の咲き具合,大きさ,向きなどを揃えさらに花色を組み合わせてトレイに詰めるから,多くの労力を要し生産のネックになっている.この選別と揃える技術の良し悪しが取引相場に影響する.各ポットに種類別のラベル付けも結構手間がかかる.量販店取引では仕入れ単価はやや低いが花が付く前のグリーン苗をラベル付きで出荷する場合もある.花壇苗の出荷は次第に市場外流通に移行して購入側の受注品目,数量などを組み合わせて納期に分荷発送しなければならないから,これらを確実に作業できるシステムを構築することが必要である.実際ピーク時には出荷件数が多くなるからこのロジスティクス作業を確実かつ効率的に行うにはコンピュータの力も借りることになる.

12.3 花き生産の共通的技術

12.3.1 植物生長調節物質の利用

植物生長調節物質（plant growth regulators）は，ごく微量で植物の生長や開花に影響を与えるもので，植物体内で生合成される植物ホルモン（plant hormon）と，人工的に合成されたものがある．園芸作物では，これらを利用して生長や開花を調節する化学調節（chemical control）も重要な技術になっている．

(1) 主な植物生長調節物質

1) オーキシン（auxin）

植物の生長を促す物質として最も早く発見された物質で，Kogl, F.（1931）が人尿中から天然オーキシンとしてインドール酢酸（IAA）を分離した．同様な作用のあるNAA（α-naphthalene acetic acid）やIBA（indolebutyric acid）などが合成され，生長の促進，抑制や発根促進などに利用されている．

2) ジベレリン（gibberellins）

1926年，黒沢がイネの馬鹿苗病菌の培養液中に生長促進物質の存在を認め，その後，薮田・住木（1938）がその本体を単離しジベレリンと名付けた．さらに遊離体で80種，結合体で10種近くが発見され，発見順にGA_1, GA_2などと付けており，園芸上では茎の伸長促進，開花促進，発芽促進，休眠打破などにはGA_3が利用されている．

3) サイトカイニン（cytokinins）

1954年，Skoog, F.らが発見した細胞分裂を促す物質で，植物の発育全過程で重要な役割をもち，その本体はカイネチン（kinetin）と呼ぶ．この後カイネチンと類似の生理活性をもつ有機化合物が見出され，ベンジルアミノプリン（6-benzylamino purine：PBA），ベンジルアデニン（benzyladenine：BA）なども含めサイトカイニンという．作用性は細胞の分裂と肥大，発芽促進，葉や側枝の発育促進，根の伸長抑制など，花きではPBA200ppm散布がカーネーションの分枝を促し（コロラド大学），BA, PBAの1,000～2,000ppm散布によってバラの分枝数を増加した（Carpenter, 1974）などの報告があり，BAは広く利用されている．

4) アブシジン酸（abscisic acid：ABA）

Addicottら（1965）が発見した脱離促進物質で，休眠誘発，老化促進などの作用性をもつ他，オーキシン，ジベレリン，サイトカイニンに対し拮抗的な作用もする．ABAを散布してバラの休眠を打破した（Cohen, 1974）とか，ペチュニアの開花を抑制した（Cathy, H. 1974）などの報告がある．

5) エチレン（ethylene：C_2H_4）

エチレンは植物の生育を阻害するガスとして考えられてきた（ガスの項目参照）が，最近は植物ホルモンとして認められるようになった．エチレンの作用性は広く，器官の老化，茎の伸長抑制，休眠打破，雌雄花の誘導，開花促進などの作用をもつ．エチレンは気体で利用しにくかったが，エセフォン（ethephon, 商品名エスレル：ethrel）がエチレン発生剤として市販され処理しやすくなった．エスレル300ppmがキクの発根を促進した

(Shanks, J. 1970) 報告があり，アナナス類ではエスレルの 500～1,000 ppm の葉面散布や 150～250 ppm の葉筒注入処理が開花促進として実用化されている．小西 (1982) は夏ギクの発蕾するころ下部に発生する吸枝に 1,000 ppm のエセフォンを 1～2 回散布して休眠を誘導して早期開花を抑制し，良質の切り花を得る促成栽培プログラムを可能にしている．また，土屋 (2000) は夏秋ギクの品種「岩の白扇」にエセフォン 200 ppm を 10 日置きに 3～4 回散布し開花を抑制する作型開発を研究している．

6）生長抑制物質（growth inhibitors, growth control substance）

種子や芽の発芽，茎の伸長，分枝などを抑制する物質や休眠を誘導する物質を生長抑制物質といい，この中で茎組織の細胞分裂，肥大を抑制するものをわい化剤（growth retardant）といい，花き栽培では広く利用されている．わい化剤は鉢物に処理して一時的に草丈を抑えて品質や付加価値を高めるため利用されたが，不適当な処理や花き商品の品質保証などの問題もあり，最近は苗の生長の一時停止，徒長防止，茎の伸長調節など生産技術面での利用に移行している．また，わい化剤は販売権や安全性などもあり国内では限られた薬剤しか入手できない問題もある．特に花きで利用されているわい化剤には次のようなものがある．

6−1）Bナイン（B-nine, Aler, SADH : daminozide : N-dimethylaminosuccinamic acid）

1967 年ころからわが国で使用されている最も古く，広く利用されているわい化剤である．水によく溶け，ほとんど薬害がなく茎葉散布が有効でキクや花壇用花きなどに使われている．0.25～0.5％の濃度で散布され，効果は 3～4 週間持続する．

6−2）サイコセル（Cycocel, CCC, Chlormequat, : (2-chloroethyle) trimethyl ammonium chloride）

わが国では 1970 年ころから効果についての研究が始まり実用化した．水溶性で茎葉散布や土壌灌注でわい化効果がある．ポインセチア，ユリ，ゼラニウムで効果が高く，持続性は 3～4 週間，ハイビスカスは特異的に長期間効果が持続し，ジベレリンで効果を解除できる．Bナインやアンシミドールに比べやや薬害がでやすい．ジベレリン生合成阻害作用があり，いわゆるアンチジベレリン作用がある．

6−3）アンシミドール（スリートン，A-Rest, ancymidol : (α-cyclopropyl−p-methoxyphenyl)-5-pyrimidinemethanol）

1970 年米国で発表され，わが国へは 1978 年登録が取れて使用されるようになった．ふつうは液状で，BナインやCCCに効果のなかった植物にも有効だというので期待されたが適応植物は少ない．処理は茎葉散布，土壌灌注とも有効で，米国ではポインセチアなどには今も利用されている．これもアンチジベレリン作用をもつ．

6−4）スミセブン（ゼロセブン，ウニコナゾール Sumagic, : uniconazole P : (E)-(S)-1-(4-chlorophenyl)-4, 4-dimethy-2-(1,2,4-triazol-1-1-yl)-1-pentan-3-ol）

1985 年ころ住友化学が開発したわい化剤で，適応植物の範囲は広いが，適応処理濃度の幅が狭く，適応範囲を越えると薬害が出やすい．処理は茎葉散布，土壌灌注とも有効

である.しかし,Bナインやアンシミドールに効果のない種類にも効果がある.ツツジやシャクナゲなどではわい化効果の他花芽分化が早まり,着蕾数が増加する.アンチジベレリン作用をもつ.

6-5)ボンザイ(Bonzi,パクロブラトラゾール= paclobutrazol, : 2RS, 3RS-β(4-chlorophenyl)-α-4,4-dimethyl-2-(1H-1,2,4-triazol-1-1thanol)

1990年前後,当時の Sandoz Crop Protection Corp. より発売された新しいわい化剤で,わが国では1994年ころから発売され,広く使用されるようになった.ウニコナゾールに似た構造式の化合物で多くの花に効果があるため世界で使用されている.わが国でもBナインとともに最も多く使用されているわい化剤である.茎葉散布,土壌灌注のいずれも有効である.

6-6)その他

この他生長調節物質とはいえないが,植物の生育や生理に影響するいろいろな物質が発見され利用されている.その中で化学摘心(chemical pinching)は茎葉散布して生長点の生育を停止させ側枝の発生を促すものである.米国ではオフ・シュート・オー(off-shoot-O)が市販されているが,わが国ではアトリナール(Atrinal, Atrimmec, dikegulac sodium : (1 - methylethyidene)-α-L-xylo-2-hexulofuranosonic acid)が市販されている.アザレアの摘心などは多くの労力がかかるが,これら薬剤の散布でそれを代行できる.生垣の刈り込みなども機械刈り込み後,この薬剤を散布すると整形を持続できる.

図12.65 ビンカ苗出荷時の色揃え作業
(札幌,北光園芸)

図12.66 主なわい化剤の構造式

(2) 生長調節剤の利用と処理方法

花き栽培では次のような目的で生長調節剤が利用されている．その具体的な処理方法などは本文各項で述べてあるので参考にされたい．

1）主な利用

次のような処理が花きでは利用されている．

休眠の打破や誘導：種子，球根，宿根草や花木の休眠打破や誘導に利用．
発根の促進：NAA, IBAなどを挿し芽するとき処理して発根を早め，発根が困難なものを発根させる．
側芽の発生促進：分枝や基部からのシュートの発生促進．
伸長促進：草丈の低い種類や短い丈で開花させない伸長促進．
草丈のわい化：わい化による品質向上や徒長防止．
開花調節：開花の促進，抑制．
着蕾数の増加：茎頂部や花房の花数を増やす．
品質保持：老化抑制，老化延長など．
摘心・摘蕾：薬剤による摘心，摘蕾で省力．
落花防止：花弁や花房が脱落しやすい花の落花防止．

2）処理方法と注意事項

生長調節剤はホルモン系のように処理濃度が最適濃度では促進し，それより高いと抑制する可逆的な作用性をもつ．処理濃度や処理環境によって薬害を生ずることもあり，花きでは致命的な障害になる．このため対象植物の処理方法や濃度については事前に調べておき，品種間差のあることも知っておく．このようなわい化剤の作用性の研究は少ないが，橋本（1982）の研究は示唆に富んでいる．また，処理条件とその反応については Barrett, J. E.（1990, 1993, 1994）らが研究して参考になるデータを示している．特に処理方法は植物体への成分吸収に関係するので重要である．図12.67はキクに対するウニコナゾールの処理方法とわい化効果をみた研究結果の一部である．この薬剤では土壌灌注より茎葉散布の方がややわい化効果は高い．しかし，葉面に塗布したものはほとんど成分が吸収されていないが茎からは吸収されていることがわかる．

図12.68はゼラニウムの品種間でわい化効果に違いがあることがわかる試験結果である．図12.69は水分ストレスとチッ素レベルの違いがボンザイのわい化効果に違いがあることを示した試験結果である．このようにわい化剤の反応は環境や栽培条件によって違うことを理解すべきである．

化学薬剤は単に何ppmで処理すればよいという簡単なものではない．栽培規模が大きくなると薬剤処理で致命的な大被害を受けることがある．それぞれのハウス，時期で効果は

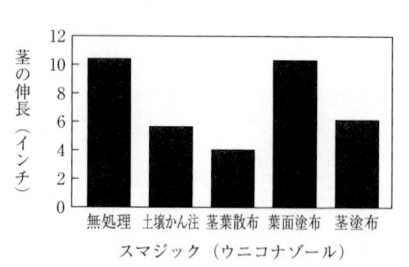

図12.67 キクに対するスマジック処理方法による茎の伸長の違い（Barrett, J. E., 1994）

微妙に違うから，新しく処理するには一隅の少数に処理し，薬害がなく所定の効果が得られたら全体に処理する気配りが必要である．

わい化剤を含む生長調節剤は法律的には農薬で農薬取締法で規制されている．花きに登録されていない調節剤は使用できない．従ってわが国で登録されているわい化剤を所定の濃度，処理方法に従って処理することが基本である．2003年3月に農薬取締法が改正され規制が厳しくなった．海外から個人的に輸入した薬剤や正規の業者以外から購入すると違法になる場合がある．薬剤の安全性から今後は有効な薬剤は絞られてくると予想される．

以下，参考までに生長調節剤とわい化剤の処理の実用的な方法例を表12.20，12.21で示す．

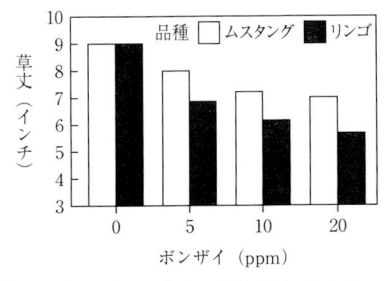

図12.68 ゼラニウムの品種違いによるボンザイの効果の違い (Barrett, ら 1993)

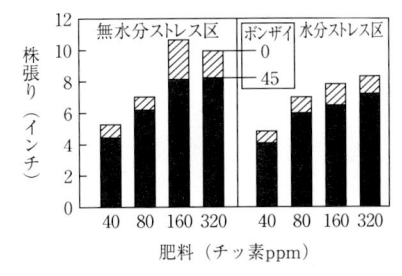

図12.69 水分ストレスの有無とチッ素レベルの違いがペチュニアのボンザイの効果に及ぼす影響 (Barrett, J.E.ら 1990)

表12.20 主な花きの生長調節剤の実用的処理方法の一覧

植物名	目的	薬剤名	処理方法	処理濃度など	処理時期	摘要
アザレア	低温代償	GA_3	葉面散布	250 ppm	入室後毎週3回散布	やや自然低温にあわせた場合
	着蕾増加	BA	葉面散布	0.4%	新枝が6cm位伸びたとき	
アナナス	花成促進	エスレル	葉筒に潅注	20 ml/株	2年生株に処理	処理後6ヵ月で開花
シャコバサボテン	着蕾増加	BA	茎葉散布	100〜200 ppm	短日処理開始後10日目に処理	季咲きでは9月下旬に処理
カラー	開花率増	GA_3	球根浸積	50〜100 ppm	植え付け直前	エリオチアナ種
シクラメン	開花促進	GA_3	茎葉散布	3〜5 ppm	9月下〜10月上旬処理	
ゼラニウム	開花促進	BA	茎葉散布	50〜100 ppm	〃	
		GA_3	茎葉散布	5〜10 ppm	蕾が見え出したとき	
チューリップ	開花促進	GA_3	滴下処理	400 ppm	ノーズ長7〜8cmのとき1ml滴下	超促成のとき有効，ブラインドも減少
ブーゲンベリア	落花防止開花促進	NAA	全面散布	50 ppm	出荷2〜3日前	
球根ベゴニア	落花防止	トマトトーン	蕾に散布	50倍	開花前日	花は15日以上もつ
デルフィニウム	落花防止	STS剤	吸水処理	1,000液	出荷時5時間処理	切り花処理

表12.21 主な花きにおけるわい化剤の処理方法一覧

区別	種類名	有効薬剤	処理方法	濃度	処理時期	薬害の程度	他の有効薬剤	摘要
一年生	ケイトウ	ボンザイ	茎葉散布	200倍	鉢上げ後10日位のとき		Bナイン	品種により差がある
	インパチエンス	ボンザイ	〃	200倍	鉢上げ後10日位	−		品種間差大
	コスモス	ボンザイ	〃	200倍	〃			
	ジニア	Bナイン	〃	0.6%	播種後20〜30日後	−		
	ヒマワリ	Bナイン	〃	0.5%				
	ペチュニア	Bナイン	〃	0.3%	播種後50〜60日後			
多年生	キク	Bナイン	茎葉散布	200〜400倍	摘心後7〜10日後	−	ゼロセブン CCC アンシミドール	
	エラチオールベゴニア	スリートン	潅注	0.5mg/鉢	出荷前60日ころ	−		
	カーネーション	ボンザイ	茎葉散布	200倍	摘心後10〜14日後			
	マーガレット	ゼロセブン	〃	50ppm	摘心後2週間後	+		
	ダイアンサス	ボンザイ	〃	5〜20ppm	〃			
	ハボタン	ボンザイ	〃	200〜400倍	幼苗時と鉢上げ後の2回処理			
	ニューギニアインパチエンス	ボンザイ	〃	40〜80ppm	鉢上げ摘心後7〜10日後			品種間差大
球根類	ダリア	Bナイン	茎葉散布	0.3%	本葉2, 3枚ときから2回処理		CCC ボンザイ	
	テッポウユリ	アンシミドール	潅注	0.25mg/鉢	茎長10cmのとき			
	カノコユリ	ボンザイ	〃	80ppm	〃			
花木類	ハイドランジア	Bナイン	茎葉散布	0.5%	摘心後4週間目	−	アンシミドール	品種間差あり
	ポインセチア	CCC	〃	3,000ppm	摘心後2週間後	++		
	ホクシャ	ボンザイ	〃	1,000倍	生育中			
セル苗	インパチエンス	ボンザイ	茎葉散布	4ppm	本葉2〜3枚ときに1〜2回処理			
	ケイトウ	ボンザイ	〃	4ppm	〃			
	サルビア	ボンザイ	〃	4ppm	〃			
	マリーゴールド	ボンザイ	〃	12ppm	〃			
	パンジー	ボンザイ	〃	4〜12ppm	〃		Bナイン ボンザイ	
	ペチュニア	Bナイン	〃	2,500ppm				

注1.：以上の表は多くの試験結果から抜粋したもので試験条件は異なり，ここに示す適応薬剤や処理濃度，処理方法はあくまで基準を表示したものである．
注2.：セル苗は発芽後間もない時期に徒長防止に処理するもので安全を優先させた処理である．
注3.：薬害の程度は－は品質にほとんど影響がなく，＋は処理方法や状況により薬害のでることがある．

12.3.2 病害虫の防除

　花き生産でも病害虫の防除は環境問題や生鮮品の品質評価の面から防除に対する姿勢が非常に変わってきている．

(1) 病害虫防除と環境問題

農作物の栽培では度々病害や害虫に悩まされ、病虫害防除（disease and pest control）は農園芸栽培では欠くことのできない管理として、従来は定期的に薬剤散布して予防に努めてきた。しかし、最近は環境問題、減農薬の観点から栽培を清潔にして病害虫を出さないようにし、発生しても農薬に頼らず、最低限の農薬で防除する方向に移行している。ここでは21世紀の花き生産に向けてこのような視点から病害虫防除を述べる。

わが国は図12.70のように世界的に見ても農薬使用量の多い国になっていた。地球環境の保全から農薬使用の削減や低毒性農薬の使用など、環境に負荷を与えない農園芸へと栽培環境は変わってきている。しかし現実は農薬耐性をもつ病害虫や海外から侵入する新病害虫などに苦慮している。このような状況下では今後、農薬使用の化学的防除以外の方法を、すなわち耕種的・物理的・生物的防除も含めた総合的病害虫・雑草管理（IPMともいう：integrated pest management）が必要である。

(2) 作物と生産環境の清潔性

従来見落としてきた作物自体と栽培環境の清潔性（sanitary）が病害虫防除の第一歩だと考える。まず栽培環境に病虫害に汚染された植物、資材などを持ち込まないところから始まる。もちろん作業者も有力な汚染物のキャリアであることを忘れてはいけない。折角、無病苗を植えて、土壌消毒をしても、あとから汚染させては意味がない。露地圃場でも茎葉の残渣や汚れた資材の一部などが散らばっているのは汚染の始まりである。特に施設内は、植物残渣や資材ゴミなどの処理、戸外から運搬器具や作業者が持ち込む泥なども汚染の原因になる。植物を植えた鉢やトレイは汚れた地表には絶対に置かない。一度使用した資材類は作業の合間に洗浄し、物によっては消毒して再使用に備えておく。作業者にも作業の前後には手を洗うよう指示し、特に戸外の泥に触れたり汚染の心配があるときには必ず手を洗い、着衣も清潔にするよう指導する。もちろん作業者のための清潔なトイレ、更衣室、手洗い場などを用意し、経営者や監視者も植物や施設、資材の清潔性に気を配る。

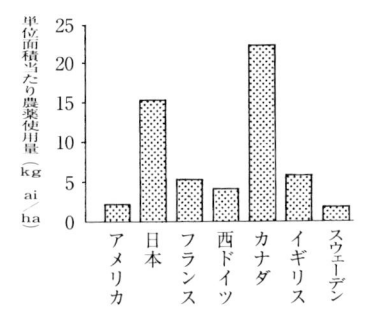

図12.70　1980年代の初め主要国の農薬使用量（単位面積当たり）（根本の資料より，1998）

図12.71　シクラメンの花弁に発生したアブラムシ

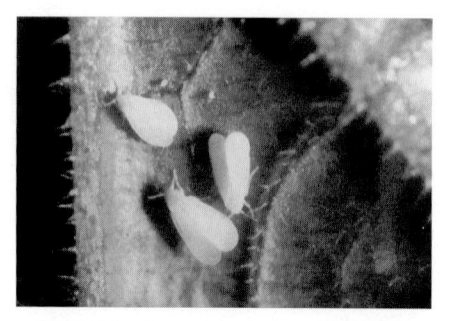

図12.72 オンシツコナジラミ（阿部氏） 　　図12.73 害虫の発生をモニタリングもできる粘着トラップ

（3）病害虫防除の方法

農薬による防除が主体であったが，これからは次のような農薬以外の防除法も重要である．
- 化学的防除：農薬による最もふつうの防除法．
- 耕種的防除：輪作，休閑による感染の回避，忌避植物の利用，無病苗の利用，栽培環境や施設資材の清潔性など．
- 物理的防除：捕殺，侵入遮断，粘着捕殺，吸引捕殺，人工光による誘殺．
- 生物的防除：天敵利用，フェロモン利用，不妊虫放餌など．
- 遺伝的防除：抵抗性品種利用など．

（4）病害虫の種類と化学防除

農薬による病害虫の防除は，発生初期にその病害虫の種類を特定し，それに適応した防除をしなければならない．これを間違うと防除できないばかりか農薬の無駄使用になるから早期発見，早期診断が極めて重要となる（図12.74参照）．また，実際の防除作業に関わる作業者の安全性も大きな課題である．

1）病害の種類とその特性

A．細菌による病害

細菌（バクテリア：bacteria）による病害は斑点細菌病，萎凋細菌病，軟腐病などの他，バラの根部が肥大する根頭がんしゅ病も細菌による．病原細菌は病株の遺体，土壌中で生息し適温は20～30℃で土壌消毒が防除の決め手になる．農薬による防除は困難で抗生物質殺菌剤または銅殺菌剤による防除が主となる．

B．糸状菌類による病害

糸状菌類（Fungi）は一般に「かび」といわれ，胞子，菌糸，菌核などで越冬し伝染する．花きの病害の中で最も多いものである．

図12.74 施設内の所々に鉢植のムギを配置しアブラムシ発生の指標にしている（オランダで）

a) 灰色かび病

花きでは多く発生する病害でボトリチス病（*Botrytis cinerea*）ともいい，葉，花，花柄に発生し，水浸状から拡大して不整形の褐色病斑になり，病気が進むと茎葉が萎れ，ひどくなると枯死する．被害部には毛足の長いかびが生え，灰色の分生胞子を出す．日照が少なく，低温高湿のときに発生しやすい．

b) 斑点性病害

葉に斑点を生じ，ひどくなると葉全面が侵される斑点病，葉枯病，黒星病，炭そ病などがある．いずれも病原菌は異なり「かび」の仲間であるが，前記細菌性の斑点病に類似するものがある．*Septoria* 菌によるキクの斑葉病や褐斑病，*Alternaria* 菌によるカーネーション斑点病，*Diplocarpon* 菌によるバラ黒星病などがある．低温多湿や密植したときなどに発生しやすい．

c) さび病

葉裏に小さい隆起した白い斑点（胞子堆）が現れ，大きく広がる．キクの白さび病（*Puccinia horiana*）などは品種による抵抗差があり，発生もしやすく，欧州に渡来して未だに Japanese rust といわれ怖がられている．同様にキク黒さび病（*Puccinia tanaceti*）や褐さび病（*Phakopsora artemisiae*）もあり，カーネーションのさび病（*Uromyces dianthi*）も品種によって発生しやすい．この他シャクヤク，ユリ，アスターなどにもさび病が発生する．さび病の多くは病斑に見える胞子堆が適温で発芽し小生子を形成し飛散して伝播する．発生初期に罹病葉を除去するだけでも効果がある．

d) 菌核病

茎の途中または地際部が灰白色になり葉が萎れ，ひどくなると病斑部に白い菌糸またはかびを生じ，茎の表面にネズミのフン状の菌核を形成する．菌核病は多くの種類を侵し，菌核で生存するため中々防除しにくい．

e) 立枯れ性病害

主に植物の土壌中の傷などから侵入し導管部を侵し上部を立枯れ状態にする病気で罹病すると枯死し，花きで多い病害である．土壌伝染性のため土壌消毒以外に対処法はない．カーネーションの萎凋病（*Fusatium oxysporum*）など代表的であるが，*Rhizoctonia* や *Pythium* 菌などによる立枯れ性病害もある．播種して発芽直後の幼苗が地際からくびれて枯れる苗立枯病（damping-off）もこれらの菌によるものである．

C. ウイルス

植物ウイルス（plant virus）はリボ核酸（RNA）とタンパク質が結合した核タンパクで，大きさは20〜1,000 nm（ナノメーター）位で生きている細胞内で増殖する．感染した植物はモザイク，黄化，萎縮，えそ，奇形などを呈する．伝染は接触の他

図12.75 クリスマスカクタスの栽培温室で天敵放飼によるアブラムシ防除（デンマークで）

昆虫，小動物などで伝播する．現在，数百種のウイルスの存在が確認されている．ウイルスを防除する有効な薬剤はなく，病原ウイルス罹病株でも，細胞分裂の盛んな生長点付近の組織はウイルスに侵されていない部分があり，この部分を摘出し無菌環境で増殖する茎頂培養でウイルスフリー植物を得ることができる．ウイルス病の識別検定は111頁で述べた．

花きで多く感染するウイルスとしては；
　CMV（Cucumber mosaic virus）がガーベラ，ペチュニア，パンジーなど．
　TMV（Tobacco mosaic virus）がガーベラ，ペチュニアなど．
　TRV（Tobacco rattle virus）はアスター，スイセン，ヒアシンスなどに発生．
　CSVd（Chrysanthemum stunt viroid），CLV（Carnation latent virus），DMV（Dahlia mosaic virus），などがある．

また，最近はトマト黄化えそウイルス（TSWV：Tommato spotted wilt virus）がミカンキイロアザミウマを中心に他の10数種類のアザミウマによって伝播し問題になっている．キク，ガーベラ，アスター，シネラリア，インパチエンスなどに発生している．同様にインパチエンスえそウイルス（INSV：Impatiens necrotic spotted virus）もアザミウマ類で伝播し，1997年，フロリダでユーストマへの感染が確認されている．ユーストマのウイルスはわが国でTSWVの他8種が確認されている．

D．その他
　花きではこの他ウイルスより防除しにくいウイロイド（viroid）やファイトプラズマ（Phytoplasma）などがある．ウイロイドは米国で1945年に発見されたが，その後キクの病的わい化を起こすキクわい化ウイロイド（CSVd：Chrysanthemum stunt viroid）は，わが国でもスプレイギクなどに発生し今後問題になることが予想されている．

　2）害虫の種類とその特性
　植物を侵す害虫としては昆虫の他に，線虫類や小動物も含めたものを個々では害虫として扱うこととする．昆虫のように変態時期により害の与え方の違うものもあるが，ここでは害虫の食害特性により大別する．それは生態や行動，防除薬剤，方法も異なるからである．

A．食害性害虫
　咀嚼口をもち，茎葉，花や蕾の他根部を食害する害虫で，昆虫の幼虫のヨトウムシ（cabbage armyworm），ハスモンヨトウ（tabacco cutworm）やハマキムシ類（leaf roller）や非昆虫のナメクジなどもこのグループに入る．いま問題になっているマメハモグリバエ（leaf miner）もこの仲間で，防除薬剤としては食毒剤が有効である．

B．吸汁性害虫
　吸収口をもち葉や茎，ときには花弁の汁液を吸収し，次第に植物を弱らせる害虫グループである．一般に形態が微細なため初期発見が遅れ被害が拡大することが多い．繁殖力が強く，短期間で成虫になるため，被害植物に卵，幼虫，成虫が混在するので薬剤防除がしにくいものがある．アブラムシ類（aphid）などは花きで最も発生しやすく有性，無性で繁殖し移動性も高い．ハダニ類（mite）も種類が多く，多食性で根絶しにくい害虫であ

る．さらに微細で肉眼では認識できないホコリダニ類もある．ダニ類は殺ダニ剤でないと効果がなく，ダニ類自体も薬剤抵抗性をもちやすいため薬剤利用のローテーションも必要である．カイガラムシ類（scale）も粉状物質や，ろう物質で体を覆い薬剤防除の困難な害虫である．種類も多く多様な形態，生態をもち，植物に長期間寄生して汁液を吸収して弱らせる点でダニ類とはやや異なる．従って生育期間の長い観葉植物，ラン類，サボテン，花木類など多年生植物に着生しやすい．1974年，広島県で発見され，わが国に侵入が確認されたオンシツコナジラミ（white fly）も移動性をもち短期間に世代を繰り返し旺盛に増殖し，多食性で大量発生すると防除しにくい．ポインセチア，ガーベラの他多くの植物に付く．ハウス周辺の寄生雑草からハウスに侵入することが多い．さらに1989年にはより防除しにくいタバココナジラミ（シルバーリーフコナジラミともいう）が侵入している．両者とも有効薬剤は限られ，最近，不妊化するリボンも開発されている．

いま問題になっているアザミウマ類（thrips）も微細で敏速に移動し，生長点に近い新芽や新葉の間に入って汁液を吸収するのでその後の発育は奇形，異常化する．海外から新しく侵入した種には防除しにくく，中にはウイルスを媒介するものがあるので注目され，キク，カーネーション，ユーストマ，シクラメンなどに発生が多い．特にミナミキイロアザミウマ（1978年侵入），ミカンキイロアザミウマ（1990年侵入）も最近問題になっている．TSWVやINSVウイルスをミカンキイロアザミウマが媒介し，他のウイルスも10数種のアザミウマが媒介しているといわれている．

C．寄生性害虫

植物の組織内に寄生し，植物の栄養を吸収しながら生育を衰えさせたり，組織を破壊するもので線虫（ネマトーダ：nematodes）などが代表的であるが多数の種類が存在する．大きさは0.5mm前後の小動物で根，葉，芽に侵入して被害を与える．根にコブを作るネコブセンチュウ，根を腐らせるネグサレセンチュウ，球根を腐らせるクキセンチュウ，シストセンチュウなどがあり，葉に侵入するハガレセンチュウもある．ハガレセンチュウは一部地上の植物体で越冬するが，多くは土壌中で生息し世代を繰り返している．防除は熱消毒の他殺線虫剤を用いる．施設内では防除しやすいが，露地圃場では輪作などで回避する．

3）農薬の種類と作用機構

農園芸作物の病害防除に用いる薬剤を農薬（pesticide）というが，農薬取締法ではその他に殺そ剤，除草剤，生長調節剤から天敵など生物農薬も含めている．ここでは狭義の農薬で殺菌剤（fungicide），殺虫剤（insectcide）とに分ける．殺虫剤には殺ダニ剤（acaricide）や殺線虫剤（nematicide）が含まれる．

A．殺菌剤

殺菌剤はウイルスを除く各病原菌の治癒効果はあまり期待できず，病原体が植物に侵入するのを防ぐ予防効果と蔓延防止が主体である．このため発生初期の使用効果が高い．殺菌剤には使用法の違いから液剤散布用の水和剤（wettabe powder granule）と乳剤（emulsifiable concentrate），粉末のまま散布する粉剤（dust），粒状で土壌施用処理する粒剤（granule），くん蒸させて使用するくん蒸剤（fumigant）がある．さらに土壌中の病原菌

をくん蒸, またはガス態で処理する土壌消毒剤 (soil disinfectant) もある.
現在使用されている主な殺菌剤は表12.22のものがある.

B. 殺虫剤

殺虫剤は害虫に対する毒性の作用機構から, 接触剤 (contact poison), 食毒剤 (stomach poison), くん蒸剤 (fumigant) などがある. 接触剤は薬剤が虫体に付着すると表皮や気門から侵入して毒性を現すから, 直接虫体に薬剤がかかるように散布しないと効果はない. 食毒剤は毒剤ともいわれ, 虫の口器から摂取, 消化器に入って毒性を表すので, 薬剤が茎葉に付着して一定期間効力が持続されていることが条件である. しかし, この薬剤の中には土壌施用して根から成分を吸収させて茎葉を通して虫体に入る浸透移行性 (systemic action) の土壌施用剤 (soil sterilization chemical) もある. 液剤散布ではかかりにくいものなどに有効である. くん蒸剤は気化した薬成分が虫の気門から侵入し毒性を表すもので, 施設内の防除に限られる. 薬剤には接触性と食毒性の併用された薬剤もある.
殺虫剤はこのように毒性の作用機構の違うものがあるから, 害虫の特性に合わせた作用機構をもつ薬剤を使用しないと効果はない.

4) 農薬による病虫害防除法

病虫害の発生を見たら初期の内に発生部分から薬剤散布し, 農薬使用を最低限に抑えて防除する環境と安全面を考慮した方法がとられるようになる.

病害虫の監視と診断

病害虫を確実に防除し, しかも環境や安全を守るには発生の監視と診断システムをもつことである. 監視システムは病害虫の発生を目視による観察と, 粘着トラップに付く

表12.22 花きで使用する主な殺菌剤一覧表 (花き類 (草本植物)・観葉植物グループに登録)

殺菌剤の一般名	殺菌剤の商品名	使用法
イミノクタジン酢酸塩・ポリオキシン水和剤	ポリベリン水和剤	茎葉散布
イプロジオン水和剤	ロブラール水和剤	茎葉散布
キノキサリン系水和剤	モレスタン水和剤	茎葉散布
キャプタン水和剤	オーソサイド水和剤80	茎葉散布, 土壌灌注
ジェトフェンカルブ・チオファネートメチル水和剤	ゲッター水和剤	茎葉散布
シフルフェナミド・トリフルミゾール水和剤	パンチョTF顆粒水和剤	茎葉散布
ジフルメトリム乳剤	ピリカット乳剤	茎葉散布
炭酸水素カリウム水溶剤	カリグリーン	茎葉散布
チオファネートメチル水和剤	トップジンM水和剤	茎葉散布
バチルスズブチリス水和剤	ボトキラー水和剤	茎葉散布
ポリオキシン水和剤	ポリオキシンAL水溶剤	茎葉散布
マンネブ水和剤	エムダイファー水和剤, マンネブダイセンM水和剤	茎葉散布
メパニピリム水和剤	フルピカフロアブル	茎葉散布
DBEDC乳剤	サンヨール	茎葉散布
トルクロホスメチル水和剤・同粉剤	リゾレックス水和剤・リゾレックス粉剤	土壌灌注・土壌混和
フルトラニル水和剤	モンカットフロアブル40・モンカット水和剤	株元散布・種子粉衣
ダゾメット粉粒剤	ガスタード微粒剤, バスアミド微粒剤	土壌灌注
メタラキシル粒剤	リドミル粒剤2	土壌表面散布
クロルピクリンくん蒸剤	ソイリーン, ドジョウピクリン, ドロクロール	土壌くん蒸

12. 花きの生産技術 [235]

害虫の種類と密度などの観察により病害虫の発生と，種類を特定する．わからないときは試験場や専門機関に問い合わせて病気や虫の種類を確認するように努める．最近は粘着トラップ（害虫トラップ：insect traps, sticky traps）を使用している生産者も増えているが，捕殺だけではなく，粘着した虫の種類や密度により種類の特定と発生程度を知るモニタリングとしての利用がある．たとえば施設内の四隅にトラップを吊るしておくと，接着する虫の密度により外部からの侵入方向がわかる．さらにこのトラップを7～10日置きに着生頭数を計測すると発生密度が確認でき，一定密度以上になれば防除にかかる．オ

表12.23 花きで使用する主な殺虫剤一覧表（花き類（草本植物）・観葉植物グループに登録）

殺虫剤の一般名	殺虫剤の商品名	毒作用など	食葉害虫	アブラムシ	ハダニ	コナジラミ	アザミウマ
アセタミプリド水溶剤	モスピラン水溶剤	接触毒・食毒・浸透性		○			
アセフエート水和剤・同粒剤	オルトラン水和剤・オルトラン粒	接触毒・食毒・浸透性	○	○			○
イソキサチオン乳剤	カルホス乳剤	接触毒・食毒				○	
イミダクロプリド水和剤・同粒剤	アドマイヤーフロアブル・ブルースカイ粒剤	接触毒・食毒・浸透性		○			
エトキサゾール水和剤	バロックフロアブル	接触毒			○		
エマメクチン安息香酸塩乳剤	アファーム乳剤	接触毒・食毒	○				
クロルフェナピル水和剤	コテツフロアブル	接触毒・食毒					
ジノテフラン水溶剤・同粒剤	アルバリン，スタークル顆粒水溶剤・同，同粒剤	接触毒・食毒・浸透性		○			
チアメトキサム水溶剤・同粒剤	アクタラ顆粒水溶剤，アクタラ粒剤5	接触毒・食毒・浸透性		○			
チオジカルブ水和剤	ラービンフロアブル	接触毒・食毒	○				
テトラジホン水和剤・同乳剤	テデオン水和剤テデオン乳剤	接触毒・食毒			○		
テブフェンピラゾ乳剤	ピラニカEW	接触毒・食毒			○		
テフルベンズロン乳剤	ノーモルト乳剤	食毒	○				
ニテンピラム水溶剤・同粒剤	ベストガード水溶剤・ベストガード粒剤	接触毒・食毒・浸透性		○		○	
ピメトロジン水和剤	チェス顆粒水和剤，チェス水和剤	接触毒・食毒・浸透性		○		○	
フェンプロパトリン乳剤	ロディー乳剤	接触毒		○			
ヘキシチアゾクス水和剤	ニッソラン水和剤	接触毒・食毒			○		
ペルメトリン乳剤	アデイオン乳剤	接触毒	○				
マラソン乳剤	マラソン乳剤，マラソン乳剤50	接触毒・食毒	○	○			○
DEP乳剤	ディプテレックス乳剤	接触毒・食毒	○				
DMTP水和剤・乳剤	スプラサイド水和剤・スプラサイド乳剤40	接触毒・食毒			○		
MEP乳剤	スミチオン乳剤	接触毒・食毒	○				
ピリプロキシフェン剤	ラノテープ（施設栽培）	IGR剤（施設内設置）				○	

ランダでは施設内の所々にムギを植えた鉢を配置しここに付くアブラムシの頭数で発生を確認し，指標植物（indicator plant）として利用している（図12.74参照）．カリフォルニア大学の Casey, Christine (1994) はペチュニアの特定品種を用い，葉に発現する病兆で INSV, TSMV ウイルスのモニタリングする研究をしている．

これらの監視，診断により病害や害虫が特定できれば，薬剤の種類，処理濃度，処理方法などを選択し防除にかかる．これらは迅速，的確に行う必要があるから，経験も大きくものをいう．今後は病兆，食害痕および今までの実績から診断マニュアルを作成し

表12.24　花きの難防除害虫に対する主な薬剤と散布濃度の例（阿部，1999を改変）

	殺虫剤の商品名	希釈倍数	対象害虫						主な登録花き
			オンシツコナジラミ	タバコナジラミ	ミナミキイロアザミウマ	ミカンキイロアザミウマ	マメハモグリバエ	アブラムシ類	
①	アクテリック乳剤	500〜1000	●					○	ゼラニウム，ホクシア，ポインセチア
	オルトラン水和剤	1000〜1500			●	●	●	●	花き類・観葉植物，キク
	スプラサイド水和剤	1000	●		○			○	花き類・観葉植物
	スミチオン乳剤	1000				○			キク，バラ，花き類・観葉植物
	マラソン乳剤	2000〜3000						●	花き類・観葉植物
	DDVP乳剤	1000〜1500							キク
②	アーデント水和剤	1000	○		○	●		●	キク
	スカウト乳剤	2000〜3000	○					●	キク，バラ
	スミロディ乳剤	1000	○	○				○	キク
	テルスター水和剤	1000	○					○	カーネーション，キク，バラ
	トレボン乳剤	1000〜2000	●	●				●	カーネーション，キク，トルコギキョウ，バラなど
	マブリック水和剤20	2000〜4000	○					●	カーネーション，キク，トルコギキョウ，バラなど
	ロディー乳剤	1000						●	花き類・観葉植物
③	アドマイヤーフロアブル	2000	○	●	●			●	キク，ポインセチア，花き類・観葉植物
	ベストガード水溶剤	1000	●	●		●		●	キク，ポインセチア，花き類・観葉植物
④	カスケード乳剤	1000〜4000		○	○		●		キク，ガーベラ，など
	トリガード液剤	1000					●		キク，ガーベラ，など
⑤	アファーム乳剤	1000〜2000			○	●			キク，花き類・観葉植物
⑥	エビセクト水和剤	1000				●	○		シクラメン
⑦	モレスタン水和剤	1000〜2000	●	●					ポインセチア，花き類・観葉植物

注）●は対象害虫，○は同時防除可能害虫；①有機リン系，②ピレロイド系，③ネオニコチノイド系，④IGR系，⑤マクロライド系，⑥ネライストキシン系，⑦キノキサリン系

ておき，即座に対応できるようにしておきたい．
　特に花きの防除で難防除といわれている害虫に対する薬剤と散布濃度の例を参考までに表12.24に示しておく．

5）農薬の安全使用と取り扱い

　該当花きを対象とした登録農薬は極めて限られているからその選択は難しい．また，花壇用花きのように同一区域で多種類，多品種を栽培し，これらを同一薬剤で散布しなければならないこともあり，実際の薬剤防除には多くの課題を抱えている．小規模な栽培では肩掛け噴霧器など手作業での農薬散布はきつく，規模拡大すれば完全機械化ならばよいが，動力噴霧器など作業者による噴口操作散布など，散布量と時間で作業者が受ける労働負担と農薬暴露の危険性が高まっている．そのため散布効率を上げ，作業者に対する安全性を高める自動噴霧装置もいろいろ考えられているが，これについては装置機械の項で述べる．

農薬散布と保管，取り扱い上の安全性

　農薬散布には防護服や防除マスクの着用，農薬の調合，使用容器の取り扱いなどに十分気を配る．特に農薬の保管については使用記録をとり，鍵をかけて厳重に保管する．使用薬剤の残液の処理も問題になるから，計画的に使用薬量を準備する．

　散布後はその地域に他の作業者が立ち入らないよう必ず危険表示をする．農薬散布や取り扱いについてのガイダンスは担当作業者だけでなく，できれば農園の作業者全員に安全教育をしておきたい．

農薬取締法の改正と農薬の安全性

　2002年の夏，中国から輸入の冷凍野菜から，国内では無登録の毒性の強い農薬の残留が発見されて消費者の農薬に関心が高まっているさなか，今度は国内で無登録の農薬を販売，使用したことで販売業者が摘発された．使用した農作物は廃棄処分され，さらに消費者が農薬の安全使用に対して関心が高まり，農水省は急遽，農薬取締法を2003年3月に改正した．この改正では無登録農薬を販売した業者，使用した生産者も罰則が適用され，また，登録農薬でも作物ごとに定められた使用基準で使用することが義務付けられた．さらには各作物の農薬使用の防除履歴（トレーサビリティ）に対応するための，記録が生産者に求められている．

　この改正法は非食用作物にも適用され，花き園芸，さらには家庭園芸や花壇でも無登録農薬の使用が禁じられている〔農薬を使用する者が遵守すべき基準（農薬使用基準）〕．また，従来の個別の作物（花き）を対象とした農薬登録制度の他に，新しく「花き類（草本植物）・観葉植物」という作物群（大グループ）を対象とした制度が加わることとなった．この作物群に登録された農薬は，広く花き類（草本植物）．観葉植物全般に使用することができる．ただし，これらの作物群に属する作物またはその新品種に初めて使用する場合は，『使用者の責任において，事前に薬害の有無を十分に確認してから使用すること．なお，農業改良普及センター，病害虫防除所等関係機関の指導を受けることが望ましい．』とされている．

(5) 生物的防除

農薬の使用を減らし，地球環境を保全するために病害虫の増殖や活動を生物の力で阻止する生物的防除（バイオロジカル・コントロール：biological control）の研究が進み，その利用が世界的に普及し始めている．本来，生物的防除は病害虫から雑草防除まで広い範囲の防除を指すが，ここでは病害虫に絞り，特に毒性のやや強い殺虫剤を利用する害虫防除に視点をおくこととする．

1889年，米国のカンキツ類の大害虫イセリアカイガラムシが，ニュージーランドから送られてきたベダリアテントウムシによって退治されたことが，天敵（natural enemy）を利用した生物的防除の幕開けだといわれている．施設内の天敵防除は1920年，英国でオンシツコナジラミの防除にオンシツツヤコバチを試みたのが最初だといわれている．その後害虫を防除する生物としては，昆虫の他に線虫などの小動物，ウイルス，バクテリア，菌類などの微生物が発見されている．しかし，生物的防除が本格的に行われるようになったのは1980年代で，天敵利用の研究と天敵を生物農薬として製造販売する企業が出現してからである．この点，わが国の天敵利用は行政，社会とも遅れて発達し天敵が生物農薬として登録され，一般に利用できるようになったのは1995年以降である．

1) 花き生産の生物的防除と問題点

花きではオランダ，デンマークが最初に生物的防除を導入し，現在20％位の生産者が行っている．主にポインセチア，エラチオール・ベゴニア，カランコエ，ポットローズやガーベラなどで鉢物が多い．天敵を中心にした花きの生物的防除の問題点を挙げると：

①花きには被害害虫の種類が多く，作付けも複雑で利用しにくい．
②栽培過程で温湿度の変化が激しく天敵の生存が難しい．
③栽培期間の長い花きでは有効期間の短い天敵利用はコストがかかる．
④生物農薬は貯蔵ができないので供給システムが確立していないと利用できない．
⑤栽培過程では天敵と農薬散布を組み合わせることもあり，農薬耐性のある天敵でないと利用できない．
⑥全般的に農薬防除よりコストがやや高くなる．

などである．

2) 実用化されている天敵の種類

生物天敵は害虫に対する生態特性から次のように分けられる．
・捕食性天敵：対象害虫を捕食する．
・寄生性天敵：害虫に産卵したり寄生して内部から食害する．
・寄生病天敵：害虫に対し病原性をもち害虫を罹病させて駆除する．

わが国では生物農薬として登録されたもの以外は使用できない．現在，天敵農薬はオランダのコパート社（Koppert V.B.）他多くの会社が製造し，世界に販売しているが，わが国で2006年現在登録されているものは表12.25のものがある．

3) 海外の花きの生物的防除概要

オランダ，デンマークの花き生産ではかなり生物的防除が取り入れられている．オンシツコナジラミに悩まされているポインセチア，ポットローズ，ガーベラなどではバク

テリアの *Verticillium lecani* が天敵として利用されている．また，多発しやすく，農薬耐性がつきやすいハダニ類もチリカブリダニやミヤコカブリダニで防除できる．鉢物のよ

表12.25 わが国で登録されている天敵農薬（阿部，2006）

登録対象害虫	天敵昆虫など			対象農作物名
	昆虫など和名	学名	商品名	
アザミウマ類	アリガタシマアザミウマ	*Franklinothrips vesiformis*	アリガタ	野菜類（施設栽培）
	タイリクヒメハナカメムシ	*Orius stigicollis*	オリスターA	野菜類（施設栽培）
			タイリク	野菜類（施設栽培）
			トスパック	野菜類（施設栽培）
			リクトップ	野菜類（施設栽培）
	ククメリスカブリダニ	*Amblyserius cucumeris*	ククメリス	シクラメン・野菜類（施設栽培）
			メリトップ	
アブラムシ類	コレマンアブラバチ	*Aphidius colemani*	アフィパール	野菜類（施設栽培）
			コレマ	野菜類（施設栽培）
			アブラバチAC	野菜類（施設栽培）
	ショクガタマバエ	*Aphidoletes aphidimyza*	アフィデント	野菜類（施設栽培）
	ヤマトクサカゲロウ	*Chryoperla*	カゲタロウ	野菜類（施設栽培）
	ナミテントウ	*Harmonia axyidis*	ナミトップ	野菜類（施設栽培）
			ナミトップ20	野菜類（施設栽培・）
コナジラミ類	オンシツツヤコバチ	*Encarsa formosa*	エンストリップ	野菜類・ポインセチア（施設栽培）
			ツヤトップ	野菜類（施設栽培）
			ツヤコバチEF	トマト・ミニトマト（施設栽培）
			ツヤコバチEF30	野菜類（施設栽培）
	サバクツヤコバチ	*Eretmocerus californicus*	エルカード	野菜類（施設栽培）
			サバクトップ	野菜類（施設栽培）
ハモグリバエ類	イサエアヒメコバチ	*Dlglyphus isaea*	ヒメコバチDI	野菜類（施設栽培）
	ハモグリミドリヒメコバチ	*Nsochrysocharis formosa*	ミドリヒメ	野菜類（施設栽培）
マメハモグリバエ ハダニ類	ハモグリコマユバチ	*Dacnusa siblrica*	コマユバチDS	トマト・ミニトマト（施設栽培）
	チリカブリダニ	*Phytoseiiulus persimilis*	カブリダニPP	バラ・野菜類・オウトウ（施設栽培）
			チリトップ	野菜類（施設栽培）
	ミヤコカブリダニ	*Amblyserius califomicus*	スパイカル	バラ・カーネーション・野菜類・果樹類（施設栽培）
コナジラミ類	*Encarsa fomosa*	オンシツツヤコバチ	エンストリップ	野菜類・ポインセチア（施設栽培）
			ツヤトップ	野菜類（施設栽培）
			ツヤコバチEF	トマト・ミニトマト（施設栽培）
			ツヤコバチEF30	野菜類（施設栽培）
	Eretmocerus califomicus	サバクツヤコバチ	エルカード	野菜類（施設栽培）
			サバクトップ	野菜類（施設栽培）
ハモグリバエ類	*Diglyphus isaea*	イサエアヒメコバチ	ヒメコバチDI	野菜類（施設栽培）
	Neochrysocharis formosa	ハモグリミドリヒメコバチ	ミドリヒメ	野菜類く施設栽培）
マメハモグリバエ ハダニ類	*Dacnusasibidca*	ハモグリコマユバチ	コマユバチDS	トマト・ミニトマト（施設栽培）
	Phytoseiiulus persimilis	チリカブリダニ	カブリダニPP	バラ・野菜類・オウトウ（施設栽培）
			チリトップ	野菜類（施設栽培）
	Amblyserius califomicus	ミヤコカブリダニ	スパイカル	バラ・カーネーション・野菜類・野菜類（施設栽培）

うに栽培体系が複雑なものでは,全栽培期間を同一天敵で防除することは難しいので,2～3の天敵や農薬を組み合わせた防除も現実に行われている.オランダのポインセチア生産では繁殖母株の栽培と出荷期には殺虫剤で防除し,挿し芽,鉢上げから生育後期にかけては寄生性菌の Verticillum lecanii により防除している.

(6) その他の防除法

農薬および生物防除の他には重要なものとして遺伝的防除に触れておく.

1) 遺伝的防除

バイオテクノロジーの進展により遺伝的な防除法が注目されている.特定の病害虫に対する抵抗性品種の選抜育成や遺伝子組換えによる病害虫抵抗性品種や殺虫毒素をもつ品種を用いての病害虫の回避である.最も早くから普及し貢献しているのはカーネーションのフザリウム萎凋病抵抗性品種である.スプレイギクでも病虫害抵抗性品種の検索が行われている.テキサス,A & M 大学の Heinz, K.M. ら (1997) は 43 品種のハムグリバエ,スリップスやアブラムシ,シロサビ病に対する抵抗性を見ている.また,花きではないが,細菌のもつ殺虫毒素の遺伝子(BTトキシン)を遺伝子組換えで導入し耐虫性を付与した報告 (Fischhoff, D.A., 1987) があり,ウイルスについては Powell, P. A. (1986) はタバコモザイクウイルス (TMV) の外被タンパク質遺伝子を導入して TMV 抵抗性植物を育成している.ドイツの栄養系花き種苗企業 Kientzler 社と Paul Ecke Ranch 社は米国のノースカロライナ大学と共同開発で,今問題になっているニューギニアインパチェンスの TSWV ウイルスの抵抗性品種アルバ (Aruba) とタヒチ (Tahich) を遺伝子組換えで育成している.

(7) 総合的病害虫防除 (IPM)

農薬による環境汚染を減らすため耕種的,物理的手法も加えて総合的に病害虫を防除管理する方法が 1960 年代に提唱され,その後生物的防除を主体に病害や雑草防除まで拡大した IPM ともいわれる総合的病害虫管理 (integrated pest management) に発展した.

これはあらゆる有効な防除手段で農作物の有害生物(病害虫,雑草など)を農作物の経

表12.26 オランダでガーベラに適応している IPM プログラム (レンテレン J. C.v, 1997)

対象病害虫	実施している IPM プログラム
オンシツコナジラミ	オンシツシヤコバチ,Verticillum lecanii
ハダニ類	チリカブリダニと農薬散布
スリップス	ククメリスカブリダニ,アメリカヒメハナ,カメムシと農薬散布
アブラムシ	コレマンアブラバチ,キクアブラバチ,ショクガタマバエと農薬散布
ハモグリバエ	ハモグリコマユバチ,イサエアヒメコバチなど
コナガ	Bacillus thuringiensis と農薬散布
ヨトウガ	NPV - virus Spodoptera
コナカイガラ	農薬散布
ウドンコ病	農薬散布 (硫黄剤)
灰色かび病	殺菌剤散布

注:J.C. ファン・レンテレン:1997,天敵の生物農薬的放飼の国際的動向と展望.
バイオコントロール Vol.1, No.1.より

済的被害の許容基準以下の低いレベルに維持管理するシステムである．このシステムは大規模農業では積極的に採用され，効果を上げている．根本（1998）によるとブラジルではIPMが進んでいて，ワタの栽培例ではハモグリガ，タバコガ，ワタゾウムシの防除に年間40回以上の殺虫剤散布が行われていたが，IPM導入後には農薬使用量が50％削減されたという．さらに根本はコロンビアの花き生産のIPM管理例も紹介している．20haのハウスでキクの切り花生産をしているFlores del Cauca社ではマメハモグリバエ，モモアカアブラムシ，ナミハダニや糸状菌による病害などの防除に天敵，物理的な粘着トラップ，捕殺，寒冷紗による侵入防止などで1985年までは3カ月間に35回も薬剤散布していたが，不要になったという．各作物別，地域別のIPM管理のプログラムは作成されているが，多種類で短期の作付けや，多様な作型の花きでは導入しにくい．オランダの長期単作のガーベラはIPMプログラムが導入しやすいので，レンテレン・J. C. ファン（1997）はそのIPMプログラムを表12.26のように紹介している．

参 考 資 料

12. 花きの生産技術

12.1 繁殖技術
1) Butler, Renald 1993. Coating films & treatments. Seed World, Oct.
2) Ball Seed Catalog 1993-1994. Ball Premiier Line.
3) Grooms, Lynn 1993. New film specializes in flower seed enhancements. Seed World, Aug.
4) 北条良夫 1994. 種子の高品質化技術，平成6年日種協育技シンポジウム資料．
5) Massante, Hannan 1964. Untersichungen uber den einfluss der temperatur auf lagerung und keimung von zierpflanzensamen, Gartenwelt Nr.14.
6) 三浦周行 1994. プライミングの生理機構，平成6年日種育技シンポ資料．
7) 朱耀源 1990. 組織培養による新しい生産方式と新品種開発が世界の園芸界におよぼす影響，'90花葉サマーセミナー資料．
8) 古在豊樹・佐藤勘紀 1990. 苗生産システムの将来．農業および園芸 第65巻，第1号．
9) 喜多山 茂 1985. 種苗産業の現状と課題，農水省蚕糸園芸局種苗課資料．
10) 樋口春三 1988. 植物組織培養の世界，㈱柴田ハリオガラス刊．
11) Pierick, R.L.M. 1995. In Vitro Culture of Higher Plant, Martinus Nijhoff Publishers, Dordrecht.

12.2 花きの生産形態と技術
1) 藤田政良 1994. 花専科，育種と栽培：ストック，誠文堂新光社，東京．
2) 斉藤 清 1969. 花の育種，誠文堂新光社，東京．
3) 安藤敏夫 1993. 花の成形苗生産と利用，誠文堂新光社，東京．
4) Hamrick, Debbie 1990. GrowerTals on Plug, Ball Publishers, Chicago.
5) Heins, R. and N. Lange著，古在豊樹・大川清監修 1994. セル成形苗の貯蔵技術，農山漁村文化協会，東京．
6) 池田幸弘 1991. 花壇苗生産の新技術，'91花葉サマーセミナー資料．
7) Koranski, R.S. 1985. A plug for plugs, Greenhouse Manager, Jun.

8) Mclean, J. 1995. Product profile : A look at seeder, Greenhouse Manager & Production, Nov.
9) Corbineau, F. 1988. The cooling of flower and plants, A paper from International Floriculture Seminar (France).
10) 原 幹博 1993. キク苗生産の国際化, 新花卉 No. 168.
11) 加古舜治（編著）1985. 第5章 ウイルス病とその検定法, 増補/園芸植物の器官と組織培養, 誠文堂新光社, 東京.
12) 村井千里 1997. 第2章 苗流通時代の到来, 昭和農業技術発達史 第6巻 農林水産技術協会編, 農山漁村文化協会, 東京.
13) NAKS (dited) 1993. Quality control and promotion of growing materials, Department Public relation, Holland.
14) 鶴島久男 1994. カーネーションの挿し苗生産, 新園芸育苗システム. 日本施設園芸協会編, 養賢堂, 東京.
15) 高橋義行 1999. 植物ウィルスの簡易迅速診断法. 平成11年日種協育技シンポ資料.
16) Hentig, W.u.von 1982. Influence of propagation method on the cultivation success of ornamental plant, XXI, Inter. Hort. Congress 1982, Hamburg.
17) Hentig, W.M.Fischer and K.Hohler 1984. Size of cuttings and production of mother plants, Melbourne.
18) 池田英男 1996. サンドフィルターによる培養液殺菌, ハイドロポニック 第9巻, 第2号.
19) 大川 清 1995. 花卉園芸総論 (3：養液栽培) 養賢堂, 東京.
20) Nelson, Paul V. 1991. Greenhouse Operation and Management. Prentice Hall, USA.
21) 田中和夫 1990. 養液栽培の現状と新技術の動向, アグリビジネス Vol. 5, No. 20.
22) 田中 宏 1992. 園芸学入門, 川島書店, 東京.
23) 佐本啓智・中川 裕・大西謙二 1979. 栽培条件に対するキクの生態反応に関する研究1, キクの栽植密度, 野菜試報. A5.
24) 渡辺慎一 1998. 園芸用語の解説：緩速砂ろ過法. 施設園芸6月号.
25) Stoffert, G. 1991. Systematische arbeitsgesta itungein weg zur zukunftssich Gb-Gw, 31/1991
26) Stoffert, G. 1991. Vom opfband zur topfmaschine, Gb-Gw, 31/1991.
27) 鶴島久男 1975. ポインセチア生産の新技術. 農業および園芸 第50巻, 第3号.
28) 鶴島久男 1972. 鉢花のプログラム生産 (1). 誠文堂新光社, 東京.
29) 鶴島久男 1996. 鉢物生産の作業改善とメカニゼーション (3). 農業および園芸 第71巻, 第9号.
30) 安藤敏夫 1994. 花苗産業, このビッグビジネス, '94花葉サマーセミナー資料.
31) 角田隆幸 1994. 私達の花苗生産とマーケッティング戦略, '94花葉サマーセミナー資料.
32) Mastalerz, W.John (Edited) 1976. Bedding Plants Pennsylvania, U.S.A.
33) Holcomb, Jay E. 1996. Bedding Plants IV, Ball Publi. Illnois.

12.3 花き生産の共通的技術
1) Barrett, J.E. 1994. Applecation techniques aler niconazole efficacy on Chrysanthmums, HortSci. In press.

2) Barrett, J.E. 1990. Factors affecting efficacy of paclobutrazol and uniconazole on petunia and chrysanthemum. Acta Horticulturae, 272.
3) Barrett, J.E. and E.J. Holcomb 1993. Growth regulatings. In Geraniums IV. 4th ed, J.W. Batavia, Ⅲ.
4) Holcomb, E. J. 1994. Bedding Planta IV, Ball Publish. Illinois.
5) 橋本貞夫 1982. 花に対する生長抑制剤の作用特性に関する研究. 東京都農業試験場報告 第15号.
6) 小西国義 1982. エセフォンによるキクのロゼット化誘導と挿し芽苗による夏ギクの促成栽培. 昭和57年秋季大会園芸学会発表要旨.
7) 永吉実孝 2000. 「岩の白扇」の奇形花防止技術. 農耕と園芸 第55巻, 5号.
8) 村井千里 1985. 鉢物のケミカルコントロール, '85花葉サマーセミナー資料.
9) 土屋孝夫 2000. 「岩の白扇」のエセフォンを用いた作型開発. 農耕と園芸 第55巻, 5号.
10) Enkegaad, A.D. 1993. Biological and integrated pest control in Danish glasshouse ornamentals. FloraCul. Inter. Oct.
11) ファンデルマール A. 1996. 生物農薬防除システム, アグリビジネス Vol.11, No.45.
12) Heinz, K. M. and S. Thompson 1997. Using resistant varieties for chrysanthemum pest management. GrowerTalks March.
13) 持田 作 1994. 天敵による害虫防除. 農業および園芸 第69巻, 第1号.
14) 根本 久 1997. 世界の天敵利用 (3) (18) 農耕と園芸 第52巻, 第6号.
15) 岡田斉夫 1994. 天敵微生物による害虫防除. 農業および園芸 第69巻, 第1号.
16) 大沢勝次 1994. 植物バイテクの基礎知識. 農山漁村文化協会, 東京.
17) 小沢朗人 1996. ヨーロッパの施設園芸における天敵を利用した生物的防除の現状. 施設園芸, 4月号.
18) Robb, Karen 1994. Using sticky traps to monitor insect. Greenhouse Mana. Oct.
19) Shaw, j.a. 1997. Virus-resistant New Guinea impatiens. FloraC. Inter. Nov.

13. 花きの生産施設と設備,装置

　温室やハウスなどの生産施設は工業で言えば工場設備などに相当し,施設花きでは植物生産の基地になる.従ってこれらの設備や装置は品質の高い製品を安定的に生産できる機能を備えていなければならない.

13.1 生産施設

　園芸の生産施設を大きく分けると温室やハウスなどの栽培施設(growing facilities)と,作業場,管理室,倉庫などの付帯施設(dependent facilities)とになる.

13.1.1 温室およびハウス

　作物を栽培し生産する施設としてガラスを被覆材としたものを温室(greenhouse)またはガラス室(glasshouse),プラスチックフィルムや硬質板を被覆材としたものをビニルハウス,プラスチックハウス(plastic house)と分けてきたが,最近では同義語のように使われている.

(1) 温室およびプラスチックハウスの発達

　温室は植物を冬の寒気から守るため移し入れる建物という意味(春山,1980)で,雲母板を張って野菜を栽培したという原型がローマ時代からあった.しかし温室の始まりは16～17世紀ころフランスの国王や貴族らが南国のオレンジなどを冬越しさせるために作られたオランジェリー(58頁参照)だともいわれている.1690年ころ英国のハンプトン宮殿には地下室をストーブで暖房するオランジェリーが作られている.ガラスと鉄骨を組み合わせた本格的な温室が作られたのは1833年,パリ植物園の温室であった.果樹,野菜,花きを経済的に栽培できる温室が欧州に出現したのは19世紀末からで,米国もこのころから大型の生産温室が作られている.

　わが国の最初の温室は1870年(明治3年),明治政府がアメリカ人技師を招いて東京,青山の開拓使の園内に作られた温室だという.その後1885年には東京帝国大学小石川植物園にも建設され,本格的な温室は1894年,福羽逸人が設計して新宿御苑に作られた250 m^2 の1号温室であった.その後この温室は増築され1,245 m^2 になっている.(現在の大温室の北側にあった)また,生産温室が建設されたのは米国に花き栽培の研修に行った人たちが帰国した明治末から大正末期にかけてである.彼らは東京府荏原郡(現在の大田区田園調布)の通称温室村に集まって温室団地を形成した.犬塚などは米国から温室,暖房設備一式を持ち帰り組み立てており,この団地の温室はほとんど米国式の大温室であった.この団地は1937年(昭和12年)には生産者31戸,温室延面積39,600 m^2 に達し,バラ,カーネーションなど栽培した森田喜平などは2,800 m^2 もの温室経営であった.この温室村の温室は第二次世界大戦で壊滅し,戦後は全国に温室が広がったことはすでに述べたとおりである.戦後の温室は骨格が木造からアルミ材,さらには亜鉛による表面加工された鉄骨の温室に変わっている.1975年ころからは大型経営向けのオランダ式ダッチライトといわれる多連棟温室が導入され,さらに室内の環境制御装置の発展と,機械

化，装置化に適合する機能的な温室へと進歩している．

　塩化ビニルを主体とするプラスチックハウスは1952年（昭和27年）ころ農業ビニルが開発販売されて急速に利用拡大し施設園芸化を促した．特に鋼管パイプを曲げて骨にしてビニルで覆ったパイプハウスは簡易にできて価格も低廉なため冬季温暖な暖地を中心に利用され，全国的にハ

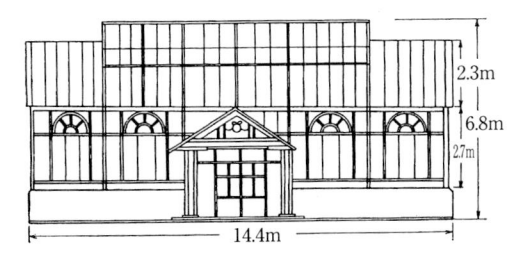

図13.1　1894年当時の新宿御苑の装飾温室の図面
（東京の花より）

ウスが広がった．1960年ころから鉄骨を使った大型のビニルハウスが作られたが，1970年ころからは硬質プラスチックの開発でガラス温室に劣らない耐久性と機能をもつ硬質プラスチックハウスが出現した．被覆材の開発進歩につれファイロンハウス，アクリルハウス，ポリカーボネートハウスなどと呼ばれている．温室と同様に大型化と装置化されたハウスが広まり，機能的にも温室とプラスチックハウスは区別がつかなくなっている．

(2) 温室やハウスの種類と形式

　温室やハウスは用途，形式，機能からいろいろなタイプに分けられている．

1) 形式による分類

1-1) 片屋根式（lean-to house）

　北側をブロックやレンガの壁とし屋根は南に向かって片流れの傾斜で，屋根と南面をガラスにする古典的な形式である．冬季太陽熱を生かした東西向きの保温主体の温室で，現在はほとんど見られない．

1-2) 不等辺屋根温室（three-quarter house）

　両屋根温室の片屋根部分を半分カットしたタイプの温室で，室幅が両屋根温室の4分の3になるのでスリークォーターとも呼ばれる．東西方向に設置し冬季太陽光の届きにくい北部分をカットした古い型で今は見られない．

1-3) 両屋根温室（even span house）

　左右の屋根の長さが均等なタイプの温室で最も普通の温室である．

　東西方向にも南北方向にも建てられ，一棟の単棟の他多数つなげる多連棟温室がある．多目的に利用でき，装置化もできる汎用性の広いタイプである．

1-4) 連棟温室（ridge house：multi-span house）

　両屋根温室を連結したもので二棟の2連棟温室，多数つなげる多連棟温室がある．施設内を広く利用でき，保温性に富み作業

図13.2　米国から持ち帰って再建設した犬塚のカーネーション温室（1955）

効率を高める．多連棟ではやや換気効率が低下するので天窓や換気扇の設置を工夫する．積雪の多い地方では連棟部分の積雪が問題になるが，現在では融雪装置などもある．オランダで開発された多連棟のダッチライト型（Dutch light type）またはフェンロー型（venro type）と呼ばれるタイプは，細い骨材にやや厚いガラスで強度を保つ構造の経済的な温室で，大面積の施設には広く利用されている．

図13.3　ロンドンのキュー植物園の優美な大半円形のパーム温室

1－5）半円形型温室（curved roof house）

屋根に曲面ガラスを用いるか，平面を組み合わせたドーム形の温室で両屋根式の変形タイプである．外観が美しく装飾温室やコンサベートリーなどに採用され，植物園やテーマパークなどに見られる温室でコストがかかる．最も優美な半円形温室はロンドンのキュー植物園（Royal Botanic Garden Kew）のパーム温室（図13.3）で，建設後1世紀以上経て世界遺産にも登録されている．パイプハウスも広義にはこのタイプに入る．

(3) 被覆材の種類と特性

1）ガラス材

ガラス温室は鉄骨，アルミ材の温室構造にガラスを張ると耐久性のよい生産施設になるので，自動化やオートメーション施設の温室に採用される．ガラスは3mmの板ガラスを用いるが，ダッチライト型のようにガラスと部材の組み合わせで強度をもたせる場合は4mmのガラスが使われる．以下に述べるプラスチック資材より耐候性が高く，変質しないので長く利用できる利点があるが，都市内のガラス温室ではガラス面が塵埃で汚れ，数年に一度は洗剤でガラスを洗浄する必要がある．

2）プラスチック材

プラスチックを被覆材としたハウスにはプラスチックフィルム（plastic film）を用いたビニルハウスと硬質プラスチック板（plastic panels）を被覆材にしたプラスチックハウスがある．プラスチックフィルムには厚さ0.1mm以下の軟質フィルムと0.1～0.2mmの硬質フィルムがあり，それ以上はプラスチック板（硬質板）という．

2－1）プラスチックフィルム

ビニル（vinyl）といわれビニルハウスの被覆材に広く利用されているプラスチックフィルムには塩化ビニル（polyvinyl chlorid：PVC）と，ポリエチレン（polyethylene：PE），酢酸ビニル（polyvinyl flouride：EVA）があり，わが国では耐候性のよい塩化ビニルがハウスなどの被覆材の60％以上を占めている．耐候性のやや劣るポリエチレンは小型のトンネルやマルチに使用される．軟質フィルムには透明地と梨地があり，また水滴が付きにくい無滴などがある．

2－2）プラスチック板

プラスチック板は耐久性があり，ほぼガラス温室と同様にプラスチックハウスの重要

な被覆材になっている．ガラスに比べて軽量なため骨材も細くコスト安になり，建設作業も簡単で工期も短縮できるので大規模ハウスに利用される．

プラスチック板にはガラス繊維強化ポリエステル板（fiberglass reinforced polyester pannels：FRP），ガラス繊維強化アクリル板（fiberglass reinfoced acryl pannels：FRA）アクリル板（MMA），ポリエステル板，ポリカーボネート板などが使用されている．いずれもガラスより衝撃性に強く光線透過がやや劣るが，最近の製品は長期間透明度を保ち，疲労による変質もなく使用できるようになった．ポリエステル系やアクリル系は可燃性が高いので，難燃性のポリカーボネート板の利用が増えている．これらプラスチック板には形状が平板と波形とがあり，後者の方が衝撃に強い．

(3) 使用後のプラスチック処理

農業で大量に使用したプラスチック処理（廃プラ）が環境問題として取り上げられている．特に塩化ビニルを低い温度で燃焼させたときに生成されるダイオキシン（dioxin）は極めて毒性が高く，残留性があり危険である．ダイオキシン類は塩化ジベンゾジオキシン（PCDDs）とポリ塩化ジベンゾフラン（PCDFs）の異性体の総称であるが，単にダイオキシンといえば PCDDs を指す．

わが国農業の廃プラ排出量は1999年は18万tで，その中塩化ビニルが58％，ポリエチレンが38％，その他が4％となっている．塩化ビニルは再生処理することになっているが，同年は45％が再生処理，残りは埋め立て，焼却されている．今後，廃プラは排出量抑制とリサイクルが利用者，メーカーとも責任が問われることになる．すでにメーカーやJAらによる「農ビリサイクル促進協会」が活動を始めている．

(4) 温室やハウスの構造と名称

ガラス室とプラスチックハウスの構造は基本的に同じであるが，パイプハウスは簡単な構造なので当然異なる．温室やハウスは側柱，棟材，サッシなどを組み合わせて桁，トラスなどで補強して構成する半永久的な建設構造を骨格とする．温室の主な構造と名称は図13.4に示す．

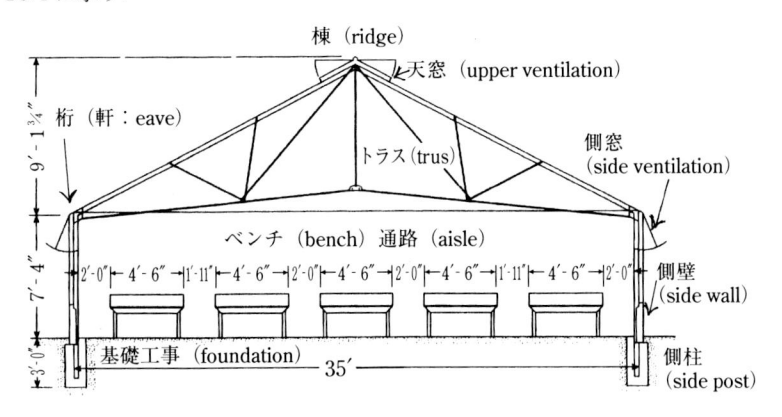

図13.4 温室と主な構造と名称（Laurie, A. ら 1969 より一部改変）

1) 屋根の勾配
　温室やプラスチックハウスの屋根の勾配は太陽光の透過と反射，雪の滑落，雨水によるゴミの洗浄，室内の機能性などから重要である．勾配は棟高や軒高によっても異なる．特に勾配は図13.5のように太陽光の透過に影響する．

2) 棟高，軒高と室内の環境
　従来は栽培植物の高さに合わせて棟高，軒高を決めて室内容積を最小にして暖房効率を高めてきた．施設容積が小さいと外環境の影響を受けて室温の変化が激しくなる．温室を周年利用するようになると，棟高を高くして室内容積を大きくすると換気効率が高まり，夏季高温期にも室温を低く保ち，安定した温度環境が保てる．

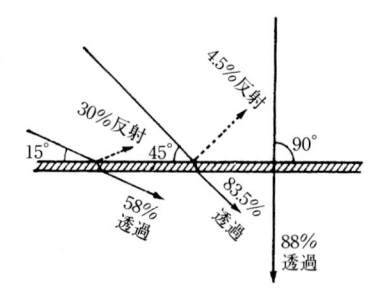

図13.5　ガラス面に入射する光線の角度による透過および反射

3) 室内の換気と全開式温室
　温室とハウスの日中の換気は天窓と側窓で室温の上昇を調節してきたが，1990年ころから温室の屋根を開閉して室温を調節する換気方法が開発されて注目されている．栽培が多様化し夏季高温地方では日中，戸外に近い室温に下げる必要からイタリアや南フランスで考えられ，屋根開閉型温室（retractable-roof greenhouse）といわれるもので，わが国ではフルオープン式とかフルトップ式と呼んでいる．屋根のプラスチックフィルムを棟の片側に巻き取って開閉する平開式と，屋根が両軒をテコに棟部分から左右に開く全開式とがある

(5) 生産性，作業性および将来の拡張を考えた温室のデザイン
　温室は作物を生産する施設であることには変わりない．しかしそのためにはより効率的に生産でき，さらに作業する人が無駄なく働ける機能を持つことも必要である．いまでは機械，装置まで持ち込める施設のデザインでなければ困る．経済生産では，生産に成功して利益がでれば，さらに施設規模を拡大するようになる．生産施設はそのような性格をもつ．温室を建設するに当たって計画設計するにはこのようなことを考えなければならない．図13.7はLaurie, A.ら（1969）の温室のレイアウトの図である．A.からD.までは温室の発展経過を示すように見えるが，それはまた生産システムに対応した温室のプロセスと著者は見ている．すなわちA.は栽培を中心とした原型的な温室である．B.は規模が大きくなり機能的に生産できる温室で，この時代は温湯暖房なので均一に暖房できて拡張時に配管が延長できるレイアウトだ

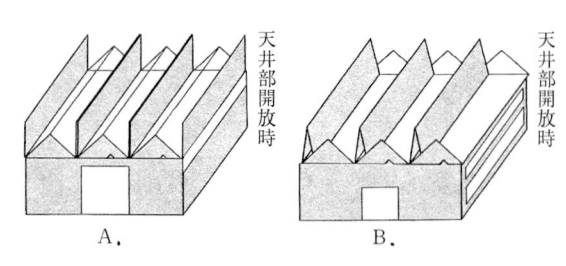

図13.6　全開式温室の例
（A. 全開式，B. 片開き式，鈴木1997より改変）

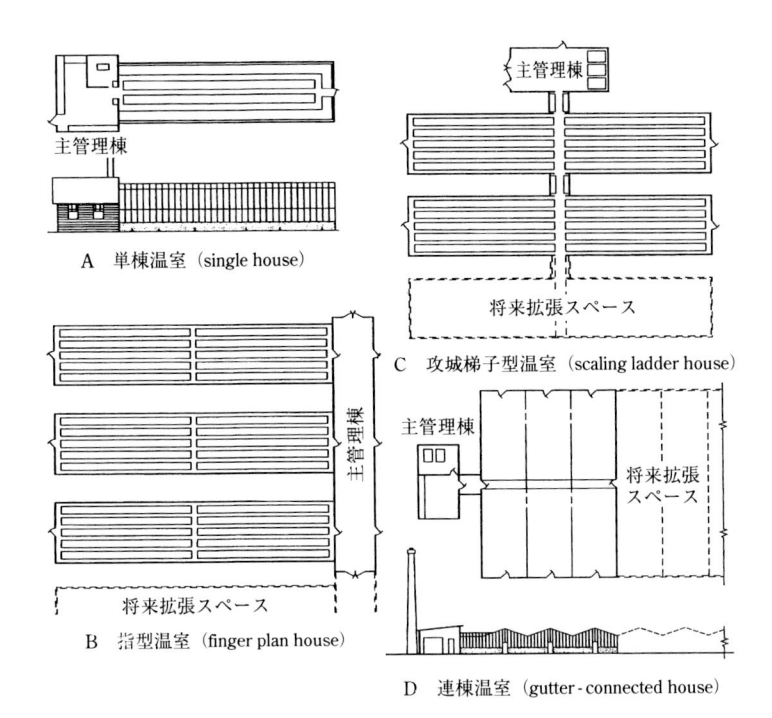

A 単棟温室 (single house)

B 指型温室 (finger plan house)

C 攻城梯子型温室 (scaling ladder house)

D 連棟温室 (gutter-connected house)

図13.7 温室のいろいろなレイアウト (Laurie, A. ら 1969による)

が，作業性は考えられていない．C.はB.の改良型で中央の幅広い通路は植物や資材の運搬を考え，生産と作業性を高め，拡張しやすいレイアウトになっている．さらにD.は各棟まで運搬器具が入り，機械，装置も設置できる生産性と機能性をもつ現代の生産施設である．

(6) 温室の機能を支える付帯施設

温室はそれ自体，栽培施設であるから作物を栽培し，管理し易い施設でなければならないが，関連する作業をスムーズに行えるよう温室を中心に配置する付帯施設のレイアウトも大切である．それは生産を支援する施設だけでなく，作業者のための施設，たとえば更衣室，食堂，手洗いとトイレなども含む．付帯設備としては主管理室，作業場，作業準備室，各種倉庫や保管庫，車両や運搬装置庫などの他，駐車場やいろいろ利用するサービスエリアなどは余裕をもってとりたい．

(7) 温室建設のケーススタディ

欧米では中規模以上の施設園芸を開始するときは経営コンサルタント，建設業者，施主がプロジェクトを組んで計画を検討する．施主の生産方法やシステム，敷地面積，技術レベル，経験，投下資本などに合わせて施設や生産システムのマスタープランを立てる．これは園芸と工学技術の融合により建設後生産者が経営に成功できるまで指導する

プロジェクトになる．オランダの施設建設では園芸経営と生産およびロジスティクス専門の著名なコンサルタント John van der Hoeven がいる．わが国には残念ながらこのような園芸経営コンサルタントは育っていない．

ここではケーススタディとしてカリフォルニア，サリナスで花きの生産経営に成功し，現在全米一の洋ラン生産者になった松井紀潔（Andy Matsui, 1958 年渡米）の初期のハウス建設とレイアウトの例を挙げる．彼は苦労の末，サリナスに 20 ha の土地を求め，8 年計画で大規模温室を建設した（1970 年開始）．初め，ポットマムを周年生産するため 4 連棟 1 スパン 1,000 m^2 規模の温室 32 スパン必要であった．基本計画で中央 2 カ所の管理棟と作業，倉庫棟を中心に温室を整然と取り巻く配置に 8 年がかりで図 13.8 のように 4 スパン 1,000 m^2 ずつ建設している．施設生産に関心の強い米国の花き生産業界でも模範的な施設レイアウトと評価され，雑誌「Green-house Grower」の 1991 年 10 月号に"Andy Matsui a Master Innovator"として紹介されている．

13.2 生産施設の付帯設備

温室やハウスはカバー（上屋）で実際の栽培機能はその中の付帯設備にある．

13.2.1 栽培設備

栽培に直接関係する設備は，栽培の目的，種類，方法によって違うが施設栽培の方式は以下のように分けられる．

(1) 栽培床（bed）

施設内を通路と栽培床に区別した栽培専用の床が栽培床である．植物の水分管理や日常の管理作業をしやすいよう通路よりやや高めに床を作る．床幅は栽培種類，方法により植栽本数や植栽間隔が違うからそれらに合わせる．例えばカーネーション，バラ，ユーストマなどは 85〜90 cm，輪ギクなどでは 60〜75 cm 位である．通路は 50〜60 cm 位で，これより狭いと腰をかがめる作業は困難で作業能率を低下させる．オランダでは環境問題で栽培床の養水の地下浸透が規制され閉鎖型施設栽培方式（クローズドシステム：closed cultivation system）に代わり，施設内の栽培床は隔離ベッドになって床の構造も変わって

図 13.8 カリフォルニア，サリナスの松井農園の生産施設のレイアウト（1992）
①ゲート，②管理棟，③作業室棟と倉庫，④駐車場，⑤1 スパンの温室

いる（図13.9参照）．
(2) 栽培棚（ベンチ）
　栽培棚（以下ベンチと呼ぶ）は繁殖育苗や鉢物，ときには花壇苗栽培に利用される．平床に比べ作業者が立ったままで手の位置に高さがなるので運搬，日常作業がしやすく，植物の位置が地表より離れて隔離状態にもなる．ベンチの基本的なサイズは高さが作業者に合わせて60～70cm位，切り花も管理しやすいのでベンチ栽培することもある．幅は両側から管理できる90～120cm位である．ベンチの材質は以前は木材が広く使用されて

図13.9　オランダのカーネーションの隔離床の構造

いたが，現在は多くが鉄またはアルミのアングル材である．このため設備にはかなりの経費がかかる．しかし，労力が多く投入されるこれからの栽培では，鉢などを並べるというベンチの機能の他に，管理機能を兼ねた各種のベンチが開発利用されている．主なベンチのタイプには図13.10のようなものがある．

A. 固定ベンチ（Fixed bench）
　施設内の床に固定されている最も一般的なベンチである．ベンチ幅は90～120cm，高さ55～65cm位，通路幅は50～60cm取ると1,000m^2の温室ではベンチ実面積は600m^2になりベンチ率は60％である．

B. ローリングベンチ（Rolling bench）
　移動ベンチなどといわれるベンチで，ベンチ架台の上に縦に長い鉄パイプを敷き，その上にベンチを載せ，パイプをころにしてベンチを左右一定の間隔に移動できる．平常はベンチを接して並べ，ベンチの間に入って作業するときは手押しで左右に開けて入れる．ベンチの間の間隔を最低に取っておけばよいので施設を有効に使え，ベンチ率は80～85％と固定ベンチに比べ20％近く利用できる．長さ10m位のベンチに鉢物を並べても女性でも動かすことができる．

C. ムービングベンチ（Moving bench）
　ベンチを1つの作業ユニットとして鉢や容器を載せたまま，栽培施設内から移動ライン上を移動して作業場や特殊な装置まで移動できるシステムである．栽培場所，運搬機器，作業装置にかけるユニットを兼ねた機材で，ベンチの概念を破るものである．移動は人力の手押しの他自動化でき，さらにはコンピュータ制御も可能となる．

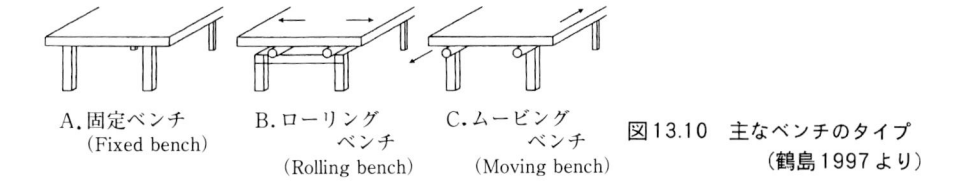

A. 固定ベンチ
　（Fixed bench）
B. ローリングベンチ
　（Rolling bench）
C. ムービングベンチ
　（Moving bench）

図13.10　主なベンチのタイプ
（鶴島1997より）

[252] 総　論

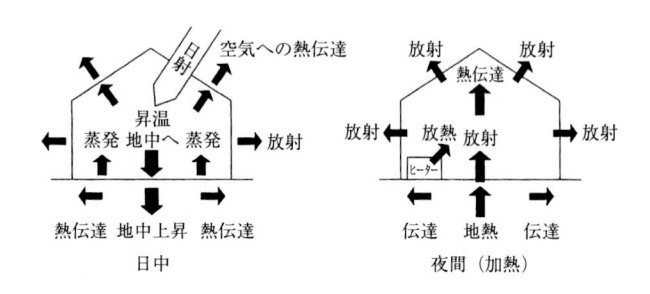

図13.11　温室における熱の入射と放射の昼夜の相違

13.2.2　施設内の環境制御設備

　施設生産の目的は戸外の自然環境と遮断して温度，光，水，栄養ときには大気も人工的に制御して生育や開花を調節し，目的の時期に目的の形態の花きを収穫することにある．施設はこれらの要素を制御する機能や装置を備えることになる．

(1) 施設内の温度の制御

　施設生産で最も重要な機能は施設内の温度制御である．一般の室内とは違い温室やハウスなどの施設は自然光を受け，さらに外気温の影響を受けながら施設内の温度を制御する難しさがある．季節により日中は強烈な太陽光で室内は高温になり，夜間は取り巻く外気への放射による室温の低下があり，季節，地方，施設の構造によりその影響も大きく違うことになる．施設内への熱の入射，放射の昼夜の違いは図13.11のようになる．日中，ガラスやプラスチックを通して入射した太陽エネルギーは，室内の空気や土中に蓄積され，夜間は日射がないので室内に蓄積された熱は大気中に放射される．このような施設内への熱の出入りを熱収支（heat balance）という．日中，日射で蓄熱されたエネルギーを，施設内外を被覆して熱放射を防ぐと夜間の室温を保つことができる．これを保温（heat insulation）といい，後述する二重被覆装置などは保温効果が高く，暖房（heating）するエネルギーが節減できる．自然界の温度影響は季節，時期，時間によって異なり，室内に蓄積する熱量や時間も違う．これらを利用しながら各種暖房装置や保温または換気装置で温度管理をすることになる．

　1）暖房装置

　暖房には施設全体を暖房するものと部分的に加温するものとがある．室内全体を暖房する装置は大別すると次のようになる．

　この中，主な暖房方式は温風暖房

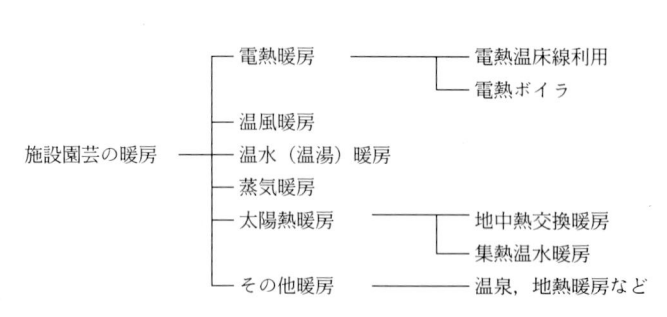

施設園芸の暖房
├─ 電熱暖房 ─┬─ 電熱温床線利用
│   └─ 電熱ボイラ
├─ 温風暖房
├─ 温水（温湯）暖房
├─ 蒸気暖房
├─ 太陽熱暖房 ─┬─ 地中熱交換暖房
│   └─ 集熱温水暖房
└─ その他暖房 ──── 温泉，地熱暖房など

(warm-air heating), 温水暖房 (hot-water heating), 蒸気暖房 (steam heating) の三種である.

暖房の熱源には，電力，化石燃料（重油，軽油，天然ガス，LPG）や太陽熱，温泉熱や地熱なども使用されるが，わが国では重油，灯油が主体である．欧米では CO_2 排出量の少ない天然ガスが使われている．

1－1）暖房装置の種類

①温風暖房

単独に各施設に設置できるため，パイプハウスなど100 m^2 位の単棟が多数散在しているレイアウトのハウス群の暖房に向く．ただ燃料パイプと電源の配線が必要となる．多連棟の通し面積の広いハウスにも設置でき，わが国では現在，主流になっている施設暖房装置である．機種はマイコン内臓で自動燃焼管理ができ，さらに温度制御用のコンピュータと接続すると完全な自動制御による暖房管理や温度の複合制御もできる．また，コンピュータに接続して多数の暖房機を統合的に自動制御や失火警報の発信などもできる．この方式の欠点は，燃焼が停止すると急速に室温が低下するのでこの点，高温性の花きの栽培では注意を要する．参考のため型式と性能，出力の例を表13.1に示す．

②温湯（水）暖房機

ボイラの燃焼により昇温した温水を鉄パイプで各温室へ送り放熱させて室内温度を高め，冷えた水は配管でボイラに還流し再び暖められて循環する．図13.13のように各室の入力側の循環モーターを室内のサーモスタットで作動させ室温を調節する．室内の放熱配管は本数を増やすか，管に放熱板を付けたりして放熱効果を高める．放熱管は室内の側面に配管するが，連棟で内部を広く利用する場合には上面に配管する．オランダでは温水を軟質パイプで栽培床の植物近くに配置し加温効果を高めている例がロックウール耕などに多く見られる．最近は温水による地中暖房も海外では増えている．床土の中に軟質または硬質のプラスチックパイプをやや密に配管し，熱効率も高く，土壌病害の予防にもなるという．この方式では夏季は冷水を通して地温を低下させることもできる．また，この方式を利用して地温を60℃に保ち土壌消毒にも使える方法が開発されている．

図13.12　温風暖房機，型式 HK-3020TE

表13.1　暖房機の型式と性能，出力などの比較例
（ハウスカオンキ）

型式　　　　項目	HK-1520TE	HK-2020TC	HK-3020TE
熱出力 (kcal/h)	38,000	50,000	75,000
標準暖房面積 (m^2)	495〜330	660〜495	990〜660
熱効率	88%	88%	88%
燃料消費量（A重油：l/h）	4.9	6.5	9.7
電源	200V	200V	200V
電力 (W)	230	400	400
長さ (mm)	1,900	2,080	2,600
幅 (mm)	600	700	860
高さ (mm)	1,564	1,646	1,704
重量 (kg)	200	250	310

（ネポン株式会社1987年の資料より）

温水暖房は植物にマイルドな温度を伝えるので生育に良く，燃焼が停止しても長い時間，温水の温度が保たれ，急速に室温が下がることはない．しかし，ボイラと配管に設備費を要するので最近は採用が減っている．

③蒸気暖房

ボイラの燃焼熱で水を高圧蒸気に変え，配管に通して蒸気を各室に送り，放熱管で放熱させ室温を昇温させる．高圧蒸気は細い配管で遠距離まで送ることができるから大規模な施設を統一的に暖房するのに適している．蒸気暖房は配管周辺が乾燥しやすく，蒸気の送流を停止すると直ちに室温は下がる．温湯ボイラとともにコンピュータ制御でシビアな温度管理が自動的にできる．蒸気ボイラの取り扱いには機関士の免許が必要である．

④その他の暖房装置

環境問題から汚染物質や地球温暖化に影響するガスを排出する化石燃料による暖房は見直される時期にきている．太陽熱利用型の暖房機や地中熱利用型もこれからは見直され，再び開発されようとしている．特にソーラーシステム暖房（外部集熱式：solar energy heating systems）はすでに家庭用にも入り，今後検討される課題になっている．また，温室のガラスを二重にし夕方からその間に発泡スチロールのペレット粒を吹き込み二重構造を充満させて放射を防ぎ，朝，気温が上昇したらペレット粒を吸引回収するペレットハウス・システム（pelletted house system）も研究され，外気温が0℃に下がっても，平均室温は9.7℃であったという研究結果もある．

1－2）暖房の温度管理と変温管理

暖房機は目標温度に設定しておくと自動的に目標温度を保持管理してくれる．この設定温度は栽培種類，目的，生育や開花の目標，植物の発育程度により設定して制御機やコンピュータに入力する．一応の設定温度がマニュアル化していても，作物の生育が指標であるから，日常の観察により設定温度も変更する．暖房管理もコンピュータで暖房機の燃焼管理ができるからエネルギー節減の変温管理や，草丈調節のDIF利用もプログラムできるようになった．変温管理（varying temperature management）とは1日24時間を6時間ずつの4時間帯に分け，それぞれ時間帯の設定温度を変えて換気や暖房温度を制御して生育を促すとともにエネルギーを節約する方法である．夜間の暖房の変温管理は夜変温（varying night temperature）といい，夜間の前半は植物の光合成生産物の転流を促

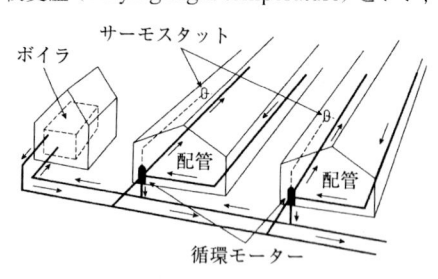

図13.13　温湯暖房の温湯循環用の配管と各室の温度調節用循環モーター

図13.14　大型蒸気ボイラの缶体

すためやや高く保ち，後半は呼吸による消耗を抑えるため低く保つ暖房管理をして，生育を落とさずにエネルギーを節約する方法である．

1－3) 暖房関連法規と危険防止

温室暖房では温風暖房を除く，石油類，ガス類を燃料とし二次熱媒体に伝達する燃焼機（ボイラ）の設置，取り扱い資格，保守点検には「ボイラおよび圧力容器安全規則」および「労働安全衛生法」の規制を受ける．また燃料の取り扱いは「消防法」に従うことになる．施設園芸のボイラは伝達面積25 m²未満であれば，二級ボ

図13.15 ソーラーシステム暖房用の太陽熱集熱器（実験中）

イラ技士免許を取得するか，「ボイラ取り扱い技能講習終了証」の資格でよい．後者は各都道府県労働基準局長に申請してボイラ取り扱い技能講習と試験を受けて合格すると終了証が得られる．ボイラ室の構造や貯油タンクの容量，設置する場所の防油堤，消火器の位置などは設置前に消防の指導を受ける．ボイラは労働基準法による缶体検査を定期的に受ける．これらの規制は農振地域と市街化地域ではやや違う．これらの施設をもつ生産者は整備点検の他日常点検も行い，火災には十分気をつけ，燃料の保管にも配慮すべきである．

2) 冷房，冷風装置

温室やハウスの周年利用になると夏季の高温になる室温をどう涼しくするかが大きな課題になる．前掲の全開温室などはその一策であるが，積極的に室温を低下させるには冷房，冷風装置がある．夏季の昼間は施設内に膨大な太陽エネルギーが入ってくるから，その温度を室内で下げるには一般に使われているクーラーでは機能的にも経費からも外気温以下に下げることは難しい．いわゆる園芸施設独特に開発された施設冷房，施設冷風を利用することになる．

2－1) パッドアンドファン冷房方式（pad and fan system）

図13.16および図13.17のような金網などにオガクズや特殊なパッド材をはさんだパッドを温室の片面か妻側に取り付け，パッドの上からゆっくり水を流し，反対側に取り付けた換気扇で室内の空気を強力に排出すると，外気が水パッドを通して湿った空気で室内に入り急速に気化し，この気化熱で室温を低下させるシステムである．夏季，空気が乾燥している地域では効果が高いが，わが国のように多湿な地帯では効果が低いといわれるが，最近はかなり規模の大きい施設に導入され

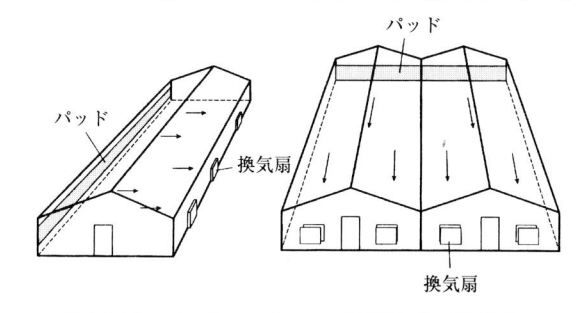

図13.16 パッドアンドファン冷房方式の概要図

ている．施設の構造や装置の機能にもよるが外気温より数度低くできる．

2－2) 細霧冷房方式 (fog mist system)
温室内上部の所々にミストノズルを取り付けたパイプを配置し，高温時，間欠的に高圧で超微粒子の水ミストを噴霧し，その気化熱により室温を低下させる方式で，花壇苗生産や育苗施設などに使われている．この方式はやや多湿になりやすい．

2－3) その他の冷房方法（クーラーハウスなど）
本格的な冷房機を用い夏季の夜間だけ施設内の温度を下げて，高温ロゼットや高温障害を回避してユーストマやリモニウムの早期播種や育苗に用いる方法で，クーラー育苗などと呼ばれている．クーラー育苗またはクーラーハウスは，わが国の切り花生産者が開発した独特の方法で，これらの切り花を早期出荷する共選共販産地のJAや生産組合が積極的に利用している．クーラー育苗は，昼温は換気などで室温を下げ，夜間は苗の近くをビニルフィルムなどでカバーして冷房容積を少なくし，この部分に冷房機の冷風を入れて温度を下げる方法である．下げる夜温の目標は育苗前半は15～17℃，後半は18～20℃としている．冷凍機は－10℃位下げる能力のある中古のものか，レンタルで多くの生産者は利用している．

図13.17　パッドアンドファン冷房方式のパッド部分

3) 換気装置
温室やハウスの温度調節の基本は天窓 (upper ventilation) と，側窓 (side ventilation) による自然対流を利用した換気 (ventilation) である．この他，強制換気扇を利用して外気を室内に入れて強制的に室内空気を交換させる強制換気装置 (forced ventilation) がある．

3－1)　天窓，側窓による換気とその制御
冬季でも晴天の日中は温室内は高温になるので，天窓と側窓の開度の組み合わせによって室温を適温近くに調節する．屋根部が全開する温室以外は天窓開閉および開閉度合いの換気による温度調節は重要である．特に手作業によるマニュアル操作で，晴天，曇天と変化しやすい天候に合わせての調節は大変せわしい．このため温度センサにより天窓を自動開閉する装置が早くから開発されてきたが，現在の施設内環境は統合的にコンピュータ制御されるようになっている．

コンピュータによる天窓の自動制御
施設内環境制御用コンピュータによる天窓開閉制御の概要をESD社製グリーンマイコン12型の例で述べる（311頁，表16.3も参照）．
プログラムは1日を4つの時間帯に分け生産者の意志で入力した各時間帯の換気目標設定温度を室内温度と比べコンピュータが比例制御を行う．すなわち，室内温度－換気目標設定温度＝温度差に比例して天窓の開閉動作を行う．制御周期は1分とし，風および雨など温度以外の要因もセンサにより次のように作動する．

① 風上側の窓を風速に比例して閉じる．窓の開度の制限値は風による窓開閉最低風速により決定される．
② 風速が全窓閉めきり風速を越えた場合には，風向きに関係なく全部の窓を閉じる．
③ 雨検出により雨による設定値が加算される．風上側は，風速によるか，緯度制限の雨によるか開度制限が加わる．
④ 風および雨による開度制限を受けた窓は，雨が止んだり，風が治まってから10分間のタイマーが働き，タイマー作動中は開度制限が継続される．

3 − 2) 強制換気

　温室の妻側や側面に大型換気扇を取り付けて高温の室内空気を室外に排出し，外気を入れて室温を下げる．しかし室内の風速は植物への影響を考え昇温抑制のための必要換気量の簡易算出法もあるが省略する．換気扇と吸気口の間は強い風の流れになるので取り付け位置には十分注意し，換気扇には冬季の冷気侵入を防ぎ，シャッターを付け，作業者の安全も考える．

3 − 3) 二重被覆装置による保温と遮光

　温室やハウスの保温効果が高く，エネルギーの節減にも大きく貢献しているのが二軸二層による二重被覆装置である．わが国の二軸二層被覆装置は図13.19.Aのように棟方向に開閉し棟の高い両屋根温室向きなのに対し，欧米の装置はBのように棟と直角方向に一定間隔で開く．Aは被覆作動が1棟全体の制御になるが，Bは部分的な被覆作動ができるので，室内の部分的な遮光が可能である．二軸二層の上層は保温機能としてビニルフィルムや不織布を用いるが，下層は減光や遮光機能としてアルミ箔を蒸着加工したシルバーの反射遮光シートが使われる．日中の遮光（減光）には下層を作動させ，さらに太陽熱を遮断するとき（夏の日中室内で作業するときなど）は上下層同時に被覆する．また冬季の夜間の保温にも上下両層を被覆する．二軸二層の被覆はスイッチ操作のマニュアルで行うが，施設環境制御用コンピュータを用いると設定値に応じて自動作動する．

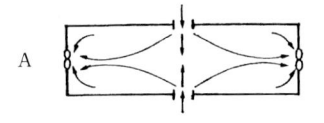

図13.18　換気扇と吸気口の位置関係
A：奥行きの長い温室の換気扇と吸気口の取り付け位置（平面），B：換気扇と吸気口の取り付け位置と空気の動き（側面）（森，1970）

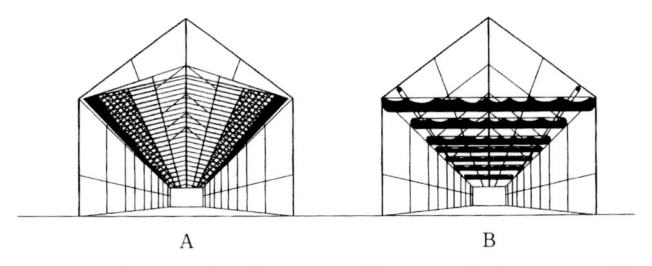

図13.19　施設の二軸二層被覆による保温，減光装置の2方式の比較

設定は次の制御ロジックに合わせて設定値を入力する.
A 設定値
1. ユーザー設定値
　(1) 上層カーテン
　　①カーテンを開ける時刻［指定時刻］②カーテンを開く日射量［指定日射量］③カーテンを閉める時刻［指定時刻］④カーテンを閉じる日射量［指定日射量］
　(2) 下層カーテン
　　①カーテンを開ける時刻［指定時刻］②カーテンを開く温度［指定温度］③カーテンを閉める時刻［指定時刻］④カーテンを閉じる温度［指定温度］

(2) 灌水設備，装置とその操作

施設園芸においては植物に水を供給する灌水装置は生命維持装置のようなもので必須の装置である．栽培管理で灌水（irrigation, watering）には多くの労力を費やしてきた．そのため灌水はなるべく省力的に行うことが工夫されている．灌水が単に水分の補給だけではなく，水分の調節により植物の生育を制御し品質を向上させる技術としても利用されてきた．特に鉢物や花壇苗などのように容器で栽培するものは灌水の意義は大きい.

　1) 基本的な灌水設備

実際に施設内では給水管を地下に配管し各所にホースカラン（蛇口）を立ち上げ，ここにホースを接続していろいろな方法で灌水している．これが基本的な灌水設備で，連続的な灌水に使用するには水量と水圧が保証できる条件が加わる．ほぼ毎日行なう作業なので，花き生産の中でも大きな労力になる．そして経営規模が大きくなると，自動化と水源，貯水設備，供給水圧も灌水の重要な条件になる.

　2) 灌水システムと装置

灌水は手灌水も含めいろいろな方法があるからそのシステムや装置も次のようなものがある.

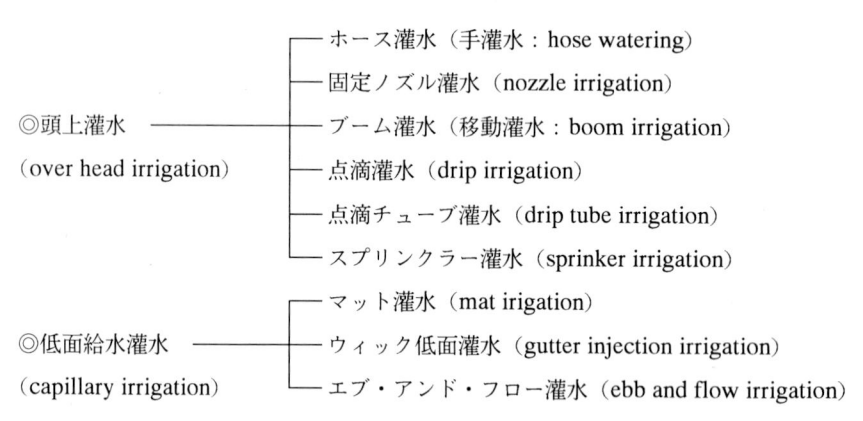

◎頭上灌水　　　┬─ ホース灌水（手灌水：hose watering）
(over head irrigation)　├─ 固定ノズル灌水（nozzle irrigation）
　　　　　　　　├─ ブーム灌水（移動灌水：boom irrigation）
　　　　　　　　├─ 点滴灌水（drip irrigation）
　　　　　　　　├─ 点滴チューブ灌水（drip tube irrigation）
　　　　　　　　└─ スプリンクラー灌水（sprinker irrigation）

◎低面給水灌水　┬─ マット灌水（mat irrigation）
(capillary irrigation)　├─ ウィック低面灌水（gutter injection irrigation）
　　　　　　　　└─ エブ・アンド・フロー灌水（ebb and flow irrigation）

この灌水システムは水を供給する方法の違いにより装置，設備も異なるのでこのように分けられた．システムによって灌水制御も半自動，自動化ができるものとできないも

のとがある．ここで半自動灌水とは，水管理（給水開始と停止）の操作を人がマニュアルでするものをいい，自動灌水とは制御をタイマーやコンピュータなどで自動的に行なうものをいう．

2-1) ノズル灌水

塩ビパイプに一定間隔で散水ノズルを取り付け，切り花栽培ではベッド中央の上部に取り付けるか，ベッド面に低設するものとがある．灌水ノズルはプラスチック製，金属製など色々あるが，ミストノズルと違うところは，散水する水滴がやや大きく，遠心力で遠くまで飛び，その散水範囲に均一に散水するものを選ぶ．また，円形に散水するものと片側半円形に噴霧するものがある．ベッドやベンチ面に均一に散水できるノズル設置のレイアウトについては，ノズル灌水の研究者ドイツ，ハノーバー大学のRenardo, W. (1964)

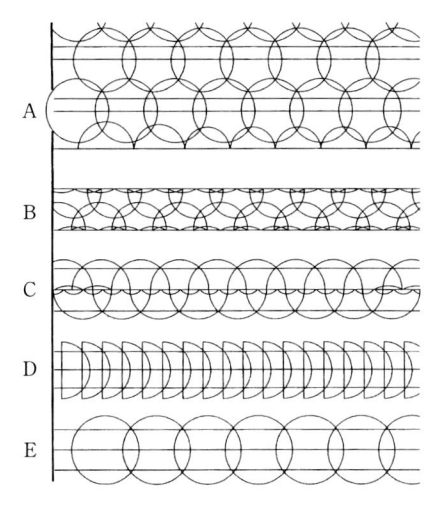

図13.20　ノズル設置レイアウトによるいろいろな散水パターン (Renardo, W. 1964)

は図13.20のようなノズルのレイアウトを示している．実際には均一散水を妨げる植物体が並んでいるから，この散水どおりにはいかない．丈の低い鉢物，苗や花壇用花きにはよく適応する．また，ノズルの散水は水圧により違うので均一な水圧が保てることも条件である．この方式の水管理は人による給水弁の開閉と，電磁弁の開閉をタイマーで自動的に行うものとがある．

2-2) ブーム灌水（可動ノズル灌水）

この灌水の原点は1960年代にさかのぼる．ベルギーやドイツではアザレアやエリカが伝統的な鉢物として大量に生産されているが，株養成に年数がかかり夏季は露地に並べての灌水に多大な労力が必要だった．そこで開発されたのが動く車にノズルを付けた長いパイプを左右に取り付け，この先端を吊るトラスが丁度帆かけ舟のように見えることからブーム（帆かけ）灌水といい，灌水車ともいわれている（図13.21参照）．多数の鉢の中央に台車の移動通路を設け，台車はホースを引きずりながら散水し，ホースの水圧でゆっくり自走する台車が散水する．現在も電動式で鉢の列ごとに一時停止し一定の水量を吐出して順次移動するものが使われている．鉢はノズルの移動に合わせて縦横正しく並べる必要がある．現在のブーム灌水は施設内の鉢物や花壇苗の自動灌水装置として利用され，自動制御により多機能に灌水できるシステムである．ノズルの交換により薬剤散布もできる．ブーム灌水には次の特色がある．

1. 散水，自走が自動的に作動し完全な自動灌水ができる．
2. 走行速度やノズルの組み合わせで散水量や散水方法が調節できる．
3. 走行中以外はパイプやチューブを室内の一部に収納させ作業を妨げない．

[260] 総論

 4. コンピュータ制御で灌水区域，非灌水区域に分けた作動や区域によって走行速度を変えたりするプログラム制御も可能になる．
 5. 灌水の他にミスト噴霧，薬剤散布，液肥施用など多目的利用ができる．

 ブーム灌水装置は海外の製品は高度な機能を持ったものがあるが，国産製品も数社あり，その中「アクアウィング」を一例に示すと図13.22のように灌水と薬剤散布が兼用できる．使用する水にゴミなどが混入するとノズルがつまり機能を低下させるので，給水過程でフィルターやストレーナーを二重位に設置する．

 2-3）点滴灌水装置

 ドリップ灌水ともいわれるが，チューブから水滴がにじむか，滴るように出るものを点滴灌水という．現場では意味が拡大されて，軟質のポリチューブに多数の小穴が開けられ，噴水状に噴出するものも点滴灌水と呼んでいる．前者には「エバーフロー」や「スミサンスイ」があり，後者には「カーチーフ」や「スミドリップ」などがある．切り花などの床栽培の灌水に広く利用されている．栽培床まで塩ビ管を配管し，ベッドはドリップチューブを接続するだけでよい．全て自分で設置できて経費も低廉である．灌水操作もバルブをひねり，十分水が湿ったら閉めればよい．ベッドごとにバルブを手加減して水管理ができるので，ホースによる手灌水するよりはるかに省力できる．キク，カーネーション，ユーストマ，シュッコンカスミソウ，リンドウ，ストックなどに広く利用されている．このチューブは作付けの切り替えや，土壌消毒，耕耘の時には簡単に取り外せるから便利である．

 2-4）チューブ灌水装置

 鉢物の専門灌水システムで鉢に細いチューブを配って水を給水するシステムでスパゲッティシステムなどともい

図13.21　ブーム灌水の原型になって今も活躍している灌水車（デンマークにて1999）

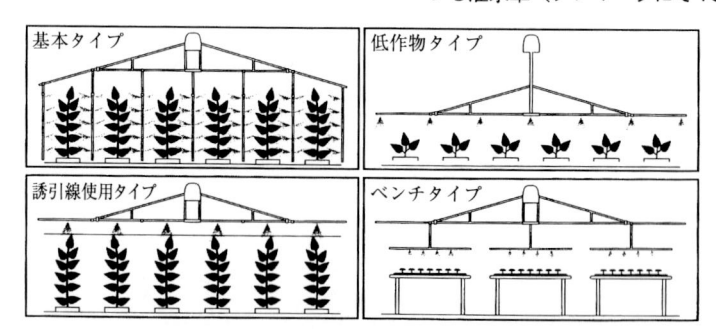

図13.22　国産のブーム灌水装置「アクアウィング」の用途別タイプ（(株)誠和の資料より）

われる．米国の Chapin Watermatics Inc.社が1960年代に開発販売をしたのでシャーピン・システムともいわれる．ベンチのメインパイプから細いリーダーチューブを多数分岐しチューブの先端には重りや，土に差し込むものを付けて鉢土表面に固定する．各鉢にはほぼ均等な水量が供給されるので，他のシステムのようなロスがほとんどなく，液肥施用も兼用できる．単種類の大量生産や栽培期間が長いポインセチア，ハイドランジア，花木類に適している．小苗の育苗や小鉢のように密集して配置するものは使用できない．また，栽培中に鉢広げや鉢の移動するものや，多種類少量生産では利用しにくい．以上の理由から米国では利用が多い．給水操作は手作業や自動制御装置の利用などノズル灌水と変わらない．

2−5）スプリンクラー灌水装置

主に広い露地の灌水に利用される方式で地下配管の主管から所々に立ち上がりを立て，その先端に取り付けたスプリンクラーノズルから水圧で回転しながら粗い水滴を広い範囲に円形散水する．水滴の勢いが強いので軟弱な植物や苗などには向かない．

2−6）マット灌水

米国の花き園芸学の権威，故ケネス・ポスト教授（Post, Kenneth）はその名著「Florist Crop Production and Marketing，1952」の中ですでに自動灌水の項目に18頁を削いている．その中では栽培床や鉢の底面から毛管作用で水を吸水させる底面給水灌水が主体で，とくに鉢植えには図13.25のようなサンドベンチ灌水（sand bench irrigation）を提唱している．この時代の鉢はほとんど素焼鉢だったので図のように鉢本体も吸水する．このシステムはその後，オランダでは重い砂に変わるピートモスによるピートベンチが使われ，1970年ころにはかなり普及したが，1975年ころからナイロンやポリエステル繊維で不織布製の吸水性が高い灌水マット（irrigation mat）が開発されてマット灌水システムが開発された．水平なベンチ上にビニルフィルムを敷き，その上にマットを広げ，さらにその上に細かい小穴を多数開けた黒色ポリシート（コケ防止）を敷きその上に鉢を並べる．マットに給水して湿らせると鉢底から吸水して鉢土に水が供給されるシステム

図13.23 切り花の栽培床の中央に配置された点滴チューブ

図13.24 ポインセチアのチューブ灌水（カリフォルニア）

である．具体的な例を図13.26に示す．
この例ではマット上の点滴チューブで
給水し，余分の水は排水溝に集めて排
水する．マット灌水の特色は次のよう
になる．

1. 既設のベンチをそのまま利用して安価に手作りできる．
2. 湿ったマット上の同一場所にサイズや植物の大きさの違う鉢，間隔も自由に変えて給水できる．
3. 灌水労力が大幅に節約でき，自動化もできて，使用水量も少ない節約型．
4. 葉に水がかからず病害の発生が少ない．
5. 吸水しにくい鉢底構造の鉢，粗孔隙の多い用土で植えた鉢は利用できない．
6. 鉢用土の水は下から上へ移動するので施肥管理は緩効性肥料を使用する．
7. 鉢底から根がマットに入ることがあるので時折鉢をずらすとよい．

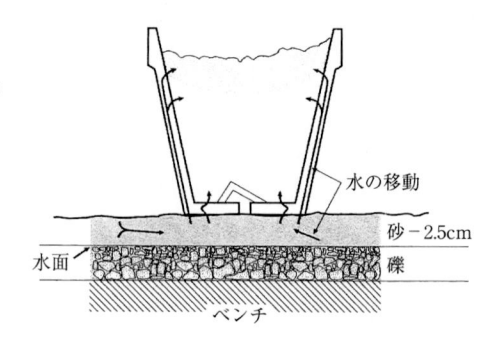

図13.25　サンドベンチによる鉢の底面給水灌水
(Post, K., 1952)

灌水マットにはラブマットU（ユニチカ製），イリゲーション・マット（ダイニック製）などがある．使用後のマットは蒸気消毒できて再利用できるものもある．

2-7) ウィック（灯心）による底面吸水灌水（ひも灌水，とい灌水）（図13.27参照）
　岐阜農試の故渡辺公敏（1979）が研究開発したシステムで日本の鉢物生産で最も多く利用されている自動給水システムである．温室内の50～60cmの高さに両端を塞いだC型鋼材を水平に上向きで一定間隔に並べ，C型鋼の中に水または養液を一定レベルに保つ．C型鋼上に鉢底からウィック（吸水灯心）を垂らした鉢を並べ吸水させる．このひもの吸水システムの特色は：

1. 構造が簡単なので材料が揃えば自作できる．
2. 灌水労力がほとんどなくなるから生産規模が拡大できる．
3. 灌水や液肥施用が半自動化か自動管理ができる．
4. 鉢土内の水分が均一に保たれるので生育が均一になる．

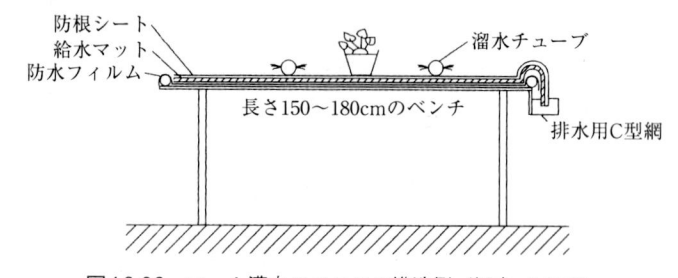

図13.26　マット灌水のベンチの構造例（坂本，1993）

5. 葉を濡らさないので病害に弱い種類には効果が高い.

C型鋼内の水や養液のレベルや排水で吸水を調節して鉢土内に軽い水分ストレスを与えることもできる. 常時ひも吸水で管理した鉢が, 消費者の手に渡ってから長持ちしないという声もあるから, 出荷の7〜10日前からC型鋼の水を落として, やや乾きぎみにし, 普通の灌水で慣らしてから出荷する. また, ひも吸水灌水に向かない種類もあるから, それらは従来の頭上灌水で管理する.

2−8) エブ・アンド・フロー灌水装置(プール灌水ともいう: ebb and flow irrigation system)

ベンチやベッドの底および横枠を耐水性にして, ここに高さの1/2か1/3位に水を張り鉢土が吸水したら排水する機能の灌水するシステムで, わが国ではかつて腰水灌水といわれたものに近い. 時折水を張ったり, 落としたりするのが潮の満ち引きに例えてエブ・アンド・フロー(以下EAFと呼ぶ)と名付け, わが国ではプール灌水と呼んでいる. このシステムは1980年ころ, オランダで鉢や苗生産のムービングベンチ・システムの自動灌水方法として開発されたが, わが国には1990年ころに岐阜県に入り当時, 約21,000m^2のムービングベンチがこのシステムに変わったが, 現在は固定ベンチを対象とした機材が各温室メーカーから発売され普及している. (図13.29参照)

EAFの構造はムービングベンチのようにトレイベンチ上に有底の枠付きパレットを載せ, 水切り溝のついたプラスチックプレートを敷き, その上にトレイまたは鉢を並べる. 鉢が乾いたとき, 枠の一方から給水され鉢の深さの1/2位まで水を満たしてから排水する. EAFシステムでは給水開始, 排水時間は管理者のスイッチ操作や自動制御で行う. 給水した水はそのまま排出するものと, 循環さ

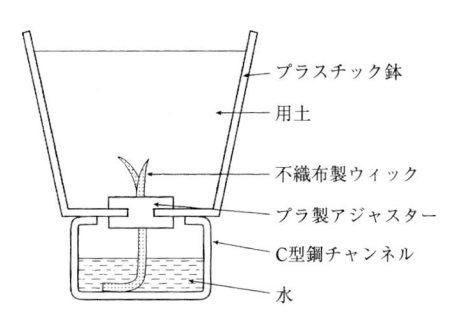

図13.27 ひも吸水灌水の基本構造

図13.28 ひも灌水によるシクラメンの栽培

図13.29 ムービングベンチ・システムのEAF灌水

表13.2 灌水4システムの使用水量と経済性比較 (Henley, R.W.,1994)

灌水システム	平均灌水間隔日数	全灌水量	ロスとなった水量	鉢用土に保持した水量	有効水量割合(%)
頭上灌水	3.5	24,799l	22,852l	1.947l	8
点滴灌水	2.8	3,252	1,605	1.647	51
マット灌水	1.8	6,198	3,082	3,115	50
プール灌水	3.3	2,979	NA	2,324	78

せて繰り返し利用する方式がある．使い捨ては大量の水を排出することになり，循環では排出水の消毒が必要となる（排出液の消毒は養液栽培の項参照）．

また，灌水に使用する水量は次の項で述べるように循環式では，他の灌水方式と比べてもロスが少ない経済的な方法といえよう．

3) 灌水システム方式による消費水量と経済性

灌水方式の選定は施設や栽培種類，栽培方法によって大きく制約され，さらに設備投資，省力の度合いなどが選択の要因になるが，使用水量や有効水量など水経済も重要課題である．この点について灌水4方式の水経済を比較した表13.2は参考になる．すなわち，ノズル灌水やブーム灌水などの頭上灌水は全灌水量が多く，しかもロスの水量も大きい．これに比べ点滴灌水やマット灌水は使用灌水量が少ないだけでなく，有効水量の割合が50％と高い．プール灌水でも循環すると使用水量が少なく，ロス率はゼロに近い．

(3) 液肥希釈装置の方式と種類

灌水方式が多様化して自動化も進んでくると，液体肥料も灌水ラインを兼用して省力かつ効率的に行う方法や装置が開発されて，液肥施用も変化した．液肥の原液を希釈して灌水ラインで施用する希釈装置は早くからあったが，灌水の自動化と平行して，液肥の自動施用，さらには施用区域ごとに希釈濃度，成分比の調節，pH，ECの調節をして設定した時刻，時間に施用する高度な希釈施用装置も用意されている．

1) 液肥希釈装置の方式と種類

原液の希釈方法による幾つかの方式の違う装置がある．

1-1) ベンチュリー方式

ベンチュリー管の狭窄部分を水が通るとき，そこに微細な穴があると，水圧差でその穴から原液を吸引する機作を利用し液肥原液を水に希釈するもので，この穴の部分に相当するピースを交換することにより希釈倍率を変えることができる．原理は簡単で装置も単純だが，水流，水圧の変動によって倍率が変化しやすい．

切り花栽培でドリップチューブなどで液肥を施用したり，ホースで鉢物や花苗に施用するときは簡単なベンチュリー希釈装置が使用できる．

1-2) 水流ピストン方式

パイプ内に流れる水流で装置内のピストンを作動させ，その吸引圧で原液を流水に希釈混入させる装置である．ベンチュリー方式に比べて希釈倍率の変動も少なく，希釈倍率も200倍とか，1,000倍のオーダーで希釈リングの交換で倍率が選択できる．

1-3) 水流モーター方式

水流を利用した水流モーターを動かしピストンを加圧して原液を流水に希釈混入する

装置で，水流，水圧，水量の変動に影響されずに希釈濃度を精度高く保てる装置である．希釈倍率をppmレベルで施用するにはこの装置を使う．米国のスミス・インジェクター（図13.30）はこれに相当し，多数の機種を取り扱っている．

1－4）液肥希釈施用の自動制御装置

液肥の施用には原液を一定の濃度に希釈して施用する場合と，原液を希釈してタンクに貯蔵し，施用に際して何種類かを混合して施用するなど種々なものがある．特に施設内では栽培区域ごとに施用内容（成分，希釈倍率）を変えて施用する機能が要求される．海外にはさらに精度の高い装置があり輸入もされている．

(4) 日長調節のための電照および遮光装置

開花調節のための日長調節についての装置について述べる．

1）電灯照明装置

長日処理の電灯照明には白熱電灯をタイマーで点灯，消灯を行う．対象植物の光に対する反応により光源からの距離が限定されるので，キクを例にとれば図13.31のような配置を基準とする．電照コードおよび電照用電球（電球の基部付近が銀色の塗料が塗布されて無駄な散光を防ぐ）が市販されており，ソケットの位置，間隔も簡単に変更できる．

2）遮光装置

短日処理のために植物の上部を暗黒にする遮光資材は，施設内の上部と側面を黒布や黒色ビニルやシルバーポリなどでカーテンのように開閉するのがふつうで，現在では自動開閉で操作する．図13.32のようにリミットスイッチとギアモーターで開閉し，制御はタイマーなどで自動的に行う．ふつうは夕刻に閉鎖し朝開くが，夏季などの高温期には夜間は内部の高温が花芽形成を阻害するので，午後8時に一度開き，明け方3時に再び被覆する．

(5) 補光照明用の人工光源とその特色

太平洋岸では冬季日照は十分あるが，日本海沿岸や九州北部は曇雨天が多く日照不足になる．この場合には日中も人工光で補光し光合成を促し，生育，品質とも向上させることが望ましい．冬季，日照不足の北欧では日中の補光が広く行われている．植物補光用の電球には次のものがある．

1）メタル・ハライド・ランプ (metal halide lamp)

種々な金属化合物の蒸気圧放電による金属特有な発光を利用したランプでハロゲンランプ (HID)

図13.30　スミス・インジェクターの2種希釈タイプのR-8型

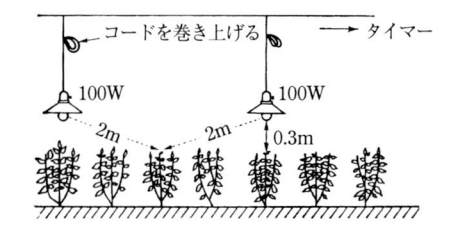

図13.31　キクの電照に適当な高度をとる位置

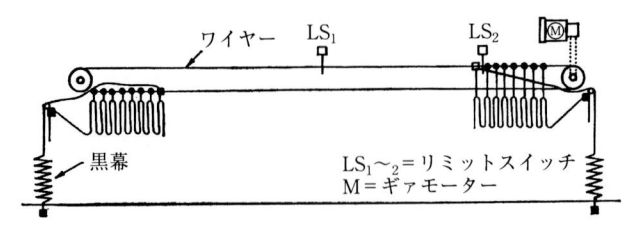

図13.32 自動遮光装置の構造および駆動装置の概要図

ともいう．放射効率や放射束は高いが，他のランプと組み合わせて利用されることが多い．わが国ではほとんど利用されていない．

2) 高圧ナトリウムランプ（high‐pressure sodium lamp）

高速道路の照明に使用されているオレンジ光のランプで，光合成に関与する波長が多く，放射効率もよい．寿命も長く経済的なので欧州では施設の補光には広く使用されている．施設内照明にはオランダ製のSGR102やSGR104が使われるが点灯には安定器が必要である．（図13.33）

図13.33 高圧ナトリウムランプによる施設の補光栽培（デンマーク）

3) 高圧水銀ランプ（high‐pressure mercury lamp）

波長は植物によいが，放射や放射効率は他のランプに劣るので現在ではほとんど使用されていない．

わが国でも花き栽培の補光に対する関心が高まり，1993年ころから利用研究も行われている．

(6) 病虫害の防除関連装置

少量の薬剤散布や，小規模な施設が分散していると肩掛け式噴霧器などで散布できるが，最近は規模が大きくなって薬剤の使用量が多くなると効率的な防除器具，装置を使用するようになる．最も一般的な防除装置は動力噴霧器の利用である．タンクに溶かした薬液を動力ポンプでホースに送り，ホースの末端に付けた噴霧ノズルを作業者が操作して薬液を植物に散布するもので，散布面積が多くなると作業者にかなりの負担になる．作業者に過剰な負担と危険を与えず効率的に散布する防除機として常温煙霧機，懸架型自走防除機，地上自走式防除機などがある．

1) 小型防除機

1-1) 人力噴霧機

従来の肩掛け式や背負い型の噴霧器で手押しポンプで薬液を噴霧する半自動噴霧機をいう．肩掛けは$4〜8l$，背負い型は$12〜17l$のタンク容量がある．

1-2) 動力噴霧機

充電式モーターや灯油エンジンを搭載した背負い型動力噴霧機（重量$6〜8kg$）と，薬液

タンクに動力付き噴霧器で移動ホースや定置配管パイプにホースを接続して散布するものがある．作業者が噴口を操作して散布するのできめの細かい散布ができるが，作業者には大きな負担と危険がともない，マスクや防護服を着用させる．

2）自動防除機

2-1）常温煙霧防除機

固定した防除機から濃厚薬液を高圧で微粒霧状にして室内を煙霧し病虫害を防除する装置で，ハウス・スプレイとかフォッガーとも呼ばれる．動力は電力で型式により1台で600〜6,000 m^2 まで煙霧できるものがある．圧縮空気が濃厚薬液を超音波による音速（340m/sec）で膨張させ，微粒子（2.5ミクロン）にしてノズルから煙霧する機構である．小型でも場所を移動して広い面積の煙霧可能である．タイマーを利用した無人操作もできて夜間煙霧もできる．多くは鉢物に利用されているが，切り花にも利用できる．省力と安全性も高く使用薬量も削減できる．

図13.34　常温煙霧防除機

2-2）懸架型自走防除機

灌水装置の項で述べたブーム灌水装置を兼用して自動薬散する（図13.22参照）．使用の際は灌水ノズルから薬散ノズルに替え，薬液タンクに切り替えて操作する．上水道使用にはこのシステムは使えない．散布薬量は植物体の大きさや生育状態によって自走速度も変えて調節する．

2-3）地上自走防除機

露地のベッドで栽培する切り花や鉢物に利用できる装置で通路を自走し薬剤散布する．そのため通路と上げ床の境界には枠板などで仕切りが必要である．通路も防除機が走行しやすいよう平坦にしておく．薬液の濃度や薬液は動力噴霧の場合と同じでよい．

13.3　省力作業用自動装置類

集約な花き生産では手作業が多いのは当然であるが，次第に規模が拡大し生産システムが系統的になって生産性の向上や，省力化を図るようになると，各種の作業装置や自動化装置を導入するようになる．

13.3.1　用土関連装置

鉢物や花壇苗など花苗生産では使用する用土の作成からトレイや鉢容器への充填まで重労働に近い連続作業が多いので，作業者の労働を軽減するための装置を導入して生産性も高める．

(1) 用土ミキサー（soil mixer）

用土ミキサーはコンクリートミキサーのように回転ドラム内で数種の用土素材を配合するドラム式と，混合槽の中で回転スクリューにより混合するスクリュー式とがある．比

重の違う用土素材の混合には後者の方がよい．性能的には①数種の用土素材を均一に配合できる．②混合時に用土の物理性を破壊しない．③用土の出し入れが容易にできる．④短時間で配合できる．⑤一つの用土配合作業から次の配合作業に簡単に切り替えができる．⑥運転に騒音を出さず，作業に安全なことなどである．ふつうは配合用土容量は1,000～2,000 l の小型なものから5,000～6,000 l 位の大型機種もある．輸入機種には米国製の MB-20型（1回の容量1,500 l/3分）などもあるが，国産機種にもスーパーミキサー KYM-1型（1,000 l，1回10分）や KM-130型（2500 l，1回/5分）など精度も高く格安なものもある．

図13.35　スクリュー式の用土ミキサー（日本製）

(2) 用土自動充填装置類（ポッティング・マシンなど）

個々の鉢に用土を自動充填するポッティング・マシン（potting machine）と，トレイや鉢を並べたトレイ，セル成型トレイに用土を充填するポット・フィラー（pot filler）とがある．用途にもよるが中鉢以上は前者を，中，小鉢やトレイ単位で生産するものは後者が利用される．ポッティング・マシンは付属ホッパーの用土を一鉢ずつ回転コンベヤーに載せて自動的に充填したものを作業者が鉢上げをする，ポッティング・マシンは輸入機種が多く，Javo standard potting machine（1.5～8号鉢適応1,000～5,000/hr）や DEWA Model 800型（2.5～10号鉢適応，600～2,500鉢/hr）などがある．

図13.36　Javo製のポッティング・マシン

ポット・フィラーはフラットフィラーともいい，セル成型苗システムでは必需装置であるが，トレイや小鉢を多数扱う花壇苗生産者や鉢物生産者にもかなり普及しており，国産機種も多いが，大型のものは輸入機種になっている．

セルトレイはそのまま，鉢はトレイに並べて装置のコンベヤーに載せると反対側から用土を充填し鎮圧して連続的に出てくる．性能は国産の小型機種の STY-50（200～500トレイ/hr），輸入の大型機種には Model FP10 Econo Potter（3,000トレイ/hr）などがある．

13.3.2　作業用装置

苗などの植え付け作業とその前後に行う作業を支援する自動装置類で，各装置はコンベヤーなどで接続して流れ作業化できる．

(1) ディブラー（穴明け装置：dibbler）

用土を充填した鉢やトレイ内の鉢に植え穴を開ける装置である．単独でコンベヤー上を流れる鉢はポッティングマシンに着装したディブラーが穴開けするが，トレイに並べた多数の鉢に同時に穴開けするには専用のディブラーを用いる．ディブラーにはあらかじめ鉢間隔と植え穴サイズに合わせてツメを取り付けたプレートを着装しておく．自動移送されてきたトレイがディブラーの下で停止し，プレートが下がって全鉢に植え穴を開け，再び上がりトレイは移動する．ディブラーの作動は圧搾空気か水圧で作動し静粛性は高い．

(2) 自動移植機（automatic planter）

セルトレイ苗をポットやセルパックなどに植え替えする装置として開発されたのがプランターと呼ばれる自動移植機で1985年ころオランダやフランスで開発されたようである．苗生産の自動化の中で自動播種機とともに重要な部分を担う装置である．それはセル成型苗という規格苗になったため各装置に互換性をもち適応できるようになった．セル成型苗を自動的に移植する原理を Stoffert, G. は図13.37のように示している．この原理を応用して，現在ではセルの欠株や苗の大小を識別して一定品質の苗だけを移植する知能化ロボットになっている．欧米の鉢物や花壇苗生産では必須の装置になっているが，わが国では経費と投資効率の面でこれからである．

主な機種には Robotic trasplanter（16,000本/hr），Visser Pico-Mat（10,000本/hr）など多数の機種がある．

(3) 自動挿し芽装置

栄養系苗生産では挿し芽はその心臓部になる作業でほとんど人手間で行っている．オランダのキク苗企業 Dekker は2000年にキクの挿し芽ロボットを開発している．しかし，挿し芽は品種により形態，大きさが違い完全に自動挿し芽するのは難しい．

(4) キク移植機

わが国では年間，露地に植えられるキク苗は10億本近いといわれているが，生産者の高齢化により，キクの植付け作業が過労になり移植機の必要性が高まっている．1990年ころから国内の農機具メーカーがキクの移植機の開発を進め，現在数機種が発売されてい

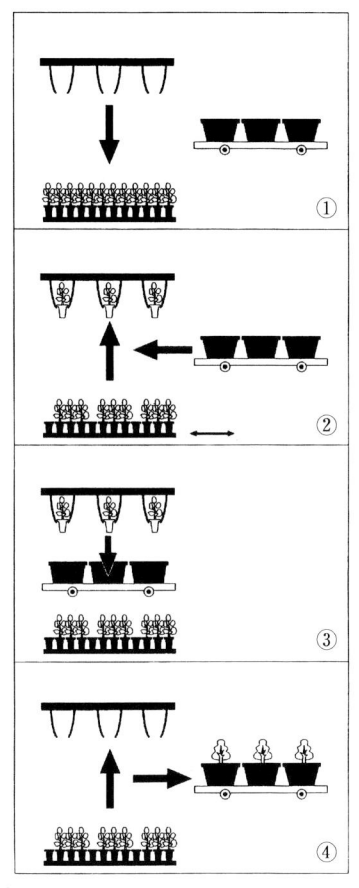

上から①グリッパーが下がって苗を掴み抜き取る．②苗を掴んで上がり苗を植えるフラットが下に移動してくる．③それに苗を植える．④植付けたフラットは脇に移動する．

図13.37　自動移植機の苗移植のメカニズム原理
　　　　（Stoffert, G. 1992）

る．その原理は田植え機と同じで，人が操縦する動力管理機に搭載した容器育苗苗を前進しながら苗を定植する装置である．OP-2型は特殊なポット苗を2条植えで8,000〜10,000ポット/時間/10aの性能である．この他，ペーパーポット苗を植え付けるPVK101-90型などがある．

(5) 移植コンベヤー（transplanting conveyor）

コンベヤーで運ばれてきたセルトレイや挿し芽などを作業者が受け取り，苗を植え付け，トレイを再びコンベヤーに載せるもので，コンベヤーを囲んだ作業台または作業エリアを提供する機能をもつコンベアーである．

(6) 灌水コンベヤー（irrigation conveyor）

鉢上げや移植が終わった鉢やトレイをコンベヤーで通過するときに散水する装置である．コンベヤー速度で灌水の程度を調節する．

13.3.3 運搬作業用装置

広義の運搬装置には自動車などもあるがここでは農場内，施設内で生産関連資材や植物などを搬送する装置について述べる．

(1) 動力運搬装置

1) 乗用して操縦運搬する装置

積み上げ，積み込み，積み下ろし，運搬移動など多機能をもつフォークリフトなどは広く利用されている装置である．しかし，化石燃料のものは排気ガスが植物に悪影響を及ぼすからバッテリー式を勧めたい．この他，乗用操縦する動力牽引車で複数の台車を牽引運搬する装置も使われている．

2) 自走する運搬装置

この装置で，最も進んでいるのはオランダなどに多いムービングベンチの自動搬送システムで後述する．

わが国ではモノレールを利用した自動搬送装置が花壇苗生産者に導入されている．露地や施設内にモノレールのレールを配置し，動力車が牽引する台車で栽培エリアから作業場，またはその逆の搬送に利用する．ミカン山で使用する搬送モノレールの改造型である．ハルディン長野農場では50万ポットのパンジーの搬送に利用し，女性や高齢の作業者の労働負担を軽減している．

図13.38 最新の自動移植機オランダVisser社のPic-O-Mat PC-6型

図13.39 モノレールでパンジーポットを自走搬送する動力牽引車（ハルディン長野農場）

3) コンベヤー

欧米の花き生産者は施設内の搬送にはコンベヤーを巧みに利用している．コンベヤーは単純に短，中距離を連続的に搬送するのによい．しかし，自動作業装置をコンベヤーでつなぐことで作業ラインを構成する．コンベヤーには手押しと動力搬送があるが，欧州では軽量で，無駆動コンベヤー3～4台ごとに駆動コンベヤーを挿入すると全体のラインが駆動化できるものがある．（コンベヤーの利用については作業の項参照）

13.3.4　出荷関連装置

切り花や鉢物生産で所要労力の大きな部分を占めるのが出荷に関わる労力である．欧州の花き生産と比較してもわが国の生産では出荷に多くの労力を要している．このため出荷関連装置はわが国の花き生産者も関心が高い．

(1) 切り花出荷関連装置

切り花の出荷は①収穫採花，②選別，格付け，③調整下葉取り，④切り揃え，⑤結束，包装，⑥箱詰め，⑦発送の順で作業が行われる．規模が大きくなり収穫量が増えると時間的制約もあり，これらの作業を短時間に処理する必要がある．JAの共選共販の選花場などでは当然機械化しているが，個選の生産者でも導入する希望が多い．

1) 自動選花機（graiding machine）

1本ずつ乗せたベルトで移動中にセンサで花の重量および長さを識別し，コンピュータが算出して等級に仕分けて所定のホッパーに落とす方式が多い．等級は3～6段階で，種類および市場の規格に合わせて等級値を設定する．次にいくつかの機種と特性を挙げる．

A．「サンフラワー」には100型（バラ，ユリ，チューリップ），300型（ユーストマ，サンダーソニア）などがあり，長さを6段階に仕分けし，1時間当たり1人で2,500～3,500本の選別ができる．

B．「メイフラワー」はキク，リンドウに適し，長さと重量で6段階に選花し，性能は前者とほぼ同じである．

C．「FM-3000S型」では基部を切断し重量で4段階に分別する．選別重量は市場規格により自由に設定できる．

2) 自動結束機（bundling machine）

選花した切り花の下葉を除去し，結束してから一定の長さに切断して仕上げる作業を自動的に行う装置である．

A．「フラワーバインダー」：切り花の頭を揃

図13.40　コンベヤーを巧みに利用しているオランダの鉢物生産

図13.41　自動選花機によるバラの出荷作業
（カリフォルニア松井農園）

えて入れるだけで下葉除去,結束,切断処理を機械がする.結束数の記録や結束数の設定もできる.1時間当たりの処理束数は最大450束である.この機種の対象花きはキク,カーネーション,ストック,リモニウム,ユリ,リンドウなどである.
B.「ゴムスビ結束機」：人が花の束を乗せて強化ゴムヒモで半自動的に結束する簡単な装置で,最高1分間に90束処理できる.オランダ製の簡単な半自動装置である.

3）自動選花結束機（grading and bundling machine）
選花と結束を連続的に処理する省力装置である.ほとんどオランダ製であったが,最近は国産でも精度が高く使いやすい機種が開発され市販されている.
A.「フラワーマシンFMO-2500型」：5段階に選花し基部切断,下葉取り,10本ずつの結束を自動的に処理する.1人で最高1時間に2,500本の処理ができる.
B.「フラワーライン」：長さ6mの大型機種で茎の長さで6段階に選花し,基部切断,下葉取り,結束を迅速に処理する.受け入れ台から処理を終わって排出するまでライン状のレイアウトになる.4人で1時間に300～400束処理できる.対象花きはキク,バラ,カーネーション,アルストロメリア,ユリ,ユーストマなど.

(2) 鉢物・花壇苗の出荷関連装置
鉢物や花壇苗は切り花のような規格や品質等級基準はないが,市場取引の慣習などによる開花状態,荷姿,トレイへの詰め方などがあり,市場や出荷目的によって違うからわが国ではほとんど手作業で出荷準備をしている.このため出荷労力がかさみコスト高を招いている.この点,欧州では鉢物の選別,包装などが装置化されている.

1）自動選別機（electronic grading machine）
ベルトコンベヤーで移送される途中でCCD監視カメラが一鉢ずつ立体画像として認識し,草丈,株張りなど6～7要因をコンピュータが算出し,品質別に3～4等級に仕分ける.

2）自動鉢物包装機（sleeve machine）
選別された鉢やトレイを箱詰めにする前にポリエチレンフィルムなどのスリーブ（sleeve）をかける.簡単な道具を使っての手作業が多いが,セントポーリア,ポットローズ,カランコエや観葉植物の鉢などの単作の周年生産では,鉢や形態がほぼ同様なものでは作業ライン上に設置された装置で連続

図13.42　最新の自動選別・結束ロボット「フラワーマシンFMO-2500型」

図13.43　画像処理による鉢物の等級仕分け装置　左の箱を通過する鉢が識別されその先で3等級のラインに仕分けられる
（オランダ）

的にスリーブをかけ，トレイや箱に詰める鉢物包装機をオランダやデンマークの生産者は利用している．

3) 自動ラベル付け機（automatic tagger）

花壇苗を出荷する際，個々のポットやセルパックにラベルを付ける作業も大量にこなすには相当の人手間がかかる．作業者がいま必要なラベルを選び出すだけでも種類品種が多いと面倒な上に間違いも生じやすい．トレイに並ぶ各ポットに種類品種のラベルを付ける自動ラベル付け装置は米国で開発され市販されている．目的に応じて迅速にラベルが変えられ，処理ポット数をカウントする機能ももつ．時間当たり800〜1,500トレイにラベルを付ける．米国では規格が統一されたMaster Tagが適応する．わが国のラベルは規格が統一されていないので利用できない．年間，500種以上の花壇苗を生産している愛知県の角田ナセリーではラベルを特殊なストッカーから，種類コードをパネルに入力して直ちに出てくる自動ラベル選別機を開発してパート作業者の仕事のしやすさと間違いをなくしている（図13.44参照）．

4) 全自動鉢物選別包装システム

オランダ，アールスメールのセントポーリア専門のAppelboomナセリーは自動による仕分け，ラベル付け，スリーブ包装，トレイ詰めまでオートメーション化したシステムを開発利用している．その一部を図13.45に示す．オランダやデンマークは労賃が高く，コスト高になるためこのようなメカトロニクスによるオートメーション化はますます進むものと思われる．

(3) 装置類の導入に際して

自動装置を導入して生産を近代化するには多大の投資が伴うだけでなく生産の作業そのものが大きく変わる．例えば作業の流れの中でネックの部分に新装置を入れても，その前後の作業体系が変わらないと，却って混乱を招く．一部分を機械化するには全体の作業の流れがスムーズになるように作業体系を変えなければならない．装置導入により作業者の過剰な労働が増えたり，危険が生じては意味がない．また，導入した装置の稼動率が低いと過剰投資になる．先の見通しと導入効果など事前評価を十分把握してかかるべきであろう．

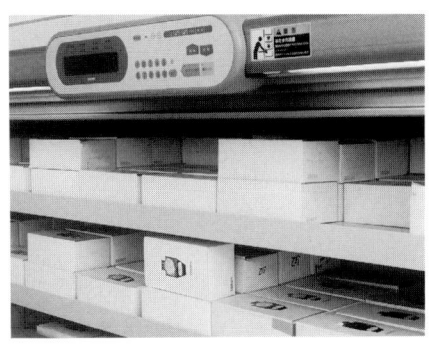

図13.44　ラベルストッカーの自動取り出しの入力パネルとボタン（愛知県，角田ナセリー）

図13.45　選別されたセントポーリアの鉢をトレイ単位でラベル付け，スリーブ包装する自動装置（Appelboom Nersery）

参考資料

13. 花きの生産施設と設備，装置
1) 川田穣一，他 1996. 電照・補光栽培の実用技術.(株) 農業電化協会刊，東京.
2) 坂上 修 1996. 施設花卉生産における機械化，省力化の現状．園芸学会平成8年秋季大会シンポ資料.
3) 鈴木秀幸 1997. 屋根開放型温室の構造，施設園芸，8月号.
4) 高田智子 1996. ロックウールバラの補光栽培，農業および園芸，第71巻，第3号.
5) 鶴島久男 1999〜2000. 鉢物，花苗生産の装置化，自動化の普及．農業および園芸，第76巻，第1号〜第77巻，第6号.
6) 鶴島久男 1996〜1997. 鉢物生産の作業改善とメカニゼーション．農業および園芸，第71巻，第7号〜第72巻，第6号.
7) Nelson, Paul U. 1991. Greenhouse Operation and Management, Prantice Hall, New Jersey.
8) Humphrey, Craig 1996. Basic of greenhouse design and construction FloraCulture International April.
9) 編集部 1996. 特集，機械導入による省力化と規模拡大．信州のそ菜，Vol. 496. JAながの刊
10) 編集部 1995. 先端技術開発調査，Ⅱ，キク定植に関する今後の課題，花き情報，'90. No.2.
11) 編集部 1998. 自動選花機，農業技術体系，4，経営戦略/品質/緑化．農山漁村文化協会，東京.

14. 花きの経営と生産労力および作業改善

14.1 花きの経営と生産労力

　労働集約的な花き生産では経営形態，生産システムおよび栽培方法などにより労力の必要量，その質なども大きく違う．特に経営形態や経営組織は労力の確保，活用に影響し，規模が大きくなると労力の有効活用，省力や作業改善が経営の成否を支配する．

14.1.1 花きの経営形態と分化

　自然相手の農業では作業暦などに従って管理や作業を進めてきたが，実際には天候次第で計画どおりの生産ができなかった．しかし，集約的な花き生産では家族経営から雇用者を加えた経営に分化し，経営が複雑になってきた．言い換えれば経営者とそれに家族雇用者を加えた組織的な経営に変わってきた．家族主体の個人経営の他に雇用労働を加えた企業的な経営，さらに農業法人などの企業経営に経営形態が分化してきた．

(1) 花き経営の経営形態と法人化

　個人経営でもJA傘下で，共選共販の集団産地の生産者，生産組合を組織している生産者は個人経営の欠点を補い，グループとしての出荷や販売戦略では企業生産と変わらない．農業経営の法人化は節税や融資の受け皿などが理由になっているが，本来は生産の効率化，省力，コストダウンによる経営改善や組織経営が目的である．さらには企業的経営が後継者の定着や雇用促進も促すことになる．

　農業法人の調査例は少ないが，愛知県の調査（神田1994）によると1994年（平成6年）現在，農業の法人組織は合計304法人で，その中，有限会社が204社，農事組合法人が69件，株式会社が29社，合資会社が2社であった．

　農業法人の執行組織は家族構成員から生産者グループの各代表者による構成があり，労働力も家族が主体，家族と雇用者，雇用者を主体としたものなど経営形態もいろいろある．構成主体が家族や雇用者を含めた企業体になると運営，生産および販売活動は全て企業的な組織運営として行われるようになる．著者は決して法人経営を勧めるものではないが，経営形態は多様で経営者がそれぞれに合った形態を選ぶべきで，個人経営もすばらしい．

(2) 経営組織と雇用者

　経営規模が大きくなって，経営者が従業員やパートタイマーを雇用して生産するようになると，規模に応じた組織を形成しそれぞれの職務を分担して生産活動ができるようにしなければならない．経営者が意図した生産目標に対して各担当者が確実に作業や仕事を有機的にこなせる組織である．花き経営の組織で最も簡単な構成要因は経営者，雇用者または家族であるが，規模が大きくなると雇用者をいくつかのグループに分けそれらをまとめるリーダー格が必要になる．経営組織とその機能をわかりやすいよう花壇苗生産経営で著名な，愛知県一宮市の角田ナセリーの組織（角田2000）の例を図14.1に示す．組織は経営規模や内容によって発達するもので，これは2000年現在の組織であるか

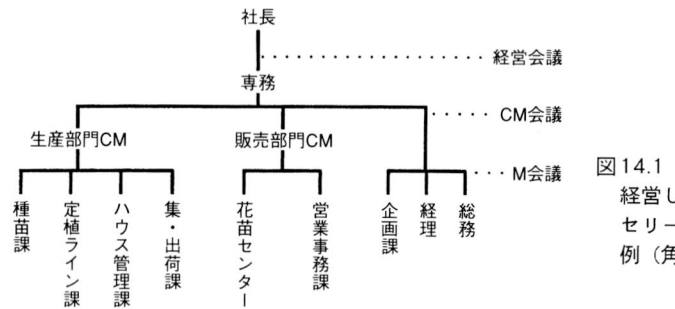

```
                    社長
                     |·················· 経営会議
                    専務
                     |·············· CM会議
     ┌───────────┬───┴───┐
   生産部門CM   販売部門CM  |········ M会議
   ┌─┬─┬─┐   ┌─┬─┐   ┌─┬─┬─┐
  種 定 ハ 集  花 営   企 経 総
  苗 植 ウ ・  苗 業   画 理 務
  課 ラ ス 出  セ 事   課 課 課
     イ 管 荷  ン 務
     ン 理 課  タ 課
     課 課     ー
```

図14.1 花壇苗生産を経営している角田ナセリーの経営組織の例（角田2000）

らその後さらに発展しているに違いない．このナセリーの組織は経営のトップである社長，専務の下に部をまとめるチーフマネージャー（CM），さらにその下に係りのマネージャー（M）がいる．その下に実務を担当する社員（staff）やパートタイマー（part-time worker）の約50名で運営されている．生産や経営計画は経営会議で決定し，それを実施に移す具体的な計画はCMやM会議に図り，その指示を受けたマネージャーと担当社員は細かい作業計画を立ててそれぞれ担当のパートタイマーに作業させる．このように組織が確実にできていれば複雑多様な作業が同時に進行できる．この組織ではチーフマネージャーやマネージャーは中間管理職に相当し，一般社員も含め常雇社員であり，パートタイマーは臨時雇用になる．パートタイマーも花き経営では年間を通してほぼ連続的に勤務するものが多く，次第に常雇化しているのが現実である．もちろんピーク時など手不足を補う本来のパートタイマーも存在する．このような組織運営や作業管理の基本的な考え方はパートタイマー2～3名の経営でも持つべきだと思う．

14.1.2 花き生産に必要な労力

　花きを栽培し収穫，出荷する際にかかる労力，すなわち所要労力とその労働費は生産性や収益を左右する重要な要因である．現在，労賃の安い国で生産された花が，高い国の生産を崩壊に招いているのも現実である．先進国では機械化や装置化などにより省力，効率生産でコストを下げてこれに対抗している．グローバルな経済社会では労働力や労賃が国際的に比較され，生産性が検討される時代になった．今後の花き生産でも作型や作業改善により限られた労働力を効率化し，装置などの導入により生産性を高める必要がある．

（1）花き生産の所要労力

　栽培や収穫，出荷の作業過程で労力がかかるが，栽培する種類，品種，栽培方法，作型，技術などで所要労力は大きく変わる．生産性や品質を落とさずいかに労働を減らし，効率的に作業をするかがその課題である．表14.1はキク切り花の生産作業別の労働時間を見たものである．電照ギクとスプレイギクでは品種，作型も違い，さらにスプレイギクはオランダの栽培とも比較している．オランダでは全て購入苗を用いているから繁殖育苗作業はない．共通的には植え付けと収穫，調整出荷に多くの労力がかかっている．

　電照ギクの品種「秀芳の力」は開花時に側蕾をかく作業に多くの労力をかけているが，

スプレイギクにはその必要がなくゼロか僅かになっている．また，栽培期間の短い花壇苗についての労働時間の調査結果は表14.2に示される．これも播種を除き，用土消毒から鉢上げまでの植え付け労力と出荷の労力が大きい点では切り花と変わらない．切り花は床植えなので灌水労力は僅少だが，ポット植えの花壇苗では最多であるが実際は日常管理的に分散している．灌水を除くと切り花も鉢物も労働内容はほぼ同様な傾向を示している．切り花の所要労力は栽培種類はもちろん同じ種類でも作型によっても大きく違う．表14.3は愛知県総農試の森岡がキク，カーネーション，バラについて，投下労働時間，生産費や生産性を日本とオランダを比較した数字である．異なる出典からの数字で厳密な比較は難しいが，おおよその傾向はつかめる．単位面積当たりの切り花収量はキクのように年1作と数作，カーネーションの1年栽培と2年栽培など作型では当然違い，投下労力も一致しない．キクとバラではわが国よりオランダの栽培が投下労力が少ない．

切り花100本当たりの生産費を見るとキクでは大輪キクよりスプレイギクの方が少なく，カーネーション，バラでもオランダの方が少ない．このように作型により収量，労力，生産費は違ってくる．花きの生産に関わる労働費は生産費に大きな割合を占め生産性や収益性に影響する．国によっては生産従事者の労働賃金にも差があり労賃の売上に占める割合も違う．表14.4は主要国の花き部門別の総売上に対する労賃の割合を示したものである．いずれも高いのは先進国で，切り花，鉢物は30％前後が多く，苗植木類でも一般に高い．ただ北欧はなぜか労賃割合がやや低い．

花き生産の所要労力は作型，品種，栽培方法や作業改善，装置化などにより極力削減

表14.1 キクの作業別労働時間（10a当たりの時間）（森岡原図一部改変）

作業名	電照ギク(1986)[1]	スプレイギク(1986)[1]	スプレイギク(オランダ：1985)[2]
親株管理	83	72	
さし芽	37	31	
定植準備	30	40	
定植	90	33	88
摘心	15		30
整枝	35		
ネット張り	25	20	
摘蕾	250		50
灌水	27	27	
施肥	15		
薬剤散布	30	15	30
温室管理	30		40
収穫調整出荷	300	300	382
後片付け	36	33	30
その他	18	134	30
合　計	1,021	705	672
切花数/時間	38.2	65.2	93.5

注）原典：水戸喜平：1993, 国際化に対応する切り花花き生産技術，花卉情報No.3
　　1）愛知県1986「主要農畜産物経営改善指導指標」
　　2）Kwantitative informatie voor de Glastuinbouw. 1985～86

表14.2 ビオラ生産における労働時間（山梨県総農試他1999，：1,000鉢生産規模）

作業内容	作業時間	備考
播種	12.50	1トレイ当たり15分（土入れ，播種，覆土，灌水）×50トレイ
灌水（鉢上げまで）	1.25	1日1回，20トレイ当たり1分，50トレイ×30日間
用土消毒	0.25	
用土混合	6.00	1,000リットル当たり120分，3,000リットル
用土入れ	6.17	スピードポッター使用，135鉢当たり5分，10,000鉢
鉢上げ	55.56	1鉢当たり20秒（鉢上げ，施肥，灌水を含む）
灌水（鉢上げ後）	138.89	1日1回，1鉢当たり1秒，50日間
病害虫防除	4.00	10,000鉢当たり2時間（薬剤散布，片づけ含む）×2回
出荷	55.00	1,000鉢当たり5.5時間（選別，コンテナ詰め，運搬作業）
合計	279.62	

原典：山梨県総農試ほか：1999，花壇苗生産における経済性，関東東海花卉試験成績書．

表14.3 主要切り花の労働生産性と生産費の比較（森岡）

作物名	作型名	出典資料[1]	収量/10a	投下労働時間/10a（時間）	労働時間/100本（分）	生産費/10a（千円）	生産費/100本
スプレイギク	12月出し電照	愛	400	705	92	727.6	1,582
	周年3.5作	オ	1,400	622	27	3,707.3	2,648
	無摘心季咲き	オ	420	200	29	910.5	2,168
	摘心季咲き	オ	420	230	33	681.0	1,621
輪ギク大輪	加温電照2～3月出し	愛	390	1,021	157	1,613.7	4,138
カーネーション	冬春切り加温	愛	1,800	1,800	60	3,833.1	2,130
	1回切り	オ	1,000	785	47	1,617.0	1,617
スプレイカーネーション	2年栽培	愛	3,800	2,539	40	3,585.0	943
	2年栽培	オ	4,000	2,000	30	3,531.8	883
バラ	加温	愛	1,290	2,316	108	3,861.6	2,993
バラ	加温（ソニア）	オ	2,016	1,100	33	2,107.5	1,045

注1）愛は愛知県農業水産部1986年刊「主要農畜産物経営改善指導指標」，オはアールスメール花き試験場・ナールドワイク試験場「Kwantitative informatie（'85～'86）」を示す．なお，1ギルダーは75円として換算．

表14.4 主要国の花き部門別総売上に対する労賃の割合（1997）

国名	鉢物	切り花	苗植木類
スイス	41%	−	−
ハンガリー	35%	35%	45%
オーストラリア	35%	45%	35%
イギリスa	35%	30%	40%
オーストリア	30%	20%	20%
ドイツ	29.6%	33.5%	41%
デンマーク	27%	−	32%
オランダ	27%	31%	−
イギリスb	20%	25%	10%
スウェーデン	15%	−	−
ノルウェー	13.5%	21.5%	−
フィンランド	13%	25%	50%

（資料：FloraCu. Inter. 1998, Dec. による）

14. 花きの経営と生産労力および作業改善 [279]

し省力して生産性を高めなければならないが，特に効率的な作業計画と作業改善が重要である．それとともに労務管理や賃金体系も経営上考慮しなければならない．

14.1.3 作業計画と労務管理

作業をタイミングよくこなし，最小の労力で確実に仕事をするには生産計画に沿った管理計画と作業計画を立てることである．経営的には必要最小限の労力を確保し，適切に配分してムダなく作業をこなせる計画を立てることである．それには自園での今までの栽培管理や作業記録などが有力な基礎データになる．

(1) 作業計画と作業指示

平素，自園の栽培や作業記録，経験などから時期別にどの位の労力がかかるかを予測して労力分配した作業計画を立てる．近い将来はコンピュータで作業計画に基づく労力分配もできるようになる．「16. 花き産業のコンピュータ化」の308頁で生産作業の所要労力の分配予測を述べておく．

同研究のプログラムソフトは鉢物生産の管理に必要な労力の年間分配を，あらかじめ入力してある栽培面積，保有労力，制約条件，経費予算，生産目標数，必要資材量などの制約条件をベースにシミュレーションし，図14.2のような画面に表示している．実線より上の労力は保有労働量を超過したもので，時間外労働か臨時労力で消化しなければならない労働量を示している．

作業計画が立てられ，それに沿って実際に作業をするには作業内容，方法，目標時間などを現場の作業者に伝達しなければならない．

そのための作業指示票，実施記録などに記入して現場への指示および結果の記録などの用紙を作成する．実際は作業計画に基づき，監督者から作業指示が用紙や白板などに書かれて作業者に伝達され実施することになるが，指示された作業が確実に遂行されたか，その過程でミスがあったかなどのチェックは次回の作業計画立案や労務管理に重要である．

(2) 作業労働の質と労働評価

作業者の立場から見れば同じ時間，作業をしても内容によって労働の負担は違うから肉体的な疲労度や精神的なストレスは違う．作業内容が肉体，精神的にきついか軽いかは作業者にとっては大きな問題である．一方，経営者サイドから見れば，作業者が手早く確実に仕事をこなしているか，ルーズでミスが多いかが労働評価の尺度になる．しかし，このような作業強度や条件を考慮した施設内の園

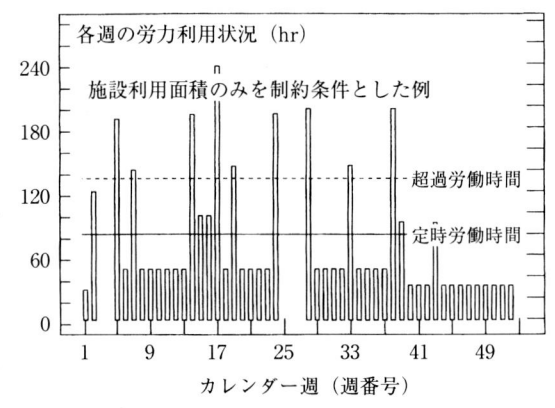

図14.2 一定の生産制約条件下で鉢物生産に必要な週別所要労力分配をシミュレーションした画面 (Fang, F.らの研究 1990より)

表14.5　作業記録記入用紙の例（Grimmer, W. W. 1975）

毎日の作業時間シート

氏　名	
時計番号	
月　日	

従業員番号	作　物	作業時間	事務担当者記入欄

承認者　　　　　　　　　　確認者

表14.6　施設内作業の作業労働コード（Grimmer, W. W. 1975）

生産関連労働作業	非生産関連労働作業
1　繁殖	50　R&M　建物維持管理
2　播種	51　R&M　温室維持管理
3　接ぎ木	52　R&M　ベンチ維持管理
4　移植	53　R&M　蒸気および給水
5　用土調整	54　R&M　電気関係維持
6　鉢上げ	55　R&M　ボイラー室維持
7　植物運搬	56　R&M　機械類維持
8　ジープ運転	57　R&M　トラック維持
9　除草	58　日除け
10　摘芯	59　販売　受注
11　摘蕾	60　販売　包装
12　灌水およびシリンジ	61　販売　荷造り
13　耕耘作業	62　販売　トラック輸送
14　マルチング	63　トラック出荷
15　支柱立ておよび誘引	64　トラック園内移送
16　黒布による遮光	65　ボイラー管理
17　整枝	66　温度管理
18　鉢物の仕分け	67　貯蔵庫業務
19　切り花の収穫	68　研究室業務
20　切り花の等級分け	69　一般的雑用
21　施肥	70　スーパーバイザー業務
22　消毒	71　事務所業務
23　薬剤散布	72　新施設関係業務
24　粉剤散布	73　土地関係維持管理
25　蒸気消毒	
26　清掃後の始末	

表14.7　主要国の園芸熟練労働者の時給比較（1997）

国　名	社会保障を含む最低時給（USドル換算）
イギリスa	6.20
イギリスb	7.30
オーストラリア	8.18
イスラエル	8.84
ドイツ	10.64
フィンランド	10.98
ハンガリー	12.00
オランダ	12.00
ノルウェー	14.48
スウェーデン	15.11
デンマーク	17.00
オーストリア	18.43
スイス	18.45

資料：FloraC. Inter. 1998. Dec. による。

芸作業を Grimmer, W.W.（1975）は表 14.6 のような作業労働コード（code of labor operation）に分けている．作業記録や労働記録をコンピュータに入力処理するのに便利で今後の労働評価にも活用できる．

14.2 労働条件と賃金報酬

わが国でも 2000 年から労働時間は週 44 時間制になった．欧米の先進国ではすでに週 38 時間制になっている国もあり，花き農園でもこの時間で実施している．また雇用者の社会保障や仕事の安全性や快適性が問われる労働環境も変わってきている．わが国の花き経営者もこの流れには逆えないから将来この点も見込んだ経営を考えるべきである．

14.2.1 花き生産従業者の賃金報酬

表 14.7 は主要各国の園芸熟練労働者の最低賃金を比較したものである．この表でドイツより上の国は日本の時給と大差ないが，オランダ，ハンガリー，スイスを含む北欧諸国はいずれも高い．彼らはこのような高い労賃の作業者を使って，わが国より安い花を生産している事実をわが国の花き生産者も認識すべきである．オートメーション化が進んでいる工業分野でも，熟練した技術者なしには成功しないといわれる．このため技能者を育てるためいろいろな対策を立て，技能者の給与も一般の従業員より高く設定されている．人手に依存する作業が多い農園芸でも，熟練技能者は給与の面でも，人材育成の面でももっと配慮すべきだと思う．雇用者の社会保障や福利厚生も給与に代わる目に見えない支払いである．表 14.8 は米国の農園芸雑誌が温室経営における従業者の階層別給与と社会保障の支払い状況の調査結果を示したものである．わが国も年功序列の給与体系から次第に能率給に変わっている．花き経営でも能率給を採用している農園が増えている．能率給になると労働時間や仕事の処理能力，仕事の精度などから労働評価は欠

表14.8 米国の温室経営者による従業者への給与と社会保障の支払い状況
（Greenhouse Manager & Producer 誌 1999 年調査の表一部改変）

		単純労務従事者	熟練労務従事者	栽培主任従事者	計画管理主任
従業員数	季節雇用者 常用雇用者	11 11	2 3	1 3	2 2
週間平均労働時間	季節雇用者 常用雇用者	37 40	37 44	31 42	31 40
平均基本時給	季節雇用者 常用雇用者	$ 5.75 $ 5.75	$ 6.50 $ 7.25	$ 8.75 $ 11.50	$ 10.25 $ 7.25
週40時間を超過した 労働の時給	季節雇用者 常用雇用者	$ 8.00 $ 13.50	$ 4.25 $ 13.50	$ 13.50 $ 13.50	$ 11.50 $ 13.50
組合加入率 年間有給休暇日数 年間有給病気休暇日数 生命保険分担掛金% 医療費分担金% 年金分担掛金%		< 1 5 1 11 16 15	1 7 2 14 19 18	< 1 8 2 11 16 14	1 8 2 10 13 13

かせなくなる．表14.8のように仕事の内容，仕事の処理能力，責任の範囲などから職制によって給与は異なる．ここでいう単純労務従事者（unskilled labor）はパートタイマー，熟練労務者（skilled labor）は特殊な技術や広範囲の業務に習熟している社員，従業者やパートである．パートなど単純労務に関わる人たちの作業指示や結果を確認する主任は海外ではスーパーバイザー（super visor）という．わが国でも家族スタッフを含め給与制にしているところが増えている．企業経営では当然職制による給与ランクを付け，それぞれの企業体で独自の方式を工夫している．

また，直接の給与ではないが，有給休暇，医療休暇，医療費や健康障害保健，社会保険の掛け金分担も重要な間接給与であり，今後の雇用には必須条件になる．

14.2.2 従業者の社会保障と職場環境

これから農園芸従業者は給与賃金だけでなく社会保障や福利厚生，快適な職場環境の提供も雇用条件になる．特に花きの農園では女性や高齢の従業者が多いのでこれらに対する要望は強い．前述の米国雑誌の調査によると，調査した199農園で実施している社会保障および福利厚生対策の実施割合は表14.9のようであった．国の違いもあるが，項目はほぼ日本と共通である．わが国では佐藤（1993）が鉢物生産者の経営調査で，作業者の働く意欲を高める福祉や職場環境の希望を調べ表14.10のようにまとめている．すでに実施している農園も多いが，社会保障や福利対策にもできるだけ努力し，日常の快適で安全な職場環境にも配慮すべきである．

表14.9 米国の施設花き農園の従業者の社会保障福利対策を負担している農園の割合（表14.6と同出典）

項目	割合	項目	割合
生産物購入の割引	37%	利益の還元	—
休暇	64%	健康保険分担	11%
年間ボーナス支給	—	税金401（K）	25%
無給休暇	31%	車通勤補助	15%
医療費補助	43%	住宅手当	6%
フレックス・タイム	18%	年金掛金分担	6%
病気有給休暇	25%	交通費支給	4%
有給休暇	21%	労働歩合金	3%
生命保険分担	30%	その他	13%
出産休暇	21%		

表14.10 やる気を高めるための具体的福利，環境希望事項（佐藤 1993）

カテゴリー	該当割合（%）
ボーナス制度	52.8
慰安旅行	37.7
能率給支給	9.4
超過勤務手当の支給	20.7
更衣室や休憩室の設置	28.3
タイムカードの導入	20.7
作業環境の改善	56.6
作業の改善	45.2
海外研修	3.7
その他	9.4

図14.3 作業者がリラックスできる食堂兼休憩室（愛知県安城市，早川園芸）

14.2.3 安全で快適な職場としての農園

今までの花き生産では考えられなかった課題であるが，地球環境保全と人間尊重（雇用者保護）は他産業と同様にこれからは対応しなければならない．

(1) 環境や作業の安全性

農業でも農業機械による事故，高温ハウス内作業によるハウス病などの危険が問題になっている．花き農園でも危険（ハザード：hazard）は至る所にある．ベンチや柱に出ている突起部，針金の末端，通路の障害物，取り扱いに危険の多い装置，搬送機の操縦，電源スイッチ周りの裸部分や農薬の取り扱いなど危険は多い．多くの作業者が長時間作業する作業場の室温や明るさの管理も安全性に影響がある．

図14.4 危険表示の国際マーク

危険個所や危険物を取り除くことは監督者の注意力だが，雇用者も協力して快適，安全な職場に創り上げる努力が必要である．一方雇用者全員に安全教育（safety education）をして農薬や危険物の取り扱い，トラブル発生時の処置，通報手段などは全員に周知しておく．従業員の安全のため，農薬保管，変電室，ボイラ室や燃料庫など危険表示をして互いに注意させる．農薬散布したハウスも一定期間人が入らないよう危険表示する．危険表示の国際マークもある（図14.4参照）．

(2) 快適な職場環境の実現

生産の効率化，省力化などが進むと作業する側からは厳しい労働環境になる．それだけに快適で安全な職場は休憩や食事時間にはリラックスして疲労を回復させる環境整備が必要となる．更衣室，休憩室または食堂，手洗いやトイレなども必須の設備である．僅かな時間にもゆったりした休養がとれれば人間関係のトラブルもなく，疲労回復に役立つ．

14.3 花き生産の作業とその改善

物を作るには必ず人（作業者）が原料を加工する作業が伴う．植物生産も全く同じで植物を育てる管理作業は欠かすことはできない．作業の内容は栽培種類や栽培方法などで違うが，技術の発達につれて変わっている．家族が"あうんの呼吸"で作業して栽培してきたのが，いつの間にか雇用者を使って物作りする生産に変わっている．こうなると雇用者により能率的に作業してもらい品質のよい花を生産することになるが，一方では，コスト削減のための作業改善は重要なポイントになる．

14.3.1 花き生産の作業の分類

花きの作業には極めて多様な作業があるが，著者はそれらを作業の性格内容から表14.11のように分けてみた．植物生産に直接関わる技能的な作業と，ルーチンワーク的に毎日あるいは時折，繰り返し行う環境管理やデスクワークなど日常的管理作業に分けた．さらにそれらを作業頻度から一過性のもの，間隔をおいて再々行うもの，連続的に行うもの，また，誰でもできる単純な作業と，ある程度訓練や練習を必要とする作業など，質的性格などに分けてみた．経営規模が大きくなるとこれらの作業量が増えるから省力化，

表14.11 花き生産の作業の分類と作業特性

作業分類と作業内容		作業頻度特性			作業質的特性		
	作業特性	一過性作業	断続性作業	連続性作業	技能的作業	単純作業	機械化代行可否
技術的作業	植付け	○				○	○
	繁殖(播種,挿し芽など)	○			○		○
	整枝,摘心	○			○		
	薬剤散布		○		○		○
	施肥		○			○	
	採花,調整		○		○		
	荷造り,出荷		○			○	
管理的作業	施設日常管理(灌水,換気)			○	○		○
	資材管理(運搬,保管など)		○			○	○
	施設環境管理			○		○	○
	機械装置管理		○		○	○	○
	労務管理	○					
	事務管理	○				○	

能率化,さらには人力作業を機械で代行させる機械化などに分化する.

14.3.2 作業に関する研究と分析

　これからの花き生産は生産システムそのものを変えて,省力かつ効率的に生産してコストダウンを図る計画的な生産が期待される.その場合,作業改善が重要なキーワードになる.わが国では稲作などでは農作業の研究は進んでいるが,世襲生産者自身あるいは家族の作業を前提としたもので,雇用労働のための作業研究はほとんど行われていない.経済的な施設園芸が早くから進んだ欧米では,人間工学や労働科学の側面から作業研究がなされ,それらの研究をベースに雇用者を活用した企業園芸が発展し,現在の花きオートメーション生産まで発達している.ここでは欧米の園芸作業研究の成果を紹介しわが国の花き生産の参考にしたい.

(1) 作業の構成要因と動作の研究

　まず物作りをする目標が決まったら,どのような手順で仕事をするかという作業計画ができて最初に人が手足を動かして作業に取り掛かる.この指や手先の動作が作業の原点であるが,手足を動かす作業が複数組み合わさり大きな作業,生産作業から人手間に機械が加わって生産システムへと発展する.この指や手先の微動作から作業が成立し生産システムへ発達する経過は次のようになる.

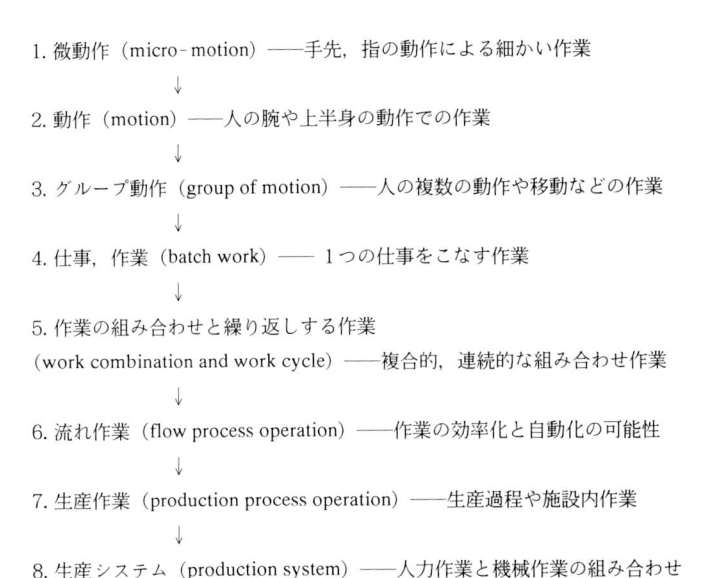

1. 微動作（micro-motion）──手先，指の動作による細かい作業
   ↓
2. 動作（motion）──人の腕や上半身の動作での作業
   ↓
3. グループ動作（group of motion）──人の複数の動作や移動などの作業
   ↓
4. 仕事，作業（batch work）── 1つの仕事をこなす作業
   ↓
5. 作業の組み合わせと繰り返しする作業
   （work combination and work cycle）──複合的，連続的な組み合わせ作業
   ↓
6. 流れ作業（flow process operation）──作業の効率化と自動化の可能性
   ↓
7. 生産作業（production process operation）──生産過程や施設内作業
   ↓
8. 生産システム（production system）──人力作業と機械作業の組み合わせ

1）動作の研究

1つのまとまった作業は多くの複雑な動作から成り立つから，作業を解析するには動作の研究から始まる．この動作の分析は作業改善のための作業時間や，作業手順など省力手段をつかむための重要な手がかりになる．ここではペンシルバニア州立大学のMelnyk, Alex (1976) の研究を中心に紹介する．

同じ動作を繰り返し行う作業サイクルを分析する研究は19世紀後半から行われ，この動作の研究ではGilbreth, Frank (1868) が先駆者だといわれている．動作の研究は連続動作の記録に使う基本動作の分類から始まり，作業時間を計るルールや作業達成の努力の可能性を研究している．作業領域でみられる全ての手の動作はTherbligsと呼ばれる17の基本動作に分けられる．

[The Therblig System]

ここでは17の基本動作は詳細すぎるのでややおおざっぱに8動作で次に示す．

　　8の基本的な手の動作

動作記号	動作	動作記号	動作
RE	近づく	P	置く
M	動く	U	使う
G	つかむ	D	遅れる
RL	はなす	H	待つ（待機）

REからUまでの6項目は積極的に動く動作で積極的動作（effective therbligs）といい，残りのD, Hの2項目は手の動きが遅れたり，一時的に待機して次の動作を待つなど消極

的動作（ineffective therbligs）で作業の結果にあまり貢献しない動作である．これら基本動作の測定や判定はカメラやビデオテープで行う．

　Gilbreth, Frankは作業の動作をもっと節約して効率化する動作節約の原則を「動作節約の法則（The Law of Motion Economy）」としているが，その後の研究で補われ次のようにまとめることができる．

［動作節約の法則］
a. 両手が同時に動作を始め，同時に終る．
b. 手の動作は左右対称に，同時に体の中心から外へ，または内へと動かされる．
c. 作業者を補佐することを考える．ものを押したり，引いたりする筋肉労働は最低限度にとどめる．
d. 直角的より曲線的に動かす動作が望ましい．鋭く方向を変える動きもよくない．
e. 基本動作の数はできるだけ少なくする．最も簡単にできる動作を使う．動作の時間の延長と力量の増加によって次のように分類される．

動作の分類
　　　　　動作　　　Class 1. 指の動き
　　　　　　　　　　Class 2. 指の動き＋手首の動き
　　　　　　　　　　Class 3. 指の動き＋手首の動き＋下腕の動き
　　　　　　　　　　Class 4. 指の動き＋手首の動き＋下腕の動き＋上腕の動き
　　　　　　　　　　Class 5. 指の動き＋手首の動き＋下腕の動き＋上腕の動き＋体の動き

f. 作業に足の動きも組み合わさる．しかし手と足を同時に動かすことは困難な場合もある．
g. 中指と親指は最も力の入る指である．
h. 足は作業者が立っている場合はペダルなどを踏む操作はできない．
i. 体をねじるような動きは膝を曲げることによってなされるべきである．
j. 道具を握るときは手のひらを密着させて行う．
k. 動作をスムーズに機械的に行えるよう"リズム"，簡単で自然リズムで行えること．

2）時間の研究

　作業をこなすのにどの位の時間を必要とするか，作業を構成している各動作の中にムダや遅れはないかなどを知り作業改善や効率化を図る時間の研究（time study）は作業研究の基本となる．今まではストップウォッチによる所要時間の計測や，ビデオカメラによる記録が主であったが，最近はデジタルカメラによる画像をコンピュータで解析するなど，作業時間の研究もしやすくなっている．作業時間の計測は各動作の分析により改善個所の発見や，同じ目的達成の作業方法の比較でより効率的な作業方法を選択するのに有効である．

3）動作の分析の方法

　作業は動作から構成されているのでこの動作の分析が基本になる．Melnyk, Alexらは作業改善を前提に単位作業の動作や所要時間を分析して見直しの手がかりにする研究をしている．彼らは1つの動作または動作グループごとに費やされる時間（所要時間）を測

定し，その記録を次の4つの項目に分けて調査している．
1. 各動作の内容を記録する．
2. その動作を構成する基本的な幾つかの動作に分けて記録する．
3. 動作の性格を基本動作の記号で分ける．
4. 一般的動作の各所要時間を測定し記録する．

測定はストップウォッチやビデオ（現在はデジタルカメラも）で行う．仕事のサイクルが多くの動作を含むときは，さらに小さなサイクルに分けて分析する．表14.12はMelnyk,

表14.12 鉢替え作業における作業者の両手の動作を記録した作業過程表（Melnyk, Alex 1976）

時刻	所要時間	左手の動作	記号	右手の動作	記号
0	36	遅れ，右手の補助 右手のための待機 右手が鉢に到達 鉢の底を掴む 鉢を土の所に運ぶ	 D RE G M	空鉢を取る 鉢に届く 鉢を掴む 鉢を土の所に運ぶ	 RE G M
36	11	鉢に土を1/2ほど入れる 土を入れる 鉢を離す	 U RL	鉢に土を1/2ほど入れる 土を入れる 鉢を離す	 U RL
47	6	再び鉢を掴みささえる 鉢の縁に添える 鉢の縁を掴む 鉢を持ち上げる	 RE G H	土を平にする 土を平にする 土を平にする 土を平にする	U U U
53	33	右手の補助 最初の鉢を置く 2番目の鉢にふれる 2番目の鉢を掴む 2番目の鉢を動かす	 RL RE G M	鉢替えをする植物を取る 2番目の鉢替え植物にふれる 植物を掴む 鉢を逆さにする	RE G M
86	4	右手の補助 鉢をたたく	 M	植物を鉢から抜く 台の縁で鉢をたたく	 M
90	13	空いた鉢を置く 空鉢を移動する 空鉢を離す	 M RL	左手のため待つ 左手を待つ 左手を待つ	 D D
103	49	植物の周りに土を入れる 土の所に手が届く 土をすくって入れる 土をすくって入れる	 RE U U	植物を定位置に据える 植物を鉢に入れる 植物を定位置に据える 植物をおさえる	 M RL RL
152	42	植物の周りの土を固める 土を固める	 U	植物の周りの土を固める 土を固める	 U
194	29	右手の動作を待つ 右手を待つ 右手を待つ 右手を待つ	 D D D	最後の仕事にかかる 鉢を掴む 鉢をトレイに並べる 鉢を置く	 G M RL
223					

注）所要時間は1/100分で示してある．　著者注）この作業は素焼鉢栽培の作業である．

A.らが鉢替え作業で両手の動作を記録した作業過程のデータである．

少し古いデータで作業内容が現在とはやや違うが作業過程と動作の基本は変わらない．この表を彼らは次のように分析して，その欠点を指摘し改善点を明らかにしている．

[欠点]
a. 遅れ（D）や，待機（H）など非効率な動作がある．片手が何かの動作をしているとき，もう一方の手がそれを待っている．
b. 右手で土を入れるとき，左手は鉢を支える．

[改善点]
a. 新しい鉢を取るとき同時に空鉢を別の位置に置く．（体から遠ざかる動作を一緒にする）
b. 鉢を固定する方策を考える．
c. 多くの作業で両手が互いに補助しあっていることがわかる．その仕事が複雑または体力的に難しいことを意味している（それはまた機械化を考える必要をも意味している）．

14.3.3 作業体系と作業改善

生産システムとしての作業全体のデザイン構成や個々の作業の方法やプロセスを分析して作業改善（work improvement）することがコストダウンにつながり，効率的に生産性を高める重要な要因である．

(1) 作業体系を構成する作業デザインと作業プロセス

生産システムに対応した作業体系が構成されるが，それは細かい動作や作業が複合されて成り立ち，その組み立てが作業デザイン（operation design）である．うまくデザインされている作業は少ない労力でスムーズにできるが，悪いと無駄な労力と時間がかかる．この作業デザインにあわせて進められるのが作業プロセス（operation process）である．作業デザインや作業プロセスを見直すのが作業分析であり，それによって作業改善ができる．ペンシルバニア大学の Aldrich, Robert A.（1979）は作業デザインの構成には次の5要因が影響しているという．

  1. 生産のタイミングとスケジュール，2. 環境要因，3. 施設の収容量，4. 施設のレイアウト，5. 資材の取り扱いおよび機械化

このような要因を含む大きな作業デザインやプロセスを分析する方法について，ミシガン大学の Ross, David S. ら（1976）は作業プロセスを図式化する作業手順表（flow process chart：以下 FPC とする）か，作業流れ図（flow process diagram：以下 FPD とする）を作成して分析することを勧めている．

FPC および FPD は各作業，運搬移動，検査（確認），遅延や貯蔵など生産過程で発生した現象を作業の手順，流れに沿って図示するもので，それに所要時間や移動した距離などを記録して判断するものである．図には行動記号として基本動作記号（284頁参照）で現し，それに番号を付け，さらに場所，行動する距離，所要時間，植物や資材の扱い量などを単位で示す．FPD は FPC の説明図として平面に作業や装置の位置や距離のレイアウトを縮尺寸法で示したものである．これをわかりやすいよう Ross, David S. らの原図を参考に播種苗（トレイ播き）をポットの植え替え作業に置き換えて図14.6に FPC を，図14.7に FPD として示してみた．

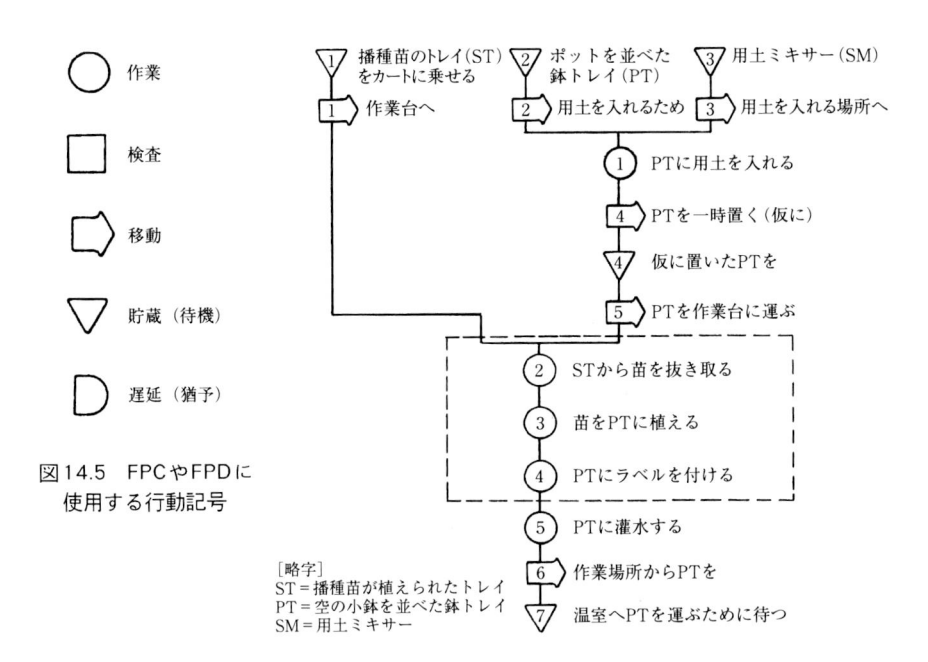

図14.5 FPCやFPDに使用する行動記号

○ 作業
□ 検査
▷ 移動
▽ 貯蔵（待機）
D 遅延（猶予）

[略字]
ST＝播種苗が植えられたトレイ
PT＝空の小鉢を並べた鉢トレイ
SM＝用土ミキサー

1▷ 播種苗のトレイ(ST)をカートに乗せる
2▷ ポットを並べた鉢トレイ(PT)
3▷ 用土ミキサー(SM)
1□ 作業台へ
2▷ 用土を入れるため
3▷ 用土を入れる場所へ
1○ PTに用土を入れる
4○ PTを一時置く（仮に）
4▽ 仮に置いたPTを
5▷ PTを作業台に運ぶ
2○ STから苗を抜き取る
3○ 苗をPTに植える
4○ PTにラベルを付ける
5○ PTに灌水する
6▷ 作業場所からPTを
7▽ 温室へPTを運ぶために待つ

図14.6 小さい作業から構成される苗植え替え作業のデザインとプロセスを改善したFPC図の例（Persson, Sverkerの図を参考にした）

（2）FPCおよびFPDによる作業デザインとプロセスの分析とその改善

作業デザインやプロセスを見直して改善するにはFPCやFPD図上から実施している．作業デザインやプロセスの中の無駄，無理な個所を発見し，それをどう改善するか，その要点には次のものがある．

①不必要な作業，動作を除く

実際に作業の中に無駄な行動は沢山ある．作業デザインや手順が悪いと作業者に余分な労働負担やロスタイムを与える．無駄な作業や動作を除くのが最初にできる作業改善である．

②作業の組み合わせ

1つの作業，動作をするとき，他の作業，動作も加えてできないか．例えば植え替えた鉢を温室内へ運んだ帰りに温室から使用済みの資材を持ち帰るなど．

③作業の単純化

花きの管理作業はますます複雑になる．作業者がミスなく作業能率を高めさせるには作業をより単純化した方がいい．図14.8は植え替えた鉢を入れたトレイを作業場から温室内へ運搬する作業手順のイラストであるが，これを図14.9のように機械化してベルトコンベヤーを利用すると極めて単純化できて，所要労力も軽減できることがわかる．

④作業の配列（順序）の改善

大きな作業は図14.6のように幾つかの小作業が組み合さり流れになって作業が達成される．この小作業の組み合わせや手順も作業能率に大きく影響する．この発見や改善にはFPCなどが役立つ．

(3) 実際の作業改善による省力例

現在の花き栽培では各作業に多くの労力を要しているが，切り花，鉢物，花壇苗生産とも植え付けと出荷に関わる作業に多大の労力をかけている．表14.13は花壇苗生産に関わる各作業別の労力割合で，人手間を中心にした慣行作業と，装置類を導入し，さらに各作業を工夫して改善した作業を比較し，労力の節減を示した試案の例である．

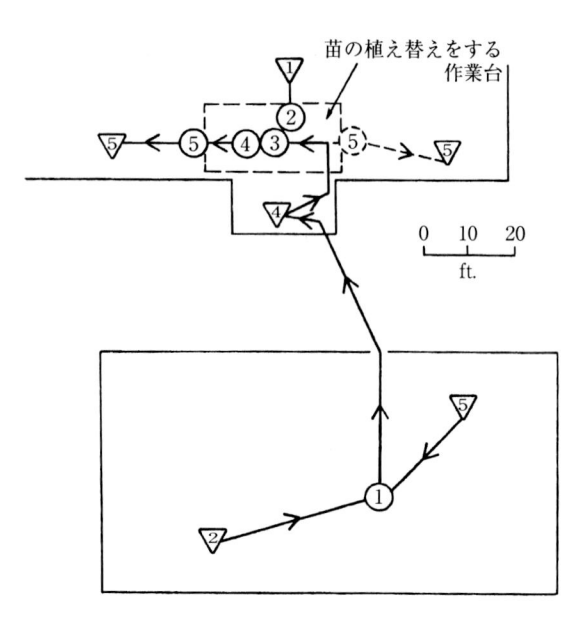

図14.7 前図（14.6）をFPDに作図した例

14.3.4 分散型作業と集中型作業

花きの生産管理の作業を作業構成から分散型と集中型に分けられる．分散型とは手作業による灌水，施肥，薬散，摘心，整枝など一人または少数の作業者が施設内や圃場に分散して仕事をする日常管理的な作業が多い．集中型は短時間に大量の作業量をこなす植え付け，植え替え，出荷などの作業で，多数の作業者がそれぞれ小作業を役割分担し，しかも相互に連携を取りながら作業を進めるという点で前者とはかなり性格が違う．

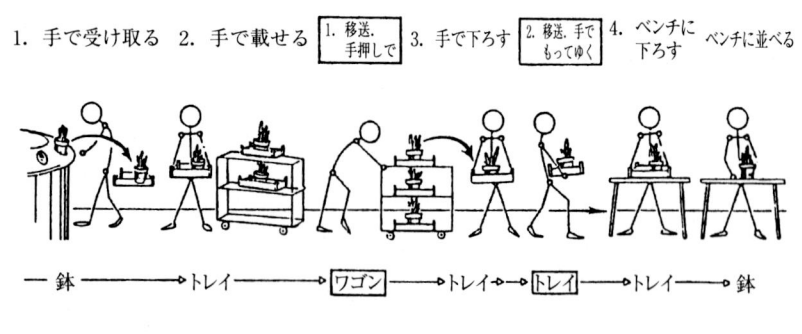

図14.8 手作業とワゴン台車で鉢トレイを運搬する作業手順（Aust, D. 1989）

2. 手作業で並べる

1. 自動的に受け取る　　自動的にコンベヤーで移送

鉢　　　　　　　　　　　　鉢　　　　　　鉢

長所　　　　　　　　　　　短所
移送中を通して鉢をトレイに　　作業ごとにコンベヤーを配置する．
入れるだけの人力は1回だけ．　作業ごとにコンベヤーを置き換える．
　　　　　　　　　　　　　　作業終了ごとに撤去する．
　　　　　　　　　　　　　　装置運転中速度，オンオフ調節する．

図14.9　植え替えた鉢をコンベヤーで搬送する手順（Aust, D. 1989）

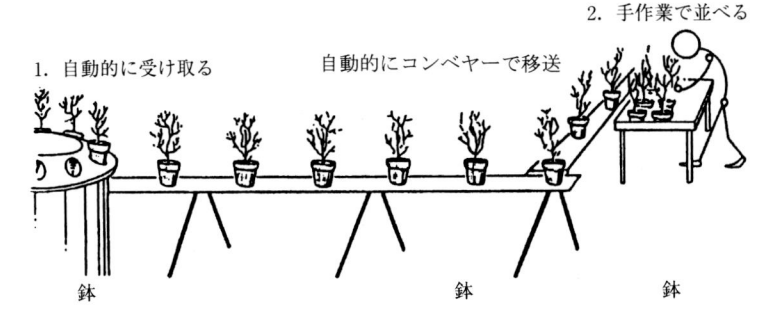

表14.13　花壇苗生産における所要作業時間と装置化による省力試案の例
（脚注資料の表を改変した）

(単位，時間)

作業内容	慣行作業時間	改善作業時間試算	改善対策
播種用土作り充填	1.5	1.5	ピート，粉砕機，混合機
播種	1.5	1.5	播種機，覆土機，充填機
鉢用土造り	1.3	1.0	用土粉砕機，混合機
鉢用土充填	1.2	1.0	ポッティングマシン
鉢上げ（3号）	33.0	20.0	セル成形苗使用
灌水（育苗時）	0.5	0.5	自動灌水
灌水（鉢上げ後）	22.5	1.0	自動灌水
施肥（置肥）	10.0	0.0	元肥に緩効性肥料使用
施肥（液肥）	0.5	0.0	
病害虫防除	2.0	1.0	自動防除機
生長調節剤処理	0.2	0.2	
鉢移動	5.0	1.0	施設レイアウト見直し運搬機
収穫	13.0	13.0	運搬機
出荷	12.0	10.0	庭先販売，集荷場へ運搬
合　計	92.5	51.7	

注）資料：II最先端技術開発調査，1995，花き情報，No.2，のp.24～25の表2～3をまとめて改変した．
パンジー1万ポット生産の時間

（1）分散型作業

　経営規模の大小にかかわらず花きの生産管理では灌水，施肥，換気などの日常管理の分散型作業はかなりの割合を占める．小経営では植え替えや出荷など集中型に属する作業も，一回の作業量が少ないから分散型で行った方が効率がよい．切り花のように作業者が植物のところに出向いて作業するものでは，分散型作業の割合が高くなり省力化が

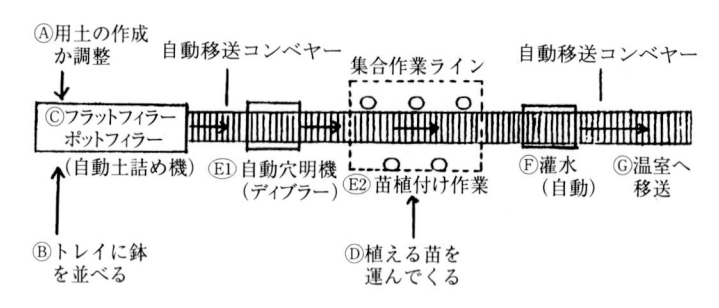

```
        Ⓐ用土の作成
          か調整     自動移送コンベヤー  集合作業ライン     自動移送コンベヤー
             ↓         ↓            ┌─────┐         ↓
        ┌──────┐  ▌▌▌▌▌▌▌▌▌▌▌▌▌▌▌│ ○ ○ ○ │▌▌▌▌▌▌▌▌▌▌▌▌▌▌▌▌▌▌▌
        │Ⓒフラットフィラー│━━━━━━━━━━━━│       │━━━━━━━━━━━━━━━→
        │ポットフィラー │  ▌▌▌▌▌▌▌▌▌▌▌▌▌▌▌│ ○ ○  │▌▌▌▌▌▌▌▌▌▌▌▌▌▌▌▌▌▌▌
        └──────┘             └─────┘
         (自動土詰め機)  Ⓔ1 自動穴明機 Ⓔ2苗植付け作業  Ⓕ灌水   Ⓖ温室へ
        ↑            (ディブラー)            (自動)   移送
        Ⓑトレイに鉢              Ⓓ植える苗を
         を並べる                運んでくる
```

図14.10 自動装置を組み入れた鉢上げの集中型半自動作業ライン

難しい．分散型作業では作業の進行，チェックが大変なので，個々の作業者にある程度の仕事に対する責任と判断を与えモチベーションも高める必要がある．

(2) 集中型作業から流れ作業へ

　経営規模が大きくなると苗の定植，植え替え，出荷など短時間に大量の作業をこなす集中型作業がある．広い圃場に多くの作業者を投入して行う定植，収穫後整理などもあるが，鉢物や花壇苗の植え替えや切り花を含む出荷は作業を集中的に行う．この集中型作業は作業がスムーズにできるためにはいくつかの小作業を組み合せ，各作業を有機的に連携しないとできない．この作業者の分担を流れ作業にすることにより効果が高められる．分散型作業は作業者が移動して作業するのに対して，この集中型作業は植物を1カ所に移動して，各作業者は定位置で作業する．これが作業能率を高め労働負担を軽減する集中流れ作業（assembly line operation）である．ラインの間に図14.10のように自動装置を組み合わせるとさらに人手を省いた作業ラインが形成され，生産作業のオートメーション化につながる．

14.4　作業の労働負担と疲労の軽減

　最近は機械が入ってきつい労働は少なくなったといわれるが，それでも労働負担の大きい作業はある．労働負担を作業負担（work load）という．経済生産では品質を高め，効率生産するため作業者の作業負担もできるだけ軽くしたい．

14.4.1　花きのきつい仕事

　オートメーション化の進んだオランダの花き生産でも図14.11のようにきつい作業がいまもあって驚かされる．花きの作業はそれほど複雑なのである．かつての重労働は少なくなったが，作業姿勢からくる肉体疲労，細かい技術の連続からくる精神的疲労，コンピュータ処理や電子機器操作など神経的疲労を伴う作業は，作業者にとってはきつい仕事，つらい仕事，無理な仕事になっている．花壇苗の管理や出荷に長時間しゃがんでする作業は，端からは一見，楽な仕事に見えるが，作業当事者にはきつい仕事である．花きに多い同じ動作を長時間繰り返し行う単調な仕事も精神的につらく，労働意欲を失わせる．これら無理な作業姿勢を強いない作業器具や環境改善，作業プロセスの検討はこれからも重要である．

14. 花きの経営と生産労力および作業改善 [293]

　図14.12はStoffert, G.ら(1990)がドイツの園芸生産者を対象に調査した研究の一例である。3通りの無理な姿勢で園芸作業をしたときに，作業者の身体の各部の労働負担の割合を調べたものである。膝まづいて長時間作業をすると50％以上の労働負担が膝の関節部分にかかっている。しゃがむ姿勢での作業は膝の関節部の負担は減るが，背筋部にかかり，上下半身のバランスがくずれ足がしびれる。体を曲げたままの姿勢でする作業は労働負担の70％近くが背筋部にかかる。
　花きの作業の中には腰や膝を曲げて行う作業がかなり多いが，Stoffert, G.らの表では腰や膝を曲げて作業した場合の体重の分散を示している。このような無理な姿勢の作業は作業台や道具の利用，ベッドからベンチにする環境改善，装置導入により機械で代行させるなど，労働負担を減らす作業改善も必要である。

14.4.2　作業による疲労と作業強度

　作業による労働負担の軽重は作業強度，作業時間，作業量などの他に，作業姿勢，作業環境や作業者の身体条件も影響して複雑である。
　作業による疲労は肉体的疲労，精神的疲労，神経的疲労に分けられる。疲労は外的には作業強度や連続時間などの他に作業姿勢，作業環境などが影響し，内的には作業者の身体的条件，作業との適合性などによる。疲労は作業の遅れを招き，判断ミスは作業にマイナスになるだけでなく事故にもつながる。この作業効率や疲労に直接影響するのが作業強度（作業度）である。作業強度の調査には幾つかあるが，ふつうは作業によるエネルギー代謝の大小を測定して作業強度を表すエネルギー代謝率を尺度としている。

図14.11　キク苗の定植（機械化の進んだオランダでも状況によってこのような姿勢での作業もある）

男性，女性の平均労働負担の％	ひざまづく	しゃがむ	体を曲げる
背筋部	17.4	20.5	66.6
胸郭部	0.3	3.8	1.8
脚部	2.1	15.9	3.5
膝の関節部	51.1	20.5	3.0
足の底部	2.8	2.8	−
上下半身のバランス	0.8	10.3	0.2
血行やしびれ	10.6	25.8	−
血液の循環	0.8	0.5	24.1
リウマチ型	14.7	−	−
その他	−	0.3	0.9

図14.12　無理な姿勢の3通りで作業したドイツの作業者の身体各部に与える労働負担の割合の比較（Stoffert, G. 1990）

表14.14 作業強度の分類と実働率（現代労働衛生ハンドブック1988）

作業強度分類	主作業のRMR	拘束実働率（％）	拘束時間中の平均RMR
非常に軽い	0.0〜0.9	80	0.0〜0.8
軽い	1.0〜1.9	79〜75	0.8〜1.5
中くらい	2.0〜3.9	74〜65	1.5〜2.6
重い	4.0〜6.9	64〜50	2.6〜3.5
非常に重い	7.0以上	49〜	3.5〜

一定時間，作業した人の呼気ガスを採取して酸素ガスと炭酸ガス濃度を測定し，作業者のデータも加えて基礎代謝量からエネルギー代謝率 RMR（relative metabolic rate）を求める．この RMR 値が表 14.14 のような作業強度の指標になる．しかし，花きを含む園芸分野の作業研究は進んでいないから表14.6の作業労働コードの作業などに相当する作業強度は測定されていない．農作業関連の学会では一般の農作物の作業研究は古くから行われているが，花き関係の作業研究は最近，普及センターの実証試験などに散見される程度で，ここでいう作業研究はほぼ欠落しているので欧米の研究を参考にする他はない．

14.4.3 人間工学と作業改善

　園芸作業の省力や効率化を考えるとき，作業デザイン，プロセスの研究，作業強度や労働負担などの研究が必要で，その中には人間工学や労働工学的部分も深く関わっておりいずれもわが国の農園芸研究から欠落している部分である．特に生産の機械化やオートメーション化になるほど，それに関わる作業者が人間工学的に配慮された環境や作業デザインの中で，健全と安全が確保されるべきだからである．

　ここでは，園芸作業で利用頻度の多い作業台のデザインを人間工学的に検討した研究例と，ポッチングマシンで鉢植え作業する際の作業姿勢をデザイン的に調査した研究例を紹介し参考に供する．

　前者の作業台についてはペンシルヴァニア大学の Melnyk, Alex らの研究がある．研究の中から作業者が苗の植え付け，挿し芽などの作業をするときの平面部分について紹介する．作業台に面して作業者が座ったままで手を動かす領域（範囲）について調査し，図14.13のような両手の作業領域区分を示している．この図での手の作業領域の区分として：

集中作業領域内（assembly dimension）：最も細かい作業が行える区域
　　　　　　　　　　　　　　　　　　（挿し穂の調整，ラベル書きなど）
正常作業領域内（normal dimension）：繰り返し，頻繁に作業できる区域
　　　　　　　　　　　　　　　　　　（挿し芽，苗の鉢上げ，鉢替えなど）
最大作業領域内（maximum dimension）：規則的に使えるが頻度は少ない区域
　　　　　　　　　　　　　　　　　　（植える苗，挿し穂などを一時置く）
最大作業区域外（outside of maximum）：規則的に使われない区域
　　　　　　　　　　　　　　　　　　（予備の鉢やトレイ，苗を置く）

　この作業領域は米国の女性の体格を基準としているので，日本女性の場合にはやや縮小する．ふつう無理なく頻繁に作業するエリアは正常作業領域内で，最大作業領域内は

植える苗や使うラベルを置き，苗を植えたトレイや挿し芽したトレイを一時的に置く領域，この外側の最大作業区域外は手をいっぱいに伸ばし，椅子からやや中腰になって物を取ったり，置いたりする区域で，予備のエリアにもなる．

また，図14.14はStocky, Freedrichがポッティングマシンで鉢上げする作業者の作業姿勢を人間工学的に適合させる研究結果の一部である．作業者が無理なく鉢上げができるには身長と作業位置との関係で，立ったままの作業位置，身長の異なる作業者が椅子に座って作業するのに適した椅子の高さを比較したものである．

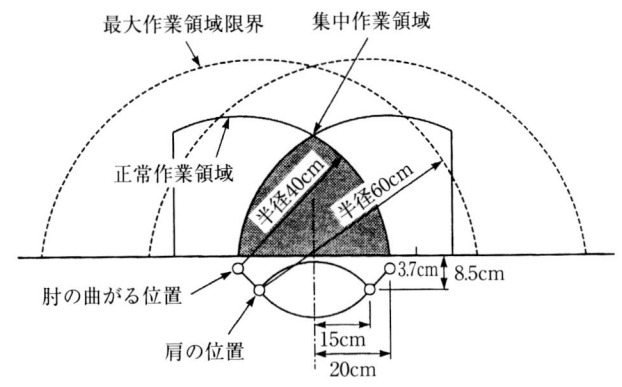

女性の作業者が座った時の手先が到達する普通および最長の行動区域の平面図．男性はこの10％増し．

図14.13 作業台における作業者の両手の各作業領域（Melnyk, Alex 1976による）

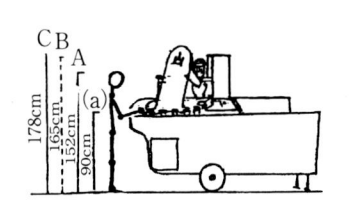

最初の立ったままでポッティングマシンで作業する場合．
A：この作業者の身長では手元位置（a）が低く上から押し付ける動作はできない．
B：この人の身長は鉢植え作業をするのに適合している．
C：この身長も適するがやや高い．

腰掛けてポッティングマシンで植付けの作業をする場合．
中央の図は椅子の高さが低すぎて作業者の手元が高く作業しにくく，疲れて作業効率は落ちる．
右図のように椅子の高さを調節すると仕事がしやすく，疲れないで効率も上がる．椅子も足が自由に動かせる回転式がよい．

図14.14 ポッティングマシンで作業する際の作業者の身長と作業のしやすさの関係
(Stocky, Freedrich 1991)

参 考 資 料

14. 花きの経営と生産労力および作業改善
   1) Editer 2000. Wages and benefits for U.S. greenhouse workers. Greenhouse Manager and Producer, Novenber.
   2) Kinro, Gerald Y. 1999. Breathe Easy, Growertalks, April.
   3) Grimmer, W.W. 1975. Greenhouse Cost Accounting, Technical Institute, 3520, 30th, Ave. Kenosha, WI.
   4) 桑名　隆ほか　1994. ハイテク時代の農作業計測. 農業技術協会, 東京.
   5) 神田多喜男　1994. 農業経営法人化の実態. 施設園芸, 10月号.
   6) 農作業試験法編集委員会　1982. 農作業試験法, 農業技術協会, 東京.
   7) 水戸喜平　1993. 国際化に対応する切り花花卉生産技術. 花き情報, No.3.
   8) Nelson, Paul V. 1991. Greenhouse Operation and Management, Fourth Edition Mary MaCartney／Ed O' Dougherty.
   9) Stocky, Friedrich 1991. Wissen macht fit‐Arbeitslehre Ⅳ, Gb + Gw. Nr.47.
   10) Stoffert, G. 1989. Fliessarbeit‐Ven der Tin‐Lizzie bis zum Chrysanthemm, Gb + Gw Nr.2.
   11) Stoffert, G. 1990. Arbeiten im stark gebaugten stehen, Gb + Gw, Nr.32.
   12) Stoffert, G. 1989. Korperlicher Belastungen beim Einsatz menschlicher Arbei Cb + Gw, Nr.32.
   13) Stoffert, G. 1992. Von Muda, Muri, bisk Kaizen, Gb + Gw, Nr.22.
   14) 角田ミサ子　2000.「パートタイマーの作業管理と労務管理の秘訣」花苗セミナー資料. 誠文堂新光社主催.
   15) 鶴島久男　1996. 鉢物生産の作業改善とメカニゼーション. 農業および園芸, 第71巻, 第7〜8号.
   16) 佐藤利徳　1993. 鉢物生産者の経営力チェック. 施設園芸, 8月号.

15. 花きの生産と生産システム

　物作りはある目的の物をどういう手順で作るかということから始まる．これが生産の目的と生産システムである．農園芸では栽培学が優先されてきたため，この問題はあまり議論されないできた．しかし21世紀の農園芸生産，とりわけ機械化，自動化が進んでいる花き生産ではこの課題が重要である．

15.1 生産とは

　物作りの原点は，人類が生きていくため動物を捕獲する石器の矢じりを作り始めたときから，といわれ，人類の歴史とともに発達してきた．工業は生産（production）で価値ある新しいものを作り出す活動だとされているから農業もこの定義は当てはまる．しかし，工業で新しい物を作るには人や機械が原料を加工，組み立てて製品（商品）を生産するが，農園芸では植物が成品（商品）を生産し，人は栽培という手段で生育を制御，誘導，支援する植物生産である点が大きく違う．

　工業では社会ニーズに沿って"何をどのように作るか"の検討から製品，工程，作業などの設計から生産が始まるが，農業では作付けや栽培計画から栽培という生産（実際は生産支援）活動が生産なのである．

　手づくりによる物作りが行われてきた工業では，18世紀半ば機械による物作りの産業

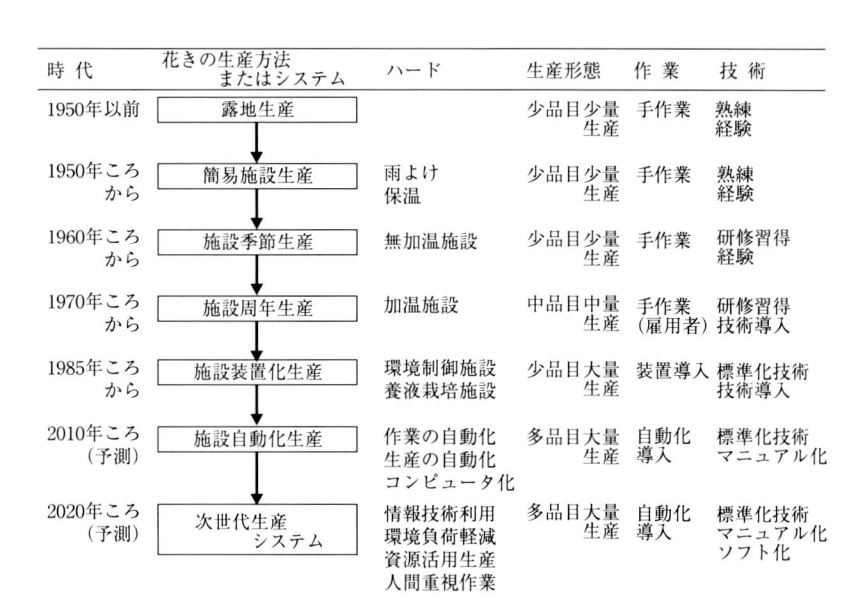

時代	花きの生産方法 またはシステム	ハード	生産形態	作業	技術
1950年以前	露地生産		少品目少量生産	手作業	熟練 経験
1950年ころから	簡易施設生産	雨よけ 保温	少品目少量生産	手作業	熟練 経験
1960年ころから	施設季節生産	無加温施設	少品目少量生産	手作業	研修習得 経験
1970年ころから	施設周年生産	加温施設	中品目中量生産	手作業 (雇用者)	研修習得 技術導入
1985年ころから	施設装置化生産	環境制御施設 養液栽培施設	少品目大量生産	装置導入	標準化技術 技術導入
2010年ころ （予測）	施設自動化生産	作業の自動化 生産の自動化 コンピュータ化	多品目大量生産	自動化 導入	標準化技術 マニュアル化
2020年ころ （予測）	次世代生産 システム	情報技術利用 環境負荷軽減 資源活用生産 人間重視作業	多品目大量生産	自動化 導入	標準化技術 マニュアル化 ソフト化

図15.1　わが国の花き生産システムの発達史

革命によって生産システムの近代化が始まった．その後，20世紀になって米国のフォードがベルトコンベヤーによる自動車の大量生産システムを開発して低コスト，大量生産システムを工業界に広めた．20世紀後半にはエレクトロニクスとコンピュータによる高品質，多品目大量生産の自動化などの生産システムの時代にパラダイムシフトしている．

もちろん農園芸生産もかつての自給生産から収益生産，施設や機械を導入した経済的な大量生産システムへ発展したが，工業ほどの変革はなされていない．

15.1.1　花きの生産と生産システムの発達

わが国の花きの生産とそのシステムはどのように発展してきたのだろうか．著者はその発展史を図15.1のようにまとめてみた．

切り花や鉢物は露地栽培から生産が始まっている．水田や畑作農家の副業として補助的な現金収入を目的に導入され，農閑期利用でもあった．この副業的な花き栽培が次第に拡大して花きを主体にした経営や専業経営に発展し，資本投下などで施設園芸が普及し，輪作や専作による周年生産になり，作付けや栽培管理のシステム化など新しいシステム生産へと発展している．

15.2　生産システム

生産システム（production system）とは目的をもって生産要素を規則的，系統的に組み立てて生産活動を管理する仕組みをいう．生産しようとするものをなるべく良い品質で高く売れる商品を低いコストで生産し，畑や施設，種苗や資材，労力や機械などの生産要素を最大限に生かす体系ということになる．

15.2.1　生産システムの構築

"となりの権兵衛がたねまきゃおらほもたねまく………"という農業を揶揄した言葉がある．自然の季節にあわせて暦や経験をたよりに作物を育てていた素朴な時代の農業である．この素朴な自給農業が生業としての経済生産になると，あまり手間ひまをかけず良いものを沢山つくるにはどのようにするかを考えるようになる．これが生産システムの原点だと思う．生産システムというとなにか難しく考えられるが，個人の小経営であっても計画的，体系的に経営や生産が管理されていればそれは立派な生産システムなのである．地域性，生産種類，生産目標と多様な商品性，経営規模などに対応した生産システムが構築できる．花きの生産システムは経験に裏付けられた手作りの花き生産から，高度に機械化された植物工場を含むオートメーション生産までそれぞれのスタイルに合った生産システムが組み立てられる．しかし植物生産である農業は植物の生育というファジーな部分があって工業のような画一的なシステム化は難しい．近年はこのファジーな生育様相を予測，監視して環境を制御し修正できる様々な機器やコンピュータなどの道具ができて生物生産のシステム化が容易になってきた．

15.2.2　花き生産のオートメーション化

オートメーション（automation）とは人間管理のない機械操作と定義されている．製造工程を自動化するものをプロセス・オートメーション（process automation：PA）という．植物を工場的にオートメーション生産する施設は植物工場（plant factory）でその発祥は意

外に古く，1957年デンマークのクリステンセン農場（Christesen）だといわれている．これはクレソンを播種から収穫まで人工環境下で自動的に栽培されるもので，植物工場は短期に栽培されるレタス，サラダナなどに実用化されてきた．植物工場は人工光による完全型から太陽光を利用する太陽光利用型のファクトリーオートメーション（factory automation : FA）ともいわれる．しかし花きや野菜の施設栽培で生産工程をすべて自動化，機械化することはコスト的に難しく，部分的には手作業も加わりいわゆるセミ・オートメーションというもので，橋本（1992）はこれをグリーンハウス・オートメーション（greenhouse automation）と呼んでいる．花きでも20世紀末からセミ・オートメーション生産がオランダやデンマークで始まった．花きの場合，生産工程で作業が多く，植物の移動が多い鉢物や花壇苗の生産から自動化に入っている．ほぼ完全なグリーンハウス・オートメーションが最初に出現したのはオランダのキク苗生産企業フィデス社（1967年設立，現在キリンビールの小会社）で1986年，キクの挿し芽苗生産工程を挿し芽の手作業を除き全て自動化，ロボット化システムを構築している．1990年代に入るとオランダやデンマークの鉢物農園は次々とグーリンハウス・オートメーション生産に変わった．オランダのアントン・ポァウ農園（Anton Pouw V.B.），アッペルブーム農園（Appelboom V.B.）やデンマークのクヌード・ヤプセン農園（Knud Jepsen），ロスポー農園（Rosborg）など多くの大規模農園がオートメーション化している．

(1) オートメーション化の条件

わが国でもすでに岐阜県などの鉢物生産者にムービングベンチによるグリーンハウス・オートメーションが導入されているが，生産の効率化とは省力化と裏腹に多額の投資と，いままでとは全く違った生産システムに変更するため以下のような点の検討が必要である．

1. 経営規模……鉢物や花壇苗生産では5,000 m^{2}以上でないと投資効率が上がらない．
2. 生産の専作化……単一作物か，少種類多量生産で栽培過程が単純でないとオートメーション機能は発揮できない．種類は違っても栽培過程や形態が類似しているグループでは可能である．
3. 戦略的な販売対応の生産……市場出荷より特定の契約，受注販売など計画的な受注，納期に対応し，独自の販売戦略が打てる生産に向く．
4. 独自の生産システムの構築……受注に合わせた生産のタイミング，規則的，体系的な生産システムを自園独自の方式で構築できる．

(2) オートメーション化生産の設計と生産プロセスの構築

花きのプロセスオートメーションを設計するには生産目的に対応した生産環境の整備，作業を達成するための自動装置と人手間作業を組み合わせた作業ラインの設計など，作業デザインを含めたプロセスの設計と建設，立ち上げはシステム・エンジニアリング（system engineering）といい，欧米ではグリーン・システム・エンジニアリングともいう専門業種やコンサルタントがいて，彼らに依頼するか，プロジェクトを組んで立ち上げる．前述のオランダのフィデス社やセル成型苗のオートメ生産しているハマー社（Hamer Plant V.B.）などは園芸生産，出荷システム設計の第一人者の John van der Hoeven が設計して

図15.2 オランダ，フィデス社の挿し芽トレイを運搬配置するロボット

いる．
　プロセス・オートメーションを形成する要素は次のものがある．
1. 自動作業装置……各作業部分を人手間に代わって行う自動装置類（作業装置の項参照）．
2. 作業ロボット……人力に代わってかなり知能的に作業する．ポットロボット，搬送ロボット，自動移植機，接ぎ木ロボットなど．
3. センサ（感知装置）……オートメーションの自動制御を感知指令する重要な部分．
4. 自動搬送機器……自動装置や人力作業を結び付け，植物，資材を自動搬送する装置．
5. コンピュータ関連機器……オートメーションの心臓部でハード，ソフトとも重要．

15.2.3 ムービングベンチ・システム

　鉢物や花壇苗，挿し芽苗生産のオートメーション化にはムービングベンチ・システムが現在主流になっている．このシステムを開発したオランダの HAWE System Europe V.B. では「インターナル・トランスポート・システム（Internal Transport System）」と呼び，欧州ではその他「ムーバブルベンチ・システム（Movable bench system）」「モビールベンチ・システム（Mobile bench system）」などというが，日本では和製語のムービングベンチ・システムが広まっている．このシステムの原型を著者が最初に見たのは1979年，オランダ，アールスメールの Appelboom セントポーリア農園であった．二本のパイプ上をコンテナーベンチを手押しで移動

図15.3 選別した苗を掴んだ自動移植機のマニピュレーター

する簡単なものだったが（図15.4参照），その後，1985年ころには自動化され，1995年にはコンピュータ制御によるオートメーション化システムとしてデンマークにも広く普及した．

(1) ムービングベンチの特性

ムービングベンチ（以下MBと記す）は単なるベンチのタイプではなく，生産のシステムから作業方法，施設のレイアウトまで変える新しい生産システムをもたらす装置として捉えるべきである．MBシステムは栽培エリア（生育させる）と作業エリアを分け，植物の手入れをするときはコンテナベンチ（以下CBと記す）に鉢やトレイを載せたまま作業エリアに移送し，作業し終わったら再び栽培エリアに移送する．この移送はパイプレールとコンテナコンベヤーの上をCBを滑走させて移動する．作業者は作業エリアで集中的に作業ができて温室まで作業に行く往復のロスタイムがカットできる．また，個々に自動作業装置を設置すればCBを個々に移送して自動作業もできる．一方，栽培エリアは作業者の出入りが少なくなりCBを有効に配置できて施設の利用率が上がり，

図15.4 ベンチトレイを台車に載せて移動する初期のムービングベンチ・システム
（オランダ，アッペルブーム農園，1979所見）

図15.5 ムービングベンチが移送してきた鉢をポットロボットが鉢間隔を広げて再びベンチに並べる

病害虫の持込も減って清潔な栽培環境が保てる．CBの移送は人力による手押しマニュアル操作から部分的な自動化，コンピュータ制御による完全自動化すなわちオートメーション化など，経営規模や設備投資額により選択できる点も優れている．このシステムは施設内だけでなく，露地まで二本のレールパイプを伸ばせば苗物，植木苗の栽培や鉢物，花壇苗の出荷前の慣らしにも利用できる．

このMBシステムは種々の関連装置が開発されより自動化を促している．例えば灌水，施肥装置として開発されたエブ・アンド・フロー（プール灌水）システムもここから逸脱して一般に普及している．MBシステムを利用した鉢物のオートメーション生産の自動作業過程のフローチャートを図15.8に示す．

(2) ムービングベンチの概要と機能

このシステムの基本構造は，裏側に滑車を取り付けたコンテナベンチ（CB）を二本のパイプレールで縦方向に移動させ，途中または末端で横方向に移送するにはリフト付きコンテナコンベヤー（以下LCとする）を設置し，これに手動または自動で転載させて横移動させる．規模が大きくなるとコンテナコンベヤーの代わりに通路をCBを載せて搬送するトロリーリフトもある．施設の面積が広くCBの台数が多く，それぞれ栽培種類，品種，苗暦の違う植物をグループとして配列し，この中から特定のCBを取り出すのは全くジグソーパズルに等しい．そのCB配列の一部を図15.9に示す．図中のCBラインはCBを縦方向に移動，LCラインはコンテナコンベヤーで横移動する．コンテナコンベヤーはCBラインから転載するリフトが付き，手動，自動で稼動する．このライン上の自動移送や別ラインへの転載も自動装置も整っていて状況に応じて取り付ける．施設内で使用するCBの配置配列は中規模であれば人の記憶で出し入れ管理が

図15.6 オランダ，アッペルブーム農園のセントポーリアオートメーション生産

図15.7 ムービングベンチは植物を載せたまま人力でも20台位は手押しで移動できる

できるが，規模が大きくCBの数が多くなると配置する植物データー（いつ，なにを何鉢並べてあるか）により選択取り出すにはコンピュータの情報処理と各装置の自動制御により完全自動で管理してくれる（以上，図15.9参照）．わが国でも岐阜県のポットローズ，カランコエ，観葉小鉢物，ブロメリア，サボテン生産者がムービングベンチ・システムを導入して成果をあげている．補助金による投資でなく，自己資金で導入し，中にはオランダに近い自動化をしている生産者もいる．ここからは次世代の花き生産も見えてくる．

15.2.4 次世代の花き生産システムは

今後の花き生産はどうなるかはいま花き産業に携わるものだけでなく，次世代を担う後継者にとっても関心は深い．これからグローバル化が進み，国際的なビジネスになることは間違いない．少子化，高齢化を迎え国内消費は限られ，今後は外に向けてのビジネスを広げなければこの産業は発展しないと予想される．生産面でもエレクトロニクス

15. 花きの生産と生産システム

```
準備作業
├─ 空鉢準備 ─── 自動
└─ 用土充填 ─── 自動

植付け
苗準備 ─ 苗植付け ─── 人力
         ↓
         ベンチ移送(リフト) ─── 自動

栽培管理
├─ 温室へ配置 ─── 自動
├─ ベンチ移送(リフト) ─── 自動
├─ 鉢広げ(ポットロボット) ─── 自動
├─ ベンチ移送(リフト) ─── 自動
├─ 温室へ配置 ─── 自動
│   ←ベンチを逆送
├─ ベンチ移送(リフト) ─── 自動
└─ ベルトへ転載(ポットロボット) ─── 自動

選別
└─ 生育・品質選別仕分け(画像処理) ─── 自動
   ├─ 生育遅れ(温室へ戻す)
   ├─ 不良品 → 廃棄
   └─ 良品

出荷作業
├─ ラベル付け包装(スリーブ) ─── 自動
├─ 品質チェック ─── 人力
├─ トレイに並べる ─── 自動
└─ 出荷発送 ─── 人力

[凡例]
──── ベルトによる移送
‥‥‥ リフトによる移送
```

図15.8 鉢物のオートメーション生産の自動作業過程の流れの概要を示したプロセス・フローチャートの例

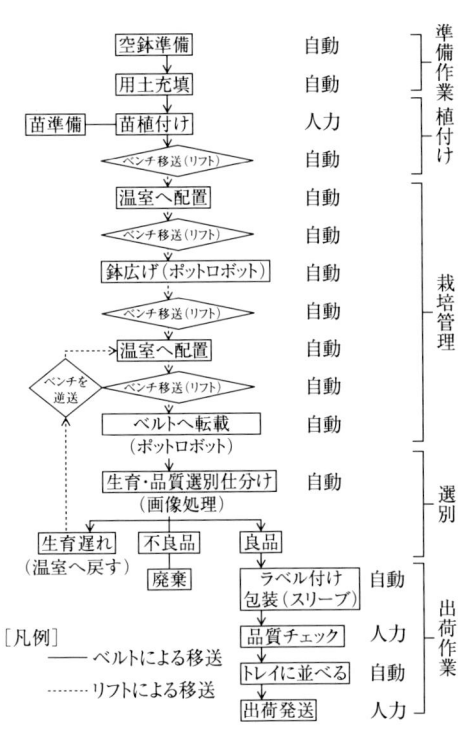

図15.10 CBを横方向に連続的に移送するコンテナコンベヤー（図15.9参照）

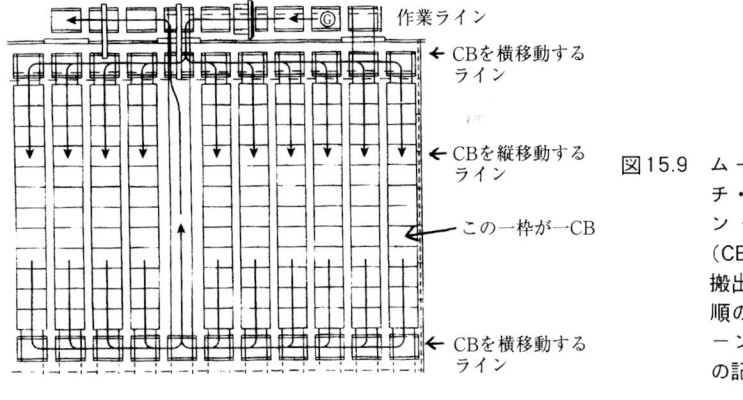

図15.9 ムービングベンチ・システムでコンテナベンチ（CB）を温室内へ搬出入移動する手順の基本的なパターンの例（301頁の記述を参照）

← 作業ライン
← CBを横移動するライン
← CBを縦移動するライン
── この一枠が一CB
← CBを横移動するライン

による自動化，コンピュータによる情報技術の発展は想像できないほど生産も変えるに違いない．20世紀の科学技術の進歩は地球や社会環境にいろいろなストレスを残した．今世紀はこれらを修復する世紀だともいわれている．花も観賞の対象だけでなく，人の心に人間回復を訴え文化を高める力になるとともに地球環境を守る力に代えたい．これからの花き生産も次の課題を解決するための責任が課せられている．

①自然環境……省資源，省エネ，リサイクル，地球環境の保全など．
②社会環境……国際化，高齢化，価値観の変化など．
③人間環境……生産や製品の安全性，生産する人間の安全性と快適性など．

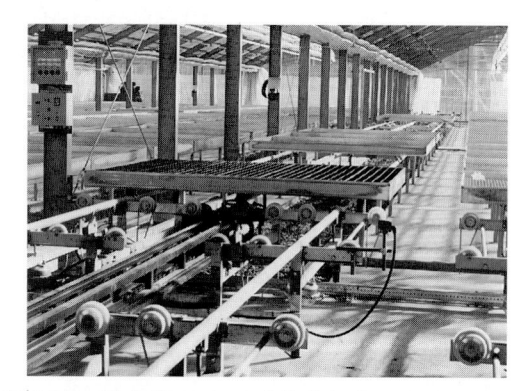

図15.11　CBをCBラインに押し出すプッシュオフユニット

図15.12　MBシステム全体を統合的に自動制御するホストコンピュータ（左）と入力パネル

参 考 資 料

15. 花きの生産と生産システム
1) 遠藤弘志 1996.「新しい花生産システムについて」. アグリビジネス Vol.10, No.43.
2) HAWE社 1993. Internal transport system for the efficient conduct of business We know all about it——HAWE社の資料より．
3) Hamrick, D. 1994. The New Denmark Production it better and cheaper. FloraCul. Inter. Nov.

4) Hamrick, D. 1995, Robots and logistics give Hamer efficiency edge. FloraCul. Inter. Oct.
5) 橋本　康 他著 1993. 植物種苗工場. 川島書店，東京.
6) 橋本　康 編著 1992. グリーンハウス・オートメーション. 養賢堂，東京.
7) 中島武彦 1996. オランダ温室事情，そして日本の施設園芸は (3). 施設園芸 Vol.38, No.1.
8) 神田雄一 2000. はじめての生産システム. 工業調査会，東京.
9) 鶴島久男 1997. 花卉生産マニュアル，養賢堂，東京
10) 鶴島久男 1997. 鉢物生産の作業改善とメカニゼーション，農業および園芸 第72巻，第3, 4, 5, 6号.
11) Ting, K. C. and G. A. Giacomelli 1992. Automation-culture-Environmental based system analysis of transplant production. K.Kurata and T. Kozai (edited), Transplant Production System, Kluwer Academie Publisher, Netherland.
12) Sennekamp, Walter 1991. Zuknft : Mobiltische in zwei Lagen optimali Nutzung der Flacherzielt, Gb + Gw, Nr. 27.
13) Simonton, W. 1992. Issue in Robotic system design for Transplant production system, K. Kurata and T. Kozai (edited) Transplant Production System, Kluwer Academie Publishers, Netherland.
14) Steffen, Knut 1992. Wo pflanzen zum Menschen Kommen, Arbeitskafte einsparen mit Mobiltischn, Gb + Gw, Nr.27.

16. 花き産業のコンピュータ化

いまや花き産業もコンピュータなしには考えられない時代になって情報技術とともに今世紀は予測できないほどの発展が期待されている．初期には電算機といわれた自動演算装置であったが，英国のチューリング（Turing, A.M., 1936）が演算だけでなく知的な問題を記号の置き換え規則によって表現することができることを見出し，これらの理論を基礎に情報処理も行う装置としてコンピュータが1940年ころから米国や英国で製作されるようになった．その後トランジスタから，さらに集積回路（IC：integrated circuit）などが開発され，小型化と半永久寿命の機械としてのマイクロコンピュータ（micro-computer）やパソコンといわれるパーソナルコンピュータ（PC：personal computer）が出現した．さらにエレクトロニクスの発展で記憶容量，処理量や処理速度の高い機能が開発され，演算，機器制御，記憶および情報処理など多機能の処理装置に進化し，あらゆる分野で広く利用されるようになった．

図16.1 花き生産に初めてコンピュータを入れたカリフォルニアのOki NurseryのIBM-system3.（1977年所見）

花き生産の分野で最初にコンピュータが導入されたのはカリフォルニアで大規模に観賞樹や花壇苗を生産していたオキ・ナセリー（Oki Nursery）と，カーネーションのシバタ・ナセリー（Shibata Nursery）で1960年代前半であった．オキ・ナセリーが最初に入れたのはIBM403型というパンチカードに記録するスタンド型コンピュータだった．1970年にはフロッピーディスク（floppy disk）を使った当時では最新のIBM system 3（図16.1参照）に入れ替えている．1980年ころから施設内の環境制御用のコンピュータがオランダで開発され広く普及しだした．現在では国産機種も出て大型施設ではかなり導入されている．

16.1 花き生産のコンピュータの利用

すでに花き生産でもいろいろな面でコンピュータは活躍しており，自動化されたムービングベンチ・システムなどは管理そのものがコンピュータ化（computerization）されている．機械装置に組み込まれたマイクロコンピュータや単独利用されるパソコンなどと，複数のコンピュータを接続し信号や情報を交換または共有しあうコンピュータネットワーク（computer-network）の利用がある．事務所内，農場内，一定地域の生産グループや本園，分園などを結ぶネットワークのLAN（local area network）と，電話回線やブロードバ

ンドによる遠隔地域や国際間にネットワークを広げた電子メール（E-mail）やインターネット（internet）の利用がある．現在，花きの経営や生産でのコンピュータ利用には以下のものがある．
  1. 経営管理……給与経理事務処理，経営記録分析，雇用労務管理など．
  2. 生産支援……生産作付計画，品種特性記録，管理作業計画記録，出荷計画および予測，資材利用計画，所要労力算定，施設利用の最適化算定，各種マニュアル管理，生産および作業プロセス管理，評価システムなど．
  3. 生育モデル化……生育モデルやシミュレーション利用による生育評価，栄養診断，病害虫発生予測と診断など．
  4. 通信と情報処理……インターネットやEメールなどによる情報の収集，ホームページなどによる収穫予測，出荷情報の発信，情報取引など．
  5. 施設装置の制御……施設環境の自動制御，装置類の統合制御，危機管理通報など．
  6. 出荷販売支援……受注出荷処理，販促支援管理，生産品の在庫管理

16.1.1 経営管理

種苗資材の購入，支払いから生産品の出荷販売，売上金処理，代金回収，賃金支払いなどの会計管理，労務管理，受注生産や在庫などの計数管理，部門別収益管理や経営評価などコンピュータは迅速かつ系統的な演算処理とファイリングをしてくれる．複雑な帳簿類をフロッピー化し事務処理の効率化は事務担当者も削減できる．会計管理のソフトウェア（soft ware）は市販のものもあるがその他はソフトを作成しなければならない．例えば経営規模が拡大し受注生産になると，受注から出荷までの一連の計数と事務処理が必要となる．それは受注できるには種子や苗の準備ができているか，受注の納期に間に合わせるにはいつ生産にかかればよいか，どの位の予備数を加えて生産にかかるかなどはコンピュータでなければ迅速に処理できない．

16.1.2 花き生産の支援システム

花き生産ではこの生産支援システムへの利用が遅れている．海外では研究が早くから進み関連ソフトも多く開発されているが，わが国では研究も少なく市販ソフトもいまのところはない．

（1）鉢物の生産計画支援システムの例

施設園芸の経営的生産モデルの研究は既に1980年代にLentz, W. (1987)やHakansson, B. (1987)が発表しているが，米国のFang, W.ら（1990）は「施設鉢物生産の資材要因の組み合わせの最適化」なる生産モデル研究を発表し，この内容はわが国の生産者にも非常に参考になるのでここに要約を紹介する．この研究では作物データベース，利用プログラム，最適化プログラムの3種の基本ソフトウェアの開発からなっている．作物データベースは鉢花34種の栽培データがオランダの文献資料を元に鉢や用土の必要量，光熱水費，各生育ステージの施設利用面積，期間，所要労力などが入力されている．表16.1は作物の生産作業の所要労力の画面を示す．またデータベース利用プログラムにはdBASE Ⅲ Plus (Sashoton Tate Inc.,1987)ソフトを用い，さらに最適化モジュールプログラムにはQuick Basic (Microsoft Corp.,1987)を用いて開発している．

このプログラムを生産者が利用して次のような策定を試みることができる.
　①計画しようとする作物生産スケジュールの可能性
　②その作物の生産すべき鉢数
　③その作物生産に必要な生産開始時期の苗数（実生苗，挿し苗）
　④毎週および年間の栽培必要スペース（施設用）
　⑤毎週の所要労力と年間の人件費
　⑥年間の必要経費
　⑦年間の利益
　⑧その他

さらにいろいろな制約条件下で効率的に最大限の収益を上げるプログラムは最適化ソフトで策定し，評価して意志決定する．表16.2は五つの異なる制約条件での最適生産鉢数と年間収益をプログラムが算出した画面例である．五つの制約条件は鉢の間隔，経費，労力条件などを変えたものである．生産者はこれらの提案プログラムから選択して実施の意志決定ができるのである．このようなコンピュータのプログラムが分析したデータや，提案される結果を基礎に自園の年間生産計画を立ててみることができる.

表16.1　作物の生産作業の所要労力の画面の例
（Fang, W., 1990）

View/Edit	栽培作業に関連する所要労働時間			
作物名：ポインセチア				
必要本数：1,026		生産費〈$/1,000鉢〉：1846.61		
利益〈ドル/1,000鉢〉：1453.39		総収益〈$/週−m²〉：1.28		
週番号	作物ステージ	所要面積 m²	労働時間 hrs	労働タイプ
001	鉢上げ-鉢広げ1	26.24	2.72	14 28
002	鉢上げ-鉢広げ1	26.24		25 21
003	鉢上げ-鉢広げ1	26.24	1.56	25 21 12
004	鉢上げ-鉢広げ1	26.24	0.46	25 21
005	鉢上げ-鉢広げ1	26.24	0.46	25 21
006	鉢広げ-出荷	84.03	2.25	25 21 20
007	鉢広げ-出荷	84.03	0.96	25 21 29
008	鉢広げ-出荷	84.03	0.96	25 29
009	鉢広げ-出荷	84.03	0.96	25
010	鉢広げ-出荷	84.03	0.96	25 21
011	鉢広げ-出荷	84.03	0.96	25

INPUT : 〈E〉dit labor time data and related labor CODE.
Select which week 〈O to exit EDIT mode〉? 2

（2）施設を最大限に利用するプログラム

まだコンピュータが全くない時代に，著者は研究調査データをもとに温室を有効に利用するチャートとして図16.2を手書きで作成した．400 m²の温室面積を年間無駄なく利用して鉢物を最大限に生産することを試みたデータである．縦軸は施設面積，横軸は月（日数）を示す．括弧内の数字は鉢数である．鉢物は小鉢から中鉢に鉢替えすると占有面積は拡大す

表16.2　五つの異なる制約条件での最適生産鉢数と
年間収益（$/m²）（Fang, W., 1990）

作物番号*	ケース番号				
	1	2	3	4	5
1	28	0	0	0	0
2	40	66	98	66	98
3	40	42	11	66	98
4	33	62	62	62	62
5	12	1	0	49	96
利益	10.93	15.09	15.47	17.73	23.19

*各作物の名前および栽培期間は以下のとおり（w＝週番号）
　①アザレア（Hybrid rhododendron）w1−w5
　②ポットマム（Chrysanthemum）w5−w17
　③リーガー・ベゴニア（Rieger begonia）w14−w24
　④リーガー・ベゴニア　w28−w38
　⑤リーガー・ベゴニア　w01−w02
　　およびw39−w52
　（⑤は栽培が前年から開始し次年にまたがることを示す）

る様子が種類別にわかる．このようなわかりにくいプロセスをコンピュータはたちどころに演算して記録し，処理していろいろなパターンに表現してくれる．米国の Arkansas 大学の Blakey, D.（1998）らは施設面積を最大限に利用するプログラムを市販の会計処理ソフト Excel 97（Microsoft Corp.）を利用した「Virtual Greenhouse」を開発している．与えられた施設面積に各作物を最大限に配置し，各作物の占有面積の変化，栽培期間などから配置のシミュレーションや生産可能鉢数を算出するプログラムである．オランダの環境工学研究所の Annevelink, Bert（1999）は温室内のベンチが多様に移動するムービングベンチ・システムをプログラムするコンピュータ・ソフトを開発している．鉢物や花壇苗のトレイは載せたコンテナベンチ（CB）を温室内に自動的に搬入，配置するこのシステムではどこに何が置かれているかを画面上でモニタリングする必要がある．しかもこの配置は CB の出入りによって常に変化する．さらに各種類の数量，栽培履歴のファイリングも必要である．筆者らの企業研究グループもこのようなシミュレーションソフトを開発した．図 16.3 は 2,700 m^2 の温室内に 11 種類の花壇苗 CB の配置を毎週シミュレーションした画面の一つである．栽培履歴などから出荷予定数量や出荷予定日など管理や出荷計画が容易に立てられる．

16.1.3　施設内の環境制御および監視システム
(1) 環境制御用コンピュータ

わが国で温室環境制御用のコンピュータが開発されたのは 1982 年に（株）イー・エス・ディが「グリーンマイコン」を，1985 年に（株）横河電機の「ユニファーム」が相次いで発表され普及し始めた．外気の自然気象要因を各種センサで計測し，あらかじめ設定した室内の環境条件にコンピュータが指示して制御し，作物の生育に最適な環境を自動的に調節する装置である．主に温度（加温，保温，換気），遮光，減光，灌水，養液施用な

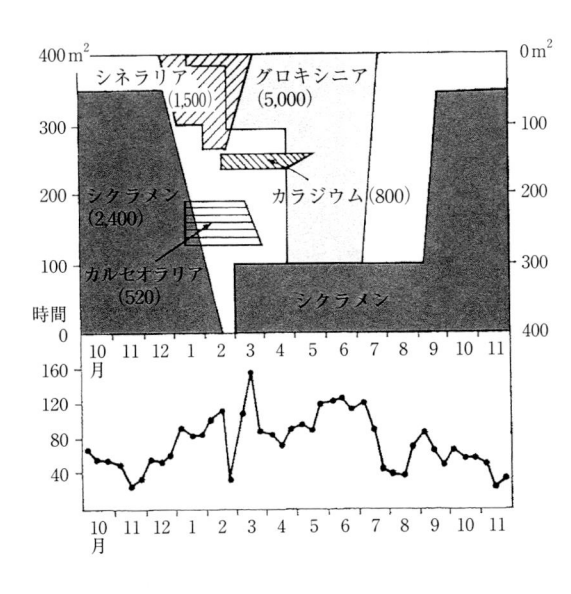

図 16.2　400 m^2 の温室を鉢物で最大限に利用する作付けシミュレーション図（鶴島 1965）作付けローテンションと時期別投下労力の関係を示す

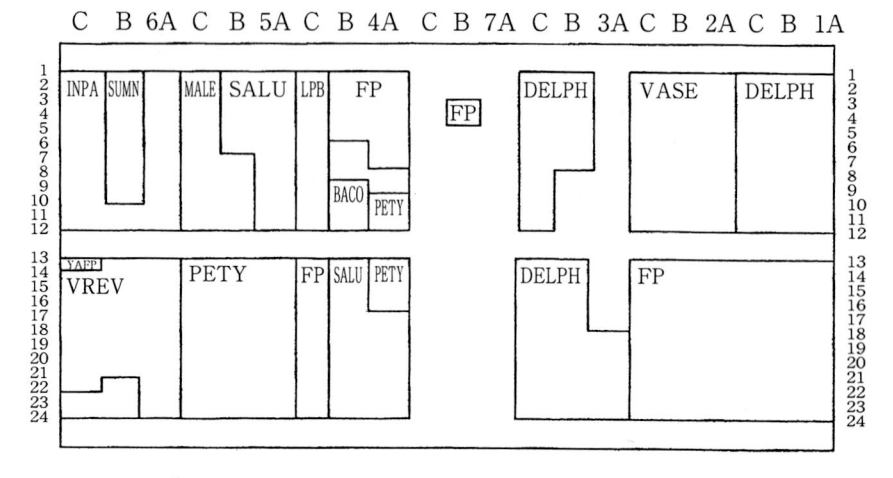

図16.3 2,700m^{2}のムービングベンチの温室に配置されたCBの各花壇苗の特定日（'94.4.1）におけるシミュレーション配置図（鶴島ら）
（上の1AなどのCBレーンの番号．左右の数字はCBの番号．図内のINPAなどの符号は花壇苗の種類を示す）

どの監視や危機管理まで行う機能をもつ．制御内容と設定値変更メニューの一例を示すと表16.3のようになる．項目を見ると機種にもよるがかなり細かい内容の制御ができることがわかる．特に換気，遮光など従来，人による経験的な管理操作も自動的にできる．時期や対象作物，栽培目的によって，管理者の意志で設定値が決定されて管理プログラムが組める．環境制御用コンピュータは同一環境で制御するには各棟共通の一台で管理できるが，棟ごとに制御環境を変えるには多棟制御管理の機種を設置する．

(2) 環境制御の統合管理システム

各環境制御区域のコンピュータを結んだ施設統合管理システム（Greenhouse remote monitoring system）もあって「グリモス」などがある．図16.4のように管理棟のモニターコンピュータ（グリモスなど）と結び，外気の気象データや各施設の制御状況，機器の作業状況をここのモニターテレビで監視できる他，ここから設定値入力もできる．気象や制御データはグラフや画面表示で監視もできる．

16.1.4 作物モデルとシミュレーション

モデル（model）とは，現実の特性（形，機能，挙動など）を人間に役立つように実物とは異なる手法で作成したもので，プラモデルもそれに相当する．プラモデルの不都合な部分を改良して実物を作成するなどモデルは計画，改善に役立つ．モデルは実物の情報を処理して数式または模式化したものでモデルの作成をモデリング（modeling）といい，二次元，三次元の視覚画像や形態にしたものがシミュレーションモデル（simulation model）である．このモデル化にはコンピュータというツールで処理，評価，作成できる

表16.3 施設内環境制御用コンピュータの制御内容と設定値変更メニュー例
(グリーンマイコン-12)

項 目	内 容		設定範囲
第1時間帯開始時刻	早期加温帯の開始時刻		4～7時
第2時間帯開始時刻	光合成促進帯の開始時刻		7～16時
第3時間帯開始時刻	転流促進時間帯の開始時刻		15～20時
第4時間帯開始時刻	呼吸抑制時間帯の開始時刻		20～23.99
換気目標温度	各時間帯別窓換気目標温度		10～40℃
暖房目標温度	各時間帯別暖房目標温度		0～30℃
暖房上のせ係数	日積算日射量×暖房上のせ係数=上のせ温度		0～0.02
保温開始時刻	保温時間帯開始時刻		16～20時
保温終了時刻	保温時間帯終了時刻		4～8時
保温展張内気温	保温開始時刻の時内気温と比較する設定温度		0～30℃
保温撤収内気温	保温終了時刻の時内気温と比較する設定温度		0～30℃
遮光日射量	遮光カーテン展張日射量(瞬時日射と比較)		0.00～2.00 ly
保温切換時刻	遮光カーテン保温用として使う開始時刻		16～20時
遮光切換時刻	遮光カーテン保温用から遮光用へ戻す時刻		4～8時
保温時展張内気温	保温切換時刻の時内気温と比較する設定温度		0～30℃
発生標準間隔	アクアウィングの標準動作間隔		10～180 min
動作開始時刻	アクアウィングの動作開始時刻		6～12時
動作終了時刻	アクアウィングの動作終了時刻		12～18時
発生日射量	動作可能時間帯内において，30分平均日射量と比較		0～2.00 ly
日射増強係数	積算日射量の補正値		0～2000
温度増強係数	積算内気温の補正値		0～100
内気温下限値	内気温度下限警報設定値		0～20℃
窓閉最低風速	風上側窓開閉始最低風速		2～6 m/sec
全窓閉切風速	強風時窓保安用		5～20 m/sec
降雨時窓開度	雨のときの窓開度制限値		0～50%
風による窓閉係数	風速×風による窓閉係数=風上窓全閉風速		0.04～0.12
設定値(設置時設定)			
天窓動作所要時間	天窓の全閉から全開までに要する時間	棟別	20～499秒
側窓動作所要時間	側窓の全閉から全開までに要する時間	棟別	20～499秒
窓比例感度	目標値との温度差1℃当たりの窓の動作量	共通	2～20%
暖房ヒステリシス	暖房温度制御の不感帯幅(0.3℃固定)	共通	0.1～2℃
遮光ヒステリシス	遮光カーテン制御の不感帯幅(0.1 cal/cm^2 固定)	共通	0.1～0.2 cal/

のでコンピュータの普及によって開拓された研究および実用化分野ともいえる．モデル化は花き生産でも今後の利用が期待されるが，特に植物生育モデルが中心で作物モデル(crop model)とも呼ばれる．現在，作物モデルは研究中でソフトウェアもまだ揃っていない．

(1) 作物モデル

育苗，生育過程，地上および地下部の発育，開花前後期の発育ステージを対象とする発育モデル(development model)と，養水分吸収，開花数，採花や収量，生育量などを対象とする生長モデル(growth model)に分けられる．

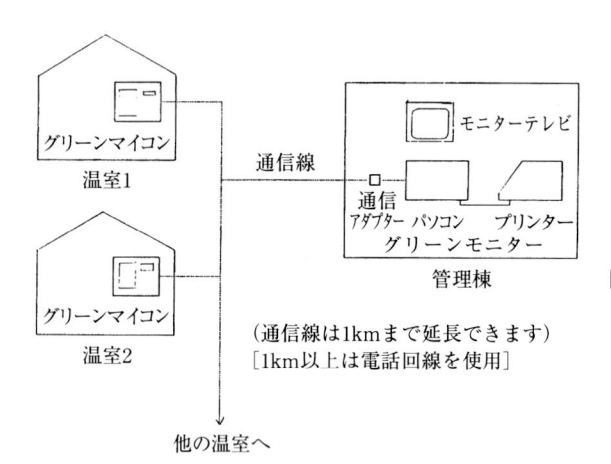

図16.4 各環境制御用コンピュータを結んで統合管理するシステムの概要図((株)イー・エス・ディの資料1986より)

(通信線は1kmまで延長できます)
[1km以上は電話回線を使用]

(合計32棟まで1台のパソコンで管理できます)

カリフォルニア大学のLieth, Heinner(1991)らはバラの切り花栽培の温室環境下でバラがどのような発育をするかをシミュレーションで予測するプログラムを開発している．環境要因とシュート，茎，花の発育のほか，葉の光合成有効面積などの変化から発育予測や修正手段を発見して意志決定する内容である．Lieth, H.らはこのようなシミュレーションモデルの開発と応用について植物情報から発育モデル，シミュレーションモデル化して評価し，応用するプログラムの開発過程を図16.6のように三つのステップに分けてまとめている．花きの作物モデルに関する研究は欧米ではかなり発表されているが，わが国ではまだ少ない．

図16.5 環境制御統合管理システムの監視画面のグラフ像

(2) シミュレーションモデル

シミュレーションには形状，実物模型，グラフ，色彩デザインなどを対象としたハードシミュレーション(hard simulation)と，画像表示，仮想画像，コンピュータ・グラフィック(CG)などのソフトシミュレーション(soft simulation)とがあり作物モデルは前者の場合が多い．ミシガン大学のHeins, Royalら(1991)はポインセチアやユリの発育モデルのプログラムソフト「Greenhouse Care Program」を開発し，ミシガン州内のポインセチア生産者8カ所の計800,000鉢で実証試験を行っている．その一部を紹介すると図16.7のようになる．クリスマスシーズンに草丈15インチに仕立てる目標の栽培プログラムを最初に立てた(図中上から二番目の実線)．しかし栽培途中の実測からシミュレーショ

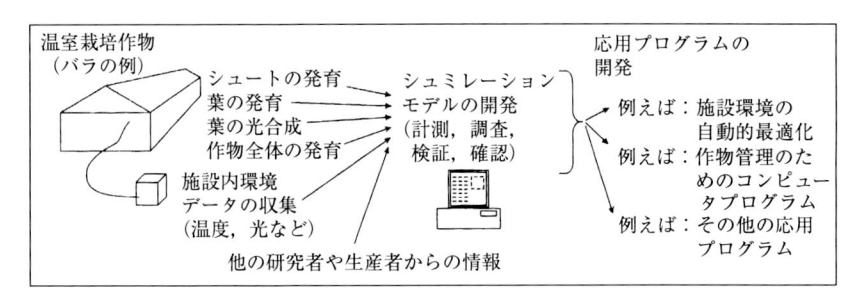

図16.6 施設内の生体や環境情報から発育モデルからシミュレーションモデルを開発しさらに応用利用する過程図（Lieth, H.ら1992）

ンすると16インチになってしまう予測がでた（図中上の実線）．この図から予定の15インチに抑えるには，わい化剤3回処理とDIF処理で15インチに近づけることを予測している．

　コンピュータ・グラフィック（computer graphic）の発達により二次元，三次元画像のシミュレーションが可能になった．すでに建築や造園では景観シミュレーションが計画決定段階で重要な役割を果たしている．ここでは植物の形態モデリングが重要な要因になる．カナダ，カルガリー大学のLindenmayer, A.（1987）は植物の枝，葉，花の複雑な発育様相を数値化，図式化するL－システムを開発して細密な樹木の枝条の発育を画像で表現することを可能にした．彼は植物の成長を数式で表し，それが実際の植物の枝葉の成長展開の特徴になることを見出し樹木の生育シミュレーションなどに利用した．同研究グループのPrusinkiewicz, A.（1988）は草花もこのシステムで画像化できることを明らかにしている．フランスのde Reffeye（1988）は樹木の分枝構造だけでなく，種の違いや個体の違いを再現するソフトウェアのAMAPを開発している．三次元のバーチャルなCGで再現できるので樹木や花壇の植栽シミュレーションに向いている．

　工業界ではすでにシミュレーションによる仮想工場で製造工程の改善などに利用しているが，花き生産でもバーチャル・グリーンハウス（virtual greenhouse）で生産システム，施設利用，作業計画などの検討ができるのも遠くはない．

16.1.5　情報収集と処理利用技術

　今までは情報の交換手段は手紙と電話であった．1980年代後半からファクシミリ（FAX : facsimile）が加わり，1990年代後半からコンピュータの普及とともに電子メール（E-mail : electronic mail）やインターネット（internet）になり情報技術革命（information technology innovation）時代が到来した．電話も携帯移動できるモバイル（mobile）が加わり，コンピュータに近い機能を持つようになっている．特にインターネットは文字情報だけでなく画像，音声など多様な情報交換がグローバルなネットワークでしかもリアルタイムで交換できるようになった．このような情報革命の社会現象は花き生産にもその姿を大きく変えようとしている．

(1) 情報の収集，交換

コンピュータは膨大な情報を集積し処理しインターネットで交換することができる．インターネットはWWW（World Wide Web）ブラウザで情報を検索して世界のホームページにアクセスして必要な情報が得られる．また，ホームページを開設して情報を発信することもできる．得られる情報は極めて広い範囲であるが，花き分野では①種類や品種の情報，②種苗情報，③栽培情報，④気象情報，⑤生産資材情報，⑥流通市場情報，⑦販売情報などである．これらの情報はデータベースなどソフトウェアにファイルし処理加工していろいろな形で利用することができる．

(2) 情報取引

4.2.3.市場外取引の電子商取引の項で述べたので省略する．

16.1.6 生産システムのコンピュータ化

最近の施設園芸はエレクトロニクスとメカニクスをコンピュータが媒介して統合一体化した生産体系に発展している．このコンピュユータ化した生産システムは次のように分けられる．

1. FAシステム（Factory automation system）
   施設全体が自動化，機械化して原料から製品までの生産がコンピュータで統一的に管理されるシステムで，植物工場などである．
2. CIMシステム（Computer integrated manufacturing）
   計画，生産，技術，作業管理，出荷販売，会計処理まで自動化，機械化も含めコンピュータで統合的に管理するもので，究極の生産システムとも言われている．一般の花き生産ではそのまま導入するのは難しい．
3. FMS（Flexible manufacturing system）
   作業や生産プロセスが部分的または全体が自動化装置や機械化で連動し，部分または

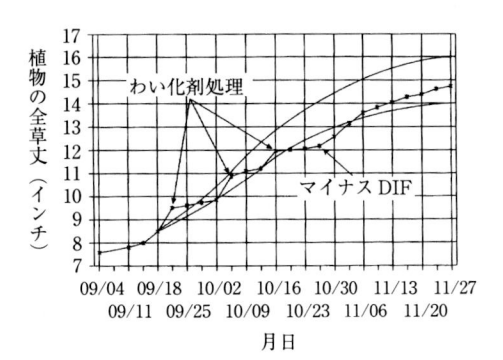

ミシガン州立大学のRoyal Heinsが開発した植物生育モデルによる画像追跡で生育最終目標に到達（この場合開花時草丈15インチ）させる検索技術の例．
わい化剤3回処理とDIF1回処理しないと上のカーブの生育をして最終時には16インチに達する．これら処理により15インチ以下の草丈に抑えることができることをこの画面は示している．

図16.7　ポインセチア栽培のシミュレーションの追跡画像（Heins, Rら,1992）

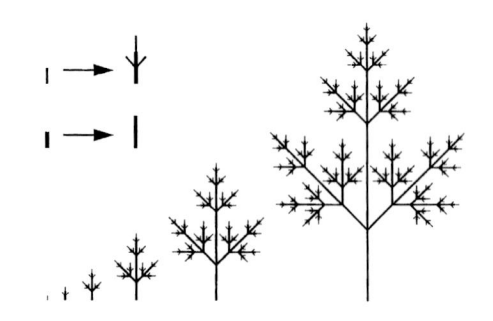

図16.8　植物の枝の先端の輪郭を枝（細い線）と節間（太い線）でモデル化した生育モデル（Prusinkiewicz, A.1997）

全体がコンピュータで処理されるが，多品目少量生産が可能な程度に自動化，コンピュータ化されたシステムで花き生産でも利用されているシステムである．

これらのシステムをコンピュータで統合管理する重要な部分にセンサ類と画像処理技術がある．センサ（sensor）は物質，環境要因，生体，形態などを検知（感知）する装置で大きく分けると次のようになる．
①物理センサ……力センサ，速度センサ，光センサ，温度センサなど．
②化学センサ……水分センサ，ガスセンサ，無機成分センサ，pHセンサ，ECセンサなど．
③生物センサ……生体センサ（光合成，呼吸，蒸散，体内水分など）
④画像センサ……カメラ，レーザービームなどで形状を二，三次元画像として感知する．

センサが感知した情報を電気信号に変換してコンピュータに入力し，処理したデータと信号を出力して装置を作動または監視する．生物センサとして植物の生体情報を感知するセンサは生育中の植物を非破壊で光合成，呼吸，蒸散などを継続的に測定する．

画像センサは人の代わりに形状，色彩，質感などをCCDカメラ，スキャナー，レーザービーム，光ディスクなどで認識し，信号に変換してコンピュータに取り込み，処理してデータ化し，さらに画像や通信信号として出力するものである．これらは自動認識技術ともいう．花き分野では生育時や収穫時の仕分け，品質評価，選別，生体や草姿の認識により装置機械の操作指示，生育や栄養診断，バーコードの読み取りによる仕分けや分荷などに広く利用され作業の自動化に貢献している．

画像処理の基本プロセスの一例を図16.10に示す．

Storlie, C. A. ら（1989）の研究を杉本（1992）が抄録したものから引用した．入力部分はCCDカメラ（デジタルカメラ：Charge coupled device camera）で捉えた画像を画像入力用ボードでアナログ画像からデジタル画像に変換し，処理用コンピュータのモニター画面で操作してサンプルの面積や長さを計測するというものである．

図16.9　光電子管の光センサ

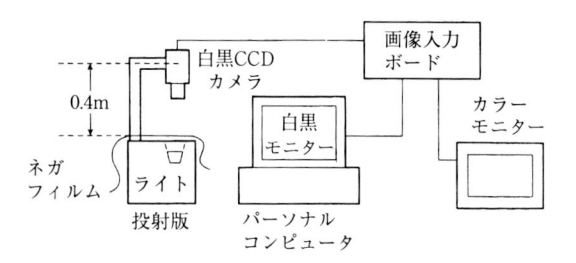

図16.10　画像処理の基本プロセスの一例（杉本1992より）

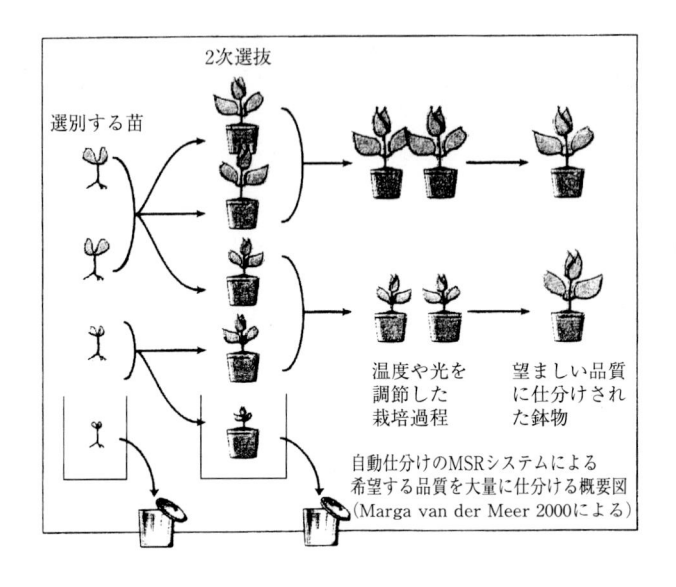

図16.11 画像処理による生育サイズ別に苗を自動選別仕分けする過程の模式図（Marga van der Meer 2000による）

参 考 資 料

16. 花き産業のコンピュータ化
1) Annevelink, B. 1999. Scheduling internal transport in pot plant production FlowerTECH, Vol.2, No.4.
2) Ball, Vic 1991. Computers, Ball Red Book, Bool Publisher, Chicago.
3) Blakey, D. and Gerala Klingaman 1998, Computer program maximizers space profits. Greenhouse Manager, Nov.
4) Editer, 2000. Internet brings international growers and traders together. FlowerTECH, Vol.3, No.2.
5) Fang, W.K.C. Ting and G.A. Giacomrlli 1990. Optimizing resource allocation for Greenhouse potted plant production. Amer. Soc. Agri. Eng. Vol.33, (4).
6) 橋本　康 1995. 農業におけるインターネット利用の将来. 農業および園芸 第70巻第10号.
7) 海保　昭 1995. わが国の施設園芸に対して初めてコンピュータ化を実現. はなみどり, No.26.
8) (株) イー・エス・ディ 1986. グリーンマイコン8, 10, 制御プログラム, 操作資料.
9) Lindenmayer, A. 1987. Model for multicellular development : Characterization, influence and complexity L-systems. In Kelemonva, A., Kelenen, J. (Edis) Trends, Techniqus and problems in Theoritical Computer Science, Lecture Notes in Computer Science 281, Springer Verlug, Berlin.
10) Marga, van der Meer 2000. Teeltsturing met MSR bijna rijp voor de praktijk voor de Bloemisterij, 28.
11) 森本幸祐 1994. 緑花景観シミュレーション. 新花卉　No.162.
12) NEDEK 研究会編著 1999. モデリング工学入門. 培風館, 東京
13) Prusinkiewicz, P. 1998. Modeling of spatial structure and development of plants, Sientia

Horticlturae Vol.74, No.1, 2.
14) 田中成雅 1993. パーソナルコンピュータを活用した効率生産の展望 (1), (2). 農業および園芸 第68巻第1, 2号.
15) 鶴島久男 1965. 主要鉢物花きの生産施設の占有度と成苗率. 農業および園芸 第40巻第6号.

17. 品質管理と生産後処理

　農産物では多収穫が生産の主目標であるが，花きでは多収穫とともによい品質のものを作ることが重要な生産目標になる．品質のよい花きを生産するために種類，品種や種苗の選択から始まり，あらゆる技術を投入しているにもかかわらずこの品質についての概念は明確でない．しかしこれからは品質の目標に向けて，生産の過程でも品質管理が正確にできる生産にすべきである．

　また，いままでの花き生産は収穫までの栽培技術が全てであったが，これから国際化して流通も大きく変化した花き産業では，収穫後から輸送，流通，販売までの過程の処理取り扱いが重要になってきた．生鮮品として消費者の手に渡るまでの鮮度保持（品質）の問題があるからである．このような収穫後の技術を収穫後処理（post harvest physiology）とか生産後処理技術（post production technology）などといわれる．

17.1 品質と品質評価

17.1.1 花の品質とは

　"広辞苑"（新村 出編）によると「品質とは品物の性質のこと」となっている．それはまた買い手の要求に合った品物が良い品質だとも解釈できる．しかし，工業界では「品質には物の品質と仕事の品質」とに分けている．さらに最近では安全性や生産過程で地球環境になるべく負荷を与えないことも品質要因になってきた．

　花の品質について大川（1995）は見た目で判断できる外的品質と，見た目では判断できない内的品質に分けているのでそれに従って述べる．

(1) 花きの外的品質

　見た目の品質でも直感的に決められるものがある一方，主観で良し悪しを決めるのが難しいものもある．従来，花の品質はセリ市場で高値に取引されるものや，品評会で入賞されるものが品質が良いとされてきたが，消費者にとって品質のよい花は必ずしもそれとは一致しない．切り花や鉢物では大きさ，形状や各部位のバランス，色彩，質や量感などが品質を左右し，さらには損傷，病虫害の被害痕，萎れや変色なども品質に影響する．前者は遺伝的な要因で，後者は栽培上の要因である．

1) 遺伝的や栽培上の影響による品質要因

　栽培環境や技術，気配りなどが花の品質に影響する．図17.1は著者がキクの切り花の葉のバランスの違いを比較したイメージ図である．このバランスの違いは光，水や施肥管理の違い，植栽間隔や栽培温度などによって影響されるパターンをイメージしたもので，Eを正常としている．横井ら（1962）はアスター（*Callistephus chinensis*）で植栽間隔と切り花の品質および収量との関係を研究している．ほうき立ち性品種を畝間隔90 cm（株間40×25 cm），60 cm（30×20 cm），30 cm（15×15 cm）に植えて草丈，葉数，葉の大きさ，花の大きさ，花数，部位別新鮮重と切り花本数を調べ品質要因との関係を見ている．その結果畝間30 cmの高密度植栽区は茎葉が細く低品質，60 cm以上の中，低密度植

栽区では花や茎葉重が重く，全体のバランスもよく，品質と生産性では畝間60cmが最も良かった．

英国のBunt, A. C. (1978)はカーネーションを1年間にわたって2週間おきに苗を定植し各一番花の形質を調査し，いつの時期の切り花の品質が良かったか年変化を見ている．切り花重，茎強度，花径の年間変動が平均気温と平均日射量との関係を重回帰分析して比較したのが図17.2である．切り花重は日射量が多いほど重く，気温が高いほど軽くなる．一定の温度下では日射量が多いほど強くなる．花径は15℃の温度条件下で日射量の違いでは花径は僅か0.3cmしか違わなかった．もちろん英国の気象条件下であるが生育する環境条件で品質は大きく影響される．

図17.1 キク切り花の葉とバランスの違いと品質をイメージした模式図

また，外的品質で問題になるのは病斑，食害痕，薬斑などは品質低下の重要要因である．種子系品種では遺伝的に形質が不揃いになる不均一性もよくあるので注意を要する．切り花，鉢物の出荷処理や輸送中，貯蔵中の取り扱いから生ずる枝折れ，葉傷みなどの物理的損傷も著しく品質を低下させる．

（2）花きの内的品質

内的品質は一言でいえば鮮度と日持ちである．鮮度と日持ちは同義語的に考えられがちだが鮮度がよくても日持ちが悪い場合がある．鮮度は栽培環境から離れた時間が短いほど新鮮で鮮度はよく，時間が経つほど鮮度は落ちる．日持ちはその花がある時点からどの位観賞できるかという花の寿命である．両者とも低下するのは当然だが，鮮度の落ちを伸ばすことと，日持ちを伸ばす延命を鮮度保持，または品質保持など同義的に使われている．植物本体から切り離された切り花と，根が確保

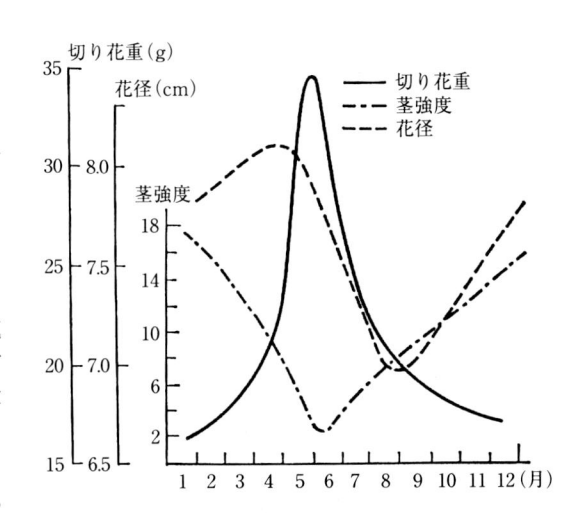

図17.2 カーネーションの品質の年変化
品種：ホワイトシム（Bunt, A.C., 1978）

され再生育する鉢物や花壇苗では日持ちの概念はやや違う．品質とその保持については以下に詳しく述べる．

17.1.2 品質評価

　花きの品質評価（quality evaluation）は卸売市場の取引での価格設定や，小売段階で売値を決める重要な要因である．花き生産者が収穫物を出荷する際や，共選共販の出荷選別の時の格付けにもおおざっぱな品質評価がされる．品評会やコンテストで入賞を決める際も品質を評価するが，これは前者と評価基準がやや異なる．品質そのものを数値化することは難しいが，これからは情報取引，選花機による自動選別，画像処理による自動仕分けなど品質の数値化と品質評価基準の設定などは急がれている．しかし，このような面を早くから見越して調査研究に取り組んでいた研究者が日本にもいた．元静岡農試の船越（1982）である．彼はキクを対象に栽培条件と品質，輸送中の品質低下，品質保持など一連の研究をしており品質評価法にまで及んでいる．キクの切り花を共選場で共選格付けしたものと市場価格とは強い相関が存在し，需給のバランスを除いた市場のセリ価格は品質の総合評価がなされているものと判断している．さらに同一品種をいろいろな栽培条件で栽培した切り花を，市場のセリ人に価格評価を行なわせる一方，表17.1のような形質を要因別に計測し，これらをコンピュータにかけて分析している．その結果，切り花の長さを70cmと90cmに限定した場合，セリ価格と0.7以上の相関を示した項目（表中）は16，28，29で長さや重量に関係した形質であった．分析結果から総合評価が高まる形質は切り花の重量，止め葉付近の葉の大きさ（茎の上下につく葉のバランス），

表17.1　キク切り花の品質調査項目（船越 1982）

項　目	項　目
1　切り花1本当たりのセリ値	21　茎中央部を1とした時の葉の広がり（頂部）
2　切り花1本当たりの新鮮重	22　茎中央部を1とした時の葉の広がり（下部）
3　切り花長（花首下から）	23　四分咲時の花冠重（がく片を含む）
4　茎の太さ（花首下30cm）	24　花首下30cm間の茎重量
5　花首長	25　花首下30cm間の葉重量
6　花首の太さ（花首下2cm）	26　花首下31〜50cm間の茎重量
7　葉身長（10枚目）	27　花首下31〜50cm間の葉重量
8　葉柄長（〃）	28　花首下51〜70cmか71〜90cm間の茎重量
9　葉幅（〃）	29　花首下51〜70cmか71〜90cm間の葉重量
10　茎と葉の角度（〃）	30　花首下30cm間の葉面積
11　花首下30cm間の節数	31　花首下31〜50cm間の葉面積
12　花首下31〜50cm間の節数	32　花首下51〜70cmか71〜90cm間の葉面積
13　花首下51〜70cm間の節数	33　葉長（7＋8）
14　花首から下30cm間の全重量	34　茎・花バランス $\dfrac{23}{24+26}$
15　花首下31〜50cm間の全重量	35　茎・葉バランス $\dfrac{25+27}{24+26}$
16　花首下51〜70cm間の全重量	36　葉・花バランス $\dfrac{23}{25+27}$
17　茎の曲がり，花首から下30cm間	
18　茎の曲がり，花首から下31〜50cm間	37　葉のタテ・ヨコ比 $\dfrac{9}{7}$
19　茎の曲がり，花首から下51〜70cm間	
20　茎の曲がり，左右，上下差	38　葉身・葉柄比 $\dfrac{8}{7}$

花首の長さなどで,逆に低下するものでは茎の曲がり,葉幅,下葉の大きさなどであった.

最近では山本(1998)が輪ギクの代表品種「秀方の力」について,市場価格と形質要因から品質を検討している. A, Bの2産地から特級品として同一市場に出荷された「秀方の力」がA産地は平均単価141円,B産地は114円で仕切られ,その価格差を両産地の形質差で比較した結果の一部を表17.2に示す.両産地の出荷品で測定値の差の大きいのは①病害虫,③花持ち,③葉茎長などであった.病害虫はA産地はほとんど見られなかったが,B産地のものはスリップス,マメハモグリバエ,ハダニ類が見られ,これらが評価を大きく落としている.花持ちはキクの場合は花より葉のしおれと黄化で(むしろ葉持ち:山本),それもB産地のポイントを落としている.また葉茎差というのは上位葉と下位葉の大きさの差で上下均一のものがよい.B産地のものはこの差が大きく切り花のバランスから市場では"うらごけ"といわれるものであった.

表17.2 A, B産地のキク「秀方の力」の品質項目の比較測定結果 (山本 1998, の表一部改変)

	測定項目	単位	A産地 (141円) 平均値	B産地 (114円) 平均値
全体	切り花重	g	71.4	71.4
	ワキ芽数	本	8.1	8.2
	◎病害虫	-	0.2	2.6
	よごれ	-	0.0	0.0
	いたみ	-	0.1	0.3
花	花色	L値	82.2	82.5
	◎花径	cm	11.5	9.6
	◎花持ち	日	19.3	15.4
花首	花首径	mm	6.3	6.0
	花首長	cm	2.2	2.0
茎	茎径	mm	6.6	6.8
	◎茎径差	mm	0.2	0.8
	茎強度	cm	5.5	5.3
	茎曲がり	cm	1.2	1.5
葉	◎葉数	枚	29.0	32.3
	葉長	cm	10.1	10.7
	◎茎長差	cm	3.4	5.2
	◎葉色	a値	-11.9	-10.5
	◎葉色差	a値	-4.7	-2.8

注)各16本の平均値,◎は大きな差が認められた項目

鉢物は同一種類でも鉢サイズや仕立て方が違うので品質評価や基準を設定するのは難しい.鉢物は鉢と植物のバランスが大きな品質要因となるが,これも最近は懸垂性やつる性の種類,ハンギングバスケットなども増えたからますます基準の設定は難しくなる.少し古いがカリフォルニア大学のSachs, R. H.ら(1979)の品質と生産サイドからの調査した研究がある.鉢物の品質で重要なことは草姿と鉢のバランスで,図17.3のように鉢の高さ,植物の高さ,株の直径との比率で,特定の数字を示している(322頁).この比率は一つの目標であるが前述のように栽培環境や鉢間隔で変わってくる.この鉢のバランスは近年小鉢志向や装飾鉢の使用になるとこの基準は変わってくる.

17.2 品質保持とその技術

花き一般では品質保持(keeping quality)というが,生鮮品の切り花では鮮度保持(freshness retention)ともいう.前述したように花きは広義で生鮮品なので時間が経てば品質は低下する運命にある.栽培環境から離れて短い時間は鮮度が高く時間が経てば低下する.切り花は生きている植物体から切り離された時点からカウントダウンで寿命が低下する.切り花では寿命をどう長く延ばすか(延命するか)という日持ちが品質保持になる.この日持ちは小売り段階では棚持ち(shelf life),消費者サイドでは日持ち(vase life)になり,ここでは切り花を中心に品質保持とその保持技術について述べる.

17.2.1 花きの品質を低下させる要因

花の品質を低下させ鮮度を失わせる最大の要因は時間と温度であり，次いで物理的障害，エチレン，バクテリアなどである．

(1) 時間要因

花は収穫，出荷されてから消費者の手に渡るまで品質や鮮度は次第に低下する．従ってその時間を短縮することが最大の課題である．この間の作業は全て迅速に行うべきだが，輸送に要する時間や，輸送手段で大きく変わる．トラックの中間地点での積み替え，空輸の待ち時間やフライト経路でも大きな相違がでる．国際間では植物検疫や税関の通関処理，一時保管など予想以上の時間を要することも多い．切り花が収穫から市場取引を経て小売業者の手に渡るまでの時間は，国内で順調な輸送時間は48時間から72時間位かかる．輸入切り花になると最低150時間は要する．特に国内の切り花でも採花から消費者の手に渡るまでは図17.4のように多くの処理作業を経ているから，どれかが遅延すると時間が延長しそれだけ品質が低下する．

(2) 温度要因

切り花，鉢物，花壇苗とも高い温度は著しく鮮度や品質を低下させる要因である．特に「温度×時間」が大きくなるほど品質が低下する．図17.4の過程でも低温に保たれれば品質低下が防げるが，どれかの区間に高温帯があると，そこで急速に品質が落ちてしまう．食品などのように生産から販売，消費までいわゆるコールドチェーンで運ばれれば問題はないが，花きでは経済的理由でなかなかコールドチェーンは実現しない．図17.5はオランダの花き流通チェーンがトラック輸送中の庫内，花の包装パッケージ内の温度変化を調査したものである．オランダか

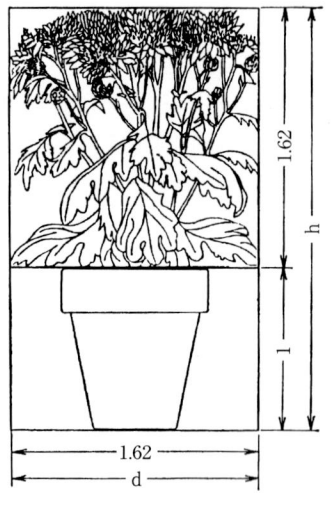

図17.3 鉢，植物の高さおよび幅の比率が最適バランスと見られた鉢（Sachs, R.H., 1976による）

図17.4 切り花が採花から出荷，市場取引，小売り業者を経由して消費者の手に渡るまでの経過図

採花 ― 調整 ― 仕訳 ― 結束 ― 水揚げ ― 包装箱詰め ― 予備冷蔵 ― 積み込み ― 輸送 ― 卸売市場/低温保管 ― セリ ― 分荷 ― 再梱包 ― 再輸送 ― 再調整（小売業）― 再水揚げ ― （低温保管）― 配達販売/装飾 ― 消費者利用

ら中部イタリアまでの約1,000km輸送の走行中の保冷車の庫内は8℃に保っているが，切り花パッケージ内はなかなか温度が下がらず，積載前に予冷処理をしてパッケージ内の品温を8℃に下げておく必要があることを示している．わが国でも北海道から東京までのトラック輸送の調査で同様な結果が得られている（印東，1996）．

図17.6は同じオランダの調査で，空輸中の花の温度変化を調べたものである．オランダ，スキポール空港からニューヨークまでボーイング747で，チューリップ切り花を約8時間かけて空輸したときの荷物室内と切り花箱内，箱の間の温度変化をみたものである．荷物室温度は離陸後次第に下がって凍結温度まで達しているが，着陸後の搬出とともに急速に上昇している．箱内は意外に温度は下がっていないがこのグラフではかなり危険なことがわかる．現在，航空会社で荷物室の温度調節をしている航空会社は4.2.1(2)で述べたように少ない．

(3) エチレン

花を老化させ品質を低下させるエチレンについては11.3.4で詳しく述べた．外部から影響を受ける外生エチレンの他，植物自体が生成発生する内生エチレンが輸送中などにいろいろ影響を与える．特に内生エチレンは植物が物理的刺激を受けたり，害虫の喰害などによる傷でも発生し，輸送中の振動でも発生することがある．このエチレンの生成を抑制するエチレン阻害剤（前述）や切り花の品質保持剤（後述）については327頁で述べる．

切り花の流通輸送中の箱内のエチレン濃度をオランダの花き流通チェーンが2,400件について調査し結果をまとめたものが表17.3である．切り花の出荷輸送中の各段階で多いのは卸売り，小売り段階とともに生産者段階でもかなり測定値合計に対する割合（27％）は高く，切り花の調整荷造り後の箱

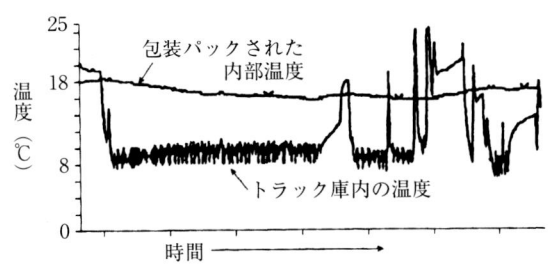

オランダから中部イタリアへ輸送する保冷トラックで輸送する庫内および包装パックされた箱内の温度の変化（輸送距離は約1,000km，オランダ花き流通チェーン調査より）

図17.5 トラックによる切り花輸送中の庫内および箱内温度の変化（Bent, Edward 1991）

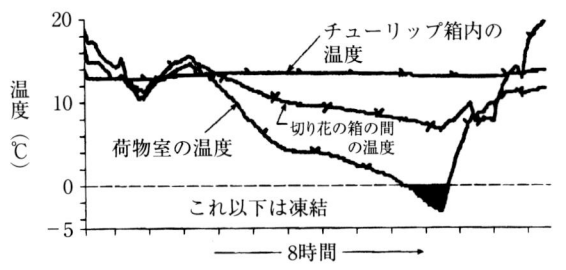

1988年2月1日にオランダ，スキポール空港からニューヨークへボーイング747で空輸する，8時間飛行中の荷物室および切り花箱内外の温度の変化（オランダ花き流通チェーン調査より）

図17.6 切り花空輸中の荷物室および箱内とその周辺の温度変化（Bent, Edward 1991）

詰めでも内生エチレンが多くでていることが推定される。

(4) **水分とバクテリアなど**

　切り花では調整結束したものをダンボール箱に入れて出荷する乾式輸送がふつうに行われている．容積も取らず一時的に生育も抑えられる長所がある一方，長時間の輸送や高温遭遇で極端な水分の蒸発による萎れで品質が低下し，開封後吸水しても水揚げできなくなるものもある．このような再吸水しにくい，シュッコンカスミソウやデルフィニウムを中心に，生産段階から切り口を水に浸けたまま出荷するバケット輸送（縦型容器輸送，湿式輸送ともいう）がオランダで行われ，わが国でも普及し始めている．詳細は後述するが，オランダではこの容器内の水のバクテリア汚染が問題になっている．表17.4は前掲のオランダ花き流通チェーンが生産者から出荷される容器の水の各流通経過時のバクテリア汚染濃度を調べたものである．同じ水に長く浸されるほどバクテリア汚染度は高くなり，セリ市場段階で中，高濃度が60％，小売り段階で80％と汚染度が高い．また生産者段階でも40％と汚れている．これによりバケットを60万以上扱うアールスメール市場では使用済みのバケットを洗浄した後UV装置と蒸気で消毒し，さらに小売り業者に到達時点で切り花の下部5～6cm切除して清潔な水に浸すことを指導している．わが国でもバケット輸送は増えるものと思われるが，リサイクルでの洗浄，消毒システムは重要である．特に採花後に吸水させる水，延命剤の前処理用の水（同じ処理水を何回も使用すると汚染度が高まる）のバクテリア汚染にも注意すべきである．

(5) **機械的傷害**

　切り花では，収穫後選別，包装には十分注意しても，輸送中に機械的傷害を受けて著しく品質を低下させることがある．包装の不備，輸送，積み替え作業の不適切などによるものである．

17.2.2 品質保持技術

　切り花の寿命（品質，鮮度）は収穫から消費者の手に渡るまで低下の一途をたどる．品質保持技術はこれをいかに延ばすかの延命技術である．前項で述べたようにその間で低下を促す環境条件に遭遇すると急速に下がって寿命は短縮する．表17.5はオランダの流通調査（前掲）で主な切り花の生産者から出荷してセリ市場の段階と，小売店に到達した時の品質低下の程度を見たものである．品質の程度を観賞可能日数（残りの日持ち日数）

表17.3　切り花の収穫から小売りまでの各輸送中の箱内のエチレン濃度（出典は図17.5と同じ）

	エチレン濃度（ppm）			
	0.00～0.04 (%)	0.05～0.09 (%)	0.10以上 (%)	測定値の合計数
生産者	80	17	3	630
セリ市場	69	27	4	297
卸売業者	81	17	2	684
小売業者	79	18	3	716
合計（平均）	78	19	3	2,327

注：測定値合計で得られたパーセンテージとして表した．

表17.4　切り花の容器輸送の水のバクテリア汚染度調査（出典は図17.5と同じ）

	低濃度 (%)	中濃度 (%)	高濃度 (%)	測定回数
オランダ				
生産者	56	24	21	344
セリ市場	40	42	18	320
卸売業者	27	36	37	385
小売業者	21	40	40	397

オランダ花き流通チェーン調書より（資料②）

で示したもので，低下の大きかった種類はアイリスで小売店ですでに残り観賞期間は3日であった．小売り段階で10日以上の観賞日数のあるのはキク，ガーベラ，バラで，カーネーション，フリージアがそれに次ぐ．これはオランダの例だが大体の傾向はつかめると思う．

表17.5 切り花8種の流通配送中に品質（日持ち）低下の程度（Bent, Edward 1991）

生産品	品質低下の全量	出荷時点の最大日持ち数	最終配送後の残り日持ち数
ガーベラ	33%	17日	11.4日
バラ	29	15	10.3
カーネーション	15	11	9.4
チューリップ	47	10	5.3
キク	25	17	12.8
ユリ	33	11	7.4
アイリス	46	6	3.2
フリージア	27	13	9.5

（1）温度処理による品質保持

箱詰めされた大量の荷は低温庫に入れても容易に品温が所定の温度に下がらない．また，温度が下がっても再び常温に置くと"温度戻り"して短時間に常温に戻る．このため短時間に温度を下げる予冷（precooling）をしてから低温貯蔵する．

1）予　冷

低温貯蔵や低温輸送をする時には欠かせない処理で，次の方法がある．

ⅰ）強制通風冷却法（air cooling）

冷凍機から庫内に冷風を循環させる最も多い方法で，切り花生産者で広く採用されている．容器の形態，大きさ，荷の総量が多いと冷却時間がかかり，荷の積み方や置き場所による冷却ムラが出やすい．品温20℃位の荷を5℃に下げるには15～20時間かかる．

ⅱ）差圧通風冷却法（static pressure air cooling）

ダンボール箱の両側面に小穴を明け，冷風が吹き出す壁面の通風口に箱の穴を接して積み上げ，冷風が箱内を貫通して短時間に荷の品温を下げるもので，共選共販の出荷場に設置され花きでは最も多い方法である（図17.7）．

図17.7　差圧通風冷却法の冷風の吹き出し口と出荷箱

ⅲ）真空冷却法（vacuum cooling）

水分が急激に蒸発する時の蒸発潜熱を利用して短時間で多量の荷を冷却する方法で，庫内を減圧して処理し10～20分位でほぼ均一に冷却できる．野菜や果物の出荷などフォークリフトで荷扱いする大がかりな装置で，設備費もかかり専用の建物を使用する．

2）低温貯蔵

予冷で品温を下げた荷は所定の低温貯蔵（low temperature storage）にかかる．切り花や挿し穂，挿し芽苗などでは出荷期の調整や在庫の保管に低温貯蔵は必要である．大規模な生産者，空港，配送センター，卸売市場の荷受など，切り花の一時保管に低温貯蔵さ

表17.6 数種の切り花の貯蔵適温と
最高貯蔵期間
(Corbineau, Francoise 1988)

種 類	貯蔵方法	温度(℃)	最高貯蔵期間(週)
アンスリウム	乾燥	13	3~4
ストレッチア	乾燥	8	4
	湿式		
カーネーション	乾燥	0~1	4~12
	湿式	4	4
キク	乾燥	1	3~4
	湿式		
フリージア	乾燥		
	湿式	0~1	2
ガーベラ	乾燥	0~2	2~3
	湿式	4	3~4
グラジオラス	乾燥	1~4	3~4
	湿式		
ユリ	乾燥	0~2	4~6
シャクヤク	乾燥	0~1.5	4~5
バラ	乾燥	0.5~3	1~2
チューリップ	乾燥	0.5~1	2~4

表17.7 セル成型苗の種類別最適貯蔵温度と
最大貯蔵可能期間（光照射は最小55luxとした．Heins, R. 1990)

種 類	最適貯蔵温度(℃)	最大貯蔵可能期間(週数)	
		暗黒下	光照射下
Alyssum	2.5	5	6
Cyclamen	2.5	6	6
Geranium	2.5	4	4
Pansy	2.5	6	6
Petunia	2.5	6	6
Begonia(sem)	5	6	6
Begonia(Tuberous)	5	3	6
Dahlia	5	2	5
Loberia	5	6	6
Marigold(French)	5	3	6
Salvia	5	6	6
Ageratum	7.5	6	6
Porturaca	7.5	6	6
Tomato	7.5	3	3
Verbena	7.5	1	1
Gelosia	10	2	3
Vinca	10	5	6
New Guinea Impatiens	12.5	2	3

(古在・大川監修の日本版1995より)

れる．花きの低温貯蔵は植物の呼吸や蒸散を抑えて養分の消耗を減らし，バクテリアの繁殖を抑え品質低下を防ぐ．しかし，低温貯蔵には植物により貯蔵方法，温度，貯蔵可能期間が違い，貯蔵中の乾燥し過ぎ，低温障害，貯蔵期間の長過ぎるなどトラブルも少なくないので十分注意する．切り花の低温貯蔵の例を表17.6に示しておく．幼弱なセル成型苗も出荷調整や作業関係で一時的に低温貯蔵すること

表17.8 主な栄養系花きの穂，発根苗の貯蔵温度と
期間（Corbineau, F. 1988)

種 類	穂，発根苗の別	貯蔵温度(℃)	貯蔵期間
キク	穂	-0.5~4	3~6週
	穂（葉除去）	1	6カ月まで
	発根苗	-0.5~4	3~6週
ゼラニウム	穂	1~3	2~3週
	発根苗	1~3	2週以下
カーネーション	穂	0.5	4~6カ月
	発根苗	0.5	2~6カ月
アザレア	穂	-5~4.5	4~10週

がある．特にセル苗は表17.7のように貯蔵適温の幅が小さいのでこの点十分注意が必要である．大量の栄養系苗を増殖する種苗企業でも挿し穂や挿し芽発根苗の貯蔵は重要である．苗のトラブルの原因がこの貯蔵の不手際によることが多いからである．主な種類の穂または発根苗の貯蔵温度および期間は表17.8のようになる．

3）CA貯蔵

温度を下げて呼吸やエチレンの発生を抑え，さらに庫内のガス環境をも変えて呼吸を抑制するCA貯蔵（controlled atmosphere storage）は，野菜や果物で利用されている．例えばカーネーションでは二酸化炭素の濃度を3％，酸素濃度を5％として，0~1℃のCA貯蔵で5~6カ月貯蔵できたという．CA貯蔵は生産者から小売業者まで一環したいわゆる

コールドチェーンに乗せなければ意味がない．花きのように種類が多いと種類別にガスを調整しなければならないから，ポリエチレンフィルムのようなガス透過性フィルムで密閉包装するMA貯蔵 (modified atomosphere storage) が切り花などには向いている．これは酸素濃度を低下させ植物自体の呼吸を抑え，相対的に二酸化炭素濃度を上げ，それに低温を併用するものである．

(2) 延命剤およびその他の方法による品質保持
[切り花の水揚げや日持ちを良くする研究，技術の発達小史]

切り花を水に挿してもすぐ萎れて回復しないことがある．いわゆる水揚げしないことは延命以前の問題である．このため古くから水揚げを良くする方法が経験的に考えられ，化学的処理 (アルコールやハッカ油などに浸す) や物理的方法 (水切り，切り口を砕く，切り口を焼くなど) は今も行われ効果をあげている．カーネーションなどで品質保持の研究が本格的に行われるようになったのは1960年代で，コーネル大学のBloodlyら (1964) は硫酸－ヒドロオキシキリノン (S-HQS)，酢酸銀，硝酸銀などが切り花の日持ちを延ばすことを見出した．S-HQSは殺菌効果もあり，さらには砂糖 (3～4%) も栄養だけでなく浸透圧を増し延命させることを見出した．これらをベースにして1970年代にはクリザール，ベターライフ，エバーブルームなどの延命剤が市販されている．しかし，1978年オランダの農業生物研究所のVeen, H.らは硝酸銀とチオ硫酸ソーダを一定の割合で混合したチオ硫酸銀の錯体が植物に容易に吸収されエチレンを抑制して延命効果を高めることを発見した．このチオ硫酸銀の錯体 (Silver Thio Sulphate) をSTSと呼び画期的な延命剤としてたちまち広まった．しかし，STSの銀が環境に排出される影響が懸念されたが，処理済のSTSは銀を沈殿させて廃棄処理している．代替えのエチレン阻害剤としてAOAやAIBなどが検討されているがいまのところSTSに代わる薬剤は見当たらない．宇田 (1998) はSTSの適正な使用による安全性を訴え使用の継続を提唱している．

[品質保持剤]

切り花の日持ちを延ばしたり鉢物の落花を防止して品質保持する薬剤を海外ではプリザベイチブ (preservative) というが，わが国では鮮度保持剤，延命剤，切り花保存剤，水揚げ剤などとよび統一されていない．品質保持剤は生産者が出荷直前に処理して日持ちを良くする前処理剤 (pretreatment preservative) と，小売店や消費者段階で水揚げや日持ちを良くするため処理する後処理剤 (continuous treatment preservative) とがある．この品質保持剤の処理は最初に述べたように流通取引過程で温度や時間を最低のストレスで経過したものに処理してこそ，本当の効果があることを強調しておきたい．

1) 前処理剤

エチレンに敏感な種類はSTSを主成分とした保持剤を，エチレンに影響されない種類は殺菌剤，水揚げ作用，栄養などを含む保持剤を使用する．各薬剤の処理濃度や処理方法は正確に処理することが大切である．これを間違うと市場や小売り側に不信感を与え却ってマイナスになる．オランダの花き卸売市場ではカーネーション他13種の出荷にSTS処理を義務付け，アルストロメリア他6種は使用が推奨されている．前処理剤に使用する主な品質保持剤を表17.9に示す．品質保持剤は500から1,000倍液に12～24時間切り

表17.9　前処理に使用する主な品質保持剤のシリーズ

クリザール（オランダ製）			コートーフレッシュ（国産）	
シリーズ	希釈倍率	適応種類	シリーズ	適応種類
EVB (non-STS)	500倍	カーネーション，ダイアンサス	コートーフレッシュ K-20C	カーネーション，デルフィニウム
FVB (non-STS)	500倍	カスミソウ		スイートピー，リシアンサス
OVB (non-STS)	500倍	キク，アスター，スターチス	コートーフレッシュ カスミソウ	カスミソウ
RVB (non-STS)	500倍	バラ，ブバルディア，カラー	コートーフレッシュ スターチス	シュッコンスターチス
CVB (non-STS)	1l/1粒	ガーベラ，ヒマワリ，		
AVB-1000 (STS)	1,000倍	カーネーション，デルフィニウム，スイートピー，リシアンサス	コートーフレッシュ メリア コートーフレッシュ ブバル	アルストロメリア，ブバルディア，アスチルベ
SVB-A (STS)	1,000倍	アルストロメリア，グロリオサ	コートーフレッシュ バラ	バラ，ガーベラ
LVB (STS)	100倍	ユリ		

口を浸漬処理するのが一般的である．薬液は2～3回は使用できるが，使用後は硫化ナトリウムを加え硫化銀に変えて沈殿させ廃液を処理する．

2）後処理剤

小売業者や消費者段階で使用する品質保持剤で，前処理剤は抗エチレン剤が主成分に対し，後処理剤は殺菌剤，栄養，界面活性剤，ホルモンなどを主成分とし，水揚げ時の切り口の腐敗防止，生け水の殺菌とともに糖類などの栄養補給により日持ちを延ばすものである．前処理剤と併用すると効果が高い．

［その他の水揚げ法］

花きの中には水揚げが難しく，品質保持剤も効果のないものがある．わが国には伝統的な水揚げ法があって，華道の家元や老舗の花店などでは秘伝の技術として今も使用している．伝統的な水揚げ法としてアルコールやハッカ油に切り口を浸ける他，船越（1992）によると①切り口を熱湯に浸ける，②切り口を焼く，③切り口を割る，④茎にすじを入れる，⑤水中で切り戻す，⑥水中で茎を折る，⑦花首まで水に浸ける（深水にする），⑧切り口を水道の蛇口に当て強制的に吸水させるなどがある．

17.2.3　切り花の品質保証

家庭用食品などには製造年月日や賞味期限などの品質表示が義務づけられている．切り花や鉢物なども消費拡大と取引の信用度から品質保証に対する関心が高まっている．特に切り花などは購入する消費者だけでなく，小売業者も仕入れの時，その花が何日持つかは大きな関心事である．欧州では既にスーパーマーケットなどが切り花の品質保証（鮮度保証：QA，Quality assurance：Quality guarantee）して花束を販売しているところが増えている．2000年，千葉県幕張市に進出したフランス系スーパーマーケット"カルフール"1号店で，切り花の束に図17.8のような5日間品質保証のシールを貼って販売を始め

図17.8 カルフールの花束に張られた品質保証のシール

図17.9 カルフールで販売されているバラの束（保証シールと保存剤の袋）

た．わが国の小売り業界もにわかに切り花の品質保証（日持ち保証）に関心が高まり，保証する花店が出てきている．しかし，生鮮品の品質概念は時代の変化とともに広がり，商品の安全性，環境に負荷を与えず生産した商品など品質保証もそれらの分野に広がってきた．

(1) 切り花の日持ちとそれを推測するシミュレーション

切り花の日持ちは種類の遺伝性によって大きく違うが，栽培上や収穫後消費者の手に渡るまでの環境条件によって違ってくることは既に述べた．表17.5のように日持ち日数（残りの日持ち数）は収穫して生産者が出荷する時点でかなり減っており，最終の小売り店に到着段階でも残り日数が少ないものがある．切り花商品が取引で値決めする時，あとどの位の日持ちがあるかを買い手が目視で判断し購買の意思決定や価格の設定をしてきた．しかし，これからは大量の商品を迅速に取引したり情報取引するには，商品の日持ち日数をデータなど数値で示す必要がある．

しかし，切り花の日持ち予測には生産者が収穫してから出荷，輸送，市場取引を経過する時間や遭遇温度の長さ，エチレンや水の影響，品質保持剤処理の有無などの基本データがないと日持ちの予測はできない．その花の全過程のデータを追跡するトレーサビリティ（traceability）の入力が必要となる．

この日持ち予測のコンピュータソフトはオランダのDoorn, vanとTijskensが1989年に開発している．このモデル"FLORES"は輸送流通過程の時間と温度，乾燥した期間，容器内の水のバクテリアとボトリチスの濃度，低温，エチレンおよび保存剤処理の有無の7要因のデータから予測するものであった．

ワーグニンゲン農業研究所（ATO-DLO）のSimons, Arjenは収穫後処理の専門家Kooten, Olak vanの協力を得て1996年により進んだ切り花日持ちを予測するソフト"Q-Flower"を開発した．このソフトは"FLORES"のプログラムをベースにトレーサーデータに加え，コンベヤーで移動する大束の切り花の潜在的要因もCCDカメラで捉えた画像で瞬時に算出して日持ち日数を推定する．このソフトはセリ市場で切り花がセリにかか

る際，その商品の日持ち日数が電光盤に表示され，バイヤーがセリ落とすときの参考データになることを目的としている．

(2) 切り花の日持ち保証（品質保証）

カルフールの切り花の品質保証は図17.8のように5日間保証し，その間に萎れた場合はサービスカウンターに実物を持ち込むと新品と交換するか現金を返還する．保証種類はバラ，シュッコンカスミソウなど単品の束の他数種組み合わせた束も保証している．おそらく生産から仕入れまでの履歴データが確保できる種類が保証の対象になっていると見られる．当日売れ残った束は廃棄する経済的負担と，多様な種類を扱う小売り段階で全ての種類の日持ち保証は無理である．また，束売りは保証しやすいが，産地や流通の履歴が異なる種類を組み合わせた花束やアレンジメントは難しい．

オーストラリアのメルボルン中央市場では，ビクトリア州の切り花生産者をメンバーとした切り花品質保証制度（AQAF）なるものを実施している．これはISO-9000に準拠したQAシステム EN45011の生産認定を受け国際的にも認定されたものである．

加入したメンバーはAQAFが定めた方法で収穫した切り花の衛生と鮮度保持プログラム通りに処理し，基準に合わせて格付けし束にAQAFのロゴと生産者番号を付けて出荷する．メンバーになるにはAQAF機構で4週間の品質管理の監督，収穫処理，事務処理，

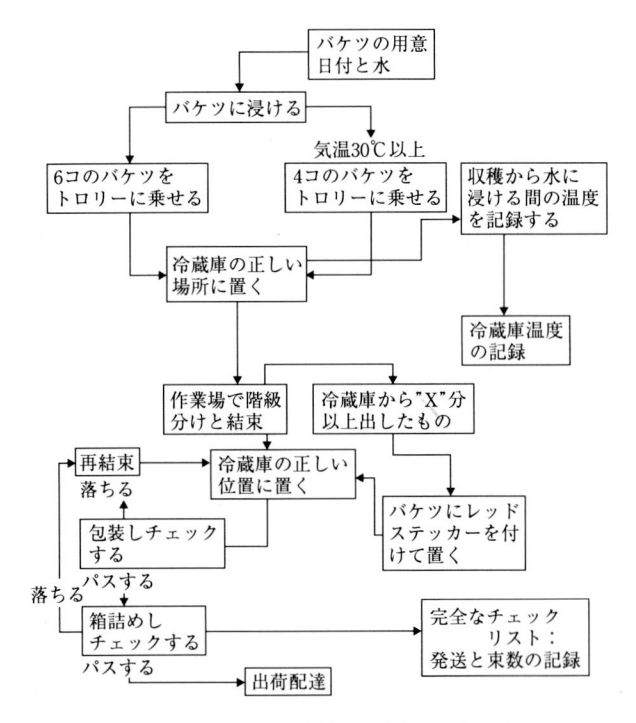

図17.10　AQAF品質保証制度の切り花収穫後の調整処理手順の概要（Moody, H. 1998）

スタッフの研修を受け，図17.10のような処理手順とその監督をしなければならない．なお，冷蔵前後には次の注意事項を実施する．
　①全ての花は品質保持剤の溶液のバケツに浸けて正しい日付を記載する．
　②同じ日に収穫した花は全て同じ場所に保管する．
　③当日出荷する花は冷蔵庫のドア近くに移動する．
　④冷蔵庫で7日以上経過した花はAQAF基準認定できない．
　⑤冷蔵後ステッカーを付けて戻ってきた花は特別な台車にのせて保管する．
　⑥冷蔵庫から出される花は責任者によってチェックされる．

図17.11　アールスメール花市場内の切り花日持ちテスト・ルーム

　このように品質保証を本格的に行うには生産者の協力と市場，小売り側の連携が確立し出来れば運営監督する機構を作らないと成功しないと思う．
　さらに生産，流通，市場，小売りまでのチェーンとしての鮮度保持技術の研究も必要で，オランダのアールスメール花市場では市場で取引される切り花の日持ちをテストする図17.11のようなリファレンス・テスト・ルーム（reference test room）も設けている．

(3) もう一つの品質保証制度
　花きでは鮮度保証などの品質保証の他に，商品の安全性や環境に負荷を与えないで生産した商品を保証することも品質要因として重要になってきた．特に環境を配慮した生産品を保証するMPS制度は欧州を中心に拡大し，日持ち保証以上に重要性を高めている．アールスメール花市場でもセリの電光盤にMPS認証品目は表示されてセリ取引の参考にされている他，MPS認証を受けていない花や植木は仕入れない量販店や花店がEU圏では増えている．欧州の流通や小売り業界では日持ち認証より重要な認証になっている．これらについては11.4.1地球環境に優しい環境対策の［MPS認定］（152頁）に詳述したのでここでは省略する．

17.3　品質管理

17.3.1　工業に学ぶ品質管理
　農園芸では生産過程における品質管理という概念は低い．工業は品質管理によって現在のような技術革新と繁栄をもたらした．花き生産のように多額の資本投下をして，技術と労働集約的な生産を展開するには品質管理の概念は極めて重要だと考える．品質管理（quality control）とは，良い品物を安く作る活動で，買い手の要求に合った品物またはサービスを経済的に作り出す手段の体系と定義されている．花きを含む農園芸では良い

もの（高品質）を作る技術の開発に集中してきたが，それをいかに低コストで作るかという技術の検討は"省力"という語に隠れて経済的な検討は不十分であった．花き産業も今こそ良いものを安く作って国際競争に勝たなければならない時代に入っている．工業が歩んだ品質管理技術の開発を学ぶことは決して無駄ではない．

17.3.2 品質管理とは

山岡（1993）によると「かつて日本製（Made in Japan）の商品は"安かろう悪かろう"といわれ，粗悪品の代名詞としてその悪名を世界に馳せていた．しかし，戦後40年たった今日では，安くて良い商品の代表として国際的に高い評価を得ている．（中略）日本の製品がこのように向上した原因の一つに，戦後まもなく日本工業界に導入され，各企業によって強力に推進された品質管理活動（QC活動ともいう）を挙げることができる」と述べている．

品質管理は統計的な手法で分析するので統計的品質管理（statistical quality control：SQC）ともいう．日本企業はこれを日本的に改良した独特な品質管理システムを開発し，1988年にジャスト・イン・タイム方式（JIT）として世界の企業から注目された．生産工程間の在庫を減らしてコストを低減する方法で，トヨタ自動車はカンバン方式として2000年に特許を出願している．農園芸分野ではこのような品質管理の概念が欠落しているといってもよく，今後花き生産の経営や技術的改善にも重要な課題と考えるのでぜひ導入してもらいたい．

17.3.3 品質管理活動（QC）からのヒント

QC活動は，均一な品質の商品をいかに効率的にコストダウンして生産するかを，現場ごとにグループで生産過程を見直し，無理，無駄，欠陥や阻害要因を摘出して，現状分析して得られたデータを統計的に処理して改善策を導き出す活動である．実際に生産活動に参加している人たちが集まって，課題を決め自由な意見やアイデアを出し合うブレーン・ストーミングから始まる．自分たちが関わる作業改善を考える手だてとして①生産性向上の手段，②現状分析，調査検討するための③管理サークル，その結果による④問題解決方法などのステップでこの活動を実施する．詳細は専門書に譲るとしてここでは花き経営や生産上の参考になるヒントだけ紹介しておく．生産性向上のための作業改善には，現状の生産水準を維持したまま水準のレベルアップを図らなければならない．

(1) 問題点を洗い出すための基本
  1) 作業改善
    ①専門技術による方法（植物生理学，栽培学，病理学など）：重要な基礎知識で改善を進める柱にする．
    ②現状分析による方法：結果のバラツキと原因のバラツキの因果関係を調べる．
    ③実験，実証による方法：今までと違う方法で行ってみる．いろいろなアイデアで実証してみる．
    ④他の分野の似ている知識を活用する方法
      ◎その結果をそっくり利用する．
      ◎さらに改善を加えて利用する．

◎やり方の手順をまねる.
　2）改善に役立つアイデア
　　　①現実の作業活動からこうすれば良くなるかも知れないというアイデアを沢山出す.
　　　②ハイブリッド効果：別の分野，職場，多くの人の意見を取り入れる.
　　　③連想，率直な感受性を生かす.
　3）アイデア発想法

|ブレーン・ストーミング|
　　何人か集まって改善の問題点を自由に意見を出し合い討議する.

|対象とする作業の見直し|
　　誰が…誰がしているのか，他人ではできないのか？
　　何を…何をしているのか，他にすることはないのか？
　　何処で…何処でしているのか，他の場所ではいけないのか？
　　何時…何時しているのか，他の時ではいけないのか？
　　何故…何故そこで，何故その時に，何故その方法で？
　　どのように…どのように，他の方法ではいけないのか？
　　などを摘出して討議し，手掛りをつかむ.

（2）現状を分析する

　品質管理ではデータを元に品質改善や管理活動を行う．集めた数字だけでは判断しにくいから統計的にグラフやパレート図，特性要因図などを作成して検討する．花き生産でもこの特性要因図（characteristic diagram）にして検討すると問題点を発見しやすい．これは魚の骨ともいう図で，ある花きの生産に関わる要因を図17.12のように表すことができる．作業要因と作業を記入し，生産過程での問題点を探り出して改善の手掛りをつかむ.

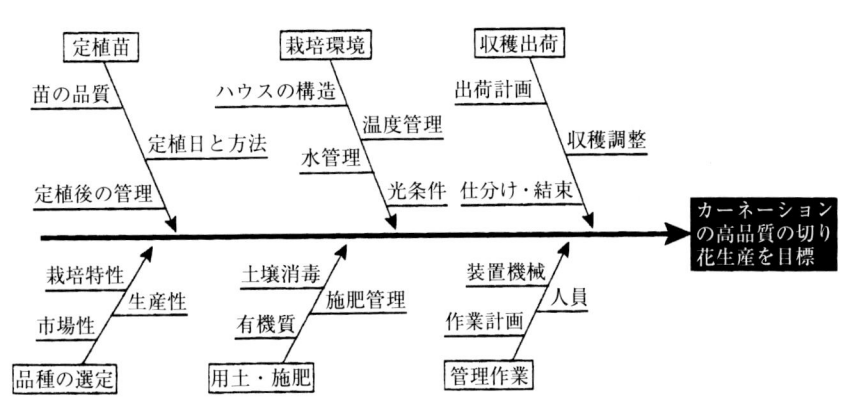

図17.12　カーネーション切り花の良品を生産するための魚の骨ともいう特性要因図

(3) 管理サイクル

現在の生産の品質を維持しながらさらに品質を良くするため，現在の作業方法からさらに改善した作業方法にするための管理には，管理サイクルのステップを繰り返し実施することで，これを管理サイクルという．そのステップは図17.13のように①計画(plan)，②実施(do)，③確認(check)，④処置(action)のステップを管理サイクルといい繰り返し実践しながら改善して行くものである．これを実例に置き換えると①生産計画を立てる（作業改善して向上した品質目標を立てる），②生産作業をする（改善した方法で作業を実施），③結果を評価する（生産された品質を従来の方法で生産した品質と比べる），④うまく行かなければ修正する（再び改善する）などのプロセスを繰り返す．

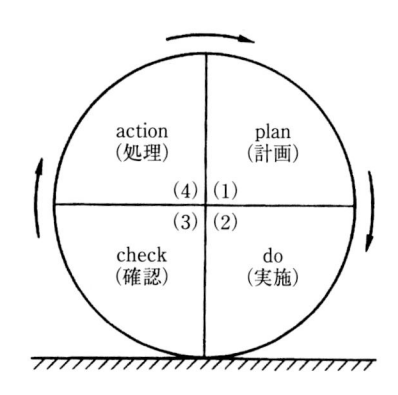

図17.13 品質管理の管理サイクル
(山岡 1993)

17.4 生産後処理

花きなどの生鮮品は優れた技術で高品質な生産をしても，その後の取り扱いが悪ければ品質は低下する．それまで園芸の技術研究は生産技術だけに集中してきたが，1975年ころから米国やイスラエルの研究者が切り花を中心に，収穫から消費に至る全過程の保持取り扱い技術の研究が始められ，植物の生理的変化を追究するポスト・ハーベスト・フィジオロジー（postharvest physiolosy）という研究分野が生まれた．前項の品質保持技術もこの中に含まれることになる．このポスト・ハーベスト（収穫後処理）は次第にその重要性が認められ，研究や実用の領域は広がり現在ではポスト・プロダクション（post production：生産後処理）と呼ばれている．この研究成果は収穫後長時間空輸する輸出花きの国際ビジネスや，大量の切り花をロジスチクスする量販店の花ビジネスを可能にしている．わが国の共選共販体制も生産後処理技術を背景に成り立っている．ここでは収穫後から出荷までの調整，仕分け格付け，梱包発送など具体的な課題について述べる．

17.4.1 花きの市場出荷と集出荷組織
(1) 花き生産者の出荷と集出荷組織の現状

共選共販体制と個人出荷については4.1.1で既に述べたが，集出荷組織は全国的に発達し農水省の調査によると1994年，全国の花き出荷組織は表17.10のようになる．この内JAなどの系統組織による共選共販が64％，大口の個人出荷が31％で，系統による組織化が進んでいることがわかる．集出荷団体が扱った花きの選花，選別方法を見ると表17.11のように球根類を除き，切り花では共選率が70％近くなっているが，鉢物，観葉類では90％以上，花壇苗では80％が個選で切り花とは対照的である．系統による共選出荷では自動選別，梱包などによる作業をライン化して省力，効率化が進んでおり，機械，施設保有率も表17.12のようにかなり高く，予冷，低温庫など出荷の基礎設備は完備してい

表17.10 花きの集出荷組織数調査
(農水省 1994)

集出荷組織	平成4年集出荷組織数	割合(%)
計	3,086	100
集 出 荷 団 体	1,971	64
総 合 農 協	1,371	44
専 門 農 協	23	1
農 事 組 合 法 人	30	1
任 意 組 合	547	18
協 業 経 営 体	44	1
集 出 荷 業 者	39	1
多 量 出 荷 農 家	967	31
会 社	65	2

表17.11 集出荷団体の選花, 選別方法調査
(農水省1994)(単位:%)

品 目	個 選	共 選
切り花類	32.8	67.2
キク	19.4	80.6
カーネーション	39.8	61.2
バラ	43.6	56.4
球根類	62.5	37.5
ユリ	38.9	61.1
チューリップ	89.4	10.6
鉢物類	93.8	6.2
観葉植物	98.9	1.1
花木類	94.6	5.4
花壇用苗物類	81.8	18.2
パンジー	73.2	26.8

る. 個選の生産者も最近は省力のため選花機や結束梱包機の保有率は増えている.

(2) 共選共販による選別仕分け, 調整, 梱包の出荷作業システムの事例

ここでは参考までに原(1994)の報告による愛知県のJA-Aの共選場における荷受から品質検査, 調整, 結束, 箱詰め, 出荷までのラインのシステムの事例を図17.14に示し, さらに施設規模や作業の手順の概要を以下に述べる.

[JA-Aの共選共販による出荷設備規模と作業手順の概要]

《販売額》年間120億円(内80%がキク)

《組合員数》輪ギク:70名, スプレイギク:60名, バラ:20名, その他:110名

《出荷量》通常表日:8,000箱/日, ピーク時:10,000箱/日

【共選場の作業の流れ】

①荷受け…集荷所(10カ所)から運ばれた荷を品種, 階級別に整理し, パレットに積む. 移動はフォークリフトを使う.

②検品　a. 生産者は自分の番号, 品名, 本数を箱に前もって表示.
　　　　b. 検査担当者は品質と重量で格付けし, 等級ボタンを押す.
　　　　c. 入力担当者は同時に生産者番号と品名コードをテンキー入力する.

表17.12 機械, 施設種類別の集出荷組織別保有率 (農水省1994)(単位:%)

集出荷組織	集出荷場	選花機	選別機	梱包機	貯蔵施設				乾燥施設
					普通倉庫	予冷庫	低温貯蔵庫	CA貯蔵庫	
集 出 荷 団 体	77.1	7.2	37.6	46.1	10.7	28.6	13.2	0.5	12.0
総 合 農 協	90.2	5.9	31.4	56.8	11.0	35.8	14.7	0.4	8.6
専 門 農 協	82.6	17.6	−	47.8	34.8	26.1	26.1	−	−
農 事 組 合 法 人	73.3	14.3	50.0	43.3	23.3	13.3	30.0	−	−
任 意 組 合	44.4	10.4	45.3	19.4	8.2	11.3	8.2	0.5	9.4
集 出 荷 業 者	76.9	41.2	63.2	46.2	51.3	20.5	38.5	5.1	21.1
多 量 出 荷 農 家	…	32.8	11.1	18.3	16.6	…	27.3	…	…
協 業 経 営 体	…	39.1	100.0	36.4	15.9	…	34.1	…	…
会 社	…	31.8	50.0	20.0	18.5	…	32.3	…	…

③仕分け　　d. 等級を箱に表示（シールは手で貼り，スタンプは自動押印される）
　　　　　　a. 検査ラインから流れてきた荷は，自動仕分装置により品質別に大別される．（4仕分け/ライン/3ライン）
　　　　　　b. 注文品は品質別に山積みせず直接パレットに積む．
④送り状　　a. 市場別仕分けは検査が完了し，全入荷量の把握後に行う．
　　　　　　b. 市場別仕分けは部会の担当者が出荷計画に基づき，各山から箱を抜きとって市場別パレット積みを行う．
　　　　　　c. 市場別仕分け実績表を作成する．
⑤出荷運送　a. 共選場 出発 16：00（太田花きのみ直送で19：00発）
　　　　　　　市場到着 22：00
　　　　　　b. 運送業者は経済連の子会社に委託．
　　　　　　c. 生産者の負担する運賃は出荷伝票と検査結果と照合，送り状の作成．

　以上は1992年の時点での装備システムで，その後ここはバーコードシステムを導入しさらにレベルアップしている．

17.4.2　収穫と調整
（1）収穫期と収穫方法
　切り花，鉢物や花壇苗などではそれぞれ収穫期や出荷期の概念はやや違う．切り花では特に採花するタイミングは品質にも影響する重要な要因である．花の開き具合で採花のタイミングが決められ，これを"切り前"といっている．鉢物や花壇苗，セル成型苗などは切り花ほど出荷のタイミングは厳しくないが，それぞれの適期がある．

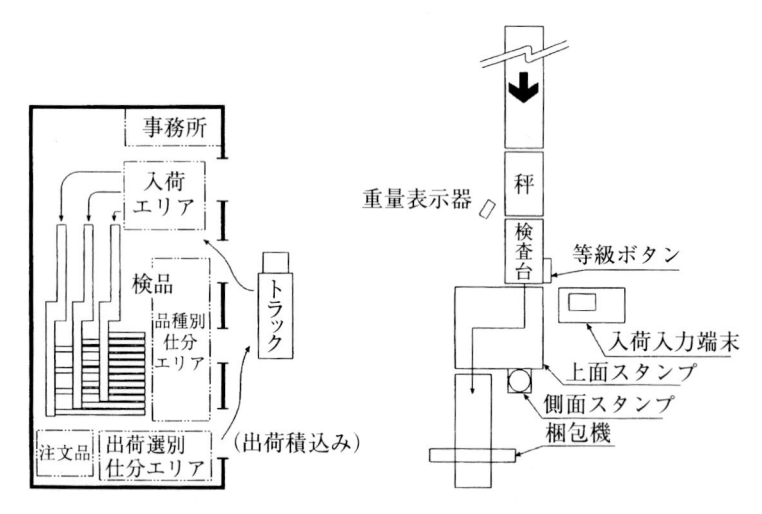

図17.14　愛知県JA-Aの共選共販の選花出荷場のレイアウト（左）と検査，梱包ライン（右），（原 1992，愛知県園芸振興基金協会，県産花き流通改善調査報告による）

1) 収穫,出荷のタイミング

切り花の切り前は種類,採花期,目的,産地によって違う.例えば夏季高温期には開錠も早く,水に挿しても寿命が短いからつぼみは堅めで採花し,その他の時期ではやや開かせてから切る.長距離輸送する花も堅めに切り,カーネーションなどは"つぼみ切り"などという技術もある."つぼみ切り"はつぼみの花弁が現れた状態で採花し,STS処理と3％のショ糖液を吸収させ低温貯蔵か乾式輸送するもので,生け水後は正常に開花し日持ちもよくする技術である.バケット輸送する切り花も輸送中にやや花が開くので堅めに切る.出荷後すぐ装飾用に使用される花はかなり開かせて採花するが,家庭利用の花は消費者の手に渡ってからゆっくり開花するよう堅めで切る.

図17.15 コロンビアから輸入の"つぼみ切り"のスプレイカーネーション開箱直後の状態

鉢物では種類にもよるが,最近ではかなり花を咲かせて出荷するようになった.花壇苗もふつうは1～2番花が開花した状態で,花の咲き具合を揃えてトレイに詰めて出荷するか,花色を組み合わせ詰めて出荷する花付き苗と,花が咲く前の苗にラベルを付けて出すグリーン苗がある.市場出荷は前者で,グリーン苗は仕入先との取引関係で決められる.

2) 切り花の採花方法

切り花の採花は施設内では朝からできるが,露地では夜露が乾いてから収穫する.葉が濡れた状態では絶対に採花しない.また,日中の蒸散の激しい時期の採花は避ける.採花はハサミ,ナイフ,時には手折りで行い,株ごと引き抜く場合もある.密植無摘心1本植えでは一斉刈り取りも行われ,機械化も見られる.採花した花はできるだけ早く作業場へ運び調整作業にかかる.

図17.16 簡単な切り花の結束機

3) 調整,選別格付け

出荷場や作業場での出荷の準備作業は品質保持と発送時間に間に合わせるために迅速に行う集中作業になる.出荷量が多いほどその作業量は大きい.また選別や格付けは厳重に行わないとその産地,農園の信用にも関わる重要な作業である.共選共販では自動装置を組み入れた効率的な作業ライン(図17.14参照)で行うが,個選でもバラやカーネーション,ガーベラなど単作や作付け規模が大きい農園では選花機,結束機などの自動装置がかなり入っている.

切り花では下葉の除去を手作業や調整機を使って行う．今は簡単な機械があるからこれを使用して効率的に作業できる．次いで切り花は品質および等級別に仕分ける作業に入る．切り花は基本的には長さ，重量などで仕切られるが，品質としてはそれ以外の要因もあるので選花機だけでなく人間の識別も加わわる．特に共選や個選でも経験を積んだ特定担当者によるチェックが選別の確実には欠かすことはできない．市場で評価の高い共選産地や生産者には熟達した担当者がいるものである．

　しかし，今後はコンピュータによる画像処理での選別，格付けも増える傾向にある．前掲の愛知県のJA-Aでもコンピュータの画像処理による等級選別をしており，カーネーションの画像処理識別要因は，

二次元の識別では：茎の長さ（階級識別），花の開き程度，茎の太さ，茎の曲がり，花首の曲がりなどで選別される．

三次元の識別では：茎の強度，花色，花の奇形，病斑や喰害痕などで識別される．

　卸売市場に出荷されてセリにかかる前や，予対取引前に共選共販産地や個選で出荷されたものが，それぞれの規格に仕分けられているかを最終的に検査担当者がチェックする．オランダの卸売市場ではこのチェックが厳しく，セリの電光盤にデータとしてでるほどである．しかし，わが国では切り花について統一された出荷規格はなく，農水省指導の等級基準を参考にそれぞれの産地や生産者組合が決めて，優，秀，良や2L, L, M, S, 2Sなどに等級格付けして出荷しているのが現状である．参考のため農水省の等級基準の一部を表17.13〜14に示しておく．

　市場出荷以外の切り花は輸入切り花も含め当然等級仕分けが違い，特注や契約，委託栽培では仕入れ先の希望する等級仕分けによって出荷することになる．

　鉢物も出荷には等級仕分けをするが切り花ほど細分化せず2〜3グレード程度に分けて出し，最近は均一性とブランド化から商品全体を1グレードとして取引することも増えている．オランダ，デンマークなどでは鉢物の出荷時，画像処理による自動仕分けが進んでいるが，これも3段階の仕分けで，①出荷可能，②次回出荷（栽培エリアに戻して5〜7日後再度仕分ける），③出荷不能（廃棄）に分け，③は極めて僅少である．

　花壇苗や小鉢物は同一種類，品種をダンボール箱やトレイに色分けで詰めて出荷することが多い．特に花の開花程度，花の向き，詰め方など職人的荷姿が買参人側から要求され，価格設定の要因になって，生産者側には大きな労働負担になっている．これらの慣行も今後は改善しないといけないと思う．

図17.17　ユーストマ切り花の個選の出荷作業，後に選花機も見える（熊本県，鹿本で）

17.4.3　出荷用包装と容器と台車

出荷に際して輸送中の乾燥や物理的傷害を防ぐため包装して箱詰めする．しかし，包装の手間や資材代が生産費の負担を重ねることにもなり，ゴミの発生にもつながる．

(1) 包　装

切り花は新聞紙に包んでダンボール箱に詰めての輸送が主で，輸入切り花もこの方法が多い．鉢物は，ポリプロピレン製のスリーブ（底なし）のピーピーといわれるものが主体であるが，最近の取引単位はトレイ単位になってきた．花壇苗はポリポット植えが主体なのでトレイに詰め，トレイ単位で取引される．

(2) 出荷容器

切り花はダンボール箱が主な出荷容器になっているが，これも各産地で種類に合わせたサイズの箱を使用しているため，トラックやコンテナに積載するとき無駄なスペースができて輸送コストを高めている．ダンボール箱は乾燥を防ぎ，物理的衝撃にも強く，段積みしてもある程度の重量に耐えて軽量で扱いやすい点が優れている．鉢物や花壇苗も段積みするにはダンボール箱を使う．また，生産者用花苗もダンボール箱や発泡スチロール箱を使う．特に後者は密閉性と吸湿と乾燥を防ぎ，冬季は蓄熱剤，夏季高温期には蓄冷剤を入れて発送できる．最近，切り花では乾式輸送で品質が低下しやすいバラやシュ

［農水省が定めた切り花の等級基準の例］

表17.13　カーネーションの等級（品質）基準（農水省1989）

ア　等級（品質）基準

評価事項	等級		
	秀	優	良
花・茎・葉のバランス	バランスが特によくとれているもの	バランスがよくとれているもの	優に次ぐもの
花型・花色	品種本来の特性をそなえ，花型・花色ともにきわめて良好なもの	品質本来の特性をそなえ，花型・花色ともに良好なもの	品種本来の特性をそなえ，花型・花色ともに優に次ぐもの
病害虫	病害虫が認められないもの	病害虫がほとんど認められないもの	病害虫がわずかに認められるもの
損傷等	日やけ，薬害，すり傷などが認められないもの	日やけ，薬害，すり傷などがほとんど認められないもの	日やけ，薬害，すり傷などがわずかに認められるもの
切り前	切り前が適期であるもの	切り前が適期であるもの	切り前が適期であるもの

注　多花性の品種にあっては，開花数および着色花蕾数の合計が3輪以上でなければならない

イ　階級（草丈）基準

表示事項	草丈選別基準
60以上	60cm以上
50	50cm以上60cm未満
40	40cm以上50cm未満
30	30cm以上40cm未満
30未満	30cm未満

ウ　入れ本数基準
　1箱当たりの標準入れ本数は，400本，200本または100本のいずれかとする．

エ　包装基準
　包装容器は段ボール箱とし，箱の幅（内法）はおおむね30cmとするが，長さ，深さについては，階級（草丈），入れ本数に応じて適宜調整するものとする．

オ　表示基準
　外装には，種類名，品種名，等級，階級（草丈），入れ本数，出荷者（団体）名を表示するものとする．

表17.14 シュッコンカスミソウの切り花等級基準（農水省 1989）

ア 等級（品質）基準

評価事項	等級		
	秀	優	良
花・茎・葉のバランス	ボリュームがありバランスが特によく軟弱でないもの	ボリュームがありバランスがよく軟弱でないもの	優に次ぐもの
花型・花色	品種本来の特性をそなえ，花型・花色ともにきわめて良好なもの	品種本来の特性をそなえ，花型・花色ともに良好なもの	品種本来の特性をそなえ，花型・花色ともに優に次ぐもの
病害虫	病害虫が認められないもの	病害虫がほとんど認められないもの	病害虫がわずかに認められるもの
損傷等	日やけ，薬害，すり傷などが認められないもの	日やけ，薬害，すり傷などがほとんど認められないもの	日やけ，薬害，すり傷などがわずかに認められるもの

イ 階級（草丈）基準

表示事項	草丈選別基準
80以上	80cm以上
70	70cm以上80cm未満
60	60cm以上70cm未満
50	50cm以上60cm未満
50未満	50cm未満

ウ 入れ本数基準
　1箱当たりの標準入れ本数は，100本または50本のいずれかとする．

エ 包装基準
　包装容器は段ボール箱とし，箱の幅（内法）はおおむね35cmとするが，長さ，深さについては，階級（草丈），入れ本数に応じて適宜調整するものとする．

オ 表示基準
　外装には，種類名，品種名，等級，階級（草丈），入れ本数，出荷者（団体）名またはコード番号を表示するものとする．

ッコンカスミソウはプラスチック製バケットで切り花の下部を水に浸けたまま輸送するバケット輸送も増えてきた．容器輸送，縦型輸送ともいい，バケットにダンボール枠を付けたものなどがあり，バケットはリサイクルするので出荷容器のゴミ化も防げ作業効率も良い．しかし輸送に容積を要し陸送運賃の高い日本では長距離輸送では切り花1本当たりのコストが上がる欠点がある．このためバケット輸送による効果の著しい種類の切り花に優先して実施すべきであろう．

図17.18　共選共販の出荷作業場の自動作業ライン
（熊本県，JA菊地）

(3) 出荷用台車
　オランダでは切り花，鉢物とも出荷の輸送，移動に台車が利用され，前掲のバケットもこの台車と組み合わせて始めて機能が増幅することをわが国の生産者や市場関係者に伝

図17.20　オランダの切り花バケットとそれを載せた台車
　　　　（オランダ，アールスメール花市場）

図17.19　シュッコンカスミソウ
　　　　切り花のバケット輸送
　　　　（熊本県 JA 菊池）

えたい．オランダの方式ではバケット容器，台車そしてこれらをユニットとしたチェーン輸送システムを構築して移動の効率化，輸送の簡易化，品質保持，低コスト化，省力とゴミを出さないなどのメリットがある．わが国ではバケットだけ，台車だけを開発している点が却ってコスト高を招いている．今まで生産者の農園でトラックにトレイを積み込む手積みで時間がかかるが，台車にトレイを積み込んでおけばフォークリフトで1/10位の時間で積み込むことができる．生産者の庭先から市場の取引を経て小売り側まで搬送されることもあり，ガーデンセンターなどでは台車を売り棚兼用で利用される便利さもある．台車は生産者が月1台いくらかのリース料で使用しているが，日本の台車は市場グループにより形状やサイズが異なるのでそれぞれの台車をリースして保有しなければならない．できればオランダの台車のように軽量で統一され，生産者から小売り段階まで一貫して利用できるものに統一したい．

参 考 資 料

17．品質管理と生産後処理

1) 間　竜太郎　1988．遺伝子組み替えによる花の寿命の延長．平成10年度日種協育技シンポ資料．
2) Barletta, Anne 1997. Computer modeling predicts vase life of cut flowers. FloraCu. Inter. Dec.
3) Bent, Edward 1991. Keeping Quality in cut flower. FloraCul. Inter. Janu.
4) Bunt, A.C. 1978. Effect of season on the carnation. Jur. Hort. Sci. No.53.
5) 土井　章　1997．切り花の品質と評価，切り花の鮮度マニュアル．監修（財）日本花普及センター，（株）流通システム研究センター．
6) Dodge, L., Michel Red and Richard Evans 1998. Factors affecting the postharvest life of cut flowers.

FlorCul. Inter. Feb.
7) 船越桂市 1982. 切り花の品質評価法に関する研究, 園芸学会昭和57年度 春季大会発表要旨
8) 船越桂市 1992. 切り花の品質保持剤利用技術, 農業および園芸, 第67巻, 第1号.
9) 編集部 2000.（抄録）鉢物の品質保持に関する研究, 施設園芸 5月号.
10) 編集部 1997. 花き集出荷機構調査. 花き情報, No.4.
11) 印東昭彦 1996. 切り花の包装, 出荷, 輸送技術, 農業技術体系, 花卉編4. 農山漁村文化協会, 東京.
12) 兵藤 宏 1998. 花の老化とエチレン, 平成10年日種協育種技術シンポ資料
13) 垣花 直 1996. 出荷規格の標準化, 農業技術体系, 花卉編4. 農山漁村文化協会, 東京.
14) Moody, Helen 1998. Quality assurance scheme for flower growers, Floracu. Inter. Feb.
15) Sachs, R.H., Kofraneck, A.M. and W.P. Hackett 1976. Evalution new pot plant species, Florist's Review, Oct. 21.
16) 山岡昭美 1993. メカトロ・エンジニアリング（7），品質管理. パワー社，東京.
17) 横井政人・穂坂八郎 1962. 切り花の品質および収量の解析, 第1報. 千葉大学園芸学部学術報告第10号.
18) 山本和博 1998. 輪ギクの高品質基準. 施設園芸 4月号.

各　論

[各論解説]
　各論は読者の利用しやすさを考えて花きを切り花，鉢物，花壇苗に分けた．各種類は最も利用の多い部門で詳しく述べ，他の部門での利用も簡単に記述した．また，花壇苗も一年生と宿根生では苗生産や利用がやや違うので分けてみた．

18. 切り花用花き

18.1 アキレア (属名:*Achillea* L.,和名:ノコギリソウ,英名:Yarrow) キク科，多年生

《キーワード》：切り花，鉢物，庭園・花壇，ドライフラワー，ハーブ

　アキレア属には約85種あり主に北半球の温帯に自生し，日本にも *Achillea alpina*（ノコギリソウ）など数種も原生する．やせ地に生育し寒さに強いのでときには野生化する．生育中はマット状の草姿になり開花期になると茎を伸ばして丈80～150cmにもなるが，葉は羽状，羽状複葉の緑または灰色でしばしば芳香をもつものがある．花は細かい頭状花を付ける散房花序である．アキレアは切り花の他ドライフラワー，ロックガーデン用，宿根園用や，ハーブに利用される種もある．主な栽培種として次のものがあるが，種によって交雑育種の進んでいるものがある．

(1) 主な種類

1) アキレア・フィリペンジュリナ（*Achillea filipendulina* Lam.）：キバナノコギリソウ

　コーカサス原産で耐寒性は強く，丈は1m位になり花は黄色で7月から9月ころまで開花し，葉は灰色または灰緑色である．品種には "Cloth of Gold" や "Gold Plate" などがあり，切り花栽培されドライフラワーにも利用される．繁殖は主に株分けである．

2) アキレア・ミレフォリウム（*A. millefolium* L.）：セイヨウノコギリソウ

　欧州から米国まで分布する耐寒性の多年生で地下茎により旺盛に繁殖する．茎は細くよく分枝し，丈は60～80cm，2回羽状葉を互生し開花期は6～10月，多くの育成品種をもつ中心的な栽培種である．花色も濃桃色から白，紅，クリーム，黄，桃など多様である．品種には "Fire King"（赤色），"Paprika"（橙赤色），"Moonshine"（鮮黄色）などがある．

3) アキレア・プタルミカ（*A. ptarmica* L.）：オオバナノコギリソウ

　欧州および西アジア原産で高さ60～90cm位になり，葉は鋸歯をもつ槍形濃緑で，花は径0.8～1.0cmと大きく白色で開花期も7月から10月と長い．八重咲きの園芸品種 "The Pearl" などは栽培が中断されたが，最近，再び切り花栽培されるようになった．一見，宿根アスターに似てアキレアらしくない．

A. filipendulina, *A. millefolium*, *A. ptarmica* などは欧州で種内交配によって多くの品種が生まれている．また，ドイツのウィルヘルム・キキラスによる *A. millefolium* と *A. taygetea* との種間交配により育成されたギャラクシィ・ハイブリッド（Galaxy Hybrid）は多様な花色の品種がある．"Fancy Pink"（パステルピンク），"Rose Queen"（藤桃色），"Fanal"（鮮赤色）などがある．また，種子系品種としてベナリー社が育成し1990年 AAS に入賞した F_2 品種サマーパステルズ（Summer Pastels）がある．播種から4カ月位で開花し，草丈は60 cm位の各色混合品種である．

（2）栽　培

ふつう切り花栽培では栄養系苗を植付けて栽培にかかる．プタルミカ種は挿し苗であるが，その他の種は株分けか吸枝による．種子系品種はセル苗で供給される．アキレアの開花は低温と長日によって誘導されるが，種によっては低温を必要としないものもある．種子系は低温や長日に関係なく開花する．露地切り花栽培では間隔40 cmの2条植えとし株間は30 cm位とる．植付けは9〜10月ころ，開花は5〜6月で交配種では9月にも二番が切れる．また，フィリペンジュリナ種の"Cloth of Gold"やプタルミカ種の"The Pearl"などは促成の室内栽培で2〜3月に出荷することができる．秋，温室内に定植し12月から夜間10℃位に加温し，1〜2月より夕方から午後9時まで電照する．アキレアは切り花後据え置きして2〜3年収穫することが多い．出荷は採花後，水揚げして10本1束としてダンボール箱に詰めて出荷する．

18.2 アネモネ類 (属名:*Anemone* L.，和名:アネモネ，英名:Anemone) キンポウゲ科，多年生

《キーワード》：切り花，鉢物，庭園花壇

北半球の温帯地方に約120種が自生し，塊茎，根茎，繊維根をもつものがあり，葉は3〜7の小葉に分かれ深裂，または浅裂して根生する．開花期には総包葉を付けた花茎を抽出し，丈は30〜100 cmと種によって異なる．花は花弁状のがく片が着色し多数の雄芯と多雌芯を中央に付ける．開花は種よって春咲き，夏咲き，初秋咲きとに分けられる．園芸的に球根としてのアネモネ類と，宿根草としてのアネモネ類と，に分けられる．アネモネ属には日本に自生するイチリンソウやニリンソウもあり，中国から渡来して自生状態のシュウメイギクもあるがこれについては別項で述べる．園芸上で栽培されている主な種には次のものがある．

（1）主な種類

1) アネモネ・コロナリア（*Anemone coronaria* L.：Popy Anemone）

地中海地方原産の地下に塊茎を作り一定期間休眠する植物で，切れ込みをもつ3小葉の葉を根生し先端に単

図18.1　アネモネ「モナリザ」の花

生花を付ける花茎を抽出する．花は一重，八重，半八重咲きがあって赤，桃，青，紫，白色などの丸弁花である．品種にはデカン（De Can）やセントブリジッド（St. Brigid）などがある．しかし，1980年ころ米国のパンアメリカン社が育成したF_1品種モナリザ（Mona Lisa）は種子系で播種から6〜8カ月で開花し花も大輪で（10 cm位）10数色があり，冬季室内で最低7〜8℃保つと切り花が収穫できるので世界のアネモネ切り花栽培は，ほぼモナリザで占められるようになった．

2) アネモネ・フルゲンス（*Anemone* × *flugens* Gay. : Flame Anemone）
A. coronaria と *A. pavonina* か，*A. hortensis* と *A. pavonina* との種間交雑種といわれている．花弁がやや尖り，花の中心部は変形花弁が集まる吹き詰め咲きとなる．種子は結実しないので分球で殖やす．

3) アネモネ・ブランダ（*A. blanda* Schott et Kotschy : Greek Anemone）
欧州南東部からトルコにかけての原産種，切れ込みのある3裂葉で叢生状になり開花期には15〜20 cmになり，花は径4 cmの一重で花色は青，紫，白などで庭園用，小鉢物，宿根草または山草として利用される．品種には"Blue Star"（青色），"Pink Star"（明るい桃色），"White Splendour"（白色）などがある．

4) その他
この他，プルサティラ種（*A. pulsatilla* L.）やブカリカ種（*A. buchria* L.）などもあり，シュウメイギク（*A. hupehensis*）は別項で述べる．

(2) 栽　培

コロナリア種の「モナリザ」の切り花はほとんどハウス内で栽培される．苗は現在セル苗で入手される．寒高冷地では6〜7月定植，暖地では9月定植となる．60 cm幅の2条植えとし，株間は20×15 cm位とする．冬季の加温最低温度は8℃で6月定植では9〜10月ころが採花期になり，9月定植では加温栽培で12〜4月まで出荷できる．高温は切り花の品質を落とすので日中の換気に注意し，高温期前に切り終わるようにする．コロナリア種のデカンやフルゲンス種などは花壇，鉢物用として利用され，花壇には秋に球根を植えておく．鉢物も秋に一鉢に数球ずつ植え12月までは戸外において発芽，生育させてから入室加温して2〜3月に開花させる．

18.3 アリウム（属名：*Allium* L., 和名：アリアム，ハナネギ，英名：Allium）ユリ科，多年生球根

《キーワード》：切り花，鉢物，庭園花壇

タマネギやニンニクなどと同属で形態的にも似たものが多い．北半球に約300種が分布し食用，薬用に使われるものがあり，観賞用はその一部である．主に円筒または線状の根出葉を抽出し地下部に鱗茎状の球根を形成する．多くの種は冬季から春季にかけて生長し夏の終わりから開花する．花はネギの坊主状の散形花序で青，紫，黄，白色の小花を4〜8月ころに付ける．アリウムは大球高性タイプのギガンティウムやローゼンバキアナ種などと，小球性小形タイプのモーリー，コエルリウム種などに分けられる．前者は庭園や花壇に後者は切り花用になる．

(1) 主な種類

1) アリウム・アルボピロスム (*Allium albo-pilosum* C.H.Wright)

イラン地方原産で丈は30～40cm，花は灰藤色で光沢のある星状の小花を15cm位の球形散形花序に付ける．開花は5月ころである．

2) アリウム・コエルリウム (*A. caeruleum*)

シベリア原産の耐寒性の強い種類で，細い葉を5～6本出し，抽出する花茎は丈60～80cm位で先端に球形の花序は径4cm位で青紫色の花を付ける．花茎の発育途中で紐などで花茎を曲げて変化に富んだアレンジメント用に仕立てることもある．

3) アリウム・ギガンティウム (*A. gigantium* Regel.)

花茎が1.2mにも伸びる中央アジア原産のアリウムで，剛直な花茎の先端に直径20cmにもなる大きなネギ坊主状の花序を付ける．色は藤紫色でアリウムの中では花頭が最も大きいものである．開花は6～7月で庭園やアレンジメントに使われる．

図18.2 オランダ，フロリアード'02 の花壇に植えられたアリウム・ギガンティウムの花

4) アリウム・モーリー (*A. moly* L. キハナノギョウジャニンニク)

南欧原産でチューリップを小型にしたような灰緑色の葉をもつ．4～5月ころに30cm位の花茎を伸ばし黄色の小花を7～8輪付ける．アレンジメントやロックガーデンに使われる．

5) アリウム・ローゼンバキアーナム (*A. rosenbachianum* Regel.)

トルコ原産で丈は1m位に達し，5月上，中旬ころ先端に直径10～15cm位の桃色の球形散形花序を付ける．球根も直径5～6cmになり光沢のある黄白色の外皮が美しい．切り花の他庭園用に植えられる．

(2) 栽培

増殖は分球か小球を数年養成して開花球にするか，開花球を購入して植付ける．ふつう秋植え球根として扱われ，庭園や花壇には9～10月ころに植付ける．いずれも低温には強いから戸外にそのまま植付ける．小球性の小型の種類の中には寒気の強い地方では戸外の越冬が難しいものがあり，これらは秋にハウス内に植付け，僅かに加温して3～4月に切り花するコエルリウム種などがある．切り下球は一年養成すると再び切り花栽培に使用できる．

18.4 アルケミラ (属名:*Alchemilla* Rothm, 英名:Lady's Mantle) バラ科, 多年生

《キーワード》：切り花，庭園，ハーブ

北半球の温帯から北極近くまで分布し，熱帯アフリカの山地やインドネシア，スリラ

ンカなどにも自生し約250種位ある．多くは木化した根茎をもち，浅い水かき状の形から心臓形の掌状葉をもち，表面に絹状の毛をもつものがある．ふつうは根生しているが開花期には花茎を抽出して上部で細かく分枝して黄色の小花を付け，丈は40～60cm位になる．開花期は6～9月である．わが国には早くから渡来していたと見られるが1990年ころオランダから輸入切り花として入りアレンジメントに使われるようになってから急速に利用が増えた．開花期が初夏なので夏季冷涼な寒高冷地の切り花として栽培されている．また宿根花壇には欠かすことのできない素材になっている．

図18.3 アルケミラ・モーリスの花

(1) 主な種類

1) アルケミラ・モーリス (*Alchemilla mollis* Rothm)

現在わが国でふつうに栽培されている種で，5～7裂した長さ15cm位の掌状で淡緑黄色の葉を群生し，開花期には花茎を抽出して黄緑色の小花を6～9月まで咲かせる．花序だけでなく葉自体も観賞の対象になるから切り花の他宿根ボーダーなどに植えられる．耐寒性は強く北海道でも越冬する．原産は東カルバチカ山脈からコーカサス，トルコである．モーリス種には選抜系品種として丈が60～70cmになり切り花に適する「ロブスタ」や「アウスレーゼ」などがある．ハーブでは「レディース・マントル」と呼ぶ．

2) その他の種

A. alpina, *A. conjuncta*, *A. xanthochlora* なども一部で栽培されている．

(2) 栽 培

繁殖は株分けか実生によるが切り花栽培や宿根園への植付けは株分け苗を購入して植付ける．露地の切り花栽培は10月に株分け苗を植付けると翌年の6～7月に開花，無加温ハウスも10月植えで1月まで自然低温に合わせてから保温して温度を上げると5～6月ころに開花，それを加温すれば4～5月開花が可能になる．露地栽培では当然据え置きするが，ハウスでも据え置きすると2年目は丈もやや高く，切り花本数も多くなる．植付けは条間30～40cm，株間30cm位に植える．栽培にはやや水分が多いほうがよく，夏季の高温乾燥にはやや弱い．施肥は秋か早春施用する元肥主体で少なめがよい．

18.5 アルストロメリア (属名:*Alstromeria* L., 英名:Harb Lily, 和名:ユリズイセン) ユリ科 (ヒガンバナ科) 多年生

《キーワード》：切り花，鉢物，庭園

南米チリを中心にブラジル，パラグアイ，アルゼンチンなどに約100種が分布する．これら原種間の人工交雑は難しいといわれているが，リグツハイブリッド (Logtu-hybrid) などは *A. ligtu* と *A. haemantha* の自然交雑だといわれている．アルストロメリアの切り花用品種としての育種は1954年ころ英国で行われて次に述べるような系統品種が育成され

ている．しかし1960年以降はオランダで四季咲き性のハイブリッド系が育成され，これら栄養系品種が組織培養により大量増殖されて切り花界に登場するようになった．それまでは自然交雑や一部の人工交配種が選抜されて栽培されてきたが，ハイブリッド系の出現によりほぼこの系統になった．しかしこれらは保護品種で権利金が高いので以前の系統もハウスや露地栽培では栽培されている．
千葉県の三宅はリグツハイブリッ

図18.4 アルストロメリア・ハイブリッド系各品種の花

ド種を育種しアルストロメリアの花特有のブロッチのない品種群のミヤケストレインを作出して国際的にも知られている．福島県の大久保も原種を集め育種をして数品種を登録している．しかし，これらは一季咲きである．アルストロメリアは原種間の交雑や品種間交配から系統分類が難しく，品種間の特性差も大きいので，品種群に分けられている．アルストロメリアの基本染色体数は $n = 8$ で，ハイブリッド系などの多くの品種は2倍体か3倍体で結実しないので組織培養や株分けで増殖する．

(1) 主な品種群のタイプ

1) オーキッドタイプ（Orchid type）

切り花初期の品種で原種ビオラセアの血が強く，高性でランの花に似た花形で夏秋開花の一季咲き，高温，長日下では休眠する．品種としてはオーキッド，アポロ，ビアンカなどがある．

2) カルメンタイプ（Carmen type）

英国で育成された品種「カルメン」の枝変わりと交配種の品種群で草丈は中性，開花は春から秋までだらだらと咲く．品種には「カルメン」，「バレリーナ」，「レッドサンセット」などがある．

3) バタフライタイプ（Butterfly type）

ペレグリナ種，ビオラセア種，プルケルラ種などの交雑により育成されたと考えられるがペレグリナの血が強い．丈は低く春から夏まで開花するが花芽のない茎を発生しやすい．切り花の他鉢物用品種も育成されている．品種には「フラメンコ」，「マノン」などがある．

4) ハイブリッドタイプ（Hybrid type）

四季咲き性が強く，花も大きく花色も豊富なので現在切り花生産はこのタイプが中心になっている．オーランチャカ（*A. aurantiaca*）に他種を交配し，さらに育成品種間の交雑によって育成されたといわれる．生育も旺盛で葉も広く照葉で美しく，オランダのファン・スターベーレン社（Van Staaveren）が1965年ころ育成して最初に品種を発売し，近

年は数社が育種と発売をしている．1975年著者が同社を訪問したときには写真（図18.5）のように温室，露地をあげて増殖，試作をしていた．品種には「キングカージナル」，「ティアラ」，「カバリェル」などがあるが年々新品種がでて更新しておりいずれも保護品種である．

　5）リグツハイブリッド（Ligtu hybrid）
　リグツ種は性質が強く，耐寒性は強く露地開花は5〜6月に集中し，夏季高温下になると地上部は枯れて休眠し秋に再び発芽する．花は中輪で明るい花色が多い．

図18.5　ハイブリッド系の初期の試作状況
（ファン・スターベーレン社　1975）

生育が旺盛なので露地に据え置きして季咲き開花の粗放な栽培が多い．地下茎株分けで殖やす．

　6）ミヤケストレイン（Miyake strain）
　日本の三宅がリグツハイブリッドを交雑して育成した品種群で5〜6月開花の一季咲きだが，ハウスの定植期を遅らせ電照加温栽培で開花を早めることもできる．品種には「イエローシェード」，「オパールシェード」などの他スポットレスの品種「オドリーシェード」や「アプリコットシェード」などがある．

　7）その他
　これらのタイプ以外にもタッセンタイプ，ビオラセア種品種，ペレグリナ種品種などがある．

(2) 形態および生態的特性
　特異な形態の地下茎と肥大根（貯蔵根）をもつ球根植物で地下を横に地下茎を広げ，それから下に多肉の肥大根を何本も伸ばす．地下茎の節から地上にシュートを立ち上げ太い茎は花芽を分化する．チリの極端に乾燥する高原地帯に自生する原種は地下1m位にドロッパーを形成する原種もある．花芽は低温で形成され，それを地下茎で感知する．低温要求量は種および品種によっても違うが，17℃以下の低温で花芽分化が促される．多くは5℃で4〜6週間で花成が誘導され，その後は生育適温（15〜16℃）と長日で開花は促進される．夏季冷涼な地方では生育を継続するが25℃以上の高温になる地帯では休眠する．ハイブリッド系は極端な高温でなければ休眠しないで周年切り花を生産できる．また，地下茎の地温を10℃以下に保つと周年開花させることができるので，地下にパイプを配管し冷水を通して地温を下げる地下冷却をすることもある．

(3) 栽　培
　ここでは作付けの多いハイブリッド系について述べる．ハイブリッド系品種はほとんど海外の保護品種であるから栽培には種苗会社と栽培契約を結び株を借り受け，ロイヤルティー（権利金）を支払って栽培するケースが多い．権利金は株当たり1,500〜2,000円位で契約し，2〜3年切り花をしたら根株を焼却して終了する．

アルストロメリアは高温で休眠する性質が強く暖地などでは夏季開花が減少するので，夏季冷涼な寒高冷地の生産が中心になる．苗の植付けは高温期を避け春か秋に定植する．根株は輸入苗が入るので一度鉢上げして生育を回復させ，慣らしをしてから植付けるのがよい．排水の良好な耕土か深い栽培床がよい．株の権利金が高いので必要最低株数で最大の切り花本数を生産することを第一の目標に施設栽培する．アルストロメリア栽培の施設は丈が伸びるので軒高が高く，夏季は側面を開けて換気し，冬季は暖房しやすい構造のものがよい．生育が旺盛で栄養収奪の大きい植物なので植付け時には堆肥などの有機物を十分すき込んでおく．施肥管理では切り花本数と品質にはチッ素とカリが影響する．大川によれば a 当たりチッ素 5.4 kg，リン酸 2.7 kg，カリ 4.3 kg 成分の肥料を元肥 1/2，追肥 1/2 位の割合で施用することを勧めている．定植床は床幅 90 cm，通路 70 cm 位取り，2 条植えとし条間，株間を 50 × 40 cm 位とする．

温度管理は高温になる夏季はハウスの側面を開けて換気を図りできるだけ涼しく保ち，冬季は切り花の収穫を継続させるためには日中最高 20℃，夜間最低 8℃位に設定する．実際は品種によって温度反応はかなり違うため品種に応じて加減する．この植物は十分な陽光を好むが，夏季高温と強光がともなうと葉焼けを起こし，切り花品質が低下するので寒冷紗などによる日よけをする．茎丈が 1.5～2 m 位になるのでフラワーネットを数段張る．丈が伸び茎立ちが多くなると花芽を付けない茎が増えるので弱い茎や短い茎を間引く整理が必要である．灌水もかなり必要であるが多湿は徒長したり品質低下の原因になる．

切り花の収穫は花房の第一花が開花した時点で採花し，品質別に格付けして調整，10 本束に結束してスリーブに包み一夜品質保持剤の溶液に浸し前処理してから出荷箱に詰めて発送する．アルストロメリアは STS などのエチレン抑制の延命剤の効果は高いので必ず前処理をして出荷する．

アルストロメリアの地下茎は発育旺盛で数年据え置き栽培すると根茎が絡み合うから 3 年位で改植が必要となる．

(4) 病害虫防除

アルストロメリアではウイルスが問題になる．葉の黄化萎縮，捻れなどになるアルストロメリアモザイクウイルス（Alstromeria mosaic virus：AMV）と，アルストロメリアカルラウイルス（Alstromeria carla virus：ACV）である．現在の保護品種はウイルスフリーの組織培養苗なので発生は少ないが，定植後アブラムシや採花のナイフなどで伝播するので病兆については注意する．この他，病害では灰色かび病，害虫ではオンシツコナジラミとダニ類が問題になるが，防除法については病害虫防除の項を参考にされたい．

18.6 エリンジウム（属名：*Eringium* L.，英名：Sea Holly，和名：ヒゴタイサイコ），セリ科，主に多年生

《キーワード》：切り花，庭園，ドライフラワー

地中海地方に約 100 種ほど分布し，そのうち数種が切り花や庭園用として栽培されている．エリンジウムの茎葉はやや硬い革質で葉縁に刺をもつものが多い．花も球状また

は円柱状で刺のある総包をもつ．花や茎葉は灰青紫色または銀灰色を呈するのでアレンジ用にも使われる．耐寒性は強いが夏季の高温にはやや弱い．

(1) 主な種類
栽培されている種類には次のものがある．

1) エリンジウム・アルピナム（*E. alpinum* L.，和名：マツカサギク）

欧州の山地に自生し基部の葉は心臓形で鋭い鋸歯をもち，上部葉は掌状で先は尖る．花頭部は短円柱状で青または白，花頭を包む長い総包は銀灰色で美しい．草丈は60〜80cm位でロックガーデンなどに植えられる．

2) エリンジウム・ギガンティウム（*E. giganteum* Bieb.）

図18.6　エリンジウム・プラナムの花

コーカサスからイランにかけて自生する2年生で花頭は大きい円柱状，総包は幅広く包の先端が鋭裂し銀青色で美しい．開花は夏季で丈は90cm位になり品種にはシルバーゴースト（Silver Ghost）がある．

3) エリンジウム・プラナム（*E. planum* L.）

欧州東南部から中近東にかけて自生する多年生で丈は1m位になり基部葉は広い心臓形，上部の葉は3〜5裂した鋸歯葉，短円柱状の花頭は青または白で，小さく細く分枝した茎に多数付ける．開花期は夏で選抜された品種も多数あるが，わが国で栽培されている品種には丈が50cm位のブルードワーフ（Blue Dwarf）や濃い青紫の小花頭を多数付けるフルエラ（Furuera），銀白色の小花頭を多数付けて美しいシルバーストーン（Silver Stone）などがある．切り花としての利用の他ドライフラワーとしても広く利用される．

4) エリンジウム・オリベリアナム（*E.* × *oliverianum*）

アルピナム種とギガンティウム種との交配種で花頭と包とも大きく，全体に銀白色に赤紫を帯びる美しい種類であるが包，および葉の先端は刺状になる．切り花としての人気は高い．

(2) 栽　培
種類にもよるが生育適温は20℃前後とみられ，夏季高温になる地方では生育が衰え，耐寒性は強い．このため中山間地や寒高冷地の露地切り花栽培に向いている．繁殖は実生が主で一部には株分けも行われる．9月ころ播種して育苗し，無加温ハウスなどで越冬させて5月ころ定植する．種子は発芽しやすく15℃位の地温があれば10日位で発芽する．露地で越冬させるには4〜5月播種し，育苗後9〜10月ころ定植するとそのまま露地で越冬できる．いずれも開花は平地では7〜8月，寒高冷地では8〜9月ころになる．開花には冬の低温が必要なので低温遭遇後の2月ころからビニルなどで被覆し保温すると6月から開花させることもできる．

多くのエリンジウムは総包や葉の裂片の先端が鋭く痛いので，定植の株間を広めにし

ネットは荒目にするか，むしろ無いほうが採花しやすい．

18.7 オキシペタラム (属名:*Tweedia* syn. *Oxypetalum* R. Br.,和名:ルリトウワタ) ガガイモ科，多年生

《キーワード》切り花，鉢物

この属は以前は *Oxypetalum* 属に分類されていたが，現在は *Tweedia* 属になっているが一般にはオキシペタラムの名称で通用している．この属には次の1種だけがある．

1) トゥィーディア・カエルレウム (*Tweedia caeruleum* D. Don)

ブラジル，ウルグアイ原産で基部が木化する常緑の半つる性の多年生で低温にはやや弱い．丈は0.6〜0.9m位になり，茎葉は白い綿毛をもつ．葉は長楕円被針形で花は茎の葉腋に径3cm，5弁の淡青色の花を1〜2輪付ける．温度があれば開花は3〜10月で冬季15℃以上を保ち電照するとほぼ周年出荷が可能である．本種は1985年ころカーネーションの添え花として人気が出て知られるようになった．関東以西の暖かい地方では越冬するが，以北などではハウス内でないと越冬できない．栽培種は半つる性から直立する系統も選抜され，最近は淡桃色花や白花も選抜されている．

図18.7 オキシペタラムの花

(1) 栽 培

繁殖は実生か挿し芽で，特に選抜系統は挿し芽で殖やす．挿し芽苗をハウス内に春定植すると4〜5カ月で開花し始める．定植は平床に30×30cmか25×25cm間隔に植付ける．冬季も切り花するには10月から電照する．

18.8 オーニソガラム (属名:*Ornithogalum* L.,英名:Star of Bethlehem,和名:オオアマナ)，ユリ科，多年生球根

《キーワード》:切り花，鉢物，庭園花壇

欧州，アフリカ，中近東に約100種が分布し，そのうちの数種類は小球性球根の園芸種として切り花栽培されている．葉は細長くやや幅広のベルト状か線形で中心から花茎を抽出して先に散房花序の花を付ける．多くの種は半耐寒性の球根植物である．チルソイデス種やダビウム種は栽培の拡大によって改良品種も育成され，促成栽培も行われ出荷期の幅も広がっている．オーニソガラムがオランダで切り花として栽培されたのは1960年代と推定されるが，チルソイデス種が多く1979年のアールスメール花市場に出荷されたチルソイデス切り花は700万本で7〜8月を中心にほぼ周年出荷されている．同種は1937

年（昭和12年）にわが国に渡来しているが，切り花栽培が本格的に行われるようになったのは1980年ころからである．

(1) 主な種類

1) オーニソガラム・アラビクム（*Ornithogalum arabicum* L.）

ポルトガル，ギリシャ原産の耐寒性の小球根で多数の小球を付け，この小球で繁殖する．球根から幅2.5cm位の帯状の葉を5〜6枚伸ばし，その中心から伸びた花茎の頂部に総状の花を付ける．開花は5月，低温遭遇後ハウスなどで促成加温すれば1〜2月ころ開花させる切り花として栽培される．18世紀に欧州へ紹介され，わが国へは1937年に入っている．

2) オーニソガラム・ダビウム（*O. dabium* L.）

南アフリカのケープ地方原産で葉は幅がやや広い濃緑で長さ30cm位になり花房に3〜4輪花を付ける．花は径6〜7cmで濃橙色に中心褐色をおびたグリーンの目が入る．開花は無加温ハウスでは4月上〜下旬である．この種は奈良県の川畑が1980年ころに導入されたもので，やや遅咲きだが花色が橙黄色のものを選抜している．その後，オランダでダビウムの数品種が育成されている．

図18.8 オーニソガラム・チルソイデスの品種「マウント・エベレスト」の花房

3) オーニソガラム・ピラミダーレ（*O. pyramidale* L.）

スペインからポルトガルにかけての原産，葉は扁平で細長く，花茎は50〜60cm位になり頂部にピラミッド状に花を付ける．花は白色で裏面に緑の線が入る．欧州へは1725年に紹介され，わが国へは1930年ころ入ったといわれる．

4) オーニソガラム・サンデルシー（*O. sandersiae* Baker）

南アフリカ原産の球根で白色でやや大きい．葉は先の尖ったヘラ状で花茎は直立して高さ60〜80cmになり，径1.5cm位の包をもつ花をピラミッド状に付ける．花色は白で開花は秋で切り花にできる．わが国では長野県で栽培されている．

5) オーニソガラム・チルソイデス（*O. thyrsoides* Jacq.）

南アフリカ原産でオーニソガラムといえばこの種を指すほど一般的で切り花栽培され，花の大きさなど異なる品種もある．葉は肉質被針形で基部は幅広く先が細くなる．花茎は40〜50cm位になり白花をピラミッド状，または穂状に30〜40輪位付ける．品種としては花が大きくピラミッド状に開く「マウント・エベレスト（Mt. Everest）」などがある．開花は5〜6月で無加温，加温ハウスでは開花が早まる．周年出荷では球根を2〜4℃に低温貯蔵し，適時出庫して植込むが，到花日数は時期により異なり90〜150日位の差になる．繁殖は小球で殖やすが，葉挿しでも多数の小球を切断面に付ける．

6) オーニソガラム・ウンベラータム（*O. umbellatum* L.）

欧州，西南アジア原産で英国では野生化しているという耐寒性の球根である．白い球根

で狭線形の葉を10枚前後出し，中央から高さ60〜80cmの花茎を抽出して先端に花を15〜20輪付ける．開花は保温したハウスでは3〜4月，露地は6月，主に高冷地で栽培されている．

(2) 栽　培

繁殖には球根の周りに付く小球を1〜2年養成して切り花用にする．耐寒性種は10月ころ露地または無加温ハウスに肥料は少な目にして間隔20cm位，深さ3〜5cmに植える．アラビクム，チルソイデス，サンデルシーやダビウム種は促成栽培ができる．これらの種類は夏季高温期に休眠し30℃位の高温で花芽分化が促進される．15℃以下に8週間の低温で休眠中の球根を覚醒できるが，ふつうは自然に覚醒された球根を9月以降に掘上げてハウス内に植付ける．降霜期まではハウスを開放して自然低温に遭わせてから保温し，12月下旬から夜間10℃以上に加温して早期開花させる．チルソイデスでは1〜3月出荷には9月〜10月定植で11月下旬より加温する．4月から5月出荷には9月定植，11月から5℃以上に保温する．1〜3月の早期促成には大，中球を使用し1球当たり3〜4本の切り花が収穫できる．9〜10月出荷の抑制栽培は前年に掘上げて低温貯蔵してきた球根を5〜6月上旬に植付ける．促成栽培は生育期間が短いので12-10-10成分の化成肥料を元肥に100m^{2}当たり4kg位施用し，液肥の追肥が簡単である．採花は花房の花が1〜2輪開いたときが適期である．格付けした花を10本1束に結束し水揚げしてから出荷する．切り花に使用した球根は掘上げて翌年再度利用できる．葉が黄化後掘上げ乾燥してから30℃に6週間高温貯蔵してキュアリングしてから2〜4℃の低温で貯蔵する．

18.9　ガーベラ (学名：*Gerbera hybrida* hort.，英名：Transvaal Daisy，和名：センボンヤリ) キク科，多年生

《キーワード》：切り花，鉢物

　ガーベラ属には温帯，熱帯アジア，アフリカに約32種が分布しているといわれる．不耐寒性または耐寒性多年生で茎は短く根出葉を出し短茎から花茎を抽出する．栽培されている種は南アフリカ，トランスバール地方原産のジェームソニー種 (*Gerbera jamesonii* Bolus：オオセンボンヤリ) で，葉柄をもつ羽裂葉を根生し，断続的に花茎を抽出して橙赤色の一重の頭状花を付ける．生育温度があれば周年開花する．現在，切り花栽培されている品種は大輪で花形，花色も多様で性質もジェームソニー種とかなり変わってきているので交雑種と見られ，*G. hybrida* hort. の学名が当てられている．

(1) 育種と栽培の発達小史

　ガーベラがトランスバールで最初に発見されたのは1878年，レーマン (Rehman) によってで，同年には英国に紹介されている．その後，ケンブリッジ植物園のリンチ (Lynch, Irwin) が原種間の交配で種間雑種を作ったのがガーベラの育種の始まりである．その後，北イタリアのリビエラのアドネ (Adonet, M.) が切り花用品種の育種をして今日の切り花品種の基礎を築いている．この地方はイタリアのサンレモ地方まで含み今日までガーベラのブリーダーが活躍し，切り花産地にもなっている．
　1955年ころオランダのファン・ワイク (Van Wijk) 農園から花径10cm以上で花色が

赤, 桃, 橙, 黄, 白の混合色で種子から容易に開花する系統が育成され, さらにこの系統から選抜された品種がヨンゲネレン（Jongenelen）社から販売されている. その後, サカタ種苗も種子系ガーベラ品種「スーパージャイアント」を育成して種子系ガーベラ時代になったが, 1975年ころから組織培養で増殖できるようになり, 栄養系切り花用ガーベラの育種が急速に進歩した. オランダ, アールスメール地方にガーベラの育種, 苗販売の専門業者のフロリスト（Florist B.V.）, テラニグラ（Terra Nigra B.V.）, ペト・シュロワーズ（Piet Schreurs B.V.）, プリスマン（Preasman B.V.）が設立された. 各社は毎年多数の育成品種を発表して登録し栄養系ガーベラ時代が到来し, 切り花の主要作目になった. これらはいずれも大輪品種であったが, 1988年頃テラニグラ社が小輪シリーズ品種の「ジェルミニ（Germini）」を発売してからわが国のガーベラは小, 中輪品種になって他社も日本向けに小, 中輪品種を育成している. 現在わが国で切り花栽培されている品種の80％は海外品種で, 組織培養苗として輸入している.

わが国へガーベラが入ったのは1912年（大正元年）頃と見られ, ジェームソニー種の改良種で, 花は中輪で花弁が細いスーパー・クリムソン（Super Crimson：一重濃緋赤色）やスーパー・ゴールド（Super Gold）などの品種で関東以西では露地圃場に植付け6～10月まで切り花を切り, 冬季は畝に土盛りして越冬させる栽培で, 増殖も株分けであった. 当時の品種では1960年ころ松川は八重咲き品種を育成している.

わが国で組織培養による新系統品種の栽培に変わったのは1980年以降である.

（2）主な品種

ガーベラの品種は更新が激しいので品種を紹介することは難しい. 欧州では八重咲きや花芯が黒色になる芯黒が人気だが, わが国では小輪, 一重咲きか半八重咲きで花芯が黄色のものがよい.

- 大輪咲き：ラブリネル（桃藤色半八重）, アローサ（桃色一重）, カリフォルニア（桃色半八重）, プリンセッサ（桃色一重）など.
- 小輪咲き：レスリー（赤色一重）, ステフィー（淡桃色一重）, ミルナ（赤色一重芯黒）, イリュージョン（黄色半八重）など.
- スパイダー咲き：ブンキー（赤色芯黒）, スピッキー（黄色芯黒）など.

（3）生態的特性

ガーベラは気温が10℃以上あれば周年生育し開花し続ける多年生である. 地下に短縮した根茎（ライゾーム：rhizome）をもちその頂部から有柄の浅裂被針形葉を根生する. 生育適温は0～25℃位で5℃以下になると葉が紫色を帯びて生育が鈍り開花しなくなる. 開花は日長に影響されないが日照は多いほうがよい. 花芽は根茎の生長点で葉芽が7～26枚分化し

図18.9 オランダのファン・ワイク農園での種子系ガーベラの育種の状況（1968年）

た後に花芽を分化するといわれる．この葉芽と花芽の分化プロセスを大川 (1981) は図18.11のように推定している．生長点で第一花の分化が始まると同時に最上部の葉腋に第二花が分化し，その下のいくつかの葉腋から新しい芽を伸ばし，葉を7～26枚位分化後再びその生長点の最上部の葉腋に成長芽を分化する．このパターンを繰り返し株が増殖する．

(4) 栽　培

ガーベラの施設切り花栽培は今まで土耕栽培であったが，最近は省力と効率性および清潔生産の目的からロックウールによる養液栽培に変わっている．オランダでもガーベラは80％以上がロックウールである．その理由は，病害が減り，灌水，施肥なども減らして省力し，連作も可能になるからである．ここでもロックウール耕を主体に述べる．

組織培養苗を入手したらロックウール育苗用キューブの上面に切れ込みを入れて苗を挟み活着するまでミスト下におく．ロックウールは使用前に銘柄によっては酸で処理してpHを下げ十分吸水させておく．栽培施設内は前面ポリフィルムなどで覆い土面を遮断して清潔性を保つ．栽培床は15～20cm高くして黒またはシルバーのプラスチックフィルムで両側面と底部を包んだロックウールベッド ($10 \times 10 \times 91$ cm) を2列または3列に間隔をとって並べ，ベッド当たり3～4株 (8株/m^2 を標準) の植栽密度とする．ロックウールキューブに植えた苗がキューブの底から根が出たときにロックウールの上に前述の間隔に置けばよい．ガーベラは直根性なのでキューブからベッドに根が伸びる．定植直後には時折頭上灌水して均一に湿るようにするが，活着後は分配配置したリードチューブから給液を開始する．

給液する養液は市販のものを使用する他，表18.1の組成に試薬を配合し給液装置で自動給液する．自動給液装置は1日1回を一定時刻に給液できるようプログラムする．溶液の循環システムでは回収した溶液をろ過，消毒する．養液管理は蒸発水量の補給，養液濃度，EC，pHなどのチェック，補正が重要である．ガーベラは微量要素欠乏や過剰に

図18.10　ガーベラの品種「スパイス」の花

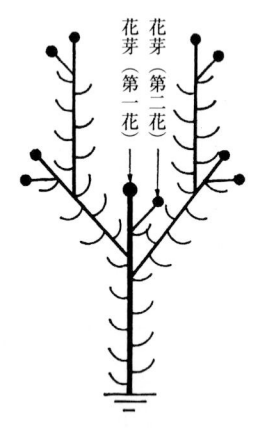

図18.11　ガーベラの花芽分化の様相（葉芽とともに2個ずつ花芽を形成する）（大川 1981）

18. 切り花用花き [357]

表18.1　ガーベラのロックウール栽培での養液組成の例（渡辺 1991）

タンク	化合物	配合量	NO_3-N	NH_4-N	P	K	Ca	Mg
A	ニトライム KNO_3 大塚H5	$531g/m^3$ $545g/m^3$ $40g/m^3$	$6.5me/l$ 5.4	0.3		5.4	6.5	
B	H_3PO_4 HNO_3 K_2SO_4 $(NH_4)_2SO_4$ $MgSO_4 7H_2O$	$68ml/m^3$ $67ml/m^3$ $169g/m^3$ $269g/m^3$ $375g/m^3$	1.0	4.1	3.0	2.6		3.0
	成分の合計		12.9	4.4	3.0	8.0	6.5	3.0

敏感でクロロシスがでやすい．鉄，マンガンなどの欠乏には注意する．冬季，養液温度が10℃以下に下がるときには養液を13℃以上に加温する装置が必要になるが，オランダではロックウールベッドの下や上の植物体近くに温湯パイプを配管して加温している．冬季の暖房にはベッド内温度を夜間18～20℃を基準とする．ガーベラは展開する葉が品種によって多くなりすぎ花立ちが悪くなるので葉掻きをする．

(5) 出　荷

ガーベラの採花は花が十分開き舌状花が完全に展開し内側の筒状花が一列位開いたときが適期で茎元から引き抜くか，ナイフで切り取る．切り口が乾かないうちに清潔な水または品質保持剤の溶液に浸す．ガーベラに適応する品質保持剤はSTS剤ではクリザールRVB（500倍），非STS剤ではクリザールCVB（1粒/1L水）の溶液に5～8時間浸す．

図18.12　ガーベラのロックウール切り花栽培の状況

出荷前に選別格付け仕分けし花首に花弁が傷まないようガーベラキャップを付け10～20本1束として結束しダンボール箱に100～200本入れて出荷する．出荷調整などで低温貯蔵するには1.7℃で2週間が限度である．

(6) 病害虫防除

1) 疫病（*Phytophthora parasitica* Dast.）

地際から侵され，茎が褐色に変わり軟腐して立ち枯れ状態になる．葉が茂りすぎ多湿状態の環境下で発生しやすい．土壌伝染性の病害なのでクロルピクリンなどによる土壌消毒やパンソイル乳剤2,000～3,000倍液を土壌灌注して予防する．

2) 斑点病（*Phyllostica gerbericale*）

1958年，静岡農試の森田によって発見された病害で，葉に茶褐色の1～3cmほどの円形または不正形の病斑を生じて次第に大きくなる．Mダイファー600倍液を定期的な散布で防ぐ．

3) アブラムシ，ダニ類

アブラムシ，ダニ類も発生しやすい．アブラムシはトクチオン乳剤1,000倍液，オルトラン水和剤1,000〜1,500倍液，ダニ類はケルセン乳剤1,500倍液を散布する．

4) オンシツコナジラミ

ガーベラに着きやすい害虫である．一度発生すると防ぎにくいから初期防除が大切である．カルホス乳剤1,000倍またはアプロード水和剤1,000倍液を散布する．

図18.13 収穫直後の温室内での水揚げ（オランダ）

18.10 カーネーション（学名:*Dianthus caryophyllus* L.，英名:Carnation, 和名:オランダナデシコ）ナデシコ科，多年生

《キーワード》：切り花，鉢物（注；ダイアンサス類，ポットカーネーションは別項で述べる）

ダイアンサス属には200〜300種以上の原種が欧州，アジア，アメリカなどに分布しているが，その中で大きく発達したのがカーネーションである．このカーネーションには*D. caryophyllus*の学名が付けられているが，武田（1986）によればその原種の所在も栽培の起源も明らかでないとし，石井ら（1969）はカリオフテラス種の改良種ではなく雑種でセキチク（*D. chinensis*）などが交配されているとしている．

(1) 育種や栽培の発達小史

1) 系統や古典品種の分化

カーネーションは16世紀ころからフランスや英国でダイアンサスの原種間の交配が行なわれ種子繁殖系の花も小さい一季咲きの品種から始まったようである．ルイ14世時代（1643〜1715）のベルサイユ宮殿には300種もの品種が集められていたという（武田 1986）．この時代は露地の切り花，花壇，鉢物用が目的でその後，たくさんの系統が生まれている．次の古典的な系統はわが国ではすでに忘れられているが，欧州ではまだ，カタログに見られ，現代品種の祖先になっている系統でもあるからカーネーションの育種面では重要である．今も鉢物用品種などはこの血を強く受け継いでいる．その古典的な系統には次のものがある．

①ボーダー・カーネーション（Border Carnation）

耐寒性の強い一季咲きの系統で細い茎を多数立て一重または八重花で芳香をもつ．小系統としてグレナダン（Grenadin）やファンテージ（Fantaisie）があり，鉢物，花壇用である．

②マーガレット・カーネーション（Margerite Carnation）
　1882年，イタリアのシチリア島で発見されたといわれ，草丈40cm位で，大輪四季咲きの多花性で花色もいろいろある露地用種で種子繁殖である．
③シャボー・カーネーション（Chabaut Carnation）
　1892年，フランスでマーガレット・カーネーションとパーペチュアル・カーネーションの交配によってできた系統といわれ，四季咲き大輪で茎も太く，八重率も高い種子繁殖系統で花壇，鉢物や切り花にも利用さる．
④マルメイゾン・カーネーション（Malmaison Carnation）
　1856年，フランスで発表された一重咲きが1906年に英国でパーペチュアル・カーネーションとの交配により育成された大輪四季咲きで耐寒性の強い露地栽培種で，繁殖は種子または挿し芽をする．
⑤アンファンド・ニース・カーネーション（Enfant de Nice Carnation）
　フランスのニース地方で発達した系統で四季咲き大輪の多数の品種が育成されている．現在もコートダジュール地方では簡易ハウスで栽培されている．種子か挿し芽で殖やす．
⑥パーペチュアル・カーネーション（Perpetual Carnation）
　現在のカーネーション品種はほとんどこの系統に属し，ツリー・カーネーション（Tree Carnation）ともいう．この系統の成立に関する記録はないが，*D. Caryophyllus* に *D. chinensis* ほか，他の種が交配されて育成されたものと考えられている．1840年，フランスの育種家，ダルメ（Dalmais, M.）が「アティム」という四季咲き品種を育成したことに始まる．この「アティム」の一部が1852年ころ米国に渡って完全四季咲きの系統が育成され，1895年には温室カーネーションの初期品種「エンチャントレス」，「スペクトラム」などが育成されアメリカン・ツリー・カーネーション（American Tree Carnation）が生まれている．

　2）現代品種の育種と発達
　16世紀から19世紀にかけて欧州で系統，品種が発達したカーネーションはその後，米国に渡って温室カーネーションとしてアメリカン・ツリー・カーネーションの品種が育成され米国から営利栽培が始まった．日本にも1908年ころから1918年ころにかけて米国から導入されて生産が開始されている．1955年ころまでは品種「スペクトラム（Spectrum：赤色）」や「ピーターフィッシャー（Peter Fischer：淡桃色）」などが栽培されてきたが，その後は世界のカーネーションがシム系品種に代わり約40年間シム系時代が続いた．1938年，米国メイン州のウィリアムが育成した品種「ウィリアム・シム（Willium Sim：赤色大輪）」がそのオリジナル品種である．このウィリアム・シムから100品種以上が枝変わりで選抜され，その中の「スケニア（Scania：赤色大輪）」などはオリジナルを凌ぐ代表品種であった．しかし，1970年ころから北部イタリアから南フランスで育成された地中海系品種群が現れ，生産性はシム系よりやや劣るが，萎凋病耐性があって，低温栽培にも向くので1985年ころから急速にシム系と置き代わった．地中海系の成立は明確ではないが，当時イタリアのサンレモからフランスのニースまでのコートダジュール地方は伝統的にカーネーションブリーダーが集まって，バルブレブラン（Barberet & Blanc

S.A.), ジャコモ・ノビオ（Giacomo Nobbio），タロニー（Taroni S.S.），マンシーノ（Mansuino Breeding S.S）などが競って育種をしたことが大きく影響している．

カーネーションは一花茎一花のスタンダード・タイプ（Standard type）に加えて枝咲きになるスプレイ・タイプ（Spray type）が1980年ころから現れた．「ウィリアム・シム」の枝変わり品種「エクスキジット（Exquisit：紫のぼかし）」がその最初だといわれている．わが国でも1995年にはスプレイの作付けがスタンダートを上回っている．その他，1985年ころからカーネーションに $D.\ chinensis$, $D.\ superubus$, $D.\ barbatus$ などを交配して育成した小輪で一重も含む多様な系統，品種も育成されている．カーネーション品種の染色体数は基本が $2n=30$ で，$2n=60$，$2n=90$ の品種もある．

図18.14 イタリアのカーネーションブリーダー，ノビオの交配室の様子

3）わが国で育成された品種の系譜

日本の育成品種にも触れておかなければならない．日本に温室カーネーションが導入され1910年には土倉竜次郎は「菜花」を育成した．第二次大戦後の燃料難の時代の1940年ころ神奈川の井野喜三郎は暖地の無加温ハウスで冬季も切り花できる鮮赤小輪の品種「コーラル」を育成し，1950年代は日本のカーネーションの70％以上がこの品種であった．1947年ころ長野県の西村はコーラルに一年生の系統を交配して病気に強く，多収性の高冷地露地栽培用の「乙女の笑み（紅桃色中輪）」や「黄金の波（黄樺色に紅斑入り）」などを育成している．大輪系では大野が育成した「粧」，1961年，福岡県園試の松川が育成した「希望」，1964年，福岡県，木村によって育成された中輪スプレイ・タイプの「エンゼル」，さらにその枝変わり品種の「スカーレット・ベル」は1980年前後は全国的に栽培された．1990年ころから長野県の中曽根和雄は小輪一重で枝咲きタイプのソネットシリーズを育成している．

(2) 主な品種

カーネーションは品種数が多く，しかもその更新が激しいので品種を紹介する

図18.15 国産育成の大輪カーネーション品種「粧」

ことは難しい．国内の種苗会社のカタログでも毎年200～300種以上の品種が販売されている．しかも海外で育成された品種が80％以上でいずれも保護品種である．ここでは2001年現在の品種を挙げておく．

1）スタンダート・タイプ
・赤色系：ナポレオン（Napoleon：大輪赤色丸弁），フランセスコ（Francesco：大輪赤色剣弁），マリスマ（Marisma：中大輪鮮赤色丸弁）など．
・桃色系：ノラ（Nora：大輪鮮桃色），フェアリー・ピンク（Fairy Pink：大輪鮭桃色浅剣弁），イベッティ（Ivette：大輪淡桃色丸弁）など．
・白色系：デルフィ（Delphi：中大輪乳白色丸弁），ユーコンシム（U-Corn Sim：中大輪白色丸弁），サンサラ（Sonsara：中大輪乳白色丸弁）など．
・黄色系：ミッシェル（Michelle：中大輪濃黄色丸弁），ウェストムーン（Westmoon：中輪鮮黄色丸弁）など．
・複色系：ツンドラ（Tundra：中輪黄色に赤縁どり），イベリア（Iberia：大輪黄地に濃赤の縁どり），ジャマイカ（Giamaica：大輪白に濃赤縁どり）など．

2）スプレイ・タイプ
・赤色系：レッドナティラ（Red Natila：中輪鮮赤丸弁），レッド・バーバラ（Red Barbara：中輪鮮赤色丸弁），デュランゴ（Durango：中輪濃赤色丸弁）など．
・桃色系：ダークピンク・バーバラ（Dark Pink Barbara：中輪濃桃色丸弁），サーモン・バーバラ（Salmon Barbara：中輪鮭桃色丸弁）など．
・白色系：ホワイト・バーバラ（White Barbara：中輪純白色丸弁），ホワイト・ナティラ（Whitw Natila：中輪白色丸弁）など．
・黄色系：ユーレカ（Eureka：中輪淡黄色丸弁），コレノ（Koreno：中輪鮮黄色丸弁など）．
・複色系：テッシノー（Tessino：小輪桃紫に白のぼかし），ピカロ（Picaro：濃黄地に濃赤の縁どり丸弁）など．

3）小輪，ダイアンサスタイプ品種
サーモンジプシー（Salmon Gipsy：小輪一重鮭桃色剣弁），ソネット・セーラー（Sonetto Sailor：小輪一重濃桃目白）など．

(3) 生産の現状と今後

カーネーションはキクに次いでわが国の切り花では二番目の生産であるが，1993年の615haを最高にその後やや減少している．これは世界的な傾向ともいわれるが，年間，南米や中国などから輸入される，7,000万本のカーネーションの影響ともいわれている．カーネーションの生産の多い国は表18.2のようで，わが国への輸入の多いのはコロンビ

図18.16　スタンダード・カーネーション品種「ノラ」

ア，中国などである．国内生産品は現在，共選共販により市場を経由して花専門店に利用されているのに対し，輸入カーネーションは輸入業者を通して直接，スーパーマーケットなどの量販店の流通に乗っている．

(4) 作　型

カーネーションの切り花栽培は長期単作型であるため専作経営が多く，栽培は全国に広がっている．生産型は秋から春にかけて切り花を生産する千葉，静岡，愛知，福岡県など暖地生産と，初夏から秋にかけて生産する北海道や長野県など寒高冷地生産とに分けられ，作付け品種もやや異なる．これらの作型は図18.18のようになる．

カーネーションの栽培はやや労力がかかるため，ロックウールなどによる養液耕に変わってきている．

表18.2　主なカーネーション生産国（鈴木の資料 1998）

国　名	推定栽培面積 (ha)
コロンビア	1,800
中国	900
スペイン	800
イタリー	600
日本	529
トルコ	250
ケニア	220
エクアドル	200
イスラエル	180

図18.17　スプレイ・カーネーション品種「ピンクバーバラ」

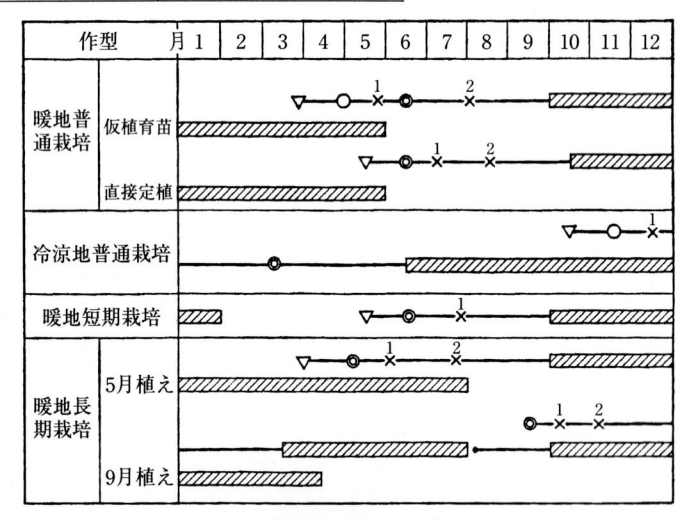

図18.18　カーネーション施設栽培の作型の例（武田 1986）

また，作型もやや違い，暖地では二年に渡って切り花を続ける二年切り栽培も一部にでてきている．

(5) 生態的特性

カーネーションの原種は温暖な冬季を経過し，次第に長日になる初夏に開花する一季咲きであった．現在の品種は温度があれば周年開花するが，スプレイ・カーネーションの中には冬季の短日下では開花がやや減少し，長日下で到花日数が短縮される品種もあって原種の性質が残るものもある．日照は多いほどよく，低照度では花芽の形成が少なくなるという研究もある．温度については対生葉が6枚で5℃あれば花芽を形成するという研究があるが，生育や開花の適温は18～20℃付近とみられる．昼温がやや高く，夜温が少し低いと花芽形成までの日数が短くなり，その反対ではやや長くなるという研究結果もある．最近の品種はほとんど萼割れしないが，昼夜の温度差が大きいと発生する品種もある．また，25℃以上になると生育が衰えるから，平地の施設内では夏季の植付け直後の管理では温度を下げることが重要になる．

(6) 栽培管理

1) 苗の入手と定植

栽培品種はほとんど保護品種であるから苗は専門業者から入手する．苗には穂と挿し芽発根苗があり，輸入苗と国産苗があって苗質に違いがあることもある．定植時期までに受注の品種，本数が到着するよう発注しておく．

苗が到着したら開函し涼しい場所か低温庫に一時保管するが，なるべく早く定植する．寒高冷地では秋に入手した苗を施設内に仮植して越冬させ早春に定植するが，ふつうは入手直後定植する．

定植間隔は栽培方法，作型，品種，摘心方法などによりやや違い，単位面積当たりの切り花本数を多くするため密植することが多い．暖地では80cm幅のベッドにスタンダード，スプレイ品種とも株間20cmの6条植えか，図18.19の複条植えの間隔で植える．もちろん品種によって間隔は微調整する．深植えすると立ち枯れがでやすいから苗はなるべく浅植えとする．

定植後数日は乾燥に注意し，換気を控えて室内をやや高めの湿度に保ち活着を促す．フ

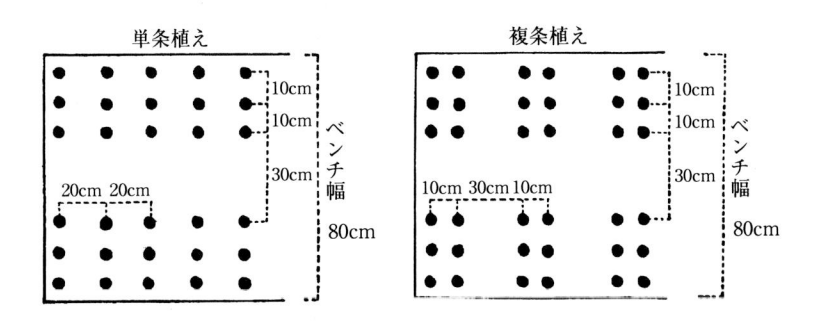

図18.19　カーネーション定植の間隔の例

[364] 各 論

ラワーネットを床に張り，ネットのマス目を目安に植付けると簡単である．

2) 摘心と仕立て方

定植時期と摘心時期および方法は開花期を決める要素であるため，これらの時期は重要である．定植後30〜40日で1回摘心し，発生した側芽（第一次分枝）3〜4本のうち強い伸びの何本かを再び摘心（1回半摘心とか半ピンチなどという）し茎立ちをそろえる．カーネーションの摘心と仕立て方については多くの研究があるが，深井（1978）の研究を紹介する（図18.20）．定植の方法は図18.19の2方法とし，第1回の摘心で3〜4本の茎を立たせ，第2回の摘心で1,2,3本を立たせた区を設けて時期別の株当たりの開花数を見たのが図18.20である．開花数の多いのは単，複条植えとも2〜4摘心で，しかも単価の高い1〜3月の開花が多くなっている．

3) 栽培土壌と施肥管理

栽培土壌は排水のよい沖積土壌か火山灰土壌が適する．ECは0.5〜0.8mmho，pHは6〜6.5を基準として定植前にチェックしておく．栽培期間が長いので土壌の物理性を長く保つためピートモスなどの混入は有効である．さらに土壌病害を予防のため蒸気，またはクロルピクリンでの消毒が必要である．カーネーションについての摘心方法の3−2は1回摘心で3本仕立てとし2回摘心で各枝を2本ずつとした意味を示す．

施肥研究は多いが，地中海系については少ない．シム系について Nelson, P.V.（1966）は葉に含まれるチッ素，リン酸，カリ，カルシウムおよびマグネシウムの含有率が品種によって異なることを見ている．養分吸収量について三浦（1973）はシム系で有機質肥料主体で施用した場合のa当たりの吸収はチッ素4.36，リン酸1.17，カリ8.15kgであった．それらを参考に施肥量を設計するが，緩効性肥料や養液栽培になるとこのような施肥量計算では難しくなる．とくに最近は過剰施用が問題になり最小の施肥で効果をあげる施肥管理が勧められている．この意味からロックウールによる循環式の養液耕が理想的である．兵庫県淡路農技研センターの試験（1998）では地中海系品種「ノラ」と「バーバラ」を用い標準培養液でm^2当たり総チッ素施用量で148g，総灌水量で972L，が慣行施肥より品質，収量ともに良かったことを見ている．

4) 灌水と一般管理

カーネーションは乾燥に強い植物であるが，良質の切り

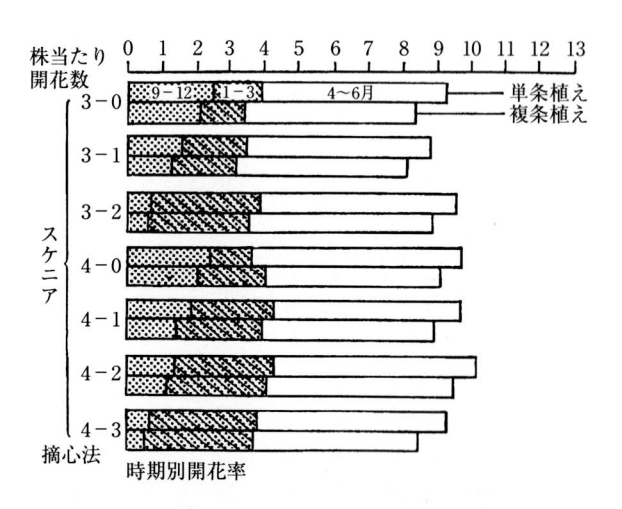

図18.20　植栽方法および仕立て方法と時期別開花率
（深井 1978）

花を生産するためには水管理は重要である．カーネーションの切り花1本を収穫するまでには約3.7 L の水を必要とするという（Hannan and Jasper 1967）．また Hannan J.J.（1972）は4,000 m^2 の温室でカーネーション切り花生産するには年間約7,200 t の水を必要とすることを試算している．高品質のカーネーションを生産している生産者は灌水点pF2.0くらいで灌水していることが知られている．夏季の晴天の日には1日1回，冬季でも3～5日に1回くらいの割で灌水する．

5）収穫と出荷

図18.21 カーネーションのロックウール栽培（長崎県黒髪組合）

切り花の収穫は時期や栽培方法にもよるが，300 m^2 の施設では冬季では2～3日おき，500～800 m^2 になるとほぼ毎日の採花になり，収穫，調整，出荷の労力は大きい．採花は次に発生する2次，3次枝の品質や開花期にも影響するので切除位置を確認して採花する．カーネーション切り花の品質は輸入品との競合になるため，品質および鮮度で勝負しなければならない．収穫後は迅速に処理して出荷する．特に品質別の仕分け格付けを厳重にし，20本か40本1束に結束する．カーネーションはエチレンに敏感な植物であるから調整後，STS剤の前処理は欠かせない．その他，発送までの取り扱い中のエチレンにも十分注意する．特に限られた時間内に仕分け，調整，結束，箱詰めを行うから，自動選花機などの導入や部分作業機の結束，下葉取り機などの利用も省力に役立つ．

(7) 病害虫防除

カーネーションは単作で長期作付けになるから病害虫の予防，防除は重要である．これからは減農薬からも栽培環境の清潔性と予防が決め手となる．カーネーションに発生しやすい主な病害虫には次のものがある．

1）フザリウム萎凋病（*Fusarium oxyporum* f. sp dianthi）

この病原菌は根から侵入して維管束部を侵し吸水を阻害して萎れる土壌病害で，かつてのカーネーション栽培では日常的に発生してきた病害である．この菌の病原性や侵入機構，抵抗性育種などは110～112ページに詳しく述べたので省略する．ここで地中海系はフザリウム抵抗性があることも述べたが，品種により抵抗性の程度に違いがあり，品種の選択にあたって抵抗性の程度は関心事である．CPA（Carnation Propagators Association）ではオランダの Baayen, R.P.（1987～1994）の研究を参考に図18.22のようなフザリウム抵抗性の程度を分類し，品種による抵抗性差を分り易くしている．

この病害を防ぐには抵抗性の高い品種の選択，病害フリー苗の利用，土壌消毒，日常管理の清潔性を守ることである．

2）細菌性萎凋病（*Pseudomonas caryophylli*）

細菌による立枯れ性病害でフザリウム萎凋病とともにわが国では発生の多い病害である．根から侵入し導管部で増殖し30℃前後の高温で進行が早く急速に萎凋を起こす．こ

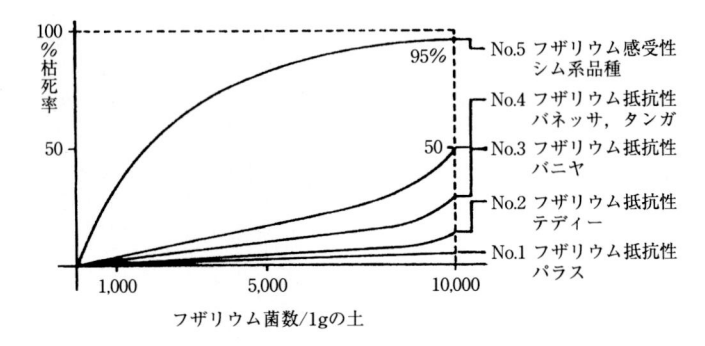

図18.22 カーネーション品種のフザリウム萎凋病の土壌中の菌数と枯死率（抵抗性）との関係
(CPAの資料による)

の病害の抵抗性については野菜茶業試の山口（1987）や小野崎（1993）らが研究して成果を挙げているが，まだ抵抗性をもつ経済品種は育成されていない．予防や防除はフザリウム萎凋病に準ずる．

　3）斑点病（*Alternaria dianthi*）
　葉，茎，萼などに斑点が生じる．はじめ水浸状の小斑点ができ，光に透かして見ると斑点の周りにリング状に透けて見える．小斑点を拡大し，淡褐色の円形から楕円形の病斑となり黒色のすす状のかびを生ずる．防除はジマンダイセン水和剤400倍か，ダコニール1,000の1,000倍液を散布する．

　4）さび病（*Uromyces dianthi*）
　葉や茎に小さな斑点が現われ，次第に長楕円形などに拡大し，表皮が破れて黒褐色の胞子をだす．防除は斑点病に準ずる．

　5）ウイルス（Virus）
　カーネーションのウイルスは CaMoV（Carnation mottle virus），CaVMV（Vein mottle virus），CaLV（Latent virus），CaERV（Eched ring virus），CaRSV（Ring spot virus），CaNFV（Necrotic fleck virus），CaYFV（Carnation yellow fleck virus）などの7種が知られている．この中，わが国では数種が認められている．防除はウイルスフリー苗の利用と栽培作業の過程で他からのウイルスの感染しないよう注意する．

　6）ハダニ類
　ごく小さい生物でカーネーションにも発生しやすく，葉に寄生し汁液を吸収するので葉が白くかすり状となり，ひどくなると葉が全体に茶褐色になり株全体が衰弱する．初期に防除しないと防ぎにくい．薬剤はダニ剤のモレスタン水和剤かペンタック水和剤1,000倍かダニトロン2,000倍液を散布する．

　7）アザミウマ類
　スリップスともいい新芽などに潜り込み汁液を吸収加害する細かい生物体でカーネーションにはダニ類とともに発生しやすい．加害部分は生育するとケロイド状に拡大し，葉もひっつれや斑点も生ずる．ミカンキイロアザミウマなど防ぎにくいものが多い．スミチ

18. 切り花用花き [367]

オン液剤, オルトラン水和剤1,000倍液を散布して防除する.

参考資料

1) 細谷宗令 1999. カーネーションの品種の変遷と動向 (1) 〜 (2). 農業および園芸 74 (5) 〜 (6).
2) 兵庫県淡路農技センター 1998. 養液土耕における培養液濃度の違いがカーネーションの収量および切り花品質に及ぼす影響. 平成10年度花き試験研究成績概要集. 近畿,中国,野菜茶業試編.
3) 長谷川清善 1992. カーネーションの簡易栄養診断. 農業および園芸 67 (2).
4) 松川時晴 1978. カーネーション・ダイアンサスグループ. 新花卉100号.
5) 鈴木善和 1998. カーネーションの世界的動向. 平成10年度野菜花き並びに茶業課題別研究会資料.
6) 武田恭明 1986. カーネーション　花卉園芸の事典. 朝倉書店, 東京.
7) 田中和夫 1990. 養液栽培の現状と新技術の動向. アグリビジネス 5 (20).
8) 米村浩次 1981. カーネーションの生産技術をめぐる諸問題 (6). 農業および園芸 56 (1).
9) 山口雅篤・国本忠正・原田重雄 1980. カーネーション園芸品種染色体に関する研究. 南九州大学園芸学部研究報告第10号.

18.11　カラー (属名:*Zantedeschia* Spr., 英名:Calla, 和名:オランダカイウ) サトイモ科, 多年生球根

《キーワード》切り花, 鉢物

　熱帯アフリカに8種の原種が自生する根茎性で花器官として包をもつ多年生の植物である. この包を観賞対象として切り花や鉢物に利用されている. 冬季の低温にはやや弱い.

(1) 主な種類

　現在栽培されている種類には次のものがある.

　1) *Zantedeschia aethiopica* Spr. (オランダカイウ)

　ケープから南アフリカにかけての湿地帯原産で, 根茎はワサビに似たやや長いこんぼう状をし, 茎丈70cmくらい花茎は100cmくらいになる. 包は15〜20cmで大きい. この変種とみられる var. *minor* Engl. f. *childsiana* Hort. がシキザキカイウと呼ばれ, 純白大輪で芳香をもち四季咲き性で, わが国では早くから切り花生産されてカラーといえばこれを指すほどであった. 現在はこれをチルドシアナ系または水カラーといい, 最近, 交配されて育成された包色の豊富なエリオチアナ系 (畑カラー) と区別している.

　2) *Z. elliottiana* Engl. (キバナカイウ)

　自生種ではなくエチオピカ種の交配改良種と考えられている. 葉は広卵心臓形で先端は尖り, 鮮緑色で白色の斑点をもつものがある. 包は18〜20cmと大きく淡黄色で包底に斑紋はない. 品種として「サンライト (Sun Light)」などは有名である. 現在広く栽培されているカラーは本種と *rehmannii* 種との交雑による園芸品種である.

　3) *Z. remannii* Engl. (モモイロカイウ)

　南アフリカ, タナールの原産で, 葉は鮮緑色の長被針形で長さ20〜30cmで白斑をもつ. 包はややラッパ状で先が尖り包色は淡桃から濃黒紅まで多様である. 開花は7〜8月

が季咲きであるが促成や抑制が可能なため栽培価値は高い．現在のカラー園芸種は本種とエリオチアナ種との交配によるものである．

4) *Z. pentlandii* Wittm.

南アフリカ，ケープ地方の原産種で，葉は矢じり形で濃緑色，包は純黄色で底部に黒い斑紋がある．開花は初夏から夏にかけてである．

5) その他

Z. tropicalis や *Z. melanoleuca* などがある．

(2) 園芸品種の育種と栽培の発達小史

わが国にはオランダカイウが18世紀に渡来しているが，その変種のチルドシアナ（シキザキカイウ）は冬季温暖な千葉県の水田などで切り花栽培が始まったが，ハウスなどで周年出荷が本格的に行われるようになったのは1965年ころからである．一時はカラーといえばこれをいい，白色包の在来系のほか，包の先端が緑色になる「グリーン・ゴッデス（Green Goddess）」などの品種が選抜されている．現在広く栽培されている色物品種を含む園芸品種は主にニュージーランドで育成された．

1960年ころからニュージーランドの Harrison R. E. はカラーの交配育種を始め，レーマニー種およびペントランディ種とエリオチァナ種の種間交雑から黄色，赤色，紅紫色の園芸品種を育成した．ハリソンが高齢になって1980年ころ当時の Topline Nursery（現在はない）の McKenzie に育種の権利を譲渡してマッケンジーが引き継ぎ，彼がハリソン・ハイブリッドを発表した．このカラーの新品種はさらにニュージーランドの DSIR 研究所で組織培養増殖に成功し，急速にこれら品種が大量増殖されてわが国にも輸入されるようになった．その後ニュージーランドの種苗各社もカラーの育種を開始し多数の品種が育成されたのである．現在も切り花や鉢物に使用されるカラーの球根はニュージーランドから入っている．

主な園芸品種としては

・切り花用：ブラック・マジック（レモンエローネ大型），センセーション（橙黄色，中型），ピンク・オパール（淡桃色，中型），マジェスティック・レッド（赤紫色，大型），ホワイト・パール（純白色，中型）など．

・鉢物用：ゴールデン・サン（黄色，花立ち多，中生），エスメラルダ（橙黄色，早生），ルビーレッド（赤桃色，早生），セレステ（桃紫色，早生）など．

(3) 生態的特性

1) チルドシアナ系

水カラーといわれるように湿地のような場所でよく生育する．ふつう水田や湧水を利用して栽培されている．冬季を除き温度が10～20℃あれば生長点で葉芽と花芽を分化する．本葉4枚ごとに主花芽と副花芽を分化するが，全てが発育するとは限らない．

2) エリオチアナ系

18～20℃くらいが生育適温で冬季は8℃以上必要となる．夏季の高温で根茎は腐敗しやすいので高冷地での栽培や，この時期をさけた作型で栽培することになる．この種は根茎にジベレリンを処理して植付けると花立ちを増加させることができる．

(4) 切り花栽培

　ここではエリオチアナ系の切り花栽培について述べる．栽培に使用する根茎は季節が半年ずれている南半球で生産した休眠状態で輸入されてくる．球周12～15cm以上の開花球を用いる．到着した根茎はそのまま植付け期まで10～15℃で乾燥保存しておく．植付け日より1カ月前に砂やバーミキュライトに浅く並べ，灌水して20～25℃を保って催芽させてから植付ける．4月下旬出荷には1月，5～6月出荷には2～3月にハウス内に植付ける．また，10～12月出荷には7～9月の高温期に植付けることになる．根茎の催芽の時にジベレリン処理をする．50～100ppmジベレリン液に1分間の浸漬処理をし，一度乾燥させてから前述の催芽にかかる．植付けは80cmの床幅に株間20～25cm，深さ10cmくらいに植付ける．春植えは夜間10～15℃加温し，夏季植付けは逆に室温を下げる工夫がいる．収穫は包色が発色して雄蕊が花粉を出す前日くらいに地際から引き抜くか切り取って10本1束にして出荷する．

図18.23　エリオチアナ系品種「ブラック・マジック」

(5) 鉢物栽培

　鉢物には草丈が低く，花立ちが多い品種を選ぶ．作付けに合わせて休眠状態の輸入根茎で入るから，植付けまで低温乾燥貯蔵しておき，植付け時期が選べるので鉢物生産者に輪作の1作目として人気がある．ふつうは5～6月出荷と11～12月出荷が多い．5～6月出荷には催芽した根茎を2～3月に15cm鉢では1球，18cm鉢では2～3球植えとする．催芽時，ジベレリン処理をして植付け後は気温が上がるまでは夜間10～15℃加温する．11～12月出荷には7～9月の高温期に植付けるので温度が上がらないよう注意する．用土は赤土にピートモスやバーミキュライトを20%くらい配合し，元肥には緩効性肥料のマグアンプかロング肥料を2～3g/用土l混合し，追肥は生育に応じて液肥などを施用する．肥料は少なめにして品質のよい鉢物を生産する．

18.12 カリステフス(アスター)(学名:*Callistephus chinensis* Nees.,英名:China Aster,和名:エゾギク) キク科，半耐寒性一年生

《キーワード》：切り花，鉢物，花壇

　カリステフスは中国北部，西チベットから北朝鮮にかけて自生し，古くはアスター属に分類されていたためアスターとも呼ばれてきた．現在，カリステフス属にはこの一種だけである．1728年スペインの宣教師によって欧州に渡り，以来フランス，ドイツ，英国などで育種が進み多様な花型，花色，草姿，開花性のものが育成され，欧米では主要一年生花きとして各種苗カタログの表紙や最初のページを飾ってきた．日本でも戦後は

お盆や彼岸の仏花として貴重な露地切り花として栽培されてきた．しかし，現在ではアレンジメントや家庭消費向きの洋花感覚の育種が行われ従来のアスターとは違った切り花花きとして伸びている．ここでは使い慣れたアスターの呼び名で進めることとする．

表18.3 アスターの国別推定品種数（1962年ころ）

国 名	品種数
ドイツ	301
アメリカ	73
イギリス	47
スイス	70
フランス	50 ※
カナダ	66 ※
ロシア	86 ※
オランダ	188 ※
日本	190 ※

Maatsch, R. 1962による
（※は横井が追加したもの）

(1) 育種や栽培の発達小史

18世紀に欧州に紹介されたアスターは1750年にはフランスで赤，青，白色の八重咲きが生まれている．その後，草丈の高性からわい性，草姿の直立散開型から分枝型，花型もキク咲き，ポンポン咲き，アネモネ咲き，オーストリッチ咲きなどが19世紀半ばまでには育成されている．米国には1806年に欧州から入り，1940年代には米国各州で切り花生産と花壇利用が広まったが，フザリウムによる立枯れ病が蔓延し各州の農業試験場が立枯れ抵抗性品種の育種をしたという記録がある．欧州でもドイツで立枯れ病の研究（Hoffmann, 1962）が行われており，現在のアスター品種は抵抗性品種になっているといわれる．

わが国にアスターが渡来したのは江戸時代中期といわれているが，経済品種の育種が本格的に行われたのは1950年（昭和25年）ころからで，欧米とはやや違った草姿や花型の系統が育成されている．それは仏花や生け花に向く形質が要求されたためと見られ，ほうき立ち性（箒立ち性）といわれる散開直立型である．アスターは当時すでに多くの品種が現われており，ドイツの Maatsch, R. や Seibold, H. など多くの研究者が品種分類を試みている．Maatsch, R. (1962) が欧州の品種分類したデータに横井が日本および数カ国のアスター品種を加えたものを表18.3に示しておく．また，少し古いが横井・田村（1964）らの分類に従い，最近の品種も含め以下のように分けてみた．

(2) 草姿，草丈によるアスター品種の分類

・直立ほうき立ち・高性多分枝型：松本シリーズなど
・直立ほうき立ち・高性少分枝型：コマシリーズなど
・直立ほうき立ち・中高性多分枝型
　A.上方分枝型：ハナシリーズなど
　B.下方分枝型：くれないシリーズ，ステラシリーズなど
・直立ほうき立ち・中高性少分枝型：ヒメシリーズなど
・枝打ち性・高性多分枝型：グレゴー，カリフォルニアなど
・わい性・多分枝型：ファイヤーグローブなど

(3) 主な品種

アスターは最近も品種が多く，しかも更新が激しい．利用や作型向けから次のように品種を分けて紹介する．

1）露地や施設栽培で7～11月出荷向き品種
・松本シリーズ：2,3重咲きで多分枝ほうき立ち型で花色も豊富でフザリウムにも強い．

・くれないシリーズ：古いくれないから選抜された品種群で半八重，八重咲きで「緋の舞」，「松本白」などがある．
　2）施設内で加温，電照によりほぼ周年栽培できる品種
・アレンジメントシリーズ：小輪多花性で洋花風の花型，電照，加温で周年出荷の作型の可能な品種で半八重のハナシリーズや八重のプチシリーズなどがある．
・ステラシリーズ：小輪半八重で多分枝性で各色の品種がある．
・ティビ系：小輪一重咲きで濃桃，桃赤，白の品種がある

（4）生態的特性

　アスターは半耐寒性一年生で春に播種すると夏から秋にかけて開花する．生育は20℃前後でよいが，低温にもかなり耐えて0℃くらいまでなら越冬する．短日下で15℃以下になると生育が止まりロゼット状になる．日長と開花の関係は相対的長日植物で16時間以上の日長で10℃あれば正常に生育して開花するが，12時間以下の短日では20℃以上でも開花しない．長日下では到花日数は短く，草丈も高くなり，短日下では反対の傾向を示すため，高温長日条件がよいことになる．これに相当するのが4～5月播きで，3～4月に開花させるには冬季電照して低温長日にする必要がある．

（5）作　型

　従来品種の露地栽培では秋播種で5～6月開花と，4～5月播種で7～9月開花の作型で単純であったが，アレンジメントアスター品種の出現により電照，加温による周年栽培の作型に発展している．その主な作型を図18.25に示す．アスターの作付けで最も注意すべきは連作できないことである．一度作付けたハウスや圃場は4～5年休閑しなければならないから作付けは計画的に輪作する．

（6）栽　培

　ふつうは播種，育苗した苗を本圃に定植する．アスター種子は22～25℃が発芽適温である．播種後5～6日で発芽する．露地1aで切り花栽培するには3.3m^{2}の播種床を用意し，30ml位の種子が必要である．最近はセル成型苗を購入して利用することが多い．露地定植は条間20cmの2～3条植えで株間20～30cm位とる．ハウス内では3～4条植えで株間は20cm位とる．最近は無摘心の密植栽培が増え，それには床幅90cmに5～7列で株間は12～15cmとる．定植30～40日位で株元から5～8節残して摘心する．

　肥料は1a当たりチッ素1.5kg，リン酸2.0kg，カリ1.5kgを標準とし，元肥に60％，追肥に40％の割合で施用する．pHは6.0～6.5，ECは0.8以下に抑える．アスターは倒れ

図18.24　アレンジメントアスター品種「プチ・スカーレット」

各 論

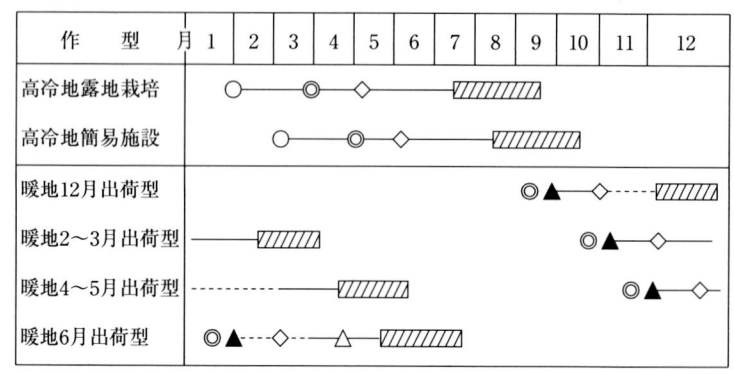

作型＼月	1	2	3	4	5	6	7	8	9	10	11	12
高冷地露地栽培		○		◎		◇		//////				
高冷地簡易施設			○		◎		◇	//////				
暖地12月出荷型								◎ ▲		◇	----	//////
暖地2～3月出荷型		//////								◎ ▲	◇	
暖地4～5月出荷型		---	---	//////						◎ ▲		
暖地6月出荷型	◎▲	---	◇	△	//////							

――― 無加温管理　　　--------- 加温管理　　　////// 開花出荷期
○ 播種　　◎ 苗定植　　◇ 摘芯　　▲ 電照開始　　△ 電照中止

図18.25　アスターの切り花栽培の作型の例

やすいのでフラワーネットを張る．
　開花調節のための電照は100W球を植物の頂部から1.5mの位置に1.5～2m間隔に吊るし，日没から午後9時までか，深夜照明では0時から2時位まで点灯する．冬季夜間の加温は15℃位を保ちたい．

（7）出　荷
　採花は7～8分咲きの株を元から切り調整後，品質別に仕分け10本1束に結束し，一度水揚げしてから箱詰めして出荷する．夏季高温期には輸送中に蒸れないよう注意する．

（8）病害虫防除
　1）萎凋病（*Fusarium conglutiana* cllistephi）
　フザリウムによる立枯れ性病害で根や地際から侵入して全身を萎凋させて枯死させる．初期には地際の茎が橙色に変わりその後腐敗する．直接の防除法はなく，連作を避け定植前に土壌消毒する．
　2）萎黄病とTSWVウイルス（Tomato spotted wilt virus）
　古くからアスターはウイルスによる萎黄病が出やすかったが，最近はTSWVがアザミウマ類によって伝染することが問題になっている．罹病株は一部の葉に橙黄色の斑点や輪紋を生じ，茎が壊疽状になる．接触伝染もするため発見次第株は抜き取る他はない．
　3）その他
　病害ではさび病，ウドンコ病，害虫ではオンシツコナジラミ，ハモグリバエなどが発生することがある．

参　考　資　料

1）天野良純 2001．アレンジメントアスターの開花調節．農耕と園芸 4月号．
2）藤野守弘 1986．アスター，花卉園芸の事典．朝倉書店，東京．

3) Maatsch, R. 1961. Zum Thema : Sommerblumenauswahlsortimente, Staatgult-Wirtschaft, Heft 3
4) Seibold, H. 1969. Sommerastern, Gartenwelt, 69.
5) 八代嘉昭 1998. アスター, 農業技術大系, 花卉編 第8巻. 農山漁村分化協会.
6) 横井政人 1966. アスターの品種と性状. 新花卉 第52号.

18.13 カルタムス(ベニバナ)(学名:*Calthamus tinctorius* L., 英名:Safflower, 和名:ベニバナ) キク科, 耐寒性一年生

《キーワード》: 切り花, ドライフラワー

　カルタムス属には約14種が地中海地方から西アジアに分布するが, 栽培されているのは *tinctorius* 種だけである. 古くから染料, 油料として利用されてきているが観賞用としての栽培は20世紀後半に入ってからである. 欧米では油料植物として重視され採油料品種の育種は, カリフォルニアやトルコなどで行われ, わが国へもベニバナオイルとして輸入されている. わが国では7世紀の始め(飛鳥時代)に朝鮮(高麗)を経て薬用, 染料として導入されている. 山形県地方では400年前から「べに」を採る染料植物として伝統的に栽培されてきた. このベニバナの歴史的イメージと輸入切り花の刺激から1980年ころから切り花栽培されるようになった.

(1) 形態と生態的特性
　草丈は80〜120cm位になり, 茎は円筒形で硬く, 互生する葉は広被針形で葉縁に欠刻をもつ. 茎上部は分枝し先端に刺をもつ総包に包まれた頭状花を付ける. 花の径は4cm位の筒状花で最初は黄色で後に赤色に変わる.
　花は夏季の高温長日期に開花する相対的長日植物で, 冬から春にかけて長日にすると開花は前進する. また, 開花期には乾燥している地方がよくカリフォルニアやトルコに栽培が多いのはこのためである.

(2) 品　種
　山形県などのように染料用として栽培しているものは「もがみべにばな」や刺のない「とげなしべにばな」があるが, 切り花用カルタムス品種として市販されている種子は後者から選抜された丸葉種といわれるものである.
橙赤色丸葉種(花が橙赤色)や白色丸葉種(花がクリームホワイト)などがある.

(3) 栽　培
　切り花栽培では高冷地の露地栽培の9〜11月出荷, ハウスの6〜7月出しと, 暖地のハウス利用で3〜6月出荷の栽培がある. 高冷地の6〜7月出しは3〜4月播種で, ハウス内に床播きし, 一度ポットに上げてから圃場に株間20×30cm位に定植する. 暖地の加温ハウスで3〜4月出荷にはハウス内で10〜11月に播種床で播種し一度ポット上げしてから90cmの床幅に20×15cm位に定植する. 冬季にはハウス内を最低10℃保つよう夜間加温すると4〜5月に開花し, 電照するとさらに開花は早まる.

18.14 キキョウ（学名：*Platycodon grandiflorum* A.DC., 英名：Balloon flower, 和名：桔梗）キキョウ科，耐寒性多年生

《キーワード》：切り花，鉢物，庭園

　キキョウ属は1種からなる単型属で *grandiflorum* 種は日本全土から中国，朝鮮半島まで自生し耐寒性の強い多年生植物である．特にわが国では古くから'秋の七草'の一つとしても親しまれてきた他，根部を乾燥した桔梗根を鎮喉，解熱，強壮剤の薬用としても利用されてきた．*grandiflorum* 種には二重咲きのシロフタエギキョウ，モンギキョウ，ウズギキョウなど多くの変種がある．キキョウの切り花は生け花が盛んな時には重要な花材として需要があったが，生け花の衰退とともに栽培も減った．最近，再び洋花として人気が出ている．切り花用として露地の季咲き栽培の他にハウスでの促成，半促成栽培も行われている．鉢物用としてわい性品種もある．

(1) 形態および生態的特性

　地下に根茎を形成し，春，根茎から萌芽し茎を直上して草丈80～120cmになる．葉は広被針形で葉縁に鋸歯をもち葉裏は色粉を帯びる．分枝した茎頂に袋状のつぼみを付け，開くと5裂したキキョウ形の花になる．花色はふつう青紫色であるが白色や桃色の品種もある．開花も在来種は8～9月だが，現在の品種は5～7月咲きの早生になっている．開花後は茎の基部に翌年の芽を形成し気温の低下とともに休眠に入る．キキョウは播種して2～3年経った根茎でないと切り花栽培には使えない．栽培には根茎を購入するか，種子から根株を養成してかかる．キキョウは低温によって休眠が打破されその後の高温によって花芽が分化し，開花に日長は影響しない．

(2) 系統品種

　切り花に向く品種としては「紫雲（濃紫色大輪6月上旬咲き）」，「飛露（濃紫大輪7～8月咲き）」，「シェルピンク（淡桃色大輪6月咲き）」などがある．

(3) 栽　培

　繁殖は種子か根茎の分割で殖やす．種子からでは数年要し，新しい品種は分離するのでできない．根茎は増殖率が低く購入するのがふつうであるが数年切り花しないと元はとれない．そのため露地で小規模に切り花しながら根株を殖やし，その一部を掘上げて促成や半促成すると効率がよい．

　露地の季咲きでは10～11月に条間25～30cm，株間15～20cmに定植して越冬させる．ハウスの3～4月出荷では露地で自然低温に遭わせた根茎を12月下旬から1月中旬に掘上げるか1～2℃の低温処理した根茎を入手してハウスに定植する．平床に15×20cmの間隔に植付け，最低10℃に加温すると早生品種では約80日で開花する．肥料は1a当たりよく腐らせた堆肥を100kgすき込み，チッ素，リン酸，カリをそれぞれ成分で3kg位を元肥2/3，追肥1/3に分けて施用する．キキョウは茎が強くフラワーネットや支柱は必要ない．切り花の採花はつぼみの先端が着色した時が切り前で地上10cm位残して切り取る．調整，水揚げ後10本1束にし，さらに5束合わせて大束とし箱詰めして出荷する．

キキョウの病害ではフザリウムによる立枯れ病が発生することがあるので定植前にクロールピクリンなどで土壌消毒しておく．

18.15 キク（学名：*Dendranthema grandiflorum* Kitamura, 英名：Chrysanthemum, 和名：キク，菊）キク科，耐寒性多年生

《キーワード》切り花，鉢物，花壇，盆養

　キク属には約200種が欧州，アジア，アフリカなどほぼ世界に自生し，この中18種は日本の固有種である．これら野生種に対して栽培ギクは極めて多様に発達し系統，品種が複雑に分化している．しかし，栽培ギクの成立についてはどの原種が関与し，どのような過程でできたかは諸説あっていまだ定説はない．例えば，シマカンギク（*Chrysanthemum indicum*）より改良されたとする説（Thunberg, C.P.），ノジギク（*C. japonense*）より淘汰されたとする説（牧野），チョウセンノジギク（*C. zawadskii* var. *latilobum*），オオシマノジギク（*C. j.* var. *crassum*），リュウノウギク（*C. makinoi*），ウラゲノギク（*C. vestitum*）などが交雑されてできたとする説（Maximowicz, C.J.）などがある．このような栽培ギク成立系譜の不鮮明さは植物分類学上からも混乱し，早くから命名されていた*Chrysanthemum morifolium*も19世紀半ばに*Dendranthma*属に改められたが，その後*Pyrethrum*属を経て20世紀に論議が持ち越されてきた．

　1961年にロシアのTxvelev, N. が，*Dendranthema morifolium*なる学名が認められたが，1978年に北村は中国，日本の野生種および栽培ギクを国際植物命名規約に従い*D. grandiflorum*（Ramat.）Kitamuraに改定した．その後，1990年ころからオランダの種苗カタログや公式統計で*Dendranthema*が使われるようになったが，あまりにも普及していた*Chrysanthemum*の変更に対する抵抗が花き業界から起こり，1995年，RHSのTrehane, P. は国際植物学会の種子委員会に栽培ギクの呼称を戻すことを申請し，同委員会は議論の末，例外として*Chrysanthmum*に再変更を認めたが，なお混乱が続いている．

18.15.1 栽培ギクの発展

　現在栽培しているキクの起源は明らかでないが，中国ではすでに起源前300年に漢詩に歌われ，宗代（960～1276）には品種改良も行われ「菊譜」まで出されていたという．1458年には「菊譜百詠図」が刊行され100品種ほど記載されていたというからかなり栽培ギクは発達していたようである．わが国への渡来は諸説あるが，686年ころと思われ，桃山時代には多様な栽培ギクがあったという．しかし，日本で栽培ギクが本格的に発達したのは江戸時代中期以降である．最初の花き園芸書といわれる「写本花壇綱目（水野元勝1664）」には大，中，小輪を

図18.26　観賞ギク大輪厚物咲きの並ぶ菊品評会の展示

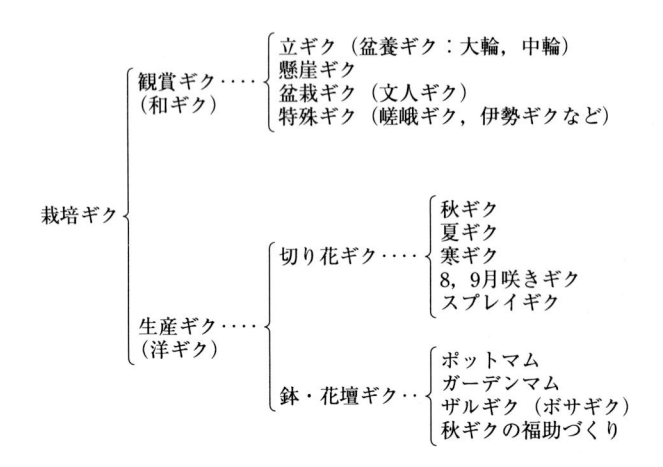

```
                    ┌ 観賞ギク ┬ 立ギク（盆養ギク：大輪，中輪）
                    │ （和ギク）│ 懸崖ギク
                    │         │ 盆栽ギク（文人ギク）
                    │         └ 特殊ギク（嵯峨ギク，伊勢ギクなど）
  栽培ギク ┤
                    │         ┌ 切り花ギク ┬ 秋ギク
                    │         │           │ 夏ギク
                    │         │           │ 寒ギク
                    │ 生産ギク │           │ 8, 9月咲きギク
                    │ （洋ギク）│           └ スプレイギク
                    │         │
                    │         └ 鉢・花壇ギク ┬ ポットマム
                    │                       │ ガーデンマム
                    │                       │ ザルギク（ボサギク）
                    │                       └ 秋ギクの福助づくり
```

図18.27　栽培ギクの分類

含めた80品種が記載され，元禄年間に出た「花壇地錦抄（三之丞1695）」には230品種が紹介され栽培ギクの発展が伺える．しかし，この時代のキクは観賞ギクまたは盆養ギクといわれる観賞専門のキクであった．

(1) 観賞ギクの発達

わが国独特の発達を遂げた観賞ギクは多様な系統，品種が生まれている．大輪咲きは花径18 cm以上，中輪は9〜15 cm，小輪は9 cm以下など，花型には厚物，管物，広物など，変わった花型では丁子咲き，魚子(ナナコ)咲きなどもある．また，系統も江戸ギク，肥後ギク，伊勢ギク，嵯峨ギクや盆栽用の文人ギクなどもある．観賞ギクは現在も趣味家や全国菊花連合会などの趣味団体のメンバーによって栽培され，秋には各地の神社や展示会場で品評会が開催されている．その背景には今も観賞ギク専門の育種をして新品種を販売している種苗業者がある．

図18.28　大輪ギクの施設切り花生産（カリフォルニア松井農園，品種：アルバトロス，1972年ころ）

(2) 生産ギクの発達

栽培ギクでも生産ギクは系統，品種や栽培の面からも観賞ギクとは一線を画す．生産ギクは日本のキクが江戸時代末に欧米に渡り，切り花用に育種されたものが洋ギクとして逆輸入され，日本のキクと交配育種されたものと推測される．生産ギクには図18.27のように切り花用キクと鉢物や花壇用のキクに分けられ，さらにそれぞれの系統があることがわかる．これら生産ギクは栽培しやすく，品質，生産性とも経済栽培に適するよう

育種されている．生産ギクのルーツは欧米にあるのでその育種や栽培の発展を簡単に述べる．

1) 米国の生産ギクの発達

欧州へ生きたキクが入ったのは1688年で，英国やフランスで栽培が始まっている．1846年，RHSが中国に派遣したプラントハンターRobert Fortuneが野生ギクを持ち帰ったがほとんど枯れ，1862年，日本から送られた観賞ギクが英国人を驚かしその後育種されたと見られる．その後オランダ，ドイツにも渡って切り花用キクが育種された．米国にキクが入ったのは1795年といわれ，1829年，マサチューセッツ園芸協会が組織された時，20品種のキクがあったという記録がある．

1889年，インディアナポリスのSmith, Elmer D.は同地の展示会に中輪で花弁がインカーブするポンポン咲きの実生品種を出品した．その後，彼は毎年，経済品種を発表し500品種にも達している．20世紀に入って大輪系のスタンダードタイプが現われ，1960年には巨大輪の「May Shoesmith」，「Gold Shoesmith」，「Albatross」などが普及し，さらに中輪のポンポン咲きのポンポンタイプとともに温室切り花が盛んになった．1940年代には育種と苗販売企業としてYoder Brather Inc.やPanAmerica Plant Inc.などが出ている．

図18.29 スプレイギク初期の施設周年切り花生産（英国のSGPの温室，1968年）

2) 欧州の生産ギクの発達

英国では早くからキクの育種が行われたようだが，1958年，Southern Glasshouse Produce Ltd.が設立され，スプレイギクの育種を始めて以来，苗から切り花までするキク専門会社になった．ドイツでも同じころSuptitz社がキク苗生産会社として育種も始めている．その後オランダのFides Beheer B.V.が1967年に設立され育種とキク苗販売を始めている．次第にキクの周年切り花生産が欧州に広がるにつれてスプレイギクの育種と苗生産がオランダに集中し，Hook B.V.やDekker B.V.などの他に小さいキク育種家により組織されたCBA（Chrysanthemum Breeders Association）もできている．現在，わが国で栽培されているスプレイギクはほとんどオランダの品種である．

3) わが国の生産ギクの発達

戦前から欧米の洋ギクが国内で交配され日本型の切り花ギクが育成されてきたが，本格的に育種され生産されるようになったのは戦後である．とくにわが国のキクは秋ギクのほかに夏ギク，寒ギクなど開花生態の異なる系統があって特異に系統や品種が発達した．1950年ころ東京の伊藤東一や磯江景敏らは外来品種と国産品種を交配して「新東亜（白中輪）」，「東光の調（橙丁字咲き）」などを育成している．長野県の小井戸直四郎（1952）は8〜9月咲きの品種を育成している．この時期には秋ギクを遮光して開花させていたが，この品種群は季咲きで開花し，現在の夏秋ギクの基礎になっている．キクの施設生産が

盛んになり，福岡県八女地方（1964）や愛知県渥美地方（1967）など施設電照ギクの共選共販が開始されると品種に対する考えは一変した．品種が絞られ電照で10～5月まで出荷できる秋ギク品種と6～9月まで出荷できる夏ギクが中心になり，初期には品種「天が原」，「乙女桜」などが栽培されたが，1980年ころから電照秋ギクに「秀芳の力」，その後作には夏ギク品種「精雲」の2品種が主流の輪ギクとして栽培され，葬儀用の需要を支えてきた．しかし，最近になって「秀芳の力」に代わる「神馬」，「精興の誠」などが，「精雲」には「岩の白扇」「優香」などが作付けられるようになった．

欧州で発達したスプレイギクは施設で周年生産でき，花色も鮮明で広い用途に向く系統である．スプレイギクの日本への普及を図ったのは元農水省野菜・茶業試験場の川田穣一（1974）であった．川田は研究とともに育種と消費啓蒙活動に精力的に取り組んだ．

図18.30　スプレイギクの品種「リネッカー」

育種では「サマークイン」や「ムーンライト」などを育成している．民間では切り花ギクからスプレイギクの育種で大きく貢献しているのは広島県の精興園（山手義彦）である．1972年ころから切り花ギク（輪ギク）の育種を始め，スプレイギクも欧州の育種には見られない花形，草姿，生態の品種も育成し，海外でも高く評価されている．とくに同園育成の「精興の翁」は1978年，オランダで「レフォーレ」という品種名で発売され本場のスプレイギクの品種中5年間1位を保って山手は世界のキクブリーダーとして認められた．その後も精興園育成の品種「レーガン（日本名セイローザ）」とその枝変わり品種は今なおオランダのスプレイギク品種に見られる．

（株）キリンビールのアグリバイオ事業部も1993年からスプレイギク品種の発売を開始した．1992年，英国のスプレイギク育種，苗生産企業SGPを買収し，翌年にはオランダの欧州最大のキク育種，苗販売会社Fidesも買収してこれらの品種は「キリンマム」として国内販売している．

18.15.2 形態および生態的特性

キク属は耐寒性の強い多年生で中には低木性のものもある．分裂あるいは鋸歯のある葉を互生し，ふつう花の形態は北村（1995）によると図18.31のように1の花床（disk）は花をつける枝の先が広がったもので，それに多くの小さい花（floret）がついている．周辺に3の舌状花（ligulate flower）があり，中心部には4の筒状花（tibulous flower）がある．この筒状花は5枚の花弁が合生して筒状になったもので，先は5裂している．舌状花の先には3個の鋸歯があるのがふつうだが，園芸種では筒状になっていないものもある．舌状花には雌蕊（pistil）があるが雄蕊（stamen）はない．筒状花は雌雄蕊をもつ完全花である．雄蕊の下にある8の花糸（filament）は，筒状花冠と合生している．キクでは6の葯胞（anther)の下部は鈍形である．雌蕊の子房（ovary）は下位で，9の花柱（style）は先端を切ったようになっている．この花床全体を頭状花序（capitulum）ともいい，総穂花序の一つでキク科の特色にもなっている．キクの草姿，分枝形態，花型などによる形態的な分類は省略する．

生育生態では，開花後，株元に多数の冬至芽（吸枝）を発生し低温短日に遭うとロゼット状になり冬季間は休眠する．川田（1988）は冬至芽から生育，開花までの発育相をロゼット相，幼若相，感光相，成熟相に分けている．観賞ギクや夏ギクではこの冬至芽を分離して苗を殖やす．

表18.4 キク品種群の自然開花期を支配する発育相別特性（川田 1988）

品種群名		ロゼット性	幼若性	感光性		開花反応期間 (リスポンスグループ)
				限界日長	適日長限界	
夏ギク	早生	極弱	極弱	24時間		
	中生	弱	弱			
	晩生	弱	弱			
夏秋ギク	早生	弱～中	中	17～24時間未満	13～14時間	7～8週
	中生	中～強	中～強	17時間	13～14時間	7～8週
	晩生	中～強	中～強	16時間	12～13時間	7～9週
秋ギク	早生	－	－	14～15時間	12時間	8～10週
	中生	－	－	13時間	12時間	9～10週
	晩生	－	－	12時間		11～12週
寒ギク		－	－	11時間以下		13～15週

(注) 限界日長：開花についての限界日長
　　　適日長限界：時間当たり4日以上開花遅延を基準として判別
　　　開花反応期間：短日処理開始から開花までの期間

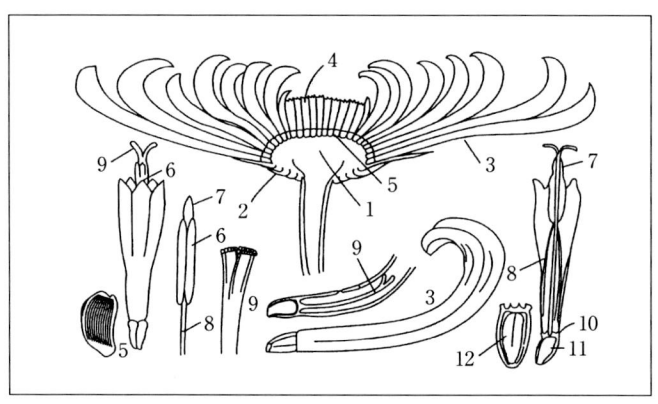

1 花床，2 総苞片，3 舌状花，4 筒状花，5 子房，6 葯胞，
7 葯上部付属体，8 花糸，9 花柱，10 蜜盤，11 胚珠，12 胚

図18.31 キクの花の形態（北村 1995）

栽培ギクでは生育，開花に対する日長と温度の生態的反応が重要である．キクの生態的分類を最初に試みたのは岡田正順（1957）であった．岡田はキクの系統別品種群を花芽分化を誘導する日長と，分化後の発育に影響する日長と温度をからめて分類した．その後，川田（1987）によって自然開花を支配する発育相別特性により修正されて表18.4のように分けられている．とくに感光相の日長については限界日長の長さで分類し，夏ギクは日長24時間でも開花し，それより短い日長下で開花する量的短日植物としている．夏秋ギクの7月咲きの限界日長は17時間以上，8月咲きは17時間，9月咲きは16時間以下，10月開花の秋ギクでは早生品種では14〜15時間，中生品種では13時間，晩生品種では12時間くらい，寒ギクは12時間以下ということになる．

18.15.3 切り花ギクの生産概要と作型

キクはわが国の切り花では最大の作付けで全国的に生産されている．その作付け内容は表18.5のようになっている．大中輪ギクは輪ギクともいわれ，施設の電照栽培や露地栽培も含まれもっとも多い．小ギクも露地または施設利用の冬季生産で沖縄県が主になっている．施設で周年生産するスプレイギクはまだ少ないが今後の伸びが期待されている．わが国のキク生産は生態的に違う多くの系統品種を環境の異なる地方で栽培するので，作型も表18.6のように多岐に及んでいる．

18.15.4 切り花生産

多様な切り花栽培の中でここでは次の作型の栽培について述べる．

（1）秋ギクの露地季咲き栽培

もっとも多い作型で，その地方の気候や立地条件を活かし自然日長を利用して9〜10月に開花させるもっとも経費をかけず品種の特性を生かして出荷する栽培である．この栽培は他の作物と組み合わせた複合経営に多い作型である．前年の切り花株を残しておき，これから取れる冬至芽を利用する場合と，この株から伸びる茎の頂

表18.5　わが国のキク作付け状況（1999）（農水省資料による）

品　目	作付面積 (ha)
大中輪ギク	3,720
スプレイギク	725
小ギク	1,830
キク合計	6,275

表18.6　キクの系統別切り花栽培の作型の例

系統および作型	出荷期	繁殖期	定植期	備　考
秋ギク普通栽培	10〜11月	5〜6月挿し	6〜7月	露地栽培
秋ギク促成栽培	4〜5月	−	12〜1月冬至芽	温室，ハウス加温栽培
秋ギク半促成栽培	5〜7月	−	1〜3月冬至芽	温室，ハウス保温栽培
秋ギク遮光栽培	8〜9月	3〜4月挿し	4〜5月	後期には遮光も必要 施設，露地の秋ギク早出しだが現在は激減
秋ギク電照栽培 8,9月咲き	12〜1月 8〜9月	7〜8月挿し	8〜9月	電照，保加温の施設栽培
普通栽培	8〜9月	4〜5月挿し	5〜6月	主に高冷地の露地栽培
夏ギク普通栽培	5/上〜7/中	10月株分け	10月	暖高冷地の露地，雨よけ
夏ギク促成栽培	3〜5月	−	12〜1月冬至芽	暖地ハウスの保加温栽培
寒ギク普通栽培	12〜1月	6〜7月挿し	7〜8月	主に暖地の露地栽培
寒ギク電照栽培	1〜4月	7〜8月挿し	9〜10月	暖地のハウス栽培
スプレイギク周年栽培	周年	作付毎に	作付に応じ	施設利用の周年多輪作栽培

部を挿し芽する方法とがある．定植は5月下旬から6月中旬で，2条植えでは畝間45～50 cmに通路60cmに株間12×15cm間隔とする．平床植えでは幅90～100cm，大輪品種では20～25cm，中，小輪品種は15～18cm位に植える．定植床は植付け前にクロルピクリンかパンソイルなどで土壌消毒をしておく．施肥は元肥として1a当たり腐熟堆肥200～300kgとともに高度化成（15：15：12）を5～6kgをすき込む．

定植後，茎が15cm位伸びた時，摘心して大輪品種は3～4本，中小輪品種では4～5本の側枝を立たせる．茎の倒伏を防ぐため条植えでは条の両側にビニルテープなどを張り，平床ではフラワーネットを1，2段に張る．夏季乾燥しやすい土地ではあらかじめ黒ポリのマルチをしておくか，畝間や床に点滴チューブを配して灌水をする．出蕾しはじめると側枝，側蕾が出るのでこれを掻きとる．大輪では出蕾前から床上にビニルをかけて覆い雨よけすると品質が高まる．早生品種では8月下旬の花芽分化期に数日の曇雨天が続くと花芽が異常分化した柳芽（blact like leaf）を生ずることがあるから，摘除して直下の側枝を1本伸ばして代える．収穫の切り前は品種，輸送時間などにより違うが，大輪種では6～7分咲き，中小輪では5～6分咲きで採花する．下葉を除き品質別に仕分け10本か20本に結束し，葉を濡らさないよう下部を浸して水揚げしてから箱詰めして出荷する．

（2）夏ギクの施設促成栽培

夏ギクは施設利用で電照や遮光せずに2～5月の出荷できる点が特色である．夏ギクは相対的短日植物であるが花芽分化には温度条件が強く作用し温度管理である程度開花調節ができるからである．ただ最近の品種は秋ギクとの交配もあるので日長や温度に対する反応が微妙に違う．また，夏ギクの繁殖は冬至芽が多く，夏ギクの開花後の7～8月，地際から古茎を刈り取り地下の冬至芽発生を促す．刈り込み後30日位で伸びた冬至芽を挿し芽して苗をつくりこれを2～3条植えか平床に定植する．定植間隔は品種や冬至芽発生程度にもよるが，28×18cmか24×15cmとする．元肥は秋ギクの露地栽培に準ずる．定植苗は2～3本の冬至芽を発生するからそのまま冬の自然低温に遭わせてからビニルをかけ，ハウスを夜間加温して2～5月に開花させる．

夏ギクの促成栽培では施設の温度管理しだいで出荷期や品質が決まる．定植後，花芽分化までは8～10℃の低温に抑え，茎長が30～40cmになったら夜間温度を12～15℃に上げて花芽分化を促し，出蕾後は10～12℃にする．

（3）輪ギクの施設電照栽培

秋ギクと夏ギクを組み合わせて施設で周年生産する電照ギクはわが国のキク栽培でも首位を占め暖地を中心に生産されている．わが国独特の葬儀用需要を主な対象としているので白色中大輪の一輪ギク（輪ギク）が中心で，生産は共選共販体制の特異な産地生産になっている．特に愛知県渥美地方と福岡県八女地方はその二大産地である．このため品種も少数特定品種に限定されているのも特色である．初期には「天が原」や「乙女桜」などが作付けられたがその後，秋ギクの品種「秀芳の力（しゅうりきともよぶ）」と夏ギクの品種「精雲」の組み合わせが約20年間にわたり栽培されてきた．最近，やっと前者には「神馬」，「精興の誠」，後者には「岩の白扇」などに変わりつつある．輪ギクの電照栽培は作付けも大きく生産者も多いので栽培技術も常に改善され，省力化されている．中

図18.32 高冷地での秋ギクの露地切り花栽培（長野県，富士見町）

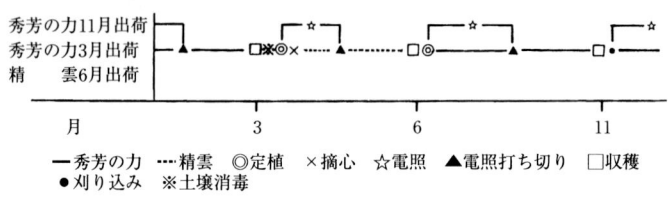

図18.33 輪ギクの電照切り花栽培の作型の組み合わせの一例
　——秀芳の力　…精雲　◎定植　×摘心　☆電照　▲電照打ち切り　□収穫
　●刈り込み　※土壌消毒

でも苗の繁殖育苗も購入苗や直接挿しの採用，灌水施肥の省力には養液土耕栽培の導入，調整出荷作業も機械化による効率化など急速に改良されている．

　作型もいろいろあるが一例をあげると図18.33のように「秀芳の力」と「精雲」の輪作による年3作および3作半が最も多い．この作型の組み合わせでは6月の出荷には「精雲」を，その後作には11月出荷の「秀芳の力」を植付け，収穫後刈り込んで再生させて3月に2度切りする方法で，遮光の必要がないことと，2回の購入苗で済むから経費や労力も軽減できる．電照ギクは専作となるから生産規模が大きく生産者の高齢化も管理作業負担が課題になっている．繁殖育苗を省くため海外で委託生産した穂を購入し挿し芽して定植するか，穂を直接挿す方法がとられている．

　小西（1971）は秋ギクの挿し穂や発根苗を低温処理すると植付け後の生育が促進され，管理温度をやや低くしてもよく生育することを発見し広く利用されている．定植に当たっては同一施設で高度に連作するので一作ごとに土壌消毒するのが原則である．従来は80～90cmの床幅に4条で20×20cm間隔程度で植付けたが，最近の養液土耕栽培では床幅60～70cm，通路40cm位に12cmマス目5列のフラワーネットを植付け基準とし，中央のマス目を残して両側2マス目の中央に苗を1本ずつ植付ける．

（4）電照栽培の日長管理

　電照による日長管理についてはスプレイギクの項で述べるが，輪ギク電照特有の問題点について触れておく．電照で冬季に抑制開花させると花弁数が減少したり，花首近く

の葉が極端に小さくなる'うらごけ現象'をおこし商品価値を著しく低下させる．この課題について岡田（1954）は再電照によって回避できることを見出し，さらに愛知県総農試の研究では電照打ち切り後12日目に4～5日間再電照し，次の4日間は中断して再び3～4日電照することによって解消できた．また，輪ギクでは冬季の短日下，電照を打ち切ると茎の上部の節間がつまる高所ロゼットを発生することがある．消灯前後にジベレリン25～75ppmを2回散布するとこれを防止できる．輪ギクは出蕾も側芽，側蕾が出てくるからこれを摘み取る手間がかかる．近年はこの側枝のでない「岩の白鷹」などのような'芽なしギク'といわれる品種が育成されている．

（5）養液土耕と設備および給液方法

施設切り花栽培ではキク以外にも施肥や水を節約できる環境に優しい技術として期待されているが，給液管理の装置や器具の設置が必要となる．中途半端な設備ではうまくゆかない．装置，器具もイスラエル製の他国産もある．石川（1999）によると給液システムの概要は図18.34のようになる．点滴チューブは4条植えの平床に2本設置し，低圧で給液量の均一性の高いノズル幅15mピッチのカティーフがよい．液肥原液の処方は石川によると表18.7のようになり，給液方法は生育ステージ別に肥料成分，給液間隔などを調節する．定植→消灯期，消灯→発蕾期，発蕾→収穫期で後半になるほど1日当たりのチッ素とカリの施用を多くする．1日当たりの給液量，液肥の希釈倍率，給液間隔の制御はパソコンを利用する．養液土耕は水分および栄養は必要最低限度を管理するので栄養診断と土壌診断は欠かせない．

（6）収穫，出荷と出荷組織

収穫，出荷の方法は個選と共選ではやや異なる．採花した花は作業場で表18.10のような規格で仕

表18.7 養液土耕の液肥原液処方の例

肥料名	配合処方 (kg/水1t)	含有成分（%）				
		N	P_2O_5	K_2O	CaO	MgO
〈1液〉						
複合肥料*	100	18	18	18		
硫酸マグネシウム	40					21
硫安	20	21				
〈2液〉						
硝酸カリウム	80	13		46		
硝酸カルシウム	120	14			27	

*：NPKの他，微量要素（Fe，Mn，Zn，Cu，Mo）を含有

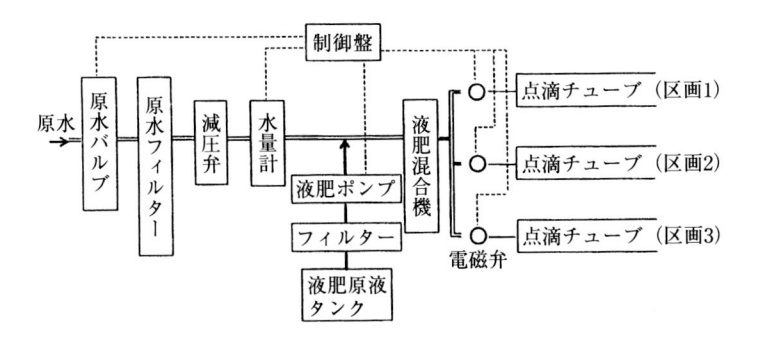

図18.34 養液土耕の給液システムの概要（石川 1999）

分けし，調整，結束，水揚げ，箱詰めして出荷する．この過程は個選でも自動選花機や結束機で機械化されている（自動選花機などは省力装置類の項参照）．電照輪ギクの産地では共選共販による高度な出荷作業システムで行うところがでてきている．愛知県渥美町のJA渥美ではロボットなど全自動で出荷処理する出荷工場も稼動している．

1) 輪ギク専用の出荷工場マムポート

輪ギク自動出荷工場「マムポート」は，伊藤（1998）によるとこの地区の生産者234戸を対象に品種「秀芳の力」と「精雲」の2品種を対象に年間の取扱い量9,900万本，1日最大処理量38万本を目標に建設され1997年から稼動している．各生産者が収穫した輪ギクをばらのままマムポートの荷受場に持ち込み，ここでトレイに詰めた後は全てロボットとコンベヤー，画像処理で自動的に調整，仕分け，結束，水揚げ，箱詰めを行い格付け仕分け部分だけ人手間になっている．さらに自動で水槽に移動し一時間水揚げ後，ロボットアームで200本単位で箱詰めされ予冷庫に貯蔵される仕組みである．画像自動認識による選花のスピードは1本当たり0.6秒で，全工程は約3時間要する．

(7) スプレイギクの周年切り花栽培

スプレイギクは日長の調節で周年開花させられ，花型，花色なども多様で鮮明な枝咲きの秋ギクタイプの系統で従来のキクのイメージを変えた花束やアレジメントに向く大量消費型のキクである．施設でマニュアルによるプログラム生産が可能でどこでも生産できるから，国際間の競争を覚悟しなければならない作目である．現に韓国や中国でも生産され輸入され始めている．わが国でも愛知県の渥美や豊川地方，栃木県の芳賀地方を中心に広まる傾向にある．海外育成品種が多く，ほとんど保護品種で苗（穂）も海外からの輸入が多い．

1) 主な品種

品種には花径3cm位の小輪から8～10cmの大輪まで，花型も一重，半八重，八重咲き，玉状になるポンポン咲き，中心が筒状花になるアネモネ咲き，花弁が細い筒状になるスパイダータイプなどがある．主な品種にはホワイト・リネッカー（White Lineker：白色一重），リィバティ（Ribarty：鮭桃色一重），ウェルドン・ダーク（Weldon Dark：藤桃色に中心黄色のポンポン咲き），ヨーコ・オノ（Yoko Ono：黄緑色ポンポン咲き）の他多数がある．

2) 作付けと栽培上の課題

わが国の作付けは一作終わって次に作付けて年に3～3.5作が多いが，生産規模の大きいオランダなどの施設では7日から10日おきに苗を植付け，ほぼ周年にわたって連続的に切り花を収穫する生産で施設の単位面積当たりの労力や経費を削減している．表18.8は川田（2000）がオランダと日本のスプレイギ

図18.35 輪ギクの全自動出荷工場マムポートの作業ロボット

表18.8 オランダと日本のスプレイギク切り花生産の年間・m^2当たりの収支の比較
(単位：円, 1ギルダー50円で換算)(川田 2000による)

	オランダ (1997-98)		日本 (経営モデル)	
a. 粗収入	203本×23円	4669	155本×60円	9300
b. 生産資材費				
苗	210株×5.25円	1103		50
ロイヤルティ	210株×1円	210	-	-
暖房費	ガス35m^2×13.05円	457	A重油10l×30円	300
農薬		100		225
肥料		40		160
出荷費		110		630
市場手数料	5%	233	10%	930
負担金または農協手数料	2%	93	1.5%	140
そのほか		542		604
	計	2888	計	3039
c. 労賃	0.50時間×1530円	765	1.925時間×1530円	2945
d. 生産施設の償却・維持費	(表-3~4)	1150	(表-5)	2459
e. 収支 粗収入-生産費 $a-(b+c+d)$		-134		+857

ク切り花生産のm^2当たりの収支を比較したものである．日本は粗収入でオランダの2倍になっているがそれは日本の方が単価が高いからである．資材費はオランダが安く，労働費は3分の1以下である．この点からわが国のスプレイギク生産は資材の節約や省力が決め手になることを示している．

スプレイギクの作付け計画は周年生産スケジュールに合わせて植付け，管理が決定する．表18.9はキリン・アグロバイオの資料による周年生産スケジュールの一部を示したものである．日本の栃木県を基準にしたスケジュールで品種は早生，晩生によりやや異なるが，同一品種でも短日開始から開花までの期間（週数）はシーズンによって変わってくる．この表のスケジュールは無摘心栽培で植付け後5週間長日にし，その後8週間短日にして開花させる．わが国では摘心栽培が多いが，オランダでは無摘心で密植し栽培期間を短縮するとともに単位面積の収量を高める栽培が多く，わが国もこの傾向が広がっている．

この密植栽培は120cm幅の床に15cm目のフラワーネットを置き，中央の2目は植付けず，この外側の3目ずつに一目，2本ずつの苗を植付ける．肥料は栽培期間が短いため液肥など均一に施用するが，養液土耕も増えている．収穫もふつうは何回にも分けて行うが，密植無摘心栽培では一斉に開花するので床の片側から刈り取るように採花して収

表18.9 スプレイギク周年生産のスケジュールの例（キリンの資料 1995による）

ロット番号	植付け	全成育期間	短日期間	開花時期
	:週	:週	:週	:週
1	1	13	9	14
2	2	13	9	15
3	3	13	9	16
4	5	12	9	17
5	6	12	9	18
6	8	11	8	19
7	9	11	8	20
8	10	11	8	21
9	11	11	8	22
10	12	11	8	23
11	13	11	8	24
12	14	11	8	25

表18.10 キク切り花の品質基準（農水省の資料による 1989）

評価事項	等級		
	秀	優	良
花・茎・葉のバランス	曲がりがなくバランスがとくによくとれているもの	曲がりがなくバランスがよくとれているもの	優に次ぐもの
花型・花色	品種本来の特性をそなえ，花型・花色ともにきわめて良好なもの	品種本来の特性をそなえ，花型・花色ともに良好なもの	品種本来の特性をそなえ，花型・花色ともに優に次ぐもの
病害虫	病害虫が認められないもの	病害虫がほとんど認められないもの	病害虫が僅かに認められるもの
損傷等	日やけ，薬害，すり傷などが認められないもの	日やけ，薬害，すり傷などがほとんど認められないもの	日やけ，薬害，すり傷などが僅かに認められるもの
切り前	切り前が適期であるもの	切り前が適期であるもの	切り前が適期であるもの

注：多花性の品種にあっては，開花数および着色花蕾数の合計が3輪以上でなければならない

穫の労力を節約できる．切り花の調整，格付け，結束などの処理は輪ギクと同じである．

18.15.5 病害虫防除

キクは作付けも多く作型も多様でとくに露地栽培では病害虫の発生が多い．

1) 白さび病（*Puccinia horiana* P. Henn）

初夏や初秋の高温多湿の時期に発生しやすいが品種間により感受性の差が大きい．葉裏に斑点状の病斑を生じ白いイボ状に変わりひどくなると穴があく．プラントバックスが特効があったが，最近は耐性菌によって効果が落ちる．サプロール乳剤1,000倍液かダコニール1,000倍液散布が有効である．

2) 褐斑病（*Septoria obesa* Sydow）

円形または不正形の黒褐色の病斑が下葉より生じ葉全体に広がる．トップジンM水和剤1,500倍液かサンヨール乳剤500倍液を散布して予防する．

3) 半身萎凋病（*Verticillium albo-atrum*）

出蕾期前後に発生する．株の半身または全身の葉が突然しおれ，そのまま株が枯死する．発生したら防止対策はなく，植付け前に蒸気やクロルピクリンで土壌消毒する．

4) アブラムシ類

キク栽培には必ず発生する害虫でキクヒメヒゲナガアブラムシ（*Macrosiphoniella sanborni*）やワタアブラムシ（*Aphis gossypii* Glover）が着生しやすく，発見したらオルトラン水和剤1,000倍液か，合成ピレスロイド剤などを散布して防ぐ．

5) アザミウマ類

一般にスリップスともいいキクにつきやすい．ミナミキイロアザミウマ（*Thrips palmi* Karny）やクロゲハナアザミウマ（*Thrips niigropilosis* Uzel）などで，成虫，幼虫ともに新

芽, 葉, 花を加害する. 小さいので発見しにくく, 加害部分が発生してカスリ状やひきつれ状になるのでわかる. コテツフロアブル2,000倍かベストガード水溶剤1,000倍液を散布する.

  6) ハダニ類

  ナミハダニ, ニセナミハダニ, カンザワハダニなどが葉裏に付き, 汁液を吸うので葉色が退色する. 体長が小さいので発見しにくい. コテツフロアブル2,000倍液散布か, かサンマイトフロアブル剤の1,000倍液を散布する.

  7) マメハモグリバエ (*Liriomyza trifolii* Burgess)

  幼虫が葉肉内にトンネル状に喰害し葉に模様ができる. 最近発生が多い害虫になっている. カスケード乳剤かトリガード乳剤の1,000倍液を散布して防ぐ.

参 考 資 料

1) 石川高史 1999. 輪ギクの養液土耕栽培の現状と問題点. 施設園芸 2月号.
2) 伊藤健二 1998. 愛知県におけるキク生産の動向と自動選花施設の導入の概要. 施設園芸 5月号.
3) 川田譲一 2000. オランダに学ぶスプレーギクの低コスト生産. グリーンレポート No.3. JA全農営農・技術センター刊.
4) 北村四郎 1995. キク科植物の分類. 新花卉 第168号.
5) キリン・アグロバイオ編 1995. オランダ花卉情報 (テクニカル編) KIRIN AGROBIO EC B.V. Holland.
6) 小井戸直四郎 1952. 切り花菊の品種改良. 長野県の花卉栽培, 信州花卉園芸組合刊.
7) 柴田道夫 1995. 野生・園芸種交雑ギクの育成過程. 新花卉 第168号.
8) Brummitt, R. K. 1997. Chrysanthemum one again, The Garden Sep.
9) 船越桂市 1998. 周年供給は多品種から少品種へ−1輪ギクの用途固定が少品種時代へ−昭和農業技術発達史.6 (社) 農林水産技術協会編.
10) 本間義之 1999. キク'秀芳の力'を真夏に直挿し栽培するための要点. 施設園芸 2月号.
11) Laurie, A., Kiplinger, D.C. and Nelson, K.S. 1956. Commercial Flower Forcing McGrow-Hill Book Com.

18.16 キンギョソウ (属名: *Antirrhinum* L.
英名: Snapdragon, 和名: キンギョソウ) ゴマノハグサ科, 半耐寒性一年生, 多年生または半低木

《キーワード》: 切り花, 鉢物, 庭園花壇

　北半球の温帯地方に約40種が分布し, その内 *A. majus* 種が切り花用として早くから栽培されていたので品種の発達も顕著で形態, 生態的に変化のある品種群が成立している. それだけに切り花としては重要な位置を占めており, 鉢物や花壇用の品種まで広がっている. このごろは majus 種以外の種も園芸品種として育成され利用されるようになった.

(1) 主な種について

1) *Antirrinum majus* L. (マユス種)

　Common Snapdragon ともいい, ふつうキンギョソウと言えばこの種を指す. 南欧州, 北アフリカなど地中海沿岸に原産する半耐寒性の多年生草本であるが, 園芸上では一年生として取り扱われている. 草丈は0.7〜1.2mで濃緑葉をもつ. 花は茎頂部に穂状につき, 花は長さ4〜6cmで花筒部の先が上下の2唇弁からなり, 原種の花色は紫赤で上唇弁は黄色を帯びる. 改良された品種は多様な花色をもち, 花型も八重咲きやペンステモン咲きなどもある. 開花期は初夏から夏にかけてであるが, 秋咲きもあり, 現在の栽培品種は日長に鈍感で周年開花する温室促成タイプである.

2) *A. molle* L. (モーレ種)

　スペイン北西部からポルトガルにかけて自生する常緑の半耐寒性で基部が木化する多年生である. 丈が15〜20cmの低い這い性種で伸長茎は地表を這い, 花茎は直立する. 葉は卵形で長さ12cm, 表面に細毛を帯びる. 白色またはさめた桃色の花を夏に咲かせる. 繁殖は挿し芽で増やす.

3) *A. pulverulentum* L. (プルベルレンタム種)

　スペイン東部に自生し前種のように這い性で丈は15〜20cmと低い. 葉は卵形の3cm位の長さで表面には細毛をもち緑紫色である. 花はくすんだ黄色で夏に開花する. 最近, ガーデニング用の這い性タイプが選抜され栄養系として販売されている品種はこの改良種といわれる.

(2) 育種と栽培の発達小史

　欧州では1578年ころ数種の花色がでており, その後, さらに多様な花色や八重咲きも現われていたという. 19世紀に入ってわい性原種などとの交雑により丈が15〜20cmのわい性キンギョソウが育成されている. これらは夏咲きなので主に庭園用として栽培されていた. 19世紀末, 米国に入ってから重要な切り花用花きとしてカリフォルニアなどで栽培されるようになった. 選抜された品種が挿し芽など栄養繁殖されたため1903年米国西海岸で発生したさび病は1920年ころまでほぼ全米に広がりキンギョソウの作付けができなくなった. 1922年, マインズ (Mains, E.B.) はキンギョソウの中から耐病性のある個体を発見し, これを *A. glutinosum* と交雑して耐病系を育成した. さらにエムズウェラー (Emsweller, S.L., 1934) らはその選抜系を実用品種と交雑して実用化を可能にした.

彼らはさび病抵抗性遺伝子は単純な優性遺伝であることを知ったからである．さらに栄養繁殖は病害の伝播の原因になるので，種子繁殖による固定品種の育種も進んだ．原種のもつ長日性で夏咲きのキンギョソウが，日長に鈍感で温度さえあれば周年開花する温室促成系が育成されたのは1950年ころである．シカゴのジョージ・ボール社（Geo. J. Ball Inc.）やヨーダー・ブラザーズ社（Yoder Brothers Inc.）は相次いで温室促成用キンギョソウF_1品種を発表している．わが国の坂田種苗（現サカタのタネ）も1961年F_1品種「雪姫」「満月」などを発売し，暖地ハウスの栽培が始まっている．花型についても半八重は早くから出ていたが1954年に大輪八重咲き品種「セミダブル・サンシャインローズ」が出ており，その後，現在の八重咲き系のダブル・アザレアタイプに変化している．また，花弁が変化してペンステモンの花に似たペンステモン咲き（バタフライ咲き，ベル咲きともいう）が1965年ころに育成されている．倍数体は1955年，米国のバーン・シード（Vaughan Seed Co.,）から4倍体品種が発表され，3倍体品種は最近わが国の育種企業から発売されている．米国では1960年から1980年代はカリフォルニア，オレゴン，オハイオ各州がキンギョソウ切り花産地であったが減少した．その後，南米からの輸入切り花で米国のバラ，カーネーションが壊滅してから長距離輸送のできないキンギョソウの切り花生産が再び見直されている．わが国でも1970年代から千葉県房総半島，静岡県伊豆半島，愛知県渥美半島などではストックとともに暖地切り花として定着してきたが，最近はやや他の花に押されて減少している．

図18.36 切り花用F_1品種「メリーランド・ブライトイエロー」

（3）主な系統と品種

キンギョソウは切り花の他鉢物や花壇用品種があり，最近はガーデニングの普及から花壇用品種に関心が集まっている．米国では開花習性から品種を次の4グループに分け種苗カタログもこれに準じて記載されている．

1. グループ：冬季の低温短日条件下で自然開花する品種群で，夜間温度10℃以上あれば12月から4月に開花する．
2. グループ：秋および早春の自然条件下で花芽を形成し11月から12月と，4月から5月に開花するもので夜間温度は10～13℃を必要とする．
3. グループ：自然条件下で5月から6月と9月から10月に開花するグループで，開花には長日で15℃以上の夜間温度を必要とする．
4. グループ：開花には長日と高温を必要とする夏咲き種で自然条件下では8月から10月に開花する．

わが国では切り花，鉢物，花壇用も含めキンギョソウの品種を次のように分けている．

図18.37　這い性品種「キスミーレッド」のハンギング・バスケット

1）温室ハウス促成用（冬季切り花用）品種

温室やハウスで冬季から春にかけて加温切り花栽培に向くもので晩生種は電照して開花を促進させる．

　　F_1 メリーランド・シリーズ品種（早生，中間色，複色）
　　F_1 アポロ・シリーズ品種（ペンステモン咲き）
　　F_1 ダブルアザレア・シリーズ品種（八重咲き，晩生で冬季には電照必要）
　　F_1 ポトマック・シリーズ品種（中晩生種で中間色が多い）

など．

2）露地用高性品種（夏咲き種）

長日性で初夏から夏にかけて開花する品種群でわが国にはほとんど該当品種はない．

3）露地用中性品種（夏咲き種）

長日性で初夏から夏にかけて開花する草丈が50〜60cmになる．中性種では鉢物や花壇用に利用される品種群でコロネット・シリーズやヒットパレード・シリーズなど花色混合品種の他，色別の F_1 リボン・シリーズがある．

4）露地用わい性品種

草丈が18〜22cmのわい性品種で鉢物や花壇用に利用される．開花は5月から9月で，各色別のシリーズ品種が多くあり育種も進んでいるグループである．ふつうの花型のスイートハート・ミックス（各色混合），フローラルカーペット・シリーズ（色別）他，ペンステモン咲き（バタフライ咲き）のベル・シリーズもある．

5）這い性タイプ品種

マユス種に他の原種を交配して育成したもので近年育種されている．茎も細く地表を這い花穂部を直立させて短い花穂を一面つける．葉は小さい卵形でうすく綿毛をもつ灰緑色で花は中間色の単色または複色で6〜8月開花である．品種にはランピオン・シリーズやキスミー・シリーズ（赤，橙，桃などの濃色）もある．

(4) 生態的特性

基本的には量的長日植物で花成には温度とも微妙に関係する．しかし育種の過程で光

周性反応の違う系統に分化してすでに述べたように米国の4グループがある．温室促成用品種でも冬季短日下では栄養生長が旺盛で草丈が高くなり，反対に夏季の長日下では茎が細く草丈がやや低くなる．このため温室促成の晩生品種は冬季電照して開花を早める．

生育温度は昼間15～20℃，夜間10℃位を目安とし，冬季日中は換気する．

(5) 栽　培

1) 切り花栽培

育苗はセル苗を購入して栽培にかかる方法が増えているが，播種からでは12～1月出荷には7月下旬，1～3月出荷には7月上旬に播く．発芽温度は15～20℃で好光性種子である．種子は1 ml 当たり2,000粒で1 a当たり2～4 ml を必要とする．播種育苗はセルトレイで行う．播種後45～60日で定植する．

定植間隔は摘心栽培では15×15 cmで3.3 m^2 当たり75本植えとする．定植床は前もって土壌消毒をしておく．pHは5.5～6.5がよい．施肥は10 a当たりチッ素16 kg，リン酸16 kg，カリ20 kgを基準とし元肥には1/4，残りは追肥として分施する．摘心は開花期を決める要素なので早いと丈が短くなるので，ふつうは定植後20～30日位に5節でする．キンギョソウは倒れやすいのでフラワーネットを1～2段に張る．灌水は適度に行い開花期に近づくとやや乾燥気味にする．冬季の温度管理は昼間20℃，夜間は最低10℃以上を保つようにする．

採花の切り前はふつう咲きでは7～8輪開花時，ペンステモン咲きでは5～6輪が適期である．摘心栽培では一番花，二番，三番と順次開花して開花期がややずれる．採花後はSTS剤で前処理してから規格別に分けて調整結束して出荷する．

2) 鉢物および花壇苗の栽培

わい性品種は鉢物，ガーデンセンター用花き苗を目的とした栽培であるから4～6月出荷を目安に色別の組み合わせで作付ける．無加温か僅か加温のハウス栽培では9月～10月ごろ播種するか11月にセル苗を入手して植付ける．最近の早生品種では1～2月に播種しても間に合う．本葉4～5枚で9～12 cmポットに鉢上げし昼間15～18℃，夜間10℃に加温する．育苗中に1回摘心して分枝させておく．鉢物では多く立たせボリューム感をだすため一鉢，数本を寄せ植えすることもある．鉢物の出荷には花が15花以上開花したもの，苗物では4～5輪開花で出荷する．

18.17　グラジオラス（属名：*Gladiolus* L. 英名：Gladiolus，和名：トウショウブ）アヤメ科，不耐寒または半耐寒性球根

《キーワード》：切り花，庭園花壇，売店小売（球根のドライセール）

約150種の原種が南アフリカおよび地中海沿岸から中近東にかけて自生し，両地方の原産グループはやや違うといわれる．90％の原種は南アフリカで海岸や草原に分布し耐寒性は弱く，現在の園芸種の親になっている．後者のグループは牧場や穀物畑地に自生し耐寒性は強い．地中に球茎を形成し頂芽から剣状または線状の葉を直上に伸ばし，開花期になると花茎を抽出してろ斗筒状で上唇弁3枚，下唇弁3枚の花を穂状に付ける．花

色は紅，桃，紫，白，黄色と多彩で開花も夏咲き，春咲き，秋咲きがあり，球茎は年々更新する．

(1) 野生種と園芸種

現在グラジオラスの園芸種として栽培されているものは，ほとんど原種の交配種である．この交雑に使用された原種は夏咲き種で12種，早咲き種で10種位の原種が関与したと見られる．グラジオラスの交雑は1807年ころから始められ，1823年にコルビリー種が作出されてから多くの交雑種が生まれている．その主なものは *G. cardinalis* ($2n = 60$), *G. psittacinus* ($2n = 75, 90$), *G. floribundus, G. primulinus* ($2n = 60$), *G. saundersii* ($2n = 30, 45$) などがある．交雑による主要な園芸種に次のものがある．

1) *G.* × *gandavensis* van Houtte（ガンダベンシス種）

夏咲き大輪種といわれるもので現在の栽培の中心になっている．フランスの M. Beddinghaus が *psittacinus* ほか数種の原種間交配により作出したものといわれ1841年に発売されている．草丈90～150 cmになり，花穂も長大な大輪花で花色は各色，開花は7～9月である（$2n = 30$）．

2) *G.* × *colvillei* Sw.（コルビリー種）

1823年英国のコルビリーナセリーで *G. cardinalis* などの原種間の交雑により育成されたもので春咲き種または早咲き種といわれる．葉は細く，花穂は花を一方向に付け，最近はさらに改良され多品種が育成されている．開花は5月で耐寒性が強く暖地では露地に秋植えする（$2n = 30, 45$）．

3) *G.* × *nanas* hort.（ナナス種）

G. grandis 種ほか多数の原種間交配によって育成されたと考えられている．葉や花茎は花穂の部分で弓なりに曲がるのが特徴で耐寒性は強く，ふつう秋植えとして4～5月に開花する．

(2) 育種と栽培の発達小史

16世紀末にはグラジオラスの記録がでてくるので欧州では早くから注目されて栽培されていたと思われる．アフリカの原種が欧州に入ったのは1700年代の初期とみられている．アフリカ原産の原種間の交配は1807年，Herbert, William によって始められ1823年には英国のコルビリーは *G. cardinalis* × *G. tristis* var. から *G.* × *colvillei* を育成している．夏咲きのガンダベンシス種はフランス，ドイツ，オランダなどで主に種間交雑による育種が他の花きにはみられないほど盛んに行われた．

「最新園芸大辞典（誠文堂新光社，1968）」によると米国コーネル大学の Beal, A.C. は論文「Gladiolus Studies － I」には180種の交雑種が記載され，その一部である交配親と交雑種の関係を表18.11に示しておく．

その後，米国でグラジオラスの露地切り花栽培が普及したため，園芸品種の育種が目覚しく発展した．有名な育種家ルーサーバーバンク（Luther Burbank）が1890年ころからグラジオラスの育種を始め，その後，インディアナの Kundard, A.E. は本格的な育種を開始し夏咲き大輪波状弁品種を多数育成している．さらに Kundard は球根の生産販売するグラジオラス専門の種苗企業として発展している．20世紀に入ってからは再び英国，フ

表18.11 グラジオラスの原種と交雑種間の交雑親との関係（Berl, A.C.）

1	*psittacinus* × *florivundus*	*brenchleyensis*（Hooker）
	psittacinus × *oppositiflorus*	*gandavensis*（Beddinghaus）
	oppositiflorus × *cardinalis*	*ramosus*（Rifkogel）
	cardinalis × *tristis* var. *concolor*	*colvillei*（Colville）
	cardinalis × *byzantinus*	*victorialis*（Dammann）
2.	*gandavensis* × *psittacinus*	*massiliensis*（Delevil）
	purpureo-auratus ×	*lemoinei*（Lemoine）
	gandavensissaundersii × *gandavensis*	*turicensis*（Froebe）
	ramosus × *cardinalis*	*formesissimus*
3.	*lemoinei* × *angustus*	*colvillioides*（Lemoine）
	lemoinei × *nanus*	*vitriacensis*（Cayeux）
	dracocephalus × *lemoinei*	*dracocephalus* Hybrids（Lemoine）
	lemoinei × *saundersii*	*nanceianus*（Lemoine）
	lemoinei × *papilio*	Blue Hybrids（Lemoine）
	childsii × *cruentus*	*princeps*（Van Fleet）
4.	*nanceianus* × *gandavensis*	Exclesior（Barr.）

ランス，ドイツ，オランダで育種が復活したが米国には及ばなかった．

米国でグラジオラスの切り花生産が早くから大規模に行われたのは南部で生産した切り花が長距離輸送できること，機械化による省力生産できることだったという．Laurie, A.らによれば，1959年フロリダ州のグラジオラス切り花面積は3,300 ha，ノースカロライナ州は440 haだったという．Post, K.の著書（1952年）には大規模生産の切り花出荷状況が図18.39のように紹介されている．フロリダ州では現在も切り花生産が続けられている．東南アジアのインド，タイ，中国なども宗教上の需要が多いのでグラジオラス切り花生産が広く行われている．

わが国への渡来は江戸時代の末期といわれている．露地の切り花生産が始まったのは戦後で長野県，兵庫県，茨城県などで栽培された．これらはお盆や秋の彼岸の需要を対象としていたが，次第に消費の拡大とともに暖地の促成，抑制栽培で10～5月までの出荷に広がっている．わが国で経済品種の育種では奈良県の平和園（川畑）の活躍を忘れるわけにはいかない．川畑寅三郎は30年以上グラジオラスの育種に取

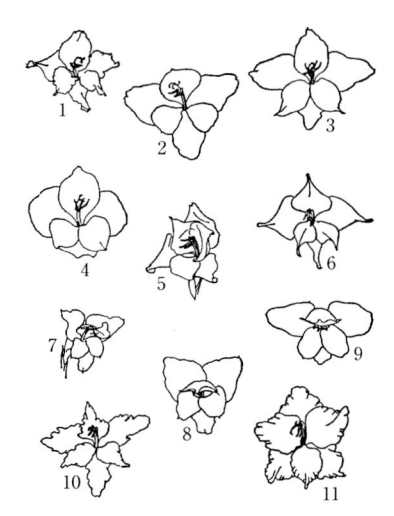

1. Orchid form, 2. Trianglar form, 3. Common Wide open, 4. Round Petaled, 5. Recurved, 6. Needle point, 7. 8. 9. Primulinus Type, 10. Laciniated, 11. Ruffled PetaledType.

図18.38 グラジオラスの花型
（Hoff, R. 1931）

り組み日本的な品種の育成に努め「地獄門」「春の光」などの銘品種を残している．しかし，グラジオラスは現在，切り花の人気は夏咲き大輪種から小型の春咲き種などに関心が移行している．

(3) 主な系統と品種

現在栽培されている夏咲き大輪種はすでに述べたように複雑な原種間の交雑で育成されてきたので色々な花型がある．古いが Hoff, R. (1931) が当時花型を分けているが基本的には今もあまり変わらないので参考までに図18.38に示しておく．

図18.39 1950年代の米国でのグラジオラス切り花の出荷作業の状況（Post, K. の著書1952より）

わが国の切り花栽培では季咲きから抑制，促成栽培とも品種「ヘクター（Hector：Palmer, E.F. 1936年作出）」が長い間栽培されており，今もカタログに掲載されている．しかし，最近の系統別の主な品種には次のものがある．

1）夏咲き大輪種

「カルタゴ（Cartago）赤色大輪中生」，「マスカーニ（Mascagni）濃赤色早生」，「ジェシカ（Jessica）鮭橙色早生」，「ジャクソンビルゴールド（Jacksonville Gold）濃黄色晩生」，「ホワイト・フレンドシップ（White Friendship）白色大輪早生」，「ファド（Fado）淡桃色大輪晩生」，「プリンセスマーガレットローズ（Prinsess M. Rose）黄色に赤縁波状弁早生」など．

2）春咲き種

「ルブラ（明るい赤色）」，「ロゼウス（淡桃色）」，「アルバ・ゼ・ブライト（白色）」など．

(4) 形態および生態的特性

グラジオラスは半耐寒性の球茎（corm）で，植付けた球茎は開花後，新球茎を形成して更新する．植付けた球茎の主芽が伸びて開花期になるとその基部が肥大して新球を形成する．側芽も新小球になり，新球の下に多数の木子（cormel）を付ける．品種によって形成数は違うがこれを養成して切り花用の成球にする．

夏咲き大輪種の花芽分化は適期に植付けたものでは本葉2〜3枚ころから始まり，40日位で雌雄蕊の形成が終わる．多くの研究で花芽形成に日長は影響しないが，花芽の発育には長日で促され，短日下ではブラインド（花成が途中で停止する：blind）発生が多くなる．春咲き種は高温で休眠が破れ，低温と長日で開花が促される特性がある．夏咲き種の生育適温は日中25〜30℃，夜間15℃位で夜間3℃以下になると発育は停止し，−3℃以下になると凍害を受ける．このような生態特性から夏咲き大輪種は春植えし，春咲き種は半耐寒性で低温，長日で開花が促されるので秋植えする．グラジオラスの球茎は掘上げ後約3カ月近く休眠する．促成するためには休眠を打破して早期に植付ける必要があり，抑制栽培では掘上げた球茎を長期貯蔵する必要になる．このためグラジオラスの栽

培では休眠，休眠打破，貯蔵は重要な技術課題であり，早くから多くの研究がある．その中でも米国，ニューヨークのボイストンプソン研究所（Boyce Thompson Institute）のDenny, F.E. らの研究（1926〜1942）は群を抜いている．

Denny, F.E（1938）はグラジオラス球茎を掘上げ直後，湿った土の中に貯蔵し25℃を保つと球茎が1年以上休眠することを見いだした．これらの長期休眠した球茎をエチレンクロールハイドリン（ethylene chlorhydrin : $C_1CH_2CH_2OH$）の気浴処理で休眠が打破されることも見いだした．エチレンやエスレルではまったく効果はなかった．また，5℃に3〜6週間低温処理後エチレンクロールハイドリン処理はさらに打破効果が高く，高温処理後では効果がなかった．休眠打破についてはその後低温や変温が効果があることが研究され（塚本1952, Ryan, G.F., 1955, Apte, S.S.,1962），35℃に5日間置いた後に0〜3℃に25〜30日の処理で打破できるという．しかし，エチレンクロールハイドリンも品種によっては全く効果がなかったものもあるから，温度処理でも品種間差があると見られる．

秋に掘上げた球茎を翌秋からの抑制栽培では7〜8月まで貯蔵することになるが，その間の腐敗が問題になる．この対策として収穫後直ちに30℃に10日間処理してから2〜4℃に貯蔵して表皮を硬化するキュアリング（curing）処理をする．

（5）作型と栽培

夏咲き大輪種の切り花栽培では出荷目標時期による作型は表18.12のようになる．各作型は生産する地方や設備投資などにより選択する．

1）普通栽培（露地季咲き栽培）

露地で7, 8月のお盆出荷をねらう栽培で，開花期が高温期になるので良質生産のため夏季冷涼な高冷地の生産が主になる．中球サイズのものを入手して植付けることになる．植付け期の決定は植付けから開花期までの期間は早生品種で80〜90日，中生で100日，晩生で110〜120日なので栽培品種の早晩性で決まる．畝作りでは畝間40cm，畝条に1,

表18.12 グラジオラス切り花栽培の作型の例

作型	植付け期	開花期	植付けから開花までの日数	栽培条件
普通栽培	3月下旬 4月中旬 5月上旬 5月下旬	7月上旬 7月中旬 7月下旬 8月中旬	約101日 90 80 70	露地 露地 露地 露地
抑制栽培	7月上旬 7月中旬 8月中旬 9月上旬	9月中旬 10月中旬 11月中旬 12月中旬	75 80 90 110	露地 露地 ハウス無加温 ハウス加温
促成栽培	10月下旬 11月上旬	2月中旬 3月下旬	110 130	ハウス加温 ハウス加温
半促成栽培	1月上旬 2月上旬	4月上旬 5月上旬	90 90	ハウス加温 ハウス一部加温

注：早生品種を基準とした．

2列植えでは球茎の間隔を18～20cmで植え，床植えでは15～18cmの間隔で植える．深さは10cm位を目安とする．肥料は1a当たり成分でN2.4～2.8kg，P2kg，K1.6～2.0kgを植付け前に元肥として1/2施用し，残りは追肥として与える．元肥は堆肥などと施用し，追肥は50～60日後に化成肥料などで施用する．花茎が伸びると倒伏しやすいので土寄せしたりテープを張って防ぐ．採花は花穂の最下段の花が花包から花弁が見えるか見えないかが切り前なので遅れると出荷できない．採花した花は品質別に10本1束として出荷する．

図18.40　暖地のハウスにおけるグラジオラスの促成栽培

2) 抑制栽培

暖地の露地栽培が多いが，高冷地の栽培もある．抑制栽培は球茎を長期間貯蔵するので球茎の腐敗がでるの植付け前の選別が重要な作業である．植付け，管理は普通栽培に準ずる．

3) 半促成，促成栽培

暖地のハウスなどで4～6月出荷の栽培で低温処理球を用いる．植付けは無加温ハウスに1～2月ころに植付けることになる．無加温ハウス内に植付け保温して発芽，生育を早める．2～3月の促成栽培になると早掘り球根を休眠打破して植付けるので市販球にはなく，特注するか自家で球根生産して処理しなければならない．

球根を8月下旬に早掘りしたものを5～7日，25～30℃で高温処理した後，6～8℃の低温処理を5～6週間して休眠打破してから植付ける．暖地の無霜地帯では簡易ハウスの中で無加温栽培するが，夜間は最低5～8℃を保つ．生育中の管理は他の作型に準ずるが採花の切り前は花穂最下段の花の花弁が半分位露出した時期か，さらに進んでもよい．

(6) 病害虫防除

1) くび腐れ病 (*Pseudomonas marginata* Stapp.)

初夏から秋にかけて葉，葉鞘，球茎を侵し，葉鞘と球茎に接する部分に不整形黒褐色の病斑を生じ，腐敗してくびれ茎部が抜ける．抗性物質剤を散布して防ぐ．

2) フザリウム腐敗病 (*Fusarium oxysporum* Schlecht. var. *gladioli* Kuihn)

球茎の下半分や側面に水浸状の斑点を生じ次第に黒褐色になる．球茎の貯蔵中に発生しやすく，植付け時に罹病球を除き，貯蔵する時はオーソサイドなどを紛衣する．

3) 塊茎硬化病 (*Septoria gladioli* Pass.)

葉に紫斑または紫褐色の円形の小斑点ができ，後に拡大し外側が黒で内部が灰色の病斑になる．球茎には黒褐色の小斑点を生じやがて黒変してくぼみ患部は乾く．

4) その他の病害虫

ウイルス，青かび病，角斑病，灰色かび病，ダニ類，ヨトウガなどがある．

参 考 資 料

1) Crocker, W. 1948. Growth of Plant (Twenty years' research at Boyce Thompson Institute) Reinhold Publishing Corp. New York.
2) 石井勇義 1968. グラジオラス属, 最新園芸大辞典. 誠文堂新光社, 東京.
3) 今西英雄 1986. グラジオラス, 花卉園芸の事典, 阿部定夫ら編, 朝倉書店, 東京.
4) Post, Kenneth 1952. Florists Crop Production and Marketing, Orange Judd Publ. Co. Inc. New York.

18.18 サンダーソニア(学名:*Sandersonia aurantiaca* Hook. f. 英名:Christmas Bells, 和名;未命名) ユリ科, 不耐寒性球根

《キーワード》: 切り花, 鉢物

　サンダーソニアは南アフリカのトランスバールから東ケープ地方の原産で1属1種の植物である. 塊茎 (球根) から伸びた茎は細く分枝しないで50～70cmに伸びる. 光沢のある槍形広楕円形の緑黄色の葉を互生し, 茎の中部の葉腋に橙黄色の花を1花ずつ付ける. 径2.5～2.3cmのつぼ形の花を2～3cmの花柄に吊り下がる. 自生地は標高600～2,000mの高地で冬の多降雨期に生育開花し, 夏季の乾燥期には休眠する性質がある. 自生地の生育期の温度は14～26℃位といわれる.
　サンダーソニアは南アフリカの自生地では希少種になったので採集は法律で禁じられている. 現在では気象条件の似ているニュージーランドで球根生産や切り花生産が政府の支援を受けて行われている. この花がわが国で栽培されるようになったのはそんなに古くはない. 1982～1984年にタキイと平和園がカタログに載せたのが最初で, 1986年には種苗各社のカタログで発売されている. おそらくサンダーソニアは増殖が難しいうえに生育生態がふつうの花きとは違うため栽培がなかったと見られる. また, ニュージーランドがカラーとサンダーソニアの輸出を国策としたことも影響している. ニュージーランドでは1980年ころからサンダーソニアの増殖から切り花生産までを農水省 (**MAF**) の試験場で徹底的に研究が行われ, そのマニュアルとともに球根が輸出されたのである. 国内には千葉県成田市のJA丸朝のようにサンダーソニアの切り花生産の共選共販産地も出現している. サンダーソニアには選抜品種はまだ育成されていない.

(1) 生態的特性

　サンダーソニアの塊茎は図18.42に示すように特異な形態をもつ. 二股のホーク状のいわゆるホーク球の先端に生長点がある. ここから一本の茎を伸ばし, 次代の根茎を形成するので増殖率は非常に悪い. 生育適温は20℃位で高温はよくない. 生育期には十分な灌水を必要とするが開花後は休眠するので乾燥させないと塊茎が腐敗する. また開花に日長は影響しない.

(2) 作型と栽培

1) 作　型

　サンダーソニアはハウス栽培が原則で露地は避けたほうがよい. 作型は小山 (1983) に

よると表18.13のように1月から7月までの作型が可能である．夏季から秋にかけては休眠期に当たるので秋に出荷するには塊茎を貯蔵しなければならない．しかしほとんど無加温かごく僅かの加温で栽培できる．

2）栽　培

2-1）繁殖と球根生産

繁殖は種子か塊茎の分割によるがどちらも効率が悪い．種子は交配すると1花60粒位取れるから採種は容易である．しかし，播種すると1～2年にかけてだらだら発芽し，しかも発芽率は低い．発芽した苗はさらに開花球（70g以上）にするには2～3年養成するから播種から通算3～4年かかる．わが国では秋に播種したトレイを冬季戸外に放置し自然低温に合わせて越冬させると翌春少し発芽し，発芽苗だけを移植し，同トレイはそのまま越冬させる．すると2年目の春に再び残りが発芽するが，合計でも30～40％の発芽率である．

塊茎は丸形と二股になるホーク球ができる．分割はこのホーク球を分けるがBrundell, D.J.ら（1985）によると図18.43のような分割方法があり（c）より（b）のほうが合計の茎立ち数や花付きは多いという．同重量の丸球とホーク球では後者の方が茎立ち数や花付きが多かった．しかし，年数がかかるが大量増殖するには実生による他はない．塊茎や切り花を世界に輸出しているニュージーランドでは図18.44のような実生，分割による球根生産と切り花生産を同じサイクルで輸出用の切り花と球根生産を行っている．

2-2）植付けとその後の管理

植え床は土壌消毒をする．ハウス内に床幅80～90cmの平床を作り，植栽間隔は10×10cm位に植え3.3m^{2}当たり約160球植えになる．塊茎は自家養成か購入球になるが腐敗防止のためオーソサイドの液

図18.41　サンダーソニアの花

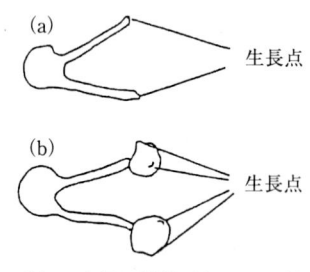

(a) 一年目の塊根（ドーター球）
(b) 2次球が発育した1年球

図18.42　サンダーソニア塊茎の発育（Reyngoud, J.L. 1985）

表18.13　サンダーソニア切り花栽培の作型の例
（小山 1983，広島県を中心とした）

定植期	切り花のピーク	掘り上げ期
9/上	11/中～12/上	1/中
9/中	12/上～1/中	2/下
12/上	2/下～3/中	4/中
12/下	4/下～5/中	6/中
2/下(無加温ハウス)	6/上～6/下	7/中

剤に浸すか粉衣して植える．ネットは10〜15cm角のものを2〜3段に張る．サンダーソニアは少量の施肥でよい．100m²当たりN成分で1kg, Pは5kg, K3kg位を元肥2/3，追肥を1/3の割合で施用する．pHは5.5〜6.5に調整しておく，灌水は点滴チューブで生育中はほぼ毎日行うが，開花直前から乾燥気味に管理する．

3) 収穫・出荷

花が2〜3輪開花した時に採花するが，塊茎増殖のためには地際から葉を3〜4枚残して切る．水揚げ後，品質別に10本1束に結束し花の部分をセロハンで包み出荷箱に詰めて発送する．品質保持剤の前処理の必要はない．

4) 塊茎の掘上げ貯蔵

開花が終わり夏季高温期になると塊茎は休眠するので灌水は停止し床を乾かす．塊茎は掘上げ，日陰で4〜5日乾かし腐敗予防のためオーソサイド剤を粉衣し，ごく僅か湿らせたオガクズかバーミキュライトに塊茎を埋めた箱やコンテナごと5℃の低温庫か室温が低い場所に貯蔵する．

(3) 病害虫防除

サンダーソニアの病害ではフザリウムによる茎腐病の発生を見ることがある．薬剤では防除効果が

(a) 連結塊茎
(b) 重量比1：3の分割
(c) 重量比1：5の分割

図18.43 塊茎の分割法（Brundell, D. J. ら1985）

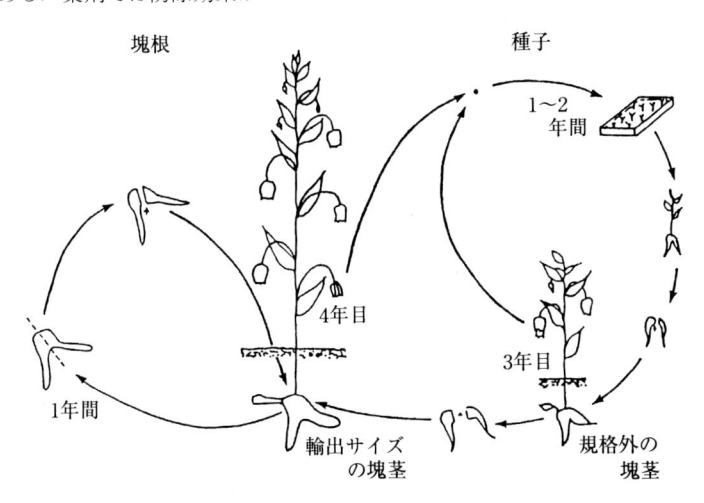

図18.44 ニュージーランドにおけるサンダーソニアの輸出用球根養成と切り花生産の栽培サイクル（Reyngoud, J.L. ら，1985）

図18.45　サンダーソニアの
　　　　　切り花
　　　　　（千葉県成田市にて）

認められないから，土壌消毒以外によい方法はない．その他スリップス，オンシツコナジラミ，カイガラムシ類などの発生が見られる．

参 考 資 料

1) 小山博美　1983．サンダーソニア・オーランチカ，農耕と園芸，第38巻，3号．
2) Brundell, D. J. and Jenny L. Reyngoud 1985. Observation on the development and culture of Sandersonia, Acta Hort. Proc. 4th（1st Symp. Bulbous Flow, 1985）．
3) Reyngoud, J. L. and D. J. Brundell 1985. Sandersonia Culture Information. MAF Research, N.Z.

18.19　シュッコンアスター（属名:*Aster* L. 英名:Aster 和名:クジャクアスター）キク科，半耐寒性または耐寒性多年生

《キーワード》：切り花，鉢物，庭園花壇

　アスター属には世界に約400種位あるといわれるが，その中約250種が北米に自生し，その他が南米，欧州，アジアに分布し，わが国にもコンギク（*A. ageratoides*），シオン（*A. tataricus*）など17種が自生してその多くは庭園などに植えられてきた．大部分が耐寒性の強い多年生で，葉は全縁または鋸歯をもつ被針形で互生し，茎は直立分枝して60～100cmの草丈になり，頭上花序は散房形か円錐状で一重または半八重の小花を多数付ける．開花は8～9月が多い．舌状花は白，淡青，紫，桃色がある．アスター属は種が多くこれらの種間交雑が容易なため種間交雑種が多数作出されている．

（1）主な種と品種

　多くの種の中で育種されたもの，種間交雑によるクジャクアスターなどの園芸種を含むグループをシュッコンアスターと呼んでいる．ここでは栽培されている主な種と交雑親および園芸種と品種について述べる．

1) *A. alpinus* L.

　北半球の高山に自生し，草丈は 15～20 cm と低く，ヘラ状の根出葉と茎の葉は被針形，花は 5～6 cm の白，淡桃，紫で山草的に利用される．品種に Albus, Happy End などがあり，開花は 5～7 月である．

2) *A. condifolius* L.

　北米原産の耐寒性の多年生で丈は 1.5 m にもなり，葉は鋸歯をもつ被針形，花は 1.5～1.8 cm と小さく，花色は青，濃桃，桃，白色があり，品種も多くクジャクアスターの交配親にもなっている．

3) *A. dumosus* L.

　カナダから北米のフロリダ辺りまで分布する根茎または地下茎をもつ丈夫な多年生で丈は 60～90 cm になり，葉は狭楕円形で有毛，花は径 2～3 cm で青，紫，桃色があり，円錐状の花房になる．開花は 7～9 月で，この種からわい性の鉢物用品種が多数育成されデンマークで生産されている．Jenny, Alice, Mary などの品種がある．

4) *A. ericoides* L.

　北米に広く自生し根茎または地下茎をもち，草丈は 90～120 cm になり葉は線形か細い被針形で茎の上部は側枝を多数分枝し径 1.2～2 cm で舌状花は白，黄色の芯花を多数付け開花は 8～10 月である．この種の育種は 1980 年代にドイツ，オランダ，日本で行われ，エリコイデス種自体の改良品種「モンテカジノ（Monte Casino）」などもこのころ育成されクジャクアスターとして栽培が広がった．このようにエリコイデス種はクジャクアスターの中心的な交配親である．

　エリコイデス種には *pringlei* なるシノニムがあり欧州では並行して使われている．

5) *A. novae-angliae* L.

　アメリカシオン，ネバリノギクなどの和名もある北米東北部原産の種で 1920～1960 年ころ英国の育種家が改良し，その後ドイツの育種家が開発してニュー・イングランドアスターの名もある．草丈 60～250 cm にもなり，葉は密生してねばり気をもつ．舌状花の色は淡青紫色の他に桃や白があり花径は 2.5～4 cm で一重の他に半八重もある．開花は 9～10 月と遅く品種も多数育成されており，英国で庭園用に栽培されている．

6) *A. novi-belgii* L.

　和名はユウゼンギク，英名では Michaelmas daisy, New York Aster と呼ばれる．北米原産の耐寒性多年生で丈は 50～120 cm ほどになり，葉は長楕円形で幅がやや広く濃緑で光沢がある．茎は粗く分枝し花柄が短く径 2.5～3 cm で舌状花は濃青紫と白色などがあり開花は 8～10 月，1717 年英国に紹介されてから前種とともに育種され，濃紅桃から淡桃色，濃紫から淡青色などの一重から八重咲きまで多くの品種が育種されている．英国では 9 月 29 日のミカエル祭りのころ咲くためミケルマスディジーと呼ばれる．ミケルマスディジーには Brandy（白一重），Ada Ballard（青紫半八重）Early Pink（淡桃一重）などがあり，デンマークでは鉢物用のわい性の Royal Blue（紫桃半八重），White Swan（白一重）などがある．この多様な花色は後述のクジャクアスターの交配親にもなっている．

7) *A. pilosus* L.

　和名はキダチコンギクといわれる北米原産の耐寒性多年生で丈は90〜150cm，基部が木化する茎は分枝直上し小枝に分枝し花径1.5〜2cm，舌状花は白で芯花黄色の花を多数付ける．葉は線形か細い槍形である．開花は8〜9月，わが国で選抜され切り花用として栽培されているクジャクアスターは*pilosus*種だともいわれている．それは1950年ころから九州に野生化していたものを栽培化し，現在は後述のように他種も交配された交雑種になっている．

8) *A. tataricus* L. f.

　和名はシオンと呼ばれ日本，朝鮮半島から中国にかけて自生する耐寒性多年生でわが国でも古くから切り花や庭園の観賞用として使われている．丈は2m位で葉は被針形または幅広い被針形で先は尖り羽状脈が浮き上がる．茎はあまり分枝しないで高く伸び先端が分枝して径5cm位の淡紫色花を付ける．開花は9〜10月．

図18.46　欧州で広く栽培されていた品種「モンテカジノ」

9) 園芸交雑種

　アスターは容易に種間交雑するので多くの園芸交雑種が育成されて同定も難しくなっているので，*A. hybrida*と表す場合もある．その中心が次に述べるクジャクアスターである．クジャクアスターはシロクジャクともいい，海外ではPerennial Asterと呼んでいる．

(2) クジャクアスターの育種と栽培の発達小史

　わが国でクジャクアスターの切り花栽培を始めたのは1950年（昭和25年）ころ埼玉県の生産者だと言われ，おそらく前述の野生化していたアスター属から選抜したもので，その2年後には種苗カタログで苗が発売され，1962年ころには本格的な切り花の出荷がされている．シュッコンカスミソウの切り花の拡大とほぼ同時期に添え花としてクジャクアスターが登場したのである．品種「早生シロクジャク」の出現で遮光，電照による促成，抑制栽培などの作型分化が1970年ころから始まっている．

　育種は埼玉園試の植松が1981年，クジャクアスターの花色の幅を広げる目的でミケルマスディジーを交配して「シンクジャク1号」「2号」などを1987年に登録発表している．種苗企業でも(株)ミヨシが1985年に「ピンクスター1号」を発表し，その後多くの品種を育成発表している．

　そのころ欧州ではまだクジャクアスターの栽培もなく育種も行われていなかったので(株)ミヨシがドイツのWlter Bittner社からスターシリーズとしてWhite Star（日本名：ホワイト・スター），Sakura 1（日本名：ピンクスター1号）を販売し急速にPerennial Asterの名で欧州に広まった．だがオランダのBartel社がelicoides種から育成したと見られる

品種「Monte Casino」が無登録品種であったため，スターシリーズに代わってその後10年間は欧州の切り花代表品種になった．当然欧州でも育種が開始され，オランダのBartel農園，K. Sahin農園，さらにイスラエルのDanziger社が本格的に育種を開始した．とくにK. Sahin農園の「バタフライ・シリーズ」は *eli-coides* 種とnovi-belgiiとの交配種で各色が揃っている．わが国でも前掲の（株）ミヨシの他民間の育種家による育成はその後も進んで多くの品種が登録されている．

図18.47 クジャクアスター品種や系統の花形，系統の違い

（3）生態的特性

野生種や交雑種では生態もやや相違するが，多くは8～10月に開花しその後は地上部は枯れて根茎や地下茎を形成して休眠状態に入る．冬季の自然低温に遭遇して春3～4月になって気温が上昇すると茎葉が伸長する．開花習性は秋ギクと似た短日植物なので14時間30分以下の日長で花芽分化し発育して開花する．花芽分化は短日条件でも10℃以上が必要で，それ以下の温度下ではブラインドになりやすい．また，長日条件下では茎葉の伸長が促される．休眠と低温遭遇との関係は自然低温では40～50日以上，自然低温の代わりに人工低温に遭遇させて休眠を打破するには0～-1℃位で30～40日位の貯蔵がよい．

図18.48 国内育成品種「ピンクスター1号」

（4）主な品種

ピンクスター1号（濃桃色中輪極早生），ホワイト・スター（白小輪中生），ラベンダー・スター（淡藤紫中輪中生），ジョリージャンパー（淡紫中輪早生）などがある．

（5）切り花栽培

クジャクアスターは短日性植物なので露地の季咲き栽培では8～9月の出荷になるが最も経費がかからない反面市場価格は安い．これに対して施設を利用し遮光や電照をして開花調節により季咲き以外の時期に出荷する栽培ができる．植松によると図18.49のような作型があってこれらをうまく組み合わせればクジャクアスターだけで施設周年生産ができる．

季咲き栽培では4月中旬に苗を定植し，6月中旬に刈り込み（摘心）をし，そのまま自然日長で9月下旬から10月上旬に開花し出荷できる．

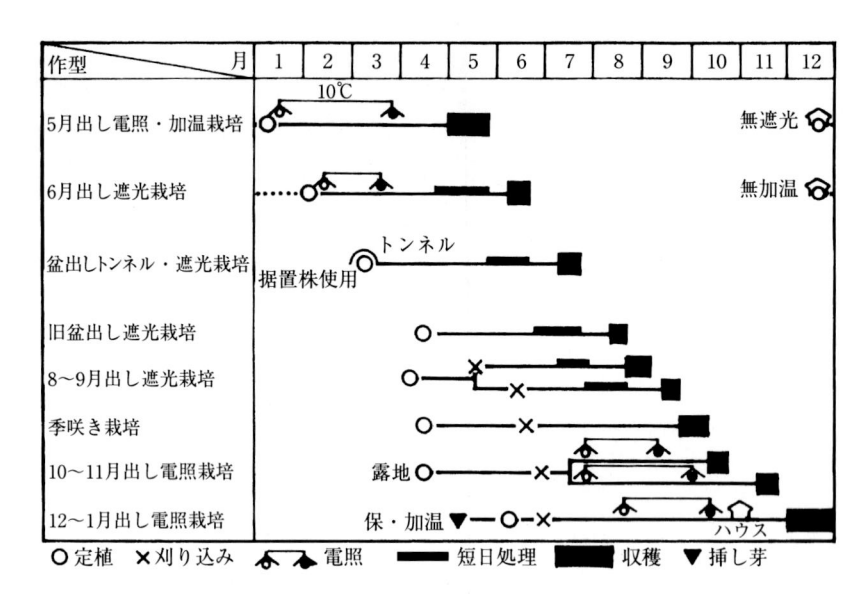

作型 \ 月	1	2	3	4	5	6	7	8	9	10	11	12
5月出し電照・加温栽培		10℃									無遮光	
6月出し遮光栽培											無加温	
盆出しトンネル・遮光栽培				トンネル 据置株使用								
旧盆出し遮光栽培												
8～9月出し遮光栽培												
季咲き栽培												
10～11月出し電照栽培				露地								
12～1月出し電照栽培				保・加温							ハウス	

○定植　×刈り込み　電照　短日処理　収穫　▼挿し芽

図18.49　クジャクアスター切り花栽培の作型（植松，1983）

施設で12～1月に開花させる作型では，6月中旬に苗を定植し7月上旬に刈り込みし，8月下旬から10月下旬まで日長が16時間になるよう電照し，さらに電照打ち切りとともにハウスを夜間10℃以上に加温すれば12月中旬から開花する．また，5月頃出荷するには12月下旬から1月上旬に加温と電照して長日にしたハウス内に定植し3月下旬に消灯して自然短日に遭わせ，夜間10℃位保つと5月上旬から開花する．

保護品種は苗で購入しなければならない．保護されていない品種は地下茎の分割や挿し芽で苗を繁殖する．挿し芽は長日期に茎頂部を5～7cmの長さの挿し穂をセルトレイなどに挿して苗をつくる．定植床はpH6位に調整し元肥をすき込んで30×20cmに植える．茎が3cmほど伸びた時に摘心して数本の花茎を立てる．ネット張りや追肥は他の宿根切り花と同じである．切り前はセリまでの時間によりやや違うが，1花茎に7～8輪開いた時に採花し10本一束を，さらに5束合わせて大束にして出荷する．

（6）病害虫防除

アスター類は病害虫は少ないが，ウドンコ病が発生しやすく．特に開花期に近づくころに出る．低温，日照不足も発生しやすい．品種間差も大きいので品種の選択も重要である．薬剤としてはモレスタン水和剤3,000倍液の散布かポリオキシンAL水和剤1,000倍液を散布して防除する．ダニ類もプリクトラン水和剤や殺ダニ剤を散布して防ぐ．

参 考 資 料

1) 小林泰生　1989．ミケルマスデージーの栽培技術，農耕と園芸第44巻，6号．
2) Loeser, Heinrich 1990. *Aster novi-belgii*, Gartner Gartenwelt, 2.

3) Loeser, Heinrich 1990, *Aster ericoides*, Gartner Gartenwelt 2.
4) 村井千里 1977. アスター, 新花卉, No.95.
5) Picoton, Paul. 1997. Aster novae-angliae, The Garden Sep.
6) 竹田 義, 高橋克征 1990. アスター属及び近縁植物の生育開花生態に関する研究 園学雑59別1.
7) 植松盾次郎 1986. 宿根アスター, 新花卉 No.141.
8) Wicki-Freide, Peter 1989. Aster Butterfly Gartner & Gartenwelt 25.
9) 横井邦彦 1985. ミケルマスデージーの開花調節, 新花卉, No.141.

18.20 シュッコンカスミソウ (学名：*Gypsophila paniculata* L. 英名：Baby's Breath 和名：宿根カスミソウ) ナデシコ科, 耐寒性多年生

《キワード》：切り花, 鉢物, 庭園花壇

　地中海沿岸原産の多年生草本で, 根株から多数の茎を発生し下部より順次上開型に分枝して円錐花序を呈し, 各枝の先端はさらに花柄を小分枝し径0.5～1cmの小花を多数付ける. 花は一重または八重咲きで花色は白または淡桃色で開花期は6～8月, 全株無毛で先が尖る被針形の灰緑色の葉を対生するが, 冬季戸外ではロゼット状で越冬する. 根は太い直根である.

(1) シュッコンカスミソウの近縁種

　カスミソウ属 (*Gypsophila*) はアジア, 欧州, アフリカ北部に約60種が自生し, その中にはシュッコンカスミソウとともに切り花, 鉢物, 花壇庭園用に栽培されている種もあるのでここで述べておく.

1) *G. elegans* Bieh. (カスミソウ)

　コーカサス原産の耐寒性一年生で, 秋播きすると越冬して5～6月に開花するので初夏の花壇用花きとして広く栽培されている. 全株無毛で地際から分枝し円錐形散房花序に径1cm位の一重白花を多数付け, 一面白の霞状を呈する. 草丈は50cm位でシュッコンカスミソウが普及するまではこの種が主役であった. 品種も「ロンドン・マーケット」「パリス・マーケット」がある.

2) *G. manginii* Hort.

　シベリア原産の多年生で葉は広い被針形の灰緑色, 花はやや大きい径1cmの淡桃色で散房花序にまばらに付く. 開花は初夏, 以前はシュッコンカスミソウの接木の台木に利用したこともある. (株)キリンビールと(株)ミヨシの共同開発品種「モモコ」は *manginii* × *paniculata* の種間雑種である.

3) *G. repens* L.

　アルプス, ピレネーの高山地帯に原産する耐寒性の多年生で茎がほふく性で丈は15～20cmで地表に広がりカバープランツ的にも利用される. 茎は密に分枝し4～5月に径0.5～0.7cmの白または淡桃の花を多数付ける. 繁殖は株分け, ロックガーデンや宿根園に利用される.

(2) 育種と栽培の発達小史

1935年,米国コネチカット州のブリストルのブリストル・ナセリー(Bristol Nursery)のCumming, Alexが実生苗の中から八重咲きの個体を選抜し,この品種「ブリストルフェアリー」は米国の営利栽培品種として認められた.それまでは種子による増殖だったが,八重は種子ができないので接木で繁殖した.米国では冬季温暖なフロリダとカリフォルニアにシュッコンカスミソウの露地切り花の生産が広がって1972年にはフロリダで40haの作付けがあったとBaulston, J.C.

図18.50 宿根園に植栽された
G.repensの開花

(1972)は述べている.1980年に入ってブリストルフェアリーに不開花株が現われて生産上大きな問題になった.フロリダ大学のAgricultural Research Education CenterのKusey, W.E.らが不開花株の原因を,環境(日長,温度など),遺伝的変異,繁殖方法などについて研究し,低温処理やジベレリン処理による開花促進まで追及している.これらの結果から優良株の選抜と繁殖の方法の改善を示唆し組織培養増殖によるクローンの安定性をも確認して,現在の無病苗の生産から切り花生産までのシステムを提案している(図18.51参照).シュッコンカスミソウは増殖過程で突然変異しやすく,このためブリストルフェアリー(以下BFとする)はその後多くの変異による固定品種が生まれている.米国で選抜されたという大輪品種「パーフェクタ(Perfecta)」もBFの枝変わりだといわれている.イスラエルは1975年から輸出花きの主力にシュッコンカスミソウを位置付け,生産を開始した.最初は0.5haであったが1981年には200haと急速に作付けが伸び,現在は270haと同国生産花きのトップを占め,その90％が欧州に輸出されている.イスラエルの種苗企業ダンジガー(Dan Flower Farm, Danziger)は世界で唯一シュッコンカスミソウの育種を意欲的にしていることもその背景にある.1980年頃に「ダナ(Dana)」や「ロマノ4(Romano 4)」などを発表し,1993年には「ゴラン(Golan)」「ギルボア(Gilboa)」を,1993年には「アルベール(Arbel)」「タボール(Tavor)」を発売し,1996年には日本向け品種「雪ん子(Yukinko)」を,そして1997年には花の小さい欧州戦略品種「ミリオンスター(Million Star)」を発売した.これまで欧州市場は大輪の「パーフェクタ」が90％を占めていたが,表18.14のようにオランダ花き卸売市場も急速に「ミリオンスター」が伸びている.オランダもシュッコンカスミソウは露地で栽培されていたが,しだいに施設生産になって1980年から1985年には3倍にも伸びたが,イスラエルからの輸入が増加して国内生産は減り,最近はスペイン,トルコからも入っている.

わが国には1879年に渡来したといわれるが,第二次大戦後まではほとんど生産は見られなかったが1975年(株)ミヨシが組織培養増殖に成功して以来急速に作付けが増大し,各社の販売も増え農水省の統計によれば1983年には全国で200haだったが,1992年には602haに達し,その後やや減少して1999年には425haで全切り花中第6位を占めて

表18.14 オランダの花き卸売市場に出荷されるシュッコンカスミソウの品種およびオランダ産, イスラエル産の比較

品種	年次	オランダ国産出荷本数（×1,000）	イスラエル産出荷本数（×1,000）
ニューホープ	1999	505	360
ミリオンスター	1998	6,000	16,000
同上	1999	14,500	61,000
パーフェクタ	1998	33,000	82,000
同上	1999	27,000	79,000
合計	1998	39,000	98,000
	1999	42,000	141,000

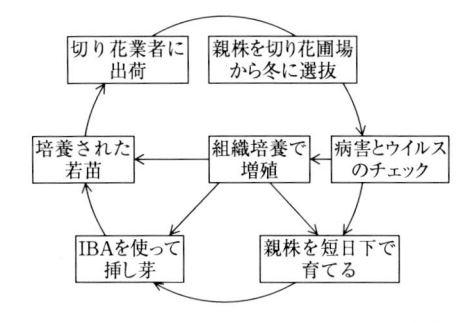

図18.51 シュッコンカスミソウの苗から切り花までの優良生産システムの提案例
(Weiller, T.C. 1983年による)

いる．生産は北海道，長野県，福島県の寒高冷地，熊本県，和歌山県，高知県，静岡県などの暖地に二分されている．ほぼ施設栽培で地域別に周年出荷されている．栽培品種はBFが主体であったが，ダンジガーの品種も増加し，わが国の民間育種家の育成品種も作付けられている．中でも広島県の宮本仁郎育成のニューフェイスが1993年から，さらに同氏の育成の「ビックベン」や「ビッグミスター」なども栽培されている．

（3）主な品種

「ブリストルフェアリー系」各種苗企業より選抜系統がBF系として販売されている．白色小輪八重咲き．
「ダイアモンド」BFの選抜品種で白色中輪八重で高温に強い．
「パーフェクタ」白色大輪八重咲きで3次分枝が細かい．
「ニューフェイス」茎葉が鮮緑で白色小輪八重，細かく分枝しやや茎はしなやか．
「ミリオンスター」極小輪の白八重で細かく分枝し花が密につく．
「ニューホープ」白色大輪八重咲きでパーフェクタに代わる品種．
「雪ん子」白色中輪八重咲き側枝が立ち性で採花しやすく花持ちもよい．
「レッドシー」古くからある淡桃色中輪八重咲きでやや晩生である．

（4）生態的特性

シュッコンカスミソウの株を露地に据え置くと冬季はロゼット状で越冬し，春気温の

上昇とともに萌芽し数本の茎を直上し分枝して5～6月に開花する長日植物である．開花後地上部を刈り込むと秋再び萌芽して9～10月に2番が開花する．すなわち，生育開花は長日高温で促進され，短日低温では遅延するか停止する．古い研究でBFは系統によって違いがあるが Kusey, W.E. ら（1980）は図18.52のように18℃，16時間日長下で100％開花し，14時間日長以下および低温では開花が遅延し開花率も低下した．さらに彼らは若苗と老苗でこの反応がやや違うこと，15℃よりも低い夜温や短日（8時間）ではロゼット誘導の要因になると推測している．

　また，武田（1981）はBFの苗を5月22日から2週間おきに無加温ハウス内に定植し自然日長および温度によるロゼット誘導要因を確かめた（京都，無摘心）．7月22日定植は100％開花したが，8月5日では50％がロゼット化し（開花率50％），9月12日定植では100％ロゼットになっている．この結果もほぼKuseyの結果を裏付けている．シュッコンカスミソウが一度ロゼット化すると一定量の低温に一定期間遭遇しないと容易に解除されない．実験的には5℃以下の低温に350時間以上の遭遇を必要とする．しかし自然低温によるロゼット解除は地域の気候帯にもよるが2月中旬までかかるといわれる．したがってロゼット化を防ぐにはふつう晩秋の低温期に入る前に電照による長日処理と夜温を10℃以上保つことである．また，古株を夏の高温期に掘り上げて低温貯蔵後植付けるとロゼットが回避できるだけでなく開花が早まることを香川農試の木村（1979）が見出した．十分に夏季高温に遭遇した据え置き株を掘上げ，湿らせたオガクズとともに箱に詰め2～3℃の冷蔵庫で最低2カ月間低温処理し，その後は適時出庫して植付け促成開花ができる．

(5) 作　型

　このような生態的特性を活かした作型が開発されたので全国各地での栽培ができるようになった．特に北から南西に広がる日長や温度帯の異なる地域で生産費を極力かけず有利な時期に出荷する多様な作型は産地間競争の戦略にもなっている．ここでは作型の一例を佐本（1986）の表と図18.53で示す．シュッコンカスミソウの切り花栽培は作付けが長期にわたるものと，他の花きと輪作する作型があって多くは簡易なビニルハウス栽培である．寒高冷地では冬季ビニルを取り自然低温に遭わせる作型で，暖地は冬季，電照加温して開花させる．一部の無登録品種は自家増殖できるが，ほとんどは登録品種なので苗を購入して栽培にかかる．

　一度定植して1回切り花を収穫する他据え置いて2～3回切り花を収穫する作型，古株を掘上げて低温貯蔵して秋に植付けて早期開花をねらう作型もある．

(6) 切り花栽培

　購入苗はふつう9cmポットの無摘心苗と摘心苗があり前者は定植後摘心する．植付けはあらかじめ石灰を加え

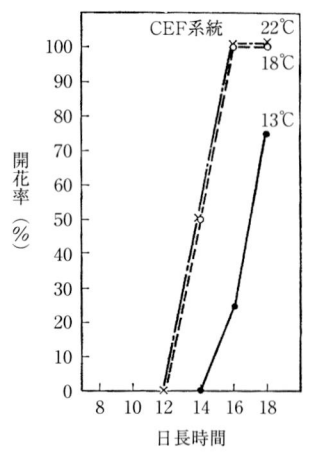

図18.52　シュッコンカスミソウの開花に及ぼす日長，温度の影響．（Kusey, W.E. ら 1981より抜粋）

18. 切り花用花き [409]

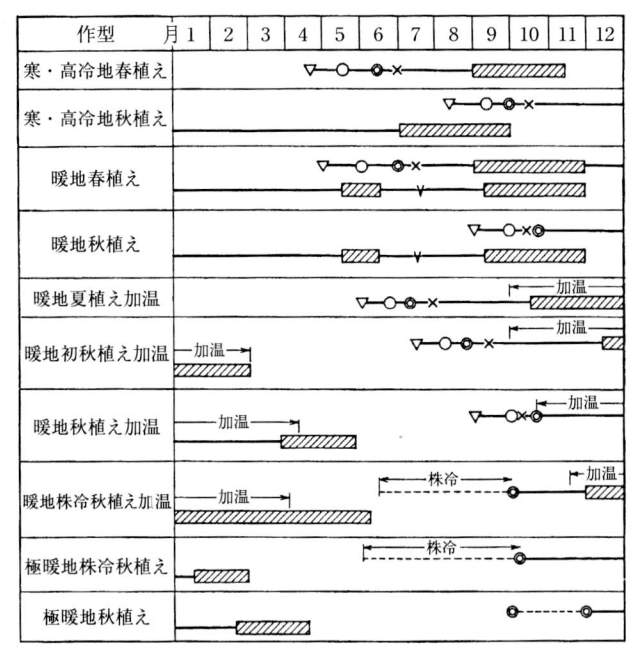

作型 月	1	2	3	4	5	6	7	8	9	10	11	12
寒・高冷地春植え					▽	○	◉	×	▨▨▨▨			
寒・高冷地秋植え							▨▨		▽	○	◉ ×	
暖地春植え				▽ ○◉ ×	▨▨	v	▨▨					
暖地秋植え							▨▨	v	▨▨	▽ ○×◉		
暖地夏植え加温					▽	○	◉ ×			—加温—	▨▨▨	
暖地初秋植え加温		—加温—	▨▨				▽ ○◉ ×		—加温—			
暖地秋植え加温		—加温—	▨▨					▽ ○◉×	—加温—		
暖地株冷秋植え加温		—加温—	▨▨			—株冷—			◉	—加温—	▨▨
極暖地株冷秋植え	▨▨				—株冷—			◉			
極暖地秋植え			▨▨						◉----◉		

▽挿芽　○鉢上げ　◉定植　×摘心　v芽整理　▨▨収穫

図18.53　シュッコンカスミソウ切り花生産の作型（佐本1989）

た堆肥やピートモスを10a当たり2,000kgくらいと元肥にチッ素10〜15kg, リン酸20kg, カリ15kgをすき込んでおく．シュッコンカスミソウは太い根茎が深く入るので植え床は深く排水の良い所がよい．また，開花期は乾燥させたいので隔離床にする場合もある．植付けは2条植えでは条間を100cmとり，条幅50cmに苗を2列で40×40cm間隔に植えるが，3条植えでは畝間90cm，1条に1列苗を30cm間隔に植える．シュッコンカスミソウは生育につれて株が横に広がり倒れやすくなるがフラワーネットなど張ると切り花収穫の時茎がからみやすいのでテープなど張って作業をしやすくする．

　生育中の温度や日長に対する反応による到花日数，開花時の草丈などはBFの各系統によって違い，品種によっても異なるから一作したらその経験で品種の特性を知るべきである．春から秋までは日中の高温に注意し，冬季も生育開花させる作型では晩秋から早春にかけてはロゼット回避のため夜間の室温を10℃以上を保ち，電照による日長管理には十分気を配る．電照はロゼット回避だけでなく晩秋から春にかけての開花促進にもなるので10m^2当たり100W一灯とし，深夜0時から3〜4時間照明の光中断を行う．

　切り花の収穫は株全体で7〜8分咲きが適期とされるが，収穫時期や採花後の出荷輸送方法や時間によってさらに切り前を加減する．採花位置は太い茎では基部の側枝3〜4本

残して切る．側枝はその後開花したら側枝だけを結束して出荷する．収穫した花は品質別に仕分け5本または1束に結束し，水揚げまたはSTS剤液処理をしてから箱詰めする．箱詰めは1箱100本が標準で最近は輸送中の萎れを防ぐため切り口に保湿剤のゲルライトなどをつけたダンボール箱詰めや，水につけたままの容器輸送（バケット）も行われている．

(7) わい性品種の鉢物栽培

切り花用品種を大鉢で鉢物として出荷する栽培もあるが，ここでは鉢物用に育成されたわい性品種の鉢物栽培について述べる．イスラエルのダンジガー社が1993年に発売した paniculata 種のわい性品種「フェスティバル（Festival：淡桃八重咲き）」と「ホワイト・フェスティバル（White Festival：白色八重）」は鉢物，花壇用で，次に簡単な栽培法を述べる．

図18.54 シュッコンカスミソウのハウス切り花栽培の状況

生態は切り花用品種と同じで低温短日でロゼット化して休眠するので，秋から春までの栽培では夜12〜15℃以上，12時間以上の日長を保つ必要がある．鉢は1本植えでは12cmポット，3本植えは15cmポットとする．4〜8月開花では，購入苗を鉢上げしてから40〜60日で開花する短期作付けが特色である．用土はふつうの鉢物用調整用土でよい．苗を鉢上げしてから無摘心で生育させ自然に分枝し株の上にほぼ球状の花房を形成して開花する．わい化剤は必要ないが，4〜5月開花には旺盛で茎が伸び過ぎるので定植後2週間目にボンザイ250ppmを1回散布するとよい．

図18.55 シュッコンカスミソウのわい性品種「ホワイト・フェスティバル」の鉢栽培

(8) 病害虫防除

1) 黒斑病（*Alternaris* spp.）

花柄の一部が黒褐色の斑点を生じ，進むと輪紋状の病斑になり，黒色のカビを出して花柄が枯死する．ポリオキシンAL乳剤1,000倍液を散布して防ぐ．

2) 疫病（*Phytophthora nicotianae*）

地際部が水浸状の病斑が現われて茎葉が萎れる．発病がひどくなると株全体が枯死する．植付け前に土壌消毒し，発病したらリドミル粒剤を20kg/10a地表に散布する．

3）茎腐病（*Rhizoctonia solani*）

地際部および葉，茎に不整形の褐色の病斑を生じ，葉は枯死し，茎も全体が萎れる．バシタック粉剤を株元に散布する．

4）灰色かび病（*Botrytis cinerea*）

つぼみや花弁に発生する他花柄や葉にも発生する．被害部に灰色のカビを生じ，後に枯死する．トップジンM水和剤1,500倍液などを散布して防除する．

5）害虫

アブラムシ，ダニ類，ヨトウガなどが発生することがある．

参 考 資 料

1) Aaron, Priel, Rebovot 2000. Revivers of Gypsophila believe in biotechnology, FlowerTECH, Vol.3, No.4.
2) Baulson, J.C., S.L. Poe and F.J. Marousky 1972. Cultural concepto of *Gypsophila paniculata* production in Florida, Proc. Fla. Stat. Hort. Soc. 85.
3) Danziger Dan Flower Farm 1983/1984. Growing Gypsophila in Israel, Danziger.
4) Geurs, I. 1990. Gypsophila achtste in top-10 snijboemen, Vakblad voor Bloemisterij No.30.
5) 林　角郎 1983. 宿根カスミソウ，切り花栽培の新技術，宿根草 上巻 誠文堂新光社．
6) 小西国義 1984. 2. シュッコンカスミソウ，農業及び園芸，第59巻，第3号．
7) Kusey, W.E.Jr. and T.C. Weiler 1980．Propagation of *Gypsophila paniculata* from cuttings, HortScience, 15 (1).
8) Kusey, W.E.Jr., T.C. Weiler and others 1981. Seasonal and chemical influences on the flowering of Gypsophila paniculata "Bristol Fairy" selections, J. Amer, Hort. Sci. 106 (1).
9) 佐本啓智 1986. カスミソウ，花卉園芸の事典，阿部定夫ら編，朝倉書店．
10) 武田恭明 1983. 宿根花卉の促成技術に関する諸問題－シュッコンカスミソウの促成技術 (1) ～ (2)，農業および園芸，第58巻，第2～3号．
11) Weiler, T.C., G.J.Wilfret and the others 1983．Selecting and propagating Gypsophila varieties, Florists Review, May 5.
12) Weiler, T.C. and the others 1983, Improve Gypsophila production, Southern Florist & Nurseryman, February 25.
13) Omslagartikel 2000．"Million Star" geeft impuls aan teelt van Gypsophila, Vakblad voor de Bloemisterij, 21.
14) Editer, 1999. Marrtwerk in strijd om gyps, Vakblad voor de Bloemisterij, 29.

18.21 シャクヤク＊とボタン＊＊（＊学名：*Paeonia lactiflora* Pall, syn. *P. albiflora* Pall. 英名：Chinese Paeony, 和名：シャクヤク, 芍薬）キンポウゲ科, 耐寒性多年生草本.（＊＊学名：*Paeonia suffruticosa* Andrews. 英名：Tree Paeony, 和名：ボタン, 牡丹）キンポウゲ科, 耐寒性低木

《キーワード＊》：切り花, 鉢物, 庭園花壇 《キーワード＊＊》：切り花, 鉢物, 庭園

シャクヤク属は約30種が欧州, 東アジア, 北米に分布している. 園芸上では草本性のシャクヤクと木本性のボタンに分けられている. 両種とも花き園芸の分野では歴史的にも早くから栽培され品種も発達してきたが, ここではシャクヤクに重点をおいて述べる.

(1) シャクヤク属の主な種

1) *P. lactiflora* Pall（シャクヤク）

中国の北西部からシベリアにかけて自生する耐寒性の強い多年生で地下に肥大した根茎を形成し, 地表部の芽が春, 萌芽して花茎を伸ばし頂端および付近の分枝花柄に大輪の花を付ける. 葉は緑色または紫緑色の2回3出複葉で, 茎も紫を帯びるものもある. 花色は白, 淡桃から濃桃, 紫紅で花被は大きく一重から半八重, 八重咲きもあり開花は5～6月である. シャクヤクは18世紀に中国から欧州に渡りフランスやベルギーで多数の品種が育成され, これらをセイヨウシャクヤク（*P. l.* var. *sinensis*）と呼び, わが国育成の和シャクと区別してきたが, 実際は洋種のほうが広く栽培され, さらに現在は洋種と和種との交雑があって区別しにくくなっている.

2) *P. officinalis* L.（オランダシャクヤク）

南欧から西アジアに分布する種で一見シャクヤクに似るが根茎はダリアに似た芋状の形になる. 丈は40～60cmとシャクヤクより低く, 開花は10日位早い. わが国ではあまり栽培されていない.

3) *P. suffruticosa* Andrews（ボタン）

中国大陸原産の耐寒性の落葉低木で丈は1～2mの分枝の少ない枝先に花芽を形成し4～5月に径30～40cmの花を咲かせ, 花色は白, 紅, 紅紫, 濃桃, 淡桃などがあり花形も一重から八重まであって黄色の花糸も大きく美しい. この種の変種カンボタン（*P. s.* var. *hiberniflora* Makino）は初夏と冬に咲く2季咲きである.

4) その他の種

この他日本原産のヤマシャクヤク（*P. japonica* Miyabe et Takeda）や日本, 朝鮮半島に自生するベニバナヤマシャクヤク（*P. obovata* Maxima）, 欧州原産のホソバシャクヤク（*P. tenuifolia* L.）などがある.

(2) 育種と栽培の発達小史

シャクヤクやボタンは中国では古くから根にペオノール成分を含む薬草として利用されてきたのでわが国にも飛鳥時代に渡来したと見られる. 従って観賞用としても最も古くから発達した花きである.

1) シャクヤク

中国では古くから栽培利用されており，1070年（宋時代）には3万余種が植えられたという書物があり，その後，清時代に出された「秘伝花鏡」には88品種の記載がある．欧州にシャクヤクを紹介したのはケンフェル（Kaempfer 1712）でこれにより中国から導入され英国やフランスなどで育種が行われ1850年ころには多くの品種が作出されている．米国には1830年ころに紹介されたとみられる．欧米におけるシャクヤクの発達の経過は米国のコーネル大学の Coit, J.E., の論文「The Paeony, History, Culture, Classification and Description of Varieties」Bull. of Cornell Univ. No.259, 1908に述べられている．米国でもシャクヤクは1930年代には営利切り花用花きとして栽培され，Saunders, A.P.（1933）のシャクヤクの遺伝研究や Pridham, A.M.S. ら（1935）の育種研究がされている．

わが国には1445年に出された「仙伝抄」にシャクヤクの記事があって当時でも栽培されていたと推定される．本格的にシャクヤクの品種の記載が見られるようになったのは江戸時代に出された「花壇綱目下巻，(1681)」には23品種が，「花壇地錦抄（1694)」には56品種の記載があり，さらに1789年には「芍薬花形帳」なる専門書も出版されている．その後，明治，大正年間もシャクヤクの品種は作出され，神奈川県立農事試験場（現大船フラワーセンター）の宮沢は長年，シャクヤク品種の収集と交配育種を続けて1932年（昭和7年）その結果をまとめ「芍薬の品種改良成績」として700品種の記載を発表している．当時どこの農業試験場でも花き研究は行っていなかった時代のことで画期的な業績である．前述のように現在切り花栽培されているのは輸入の洋種シャクヤクの品種が多いが，戦後，わが国でも「滝の粧」「さつき」や「富士」などの優れた品種が育成されている．

2) ボタン

世界で最も古くから改良された花木の一つだといわれている．中国では649年ころから皇帝の宮苑に観賞用として植えられたといい，その後，名所や寺の庭に植えられて栽培が広まったようである．9世紀には数百品種が植えられていたというように中国では早くから品種が開発されていた．わが国でも724年，僧空海が中国から持ち帰ったといわれ，仏教伝来と深い関係があり，各地の寺に植えられ名所になったようである．江戸時代にもボタンの品種が育成され，「花壇地錦抄」には数百品種が記載されている．前述のようにボタンはシャクヤクと違い寺や名所の庭園に植えられ花を見る庶民の楽しみとして発展している．

欧州へは1656年，オランダ人によって紹介され，1789年にはロンドンのキュー植物園に

図18.56　シャクヤクの品種「さつき」

植えられている．18世紀から19世紀にかけてフランス，英国などで育種が行われ，20世紀に入ってフランスでは P. lutea を親に黄色のボタンが作出されている．最近はボタンの人気がやや低下しているが，現在では島根県の大根島でボタン品種の保存や苗が生産されているに過ぎない．

(3) シャクヤクの花形と品種

シャクヤクは花形も多様に改良されて図18.57のような咲き方がある．

Ⅰ．一重咲き（Single Type）：雄蕊は完全で花弁は6枚以上で花形はいろいろある（図中5）．

Ⅱ．金蕊（Japanese Type）：花弁は一重と同じだが，雄蕊の葯が発達して観賞対象になる（図中6）．

Ⅲ．翁咲き（Anemone Type）：花弁は一重と同じだが葯が広く，花糸も扁平の花弁状となり，花の中央が盛り上がる（図中7）．

Ⅳ．冠咲き（Crown Type）：翁咲きの弁化がさらに進み中央の弁が大きく盛り上がる（図中8）．

Ⅴ．手毬咲き（Bomb Type）：冠咲きより弁化が進み中心の弁も外側に近い広幅で，花は球状になる（図中1）．

Ⅵ．半バラ咲き（Semi-rose Type）：内弁が広幅で短くなるためバラに近い花形になるが弁数が少ない（図中2）．

Ⅶ．バラ咲き（Rose Type）：半バラ咲きより花弁が多い（図中3）．

Ⅷ．半八重咲き（Semi-double Type）：花弁が外側から内側に向かって次第に小さくなる（図中4）．

［主な品種］

和シャク

さつき（濃桃，翁咲き），滝の粧（淡桃，バラ咲き），峯の雪（白色大輪バラ咲き），バンカーヒル（紅桃色大輪，バラ咲き）．

洋シャク

サラベナール（鮮桃大輪，半バラ咲き），ラテンドレス（白色大輪，バラ咲き），バンカーヒル（紅桃色大輪，バラ咲き）など．

(4) 生態的特性

シャクヤクは耐寒性の強い多年生植物で冷涼な気候条件で品質のよい切り花が生産できるため季咲き栽培には寒高冷地の作付けに向く．最適な生育温度

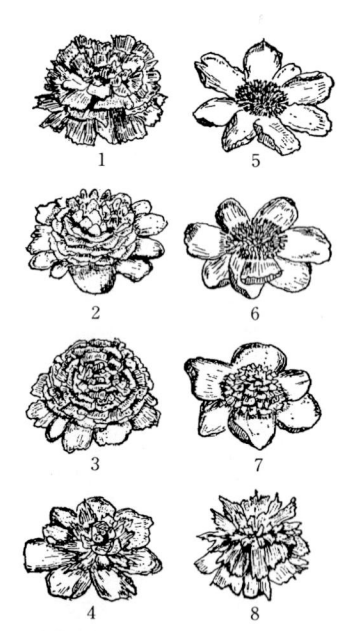

1. 手毬咲き，2. 半バラ咲き，3. バラ咲き，4. 半八重咲き，5. 一重咲き，6. 金蕊，7. 翁咲き，8. 冠咲き．

図18.57　シャクヤクの花形

は10～15℃と思われる．自然状態では5月中下旬に開花し，その後は次年の栄養を蓄積し新根茎も形成とともに新芽を作り8月下旬から9月中旬にかけて花芽を形成する．秋の低温とともに地上部は枯れ根茎は休眠に入る．一定期間低温に遭遇してから休眠が破れる．自然休眠した株を2月ころ掘上げ，加温ハウスに植付けると萌芽伸長して季咲きより早く開花する半促成が可能である．

(5) 栽　培
1) 露地切り花栽培
　一度植付けると数年据え置きして切り花を収穫するので手間がかからず中山間地の露地切り花に向く．また，露地で切り花をしながら一部の株を掘上げてハウスの半促成するのもよい．予定地はクロールピクリンや殺線虫剤などで土壌消毒してネマトーダを防ぐ．元肥は10a当たり堆肥4,000kg，チッ素とカリ成分で10～15kg，リン酸は20kgをすき込む．植付けは秋に，花芽が2～3芽付いた根茎を畝間100～120cm，株間70cmとり芽の上に土が5～7cmかかるよう植える．そのまま越冬させ春萌芽前に元肥の半量の肥料を追肥する．花茎が伸び始めたら弱い茎は掻きとる．採花は蕾の包がゆるみ花弁がわずかに見えるかその直前が切り前である．翌年の収穫を期待し出蕾の80％位を採花する．採花したものは10本1束にして出荷する．

2) 促成栽培
　大川（1964）はシャクヤクを12月に開花させる促成の研究をして成功している．早生品種「サラベナール」「エデュリス・スーパーバ」などの2～3年生の根茎を8月下旬に掘上げ10日間10℃で予冷をしてから0～2℃に40日間低温処理し，その後深めのコンテナに植付けて戸外で栽培した後に最低15℃に保ったハウスで栽培すると12月に開花する．

(6) 病害虫防除
1) 疫病 (*Phytophthora paeoniae*)
　生育中の葉に周囲が暗緑色になる病斑ができて腐敗する．エムダイファー水和剤1,500倍液を散布して防ぐ．

2) 灰色かび病 (*Botrytis paeoniae*)
　若い葉や芽先，蕾や花弁に発生しやすい．他の花と同様な方法で防除する．

3) ウドンコ病 (*Erysiphe cichoracearum*)
　生育後期から花後に発生し易く，葉茎に白い粉状が現われひどくなると枯死する．発生初期にカラセン乳剤3,000倍液か，サンヨール乳剤500倍液を数回散布して拡大を防ぐ．

4) その他の害虫
　シャクヤクには被害の大きい害虫は少ない．出蕾前後から蕾にアブラムシの発生が見られることがある．他の花きと同様な方法で防除する．

18.22 スイートピーと宿根スイートピー (属名:*Lathyrus* L., 英名:Vetchling, 和名:レンリソウ) マメ科, 半耐寒性一年生または耐寒性多年生

《キーワード》：切り花, 鉢物, 庭園花壇

Lathyrus 属は北半球および南米に約150種が自生するが園芸種として改良されたのは現在のスイートピーの *L. odoratus* で, 最近は野生的な風情を持つ宿根生の原種の *L. latifolius* などが切り花や庭園用に栽培されるようになった. ここでは施設切り花生産のスイートピーと最近, 宿根スイートピーの切り花や, 枝切りなどが利用されるようになったので取り上げることとした.

(1) 主な園芸栽培種

1) *L. odoratus* L. (英名 : Sweet Peas, 和名 : ジャコウレンリソウ)

イタリアのシシリー島原産のつる性一年生で両側に翼をもつ扁平な茎は1～2mにもなり, 粗毛で覆われた羽状複葉は先に巻きひげをもち, 茎とともに灰緑色を呈する. 葉腋から20～30cmの花柄を伸ばし総状花序でマメ科特有の花を数花付ける. 花は雌雄蕊を包む龍骨弁 (carina), それを覆う2枚の翼弁 (wings), その後に大きく展開する旗弁 (flag petal) からなる. 花は芳香を放ちスイートピーの名称もここからきている. 原種の花色は桃または紫桃色であるが, 発達した園芸品種には紅, 桃, 青, 紫, 黄, 白色の単色の他複色もあり多様である. 原種は長日性植物である. 種子で繁殖し染色体数は $2n=14$ である.

2) *L. latifolius* L. (英名 : Perennial Peas, 和名 : 宿根スイートピー)

他にも宿根性の種があるが, ふつう宿根スイートピーと言えばこの種を指す. 南欧原産の常緑宿根つる性で耐寒性もある. 茎は両側に翼をもち葉は複葉でひげをもち茎葉とも紫緑色を呈する. 葉腋につく花柄は15～18cm, 長さ1.5cmで赤紫色の平弁花を2～4花付ける. 長日性で春から初夏にかけて開花する. 欧州では早くからロックガーデンや庭園に植えられ, 品種も育成されているが, 最近は切り花としても栽培されている. 繁殖は種子で秋播きし, そのまま露地で越冬させる.

3) その他の種

欧州ではその他, *L. grandiflorus*, *L. rotundiflolius*, *L. tuberosus* などが一部で栽培されている.

(2) 育種と栽培の発達小史

スイートピーは原種の発見以来欧州では庭園用花きとして関心が高く育種もされ, その後は米国で温室用品種が発達している. それに反して宿根スイートピーは来歴や栽培の経緯の記録も残されていない. スイートピーの原種は1650年, イタリアのシシリー島に自生しているのを僧侶フランシス・クパニー (Cupani, Francis) が発見し, 1695年に出版した著書「Hortus Catholieus」に記載されている. さらに彼はこの種子を英国とオランダに送り, その原種は直立したやや狭い旗弁の頂部は裂け赤味をおびた紫で, 翼弁は明るい紫であったという記録がオランダに残っている. 以後, 英国やオランダで交配が始

より，1718年には白色，1793年には赤色品種が，1806年には青色，1824年には淡い黄色まで現われ，19世紀の半ばまでにほとんどの花色が育成されている．とくに英国のヘンリー・エックフォード（Eckford, Henry）は花色だけでなく花型も改良したその功績は大きい．これら初期の育種から500以上の品種まで発展した歴史的考察を米国のコーネル大学の Beal, Alvin が「Sweet pea studies II（1912）」なる論文にまとめている．しかし，スイートピーの育種が本格的に進展したのは20世紀に入ってからである．現在の大輪スイートピーの花型の原型といわれる波状の旗弁をもつスペンサータイプ（Spencer Type）は英国のシラスコール（Silas Cole）によって1904年に作出された品種「カウンテス・スペンサー（Countess Spencer）」に始まる．その後，ウィリアム・アウイン（Unwin, Willium）によってスペンサータイプの品種が多く育成されている．また，現在の日長に中間性の冬咲き種（温室促成用）種は，欧州から米国に渡った育種家ズボラネック（Zvolanek, A.Z.）によって1906年に育成されている．この頃からスイートピーの育種の舞台は欧州から米国に移

図18.58 19世紀末まで欧州で広く栽培されていた古典品種「Painted Lady」（Buchan, B. 1999による）

っていったが米国では露地切り花や花壇用が主流なので夏咲き種に改良の重点がおかれていた．米国のフェリー・モス社（Ferry-Morse Seed Co.）のカスバートソン（Franc G. Cathburtson）は1948年，夏咲き種と冬咲き種を交配して春に開花する春咲き種を育成し，スイートピーは3系統になった．1955年，ズボラネックは冬咲き種の1花柄に7～8輪つき，花型も波状で美しいニュー・ズボラネック・マルティフローラ系（New Zvolanek maltiflora Series）を育成し現在の冬咲き種のベースになっている．鉢物や花壇用に利用される丈の低いわい性スイートピーは1893年，カリフォルニアで作出されている．

スイートピーがわが国に渡来したのは江戸時代末期で明治には高級切り花の栽培として始まったという．しかし，市場出荷を目的とした本格的な栽培は第二次世界大戦後の1970年ころで，冬季日照が多い神奈川県，兵庫県，岡山県などで施設切り花として産地が形成された．栽培に労力がかかること，輪作する作物との関係，需要の低迷から作付けが減少したが，1990年ころから消費面

図18.59 冬咲きスイートピーの最新品種「マンモス・シリーズ」

でも見直され，従来の生産県に加えて千葉県，和歌山県，香川県などの暖地切り花産地のハウス栽培が増えている．これらには冬咲き種が利用されるが，最近は春咲き品種も春化処理して電照し開花を早め冬咲き種と作付ける場合もある．

(3) 生態的特性

発芽適温は18〜20℃，生育適温は冬咲き種で15〜18℃，春咲き種は20℃，夏咲き種では15〜20℃である．冬咲き種の最低温度は3〜5℃，春咲きや夏咲き種は耐寒性が強く−5℃位まで耐える．スイートピーは多日照と乾燥した環境で収量も品質も向上する．

(4) 主な品種

[冬咲き種]

アメリカン・ビューティー（紅色），ダイアナ（ローズピンク），イースターパレード（純白色），茅ヶ崎11号（濃いピンク）など．

[春咲き種]

ロイヤル・ローズピンク（ローズピンク），シンフォニー・シリーズ（各色）

[夏咲き種]

スイートメモリー・シリーズ（各色）など．

[宿根スイートピー]

ピンクパール（淡桃色），レッドパール（赤色）など．

(5) スイートピーの施設切り花栽培

温室やハウスで12月から4月まで切り花生産するのが施設栽培で，それには8月から9月に種子を播種する．スイートピーの種子は硬実種子なので一昼夜水に浸してからトレイに入れて乾かないようプラスチックフィルムなどで覆い，涼しい暗所に置いて催芽させる．種皮が破れ幼根がでたものを鉢に2〜3粒植えて育苗する．

また，春化処理はこの幼根が出かかった状態で1〜3℃の低温庫に春咲き種および夏咲き種では20〜30日処理してから育苗にかかる．

定植は土壌消毒した栽培床に，60〜80cmの床幅に対し2条植えとし数本寄せ植えを一株とし，20〜25cmの間隔で植付ける．植付け後一度摘心しその後は伸長につれてつるを垂直に立ち上げるよう支柱またはビニルテープに誘引する．

元肥も植付け前に床土に混合しておくが，施肥量は切り花収量と品質に影響するから検討する．ここには少し古いが花きの栄養研究では再現性の高いデータとしてペンニングスフェルトの3成分バランスのデータを示しておく（図18.60）．

スイートピーは生育と開花を並行して継続するので連続的な栄養補給が必要である．スイートピーの産地である神奈川県の指導資料によると10a当たりの施肥量は成分でチッ素33.2kg，リン酸19.8kg，カリ33.2kgを標準としている．このうち，半量を元肥，残りは3回に分けて追肥する．スイートピーはつる茎が伸びるので常に引き下げて誘引する労力が多大にかかる．その方法はいろいろあるが図18.62のような方法が一般的であるが，より省力的な方法に改善したいものである．

定植後は換気して日中の温度を下げるが，10月以降，夜温が下がると保温をし，昼温を20〜25℃，夜間温度を6〜8℃以上を保つ．冬季の採花期間中，曇雨天が続いて日照不

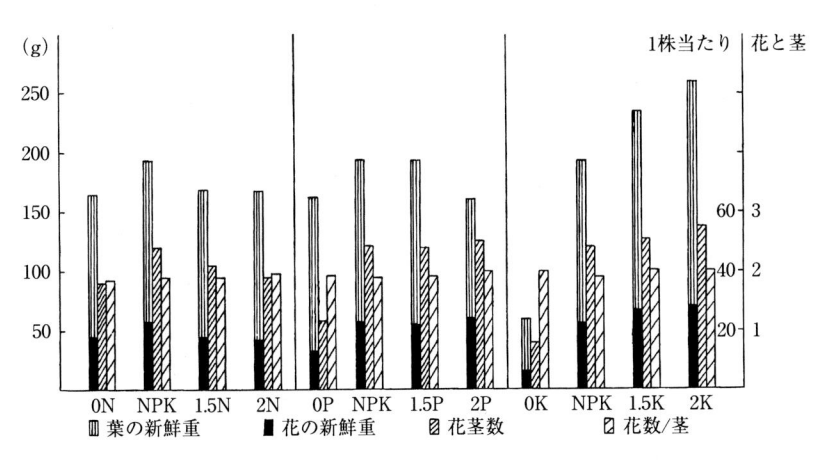

図18.60 スイートピーの発育，切り花収量に影響する肥料3成分比について供試品種 "Billy" と "Rosa" の両品種の平均値（Penningsfeld, F. 1962）

足になると蕾が発育しなくなり花柄から小さいまま落ちる落蕾（bud drop）が起こる．品種間差や栽培条件にもよる．

切り花の収穫は1花柄の花が4～5輪開花したものを採花し，品質別に50本1束にしてSTS剤の0.2～0.4mM液に1時間浸してから出荷する．スイートピーの人気がでてきたのはこの品質保持剤の効果もあるので処理は欠かせない．

(6) 宿根スイートピーの切り花栽培

最近，野生味の強い宿根スイートピーもフラワーアレンジメントに利用されるようになった．花柄があまり長くないので冬咲きのスイートピーのように花柄切りだけでなく枝切りでも利用されるので，栽培方法はやや異なる．強い長日性であるから普通栽培では5～10月出荷，半促成では3～5月出荷である．前者は9～12月，後者は9～10月に播種する．播種方法は冬咲き種に準ずるが，半促成では播種時の春化処理と，生育中の電照が必要である．宿根スイートピーは発育も旺盛で株の基部から分枝5～6本の茎を伸ばしてくるから定植間隔も30～40cmはとる．一株から茎の束はそのまま立ち上げ大雑把に誘引し，巻き下げも簡単にする．開花した花柄は基部より切って20本か40本束にし，枝切りは茎の先の開花花柄が数本付いたまま長さ30～40cmに切り10本束にして出荷するが，冬咲きと同様にSTSの前処理して出したい．

図18.61 冬咲きスイートピーの温室切り花栽培（神奈川県寒川町）

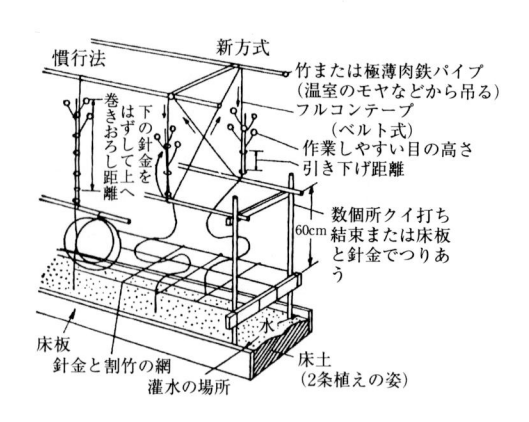

図18.62 スイートピーの誘引方法の比較

図18.63 宿根スイートピー品種「ピンク・パール」

(7) 病害虫防除

1) フザリウム萎凋病（*Fusarium solani*）

下葉から黄化してひどくなると全葉が萎れ株は枯死する．土壌伝染性の病害であるから定植前に土壌消毒をしておく．

2) ウドンコ病（*Erysiphe polygoni*）

はや茎などに白い粉状のかびを生じ，生育後期に発生する．換気を図りカラセン乳剤3,000倍液を散布して防ぐ．

3) その他

病害では炭疽病，菌核病など，害虫はハダニ類が発生する．

参 考 資 料

1) Beal, Alvin 1912. Sweet Pea Studies Ⅱ, Winter flowering Sweet Peas, Cornell Univ. Agri. Exp. Sta. Bul. 319.
2) Buchan, Ursula 1999. Sweet smell of success, The Garden Feb.
3) 細谷　敦・三浦泰昌 1995. 花卉の栄養生理と施肥．農文協，東京．
4) 井上知昭 1999. スイートピー，農業技術大系 花卉編 第8巻，農文協，東京．
5) 井上知昭 1986. スイートピー，花卉園芸の事典，阿部定夫ら編，朝倉書店，東京．
6) 井上頼数他編 1968. スイートピー，最新園芸大辞典，第5巻，誠文堂新光社，東京．
7) Norton, Sylvia 1994. All the colours of the Rainbow, The Garden May.
8) Penningsfeld, F. 1962. Die Ernahtung im Blumen- und Zierpflanzenbau, Velag Paul Parly Berlin.

18.23 スズラン（属名:*Convallaria* L. 英名:Lily of the Valley，和名:キミカゲソウ）ユリ科，多年生

《キーワード》：切り花，鉢物，花壇

　ふつう園芸上でスズランというとドイツスズランを指していることが多い．わが国でもスズランが北海道などに自生しているので両者が混同されている．コンバラリア属には欧州から熱帯アジアに1種，日本および朝鮮半島に1種の2種だけである．いずれも耐寒性の多年生で地下茎は特異な形態のピップス（pips）で球根に入れる場合もある．葉は根生する楕円形の幅広で濃い緑色，5月ころ花茎を抽出して上部にスズラン形の小さく垂下した白花を5〜8花付け，芳香を放つ．冬季根株は休眠する．

(1) 種類の特性

　1）ドイツスズラン（*Convallaria majalis* L.）

　欧州から熱帯アジアに自生するが，ドイツではハンブルグからハノーバーにかけて林地から畑までこのスズランが自生化し，近隣国に切り花を輸出し，根株の生産をしていた時代があったのでドイツスズランとよばれるようになった．しかし現在はフランスの習慣で"5月1日にスズランの花束を贈るとその人に幸福が訪れる"といわれ，この日が「スズランの日」になっている．そのためこの日前後の消費が多く，フランスがドイツスズランの根株生産や切り花生産の中心になっている．葉は光沢があり，花もやや大きく芳香も強く開花は5月である．ドイツスズランには幾つかの変種もあって葉に斑入りのもの，花がピンクを帯びるものなどがある．染色体数は $2n = 16$．

図18.64　ドイツスズランの花

　2）スズラン（*C. keiskei* Miq.）

　日本の中部以北から北海道，朝鮮半島に自生する．地下茎は前種同様にピップを形成し，葉も長楕円形でやや狭く先が尖る．葉は表裏とも粗剛でドイツスズランほど光沢はない．花もやや小さく，花柄も短く花付きも少なく芳香も弱い．和名のキミカゲソウは本種を指し，野生の花としては貴重だが，園芸上ではほとんど利用されていない．

(2) 栽　培

　ドイツスズランは露地の半日陰などに植えられ，季咲きの5月に切り花として出荷するが，切り花，鉢物とも普通はピップを購入して植付ける．多くは促成，半促成による12〜3月に出荷するものが多い．ピップを自家養成するには分割したピップを植付けると1〜2年生のピップは先端の芽は葉芽で3年生位にならないと先端の芽が花芽にならない．もちろん促成や半促成には花芽をもったピップを購入する．ピップ先端の芽が大きいものが花芽である．促成で12月に出荷するには10月にピップを入手する．掘上げた芽は揃えて10株ごと束にし下の根を10cm位残して切り詰め，この束をやや湿らせたミズゴケで包み，プラスチックトレイなどに芽を上にしてすきまなく詰めて並べ，さらに灌水し

て冷蔵庫に入れて0℃に40日間低温処理をする．入庫の時期は出荷目標時期から逆算して70～80日と見ればよい．冷蔵中も乾燥したら時折灌水する．出庫したらトレイごとハウスのベンチ下におき20～25℃を保ち芽を出させ，芽が出たらベンチ上に並べ寒冷紗などの日除けをする．芽はすぐ出て12～15日もすれば出蕾するからトレイのまま切り花するか，鉢植えでは早めに鉢に植えて根づかせる．ドイツスズランの促成，半促成ともやや高温多湿に保つのがコツである．

18.24 ストック（学名:*Matthiola incana* R. Br., 英名:Common Stock, 和名:アラセイトウ）ナタネ科，半耐寒性一年生または多年生

《キーワード》：切り花，鉢物，花壇

　*Matthiola*属には約50種が地中海沿岸および南アフリカ，オーストラリアに分布しているが，現在栽培されているのはストックといわれる*incana*種である．この種は南欧州原産で，茎の基部が木化する二年生だが，園芸上では一年生として扱われている．繁殖は種子により，茎は直上して生育し長楕円形の長さ10～15cmで表面に細毛をもつ灰緑色の葉を付ける．茎は分枝または無分枝で丈は30～50cmになり頂部に花を総状花序に付ける．花色は原種では淡藤桃色であるが，園芸種では紅，桃，青，紫，黄，白色まである．開花性は相対的長日植物で花は強い芳香を放ち，開花期は4～5月である．直根性の半耐寒性で25℃以上の高温にも弱い

(1) 園芸上および八重咲き遺伝性による系統分類

　ストックは実際の栽培上からの系統として次のように大別される．普通のストック（Common Stock）と一年生で変種の *M. i.* var. *annua* Vossのテン・ウィークストック（Ten Week Stock）がある．テン・ウィークストックは普通のストックより花芽形成の低温要求も少なく，播種からほぼ10週間で開花するのでこの名がある．この系統はさらに改良されたセブン・ウィークストック（Seven Week Stack）もある．普通のストックはさらに基部から分枝する分枝性系（Branching Stock）と，分枝しないで1本立ちになる無分枝性系（Non-branching Stock またはColum Stock），さらにわが国で育種された無分枝性で上部が分枝して花序を付けるスプレイ系（Spray Stock）とに分けられる（図18.65参照）．

　さらに草丈の高さで高性，中性，わい性に分けられ，高性は主に切り花，中，わい性は鉢物，花壇に利用される．

　また，八重咲きの遺伝性から幾つかの系統に分けられる．ストックは

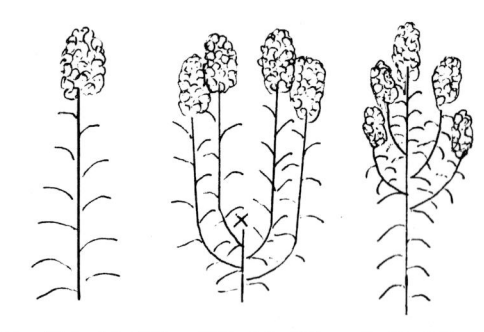

ノンブランチング系　ブランチング系　スプレイ系

図18.65 ストックの分枝性の違いによる系統

市場価値の高い八重咲きは種子が取れない。そこで一重咲きから採種することになるが，播くと一重と八重咲き個体が出現する割合が違う遺伝的系統がある。この八重咲きの遺伝については「育種の項」で詳しく述べたので参考にされたいが，種子を播くと八重と一重がほぼ半々にでる①エバースポーティング系（ever sporting strain），八重が70〜80％でる②トリゾミック・ハイダブル系（trisomic hi-double strain），さらにわが国の育種家橋本昌幸（1986）が開発してさらに八重の出現率を90％以上に高めた③ジャパン・ハイダブル系（Japan hi-double strain），また，八重出現率は半々位だが子葉の色と一重，八重性の遺伝子がリンケージして子葉の淡黄色を選べば八重個体になる④ハンゼン系（Hansen's strain）に分けられる。さらに（株）タキイは種子の色と八重咲き性がリンケージして種子段階で八重咲きの鑑別ができるオールダブル系品種「ホワイト・ワンダー」を育成している。わが国や米国では主にエバースポーティング系を，欧州では八重咲き鑑別の容易さからハンゼン系品種が多く栽培されている。現在，日本のストックの育種は世界のトップレベルにあるが，ユーストマのように欧州に普及しないのはエバースポーティング系で彼らに八重鑑別が難しいからである。しかし後述するように画像処理による機械鑑別が可能になるとわが国の優れたストックが欧州に普及するかも知れない。

（2）育種と栽培の発達小史

古代ギリシャ人やローマ人はストックを薬草として栽培していたというから観賞用にも早くから利用されていたと推定される。1542年にはストックの花色について記載がみられるが，八重咲きについてはなく，1568年，ベルギーの植物学者により八重咲きが認められている。1660年には側枝の出ないノンブランチング系の元と見られる系統が現われており，このころからベルギー，フランス，英国で品種改良が進められ，その後ドイツを経て20世紀に入ってからは米国に育種が移っている。それはストックの営利切り花栽培がカリフォルニアから東海岸の一部で始まり，1940年から栽培が盛んになったからである（Post, K., 1958）。1930年から1940年代にかけて米国の園芸学会報告に"ストックの生育開花に及ぼす環境要因の影響の研究"が多くみられるようになり，とくにストックの八重咲きの遺伝解明に多くの遺伝，育種学者が研究発表をしているのもこの時期である。品種開発についてはシカゴのボール社（Geo. J. Ball Inc.）が1940年ころから意欲的に温室用ストックの育種を開始し，いまなお名を残すノンブランチング系の「ボール・ホワイト」や「ボール・ライラック・ラベンダー」などもこの頃発売されている。これらは現在，わが国で栽培している品種の元親になっている。

欧州ではストックの切り花はフランスが多く，オランダその他はきわめて少ない。しかもほとんどがハンゼン系ストックである。オランダのプラグ苗生産大手のベグモ・プランツ社（**Vegmo Plant B.V.**）の主要品目はストックのプラグ苗でほとんどフランス向けであり，ここでは濃緑の子葉を引き抜き淡黄緑色（八重個体）のみをトレイに残し，抜いた後に淡黄緑色葉苗を補植する手作業（図18.66参照）と，コンピュータの画像処理による八重咲き苗の自動選別を行っている。

わが国へは1668年（寛永8年）に渡来しているが，大正から昭和にかけて冬季温暖な房総半島で露地切り花栽培が始まっている。広く栽培されるようになったのは1950年以

降で暖地ハウスの主要作目になっている．戦後まもなくストックの育種に取り組んだのは千葉大学の浅山英一である．ボール社の「ライラック・ラベンダー」とテン・ウィーク系の「ドワーフ・ホワイト」を交配して照葉でヒアシンス咲き品種「松の雪」を1961年に発表した．さらに極早生で年内出荷できる「初雪」を育成している．浅山の育種はその後，千葉県に黒川や坊田，早川などのストックの育種家輩出の契機になっている．とくに黒川浩は分枝系，無分枝系ストックの品種を今日まで多数育成し，市場に出荷されるストックの70%は黒川系品種になっている．さらにスプレイタイプも黒川が1993年に発表したものである．

図18.66　手作業によるストックのプラグ苗の子葉による八重咲き苗の鑑別（オランダ，ベグモ農園）

ストックは低温長日で開花が促進されるので初期の品種は加温しても1月下旬から開花した．浅山の育種はテン・ウィーク系の血を入れることで低温長日反応が弱まり早期開花が可能な品種が出現した．（株）タキイは1970〜1974年にかけて晩秋から年内に開花する無分枝系品種の「クリスマスシリーズ」を育成して高冷地や暖地で年内出荷の作型を可能にした．

ストックは生産が拡大して1965年には切り花のベスト10に入り，2,000年現在，約300 haの作付けがある．

(3) 生態的特性

ストックの生育適温は Post, K. によれば7〜15℃としている．さらに当時の無分枝系品種を冬季15℃以上で生育させたものは花芽を形成しなかったという（Post, K. 1942），また1日6時間以上最低15℃を保ったときも同様であった．Post, K.（1935）は日中温度と夜間温度を変えて花成反応と本葉や草姿の形態に及ぼす影響を見ているが，その結果の一部を表18.15に示す．15℃以下の低温で花芽分化が誘導されるが昼夜の温度の違いが微妙に影響しているのがわかる．花芽形成後は長日で開花は促進される．しかし現在の育種された品種は花成に及ぼす温度や日長反応が変わってきて自然低温でも早期開花する品種群が育成されている．最近の品種について花芽分化のための低温限界温度を調査した藤田（1978）の結果では無分枝系，分枝系の極早生品種では23〜25℃とかなり高い温度でも花芽を形成しており，中生品種では15〜18℃，晩生品種で13〜15℃，極晩生品種が13℃となり，晩生品種がポストらが研究した当時の品種に近い温度反応であった．

図18.67　浅山が1951年に育成した無分枝系早生品種「松の雪」

表18.15 ストックの花成および本葉，草姿に及ぼす昼夜温の影響 (Post, K. 1935)

日中温度 (℃)	夜間温度 (℃)	葉と植物の形態および開花
10～15	10～15	葉は切り込みなしで植物は高性，67日目で開花
15～21	15～21	葉は切り込みをもち，植物は低く，開花せず
10～15	15～21	葉は開花期近くに切り込みを生じ植物は低性，68日目に開花
15～21	10～15	花葉はウェーブして切込みなし，植物は低性，開花せず

(Post, K. 1935, Proc. Amer. Soc. Hort. Sci. Vol. 33)

また，藤田(1979)は低温要求期間も調べているが，無分枝系の早生品種と晩生品種および分枝系の中生品種では10日間，無分枝系の晩生品種が20日間，そして極晩生は30日間であった．最近の品種はかなり高い温度でしかも短い低温遭遇期間で感応し花芽形成するから年末開花が可能なことが裏付けられた．

(4) 主な系統別品種
[無分枝系品種]
　高波(純白色極早生)，早雪(純白極早生)，早麗(淡鮭桃色早生)，秋の光(鮮赤色中晩生)，キリン・ウェーブ(鮮紫藤色極早生)，黄波(淡黄色中生)　など．

[分枝系品種]
　寒千鳥(濃紅桃色早生)，銀潮(純白色早生)，若桜(濃鮭桃色早生)　など．

[スプレイ系]
　ディープローズ(濃桃色早生)，ラベンダー(藤色早生)，ホワイト(純白色早生)，アプリコット(淡鮭杏色早生)　など．

図18.68　スプレイ系品種「カルテット・ラブリー」

[わい性鉢物用系]
　ピグミーシリーズ，シンデレラシリーズなど．

(5) 作　型
　ストックは7月から9月ころに播種して10月から2～3月にかけて出荷するハウス栽培の作型で，露地作は無霜地帯をもつ暖地に限られている．ストックは暖地の生産が当然多いが，極早生品種の出現によって寒高冷地の秋作にも利用されるようになった．主な作型は藤田(1986)によると図18.69のようになる．

(6) 切り花栽培
　切り花栽培では市販のセル成型苗の利用もあるが，次に述べる八重咲きの鑑別を行うためほとんど生産者による播種，育苗がふつうである．播種期は作型により図18.69のようになり品種によってもやや違う．種子は10ml当たり2,600粒なので1a当たり60～80ml必要となる．種子の発芽適温は20℃前後なので夏季高温期にはなるべく涼しい環境で

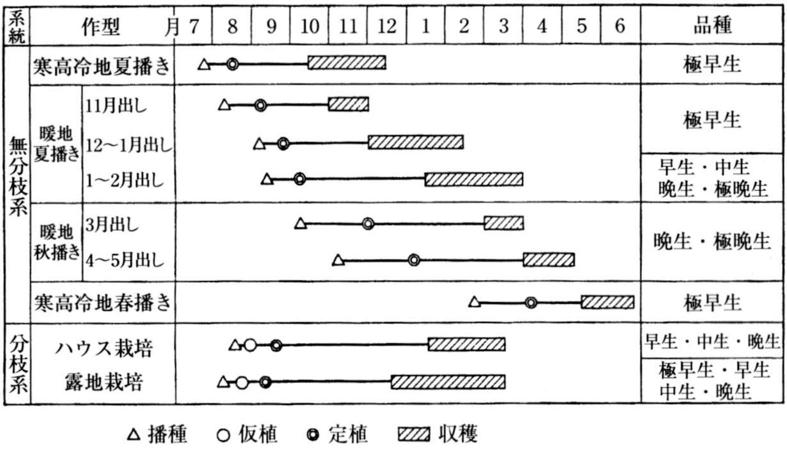

系統	作型		月 7	8	9	10	11	12	1	2	3	4	5	6	品種
無分枝系	寒高冷地夏播き			△	○		▨	▨							極早生
	暖地夏播	11月出し			△	○	▨								極早生
		12〜1月出し				△ ○		▨	▨						早生・中生 晩生・極晩生
		1〜2月出し				△ ○			▨	▨					
	暖地秋播	3月出し					△	○			▨				晩生・極晩生
		4〜5月出し					△	○				▨			
	寒高冷地春播き									△ ○			▨		極早生
分枝系	ハウス栽培			△ ○	○			▨	▨						早生・中生・晩生
	露地栽培			△	○	○		▨	▨						極早生・早生 中生・晩生

△ 播種　○ 仮植　● 定植　▨ 収穫

図18.69　ストックの地帯別作型の例（藤田1986）

播種し，光発芽性なので覆土はごく薄くかける．5〜7日で発芽するから播種後2週間経つと子葉が完全に展開するので八重咲きの鑑別を行う．

[八重咲き株の鑑別]

　ストックの八重咲きの遺伝性についてはすでに述べた．エバースポーティング系は発芽が早い苗に八重株が多い確率が高く，さらに子葉が丸形よりやや楕円形のものが八重株になる傾向があるので，この段階で苗が小さく，子葉の形が丸形の苗をピンセットなどで引き抜くのが八重咲き株の鑑別になる．大体全株の1/3〜2/5位抜き取る．慣れないとこの選抜は難しいが，少し慣れると見分けられるようになる．産地などの熟練者では95％位の確率で鑑別できる．島根大学の谷ら(1999)はカラー画像処理システムを用いて八重咲き苗の自動鑑別を行う研究をしている．図18.70のような鑑別過程で，CCDカメラで子葉の面積，形態の複雑度，彩度の3基本特徴量を計測し，データをファジー評価理論により仕分けて鑑別精度90.8％を得ている．すでにオランダではハンゼン系の八重自動鑑別を行っていることはすでに述べたが，エバースポーティング系の自動鑑別はこれが最初で，この種の研究が園芸学会に発表されるのも最初と思われる．

　定植床はあらかじめクロールピクリンなどで土壌消毒をして元肥も混入しておく．定植床は幅90〜100cm，通路60cmを取り，無分枝系は12×15cm，分枝系は15×20cmの間隔に定植する．分枝系は定植後摘心する．栽培土壌は粘質壌土が最適といわれるが火山灰土壌にもよく適する．pHは6.5，ECは0.4〜0.5を標準とする．肥料は松尾(1979)によると1a当たりの肥料成分の累積吸収量は図18.71のようになり，カリの吸収量が最も多く，次いで石灰，チッ素の順になる．カリ欠乏は下葉が黄変し茎も軟弱になる．ストックがカリ成分の欠乏に敏感なことはすでにPost, K.が1952年に報告している．施肥量は1a当たり成分でチッ素3.3kg，リン酸3.3kg，カリ4.0kgで，元肥をその1/2，残り

は2回に分けて追肥を施用する．

定植後の管理は草丈が15～20cmになったら倒伏防止にフラワーネットを張り秋から冬にかけて一定の低温に合わせてから保温を開始し，夜温が下がる時期になると加温を開始する．保温，加温管理は日中20℃，夜間8～10℃位にする．年末開花のためにはやや高めに加温する．また，開花促進や花揃いをよくするため花芽分化直前，ジベレリン50ppmを2回，株の頂部に散布すると品種や栽培時期にもよるが25日ほど開花が早まる．

収穫出荷は秋春期は花が8～10輪，冬は10～14輪くらい開花した時が切り前で，採花後，規格別に10本1束にし，水揚げしてから1箱に10束，スプレイ系は6束入りで出荷する．従来は八重咲きだけ出荷したが，最近は一重も売れるので別束として出荷する．

(8) 病害虫防除

1) 黒腐病 (*Xanthomonas campestris* CV. *incanae*)

下葉が裏面から黄化し，茎や葉脈が黒褐変して水浸状を呈する．土壌および種子伝染性の病害なので土壌や種子を消毒する．

2) 萎凋病（*Fusarium oxysporum*）

葉が黄化して立ち枯れ状になる土壌病害で，発生すると防御方法がない．種子伝染性の病害で土壌や種子の消毒が必要である．

3) 菌核病（*Sclerotinia sclerotiorum*）

葉や茎が最初水浸状灰白色になり，発病部分に白色綿毛状の菌糸が密生して黒い菌核が茎の内外に生じる．ひどくなると株全体を侵し枯死する．トップジンM水和剤1,500倍液を散布して防ぐ．

4) 灰色かび病（*Botrytis cinerea*）

ストックの葉先や花弁に褐色の斑点がでて出荷できなくなる．多湿な環境で発生する．空気伝染して多くの植物に感染するので発生しやすい病害の一つである．防除は菌核病に準ずる．

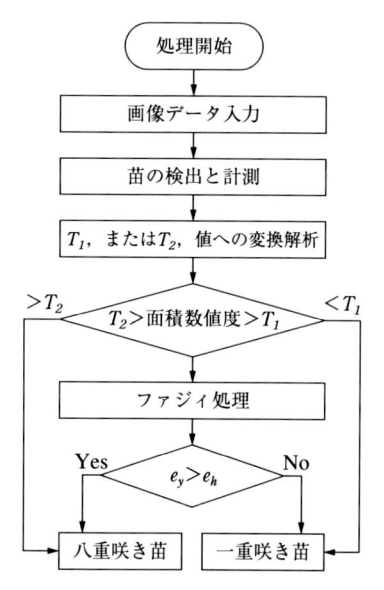

図18.70 ストック八重咲き株の画像処理による自動鑑別のフローチャート（谷らの研究より1999）

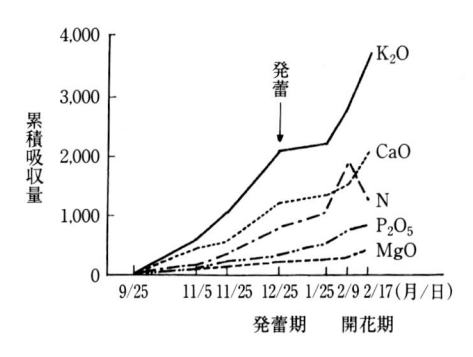

図18.71 ストックの1a当たりの肥料成分累積吸収量（松尾 1979）

[428] 各　論

　5）ウイルス（カブモザイクウィルス：TuMV）

　生育中，葉や花弁が萎縮したりモザイク状になる．媒体のアブラムシを防除し，発病株は抜き取る．

　6）コナガ（*Plutella xylostella*）

　幼虫は頂部の若い葉に潜み喰害するので防除しにくい．性フェロモン剤（コナガン）を利用して成虫を誘殺するか，散布剤ではマブリック水和剤があり，オンコル粒剤を地表に撒いて体内に吸収させて間接的に防除する．

　7）ハマダラノメイガ（*Hellulla undalis*）

　幼虫が頂部の若葉をつづって包みその中で生長芽を食害するので，その茎は開花できない．定植時オルトラン粒剤を表土に混和して防ぐ．

　8）その他

　アブラムシ，ナミハダニなども発生しやすい．

参 考 資 料

1) 藤田政良　1994. ストック，花専科・育種と栽培，誠文堂新光社，東京．
2) 藤田政良　1986. ストック，花卉園芸の事典，阿部定夫ら編，朝倉書店，東京．
3) Koku, Kou N. Aoki, M. Dohi, T. Fujiura and K. Takeyama 1999. Studies on automatic discrimination of double flowering Stock from single flowering seedling by Fuzzy Theory, Jap. Soc. Hor. Sci. 68 (1).
4) 松尾多恵子　1979. ストックに対する施肥上の注意，農耕と園芸第34巻，7号．
5) Post, K. 1952. Stock, Florist Crop Production and Marketing, Orange Judd Publishiing Co. Inc. New York.
6) Post, K. 1935. Temperature as a factor in bud differentiation and flowering of Stock, Amer. Soc. Hort. Sci. 32.
7) Post, K. 1942. Effects of daylength and temperature on growth and flowering of some florist crops, Cornell Univ. Agri. Exp. Sta. Bul. 787.

18.25 スモークツリー（学名：*Cotinus coggygria* Scop., 英名：Smoke－Tree, 和名：ハグマノキ）ウルシ科, 耐寒性落葉低木

《キーワード》：切り花，ドライフラワー，庭園

　コチヌス属は南欧，中近東，北米に2種が分布するだけである．スモークツリーは南欧からヒマラヤ，中国中部に分布し，高さは4～5mになる落葉性低木で，葉は長さ5～8cmになる卵形または倒卵形で表面は濃緑または濃緑紫色を呈する．花は枝先に細密に分枝した円錐花序に径3cm位の綿毛状の小花を多数付け，遠くから眺めると煙のように見えるところからスモークツリーの名がある．開花は6～7月で，切り花にはこの時期に採花するとともに，開花の終わった花房もそのまま，または着色したドライフラワーとして

利用される．庭園用にはそのまま植栽して観賞する．スモークツリーは英国に1656年に導入され，わが国への渡来は明らかではないが明治になってからと言われる．スモークツリーは欧州では幾つかの変種や品種が選抜されているが，繁殖が種子以外の栄養繁殖は取り木位で繁殖率が低く品種物の苗は入手しにくく，主に実生苗が流通していた．1985年ころから組織培養による栄養系品種の苗増殖が可能になったので切り花品種の栽培や苗販売が開始された．

図18.72 スモークツリーの花

(1) 主な品種

従来は民間で選抜された系統を種子で増殖した苗が大久保系などとして販売されてきたが，現在は欧州の選抜品種を国内で組織培養増殖した苗や輸入苗が販売されている．主な品種としては：ホワイト・ファー（White Far：白色花，緑葉），コーラル・ファー（Coral Far：鮮紫赤花，緑葉，早生），パープル・ファー（赤紫色花，紫赤葉）など．

(2) 栽 培

購入した苗は圃場に仮植して2年ほど養成して丈夫な苗にしてから定植する．苗の定植は3月中がよい．排水と日当たりのよい圃場を選び，堆肥と元肥を少し施用した圃場に苗を植える．間隔は1.8×1.8m位を標準とする．植付け後幹が伸びたら1.5m位のところで摘心して側枝を出させる．地域にもよるが，定植後3～4年で枝先に花序を付けるようになる．生育中は時折追肥をし，特に採花後には10a当たり化成肥料を40～50kg位施用する．花は綿毛状の花が7～8分開花したものを80cm位に採花し水揚げしてから束ねて出荷する．

18.26 *ソリダゴと**ソリダスター(*属名:$Solidago$ L., 英名:Goldenrod, 和名:アキノキリンソウ) キク科, 耐寒性多年生, (**学名:$Solidaster \times luteus$) キク科, 耐寒性多年生

《キーワード*》：切り花，鉢物，庭園花壇　《キーワード**》：切り花

約130種が主に北米，僅かに欧州，アジアに自生し，わが国にも2種が分布している．基部が木化する耐寒性の強い多年生で道路わき，草地，河川敷などに自生または自生化するものが多く，わが国でもセイタカアワダチソウ（別名：セイタカアキノキリンソウ）のように国内に蔓延して花粉公害をもたらすものもあってイメージはよくない．しかし，この属には花の美しい園芸種が欧州では沢山育種されて，切り花や庭園用として重要な花きになっており，わが国でも切り花栽培は増えている．これら園芸種はセイタカアワダチソウのような旺盛さや公害性はない．地下茎で増殖し冬季は地上部は枯れて休眠す

る．春，地際から茎を直上に伸ばし鋸歯または全縁の長楕円形の葉を互生する．丈は60〜120cmになり頂部に黄色で小形の花頭を多数付ける円錐，または散房花序になる．開花期はふつう夏から秋である．ソリダゴ属は原種の他に自然交雑種も多く，さらに育種された園芸種やソリダスターのように属間交雑もある．

(1) 主な野生種

ソリダゴ属の原種の中でそのまま庭園用などに植栽されたり，園芸種成立の選抜や交配親になっているものに次の種がある．

1) *Solidago altissima* L.（セイタカアワダチソウ）

北米の東部から中部にかけて自生し明治末にわが国へ渡来した．花は濃黄色で丈は2.5mほどになり，株は野生化して急速に大群落になり花粉公害と在来種侵略で嫌われている．

2) *S. canadensis* L.（カナダアキノキリンソウ）

北米東部からカナダにかけて原産する．丈は1.5m位，株は密生し花穂は大きい．開花も7〜8月と早く，この種を親とした園芸種は多い．

3) *S. serotina* Ait.（オオアワダチソウ）

北米からカナダにかけての原産で丈は1mになり，円錐花序はやや大きい．明治に渡来し各地に野生化している．

4) *S. virga-aurea* L.

欧州，西アジアから北アフリカに自生する．茎は褐色無毛だがザラザラする．丈は60〜90cm，葉は被針形で無柄，黄色花の花頭はやや大きく2cm位になり狭い円錐花序が密推花序になる．開花は7〜9月，欧州での園芸種はこの種から選抜されたり園芸品種の重要な親になっている．

5) *S. v.* var. *asiatica* Nakai（アキノキリンソウ）

日本の本州から九州，朝鮮半島にかけて自生する．丈は50cm位で，暗紫色を呈し花頭は径1.2〜1.4cmでやや花序にまばらに付く．

(2) 園芸種や品種とその発達

ソリダゴ属は自然交雑種と見られる種があり，それらを含めて選抜や交配により多くの品種が育成されている．最初の品種は1931年，Wehrhahnによって命名された"Goldschleier"である．これはこの頃からソリダゴの育種が始まったとみられ，英国のWalkden社，オランダのMoerheim社，ドイツのBenary社が中心に1940年から1960年にかけて次の品種が育成されている．

「Golden Mosa（Walkden, 1946）」，「Golden Shower（Walkden, 1949）」
「Strahlenkrone（Benary, 1951）」，「Lemore（Walkden, 1947）」
「Golden Wings（Moerheim, 1949）」，「Laurin（Benary, 1969）」，
「Leraft（The Raft, 1960）」，「Praecox（Capijn, 1948）」，

1991年現在，オランダのVaste Keurings Commissie（VKC）に登録されているソリダゴは24品種ある．

ソリダスター（Solidaster）は1910年，フランス，リヨンのLenard Lilleナセリーでアスター属 *Aster ptarmioides* とソリダゴの不明種との属間交配から生まれたと言われて

いる．*Solidaster* × *luteus*で表され，シノニムで*A. hybridus*や*S. luteus*がある．また，ソリッドアスターとも呼ばれる．生態的な性状はソリダゴに近く，切り花の作付けも世界的に伸びている．現在，ソリダゴの育種はオランダのBartel農園が，ソリダスターはイスラエルのDanziger社が力を入れている．

[主な品種]

輸入して販売されているソリダゴの品種には「タラ（Tara：濃黄金色でつまった花穂）」，「スーパー（Super：淡黄色で花穂は長い）」，「ジントラ（Dzintra：濃黄色）」などがある．ソリダスターには「ゴールデン・トップ（Golden Top：濃黄色）」，白花種（乳白色）などがある．

図18.73 ソリダスターの花

(3) 栽　培

ソリダゴやソリダスターはアレンジメントや花束の添え花として使い易いこと，周年生産できること，利用期間が長いことなどが作付け拡大の要因である．両種とも秋から冬の低温短日下で休眠してロゼット状になるが，自然低温に遭遇してロゼットが破れ，春気温の上昇とともに萌芽し茎を直上伸長させ長日になると開花する性質がある．秋から冬に最低夜温を5～10℃に遭遇すると全てロゼット化するが，15～20℃ではロゼットに入らず開花する．低温でも14時間以上の長日にするとロゼットにも入らず開花する．このような開花習性で夏から秋の出荷には自然開花で露地やハウスで容易に栽培できるが，冬から春にかけての生産ではハウスで加温し電照して長日にすればよい．季咲き後，株を刈り込み，直後から一定期間電照することによってハウス内で9～10月に再び開花させることができる．電照は5から6週間で消灯するとその後，5～6週間で開花する．このため出荷目標期から逆算して刈り込みや電照時期，期間を決める．また，抑制開花後，再び株を刈り込み，夜温を12℃以上保ち，電照で4～5月に開花させることができる．このようにハウス栽培では1作で2～3回切り花ができるので暖房コストのかからない暖地向きの作型である．夏季冷涼な寒高冷地では露地栽培の季咲きで品質のよい切り花生産ができる．

両種はふつう挿し芽で繁殖する．購入苗や自家増殖苗はポット仕立てにして育苗してから定植する．定植床での2～3回切りでは十分な堆肥をすき込み，施肥は控えめにして1a当たり3成分で3,3,2kg程度施用し2/3を元肥に，1/3を追肥として施用する．定植間隔は15～30cmで露地では広め，ハウス内はやや密に植える．定植後10日ほどで摘心し，株当たり5～6本立ちとする．

採花は蕾が色づき小花が開き始めたころが切り前である．規格別に選別して10本束に結束して水揚げして出荷する．

病害虫はアブラムシ，ハダニ類，スリップスの発生に注意する．

18.27 ダイアンサス類 (属名: *Dianthus* spp., 英名: Pink, 和名: ナデシコ) ナデシコ科, 耐寒性多年生

《キーワード》: 切り花, 鉢物, 庭園花壇

　ダイアンサス属には約100種が欧州, アジア, 米国大陸およびアフリカ北部に分布し, わが国にも4種, 1変種が自生している. これらの中には花き栽培上重要な種があり, それぞれ別名で呼ばれているが, すでに述べたカーネーションなどを除いたそれ以外のダイアンサス属を述べる.

　大部分のダイアンサス属の種は茎に肥厚した節, 葉は対生し茎の先端に集散花序または円錐花序に5弁の花を多数付ける. 園芸種は花も大きく重弁化や多彩な花色もある.

(1) 園芸種育成の発達小史

　ダイアンサスの原種はそのまま栽培されているものから種間交雑による園芸種が多くあり複雑であるが, 反面, その多様性が魅力になって今日まで広く栽培されている. カーネーションを含むダイアンサスの育種は17世紀から18世紀にかけて行われたと見られ, ルイ14世時代 (1643〜1715) のベルサイユ宮殿には300種位のダイアンサスが集められていたという. 1860年, ロシアのレニングラードのHeddewigは日本からセキチクの種子を取り寄せてセキチクを改良, 育種して花色や特異な模様のヘッドウィギー系を育成した. 一方, 英国ではAllwoodがカーネーションと*D. plumarius*や*D. alpinus*などの種間交配とさらに育成した品種間の交配によって多彩な品種群のオールウッディ系を育成した. 英国ではこれ以外のダイアンサスを含めピンクと呼んで庭園に植えている. わが国でも渡来時期は不明であるが江戸時代には*D. chinensis*がセキチク (カラナデシコ) として関心が高く, 文久3年 (1863) には長谷酔華により「撫子培養手引草」なる書が出されている. また, このセキチクから伊勢松阪では花弁が細裂して長く垂れ下がるイセナデシコ (*D. chinensis* L. var. *lacinatus* Koern.) が育成され, 四季咲き性のトコナツ (*D. c.l.* var. *semperflorens* Makino) はセキチクから育成されたと言われるが経過は不明であり, 多数の品種が江戸時代に流行したという. これらイセナデシコやトコナツはいわゆる古典的なナデシコで一部の好事家に保存されているにすぎない. 現在, 園芸上で市販されているトコナツは洋種トコナツとして別のものである. 戦後, わが国でも営利栽培用のダイアンサスの交配種が民間育種家や種苗企業によって多数育成されている. 種間交配と見られる「木村ナデシコ」, 「ミカドナデシコ」, また品種間交配による「五寸セキチク」や「三寸セキチク」など, セキチクとビジョナデシコとの種間交配のF_1ナデシコなど多様になっている. 海外でも種苗企業によるセキチク系品種やビジョナデシコ系品種の育成は現在も盛んである.

(2) 主な原種と園芸種

1) *D. alpinus* L.

　ロシアから欧州の山地に分布する丈10〜15cmのわい性種で, 葉は線形で硬く花は単生し花色には桃, 鮭肉, 紫桃などがある. 開花は7〜9月, 主に山草として小鉢栽培される.

2) *D. barbatus* L.（アメリカナデシコ，ビジョナデシコ，ヒゲナデシコ）

欧州原産の耐寒性多年生か二年生で，直立する茎は四陵をもち，40〜60 cm，基部で分枝し5〜6本の茎立ちになる．葉は光沢のある広被針形で濃緑か紫緑，茎頂に集散花序を付け，花は5弁でひげ状の総包をもつ．花色は赤，桃，紫，白と多彩で，開花は5〜6月，最近はほぼ周年開花性のある品種も育成されている．ビジョナデシコは他種との交雑により F_1 を含む多くの種子系品種が育成され，ダイアンサス育種では重要である．この種の品種としては黒川早生（濃紅色），白馬（純白色）などがある．

3) *D. chinensis* L.（セキチク，Chinese Pink）

図18.74 *D. barbatus*（ビジョナデシコ）の花

中国原産の耐寒性多年生で丈は15〜30 cmになり地際から分枝して多数の茎立ちになる．葉は互生し長被針形の灰緑色で茎頂に5〜6花付ける．普通は5弁の一重で赤，桃，紫桃，白の花色に特有な色模様をもつ．前述のように本種を親とした種間交雑の園芸種が多い．

4) *D. deltoides* L.（ヒメナデシコ）

スコットランドから北欧にかけての原産で，耐寒性多年生で夏の高温乾燥には弱い．丈は20〜30 cm，地際より細かい茎を多数立て，葉は線形濃緑で花は径1.5〜1.8 cmの一重，花は紫紅色で開花は6〜8月，庭園や鉢物として栽培される．

5) *D. japonicus* Thunb.（フジナデシコ，ハマナデシコ）

日本の海岸地帯に自生する．耐寒性多年生で生態はビジョナデシコに近く，葉は長楕円形で先は丸く濃緑の照り葉である．花は藤桃色，白色がある．開花期は7〜8月，江戸時代から切り花として栽培され，特に盆栽として利用し現在も切り花需要がある．

6) *D. plumarius* L.（タツタナデシコ，Garden Pink）

オーストラリアからシベリアにかけての原産である．高さ30〜40 cm，地際から多数の茎を立てブッシュ状の株立ちになる．茎は細いが剛直で線形の葉を互生し，茎葉ともに銀白色を呈する．花は単生または数花を茎頂に付け，株を覆うように咲く．開花は6〜9月，庭園用や鉢物に栽培される．

7) *D. knappii* L.（ホタルナデシコ）

欧州中東部原産で半耐寒性の多年生で，丈は40〜50 cmの直立性で線状被針形の葉は灰緑色，花は径1 cm位の一重で淡黄色，ダイアンサス属の中では唯一の黄花種である．

8) *D. superbus* L. var. *longicalycinas* Williams（カワラナデシコ）

わが国の山野に広く自生しているナデシコで，丈は40〜60 cmになり，茎は細く分枝し線状被針形の葉とともに灰緑色，花は径3〜4 cmで弁縁に細く深い切れ込みが入り，がく筒も長い．花は白または淡桃色，開花は6〜9月，改良カワラナデシコや緋赤カワラナ

デシコなどの選抜系も出ている.
（3）園芸交配種
1） *D. chinensis* L. var. *laciniatus* Koern.
（イセナデシコ，伊勢撫子）

すでに述べたように江戸時代，伊勢地方で実生選抜により改良されたと見られる．花弁が細裂垂下する特異な花の形態をもつ．古典園芸植物で当時は100種以上の品種があり，京都や江戸で流行していたことが多くの文献に残されている．

2） *D. chinensis* L. var. *semperflorens* Makino（トコナツ，常夏）

図18.75　ダイアンサス・プルマリウスの花

江戸時代に実生選抜されたものと見られるが，その経緯は不明である．四季咲き性で丈は低く，鉢植えで観賞する．かつては多くの品種があったと言われるが，現在はごく僅かの品種が残されているにすぎない．鉢物で栽培されているのは洋種のトコナツである．

3）ミカドナデシコ

カーネーションとセキチクの種間交雑から選抜されたもので切り花用である．丈は50〜80cmになり，茎葉はカーネーションに似た革質で灰緑色，花は一重で主に鮭肉，桃，紫桃色のほぼ四季咲き性である．

4）クロキナデシコ

ビジョナデシコの実生から選抜されたといわれ，茎は太く剛直で丈は60〜70cm，茎葉ともに光沢のある黒紫色で花は深紅色，形態はビジョナデシコと同じである．特異な形態から最近見直されている．

5）ライオンロック

タツタナデシコの改良種とみられ，丈は10〜15cmと低く，株全体がコンパクトで半球状になり，葉は細い線形の銀白色で革質，花は濃桃柴色の一重，5〜6月開花の一季咲きで耐寒性の強い小鉢物やロックガーデンに植えられる．欧州で育成されたもので，1970年に三好靭男が導入している．

6）その他

前述のヘッドウェギー系，オールウッディー系，スウィートウィーブスフィールド系など多くの交配種がある．

（4）園芸交配品種

現在，市販されている園芸交配品種には次のようなものがある．

- 切り花用 F_1 品種：「バーバレラ・スカーレット（鮮紅色）」，「バーバレラ・ピンク（濃桃色）」，「ファイアーストーム（鮮紅色）」など．
- 切り花用固定種：「日輪（鮮紅色緑葉）」，「白馬（白色緑葉）」など．
- 鉢物・花壇用 F_1 品種：「アイデアル・ローズ（濃桃色）」，「テルスター・クリムソン（濃

紅色)」,「テルスター・パープル・ピコティー（赤紫色に白覆輪)」など.
(5) 切り花栽培
　切り花用品種は「ファイアーストーム」のように四季咲き性は少なく，ほとんどは低温後の長日で開花する一季咲き品種なので，秋播きして冬季一定の低温に遭わせてから加温して2～4月頃に出荷するハウスの作型が多い．しかし，バーバレラ・シリーズなどは初夏に播種して秋に出荷することができる．セルトレイに播種育苗した苗を秋に定植し，間隔は20×20cm位とする．あらかじめ定植床に元肥をすき込み，定植後は1～2回摘心して茎立ち本数を決める．無加温栽培ではそのまま越冬させ1月下旬から保温し，2～3月に開花させる.

(6) 鉢物栽培
　鉢物も種子系品種にはF_1で四季咲き性が多い．需要は春のため，主に秋に播種して春に開花させる作型が一般的である．また，ライオンロック系やトコナツ系のように挿し芽系品種は6～7月に挿し芽して9～10月に鉢上げした後，摘心を1～2回してから戸外に並べ冬季の自然低温に遭わせてからハウスに入れ加温して開花させる．いずれも簡単なので初心者の栽培に向くが，鉢物生産のローテーションに組み合わせる作目としても利用される.

18.28 ダリア (属名 : *Dahlia* Cav., 英名 : Dahlia, 和名 : テンジクボタン) キク科，不耐寒性球根

《キーワード》：切り花，鉢物，庭園花壇，販売球根

　メキシコおよびグァテマラの山地に約30種が分布している．地下に塊根を形成し，その頂部に萌芽する芽の出る部位をもつ．茎は数本発生し内部は空洞になる．葉は深い鋸歯をもつ3回奇数羽状で濃緑，緑紫色で対生する．分枝した茎頂に一重，半八重，八重咲きの花を付け，サイズも小輪から大輪まであり花色も赤，橙，黄，白，赤紫，桃色など豊富で多様である．原産地では常緑で周年開花するが，わが国では5～10月まで開花する．現在栽培しているダリアは数種の原種から育成され，学名は *Dahlia* × *cultorum* Thorst. et Reis., あるいは *Dahlia hybrida* hort. などが使われている．以下に述べるようにダリアは花きの中でも原種発見以来際立って改良されたものである.

(1) 現在のダリア成立に関与した原種
ダリアの園芸種は次の原種の交雑によって成立されたと考えられている.

　1) *Dahlia coccinea* Cav.（ヒグルマテンジクボタン）

　メキシコ原産で草丈は1～1.2mになり葉は鋸歯をもつ．2回羽状葉で花は径10cm位，8弁の舌状花は淡紅色となり中央の筒状花は黄色，染色体数は$2n=16$．わが国には江戸時代に導入されている.

　2) *D. juarezii* hort.

　メキシコ原産で草丈1.5m位になり茎は灰緑色，葉は1回羽状全裂で緑色，舌状花は鮮赤色で両側がやや外反したカクタス咲きで，舌状花数がやや多く半八重，八重咲きを呈する．この種は園芸種成立の重要な親になっており，わが国への渡来は1891年である.

3) *D. merckii* Lehm. （フジイロテンジクボタン）

メキシコ原産で草丈は60〜90cmで茎は細く分枝し株が上に広がる．葉は鋸歯をもつ2回羽状全裂で，茎頂に径2.5〜4cmの花頭を付け舌状花は藤色，染色体数は$2n=36$．

4) *D. pinnata* Cav. （テンジクボタン）

メキシコ原産で草丈1.0〜2mになり葉は対生，緑色の1回羽状葉で縁に鋸歯をもち茎頂に花頭を付け一重から八重まであり，基本色は赤色である．現在の園芸種の多くはこの種の交配によると考えられている．染色体数は$2n=64$で，わが国には昭和初年に渡来している．

(2) 育種および栽培の発達小史

ダリアの記載が最初に現われたのは，1570年にスペインのフィリップ二世が自然史研究のためにメキシコに派遣した医師フランシスコ・ヘルナンデスが帰国後紹介した著書 "The Plants and Animals of New Spain" である．その後，バイタリス・ムスカルディがローマで出版した著書にダリアの八重の図が掲載されている．しかし，欧州に本格的にダリアが導入されたのは，メキシコの植物園長ビンセント・セルバンテスがスペインのマドリッド植物園長ホセ・カバニリエスにダリアの種子を贈ったのに始まる．カバニリエスはリンネの弟子でベルリン在住のスウェーデン植物学者アンドレアス・ダーレ (M. Andreas Dahl) の名に因みダリアと命名している．カバニリエスはメキシコから贈られたダリアを *coccinea* 種と *pinnata* 種であることを認めている．この種子（*coccinea*）はロンドンのキュー植物園に送られ，1803年に開花し1804年の "Botanical Magazine" に色彩図が掲載されている．19世紀には欧州でダリアの関心が高まりドイツ，フランス，英国で育種が盛んに行われ，1870年には英国に National Dahlia Society が結成され当時は1,000以上の品種が育成されていたという．1924年，ノートン (Norton, B. S.) のダリア専門書 "Seven Thousand Dahlia in Cultivation" には7,000品種が記載されている．20世紀になってからは米国にもダリア熱が広がり，育種が行われている．1907年ころには American Dahlia Society が生まれ活動を開始している．米英のダリア協会や英国の RHS (Royal Horticultural Society) などはダリアの育種や新品種発表や分類などを行い，ダリア愛好家を積極的に支援した．これら欧米のダリアの育種は観賞栽培やショウフラワー（品評会用）の品種が目

図18.76 花壇に植えられた修景用ダリア（オランダ）

図18.77 英国の黒葉のダリアといわれる「Bishop of Landaff」

標で花型，花色，花サイズなどきわめて多様な系統品種が作出され，1950年ころには20,000の品種があったという．両協会やRHSはこれらを分類している．しかし観賞用ダリアの人気は流行と低迷を繰り返し，第二次世界大戦後は次第に修景用や切り花用などの経済品種に育種の方向が変わっていった．花壇用などの修景用ダリアの育種はオランダで進んだが，切り花用ダリアは他の新しい花きに押され，流行の波もあり生産は伸びていない．現在は鉢物用ダリアが伸びている．

ダリアの花色や遺伝などの科学研究は英国のジョン・インネス園芸研究所のLawrence, W.J.C.が1929年から開始している．かなり遅れてわが国の小西ら（1964〜1967）は「ダリアの促成切り花栽培に関する研究」を発表して当時のダリア切り花生産を支援したのが唯一の栽培研究である．

わが国への渡来は1842年（天保13年）が定説になっているが本格的に品種が輸入されたのは明治以降のようである．観賞用の関心は欧州と同様，わが国でも流行と低迷を繰り返したようである．1921年には日本ダリア協会が組織されている．国内での育種も戦後復活し観賞用大輪の銘花"銀盤"（松尾1945）の育成などダリアの育種家が出現している．とくに吉村幸三郎（1940〜1950）は切り花用ダリアの育成に力を注いだ．彼は英国の銘品種「ビショップ・オブ・ランダッフ（Bishop of Landaff）」を輸入して交配親に使用した．吉村によるとこの品種は黒葉のダリアといわれるように茎が細く剛直，葉は小さく繊細な切れ葉で茎葉ともに黒紫色，花は深紅色丸弁の一重咲きで，これを片親に使うと細い剛直な茎と小型の美しい葉で切り花に向く品種が作出できるという．吉村の交配の系統図の一部を図18.78に示す．

吉村がまだ輸入の難しい戦後，非常に多いダリア品種の中からこの品種を育種親に選んで入手した慧眼にはただただ敬服する．著者がこのダリア品種「Bishop of Landaff」がこれほどの歴史的銘花だと知ったのは恥ずかしいことながらごく最近のことで，RHSの"The Garden"の1997年9月号の記事「Dahlia Bishop of Landaff」を見てからである．それによるとこの品種は1920年代にCardifのTreseder, Fredによって実生から選抜された．彼の友人ヒューズが気に入ったのがきっかけになって彼の役職を含め「Bishop of Landaff（ランダッフ市の主教の意味）」と命名した．大輪全盛時代に一重小輪の深紅花，繊細な

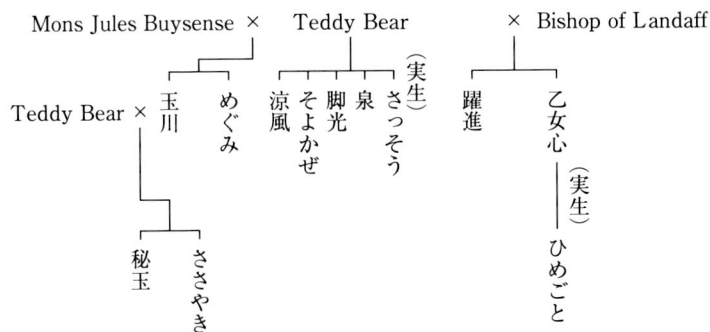

図18.78 Bishop of Landaffを交配の片親にした吉村の切り花用ダリア品種育成の交配系統図

黒葉が人目を引き評価されたようである．1995 年 RHS は優れた園芸品種ということでガーデンメリット賞をこの品種に与え，今なお健在なことを示している．

　吉村が切り花用ダリアの育種に取り組んでいたこの時期は生け花全盛の時代で，ダリアは花材としての利用も多く，栽培も多かったためである．その後，生け花の減少とともにダリアは日本の切り花界から姿を消したのである．しかし，著者が 2000 年に南米の日系花き生産者を訪問した時，ブラジルではサンパウロのジャカレーの立石は露地の畑で日本の品種を用いて切り花生産をしており，さらにアルゼンチンのラプラタでは山脇が前述の小西の指導により，組織培養苗を利用してハウスで周年生産をしていた．

図 18.79　典型的なデコラティブ咲きの往年の代表品種「クララカーター」

（3）花型によるダリアの分類

　いろいろあるが，簡単に理解しやすい米国ダリア協会の分類（1958）項目だけを示しておく．

- シングル咲き（Single, 記号 S）：いわゆる一重咲き．
- ミニヨン咲き（Mignon, 記号 Mig）：草丈 45 cm ほどの一重咲き．
- オーキッド咲き（Orchid, 記号 O）：一重で花弁が内側に巻く．
- アネモネ咲き（Anenone, 記号 An）：一重の舌状花に筒状花が弁化し盛りあがる．
- コラレット咲き（Collarette, 記号 Coll）：アネモネ咲きでさらに筒状花が発達する．
- ピオニー咲き（Paeony, 記号 P）：舌状花と筒状花の間にやや弁化が並ぶ．
- カクタス咲き（Cuctus, 記号 C）：弁縁が外反し弁先が尖るタイプ．
- セミカクタス咲き（Semi Cuctus, 記号 SC）：カクタスとデコラティブ咲きの中間タイプ．
- デコラティブ咲き（Decorative, 記号 D）：広弁が中心より整然と並ぶフォーマル・デコラティブ（FD）とインフォーマル・デコラティブタイプ（ID）がある．
- ボール咲き（Ball, 記号 Ba）：完全な八重で花弁が半球状に並ぶ．
- ミニアチュア咲き（Miniature, 記号 M）：花径が 10 cm 以下の全てを含む．
- ポンポン咲き（Pompon, 記号 Pom）：花径が 5 cm 以下のボール咲き．
- ドワーフ・ダリア（Dwarf, 記号 Dwf）：草丈が低くコンパクトなタイプ．

（4）主な品種

1）観賞用品種

　大輪：「コルトン・オリンピック（橙色，FD）」，「ヘリクレスト・ヒルトン（濃黄色，SC）」など．

中輪:「チャリー・トウ(黄色, FD)」,「レッド・センセーション(赤橙色, FD)」など.
小輪:「ピンク・クラウド(濃桃色, SC)」,「ピンクメシャリー・アライアンス(桃藤色, C)」など.

2) 切り花用品種

「銀盃(純白丸弁中輪早生)」,「紅火(朱赤色丸弁中輪)」,「麗星(白に弁先桃色のカクタス咲き)」など.

3) 鉢物, 花壇用(わい性)品種

「リゴレット(丈20～25cmで各色混合)」,「フィガロ(前種の改良種, 赤系の多い混合色)」

(5) 生態的特性

ダリアは不耐寒性球根で冷涼な気候(生育適温10～20℃)に適しているので, 8℃以下や30℃以上では生育が衰える. ダリアの花芽は, 適温下の一定日長では塊根を植付けて発芽した茎が伸び出し, 29日位から分化を始め50～60日で開花する. ダリアの花芽形成は小西(1966)によると量的短日植物であるが, 園芸種は夏季の長日下でもよく開花し, 花芽の発育は12～13時間以上の日長がよく, それ以下では花が露芯する. また, この条件では生育も止まり塊根は肥大形成する. ダリアの塊根は秋の低温短日で休眠する. 一度休眠に入った塊根は一定期間低温に遭遇させないと破れない. しかし, 原産地では10℃以下には下がらないので休眠に入らず生育を継続する. すなわち, 茎頂を挿し芽で増殖した苗を10℃以上で栽培する限り休眠や生育停止はない.

(6) 栽　培

1) 促成, 抑制の切り花栽培

ダリアの切り花は長距離の輸送に向かないため, 今後の輸入切り花攻勢の中では国内生産向きの作目である. 特に秋から春にかけては日持ちが良いので今までの夏花は見直すべきであろう. 促成, 抑制についてはすでに小西らの研究があり, これらを参考にすべきである. 促成栽培は春早く催芽した塊根を2月下旬にハウス内に植付け, 僅かに加温(夜間8℃以上)すれば4～6月ころに開花し出荷できる. もちろん摘心, 枝の整理, ネット張り, 摘蕾などの管理をする. 切り花栽培するには切り花用の品種を選ぶ.

ハウスの抑制栽培は, 露地で生育開花しているダリアを8月上旬に地際で刈り込み, 掘上げてハウス内に植込み, 萌芽してくる芽を株当たりの強いものだけを残して掻き取り, 生育させネットを張り倒伏を防ぐ. 10月上旬から夜間の室温も10℃以上に保ち, 電照を開始して日長も13時間位確保すると12～2月に開花する. 採花後地際から20cm位で刈り込むと再び茎が伸びだして2番の切り花が4～5月ころに採花できる. しかし, ハウスで周年切り花生産や長期間出荷する栽培には挿し芽による苗利用がよい. 挿し芽による苗を利用すると塊根の栽培より芽立ちが良く揃い, 切り花の開花や品質も均一になり, また植付けをずらして数回に作付けられるため無駄なく施設切り花生産が展開できる点で優れている. さらにダリアはウイルスに感染しやすいので挿し芽の原々種を組織培養で増殖することもシステムのポイントである. 前述のアルゼンチンの山脇も組織培養のラボをもち培養順化苗を母株として挿し芽を取り, これを適時, 定植して周年切り花がで

きるよう栽培をずらした作付けをしているからである．挿し芽は茎頂を5～6cmの長さに切り，バーミキュライトに挿しミスト下で発根させると20～30日ほどで発根するのでポットに上げ育苗してから定植する．定植間隔は20×30cmとし，伸び出したら摘心し揃った茎を4～5本立たせる．ネットを張り出蕾時には主蕾を残して側蕾を摘除する．摘心後60日位で開花し，採花後は刈り込みをして2番花を切る．1番花は1m^{2}当たり70～90本の採花を標準とする．冬季の加温と電照は促成栽培と同じである．ダリアの切り前は花が半開の時で採花した切り花は仕分け後，10本または20本束ね水揚げし，水気をよく切ってから箱詰めして出荷する．

2) 鉢物や花壇苗栽培

近年，わい性品種の鉢物や花壇苗栽培は世界的に伸びて育種も進み，多くの品種が発表されている．種子系品種が主体であるが栄養系品種（挿し芽苗のパテント付き）もある．栽培期間が短く栽培は容易である種子は1月下旬に播く．種子は20mlで200粒位，発芽温度は15～20℃で5～7日で発芽する．3月上旬に9～10cmのポリポットに鉢上げして一度摘心する．花壇苗出荷ではそのまま，鉢物ではさらに4～5号のプラスチック鉢に鉢替えして仕上げる．開花は5～6月になるので1～2輪開花した時に出荷する．種子系では播種から出荷まで約80～90日かかる．花壇苗として出荷には65～75日かかる．栽培温度は10～20℃で高温はよくない．苗の伸び過ぎを抑えるにはBナイン200倍液を早目に10日置きに2回散布するが，花壇苗はわい化剤処理はしないほうがよい．

3) 花壇や庭園栽培

ダリアの原点はこの栽培が主体であった．花壇や庭園にはふつう3月下旬から4月上旬に塊根を植付ける．150cm間隔に直径40cm，深さ40cmの穴を掘り底に堆肥や元肥を入れ少し土をかけて塊根の発芽部（クラウン）を上にし，その部分が地表から8cm下になるよう植付ける．大，中輪系は発芽する芽立ちを1～2本に制限しこれが伸びたら摘心する．観賞用品種は一株ごとに支柱を立ててこれに誘引する．分枝した茎先に付く蕾も中心の一つを残し他は掻く．このように手間がかかるのが観賞用ダリアの特徴である．この点，修景用品種は丈も横張りも少な

図18.80　アルゼンチン日系生産者山脇によるダリア周年切り花生産

図18.81　鉢物用ダリアの鉢

いので植付け間隔も80〜100cm位で植え方は同じであるが，植付け後は芽立ちを2〜3本とし一度摘心する他はあまり手をかけない．観賞用および修景用ダリアで注意することは夏季の高温に弱いこと，秋の台風に倒伏しやすいこと，冬季は塊根を掘上げて貯蔵しなければならない欠点がある．このため夏季がやや涼しい東北や北海道や寒高冷地では素晴らしい景観を形成する．

(7) 病害虫防除

1) 青枯れ病（*Erwinia dahliae*）

生育中の株が急に下葉が黄化して萎れ全株が枯死する．土壌病害なので土壌消毒と連作を避ける他に手はない．

2) ウイルス

ダリアにはダリア・リングスポット・ウイルスの他数種のウイルスが感染する．葉や茎のモザイクや萎縮などで接触伝染の他アブラムシによる感染もある．発病株は早期に除去し接触伝染やアブラムシ防除に努める．組織培養によるフリー化も必要である．

3) アワノメイガ（*Ostrinia furnacalis*）

茎の途中に穴を開けて入り萎凋させる．体内に入るので薬剤防除が難しい．オルトラン粒剤を根元に撒いて根から成分を吸収させて防ぐ．

4) ハスモンヨトウ（*Spodoptera litura*）

葉，茎，花とも食害する．5〜6月と9月の2回発生するのでこの時期にトクチオン乳剤を散布して防ぐ．

18.29 チューリップ（学名:*Tulipa* × *gesneriana* L.，英名:Tulip, 和名:ウッコンコウ）ユリ科，耐寒性球根

《キーワード》：切り花，鉢物，庭園花壇，球根販売

チューリップ属は東部および中部アジア，日本，北アフリカや欧州などに約150種が分布している．このうち，一般にチューリップといわれるものは *Tulipa* × *gesneriana* で交雑種と考えられトルコから欧州に入ったものである．その他，*T. kaufmaniana*, *T. fosteriana*, *T. greygii* など野生種も改良されボタニカル・チューリップとして栽培されている．地下に有皮鱗茎を形成し，これから線形または広楕円形の葉を3〜4枚抽出し，その中から花茎を抽出して頂部に1輪または数輪の花を付ける．コップ状の花は花蓋片は5枚で径5〜8cm，草丈は30〜70cmになる．開花はふつう4〜5月で夏季高温乾燥期には休眠する．

(1) 園芸種成立および育種と栽培の発達小史

子供にもよく知られているチューリップは16世紀までは文明社会にほとんど知られていなかった．チューリップの故郷ともいわれるトルコでも，チューリップが育てられ絵画や陶器のデザインとして登場したのもこの頃なのでそれ以前の詳細な来歴は不明である．塚本(1975)は芸術品や壁画などの観察からトルコ文化はイラン，古代中国から受け継いでいるため，チューリップも同じルートを辿ったものと推論している．15世紀，東ローマ帝国がオスマン・トルコに征服され，ウィーンのハプスブルグ王朝から大使とし

[442] 各論

て派遣されたブスベクイウス（A. G. Busbequius）が1554年，今のイスタンブール近郊でこの花を見つけトルコ人にその名を聞いたところ，彼はターバンのことだと思い"チューリップ（トルコ語ではターバン＝Tulbandの意味）"と答えたことがこのままチューリップという植物の名称になったといわれる．そしてこのチューリップの由来は不明だが交雑種になっていたのである．ブスベクイウスはチューリップの球根と種子をウィーンに持ち帰り，欧州導入の手がかりになった．1583年にはベルギーに，1590年にはオランダのライデンに導入されている．その後，英国，フランスなどにチューリップは入っているが，この時代世界貿易で好調だったオランダではチューリップ人気はたちまち広がった．多くの画家によって描かれたばかりでなく，当時はウイルスにかかって花に斑入りになったものが珍重されて高価に取引され，次第に投機的な商品として

図18.82 17世紀のチューリップ狂時代に画かれた斑入り品種の図（The Garden 1997, Nov.）

オランダ経済を揺るがすチューリップ狂時代（1634～1637）が到来し，多くの破産者を出して欧州経済の恐慌をもたらした．その100年後の1732～1733年にも第二次チューリップ狂時代で経済を撹乱している．19世紀に入ってオランダでは他の野生種の導入とともにこれらの交雑などにより花型，花色，草姿が多様な系統，品種の育種が急速に進んだ．

　このような事情を背景にチューリップの育種と球根生産はオランダが独占的に発展した．20世紀になってチューリップ球根は家庭用ドライセール（店頭などの球根セット販売）だけでなく，花壇，切り花，鉢物用の需要が拡大し育種とともに球根生産が大きく伸びた．現在，オランダは世界一の球根生産国で作付けは15,000 ha以上に及び，その中のトップがチューリップで7,000 ha以上を占め，生産する球根の70％の20億球が輸出でオランダの経済を支えている．日本は米国に次ぐオランダチューリップの輸入国で，年間2.5億球が入っている．その中で75％が切り花生産向けで25％が消費者向けのドライセール用である．日本向け球根は検疫制度の緩和により球根の輸入が容易なことも増加の要因になっている．

　わが国にチューリップが渡来した

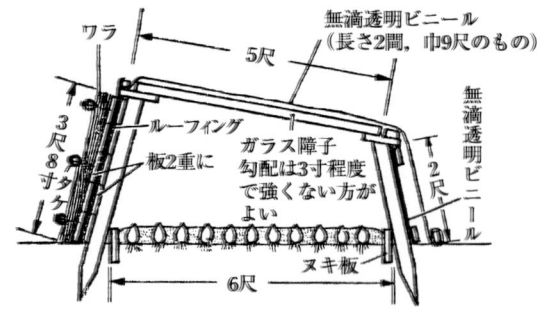

図18.83 昭和初期に鴨下がチューリップ促成栽培に使用した簡易フレーム（当時はガラス障子使用，東京足立区1947年ころ）

のは江戸時代の文久年間（1861～1863）であるが，本格的に輸入されたのは明治以降である．すでに1918年には新潟県や富山県で球根生産が始まっている．その後，球根生産地域は拡大したが，日本海沿岸の気象条件が適することから現在は前記2県が主な球根産地になっている．これらの地方では球根生産とともにわが国でも独特のチューリップ育種が開始されている．戦前から新潟県園芸試験場などで育種に着手していたが，戦後の1950年（昭和25年）ころから富山県の先覚者，水野豊造が育種を開始し「天女の舞」，「王冠」，「黄の司」などを育成している．その後，富山県農業試験場も本格的にチューリップの育種と技術研究に取り組み，1969～1999年まで「サクラ」，「トナミ・シティ」，「薄化粧」，「黄小町」など20品種を発表している．また，新潟大学の萩屋薫は1960年ころから種間交雑による育種でダーウィン・ハイブリッドの品種を作出している．チューリップは品種育成から球根の大量生産ベースにのせるまで5～6年を要するため，わが国の切り花生産に用いられるのはほとんどオランダ品種の輸入球である．

わが国のチューリップ切り花の促成技術は欧米に先駆けて民間で開発され栽培されている．花き研究や普及指導が開始されたはるか以前に東京足立区の鴨下金三は1939年（昭和14年）から球根の低温処理による促成栽培を始め，1940年ころから本格的に栽培を開始している．低温処理した球根を図18.83のような特異なガラス障子（図ではビニルフィルム）をかけた簡易フレームに植付け，夜間にコモをかけて保温した無加温栽培で12月末に出荷している．この技術はその後全国に波及して球根促成の原点になっている．

（2）園芸上の系統分類と主な品種

チューリップは花型，花色，開花期，草姿など新しい形態，生態の品種が現われるので分類も難しい．オランダの Royal General Bulb growers Association (R.G.B.A.) の分類に新品種を加えて次に示す．

1）早生グループ

①早生一重（Single early）

自然開花が早く花はコップ状で5弁の先は尖る．丈は15～25cmと低い．日本の平地では4月上旬から中旬に開花．品種には「Brilliant Star（朱赤色）」，「Diana（白色）」，「Keizerskroon（赤に弁先濃黄色）」など．

②早生八重（Double early）

自然開花が早く，前系統の突然変異とみられる八重咲きで草丈は前種同様低い．わが国では4月中旬から下旬に開花．品種には「Orabge Nassau（鮮赤色）」，「Schoonoord（白色）」，「Monte Carlo（淡黄色）」など．

2）中生グループ

①トライアンフ（Triumph）

早生一重系と晩生のダーウィン系との交配種で両親の中間型を示す．茎が太く花型がよく花色も鮮明なものが多い．草丈は30～40cmで開花は4月下旬．切り花（促成）や花壇用に適する品種も多い．品種には「Dream Land（赤色にクリームの縁取り）」，「Orange Monarch（橙色に赤桃のぼかし）」など．

②ダーウィン・ハイブリッド（Darwin Hybrid）

ダーウィン系とフォステリアナ種との交配により育成された比較的新しい系統で，草丈50cm位で花は大きく開き，茎が太く葉も大きい4月中旬開花の早生種である．オランダでは1942年に登録，わが国には1956年に輸入され従来のダーウィン系に変わって多く利用されている．品種には「Apeldoorn（鮮赤色）」，「Golden Apeldoorn（濃黄色）」，「Oxford（朱赤色）」など．

3) 晩生グループ

①晩生一重（Single Late）

従来のダーウィン系（Darwin）やコテージ系（Cottage）が互いの交配によって区別できなくなるこのグループに含まれる．晩生で5月中旬，下旬に開花し草丈は40～50cmの高性で花は大輪が多い．品種には「Balalaika（鮮紅色）」，「Clara Butt（濃鮭桃色）」，「Pink Diamond（藤桃色）」など．

図18.84　ダーウィン・ハイブリッドの品種「アペルドーン」

②ゆり咲き（Lily flowered）

花弁が細く尖り外方に反転し，花筒の中央がややくびれユリのような花型になる．品種には「China Pink（桃色）」，「Mariette（濃いローズピンク）」，「Ballade（赤紫色に白の縁取り）」など．

③フリンジ咲き（Fringed flowered）

花弁の縁が細く切れ込む花型で品種には，「Fancy Frills（濃いローズレッドに薄いピンクのフリンジ）」，「Noranda（濃赤色）」，「Fringed Elegance（淡黄色）」など．

④ブリディフローラ（Vridiflora）

最近の複色の花色で花被片にグリーンが独特のパターンで入る．品種には「Golden Artist（橙黄色にグリーンの筋）」，「Arist（鮭桃色に緑の斑点）」など．

⑤レンブラント（Rembrandt）

花に斑入り模様がでるグループで赤，黄色地に黒，赤，桃，チョコレート色の縞や筋模様が入る．品種には「Canaval de Nice（白に濃赤の斑入り）」など．

⑥パーロット（Parrot）

晩生でフリンジ咲きより花被片が深く切れ込み，反転したり変化に富む花型で「Orange Favourite（橙色に緑の帯び入り）」，「Bad of Paradice（濃赤に羽状の弁縁に橙色の縁取り）」など．

⑦晩生八重咲き（Double Late flowered）

以前はピオニー咲きともいいシャクヤクの八重咲きに似た花型で遅咲きである．品種には「May wonder（ローズピンク）」，「Gerbrand Kieft（赤紫色に白の縁取り）」など．

4) 原種の改良種およびその交配種

現在チューリップといわれている *gesneriana* 種から育成された品種は10,000種以上あ

るが，それ以外に原種から改良されたボタニカル・チューリップ（Botanical Tulip）として発達したグループがある．

　①カウフマニアナ（*T. kaufmaniana* Regal）

　　トルコ原産の原種で葉は幅広く紫斑のあるものがある．草丈は20cm位で開花は3月下旬から4月上旬と早く，繁殖はあまりよくない．近年多くの交配種が育成されているが，品種には「Early Harvest（濃桃を帯びた赤に黄色の覆輪）」，「Ancilla（淡桃に底紅）」など．

　②フォステリアーナ（*T. fosteriana* Hoog）

　　原種は中央アジア原産で草丈は15〜20cmほどで低く，葉は著しく広く，花も大輪で美しい．開花はさらに早く4月上旬で性質は旺盛でウイルスにも強い．品種には「Candela（黄色）」，「Juan（赤に弁底黄色）」，「Red Emperor（濃い赤色）」など．

　③グレイギー（*T. greigii* Regal）

　　トルコ原産の原種で草丈は30cm，葉幅は広く濃緑色に紫斑が鮮明に入る美葉種である．花も大きく開花は4月中旬である．品種には「Corsage（ローズピンクに黄色の覆輪）」，「Sweet Lady（鮭桃色に弁底銅緑色）」など．

（3）生態的特性

　チューリップは耐寒性球根でかなりの低温に耐える．戸外に植えられた球根は2月ころから急速に地上部の発育を開始し，葉を展開するとともに花茎を伸長して60〜70日で開花する．開花後，古球は萎縮しその側に新球を形成して地上部は枯れて休眠に入る．新生球はハイブリッド・ダーウィン系では6月下旬から球内に花芽を分化し8月には完了する．生育適温は10℃前後で，花芽形成の適温は20℃位とされているため，わが国では掘上げ後はできるだけ涼しい所に貯蔵する．休眠球は低温によって打破されるので，人為的に自然開花より早く開花させるには早期に植付ける．この促成方法は前述したようにわが国でも50年の歴史があるが，最近は交雑品種が多く温度処理による反応が違うのでよく確認する必要がある．また，新しい技術として氷温貯蔵による抑制栽培もオランダで開発され普及している．

（4）切り花栽培

　チューリップの栽培には切り花栽培の他，球根養成栽培，鉢物栽培，花壇栽培などがあるがここでは切り花栽培について述べる．

　1）促成，半促成栽培および抑制栽培

　各栽培とも植え付け時期を変えた作型に分けられる．チューリップなど球根の半促成，促成栽培は施設内で短期間に輪作できる特性があり，一冬に何作か作付けられるが，それだけに球根代と労力が多くかかる欠点もある．ま

図18.85　葉に美しい紫斑が入るグレイギー種の品種「レッド・リンデング・フッド」

た，床植えすると施設の回転が悪くなるので，コンテナー植えや，水耕による効率と省力化が図られるようになってきた．主な作型の例は図18.86のようなものがある．

12月に開花させる早期促成栽培は，花芽分化が早く完成し確実な低温処理がされていることが条件であるため，ある程度球根の経歴がわかっているものがよい．栽培に用いる球根は種苗業者から購入することになり，そのほとんどがオランダからの輸入球だからである．アイス・チューリップといわれる氷温処理球を利用する抑制栽培ではマニュアル通りの管理をしないと失敗する．特に氷温球の輸送中の温度，解凍方法，植付け初期の温度管理が重要である．

2) 促成のための球根の温度処理

12～翌1月にかけて開花させる早期促成では，7月下旬から8月上旬には低温処理を開始しなければならないため，球周10～11cmの充実した花芽分化の進んでいる球根を入手する．2～3月の半促成では低温処理開始も遅くなるからそれほど問題はない．また，早期促成は低温処理に敏感で早生の品質はよい切り花が生産できる品種に限定される．また，球根はチューリップサビダニ防除のため，ピリミホスメチル乳剤500倍液に15分浸漬して球根消毒し，さらにフザリウム予防のためのベンレートを粉衣することもある．球根は乾燥状態のまま箱やプラスチックトレイに詰め，15℃で3週間予冷してから0～3℃の本冷を7～8週間する．低温処理期が遅れる促成では予冷15～17℃で3週間，5～7℃を6～7週間でよい．早期促成では植付け時期が早く，まだ高温が残るのでディバーナリゼーションを起こすことがあるので，気温が下がるまで換気をした涼しい環境に調えて植付ける．

3) 定植とその後の管理

早期促成の場合は12月採花後すぐに後作を入れるためコンテナに用土を入れ，これに球根を植付けてハウスに入室することが多い．コンテナには赤土に30%位ピートモスを配合し，元肥としてマグアンプKの小粒を300g/100lを配合しておく．用土はコンテナに深さ14～16cmに入れ，球根を10～12cm間隔に植付ける．出庫した球根は芽もやや

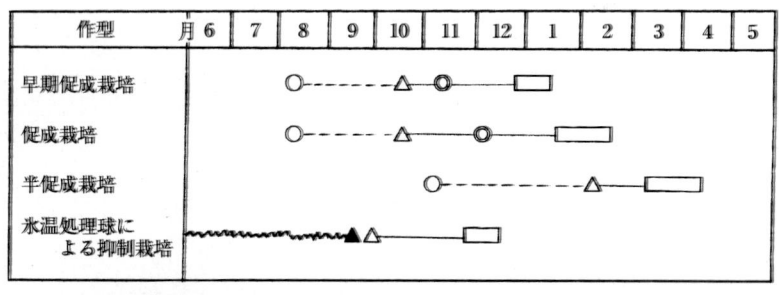

図18.86 チューリップの促成，半促成，抑制栽培の作型例

伸び出し，根も発根しているため折らないように球根の肩がでる程度に浅植えにする．10月中旬植付けとなりハウスに入室して保温し，下旬から夜間の加温を開始して13～15℃を保つと約60日，すなわち12月中旬には開花し出荷できる．
採花は花に色がでてきて2日目位が切り前で，球根ごと引き抜き，調整するときに球根を切り落として品質別に10本1束にし水揚げして出荷する．促成や半促成は作型図を参考に出荷期から逆算して低温処理にかかるが，開花が遅くなるほど低温処理期間を減らし，自然低温をうまく利用することができる．

4）施設を高度に利用するコンテナ栽培

球根類の促成栽培は植付けから開花まで60～70日位なのでコンテナに植付けて移動しやすくし，前作が終了したら，すでに別の場所である程度生育したコンテナを入室すれば，より短期で開花でき，施設の回転数が増やせることになる．マイナス面は球根代と植付け，移動の労力がかかることである．以前は木製のトロ箱が使われていたが，最近はオランダから輸入球根を入れてくるプラスチック製のコンテナ（60×40×20cm）を利用するコンテナ移動栽培がかなり普及している．1コンテナに70～80球植えられ，重量は10～12kgになる．従来のようにコンテナの入室，搬出に人手間では重労働なのでコンベアーやレール台車を利用する．オランダでは球根を植付けてからコンテナごと低温処理をしてハウスに入室するという一貫した促成システムで生産している．さらに水耕化してより省力的な促成切り花生産に変わろうとしている．

2）氷温貯蔵による抑制栽培

オランダで1990年ころ開発された方法で，チューリップの球根を休眠が覚醒してから湿らせたオガクズと混合した球根を－2℃に氷温貯蔵しておき，6カ月以上貯蔵したものを出荷目標時期に併せて適時出庫し，解凍して植付け開花させるものである．氷温は球根を凍結させない限界温度で行うため精度の高い低温庫が必要で，オランダでは球根業者が生産者からの受注に応じて処理し納品するシステムで，これをアイス・チューリップともいう．わが国へも氷温されたまま空輸されて生産者に届くが，到着後，解凍を5℃で2日，その後15℃で2日かけて行ってから植付ける．氷温処理は利用する品種が限られるが，それぞれによって反応が微妙に違うためマニュアルに従って処理する必要がある．

(5) 病害虫防除

1）球根腐敗病（*Fusarium oxysporum* f. sp. *tulipae* Apt.）

球根の発根部から茎の基部が侵され，地上部の茎葉が紫褐色になって立ち枯れ状になる．土壌伝染するため球根を入手時にチェックして球根の肌に被害痕が見

図18.87 ハウスのチューリップの促成切り花生産（埼玉県）

られたらその球は取り除き,ベンレートを粉衣する.
 2)灰色かび病(*Botrytis cinerea*)
 促成栽培などで発生しやすく花,葉,球根に発生し,特に花には白い斑点が出た後に褐斑する.ポリベリン水和剤などを散布する.
 3)その他
 ウイルス,かいよう病,害虫ではアブラムシ,サビダニ,ネダニなどがある.

参 考 資 料

1) 鴨下金三 1948.二十年の体験,チューリップの促成の実際技術.(農耕と園芸2001年5月号特別付録)
2) 村井千里 1986.チューリップ,花卉園芸の事典.阿部定夫他編.朝倉書店,東京.
3) 塚本洋太郎 1975.花の美術と歴史.河出書房新社,東京.
4) 浦島 修 2000.球根類の育種,日本フラワービジネス年刊.農村文化社,東京.
5) 由井秀紀 1999.チューリップのコンテナー栽培.農耕と園芸 第54巻 9号.

18.30 デルフィニウム(属名:*Delphinium* L., 英名:Delphinium,和名:デルフィニウム) キンポウゲ科,耐寒性多年生

《キーワード》:切り花,鉢物,庭園花壇

　欧州,アジア,北米,アフリカなどに約200種が分布し,直立性の多年生または一年生で根茎をもつものもある.葉は有柄で3出複葉か深く裂けた掌状葉で根出する.花茎は30～200cm位の丈になり,上部に総状または穂状花序を付ける.花弁状の萼片は5枚で,そのうち1枚は巨(spur)をもつ.花弁は2～4枚でふつう花弁と見られる部分は萼片で,花弁はその内側の中央に突出した部分の園芸上でビー(bee)と呼ばれる部分である.萼片を含む花の色は青,紫,白などがある.

　デルフィニウムは植物分類学的には*Aquilegia*(オダマキ属)や*Aconitum*(トリカブト属)と近縁である.デルフィニウムは近年,STS剤の品質保持処理により花持ちが改善されたので切り花用花きとして生産が拡大し,特にわが国では作型も分化し,育種も進み特異的に伸びている花きの一つである.

(1)主な原種について

　約300種ある原種は17世紀から18世紀にかけて発見され命名されているが,異名同種もかなりあるとみられている.米国のコーネル大学のWilde, E.I.(1931)は341種の原種についてその特性や分布を詳細に調査してまとめている.その中でHuth(1895)は全種の70%は

図18.88 デルフィニウム・ザリルの花

東半球に分布し，ヒマラヤからデルフィニウムが全世界に広がったという起源説も紹介している．現在の園芸種成立に関与した主な原種には次のようなものがある．

1) *Delphinium cheilanthum*
シベリア原産で草丈は40～90cmで分枝は少なく，葉は楕円形または心臓形で裏に灰色の毛をもつ．花は直径3～6cmで青色，現在の栽培種の親の一種だとされている．

2) *D. cardinale*
1865年に発見されたカリフォルニアの自生種で，草丈は60～100cm，分枝した茎は中空で直径2cm位の赤橙色の花を総状花序状に付ける．開花は7～8月で栽培種の交配親に使われ，改良種も育成されている．

3) *D. consolida*
欧州原産の一年生の原種で現在はラークスパーとして栽培される．別項で述べるのでここでは省略する．

4) *D. elatum*
シベリアから西アジアにかけて分布する原種で草丈90～200cmになり，長い花穂花序に直径3cm以上の花をまばらに付け，原種は青，紫花である．開花期は7～9月，現在の園芸種の中心になっている原種で，デルフィニウムの学名もこの種名が使われている．

5) *D. grandiflorum*
シベリア，モンゴルから中国にかけての原産で *D. g.* var. *chinensis* または *D. chinensis* ともいう．多年生で分枝した茎は40～80cmで直径2.5～3cmの淡青色の花をまばらに付ける．茎および葉は軟毛で覆われ，葉は掌状で多数細裂する．丈が低く今までは鉢物などに利用されてきたが，最近は切り花用品種の育種が行われ，育成品種が多数発表されている．

6) *D. nudicaule*
カリフォルニアからオレゴンにかけて自生し，草丈は35～60cmになる多年生でよく分枝する．花は径2cm位の半開状をまばらに付け，萼片は赤橙色で花弁は黄色．葉は3～5裂し丸くくさび形の裂片になる．赤花の育種親として重要である．

7) *D. zalil*
植物学的には *D. semibarbatum* の学名が使われるが，園芸上では zalil のほうが通りがよい．イランから中央アジアの砂漠地帯に自生する多年生で草丈50～80cmになり，直立した細くて剛直な花茎に径2～3cmの硫黄色の一重花をやや粗に付ける．黄色の園芸種の育種親としてだけでなくこの選抜系も切り花に利用されている．

(2) 主な園芸交配種
後述のようにデルフィニウムはその歴史の中で原種間の交配が多く行われて多数の雑種が生まれている．園芸上重要なものを次に挙げる．

1) *D.* × *cultorum* Voss.
elatum 種を中心に *grandiflorum* 種，*nudicaule* 種，*cardinale* 種など多くの種と交雑して育成された大輪八重咲きのデルフィニウムとして現在広く栽培されている園芸種である．

2) *D.* × *belladonna* hort.

19世紀末に *elatum* 種と *grandiflorum* 種の交雑と考えられる6倍体（2n = 48）であるが詳しいことは不明である．1909年オランダの Royal Moerheim 農園で白花のベラドンナが突然変異で生まれている．その後，1950年まで淡青色や紫青色の品種が突然変異で次々と出ている．この種は最初不稔であったが最近は種子系品種や F_1 品種まで育成されている．

3) *D.* × *ruysii*

1936年，オランダの Royal Moerheim 農園で大量の *nudicaule* の実生から出た自然変異種である．ベラドンナに似ているがやや直立性で，花がデルフィニウムには珍しい乳桃色で「ピンク・センセーション」として広く知られていた．挿し芽増殖のため現在は見かけない．

(3) 育種と栽培の発達小史

紀元前1700年古代エジプトの Ahmes 一世の墓からデルフィニウムの乾燥花が発見されたことから古くから人類と関わりがあったと見られる．植物的に関心がよせられ原種の発見や分類が行われるようになったのは17世紀以降で，欧州には18世紀末に各原種が導入され1824年，フランスの種苗商 Vilmorin が一重と八重のデルフィニウム種子を販売したのが最初だといわれている．本格的な種間交雑による育種はフランスの Lemoine, Victor が1857年に「Lemoine hybrid」として17種を発表している．その後育種の舞台は英国に移り，*elatum* 種を中心に19世紀末から20世紀初頭にかけて James Kelway, Langdon, Charles や Bishop, Frank などが育種をして約1,000品種を発表しており，それらはほとんど栄養繁殖系であった．また，経過不明の *D.* × *belladonna* 種もこの時期に生まれている．普通のデルフィニウムは染色体が2n = 32であるがベラドンナ種は2n = 48の不稔でエラータム種とは未だに交雑できない．1960年ころまで英国のデルフィニウムは庭園用として広く愛好家の間で栽培され，デルフィニウム協会もできている．

米国の Vanderbilt, N.F. はカリフォルニア自生の原種と英国の交配種を交雑して大輪で花穂の長大な種子系のデルフィニウムを育種し，1930年には現在も栽培している「Pacific Giant 系」を作出している．それまでデルフィニウムは趣味家や庭園用であったものが，この系統の出現で営利栽培の領域に入ってきた．第二次世界大戦で育種は中断されたが戦後，再び開始された．特に米国での育種は今日のデルフィニウム栽培に大きく貢献している．Gould, R. は花穂が長大な Pacific Giant 系に Monarch 系を交配して丈が低く花穂が密で円錐形状になり，栽培しやすい短茎系を12年間かかって育成し，1978年「Dwarf Blue Fountain」を発表した．さらに1980年には明るいブルーに白のビーが入る「Blue Heaven」，「Blue Spring」，「Snow White」を育成し，いわゆるリトル・デルフィニウム（Shorter Delphinium）が出現して種子系品種による切り花栽培が広がったのである．カリフォルニアはデルフィニウム栽培に適し大規模な採種が行われ，種子の供給基地として Lompoc の Bodger Seed 社がその中心になった．1995年ころからは大輪花穂の *elatum* 種より用途が広く枝切りでも使え，切り花収量の多い *belladonna* 種に栽培が移行し，多くの品種が日本で育成されている．さらに1998年ころからはベラドンナタイプと同様な栽培ができる *grandiflorum* 種の交配品種が育成されシネンシス系として栽培されるように

なった．また海外に先駆けてわが国では *elatum* 種や *belladonna* 種の F_1 品種が1995年ころから育成されている．わが国ではデルフィニウムの育種が特異的に発展し，切り花生産も全国的に拡大し栽培技術の研究も各農園試で意欲的に行われ，開花調節，ロゼット回避，作型などの技術開発も進み現在では世界のトップに立っている．

(4) ユニバーシティ・ハイブリッド系（大輪八重咲きの赤花，黄花）の育種

デルフィニウムの育種の中でもオランダの Legro, R.A.H. の業績を紹介しないわけにはいかない．それまで大輪デルフィニウムには青，紫や白などの花色はあったが赤や黄色の花はなかった．オランダのワーヘニンゲン作物育種研究所（Instituut voor de Veredeling van Tuinbouwgewassen, Wageningen）の Legro は1953年から1960年にかけて赤花および黄花の原種の染色体を倍加して大輪園芸種と交配し，その中から優れた大輪赤花種と大輪黄花種を選抜育成した．記述すれば簡単だが，予備的に原種の種間交配の可否からターゲットにした原種の特性調査，これら2倍体（2n = 16）の原種をコルヒチンで倍加して4倍体の大輪 *elatum* 種（2n = 32）との交雑に成功している．

その交雑系から選抜を重ね，その後ユニバーシティ・ハイブリッドとして世にでることになった．これら大輪八重咲きは不稔のため増殖率が低く経済栽培はできなかったが，1985年ころに組織培養増殖が可能になっており，オランダの Bartel 農園から第1号品種

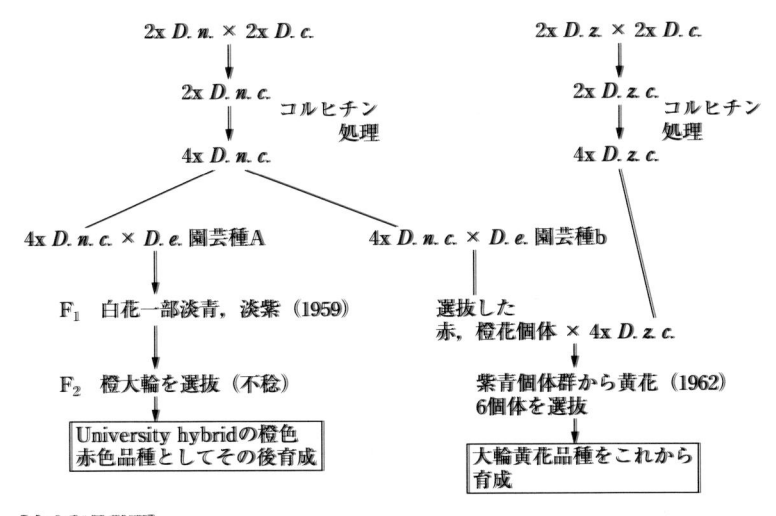

［表中記号説明］
　2x *D. n.* = *D. nudicaule* 2倍体　　2x *D. c.* = *D. cardinale* 2倍体
　2x *D. z.* = *D. zalil* 2倍体　　2x *D. n. c.* = *D. nudicaule* と *D. cardinale* の雑種2倍体
　2x *D. z c.* = *D. zalil* と *D. cardinale* の雑種2倍体
　4x *D. n c.* = *D. nudicaule* と *D. cardinale* の雑種4倍体
　4x *D. z c.* = *D. zalil* と *D. cardinale* の雑種4倍体

図18.89　Legro が赤，橙，黄花の大輪八重咲きデルフィニウムを交雑育種した過程図（Legro の論文，1962 より作成した）

として1989年,「プリンセス・カロライン（Princess Caroline：鮭桃色大輪八重）」が発売され，切り花栽培されるようになった．

Legroによる交雑過程を簡単に示すと図18.89のようになる．この育種の過程は「Species Hybrids in Delphinium」(1962)に詳細に報告されており，花き応用育種の学術論文として現在の花き育種や栽培の研究，技術者に一読を勧めたい．

(5) 主な系統と品種

20世紀の後半からのLegroによる大輪系の多彩な花色の育種に加え，リトル・デルフィニウムの育種など切り花用系統品種の発達は切り花としての価値を高め，特にわが国ではF_1品種をはじめ多くが育成されている．

1) 大輪八重咲き系（*elatum* 園芸種）

A. 種子系固定品種

高性種：Pacific Giant Summer Skies（1.5～1.8m淡青色），Pacific Giant Galahad（1.5～1.8m純白色），Pacific Giant Guinever（淡藤色）など．

中性種：Magic Fountain Dark Blue（濃青色に中心白），Clear Springs Mid Blue（1.0～1.3m濃青紫色に中心白），Clear Springs Lavender（淡藤色）など．

B. F_1品種

F_1Blue Candle（濃紫色に白のビー），F_1Centurion Sky Blue（濃紫青色），F_1Centurion White（純白色）

C. 栄養系（組織培養系）

Space Fantasy（青に中心白色の超八重切れ弁），Space Lab（くすんだ淡桃色の超八重），Sky Tower（中心白に淡藤色の八重）．

2) 中，小輪一重咲き系（*D.* × *belladonna*，*D. chinensis*，*D. cardinal*，*D. zalil*を含む）

A. ベラドンナ系

固定種：Belladonna Imp.（鮮青色），Bellamosum Imp.（濃青色），Volkerfrieden（濃紫青色）など．

F_1品種：F_1Sky Prism（青空色），F_1Sea Prism（紫青色）．

B. シネンシス系

Marine Blue（青色），Twinkle Lavender（藤紫色）Highland Parl（淡桃色）など．

C. 原種改良系

カーディナル：Beverly Hills Scarlet（赤橙色小輪一重），Beverly Hills Yellow Shade（黄色系小輪一重）．

ザリル：zalil（硫黄色小輪一重）．

(6) 生態的特性

デルフィニウムは露地では越冬して気温が上昇する長日条件下で生育して開花するが，他の宿根草のような低温要求が必要条件ではない．春3～4月頃に播種すると7～8月には開花する．温度や長日で生育や開花が促される傾向はあるが低温，短日条件下でも不完全ながら開花する．生育の適温は15～20℃とみられ勝谷(1991)は量的長日植物としている．むしろデルフィニウムは夏季の高温に弱く，播種苗だけでなく越冬株も夏季に枯

死する率は高い．さらに高温に遭遇した苗や株は秋の低温短日になるとロゼット化しやすくなる．もしくはロゼット化しないが貧弱な開花（早期開花，短小開花という）になることもある．露地で自然低温に遭遇してから発芽生育する場合と違い，ハウス内などでは株によるロゼット化の程度が違うためロゼットが自然に覚醒されてからも不揃いな開花や奇形花がでることがある．このためロゼット化させないようにするには秋の気温低下とともに電照して長日条件にし夜温を15℃以上に加温する．

図18.90 オランダ，バーテル農園での「プリンセス・カロライン」の選抜室

このような生態的特性があり秋から翌春にかけて栽培する寒高冷地の作型は容易であるが，暖地など秋から冬季にハウスでの促成や半促成栽培ではロゼットや早期開花を避けるようにする．生態的特性は系統や品種によってもやや違う．

(7) 作　型

　デルフィニウムの生態的特性はかなり解明されて開花調節による周年出荷ができるようになった．主に暖地と寒高冷地の生産に分かれ，勝谷によると図18.92のように作型が分化している．実際，大輪八重咲きと，ベラドンナ系，シネンシス系とは微妙に異なりさらに細分化しているが，ここでは前2者がこの図に適応する．露地の普通栽培は秋に播種育苗した苗やセル成型苗を定植してそのまま越冬させ4～5月に一番花を収穫し，さらに6～7月に二番花を採花している．寒高冷地の抑制栽培では春に播種，育苗した苗を4～5月に定植して8～9月に最初の花を採花し，そのまま越冬させた株から翌年5～6月から8～9月まで順次咲かせて採花する作型が多い．暖地の促成では夏に播種して育苗するか9月下旬に苗を購入してハウス内に植付け，同時に電照して長日条件にし夜温が10℃以下にならないよう加温してロゼット化を防ぐ．電照は3月下旬までとする．この促成では12～2月と4～6月ころに採花できる．

　また，デルフィニウムの切り花栽培は第1回の切り花収穫後，一定期間を置いて2回，さらには3回と切り花を収穫することができる．もちろんデルフィニウムの性質上，二番花，三番花になるほど開花

図18.91 大輪デルフィニウムの花穂

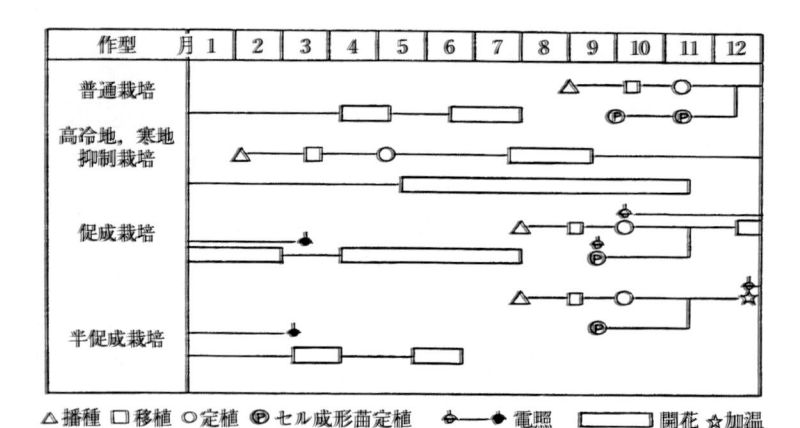

図18.92 デルフィニウム切り花栽培の主な作型（勝谷 1991）

が不揃いになり収穫本数も減り，品質も低下する．

(8) 栽　培

1) 切り花栽培

　デルフィニウムは作型や栽培方法によって種子，セル成型苗，栄養繁殖苗（挿し芽苗，分割苗，組織培養苗）の利用がある．デルフィニウムの種子は花きの中でも発芽のよくないグループに入る．ふつう発芽率は65〜75％位であるが，適温は15℃なので高い温度では発芽は悪い．このため8〜10℃位の低温庫や発芽チャンバーで催芽してから播種する．幼苗もなるべく涼しい温度で育苗する．デルフィニウムの種子は古くから発芽や寿命の問題で研究対象になっていたようで，種子貯蔵と寿命については米国，ボイス・トンプソン研究所の Barton, L.V. (1928) の研究がある．それによると室温では11カ月の寿命であるが，−15℃の密閉貯蔵では163カ月まで45％の発芽率であったが，貯蔵直後の42％より22〜46カ月には53〜57％で高まっていたという．最近はセル成形苗を購入して播種育苗作業を省くことも多い．組織培養苗を含む栄養繁殖系のポット苗も高価な割に苗が弱いので入手後，十分順化育苗して旺盛な苗にしてからハウス内に定植する．定植は床幅90cmとしてリトル系では条間20cm，株間20cm（15株/m^2），ベラドンナ系では条間20cm，株間25cm（1株/m^2），シネンシス系は条間15〜20cm，株間15〜20cm（15〜18株/m^2）位に植える．デルフィニウムの施肥については土壌，前作，栽培方法によって違うが，蝶野ら(1985)の養分吸収に関する研究データから10a当たりチッ素成分で7〜12kg，リン酸は4〜6kg，カリは9〜15kgを基準に算出し，2/3を元肥，1/3を追肥として施用する．また，立枯性の病害は致命的なので定植床は植付け前に土壌消毒を必ずしておく．

　定植後の管理は倒伏防止を早目に20cmマスのネットを一段に張り，灌水はハウス内が乾いたら十分与える．一度採花後の二番花は株の茎立ちが多い場合は太い花茎を株当り

3～4本に制限して弱い茎は取り除く．夏季日中，ハウス内が高温になると品質低下や短小開花になるから，換気に注意して涼しく保つ．デルフィニウムの切り花は3作以上株を据置くと弱って採算が取れなくなるから植替える．また，施設を高度に利用するには1～2作ごとで更新するほうがよい．従来，デルフィニウムの花は観賞中に花弁が脱落する欠点があった．しかしエチレン阻害剤のSTSなどの利用でデルフィニウムは革命的に日持ちを長くし，切り花生産ができるようになったのである．それだけに切り花採花後の品質保持剤の前処理は重要である．切り花の収穫は，リトル系では花穂に小花が10～12輪位開花した時，ベラドンナ系で

図18.93　デルフィニウムの組織培養増殖のビトロ苗

は3～4分咲きが切り前で，枝切りすることもある．採花後，調整し規格別に10本1束に結束し前処理としてクリザールK20Cの1,000倍液にシーズンにもよるが5時間浸して処理したものを箱詰めして出荷する．デルフィニウムの切り花は長距離航空輸送には耐えられないから今のところ切り花輸入はできない．品質のよい切り花の国内生産が今後とも期待できる作目である．

2）庭園および鉢物栽培

1970年代までデルフィニウムは庭園用植物として広く栽培されてきたのでその栽培も無視するわけにはいかない．当時は固定品種を株分けや根茎の分割，挿し芽など非能率的な増殖で繁殖し，しかも夏季高温に弱いので，わが国でも北海道や高冷地などの庭園や花壇でなければ栽培できなかった．しかし現在ではリトル・デルフィニウムやベラドンナは高温乾燥にもかなり耐える系統があるので栽培地域は広がっている．庭園用には排水，日照のよい場所を選び，pH6位の土地に9～10月に苗を植付ける．定植間隔は30～40cm，できれば数株から数十株まとめて植えるとよ

図18.94　デルフィニウム，シネンシス系の鉢物栽培

い．花後には地上30cmで切り戻しておく．

　最近は鉢物としても生産されるようになった．リトル・デルフィニウムを5～6号鉢で育て抽台直前にわい化剤のスリートンを灌注することにより花茎40～50cm位の鉢花に仕上がる．また，この頃はシネンシス系にも鉢物に向く品種が出ており，摘心すれば丈25～30cmになるからわい化剤処理はいらない．特に一重の深い青さが人目を引く品種がよくもちろん季咲きの出荷でよい．

(9) 病害虫防除

1) うどんこ病 (*Erysiphe polygoni*)

　下葉に粉を着けたように白色が広がりひどくなると病斑にかわる．系統品種によって反応がやや違うがカラセン乳剤3,000倍やモレスタン水和剤2,000倍液を散布して防ぐ．

2) クラウンロットまたは根腐れ病 (*Sclerotinia or Phoma*)

　梅雨期から夏季高温期にかけて地際の茎葉が黒変して腐り花茎は倒れる．従来の大輪高性種が発生しやすい．土壌伝染性の立ち枯れ病なので土壌消毒以外の防除はない．

3) 斑点細菌病 (*Phytomonas delphinii*)

　多湿で気温が低下した時に発生しやすく，下葉に淡黄色のリング状に黒色不整形の病斑が現われ，茎や芽を黒色に侵す．バクテリアによるもので有効な薬剤はない．抗生物質の散布で拡大を防ぐ．

4) 害虫にはアブラムシ，ダニ類などの発生がある．

参 考 資 料

1) 蝶野秀郷・広原　誠・筒井　澄 1985. デルフィニウムの生育と養分吸収形ならびに播種期と生育開花との関係. 北海道大学農学部邦文紀要　第11巻第1号．
2) Barton, Lela V. 1935. Germination of delphinium seed. Cotribution of Boyce Thompson Institute. Vol.7.
3) 船越桂市 1992. 切り花の品質保持剤利用技術. 農業および園芸　第67巻　第1号．
4) 勝谷範敏 1991. 暖地におけるデルフィニウムの開花習性と栽培上の諸問題. 平成3年度日種協育技研シンポジウム資料．
5) 勝谷範敏 1990. デルフィニウムの周年栽培技術. 近畿中国地域農林水産業研究成果発表会要旨　9月．
6) Legro, R.A.H. 1961. Species hybrid in Delphinium. Euphytica Netherland Journal of Plants breeding. Vol.10, No.1.
7) Gould, Ralph 1982. Breeding shorter Delphinium. The Delphinium Society Year Book.1990.
8) 鶴島久男 1991. デルフィニウム系統・品種発達の歴史と現状. 平成3年度日種協育技研シンポジウム資料．
9) Reineld, Frank 1990. History of the modern Delphinium. The Delphinium Society Year Book.1990.
10) 宇田　明 1996. 花きの品質保持剤の理論と実際. 農耕と園芸　第51巻　5号．
11) Wilde, E.I. 1931. Studies of the Genus Delphinium. Cornell University Agri. Exp. Stat. Bulletin 519.

18.31 ネリネ (属名 : *Nerine* Herb., 英名 : Guernsey Lily, Diamond Lily, 和名 : ヒメヒガンバナ)
ヒガンバナ科，半耐寒性球根

《キーワード》：切り花，鉢物

　南アフリカに31種が自生する半耐寒性の有皮鱗茎の球根植物である．葉は線状で種により開花前から展開するものと，開花後葉を抽出するものとがある．抽出する花茎は長く，頂部に5～8花または10～15花の小花を散形状に付ける．開花期は9～11月，花弁は基部まで分離し弁片は全縁，または波状に縮れるものがあり，いずれも外反する．花型も種によって図18.95のように異なる．ネリネは花きの中でもマイナーな種類であったが，Bowdenii 種がオランダを中心に切り花栽培が広まり，品種も多く育成されているのでここで取り上げることとした．

(1) 主な園芸種の成立に関わる原種

1) *Nerine bowdenii* W. Wats.

　南アフリカのケープ地方原産でやや細長い鱗茎からへら状で光沢のある緑葉を出し，花茎は長さ30～50cmで先端に8～12個の花を散形状に付ける．花色は桃色に濃い筋が入る．夏季休眠後，葉を出し花茎を抽出して9月下旬から11月に開花する．この交配園芸種が桃，藤桃，鮭桃，白色の花色があって切り花栽培されている．英国には1904年に紹介され，わが国へは大正年間に入っている．染色体数は2n = 22．

2) *N. flexuosa* Herb.

　南アフリカ中部の原産で，葉は花茎と同時に現れる．花茎は細く60～90cmの丈になり，先端に5～6花を付け，花色は主に淡桃色で弁先は細かい波状縁になる．開花は9月，英国には1793年に入っている．染色体数は2n = 22, 23．

3) *N. humilis* Herb.

　南アフリカの海岸地帯の原産，葉は鮮緑色で花茎と同時に抽出する．花茎の長さは20

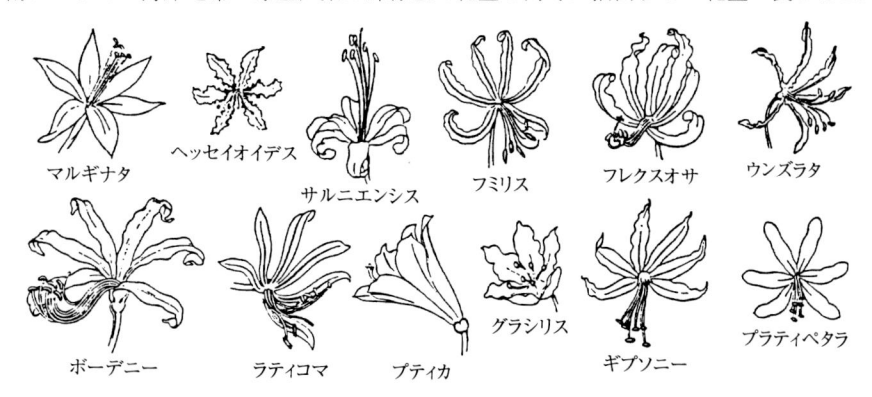

図18.95　ネリネの種による花型の違い
（Norris, C.A.の資料を平尾秀一が翻訳した図より．1983）

〜40cm，小花は10〜20個位付け，淡鮭桃色か桃色で中央に濃い筋が入り，弁片の縁はゆるい波状をうつ．開花は9月．染色体数は2n = 33．

4) *N. sarniensis* Herb.

南アフリカのテーブルマウンテン地方の原産で花茎は葉がでる前に抽出し開花する．長さは30〜50cmで10〜12花を球状に付け，弁縁は僅かに波うち，原種の基本色は桃赤か褐赤色で，葉は線または帯状でやや直立的に展開する．交配種は花型や花色が多様なので愛好家の間での栽培は多く，育種や球根販売業者もあるが，増殖率が低いのが欠点である．近年は切り花用種も育成され出荷されるようになった．

図18.96　サルニエンシス・ハイブリッド品種「Bagdad」

5) *N. undulata* Herb.（syn *N. crispa* hort.）

南アフリカのケープ地方原産，葉は花茎と同時に展開し鮮緑色，花茎は細く30〜45cmで8〜12花付ける．花色は淡紅色，開花期は9〜10月である．英国には1767年に入っている．染色体数は2n = 22である．

(2) 育種と系統・品種の発達小史

ネリネの育種は19世紀の末から英国で始まったようである．最初は種間雑種による3倍体が育成されていたが，その後，H.J. エルゥエスやライオネル・ロスチャイルドが*sarniensis*種を中心に種間雑種も含め交配を重ねて多くの品種を育成している．ネリネを園芸上に名を広めたのはライオネル・ロスチャイルドで，彼はサザンプトン近くのエクスバリー庭園（Exbury）で多数の品種を育成したので，ここで育成された品種はエクスバリー系といわれる．20世紀の後半に入ってNorris, C.A.は交雑しにくい*sarniensis*種と*bowdenii*種の種間交配の品種「ルシンダ」を1975年に，また*sarniensis*種と*angustifloia*種との種間雑種の「ジャスティフォリア」を発表している．*bowdenii*種は耐寒性が強いので*sarniensis*種をより寒さに強くするねらいがあった．

英国のNorris C.A.は育種以外にネリネの研究も半端ではない．彼は1972年から3回南アフリカにネリネの原種分布の自生地調査に3万kmほど踏査して原種31種の自生を明らかにし，さらに植物学的に12グループに分類している．彼は英国，Wellandで 'Nerine Nurseries' を経営する2代目のオーナーでもある．米国でも1950年代にE.メニンガーが英国のライオネル・ロスチャイルドの品種を輸入して育種し多くの品種を育成している．英国と並んでネリネの育種に貢献したニュージーランドのHarrison, R.E.がいる．彼は1955年，英国のライオネル・ロスチャイルドから優れた選抜品種を贈られ，これをもとに育種を開始し50種以上の品種を発表している．日本にもネリネの育種家はいる．戦前には広瀬巨海が，戦後は千葉県の小森谷慧が本格的にネリネの育種に取り組み，*sarniensis*種の切り花用品種を育成し，すでに市場に出荷されている．

現在，ネリネの品種としては
- サルニエンシス・ハイブリダ：「Snow Maiden（純白色）」，「Red Emperor（赤色）」，「Pink Fairy（淡鮭色）」，「Amour（薄い鮭桃色）」，「Rose Princess（ローズ色）」など．
- ボーデニー・ハイブリダ：「Pink Triumph（淡桃色）」，「Steriele hybrid（9品種あり各色がある）」など．
- その他の交配種：「*N. crispa*（細い花弁の淡桃色）」など．

(3) 生態的特性

sarniensis 種，*bowdenii* 種とも生育適温は 10～20℃で 5℃でも生育はする．夏季の高温期に休眠し，秋の気温低下につれて *sarniensis* 種は花茎を抽出して開花し葉はその後に出る．*bowdenii* 種は葉が先に出てから花が咲き，放置しておくと再び開花する性質がある．球根の増殖率もよいのでオランダでは施設切り花として栽培されている．この種は掘上げた球根を低温貯蔵して抑制栽培もできる．

sarniensis 種は球根の増殖率も低く，開花も 9月～11月の 1回のみだが，花色も多様な品種が多くあるので愛好家対象である．最近は切り花用品種も出ていることはすでに述べた．

(4) 栽　培

夏季の休眠中に球根を掘上げて仔球や球根を分球して増殖する．開花するのは球周 10cm 以上の球であるから，それ以下の球は 1～2年養成する．*sarniensis* 種は夏季高温期に腐敗することがあるので小鉢植えにして雨に当たらない施設内で栽培する．鉢植え用土も赤玉土に 20％ほどピートモスを配合した排水のよい用土を使用する．肥料もごく僅かでマグアンプ K など長期溶出性肥料を用土 1*l* 当たり 1～2g 混合する程度でよい．鉢植えも 1～2年はそのままで分球しなければ植替えしないほうがよい．開花は大球になると花茎は 2～3本立つ．

図18.97　ボーデニー種の切り花栽培（オランダにて）

この点，*bowdenii* 種やその交配種は *sarniensis* 種より丈夫でハウス内の床植えで切り花栽培ができる．平床に 15×15cm 位の間隔で球根の頭上 3～4cm 土がかかるように植付ける．植付けは休眠中の 7～8月がよい．元肥は低度化成を 50g/m² の割合で施用する．葉が展開する生育初期は灌水はやや多めにするが，それ以後は床を乾燥気味に保つ．採花は花房の花が 2～3開花したときが切り前であり，10本 1束にして水揚げ後出荷する．

病害虫は球根腐敗病，ウイルスなどが発生することがあり，害虫はアブラムシが発生することがあるので防除する．

[460] 各 論

参考資料

1) 阿部定夫 1986. ネリネ, 花卉園芸の事典. 阿部定夫他編　朝倉書店, 東京.
2) Norris, C. A. (平尾秀一訳) 1983. ネリネ属の分類と解説. ガーデンライフ 10月号.
3) Smiters, Sir Peter (平尾秀一訳) 1983. ネリネ園芸の生い立ち. ガーデンライフ 10月号.
4) 小森谷慧 1983. 私のネリネ育種と国内の消費動向. ガーデンライフ 10月号.

18.32 バラ (属名:*Rosa* spp., 英名:Rose, 和名:バラ, 薔薇, イバラ, しょうび) バラ科, 耐寒性低木

《キーワード》：切り花, 鉢物, 庭園花壇, 造園修景, 花木苗, 切りバラ, ミニバラ, ポットローズ, ベビーローズ

　バラの原種は約150種が北半球の亜熱帯から温帯に広く分布している直立, そう性(ブッシュ), つる性, 匍ふく性で耐寒性には強い低木である. 通常茎には刺(とげ)をもち, 葉は奇数羽状複葉で互生し多くは常緑である. 花は花弁, 萼片は5枚が基本である. バラは人類の文明の歴史とともに発展してきた植物で, その系統・品種の分化や栽培利用の発達は他の花きとは比べようもないほど飛躍している. 生産, 利用の面でもバラは三大切り花の一つになっている. 現在栽培されているバラは多くの原種の交雑を繰り返し複雑に発達してきたので, 栽培バラは *Rosa hybrida* hort. の学名が使われている.

(1) 栽培バラの成立に関与した主な原種および自然交雑種

　バラは民族や文明の発達とともにそれぞれの地域の原種が利用され, 地域ごとの文化の交流により原種間の交雑が行われて長い間に現在の栽培バラが成立したと考えられている. 栽培バラのルーツになっている原種をいくつか紹介する.

[野生種]
　1) *R. banksiae* R.Br. (モッコウバラ)
　中国原産のつる性で, 枝には刺も毛もなく, 葉には光沢がある. 花は小輪で白または淡黄色で一重の他に八重咲きもある. 垣根などに今でも利用されている.
　2) *R. chinensis* Jacq. (コウシンバラ, チョウシュン)
　中国原産で直立中性常緑の低木で刺は少ない. 複葉は先が尖り鋸歯があり上面は濃緑の照葉で裏面は淡緑色. 花は鮮桃色か淡紫桃色で四季咲き性で現代バラの四季咲きのルーツになっている重要な原種である.
　3) *R. foetida* Herrm. (syn. *R. lutea* Mill.)
　小アジアからイラクにかけて原産し2～3mになる低木で葉の表面は暗緑色, 裏面には軟毛をもつ. 花は1個または数個の房咲きで花径は5～7cmで黄色花である.
　4) *R. gallica* L.
　欧州南部から小アジアにかけての原産で直立性の低木. 枝には大小の刺を密生し葉は表面にしわをもち, 裏面は毛が生えて白緑色を呈する. 径5～7cmの花を枝に3～4花付け, 花色は紅または桃色で芳香をもつ. 開花期は6月.

5) *R. multiflora* Thunb.（ノイバラ）

日本，中国，台湾などに自生する落葉性低木で丈は2m位になる．枝は細長く無毛で刺がまばらに付く．6～7月に枝先に円錐花序に白色の小花を多数付ける．栽培バラの台木にする他，ポリアンサ系など房咲きバラの親になっている．

6) *R. rugosa* Thunb.（ハマナス）

日本の北部から北海道，カムチャツカ半島，中国の海岸地帯に分布する落葉性低木で地際から多数茎を出し，太い茎には鋭い刺を密生する．花は枝の頂部に径6～10cm位の濃桃花を1～2花付け，開花期は6～7月である．花後の果実が紅色になるのでハマナスの名がある．変種にシロバナハマナス，ヤエハマナスがある．現在，いくつかの交配種が育成されており，造園栽植用に利用されている．欧州には1845年に紹介されている．

［自然交雑種］

7) *R. centifolia* L.（セイヨウバラ）

古くから欧州で栽培されていたバラで園芸品種も多く，現在の栽培バラの起源種と考えられている．葉は表裏とも毛が生え縁には鋭い鋸歯をもつ．開花期は6～7月で淡紅色で重ねの多い花をやや下向きに付ける．欧州のバラ史などでCentifolium Roseとか Provence Roseと呼ばれるのはこのバラである．

8) *R. damascena* Mill.（ダマスクバラ）

中近東地帯の原産と考えられている．枝には沢山の刺をもちせん毛に覆われている．花は散房花序状に多数付き，色は赤，桃，白色で花弁数も多い．開花期は6～7月の一季咲きである．16世紀に中近東から欧州に入り栽培されており，自然交雑種と見られている．

(2) 栽培バラの発達と栽培の発展小史

バラは地中海のクレタ島で発掘された紀元前1600年頃のギリシャ・エーゲ時代の壁画にバラが画かれていたことから当時すでに育てられていたと推定されている．古代ギリシャで愛好されたバラはローマ時代に引き継がれ，あらゆる面で使われたと見られる．その後，中近東のイスラム圏で愛好されたバラが欧州に入ったのは11世紀，中近東に遠征した十字軍がイスラム文化とともにバラを持ち帰ったとみられている．当時，中近東で栽培されていたのはFrench Rose, Damask Rose, Provence Roseなどでこれらが欧州に入り初期の栽培バラの始祖になったと考えられている．欧州に入った初期にはフランスで広く愛好されたようである．1700年代，王妃マリー・アントワネットはベルサイユ宮殿内のトリアノンに庭園を作り，バラの品種をコレクションしたという．その後フランス革命を経てから実権を握ったナポレオンの后ジョセフィーヌは1804年，パリ郊外のマルメイゾン宮殿内に大バラ園を作り，欧州各地からバラの種，品種を収集するとともに園芸学者や技術者も集めて研究させたという．その後バラ人気は英国に移り1886年，国花に制定するほど発展している．

この中近東を故郷にもつ一連のバラは一季咲きであった．19世紀のはじめ中国から四季咲き性のコウシンバラ（*R. chinensis*）が導入されてたちまち一季咲きとの交配育種が進み，図18.98の現代バラの発達系譜のようにハイブリッド・チャイナ系，ハイブリット・パーペチュアル系，ティー系など現代バラの基本系統が生まれている．

この図でもわかるように現代バラは西アジア（中近東）の原種グループと東アジア（中国）の原種グループの交雑が大きな流れになっている．定説はないが18世紀末までの一季咲きを中心としたグループをオールドローズ（Old Rose），19世紀以後の四季咲きになって以後の交雑種グループを現代バラ（Modern Rose）と呼んでいる．

現在栽培しているバラの成立には，大輪や多彩な花色をもつ主流のハイブリッドティー系，日本のノイバラから成立したポリアンサ系とハイブリッドティー系の交雑から大輪スプレイのフロリバンダ系や，ミニローズとも言われる小輪スプレイ系の品種が多く育成されている．

現代バラのもう一つのルーツは中国である．有名な李白の詩にも薔薇が出てくるが絵画に現れたのは清時代で，コウシンバラが「長春」とか「月季」と言われていた．塚本

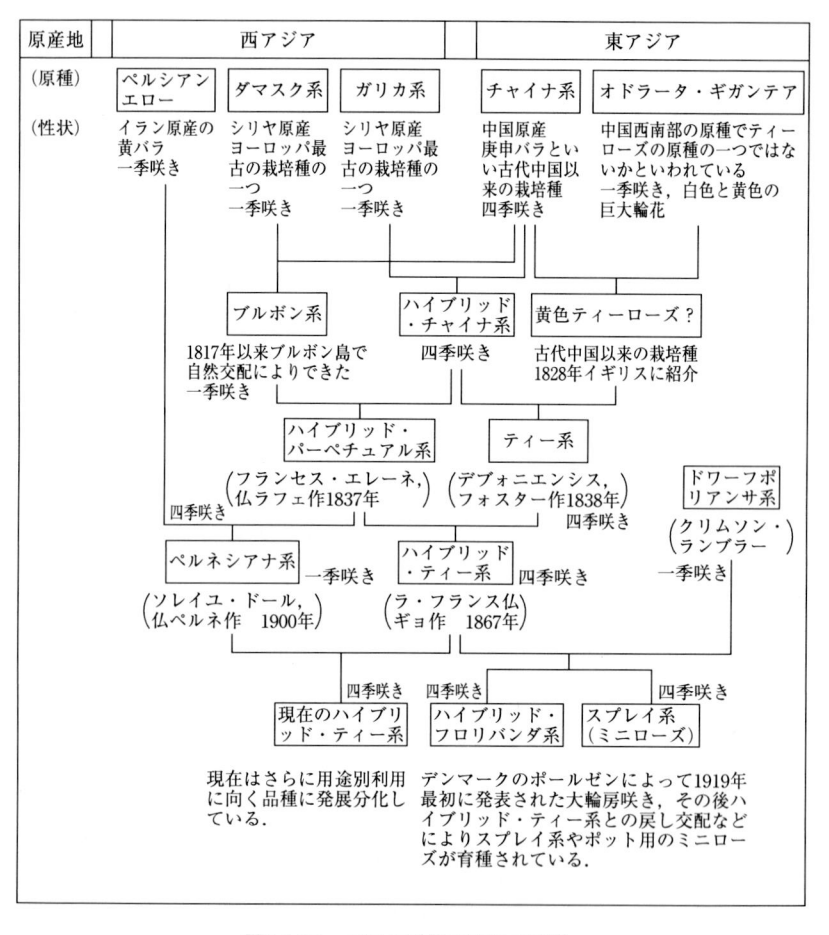

原産地	西アジア			東アジア	
（原種）	ペルシアンエロー	ダマスク系	ガリカ系	チャイナ系	オドラータ・ギガンテア
（性状）	イラン原産の黄バラ 一季咲き	シリヤ原産 ヨーロッパ最古の栽培種の一つ 一季咲き	シリヤ原産 ヨーロッパ最古の栽培種の一つ 一季咲き	中国原産 庚申バラといい古代中国以来の栽培種 四季咲き	中国西南部の原種でティーローズの原種の一つではないかといわれている 一季咲き，白色と黄色の巨大輪花

図18.98 バラの系統の発展の系譜

(1975) は中国では11世紀頃までには数々の品種が育種されていたと美術品を考証して推定している．

わが国にもバラを描いた美術作品は古くから見られ，塚本によると1309年に描かれた「春日権現絵巻」が最も古いものとしている．中国から渡来したものでコウシンバラではないかとみられる．桃山時代，また多くの園芸書が発行された江戸時代にはバラの記述が沢山見られるが，いわゆる欧州で育成された西洋バラが本格的に輸入されたのは明治以降である．当時のバラはすべてガーデンローズといわれる趣味家が庭に植えるもので，この目的で品種が開発され家庭用として普及したのである．昭和の初期には大日本バラ協会や帝国バラ会など趣味団体が結成されている．第二次世界大戦で皆無になった後，米国から巨大輪のピース（Peace）が輸入され再びバラブームが到来し全国組織の新日本バラ会が生まれ，各地に趣味のバラ会が結成され，遊園地や各都市にバラ園が作られた．

第二次世界大戦後，平和の到来とともに再び各国のバラブリーダーは新品種の創作に傾倒した．フランスのメイアンやドイツのコルデスなどが次々と目新しい品種を送りだした．

わが国でも東京のとどろきばら園主鈴木省三は1950年ころからバラの育種を開始し，1958年バラの育種，苗販売会社「京成バラ園芸（株）」が設立された．後にこの研究所長に就任して意欲的にバラ育種に専念し世界のバラ品種品評会で優勝し，世界に通用するバラブリーダーとしてMr.Roseと呼ばれた．1956年から1993年までに「天の川」，「聖火」をはじめ100数品種を育成している．この他にも兵庫県の伊丹バラ園の寺西などの育種家がいる．また，バラの研究は20世紀末に花色や香りの分析，解明も進み，バラにない青色の発色についても遺伝子組換えなどによる研究が行われている．そのストーリーを作家，最相葉月が"青いバラ"（2001）なるベストセラーにまとめている．

海外も含め早期のバラはほとんどガーデンローズの品種であったが，1940年ころから施設切り花として米国やオランダなどで切り花栽培が始まっている．米国ではLaurie, A.らによると切り花生産者によるバラ協会（Roses Incorporated）が1936年にオハイオで設立されている．その後，1944年には約200万本の苗が米国の温室内に植えられていたという．オランダでは1965年に196 haの栽培であったが1980年には759 haになって切り花のトップになった．

わが国でもバラの切り花生産は昭和の初期から始まり，1914年には東京，多摩川の温室村

図18.99　敗戦後米国から輸入された大輪品種「ピース」．これもメイアンの傑作である．

で7名が温室バラを約6,600 m^{2}で生産していたが，その中の森田喜平は一人で1,500 m^{2}を栽培していたという（東京の花1968より）．戦争で中断したものの戦後は静岡県や愛知県はじめ各県で生産が広がり1970年には全国で129 haあったが，1990年には468 ha, 1996年には762 haで全切り花の10％の作付面積を占めるに至っている．その間にバラの切り花生産者による「日本ばら切り花協会」が1957年に設立されている．

バラ切り花生産はその後，国際生産になり1980年代からコロンビア，ケニア，エクアドルなど開発途上国で世界市場を狙った巨大産地が生まれて，先進国は輸入バラの脅威を受ける結果になった（2.3. 世界の花き産業の発達の項参照）．さらに1995年ころからインドや韓国でも切り花バラの生産が始まってわが国への大量輸入が始まっている．このような切り花バラ生産の拡大は切り花用品種の育成を促している．わが国では切り花用品種の育成は少ないが浅見（1986）が育成したアサミレッド（通称ローテローゼ）は国内の切り花バラの作付上位を占めている．また，欧米ではミニとかスプレイバラといわれる小型で数輪付く系統の栽培が増えており，スプレイバラ品種も育成されている．さらにミニローズ，ポットローズといわれるわい性で小輪の鉢物バラの生産もオランダ，デンマークでオートメーション化した大量生産が行われ，わが国でも岐阜県に入っている．欧州を中心として増加しており，これら品種の開発も重要である．

（3）バラの主な育種者と種苗企業

バラは他の花きに比べても群を抜いて育種が進みビジネスが確立した．世界に育種家が生まれ育成品種の苗を販売する専門企業が発達して，19世紀半ばから活動している会社もある．主なバラ育種と種苗を販売している企業は次のものがある．

1）メイアン社（フランス，Universal Rose Selection Melland et Cie）

19世紀初期からバラの育種と苗販売を世界に向けて業務展開しているトップの老舗である．ガーデンローズ用が主体であったが，現在は切り花用，造園修景用，鉢物用部門に分けて育種，販売を行っている．ピース，ソニア，バッカラなど世界的な品種を育成販売している．本社はフランス南部のプロバンスにある．

2）ジャクソン・アンド・パーキンス社（米国，Jackson & Perkins Rose）

1872年に設立され伝統的にガーデンローズを中心に育種し，最近は切り花用の育種もして販売している．ゾリナ，サマンサなどを育成した．本社はオレゴン州にある．

3）コルデス社（ドイツ，W. Kordes Sohme）

1887年に創立してフランスのメイアン社とともに世界に優れたバラ品種をおくりだしている．ゴールデンラプチャー，メルセデスなど有名，本社はハンブルグ郊外にある．

4）タンタウ社（ドイツ，Rosen M. Tantau）

切り花用品種スーパースターなどを育成した．ハンブルグ郊外にある．

5）インタープラント社（オランダ，Interplant B.V.）

最近，エベリーン，ニキタなどの切り花用スプレイ品種の育種に力を注いでいる．

6）セレクトローズ社（オランダ，Select B.V.）

ガーベラのテラ・ニグラ社がフエルベーク社を買収したバラ育種販売会社で切り花用バラの育種に専念し，ミニやスプレイバラにも取り組んでいる．

図18.100 ジュネーブのレマン湖畔にあって世界的に
バラ公園として有名なグランジュ公園のバラ花壇

　7）ポールセン・ローズ社（デンマーク，Poulsen Roser）
　デンマークを代表するバラの育種家でミニローズのピノキオの育種以来ミニバラやミニのポットローズの専門育種者で現在は企業として事業展開している．わが国ではここの切り花用ミニローズや鉢物用ローズはキリン・アグロバイオ（株）が独占権を得て国内販売している．
　8）デ・ルイター社（オランダ，De Ruiter B.V.）
　オランダの大輪バラの育種，販売会社であるが，最近はミニのポットローズの品種を育種しユニコン・シリーズなどで知られている．
　9）京成バラ園芸株式会社（日本）
　1958年，千葉県に設立したバラの育種および苗の生産販売会社で，メイアン社をはじめ海外のバラ専門企業の輸入販売権をもち国内に販売している．前述の鈴木の育成品種をはじめ多くの品種を育成発売している．
(4）主な系統と品種
［園芸上の系統分類］
　系統分類も時代によって変わるので，ここでは実用上で分けた．
Ⅰ．**株バラ**（そう性バラ，ブッシュ・ローズ，Bush Rose）
A．大輪系バラ
　1）一季咲き系統
　中近東原産のバラで早くから欧州に入り栽培されていたいわゆるオールドローズである．
　　(a) フレンチ・ローズ（French Rose）
　　(b) ダマスク・ローズ（Damask Rose）
　　(c) ホワイト・ローズ（White Rose）

(d) センティフォリア（R. centifolia）
(e) モス・ローズ（Moss Rose）
2) 四季咲き系統
(a) チャイナ・ローズ（China Rose）
(b) ノアゼット・ローズ（Noisette Rose）
(c) ブルボン・ローズ（Bourbon Rose）
(d) ティーローズ（Tea Rose）記号：T
(e) ハイブリッド・チャイナ（Hybrid China）記号：HCh
(f) ハイブリッド・パーペチュアル（Hybrid Perpetual）記号：HP
(g) ハイブリッド・ティー（Hybrid Tea）記号：HT

B. 房咲きバラ
(a) ポリアンサ系（Polyantha Rose）記号：Pol
(b) フロリバンダ（Floribunda, Hybrid Polyantha）記号：F_1
(c) グランディフロラ（Grandiflora）記号：Gr
(d) ミニエチュア（Miniature）記号：Min（スプレイ，ミニローズ，ポットローズを含む）

II. シュラブ・ローズ（Shrub Rose）
(a) ハイブリッド・ルゴサ系（Hybrid Rubosa）
(b) ハイブリッド・ダマスク系（Hybrid Dumask）
(c) ハイブリッド・ブライヤー（Hybrid Brier）

III. つるバラ
A. ランブラー (Rambler, マルティフローラ系）
B. クライマー（Climber）
  1) 一季咲き系統
  (a) ウクライナアナ系
  (b) 原種つるバラ
  2) 四季咲き系統
  (a) 大輪枝変りつるバラ（HT，HP，Tローズの枝変わり）
  (b) 房咲き枝変りつるバラ（F_1，HPなどの枝変わり）
  (c) 大輪つるバラ（Large flowered Climber）
  (d) その他

［主な栽培品種］
I. ガーデンローズ
  1) 大輪系品種（HT系）
  「ビクトール・ユーゴー（Victor Hugo：半剣弁濃赤色）」,「ロイヤル・ハイネス（Royal

図18.101　ガーデンローズの品種「楽園」（京成バラ園芸作）

Highness：剣弁高芯咲き淡桃色）」,「アンドレ・ル・ノートル（Andore' Le No'rte：半剣弁咲き淡杏色）」,「楽園（Rakuen：剣弁高芯咲き鮮橙色など.）
　2）中輪系品種（フロリバンダ系）
　「レベル（Rebell：丸弁八重咲き赤色）」,「サンフレア（Sun Flare：丸弁平咲き純黄色）」,「ブライダル・ピンク（Bridal Pink：半剣弁高芯咲き淡桃色）」,「アイス・バーク（半八重平咲き白色）」
Ⅱ.修景用ローズ
　「バシィーノ（Bassino：一重咲き赤に中心黄色）」,「ラ・セビリアーナ（La Sevillana：半八重平弁鮮赤橙色）」,「ラベンダー・ドリーム（Lavender Dream：丸弁平咲き淡紫桃色）」,「ピンク・パシィーノ（Pink Passino：一重咲き淡桃に中心白）」など.
Ⅲ.切り花用バラ
　1）大,中輪系品種
　「カールレッド（Car Red 1978,中輪鮮赤色,剣弁）」,「アサミレッド（Asami Red 1986）」,「ローデローゼ（ビロード赤色剣弁）」,「ソニア（Sonia 1974,淡鮭桃色剣弁）」,「ブライダル・ピンク（Bridal Pink 1967,大輪淡桃剣弁）」,「アールスメール・ゴールド（Aalsmeer Gold 1978,大輪純黄色剣弁）」,「ティネケ（Tineke 1989,大輪乳白色剣弁）」など.
　2）中輪系品種
　「フリスコ（Frisco 1985,中小輪純黄色剣弁）」,「サッチャー（Sacha：剣弁高芯咲き赤橙色）」,「プリティ・ウーマン（Pretty Woman：剣弁高芯鮭桃色）」,「ランバダ（Lambada：剣弁高芯咲き濃橙色）」など
　3）小輪スプレイ系品種
　「ゴールド・カップ（Gold Cup：半剣弁高芯咲き鮮黄色）」,「キング（King：半剣弁平咲き朱赤色）」,「ニキタ（Nikita：丸弁高芯咲き朱赤色）」,「イルゼ（Ilse：半剣弁平咲き淡桃黄色）」など.

（5）生態的特性
　バラは温帯性の常緑低木で原種はかなり低温に耐えるものもあるが，交雑園芸種は系統，品種により耐寒性には差があり長期間－10℃以下の寒冷地では越冬しない．生育適温は20℃前後で30℃以上の高温になると生育が衰え，花も小さく花色も退色する傾向がある．また，5℃以下になると生育は止まり，0℃以下では落葉して休眠状態に入る．わが国の平地で露地植えのバラは5月中旬から開花するが，夏季高温期には開花が衰え秋に涼しくなると再び開花する．この点，寒高冷地では夏季も連続的に開花する．バラの花芽は日長には関係なく適温下では新梢が長さ10cm位に伸び始め葉が3～4枚の頃に分化し始める．分化後は環境や品種にもよるが30～40日で開花する．また，主茎の芽は頂芽優勢性（apical dominance）が強いので花芽の形成は遅れ，採花やせん定後に発生した側枝の方が早く分化する傾向がある．旺盛に伸びても花芽をもたない新枝をブラインド枝（blind shoot）といい施設栽培では問題になる．冬季低光量の時に発生しやすく，品種間差もある．ハウスの被覆材の汚れなども原因になり，枝が込み合って光線透過を遮るこ

ともブラインド発生につながる。花にブルヘッド（bull-head）という奇形がでることがある。花弁数が異常に多くなり、高温期と低温期に発生しやすく品種間差もある。バラは露地、施設栽培にかかわらず基部から勢いよく太い枝を発生することがある。これはベーサルシュート（basal shoot）といい、露地バラの徒長枝とともに元から切除する。しかし施設切り花栽培では数回ピンチして分枝を確保して採花本数を増加する目的でこの枝を利用することもある。このためベンジルアデニンのラノリンペーストを基部の茎に塗布してベーサルシュートの発生を促すこともある。

（6）施設切り花栽培

1）土耕栽培

バラは長期単作の切り花が特色である。この点、エクアドルやインドなど年中20℃前後の気温の熱帯高原では暖房なしで周年切り花生産

図18.102 切り花用品種として世界的に長期間栽培されている名品種「ソニア」

ができる。温帯地方は冬季間の暖房費がコストにひびく。このため温帯地方でも夏季が涼しく冬季温暖な地帯が有利に生産できる。わが国でも静岡県や愛知県に栽培が多いのはこのためである。

2）作　型

施設栽培では周年切り花する作型では採花を繰り返した後、切り戻して再び収穫を継続し、土耕の場合は3～4年、ロックウール耕では4～5年で改植する。寒高冷地は夏季に良質の切り花が生産できるので冬季には切り戻して休眠させ4月から10月まで収穫する作型もある。この他暖地では秋から春まで僅かに加温して栽培する作型、夏季中心に採花する寒高冷地の作型もある。

3）苗の定植・改植

バラの苗は接ぎ木苗（繁殖の項参照）を使用するが、ロックウール耕では挿し木苗も使用する。保護品種の苗は、購入苗を利用するか、自家増殖をするには権利者の許諾を受けて使用実数のロイヤルティを支払わなければならない。

苗の新植、改植はふつう1年生の芽接ぎ苗では10月下旬から2月、切り接ぎ苗は3～4月に行う。栽培床には長期間栽培なので十分有機質をすき込み、蒸気消毒やクロルピクリンなどで土壌消毒をしておく。元肥は消毒後に施用するのがよい。苗の定植本数は品種にもよるが$3.3m^2$当たり16～20本を標準とし、2条、3条植えとする。定植後はピンチを繰り返して株を仕立てるが、原則として頂部から1～2枚目の5枚葉の所で切除する。各枝が伸び始めたら倒伏防止に支柱とビニルヒモなどを張る。ベーサルシュートも蕾がやや大きくなった時にピンチする。

4）施肥管理

バラの養分吸収はチッ素が多く，次いでカリ，カルシウム，マグネシウムでリン酸は意外に少ない．ドイツのペンニングスフェルトの研究（前掲）では鉄，マンガン，ホウ素の欠乏がバラの生育に影響を与え（肥料，微量要素の項参照），さらに品種によって異なることを認めている．彼は一連の研究から生育や収量に最適な成分比は窒素：リン酸：カリ：カルシウム：マグネシウム＝1：0.8：1.5：1.3：0.3としている．施肥の一例として細谷（1993）の資料から抜粋すると元肥ではa当たりチッ素3.0kg，リン酸5.0kg，カリ2.5kg，追肥にはチッ素8.3kg，リン酸7.2kg，カリ9.6kgとなる．

最近は土耕でも土壌診断を継続的に行い，診断結果に基づいて施肥管理するようになっている．この場合の肥料濃度の目安を林（1990）は表18.16のように示している．

5）開花のための摘心のタイミングと採花

バラの栽培で摘心は切り花生産できる株の態勢づくりのためと出荷目標時期に良質の

表18.16 土壌中の肥料濃度の目安
（乾土重量抽出法，林 1985）

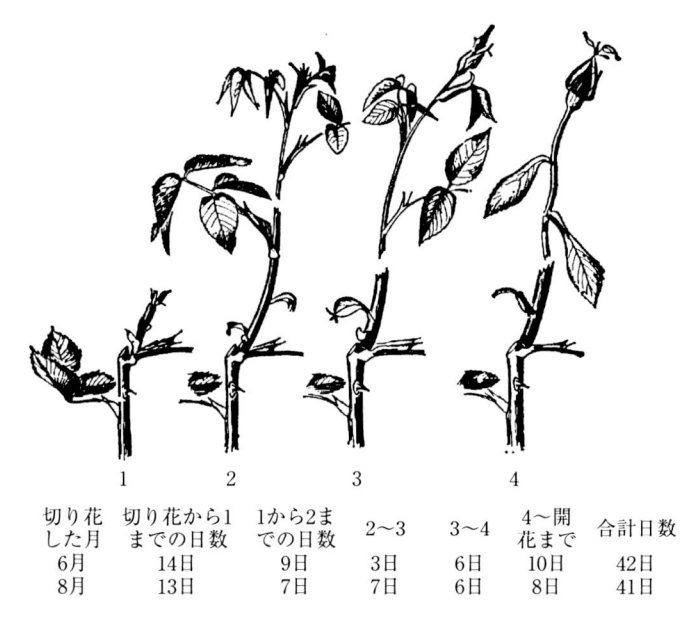

分析項目	水　準
pH（水浸出）	5.5～6.5
EC（風乾土1：水5, 25℃）	0.5～1.2mS/cm
硝酸態窒素（NO_3-N）	25～30mg/乾土100g
有効リン酸（P_2O_5）	100～150mg/乾土100g
置換性カリ（K_2O）	200mg/乾土100g (4.2me)
置換性カルシウム（CaO）	500mg/乾土100g (17.8me)
置換性マグネシウム（MgO）	120mg/乾土100g (5.9me)

現地容積重40～70g/100ml，CEC35me/乾土100g，深さ0～25cm

切り花した月	切り花から1までの日数	1から2までの日数	2～3	3～4	4～開花まで	合計日数
6月	14日	9日	3日	6日	10日	42日
8月	13日	7日	7日	6日	8日	41日

図18.103　採花（摘心）から次の切り花までに伸びる枝の生育過程と日数，品種は「ベタータイムス」（Post, K. 1952）

切り花をタイミングよく開花させるための目的がある．とくに周年出荷では市場価格のよい時期に量的に採花できるよう摘心すること，また，採花が摘心を兼ねているから採花自体が次の開花に大きな影響を与える．摘心，採花から側枝が伸びて次の開花に至る到花日数は品種やシーズン，栽培環境によって異なるため，それぞれを把握することが切り花バラ栽培のポイントになる．古いデータだが Post,K.（1952）が切り花採花から次の切り花までのプロセスをわかりやすく示している（図18.103参照）．この日数は冬季になると長くなり，品種にもよるが65〜75日位かかる．第1回の採花で次回以降がほぼ決まるので最初の決定が重要である．例えばクリスマスシーズン出荷をねらい最初を12月20日採花目標とすると：
第1回採花（12月20日ころ）
第2回採花（2月12日ころ）
第3回採花（4月10日ころ）
第4回採花（5月中旬ころ）

　この仕立て方では図18.104のように採花するには数枚葉を残して切除し，その部分から芽を伸ばし開花して再び採花を繰り返すので丈が次第に高くなり，年に一度はせん定して低く切り戻す必要がある．施設内では夏季高温になり良質な切り花が生産できないので，この時期に切り詰める夏季せん定を行うことが多い．

6）アーチング栽培法

　1988年ころ愛媛県の横田，高須賀らにより考案されたバラの仕立て方でそのシステムは国内外で特許がとられ，ロックウール耕ではほとんど利用され土耕でもかなり採用されている．普通の仕立て方と違い省力的な方法である．アーチング（arching）栽培は伸びだしたシュートの中，細いもの，短いもの，弱いものを元からアーチ条に曲げて通路に横たえ，この曲げた部分から発生する枝を開花枝とするもので，有効枝も含め半数の枝は曲げるので切り花収量はそれだけ減少する．このためアーチング栽培ではやや密植する．大川（1999）によるとアーチングの長所は，(a) 採花を開始するまでの期間が短い，(b) 常にベーサルシュートの株元から採花するため，長くてボリュームのある高品質の切り花が得られる，(c) 採花位置が一定しているので作業性が良く，樹高が高くならないのでネットやせん定の必要がない，(d) 栽培方法がきわめて簡単で熟練した技術を必要としない，(e) 単位面積当たりの所要労力が少ない，(f) スプレイバラやミニチュアバラなど，慣行栽培ではステムが伸びないため，切り花栽培できない品種も営利栽培が可能である，としている．高床のロックウール栽培では改植が簡単で，曲げた枝も邪魔にならないし，採花位置も高いため作業性はさらによい．

7）温度管理

　初夏から秋にかけては日中室内温度はできるだけ涼しく保つよう換気をするが夜温が下がる10月中旬からは16〜17℃を最低目標温度として保温，加温する．冬季切り花を続けるには18〜20℃を保つ必要がある．

8）採花と出荷

　採花のための枝を切る部位は図18.104を参考にする．花の開花速度が早いので切り前

は品種，時期，栽培地方などによりやや違うが蕾が，着色して開き始める直前が適期である．収穫した花は下葉を調整して等級別に仕分けし10本または20本束に結束しバラ用の延命剤クリザールRVBなどで処理して出荷する．バラの切り花は生け水に挿している間に花首が折れ曲がるベントネック（bent neck）になることが多く，原因は細菌により導管が閉塞するものと見られ，殺菌剤を含むRVBなどが効果があるとされている．このベントネックは品種間差もあると言われている．

9）ロックウール耕

夏季切りや冬季切りの作型は土耕だが施設周年栽培では以下の理由により，ロックウール耕が増えている．ロックウール耕の長所を林（1990）は次のように挙げている．
①ネマトーダ対策
②改植労力の軽減と連作による生産性低減の回避
③根圏の物理性均一化の可能性
④灌水，施肥の平準化，規格化の可能性
⑤根圏温度制御のしやすさ
⑥品種によっては挿し木苗が利用可能

現在，大川によるとわが国のバラのロックウール耕は1996年には214haに達しているとしている．ここでは，今後に向けてロックウール耕の栽培について述べる．

確かにロックウール耕でアーチング仕立てで栽培すると養液管理や水管理もほぼ自動的にでき，システム化，マニュアル化しているから栽培も簡単で省力できる点が優れている．苗は10×10×10cmのロックウールキューブに植付けて育苗し，ロックウールマットに一定間隔で設置して定植する．各株にはリードチューブで自動的に給液装置から給液する（装置やシステムについてはロックウールの項参照）．

（7）花壇および庭園栽培

バラは古くから発達して数万の品種があるが，そのほとんどはガーデンローズだということはそれだけ花壇や庭園での栽培が多いということで触れないわけにはいかない．バラは家庭園芸から公園や緑地など公共造園に広く使用されている．ガーデンローズには非常に形態や草姿，花の咲き方などに違いがあるので，それに適した系統，品種を選ぶ．

7〜12月はここで切る

1〜6月にここで切る

切り花は5枚葉を3〜5枚ずつ付けた下で切る．次第に上に枝が伸びると切り花生産量，品質ともに落ちるので1〜6月に上図の下位で切り戻し整枝する．

図18.104　切り花の採花の枝の切り方
(Post, K. 1952)

1）植付け

植付けは通風，排水と日当りのよい場所に植える．時期は苗の種類にもよるが2〜3月の萌芽前の休眠状態のものがよいが，ポット仕立て苗であれば4〜5月や9〜10月にも植えられる．株バラのHT系やFL系ではやや広めの60〜90cm位の間隔をとり，深めの植え穴を掘り堆肥や元肥を入れてから植付ける．バラ園などでは系統別や花色別に植えるが，できれば1品種1株ではなく数株ずつ群植するようにしたい．また，緑化栽植では花付きの多いFL系品種を全体1品種か色分けで数品種を群植し，なるべくメンテナンスの労力や経費をかけない栽植が望ましい．また，バラは同一系統だけでは平面的になりやすいのでフェンスやトレリスにつるバラを絡ませたり，スタンダート仕立てやポールに絡ませたりして立体的な構成のガーデン演出も必要である．

2）植付け後の管理

新苗は植付け後，株が成熟しないうちに開花するから，それらは摘除して樹勢を強くする．株バラは放任しておくと枝が自由に伸びるため，基部から主枝が3，4本出る骨組みをつくるよう最初に目標を立てて仕立てる．花が咲き終ったら花下5枚葉を2〜3枚付けて切る．平地では夏季高温乾燥期には花も貧弱になり株も衰弱するためやや深めに切り戻し秋の開花に備えたほうがよい．冬季，露地では休眠するので2月ころの萌芽前に冬季せん定して主枝を深く切り戻し（地際から40〜60cm位まで），株の周りに元肥を施用しておく．つるバラは今年伸びた主枝から発生する小枝に花をもつから，冬季せん定では主枝の先を止め，横に各部が均等にカーブするように誘引する．曲がる部分から小枝（開花枝）を出すので主枝全長に均等に開花させるためである．バラのせん定した枝は刺が危険なので公共の場では注意深く処理する必要がある．

(8) バラ苗のビジネス

ガーデンローズはバラの花き苗として流通するので園芸のマーケットでは重要なビジネスである．バラ苗は切り接ぎ苗や芽接ぎ苗，それを鉢上げしたポット苗で流通し，苗を取り扱う種苗企業の他にこれらの苗生産業者がいる．園芸店，ガーデンセンター，ホームセンターでは春販売の主要なアイテムに入っている．ガーデニングブームで現在市場流通していない古いタイプのオールドローズなどの需要が出ると，本場の英国から苗を輸入し店頭販売することにもなる．

(9) 病害虫防除

1）うどんこ病（*Sphaerotheca pannosa* Leveille var. *rosae woronichin*）

品種間差もあるがバラの栽培では発生しやすい病害である．主に葉に発生するが，新梢，花

図18.105　施設内でのバラの切り花栽培

図18.106 道路のグリーンベルトに植えられたフロリバンダの修景栽植（オランダ, アムステルダム）

柄, 蕾などにも発病する. 白い粉による汚れとともに葉のねじれや萎縮, 成葉は落葉する. 予防には室内の湿度を下げることと, オランダなどでは常時硫黄のくん蒸をしている. 薬剤ではダコニール1,000倍液か, モレスタン水和剤2,000倍液を散布して防ぐ.

2) 灰色かび病 (*Botrytis cinerea* Pers)
ボトリチス病ともいい葉に水浸状の病斑を生じ, その上に灰色のかびを出す. 蕾や花弁にも被害を与え, 花弁には白い斑点を生じ商品価値がなくなる. 発生を見たらジマンダイセン水和剤600倍液を散布するか, トップジン1,500～2,000倍液を散布して防ぐ.

図18.107 黒星病に罹病したバラの葉

3) 黒星病 (*Diplocarpon rosae* Wolf. : 黒斑病, 黒点病ともいう)
バラに最も発生しやすい病害で, 葉に淡褐色の小斑点を生じ次第に拡大して黒褐色になりひどくなると落葉する. 薬剤はトップジンM水和剤2,000倍液か, ダコニール1,000倍液を数回散布して防除する. ひどくなると防ぎにくい病害で初期の対応が重要である.

4) バラクキバチ (*Ardis brunniventris* Hartig)
露地で5～6月ころ成虫が茎に産卵し幼虫が茎内を喰害するので, 新梢の先端部が萎れる. 成虫の飛来を阻止することは難しく, 産卵した茎を早めに切除する他はない.

5) アブラムシ類
イバラヒゲナガアブラムシ, チューリップヒゲナガアブラムシなどがつきやすく防除は他のアブラムシと同様である.

6) その他の病害と害虫
バラはその他にも病害虫は多い. 病害ではべと病, 炭疽病, 根頭がん腫病など, 害虫

ではハダニ類やマメコガネなどがある．

参 考 資 料

1) 林　勇 1990. 国際化に対応する切り花花きの生産技術 (1) バラの切り花生産性向上と技術開発. 農業および園芸　第65巻，10号．
2) 林　勇 1990. 国際化に対応する切り花花きの生産技術 (2) バラの切り花生産性向上と技術開発. 農業および園芸　第65巻，11号．
3) 林　勇 1993. 公的機関における花き育種 (4) バラの品種育成 (1) 農業および園芸　第68巻，7号．
4) 細谷　毅・三浦泰昌 1995. バラ，花卉の栄養生理と施肥. 農文協，東京．
5) 野村和子監修 2000. Mr.Rose鈴木省三. 成星出版，東京．
6) 大川　清 1999. バラの生産技術と流通. 養賢堂，東京．
7) Plum, Lisber 1991. Ove Nielsen in Denmark, FloraCul. Inter. May/June.
8) Post, Kenneth 1952. Florist Crop Production and Marketing. Orange Judd Publishing Co. New York.
9) 最相葉月 2001. 青いバラ. 小学館，東京．
10) 東京都花き連編 1968. 東京の花. 東京都花き連合会刊 （非売品），東京．

18.33　ヒマワリ (学名 : *Helianthus annuus* L., 和名 : ニチリンソウ, 向日葵, 英名 : Sunflower) キク科, 不耐寒性一年生

《キーワード》：切り花，鉢物，庭園花壇，採油

　ヒマワリ属は北米を主に約160種があり耐寒性のない一年生の他耐寒性のある一年生または多年生を含む．ヒマワリは*Annuus*種の他数種が花きでは栽培されているのでここではそれらも含めた主な種の特性を示す．

(1) ヒマワリを含む主な種

　1) ヒマワリ (*Helianthus annuus* L.)

　ミネソタ, テキサスからカリフォルニアに自生する不耐寒性一年生で茎は直立性，または上部で分枝し丈は90〜250cm位になる．葉は大きな広楕円形で葉柄を有し葉縁には鋸歯をもつ．花頭は直径40cmから大きなものは60cm位になるものもあり，舌状花は外側に並び，中央の集合筒状花は大きな花盤を形成するものがある．舌状花はクリームから黄金色, 花盤は黒褐色になる．ヒマワリは，最初は採油用として広く栽培されていたが, 最近は花きとしての栽培が増えており, 切り花や鉢物, 庭園栽植に利用され, 花型, サイズ, 花色, 草丈の違う多くの品種が育成されている．開花は初夏から初秋までだが，園芸種には固定種の他, 適温であれば周年開花する一代雑種品種など多数の品種がある．

　2) シロタエヒマワリ (*H. argophyllus* Torr. et Gray)

　テキサス原産の一年生で丈は1.2〜2.0m位になり茎葉や花の総包は柔らかい銀灰色のせん毛で覆われる．葉は有柄で互生し茎は上部で分枝し径6〜8cmほどの花を付ける．舌状花は鮮黄色, 花心は紫褐色を呈し夏から初秋に開花する．園芸品種の「大雪山」は銀

葉で特異な形態でいまも栽培されている．

3）ヒメヒマワリ（*H. debilis* Nutt.）

植物学的にはこの種をヒメヒマワリと言うが，花き園芸では別項で述べる近縁の *Heliopsis scabra* Dunal.をヒメヒマワリと呼んでいる．フロリダからテキサスにかけて自生する一年生で丈は1.5～2.0m位になる．茎は数本だし低木状になる．葉は心臓形，茎の上部は分枝し先端に径5～7cmの花を付ける．品種「イタリアン・ホワイト（乳白色に心は黒褐色，上部で分枝し中小輪）」や「サマーチャイルド（レモンイエローに心黒小輪，分枝性）」などはこの種か，この交配種と考えられる．

4）コヒマワリ（*H. decapetalus* L.：ノヒマワリ）

ミシガンからテネシーにかけての原産する多年生で茎は上部で分枝し丈は0.6～1.5m位になる．地下に根茎を作る．葉は薄い卵状被針形で，ふつう径6～8cmの一重花を多数付ける．舌状花は黄色，心花もやや筒状に発達した黄色で丁字咲きになるものもある．変種や種間雑種の× *multiflorus*（*H. annuus* × *H. decapetalus*）などの園芸品種もあって切り花や庭園用に栽培されている．開花は8～10月．前種のヒメヒマワリと混同されていることがある．

5）ヤナギバヒマワリ（*H. salicifolius* A. Dietr.）

北米ネブラスカからテキサスに分布する耐寒性のある多年性で，地際から数本の茎を伸ばし丈は2～3m位になる．茎葉とも無毛で上部で小枝を分岐し径5～6cmのキバナコスモスの花に似た一重花を多数付ける．舌状花は橙黄色，心花は小さく紫褐色で9～10月の霜が降りるまで開花する．花の少ない時期の宿根草として見直されている．品種には"Golden Pyramid"などがある．

(2) ヒマワリの文化および育種と栽培小史

ヒマワリはコロンブスがアメリカ大陸を発見後，欧州に紹介された植物である．スペインの医師ニコラス・モナルデス（Nicolas Monardes）が1565年から71年にかけて新大陸の植物について紹介された記載の中に出てくるヒマワリが最初だと言われている．1617年にはオランダの画家クリスピンが描いた「花の図」の中にヒマワリが描かれている．また，ヒマワリが英国に入ったのは1596年と見られている．

17世紀になってフランスの王ルイ14世は自ら「太陽王」の名付け，その紋章にヒマワリをデザインした．しかし，ヒマワリと言えば，誰もがゴッホのヒマワリを思いだす．寺田寅彦は"われわれの眼にはすぐゴッホの投げた強い伝統の光の眼つぶしが飛んでくる"とその強い印象を述べている．ビンセント・ヴァン・ゴッホ（Vincent van Gogh）は新しい芸術創造の情熱にヒマワリを選んだ．彼は初期のパリ時代からアルルに住むまでヒマワリの画を10点ほど描いている（図18.108）．

その中の1点は日本にも来ている．ゴッホのヒマワリを見ると，もうこの頃には一重の小輪から大輪，いろいろな八重咲き，黄色からブロンズ色の花までできていたことがわかる．

ヒマワリはもともと採油用の種子を採るために大量に栽培されていた．ロシアンヒマワリのように丈が高く，花も大きく，特に心花（花盤の黒褐色の部分）が特異に大きいも

のであった．春山（1955）によると戦前の統計では南ロシアでは年間推定200万t，ドイツが6,000t，ポーランドが3,400tのヒマワリ油を生産していたという．このようにヒマワリも品種が採油用品種と観賞用品種とに次第に分化していった．ゴッホがヒマワリを描いてからの100年間，観賞用の品種の育種は著しく進み，20世紀末には本格化している．わが国でも1969年，福岡県の生産者中島礼一は実生選抜から切り花用品種「太陽」を育成している．この品種は量的短日性で冬季でも加温すれば開花する性質があって外国のカタログにもいまなお「Taiyo」で載せられている．その後，ドイツの種苗会社ベナリー社が1987年に品種「Holiday」，続いて「Hallo（1990）」，「Valentin（1992）」を育成し発売している．タキイ種苗は1990年にわい性品種「ビッグ・スマイル」を発表したが，1991年，1993年にはサンリッチ・レモンとサンリッチ・オレンジの F_1 品種を発表した．F_1 品種の特性として無花粉，均一性，日長に対し中性など，切り花用として優れてい

図18.108 ゴッホのヒマワリの画1889年　油彩，キャンパス（オランダ，ゴッホ美術館所蔵）

たため，たちまちヒマワリの F_1 品種時代が到来した．サカタのタネも切り花用 F_1 品種の「かがやき（Sunbright）」，「サンビーム」を，オランダの育家サーヒン（Kees Sahin Zaden B.V.）は「フル・サン（1992）」，「エリート・サン（2000）」など，いずれも F_1 品種を発表し，固定種であるがベナリー社はさらに「ソラヤ」，「イカルス」を発売している．これによりヒマワリの切り花生産は世界的に増加し，オランダの花き卸売市場への出荷量および品種のシェアも大きな変化を見せたのである．表18.17のように切り花の出荷量も年々増加し，その中，タキイのサンリッチ・オレンジは全出荷量の50％を占めるようになっている．1996年，アトランタでのオリンピックで女子マラソンで銅メダルを獲得した有森祐子選手が手にした花束がヒマワリであったようにヒマワリはフィーバーしている．

（3）主な系統と品種

切り花用と鉢物用ヒマワリには次のような品種がある

ヒマワリの品種は現在（2001）種苗会社のカタログでは固定種および一代雑種を含め50以上の品種が販売されている．次にその主な品種の特性を切花用，鉢物用に分けて示す．これらはもちろん花壇，庭園用にも利用できる

（4）生態的特性

ヒマワリの生育適温は20〜25℃位であるが，5℃近くに下がっても生育が停止するこ

とはない．しかし冬季，生育開花させるには夜間最低10℃以上を保ちたい．原種や従来のヒマワリ品種群は質的短日性植物で，春に播種して育てると初夏の長日条件下で開花するが，最近のF_1品種は量的短日性や中性に改良されているので冬季でも施設内で加温すれば開花し周年出荷できる．このように20世紀末に育成されたヒマワリは利用，栽培上営利性が高く，急速に切り花栽培が拡大した．前掲のオランダでも冬季にはイスラエルや南アフリカからの輸入ヒマワリが増加している．特にF_1品種は無花粉で衣服を汚さないことが消費を拡大している．

（5）栽　培

ヒマワリは固定種を利用した露地での季咲き切り花栽培とF_1品種を利用した冬季加温による促成，半促成栽培，さらには施設周年栽培などの作型がある．一作の栽培期間が短く，栽培が簡単で労力も少なく，促成も加温だけでできるのが特色である．固定種は

表18.17　オランダの花き卸売市場に1997年から1999年までに出荷されたヒマワリ品種ベスト5

品　種	出　荷　%			単　価（セント/本）
	1997	1998	1999	1999
1. サンリッチ・オレンジ	23.7	36.4	46.7	68
2. オリット	26.7	27.7	23.9	47
3. ソニア	12.5	9.3	8.0	28
4. サンブライト	10.1	3.2	1.7	59
5. サンリッチ・レモン	5.6	2.0	0.8	46
ベスト5 合計	－	－	81.1	
ヒマワリ全出荷本数（×1,000本）	63,965	67,781	76,422	

注）サンリッチ・オレンジ，サンリッチ・レモンはタキイ，サンブライトはサカタ，ソニアはベナリー，オリットはイスラエル品種．

表18.18　切り花用ヒマワリの主な品種の特性一覧

系統	品種名	花色など特性	作型	育成会社
F_1品種	サンリッチ・シリーズ	花弁濃橙（黄色）で中心部黒褐色 一本立ち中性，中輪	周年切り花可能	タキイ
	かがやき	花弁黄色，中心黒褐色，一本立ち 中性，中輪	〃	サカタ
	サンビーム	花弁黄色，中心黄色，一本立ち 中性，中輪	〃	サカタ
	フルサン	花弁濃黄色，中心黒褐色，一本立ち 高性，中大輪	5～11月	サーヒン
	エリートサン	花弁濃黄色，中心黒褐色，一本立ち 中高性，中大輪	3～12月	サーヒン
	太陽	花弁黄色，中心黒褐色，一本立ち 中性，中大輪	9～4月	中村
固定品種	ハロー	花弁淡黄色，中心黒褐色，分枝性 中性，中小輪	7～9月	ベナリー
	サマーチャイルド	花弁淡黄色，中心黒褐色で小さく分枝性（枝切り可能）中性，小輪	6～10月	ミヨシ

注）露地の花壇や庭園にも植えられるが開花は季咲きで7～9月頃になる．

表18.19　鉢物用ヒマワリの主な品種の特性一覧

品　種	花色および特性　作　型	育成会社
ビッグ・スマイル（Big Smail）	播種後75～85日で開花する早生で日長には無関係で周年出荷できる。一重一本立ちで花径は15～17cm，草丈は40cmのわい性種．1990年ころより発売された固定種	タキイ（日本）
パシノ（Pacino）	やや分枝性をもつわい性品種，丈は30～40cmで上部は側枝をだす．花径は12～16cmで花弁は黄色，心花も黄緑色．1996年発売．	ベナリー（ドイツ）

注）その他，テディベアー（八重わい性），サンスポットなどがある．

種子も安価なので直播し，F_1 品種はやや高いので播種，育苗して定植する栽培が多い．品種によって種子の大きさに違いがあり，1 dl 当たり固定種の「太陽」などは800粒，「サマーチャイルド」では2,600粒，F_1 品種の「サンリッチ・オレンジ」などは700粒位である．種子の発芽適温は20～25℃で3～4日で発芽する．固定種は露地，施設とも直播し，間隔10×15cm位に2～3粒播種し発芽後間引いて1本にする．F_1 種子は188か200穴のセルトレイを用い1粒ずつ播種し本葉展開時に床に定植する．定植間隔は10×15cmか15×15cm（150株/坪）位だが，分枝性の「サマーチャイルド」などは40×40cm（16株/坪）位の間隔にする．周年気候のよいブラジル，サンパウロの日系生産者は簡易ハウス内に7～10日おきに播種して周年ほぼ連続的に切り花生産をしていた．わが国でもヒマワリの切り花は次第に周年出荷される傾向にあって椿（1997）がまとめた東京都中央卸売市場の入荷状況と取引単価は図18.110のようで，単価は季咲きも促成物も変わらない傾向が見られる．播種後開花までの到花日数については椿が F_1 品種「かがやき」で周年播種して到花日数，草丈，品質などを調査した結果では4月から6月播種では開花まで100日前後要するが，7月から9月播種では75日位で開花している．また，草丈も播種シーズンにより違い，4月から6月播種では2m以上で，8～9月では1m前後であった．これら試験結果

図18.109　ヒマワリの F_1 品種「サンリッチ・オレンジ」

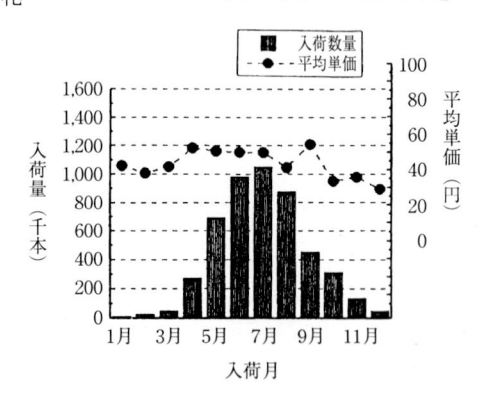

図18.110　ヒマワリの入荷数と単価（1993年東京都中央卸売市場年報より）（椿　1997）

から椿がまとめた周年切り花生産の作型例は図18.112のようになる.

施肥管理は養分吸収量からチッ素30％, リン酸10％, カリ40〜70％の割合（椿）からm^2当たり成分でチッ素35〜45g, リン酸20〜40g, カリ45〜60gを標準に施用するとよい. ヒマワリは生育後半養分の吸収が旺盛になるから追肥をうまく使い分ける. ヒマワリは施肥過剰になると茎が太く葉や花が大きくなって著しく品質を低下させるので多肥には注意すべきである.

切り花の収穫は花弁が完全に開き, 心花の筒状花が外側から開きだした時期に下部で切取り, 茎長は1m位とし, 半分下または全部の葉を取り除き, 品質別に仕分けて10本1束に結束してから水揚げして出荷する. 品質保持剤を処理するにはクリザールCVBまたはAVBを用いる.

図18.111　小輪分枝性のヒマワリ品種「サマーチャイルド」

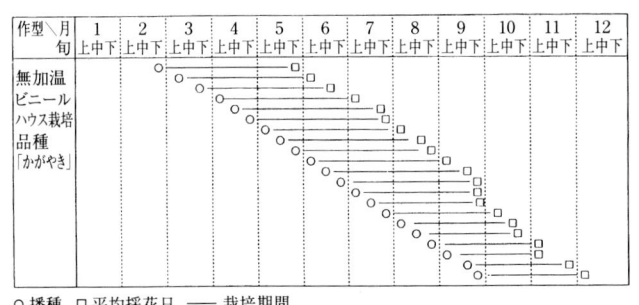

図18.112　ヒマワリの周年切り花生産の作型例（椿　1997）

図18.113　10日おきに直播した周年切り花栽培の状況（ブラジル, サンパウロの日系生産者のハウス）

(6) 病害虫防除

ヒマワリにはうどんこ病が発生しやすい．その他，さび病，べと病も発生することがある．害虫もアブラムシ，スリップスの発生が見られ，とくにスリップスの喰害は著しく品質を低下させる．他の花きと同様な方法で防除する．

18.33.1 ヒメヒマワリ（学名：*Heliopsis scabra* Dunal., 和名：キクイモモドキ，俗称：ヒメヒマワリ，英名：Rough Heliopsis）キク科，耐寒性多年生

《キーワード》：切り花，庭園花壇

植物学的にはヒメヒマワリは *Helianthus debilis* をいうが，花き栽培上では *Heliopsis scabra* がヒメヒマワリまたはコヒマワリの名で通用しているのでこの種をヒメヒマワリとする．メキシコ原産の丈が1.7m位になる耐寒性多年生で，全株粗毛をもち葉裏は灰白色を帯びる．茎は下部から分岐し細く剛直し上部で長花柄を分岐し頂部に花径3～5cmの頭上花を単生する．花は一重咲きの他に舌状花の発達した半八重，筒状花が発達した丁字咲きなどがあり，花色は淡黄色から濃黄色まである．開花は7～10月だが，加温電照で2～4月に開花させる施設栽培もできる．この種が英国には1818年に入っており，わが国へは大正年間とみられている．

(1) 主な品種

欧州における育種や栽培の来歴は不明であるが，すでに「Light of London」，「Orange King」や「Soleil d'Ol」などの品種が育成されており，吉村が1935年ころ輸入したといわれている．わが国では戦後「内田ヒメヒマワリ（一重小輪黄色）」が育成され半促成のできる切り花用として注目され，また北九州市の岩谷喜代二が陽光（濃黄色一重）や月光（純黄色大輪）を育成している．また北海道の高橋武市が1988年ころ濃黄色小輪八重咲きの「旭」を育成し，その後「絵理（濃黄色中輪半八重）」も発表するなど，むしろわが国のほうが品種は発達している．古い品種は非登録だが最近の品種は保護品種になっている．主なものには：

旭：濃黄色八重小輪のポンポン咲き，半促成栽培も可能
絵理：濃黄色半八重中輪
夏姫：旭を中輪タイプにした品種

図18.114　ヒメヒマワリの品種「旭」

(2) 栽培

ヒメヒマワリは冬季は地上部が枯れて休眠状態で越冬し春に発芽する．その後生育して7～10月に開花する量的長日植物である．開花を前進させるためハウスで加温しても茎の伸長や花芽分化は見られないから電照による長日条件が必要である．多年生であるため一度定植すると数年栽培することにより省力できるので，寒高冷地や中山間地，転

作田など高齢者の多い労力不足地帯の露地切り花に最適である．露地栽培を続けていると株も増えるため，ハウスを利用した半促成を冬季の農閑期にすればよい．

　繁殖は株分けか挿し芽で効率的には後者である．挿し芽は生育中の4～5月に茎頂部を長さ5cm位に切ってバーミキュライトに挿す．この発根後の定植は6月ころになるのでその年の開花は期待できないため翌年用になる．当年出荷には3～4月定植する．半促成で4～5月出荷および5～6月出荷には前年の秋に定植する．定植床は元肥として10a当たり堆肥を2～3t，肥料は窒素，リン酸，カリなど成分の肥料を10～15kg位すき込む．定植間隔は露地の季咲きでは30×30cmの1～2条植え，ハウスには25×25cmの3条植えとする．株分け苗はそのままでよいが，挿し芽苗は定植後活着したら摘心する．「旭」を7～8月に収穫後，丈を1/3位刈り込むと再び側枝を伸ばし2番花の収穫ができる．半促成の開花調節では十分低温に遭わせた1月中旬から加温（10℃）と電照（深夜3時間の光中断など）を同時に開始すると70～80日で開花する．切り花の収穫は完全に開花した状態で採花し10本1束に結束し水揚げして出荷する．病害虫では害虫のヨトウムシなどの他，オンシツコナジラミが付きやすいから注意する．

参 考 資 料

1) 淡野一郎 1999. ヒマワリ，農業技術大系花卉編1・2年草．農文協，東京．
2) Ernst Benary 1994. 1843 – 1993 150 years of Creative Plant Sreeding with Ernst Benary.
3) 羽毛田智明 1992. 切花ヒマワリ．新花卉　No.156.
4) 春山行夫 1980. 花の文化史．講談社，東京．
5) 春山行夫 1955. ヒマワリ　花の文化史．中央公論社，東京．
6) 井上頼数 1968. 最新園芸大辞典　第2巻．誠文堂新光社，東京．
7) 椿　真由巳 1997. ヒマワリ・冬季加温切花生産の試行．施設園芸 39 (11).
8) 東京新聞社 1985. ゴッホのヒマワリ．国立西洋美術館主催ゴッホ展資料より．
9) Rice, Graham 1998. Ray of sunshine, The Garden Aug.
10) Whipker, B.E etc. 2000. Nutrient deficiencies of sunflowerx. Green : 1999, Musee Van GOGH, アムステルダム，ゴッホ美術館資料より．

18.34 フリージア（学名:*Freesia refracta* Klatt., 英名:Freesia，和名:アサギズイセン）アヤメ科，半耐寒性球根

《キーワード》：切り花，鉢物

　この属は南アフリカに3～4種が自生し，本種はケープ地方の原産である．地下に球型，卵型または円錐型の球茎を形成し夏季高温期に休眠して秋の冷涼期に発芽し生育して春に開花する性質がある．葉は幅1～2cmの長い剣状で球茎からやや扇形に展開し，抽出する花茎は丈は35～45cm位で先端部が曲がり，そこにカップ状で花径3～6cmの花を5～10個付け，花色は黄色または白色で芳香をもつ．基本染色体数は2n＝22で，原種やア

ルバ系品種は2倍体だが品種バターカップは3倍体, 大輪系品種は4倍体である. 欧州へは1815年に紹介されている.

(1) 系統, 品種の発達と栽培小史

フリージアは欧州へ導入されてからイタリア, オランダなどで育種されているがその発展の詳細は不明である. 欧州では refracta 種の導入から遅れて1898年に紹介された F. armstrongii W.Wats は花茎も長く, 花も大きく, 花は紫赤色だった. 前に入った refracta 種にこの armstrongii 種を交配して現在の大輪多彩なフリージアが育成されたと考えられている. フリージアはオランダで特異的に発達して育種も行われた花きである. オランダでは1980年現在, 366 ha の切り花の作付けがあり, 当時の作付品種は33品種におよび, 施設での周年切り花生産が行われていた. その後フリージアの育種や球根の販売は Penning Freesia's BV, Whrfing hoff Freesia B.V., M.C.van Staaveren, Van Zanten B.V. などの専門企業で行われ, わが国もこれらの会社を通して輸入されている. わが国へフリージアが最初に入ったのは refracta 種の変種「レフレクタ・アルバ (純白)」で, その後, 黄色の品種「バターカップ」も1929年に入っている. このバターカップもアルバとともに1950年ころまでフリージアの代表品種として栽培された. フリージアの切り花栽培は大正年間から暖地で栽培が始まったが, 半促成栽培などを本格的に行ったのは1927年 (昭和2年), 東京足立区の足立園芸組合が結成されてからである. ここの生産者鴨下栄吉 (1937) は球根の低温処理による「アルバ」の早期促成栽培技術を開発し, 当時としては画期的な技術であった (東京の花). この技術は戦後, 全国に普及しフリージアの栽培は広がった.

1950年から1960年にオランダから大輪高性品種の「ラインベルト・ゴールデンイエロー」,「ホワイト・マリー」などが導入されて,「アルバ」に代わって広がり, その後30年間, わが国のフリージアの主要品種として栽培されている. 1965年ころ高性大輪で黄色, 白色の他紅, 紫, 紫赤の花色を含む実生系品種「スーパー・ジャイアント」が導入されているが普及はしなかった. しかし, 現在の枝切り品種はこの実生系が交配されていると推定される. 枝切り品種は1985年ころからオランダで育成され, 大型で丈も高く, 花茎も分岐して枝切りができることと, 切り下球 (切り花した球根) からも容易に開花する性質はフリージアの栽培を大きく変えた. それまでは12～2月までの促成, 半促成は短期作付けであるが, 枝切り種は収穫期間が長く, 切り下球を養成する期間も加わるから長期作になって単作型に変わってきた. しかしわが国ではフリージアは暖地の促成, 半促成の作型として捉えてきたので従来品種の栽培は衰えず一部が輸入品種に変わっている. それは従来のラインベルト・ゴールデンイエローなどの早掘りのできる沖永良部島や八丈島の国産球を使用する早期促成も根強く残っているからだが, 消費者のニーズからは枝切り用品種に変わってゆくものとみられる. 現在わが国はオランダに次ぐフリージアの切り花生産国で1999年現在約100 ha の作付けがあり, 生産の多いのは静岡県, 茨城県, 千葉県などである.

(2) 生態的特性

フリージアの球茎は年々更新する. 開花後, 茎の基部が肥大して新球を形成するとと

もに古球の周辺に小さい木子を多数着生する．開花後2カ月位で球茎は休眠に入る．休眠は高温によって覚醒されるので，強制的に休眠打破するには30℃に4週間以上処理するか，くん煙処理またはエチレン処理でも休眠打破ができる．

　植付けられた球茎が発芽して葉が15cm位伸びた頃に花芽分化が始まり，11月上〜中旬にはほぼ花房が完成する．花芽分化の適温は10〜13℃で分化後期に22℃以上の高温に遭遇すると開花した時，花穂の第1花だけが離れて着生する"花下がり"という奇形開花がでるので花芽分化期にはなるべく涼しく保つ．生育適温は14〜18℃で5℃以下になると生育は停止し，0℃以下になると凍害を受ける．

図18.115　フリージア枝切り用品種「コートダジュール」

　促成や半促成などの早期開花には球根を低温処理をして発芽促進，花芽形成および発育促進を図る．

(3) 主な品種

[従来品種]

①ラインベルト・ゴールデンイエロー（Rijnveld's Golden Yellow）：濃黄色大輪早生で栽培しやすい代表品種．丈は65cm位になり，年末促成もできる株切り用品種．

②ホワイト・マリー（White Mary）：白色大輪厚弁で草丈は50cm位で白色の代表品種．促成，半促成の株切り向き．

[枝切り用品種]

①ポラリス（Polaris）：早生種の純白大輪丸弁着蕾数も多く1株で3〜4本の栽花ができる．

②イエロー・リバー（Yellow River）：純黄色大輪の早生種，茎剛直で1株で3〜4本切れる．

	作型	適応地域	7	8	9	10	11	12	1	2	3	4	5	6	7
促成	11〜12月出荷	寒高冷地	△ 10℃45日 ▲ ◎				━ ┄┄	▨							
	12〜1月出荷	寒高冷地	△ 10℃40日 ▲ ◎				━━ ┄┄	▨						
	1〜2月出荷	暖地ほか	△ 10℃35日 ▲ ◎				━━━ ┄┄	▨					
半促成	2〜3月出荷	暖地ほか				◎	∿∿∿∿		┄┄	▨				
	3〜4月出荷	暖地ほか					◎ ∿∿∿∿		┄┄	▨			
抑制	4〜5月出荷	中間地						◎ ∿∿∿∿		▨		
	5〜6月出荷	中間地						◎ ∿∿∿∿		▨	

△冷蔵開始　▲出庫　◎植付け　⌒入室（ビニルかけ）
∿∿∿冷蔵期間　━━無加温管理（または露地）　┄┄加温管理
∿∿∿保温管理　▨出荷期

図18.116　フリージア切り花栽培の主な作型

③マズルカ（Mazuruka）：淡い藤色の大輪の早生種．
④パナマ（Panama）：濃ローズピンクの大輪丸弁で早生，3〜4本の枝切りができる．
⑤オルカ（Orca）：藤紅色に筒白の大輪八重咲きの中生種などがある．

(4) 作　型

　フリージアの切り花栽培の作型を地域別，栽培別に見ると図18.116のようになる．この中促成は早掘りの大球が利用できる従来品種が中心になり，最近の枝切り用品種は1月出荷以降の促成や半促成栽培の作型が多い．

(5) 促成，半促成栽培

　早期の促成栽培では球根冷蔵を7月中〜下旬から開始するので，この時期に休眠が覚醒されている球根を入手するため沖永良部島産の早掘りした大球を用いる．半促成や抑制栽培には中球，枝切り用品種では中小球も使用できる．早期促成用の球根は収穫直後から30℃に5〜6週間高温処理して完全に休眠が打破されているものがよく，さらに30℃の高温処理後，くん煙処理を併用すると効果が高まる．くん煙処理は密閉した小室でモミガラなどを半燃焼させて煙を出して球根を5〜6時間煙むらせることを3〜4回処理する．
　11〜12月開花の早期促成栽培では前述の球根を入手して低温処理をする．球根を湿らせたオガクズか粗粒のピートモスなどをパッキンとしてプラスチックコンテナか平箱に何層かに球根を並べ，間にパッキンを詰めてそのまま10℃の低温庫に入れ早期ほど日数を45日と長く，1〜2月出荷では35日とやや短く，処理してから栽培床や植付け箱などに植付ける．植え床はクロールピクリンなどで土壌消毒し，元肥として1a当たり，低度化成肥料8-8-8を10〜15kg程度をすき込み，球根を10×15cm，枝切り用品種は15×20cm位の間隔で植付ける．出庫して植付ける時，ハウス内の温度が高いとディバーナリゼーションを起こして処理効果を喪失するか，花下がりを生ずることがあるため日中の室温を涼しく保つか，植付けを遅らせることになる．室温を日中15〜20℃，夜間を8〜10℃位を保つと従来品種では45〜55日位で開花する．従来品種は花序の花が1〜2花開いた時，抜取り球根を除いてさらに外葉を除いて調整したものを品質別に仕分け，10本または20本束として結束する．枝切りは1〜2花開花した枝を分岐点で切り取り長さ別に仕分け20本束で出荷する．
　1〜3月に出荷する半促成栽培では作型図のように貯蔵しておいた無処理球をやや遅れて植付け発芽後もやや涼しく保ち，夜温が下がるようになったら保温し早く開花するには途中から加温するが，2〜3月開花では途中から保温し夜間8℃以下に下がる時だけ僅かに加温して開花させる．

図18.117　枝切りフリージアの施設栽培の状況

枝切り品種は花茎だけで切り花にする．各分枝の花序の花が2～3花が開いた時に分枝の基部より花茎だけ切り取り，品質別（長さ，花序の着花数など）に仕分け10本束として結束して出荷する．1株で分枝が3～4本切れる．株切りでは収穫が一斉で短期間に収穫して1作が終るが，枝切りでは数回に分けて採花するので1回の採花で一定本数にまとめるには作付面積を多くする必要がある．また採花後は葉の付いた株は残して栽培し切り下球が肥大し木子が着生してから掘り上げる．そのため一作の栽培期間は長くなるが球根が自給できる点が株切りとは相違する．

枝切り用品種は従来品種よりやや栽培温度が高いから冬季は加温栽培が主となる．

(6) 病害虫防除，その他

フリージアの切り花栽培はこの他にも抑制栽培があり，鉢物や球根養成栽培もあるがここでは省略する．

病害虫は首腐れ病，菌核病，フザリウム球根腐敗病，ウイルスなどがあり，入手の際のチェックと消毒が重要である．害虫はアブラムシやハダニ類があり他の種類と同様に農薬で防除する．

18.35 マーガレット（属名：*Argyranthemum*，英名：Marguerite, Paris Daisy，和名：モクシュンギク，キダチカミツレ）キク科，半耐寒性多年生

《キーワード》：切り花，鉢物，庭園花壇，苗物

マーガレットは *Chrysanthemum* 属の一種 *frutescens* としてこの200年間栽培されてきたが，その後いくつかの野生種が発見されて23種を含む *Argyranthemum* 属になった．いずれも北アフリカのカナリア諸島（Canary）とマディラ諸島（Madeira）の海岸から2,000mの火山帯に自生している．常緑の多年草または半低木で葉は鋸歯をもつ羽状で互生または対生し，分岐した花柄にディジーに似た花を付ける．花色は白または黄色でピンクもある．無霜地帯では周年開花を続けるが，わが国では初夏および初秋に開花する．

(1) 栽培種や品種の育成に関わった主な野生種

マーガレットはキク属では *frutescens* 1種とその変種だけであったが，その後野生種が発見され23種になったが，栽培種の交配親には次の種が関係している．

- *Argyranthemum callechrysum*：マディラ諸島原産の淡黄色からレモンイエローの花をもち，現在の黄色品種はこの種より選抜されたものが多い．
- *A. foeniculaceum*：1987年カナリア島のテェネリフェ（Tenerife）で発見され，コンパクトに育つ半低木性である．鋸歯をもつ2～3回羽状葉で深く裂けた葉は灰青色を呈する．花は白，花心は黄色で花径は3cm位で草丈は80cm位になる．小輪白色品種にはこの種から選抜されたものがある．
- *A. frutescens* L.：カナリア諸島原産で1699年に欧州に紹介されており，以来マーガレットと言えばこの種を指す．丈は60～100cm位になる常緑の多年草で基部は木化する．葉は羽状で切れ込みが深く灰緑色，花は葉腋の花柄に径5cmの一重白花を付ける．この種は不稔の3倍体で染色体数は2n＝27である．わが国で栽培されている「在来白」

または「早生白」と言われる品種はこれから選抜されたものである．黄花の「黄マグ」または「在来黄」もこの種の選抜系と言われてきたが，現在は他種であることがわかってきた．
- *A. gracile*：James Comptonにより1981年，カナリア諸島のテェネリフェで発見された種で葉の裂片が線状に細く切れているのが特徴である．花茎は多数分枝し一重小輪の花を沢山付ける．
- *A. haemotomma*：マディラ諸島原産で近年発見されたローズピンクの花を咲かせる唯一の原種である．現在のローズやピンク系の一重，八重の品種はほとんどこの種からの選抜か交配種と見られる．
- *A. maderense*（syn. *A. ochroleucum*）：カナリア諸島原産でコンパクトで草丈は30～40cmの半低木，深い鋸歯をもつ羽状葉は灰緑色で花は径3cmの濃黄色の一重咲きである．この種からの選抜された黄色品種もある．

(2) 育種と栽培の発達小史

1699年，*frutescens*種が欧州に導入されてから英国，フランスなどで選抜が行われ，わが国で今も切り花栽培している早生の「在来白」などもこのころ選抜されている．黄色種も1874年にフランスで選抜され，八重咲きは1912年に英国のサンダー社から販売されている．日本には明治に「在来白」が輸入され，八重咲き種は1913年に福羽逸人が導入している．マーガレットは欧州や米国のカリフォルニア，そして日本などで切り花を主に鉢物などでも栽培されてきたが人気はなかった．1960年以降，再びプラントハンターが原産地でピンクや黄色花の原種を発見導入することによってマーガレットの色幅と形態も多様な品種が交配，選抜され，1992年英国のRHSのウィズリーでのトライアルには100種もの品種が出品されている．20世紀後半はカナダ，ニュージーランド，オーストラリアで選抜や交配育種が行われ，それらの品種は世界に広がった．その影響で1995年ころから再びマーガレットが花きとして注目されるようになった．

わが国では戦前から暖地の無霜地帯の露地で冬季の切り花栽培が始まり，特に戦後伊豆半島の伊浜は海に面する急斜面の段畑の無霜地で冬季の切り花生産をしてその首位を占め，その他に千葉，香川，福岡県などで栽培されてきた．これらを背景に静岡県農業試験場伊豆分場では前身の有用植物園時代の1961年から切り花用マーガレット品種の育種を開始している．導入外来種やシュンギク（*Chrysanthemum coronarium*）との交配により「伊豆イエロー（1975）」，「アーリーホワイト（1984）」，「フェアリーホワイト（1996）」，「プリンセス・リトルホワイト（1999）」などを育成している．マーガレットの品種の発達は従来の暖地無霜地帯の栽培から施設利用の夏秋作や冬季作の切り花生産に作型も分化し，生産地域も寒高冷地から暖地までに広がっている．また，多様な品種の育成は切り花の他に鉢物生産も増加している．デンマークで育成された鉢物用品種「ウェディング・マーガレット（Wedding Marguerite）」など栽培から他の鉢物用品種の栽培も広がっている．

(3) 国内での主な市販品種

［切り花用品種］

- 在来一重（在来白）：白一重咲き品種，耐暑性や耐寒性もかなり強い．
- ドリーム・ホワイト：（Dream White）花径4.5cmで白一重咲き，初夏定植でハウス内で2，3回収穫して6月まで切れる．登録品種．
- アモール（Ammoret）：濃いピンクで花心も濃桃色，多花性で5～6月開花，ハウスでは2月から4月まで切れる．
- ドリーム・イエロー（Dream Yellow）：鮮黄色の一重咲き，花付きは在来より少ない．丈もやや低い．冬季栽培では電照で丈を伸ばす．登録品種．
- ブライダル・ピンク（Bridal Pink）：花径4cmの小輪でローズピンクに花心濃桃で四季咲き性が強い．登録品種．

［鉢物用品種］
- ウェディング・マーガレット（Wedding Marguerite）：小輪一重白花の多花性の早生で，丈が低くわい化剤処理でさらにコンパクトな株になる．
- シュガー・ベビー（Sugar Baby）：草丈25cm位のわい性でコンパクトな品種で大輪白一重咲き品種．登録品種．

(4) 生態的特性

　マーガレットの原産地はマイルドな地中海性気候なので凍結温度近くでは生育は停止して0℃以下では枯死する．また，25℃以上になると開花が抑えられる．10～15℃の範囲が生育，開花の適温とみられる．わが国ではふつう春から初夏にかけて開花し，夏季高温下では茎葉の生長になり秋涼しくなると再び開花する．平均気温が23℃を越えると花芽分化が阻害され，高温の継続は生育活性を低下させ（吾妻1977），さらに無加温ハウスの冬季切り花栽培では，2～5℃で20～30日低温処理した挿し苗を秋に定植すると開花が早まり，良く揃うことが認められている（吾妻1977）．

　マーガレットの開花に対する日長は量的長日植物で，長日条件下で花芽分化および花芽の発育とも促される（吾妻1977）．このため施設内で晩秋から春まで保加温で切り花（鉢物も）にするには9月から4月までは電照（4時間以上）をして開花を促進する．しかし最近の品種はほとんど電照なしで冬季のハウス切り花が可能である．

(5) 切り花の作型と栽培

　従来は暖地無霜地帯の露地で冬季切り花栽培が行われてきたが，現在では品種の多様性，および周年需要から生産も寒高冷地の夏秋作と，暖地のハウス無加温による冬春作になっている．寒高冷地の夏秋作は3～4月に育苗ハウスで挿し芽し，発根苗を仮植し一度摘心して5月に定植する．7～8本立ちにして9～10月に採花する．暖地ハウスの無加温栽培は早生品種を用い7月定植する．涼しく保っ

図18.118　以前から栽培されている「在来白」

て夏越させ，開花期は摘心時期により調節する．この作型では12月から2月ころまで採花し，その後30cm位のところで切り戻すと再び側枝が伸びて5〜6月ころに2番が採花できる．

(6) 育苗と定植後の管理

マーガレットは挿し芽で増殖するが，登録品種は自家増殖はできない．在来白など非登録品種は母株を用意し定植時期に間に合うよう採穂し，挿し芽して定植期まで十分発根させておくか，一度仮植して健全な苗に仕立てておく．定植間隔は夏秋作は1回の採花なので30×25cmか，または30×20cmの3条植えとする．暖地の無加温栽培で2度切りするには30×30cmか30×40cmの2条植えとする．マーガレットは夏季高温時に立枯れ性病害が発生しやすいのでクロールピクリンなどによる土壌消毒は必ずしておく．また，施肥は10a当たり堆肥またはバークなどを2〜3t，肥料は成分でチッ素20kg，リン酸15kg，カリ10kgを元肥と追肥に分けて施用する．マーガレットは肥料，特に窒素が多いと茎が太く，葉が大きくなって開花も遅れ，切り花品質を著しく低下させるので施肥は控え目にする．

図18.119 鉢物用品種「ウェディング・マーガレット」

(7) 収穫出荷とその他

採花は冬季は中心の花と側枝の花が1〜2輪開いた時が切り前で，春や夏秋作では中心の花が開き，側枝の花が2〜3着色した時で，採花した花は下葉を除いて調整し規格別に仕分け10本束に結束して直ちに水揚げする．

病害虫で最も警戒するのは立枯れ性の病害で，多発すると株が枯れて直接収量にひびくので，土壌消毒と清潔な苗を利用する他はない．害虫ではアブラムシ類が必ずと言っててよいほど発生するので早めに防除する．

(8) 鉢物栽培

鉢物用のわい性品種もあるが，切り花用品種もわい化剤処理によって鉢物に仕立てることができる．鉢物としての需要

図18.120 マーガレット「ローズポンボン」のスミセブン50ppm葉面散布処理．左無処理，中1回，右2回処理（鶴島 1985）

は2〜5月なので9〜11月に挿し芽苗を鉢上げする．鉢は12cmか15cm鉢を使用し，用土は鉢物用調整用土を用いる．定植後小鉢は1回，中鉢では2回摘心してコンパクトな草姿に整える．切り花用品種は花型，花色が多彩なのでわい化剤を処理すれば多様な鉢物が仕立てられる．わい化剤処理はスミセブン（ゼロセブン）を摘芯後15〜20日に1回目を葉面散布処理し，さらに伸びるようであれば30日後に2回目を処理する（図18.120参照）．栽培温度は日中18℃位，夜間は8〜10℃を温度管理の目安とする．施肥は他の鉢物と同様液肥ボブピーターズ20-20-20の800倍液を10日置きに与え開花30日前に中止する．

参 考 資 料

1) 相川 廣 1983．マーガレット，切花栽培の新技術 宿根草 下巻 林角郎監修．誠文堂新光社，東京．
2) 吾妻浅男 1999．マーガレット，農業技術大系 花卉編 第9巻 農文協，東京．
3) Brickell Christopher Editor 1966. A-Z Encyclopedia of Garden Plants. The Royal Horticultural Society, London.
4) Cheek, Roy 1998. La Belle Marguerite. The Garden RHS, August.
5) 静岡県農業試験場南伊豆分場他 2000．第2章 業務実績1研究成果2 マーガレット．創立50周年記念誌．

18.36 ミヤコワスレ(学名:*Gymnaster savatierii* Kitamura，和名：ミヤマヨメナ，ノシュンギク，都忘れ) キク科，耐寒性多年生

《キーワード》：切り花，鉢物，庭園花壇，花き苗

　この属には日本，朝鮮，中国にそれぞれ1種ずつの原種が自生し，わが国にはこのミヤコワスレの原種ノシュンギクが本州の箱根から西南部，四国，九州の山地に自生する．ロゼット状の根出葉から花茎を抽出伸長して分枝し，腋芽から花柄をだしてヨメナに似た径2〜3cmの頭上花を付ける．舌状花は紫色，花心は黄色で5〜6月に開花する．葉は長楕円形の濃緑色，冬季は地上部は枯れて越冬する．

　ミヤコワスレとしての園芸種成立は不明であるが，江戸時代後期にはノシュンギクの名で栽培されていた記録があり，さらに枝変わりの変種が選抜されていたようである．花色も淡青，濃紫，桃，白など，草性も茎長30〜40cmの高性から15〜20cm位のわい性種もあったが1980年ころまでは品種の成立がみられなかった．その後，地方の選抜系に品種名が付けられて流通するようになった．花きとしてはマイナーな種類だが日本独自の種としての需要から開花調節や休眠打破などの研究が進み，促成，半促成，抑制栽培などほぼ周年生産ができるようになった．日本原産の植物を日本で品種を開発し，日本の研究者と生産者による技術開発で周年生産できるようになった唯一の事例である．主には静岡県の引佐郡や浜松市周辺が古い産地であったが，現在は茨城，福岡，岡山県などに広がっている．

(1) 生態的特性

他の宿根草同様，冬季の低温を経過した根株から春，根出葉を展開しその後，長日条件下で葉群の中から花茎を抽出して開花する．花後，根出葉の葉腋から地下茎状の吸枝を出し夏季高温でロゼット状になり半休眠する．秋冷になって吸枝は根茎になって根出葉を出し栄養生長をするが，9月中旬ころからこの生長点で花芽分化が開始され冬季の1月までかかって小花形成から花弁形成期に達する（石田 1972）．このため花芽がある程度形成され冬季の低温で吸枝のロゼットが打破されてから保温すると開花を前進させることができる．この場合も低温遭遇期間が少ないと草丈が十分伸びないことがある．図18.121はミヤコワスレの露地からの入室時期と開花および茎の伸長の関係を示した石田ら（1956）の実験結果である．早く入室して自然低温の遭遇の少ないものは茎長が短いことがわかる．まして長期間の花芽形成過程の株を低温遭遇させないで年内に開花させることはきわめて困難と考えられていた．しかしジベレリン処理でロゼットが打破され，さらに花芽分化も促進されることが千田（1982）や松川（1978）の研究からわかり，11～12月開花の促成栽培もできるようになった．

(2) 主な系統と品種

[高性品種]

・濃紫高性種：草丈が50～60cm位で，花は濃紫色に心花は黄色，品質よく最も栽培の多い品種であるが，促成では奇形花が出やすい．

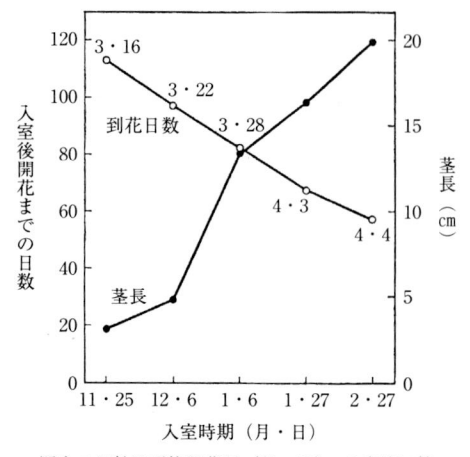

図中の日付は平均開花日（月・日），入室時に箱植えし，無加温室に入れた．

図18.121　入室時期がミヤコワスレの開花と茎の伸長に及ぼす影響（石田ら 1956）

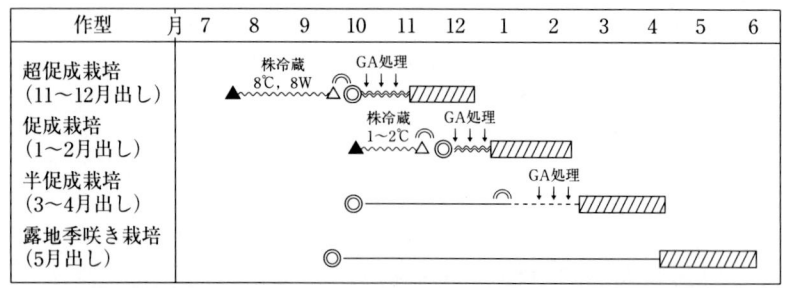

図18.122　ミヤコワスレ切り花栽培の主な作型

- 浜乙女：花径3cmで濃桃色の花で草丈が30〜40cm位になる品種．促成から抑制までできる．
- 桃山：濃桃色の品種で前種より丈が高く40〜50cmになる．促成にも使える．
- 白鳥：開花始めはごく薄いピンクを帯びるが完全に開くと純白色になる品種．草丈は50cm位で開花は中生である．

[わい性品種]
- 濃紫わい性種：濃紫花で花径2.5cm，草丈15cm位で，高性種よりやや性質は弱い．
- その他：前種の枝変わりとみられる桃色種や白色種がある．

(3) 切り花の作型と栽培

開花調節の方法として松川(1983)は次のように分けている．
① 花芽分化をほぼ完成したものを保温，加温する(従来，行ってきた3〜4月出荷型)
② 花芽分化の中〜後期のものを山上げや，冷蔵後に保温，加温，ジベレリン，電照などで開花を促進するもの(1〜2月出荷型で最も処理が複雑)
③ 未分化の苗に十分な低温を与えて，定植後に花芽分化，茎の伸長を促進し，開花させる(11〜12月出荷型で十分な低温処理とディバーナリゼーションの防止対策が必要，ジベレリン，電照などの併用が好都合)
④ 抑制栽培(冷涼地で栽培など，6月出荷型)

これら開花調節による主な作型を図18.122に示す(抑制栽培は除く)．

繁殖は株分けと挿し芽がある．株分けは開花後の6月中旬か9月下旬頃に行う．株を掘り上げ吸枝を3〜4芽付けて分ける．挿し芽も5〜6月に行う．花を持たない茎頂は3cm位，茎の部分は4cm位の長さに切り，パーライトかバーミキュライトの挿し床に挿す．ミストか灌水して発根させる．挿し苗は発根後一度仮植して育苗するとよい．早期促成には株分けの大苗を用いる．半促成や季咲きには中苗や挿し芽苗を用いる．普通1m幅の平

図18.123 ミヤコワスレ品種「浜乙女」

床に2条植えとする．大苗は15×4〜5cm間隔，中，小苗は15×3cm位に定植する．株はやや深めにし，特に挿し芽は基部の1〜2節が地下になるように植えないと吸枝が出ない．植付けには元肥を施用しておく．10a当り堆肥を300kg程度に複合肥料を20kgを与え，追肥は生育状況に応じて800〜1,000倍程度の液肥を施用する．夏越しは強光と乾燥には弱いので床上に40〜60%遮光の寒冷紗などを張り，時折灌水をする．高温も良くないためできるだけ涼しい環境で管理する．早期促成のように冷蔵処理した根株を定植する際も気温が高いとディバーナリゼーションを起こすので十分注意する．

また，根株の冷蔵処理は成葉17枚以上の切り下株を掘り上げ，枯葉を除き，根土をよく落としてからプラスチックの透かし箱か耐湿性のダンボール箱に湿ったオガクズかミズゴケをパッキンに根株を詰め，密閉しないように梱包して低温庫に貯蔵する．

切り花の収穫は舌状花が開き心花の筒状花が外側から開き始めた時が切り前で，できるだけ長く切り取り，長さ品質別に仕分けして10本1束に結束し水揚げしてから出荷する．

(4) 病害虫防除

1) 白絹病 (*Corticium rolfsii* Berk)

地際の茎や葉柄が侵され，萎れから立ち枯れ症状になる．地際に白色のカビが広がり菌核を生ずる．土壌病害なのでクロールピクリンかタチガレン1,000倍で定植前に消毒する．植付け根株や苗の清潔性にも注意を払う．

2) 根腐れ病

促成栽培などで発生し*Phythium*菌など数種の菌が関わっているとみられ茎葉が萎れ立ち枯れ症状になる．土壌病害なので定植前白絹病と同様に防ぐ．

3) ネマトーダ (キタネグサレセンチュウ)

土壌消毒，殺線虫剤で防除する．

4) その他の害虫

ハダニ類，ヨトウガ，アブラムシ，スリップスなどが付くので他の花きと同様な方法で防除する．

参考資料

1) 石田 明 1972. ミヤコワスレの生育と開花に関する研究. 静岡大学農園研報 第6号.
2) 千田昭弘 1982. ミヤコワスレの苗冷蔵による超促成栽培. 農業および園芸 第57巻1号.
3) 松川時晴 1983. ミヤコワスレ，切花栽培の新技術. 宿根草下巻 林角郎編. 誠文堂新光社, 東京.

18.37 ユウギリソウ (学名：*Trachelium caeruleum* L., 和名：ユウギリソウ，トラケリウム，英名：Throatwort) キキョウ科，半耐寒性多年生

《キーワード》：切り花，鉢物

ユウギリソウ属には地中海沿岸地方に6〜7種が自生するが栽培しているのはこの種だけである．半耐寒性の多年生であるが花き栽培上では一年生として種子繁殖で栽培され

ている．茎は直立して60～100 cm位の高さになり，粗い鋸歯のある細い楕円形の緑葉または紫紅をさす葉を互生する．葉茎頂部に小花が密集した大型の散房花序を付け，花は青藤色の他園芸種には紫，桃，白色などがあり，自然の開花期は6～9月である．英国には1640年に紹介され，わが国には大正末年に渡来している．

(1) 品種と栽培の発達

ユウギリソウは切り花用花きとしてはごく最近まで日本はもちろん，海外でもマイナーな種類であった．わが国では戦後，一部の温室で高級切り花としてクリスマス用に栽培されていたし，1970年ころには暖地ハウスでの栽培も見られた．当時の系統は出蕾すると腋芽が多数発生し，出荷時にこの芽をかく作業が大変なため栽培が少なかった．ユウギリソウ

図18.124 ユウギリソウの品種「パウダー・ピンク」

は1990年までわが国では品種はなく紫花種とか白花種など系統名で種苗会社から種子が販売されていた．しかし，1980年ころオランダで本格的に育種が始まり切り花栽培に適する園芸品種がVegmo Plant b.v.やPhytonova b.v.などから1990年ころから相次いで発売された．特に前者の品種が栽培しやすく現在各国で栽培され，わが国でも1993年から発売されている（品種の項参照）．これらの品種は従来にない花色を持つ，日長に敏感で開花調節しやすく周年生産できる，到花日数が短い，開花揃いが良いなどからオランダでは施設切り花として作付けが伸びている．これら品種の出現によりオランダでは無摘心密植して一斉に採花し年3回ローテーションして施設の収益性を高める栽培が普及している．わが国では摘心栽培がふつうで採花期が長く，花後，切り戻して2番花，3番花を収穫する長期栽培である．

(2) 生態的特性

苗の中は10℃位で順調に生育するが，生育後期から開花期には日中15～20℃を，夜間は15℃を保ちたい．日長に関しては典型的な質的長日植物でしかも開花を誘導する日長は15時間以上と長いのが特色である．言いかえれば東京を基準に考えると花芽形成を促す15時間以上の日長は6月中旬から7月上旬までで，それ以外はユウギリソウにとっては短日で栄養生長期になる．オランダのように緯度が高く長日期間の長い地方では容易に開花するが，わが国では前述のように自然に開花できる日長期間は短く，それ以外の時期は自然日長プラス電照で開花を誘導しなければならない．この点がわが国におけるユウギリソウ栽培のポイントである．

(3) 主な品種

・ベグモ・ディープ・ブルー（Vegmo Deep Blue）濃紫色，青茎の早生種．
・ベグモ・シルバナ（Vegmo Silvana）淡藤色の早生種．
・パウダー・ブルー（Powder Blue）濃紫色の強健早生種（登録品種）．

表18.20 ユウギリソウの主な栽培の要点

作 型	定植時期	到花日数	摘心の有無	電照期間	栽培地方
3〜5月出荷栽培	10〜12月植	110〜120日	摘心1回,無摘心	90〜100日	暖地
6〜7月出荷栽培	1〜 3月植	100〜110日	〃 〃	80〜90日	暖地
8〜9月出荷栽培	5〜 6月植	90〜100日	〃 〃	0日	寒高冷地
10〜12月出荷栽培	7〜 8月植	120〜130日	〃 〃	120〜130日	平地,寒地

注)摘心栽培は無摘心より20〜30日開花が遅れる.電照は採花期まで,冬季加温は夜間最低10℃以上保つ.

・パウダー・ピンク(Powder Pink)サーモンピンクの早生種(登録品種).
・パウダー・ホワイト(Powder White)白色の早生種(登録品種).
　などがある.

(4) 作型と栽培

　ユウギリソウは露地栽培は難しく,ほとんど施設栽培になり,主な作型の栽培要点は表18.20に示す.季咲きに近い作型を除きほとんどは定植後に伸びだし草丈が20〜30cm位から電照を開花まで続ける.ユウギリソウは高温には強いが冬季の栽培では最低夜間10℃を保つ.

　繁殖は挿し芽もできるが種子繁殖が普通である.種子は2mlで10万粒ある微細種子で発芽適温は18℃であるが,最近はセル成形苗で流通している.オランダの周年切り花栽培はセル苗の利用,密植無摘心,一斉採花で極力省力している.わが国の摘心栽培は栽培期間が長いだけでなく,摘心後の芽整理,花茎による品質の不揃いはどうしてもロスがでる.栽培床は定植前,土壌消毒と元肥を1a当たり複合肥料15-15-12を4〜5kgすき込んでおき,追肥は液肥で数回施用する.ふつう定植はセル成型苗を用い定植間隔は摘心栽培では20×20cmか20×25cm,無摘心密植栽培では12×12cmとする.茎が少し伸びた時摘心を行い,多数茎が発生してくるので早めに整理し主枝を3〜4本にする.無摘心栽培はこの労力が省け,一本立ちで揃った品質の切り花が採花できる利点がある.灌水は点滴チューブで行い,夏季は25℃以上にならないようにし,冬季の電照中は夜間最低4〜5℃,開花前後には10℃以上を保つ.収穫は花房の小花が1/3ほど開いた時が切り前で,花房のサイズ,長さなど品質別に仕分け10本1束として結束し,品質保持剤としてコートフレッシュK-30の1,000倍液に浸してから出荷する.

　病害虫は菌核病,灰色かび病など,害虫はアブラムシ,ヨトウムシなどに注意する.

18.38 ユーストマ (学名:*Eustoma grandiflorum* (Raf.) Shinner. (syn. *Lisianthus russellianus* Hook., 英名:Prairie Gentian,和名:リシアンサス,トルコギキョウ)リンドウ科,不耐寒性一年性

《キーワード》:切り花,鉢物

　ユーストマ属は米国のコロラド,テキサス,ユタから南はメキシコ北部までに3種が自生し,その中で花の大きい*grandiflorum*種が改良されて現在のような多様な品種が育成

されている．直立性で草丈は40〜60cm，灰緑色の葉は長卵形で7cm位で互生する．茎頂で分岐した花柄に5弁で花径5〜8cmの白また淡紫色の花を付ける．開花期は7〜8月である．欧州には1835年に導入されているが，育種や栽培の記録はない．わが国へは1935年（昭和10年）に坂田商会（現サカタのタネ）により輸入されたと言われているが，第2次大戦まではほとんど栽培の記録がなく，戦後，初めて栽培され育種もわが国で始められ次第に栽培が広まった．ごく最近になって海外でも注目されて急速に世界に広まったのである．外国原産の花きがわが国で独特に品種や栽培が発達してそれが世界に普及した花きはこのユーストマと後述するリモニウムの2種だけである．

(1) 育種および栽培の発展小史

わが国に1935年ころに導入されたユーストマは当時栽培されたという記録はなく戦後になって，長野県の埴科郡埴生村の西村進が試作し，力石村の小宮山と二人で栽培を始めたと言われる．著者も1953年ころ西村の圃場で見せてもらった記憶がある．

その後，小諸の柳沢甫は切り花栽培して1952年（昭和27年）に初出荷している（小林1991）．これらの事実から長野県の更級地方（現在の更埴市）がユーストマ発祥の地と言われる．最初，この種はトルコギキョウと呼ばれ，その後リシアンサス，そして現在はユーストマで統一されるようになった．季咲きでは夏に開花し高温下でも花持ちが良いため夏の切り花として1970年ころから次第に栽培が広まった．わが国のユーストマの発展には育種と栽培技術の開発研究が大きく貢献している．1970年から1980年代は民間育種による開発の時代であった．ユーストマ育種の先駆者は多分，前掲の長野県更級郡力石村の中曽根尚次郎で1952年から育種を始めたと言われる．しかし，「アルプス」や「ルビー」などの品種を発表したのは1982年であった．静岡県の鈴木政一は1975年ころから育種を始めて1983年から源氏シリーズを発表し，1987年には小中輪スプレイ咲きの銘品種「天竜乙女」を発表している．この品種の優れた形質は高く評価されて多くの親に使われている．また，千葉県の堀海鉄雄も1985年ころから育種を開始し，白に青またはピンクの複輪品種「スカイ・フレンド」，「レディ・フレンド」を初めて1987年に発表し，その他ホーリーシリーズなど多くの品種を発表している．この他ユーストマの民間育種家として千葉県の井田彰や福田兵衛がいる．福田兵衛は「プリマシリーズ」など八重咲き品種を育成し，現在の八重品種の基礎になっている．種苗会社は1975年ころまでは正式な品種はなく「極早生濃紫色高性」などの系統名で販売していたが，1980年に入ってからこれら民間育種家が育成した品種を販売するようになった．しかし，これら民間育種の品種はほとんど固定種であったが1980年ころから種苗企業によるF_1品種の育種が始まり，サカタのタネが1982年初めてユーストマのF_1品種「峰シリーズ」を発表した．以来各種苗会社のF_1品種の育種が加速して1995年には表18.21のように各社とも多くのシリーズ品種を育成し販売している．これによりユーストマの育種は民間から種苗会社によるF_1品種の企業育種に移行したと言える．その後は花色はもちろん花型，大輪花から中，小輪花，花序の形態，早生から晩生までの開花性など多様な形態，生態の品種が生まれている．品種の多様性に加えて，技術研究も開花調節，ロゼット回避など周年生産に向けての課題が多くの研究者によって追求されている．特にユーストマ発祥

の地ともいわれる長野県野菜花き試験場の塚田，小林，山本の研究成果，さらに開花調節からロゼット性の解明研究などに指導的役割を果たした静岡大学の大川の研究はその後のユーストマ生産に大きく貢献している．このような品種の発達と技術研究を背景にわが国のユーストマの切り花生産は1986年から1996年の9年間に表18.22のように拡大し，1999年には全切り花の10位になり長野，北海道，静岡，高知，千葉などが主産地になっている．

　米国の農務省試験場の Roh, Mark S.M. と Lawson, Roger H. が日本のユーストマに着目して新植物開発と評価のプロジェクトに加えたのは1982年のことである．この調査に基づいて1984年に"The lure of Lisianthus"なるレポートを米国の園芸誌「Greenhouse Manager」に発表している．同試験場での試作結果，生態試験結果とともに栽培のガイドラインを示しているが，長野県野菜花き試の塚田の研究が各所に引用されている．1990年以降コロンビアからの輸入花きの圧力で撤退したカリフォルニアなどにユーストマの栽培が入ったが，それほど多くはない．米国の種苗企業の PanAmerican Seed Co. も1991年ころ「F_1 Porcelain White」や「F_1 Double Pink」などを育成している．

　日本のユーストマを導入してわが国に次ぐ生産をしているのがオランダである．オランダの花き卸売市場に出荷されるユーストマの切り花は表18.23のようになっている．出荷状況から生産を推測すると1986年には約300万本出荷されていたが，急速に出荷量は増加し1990年には2億本で全切り花の25位，1996年には11位になり同国でも重要な切り花になっている．オランダで生産されているユーストマの品種は表18.24のように出荷ベスト10は全部日本のサカタのタネの品種（表中 Sa）である．オランダでもユーストマの育種をしている企業は Vegmo Plant V.B., J.van Egmond & Zn. や Combifleur v.b. などがあって「Malibu」，「Ventura」，「White Palace」などが少数品種が育成されているがほとんどは日本のサカタの品種である．その中でもオランダは一重品種より八重品種（Mariachi，King シリーズ）が増加している．ブラジルのサンパウロは気候がよく周年切り花生産が容易なので，多くの日系生産者がユーストマの切り花生産をしているが，ここでも100％が八重で前述の「Mariachi」や「King」で占められている．また，オランダはイスラエルとケニアなどからの輸入も増加しておりこの品種も八重咲きが多くなっている．

(2) 品種について

　表18.21に示したように国内5社が1995年に発売しているユーストマの品種は213品種に及ぶ．その後はさらに品種開発も進み更新を計算にいれても増えているに違いない．品種の選択は共販で

図18.125　わが国最初の複色品種「スカイ・フレンド」（堀海育成）

18. 切り花用花き [497]

は系統が，個選では各生産者がこの中から選ばなければならない．市場の動向，競合産地の動向，地域の作型への適否など選択は難しい．
　ユーストマの生産県では農園芸試験場や普及センターが新品種比較試験や現地実証試験で各品種の特性や適否を出しているからこれらが唯一の参考になる．例えば主要産地である北海道（1998）を例にとれば，道の研究機関や普及センターと市町村の農業センターなどが協力して新品種適応実証圃を道内に4カ所で各社のユーストマ26品種の特性，

表18.21　国内各種苗会社が育種し販売しているユーストマのシリーズと品種数の状況
（1994～1995年現在）

会社名	シリーズ名他	性状	品種数	会社名	シリーズ名他	性状	品種数
サカタのタネ	F_1 はまシリーズ	早生一重小輪	7	第一園芸	F_1 ミッキーシリーズ	早生一重中輪	8
	F_1 あずまシリーズ	早生一重大輪	19		F_1 スーパープリマドンナ	中晩一重中輪	1
	F_1 あすかシリーズ	早生一重大輪	7		固定種	極早生一重中輪	4
	F_1 つくしシリーズ	晩生一重大輪	3		固定種	早生一重中輪	3
	F_1 あさひシリーズ	早生一重大輪	1		固定種	中生一重小輪	1
	F_1 キングシリーズ	早生八重大輪	9		固定種	中生一重中輪	7
	F_1 クィーンシリーズ	中生八重大輪	2		固定種	中晩生一重小輪	6
	F_1 ブライダル系	中生一重中輪	5		固定種	中晩生一重大輪	7
タキイ	F_1 グラス系	極早生一重中輪	20		固定種	晩生一重大輪	1
	F_1 ロイヤル系	極早生一重大輪	6		固定種	晩生八重大輪	2
	F_1 コミクス系	中生一重極小輪	3				
	ドレス系	中生一重中輪	2				
	その他固定種		2				
ミヨシ	F_1 ネイルシリーズ	早生一重中輪	5	みかど	F_1 ラミシリーズ	極早生一重中輪	4
	F_1 品種	中生一重中輪	3		F_1 ハレーシリーズ	早生一重中輪	8
	F_1 ダブル	中生八重大輪	1		F_1 ベルシリーズ	中生一重中輪	2
	固定種	早生一重小輪	1		F_1 ベルミニシリーズ	中生一重小輪	2
	固定種	早生一重中輪	2		F_1 ピスカシリーズ	中生一重中輪	11
	固定種	早生一重中大輪	1		F_1 サンシリーズ	晩生一重中輪	8
	固定種	中生一重中大輪	6		F_1 スターシリーズ	中生一重小輪	3
	固定種	中晩一重小輪	3		F_1 ペガシリーズ	中生一重中輪	4
	固定種	中晩一重中大輪	3		F_1 オリオンシリーズ	早生八重中輪	4
	固定種	晩生一重小輪	4		F_1 シリウスシリーズ	晩生八重中輪	7
	固定種	晩生一重大輪	1				
	固定種	極早生一重大輪	2				

注）各社1994～1995年のカタログより作成した．

表18.22　わが国のユーストマの作付面積，出荷量などの推移

年次	作付面積 (ha)	出荷量 (×1,000本)	生産額 (百万円)	生産農家数 (戸)
1986年（昭61）	81	37,268	1,420	1,447
1988年（昭63）	137	56,899	2,567	2,274
1990年（平2）	219	82,600	4,472	3,345
1992年（平4）	321	105,300	7,719	4,736
1994年（平6）	390	111,600	−	−
1995年（平7）	410	115,300	−	−

注）農林水産省統計情報部　農林水産統計速報から荒川（1996）がまとめた表を改変した．

表18.23 オランダにおけるユーストマ切り花の花き卸売市場への出荷状況の年次別推移
(大川 2000)

年次	出荷本数(×1,000本)	出荷売上額(×1,000ギルダー)	平均単価(セント)	切り花出荷順位
1986	2,965	1,480	50	
1988	5,687	3,403	48	
1990	21,163	11,326	54	25
1992	48,593 (843)	28,989	63	15
1994	96,990 (4,146)	47,947	50	13
1996	105,686 (4,600)	59,583	57	11
1998	107,056 (9,065)	68,428	64	11
1999	122,195 (13,269)	71,229	59	11

注)( )は輸入本数.表は大川がProduck WijzerおよびVBN statistieboekをもとにまとめた資料を一部改変した.

生産安定度,切り花品質を調査した詳細なデータを公表しており,地域にあった品種の選択の参考になる.

(3) 生態的特性

生育は20℃～23℃位が適温とみられ,10℃以下では生育が鈍くなり5℃以下では生育が停止する.種子の発芽も25～30℃と他の花きと比べても高いが,高温によってロゼットが誘導されることも大きな課題になる.大川(1995)によると種子が吸水してから本葉の4枚が完全に展開するまでの平均気温が25℃以上,かつ夜温20℃の温度条件に遭遇すると形態的にロゼット化するという.11月から3～4月に出荷する作型では播種期が夏季の高温期になるので技術的,栽培的にロゼット回避を工夫する.高冷地育苗や夜冷育苗などもその対策の一つである.

表18.24 オランダ花き卸売市場に出荷された
ユーストマ品種トップ10の年次別推移

品種名	年次別出荷本数%		
	1997	1998	1999
1. Kyoto Purple (Sa)	17.1	17.8	21.1
2. Kyoto Pure White (Sa)	3.8	4.5	4.5
3. Echo Geel (Sa)	2.1	4.5	3.7
4. Fuji Deep Blue (Sa)	9.9	6.1	3.6
5. Charm White (Sa)	3.4	4.2	3.3
6. Mariachi Green (Sa)	1.3	2.3	3.2
7. Kyoto Picotee Blue (Sa)	2.4	2.7	2.6
8. Piccolo Yellow (Sa)	−	0.2	2.6
9. King Violet (Sa)	1.9	1.5	2.6
10. Mariachi Blue (Sa)	0.8	2.1	2.3
全出荷数量に対するトップ10の割合			49.5
ユーストマ全出荷数量(×1,000本)	110,767	106,811	121,658

出典)Vakblad voor de Bloemisterij 39 (2000)の表を一部改変した.

ユーストマは量的長日植物(相対的長日植物)なので花芽分化と発育は高温長日条件で促進され,反対に低温短日では著しく遅れる.そのため冬季の短日下,花芽分化や生育を促すためには電照による補光が必要である.温度,日長が生育,開花に及ぼす影響については塚田ら(1982)が研究し表18.25のような結果を示している.すなわち同一夜温でも長日では開花が早く,短日では遅く,草丈は反対に前者はやや低く,後者は高い.花芽分化の限界日長は8時間前後とみられている.

(4) 作 型

わが国では地形的に北から南まで産地が分布しそれぞれの寒高冷地や暖地で経済的な作型を選んで栽培しているため市場へは周年出荷されている.言い換えれば地域別生産

地が作型で住みわけていると言ってよい．この点，オランダなどは限られた地域（緯度，平坦地）に生産者が集中しているから1経営体で作付けをずらした周年生産の作型をとらざるを得ない．ブラジル，サンパウロの日系花き生産者も同じである．熱帯高原（海抜900 m）に近いこの地では簡易なハウスに7〜10 cmおきに苗を定植する周年切り花生産をしている．アチバイアの山口は毎週，セル成型苗を定植して年間50万本以上の切り花を生産している．もちろんここでも100％日本の品種が使われている．

わが国における主な地域別の作型例をあげると図18.126のようになる．このような作型が選べるのも極早生から晩性品種まで育成されていること，オランダやブラジルの周年大量作付けはセル成型苗の供給システムが貢献している．

(5) 栽 培

繁殖は種子であり微細種子で24,000〜26,000粒/2 mlになる．現在はペレットシードになっているから600粒位に整粒されて播種もしやすく，発芽しやすくなっている．このためセルトレイへの機械播きだけでなく手播きもしやすくなっている．自家播種による育苗と，育苗センターや種苗会社から購入するセル成型苗の利用とがある．自家播種ではa当りの標準播種量を5,000〜8,000粒とする．セル成型苗はトレイサイズが288, 408

表18.25 温度・日長が生育・開花に及ぼす影響
（塚田ら 1982）

夜温 (℃)	日長	開花日 (月.日)	草丈 (cm)	1本重 (g)	花蕾数
10	短日	6.29	102	64	19
	自然日長	20	98	86	33
	長日	16	109	71	25
15	短日	6.26	115	71	25
	自然日長	5	109	96	33
	長日	4.22	98	82	28
20	短日	6.2	97	52	12
	自然日長	4.28	98	73	24
	長日	3.24	89	47	18
L. S. D.(0.05)		—	NS	17	6

注）播種8月20日，定植12月5日，日長は短日が8時間，長日が16時間，12月5日〜5月10日まで処理，品種早生系

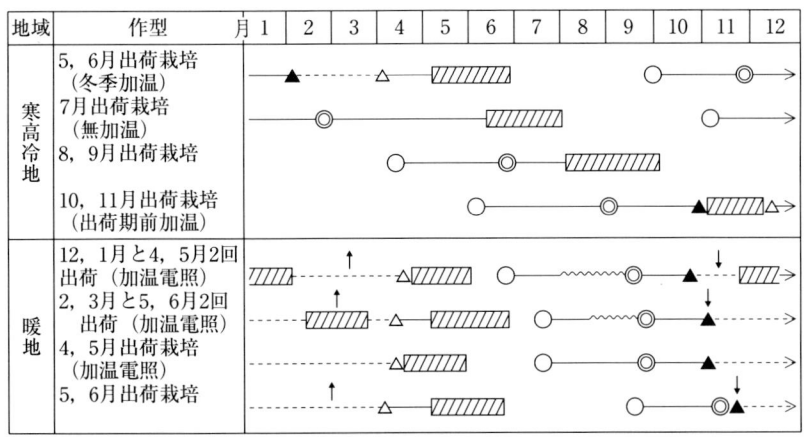

図18.126 ユーストマの地域別の主な作型例

穴仕立てなどがある。トレイの保証本数は会社により違うが一例をあげれば408穴で350本である。購入苗のm^2当りの必要本数は寒高冷地では40〜50本，暖地では35〜45本位で算出する。

1）定植

育苗した苗やセル成型苗を植えるが定植間隔は暖地や平地での栽培は90cmの床幅の平床に12×12cmや2回切りでは12×15cm位に植える。寒高冷地栽培では12×10cm位のやや間隔をつめて植える。定植前に元肥施用と土壌消毒をしておく。

2）施肥管理

ユーストマは石灰質のアルカリ土壌に自生しているため酸性土壌では生育がよくなく，中性かややアルカリ性の土壌でよく生育するのでpH6.5〜7.0位に調整することが望ましい。施肥成分や量も春－夏作，秋－晩秋作，冬作などの作型によってやや違う。養分吸収については松尾（1990）の研究があり（163頁 図11.25参照），10a当たり，チッ素12.4kg，リン酸2.2kg，カリ14.6kg，石灰1.6kg，苦土2.8kg程度で，吸収の状況は生育後半はカリと窒素の吸収が目立って多いのが特色である。実際の施用量は10a当たり成分で窒素20kg，リン酸10kg，カリ15kgを半量を元肥，残りは追肥で与える。普通，元肥は緩行性の複合肥料や有機質肥料，追肥は液肥施用などが多い。できれば栄養診断を適時行って適切な栄養管理に心がける。また，養液土耕管理もすでに実施している生産者もある。固定品種よりF_1品種のほうが吸収力が多く，肥料が多いと茎が太く徒長しやすい。栄養障害として枝折れと葉先枯れがある。枝折れは原因は十分解明されていないが，ホウ素欠乏か水分管理が推測されている。葉の先が茶褐色に枯れ込むのは石灰欠乏に高温，強光の相乗効果ともみられている。

3）高温時育苗苗の低温処理

暖地や中間地で播種，育苗が夏季高温期にかかる作型ではロゼット回避は難しい。一旦，ロゼット化した苗は低温遭遇しないと打破はできない。そこで大川ら（1991,1993）は苗冷蔵によるロゼット打破技術を開発している。発芽後30〜40日位経過してロゼット化したとみられる幼苗を10℃で4週間低温処理をする（処理中人工光で24時間照明する）。処理後，最低夜温15〜18℃，長日条件下で管理すると11〜2月に開花させて出荷することができる。

4）定植から開花までの管理

ユーストマの季咲きに近い開花の作型で栽培する寒高冷地の栽培は比較的容易であるが，中間地など夏季高温期を経過する作型では秋開花が短茎開花することがあるので7〜8月に9時間日長にする遮光（シェー

図18.127 ハウスでのユーストマの切り花栽培，2回切りの2番花の状況（熊本県，菊地所見）

ド）を行う．秋切り栽培では9月下旬までの開花には晩生品種，10月中旬までは中生品種，11月以後開花には電照に敏感な早生品種を用いる．秋切りも9月下旬ころからは夜間15℃以上に加温する．暖地や中間地の冬から春出荷の栽培も10月上～中旬には夜間15℃以上に加温するとともに11～3月まで電照して16時間日長にする．この場合，夜温が高いほど日長効果が高く，開花までの日数が短縮できる．

図18.128　ブラジルの日系生産者のユーストマ周年栽培（イビウナの白旗農園で）

4）二度切り栽培

暖地では二度切り栽培も少なくない．秋，春の二度切りと春二度切りとがある．単位面積当たりの切り花本数増加とハウスの有効利用が目的である．一番花の収穫後発生する茎を1～3本に整理するため多大の労力をかける場合と，混んだ株を間引いてしっかりした二番の花茎を立たせる方法がある．もちろん前者のほうが品質のよい二番の切り花が生産できる．

5）収穫・出荷

切り花の採花は天花を蕾の中に摘みとるか，大輪種などでは天花が開き，側枝の花が2～3花開いた時，中小輪種で一株の着蕾数が多い品種や株では側枝が4～5輪開いた時に採花する．下葉を調整した後，品質，長さ別に仕分け10本1束として結束し水揚げしてから箱詰めして出荷する．

(6) 病害虫防除

1) 灰色かび病（*Botrytis cinerea*）

冬から春にかけての栽培では発生しやすい病害である．他の花き同様，葉や花に発生する．初め褐色の小斑点ができて次第に拡大し淡紅紫色に変色し灰色のかびを生じる．ポリオーキシン水溶剤2,500倍かサンヨール乳剤500倍液を散布して防ぐ．

2) 立枯れ病（*Fusarium oxysporum*）

茎や側枝が全体または部分的に萎れやがて褐色に変わる．維管束内が褐色になり吸水を閉息するのでやがて株は枯死する．土壌伝染によるので土壌消毒の他に防除する策はない．

3) ウイルス

CMVによるウイルスが多く葉に壊疽斑を生じ，黄化したり奇形になり，不開花になることがある．アブラムシなどにより伝播するのでアブラムシを防除する．最近はINSV（インパチエンス・ネクロティクス・スポット・ウイルス）がスリップスによりユーストマに感染することが認められている．

4) アザミウマ類 (*Thrips* spp. スリップスともいう)

ネギアザミウマ,キイロハナアザミウマ,ミカンキイロアザミウマなどが発生する.生長点が萎縮したり奇形化する.マブリック水和剤,オルトラン水和剤1,000倍液を散布して防ぐ.

5) その他

ハダニ類,オンシツコナジラミ,ヨトウガの幼虫などが発生する.

参考資料

1) 荒川 弘 1996.トルコギキョウの生産と歴史の現状, 3) 民間におけるトルコギキョウの品種開発.平成8年度日種協育種技術研究会シンポジウム資料.日種協編.
2) 北海道花き生産振興会編 1997.平成9年度北海道花き生産流通セミナー資料,北海道花き生産振興会他刊.
3) 小林 隆 1991.トルコギキョウ切り花生産の現状と問題点 Ⅱ.育種をめぐる諸問題.農業および園芸 第66巻3号.
4) Meer. Marger van der 1997. Teel eustoma met nieuwe rassenbeter planbaar Vakblad voor de Bloemisterij. 23.
5) 大川 清 1992.花専科 育種と栽培 トルコギキョウ.誠文堂新光社,東京.
6) 大川 清 1995.花卉園芸総論.養賢堂,東京.
7) Roh. Mark S. and Roger H. Lawson 1884. The lure of Lisianthus. Reprinted from Greenhouse Manager. March 1984 2 (11).
8) 斉藤龍司 1995.トルコギキョウ 花卉の栄養生理と施肥.細谷 毅・三浦泰昌編著.農文協,東京.
9) 塚田晃久 1988.ユーストマの開花調節.昭和63年度日種協育種技術研究会シンポジウム資料.日種協編.
10) VBN-cijfers 2000. Eustoma Vakblad voor de Bloemisterij, 21.
11) 臼井富太 1999.長野県におけるトルコギキョウ周年出荷への取り組み.農耕と園芸 54巻4号.

18.39 ユリ類 (属名:*Lilium* L., 英名:Lily, 和名:ユリ, 百合)
ユリ科, 耐寒性球根

《キーワード》:切り花, 鉢物, 庭園花壇, 球根販売, 食用 (一部)

ユリは北半球に96種が分布し,アジアに59種,北米に25種,欧州には12種が自生しており,この中,わが国には15種が北海道から沖縄まで分布している.ユリは変種を含めると600種ほどになり,さらに園芸種の交配種,系統,品種を含むと分類が難しいほど大きなグループになる.地下に無皮りん茎の球根を形成し茎は直上して茎頂に花をつけ多くは芳香をもつ.園芸上,栽培されている種は約40種であるが,交配種が多数育成され,わが国自生の原種が園芸交配種の親として重要な役割をしている.栽培ユリは日本,北米,オランダで育種が行われたが,現在ではオランダが群を抜いて多数の育成品種とともに球根生産も独占している.

18. 切り花用花き

ユリ類は古代から人々が栽培, 利用してきた歴史があるが, 観賞の目的からも多様な交配種や品種が育成されてきた. しかし, 生産花きとしての経済性が要求される20世紀後半にはさらに品種開発が進み, 重要な位置を占めるようになっている.

(1) 文化との関わりと育種および栽培の発展小史

ユリが人間との関わりを示してくれたのはクレタ島で発見された紀元前1500年ころの壁画で, マドンナ・リリーとみられる画であった. 古代エジプトの遺跡ではツタンカーメン王墓からでてきた調度品にユリのデザインがあったという. その後ユリは聖書に現れ, わが国では古事記に出てくるのが最初とみられている. 聖書のユリは他の花だとの異説もあるが, キリスト教では清純な白ユリが聖母の花としてルネサンス時代の画家が描く「聖母子の図」や「受胎告知」の画には必ずと言ってよいほどユリの花が添えられている. 白ユリの花は祭壇を飾る花, 復活のシンボルとして復活祭(イースター)にも使われるようになった. これらのユリは欧州原産のマドンナ・リリーであった. フランスのルイ王朝では戴冠式に国王がまとう衣装に黄金のユリの花をデザインするならわしであった. また, イタリアも国花にユリを選んだことから欧州でもユリはシンボルの花であったことがわかる. 塚本(1975)によると中国の美術品にユリが現れるのは唐代で, その後頻度が多くなるという. 中国の絵画に描かれているユリはヒメユリが圧倒的に多く, つづいてオニユリであった. 日本でも一番古く絵画に登場したのはヒメユリで室町時代末期であった. その後もヤマユリ, ササユリ, ヒメユリが和歌, 俳句などに登場するがいずれも野生のユリで, 栽培ユリとして記述されているのはスカシユリで「花壇綱目」(1681), 「秘伝花鏡」(1688)などに見られる. エゾスカシユリやイワユリ, イワトユリを交雑した園芸種で育種が進んでいたことが推察できる. 当時の最盛期には150以上の品種があったと言われるが, いまは「紅透かし」, 「千草」など数品種が残っているに過ぎない. しかし, スカシユリは後述するように現在のアジアティック・ハイブリッドのルーツになっている. また日本原産のテッポウユリも国内ではあまり顧みられなかったが, 1840年ころ欧州に紹介されるや, この純白のテッポウユリに注目が集まり, それまでの欧米の習慣に定着していたマドンナ・リリーに代わってテッポウユリが結婚式, 祭壇装飾や復活祭に使われるイースターリリーになった. 開国して間もない1889年(明治22年)ころから本格的にテッポウユリの球根の欧米輸出が始まり, 球根生産も増加し, 最盛期の1937年(昭和12年)にはユリ根の輸出は4,000万球に達し生糸と並ぶ輸出農産物になった. しかし主な仕向先が米国であったため第2次世界大戦で輸出は止まり, 輸入できない米国は球根生産を開始し品種「ジョージア」や「クロフト」などが出て日本に代わり

図18.129 スカシユリの品種「金扇」

世界に輸出するようになった．これを契機に米国でもユリの育種が始まり多くの品種を世界に送り出している．いまも栽培されている「エンチャントメント」や「コネチカット・キング」などはこの時代の品種で「スターゲイザー」とともに後，米国で育成された品種である．

(2) 最近の育種の動向

19世紀末にシーボルトやツンベリーによって欧州にもたらされた日本のユリ野生種は栽培価値が高いので人気を博しその後各国のユリ育種を大きく促した．ユリの育種で特異的なのは種間交雑が主流で他の花き育種とは大きく違うところである．

前述のように米国ではオレゴン・バルブ農園 (Oregon Balb Farm) の Graaff, J.de はオニユリの雑種とスカシユリを交配して「エンチャントメント」(Enchantment) を1949年に育成している．これは現在のアジアティック・ハイブリッドの元祖である．1975年には今も栽培している「スターゲイザー」を Woodify, L. が上向きに開花する経済品種として発表している．1982年には Piedmont Garden が最近までオランダで最も生産が多かった「コネチカット・キング」(Connecticut King) を含むコネチカット・シリーズを育成している．

南半球のニュージーランドやオーストラリアにも優れたユリのブリーダーがおり，1964年には Yeats, J.S. はサクユリとカノコユリの交雑品種「ジャーニーズ・エンド」(Journey's End) を育成しこれらをジャパニーズ・ハイブリッドとして，現在のオリエンタル・ハイブリットの草分けになっている．この他，オーストラリアの Wallace, R.M. もオリエンタル系品種を発表しオランダ育種に大きく影響している．

オランダのユリ生産が急速に増加したのは1970年代で，アジアティック・ハイブリッドを中心とした育種もこのころ始まっている．アジアティック・ハイブリッドはヒメユリ，エゾスカシユリ，スカシユリ，マツバユリ，オニユリなどの種間交配によって育成された品種で花が上向きで花色が豊富，休眠も浅く，りん片一作で開花する．とくに促成しやすく施設利用に向く．オランダのブリーダーのフレッター (Vletter, Gebr) からは「モンブラン」(Mont Blanc)，ゴールデン・メロディ (Golden Merody)，アペルドーン (Apeldoon) など，ラーン・ブラザース (Lean Brothers) からはレディ・キラー (Lady Killer)，ベロナ (Verona) などが1975年ころから1995年ころまで2,000以上の品種が育成されていると言う．ニュージーランドで育成されたオリエンタル・ハイブリッドはその後オランダで育種が行われた．ウケユリ，タモトユリ，ササユリ，ヤマユリ，カノコユリなどとの種間雑種により育成された系統で大輪上向きで形質は優れたものが多いが大球性で養成に期間がかかり，休眠が深く開花調節の低温処理に期間を要する．オリエンタル・ハイブリッドが認知されたのは品種「カサブランカ」(Casa Blanca) によることが大きい．1984年，フレッターとデ・ハーン (den Hann, J.A.) の共同開発によりジャンボリーの実生にウケユリかタモトユリを交配して育成された純白大輪花で，特にわが国で人気がある．この他，淡桃色のルレーブ (Le Leve : 1981) も好評であった．わが国でも優れた育種家や育種技術で劣らない品種が多く育成されているが，残念ながら国内の切り花生産にはオランダ育成品種の輸入球がシェアを占めている．

わが国では1939年，長野県の西村がタカサゴユリとテッポウユリを交配して西村テッポウを育成し国の種苗名称登録に登録されている．実生から10カ月で開花する種子系のユリで後に新テッポウとしてF_1品種まで育成されている．1950年代には北海道大学の明道博はユリの種間交雑に関する研究や育種を行い，わが国のユリ育種に指導的役割を果たした．新潟県農業試験場などの研究機関をはじめ民間の育種家の藤島昇吉，小田切芳直，滝沢久寛らは多くの品種を育成している．スカシ系の「清津紅」，「明錦」，「金扇」，「小田切黄透」などの他，滝沢はアジアティックの「アリエス」，「ダイアナ」，「サマーキング」の他にオリエンタル系の「白峯」(ヤマユリ×タモトユリ，1982)，「雪の光」(シンテッポウ×ヤマユリ，1977)など優れた品種を育成している．ユリ類に多い交雑不親和を克服して交雑を可能にする育種技術を北海道大学の明道と浅野(1977)は研究開発している．雌蕊の花柱を子房の上10mm位で切断し，残った花柱を縦に裂き，その内壁に花粉をつけて授精させる花柱切断受粉という方法である．さらに浅野(1982)はテッポウユリとスカシユリの品種との交雑を花柱切断受粉と胚培養で成功し3倍体でシェードピンクのテッポウユリタイプのロートホルン(Rotehorn)を育成している．日本のユリを論ずる時に清水基夫(1909～1990)を忘れてはならない．生涯をかけて日本原産のユリの分布，変異，特性や歴史的背景まで研究調査して「日本のユリ(1971)」，「日本のユリ，原種とその園芸種(編著1987)を発表し，英国のRHS監修のLily Year Book，1967年版に「Lilys in Japan」を英文でまとめている．

(3) 最近の栽培の動向

わが国のユリの切り花生産は農水省園芸局の統計によると1965年の作付けは151haが1975年には218ha，1985年には311haだったが，その後急増して1993年には578haで切り花中ではシュッコンカスミソウに次ぐ第5位の生産になっている．切り花ユリの主な生産県(1998)は年間出荷量で高知県が2,700万本，新潟県2,200万本，埼玉県1,800万

図18.130 「カサブランカ」育成販売で有名になったフレッターの
　　　　　アールスメールフラワーショウのブース (1993年ころ)

本，長野県1,100万本となっている．生産に使用する球根はテッポウユリ，一部のスカシユリ，アジアティック・ハイブリッドは国産球根だが，70％はオランダからの輸入球である．オランダからのユリ球根輸入は1889年は2,800万球だったが7年後の1996年には6,200万球に急増している．この輸入球の増加はカサブランカなどオリエンタル・ハイブリッドの品種の増加と，隔離検疫の緩和が大きく影響している．以前は輸入球を農水省の植物防疫部が隔離栽培してウイルスや病害虫の検査をしないと国内に入れられなかったが，1998年以降は政府間交渉により隔離検疫免除の種類，品種については日本の検疫官がオランダ現地で検査し，合格球はそのまま日本へ輸入できることになった．ユリの隔離免除品目は1989年には22品種が，1993年には569品種に増加している．また，輸入球の96％が切り花生産用（4％が一般消費者用）である．

図18.131 国内で育成されたオリエンタル・ハイブリッドの「雪の光」（滝沢 1977）

(4) 主な野生種と園芸種の分類と各種および品種の特性

ユリ類は原種および変種が多く，それに加えて交配園芸種も多種類になるので分類が難しくなっている．ここでは野生種についてはやや古いがウィルソン（Wilson, E.H.1925）の分類を，園芸種についてはコンバー（Comber, H.F.1949）の分類に従った（後者は一部省略した）．

[野生種の分類]

ウィルソンはユリ属を次の4亜属に分けているがここでは各亜属に属する主な野生種とその変種について述べる．

Ⅰ.テッポウユリ亜属（Leucolirion）
1）ウケユリ
　　（*L. alxandrae* hort.Wallace）
鹿児島県の西南，薩南諸島にだけ自生するユリで葉はヤマユリに似ているが，花は斜め上向きの純白色で2～3輪付ける．開花は7月上～中旬でウイルスに弱く栽培しにくい．ウケユリは1893年に英国に紹介され

図18.132 国内でバイオ手法により交雑育成された「ロートホルン」（浅野 1982）

ている．わが国でも江戸時代にはほとんど園芸書に記載がなく，1902年植物学会雑誌に発表されたのが最初だと言われている．ユリ属には上向きに開花する原種はタモトユリとこの種なので花の上向き園芸種の重要な親になっている．

2) ハカタユリ（*L. brownii* F.E.Brown var. *colchesteri* Wilson）

博多百合，サツマユリとも言い，中国大陸南部に広く自生し丈は70～90cm，花は横向きで花色は弁の表面が紅紫色，内面が黄白色で2～3輪付き開花は6月下旬から7月上旬である．欧州には1704年に紹介され，わが国へは江戸時代初期に入ったとみられる．ウイルスに弱く栽培はやや難しい．

3) マドンナユリ（*L. candidum* L.）

ニワシロユリ，トキワユリなどの和名があるが，英名のマドンナ・リリー（Madonna Lily）のほうがなじみやすい．地中海沿岸からイスラエル，コーカサスにかけて原産し，欧州では古くから栽培され，特にキリスト教ではテッポウユリに代わる以前はこのユリが儀式や祭事に使われた．丈は90cm位になり，茎の上半分は楕円形の小葉を付け下半分は倒被針形のよじれた葉を付け，秋の半ばに根生葉を地上に伸ばす点が他のユリと違う．6月上～中旬にろう斗状で斜め上向きの純白色の花を5～6輪付ける．わが国には1765年にオランダから導入されている．

4) タカサゴユリ（*L. formosanum* Wallace）

高砂百合，タイワンユリ，スジテッポウユリとも言い台湾原産の丈が1～1.5mになるユリである．茎に狭い被針形の葉を多数付け，花はテッポウユリに似た花型で横向きだが花被の表面に紫褐色の筋が入り表面は純白色で6～8輪付ける．このユリは実生から8～9カ月で開花し，1球根から1花茎が伸びて開花すると基部より再び花茎を伸ばす性質がある．ウイルスにも強く発育旺盛なのでテッポウユリとの交配によりタカサゴユリの生育特性とテッポウユリの花型をもつシンテッポウユリが育成されている．

5) ササユリ（*L. kaponicum* Hortt.）

笹百合，サユリ，サツキユリとも言う．わが国の本州の中部以西と九州の一部に自生する．丈は40～60cmで葉はササの葉に似た形で，花は横向きの淡桃色で茎頂に1～2輪付ける．開花期は6月中旬から7月上旬．まれに白色（シロバナササユリ）や葉の縁部に黄白色の覆輪斑の入るフクリンササユリなどの変種がある．以前は山の自然開花の花を採花して出荷していたが，圃場での栽培は難しく生産は少ない．オリエンタル・ハイブリッドの交配に使われている．欧州にはドイツ人のクラマー（Kramer）が1869年，キュー植物園に球根を送り，1873年に開花している．

6) テッポウユリ（*L. longiflorum* Thunb.）

鉄砲百合，タメトモユリ，リュウキュウユリ，ニオイユリなどの別名がある．沖縄諸島から種子島，

図18.133　テッポウユリの品種「青軸テッポウ」

屋久島，台湾に自生する．丈が60〜90 cmになり，横向きで筒長のラッパ状の純白色の花を茎頂に6〜8輪付け芳香があり，開花期は6月中旬から7月上旬である．前述のようにキリスト教ではマドンナ・リリーに代わって復活祭やその他の行事に使うユリで，園芸上でも重要なので，多くの園芸品種や種間交雑品種が育成されている．園芸品種には「アオジクテッポウ」，「エラブテッポウ」，「クロジクテッポウ」，「ヒノモト」や海外育成品種としては「ジョージア」，「クロフト」などがある．変種の「チョウタロウ（長太郎）」は草丈が低く，茎葉は灰緑色で葉縁に鮮明な白覆輪斑が入る．テッポウユリはいろいろな経緯からシーボルトが1840年に欧州に送っている．

7) ウケユリ (*L. alexandrea* hort.Wallace)

受百合，ウキユリなどの別名があり，奄美大島諸島に自生するユリで，葉はヤマユリに似て茎は直上して草丈40〜60 cm，茎頂に斜め上向きの純白色の花を2〜3輪付ける．オリエンタル・ハイブリッドなど斜め上向きの育種では重要な育種親となっている．清水も日本が世界に誇るユリだとしているがウイルスに弱く圃場では栽培しにくく，自生球も減少している．1893年に英国に紹介されている．

8) タモトユリ (*L. nobilissinum* Makino)

袂百合，タモツユリ，コウユリなどの別名がある．鹿児島県の薩南諸島の口之島の一部に自生するという極限の固有種である．丈は60〜90 cmで，葉は楕円形でやや密生し上向き筒状の純白のユリでウケユリとともに希少種で絶滅の危機にある．前種同様，上向きのオリエンタル・ハイブリッド育成には関与した重要な種とも言われている．圃場では栽培が難しくウイルスにも弱い．江戸時代から「草木錦葉集 (1829)」にも記載があるが海外に知られたのは遅く，清水が1952年北米ユリ協会の Lily Yearbook に発表したのが最初だと言われている．

9) リーガルユリ (*L.regale* Wilson)

リーガル・リリー，オウカンユリ，ホソバハカタユリなどの別名がある．中国，四川省の高地の原産で，丈は1m以上になりラッパ状横向きの花を1花茎に多数付ける．花色は外面は白地に桃紫色，内側は白地に弁底が黄色を帯びる．開花期は6月中〜下旬．種子から15〜20カ月で開花するので主に実生で栽培する．選抜系にはレモンイエローの花の「ロイヤル・ゴールド」がある．欧州には1902年，米国には1911年，わが国へは1941年に導入されている．

10) オトメユリ (*L.rubellum* Baker)

乙女百合，ヒメサユリ，ハルユリなどの別名がある．ササユリの近縁種で東北地方の山形，福島，新潟県の県境の積雪地帯に自生する．丈は20〜30 cmと低く，直上する茎は淡桃を帯び，

図18.134 希少種のタモトユリ

長楕円形の淡緑色の葉を付け，茎頂に桃色の花を4～5輪付ける．開花は5月上～中旬で日本に自生するユリの中では最も早生である．以前は自生品を切って出荷していたが，現在は栽培品だけで量は少ない．江戸時代の「花壇綱目(1681)」に「会津ユリ」と記載されており，英国のキュー植物園には1898年に入っている．

Ⅱ．ヤマユリ亜属（Archelirion）

1) ヤマユリ（*L. auratum* Lindl.）

山百合，ハコネユリ，キツネユリ，リョウリユリ，ニオイユリなど多くの別名がある．東北から近畿に多く自生し，北海道，四国，九州にも僅かに見られるが，これは栽培から逸出したものと思われ，日本人には馴染みの深いユリである．草丈は90～150cmになり，茎は淡緑から淡紫の斑点の入るものもある．葉は被針形で，花は大輪ろうと状で白色地に赤褐色の斑点が入り，花被の中央に黄色の筋があり花被は元まで裂ける．開花期は6月中旬から7月中旬で芳香が強く，球根は食用になる．海外では人気が高く一時球根を輸出したこともある．また，オリエンタル・ハイブリッドにはヤマユリも交配されている．ヤマユリの欧州への紹介は1862年，ベッチィ(Veitch, J.G.)が英国に送りRHSのフラワーショウに花が出品されて知られるようになった．品種としては江戸時代からのものや最近の品種があり，「口紅」，「紅筋」，「広紅」，「白星」などがある．

図18.135　ヤマユリの花

2) サクユリ（*L. auratum* Lindl.var.*platyphyllum* Baker）

従来はヤマユリとは別種として扱われてきたが，現在はヤマユリの変種としている．サクユリは伊豆七島にだけ自生し，草姿，その他はヤマユリと同じだが花が一回り大きく花径は25cm以上になる．このユリも海外で高く評価されているが，わが国では阿部・川田(1966)が（カノコユリ×サクユリ）×サクユリでパシフィック・ハイブリッドを育成している．

Ⅲ．スカシユリ亜属（Isorilion）

1) ヒメユリ（*L. concolor* Salisb.）

姫百合，ベニユリとも言う．中国，朝鮮半島にも分布するが，わが国では東北から九州まで散発的に自生し四国が多い．草丈30～40cmで茎は淡緑で直上し上向き星咲きの小輪花を3～4輪付ける．つぼみは産毛をもつ．花色は緋赤，赤，橙赤色など．開花期は5月下旬から6月上旬であるが山地ではさらに遅れる．変種とみられる朝鮮ヒメユリは早生で促成栽培ができる．これに近い系統に満州ヒメユリがある．また，日本産のニホンヒメユリにはミチノクヒメユリ，日本赤ヒメ，日本黄ヒメ，土佐ヒメユリなどがある．わが国では江戸時代の「花壇地錦抄」(1694)に姫ユリの図が載せられており，海外に知られるようになったのは明治になってからであるる(清水　1987)．

2) エゾスカシユリ（*L. dauricum* Ker-Gawl.）

蝦夷透，ミカドユリなどとも言う．シベリア，北モンゴル，中国東北部，北朝鮮から北海道に分布し変種も多い．

丈は60cm前後で茎の上半分は綿毛を密生し花は茶碗型の上向きで花径9〜10cm，花被は基部まで切れる．花色は橙黄色または橙色で紫の小斑点が多数入る．開花期は普通5月中〜下旬である．シベリアのエゾスカシユリが欧州に紹介されたのは1743年，日本のエゾスカシユリは1830年に紹介されている．わが国では江戸時代初期から，このエゾスカシユリと野生スカシユリと交配していわゆる園芸種のスカシユリが育成されている．

3) 野生スカシユリ類（*L. maculatum* Thunb. ＝ イワトユリ）

エゾスカシユリと野生スカシユリの近縁関係について専門家や民間研究者が調査して染色体は共通で特性も極似しているので，清水はエゾスカシユリが北海道から本州へ南下し山地ではヤマスカシユリとミヤマスカシユリに変異し，青森県で東西に別れ太平洋沿岸を南下し連続的に分化したのがイワトユリ，日本海沿岸を南下し分化したのがイワユリだろうと清水（1987）は推論している．この2種は形態的な相違はほとんどなく植物学的には同種と見られる．イワトユリは千葉県から伊豆諸島の海岸まで，イワユリは新潟県の海岸の岩壁に自生している．茎は紫を帯びた緑色で草丈は50〜80cm，茎は紫を帯びる緑色で長楕円形の光沢のある葉を付ける．上向きの花を5〜6輪付け，花色は橙赤色の地に赤褐色の大きい斑点が入る．開花期は7月上〜中旬．

変種としてミオマスカシユリ（*L. m.* var.*bukozanense*（Honda）Hara）が秩父武甲山付近で発見され，キイイワトユリ（*L. m.* var.*citrina* hort.）は伊豆大島の自生が確認され，淡黄色に赤褐色の斑点が入る．欧州には1830年に紹介されている．

4) スカシユリ，透ユリ

江戸時代に育成されたわが国独特の交雑園芸種で花が上向きで花被が分離しているので大きく開く．丈が低い切り花や鉢物に向く特性をもっているのがスカシユリで，学名は *L.* × *elegans* Thunb. が付けられている．このスカシユリは現在のアジアティック・ハイブリッドの原点になっている．育種家や育種の過程はまったく不明で，エゾスカシユリと野生スカシユリとイワユリ，イワトユリの交配によって育成されたと考えられている．「花壇綱目」など江戸時代に出版された園芸書に図や記載が見られ，最盛期には150以上の品種があったという記録もあるが，現在では「紅透」，「千草」，「重代」など数品種が残っているだけである．しかし昭和中期に入って再びスカシユリの育種が行われ「小田切黄透かし」，「満月」，「金扇」，「越の紅」など多数の品種が育成されている．スカシユリは促成切り花が容易なため生産者に利用された．しかし，この後は滝沢などによるスカシユリと他種との種間交雑が増え，いわゆるアジアティック・ハイブリッド系品種になって，さらにオランダで育種が盛んになった．スカシユリはシーボルトによって1830年に欧州に紹介されている．

IV. カノコユリ亜属（Martagon）

1) タケシマユリ（*L. hosonii* Leichtl.）

竹島百合とも言う．日本海の欝陵島（ウルヌン：韓国領）原産と言われ，中井によると

日本の竹島には自生がなく欝陵島の武島（タケシマ）に自生が見られるという．太い茎は直上し丈は120～150cmになる．倒被針形で黄緑色の葉を2～3段に輪生し，その上下には散生葉を付ける．花は橙黄色に赤褐色の斑点が入り，花被は反転し下向きに咲き，花は5～6輪付ける．開花は5月下～6月上旬となる．欧州へは1869年に紹介されている．

2) オニユリ (*L. lancifolium* Thunb.)

鬼百合，テンガイユリとも言い，中国，朝鮮，日本に広く分布するが，わが国では東北から九州まで分布している．このユリは食用として人との関わりが深いため逸出して野生化し，純粋の自生ではないと見られる．長崎県の平戸，壱岐，対馬の自生を除き他の地域のものは3倍体で種子はできない．丈は150cm位になり葉は濃緑の被針形，茎頂部に複生総状花序に大球だと40～50個の花を付ける．花は径10～12cmで花被は外側に反転してやや下向き，花色は朱赤色に暗紫色の大きい斑点が入る．茎の上半部は綿毛を付け，葉腋に珠芽（bulblet）を多数付ける．球根も大球性で多数の木子を付ける．開花期は7月中～下旬である．わが国では古くから栽培されていたと見られ「花壇綱目」(1681)や「花壇地錦抄」(1664)にはオニユリの図や記載がある．欧州に紹介されたのは1712年である．変種にはオウゴンオニユリ，ヤエオニユリやフイリオニユリがあるが品種としてはない．

図18.136　カノコユリの変種「ミネノユキ」

3) キヒラトユリ (*L. leichtlinii* Hook.f.)，コオニユリ (*L. lei.* var. *maximowiczii*)

前者には黄平戸百合，キバナノオニユリなどの別名がある．コオニユリの自生の中にキヒラトユリが発見されることからコオニユリの実生突然変異と見られるが，キヒラトユリのほうが早く欧州に紹介されたため，植物学的にはキヒラトユリが基本種になっている．自生地もいまだに不明だが1949年，長野県八ヶ岳山麓の立場川の流域で発見され，さらに秋田県，宮崎県などでも発見されている．草丈は70～80cmかそれ以上になり，花は5～6輪付け，花被は完全に反転し鮮黄色に赤紫の小斑点が入る．開花期は平地では7月中～下旬である．キヒラトユリが欧州へ紹介されたのは1866年で，コオニユリは遅れて1871年に渡っている．変種にはコオニユリ，ホソバコオニユリ，アカツキテンガイなどがある．また，コオニユリは食用ユリとして「角田」，「北海白」，「白銀」などの品種が選抜されている．

4) カノコユリ (*L. speciosum* Thunb.)

鹿の子百合，ドヨウユリ，スズユリなどの別名がある．九州全地域と四国に分布するが鹿児島県の甑島（コシキジマ）が最も自生密度が高い．その他にも自生状態があるが，カノコユリも古くから庭で栽培されていたので逸出して自生化したものも多いと見られる．

欧州には1690年ころ紹介されているが，このユリを調査研究したツンベリー（Thunberg, K.P.）は"Flora Japonica"（1784）の中で「カノコユリを世界で最も美しい植物だと驚嘆した」と述べている．剛直無毛の茎は直立して丈は90～130 cmで葉は広被針形か長卵形．円錐総状花序に径10～12 cmの花被が完全に反転した花を15～20輪付ける．花色は相当変異があるが花被縁は白の覆輪になり，白地に紅または桃色の斑点が入り，僅かに香りがある．開花期は7月中～8月中旬になる．本種は自生地では自然交雑による変異が多く，阿部・田村（1956）は地域的調査からシマカノコユリ，タキユリ，タイワンカノコユリの三群に分けている．シマカノコユリ（var. *specisum*）は鹿児島県の甑島自生種を主とするカノコユリを代表する基本種で白覆輪が幅広い．現在栽培されている品種はほとんどこの種に含まれ，純白色の花に花粉が黄色の「ミネノユキ」もこれに属する．タキユリ（var. *clivorum*）は高知県自生種を主とし淡桃色に桃の斑点が入るユリである．タイワンカノコユリ（var.*gloriosoides*）は中国，台湾原産で花は基部が白になる桃色に紅の斑点が入るものである．品種にも「紅こしき（1962）」，「内田かのこ（1956）」などがある．このうち濃桃色，白覆輪で大輪の「内田かのこ」は欧米で人気が高く，"Uchida"と言えばカノコユリの代名詞になるほどで，ごく最近まで日本から球根を輸出していたが，現在はオランダで生産されている．

5）キカノコユリ（*L. henryi* Baker）

中国大陸中部，湖北，貴州省の山地に自生する．草丈は150 cm以上になり，葉は緑色の広被針形で，花径6～7 cmの橙黄色に黒褐色の斑点が入る花を下向きに付ける．多花性で15～20輪位付け，開花期は7月中～下旬．半野生的に生育しウイルスには強いが，観賞価値は低く栽培は少ない．

6）その他

カノコユリ亜属にはコマユリ（*L. amabilis* Ralibin：高麗百合），スゲユリ（*L. callosum* Sieb.et Zucc.：菅百合），マツバユリ（*L. cernnum* Komarov.：松葉百合），クルマユリ（*L.medeoloides* A.Gray：車百合），イトハユリ（*L. tenuifolium* Fische：糸葉百合）などがある．

[園芸種の分類と主な品種]

RHSでは次の9群に分けている．

1）アジアティック・ハイブリッド群（Division 1.Asiatic Hybrids）

アジア原産のヒメユリ，エゾスカシユリ，イワユリ，スカシユリ，マツバユリ，スゲユリ，オニユリ，コオニユリ，イトハユリなどの種間交雑により育成された品種群を言う．米国で育成されたエンチャントメント（1949）が先駆けで，その後オランダで育種が盛んになり，品種数が最も多い群である．花が上向き，横向き咲きが主で花色も濃赤から橙色，黄色，乳白色と色幅がある．欠点は芳香がないこととウイルスにやや弱いことである．

主な品種としては「金扇（鮮黄色，褐色斑点，1967）」，「越路紅（鮮赤色，斑点少，1987）」，「サマーキング（鮮黄色，無斑，1987）」，「明錦（朱橙色，黒小斑点，1966）」，「エンチャントメント（Enchantment：淡橙色，黒小斑少し入る．1949）」，「コネチカット・キン

グ（Connecticut King：橙黄色，無斑，1982）」，「モンブラン（Mont Blanc：白色，少斑点，1978）」，「ロジータ（Rosita：淡灰紫色，黒斑点，1979）」など．

2）マルタゴン・ハイブリッド（Division 2. Martagon Hybrid）

欧州原産のマルタゴン・リリー（*L. martagon* L.），タケシマユリ，クルマユリなどの交雑による園芸種であるが，品種は限られわが国ではほとんど栽培はない．

3）キャンディダム・ハイブリッド（Division 3. Candidum Hybrid）

マドンナリリー・ハイブリッドとも言い，マドンナユリおよび同交雑種などとの品種で，わが国ではほとんど見かけない．

4）アメリカン・ハイブリッド（Division 4. American Hybrid）

北米原産のユリの交雑品種で，わが国ではほとんど見かけない．

5）ロンギフロラム・ハイブリッド（Division 5. Longiflorum Hybrid）

LA系とも言いテッポウユリやタカサゴユリ，その他近縁種との交雑によるもので，わが国の新テッポウユリなどはその一つである．さらにテッポウユリとオーレリアン・ハイブリッドとの交雑種や，オトメユリ，ササユリとの交雑種も生まれている．シンテッポウユリには多数の品種があり，前掲のシンテッポウユリとスカシユリ系との交雑品種「ロートホルン」もこの中に含まれる．

6）オーレリアン・アンド・トランペット・ハイブリッド（Divisin 6. Aurelian or Trumpet Hybrid）

中国原産のキカノコユリとサルゲンティーリリー（*L. sargentiae* Wils.）を主にリーガルユリ，ハカタユリなどの交雑種で横向き花で花色は桃色や黄色，橙色もありウイルスに強い．わが国にも「北の錦」，「淡雪」などが育成されており，海外育成品種には「ブラックマジック」，「ゴールデン・スプレンダー」などがある．

7）オリエンタル・ハイブリッド（Division 7. Oriental Hybrid）

ヤマユリ，カノコユリ，ササユリ，オトメユリやウケユリ，タモトユリなど日本の固有種を交雑して育成された品種群でジャパニーズ・ハイブリッドとも言う．育種の来歴はすでに述べたが，アジアティック・ハイブリッドに次いで品種が多く育成されており，切り花，鉢物，庭園用に広く使用されている．上向き咲きで大輪が多く芳香も強い．わが国では「カサブランカ」で有名になった．アジアティックより球根養成に期間を要し，休眠が深く促成栽培には長期間の低温処理が必要となる．

海外育成品種には少し古くジャー

図18.137　今も栽培が多い品種
　　　　　「コネチカット・キング」

図18.138　オリエンタル・ハイブリッド草分け品種「スターゲイザー」

ニーズ・エンド（Jorney's End：紅桃色に白覆輪，1964）」，「スターゲイザー（Star Gazer：濃赤色に白の細い覆輪，1979）」，最近は「カサブランカ（Casa Blanca：純白色大輪，1984）」，「ルレーブ（Le Leve：淡桃色中輪，1975）」，「マルコポーロ（淡桃に白）」，「マハラジャ（桃色）」など．国内育成品種はやや古いものでは白峯（純白色大輪，1984）」，「雪の光（純白色大輪，1976）」などがある．

8）その他の交雑種：省略
9）全ての野生種：すでに述べたので省略．

(5) 主な栽培ユリの生態的特性

ユリの生育形態の共通的な特性として清水（1971）は図18.140のように示している．球根は短縮茎（crown）にりん片（scale）が多数中心を包むように着生するりん茎（scaly bulbs）である．りん茎で短縮茎の下部からは下根（under root）を出す．短縮茎の上部の中心から

図18.139　ダイアナ妃もこよなく愛した品種「カサブランカ」

茎を抽出し直上するが，りん茎から地表の間の茎より上根（upper root）を出す．また種類によっては茎の地表近くに成熟すると木子（cormel）を付けるものがある．さらにオニユリやヤマユリなどは地上の茎の下部葉腋に木子状の球芽（bulb）を付ける．また，球根は大きく成熟するとりん片の間の側芽が発育して小球（bulblet）を形成して分球する．ユリは種子による繁殖の他にこれらの木子，球芽，子球で増殖する．

1）テッポウユリ

　球根は秋冬期に萌芽するが，冬季の低温期はロゼット状態で経過し春暖かくなると茎は伸長して花芽分化し発育して開花する．東京地方では3月下～4月上旬に花芽分化が始まり6月下～7月上旬に開花する．日長に関しては量的長日植物で短日下でも開花するが，長日のほうが早く開花する．テッポウユリは30℃以上の高温に遭遇すると休眠に入り，十分な高温期間を経過しないと覚醒しない．ふつう開花後50～60日で休眠が覚醒する．球根の発芽発根は30℃以上では3カ月は発芽が抑えられたが15℃では早期に発芽した．開花も15℃が最も早く，高温になるほど遅れ，25℃で抽苔が抑制され，30℃以上ではロゼット化する．促成栽培するには，球根を早期に掘上げて低温処理をする．この場合も十分高温に遭遇して休眠が醒めていなければならないため，開花後6週間以上経過してから掘上げ低温処理にかかる．

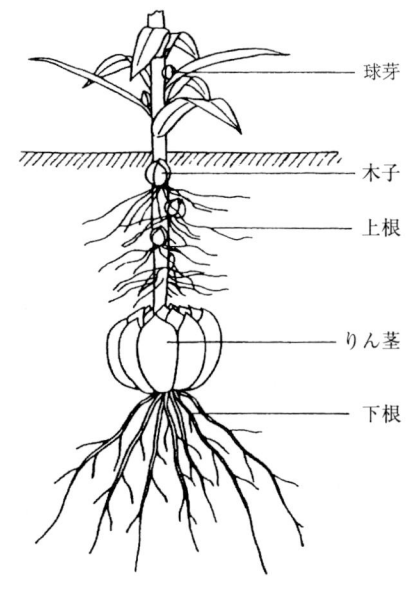

図18.140　ユリの球根と根，茎の形態（清水 1971）

2）アジアティック・ハイブリッド
（スカシユリも含む）

　秋に球根を植付けると地下で越冬し，3～4月に発芽して茎が伸長して5月下～6月中旬に開花する．その後，7月中旬には葉が黄化し休眠に入る．アジアティック・ハイブリッド（以下AHとする）はテッポウユリのように30℃以上の高温でも休眠には入らないか，入っても浅い．花芽分化についても大川（1989）がAH系の交配親の野生種について調査した結果，エゾスカシユリは秋に花芽分化を開始するが，コオニユリやスゲユリ，トサヒメユリなどでは発芽直後に分化を開始し，イワトユリ（佐渡島産）は発芽直後には完成しているなど，花芽分化は各野生種により違い，交雑種にも影響していることを明らかにしている．このことからAH系の早期促成や抑制のための氷温貯蔵には球根内で秋に花芽分化する品種を使用する．

3）オリエンタル・ハイブリッド

　生育，開花など生態的特性に関する研究報告は前二系統と比べるとまだ少ない．交雑親の原種によって生態的特性はやや異なるが，カノコユリ，ヤマユリ，オトメユリ，ササユリなどはいずれも春，発芽してから生長中の茎の生長点で花芽分化する．開花後，秋になって葉が黄化して休眠に入るが，休眠覚醒のための低温要求量は系統，品種によって異なる．育種親のオトメユリ，カノコユリ，ササユリなどでは2～3℃で8週間，ヤマユリでは10週間と長期間の低温が必要である．また開花についてもカノコユリ，ヤマユリなど晩生のものでは長日によって開花が早まり，交雑種の「カサブランカ」なども16

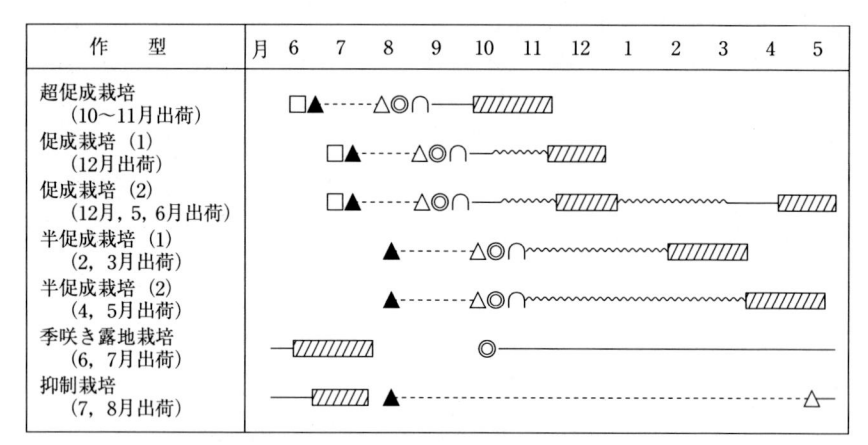

作　型	月	6	7	8	9	10	11	12	1	2	3	4	5

超促成栽培（10〜11月出荷）
促成栽培 (1)（12月出荷）
促成栽培 (2)（12, 5, 6月出荷）
半促成栽培 (1)（2, 3月出荷）
半促成栽培 (2)（4, 5月出荷）
季咲き露地栽培（6, 7月出荷）
抑制栽培（7, 8月出荷）

□温湯処理　▲冷蔵開始　△冷蔵終了　◎植付け　∩ハウス（温室）
------ 冷蔵期間　──── 生育期間　〜〜〜 加温期間　////// 出荷期間

図18.141　テッポウユリ切り花栽培の主な作型の例

時間日長で開花が 5〜10 日早くなったと言う実験結果もある．

　4）テッポウユリ

　かつて日本のユリ切り花生産と言えばテッポウユリが主体であったが，現在では AH や OH 系が主力になっている．しかし，テッポウユリは冠婚葬祭などには根強い需要があって一定量は周年供給されている．言い換えればユリの中では周年生産が早くから行われていたのである．他のユリと異なる点は夏季の高温で休眠するので低温処理による休眠打破と開花促進が重要な技術になる．テッポウユリの特性を活かした主な作型を図18.141に示す．

(6) 休眠打破の方法

　テッポウユリを早期促成するにはある程度休眠が進んでいないと打破処理をしても均一な発芽が期待できない．この作型では当然，沖永良部島産の早掘り球を用いるが低温処理しても不発芽球がでる．この課題について松川ら（1966）は球根を温湯処理で効果があることを発見した．さらにまたジベレリン処理（1973）でも同様な効果があることを発見し，これらの技術は現在テッポウユリの促成栽培に広く利用されている．球根の下根を切り，45℃から47℃の温湯に15〜30分浸漬処理するものだが，球根の限界温度に近いから正確に温度を維持することと均一に処理することがポイントになる．ジベレリン処理は球根を GA_3 の 500〜1,000 ppm の液に30秒浸漬するもので，図18.142のように温湯処理以上の効果が期待できる．この他，流水浸漬処理やエチレン気浴処理もあるが，前二処理で十分であり，この処理の後に低温処理をする．

(7) 低温処理の方法

　低温処理は前述の休眠打破処理をしたものに行うもので，処理前にチラウム・チオファ

ネートメチル剤の浸漬か粉衣による球根消毒をする．その後僅かに湿らせたミズゴケかオガクズをパッキングにして球根をプラスチックコンテナなどに詰め低温処理にかかる．処理温度，期間は作型により変える．10〜11月出荷の作型では12℃で42〜45日，12月出荷には10℃で42日位，1月出荷は8℃で42日，2〜3月出荷には5℃で42日とする．

(8) 定植とその後の管理

定植床は元肥として堆肥の他に緩効性肥料を10a当たり成分で窒素10kg，リン酸15kg，カリ15kg位をすき込んでおく．床植えでは1m幅の床にふつう球根を12×12cm間隔に植える．超促成では夏季の高温期の定植になるので植え床はできるだけ温度を下げるよう遮光などする．また，低温処理後には発芽して芽が6〜8cm程伸びているから植付けには注意する．定植後は灌水して根が活着するまでは適度に湿らせておく．超促成や促成栽培では到花日数が短く，栽培温度が草丈や品質に大きく影響する．茎長が10〜20cm位の時期が花芽分化期なので高温過ぎないように温度管理する．夜間15℃以下に下がるようになると加温を開始し15℃以上を保つようにする．

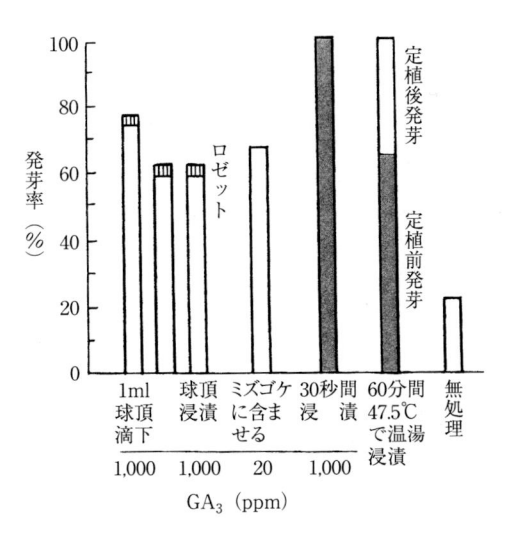

図18.142 ジベレリン（GA₃）の処理方法と発芽率との関係（小林 1973）

(9) 収穫調整

冬季は第一花が開く直前が切り前で，春から初夏はもっと蕾が硬い状態で採花しなければならない．従来は輪数で結束する茎数を決めていたが現在は一花茎に付く輪数別に仕分け，さらに品質別に10本1束で結束して出荷する．

(10) 病害虫防除

オリエンタル・ハイブリッドの項で述べる．

(11) 作型

この図の作型は促成，抑制栽培であるが，初夏から秋の開花は貯蔵球をそのまま植付け時期を変えて開花調節を簡単に変えることができる．品種や時期により到花日数はやや相違するが，新潟園試の研究から品種「エンチャントメント」と「金扇」を抜粋し，植付け時期と開花期および品質の違いを比較したものが表18.26である．植付け時期が遅れるほど貯蔵球の品質が低下し切り花の品質も同時に低下するので，8月以降の植付けには最近の技術である氷温貯蔵球を利用するようになった．

各作型に合わせた栽培は促成や抑制の開花調節のために，低温処理と氷温貯蔵がポイントで，それらの処理に反応する品種の選択も重要である．

AH系の促成および抑制栽培の主な作型を図18.143に示す.

（12）低温処理
促成のために早期掘り上げ球は低温処理前にテッポウユリのように温湯処理の効果が期待できると言われてきたが，最近のAH系品種は必要がないようである．低温処理は14℃に2週間予冷処理し，5～8℃で8～10週間の本冷を行うのが普通である．

（13）球根の凍結貯蔵（氷温貯蔵）とその利用
1980年ころオランダでAH系ユリの長期低温貯蔵するために開発された技術で，その後，OH系ユリやチューリップ球根まで応用されている．掘り上げた球根を2℃で6週間処理し，球根内の浸透圧を高め耐凍性をつけてから－2℃の湿潤状態で球根を半凍結状態にして貯蔵する．凍結貯蔵は凍害を受けるぎりぎりの温度処理なので温度誤差は±0.5℃で均一に保つ必要がある．精度の高い低温庫でなければ安全な処理はできない．温度管理が適切であれば10～12カ月貯蔵できる．現在，オランダから凍結球で輸入されるから，国内種苗業者を通して納期を指定して発注する．納期に到着した凍結球は解凍してから植付け．解凍は5～6℃で3～4日，15℃以下に2～3日かけて徐々に常温にならす．解凍方法を間違えると不開花や品質低下につながる．解凍した球根は植付け後，開花までの到花日数は植付け時期や品種によって違うが，9月定植では60日，10月定植では70日位で低温処理球より早く開花する．凍結球の発注は出荷目標時期から逆算して植付け日を算定し，この時期を納期として発注する．

（14）植付けとその後の管理
定植床は植付け前にTD粒剤などで土壌消毒し，球根もチウラム・ベノミルなどで消毒しておく．元肥として1a当たり窒素成分で2～4kg，リン酸4kg，カリ6kgを化成肥料で施用しておく．植付けは1m位の床に12×12cm間隔で植付ける．凍結球で解凍したものは芽が伸びているから傷めないように深さ5～8cmに植える．低温処理球や解凍球を夏季高温期の定植ではできるだけ温度を下げるよう換気や遮光をする．しかし，遮光し

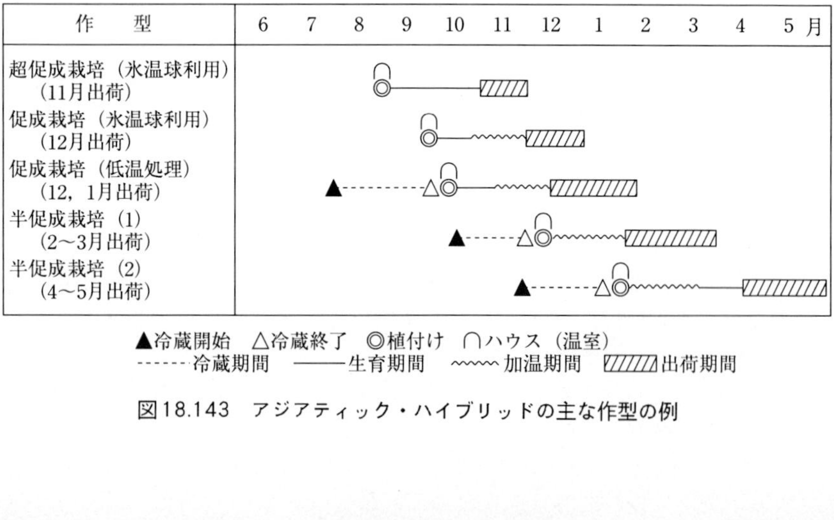

作　型	6	7	8	9	10	11	12	1	2	3	4	5月
超促成栽培（氷温球利用）（11月出荷）				◎	⌒	//////						
促成栽培（氷温球利用）（12月出荷）					◎	⌒	//////					
促成栽培（低温処理）（12，1月出荷）		▲			△	◎⌒	//////					
半促成栽培（1）（2～3月出荷）			▲			△	◎⌒		//////			
半促成栽培（2）（4～5月出荷）				▲			△	◎⌒			//////	

▲冷蔵開始　△冷蔵終了　◎植付け　⌒ハウス（温室）
------冷蔵期間　――生育期間　～～加温期間　//////出荷期間

図18.143　アジアティック・ハイブリッドの主な作型の例

表18.26 アジアティック・ハイブリッド系品種の植付け時期別開花特性
(新潟園試 1984の成果より抜粋，一部改変)

品　種	植付け時期	植付け球数	開花株数	開花株率(%)	開花日(月/日)	到花日数	総丈(cm)	花数	切り花重(g)
エンチャントメント (34.4g)	5.21	60	60	100.0	7/19.1	59.1	53.8	6.4	81.8
	6.21	60	60	100.0	8/12.5	52.5	50.3	6.2	63.2
	7.20	60	52	86.7	9/17.7	59.7	34.0	4.0	36.7
	8.20	60	42	70.0	11/ 5.5	77.5	41.4	4.7	45.3
	9.20	60	56	93.3	1/ 3.4	105.4	72.1	6.5	65.1
金扇 (16.7g)	5.21	60	58	96.7	7/19.2	59.2	59.2	2.3	45.1
	6.21	60	60	100.0	8/13.3	53.3	50.9	2.3	39.7
	7.20	60	9	15.0	9/17.4	59.4	41.2	1.3	24.3
	8.20	60	46	76.7	11/12.5	84.5	46.4	2.0	30.1
	9.20	60	5	96.7	1/ 8.1	110.1	79.6	2.5	39.3

注) 9月20日植付けは最低10℃に加温

過ぎて弱光になると品種によってはブラスティング (blasting : 分化した花芽が発育停止し不開花になる) が起こる．栽培温度は高い昼夜温は開花を阻害するから，促成期間の温度管理は加温期も含め昼温は20℃前後，夜温は8〜15℃を目標としたい．追肥は発育に応じて液肥で施用するのがよい．

(15) 収穫，調整

採花は花蕾の数輪が着色した時に基部より切り取る．切り前は品種，時期，栽培地などによってやや異なる．茎の下部10〜15cmの葉を除去し規格別に10本を1束に結束し，水揚げしてから花蕾部をセロハンで包み10束を箱に詰めて出荷する．

(16) 病害虫

オリエンタル・ハイブリッドの項参照．

3) オリエンタル・ハイブリッド

オリエンタル・ハイブリッド (以下OH系とする) は冬季休眠型で低温遭遇後，発芽して長日条件で開花する原種が交配親になっている．AH系に比べても休眠打破の低温処理に長期間要し，開花調節もやや難しく，研究もAH系に比べればまだ少ない．このため低温処理による促成より，凍結貯蔵を利用して秋から年末開花させる抑制栽培が増えてきた．とくに「カサブランカ」の出現によりOH系が着目され育種も進み作付けも増加しているが作型分化はAHほど進んでいない．

[作型]

現在の半促成，抑制栽培の主な作型の例を図18.144に示す．球根の掘り上げが10月ころになるので半促成栽培は低温処理で休眠打破して植付け，開花は5〜6月になる．そして8月から12月までの開花には凍結貯蔵球の利用が適当であることがこの図でわかる．

[低温処理]

すでに述べたように交配原種の低温要求が長いので，OH系品種も長く，品種間差もあ

作　　型	月 1　2　3　4　5　6　7　8　9　10　11　12
半促成栽培 （5～6月出荷）	
抑制栽培（氷温球使用） （8～9月出荷）	
抑制栽培（低温処理） （10～11月出荷）	

▲冷蔵開始　△冷蔵終了　◎植付け　∩ハウス（温室）
------冷蔵期間　―――生育期間　～～加温期間　▨▨▨出荷期間

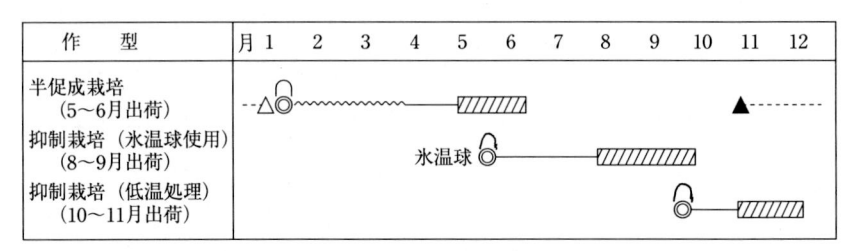

図18.144　オリエンタル・ハイブリッドの主な作型の例

る．低温処理の方法は14℃で2週間の予冷はAHと変わりはないが，本冷は「カサブランカ」，「スターゲイザー」は2℃で10週間，「ルレーブ」は5℃で6週間で十分打破できたという研究報告がある．

［凍結貯蔵］

AH系とほぼ同様な取扱いである．しかし凍結温度はOH系は－1.5℃が良い．解凍方法も品種によって微妙に違う．

［植付けとその後の管理］

植付けに当たってはAHの項で述べた事項とほぼ同様に土壌および球根消毒，元肥施用に行う．植栽密度は「カサブランカ」のような大輪で草型も大きい品種は18×18cm，「スターゲイザー」などやや中大輪系品種では15×15cm，「ルレーブ」のような中輪中型品種では12×12cm間隔で球根を植付ける．OH系では生育，開花への温度の影響が大きく，栽培の温度管理は重要である．表18.27は矢島ら（1992）が－2℃で凍結貯蔵し，5℃1週間で解凍した品種「カサブランカ」，「スターゲイザー」，「ルレーブ」を昼温と夜温の三組合せで栽培した結果である．いずれも昼，夜温が高いほど開花は早いが切り花茎長が短く開花数も少なかった．反対に低い組合せでは開花は遅れるが品質が良かった．特に昼夜温の組合せで到花日数が50日も違い，10℃になると急速に発育が遅れることに注目すべきである．

［収穫，調整］

採花の切り前は時期にもよるが第一花が開く2～3日前が適期である．茎の基部から切り取り，下部20cmの葉は取り除き，品質別に5本を1束として結束水揚げし，大型のテッポウユリやオリエンタル系品種は1箱20本，中型のアジアティック系品種は30本詰めとして出荷する．

(17) 病害虫防除

1) ウイルス（Tulip breaking virus：TBV，Cucumber mosaic virus：CMV）

ユリ類に感染するウイルスはTBVとCMVが知られているが，原種によって感染性は大きく違い，人工的な栽培環境では100％感染してしまうウケユリやタモトユリなどの他，

表18.27 オリエンタル・ハイブリッド系3品種の栽培温度の違いが生育開花に及ぼす影響
(矢島ら 1990)

品種	昼温−夜温 (℃)	開花茎率 (%)	開花日 (月/日)	到花日数 (日)	切花長 (cm)	花数 (個/茎)	ブラスチング (個/茎)
カサブランカ	30−20	70	8/30	79	44.4	1.6	1.9
	25−15	100	9/20	96	83.6	3.0	0
	20−10	100	10/21	131	97.7	2.8	0
スターゲーザー	30−20	80	8/22	71	46.8	3.4	0.4
	25−15	100	9/7	87	73.0	4.2	0
	20−10	100	10/14	124	86.1	3.7	0
ルレーブ	30−20	20	8/14	63	50.5	2.5	6.0
	25−15	80	8/20	69	74.6	4.9	3.3
	20−10	100	9/12	92	90.8	6.0	0

ユリ類は総じてウイルスに感染しやすい．従ってそれらを交配した園芸種もウイルス感染性には差がある．ウイルスの媒体になるアブラムシやスリップスを防除する他，機械的接触伝染にも注意する．球根を入手する時注意し，植付け後，ウイルス株が出たら速やかに除去する．オランダではウイルスや病害をチェックする機関NAKBが検定認証した原種球から球根生産しているので信用度は高い．

2）葉枯病（*Botrytis elliptica* Cooke.）

若い葉の先端が腐敗し，葉，茎，花を侵し，まれには球根も侵す．進行すると葉が枯れ，花が軟腐する．トップジンM水和剤1,500倍液かダコニール1,000倍液を散布して防除する．

3）疫病（*Phytophthora cactorum* (Lebett & Cohn) Schroter）

茎葉および球根に発生する．地際部が暗褐色に変色し，茎は黄化し進むと枯死する．茎頂部が侵されると暗緑色から軟腐し，球根に入り軟腐する．フロンサイド粉剤を地表に散布して防ぐ．

4）炭疽病（*Colletotrichum lilii* Plakidas）

茎葉に楕円形炭黄色で周囲が褐色になる病斑が現れ，次第に中央部が黒褐色に変わり乾枯する．球根を植付ける時，キャプタン剤500倍液に30分浸積して消毒し，生育中はマンネブダイセン500倍液を散布して防ぐ．

5）アブラムシ類（ワタアブラムシ：*Aphis gossypii* Glover）

ユリの栽培では常に発生しやすく，ウイルス予防のためにも発生を見たら直ちに防除する．オルトラン水和剤またはベストガード水溶剤1,500倍液を散布して防ぐ．

6）ネダニ（*Rhizoglyphus robini* Claparede）

主に球根の発根部に寄生加害する．株を衰弱させて腐敗病状になる．植付け前に床をクロールピクリンで消毒する他，ダイシストン粒剤などを施用して防ぐ．

参考資料

1) 榎並 晃 1986．スカシユリの品種と抑制栽培技術．農耕と園芸 41巻8号．
2) 榎並 晃 1999．スカシユリ，農業技術体系 花卉編 第10巻．農文協，東京．

3) 春山行夫 1955. 花の文化史. 中央公論社, 東京.
4) 井上頼数ら編 1969. ユリ　最新園芸大辞典. 誠文堂新光社, 東京.
5) 小林泰生 1999. テッポウユリ. 農業技術体系　花卉編　第10巻. 農文協, 東京.
6) 明道　博・浅野義人 1978. スカシユリの品種の発達. 新花卉 100.
7) 岡崎桂一 1989. ユリの種間交雑育種の現状と展望. 平成元年日種協育種技術研究会シンポジウム資料.
8) 小野桂枝 1999. オリエンタル系ユリのコンテナ栽培技術. 農耕と園芸 54巻10号.
9) 大川　清 1981. オランダの花き園芸. 神奈川県園芸協会.
10) Shimizu, M 1967. Lilys in Japan, Lily Yearbook RHS London.
11) 清水基夫編著 1987. 日本のユリ　原種とその園芸種. 誠文堂新光社, 東京.
12) 鈴木基夫 1977. スカシユリの開花調節と品質管理. 農耕と園芸 32巻2号.
13) 竹田　義 1999. オリエンタル・ハイブリッド　カノコユリ　農業技術体系　花卉編　第10巻. 農文協, 東京.
14) 富田　廣 1989. ユリの生態と開花調節. 平成元年日種協育種技術研究会シンポジウム資料.
15) 塚本洋太郎 1975. 花の美術と歴史. 河出書房新社, 東京.
16) 矢島久史・富田　廣 1991. オリエンタルリリーの促成栽培に関する試験 (1) 温度と日長が生育・開花に及ぼす影響. 平成3年度埼玉園試試験成績書.

18.40　ユーチャリス (学名：*Eucharis grandiflora* Planch., 英名：Amazon Lily, Star of Bethlehem, 和名：ギボウシズイセン) ヒガンバナ科, 不耐寒性球根

《キーワード》：切り花, 鉢物

　コロンビアのアンデス山脈に約17種が自生するといわれるが, 現在は *grandiflora* 種のみが栽培されている. 常緑の多年生で地下にりん茎の球根をもち表面は淡い褐色の被膜で覆われる. 葉はギボウシに似た幅広い長楕円形で光沢のある濃緑色で硬く長い葉柄をもち1茎に5～6枚抽出する. 花茎は50～60cmの淡緑色で頂部にスイセンの花に似た径6～7cm, 6弁星型で純白色の花を4～6輪, やや下向きに付ける. 花は芳香がある不耐寒性で最低10℃以上を必要とする高温植物である.

　ベルギーの植物探検家のタリアノ (Tariano) が1853年, コロンビアで発見して母国に送っており, 英国には1856年に紹介されている. わが国には1894年 (明治27年) 渡来し, 当時の小石川植物園に寄贈され, その後は植物園の温室の標本植物として栽培されてきた. 学名は *Eucharis grandiflora* Planch.だが syn.として *E. amazonica* Lid.が使われることもある.

(1) 研究と栽培の発達小史

　オランダでは Bragt, J.vanによると100年位前から切り花生産されてきたといわれるが, 本格的に栽培されるようになったのは開花生理や繁殖技術に関する研究が行われた1975年以降である. ユーチャリスは温室内の半日陰で栽培していると11月ころから散発的に

開花が見られるが，この開花習性にメスを入れたのは米国の研究者 Adams, D.C. および Urdahl, W.A. (1971, 1973) であった．これらの研究に刺激をうけたオランダのワーヘニンゲン農科大学の Bragt, J.van らはユーチャリスの花成誘導要因と花芽分化の研究 (1986) を遂行して有効な開花調節技術を開発した．さらに Bragt, J.van は同大学のスタッフで「In Vitro Culture of Higher Plants」の著者 Pierik, R.L.M. と共同して増殖率の悪いユーチャリスの組織培養増殖の研究も行い (1983)，自然分球で年間増殖率 1.5～2 倍が組織培養で短期大量増殖ができるようになった．これらの研究成果によりオランダではユーチャリスの周年切り花栽培ができるようになって生産が急速に増加した．いわゆる花き園芸業界で研究開発が生産をリードした一事例であろう．

わが国ではユーチャリスの切り花が千葉県の数名の生産者によって 1980 年ころから旧栽培法で細々と生産されて稀にごく少量の切り花が市場に出荷される程度であった．しかし歌手の松田聖子が神田正輝との結婚にユーチャリスのウェディング・ブーケを使ったことからユーチャリス人気に火がつき，若い女性が利用するようになった．ユーチャリスは純白色で芳香をもち，花持ち，水揚げも良いのでアレンジメントやブーケには最適で，葉も観葉価値が高いので鉢物としても利用できる．現在，ほとんどオランダからの輸入切り花が利用されているが，わが国でも種苗数社が苗を販売しているのでオランダの方法による国内での周年生産を期待したいものである．

(2) 生態的特性

常緑の不耐寒性球根であるから越冬には最低 10℃ 以上を保ち，生育適温は 22～25℃ の高温多湿を好む半日陰性の熱帯植物である．生育開花に対する日長の影響は明らかではないが，花芽形成については前掲の Adams, D.C. や Bragt, J.van らの研究から高温が花芽分化の引き金になることを見いだした．Bragt, J.van らは 27℃ に 4 週間遭わせた後，21℃ に移すと花芽分化を開始して 90～95 日で開花することを明らかにした．処理効果のある球根サイズはこの実験から表 18.28 のように直径 35 mm 以上の大球であることが条件である．また，一度高温処理した球根を 21℃ に 8 週間以上経過し，再び高温処理するとさらに球根内に花芽が分化することを明らかにしている．これは一度開花させた球根を再び高温処理できることを示唆している．このように高温処理した球根を適当にずらして植付けることにより周年開花させることができる．

(3) 栽 培

繁殖は球根の側面に子球を分化するので，これを分割して増殖するが，最近は組織培養増殖による順化ポット苗が流通している．Pierik, R.L.M. は分球苗と培養苗では開花に差がないことを実験している．高温処理は Bragt, J.van らは乾燥球にして処理しているが，著者の実験では葉を付けたまま株の根を切り詰めて湿ったピートモスをパッキングにコンテナに立てたまま詰め込み，そのまま高温チェンバー内に積み上げて 4 週間暗黒で処理保存しても葉は黄化や傷みが全くなかった．植付けは葉がかなり大きくなるからふつう 25～30 cm 間隔に植付ける．植付け用土は均一に湿度が保持できるようピートモスなど有機質を多めに入れたものがよい．肥料は元肥として 1 a 当たり，マグアンプ K などの緩効性肥料を 5 kg 位とし，追肥は薄い液肥を与えるのがよい．栽培温度は 4 月から 9 月までは

図18.145 ユーチャリスの花

自然温度で十分生育できるが，それ以外の時期は日中保温し，夜間は最低10℃以上に加温する．光は夏季は70％位遮光し，冬季は30％位に遮光する．

採花は夏季は第1花が開き始めた時，冬季は1～2輪開花した時が切り前で，できるだけ長く切り，10本1束にし，以前は1束にやや小さい無傷の葉を5枚位添えて出荷したが，現在は花茎のみで出荷する．花の部分をセロファンなどで包んで箱詰めにし輸送中の傷みを防ぐ．病害虫は少なくウイルスとナメクジなどの茎葉や花の喰害が見られる．

表18.28 球根サイズの違いが高温処理（27℃）による開花率に及ぼす影響（Bragt, J. van, 1983）

球根サイズ（直径mm）	球根数	開花率（％）（開花株/全株）
19	3	0
22	7	0
26	24	0
29	28	29
32	41	76
35	20	90

参 考 資 料

1) Bragt, J.van and P.A.Sprenkels 1983. Year-round production of Eucharis flowers, Acta Horticulturae.Planning in Glasshouse Floriculture 147.
2) Bragt, J.van, W.Luiten and P.A.Sprenkels 1986. Flower formation in *Euchar amazonica* Linden ex Planchon.Acta Horticulture Flower Bulbs Ⅳ.
3) 今西英雄 1989. ユーチャリスの周年生産. フローリスト 3月号.
4) Pierik, R.L.M., P.A.Sprenkels and J.van Bragt 1983. Rapid vegetative propagation of *Eucharis grandiflora* in vitro, Acta Horticulture.Planning in Glasshouse Floriculture 147.
5) 田村三良 1972. ユーチャリス. 新花卉 75号.

18.41 ライラック（学名:*Syringa vulgaris* L., 英名:Common Lila, 和名:ムラサキハシドイ, ライラック, リラ）モクセイ科, 耐寒性落葉低木

《キーワード》：切り花, 庭園

東欧州から北西アジアに約30種が分布し, 日本にも1種, 1変種が自生している. 落葉性の低木で長卵形または円卵形の葉を対生する. 花房は茎頂または側枝に4枚の花被の小花を密に付ける円錐花序をもつ. 開花の多くは5～6月である. 高温には弱いものが多く, 寒冷地でよく生育する. 欧州では庭園に植えられ, 切り花としても利用されているが, わが国でも北海道の札幌市などではハシドイが植えられライラックまたはリラとして親しまれている.

(1) 主な野生種と交配種

ライラックとして栽培される *vulgaris* 種の他に主な近縁の野生種をあげる.

1) *Syringa* × *chinensis* Willd.

1777年, フランス北部のルーアン（Rouen）で *S. persica*（ペルシャハシドイ）と *S. vulgaris* との交雑により作出された園芸交雑種で葉は卵状被針形, 紫桃色や白色の花の円錐花序をまばらに付ける. 開花は5月, 変種も幾つかある.

2) *S. reticulata* Hara（ハシドイ）

日本, 北方領土, 朝鮮半島に自生し北海道, 東北に植えられライラックまたはリラと呼ばれているのはこの種で, *vulgaris* 種を洋種ライラックと区別している. ハシドイは10mに達する中高木で, 葉は広卵形で先は尖り表面は平滑, 花は小さく円錐形の大花序になる. 藤色, 紫藤色などもある.

3) *S. vulgaris* L.

（ライラック, ムラサキハシドイ）

バルカン半島, 西アジア原産で, 現在ライラックとして栽培されている品種はほぼこの種の育成種である. 高さは5～7mになり葉は卵形か広卵形で, 花は淡藤, 藤紫, 赤紫, 白色で円錐花序に密に付け芳香がある. 開花は4～5月である. 後述のように多くの品種がある.

4) *S. yunnanensis* Franch.

（ウンナンハシドイ）

中国雲南省原産で高さ3m位の直立性の低木, 枝は細く葉は長楕円形で下面は緑白色, 花は淡紅色で花冠がやや大きいが観賞価値は低い. 開花は6月である.

図18.146 ライラックの品種「エステン・ステンラー（Esten Stenler）」

(2) 文化史と品種，栽培の発達小史

ライラックは人の感性に強い印象を与えるものらしい．フランス文学者春山行夫はその著書の中で「ライラックの花を見たことのないひとでも，この花がロシア，フランスやイギリスの文学につきものだと言うことはよく知っておられるだろうと思う．とりわけ五月のイギリスやフランスに滞在したひとの紀行には，たいていこの花のことがでてくる」と述べている．フランスでは"白いライラックは青春のシンボルなので，若い女性以外はそれを身につけない"とも言う．フランスだけでなく切り花生産の多いオランダでも栽培の90％は白色品種であることから欧州のライラック消費が伺える．ライラックの名は最初スペインに入った時，アラビア語のブルー（Laylak）の意味からきているが，さらにフランスに入ってリラになったと言われる．

ライラックは1565年ころ Busbecq, de Augir によってコンスタンチノープルからスペインに入ったと言われている．17世紀初頭には英国の Edinburgh でライラックの品種が栽培されていたという記録があるが，18世紀にはすでに述べた北フランスのルーアンで種間交雑種の $S. \times chinensis$ などが作出され，この他にも種間交雑種が育成されてルーアン・ライラックと呼ばれるようになった．ベルギーでもブラッセル東方のリエージュ（Liege）で育種が始められ Libert-Darimont が1843年，最初の八重咲き品種「Azurea Plena」を発表している．しかし，本格的にライラックの育種をしたのは，フランス，ナンシーの著名な植物育種家ヴィクトール・ルモワンヌ（Lemoine, Victor）であった．彼は他の花きの育種に力を注いでいたが，1870年以降，彼の妻 Mme Lemoine も交配に加わり，育種は子息，孫の Henrl が農園を閉鎖する1955年まで続いた．彼らはその間，品種「Jacques Callot」(1876) や「Madame Lemoine」(1890) など224品種を育成して，いわゆるフレンチ・ライラック（French hybrid Lilac）と呼ばれるシリーズになった．フランスのルモワァヌ家の衰退とともにライラックの育種はオランダに移り，マルセ（Maarse, D.E.）は営利栽培に向く品種の「Sensation」(1939) や「Primrose」(1949) などを育成している．

ロシアの育種もライラックの品種の発展に大きく貢献している．モスクワ郊外の Kolensnikov, A.Leonald は1912年ころから Lemoine の品種を基に実生選抜で大花房を目標に育種を続け，「Krasavitsa Moskvy（Beauty of Moscow）」(1947) や「Nadezhda（Hope）」など100品種以上を作出して，いわゆるロシア系ライラックが生まれている．

欧州で人気の高いライラックが米国でも育種されたことは興味深い．20世紀の初め移民が持ち込んだと言われるが，ニューヨーク州北部のオンタリオ湖沿いの街，ローチェスター（Rochester）にある Highland Park の Fenicchia, Ricard らが育種に取り組んだのである．現在も青色の代表として栽培されている「President Lincoln」(1916) や白色の「Rochester」(1971) など最近まで多くの品種が生まれている．

促成栽培を主とした切り花栽培はオランダが多く，20世紀の初期より促成栽培が行われており，VBAには年間1,000万本の切り花が出荷されている．わが国では明治中期に渡来しているが，ほとんど栽培はなく，最近の需要にはオランダからの輸入切り花で対応している．近年，寒高冷地や中山間地の花木切り花，促成切り花として将来有望と思

われるのでここに取り上げた.
(3) 生態的特性
　生育適温は15〜20℃位で.耐寒性は強いが,花芽は-10℃以下に下がると障害を受けることがある.ライラックの花芽はその年に伸びた枝の頂部の葉腋に対に花芽を形成する.時期は6月下旬ころから分化を開始し,8月下旬ころまでに完成する.その後は次第に気温が低下して自然休眠に入り,冬季の低温で休眠が覚醒し12月中旬には醒めている.12〜1月の早期促成には株を低温処理をして休眠を打破してから促成にかからなければならないが,1月以降は自然低温で休眠は覚醒されているから株を掘り上げて直ちに促成にかかれる.

(4) 主な品種
白色系：「マダム・フローレント・ステップマン（Madam Florent Stepman 1908,一重白色中生）」,「マダム・ルモウァヌ（Madam Lemoine 1896,八重白色中生）」,「マドモアゼル・マリー・レグライエ（Mademoiselle Marie Legraye 1874,八重白色中生）」.

紫色系：「アンデンケン・アン・ルドウィッヒ・スペス（Andenken an Ludwig Spath 1883,一重濃紫色晩生）」,「ユーゴ・コスター（Hugo Koster 1914,一重淡紫色早生）」,「ヘルマン・エイラース（Heman Eilers 1923,一重淡紫色中生）」.

桃色系：「エスター・スティリー（Eather Staley 1948,一重淡桃色中生）」,「チャールズ・ジョリー（Charles Joly 半八重淡桃色中生）」.

(5) 栽　培
1) 季咲き栽培

　繁殖は挿し芽または接ぎ木で苗を養成し,ふつうイボタ台（*Ligustrum obsifolium*）に切り接ぎした苗か輸入苗はハンガリーハシドイ（S. josikaea）などの台木苗が市販されている.これら2〜3年生苗を購入して植付け,さらに2〜3年生育させないと切り花の収穫はできない.わが国では一般花木と同様な中山間地や寒高冷地の露地の季咲き切り花としての作型なので,苗代と養育年数がかかることがある程度の妨げになっているようである.植付け場所は厳寒期,雪害や凍害を防ぐため南傾斜地などを選ぶ.日当たりと排水の良い土地が適するが乾燥地はよくない.植付け間隔は1.2〜1.5mで列間は2〜3mとる.接ぎ木部が地表下になるよう春に植付け,1年後に地上1mほどで切り,そこから枝を出させて切り花ができるように整枝する.切り花がきるようになったら,春,萌芽後,予定切り枝は花芽を残し側芽は早目にかき取る.切り花収穫後は弱い枝などを間引き,翌年の切り花に備えて整枝する.施肥は春萌芽直後と採花後に1a当たり低度化成肥料を7〜8kg施用する.冬季は枝が雪や寒風で折れたり花芽が傷まないように枝をまとめて縛るか,雪囲いする.切り花は花房の2/3が開花した時に採花し,品質別に10本1束にして出荷する.

2) 促成栽培

　ライラックの促成は他の花木のように枝切りで促成できないから,株を掘り上げて加温した促成室に入れるので,苗を露地畑に定植する時から掘り上げを考慮して植付ける.

[528] 各 論

オランダのように掘り上げた根土が落ちないようにやや粘土質の沖積土が良い．促成の場合の定植間隔は0.75～1mに春，定植する．わが国では株の低温処理による超促成の研究（山形園試 1978）もあり，2℃で5週間処理して入室し，生育初期は24℃，出蕾期には18℃，開花期は15℃に温度管理するのが良い．株の低温処理には容積が大きいので低温庫を占有する．この点，オランダのように2～3月開花の促成では自然低温利用なのでより簡単である．わが国でもこれを参考に効率的なライラックの促成技術を確立すべきだと考える．

3）オランダの促成の概要

品種は早生品種を用いる．オランダでは90％が白色品種なので，「Madam Florent Stepman」が使われている．11月下旬に株を掘り上げ，促成室の近くの暗黒の仮貯蔵室に根株をぎっしり詰め込み落葉させる．この株を順次促成温室に入室し根株をベッド上に並べ，設置されているミスト装置で時折ミストを与えて室内を多湿にすると同時に露出した根部も湿らせる．温度管理は入室時期にもよるが昼温を最初の1週間は40℃，2週間目には30℃，3週間目は21℃，採花直前の4週間目は16℃と順次下げ，夜間温度は16℃を維持する．入室後28～30日で開花する．採花後の根株は無加温室で低温に慣らしてから再び露地畑に戻し，2～3年養成してまた促成にかける．この促成では根株の掘り上げ，搬入，搬出に多くの労力がかかるのが課題である．オランダでは畑と促成室の間は運河で結び，小船で運び，船から室内への搬送はコンベヤーなどを利用して省力している．

(6) 病害虫防除

病害ではうどんこ病，細菌性枝枯れ病，灰色かび病など，害虫ではコウモリガ，チャナガコガネ，シマカラスヨトウの幼虫などが被害を与えるので早めに防除する．

18.42 ラークスパー（学名：*Consolida ajacis* L．，和名：ヒエンソウ：飛燕草，チドリソウ：千鳥草，英名：Larksper）キンポウゲ科，半耐寒性一年生

《キーワード》：切り花，庭園，花壇

ラークスパーは植物分類上デルフィニウム属の中の*ajacis*種と*consolida*種に分けられていたが，最近は*Consolida*属として表記の学名が使われるようになった（RHS編，Encyclopedia Garden Plants）．そのため従来ロケット・ラークスパー（ヒアシンス咲きタイプ）とブランチング・ラークスパーはこの種の系統として扱われる．欧州の地中海地方原産の直根性の半耐寒性一年生で高さ40～90cmになり，基部で少なく分枝し葉は掌状で細く裂ける．花径2.5cmで花被は5弁で長い距をもち円錐総状花序になる．花色は紫，藤，桃，白色で八重咲きもある．種子で繁殖し開花は5～6月である．欧州へは1573年に紹介され，わが国へは明治初年に渡来している．欧米人には好まれる花で早くから栽培されていたようであるが，他の花のように育種や品種発達の記録は少ない．

(1) 品種や栽培の発達小史

1930年ころ米国，カリフォルニアのWaller Franklin Seed Co.のFranklin, J.H.はラークスパーの育種を本格的に開始している（Emsweller, S.L.ら，1937）．彼はExquisite Pink

と呼ばれる桃色の品種が花色や草姿が市場で人気があるのに形質が不安定なので，これを固定するため数年間，選抜淘汰を続け均一な形質の Exquisiste Pink を固定した．この選抜の過程で花色の白，ローズ，青から白と青の絞りまでの変異個体が現れた．彼はカリフォルニア大学附属農業試験場（Davis）にこれらを送り研究を依頼している．第二次世界大戦後，カリフォルニアの Bodger Seed Co., は基部で分枝し，丈が 90 cm 位に伸び，八重咲きで切り花に向く Giant Imperial Series を発表している．これは米国ではラークスパーが人気のある切り花で，カ

図18.147　ラークスパースプレイタイプの品種「ブルー・スプレイ」

リフォルニアがラークスパーの採種に好適なことも大きな要因であった．その後，Regal and Supreme Type も出現したが，Imperial Series が今も主要品種になっている．

　欧州では1935年ころにドイツのベナリー社がロケット・ラークスパーと言われるヒアシンス咲きわい性の品種を発表したが，その後は育種がオランダ，フランスに移り，とくにオランダの K.Sahin, Zaden B.V. の Sahin, K. は1989年，花序が散房花序状になるスプレイタイプで白地に藤青色の絞りが入る一重の品種「ピコティー（Picotee）」を発表し，1990年にはわが国の（株）ミヨシもスプレイタイプの品種「ブルー・スプレイ（Blue Spray：一重鮮紫色）」を発売している．ごく最近わが国では花穂に一重花がやや粗に付くシングルタイプという花序のタイプも出現し，海外に比べてもわが国のラークスパー品種は多彩化しているのが特色である．

　ラークスパーは主に寒高冷地の露地夏作の切り花として栽培されてきたが，最近は暖地の無加温ハウスや加温ハウス栽培にも広がっている．

（2）生態的特性

　ラークスパーは種子で繁殖するが，種子の寿命が短いことと，発芽しにくいことが古くから問題であった．米国で植物の基礎研究で有名な Boyce Thompson Institute の Barton, L.V. ら（1935）は室内温度に開放貯蔵した種子は11カ月後には発芽率57％に落ちたが，8℃で密閉貯蔵したものは12年後でも71％の発芽率であったことを認めている．

　また，秋播きの発芽温度について塚本（1950）は4℃，7℃，9℃，15℃，室温の5段階の温度で発芽を見ているが（9/5日播種）7日後に4～9℃では0％，15℃では90％の発芽，14日後に4℃では31％，7℃では89％，9℃では71％，室温は5％であった．夏から秋にかけての播種には8～15℃で発芽させるのが良く，播種には種子を良く湿らせた布に包んで冷蔵庫に入れて催芽させる．生育適温は15～20℃で高温はよくない．暖地では露地で葉は傷むが越冬する．施設内で生育させるには8℃以上は必要である．長日植物なので4月から6月までは自然日長で開花するが，冬季短日下で開花させるには加温と電照

が必要である．

(3) 主な品種
［ふつうタイプ］ジャイアント・インペリアル・シリーズ（Giant Imperial Series：色別の各品種がある）．
［スプレイタイプ］ブルー・スプレイ（Blue Spray：一重鮮紫色），ホワイト・ベール（White Veil：一重純白色）．
［シングルタイプ］イースタン・ブルー（Eastan Blue：一重紫色），ピュアー・スノー（Pure Snow：一重純白色）．

(4) 栽　培
　繁殖は種子によるが，最近はセル成形苗を入手して作付けることもある．とくに1～3月出荷の促成では，播種が夏季高温期になるので高冷地育苗のセル苗を利用する．4～5月出荷の作型は9月下旬播種，暖地の露地の5～6月出荷は10月上旬に播種する．種子は20ml，2,600粒で1a当たり直播には約60ml必要，播種育苗は直根性なのでセル成形トレイに播種してセル苗として定植するか，露地や簡易ハウスの栽培では直播する．ハウスの定植は幅1mの平床で20×25cm間隔（スプレイタイプは株が横に広がるので30cm間隔），露地の直播では30cm条間の2条畝に10～15cm間隔に1カ所3～4粒ずつ播く．作付ける畑やハウスは排水が良いことが条件，定植前には土壌消毒をし，元肥は3成分同比の化成肥料をa当たり3～5kgと少なめに与え，追肥は施用しない．定植後主茎が15cm位でピンチして茎たちを3～4本にする．ハウスでの1～3月出荷栽培では11月から保温を開始し，夜間が10℃以下になったら加温し13～15℃を保つ．暖地の露地栽培では地域にもよるが冬季温度が下がる地帯ではトンネルなどで保護する．ラークスパーは特別な状態を除いてフラワーネットなどの支えはいらない．
　切り花の採花はふつうタイプやシングルタイプでは花穂の小花が6～7輪開いた時，スプレイタイプでは各枝の花が1/3位開いた時で，採花後調整して品質別に10本束にし，延命剤としてクリザールAVB500倍液に5～10時間処理してから出荷する．

(5) 病害虫防除
　病害虫防除はデルフィニウムに準ずるが，ラークスパーでは立枯れ病が致命的なので土壌消毒の徹底とセル成形苗はトレイごとバイネキトン400倍液に底部を浸して消毒してから定植する．

図18.148　ラークスパーの品種「ミヨシのホワイト」

18.43 リモニウム類(宿根リモニウムとシヌアータ)(属名:*Limonium* Mill., 和名:スターチス, 英名:Sea Pink) イソマツ科, 耐寒性または半耐寒性多年性

《キーワード》:切り花, 鉢物, 庭園, ドライフラワー

　リモニウム属は150種以上が欧州から中近東, 中南米, アフリカ, 中国, シベリアの各地の海浜や草原に分布し, わが国にもハマサジ(*L. japonicum*)他1種が自生する. 葉は常緑で卵形, へら形, 広楕円形で全縁から波状縁で, 多くは革質で緑白色を呈する. 花は抽出した花茎が分枝した総状円錐花序にごく小さい花を多数付ける. 大部分は一季咲きで6〜8月に開花する. 耐寒性は強い.

　リモニウムは以前スターチス(Statice)と呼ばれていたが, 1947年, Lawrens, G.H.らの提案が国際植物学会で承認されて属名がリモニウムに変更されたが, まだ一部ではスターチスのよび名が残っている. リモニウムは世界に広く分布し, 形態的な変異などから多くの植物学者には興味深く20世紀当初から研究されてきた. 花や草姿は地味で繁殖も良くないので, 園芸植物としては一部を除いてほとんど顧みられなかった. 園芸上栽培されて品種が開発されたのはシヌアータ種だけで, それも1960年以降であった. しかし, わが国では1980年ころからその他の宿根性リモニウムの育種や, 種間交雑による周年開花性のハイブリット・リモニウムの開発までに発展して海外の花き業界に大きな刺激を与えた. 世界的にシュッコンカスミソウなどの添え花(filler flower)の需要が急増し, さらに組織培養による短期大量増殖が可能になったこと, 世界的な切り花輸出産地が出現してリモニウムが注目されるようになったことも背景にあった.

(1) 主な原種とその特性

　品種の開発や育種上交配親などに利用された主な原種には次のものがある.

　1) *Limonium altaica* Hort.

　アルタイカ種は園芸上重要な種であるが, 植物学的な記載は見あたらない. わが国の種苗商が欧州からアルタイカの種子を輸入して広まったと考えられる. 種名がアルタイカなのでモンゴルのアルタイ山脈の原産かも知れない. 寒さに強い多年生で全縁楕円形で革質青緑白色の葉を根生し, 散房状円錐花序には鮮藤色の小花を多数付ける. 開花期は6〜7月の一季咲きである. 「パイオニア」「エミール」など多くの品種が選抜されている. 主に露地栽培で栄養繁殖で殖やす.

　2) *L. bellidifolium* Gouan (syn. *L. caspia* Willd.)

　園芸上ではカスピアと呼ばれている. コーカ

図18.149　リモニウム・アルタイカの品種「トール・エミール」

サス，シベリア地方原産で，丈は50～60cmになり灰緑色ヘラ形の葉を根生し，花序は繊細で青色の小花を7～8月に咲かせる．施設内で加温するとほぼ四季咲きになるので四季咲き性のハイブリット・リモニウムの片親になっている．欧州ではこの選抜品種「Karel de Groot」がある．わが国へは昭和初期に渡来している．施設栽培で種子または栄養繁殖で殖やす．

3) *L. bonduellii* O. Kuntze

アルジェリア地方原産で，葉はシヌアータに似て根性し，花茎を多数抽出して丈は50～70cm位になり，花茎に翼はない丸軸である．花房もシヌアータにごく似たハブラシ形で萼片は黄色，花冠も深黄色を呈する．開花は6～10月でシヌアータと同様に切り花栽培される品種もある．

4) *L. dumosum* Hort.

Hortus Thirdにも欄外にこの名の記載はあるが正しい種名かどうか不明である．シベリア，コーカサス原産といわれ，耐寒性は強い．細長い被針形で平滑な灰緑色の葉を根性し，花茎は太く明瞭な稜をもち，花序は横に広がり丈は40～50cmと低い．花は濃桃紫色でアルタイカより大きい．開花は7～8月である．ドイツではドライフラワー用に栽培されていたが，わが国では切り花用に栽培し，品種も選抜されている．露地栽培で種子または栄養繁殖で殖やす．

5) *L. gmerenii* O. Kuntze

コーカサス，シベリア原産で耐寒性の多年生である．葉はやや細長い被針形で根生し，花茎は丈40～50cm上部で分岐し萼が濃紫色で花冠が紫桃色の小花を付け，開花期は8～9月の一季咲きである．欧州では庭園に植えられ，オランダには切り花用品種として「Euro Blue」がある．露地栽培で種子または栄養繁殖する．

6) *L. latifolium* O. Kuntze

南ロシア，コーカサス，ブルガリアの原産で丈は50～70cmになり，葉は大きく広楕円形革質の灰緑色で冬季も枯れない．花茎も長く散房花序に淡紫の小花を多数付ける．開花は6～7月の一季咲きである．生育が旺盛で花序も大きいのでハイブリッド・リモニウムの片親に使われている．本種自体の選抜品種もある．欧州には1791年に紹介され，わが国へは明治中ころに渡来している．露地栽培向きで主で種子または栄養繁殖で殖やす．

7) *L. perezii* Hubb.

カナリア島原産でリモニウムの中では半耐寒性で四季咲き性の半低木である．葉は長い葉柄をもつヘラ状革質でやや厚く灰緑色で表面はざらっぽい．葉腋から花茎を抽出し粗に分枝した散房花序に萼が紫青色，花冠が白色のやや大きい花を付ける．選抜品種もあり，わい性の鉢物用もある．施設栽培の栄養繁殖で殖やす．

8) *L. perigrinum*

半耐寒性の半低木多年草で分枝する，茎立ち性で葉腋から花茎を出し粗い散房花序に径1.5cmで花冠に淡桃色の花を散発的に開花する．葉は細いヘラ状で灰緑色で厚い．選抜品種の「Ballerina Rose」がある．

9) *L. sinensis* O. Kuntze

台湾原産の耐寒性多年草で，被針形ヘラ状の葉を根生し花茎は丈30～40cmの低性で，花序は横に細かく分岐し萼片は白色かクリーム色，花冠は黄色で，リモニウムの中で数少ない黄色花である．初夏から秋まで次々と開花する．最近，シネンシス種に他種との交雑による新しいハイブリッド品種が多数育成されている．

10) *L. sinuatum* Mill.

北アフリカからシシリー島などに自生する半耐寒性の半多年草であるが栽培上では一年生として扱っている．鋸歯のある長被針形の葉を多数根生し，3～4列の翼（wing）をもつ花茎を多数抽出して上部は分岐してハブラシ形の小花房を散房状に付ける．花の萼片は黄，桃，紫青，白などに花冠は白色でリモニウムの中で多彩な花色をもつ．ほぼ四季咲きで多くの種子系，栄養系品種が開発され，広く切り花生産されている．

図18.150 リモニウム・デューモーサム

11) *L. tataricum* Mill.

南欧州からコーカサス，シベリアに自生する高さ30～50cmになる耐寒性多年生で長楕円形ヘラ状の葉を根生し，抽出した花茎の先は散房状に分岐し萼は白，花冠は桃紫色の小花を付ける．

12) *L. vulgare* Mill.

北アフリカから地中海沿岸地方の原産で耐寒性多年生である．灰緑色の広被針形の葉を根生し花房はラティフォリアに似ている．開花は8～9月の一季咲きである．繁殖は種子．

13) その他

この他 *L. aurea* など多くの種があるがここでは省略する．

(2) 研究，育種および栽培の発達小史

[研究の発展]

リモニウムの植物分類学的な研究は19世紀中ころから始まりMuller, F. (1868) は自然交雑による花の変異を明らかにし，さらにリモニウムの花に二型性のあることを発見した．1887年にはベルギーの海岸で *L. vulgare* を調査して花の形態から明らかに違う変異のあることを発表している．しかし，この植物の育種の手がかりになる基礎研究である種の分布や分類学，細胞遺伝学的な研究は20世紀中ころから本格的に行われている．植物分類学者Baker, H.G. (1948, 1953) はリモニウムの種の分類と分布を推定し，全種の分布は図18.151のように示している．さらにリモニウム111種の花粉と柱頭を調査して種により単型性と異型性を見いだし，花粉と柱頭のタイプの相違と自家和合，不和合性の関係を明らかにした．Choudhuri, H.C. (1942) はリモニウムの染色体数を調査し，基本数は $n=8$ と $n=9$ であるが3倍体，4倍体のあることも明らかにしている．さらに細

胞学的研究から減数分裂時の分裂行動や対合時の変異をも追求して自然交雑による種間交雑の存在も分析している．このような基礎研究が19世紀半ばから20世紀半ばまで行われたが，前述のようにリモニウムの栽培が普及しなかったので育種も進まなかった．ドイツでは主にドライフラワー用に *dumosum* 種，*tatalicum* 種などが実生により露地で栽培されていた．宿根性リモニウムの研究はわが国で栽培が始まり，選抜育種が行われるようになったのは1990年以降である．宿根性リモニウムは一季咲きで開花には低温要求があるので開花調節のための低温処理などの研究が始まっている．さらにハイブリッド・リモニウムも含む宿根性リモニウムは地方による品種の適応性などから品種比較試験が各地方の試験研究機関や普及所で行われている．宿根性リモニウムの発展に貢献した組織培養増殖に関する研究も欧州で行われたが，育種と生産をリードしたわが国では種苗企業も組織培養増殖による苗生産にも先鞭を付けている．

シヌアータについては欧州では早くから切り花生産が見られたが，何と言っても米国では重要な切り花として早くからフロリダ，カリフォルニア，ミシガン州で栽培されていたので育種，開花促進，栽培方法などと，病害に関する研究が1975年ころから多くの報告がされている．フロリダ大学の Engelhard, A.W. ら (1972, 1975, 1985) はシヌアータの病害を徹底的に研究している．また，育種ではイスラエルの Harazy, Ada ら (1985) は *in vitro* 内で早生系品種を選抜する "Vitro selection" を報告している．

わが国でもシヌアータは1985年ころから生産が伸び，種子系品種の栽培から花色や品質が均一な組織培養系品種の普及により周年開花を目的とした開花調節，クーラー育苗，春化処理など品質や生産技術向上に関する研究（吾妻ら1980，和歌山農試1980）は欧米に先駆けて行われている．

[育種と栽培の発展]

1) 宿根性リモニウム

これらの種類は種子繁殖によらなければならなかったが，わが国でもリモニウムの組織培養増殖が可能になったため，栄養系品種の選抜育種が1985年ころより急速に進んだ．1980年から1991年まで，わが国で選抜された宿根性リモニウムの品種は表18.29のものがある．さらに1987年ころから，わが国独特の種間雑種のハイブリッド・リモニウムの品種も育成され，周年開花性があるので施設栽培や，開発途上国の熱帯高原での栽培に向くので，国内需要だけでなく組織培養苗の輸出も開始された．また宿根性リモニウムのアルタイカ，エミール・シリーズも二季咲きなので国外利用が増えている．近年，*L. sinense* に *L. aurea* などとの種間交配のハイブリッドの品種も育成されている．海外でも日本の刺激を受けてリモニウムの育種が開始された．ニュージーランドの農水省が1992年，*L. pereglinum* の選抜品種「Ballerina Rose」を発表している．スペインのバルセロナにある国立研究機関 IRTA は，民間団体と共同でスペイン原産および地中海原産のリモニウム100種の資源保護と園芸植物化のプロジェクトを組み，1988年から調査を開始した．その結果，スペイン原産の *L. serotinum* から品種「Olympic」を選抜し，（一季咲きだが施設内では6カ月間開花する）バルセロナ・オリンピック（1992）の優勝者に与えたブーケに使用している．近年オランダの Hilverda, B.V. もニュー・ハイブリッドの品種「Daiamond Series」を1999年に発売している。これらをまとめると表18.30のようになる.

ハイブリッド・リモニウムは，わが国で開発された品種群で海外でも多く栽培されている．主にオランダ，イスラエルとケニア，ザンビアなどの開発途上国で，組織培養苗は日本から輸出され，オランダ，イスラエルで順化された苗がさらにケニアやコロンビアなどに送られ栽培されている．これら日本のハイブリッド・リモニウム品種の切り花がオランダの卸売市場に出荷される量は表18.31のようになる．

2) シヌアータ

欧米でも1940年以前は，シヌアータの品種は成立していなかったようだ．米国のSeals, Joseph, L. (1990)によると1945年ころ「Market Growers」「Rosea-Superba」などが販売されていた．1960年から1964年の間に米国のGeo. J. Ball Inc.のカタログに「Iceberg」や「Gold Coast」などの品種が見られたが，1980年代になると各社ともシヌアータの育種に力を入れ始めた．1980年オランダのRoyal Sluisは「Fortrest Series」を発表し，1976年サカタのタネが早生品種「Early Blue」を育成発表してから，わが国暖地の冬季促成栽培が急速に広がった．さらに同社は1989年に「Excellent Series」を出している．タキイも1986年パステルカラーの品種「Sophia Series」を発表している．米国ではBodger Seedが「Turbo Series」，Waller Seedが「Summer Pastels」を，英国のCornelius Kieftが「Sunburst Series」を相次いで発表して品種の開発競争が加速した．一方，シヌアータの組織培養技術が米国のWang, P.J.やChou, T. S.によって開発され，わが国では組織培養系品種の育種も他国に先駆けて進んだ．

花色や草姿が均一で高品質の切り花が生産できるので，わが国の作付けも種子系品種に代わって培養系品種が拡大した．特にサンデー・シリーズ，クリスタル・シリーズやフラッシュ・ピンクなどが人気であった．この培養系品種も培

図18.151 Limonium属の分布地域（Baker, H.G., 1948）

表18.29 わが国で育成された宿根性リモニウムの主な品種*

種　名	育成品種	発売年次	育成過程など
アルタイカ	パイオニア	1984	アルタイカ実生選抜
	パートⅡ	1984	〃
	エミール	1988	〃
	トールエミール	1992	エミール枝変わり
ラティフォリア	ビオレッタ	1985	ラティフォリア実生選抜
	アビニオン	1987	
ペレズイ	マークⅡ	1981	ペレズイ実生選抜
	パィオレッタ	1985	
カスピア	リモージュ	1987	カスピア実生選抜
デュモサ	トレビアン	1984	デュモサの実生選抜

*ハイブリット系は除く

養苗がオランダなどに輸出され欧州の種子系を更新したが，オランダでもヒルベルダ社などが培養系の育種を開始し巻き返ししている．シヌアータの育種目標として前掲の Seals, J. L. (1990) は①病害抵抗性品種の育成，②花穂が大きく花茎が長い品種の育成，③ボンジュエリィ種のようなウイング（翼）のない花茎の品種の育成，④鮮明で均一な杏橙色，鮮桃色品種の育成を提案している．

わが国でのリモニウムの作付面積は約 400 ha (1994) におよびシュッコンカスミソウに次ぐ．生産は夏秋が寒高冷地の北海道，長野県，福島県，冬春生産は暖地の和歌山県，静岡県，高知県，千葉県などが主産地である．

(3) 生態的特性

1) 宿根性リモニウム

A. 一季咲きの種類

耐寒性の種類は冬季ロゼット状で休眠し，春温暖になると萌芽し生育して初夏から初秋の長日下で多くは開花する．これらは花成に低温遭遇を必要とするグループで低温の程度，遭遇期間は，花芽分化期など種類によって異なる．ラティフォリウム種は冬季 20℃では開花しないが，10～15℃に下げると開花するので低温要求温度は 10℃以下と見られる．花芽形成は 9 月下旬から始まり，11 月下旬までに完成するので自然低温に遭遇した 1 月上旬から加温すると 4～5 月には開花する（埼玉園試 1984）．アルタイカ種も低温は 10℃以下でそれほど低い温度要求ではない．吾妻 (1990) によると 10℃で 30 日間遭遇させ低温感応するので，11 月初旬まで自然低温に遭せてから，ハウスを 8～10℃に加温すると 2 月から順次開花し出荷できると言う．アルタイカにはパイオニアやエミールなど世界に通用する品種があるから，このような簡単な開花調節技術は大切である．

デュモーサム種は低温要求が多く自然低温では露地で 1 月下旬まで遭わせる必要がある．その後，最低 10℃に加温栽培すると 4～5 月に開花させることができる．

B. 四季咲き性の種類

カスピア種は吾妻によると冬季，夜温 3～8℃の温度域で栽培しても春に開花するので

表 18.30 ハイブリット・リモニウムの主な品種と特性

品種名	発売年度	育成経過	花色	開花性
サンピエール	1987	ラティフォリア×カスピ	青紫	四季咲
ベルトラード	1987	〃	〃	〃
ミスティーブルー	1984	〃	〃	〃
ミスティーホワイト	1988	ミスティブルー枝変わり	白	〃
ブルーファンタジア	1988	カスピア×ラティフォリア	紫桃	〃
サマーローズ	1994	シネンシスの実生選抜	桃	二季咲
サマーイエロー	1994	〃	淡黄	〃
ピンクダイアモンド	1995	〃	淡桃	〃

表 18.31 オランダの花き卸売市場 (VBN) に 1997 年に出荷された宿根，ハイブリット・リモニウムの日本育成品種の出荷シェア

品種名	日本品種別	出荷本数（千本）
ベルトラード	日本品種	18,152
ミスティーブルー	〃	2,369
サンピエール	〃	810
オーシャンブルー	〃	295
ミスティーピンク	〃	11
ミスティーホワイト	〃	811
ブルーファンタジア	〃	2
エミール	〃	14,983
ピンクエミール	〃	5,332
ラベンダーエミール	〃	2,238
トールエミール	〃	2,480
パイオニア	〃	116
欧州育成 13 品種計	欧州品種	5,132
合 計		52,743

注 1）本数は千本以下は切り捨てたので合計は合わない
注 2）原典はオランダ VBN の統計による

低温要求性はないのではないかと推定している．ペレズィ種も低温要求はなく冬季も10℃以上の加温栽培で開花を続ける．ハイブリッド・スターチスはカスピア同様，低温要求性はほとんどなく，冬季もハウスで10℃以上加温すると開花を続ける．むしろ据置した夏季高温下での越夏が難しい．このため寒高冷地や南米や南アフリカの熱帯高原では夏季もよく生育して良質な切り花を生産し，株も多年に渡って生存する．ニューハイブリッドはこの点，低温要求性は低いが残っているので自然開花期の5～6月以外は早期加温や株の冷蔵処理をして促成栽培をする．

図18.152　宿根性リモニウムの組織培養増殖苗の順化（オランダ，バンスターベーレン）

2) シヌアータ

シヌアータは秋に播種した苗は保温しないと戸外では越冬はできない．冬季の自然低温に遭った株は春，生長して開花する．生育適温は15～18℃で日長には鈍感で16～20時間の長日でやや開花が早まる．秋播きしたシヌアータは図18.153のように生長芽が冬季には主芽（クラウン）が座止し，その側芽が生長して花芽になる様相がある．しかし，種子の催芽時，または生育初期に一定の低温に遭遇すると主芽がそのまま発育して花成して加温すれば早期に開花する．播種後1～2日の発芽しかけた状態（播種トレイのままなど）で2～3℃に40日間低温庫に入れる種子春化処理をして，育苗すると開花が著しく促される．トレイを積み上げ，30～40日では発芽苗も傷まないので低温庫を有効に使用できる．この種子春化処理によりシヌアータの年末出荷の作型ができるようになった．しかし，春化処理は処理済みの苗を夏季高温のハウスや圃場に定植するので脱春化（devarnalization：高温により低温処理の効果が消滅する）が問題になる．このため夏季の高冷地育苗や冷房育苗（クーラー育苗ともいう）によって脱春化を防ぐ方法が考えられ実施されている．冷房育苗は60m²位のハウス内に冷房機を設置し，低温処理後のトレイを並べ昼温27～30℃，夜温18～20℃（冷房機稼働）を保ち，鉢上げしてから本葉10枚位までは昼温30℃前後，夜温16～18℃に定植まで育苗する方法である．

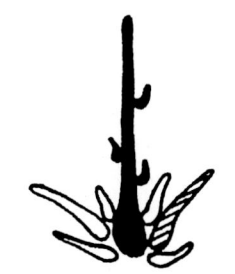

クラウン　　花茎をもつクラウン
座止または開花後枯死したクラウン

図18.153　シヌアータにおける芽の着生様相（冬季）（武田らの報告より抜粋，1984）

(4) 主な品種

1) 宿根性リモニウム

ハイブリッド・リモニウムも含めてすでに表18.29および表18.30に品種名や特性の要約も表示したのでこれを参考にしてもらいたい．ハイブリッド系については，わが国ではブルーファンタジアが作付けの80％を占めているが，オランダでは他の品種が圧倒的に多い．利用を考え品種の選択をすべきだと思う．

2) シヌアータ

A. 種子系品種

アーリーブルー（濃紫色の早生），エキセレント・ライトブルー（淡紫色早生），ソピア（パステル系混合極早生），ゴールド・コースト（黄色早生），アイスバーグ（白色早生），セルリアン・ブルー（パステルブルー中生）など．

図18.154 シヌアータの組織培養系品種「サンデーラベンダー」

B. 組織培養系品種

サンデーライトブルー（淡藤色極早生），サンデーピンク（淡桃色極早生），ルメール（淡藤青色中生），ミリオンブルー（濃紫色早生），ミリオンイエロー（鮮黄色早生）など．

(5) 作 型

宿根性リモニウムの作型は一季咲き性で露地に長期作づけるものと，四季咲き性で施設に長期作づけるものでは作型はかなり違う．

栽培地域の多いシヌアータは種子系，栄養系の違いによりまた，暖地，中間地，寒高冷地など地域別にも多様に作型は分化している．

ここではシヌアータの主な作型例を図18.155に示しておく．

(6) 栽 培

1) 宿根性リモニウム

各種類とも繁殖は組織培養なので苗は順化ポット苗で入手する．ポット苗は到着したら直ちに広げてハウス内で管理し慣らしてから定植する．宿根性は定植後数年据置することが多いので露地畑もハウスなども計画的に植える．植え床は堆肥など有機質を十分すき込み，元肥も施用するがリモニウムは少肥性なので，等量成分比の化成肥料を a 当り 5〜6 kg 与える．リモニウムには海岸に自生するものがあり耐塩性には強く，pH も 6.5〜6.8 位がよい．露地植えでは 3〜5 月に定植する．株間は 40×40 cm を基準とし条件によって調節する．アルタイカやデューモーサムは秋まで十分株を作り翌年の初夏にできるだけ多くの切り花を収穫する．ハイブリッド系やエミール系は定植後 120〜140 日位で開花し始める．定植後は他の花きほど手はかからず簡単である．露地，ハウスとも 2〜3

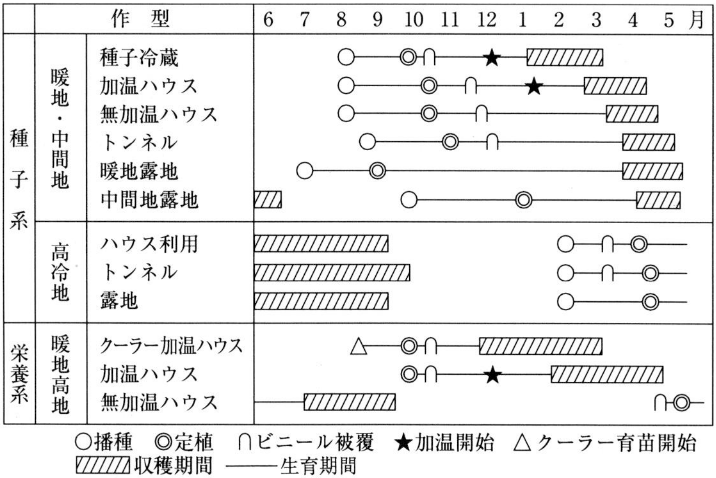

18. 切り花用花き [539]

作型			6 7 8 9 10 11 12 1 2 3 4 5 月
種子系	暖地・中間地	種子冷蔵	
		加温ハウス	
		無加温ハウス	
		トンネル	
		暖地露地	
		中間地露地	
	高冷地	ハウス利用	
		トンネル	
		露地	
栄養系	暖地高地	クーラー加温ハウス	
		加温ハウス	
		無加温ハウス	

○播種　◎定植　∩ビニール被覆　★加温開始　△クーラー育苗開始
////収穫期間　――生育期間
注）栄養系は組織培養苗

図18.155　シヌアータの主な作型の例

月に追肥を元肥の半量ほど施用する．リモニウムは多湿はよくないから，かなり乾燥気味に水管理することである．宿根性リモニウムは長期据置栽培になるから，切り花収穫後の管理も重要である．収穫後，ハウス内で休眠させて越冬させる場合には次第に灌水を控えて休眠状態にし，枯れた花茎や葉を整理して越冬させる．特に戸外で越冬させるには地域によって種類や品種により冬季の寒気と乾燥により枯死株がでることもあるから，時には防寒対策が必要になる．

2）シヌアータ

種子から播種育苗する場合と種子春化処理ずみのセルトレイ苗や組織培養繁殖のポット苗を購入して栽培する場合がある．現在の種子はほとんどクリーンシードで10ml当り2,500粒位でそのまま播種できる．発芽日数は早く3～4日で子葉は展開する．シヌアータは直根性なのでセルトレイ苗かポット苗にして定植する．種子春化はすでに述べた方法で処理し，さらに脱春化しないように育苗して定植する．組織培養苗も順化鉢上げ苗の初期は弱く，開花を遅延させないよう冷房育苗するか，できるだけ涼しい環境で育苗する．定植に当たって土壌消毒を完全に行い，元肥も施用しておく．元肥は作型によってやや違うが10a当たり肥料成分でチッ素5～6kg，リン酸10～12kg，カリ8～10kg位を標準に緩効性肥料を主に施用し，追肥は元肥の半量を液肥や速効性の肥料で施用する．シヌアータは施肥が多く，特にチッ素成分が高いと茎葉が大きく肥大し，翼が異常に大きくなって著しく品質を落とすので注意したい．作型により異なるがハウス栽培では平床植えか，3条植えにする．平床は幅1mの床に30×35cm間隔，3条植えは条間30cm，株間は35cm位に定植する．灌水は十分与えるが，かなり乾燥してから次の灌水をする．

シヌアータは乾燥に強く，水分が多いと多肥同様，茎葉が肥大する．草丈の伸びる晩生品種はフラワーネットを張るが早生，中生品種は必要ない．11～12月の出荷には早生品種を用いる．秋，冬出荷の施設加温栽培では秋から保温し，夜温が10℃以下に下がるようになったら夜間8～10℃に加温する．夜温を上げれば到花日数は早まるが，品質が軟弱になるのでその加減をしなければならない．

(7) 収穫，出荷
1) 宿根性リモニウム
ハイブリッド・リモニウムやニュー・ハイブリッド・リモニウム，アルタイカなど散房花序が密に分岐しその小花柄に小花を多数付けるも

図18.156　ニュー・ハイブリッドの品種「サマーチェリー」

のでは，採花のタイミングは案外難しい．とくに，花序の上から開花するものと，下から咲き上げるものがあるからである．花茎の花序全体の各小花柄の花が2～3花ずつ開いた時が切り前とする．採花するシーズンや輸送条件でさらに切り前を加減する．宿根性リモニウムは花冠が萎れやすく，脱落するものもあるから，延命剤の処理は必要である．採花した花茎は品質別に10本1束に結束し，宿根リモニウム専用の延命剤"コートフレッシュスターチス"の5倍液に8～10時間処理して出荷する．

2) シヌアータ
シヌアータの採花は花茎の分岐した花序の各花房の花が7分目位開いた時が切り前である．早切りすると著しく水揚げが悪い．適期に採花した花茎は下部のがくが展開しない花房をつけた側枝をかき取り，品質別に10本1束に結束し水揚げしてから箱詰めにして出荷する．シヌアータは水揚げが良いので延命剤の処理は必要としない．また，ドライフラワーにするには各花房が完全に開いてから採花して乾燥する．

(8) 病害虫防除
1) 炭疽病 (*Collettorichum gloeosporioides* Penzig)
葉や茎に多数の斑点を生じ次第に拡大した病斑になる．花が侵されると褐変して完全に開かない．地下部もクラウンロット状になり株も枯死する．播種床などで若苗の時にり病する．種子伝染の疑いもあるので米国ではベノミル剤とキャプタン剤の混合液で種子消毒をしている．発病を見たらマンネブダイセンを散布して防ぐ．

2) 灰色かび病 (*Botrytis cinerea* Perscoon)
シヌアータでは苗，花，茎，葉，株の何れにも発病し，感染部分は褐色の斑点が拡大し，特有のカビを発生し組織を腐敗させ，枯死させる．特に高温多湿の環境下では伝播は早い．病斑の付いた切り花は商品価値が無くなる．植物体にはゲッター水和剤1,000倍液などを散布して拡大を防ぐ．

3) 萎ちょう細菌病（*Pseudomonas caryophylli* Starr et Burkholder）
シヌアータの促成栽培では被害が見られる病害である．初め下葉に脈目に赤褐色に変色し，発病した側に葉や茎が屈折し維管束が褐変して萎れ，葉や茎の地際が腐敗する．細菌性病害なので，土壌消毒する他，り病苗の持込みをチェックする他はない．

4) 株腐れ病（*Rhizoctonia solani* Kuhn AG-4）
地際が褐変し茎葉が萎凋して枯れる立ち枯性病害である．幼苗から生育中の株に発生する．土壌伝染性であるから土壌消毒を徹底する他畑やハウス内の作業など清潔に注意する．

5) ウイルス
宿根性リモニウムはウイルスの被害はほとんど見ないが，シヌアータでは常に発生が問題になる．Lawson, R.H.(1986)によるとシヌアータのウイルスにはキュウリモザイクウイルス（CMV），カブモザイクウイルス（Turnip mosaic virus），スターチスウイルス（Statice virus），タバコラットルウイルス（Tabacco rattle virus），ソラマメウイルトウイルス（Broadbean wilt virus），トマトブッシィウイルス（Tomato bushy virus），クロバーイエローベインウイルス（Clover yellow vein virus）の7種のウイルスが知られている．組織培養によってこれらのウイルスがすべてフリー化できるかは明らかでないが，効果は大きいと考えられる．

6) ハスモンヨトウ（*Spodoptera litura* Fabiricius）
幼虫が葉を喰害する．一齢幼虫は集合しているのでこの時期に捕殺するか，オルトラン水和剤1,500倍液などを散布して防ぐ．

7) その他の害虫
アブラムシ，ナミハダニ類，コナカイガラムシなどが発生する．

参 考 資 料

1) 吾妻浅男・島崎純一 1980. スターチス・シヌアータの促成栽培に関する研究（第1報）低温遭遇，花芽分化および種子春化処理について．園学要旨，昭55秋．
2) 吾妻浅男 1990. スターチス・シヌアータの開花調節．平成2年度日種協育種技術研究会シンポジウム資料．
3) Baker, H.G. 1948. Dimorphism and monomorphism in the *Plumbaginaceae*. I, A. survey of the family. Annals of Botany, XVII. 12.
4) Baker, H.G. 1953. Dimorphism and monomorphism in the *Plumbaginaceae*. II. Pollen and stigmata in thr genus *Limonium*. Annals of Botany. XVII.
5) Choudhuri, H.C. 1942. Chromsome studies in some British species of *Limonium*. Annals of Botany. VI.
6) Fernandez, Juan R. 1992. Seleccion de nuevos *Limonium*, Horticultura 82.
7) Harazy, A., B.Leshem A.Comen and H.D. Rabinowich 1985. In vito propagation of Statice as an aid to breeding. HortScience, 20.
8) Lawson, R. H. and R. Kenneth Horst 1986. Enure statice crops by preventing diseases. Greenhouse

Manager. July.
9) 長野県野菜花き試 1980. スターチス類の栽培技術, 昭55試験成績書 (花き).
10) 武田恭明ら 1984. リモニウム属の生育様相と生育にともなう形態的変化の比較観察, 省エネルギー型施設園芸を目的とした宿根性花卉導入に関する基礎的研究 (科研成果報告).
11) 塚田晃久 1990. 宿根性リモニウム類の開花調節. 平成2年度日種協育種技術研究会シンポジウム資料.
12) 鶴島久男 1990. リモニウム類の育種, 平成2年度日種協育種技術研究会シンポジウム資料.
13) 鶴島久男 1991. スターチス類の切花生産における諸問題, リモニウム類の育種をめぐる諸問題, 平成3年度秋季園芸学会シンポジウム要旨.

18.44 リンドウ (学名:*Gentiana triflora* Pall. var. *japonica* (Kuzn. Hara), 和名:エゾリンドウ, 英名:Gentian) リンドウ科, 耐寒性多年生

《キーワード》: 切り花, 鉢物, 山草, 庭園

　植物学的上では *G. scabra* Bungei var. *buergeri* subvar. *orientalis* Toyokuniがリンドウであるが, 花き園芸上ではこのリンドウとエゾリンドウの選抜, 交配種の栽培リンドウを一般的にリンドウと呼んでいる. リンドウ属 (*Gentiana*) はアフリカを除く世界全域に約400種が分布し, 日本にも18原種と8種の変種が自生する.
　多くは耐寒性の強い多年生で, 茎は直立または斜上し, 高性から低性のものがある. 葉は茎に対生または輪生する. 花は茎頂または茎上部の葉腋に数10花ずつ付け, 花は釣鐘形かろ斗形で5裂し, 花冠は青, 青紫色で稀に黄, 白色である. 開花は種類によるが6月から10月である. リンドウは中国などでは根から生薬を取るため薬用として栽培されてきたが, わが国では花きとして栽培されるようになって, 交配, 選抜が進み切り花や鉢物の品種が育成され栽培されているが, 海外ではほとんど生産はない.
　リンドウ属は原種および変種が多く古くから多くの分類学者によって分類されてきたが, 豊国 (1961) はリンドウ属を次の7節に分けているのでそれに従って主な種をあげよう.

(1) リンドウ属の節の分類と主な種

1) ゲンチアナ節 (Sect. *Gentiana*)

日本に自生種はないが次の2種は時折栽培される.

①ルテア種 (*G. lutea*): 欧州, 中近東原産の黄花種で根が生薬の竜胆として有名. 栽培は少ない.

②プルプレア種 (*G. pulpurea*): アルプス, 北欧州原産で茎は直立し花は茎頂に多数付き, 紫赤色の花の筒部は黄色を帯びる. 欧州では切り花, 庭園用での栽培もある.

2) リンドウ節 (Sect. *Pneumonanthe*)

①エゾリンドウ (*G. triflora* var. *japonica*): 北海道から本州中部まで自生し, 茎は直立して丈は1m以上になり花は茎頂部または葉腋に付け, 紫赤色で開花は7〜9月であ

る．わが国で栽培されているリンドウはこの種の選抜や交配から成立したと見られる．エゾリンドウの近縁種には北海道中部に自生するエゾオヤマリンドウ（*G. montana*），本州北中部に自生するオヤマリンドウ（*G. makinoi*）などがあり，オヤマリンドウも栽培種の成立に関与していると言われる．

②リンドウ（*G. scabra* var. *buergeri* subcar. *orientale*）：真称のリンドウで一般のリンドウと区別するため別称ササリンドウと呼ばれる．北海道を除く日本全土に分布する．茎は直立または斜上し，丈は30～90cm，開花は9～11月と遅く，エゾリンドウとも容易に交雑する．栽培種の晩生品種は両種の交雑種とみられている．

この種のformaで九州，霧島地方原産のキリシマリンドウ（*f. procumbens*）は丈が10～20cmと低く，茎頂に数花付け，花色は濃紫色で8～10月に開花する．この種からは改良種として鉢物用のキリシマリンドウ，シンキリシマリンドウ，ツカサリンドウの品種が育成されている．

③アサマリンドウ（*G. sikokiana*）：本州南部の紀伊半島および四国に分布する日本固有種で，三重県朝熊山（アサマヤマ）で発見されたためこの名がある．

④トウワタリンドウ（*G. asclepiadea*）：南欧からコーカサス原産のリンドウで丈は30～50cm．濃青色の花で開花は6～7月である．

3）ヤクシマリンドウ節（Sect. *Kudoa*）

①ヤクシマリンドウ（*G. yakushimensis*）：この節はコーカサスから中国北西部，ヒマラヤに分布する種が入るが，ヤクシマリンドウだけが屋久島固有の独立種である．

②ヘクサフィーラ種（*G. hexaphylla*）：中国西部，チベット原産で丈は15cmと低く，葉は6枚が輪生する．花は青色で7～9月に開花する．

4）トウヤクリンドウ節（Sect. *frigida*）

①トウヤクリンドウ（*G. algida*）：アジア北部，米国北西部，日本の本州中部の高山帯に自生する．北海道の大雪山にはクモイリンドウが自生する．

②ヨコヤマリンドウ（*G. glauca*）：アジア大陸東北部，カムチャツカ半島，北米西北部に分布するリンドウで小形の多年草である．

5）ミヤマリンドウ節（Sect. *Chondrophyllae*）

　5a）ミヤマリンドウ亜節（Subsect. *Orbiculatae*）

①ミヤマリンドウ（*G. nipponica*）：北海道中部から本州中部の高山帯に自生する丈は10～15cm位と低く，花も小さい帯紫青色で，山草として栽培される．

②リシリリンドウ（*G. jamesii*）：ミヤマリンドウに似ており，分布もほぼ同地域である．丈も低いが，花はやや大きい鮮やかな帯紫青色．

　5b）フデリンドウ亜節（Subsect. *Annuae*）

①ヒナリンドウ（*G. aqua*）：日本の八ヶ岳の限られた地域に自生する．

②ハルリンドウ（*G. thunbergii*）：北海道および本州の高山帯に自生する．

③ヤクシマコケリンドウ（*G. yakumontana*）：屋久島の山地に自生する．

④コケリンドウ（*G. squarrosa*）：アジア大陸東部，台湾，日本の北海道を除く全土に分布する．非常に小型で萼片が刺状になる．

⑤フデリンドウ（*G. zollingeri*）：アジア大陸東部，日本全土に自生する1～2年生のリンドウである．

6）メガランテ節（Sect. *Megalanthe*）

①アカウリス種（*G. acaulis*）：アルプスからスペイン北東部，イタリアの高山帯に分布し，丈は5～10cmと低く茎は分岐しない．花はやや大きく鮮やかな濃青色で美しい．開花は5～7月，アルプスリンドウとかチャボリンドウと呼ばれ欧州やわが国でも鉢物や山草として栽培される．選抜された数品種もある．

7）カラティアーナエ節（Sect. *Calathianae*）

①ウェルナ種（*G. verna*）：欧州，コーカサス，シベリア西部に分布する．茎は分岐せず直立するが高さは5～10cmと低い．花は茎頂に単生し株のわりに大輪の鮮青色で5～6月に開花する．鉢物栽培される．

（2）わが国のリンドウの育種と栽培の発達小史

　リンドウの栽培は戦後の1950年（昭和25年）ころから長野県で始まったと言われるが，1952年に信州花卉園芸農協が発行した「長野県の花卉栽培」という176頁の小冊子にはリンドウの文字は見当たらない．しかし，著者は翌年，佐久郡，協和村（当時）の比田井，上田市の小田切（図18.157）なども小県郡西内村でリンドウ栽培を見ている．

　このころから始まったリンドウの切り花栽培は最初，北海道や長野県，東北地方の山掘株やその実生苗を栽培していたので品種はなかった．長野県では浅間，八ヶ岳系，岩手県では松尾，竜ケ森系，福島県では吾妻，磐梯系など地方の系統名がつけられて栽培されていたのである．切り花用リンドウの栽培品種として最初に登録されたのは岩手県園芸試験場が育成した「いわて」である（1977）．1982年には長野県の今井満行らがササリンドウから選抜した「晩信濃」を発表している．岩手県園芸試験場の吉池貞蔵はリンドウの育種に傾倒して多くの品種を育成し，民間育種家も刺激して，その後急速にリンドウの品種が出現している．例えば長野県の上原繁が「シナノスカイ（1990）」を，同県の瀬戸堯穂は花色が鮮明な淡紫で美しい品種「嶺明」を育成した他，多くの晩生品種を出している．ピンクの品種を最初に作出したのは栃木県の人見角一で「那須の乙女（1984）」である．さらに佐賀県の豆田菊美は鮮桃色の「ハイジ（1986）」を育成している．吉池（1997）によるとこの40年間に育成登録された切り花用品種は38種に及ぶ．また，わが国では鉢物用リンドウも特異に発達している．1980年，長野県の久保田が最初の鉢物用リンドウの品種「竜峡クイン」を育成したが，その後，東京都の久保田宋次郎は欧州のチャボリンドウから選抜固定した「アルペンブルー」を発表した．欧州系の種類から最初の育成品種である．

　リンドウの切り花が農水省の統計に現れたのは1985年からで，その後の作付けは伸びたもののここ数年は横ばいである（表18.32）．露地の夏秋生産が主であるから寒高冷地に限られ生産地は岩手県，長野県，福島県が主体である．早生から晩生品種の育成と露地および施設栽培によって出荷は5月から12月までの長期に及んでいるが，やはり季節の花として8月から10月が出荷のヤマである．

　リンドウの切り花栽培と品種はわが国独自に発展したが，海外でも関心が無かったわ

けではない．この種の花に着目してオランダなどは1985年ころリンドウの栽培用に日本から苗を入れているが，その後の栽培は聞かない．リンドウが欧州の気候に合わないのか，日本的な栽培技術が馴染まないのか非常に興味ある問題である．JA那須が1990年ころから「那須の乙女」の切り花を例年オランダに輸出していたがその後は聞いていない．また，前掲のリンドウ育種家吉池は園試退職後，JA安代（アシュロ）の花卉センターに勤務し，同地区を一大リンドウ産地に育てたが，さらに気候が反対の南半球のニュージーランドで切り花の委託生産をし，それを"JA安代"のブランドで2～3月に輸入して市場に出荷している．国産リンドウの端境期で価格も高い上に国内生産者にも影響を与えず，今後の日本の花きの方向の一つを示唆している．

（3）形態と生態的特性

リンドウは耐寒性の強い多年草で茎は直立し途中から分枝しない．地下に根茎を形成し冬季は休眠する．この根茎に芽を形成し春暖とともに休眠が覚醒し萌芽し数本の茎立ちになる．茎は伸長中に花芽分化し種類，系統によるが7～10月に開花する．花は茎の上部の葉腋10数節に2～3花付ける．花は長さ2.5～4cmの筒状で先端の花冠は5裂し，半開するものと斜開するものとがある．花色は青紫，桃，白色がある．葉は被針形または広被針形で対生する．

リンドウは冷涼な気候が適し夏季高温では生育が劣り，生育適温は10～15℃位である．休眠は低温要求が大きく，0℃で60日間遭遇しないと打破されない．休眠打破にはジベレリン処理が低温代償効果がある．低温に遭遇していない株の芽にジベレリン100ppmの濃度で1株当たりの芽に2.5ml程度処理して加温室に入れると萌芽伸長する．しかし促成や抑制開花には株を掘り上げて冷蔵処理するのが一般的である．花芽分化は茎伸長中に形成し，開花性にもよるが早生では5月下旬から分化する．花成には日長は僅か影響し分化は長日でやや促され，花芽の発育は長日で促進する．花芽形成には温度の影響は大きく，分化には10℃以上の温度が必要で高いほど花芽の分化，発育は早い．

（4）主な品種

主な品種としては次のものがある．
「いわて（花冠青紫，外側鮮青紫，中生）」，「晩信濃（花冠内側濃紫に外側紫地に暗紫赤色の縞筋，晩生）」，「嶺明（花冠ろう斗状で先端外反し内側，外側とも淡紫色，早生）」，「那須の乙女（花冠の内外とも淡桃色，極晩生）」，「イーハトーブ（頂部から下段の花が一斉に開花，花冠は内外とも鮮青色，早生）」，「さやかみどり（白色に黄緑の縞筋が入る，中生）」などの他に以前の「北海道系（淡青紫色，

図18.157　1953年ころのリンドウ切り花栽培（長野県上田市郊外の小田切花園で，左は小田切芳直氏）

早生)」,「岩手系」「福島系」「長野系」などがある.

(5) 作 型

リンドウも系統や品種に早生のものから晩生まであり,さらに保温や加温して萌芽後の生育を早め開花を前進させたり,秋に株を掘り上げ低温に貯蔵して人工的に休眠を打破させて施設内に植付け,加温してさらに早く開花させるようになった.また,自然低温に遭遇した根株を掘り上げ,低温貯蔵して夏季に植付けて晩秋に出荷するなど,ほぼ周年に出荷できる作型が分化している.リンドウの切り花栽培は数年据置して,毎年切り花を収穫する長期の作型で,主な作型例を図18.159に示しておく.

(6) 切り花栽培

[播種,育苗]

切り花用リンドウは株分けによる栄養繁殖もあるが,普通は種子繁殖をする.種子は細かく20 mlで1,200粒ほどあり,寿命が短くほぼ1年である.秋播きと春播きがあるが,ハウスで3月下旬から4月上旬に播種すると発芽も良く年内に株が発育する長所がある.発芽温度は20〜25℃が発芽率,発芽勢ともに良い.浅い播種トレイなどに腐葉土やピートモスを配合した用土を入れ,平らにしてから種子を均一にばら播き,薄く覆土し灌水する.播種,育苗は温度調節できるハウス内で行う.

発芽した苗は微細で生育も遅いが,指先でつまめるようになったら,ふつうのトレイかセルトレイに大きい苗を選んで4×4cm位に移植する.細かい作業でこれに労力が相当かかる.移植後は日除け下で温度も涼しく保ち活着をさせる.播種後3〜4月,秋播きでは越冬期間も含め5〜6カ月で定植する.

表18.32 わが国のリンドウ生産の作付けの推移
(農水省の統計より抜粋)

年 次	作付面積(ha)
1980 (S55)	379
1983 (S58)	419
1987 (S62)	529
1990 (H2)	648
1994 (H6)	–
1998 (H10)	680

図18.158 切り花用リンドウの品種「スカイブルーしなの」

[定植と管理]

リンドウは酸性土壌を好む植物で栽培には酸性土壌の畑を選ぶことが重要である.pHが6.5以上になると鉄やマグネシウムの吸収が阻害され葉にクロロシスを起こす.畑のpHがやや高い時はピートモスを多めにすき込んでpHを下げる.実生苗はなるべく大きくしてから定植する.2年株は休眠中で萌芽直前の状態で植付ける.定植床は長期作付けになるから,土壌消毒をして元肥も与えておく.リンドウ苗は施肥濃度には弱いので十分気をつける.a当たりチッ素,リン酸,カリは成分で各2〜4kgで緩効性肥料の施用が良い.追肥は600〜800倍程度の液肥を生育中月に2〜3回与える.植え床は90〜100cm幅の平床に株間25cm,条間30cmの3条植えを標準とし,栽培状況によって加減する.植付けに当たっては黒マルチかシルバーマルチで床を覆い乾燥,防寒,雑草を防ぐ.夏季には

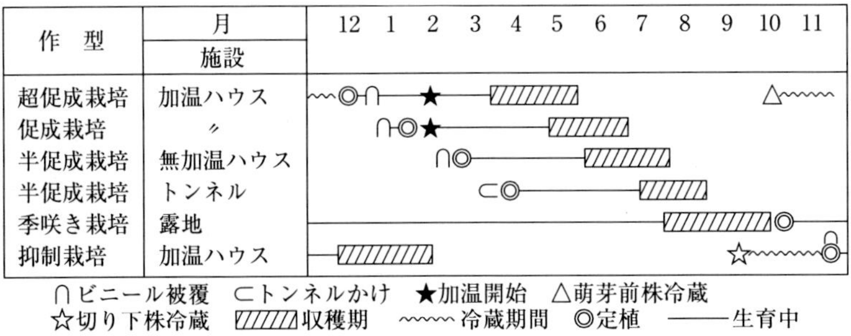

18. 切り花用花き [547]

作　型	月施設	12　1　2　3　4　5　6　7　8　9　10　11
超促成栽培	加温ハウス	
促成栽培	〃	
半促成栽培	無加温ハウス	
半促成栽培	トンネル	
季咲き栽培	露地	
抑制栽培	加温ハウス	

∩ ビニール被覆　⊂ トンネルかけ　★ 加温開始　△ 萌芽前株冷蔵
☆ 切り下株冷蔵　▨ 収穫期　〜〜〜 冷蔵期間　◎ 定植　──── 生育中

図18.159　リンドウの切り花栽培の作型例

乾燥するので時折灌水の必要がある．できれば点滴灌水チューブを設置したいが，給水管の設備がない場所では水路の水を流せるよう事前に計画しておく．支柱は針金やビニルひも，フラワーネットを張る．

　リンドウは生育が遅く，実生翌年，すなわち一年生の株では地下茎から4～5本の茎立ちで開花するから切り花品質は良いが収量はやや低い．しかし据置2年目には茎立ちが多くなってそのままでは品質が低下するから太くしっかりした茎を5～6本残し，弱い茎は高さ30cm位で芯を止め，翌年の株の充実に役立たせる．

[低温処理の方法]
　早期開花のための低温処理は早生の品種で2年株を用いる．9月下旬から10月上旬に株を掘り上げプラスチックコンテナにビニルを敷き掘り株を並べ，間に湿ったオガクズかピートモスを詰めビニルを乾燥防止に覆い，0～-2℃の低温庫に入れ，60日間処理をしてから出庫しハウス内に植付ける．出庫に当たってはハウスの温度に徐々に慣らし，その後は昼温25℃以下，夜温は10℃位を保つ．

[その他の開花促進]
　露地畑か，ビニル覆いを除いて自然低温に十分遭わせた後に，リンドウを1月下旬ころからハウスに入れ，日中保温し，夜間も植え床を二重ビニルなどで保温すると自然より早く萌芽し生育して季咲きより2カ月位早く開花する．

[抑制のための冷蔵貯蔵]
　リンドウの切り花生産で出荷の幅を広げたのはこの抑制栽培である．冬季から休眠している株を萌芽前に掘り上げて前記低温処理と同様な方法で冷蔵貯蔵する．早生の品種を使用し，2年生の充実した株を用いる．リンドウは低温に強いので8カ月までの貯蔵では，植付け後の生育，品質には影響を及ぼさない．出庫後，植付けてから開花するまでは品種や時期にもよるが約140日要する．8月上旬出庫して植えると12月中旬に，10月上旬植付けで2月下旬に開花する．

[切り花の収穫，出荷]
　切り花を採花する時期はシーズンによってやや違うが，ふつう頂部の花が開花し，上

から5～6節の花が着色した時が切り前で，茎下数節の葉を残して切除する．この時，ハサミなどを使うとウイルスが伝播する危険があるので，生産者は手で折り取るように収穫している．採花した花は下葉をかき取り品質別に10本を1束にし，水揚げしてから箱詰めにして出荷する．

[採花後の株の管理]

切り花の収穫後，翌年に備えて株の管理は重要である．季咲きや半促成栽培ではビニルを除去して自然低温に遭わせるようにし，降霜して茎葉が枯れたら集めて焼却し病害の発生を間接的に防ぐ．

図18.160　リンドウの切り花生産
（岩手県，安代地方の栽培状況）

(7) 病害虫防除

1) 葉枯れ病（*Septoria gentiane*）

葉に茶褐色の小斑点ができ，次第に拡大して円形灰白色の病斑になり，中に黒色の小斑ができる．伝染性が強いので発見したらマンネブ水和剤かトップジンM水和剤1,500倍液を散布して防除する．

2) 花腐菌核病

花弁に不整形の斑点を生じて花全体が褐変し，花の基部から茎を侵し枯死させる．被害部に黒色の菌核を作る．中，晩生品種に発生しやすい．薬剤はトップジンM水和剤，ポリベリン水和剤1,000倍液を散布し，発生圃場の茎葉は収穫後焼却する．

3) 褐色根腐病

リンドウ栽培では問題になっている病害でフザリウム菌による土壌伝染性の病害で薬剤防除は困難である．根に水浸状褐色の病斑が現れ，下葉から黄化して株全体が枯死する．クロールピクリンによる土壌消毒をし，植付ける苗をキャプタン水和剤200倍液に30分間，苗を浸漬してから植付ける．

4) ウイルス

リンドウには2～3種のウイルスが発生する．葉が細く波状に萎縮し，濃淡のモザイク模様が出る．接触伝染やアブラムシにより伝播するのでハサミの使用など接触伝染に注意し，早めに害虫防除に努める．

5) ネコブセンチュウ

リンドウには大きな被害を与えるので，圃場は苗を植付ける前に殺線虫剤を灌注し，消毒してから植付ける．

6）リンドウホソハマキガ（*Phalonidia rubricana* Peyerimhoff）

　幼虫が茎内に侵入し，髄部を喰害し内部を移動するので被害部は枯死する．ダーズバン40％乳剤を散布して防ぐ．

　7）その他の害虫

　ハダニ，オンシツコナジラミ，スリップスの被害が見られる．

参 考 資 料

1) 佐野　泰 1972. ゲンチァナ. 新花卉 No.76.
2) 佐野　泰 1974. リンドウの仲間. 新花卉 No.83/84 合併号.
3) 豊国秀夫 1980. 日本のリンドウ属. ガーデンライフ 1980, 9月号.
4) 長野県経済連 1987. リンドウ. 長野県野菜花き栽培指針, 長野県経済連刊.
5) 吉池貞蔵 1981. リンドウ. 園芸学会シンポジウム要旨. 昭和56年秋季.
6) 吉池貞蔵 1997. 4 リンドウの育種　昭和農業技術発達史　花き作編. 農林水産技術会議編, 農文協, 東京.

19. 鉢物用花き

19.1 アザレア (属名:*Rhododendron* L., 和名:セイヨウツツジ, オランダツツジ, 英名:Azalea) ツツジ科, 半耐寒性常緑低木

《キーワード》:鉢物, コンテナ花壇

　アザレアは約600種もある中の数種間の交雑により育成された園芸交配種グループで学名も現在は *R. simsii*, や *R. indicum* など交配親の原種名が使われている. 高さ1〜1.5m位になる常緑の低木で枝は分岐し, 茶褐色の産毛で覆われた楕円状被針形でやや革質の葉を付け, 表面は光沢のある暗緑色である. ツツジに似た径5〜7cmの一重または八重の花を茎頂に咲かせる. 園芸種の花色は緋赤, 鮭桃, 淡桃, 白などの単色, 覆輪, 絞りなどがある. 開花は3〜4月である. 高温にはかなり強いが, 凍結温度以下では枯死する. 温度処理による開花調節ができるので冬から春までの施設鉢物として栽培される.

(1) 育種と栽培の発達小史

　アザレアは中国原産の *R. simsii* Planch. (シナノサツキ) を中心に日本原産の *R. mucronatum* (リュウキュウツツジ) や *R. indicum* Sweet (サツキ) が交配されて欧州で育成されたとされる. 言い換えればこれらの原種が欧州へ紹介されてからで, その年代は不明であるが, 1820年ころにはドイツや英国で交配が始まっていたという. その後, オランダやベルギーで育種が進み, 特に1850年ころからベルギーが育種の中心になって今日に及んでいる. 20世紀に入ってベルギーではアザレアの育種が盛んに行われ, いわゆるベルジアン・アザレア (Belgian Azalea) が生まれている. 第二次世界大戦後, アザレアの育種とともに苗も生産をして世界に輸出するようになった. ベルギー北西部の古都ゲント (Ghent, ヘント) 近郊には約130戸のアザレア苗専業生産者がある. アザレアの鉢植えには3年生苗を植えるため, 年間200万本以上の苗が世界に輸出されている.

　ベルジアン・アザレアは米国にも導入され, 1920年ころこれに日本クルメツツジ (*R. obtusum* Planch.) を交配して小輪多花性のペリカット・グループ (Pericat group) が育成されている. その後, 1935年ころオハイオでベルジアン・アザレアにクルメツツジやオオムラサキツツジ (*R. oomurasaki* Makino) を交配してラザーフォード・アザレア・グルー

図19.1　ベルギー, ゲント地方のアザレア苗生産者の苗圃場

プ (Rutherford Azalea group) が育成され，このラザーフォードにベルジアン・アザレアやクルメツツジを交配してベルジアン・アザレアより小輪多花性，性質強健，低温栽培可能で周年開花性をもつ米国系アザレアが育成されている．これらはカリフォルニアのヨーダーブラザーズ社などから販売され，わが国にも1945年ころ導入されたが，ほとんど栽培されなかった．

　ベルジアン・アザレアはわが国へは明治25年ころ導入されたといわれるが，その後種苗会社により輸入されて，わが国でも冬季から春にかけて施設鉢物として栽培されるようになった．ベルジアン・アザレアの品種は原名のままでは日本の生産や販売に馴染まないので，ほとんどの品種には和名が付けられて取引されていた．例えば Frederik Sander は「十二一重（ジュウニヒトエ）」，Mme R. de Smet「玉垂錦（タマダレニシキ）」などである．しかし最近は原名で呼ぶ品種が増えている．

　1935年ころから新潟県新津市近郊で苗生産が始まり，現在に及んでわが国のアザレアの唯一の苗供給地になっている．わが国では施設鉢物のシクラメンやポインセチアなどの後作に購入苗を鉢上げし短期で出荷できる作型が最も多い．

(2) 生態的特性

　ここではベルジアン系について述べる．同系統の生育適温は20～25℃と他の植物より高い．花芽分化は18℃以上で形成され，それ以下では栄養生長を続ける．花成に対する日長はベルジアン系では判然としないが，ある研究者は量的短日植物に近いとしている．それは米国のクリレイ（Criley, R.A., 1969）が品種「ヘクセ（Hexe）」を8時間の短日で花芽分化を早め，さらにCCC (0.4%) ドレンチ処理を加えると花芽分化が促進されたという報告で裏付けられている．アザレアはCCCやBナインなどの生長調節剤が単に草丈のわい化だけでなく，花芽形成を促し，花蕾数を増加させることが多くの研究者によって認められている．

　また，アザレアは自然状態では8月中旬に花芽を形成し，その後休眠に入り，冬季の15℃以下の低温に一定期間遭遇して覚醒する性質がある．このため早期の促成を行うには生長調節剤処理で花芽形成を促し，その後の休眠を早期に打破する必要がある．休眠打破に必要な低温処理は10℃に6週間処理するが，秋冷季から冬にかけての自然低温で（凍害を受けないよう注意）容易に処理できることになる．さらに低温処理は，ジベレリンで代償できる．花芽分化後ジベレリン500～1,000 ppm を2回散布すると有効である．

(3) 主な品種

[ベルジアン系]

　「十二一重（ジュウニヒトエ Frederik Sander：濃紅色八重咲き早生）」「玉垂錦（タマダレニシキ Mme R. de Smet：鮭桃色八重咲き早生）」「大八州（オオヤシマ Vervaeneana Alba：純白色八重咲き中生）」「王冠（オウカン Albert and Elizabeth：白地に緋紅色の覆輪八重咲き中生）」「オレンジ・ミッションベル（Orange Mission Bell：橙色八重咲き早生）」「キメス（Chimes：緋赤色八重中生）」「ローズ・クイーン（Rose Queen：濃桃色八重中生）」など．

[米国系]

「レッド・ウイング（Red Wing：緋赤色八重咲き四季咲き性）」「アラスカ（Alaska：純白色八重咲き四季咲き性）」「ドロシイ・ギィシィ（Dorothy Gish：緋赤色半八重四季咲き）」「グロリア（Gloria：桃色半八重四季咲き）」「ドッグウッド（Dogwood：純白色一重四季咲き）」など

（4）作　型

すでに述べたようにベルジアン系はBナインで花芽分化を誘導し，再処理によって側芽（花芽周辺の）の伸長抑制，ジベレリン処理により低温代償効果を利用することにより図19.3のような周年出荷の作付が可能になった．極早生，早生品種の利用に限られるが，開花調節しやすい品種も増えている．

（5）栽　培

[繁殖と苗株の養成]

アザレアは挿し芽で繁殖する．鉢栽培では苗専門業者から2～3年生の苗を購入して栽培する場合と，自家増殖して育苗し鉢栽培するものとがある．挿し芽は咲き終った芽の周辺から伸びた新枝を5～6月ころに4～5cmの長さに切り，下葉を除いてピートモスとバーミキュライト半々に混合した挿し床に1.5cm間隔位に挿す．遮光したハウスを閉め切って日中室温度を30℃以上にして発根を促すと4週間位で発根する．その後挿し床や挿し箱のまま時折薄い液肥を与えて翌春まで

図19.2　アザレアの米国系品種「Improved Red Wing」

図19.3　アザレアの生長調節剤利用による開花調節した作型例

×最終摘心　BはBナイン処理　Gジベレリン処理　▲夜間加温開始
―――― 生長期間（20～25℃）　------ 花芽形成期間（18～20℃）
////// 開花出荷期

養成し，その間一度摘心しておく．3～4月に径12 cm鉢に鉢上げする．この鉢で株養成中に側枝が7～8 cm伸びた時，枝の勢いに応じて先端を刈り込み，これを2～3回繰り返して図19.4のようなイメージに株を仕立てる．

「用土と施肥」

アザレアは酸性土壌で良く生育するので，ピートモス単用か，混合して用いるのが良い．赤土6：ピートモス4か，バーミキュライト5：ピートモス5などが適している．施肥に関してはドイツのPenningsfeld, F., 1962)の詳細な実験がある．彼のデータは再現性が高いので筆者は随所に引用してきたが，ここでは結論だけ紹介する．ピートモス単用培地1l当たりの施用成分で苗は$N = 70～100$, $P_2O_5 = 25～70$, $K_2O = 50～100$ mg，成株では$N = 140～200$, $P_2O_5 = 50～150$, $K_2O = 100～200$ mgが良いということになる．これらを施用肥料に換算し，元肥ではマグアンプKなど緩効性肥料にし，追肥は液肥として施用するのが一般的である．

［最終摘心と生長調節剤処理］

株養成中の摘心とは違い，最終摘心は出荷期，生長調節剤処理時期をも決める重要なタイミングである．すでに作型図に示したが，最終摘心後新枝が5～6 cm伸びた時点でBナインを散布して花成を促す．花芽が形成された後は出荷予定時期から逆算し，ジベレリンを処理して低温遭遇と同じ効果で休眠をさせず花芽を発育させる．

［栽培温度およびその他の管理］

花芽分化期には夜温を18℃以上に保ち，休眠期には夜温5℃位に下げることができる．しかし，品種によっては低温で花芽が枯死するものがあるから8℃以下では注意を要する．開花に向けての温度管理は20～25℃を保ち，夜間温度も15℃前後を保ちたい．アザレアの場合，高温管理の期間は短いので生産費としての負担は少ない．他の鉢物同様，鉢の間隔（スペーシング）は重要で株の発育に応じて早めに鉢の間隔を広げる．込み合うと品質を著しく低下させるからである．また，栽培施設は冬季を除いて30～40％位の遮光を必要とする．

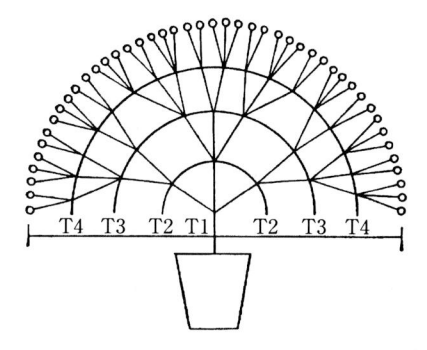

図19.4 アザレアの理想的な摘心図
（T1～T4は摘心位置，Heursel, J., 1979）

［出　荷］

最近の品種は花付きが多く，かなり開花した状態で出荷するようになった．年

図19.5 アザレア鉢栽培の温室
（ベルジアン系）

末出荷では7～8輪開花した鉢，気温が高い時期は4～5輪開いた鉢を出荷する．
(6) 病害虫防除
1) 褐色斑病 (*Septoria azaleae* Voglino)

最初，葉に淡褐色から暗褐色の小斑点が現れ，次第に大きくなって褐色の病斑になる．発生は施設内で秋から春にでる．マンネブダイセン水和剤1,000倍液を散布して防除する．

2) さび病 (*Chrysomyxa rhododendri* De Bary)

葉の裏にいぼ状の黄色または赤褐色の斑点ができ，やがて粉状の胞子を出す．胞子で伝播するので発生を見たら早期にマンネブダイセン水和剤500倍液を散布して防除する．

3) 灰色かび病 (*Botrytis cinerea* Persoon)

アザレア栽培で開花期近くになると発生しやすい．花，茎，葉ともに侵し，最初，淡褐色の斑点ができ，拡大して黒褐色の病斑に変わり患部にかびを生ずる．花や花蕾を侵すと黒変して腐る．トップジンM水和剤1,500倍かゲッター水和剤1,000倍液を散布して防ぐ．

4) ベニモンアオリンガ (*Earias roseifera*)

幼虫が年3回位発生し新枝の生長点に食い入る．花芽を食害するので商品価値を失う．マラソン乳剤1,000倍液を数回散布するか，オルトラン粒剤を鉢に施用して防除する．

5) その他

害虫には，グンバイムシ，ハダニ類，オンシツコナジラミなども発生することがある．

19.2 カルセオラリア (学名：*Calceolaria* × *herbeohybrida* Voss，和名：キンチャクソウ，英名：Slipperwort) ゴマノハグサ科不耐寒性一年生

《キーワード》：鉢物，花壇

カルセオラリア属はチリ，ペルー，メキシコなどに約200種以上が分布するが，現在，鉢物として栽培されているカルセオラリアはいくつかの原種が交配された交雑種だとされているが，その過程は明らかでない．1822年，チリ原産の常緑多年生の*C. arachnoidea*が欧州に導入され，続いて*C. crenatiflora, C. corymbosa, C. purpurea*などが入り，これらが交雑されて*C.* × *herbeohybrida*が1830年ころに英国で育成されたと推測されている．記録の上で残っているのは1885年からドイツのベナリー社が育種を開始し，1904年には大輪で色幅のあるグランディフローラ系 (grandiflora) の「Olympia」他6品種を発表している．さらに1935年には小輪多花性で黄色および橙色で耐寒性の強いマルティフローラ・ナナ系 (multiflora nana) の4品種を育成している．その後はグランディフローラ系とマルティフローラ系も交配されて多様化し，1960年には日本の坂田種苗がF_1品種「デイライト・シリーズ」を育成すると，ベナリー社も1967年にはF_1品種「ビキニ・シリーズ」を育成してカルセオラリアにもF_1時代が到来している．

C × *herbeohybrida*は不耐寒性の一年生で，卵形または広楕円形のせん毛で覆われた葉をロゼット状に展開するが，その中心から花茎を抽出し先を分岐して袋状の花を付ける．花色は黄色，橙色，赤色の単色または複色か斑点が入る．花径はグランディフローラ系

で4〜6cm，マルティフローラ系では2〜3cmである．

欧州では $C \times herbeohybrida$ 種の他 $C. integriflora$ (syn. $C. rugosa$) も花壇用として栽培され，品種も選抜されている．

(1) 生態的特性

生育適温は7〜15℃で1〜2℃の低温でも葉は傷まないがそれ以下では凍害を受ける．高温では生育が弱り30℃以上になると生育も衰える．花芽分化には7〜10℃の低温が必要であるが，花芽が形成された後は15℃以上を保つ．花芽の発育は長日でやや高い温度で促進される．発芽温度は15〜20℃で，育苗温度は15℃，中苗で花芽分化時10℃前後の温度を保ち，開花を早めるには20℃位の温度にする．

図19.6 カルセオラリアの原種（種名不明）

(2) 主な品種

[グランディフローラ系]

「F_1 ドワーフ・コンフェティー・ピュアーエロー（F_1 Dwarf Confetti Pure Yellow：純黄色）」「F_1 ドワーフ・コンフェティー・ディープレッド（F_1 Dwarf Confetti Deep Red：赤色）」「F_1 グロリア・リッド（Gloria Red：赤色）」「F_1 マンモス・ジャイアント（Manmoth Giant：赤，黄，桃色の混合品種）」など．

[マルティフローラ系]

「F_1 デイライト・クリムソン（Daylight Crimson：赤色単色）」「F_1 デイライト・エロー（Daylight Yellow：黄色単色）」「F_1 ミオ・ミックス（黄色に赤斑点，赤色，橙色に斑点の混合品種）」「F_1 ゴールデン・センセーション（Golden Sensation：黄色単色多花性）」など．

(3) 栽　培

種子繁殖で種子は1ml当たりレギュラーシードで5,000粒位の微細種子である．1,000鉢目標で0.5ml位の種子を用意する．これらをセル成型トレイに2粒播きとする．発芽温度は15〜20℃を保つと10〜15日ほどで発芽する．2〜3月出荷には8月中〜下旬の夏季高温期に播種し，9月下旬から10月上旬に鉢上げする．用土は鉢物調整用土を用い，肥料は元肥として用土1l当たり成分でN＝100，P_2O_5＝80，K_2O＝120mgあるいはマグアンプKを2g配合する．鉢は10または

図19.7 カルセオラリアのマルティフローラの品種

12cm鉢に上げる．12月上～中旬に15cm鉢に鉢替えし用土の元肥は鉢上げ時の倍量加える．中鉢，定植鉢での栽培中には液肥の追肥を与える他，適度な鉢間隔をとるための鉢広げを行う．10～11月は夜温を10℃以下に保ち花芽分化を促進する．花芽が完成してからは栽培温度によって開花期をある程度調節できる．一般には日中は換気をして涼しくし，夜間は10～13℃位保つ．日照は充分あった方がよい．

出荷はグランディフローラ系品種は1鉢で花が10～15輪ほど開花したとき，マルティフローラ系品種では18～20輪位開花した状態で出荷する．

(4) 病害虫防除

病害は立枯れ性の病害，灰色かび病などで害虫はアブラムシやオンシツコナジラミなどの発生を防ぐ．

19.3 カンパニュラ類 (属名：*Campanula* L., 英名：Bell Flower, 和名：ホタルブクロ属) キキョウ科，主に耐寒性多年生

《キーワード》：鉢物，切り花，山草，花壇

　北半球の欧州を主にシベリア，アジア，北米などに約250種が分布し，わが国にも4種，2変種が自生する．園芸上，鉢物，切り花，花壇用に利用される種も相当ありその特性もやや異なる．主に多年生で耐寒性は強く，冬季には地上部は枯れて越冬する．葉は鈍鋸歯をもつ卵形または広被針形で互生または根生し，茎は直立性か分岐，ほ伏性もある．花は釣鐘状で茎頂または上部の葉腋に上向き，または下向きに付け，花色は青紫，淡藤，紫か白色で開花は種類にもよるが初夏から初秋の間である．

(1) 栽培される主な品種

　1) カ・カルパチカ (*Campanula carpatica* Jacq.)

　東欧のカルパチャ山脈 (Carpatians, チェコ，ポーランド国境)，ハンガリー原産の多年生で，茎は直立，斜上して分岐し高さは15～30cmになる．葉は卵状円形で鈍鋸歯があり，花径3～4cm大輪の盃状上向きで頂生し，自然開花は6～9月である．園芸種として最近は選抜系や *C. raineri* などとの種間雑種などからコンパクトに育つF_1を含む鉢物用品種が育成され，北欧では栽培が多い．繁殖は種子，わが国には1926年に導入されている．

　2) カ・フラギリス (*C. fragilis* Cyrillo)

　イタリア南部原産の多年生で茎は分岐多く心臓形円状の小葉を付ける．不正形で粗い散房花序を呈し花被が細く裂けたベル状の小花を多数付ける．花色は青紫か白で6～7月に開花する．分枝した茎は細く垂下するのでハンギング・バスケットなどに利用される．とくに欧州ではよく見かける種類である．繁殖は種子で，日本には1930年ころ導入されている．

　3) カ・グロメラタ (*C. glomerata* L.)

　欧州，アジア北部に原産する耐寒性の多年生で茎は直立し頂部に筒部の長いベル状の花を密生してくす玉状に咲くのが特色である．株全体が細毛で覆われ，花色は濃紫色で開花期は5～6月，草丈は40～50cmになり，わが国では"リンドウ咲きカンパニュラ"

とも言われ切り花用として栽培されている．品種には桃色の「アロリーナ」などがある．デンマークでは丈の低い系統を選抜し鉢物用としても栽培している．また，この変種 var. *dahurica* はシベリアや日本の九州にも自生しヤツシロソウと呼ばれている．繁殖は種子や株分けもある．わが国には 1900 年ころ渡来している．

4）カ・イソフィラ（*C. isophylla* Moretti.）

イタリア北部からオーストリアのアルプス地方の原産で，高さ 10〜20 cm になる多年生で下部からよく分枝し心臓状卵形の 3.5 cm 位の浅い鋸歯葉を付け，茎頂や葉腋に径 3〜4 cm の星形の花を付ける．花色は藤紫色か白色で 7〜10 月に開花する．欧州では鉢物として栽培され品種も育成され，わが国でも栽培されるようになった．繁殖は種子による．

5）カ・メディウム（*C. medium* L.）

フウリンソウとも言い南欧原産の半耐寒性の二年生である．高さは 30〜100 cm 位になり細毛を帯びた茎を直立して卵状被針形の浅緑色の葉を付け，分岐した小枝に深いコップ状のやや大輪の紫，藤，白色の花を 5〜6 月に咲かせる．高性は切り花，中性は花壇用，そしてわい性は鉢物に栽培される．園芸種には二重咲きで，外側の花冠が短く外に開き，内側の花冠が普通の長さになる cup-and-saucer タイプと外側，内側の花冠が同長の hose-and-hose タイプがある．品種も草丈別に F_1 品種を含む数品種が育成されている．わが国には 1870 年ころに渡来している．

6）カ・パーシシフォリア（*C. persicifolia* L.）

モモバキキョウとも言い，欧州，アジア西部，北アフリカに広く分布する多年生で高さ 60〜90 cm 位になり，直立性の茎に被針形濃緑の葉を付け茎葉は無毛．茎の上部の葉腋に 1〜数花をやや上向きに咲かせる．花は径 3〜4 cm で浅く盃状に開き，花色は淡青藤色か白色で，二重咲きもある．開花は 5〜7 月．切り花用として品種が多数育成されている．繁殖は株分けもするが，切り花栽培では種子繁殖をする．わが国には 1930 年ころに渡来している．

7）カ・ポルテンシュラギアナ（*C. portenschlagiana* Schult.）

わが国では一般にベル・フラワーとかオトメギキョウとも呼ばれている．ユーゴのダルマチア地方（Dalmatia）原産で，高さ 10〜15 cm の常緑半耐寒性の多年生で全株無毛である．茎は細く密生し葉柄のある心臓形の小葉を付け，小さいろう斗状で鮮明な藤色の花を株の頂部に多数付けて美しい．小型でコンパクトに育つため小鉢用に栽培される．開花後，地下に多数の吸枝を発生して殖える．この種に *C. poscharskyana* を交雑したバーチ・ハイブリッド（Birch Hybrid）はやや花が大きい．繁殖は株分けか吸枝による．わが

図19.8　カ・ポルテンシュラギアナ種の花（オトメギキョウ）

国には1925年ごろ導入されている．

8) その他

この他，切り花で *C. lactiflora* も国内で生産されており，デンマークやオランダでは *C. cochleariifolia* Vahl.や *C. garganica* Ten.が鉢物に栽培されている．千島列島や日本の北海道，本州に自生している *C. lasiocarpa* Cham.（イワギキョウ）や *C. pilosa* Pall. var. *dasyantha* Herd.（チシマギキョウ）は山草界では重要な種類とされている．

(2) 品種の発達小史

カンパニュラ類は種類が多いことから，19世紀に入って欧州の育種家によって種間交雑が行われたが，その経過や記録は明確に残されていない．また，本格的に育種が進んだのは20世紀後半で種苗企業の育種になってからである．再三登場する老舗の種苗会社ドイツのベナリー社では19世紀末にカンパニュラの育種を開始し，1888年にはメディウム種の4品種，1914年には9品種を発表している．また，1896年にはパーシシフォリア種の選抜種「Grandiflora」を発表している．さらに1964年にはグロメラタ種の1品種，1968年にはカルパチカ種の品種「Blue Clips」「White Clips」を育成している．サカタのタネは1991年に，秋播きして春に100％開花する，一年生タイプのメディウム種としては初めての，F_1 品種「メイ・シリーズ」を育成している．さらに同社はフラギリス種の F_1 品種「ジューン・ベル」も1989年に発表し，カンパニュラの F_1 時代を開拓している．イソフィラ種の鉢物用 F_1 品種「トップスター・シリーズ」は1992年にデンマークのデンフェルト社が発売し，続いて同社からカルパチカ種の F_1 品種「スター・シリーズ」を発売している．オランダのサーヒン社も1990年，カルパチカ F_1 品種「ユニフォーム・シリーズ」を発表している．これらは種子から温度管理と長日処理で周年出荷が可能になった．

(3) 生態的特性

カンパニュラは各種によって生態反応がかなり違う．ここでは栽培の多い種の生態的特性を述べる．

［メディウム種］

カンパニュラの中では切り花，鉢物生産とも最も多い種類である．従来の固定品種は典型的な二年生として3～4月に播種し秋の低温期まで株を大きくして，幼若相を経過したものを自然低温に遭遇させ，その後の長日条件下の初夏に開花する．しかし最近の F_1 品種は秋に播種しても初夏に100％開花する．すなわち低温要求も少なく一年生に近い生態になって生産しやすくなっている．5℃以下の低温に50日間遭遇で感応する．日長についても従来の品種は短長日植物だと言われ（Runger, W., 1978），5℃位の低温は短日の代わりをし，短日（低温）の期間も長日期間も花成には4週間の低温持続が必要だとしている．

メディウムを早期開花させるには株冷蔵とその後の加温，長日条件で栽培する．

［パーシシフォリア種］

パーシシフォリア種やグロメラタ種などの，宿根性カンパニュラと言われているグループは低温要求量が大きいものが多い．例えばパーシシフォリア種では2月中旬まで自然低

温に遭わせてから加温,長日にしないと開花は前進しない(勝谷1994).グロメラタ種はパーシシフォリア種と同程度の低温要求量(2月中旬まで自然低温)であるが,その後加温,電照で開花が2カ月早められる.

[フラギリス種]

この種は低温要求量は中位でメディウム種に近く,5℃以下の温度で約50日位と見られる.12月中旬まで自然低温に遭わせてから加温,長日処理で大幅に開花が前進する(浅野1994).日長は長いほど開花は早まり14時間日長では自然日長より50日位開花が早まる(浅野1994).フラギリスの場合の長日処理の電照は光中断より前夜照明の方が効果が高い.固定品種とF_1品種の間では日長反応については大差がない.

図19.9 切り花用に多いパーシシフォリア種の品種

[ポルテンシュラギアナ種]

鉢栽培の多いベル・フラワーは自然低温に遭わせた株を12月中旬加温,長日を開始すると開花が早まるので,低温要求量は5℃以下で650時間(27日)と少ない(大森1991).地域にもよるが11月下旬に加温,長日にすると3月10日には100%開花している(浅野1994).本種も日長は14時間の長日が促進効果があり,しかも深夜に照明する光中断(2〜3時間)の効果が高かった.さらに光源に近いほど開花が早いという特性も認められている(浅野1996).

[カルパチカとイソフィラ種]

これらは常緑の多年生で花成には特に低温要求はなく,長日で促進される種類である.このため欧州では母株から挿し芽で繁殖し,日長を調節してほぼ周年鉢栽培ができる種類として扱われてきた.しかし,近年,両種とも多花性でよりコンパクトに仕上がるF_1品種が開発されて,さらに周年栽培が容易になった.この種は他のカンパニュラより長い日長を必要とし,18〜20時間なのでわが国で栽培に失敗するのはこの電照処理である.イソフィラ種はRunger, W.(1978)によると質的長日植物で,限界日長は12〜15℃の時は16時間,18℃の時は15時間,21℃の時は14時間となる.長日開始から開花までは60〜70日要する.F_1品種になると幼若期間が短くなるので到花日数はさらに短縮できると思われる.

(4) 各種の主な品種

メディウム種:

　[切り花用品種]「F_1メイ・ブルー(淡青紫色)」「F_1メイ・ピンク(淡桃色)」「F_1メイ・
　　　ホワイト(白色)」など.

　[鉢物用品種]「ベル・オブ・ホーランド・セレクト・パープル(紫色)」,「ベル・オブ・
　　　ホーランド・セレクト・ライトピンク(淡桃色)」など.

パーシシフォリア種：
　［切り花用品種］「ダブル・ホワイト（白色二重咲き）」「ブルー・ダブル鮮紫色二重咲き）」
　　　　　　　　「チェトラチャーム（淡藤色に白のぼかし）」など．
グロメラタ種：
　［切り花用品種］「カロリーナ（淡藤桃色の星咲き）」
ポルテンシュラギアナ種：
　［鉢物用品種］一般に栽培されているものに品種名はない．交配種にバーチ・ハイブリッ
　　　　　　　ド（花はやや大きいが株はコンパクトではない）がある．
イソフィラ種：
　［鉢物用品種］「F_1トップスター・ブルー（紫桃色）」「F_1トップスター・ホワイト（白色）」
カルパチカ種：
　［鉢物用品種］「F_1ブルー・スター（紫藤色）」「F_1ホワイト・スター（白色）」「F_1ユニ
　　　　　　　フォーム・ブルー（紫青色）」「F_1ユニフォーム・ホワイト（白色）」など．

(5) 栽　培

1）鉢物栽培

［メディウム種］

　種子繁殖で種子は2ml当たり2,000粒位の微細種子で発芽適温は18～20℃，播種には光好性なので覆土しない．3～4月出荷には前年の5～6月播種し9月ころに鉢上げして生育させ，1月下旬まで5℃以下になる無加温ハウスで栽培して低温に遭遇させ，その後加温ハウスに入室して夜間8～10℃に加温するとともに，電照を夜10時まで点灯し開花まで継続する．ふつう播種はセルトレイに播き，トレイで育苗したものを5号鉢に上げる．用土は鉢物専用の調整用土に元肥としてマグアンプKを用土1l当たり2～3g配合したものを用い，生育中は液肥を施用する．

　花茎が抽台し始めた段階で伸び過ぎを抑えるためBナインの400倍液を散布し，さらに2週間後まだ伸びている株だけ再散布して均一に揃える．花は5～6輪開いた時に出荷する．2年生の株を夏季に冷蔵して12月ころ出荷する方法もあるが，冬季に出荷することは勧められない．

［カルパチカ種］

　F_1品種が出てから鉢物としての周年出荷が容易になった．播種はメディウムと同様でよい．発芽温度はやや高めで20～22℃位を保ちたい．発芽後は昼間18℃，夜間15℃を目安に温度管理をする．この点，夏季高温になる平地や暖地では時期により栽培できない．播種後40～50日で鉢上げする．ふつう10～12cm鉢がよいが大鉢は3～4株を寄せ植えとするか，生育に期間をとり株を大きくしてから長日にして開花を促進させる．用土，元肥はメディウムと同じでよいが，多肥やECが高いと濃度障害がでる．生育中は昼温18～22℃，夜間は15℃位を標準に管理する．開花には18～20時間の長日を必要とするため，わが国ではほとんど周年電灯照明による長日処理が必要である．栄養生長している株を花成させるには最初の2週間は12時間日長に，その後は開花まで18～20時間日長になるよう電照する．電照時間はその地方の自然日長を基礎に延長時間を算出して

電照する．光量は1m²当たり30〜40ワットの電灯で照明する．シーズンにもよるが播種から開花までの栽培期間は11〜13週間である．

また，イソフィラ種のF₁品種の栽培もカルパチカに準ずる．

［ポルテンシュアギラナ種（オトメギキョウ）］

市場ではベル・フラワーと呼ばれわが国では伝統的に栽培されてきた．出荷できなかった株を母株として残し，花後，鉢から抜いて根土をふるい，地際の芽を2〜3芽ずつに手で裂き，それを9cmの鉢に1〜2株を植付ける．用土は赤土にピートモス，バーミキュライトを20％ずつ配合し，元肥としてマグアンプKを1ℓ当たり3g配合したものが良い．鉢上げした鉢は戸外の日陰で活着まで置き，その後は十分日に当てる．次第に株が分けつしてくるが，晩秋まで1〜2度，株を刈り込んで形を整える．また，その間に数回液肥も施用する．秋まで栽培し自然低温に遭わせてから順次入室して開花させるが，入室時期は出荷期から逆算して決める．栽培温度を8〜12℃位にし自然日長で栽培すると150〜160日で開花するが，電照で長日にすると100〜120日で開花する．1鉢当たり花が10〜15花位開花したものを出荷する．

図19.10　カルパチカ種のF₁品種「ブルー・スター」

2）切り花栽培

［パーシシフォリア種］

宿根性カンパニュラなので一度作付けすると何年か据置で栽培することになるので，高冷地や中山間地の露地切り花栽培に向く．繁殖は株分けもあるが，ふつうは種子による．種子は2mℓ14,000粒位で細かく，1a当たり5mℓ位必要となる．5〜6月に播種し夏季は涼しくして幼苗を育て，9月ころに定植する．排水の良い露地畑に条間40cmの2条または3条植えとし，株間は20〜30cmの間隔をとる．植える畑は予め堆肥や元肥を施用しておく．肥料はできるだけ控え目にし1a当たり成分でチッ素，リン酸1.5〜2.5kg，カリ1〜2kgを緩効性肥料で施用する．その年はそのまま越冬させ春萌芽して数本の茎を伸ばし6〜7月に開花する．初年度には株当たり2〜3本の切り花収穫になる．採花後，施肥をして株の充実をはかり，そのまま越年させて2年目も切り花を収穫する．2年目は一株から多数の茎が立つので早めに間引いて，しっかりした茎4〜5本を残して開花させるようにする．切り花は頂花が開き，側芽の花が2〜3花開いた時に採花する．

(6)　病害虫防除

宿根性カンパニュラでは白絹病．斑点病が発生することがあるので，発生を見たら罹病株は抜き取り，タチガレン液剤やオーソサイドを灌注しておく．鉢物用ではアブラムシ，ヨトウムシ幼虫が付くので早めに薬剤で防除する．

参考資料

1) 浅野　昭　1994. カンパニュラの育種と生態，カンパニュラの日長反応. 平成6年日種協育種技術研究会シンポジウム資料.
2) Dinesen, L.G. and Others 1997. Influence of late fertilization in the field on forcing and quality of potted *Campanula carpatica*. Sientia Horticulturae Vol.7.
3) 勝谷範敏　1994. カンパニュラの育種と生態，カンパニュラの生態反応. 平成6年日種協育種技術研究会シンポジウム資料.
4) 小森照彦　1991. カンパニュラの開花生理と栽培. 農耕と園芸　46巻8号.
5) 小黒　晃　1994. カンパニュラの育種と生態，カンパニュラ属の種類と園芸的利用. 平成6年日種協育種技術研究会シンポジウム資料.
6) Runger, W.著, 浅平　端・中村英司　1978. 園芸植物の開花生理と栽培. 誠文堂新光社, 東京.
7) 佐野　泰　1986. カンパニュラ, 阿部定夫他編, 花卉園芸の事典, 朝倉書店, 東京.
8) 高木　誠　1994. カンパニュラの育種と生態, 最近のカンパニュラの育種. 平成6年日種協育種技術研究会シンポジウム資料.

19.4　カランコエ (学名:*Kalanchoe bolssfeldiana* Poelln., 和名:ベニベンケイ, 英名:Kalanchoe) ベンケイソウ科, 不耐寒性多年生

《キーワード》：鉢物，コンテナ花壇

　マダガスカル原産で，原種は短茎で分枝し地表を覆う．茎が立ち上がると丈30cm位になる．葉は浅い鋸歯をもつ卵形または長楕円形でやや肉厚で茎葉とも無毛で灰緑色で対生する．茎頂に散形花序状の径0.8〜10mmの赤色の花を付ける．カランコエ属にはマダガスカルを含むアフリカに約90種が分布し, 近縁種の *K. marmorata* (江戸紫), *K. beharensis* (天女の舞), *K. laxiflora* (胡蝶の舞) などは多肉植物として観賞用に栽培されている．

(1) 育種と栽培の発達小史

　カランコエが欧米に導入された記録は明らかでなく, 初期の育種過程も不明である．おそらく19世紀後半に欧米に紹介されたのであろう．このマダガスカルで発見されたカランコエが鉢物用の花きとして認められ，この100年間に劇的に進歩したのである．園芸種のカランコエは花色も多彩なのでその育種過程では他種との種間交雑も行われたと見られる．最初のカランコエ園芸品種は米国，ロングアイランド州のDauernheim社から発売されたわい性品種「トム・サム (Tom Thumb)」で1950年代と見られている．その後, 育成者はわからないが欧州から中性の「ブリリアント・スター (Brilliant Star)」「バルカン (Vulkan)」, 1965年以降スイス系の「ラモナ (Ramona)」「スイス・ローズ (Swiss Rose)」などが発売されている．これらは何れも種子系で欧米では主にクリスマス用に栽培されていたようである．

　このカランコエが欧州で周年大量生産用鉢物として認識され，形態，生態ともに均一

な栄養繁殖系品種が育成されるようになったのは1975年以降である．日長調節で周年開花ができて栽培期間が短いことから施設を高度利用できる輪作専用型の鉢物になった．また，最近の栄養系品種は葉が少なく，その上に大きな花房が広がり多数の花を付け，花色も赤，橙，桃，黄，白色と多彩で小，中鉢に最適となった．栄養系品種の育種を最初に始めたのはオランダのフィデス社（Fides Beheer B.V.）で1980年ころからである．その後，欧州の鉢物王国デンマークでカランコエ専門業者クヌード・イェプセン社（Knud Jepsen）も1990年ころから育種を始め多数の品種を育成している．クヌード・イェプセン社は苗や開花鉢を年間1,000万鉢を生産し，欧州のカランコエの15％のシェアをもっている．セミオートメーション生産では1人の作業者で4,000 m^2 の栽培面積を管理している．最近ではデンマークの種苗会社デンフェルト社（Daehnfeldt）でも品種を育成している．

欧州全体のカランコエ生産は5,800万鉢に達するが，その内90％がデンマークで生産され輸出されている．わが国で栽培されているカランコエ品種はほとんどフィデス社とクヌード・イェプセン社育成の登録品種で，前者は（株）キリン・アグロバイオ社，後者は白山貿易，HIJが取り扱っている．わが国では鉢物としてのシェアは小さいが主生産地は岐阜県と茨城県である．

（2）生態的特性

カランコエは熱帯，亜熱帯原産にもかかわらず生育適温は10～15℃と低く，5℃位までは凍害を受けることはない．花成は短日で誘導される質的短日植物であるから日長の調節により周年開花が可能である．花成を促す限界日長はPost, K (1952) によると12：45時間（市民薄明を含む）以下である．植物は3～4日で感応するが，分化完成までは品種により20～30日かかる．花芽分化の適温は20～25℃とやや高い．また東京地方を標準とすると自然状態で花芽分化が開始される時期は9月25日から10月10日の間である．分化後の花芽の発育は日長に関係なく温度が制限因子になり，ふつう25℃位が最も早い．しかし，この開花性や温度に対する反応も最新の品種ではかなり違ってきているので，品種ごとに確認する必要がある．

（3）主な品種

[フィデス系品種]

「ロコン（Lokon：桃色）」「アロイ（Aroi：緋赤色）」「クラバット（Klabat：橙色）」「マウント・コロンビア（Mt. Colombia：乳白色）」「ジェディ（Gede：黄色）」など．

[クヌード・イェプセン系]

「デビイ（Debbie：緋赤色）」「ジャクリーン（Jaqueline：桃色）」「ゴールドストライク（Goldstrike：黄色）」「ナタリー（Nathalie：橙色）」など．

（4）鉢物栽培

現在の品種は登録保護品種であるが，系統により増殖が認められているものと，自家増殖できない系統があるから入手前に確認する必要がある．増殖は挿し芽による．

[挿し芽増殖]

挿し穂を採るため鉢植えとした母株を電照による長日下で栽培し摘心を重ねて側枝を

出させ，この側枝を5～6cmの長さにかき採り挿し穂とする．購入苗も挿し穂で入手するので挿し芽から出発することが多い．ピートモスとバーミキュライトを半々の挿し床に穂を挿し，地温を22℃に保ち発根させる．挿し芽後20～25日で発根するから鉢上げする．また，定植鉢に直接挿す直接挿しもある．挿し芽後は灌水してプラスチックフィルムで7～10日間覆い発根を促す．長日期以外は挿し芽期間も電照をし長日にして花芽形成を抑える．

[鉢上げとその後の日長管理]

　鉢上げ用土はピートモスが多めの調整用土が良い．用土1l当たりマグアンプKを3gの割合で配合したものが良い．肥料は生育に応じ，さらにシーズンによって液肥を調整して与える．鉢は径10.5cm，12cm，15cmを使用して1本植えとする．植付け後，茎が5～6cm伸びたら，基部から3～4節残して摘心する．最近の品種には無摘心で花序が大きくピラミッド形に仕上がるので15cm鉢以下では無摘心の場合が多い．長日期以外も鉢上げ後電照をして，ある程度栄養生長させてから短日にするか，電照停止して自然短日にし，反対に長日期には遮光シートなどで夕方から翌朝まで覆い8時間日長の短日処理をする．処理期間はシーズンにもよるが花蕾が着色するまで継続する．

[わい化剤処理]

　わい性品種は必要ないが，やや伸びる品種は10～12cm鉢でコンパクトに仕上げるためわい化剤を処理することがある．摘心後側芽が1～2cm伸びたときにBナイン250倍液を葉面散布し，効果を見ながらその後1～2回散布する．ボンザイ200倍液散布も同様な効果が期待できる．

図19.11　カランコエの古い種子系品種「サターン」

[栽培スケジュール]

　年間何作にも分けて生産するためには栽培スケジュールは重要である．カランコエの先進国，デンマークではムービング・ベンチを利用したオートメ生産なのでこれがなければ生産できない．ここでは簡単に栽培スケジュールの一例を挙げておく（Wはカレンダーウィーク）．

時期	作業
W29	挿し芽
W31	発根苗の鉢上げ
W33	短日処理開始（無摘心）
W40	開花，出荷

図19.12　カランコエの最近の品種「ゴールドストライク」

［出　荷］
　出荷は鉢の1/3開花した時に出荷する．品質別，花色別に仕分けし，大量出荷では単色の箱詰めで出し，小口では花色を配色して組合せた箱詰めで出荷する．

（5）病害虫防除
　病害虫ではアブラムシが発生する．デンマークでは生物的防除（生物学的防除の項参照）を行っている．また，カランコエの鉢の所々にムギを植えた鉢を配し，アブラムシを誘引するとともに発生の予察もしている．わが国でも工夫すべきである．

図19.13　デンマークのカランコエ専業生産者の施設生産の状況

19.5 グロキシニア (学名:*Sinningia speciosa* Benth. et Hook. 和名:オオイワギリソウ，英名:Common Gloxinia) イワタバコ科，不耐寒性球根

《キーワード》：鉢物

　ブラジル原産の不耐寒性の多年生塊茎植物で，塊茎の生長点から長楕円卵形の肉厚で繊毛に覆われた葉柄をもつ，大きい葉をほぼ水平か斜開状に展開する．葉腋から花柄を数本抽出して径4～6cm，5裂弁の筒状花を付ける．花色は濃紫，赤，赤紫，白色および覆輪で開花期は初夏から初秋になる．*Sinningia*属には約15種がブラジルに自生しているが，現在，広く栽培されているのは*speciosa*種とその交配種および交配親になっている*regina*種である．

(1) 育種と栽培の発達小史
　グロキシニアはイワタバコ科でセントポーリアやストレプトカーパスなどの近縁種である．セントポーリアとともに育種が進み多くの品種が育成されている．1785年，L'Heritierによりブラジルで発見され，1817年，*speciosa*種が英国に渡り育種が始まっている．原種と同様に花が下向きに開花する（図19.14.中の1.）が，やや花が大きいスペシオサ・マキシマ（*S. speciosa* var. *maxima*）が最初に育成された．スコットランドのFif. Johnは花が斜め上向きに咲く*S. speciosa Fyfiana*（図中4.）を1845年に育成した．現在栽培している系統は，この*Fyfiana*から発達したもので，その間には花は下向きでやや小さく，葉に銀白色の脈模様が入る*regina*種が交配されている．初期，グロキシニアの育種は英国で行われたが，その後はドイツ，ベルギー，フランスなどで行われ，中でもドイツがその中心になっている．ドイツでは花筒が長く中，大輪の上向きで葉が大きいクラッシフォーリア系（crassifolia）と，花筒がやや短く花被が大きく開く大輪で葉はやや小さいグランディフローラ系（*grandiflora*：図中5.）が19世紀後半に育成された．ドイツ

1···*Sinning speciosa*
　（原種）
2···*S. regina*（原種）
3···*S. speciosa* var. *maxima*
　（スリッパ・グロキシニア）
4···*S. speciosa Fyfiana*
5···*S. speciosa grandiflora*
4，5は今日の園芸品種

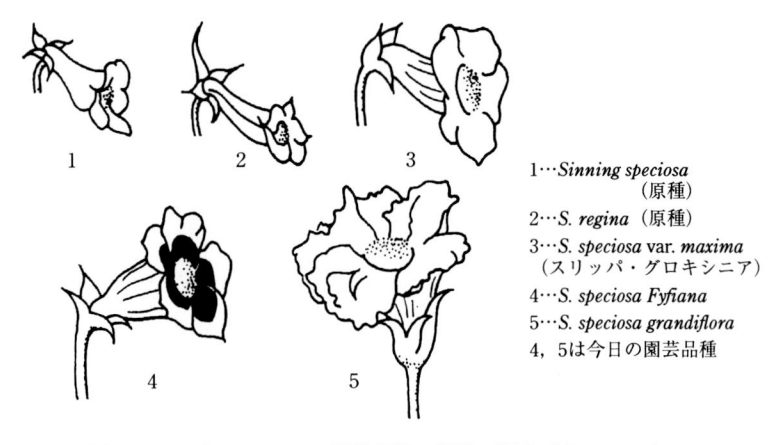

図19.14　グロキシニアの園芸品種の花型の発達（武田1964）

のベナリー社では1989年から1990年にかけてこれらの品種を発売している．八重咲きは1957年，米国のパーク社（G.W.Park Seed Co.,）から品種「モンテクリスト（Monte Christ）」として最初に発売され，その後サカタのタネも育成している．

　米国のカリフォルニアで1947年 *Streptcarpus* と *Sinningia* の属間雑種の *Storeptgloxinia* も育成されていた．

　その後，1965年，ベナリー社が F_1 品種「Gregor Mendel」を育成したのを契機に各社が F_1 育種に乗り出した．ドイツ，ハノーバーのグロキシニア専門業者 Konrad Michelssen 社 "Kolibri F_1 Hybrid Series" を育成し F_1 品種の普及に貢献した．F_1 品種は生育も旺盛で均一に生育開花し，栽培期間も短縮されるので大量安定生産が可能になり，グロキシニアのイメージを大きく変えた．

（2）生態的特性

　グロキシニアは塊茎植物で本来，夏季に生育開花し，冬季に葉が枯れて休眠する性質がある．このため栽培上では種子繁殖で幼若期を経過させて株を作り開花させる過程をとる．生育適温は20～25℃と高く低温には弱い．夜温が15℃以下では葉は小さく生育は遅れるが，20℃では葉は大きくなり生育は早まる．本来，高温長日で生育開花が促され，低温短日では生育を停止し休眠に入るが，種子からの栽培では冬季短日下でも生育を続け，F_1 品種はさらに到花日数は短縮される傾向がある．強光では葉焼けや黄化が起こるので夏季は遮光が必要である．

（3）主な品種

［グランディフローラ系品種］
固定品種：「パンザー・スカーレット（Panzer Scarlet：深紅色波状弁大輪）」「ダイナミック・ブルー（Dinamic Blue：濃紫波状弁大輪）」など．
F_1 品種：「F_1 エンプレス・レッド（Empress Ded：赤色波状弁大輪）」，「F_1 エンプレス・

ホワイト（Empress White：白色波状弁大輪）」など．
［クラッシフォーリア系品種］
固定品種：「エンペラー・フレデリック（Emperor Frederick：濃紅に白覆輪）」「エンペラー・ウイリアム（Emperor Willium：濃紫に白覆輪）」など．

（4）栽　培
「播種・育苗」
　栽培は自家播種かセル成形苗を購入して栽培にかかる．種子は微細でレギュラー・シードでは1 mlで10,000粒位ある．発芽適温は25℃とかなり高く，この温度で播種すると11～13日で発芽する（Massante, H.1964）．また，光好性種子なので覆土はしない．発芽後大きくなったら間引いて1本ずつにする．播種期は3～5月出荷では10～11月に播種する．秋から冬期にかけての育苗には日中の温度は25℃位保ち夜間は15～18℃を保つ．播種後70～80日で鉢上げする．

図19.15　伝統的な品種「エンペラー・ウイリアム」

「用土および施肥」
　用土は赤土2：バーミキュライト1：ピートモス1位の配合土か鉢物調整用土を用いる．肥料に対する要求度は中位のレベルなのでPenningsfeld, F.によると幼苗期は用土1 l当たりN = 0.14，P_2O_5 = 0.12，K_2O = 0.14 g成分で，成株はN = 0.2，P_2O_5 = 0.25，K_2O = 0.5 gを換算して元肥と追肥に分けて施用する．

「鉢上げとその後の管理」
　セル苗は直接定植鉢に植える．ふつうは15 cm鉢が多い．グロキシニア栽培室はやや湿度を高目にするが葉柄や花柄の伸び過ぎを抑える温度，湿度管理をする．特に冬季の育苗になるのでプラスチック・フィルムで被覆し保温することが多いが，この場合は特に日中の換気は重要である．

（5）病害虫防除
1）疫　病　（ *Phytophthora parasitica* Dast.）
　茎や葉柄が暗褐色に変色し，ひどくなると株の中心部から腐敗し，外側に葉片が残るように枯れる．用土の消毒と発生したらオーソサイドまたはマンネブダイセン600倍液を散布する．

2）灰色かび病（*Botrytis cinerea* Pers.）
　グロキシニアでは最も出やすい病害で

図19.16　グロキシニアのF_1品種の大量生産の様子（オランダで）

ある．開花前後花蕾，花，花茎，葉の全てに発生する．鉢の縁に接した葉などが黒褐色に変わりカビを生ずる．他の灰色かび病に準じて防除する．

3) 葉枯れ性線虫（*Aphelenchus lesistus* RitzemaBos.）

地際の基部，葉柄や葉裏に水浸状の斑点を生じ，ひどくなると拡大して腐敗する．土壌消毒以外の防除法はない．

19.6 クンシラン (学名：*Clivia miniata* Regel，和名：ウケザキクンシラン，オオバナクンシラン，君子蘭，英名：Scarlet Kafir − Lily) ヒガンバナ科，不耐寒性多年生

《キーワード》：鉢物，切り花

南アフリカのナタール原産で本種を含め3種が同地帯に自生している．現在，本種が最も広く栽培されているが，この他 *C. nobilis* Lindl.（クンシラン），*C. gardenii* Hook.がある．一般に *miniata* 種をクンシランと言っているのでここではそれに従うこととする．太い肉質繊維根束から幅広剣状革質の濃緑葉を左右に根出し長さは40〜60 cm，ふつう4〜5月に葉間から花茎を抽出して先端に6弁の径4〜7 cmの花を12〜18輪上向きに咲かせる．花色は赤橙色で喉部は黄色を帯びる．欧州へは1854年に導入され，わが国へは明治末年（1910ころ）に渡来している．園芸種として播種から開花まで4〜5年かかるので生産的には半日陰のベンチ（棚）下利用の栽培が多く，専業栽培は少ない．一方，不耐寒性であるが，日本の家屋内ではそのまま越年するため趣味栽培用としてはよく見かける植物でもある．わが国に入ってから100年足らずであるが生産用品種の育種は進んでいないが，愛好家の間では独自の育種が進んで，わが国伝統の古典的植物の仲間入りをして独特の品種が生まれている．

（1）品種および栽培の発達小史

クンシランが最初欧州に紹介されたとき，赤橙色と黄色の種類があったようで，自生地でも花色，草姿にかなりの変異があることが報告されている（平尾，1984）．欧州に入ったクンシランはベルギー，ドイツなどで育種されたが，その経緯は明らかではない．生産用の育種系統としては花弁が6〜8枚の大輪で，朱紅色などの花を咲かせるベルギー系が有名で現在も種子が輸入されている．また，ドイツで育種されたハンブルグ系は葉幅も広く，わい性や小型のものがあって後述する観賞用ダルマ系品種の交配親に利用されている．生産用品種の育種が進んでいないのは，導入してからまだ100年位のこと，播種から開花まで4〜5年かかることなどが障害と見られるが，その点，国内外の観賞用として黄花クンシラン，わが国独特の観賞用クンシランは驚異的に発達したと言えよう．

［黄花クンシランの発達］

自生地から導入された黄花のクンシランは別種と考えられていたが，ミニアタ種の変種（*C. m.* var. *aurea*）とされている．大輪クンシランの黄花を目標に発見以来選抜や交配が繰り返されている．平尾（1984）によると自生地から採取された黄花クンシランが RHS に出品されて受賞したのは1904年と1907年であった．野生種から採取して選抜したと見られるものにはイーデン黄花系（1965），コールドウェル系，ゴードン系などがある．

黄花クンシランの交配選抜種が出てきたのは1975年以後である．スイスのピーター・スミターズ（Smithers, Peter）は1971年ころ黄花交配系のキューエンシス系同志を交配した実生から大輪で花形のよい系統を1976年に選抜した．この1個体を平尾が譲り受け，1984年日本で初めて開花したのである．平尾はこれを"スミターズ・イエロー"と命名し，組織培養による大量増殖法の開発を（株）ミヨシに依頼し，同社の研究員，村崎が組織培養増殖に成功して培養系黄花クンシラン「ビコ・イエロー（Vico Yellow）」として発表し販売を開始した．スミターズの許諾，協力を得ていることは言うまでもない．

図19.17　黄花クンシランの品種「スミターズ・イエロー」

［観賞用クンシランの発達］
　愛好家の間でクンシランの育種が本格的に行われるようになったのは第二次世界大戦後である．森衛郎（1984）によると1947年（昭22）千葉県の染葉半佐衛門は趣味として斑入りや花，草姿に変化のある系統を収集して200株以上栽培していたと言う．森の父，平治は斑入り種など数株を分けてもらい，これらを交配して1952年ころ，葉に美しい黄白色の縞斑の入る，濃橙色花の品種「駿河錦」を選抜した．この品種は全国の愛好家の手に渡りさらに交配されて，1955年から1970年ころまで全盛時代となり民間育種家による品種育成と全国数百の愛好家間の取り引きが行われた．観賞用クンシランの人気品種は①ダルマ性と言われる，葉の幅が広く分厚く，短く左右に正しく重なって展開するわい性，②この葉に黄白色の縞斑が鮮明に入る斑入り，③丸弁大輪の花などが対象となり，各形質が兼ね備えた品種は高価で，その株から発生する仔芽も高価に取引きされる．その年の相場にもよるが1株が数万円から数百万円で取引きされたのである．ダルマ系また，わい性の姫系は葉が特異で小型な形質をもつハンブルグ系が交配親に使われている．斑入りダルマでは下田系が有名で「下田チャボ姫ダルマ縞」があり（図19.18参照），下田系とハンブルグ系の交配から生まれた「四国錦」，駿河錦の枝変わりの「天賜冠（昭40）」やその他「麒麟山（昭44）」「浜岡錦（昭48）」「黄金閣（昭50）」などがある．

（2）生態的特性
　半耐寒性で低温には弱いと思われるが，1〜2℃位に短時間当たった位ではほとんど凍害を受けない．3〜5℃が低温限界と考えられ，生育適温は15〜20℃とそれほど高くない．クンシランは年によって不開花株があるので開花生理に対する関心は高い．植松（1971）によるとクンシランの葉は播種後1年で3〜4枚，2年で8〜10枚，3年で18〜22枚位になり，17枚以上の葉枚数に達すると花芽を形成する．花芽分化について調べた小杉・横

井（1968）の研究によると分化した花芽は約1年近くかかって花房完成期になり，年間8〜10枚葉を展開するクンシランでは年に1回開花することになる．クンシランの花成は日長の影響は受けず葉の発育に応じて分化するが，花芽の発育は低温により促進される．これは森・坂西（1972）の実験によって証明されている．すなわち10℃に60日以上遭うと花芽は速やかに発育する．この性質を利用して促成開花させる方法を植松（1971）は実験している．8月下旬から10℃に40日間暗黒貯蔵してから普通に栽培して12月下旬に夜温10℃以上加温したハウスに入室すると無処理より15日位開花が早くなっている．また，40日間の暗黒ではほとんど葉に傷みがなかった．

図19.18　観賞用クンシランの品種「下田ダルマ」

（3）主な品種

生産用に販売されているクンシランの品種には次のものがある．
- 超広葉系ダルマ：広幅葉で短く橙色花．
- 超広葉系交配種：前種より花色が濃い．
- 純系ダルマ：葉は広くて短く橙色の花を多数付ける小，中鉢用品種．
- ベルギー系スペシャル：やや葉も長く，花茎も伸びる大鉢向き品種．

（4）栽　培

クンシランの繁殖は，経済栽培では自家で播種育苗するか購入苗を使用することになるが少量栽培では株分けが多い．

[播種，育苗]

クンシランの種子は大きく，乾燥に弱く保存には湿らせた砂などと混ぜて貯蔵する．クンシランの生産では系統，品種が悪いと有利な取り引きができないので，生産者は自分で選抜した母株から採種し実生繁殖している場合が多い．この繁殖では採種後直ちに播種する．播種トレイに赤土，バーミキュライト，ピートモスに等量配合の用土を入れ種子は3×3cm間隔で深さ1cmに播種し，15〜20℃位保った日除け下で発芽させる．発芽には30〜40日要する．発芽後もそのまま播種トレイで6カ月ほど育苗してから12〜15cm鉢に鉢上げする．開花まで年数がかかるから，安定生産するためには毎年一定の種子を播種して連続的に生産するのがよい．採種直後の秋播きでは翌年の5〜6月ころが鉢上げになる．この鉢で翌年または翌々年まで育苗して定植鉢の18〜21cm鉢に鉢替えして開花させる．

[用土，肥料]

育苗中の用土はピートモスや腐葉土を40％位配合した排水のよい素材が適している．定植用土は赤土など用土の配合割合を70〜80％位多くする．根が多肉根であること，用土

の重量を重くしないと鉢が倒伏するからである．pHは6.0～6.5がよい．肥料についてはドイツのPenningsfeld, F.(1962)や日本の森（1971）の研究があるが，ここでは前者のデータから用土1l当たりN＝0.24，P_2O_5＝0.24，K_2O＝0.3～0.4g成分で施肥することを勧められる．クンシランは多年生で栽培期間が長いので，施用する肥料はかつて有機質の緩効性肥料が使われてきたが，現在は化学肥料で緩効性のマグアンプK，プロミック，長期間ロングなど低濃度で長期間成分を溶出する肥料を使い分けたい．例えば，幼苗時は用土1l当たりマグアンプK3g配合し，中苗以降はプロミックのような大粒の置き肥タイプが施用しやすい．肥料は冬季は控え生育期に施用する．

[開花までの管理]

開花は実生4～5年目の株で施設加温栽培で2～4月に開花する．1～2月に開花させるには前年の11～12月に株を昼間13～15℃，夜間4～5℃に近い温度に50日位置いて低温に遭遇させてから昼間20～25℃，夜間15～18℃に加温する施設に入室させると20～30日で開花する．加温の開始時期で開花期を2～4月に調節できる．

[株の冷蔵促成]

植松（1971）は研究と実証してクンシランを12月に80％以上開花させる方法を開発している．17枚以上の葉をもち，できれば前年に開花した花茎跡のある株を選び8月下旬から10℃に40日間低温処理を行う．方法は葉を結束し冷蔵庫内に棚積みして低温処理をする．出庫後は光や温度に次第に慣らすが11月中旬まではふつうの栽培とし，その後は前述同様な加温管理をすれば12月中旬に開花し，クリスマスや正月シーズンに間に合う．

[出　荷]

クンシランは1花茎3～5輪開花したころが出荷適期だが，促成の12月出しでは7～8輪位がよい．若い株は1鉢1花茎だが多芽になった株では2～3花茎が立つので化粧鉢などに植え替えて出荷する．

[消費者の管理]

クンシランが各家庭に愛好される理由は，手間がかからず長年に渡って室内で共生できることだと思う．室内では窓際の明るい直射日光に当たらない場所に置き，夏季から秋までは戸外の樹の下などの半日陰に出す．降霜前に室内に取り込み前述の場所に置くと3～4月に開花する．年々開花させた株は次第に大株になり鉢内が根でいっぱいになる．5～6月に鉢から株を抜取りワリバシなどで根をほぐすとともに古土を取り除き，古い枯れた根や古葉は思い切って切除し，大株は2～3株に分けて新用土に植え替える．

図19.19　クンシランの栽培温室

(5) 病害虫防除

クンシランは発生しやすい病害虫が少ないことも家庭で親しまれる要因である.

1) 腐敗病 (*Erwinia aeoideae* Halland)

葉の一部が暗緑色水浸状に変わりさらに淡色になって葉全体が腐敗する. 接する葉や株に伝播するので罹病株は除去する. ふつうの薬剤は効果がなく, 抗生物質剤を散布して防ぐ.

2) 疫病 (*Phytophthora parasitica* Dast)

葉に茶褐色の病斑を生じ, 鉢の縁や株の接触部分から発病する. ひどく蔓延することはないので, 罹病葉を除去し, マンネブダイセン600倍液を散布して防ぐ.

19.7 シクラメン (野生シクラメンを含む) (学名:*Cyclamen persicum* Mill., 和名:カガリビバナ, ブタノマンジュウ, 英名:Cyclamen, Sowbread) サクラソウ科, 不耐寒性または半耐寒性多年生球根

《キーワード》: 鉢物, 切り花, 山草, 庭園

南欧州, 地中海沿岸から中近東にかけて19種(RHS, 1996)が分布し, その内, *persicum*種だけが育種され多様な園芸種になって主要鉢物として世界中で栽培されている. 開発されていない他の野生種も一部は山草として栽培されているが, それ以外の原種も最近は見直され鉢物や庭園用(ガーデン・シクラメン)として栽培され始めている.

(1) 主な野生種とその特性

シクラメン属には原種の他に亜種, 変種が幾つかあって, それらを含め栽培, 利用に関係する主な種を次に挙げ, 特性を表19.1にまとめておく.

1) *C. neapolitanum* Ten. non Dudy (ネアポリタナム)

フランスからトルコに至る地中海地方に自生し, 花にも変異が多く, 桃, 赤, 白色などがあって花弁の基部に耳たぶ状の小突起があるのが特徴. 葉形や紋様にも変異がある. 常緑に近く長い期間葉を保つ, 開花は8〜11月で多花性で葉の出る前に開花する. 根は偏平な塊根の側面と上面に生える. 耐寒性は強く, 丈夫で原種の内, 最も多く鉢物栽培されている. 欧州へは1824年紹介され, わが国へは1924年に渡来している.

2) *C. purpurascens* (プルプラセンス)

イタリアのアルプス山麓からユーゴ, コーカサスまでの石灰岩地帯に分布する. 花は前種同様小さく葉も小さい. 花色は淡桃紫色から濃色, 白花もある. 冬季も室内で栽培すると葉は常緑となり, 花はほぼ年間咲く四季咲きである(嶽野1985). 強い芳香をもち, 嶽野によれば, 冬季の長野県でも戸外で越冬するほど耐寒性は強いと言う. 欠点は稔性が悪く, 種子が採れにくいことである. 嶽野は変異が乏しく, 他種との交配が不可能な本種の選抜育種を長年続けている.

3) *C. cilicium* var. *cilicium* (シリシウム)

トルコの南部から東部にかけての山地の石灰岩地帯の原産で葉は心臓形で花は淡紅色に基部に紅色の斑点が入る. 開花は9〜10月の秋咲きで葉と花が同時に出る. 栽培はや

や難しいので山草でも栽培はない．わが国へは1932年に渡来している．

　4）*C. coum* subsp. *coum*（コウム）

　ブルガリアからトルコ，コーカサス，レバノン，イスラエルの広い地方に自生する．花は長さ，幅が等しい丸弁で淡桃色，濃桃色から白色もあり，葉は心臓形から長三角形で銀白色の紋様をもつ．秋に花と葉が同時に出て春に開花する．葉，花茎とも短いわい性で栽培しやすく，耐寒性も強く，野生種の中ではネアポリタナムとともに栽培が多い．根は塊根の下からのみ出る．欧州へは1596年に入っている．

図19.20　シクラメンの原種レパンダム（ウイズリーのアルパインハウスにて）

　5）*C. repandum*（レパンダム）

　フランス南部，ギリシア，イタリア，クレタ島からシシリー島まで地中海沿岸に広く分布する．花弁は細長くねじれて反転し，淡桃，濃桃，白色があり，香りがよく晩春に開花する．先が尖る葉は大きく銀白色の模様が入る．耐寒性はやや強い．欧州には1516年と導入は古く，庭園用に栽培されているがわが国では少ない．

　6）*C. persicum*（ペルシカム）

　北アフリカ，ギリシア，トルコからイスラエルにかけて自生する．葉は秋に出て冬から春にかけて生長し早春開花する．花は花弁がよじれて反転し，花色も濃桃から白色まであり香りもよい．塊根は半円形で下部より発根する．耐寒性は弱い．現在の栽培園芸種の原種で，他種との交雑はなく同種間交配で多様な品種に発展してきた．

　7）その他の原種

　以上に述べた原種の他に山草，ロックガーデンや庭園用に利用されているものも含めた特性を表19.1に示しておく．なお，シクラメン属はワシントン条約で野生種の種苗球根は許可なく輸出入できないことになっている．

（2）園芸種や品種および栽培の発達小史

[17世紀から20世紀前半の育種や品種の発達]

　シクラメンの原種は，地中海や中近東に自生している．16世紀に発見されて欧州に紹介されたもののある一方，19世紀に紹介された原種もある．シクラメンに関する記録はMorin, R.(1621)や，Vallet (1624)の論文にすでに見られ，1629年にParkinson, J.が出版した「Paradisi in Sole Paradisus Terristris」にはシクラメン各種の形態が描かれている（図19.21）．この中の8図の*C. Antiochonum*は，後年*C. persicum*の命名に混乱を招いた要因として英国のBlasdale, W.C. (1949)は論評している．この画の*Antiochonum*は花が桃の花色に近いと記載があり，桃樹（Pyunus persicum）の種名を採用したのではないかと見ている．*persicum*種はペルシアに全く自生がないのに間違ってこの種名が付けられたとシクラメンの歴史を研究したBlasdale, W.C.は推論している．この*persicum*が欧州に

表19.1　シクラメン属の主な野生種の特性一覧表

原種	花色	開花期	葉の大きさ	香り	耐寒性	栽培難易	原産地
C. africanum	桃	秋	やや大	弱い	弱い	容易	北アフリカ
C. cicilium subs. cicilium	桃, 白	秋	中小	無	強い	少難	トルコ他
C. coum subs. coim	桃, 紅, 白	冬〜春	やや大	無	強い	容易	トルコ他
C. cyprinum	白	秋〜冬	中	強い	やや弱	容易	キプロス
C. graecum	桃, 白	秋	中	無	強い	容易	地中海
C. neapolitanum	桃, 白	夏〜秋	中	あり	強い	容易	〃
C. mirabile	桃	秋	中小	無	強い	少難	トルコ
C. persicum	桃, 紅, 白	春	大	強い	弱い	容易	地中海
C. purpurascens	淡桃, 紅紫	夏〜秋	中大	強い	強い	容易	欧州
C. repandum	桃	晩春	大	あり	やや弱	容易	地中海
C. rohlfsianum	桃	秋	大	無	弱い	少難	北アフリカ

注：平尾秀一の作成した表から抜粋し一部改変した.

渡ったのはフランスの植物学者Tournefortが1620年にコンスタンチノープル（現在のイスタンブール）からフランスに送ったのが最初だと言う．この時代多くの原種が発見され種内の変異と種間の区別がつかず分類や命名に諸説や混乱があった．persicumの命名は現在，Muller, Phillipだと言われているが，前掲のBlasdale, W.C.も刊行した「Garden Dictionary」（1768）の中でpersicum種の特性を説明している．persicum種はその後，英国，ドイツ，オランダ，ベルギーなどに入って育種が始まっている．

1739年，オランダのハーレムのNicolas van Kampのカタログには3品種が載せられ，1860年ころにはドイツ，エルフルトの種苗商Haage und Schmidtは色別の16品種を売り出している．シクラメンの大輪花は1880年ころ英国とドイツでほぼ同時に育成され，前者は「Giganteum」，後者は「Sanguineum」と言い，これを契機に大輪で多様な花色や花型の品種が次々と現れている．当時の濃桃色大輪の品種や白色大輪の「Mont Blanc」なども育成され，いままでシクラメンになかった緋赤色や鮭肉色の品種も生まれている．濃鮭桃色大輪の「Rose of Zehlendorf」や「Salmon Scarlet」，燃えるような赤色で多花性の品種「Leuchtferuer（ロヒトフォイヤー）」も1921年ドイツのKam, den Handelによって育成されている．これは英名で「Bonfire（ボンファイヤー）」，オランダ名で「Vuurbaak（フュールバーク）」と呼ばれ，その後，赤色品種が80％を占めた1980年ころまでの日本のシクラメンの主流品種であった．また，現在も人気のあるビクトリア（Viktoria：Victoria）もドイツのKam, Handelから「Fimbriatum Marginatum」として1900年に発表され，後にビクトリアになっている．花形では1896年にベルギーのLangheがフリンジした広幅弁で特異な花形のパピリオ咲き（Papilio）を発表し，1898年ベナリー社が発売している．さらに花弁が半開状のロココ咲き（Rococo）の品種「Cattleya」も1908年に育成されている．この他，1929年ころから葉が銀白色で美しいレックス・シクラメンも出ている．

[20世紀後半以降の育種と品種の発達]

大輪系シクラメンは赤，桃，白などの原色系の品種がふつうであったが，1980年ころ

から世界的にパステル調の色彩の品種が栽培されるようになった．パステル系もドイツでは早くから育種されていた．1922年，Hildensheinの Braukmann が鮭肉色中輪品種「Flamme」を育成し，これがパステル系品種の先駆けだと言われている．

1929年，Klapproth が Flamme × Leuchtfeuer を交配して「Flamingo」を育成して弁先が白くぼけるパステル系が作出されている．20世紀後半に入って「ハイドン（Josef Heydn：1960）」「シューベルト（Franz Schubert：1964）」，「ベートーベン（Ludwing van Beethoven：1966）」などが育成された．パステル系は2倍体なので，同じ2倍体のミニシクラメンの育種もほぼこの頃に始まっている．オランダのシクラメン研究者 Wellensiek, S.J. が育成した「Willie」「Anneke」が1956年，アールスメールの花き展示会にマルティフローラ系として出品されたのが最初で，オランダ，ドイツ，スイスなどの育種家が改良を始め，1966年ころにはドイツのドレスデン系，スイスのバンビニー系などが発表され，1972年ころからわが国でも栽培されている．その後国内の育成品種も加わり多様化したが，今は F_1 品種に代わりつつある．また，1990年ころから大輪とミニの中間型のミディータイプ（Midi-Cyclamen）が S & G 社（現在の Syngenta）から「Apollo」「Rondo」が発売され，他社も育成販売して現在は F_1 に変わっている．

シクラメンの250年の育種の中で栽培を大きく変えたのは一代雑種品種（F_1）の出現である．1970年，オランダの S & G 社が「Rosamunde」「Tzigane」「Swan Lake」の3品種の発売に始まる．F_1 品種は雑種強勢で発芽，生育がよく，開花まで15カ月かかったものが10カ月で開花し均一性に優れ，大量生産に向くので一

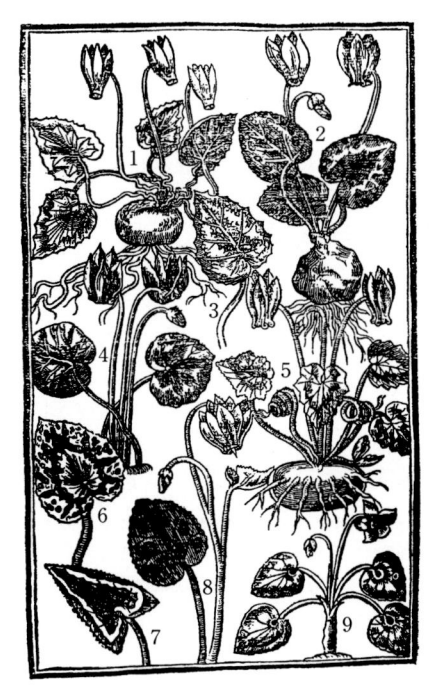

図19.21　1629年に出版された Parkinson, J. の著書「Paradisi in Sole Paradisus Terristris」に解説されているシクラメン各種の形態図（1904年，同書復刻版より）

図19.22　今も人気品種の「ビクトリア」

躍注目された．固定品種は栽培期間が長く，成苗率が低く小規模経営向きであったが，F_1品種の出現によって大規模鉢物経営向きの作目に転換したのである．それは種子の需要を拡大し F_1 育種を進展させた．S & G 社が「Concerto Series」「F_1 Pannevis Series」などを，米国の Goldsmith 社は「F_1 Sierra Series」を 1990 年前後に発売している．さらにミニシクラメンも「F_1 Miracle Series」(Goldsmith) や「Metis Series」(Morel) など F_1 化し，ミディ系（Midi-Cyclamen）も 1993 年ころから F_1 品種として「Laser Series」(Goldsmith)，「Rondo Series」(S & G)，「Novella Series」(PanAmerican) などが育成されている．このように F_1 品種化はほとんど 2 倍体品種で，4 倍体の固定品種はその影に隠れた感がある．

［わが国の育種と生産の現状］

　シクラメンの本格的な栽培は第二次世界大戦後の 1965 年以後である．高度経済成長時代の高級鉢花として全国的に栽培が拡大し，年末の贈答用として鉢物の基幹作目として年間 2,000 万鉢も生産され，特に愛知県，長野県が生産の 35% 位を占めた．指導的な生産者は購入品種の種苗では飽き足らず自分で選抜採種を行うようになり，これがシクラメンの民間育種を促す結果になった．その多くは自分の卓越した技術で良品生産できる品種の選抜あるいは交配育種であった．香川県の広岡は輸入品種「ボンファイアー」から選抜を繰り返して，年末開花の極早生で均一かつコンパクトに育つ赤色品種「極早生 M 号ボンファイアー」を 1961 年に発表した．当時，年末出荷を目標に赤色品種が作付けの 80% を占めていた時代で大いに注目された品種である．長野県の丸山一徳は 1975 年，大輪赤色で品質の高い「信濃紅」を作出した．アルゼンチンのブエノスアイレス郊外の中村が育種した巨大輪シクラメンを丸山は 4 倍体固定種に交配したもので，当時は贈答用大鉢には最適な品種だったのである．ちなみにアルゼンチン系は欧州系のシクラメンにも見られない巨大輪だったが今は絶えてない．種子の販売を視野に入れて F_1 品種の育種を行っているのは，愛知県の早川辰雄と福岡県の鹿毛哲郎である．早川は 1985 年ころからミニシクラメンの F_1 育種を始め「F_1 ハイライト・シリーズ」，「F_1 カーニバル・シリーズ」，「F_1 オーロラ・シリーズ」などを育成している．

　鹿毛も同じころから本格的に育種を開始し，「F_1K ミニ・シリーズ (1995)」「ミディ・シリーズ (1994)」や，わが国最初の 4 倍体の F_1 品種「K マキシー・シリーズ (1995)」などを育成している．また，鹿毛は黄色シクラメン「ゴールデン・ボーイ (1996)」を発表し，栃木県の育種家，菱沼軍次も黄色シクラメン「かぐやひめ (1996)」を発表しているが両品種ともまだ色彩が薄く，もっと濃い黄色品種の育成が期待されている（黄花シクラメンの育種については 105 頁参照）．この他にも群馬県の坂本正次や福島県の金

図 19.23　固定種の大輪品種「信濃紅」

沢美浩も多くの品種を作出している．また，欧州にはない花弁全体が鮭桃から白く抜けるパステル系の改良種の「あけぼの」や「ピアス系」「パピヨン系」なども育成されている．

21世紀に入ってシクラメンは鉢花生産トップの座はゆらいでやや平準化してきた．それは贈答用の年末需要から家庭用消費への変化である．それによって生産も固定種品種を用いた高級鉢物生産型と，F_1品種による大衆鉢物対象の量産型の二極に分かれてきた．

(3) 遺伝的，形態・生態的特性

　1) 遺伝，育種的特性

シクラメン属の細胞学および育種学

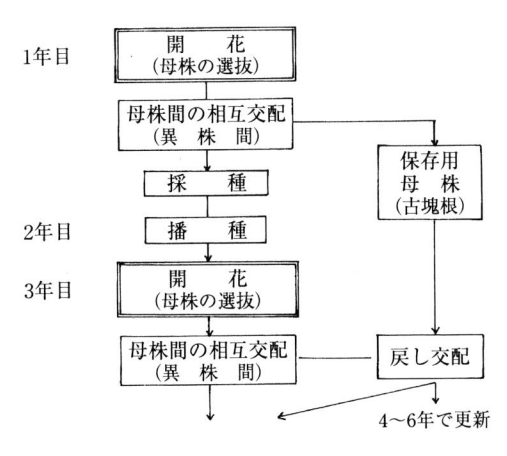

図19.24　シクラメン固定種の形質維持のための採種法の例

的な研究は1950年代からオランダで始まっている．染色体数の研究はDe Haan and J. Doorenbos (1951) と Legro, R.A.H. (1959) の研究がある．染色体数の少ないものは$2n = 20$から，多いものでは$2n = 96$で，*persicum*種の園芸品種では大輪系の大部分は$2n = 96$の4倍体で，$2n = 48$の2倍体もあり，その他$2n = 90, 92, 94, 95$の異数体もある．現在，大輪の固定種はほぼ4倍体で，中輪のパステル系，ミニシクラメン，F_1品種の大部分と大輪の白色品種は2倍体である．野生種を含む種間の交雑関係はLegro, R.A.H. (1959) の研究ではごく一部を除いてほとんど交雑ができなかった．また，オランダのWellensiek, S.J. (1959) は*persicum*種内のセルフ後代と遺伝性を研究し，セルフを繰り返した後代は退化する内婚劣勢を明らかにしている．*persicum*種が幸いに交配による変異が大きく，ここまで多様な品種の開発が進んだが，他種との交雑が困難なことは今後の発展を阻み，セルフによる内婚劣勢は固定品種やF_1親の形質維持を困難にしシクラメンの採種の課題になっている．F_1親の形質維持は組織培養による継代維持も行われているが，固定種の形質維持には図19.24のような採種方法も行われている．

シクラメンは品種もきわめて多くこれらの分類，記載を系統的に行う研究をオランダのシクラメン研究者のWeellensiek, S. J., J.Doorenbos, van Bract, J.およびLegro, R.A.H.は共同で行い「Cyclamen-A Descriptive List of Cultivars」(1961) なる論文にまとめている．育種の歴史，花色の分析，花や葉の形質分類を基礎に当時の232品種を遺伝形質により記載を試みている．その中の葉型と葉斑の分類を図19.25に挙げておく．

［葉型と葉紋による分類］

　A. Perphen型 (図19.25中 Per)：葉縁にそって白い斑になる．①白い斑紋またははっきりしない白い帯．②白い斑紋がややくすんでいるもの．③まったくくすんでいるもの．

　B. Central型 (図19.25中 Cen)：葉の中央に白い斑紋が入る．①はっきりした白い斑紋．②白い斑紋がややくすんでいるもの．③くすんだ斑紋．

C.Virdis型（図19.25中 Vir）：全体がなめらかな緑色となる（無斑）．

D.Median型：葉の中心と縁との間に白い葉斑が集中して入る．

① （図19.25中 Med 1）はっきりした白い斑紋．

② （図19.25中 Med 2）ややくすんだ白い斑紋．

③ （図19.25中 Med 3）くすんだ斑紋．

シクラメンの研究ではドイツ，ハノーバー農工科大学の Maatsch, R.教授の業績を忘れることはできない．同大学の観賞植物学科の1949～1969年までの研究抄録によると Maatsch, R.のシクラメンに関する研究論文は18篇（含む共同）に及んでおり，彼の編著「Cyclamen」は今もシクラメンのバイブルに変わりない．わが国でも現在は黄花シクラメンの色素発現と遺伝関係，倍数性育種研究が，九州大学の宮島や香川大学の高村らにより研究されている．

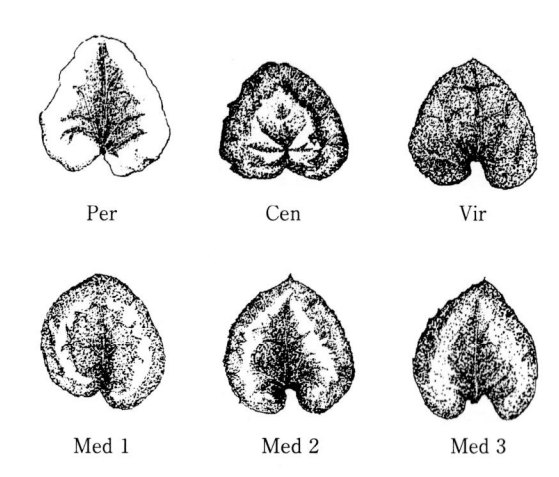

図19.25 シクラメンの葉斑による分類 (Wellensiek, S.J.ら, 1961)

2）形態・生態的特性

シクラメンは生育のサイクルに休眠期をもつ球根植物である．球根は不整形な塊茎（tubers）で上部に芽を多数もち，根は種によって違うが，*persicum* 種は塊茎の下部から発根する．園芸上では種子から栽培するので発芽した苗として塊茎とその上の芽は分化発育する．その発育過程は著者の解剖的調査（1963）では塊茎上の芽，葉芽，花芽の発育は図19.26のようになった．供試は固定品種なので生育過程は F_1 品種より長い．発芽後の新生頂芽の葉原基分化は4～5葉まではその基部に副芽を形成するが，それ以後の葉の基部には花芽を形成する．子葉に次ぐ本葉の4～5葉の副芽は塊茎上でいくつかの芽になり，それぞれの芽から葉と花芽を分化するが，花芽は葉間に潜在し発育に適当な環境条件が与えられて発育開花する．特に高温は花芽の発育を抑制し，時には座止する．また，この花芽の発育は GA や BA である程度制御できる．

シクラメンの生育温度については多くの研究があるが，中山（1968）によると昼夜温20℃，と昼温30℃→夜温25℃で栽培した結果，前者では花茎が順調に伸長開花したのに対して後者は花茎の伸長が抑えられたと言う．Maatsch, R.教授もシクラメンの生育適温は18～22℃だとしている．三浦（1981）の研究では全生育期間を通して20℃前後で光合成速度が最大になり，また，10～15℃でも大きくなることから低い温度が良いとしている．これらから栽培上の温度目標（平均）は：

幼苗期（葉数が10枚位まで）・・・・・・・・・・・・18℃前後

成苗期（葉数30〜40枚位まで）‥‥‥‥‥22℃前後
開花期‥‥‥‥‥‥‥‥‥‥‥‥‥‥‥‥‥‥15〜17℃位

シクラメンは周年開花するので日長の影響はないと考えられるが，24時間日長にすると葉数，花柄長も大きくなり，到花日数も短縮されるという研究もある．人工照明では白熱光が開花促進効果が高く，終夜照明が良いという研究がある．また，日本の夏季高温下では日中は遮光しなければならないが，この光度調節もシクラメン栽培の重要なポイントになっている．

(4) 主な品種

シクラメンの品種は前述のように欧州では1960年代230種以上あったように，その後さらに系統的にも多様化して品種が増加していることが推測できる．筆者が1986年調査した国内種苗企業5社が販売している品種数は1977年には101種，1986年には148種で1977年はF_1品種0％であったが1986年には20％がF_1品種になっている．現在，系統別の主要品種を挙げると次のようになる．

Ⅰ．固定種品種
1. 大輪系品種（4倍体）：「信濃紅（鮮緋赤色大輪波状弁，中生）」「信濃クィーン（淡鮭桃色大輪波状弁，中生）」「ビクトリア（白地に弁縁と弁底に紫桃色，フリンジ弁，中生）」「リップス・シリーズ（大輪で弁縁が白ぼかし，各色，早生）」「バーバーク（緋赤色丸弁大中輪，中生）」など．
2. 中輪系品種（2倍体）
   A. パステル系：「シュトラウス（鮮緋赤色）」「ハイドン（淡鮭桃色）」「バッハ（鮮かなライラック色）」「ボロディン（純白色）」など．
   B. あけぼの系：「あけぼの（濃いローズ紫に弁先が白くぼける）」「ピアス（白地に弁

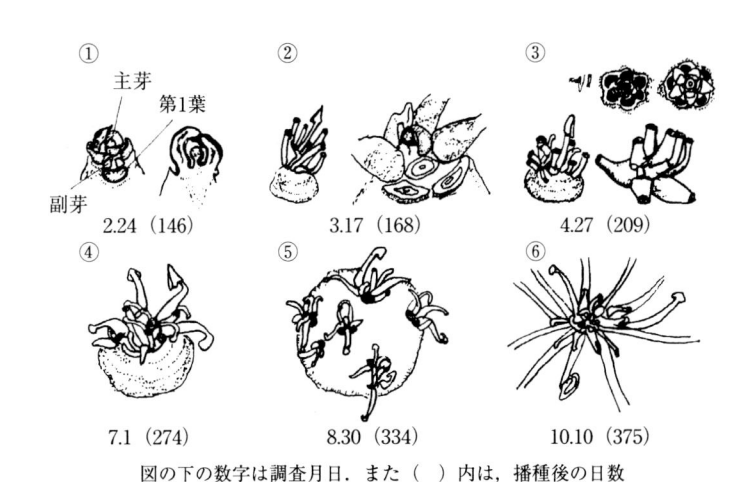

図の下の数字は調査月日．また（ ）内は，播種後の日数

図19.26 シクラメンの塊茎上の葉芽，花芽の分化発育様相（鶴島 1963）

先が鮭桃色のぼかし）」「パピヨン（紅紫に白覆輪）」「バニー・シリーズ（赤，橙，紫桃の各色に弁底，弁先に白のぼかし）」
　3.小輪系品種（2倍体）：現在ほとんどF_1品種に代わっている．
Ⅱ．一代雑種品種
　1.F_1大輪系品種（4倍体系）：「F_1Kマキシ・スカーレット（緋赤色大輪）」
　2.F_1大，中輪系品種（2倍体系）：「F_1シェイラ・シリーズ（各色中大輪，早生）」「F_1コンサート・シリーズ（各色広弁中大輪，早生）」，「F_1Kマキシ・シリーズ（各色広弁大輪早生）」など．
　3.F_1ミディ系品種（2倍体）：「F_1レイザー・シリーズ（各色，中輪）」「F_1ロンド・シリーズ（各色，中輪）」「F_1Kミディ・シリーズ（各色，中輪）」「F_1Kピコミディ・シリーズ（紅，鮭桃，紫桃各色に白覆輪が入る）」など．
　4.F_1小輪系品種（ミニ・シクラメン：2倍体）：「F_1ミラクル・シリーズ（各色，小輪早生）」「F_1ディキシー・シリーズ（各色，小輪早生）」「F_1Kミニ・シリーズ（各色，小輪中生）」など．

(5) 栽　培

1) 生産体系や作型の変遷

　わが国ではシクラメンは年末出荷の鉢花が慣習的になっており，この傾向はいまも変わりない．固定種は播種から開花まで14～15カ月かかる長期栽培であったが，一代雑種品種になってからは10カ月で開花するようになり，さらにセル苗を購入して作付けると7～8カ月で開花できて作付けの様相も大きく変わっている．その傾向は年末集中から欧米のように10月から3月まで出荷の幅が広がるものと予測されている．
　図19.28はドイツ，ハノーバー大学のStoffert, G.（1968）がドイツにおけるシクラメン生産体系

図19.27　シクラメンのパステル系品種「ハイドン」

の変化を1935年から1968年の30年間の発展を示したものである．これは栽培施設と栽培技術の向上とともに，品種が改良され栽培しやすくなったことがその背景にある．さらにこれから30年経た現在は，F_1品種の導入とセル成型苗の利用で栽培期間は短縮されたものの，生産体系はこの図から推定する限り1968年時とはそれほど変わっていない．しかし，栽培にかかる周辺作業や，装置化による省力で高品質の均一な商品生産が可能になった．セル成形苗の利用，調整用土，ヒモ吸水による灌水の自動化，ポッティング・マシンやムービング・ベンチシステム採用による装置化，自動化はシクラメンの生産体系を大きく変えている．一方，手づくりによる高級品生産も健全なのがシクラメン生産の特色である．

2) 繁　殖

　シクラメンは播種から出発したが，購入苗を入手して作付けることも従来はあった．岐

阜県の恵那地方は古くからシクラメン苗専門農家の集団産地であったし，生産者間での苗の取引も大きかった．最近はそれがセル成型苗に変わっている．また，一部には組織培養苗の利用もある．

　種子はやや大きく，ふつう粒数で取引する．種子の発芽適温は18〜20℃でそれより低くても高くても発芽率はおちる．発芽日数は35〜45日を要する．発芽は種子から地下に下子葉を伸ばし，その基部が肥大して塊茎を作り，その塊茎の下部から根を，上部から第1子葉を地表に現す（178頁，図12.5参照）．固定種は発芽勢もやや劣るが，F_1種子は雑種強勢で発芽も早く，揃いも良い．発芽した苗は本葉3〜4枚までおいてその後移植する．セル苗もふつう220穴トレイで本葉4〜5枚時に鉢上げする．

3) 用土と肥料

　シクラメン用土も多くの研究例がある．結果的には全孔隙量60〜75％，固相率30〜35％．液相率35〜45％，気相率25〜30％位に配合した用土がよい．幼苗から成株になるのにつれて，固相率，気相率をやや多くする．また，ヒモ灌水の用土は液相率をやや高めて均一に吸水させる．最近は調整用土を利用するが，清潔性を確認し，ピートモス，バーミキュライトを加えて前記の土壌三相割合に調節する．水管理や栄養管理はこの用土の物理性に大きく左右されるので，良品生産を目標とするには極めて重要である．

　栄養管理の施肥もシクラメン栽培のポイントである．施肥は水管理により方法が違う．生育に応じて成分比や濃度を自在に変えて施用できる液肥管理と，緩効性肥料や化成肥料での施肥管理とでは大きく異なる．シクラメンの施肥についても長い間，極めて多く研究がされてきて，ドイツのPenningsfeld, F.(1962) は肥料3成分とその他の成分がシクラメンの生育開花に及ぼす影響について実験し図19.29のような結果を得ている．チッ素，リン酸はシクラメンの生育開花に大きく影響し，カリは反応が明らかでなかった．彼は

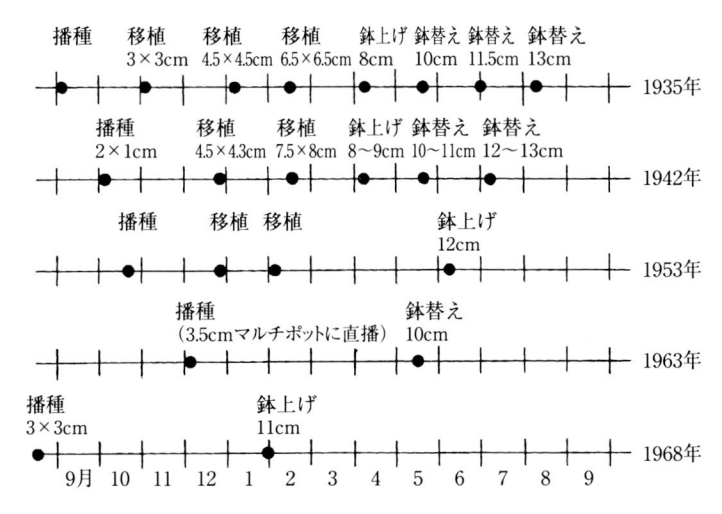

図19.28　ドイツにおけるシクラメン生産体系の発達の推移（Stoffert, G. 1968 より）

[582] 各　論

一連の研究結果から実際の施肥量の目安として，用土 1l 当たり成分で苗は $N=0.21$, $P_2O_5=0.18$, $K_2O=0.3〜0.4g$, 成株では $N=0.28〜0.42$, $P_2O_5=0.2〜0.3$, $K_2O=0.28〜0.5g$ としている．これを肥料に換算して施用する．わが国では三浦（1968）の詳細な研究もあるがここでは省略する．最近は植物体の栄養吸収状態をチェックしてそれに併せて施用する栄養診断による施肥管理が普及しているが，これに関しては総論の肥料の項で述べてあるので参考にされたい．

4）鉢上げとその後の管理

10〜12cm鉢仕立てはセル苗または播種箱からそのまま鉢上げするが，15cm鉢も直接上げるか，一度10〜12cm鉢に上げてある程度大きく育ててから植える場合がある．深植えすると葉の基部から腐敗することがあるので，塊根の上部は地表に出るように植付ける．植付け後は灌水して寒冷紗などで遮光を7日間位行って活着させる．10〜12cm鉢はヒモ灌水はしにくいので，マット灌水が好適である．ヒモ灌水をするには植付け時，鉢底に吸水ヒモを設置しておき，10日間位頭上灌水して用土を落ち着かせてから湛水したC型鋼の上に並べて低面給水を開始する．その後の温度管理，追肥管理はすでに述べた通りである．

5）灌水と施肥管理

シクラメンの栽培ではかつて多くの灌水労力を必要とした．ほぼ毎日ホースで各鉢に給水する作業は生産規模が拡大するほど，大きな労働負担になり全労力の40％を占め，規模拡大や管理の精度向上のネックになっていた．このためマット灌水，ヒモ底面給水，エブ・アンド・フロー（プール灌水）システムなど自動給水が普及し大きく改善された．この灌水システムの変化は施肥管理をも大きく変えた．従来のホースなどによる手灌水は肥料の流乏が大きくその分を計算に入れた施肥管理をしていた．しかし底面給水による

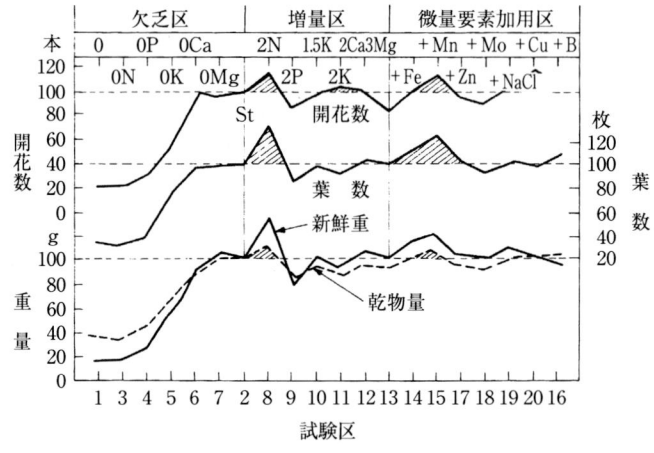

標準肥区（St）を100とした比数，1957年の平均値

図19.29　肥料3成分とシクラメンの生育開花への影響（Penningsfeld, F., 1962）

灌水システムでは肥料分のロスが少ないから最低必要量で施用しないと過剰になる恐れがある．このため，底面給水システムで栽培する用土は元肥が配合されていない調整用土が使われる．施肥の方法を大別すると：
- ・元肥と追肥を与える従来の方法（ホースなどによる頭上手灌水による）
- ・液肥を各鉢に間断的に施用する（チューブや手灌水による頭上灌水）
- ・液肥を常時底面から給水施用させる．
- ・常時底面給水させながら時折液肥を施用する．
- ・以上のいずれかの方法を組み合わせて施用する．

従来の施用法はすでに述べた．マット灌水の施用は高品質のシクラメンを生産しているベテランの坂本（1989）は生育中期には施肥比率を N＝2：P＝1：K＝3 とし，チッ素濃度 30～50 ppm がよく，9～10 月の生育期には 70～100 ppm とし，その後，開花期に向けて濃度を下げてゆくと言っている．ヒモ灌水では駒形（1991）によると C 鋼内のチッ素レベルは 50～100 ppm が品質，開花ともに良いと実験結果から勧めている．エブ・アンド・フロー灌水では給水頻度が多い時期には養液濃度を低くし，少ない時期には高くする（Angrlo, G.D. 1995）．チッ素レベルはピートモス主体の用土では 3.1～3.2 %，調整用土では 2.8～2.9 % が良いとしている．また，須田（2000）は実験結果から養液のチッ素濃度は前期 60 mg，中期 40 mg，後期を 80～100 mg/l で管理するのが良いとしている．

6）わが国独特の作業

シクラメンでは"葉組み"という作業が習慣的に行われている．生育後期（9～10 月ころ）シクラメンの葉が中心から開心状に展開して整然となるよう一鉢ずつの葉を手作業で整える．葉だけでなく花茎も中央に揃うようにする．生育に応じて作業するが，高級品を生産するには 1 鉢当たり 10 回位"葉組み"をする生産者もある．固定種が中心で，この点 F_1 品種は必要ないが，それでも行う生産者がいる．海外の生産者から見ると多労力生産は理解できないであろう．

7）開花促進のための生長調節剤処理

F_1 品種は開花も早く，揃って開花するので生長調節剤処理は必要ない．しかし，固定種は開花も遅く，12 月に間に合わない品種もあるので開花促進処理をする場合がある．12 月開花を基準とすると 9 月上旬から中旬にかけて，GA_3 5 ppm または GA_3 5 ppm と BA 10 ppm の混合液を小型スプレイで葉間の 5～10 mm 長の花芽を中心に散布する．2 回目は 2 週間後に散布する．

8）出荷と前後の管理

鉢物もいま品質保証問題がささやかれている．家庭で長く花が楽しめる点がシクラメンの特色であるが，それだけに品質差がものをいう．特に底面吸水で生産したものは消費者の手に渡ってから長持ちしないという声もある．出荷 10 日前から底面吸水を停止しやや乾かし気味にし，鉢上から灌水して慣らしをしてから出荷すべきである．栽培温度も出荷 1～2 週間前から管理温度を 5 ℃ 位に下げて温度面の慣らしをすべきである．

従来，シクラメンはほとんど市場出荷であったが，最近は流通も多様化し大型量販チェーン店や特殊な販売機構との契約販売，委託生産が増加している．仕入れ側が規格，数

量，価格，納期を生産者と事前に契約し，生産者は契約どおり生産して納品する取引になる．出荷時の開花状況も相手の希望によるが，ふつう10輪以上開花した鉢が出荷適期になっている．仕入れ先の希望で，衣装箱詰め宅配で発送するものもある（図19.30参照）．市場取引も予約相対を希望する生産者が増えている．

(6) 病害虫防除

1) 灰色かび病
　　　(*Botrytis cinerea* Persoon)

図19.30　衣装ダンボール箱に詰めて量販店に受注出荷するシクラメン

　シクラメンでは最も発生しやすい病害である．花，花柄，葉，葉柄のいずれにも発生し，茶褐色の病斑が拡大して軟腐し黒変して灰色のかびを発生する．特に開花期には蕾や花に発生する．花弁に濃い色や紅紫色の斑点が出て市場や小売側から嫌われるので商品としては致命的である．多湿な環境で発生が見られるから室内は換気をして通風を良くし，灌水後も葉についた水を早く乾くような管理が望ましい．発生を見たらトップジンM水和剤1,500倍液か，ベフルール水和剤1,000倍液を散布する．

2) 萎ちょう病 (*Fusarium oxysporum* f. *cyclaminis*)
　以前の固定種には発生しやすい品種があってシクラメン栽培では常に悩まされた病害である．土壌伝染性の立枯れ性病害なので発生した株は枯死するからである．最初，外葉が淡黄色に変わってから萎れ，葉柄が軟腐し株全体が枯死する．蒸気やクロールピクリンによる土壌消毒を徹底し，育苗から栽培環境を清潔に保ち病原菌の侵入を防ぐ他はない．侵入の予防にはタチガレン液剤1,000倍液を灌注する．

3) 軟腐病 (*Erwinia aroideae* Holland)
　7〜9月ころに発生し葉が萎れ，葉柄が水浸状になり株全体に広がって枯死する．一見，萎ちょう病と見分けしにくいが，萎ちょう病は塊茎は軟腐しないが本病は塊茎も軟腐する．細菌による病害なので薬剤は効きにくい．土壌消毒を確実にする他，発生したら抗生物質剤を散布し，罹病株は早目に除去し焼却する．

4) 斑点病 (*Septoria cyclaminis* Pursh. et Montagne)
　葉に不整形の黒褐色または周りが赤褐色の斑点となって現れ，その斑点は輪紋状になるのが特色で，発生を見たら罹病葉を摘み取り，ジマンダイセン水和剤500倍液を散布する．

5) 炭疽病 (*Colletotrichum cyclamenae* Taubenhaus)
　葉に円形の斑点が現れ，健全部との境が紫褐色を呈しややくぼむ．病斑は次第に拡大してその葉は枯死する．罹病は発見次第取り除き，ジマンダイセン500倍液を散布して防ぐ．

6）ウイルス

シクラメンにはCMVやINSVなどが罹病することが知られている．アブラムシやスリップスにより伝染するのでこれらを間接的に防除して発病を防ぐ．

7）ネコブセンチュウ

シクラメンには付きやすいので用土は必ず消毒する必要がある．消毒した用土ではほぼ完全に防げる．

8）アブラムシ，スリップス

シクラメンでは発生しやすく，栽培では常に発生をチェックしなければならない害虫である．早目にオルトラン水和剤1,000倍液かベストガード水和剤1,000倍液を散布して防ぐ．

9）シクラメンホコリダニ

わが国では1967年ころから発生を見たもので，生育期間初期に成長点近くに入り込み，幼葉や幼蕾の汁液を吸収するので，発育異常や萎縮などウイルスに似た奇形を経てから発現する．虫体が顕微鏡的に小さいので肉眼ではチェックしにくく，ダニ剤散布でも防除しにくい難防除害虫である．

参 考 資 料

1) Dohm, Andrea., H‐G.Schwenkel and J. Grunewaldt 1991. Histologische analys der in vitro‐regeneration von *Cyclamen persicum* Mill. Gartenbauwissenchatt 50（2）．
2) Heath, M. 1982. Chapter 5, Developments in large flowered cultivars of Cyclamen, Proc. of the third conference of the Cyclamen Society held at Westfield Collage. University of London.
3) 駒形智幸・浅野　昭 1991. シクラメンの底面給水に関する研究（第1報），園芸学会平成3年度春季大会要旨．
4) Lyons, R.E. and R.E.Widmar 1980. Origin and historicaal aspects of *Cyclamen persicum* Mill. HortScience Vol.15（2）．
5) Maatsch, R. 1971. Cyclamen, Paul Parey, Berlin.
6) 三浦泰昌 1978. シクラメンの培養土の理化学性と施肥法に関する研究. 神奈川県園試特別報告．
7) 宮島郁夫 1992. 黄花シクラメンの育種，新花卉 No.154．
8) 宮島郁夫・前原俊哉・鹿毛哲郎・藤枝国光 1991. 黄花シクラメンの黄色発現に関与する主要色素の同定. 園芸学会雑誌 60（2）．
9) Noordegraaf, C.V. 1982. Research and cultivation of *Cyclamen persicum* cultivars in Netherland. Proc. of the third conference of the Cyclamen Society held at Westfield Collage. University of London.
10) 長村智司 1995. 鉢花の培養土と養水分管理. 農文協，東京．
11) Palmer, H.L. and Patrich M. Synge 1965. The winter‐flowering Cyclamen. Jour, R.H.S. July, Vol. ⅩC, Part7．
12) 坂田吉彦 1970. シクラメン，加島書店，東京．
13) Seyffert, von W. and R. Maatsch 1962. Uber die vererbung des "Viktoria"‐Markmals von

Cyclamen persicum, Aus dem Max‐Planck‐Institut fur Zuchtungaforschung Koln‐Vogelsang und dem Institut fur Zierpflanzenbau der TH Hannover.

14) 須田 晃 2000. エブ・アンド・フロー方式によるシクラメンの高品質生産. 農業および園芸 75 (12).
15) 高村武二郎 1997. 黄色花シクラメンの倍数性育種. 花卉細胞育種研究会 第8回研究会資料.
16) 田中 宏 1969. シクラメンの育種と採種. 新花卉 No.61.
17) 嶽野公男 1988. 原種シクラメンの園芸化. 新花卉 No.137.
18) 鶴島久男 1973. 鉢花のプログラム生産 (2). 誠文堂新光社, 東京.
19) 鶴島久男 1986. シクラメン育種の現況と今後の展望. 昭和61年度日種協育種技術研究会資料.
20) Wellensiek, S. J., J. Doorenbos J. van Bregt and R.A.H. Legro 1962. Cyclaem‐A discriptive list of cultivars, H. Vernman & Zonen N.V. Netherland.
21) Wellensiek, S. J. and the others., 1959. The effect of inbreeding in Cyclamen, Euphytica, 8.

19.8 シネラリア (学名 : *Pericallis* × *hybrida*., 和名 : フウキギク, サイネリア, 英名 : Florists Cineraria) キク科, 不耐寒性多年または一年生

《キーワード》: 鉢物, 花壇, 切り花

　原種の *Senecio cruentus* DC.は地中海のカナリア群島原産であるが, 現在, シネラリアとして栽培されているものは, 本種と *S. heritieri* との交雑種による園芸種 (Hammer, P. A., 1981) である. 以前は1,000種以上も含む *Senecio* 属であったが, 現在は *Pericallis* 属になり, 19の原種が含まれている (RHS, 1996). 原産地では多年生だが, ふつうは夏から秋にかけて播種する一年生として取り扱われている. 茎は直立性で40〜60cmになり, わい性は20〜30cm位になる. 葉柄をもつやや大きな心臓形の葉を互生し茎葉とも柔毛をもつ. 茎は上部で分枝し小花柄に直径3〜8cm位のデージーに似た一重の頭上花を多数付ける. 花色は赤, 桃, 紫, 青, 白色で, 開花期は4〜5月, 加温栽培では12月から開花する. 春の鉢物として広く栽培されているが, 最近は丈の高い品種も育成され切り花用として栽培されている.

(1) 育種と品種の発達小史

　1777年に Masson によって英国に導入されているが, その後, ドイツで交配育種が行われ多様な系統, 品種が育成されている. 特に初期にはドイツの Sander, Richard や Walther, Ott がわい性シネラリアの育種家として記録されている. エルフルトの Haage and Schmidt も1860年ころから意欲的に育種を行い, 大輪の Glandiflora 系品種を育成している. それに刺激された同じエルフルトの Benary 社もシネラリアの育種を開始し小輪多花性の Maltiflora 系品種を1930年ころに発表し, 両系統間の交配による中輪系 Maltiflora Nana も1930年から1950年にかけて育成している. 欧米のシネラリアは中輪中性の Maltiflora 系のシルバーセンターやゴールデンセンターを中心に育種されてきたが, Benary 社は1960年, 巨大輪わい性の「Erfurt Dwarf Palette」を発表している. アルゼンチンの日系花き生産者, 中村は1970年ころ花径が10cm以上にもなる巨大輪のシネラリ

アを育成し，わが国へも一部入っている．

シネラリアは1877年にわが国へ入っているが，鉢物としてのシネラリアに対する関心は高く日本人の嗜好に合わせた独特の品種が鉢物産地で生まれている．丈が極めて低く株全体が半球状にまとまり，極早生で，蛇の目模様（花の中央に白色の輪が入る）の中輪花が多数付くダルマ系である．当時の東西の鉢物大産地東京，江戸川区の鹿骨からは東京

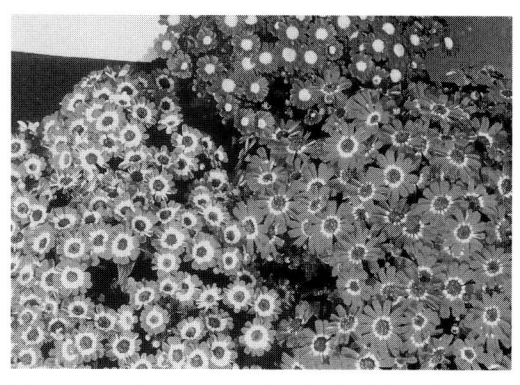

図19.31　シネラリアの中輪早生品種「東京ダルマ」

ダルマが，西の奈良県橿原市からは橿原ダルマ系が育成され，国内のシネラリアはほぼ両系統の品種に占められた．日本のシネラリアはその後欧米にも影響を与え，現在欧米のカタログにはほとんど日本のダルマ系の交配と見られる品種に代わっている．

（2）系統と主な品種

シネラリアの系統をMaatsch, R.（1960）は次の5群に分けている．

[系統分類]
Ⅰ．Grandiflora（Gigantea）
　Ⅰ－a．Grandiflora Maxima　　　　　大輪で草丈中性種のグループ
　Ⅰ－b．Grandiflora Maximz Nana　　大輪わい性種グループ
Ⅱ．Grandiflora Multiflora　　　　　　　中輪中性で多花性グループ
Ⅲ．Multiflora Nana　　　　　　　　　中輪わい性多花性グループ
Ⅳ．Stellata（Polyantha）　　　　　　　小輪高性で花弁が細く星咲き
Ⅴ．その他
　Ⅴ－a．Radiata　　　　　　　　　　花弁が筒状で放射状に開くタイプ
　Ⅴ－b．Plenissima（flore pleno）　　中輪八重咲き

やや古い分類であるが，それ以降分類した学者はなく，現在の品種もこの分類に当てはまる．例えばダルマ系はⅢ.Multifloraに入る．著者は1950年ころ新宿御苑の温室で，当時の温室主任佐々木尚友に案内されて，八重のシネラリアを見せてもらい驚いた記憶がある．それはくす玉状の美しい花で，種子を播くと一重と八重が分離して出てくる系統で，上記分類のⅤ－bに属すると考えられる．

[現在の主な品種]
　大輪系品種（分類Ⅰ－a，Ⅰ－b）：「ドワーフ・ジャイアント・イクスヒビジョン（大輪わい性各色）」「フェスティバル（大輪中性各色）」「プラネット（大輪わい性で多花な中性の各色）」など．
　中輪系品種（分類Ⅱ，Ⅲ）：「東京ダルマ（蛇の目の中輪わい性多花で各色混合）」「極早生鴻巣系（鮮明な蛇の目の中輪多花性のわい性で極早生混合色）」．

小輪系品種(分類Ⅳなど):「ブライト・ミックス(小輪多花性の中性の中性各色混合)など」.

(3) 生態的特性

シネラリアの生育適温は10～15℃位で,0℃以下の低温では凍害を受けて枯死するが,5℃位では生育を続ける性質があり,冬季でも低温管理で栽培できる特異性がある.花成には温度が強く影響する量的短日植物である.Post, K. (1942)は16℃以上の温度では短日でも開花しないことを確認している.花芽分化を誘導する温度は8～13℃以下で約6週間位を必要とする.しかし,極早生品種や最近の品種は要求低温も高く,期間も短くなっているようで容易に11月から開花させることができる.

(4) 栽 培

シネラリアは種子で繁殖する.最近では自分で播種育苗する他,セル苗を購入して栽培する場合もある.播種期は,極早生品種を11～12月出荷するには6月下旬から7月上旬,早生,中生種を2～3月に出荷するには8月下旬から9月中旬に播種する.種子は0.5 mlで600～800粒位あるので1,000鉢生産には1.0～1.5 mlの種子を用意する.播種は他の微細種子同様に播種トレイやセルトレイに播くが,好光性種子なので覆土はしない.発芽後の幼苗は発育が早いので播種トレイやセルトレイの苗は一度9～10 cm鉢に上げて育苗してから15 cmの定植鉢に鉢替えする.用土は育苗用の調整用土,定植にはふつうの調整用土を用いる.シネラリアの幼苗は施肥濃度に敏感なので育苗中は薄い液肥施用で管理するのがよい.肥料に対する反応はチッ素に敏感で不足すると極端に生育が劣り,反対に過剰になると茎葉が大きく軟弱になり品質を低下させる.リン酸もチッ素についで敏感である.液肥ではチッ素40 ppm,カリ60 ppmが最も生育が良かったという研究結果もある(Gartner, J.B. 1947).これらから定植土1l当たり緩効性肥料のマグアンプK 3gを元肥として配合し,その後は生育に応じて前記の成分の液肥を施用する.栽培温度は夏季はなるたけ涼しく保ち,外気温が下がるようになったら昼温15～20℃,夜温は8～10℃位に保ち,株全体をコンパクトに生育させる.

(5) 出 荷

花房の花が大輪種では4～5輪,中,小輪種では10輪以上開花させてから出荷する.2～3月の出荷には外気温が低いので冷温に遭遇させないよう注意が必要である.

(6) 病害虫防除

シネラリアは葉に黒褐色の小斑を生じ葉に穴のあく褐斑病(*Ascochyta cinerariae*),下葉に不整形の輪紋状の病斑を呈する輪斑病(*Alternaria cinerariae*),灰色かび病などが発生する.前二病はダイセンまたはオーソサイド500倍液を散布して防ぐ.また,害虫ではアブラムシが発生しやすい.防除は他の植物と同様である.

19.9 ゼラニウムとペラルゴニウム類 (属名:*Pelargonium*., 和名:テンジクアオイ，天竺葵，英名:Geranium)フウロソウ科，不耐寒性または半耐寒性の多年生または亜低木

《キーワード》：鉢物，花壇，花苗，香料，ハーブ（真称のゼラニウム属は別項）

　ペラルゴニウム属は以前ゼラニウム属に含まれていたため現在もペラルゴニウムのグループを一般にゼラニウムと呼んでおり，植物学上のペラルゴニウムと紛らわしいが，ここでは通例に従うこととする．ペラルゴニウム属には約280種が南アフリカを中心に分布している．主に多年生または亜低木で茎は分枝してブッシュ状になり基部は木化する．互生する葉は長い葉柄をもち，心臓卵形で葉縁に鋸歯をもつものから深裂または羽状復葉などの常緑である．花は茎頂または葉腋に散形花序を付け多くの種は四季咲きである．これらの原種が交雑されて現在の多様な園芸種が成立している．園芸栽培上ペラルゴニウム属は通称ゼラニウムなども含む大きなグループで系統，品種，栽培方法や利用の異なる次の4つの小グループに分けて記述することとした．

19.9.1 ゼラニウム (学名：*P.* × *hortorum* L.H.Bailey，和名：通称ゼラニウム，英名：Zonal Geranium)

　鉢物，花壇用苗物として最も広く栽培されているペラルゴニウムのグループでいずれも南アフリカ，ケープ地方原産の *P. cucullatum* を中心に *P. zonale*，*P. inquinans*，が交配され，さらに数種が交雑されて現在栽培されている園芸種×*hortorum* 種が育成されている．

(1) 育種および系統，品種と栽培の発達小史

　1690年，南アフリカから *P. cucullatum* が英国に導入され，さらに1710年に *P. zonale*，1714年に *P. inquinans* 紹介されてこの植物の歴史が始まっている．その後数種が入ってEltham の有名な James, Sherard の庭園で栽培されており，この庭園の記録 "Hortus Elthamensis" の中に1732年描かれたペラルゴニウム数種の画が残されている．1820〜1830年にわたってロンドンで出版された Sweet, Robert著 "Geraniaceae" 全5巻には500品種の着色図版が掲載されており (図19.32) (石井1969)，英国でのゼラニウム育種が推定できる資料である．その後，ゼラニウムの育種はドイツ，フランス，オランダにも広がり20世紀初期まで多くの品種が育成されたが，次第にドイツに集中して栄養系ゼラニウムの育種は今日まで続いている．第二次世界大戦後ゼラニウムの育種は米国にも移った．1942年，オハイオの Behringer, Charless は四季咲きで大花房を多数付け，中わい性の Irene を作出して注目された．続いて Adgete, David が "Improved Richard"，Bode, F. が "Toyon (1963) および "Party Dress" などアイリニー系と言われる優れた品種を育成している．しかし，米国では1950年代，ゼラニウムの葉枯れ細菌病 (*Xanthomonas pelargonii* Brown) が大発生し50％以上も枯死する生産者が続出して壊滅的な被害を受けた．このため耐病性品種の育種と一代雑種による種子系品種の育種が始まった．ペンシルバニアで1960年に育種された "Nittanii Lion" が種子系ゼラニウムの先駆けで，雑種強勢

で病害にも強く，播種から開花まで90～100日と早い．F_1品種を最初に育成発売したのはシカゴのG. Ball Inc社の「Carefree Series」で1968年であった．さらに1970年には米国のGoldsmith社が「Sprinter Series」を，オランダのS & G社が「Ringos Series」「Sooner Series」を発表してゼラニウムのF_1時代が到来した．これらF_1ゼラニウムは2倍体（2n = 18）で，露地でもよく生育開花し，花も更新して連続開花するので鉢物から花壇用として利用される花苗としても現在までに及んでいる．

一方，栄養系ゼラニウムとして大輪八重咲きの豪華な花房を付ける鉢物用品種の育種も進んだ．栄養系ゼラニウムの育種はYoder Brother's社やOglevee Floral社が1970年代に開始している．特に1990年代になって栄養系ゼラニウムは大輪で，長持ち，高品質性の4倍体品種（2n = 36）の育成に移った．1993年，前掲のOgreveeが「Gypsy」他10品種を発売すると，Ball Flora Plant（Ballの小会社）が「Showcase Series」と「Designer Series」を発売し，Goldsmith社もGoldsmith Plantsという栄養系苗会社を設立して「Americana Series」を育成している．これら栄養系品種はいずれも登録保護品種である．播種から短期間で開花するF_1品種が広く普及した米国でも1995年以後，4倍体の栄養系ゼラニウムの品種が各社から発売されて急速に栽培が伸び，1993年には年間1,5～1,8百万本の挿し苗が流通している（Whealy, C.A.1994）．

米国でゼラニウムが発達したのはアイオワ州立大学（Griffith J. Buck），ペンシルバニア大学（Dr. James Tammen, Dr. Sam Smith），ミシガン州立大学の研究が大きく貢献している．育種の基礎研究を始め，病理チェック，無病苗の生産システムなどの研究成果がある．また，米国では大学と民間種苗企業研究者によるGeranium Conferenceも不定期に開催している（Craig, R.1992）．その内容は研究発表が主であるが，これらの結果は栄養系ゼラニウムの無病の挿し苗大量生産システムを推進させてい

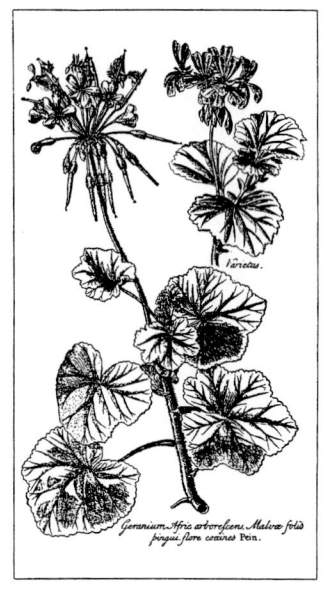

図19.32　1873年, Sweet, Robertの著書に描かれているゼラニウム

図19.33　F_1ゼラニウムの採種作業（コスタリカのLinda Vista）

る．無病が認証された（Certified Plants）挿し苗（穂）はコスタリカ，グァテマラ，メキシコ，中国などで生産されている．栄養系ゼラニウムでは先進的な欧州でも1990年以後急速に育種は進んでいる．その中でもドイツはゼラニウムをウインドボックスなど窓辺に植える習慣があり，冬から春にかけてどの種苗農園も市民のために，ゼラニウムの挿し苗をそろって生産すると言われている．栄養系ゼラニウム専門の育種会社 Fischer Geraniumは最近，多花性の「Pelfi Series」を出している．同様なドレスデンの Elsner PAC も「Melody」他わい性で大輪多花性の5品種を育成発売している．さらに，最近伸びている Selecta Klemm も「Carol」など6品種を出している．この他栄養系ゼラニウムの育種に参入しているドイツの Dummen，英国の Flora Nova などがある．

　欧州育成のゼラニウムには葉に斑入りや赤，紫色が入る美葉種があったが，これらが他のゼラニウムとともに明治20年（1887）ころわが国に渡来し，愛好家に着目されてこの短い歴史の間にわが国独特の斑入りゼラニウム，ミニゼラニウムが発達したことは意外に知られていない．

［わが国で発達した古典植物としての紋天竺葵］

　ゼラニウムの中には zonale 種（モンテンジクアオイ）のように元来葉に紋様の入る種類があった．ここで言う紋天竺葵（以下斑入りゼラニウムと言う）は葉の斑入りの色彩が美しく，生育が非常に遅く小形な草姿の観葉ゼラニウムである．このような斑入りゼラニウムは明治20年（1887）ころに英国から輸入されたもので，驚くことに英国でも当時，斑入りゼラニウムが育種されていたのである．日本のテッポウユリの球根を海外に輸出していた横浜植木株式会社（1890年創業）が1914年輸入した「錦旗（日本名）」を愛好家が注目した．同社はさらに輸入してこれらの原名「Freak of Nature」には「吹雪の松」，「Happy Thought」には「谷間の雪」などの和名を付けて販売した（溝口1980）．1921年ころから愛好家の間で実生選抜が行われ，1927年ころには100品種以上が育成されて全国的に流行期を迎え大日本葵協会も設立されている．著者の手元にあるフロリストウルマ（沼津市）の1934～1935年のカタログには「錦山」「紫宸殿」など105品種が記載され，高いものでは1本20～30円（現在の2～3万円），安いもので20～30銭の価格がつけられている．いわゆる古典園芸植物的な扱いで愛好家間で流行し珍品は高価に取り引きされたのである．1950年ころには小さい黒葉の黒雲竜系の品種も育成された．斑入りゼラニウムは葉は美しいが，茎の伸長は年間1～2cm位と遅く，分枝も少なく弱い品種が多い．現在ではこれらの品種はほとんど絶滅しており，一部は園芸栽培用とし黒雲竜系を改良した小輪，花色，八重，半八重のミニゼラニウムの品種の「ブラック・ベスビアス」「サーモン・コメット」などが育成され，1970年ころに種苗会社から販売されたが現在はされていない．これら斑入りゼラニウムは小型わい性で葉紋の美しい育種素材として貴重であるが，現在ほとんど残っていないのは残念である．

(2) 生態的特性

　F_1 系と栄養系とはやや性状は異なるが，ここでは共通する特性を述べる．ゼラニウムは不耐寒または半耐寒性多年性であるが，最近の品種は東京以西では冬季も葉は傷みながら戸外で越冬する．一般的な生育適温は12～16℃と言われ，25℃以上の高温は生育開

花が衰える．夏季冷涼な欧州で利用が多いのはこのためで，わが国でも寒高冷地では初夏から晩秋まで戸外で花が楽しめる．開花には日長や温度は影響しないが，適温で生育するとほぼ連続的に開花する．Craig, R.(1963) の研究によると F_1 系品種では花芽形成は日長，温度の影響を受けないが，分化後の花芽の発育は受ける太陽エネルギーの総量により開花するので，受光総量により到花期間がずれる．直射光が遮られ光度が落ちると茎葉が軟弱に徒長し，当然到花日数も長くなる．

(3) 主な品種

1) 一代雑種品種

「F_1 リンゴ 2000 シリーズ（F_1 Ringo 2000 Series：大輪多花性低性色）」「F_1 マルチブルーム・シリーズ（F_1 Multibloom Series：中輪多花性 90 日開花性，各色）」「ピント・シリーズ（F_1 Pinto Series：大輪わい性で 110 日タイプ，各色）」など．

2) 栄養系品種

「ショウケース・シリーズ（Showcase Series：大輪一重，早生でコンパクトに育つ，緋赤，桃，鮭桃色，白）」「デザイナー・シリーズ（中輪半八重，中性，緋赤，赤紫，鮭桃，濃桃色）」「ペルフィ・シリーズ（Pelfi Series：八重または一重，多花性コンパクタ，赤紫，桃，鮭桃の各品種を含む）」「PAC シリーズ（PAC Series：大輪八重，大花房，緋赤，赤橙，濃桃，桃，白色の品種）」など．

(4) 栽　培

1) F_1 品種の栽培

繁殖は種子によるがゼラニウムの種子はやや大きい．ふつう自家播きではセル用の用土でセルトレイに播く，好光性種子なので播種後の覆土はしないか見え隠れする程度に覆土する．発芽適温は 20〜25℃なのでこの温度を保つと 4〜5 日で発芽する．セル苗では本葉 3 枚までトレイで育苗してから定植鉢に植える．花苗として出荷するには径 10 cm のポリポットに，鉢物として出荷するには径 12 cm または 15 cm 鉢にセル苗を定植する．用土は鉢物用の調整用土でよい．pH は 5.5〜6.5 位を基準にし，肥料も栽培期間が短いので液肥施用が省力で栄養管理もしやすい．花苗としての出荷にはシーズンにもよるが播種後 60 日，鉢物では品種によるが 90〜110 日で出荷できる．苗は 3 本位に分枝するのでとくに摘心はしない．ゼラニウムの施肥管理は従来 N 成分が多いと茎葉が旺盛になって開花が抑えられ，また K 成分には敏感で不足すると黄化する．F_1 系品種は生育中期から開花するので栄養分の要求量は多く，多めの液肥で施肥管理をする．市販の液肥に N：P：K の成分が 15：30：15 が適当であり，生育に応じて濃度や施用間隔を調節する．また，F_1 品種の中には茎が伸び過ぎるものもあるのでこの場合はわい化剤で草丈を調節する．サイコセル（CCC）500 倍かボンザイ 1,000 倍液を 1〜2 回散布する．

図19.34　斑入りゼラニウム
（品種不詳）

2) 栄養系品種の栽培

ほとんどが保護品種なので発根苗か穂を購入して栽培にかかる．穂の場合は発根させる設備で発根させてから植付ける．パーライトなどの挿し床に挿して地温を20℃位に保つと3～4週間で発根する．植付け用土はF_1品種と同様でよいが，実生苗と違い挿し芽苗は成熟体であるから植付け後3～4週間で開花するので，早くから施肥濃度を上げて施用しないと大花房の花を咲かせるのに間に合わない．当然F_1品種より施肥量は多いが，Penningsfeld (1962) が当時の栄養系の施肥量を用土1l当たり成分で $N = 0.42～0.70$，$P_2O_5 = 0.36～0.60$，$K_2O = 0.40～0.80$ g としているが，現在の4倍体品種ではこの量の最大値の1.5倍量を与えたい．例えば，植付け用土にマグアンプKを5g/用土1lをスターターとして混合し，活着したらやや濃い前述の液肥を施用する．栄養系品種は花苗とした径10cm鉢，ふつうの鉢物として15cm鉢，さらに大鉢仕立てとして18～20cm鉢へ植えることもある．花苗としては挿し苗を定植後3週間，鉢物で4～5週間，大鉢では寄せ植えか1本で摘心して大柄に仕立て，多数の花房を付けるには8～10週間を要する．栽培温度は15～25℃を保ち，灌水は控え目に管理する．

図19.35　栄養系ゼラニウムは鉢上げ後まもなく大花房を付ける

(5) 出　荷

F_1品種では花苗として1鉢に開花を始めた花房が1房の時，鉢物では1鉢に3～4花房が開花した時に出荷する．F_1品種は花が散りやすい欠点があるから，出荷7日前に落花防止にクリザールAVBの800倍液を花，蕾に散布して出荷する．

栄養系も同じであるが，花房の小花を5～7輪開花させて出荷する．また落花防止剤処理の必要性はない．

(6) 病虫害防除

1) 葉枯れ細菌病 (*Xanthomonas pelargonii* Brown)

開花前から下葉に橙褐色または茶褐色の小斑点を生じ次第に円形に拡大し葉を枯死させる．通気が悪く，多湿な環境で発生する．バクテリアなので最も防除しにくく，土壌消毒を徹底する他，前述のように病原菌フリー認証の苗を購入して栽培することである．

2) 灰色かび病 (*Botrytis cinerea* Person)

ゼラニウムでは発生しやすい病害である．葉，花，蕾などを侵し，商品価値を喪失する．防除は他の花と同じである．

3) ウイルス

無病苗を使用すること，栽培環境と作業者の清潔に注意し，媒体のアブラムシなどの防除，接触伝染に注意する．

4) 害　虫

アブラムシ類，ダニ類などに注意する．

***19.9.2*　ペラルゴニウム（学名：*Pelargonium* × *domesticum* Bailey.，和名：ナツザキテンジクアオイ，英名:Fancy Geranium, Show Geranium, Lady Washington Geranium）**

わが国では前種ゼラニウムに対してこの種をペラルゴニウムと呼んでいる．欧州への導入は明らかではないが，1820年ころから英国の園芸家によって *P. grandiflorum*, *P. cucullatum*, *P. cordatum*, *P. ingnescens* などの種間交配により育成された園芸種である．草丈40～50cmになる常緑の半低木性で半耐寒性である．全株軟毛で覆われ，茎は下から分枝する．葉は広心臓形で葉縁は鋸歯状に裂け葉柄をもつ，花径5cm位の大輪のアザレア状で，花色は緋赤，濃桃，紫桃，淡桃，白およびその復色で．初夏に開花する一季咲きである．ペラルゴニウムの育種はその後ドイツやフランスで進められ，特にドイツでは Burgerや Faiss, Kael などが19世紀末から20世紀にかけて大輪，わい性種を育成している．さらにその後1960～1970年にかけてドイツの Schmidt, J.C.は多くの営利品種を育成している．ペラルゴニウムの育種は米国にも移り，ここでも多くの品種が生まれている．米国では鉢物としてかなり生産されている．日本へは明治の末（1910年ころ）渡来しているが，鉢物として栽培されるようになったのは1970年ころからである．わが国でこの花に魅せられて長年育種をしている唯一のブリーダーである神奈川県の鈴木清次は，優れた湘南シリーズ品種を多数育成して発表している．

(1) 生態的特性

ペラルゴニウムは半耐寒性で生育は15～20℃が適温である．Post, K.（1952）によると，花芽の形成は15℃以下の温度に遭遇して行われ，年の7～1月まで夜温の高い地方（15℃以上）では花芽分化できないので，沖縄以南では開花が難しい．ペラルゴニウムは低温（15℃以下）に遭遇して花芽が形成されてから約3カ月で開花する．Reeds, J.（1961）によると花芽が形成されたペラルゴニウムに夜間白熱電灯で7～8時間照明をつけると開花が促進されたと言う．電照中，温度を15～18℃に保ち，1月中旬から2月下旬まで電照したものは71％が3月10日から18日に開花したと言う（Hall, O.G. 1969）．このように電照加温で開花を前進させることができるが，さらにその幅を広げる開花調節は現在のところ難しい．

(2) 主な品種

海外品種：「アズテック（Aztec：白地に藤紫色のブロッチのわい性多花性）」「グランド・スラム（Grand Slam：ローズレッドに黒紅のブロッチ花径7cm位の中輪種）」「ルーレット（Roulette：白地に紫紅のブロッチ）」「ジョージア・ピーチ（Georgia Peach：サーモンピンクの単色，大輪種）」など．

国内品種（鈴木育成）：「リラ湘南（藤桃色波状弁）」「ローゼ湘南（濃鮭桃色に紅白の波状弁）」「クリューレ湘南（淡いピンクに紅白ぼかし，波状弁）」など．

(3) 栽　培

ペラルゴニウムも挿し芽で繁殖する．前もって母株を用意しておきこれから挿し穂を

とる．長さは7〜8cm位に切り取り，バーミキュライトなどの挿し床に挿す．ペラルゴニウムは4〜5月に出荷なので，しっかりした株に仕上げるには7〜8月に挿し芽をしたいが，日本の平地では高温のため発根できないから9月挿しとなる．寒高冷地や挿し床の温度が18〜23℃に下げられればその限りではない．約30日位で発根するのでゼラニウムと同様の方法で15cm鉢に定植する．茎が伸長してから摘心をするが，このタイミングは重要である．早すぎて低温遭遇まで期間があると伸び過ぎるし，遅れると草丈が低過ぎる．施設内で夜温が無加温で15℃以下になるのが11月中旬ころなので，このころから12月上旬までに本葉4〜5枚残して摘心する．その後は昼温も換気して涼しく保つが，夜温は10〜13℃に保ち，2月中旬から夜温を15〜18℃位に加温して開花させる．温度以外の施肥，灌水などの栽培管理はゼラニウムに準ずる．伸び過ぎる時はCCC（サイコセル）0.15〜0.2％液を茎葉散布してバランスのとれた草姿の鉢物に仕上げる．

図19.36 わが国で育成されたペラルゴニウム品種「サーフィン・パープル」（鈴木清次育成）

(4) 出　荷

出荷の1鉢当たり各花房の花が2〜3花開花した時が出荷期である．病害虫防除もゼラニウムとほぼ同じである．

19.9.3 アイビーゼラニウム（学名：*P. peltatum* Ait. 和名：ツタバゼラニウム，英名：Ivy Geranium，Hanging Geranium，Cascade Geranium）

南アフリカのケープ地方原産の *P. peltatum* が1700年，ケープ州の知事 Adriaan, Willemによってオランダに紹介され，同年には英国にも導入されてチェルシーガーデンにも植えられた記録がある．18世紀末から19世紀にかけて *P.lateripes* などとの種間交雑されているから現在のアイビーゼラニウムは "*P. peltatum* hybrid" である．

本種は不耐寒または半耐寒性の低木状で，茎はやや細く稜をもち節が目立ち，分枝してほふく性または垂下する．葉が円形か盾形に5裂片に切れ込みツタ葉に似る．茎葉は毛はなく光沢をもつ．葉腋から花柄を出し，散房状に小花を10〜15個付け，一重または八重咲き，花色は赤，紫，濃桃，桃，淡桃，白の他複色もある．温度が適温に達していればほぼ周年開花する．

1830年ころまでに多くの品種が育成されている．1865年ころ，現在も欧州では栽培されている有名な斑入り葉品種「L' Elegante (La Elegance)」が枝変わりで出ている．この品種は Birmingham の展示会で入賞し，1870年，フランスの Lemoine がカタログに掲載

している．アイビーゼラニウムはとくにドイツ人に愛され，ドイツの窓辺やコンテナにはほとんどこのゼラニウムが植えられている．20世紀後半になってドイツのゼラニウム専門会社のFischerやElsner PACなどが多くのアイビーゼラニウムの品種を育成しているのもこのためである．最近はzonale種との交雑により大輪のアイビーゼラニウム品種も出ているが，カリフォルニアのDenholm Seed社（現在はBall社が買収）が1985年，初めて種子系のアイビーゼラニウムを育成し，その育種を引き継いだPanAmerican社が1994年にF$_1$品種「トルネード・シリーズ」を発表している．

図19.37　1870年ころから欧州で栽培されているアイビーゼラニウムの歴史的品種「ラ・エレガンス」

(1) 生態的特性

生育適温はゼラニウムと同じで15〜20℃位がよい．冬季は5℃位で越冬はする．また，8〜10℃位では生育するが開花はしない．四季咲き性で花成には日長は影響しないが，光が弱いと生育は衰える．

(2) 主な品種　（Rマークは保護品種）

　　栄養系品種：「フィッシャー・アカプルコ（R Fischer's Acapulco：濃いピンクに白目一重多花性）」「バタフライ（R Butterfly：藤桃色八重多花性）」「リラ・コンパクト・カスケード（R Lila Compact Cascade：鮭桃色一重多花性）」「アメジスト（Amezyst：鮮桃色八重咲き）」「ラ・エレガンス（La Elegance：薄い藤色一重に斑入り葉）」など．
　　種子系品種：「サマーシャワー・ピンク（Summer Shower Pink：淡鮭桃色一重多花性）」「サマーシャワー・バーガンディ（Summer Shower Burgundy：赤紫色一重）」など．
　　一代雑種系品種：「F$_1$トルネード・アストリックス（F$_1$ Tornado Asterix：淡藤色一重）」「F$_1$トルネード・ノビックス（F$_1$ Tornado Novix：濃桃色一重）」など．

(3) 栽培および出荷

栄養系は3〜5月を出荷目標とするには4〜5月か9〜10月に挿し芽で殖やす．ゼラニウムよりやや発根が悪いが，茎頂を3〜4枚葉を付けて切り，挿し床に挿し，地温を最低10℃以上保つと40〜50日位で発根する．F$_1$を含む種子系も3〜5月出荷には9〜10月ころに播種する．セルトレイを用いる時はF$_1$ゼラニウムと同じで発芽適温は20〜24℃位である．発芽日数は7〜10日で，発芽後はゼラニウムと同じに育苗してから定植鉢に植える．ハンギング・バスケットなど吊り鉢は乾きやすいので用土は鉢物調整用土にピートモスを増量した用土を用いたい．そのためには灌水は少な目にし過湿にならないよう注意する．種子系品種は花苗として出荷するには10cmポットに鉢上げして一度摘心して数

図19.38 青銅製のフラワーベースに見事に植えられたアイビーゼラニウム（ベルサイユ宮庭園の南花壇にて）

図19.39 窓辺のウインドウ・ボックスのアイビーゼラニウム（ドイツ，バイエルン，オーバーアマガウ）

本側枝が出た苗にラベルを付けて出荷する．吊り鉢として出荷するには15cm鉢では1～2本植えとし，摘心を2～3回行い，十分な株に仕立て開花した段階で出荷する．肥料はゼラニウムの半量とするが，長期間連続開花するので間断的な液肥施用が適している．病害虫もゼラニウムに準ずる．

(4) ディスプレイ利用など

ドイツを中心とする欧州では窓辺だけでなく，至るところに満開のアイビーゼラニウムを見かける．ハンギング・バスケットやコンテナに苗を多数植えて見事なディスプレイに育てられる．とくに多花性の一重品種が効果的である（図19.39参考）．

19.9.4　ニオイゼラニウム類（和名：ニオイゼラニウム，香料ゼラニウム，英名：Scented – *leaved Pelargonium*）

ニオイゼラニウムとは，ペラルゴニウム属の原種の他，近縁の *Peristera* や *Ligularia* 属も含む種で葉に芳香または刺激臭をもつグループを指すが，ここではペラルゴニウム属に限定して観賞，薬用，香料などに利用されている種をニオイゼラニウム（ニオイバゼラニウム）とする．ニオイゼラニウムは古くから香料用や薬用，観賞用として品種も多数選抜育成されてきているが，近年はハーブ（Herbs）としての人気が高い．このため一般にはハーブ名で呼ばれることが多く，植物名との関係を難しくしている．ニオイゼラニウムは染色体数が$2n = 22, 44$で，染色体数$2n = 18, 36$のいわゆるゼラニウムやアイビーゼラニウムとは遠縁種と考えられている（徳増1980）．

(1) 育種および栽培の発達小史

　香りの植物としてのハーブは人類の文化とともに発展し約4,000年前にエジプトにはハーブ園があったといわれるが，ニオイゼラニウムはそれほど古くはなく200年位前からと見られている．ニオイゼラニウムの古い品種「Princeanum」がSweet, Robert によって描かれたのは1828年であった．この品種はその後，米国の園芸家 Prince Willium によって19世紀のはじめ米国にもたらされている．葉がオレンジの香りをもつこの品種は絶滅したと思われていたが25年ほど前，英国のペラルゴニウム収集家，Key, Hazel がウエスト・バージニアの農園で再発見している．このように早期に育成されたニオイゼラニウムの品種は世界に散出して消失されたといわれるが，19世紀から20世紀にかけて欧米で香りの異なる原種から多数の品種が生まれている．

図19.40　ニオイゼラニウムの「オドラティッシマム種」

[香料ゼラニウムの発展]

　ニオイゼラニウムの内，Rose Geranium と呼ばれる *P. capitatum* ほか数種は香料ゼラニウムとして20世紀初頭からフランス，イタリア，スペイン，モロッコ，レユニオン島などで栽培されるようになった．これらの種には香料用の選抜系や品種が育成されている．わが国でも1950年（昭和25）ころから香料企業の委託で瀬戸内海沿岸で栽培が始まり1954年には1,000戸，50 ha の栽培があり，1965年には愛媛・香川両県で2,000戸，200 ha，約6 t の生産があった（増徳1980）．当時，愛媛大学の玉利，徳増，加藤らは香料ゼラニウムの遺伝・育種研究を意欲的に行っていた．しかし，生産コスト面，化学合成香料の出現によって栽培は1975年終息した．

[ハーブとしてのニオイゼラニウムの発展]

　古代から薬草学や本草学として発展してきたが，最初のハーブの解説書が出版されたのは Petiver, James 著「The South Sea Herbal」で1715年のことであった．その後ハーブとして香りや刺激臭をもつ植物が日常生活に利用されて広まった．わが国でも大正年間にハーブが入っているが，ニオイゼラニウムが加わったのはそれほど古くはない．特に1995年ころのガーデニングブームでわが国のハーブは大きく花開き各家庭で利用されるようになった．花き園芸生産の中にハーブ生産者が生まれ，園芸店や量販店の園芸売り場で花苗としてハーブが販売されるようになって，ニオイゼラニウムも生産，ビジネスに参入した．

(2) ニオイゼラニウムの主な種と品種

　香り別に原種と属する品種は次のように分けられる．
　① *P. graveolens*；葉は羽裂しやや厚く，花は淡桃に濃いローズのブロッチが入る．バラ

の香りをもつのでハーブでは Rose Geranium と言う．ケープ原産で，欧州には1774年に導入された．(2n = 44) 品種には「Graveolence of Garden」「Atter of Rose」などがある．

② *P.capitatum*；葉は小さく花はローズ色に紫の条脈が入る．葉はレモンの香りをもつので Lemon Geranium という．南アフリカケープ原産で欧州へは1690年に導入され，交配種にはオレンジの香りをもつ Orange Geranium がある．品種には「Atomic Snowflake」「Lemon Crispum」「Prince of Orange」などがある．

③ *P.tomentosum*；葉は繊毛で覆われ深裂し，小花は白，葉はミントに似た香りをもち，ハーブでは Peppermint Geranium ともいう．南アフリカの西ケープ原産である．

④ *P.denticulatum*；葉は細く裂けた羽状で灰緑を呈する．花は紫から薄い桃色で茎葉が松葉に似た香りがするのでハーブでは Pine Geranium という．ゼラニウムオイルを生産する香料作物では中心となる種類で南アフリカ原産，染色体数は 2n = 88 である．品種には「Clorinda」「Lilian Pottinger」などがある．

⑤ *P.odoratissimum*；長い葉柄をもつ葉は深く裂けた羽状で中位の大きさで軟毛に覆われる．花は白色で夏季に咲く．葉はリンゴに似た香りがするので Apple Geranium ともいう．南アフリカのケープ地方原産で欧州へは1724年に導入されている．(2n = 88)

⑥ *P. × fragrans*；葉は深く裂けた羽状で灰緑を呈する．花は白色で葉は松葉かヤシの香りをもつ．

⑦ *P.quecifolium*；葉は中位の大きさで浅い切れ込みをもつ三角形で，花は淡赤か淡紫の小形．葉は独特のハッカより強い香りをもつ．南アフリカケープ地方原産で欧州へは1774年に紹介されている．(2n = 44)

⑧ *P.radula*；葉は深く裂けて細い裂片になる羽状掌状で灰緑で繊毛で覆われる．花は淡赤か淡紫色．葉の香りはハッカに似た強い刺激臭をもつ．香料用に栽培され幾つかの系統がある．欧州へは1774年に紹介されている．(2n = 85 で不確定)

(3) 生態的特性

種や品種により違いがあるが，共通的な特性を述べる．生育適温は15～20℃位で，冬季は最低5℃以上あれば落葉せずに越冬する．冬季は日光の当たる室内で越冬するのでハーブとして家庭でも人気があり，生産面でも無加温ハウスか保温程度で簡単に越冬できる．開花は長日で促されるようで，多くは初夏から初秋にかけて開花する．日照の多い所がよく，弱光では徒長する．乾燥には強く多湿には弱い．

(4) 栽　培

ニオイゼラニウムは鉢物として生産される種類もあるが，現在はハーブとしての花苗生産が多い．野生の原種から交雑種まであるので栽培の容易なものから難しいものもある．繁殖はふつう挿し芽で殖やす．他のゼラニウム類と同じで夏季の高温下では発根が悪いか，長期かかるのでふつう5～6月か，9～10月に挿す．挿し芽の方法や発根後の管理もゼラニウムと変わりない．用土は鉢物用調整用土でもよいが，赤土2：ピートモス1の配合土で植付け，液肥施用で管理するのが簡単である．花苗としては発根後10cmか12

cm鉢に植付け茎が8〜10cm伸びたころが出荷適期である．ハーブは販売側や消費者も種類，品種に対する理解は深いので各ポットには種類，品種名を表示したラベルを付けて出荷する．

参 考 資 料

1) Biermann, Winfrid 1996. Wertprufungen bei Pelargonium 1995. Gartenerbors, 25/1996.
2) Craig, Richard 1982. Geranium for the '80s, Florist's Review. Sep.15.
3) Craig, Richard 1992. Proceeding of the thied International Geranium Conference. Ball Publishing, Ill, U.S.A.
4) Kellen Vince 1983. Geraniaceae : *Pelargonium hortorum* or A Geranium byany other Name, Florist's Review, Sep. 15.
5) 加藤正弘 1980. ペラルゴニウムの培養による種間雑種. 新花卉 No.107.
6) 溝口正也 1980. 斑入り葉ゼラニウム. 新花卉 No.107.
7) Miller, D.M. 1996. Pelargonium "L'Elegante'.The Garden, Sep.
8) Miller, D.M. 1997. Scented − leaved Pelargonium.The Garden Mar.
9) 鈴木定利 1980.「ツタバゼラニウム」の品種と栽培. 新花卉 No.107.
10) 徳増 智 1980.「ニオイゼラニウム」と香料考察. 新花卉 No.107.
11) 鶴島久男 1980. 園芸利用上からみたペラルゴニウムの概観. 新花卉 No.107.
12) 鶴島久男 1972. ゼラニウム，鉢花のプログラム生産 (2). 誠文堂新光社，東京.
13) Whealy, C.A. 1994. Vegetative geranium production : Cutting to the Chase. Grower Talks, May.

19.10 セントポーリア (学名 :*Saintpaulia ionantha* Wendl., 和名：アフリカスミレ，英名：African Violet) イワタバコ科，不耐寒性多年生

《キーワード》：鉢物，寄せ植え素材

　セントポーリア属は東アフリカのタンザニアのウサンバラ山（Mts. Usanbara）およびウルグル山（Mts.Uluguru）およびケニアの一部のごく限られた地域に約21種が分布している（図19.41参照）．現在，鉢物として栽培されている園芸種は *S. ionantha* を中心に *S.confusa* などを交配して育成されたものと推定されている．

　地際から短い葉柄を付けたスプーン形の葉を根生するグループと，茎をほふくするグループとがある．葉は肉厚で繊毛で覆われる．花は葉腋から花柄をだし集散花序に小花を3〜8花付ける．花被は5裂して花径は1.5〜2.5cm，花色は淡青，淡紫，白色である．園芸種は草姿，葉や花の形態，花のサイズ，花色も多様で斑入り葉もある．

　半陰性の植物で室内で長期間観賞できるので室内植物として，また家庭の収集家，愛培家の観賞植物として広く利用されている．

(1) 園芸種および栽培の発達小史

　この植物の歴史は1890年，当時ドイツ領であった東アフリカの総督，セント・ポール

(Walter Saint Paul)がタンザニアの海岸近くのTangaでこの植物を発見しその種子を本国の父親に送ったことから始まる．父親のVon Saint Paulは播種して育てた苗をハノーバー植物園長Wendland, Hermanに同定を依頼し，園長は発見者の名前にちなんだ学名 *Saintpaulia ionantha* Wendlandと命名して図19.42のような図を付けて植物雑誌に発表した．その後，1956年まで *ionantha* 以外の原種が次々と発見されている．セントポーリアを最初に営業販売したのはドイツ，エルフルトのBenary社で1893年のことであった．小鉢で室内で容易に栽培できるセントポーリアは次第にドイツ国内に広まり品種改良が1925年ころまで行われた．1927年には米国に渡り，カリフォルニアのArmacost, Walterらが実生選抜をしており，欧州から導入された系統から「Blue Boy」や「Marmaid」などを育成している．1942年にはBrockner商会が桃色品種を米国の植物特許 No.514に初めて登録している．米国ではセントポーリアが容易に交配選抜できて多様な変異個体が得られ，さらに葉挿しで簡単に増殖できることから1930年以後は主婦を含めた一般人による育種で多数の品種が生まれている．1946年には趣味家による米国セントポーリア協会（African Violet Society of America）が設立されている．これら趣味家による育種は1950年代に入って花色，花型，葉色，葉型など多様な品種が生まれ大きく飛躍した．原種にはなかった赤紫八重咲きの品種「Tina」や花色も複色からストライプが入る品種，美しい斑入り葉の「Tommie Lou」もこの時期に出ている． *ionantha* 種から育種されたスタンダード・タイプ（短茎種）に対して， *pusilla* 種や *shumensis* 種から育成されたと見られる小柄のミニ・タイプ系，また， *grotei* 種や *pendula* 種などから育成されたほふく性のトレイル・タイプ（Trailer：長茎種）などの系統も分化した．

一方，欧州ではドイツで1940年ころ生産用品種の育種が専門業者によって行なわれ，米国とは対象的な発達を遂げている．なかでもIssenburgのHermann Holtkampは意欲的に生産用セントポーリアの育種をして長持ち系統のRhapsodieシリーズを作出し，いまも長持ち品種として名が残る「Elfriede」を1965年に発表している．それまでの品種は花

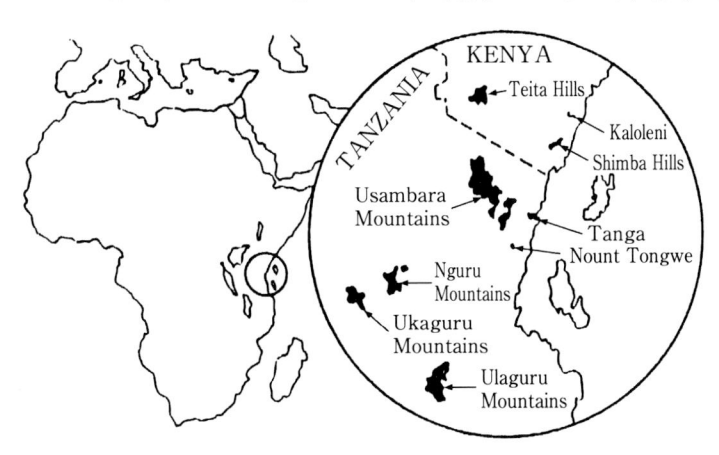

図19.41　セントポーリアの原種の分布地域図（Ciarcia, B.M. 1981）

後，ほとんどは花被が萼から脱落したが，改良品種は脱落しにくく日持ちがよくセントポーリアの需要を拡大した．Holtkampはさらに到花日数の短いOptimalaシリーズも育成し，現在もセントポーリア生産の主要品種になっている．Holtkamp以外にもBalletシリーズを育成したハノーバーのFischer, Arnordがいる．

米国のセントポーリアブームは1960～1970年代で，室内で一定の温度と人工光（蛍光灯）があれば，繁殖から生育，開花しコンテストに出品できるほどショウアップできる特異性が趣味家に魅力がある．わが国でも1975年ころから主婦の間でブームになり，川上敏子などプロモーション・リーダーも生まれている．川上は日本国際セントポーリア協会を組織し，全国的にも趣味の協会が結成され，セントポーリア専門店（原宿の花門など）まで生まれている．

セントポーリアの鉢物生産も1980年ころから盛んになり，専業化して周年生産する専作が千葉県や岐阜県に出てきている．現在では岐阜県が主要産地で巣南花園などは約8,000 m^2のハウスでムービング・ベンチを利用したオランダ式の生産を実施している．

また，オランダ，アールスメールのAppelboom農園は有名である．1988年から兄弟3人でセントポーリア経営を始め現在は2.5ha（分園が2.5ha）でムービング・ベンチシステムにポット・ロボットや自動仕分け，自動包装梱包装置を利用し15名の作業者で年間数100万鉢を生産している．これほどの規模ではないが同様な生産農園はオランダ，デンマークやドイツなどに存在する．

図19.42 ドイツのMolle's Deutsche Garten – Zeitungの1893年5月20日発行にWendlandが初めて発表したセントポーリアの図

(2) 生態的特性

生育温度はHerklotz, A.(1964)の研究では15, 20, 25, 30℃を一定または昼夜組み合わせて栽培したところ25℃コンスタントが生育開花ともによく，30, 15℃になると劣った．最適な室温は日中20～25℃，夜温15～25℃となる．15℃以下では開花が減り，8℃以下では生育が止まる．開花は日長には関係なく，日中の光量が影響し，Stinson, R.F.らの研究(1954)では自然光の1,000luxでは開花しなかったが，3,000lux以上では花成が誘導され，光量が上がるほど開花が早まった．太陽光が不足す

図19.43 オランダのAppelboom農園でのセミオートによるセントポーリア大量生産

る場合，蛍光灯の補光で生育開花が補われ，とくに蛍光灯の人工光だけで生育開花させることができる．蛍光灯の光源は白昼光（CW）よりワームホワイト光（WW）の方が良いと言う成果もある（Cathey, H.M., 1978）．また，（Hanchey, R.H., 1956）の研究によると蛍光灯6,000 lux で18時間照明すると，自然光のいずれの適正光量より開花数が多かったと言う．

　セントポーリアは半陰性の植物で5,000～10,000 lux 位が適正で，夏季強光下では遮光する必要がある．

図19.44　斑入り系品種
「グリーン・バンド」非保護品種

(3) 主な品種

スタンダード・タイプの他，ミニ・タイプ，トレイル・タイプがあり，スタンダード・タイプにも生産用品種のような保護品種と趣味家用の非保護品種がある．

[非保護品種：一般用]

　　スタンダート品種：「アミーゴ（Amigo：赤色一重大輪）」「リオ・グランデ（Lio Grande：濃いラベンダー一重波状べん）」「ミズ・プリティ（Ms.Pritty：白に桃のしぼり一重）」など．

　　ミニ・タイプ品種：「シュガー・ベアー（Suger Beer：ラベンダー一重）」「ミニ・ミンクス（Mini Minx：藤色で緑の縁どり八重）」「シルバー・ベル（Silver Bell：淡桃色一重）」など．

　　トレイル・タイプ品種：「ハッピー・トレイル（Happy Trail：赤桃重）」「ファンシー・トレイル（Fancy Trail：桃色八重）」など．

　　斑入り品種：「グリーン・バンド（Green Band：紫花に白複輪斑）」「トミー・ルー（Tommie Lou：紫八重花に白の斑入り葉）」など．

[保護品種]

　「グレイス（Grais：藤紫八重）」「ジュピター（Jupter：桃色半八重）」「モンタナ（Montana：青紫八重）」「ニュージャージー（New Jersey：桃色八重）」「アラバマ（Alabama：紫地に白の複色）」「アビー（Abby：白色八重）」など．

(4) 栽　培

繁殖は葉挿しによるが，自家で葉挿しする場合と，挿し苗を購入して栽培にかかる場合とがある．とくに保護品種の栽培には権利保有者と相談の上で栽培にかかりたい．葉挿しは葉柄をつけて切った葉をバーミキュライトなどの挿し床に葉柄と葉の付け根部分を床に斜めに挿し乾かさないようにミストなどを与え半日陰で発根発芽するまで置く．50～60日位で葉柄の切り口から発根し，その周辺から多数の不定芽を出す．挿し床では薄い液肥を与え最近は芽をやや大きく発育させて小鉢上げを省いて直接，定植鉢（径10～

12cm鉢）に植える．葉挿しの増殖率は1枚から5～6個体が得られる．挿し葉を掘り上げて芽を手で分割し，苗のサイズ別に仕分けして区別し鉢上げする．用土はピートモスとバーミキュライト主体のセントポーリア用土を自家製するか購入して用いる．用土のpHは5～6に保ちたい．肥料も近年は用土に元肥を加えず鉢上げ後から液肥施用で管理するのがふつうである．セントポーリアの肥料に対する反応についての研究は多いが，再現性の高いPenningsfeld, F.の研究からはピート主体用土1 l 当たり成分で $N = 0.42\sim0.56$, $P_2O_5 = 0.36\sim0.48$, $K_2O = 0.42\sim0.6\,g$, を基準に算出して施用するのがよい．市販の液肥にもセントポーリア専用の12-36-14のものがあるのでこれを希釈して施用するのもよい．栽培施設の日除けは寒冷紗，不織布を室内に張るか，ガラス室は外面にホワイト・ウォッシュを塗るのがよい．

図19.45　セントポリーアの営利品種「グレイス」

栽培温度はオランダでは昼間22℃，夜間20℃を標準としているが，この温度管理では定植から開花まで4～5カ月かかるが，夜間温度を下げると6～7カ月要する．

(5) 出　荷

出荷は市場などには8～10輪位開花した時に出荷するが，趣味家向けの鉢物は3～5輪位の時が好まれる．保護品種は品種名や保護認証を明記するラベルを一鉢ずつ付けて出すのが普通である．それに市場出荷は小売側が希望する色別にトレイごとに組み合わせて出すので，作付当初の品種や色別の生産数量，同時開花性などの検討はきわめて重要となる．冬季出荷には輸送途中の低温に当てないよう荷造り梱包に注意し，夏季は反対に蒸れないよう注意する．

(6) 病害虫防除

1) 灰色かび病（*Botrytis cinerea* Person）

花や蕾に特に出やすい．ひどくなると葉や葉柄も侵す．発生を見たら他の花き同様早期に防除する．栽培環境を清潔にし，換気を計り多湿にしないことである．

2) 立枯れ性病害（*Pythium phytophthora* 菌などによる病害）

葉などが黒ずんで水浸状になって引張ると茎の部分が抜けるように腐る．発生を見たら罹病部分を除き，周囲の鉢をベンレートなどで消毒する．土壌伝染性の菌によるものが多いので土壌消毒を原則とする．

3) コナジラミ，ハダニ類

他の花きの防除と同様な方法で防ぐ．

参考資料

1) Burtt, B.L. 1958. Studies in the Gesneriacae of the old world. XV. : The genus Saintpulias. Notes from the Royal Botanic Garden Edinburgh, Vol.XXⅡ No.6.
2) Ciarcia, B.M. 1981. The environs and origins of the African Violet. African Violet Magazine, June.
3) Stinson, R.F. and A. Lourie 1954. The effects of light intensity on the initiation and development of flower buds in *Saintpaulia ionantha*. Amer. Soc. Hort. Sci. 64.
4) 鶴島久男 1984, 最新のセントポーリアとその生産技術 (1) ~ (7). 農業および園芸 59 (1) ~ (7).

19.11 ハイドランジア (学名:*Hydrangea macrophylla* Ser. *forma hortensia* Rahd., 和名:セイヨウアジサイ, 英名:Common Hydrangea), ユキノシタ科, 耐寒性低木

《キーワード》:鉢物, 切り花, 庭園

　アジサイ属は北米, 南米およびアジアに約40種が分布し, そのうち日本には25種が自生している. これらのうち以下の種類や変種が江戸時代にはいわゆる栽培種として栽培されていたようである.
　アジサイ　(*H. macrophylla* Ser. subsp. *typica* Makino var. *otaksa* Makino)
　アマチャ　(*H. macrophylla* Ser. subsp. *serrata oamacha* Makino)
　コアマチャ　(*H. macrophylla* Ser. subsp. *serrata* Makino var. *thunbergii* Makino)
　シロアジサイ　(*H. macrophylla* Ser. subsp. *serrata* Makino var. *alboglobosa* Makino)
　ガクアジサイ　(*H. macrophylla* Ser. subsp. *typica* Makino var. *azisai* Makino)
　ベニガク　(*H. macrophylla* Ser. subsp. *serrata* Makino var. *japonica* Makino)
　これらのアジサイ類の存在が欧州に知られたのはツンベリー (Karl Peter Thunberg) が1784年, "Flora Japonica" (日本植物誌) に紹介したのに始まる. さらに江戸時代後期に来日して滞在したドイツ人医師で植物学者のシーボルト (Ph.V.Siebold) はガクアジサイの変種とみられる「コンガク」と「ベニガク」の生きた植物を持ち帰り1830年, ハイドランジアの種に関する論文 "Monographie der Gatting Hydrangea" を発表してアジサイが欧州に知られるようになった. 1860年ころマクシモウイツ (C.J.Maximouicz) らが日本の庭園で栽培されていた幾つかの種を欧州に導入し, その後これらが交配されて, 現在栽培されている園芸種のハイドランジアが育成されたのである.

(1) 育種および品種の発達小史

　日本や中国のアジサイ類が19世紀後半に欧州に渡り, 交配を重ねて現在の園芸ハイドランジアが成立し, 鉢物や庭園用として世界で栽培されるようになったのである. 園芸ハイドランジアの成立過程についてはドイツのボン大学の Kuhlen, H. (1956) が発達の過程を調査している. それによると日本自生種間の自然交雑とみられる江戸時代の栽培アジサイ (*H. macrophylla* var. *otaksa*) やその変種とみられるアカバナアジサイ (*veitchii* 種), モモイロアジサイ (*mariesii* 種) などが欧州に入り, これらの種がドイツ, フランス, オランダなどで交配されて現在のハイドランジアの *hortensia* 種が成立したと推測され

ている．なかでも英国の Sir.J.Bank が1788年，中国から持ち帰りキュー植物園に寄贈したモモイロアジサイがこの成立に大きく関与していると言われている．日本から渡ったアジサイ類は萼の美しい不稔の中性花の多い種類であったが，中国からの種はよく結実したのでその後交配が始まったと見られる．この種は後，中国では自生しないから日本から渡ったものと推定されている．

ハイドランジアは萼が花被状で不稔の装飾花がテマリ状の花房になるホルテンシアタイプ (Hortensia) と，ガクアジサイのように中心部が稔性のある花が集まり，周辺に装飾花がつく花房のレース・キャップタイプ (Lacecaps)，装飾花と不稔花が混じる花房のセラータ・タイプ (Serratas) がある．

現在の品種は20世紀の歴史とともに始まり，これらの種の発達を背景に品種は多様に発達した．フランス，ベルサイユの Truffaut, A. は1901年に初めてすばらしいハイドランジアをパリの園芸展示会に出品した．その後，1903年に青花をフランス園芸協会の展覧会に出している．1904年ころからマリエッシー種の改良種の「パーフェクタ (Mariesii perfecta)」や「フィラシナ (Mariesii filacina)」などが市販され，1909年には最近まで栽培されていた白色品種の代表「マダム・E・ムイエール (Mme. E. Mouillere (1909)」や「ルイ・ソバージュ (Louis Sauvage : 1928)」などが育成されている．1920年からはドイツを中心にホルスタイン (Holstein : 1931)」「オイローパ (Europa : 1931)」「ドイッチランド (Deutsch land : 1921)」「キングジョージ5世 (King George V : 1938)」など多くの品種が生まれている．1950年代にはさらに大輪で冴えた花色で花芽が付きやすい「アドレア (Adria)」「テッチノー (Ticino)」やガクアジサイ・タイプの「マーブ (Move)」「エルスター (Elster)」などが育成されている．

1980年代にはいると，わが国でもハイドランジアの育種が開始され優れた品種が育成されている．群馬県の坂本正次は1974年から育種を始め1988年，「ミセス・クミコ」「ブルーダイアモンド」を発表し1992年のオランダ，フロリアード園芸博で金賞を得ている．また栃木県の谷田部元照は「ピーチ姫」「ピンク・ファンタジー」を育成し，これも同フロリアードで金賞を得て日本の品種を世界に示している．栃木県の海老原廣は白い複輪の11品種，フラウ・シリーズを1998年に発表し，国内だけでなく，オランダの Grbr. De Jong B.V. (Plantipp) から1997年に Lady Series として欧州販売を開始している．

(2) 主な品種 (Rは保護品種)

[テマリ咲きタイプ品種]

「アドリア（濃青紫色，中性）」「オイローパ（青紫色大花房）」「^{R}ブルーダイアモンド（青紫大花房わい性）」「ブルー

図19.46 わが国で育成された複色品種「^{R}フラウ・カツコ」

フレッシュ（鮮青色大花房わい性）」「^{R}ミセス　クミコ（桃鮭色大花房わい性）」「^{R}ピンクダイアモンド（鮮桃色大花房わい性）」「^{R}ピーチ姫（鮮桃色大花房わい性）」「サンビーム（濃赤桃色中花房）」「ティッチノー（濃桃色大花房中性）」「ホワイト・ダイアモンド（純白色大花房わい性）」「^{R}フラウ・マリコ（紫青色に白のエッジ，中花房中性）」「^{R}フラウ・カツコ（紅桃色に白覆輪，中花房性）」など．

[ガク咲きタイプ品種]

「ユングウフラウ・ジェミニ（青藤色）」「ユングウフラウ・ローズ（濃紅桃色）」「ブルーレイコ（青色に白覆輪）」

（3）生態的特性

ハイドランジアは耐寒性の落葉低木であるが，花芽は0℃以下では凍害を受けることがある．花芽はその年に伸びた新梢の頂芽に形成する．花芽分化には日長はほとんど影響がなく，成熟した茎頂が18℃以下の温度になると形成される．24℃では短日および長日でもともに開花しないが，13℃では日長に関係なく花芽が形成されたと言う（Shanks, J. B. 1951）．茎葉の生長の適温は18〜25℃位で，温度の下がる冬季は落葉して休眠に入る．低温には強いが休眠芽中の花芽は0℃以下では凍害を受けて座止するので休眠越冬は最低2〜3℃までで越させる．休眠は5℃以下の低温に6週間以上遭遇して破れる．欧州でハイドランジアが育成されて鉢栽培されるようになると花色（正しくは萼色）の変色が早くから問題になった．20世紀の初めころから土壌酸度が原因で酸性では青色に，中性からアルカリ性で桃赤色になることが知られていた．米国のボイス・トンプソン研究所のAllen, R.C.（1943）はアルミニウム・イオンがハイドランジアの花色に影響を与えることを発見した．すなわち，土壌が酸性になるとアルミニウムが遊離して植物に吸収され萼片のアントシアニン系色素のデルフィニジン（delphinidin-3-slucoside）と結合して青色を発色し，中性からアルカリ性になるとアルミニウムは土壌と結合して吸収しにくくなるので桃色になることを実験で証明した．その後，肥料3成分も後述のようにアルミニウムの吸収に影響して花色を変えることがShanks, J.B.（1951）の実験で明らかにされている．

（4）栽　培

[挿し芽繁殖とその後の管理]

ハイドランジアはふつう発育中の茎を挿し芽して繁殖する．挿し芽は5〜7月に行うが早い方がよい．早く挿し芽をして摘心し分枝した側枝が太く充実していないと10月に確実に花芽を形成しないからである．ハイドランジア繁殖母株の茎頂部か節間部なら5〜6

図19.47　ハイドランジアの品種「ピーチピンク」

cmの長さ，茎の節間部は1～2節を切ってパーライトや鹿沼土に挿して発根させる．最近は新品種を短期に大量増殖するために組織培養も行われる．挿し芽後1カ月位で発根するから小鉢に上げる．ハイドランジアは苗時のアルミイオンの吸収が開花時の花色に影響するので，この鉢上げから青系と桃系品種はそれぞれ違ったpHの用土で植える．活着後は十分陽光を当てて肥培管理してがっちりした発育をさせる．

[摘心と花芽分化までの管理]

挿し芽苗が発育伸長したら摘心をするが，花芽形成と，開花時の草丈決定の重要なポイントである．摘心時期はその地域の花芽分化期（自然気温が18℃以下になる時期）を目標に決定する．摘心時期が早いと側枝は充実して花芽の付きはよいが草丈が高くなる．反対に遅れると弱い（細い）側枝や短い側枝は花芽を付けない．わが国では10月中下旬が分化期になるので高性品種では8月中旬，中性品種は7月末から8月初め，わい性品種は7月中旬に2～3節（本葉で4～6枚）残して摘心する．

摘心後，発生した側枝は花芽分化期直前，弱小の枝はかき取り5～6本立ちとする．側枝が発育した段階で中鉢（径12cm位）に鉢上げする．

[用土と施肥管理]

最近，鉢物の栽培用土は軽量な調整用土が使用されているが，ハイドランジアは植物体が上開型で重くなるので，用土が軽いと転倒しやすい．また，pHの調節も含めて緩衝能の低い自然土を配合した用土がよい．ハイドランジアは水分は必要なものの根群の発育が旺盛なので排水のよい用土がよい．ふつう赤土（玉）など2/3に調整用土かピートモス，バーミキュライトなどを配合したものが適している．pHの調節としてアルカリ側には炭酸石灰などの添加で行うが，酸性化にはピートモスの配合割合を多くし，さらに硫酸アルミニウム液の灌注で下げる．その目安は桃色品種用土はpH6.5～7.0，青色品種用土はpH5.5位とする（pH調節は用土の項参照）．ハイドランジアは施肥要求の多い種類に属するが，挿し芽苗から花芽形成までの短期間に栄養を与えるには液肥施用が適している．Penningsfeld, F. (1962) は用土1l当たりの肥料3成分量を桃色品種ではN = 0.28～0.43，P_2O_5 = 0.24～0.36，K_2O = 0.28～0.60g，青色品種ではN = 0.28～0.42，P_2O_5 = 0.12～0.18，K_2O = 0.28～0.60gとしている．Shanks, J.B.ら (1952) の研究では施用3成分比とアルミニウム吸収と深い関係があって図19.48のようにカリ比率の大きい3成分が青色，窒素比率の大きい施用が桃色をよく発色する傾向を示している．これらのデータをもとに著者 (1974) が酸度および施用3成分比を変えて同一品種を栽培し開花時の花色を見た実験では表19.2のように酸性土でカリ比率の高い施用が青色になり，アルカリ土にチッ素比率の高い施用で鮮明な桃色になっている．これは実験例であるから，これを参考に用土のpHや施用肥料の3成分のデザインを生産者が計画する．用土に配合する肥料は化成肥料に単肥を添加して成分比を調整し，追肥の液肥も市販の液肥に水溶性の単肥を添加して調節する．硫酸アルミニウムを添加して土壌酸度を下げるとともに，アルミを吸収させて鮮明な青色にするには1,000倍の水に溶かして数回に分けて灌注する．

ハイドランジアは乾くとすぐ葉が萎れるから僅かに萎れても灌水する．底面給水のヒモ灌水やプール灌水は適さないので，チューブ灌水による自動が有効である．

[低温と休眠，株冷蔵など]

鉢替え後は戸外で栽培するのが原則である．花芽形成後，秋の自然低温に遭うと休眠に入り葉は黄褐化するから灌水も止めて乾燥させ，さらに薄霜に遭うと落葉する．凍結すると花芽が凍害を受けるから落葉した株を0℃以下にならない低温庫やそれに準ずる場所に貯蔵する．鉢から抜いて深いトレイなどに芽を傷めないよう詰め込んで低温庫に入れる．出荷目標時期に合わせてこの株を出庫し開花調節する．

低温貯蔵は最長6カ月位の7月ころまでで，この時期まで貯蔵したものは，9〜10月開花になるがやや品質は低下する．品種や栽培温度にもよるが，出庫後100〜130日で開花するので逆算して出庫する．出庫した株はやや根鉢をくずして鉢上げする．定植鉢は15cm鉢から18cm鉢がふつうで用土および元肥は前述の通りである．半日陰で7〜10日ほど活着させてから加温したハウス内に搬入し，昼温は20〜25℃，夜間は15〜18℃位に加温して管理する．入室後4〜5節で花が付くので加温温度が低いと丈が伸び，高いと節間が詰まるので高性やわい性種，目的により加温を調節する．

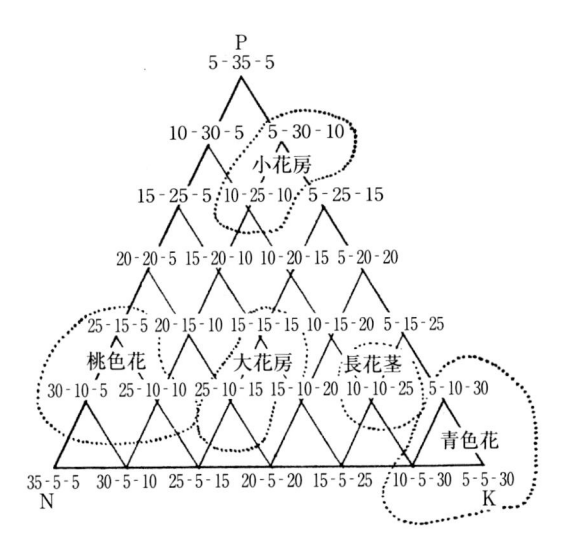

図19.48 施肥3成分比とハイドランジアの花へ及ぼす影響（Shanks, J.B. ら, 1952）

(5) 開花時の管理と出荷

ハイドランジアの花色はがく片が緑色から白色を経て発色するので，70％位本来の花色に発色してから出荷する．発色が不十分で出荷すると小売店頭で花色が変化すること

表19.2 ハイドランジアの花色および花房に及ぼす土壌酸度と肥料3成分の影響（著者, 1974）

試験処理			花色				開花
土壌酸度（KCl）	施用3成分比 N：P：K	感覚色	色測値			最大花房の大きさ（cm）
			L	a	b	
酸性土 (5.0〜5.5)	6：1：1 3：2：2 1：1：6	藤青色 青藤色 青色	50.4 48.6 62.0	6.8 11.0 16.0	-31.9 -47.1 -42.4	21.8 21.0 26.0
アルカリ土 (7.0〜7.2)	6：1：1 3：2：2 1：1：6	桃色 桃藤色 藤桃色	73.6 60.8 60.1	40.0 32.3 39.8	-20.0 -20.7 -17.0	24.4 23.3 23.6

注）品種「ホルスタイン」

があるからである．各茎の花房が揃って大花房になり，目的とする色が鮮明に出れば高品質である．最近の品種は大花房だが，わい性で茎もしっかりしているので支柱立てはほとんどしない．

(6) 小鉢栽培のポイント

元筑波大学の渡部弘ら（1993）はハイドランジアの単花房小鉢仕立て法を開発した．この栽培では採穂用の母株養成が決め手になる．普通栽培のように5～6月に頂芽を挿し，やや大きめの鉢に植えて無摘心で秋までこの茎を真っすぐに伸ばす．

ハイドランジアは各葉腋の潜芽に9月下旬ころにわい化剤「ウニコナゾール」16 ppmを1鉢当たり10 ml葉面散布する．「ウニコナゾール」は各葉腋の潜芽に花成を促す特異な効果があることを渡部らは発見している．この母株を落葉休眠させて12～1月に加温して発芽させると各葉腋の花芽がウニコナゾール処理で誘導形成された腋芽が一斉に萌芽し側枝が5～6 cm位伸びて，まだ蕾が見えない時期に，元から手でかき取り9～10 cm鉢に直接挿し芽する．その後発根して4～5月に開花する．

著者も1983年ころ小鉢仕立てを試みている．それはほぼふつうの栽培方法の一貫で，わい性品種を用い挿し芽を自然花芽分化限界の8月中旬に行い9月に鉢上げすると，そのまま一本立ちで草丈5～6 cmで頂芽の花芽が形成される．茎が太くないと花芽は形成しない．その後は普通栽培と同じである（図19.49参照）．

(7) 病害虫防除

1) 斑点病（*Phyllostica hydrangeae*）

6月から9月まで戸外での養成中の株に発生しやすい．葉に褐色の輪紋のある病斑を生じ，ひどくなると葉に穴が開いて枯死する．発病したら直ちにゲッター水和剤1,000倍液を散布して広がるのを防ぐ．

2) ウドンコ病（*Erysiphe polygoni*）

主に促成中に発生するが，時には株養成中にも発生する．葉に灰白色の粉をまぶしたような病斑を呈し，進むと商品価値を失う．カラセン乳剤3,000倍液かモレスタン水和剤2,000倍液を2～3回散布して防ぐ．

3) ダニ類

ハイドランジアでは発生しやすい害虫である．葉裏に着生する細かい害虫で葉の汁液を吸うため葉色があせて枯死する．発生すると急速に広がるので発生を見たら殺ダニ剤のフェンカプトンやケルセン2,000倍液を2～3回散布する．

4) スリップス類

これも発生しやすい．極めて小さく活動するので発見しにくい．幼葉や生長点に付きやすく，生長点の幼葉が萎縮しひきつれ症やウイルスに似た萎縮が

図19.49 ハイドランジアの小鉢仕立ての鉢物

見られる．マラソン乳剤やベストガード水和剤2,000倍液を散布する．

参 考 資 料

1) Allen, R.C. 1943. Influence of alminium on the flower color of *Hydrangea macrophylla* DC. Contributions from Boyce Thompson Institute.(13).
2) Asen, S., N.W. Stuart and E.L.Cox, 1963. Sepal color of *Hydrangea macrophylla* as influenced by the source of nitrogen available to plants. Proc. Amer. Hort. Sci. Vol.82.
3) 後藤田典子,渡部弘,半田高 1993．ハイドランジアのウニコナゾール処理による腋生花芽誘導を利用した小鉢化栽培の試み．園学雑62別花き．
4) 水戸喜平 2000．アジサイのオリジナル品種作出と生産の（有）さかもと園芸．施設園芸 10月号．
5) Mohring, H.K., H.Kuhlen and G.Bosse, 1956. Die Hortensien, Dr. Rudorf George, Aachen.
6) Shanks, J.B. and C.S. Link, : 1952, Experiment of fertilizer level for greenhouse Hydrangeas, Pro. Amer. Soc. Hort. Sci. 60.
7) 鶴島久男 1974．ハイドランジアの花色および生育開花におよぼす土壌酸度と肥料成分の影響について．東京都農業試験場研究報告 No.7．
8) Editers 1997. Japonese Lady, hortensia met een vorhaal, Vakblad voor de Bloemisterij, 10.

19.12 ブーゲンベリア（属名:*Bougainvillea* Comm.,和名:イカダカズラ，英名:Bougainvillea)，オシロイバナ科，不耐寒性，常緑多年生低木

《キーワード》：鉢物，庭園，標本温室

　南米のブラジル，ペルー．コロンビアなどに約14種が自生するが，その内，*B. globra*, *B. spectabilis B. peruviana* 種と，自然交雑種の *B.* × *buttiana* が栽培されている．1780年ころフランスの植物学者，Commerson と同行の海軍提督，Louis Antonic Comte Bougainville が，最初にブラジルのリオデジャネイロでこの植物を発見し，後に発見者の一人，Bougainville の名が属名に用いられている．この植物は熱帯，亜熱帯地方では丈夫な半つる性低木で，開花期も長いため南米から世界の熱帯，亜熱帯地域に広がって庭園植物として利用される一方，温帯地方では，観賞温室などの室内植物や鉢物として栽培されるようになり，多くの品種も育成されている．

(1) 主な栽培種の特性

　栽培されているのは次の種および交雑選抜種の品種である．

　1）*B. globra* Choisy（テリハイカダカズラ）

　ブラジル原産の高さ4～5mになる登はん性で，卵状心臓型で濃緑の照葉を付ける．花序は葉腋に小花柄を付け脈が透けて見える広楕円形の萼苞3枚が細い白色筒状の花を囲むように付ける．一般に花というのはこの萼片で，色は桃，桃紫，紅，橙，白色などがある．花はやや小さく花房に密集して付き開花期が長いので温暖な地方では庭園や住宅周辺に植えられる．花の付かない茎には葉腋は鋭い刺がつく．低温にはやや強くわが国で

も暖地では戸外で越冬することもある．特に変種のサンデリアナ（var. *sanderiana*：ブーゲンカズラ）は非常に多花性で，尖った卵形の萼苞は藤桃色で美しく世界中の庭園に植えられている．わが国でも八丈島の民家で見られる．この他，色変わりの栽培品種もあるが開花は初夏から初秋になる．欧州へは1861年に紹介され，わが国へは明治年間に入っている．

2) *B. spectabilis* Willd.

（イカダカズラ）

ブラジル原産で生育旺盛な登はん性常緑の低木で前種よりやや寒さに弱く，暖地の戸外では越冬できない．葉はやや大

図19.50　*B. glabura* 種の変種 var. *sanderiana* の花房

きくくすんだ緑色の卵型で，葉腋に先が曲がった鋭い刺をもち綿毛を密生する．葉腋に付ける花房の花は萼苞が広楕円形で大きく，色が緋赤，紫赤，淡桃色である．分枝もやや粗く，わが国では初夏から初秋に開花するが前種より花も付きにくい．萼苞が大きいから変種や品種も多い．1829年欧州に紹介され，わが国へは明治中ころ入っている．

3) *B. perviana* Humb. et Bonpl.

ペルー原産で葉は無毛で広楕円形，やや木立ち性で萼苞は中位で紫赤色，栽培品種はほとんどない．

4) *B.* × *buttiana*

B. globra と *B. peruviana* との自然交雑と見られ両種の中間型を示し花色も緋赤，紫赤，濃桃，橙，白色などがある．栽培価値が高いので品種も多い．

(2) 品種と栽培の発達小史

19世紀に欧州に入ったブーゲンベリアは当初，英国などでコンサベートリー用の温室内の観賞植物として愛好され，Wiltshire の Clarke, Patrisia はブーゲンベリアの専門家として当時のハンプトンコートやチェルシー，ウィズリーの展示会にブーゲンベリアの品種を出品して賞を得ている．20世紀に入って交配も行われたが，枝変わりによる突然変異も出やすく多くの品種が生まれている．この花は他の花と違い世界の熱帯，亜熱帯の庭園などの観賞樹として利用され，育種されているのが特色である．オーストラリア，ケニア，西インド諸島，カリフォルニアなどで選抜や交配育種が行われて，これらの地方から多様な品種が生まれている．いまなお栽培している大輪赤桃色の品種「Mrs.Butt」は1910年に Mrs.Butt, R.V. がコロンビアの庭園から英領西インドに送られた交雑品種で，英国に渡り1922年に RHS の AGM を受けている．東南アジアでの育種は長年，活躍したシンガポール植物園長の Dr.Holttum, R.E. が大きく貢献している．英国で収集されたり育種された品種（Classic cultivars）はほとんど戦前に輸入されているが，東南アジアで選抜，交配された品種（Modern cultivars）は1970年（昭和45年）ころにわが国に輸入されてい

る．わが国でも最初は植物園のコンサベートリー温室に植えられていたが1975年ころから鉢物栽培が盛んになった．生長調節剤の利用が進んでこの花の開花調節，草丈のわい化に加えて落花防止ができるようになったからである．

(3) 主な品種

[中，小輪品種]

「サンデリアナ（sanderiana：藤桃色中輪多花性）」「ブライダル・ブーケ（Bridal Bouquet：薄桃色中輪八重咲き）」「ダブルーン（Doubloon：橙色中輪八重咲き）」「カルメンシータ（Carmencita：紫桃色八重咲き）」「ジャマイカ・ホワイト（Jamaica White：白に薄いピンク）」など．

図19.51 八重咲きのブーゲンベリア各品種（ハワイ大学農場）

[大輪品種]

「ミセス・バット（Mra. Butt：濃赤紫色大輪）」「サンディゴ・レッド（San Diego Red：濃赤色大輪）」「ミス・マニラ（Miss Manila：赤橙色大輪）」「ゴールデン・グロー（Golden Grow：橙色中大輪）」など．

(4) 生態的特性

生育適温は22〜25℃位であるが低温にはかなり耐え3〜5℃では葉を付けたまま越冬する．花芽形成については米国のHackett, W.P.ら(1967)の研究がある．12時間以下での短日で花成は促され，花成適温は日中28〜29℃，夜間21℃に近いほど開花は早い．短日の他にわい化剤のCCCやBナインも開花を早めると言う．反対に長日やジベレリンは花成を抑える働きがある．

また，Criley R.A.（1977）は14時間日長より8時間日長の方が著しく開花を早め，CCCやBナインも開花を早めることを認めている．しかし，カリフォルニアやシンガポールでは夏の長日期にも花が見られる矛盾があるが，最近の品種はかなり日長には鈍感なものが選ばれている．藤沢の研究（1980）では新梢の伸びる時期に土壌を乾燥気味にすると花成を誘導するので土壌水分も花成誘導の要因なのであろう．また，Hackett, W.P.ら（1967）はブーゲンベリアの花芽は図19.52のように葉腋に発生する刺が条件

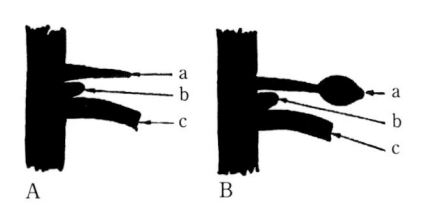

A：刺状の花梗が花芽に発達しないで刺になった．
B：刺状花梗が発達して小花房になったもの．
　　a：刺状花梗　b：不定芽　c：葉柄

図19.52 ブーゲンベリアの葉腋と花芽形成の変化形態（Hackett, W.P. 1967）

によって花芽になるから花芽になった枝には刺が少ない.

(5) 鉢物栽培

ブーゲンベリアは挿し芽で繁殖する．以前は発根が難しく発根率が品種によっては30～40％のものがあったが，最近は発根しやすいこと，ミストなど挿し芽環境も整備されたので問題はない．挿し芽は床温が23℃以上の時，花が付かない栄養生長している枝を2～3節付けて切り，十分水上げしてからバーミキュライトなどの床に挿す．50～60日位で発根するので9～10cm鉢に鉢物用調整用土などで鉢上げする．

ふつう6～7月に挿し芽をし9月に9～10cm鉢に上げ，温室で冬季加温して越冬させ，中鉢（12cm鉢）で出荷させるには鉢替えしてそのまま開花させるが，15cm鉢仕立てではもう1年栽培して2年目に出荷する．大輪交雑品種を日長処理およびわい化剤による開花促進，開花時の落花防止処理などによる短期栽培について右掲のHackett, W. P.らの図19.53のような処理方法がある．この図には栽培のためのヒントが多く含まれているので参考にされたい．ふつうは夏の間に摘心して側枝を出させ，それを伸ばさないようCCCを散布してから定植鉢（15cm鉢など）に鉢替えし，8月下旬側枝を再摘心と枝の整枝をかねて切り詰める．5～7日後にCCC200ppmを散布して側枝

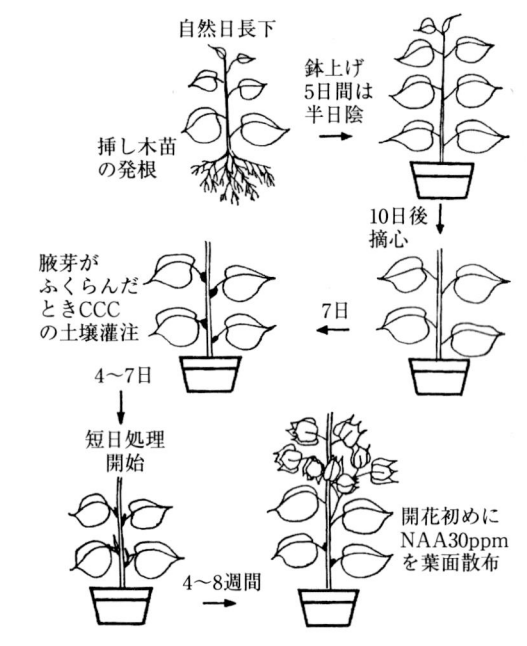

図19.53 日長処理と生長調節剤処理によるブーゲンベリアの短期鉢物栽培の手順．
品種「サンディゴ・レッド」（Hackett ら）

図19.54 ブーゲンベリアの鉢物生産（千葉県）

の伸長を抑え花芽の形成を促す．灌水も控えて土壌水分面からも花芽分化を促進する．施肥管理も多すぎると開花を抑えるので，生育に応じて液肥施用が簡単である．10月中旬から入室して日中25～28℃，夜間15～18℃に保ち越冬させる．ふつう4～5月に開花す

るが，図19.53のように4～8月の長日期間に短日処理をし，さらに生長調節剤処理により短期の小鉢仕立てが多く作られる一方，年数をかけて大鉢仕立てやスタンダード仕立ての高級鉢物生産をする方法もある．

(6) 出荷と落花防止

ブーゲンベリアは鉢全体の花房が60～70％着色した時点が出荷適期である．ブーゲンベリアはそのまま出荷すると輸送中の暗黒，温度変化，さらに内生エチレンが原因で落花して商品価値を失う．出荷する4～5日前に落花防止剤を全葉に散布して落花防止処理をする．しかし，不十分な散布だと効果はなく却って信用を失う．

(7) 病害虫防除

熱帯，亜熱帯地方では戸外で生育しているので病害虫には極めて強い．発生は褐斑病やアブラムシが付くことがあるが，他の花きと同様な方法で防除する．

19.13 プリムラ類 (属名: *Primula* L.) サクラソウ科

サクラソウ属は北半球を中心に約400種が分布し，わが国にもクリンソウやサクラソウ（俗称：ニホンサクラソウ）など20種が自生する．その多くは中，小柄な耐寒または半耐寒性の多年生で花が美しく花きとして鉢物，山草，趣味愛好用として広く栽培されている．サクラソウ属は園芸上，花序と草姿から3グループに分けられる（RHS事典による）．

① Candelabra Group：直上する花茎に一定の間隔に花を輪状に付ける．*P. japonica*, *P. malacoides*, *P. sieboldii* など．
② Auricula Group：短縮茎から直上する花茎または短花茎から小花柄を付けた花を多数散形花序状に付けるタイプで *P. auricula*, *P. hirsuta* などが含まれる．
③ Polyanthus Group：短縮茎から直上する花茎頂に小花柄を付けて散形花序状に花を付けるタイプで *P. amoena*, *P. elatior*, *P. juliae*, *P. veris*, *P. vulgaris* など．

また，サクラソウ属は花の雌ずいの花柱の長短のある異花柱花（heterostyled flower）で花柱の長い長花柱花と短い短花柱花の2タイプのある二型花で，同型の花同士では受精しにくくプリムラ類では採種効率に大きな影響がある．ここでは主要な栽培種について述べる．

19.13.1 プリムラ・マラコイデス（学名：*P. malacoides* Franch., 和名：ケショウザクラ, 英名：Fansy Primrose）半耐寒性多年生

《キーワード》：鉢物，コンテナ

中国の雲南地方原産で，プリムラの鉢物と言えばマラコイデスを指すほどであったが，現在わが国ではポリアンサやジュリアン，オブコニカに押されている．ふつう一年生扱いで，前年の夏播きで，冬季はフレームなど簡易な防寒設備で越冬し，早春に開花する最も容易な栽培ができるので，花き栽培を始める人が最初に経験する植物でもある．

(1) 育種と栽培の発達小史

中国雲南省の山地原産でこの種は1908年，ジョージ・フォレストが英国に種子を送ったことからマラコイデスの歴史は始まっている．欧州に紹介されたプリムラとしては遅いほうで，英国やドイツで育種が行われ，1913年には八重咲き，1914年には濃桃色の品

種が育成された．マラコイデスの育種はドイツを中心に行われ，1924年には4倍体の大輪品種が生まれている．その後1950年ころ米国の Mrs Eriksson は紅赤色大輪の Eriksson 系を育成し，赤色品種の交配親になっている．さらに1965年ころドイツで育成された品種「フォイヤー（Feuer）」はわい性（花茎，花序が）でコンパクトな株になるものであった．ふつうのマラコイデスは主花茎が中央に抽出してから副花茎がその周りに出るが，この品種は主および副花茎が揃って抽出して株全体がコンパクトになる赤色品種である．この形質はその後，わが国で育成されたわい性品種に大きく影響している．この他，マラコイデス特有の茎葉に出る白粉が，花や手を汚す欠点があったが1970年ころには無粉系統が選抜され，また，大輪で波形弁の品種（4倍体）が育成され多数の品種が生まれている．

わが国へは1910年に導入され，1912年，鉢物生産者の先駆けとも言う小田原の辻村農園で栽培された記録がある．マラコイデスはハウスなど施設がまだなかったころから防寒フレーム程度で越冬し早春には開花したこと．十分な暖房のない当時の住環境でも冬から楽しめる鉢物として戦後広く普及した．1910年ころから東日本では唯一の鉢物花壇苗産地として発達した東京都江戸川区鹿骨町（シシボネ）では戦後マラコイデスが基幹作目として，無加温で12月から開花する独特の鹿骨系の品種が育成されている．同地域の指導機関である東京都農試江戸川分場でも赤い花弁に白覆輪の「江戸小町」を1980年ころに育成している．関西でも奈良県の橿原町（市）が同様な旧生産地で，橿原系の品種が生まれている．しかし，坂田種苗（現，サカタのタネ）が1960年に品種「桃山（大輪中高性，鮮桃色）」を発表して以来種苗企業の育種に移っている．1972年ころには F_1 品種も育成されているが，その後品種も多くなく，主に固定種が栽培されている．栃木県の菱沼は1973年，ドイツのわい性品種を親に大輪わい性品種「富士ざくら」を育成し，富士シリーズが普及してから各社でわい性品種が育成され現在まで続いている．この点，わが国でのマラコイデス育種はかなり高いレベルにあると言ってよい．著者はマラコイデスは多数の花茎を伸ばし，段状に花を多数付けるボリューム感のある，長持ちする中高性品種（2倍体）こそ，この種の素晴らしさで，わい性でコンパクトな4倍体品種は長持ちしにくく，結果的にマラコイデスがポリアンサやオブコニカに押されたものと見ている．

(2) 主な品種

「京姫（濃桃色中輪多花性早生）」「富士ざくら（淡桃色大輪多花のわい性生）」「富士おとめ（藤桃色大輪多花のわい性生）」「スプリングソング・カーマインローズ（赤色にローズの目入り大輪中性，極早生）」「芳賀の雪（純白色中輪早生）」「ソナタ（赤鮭色中性中生）」「パトリシア（濃いローズ色中性中生）」など．

図19.55　ドイツで育成されたわい性品種「Feuer」

(3) 生態的特性

　生育適温は15～20℃で30℃以上になると生育は著しく劣る．低温は5℃位までは生育を続け，品種にもよるが0℃以下になると凍害を受ける．Post, K.(1942)によると10℃以下の温度に遭遇すると日長に関係なく花芽を形成するが，16～21℃では短日の場合のみ花芽を形成する．ドイツの Zimmer, K.(1969)も短日で10℃以下では花芽を形成せず，短日，長日のそれぞれで15，20，25℃で栽培したものは短日の15℃だけが開花したことを認めている．このことから量的短日植物としての性格が強く，秋の短日条件に達するまでに十分葉枚数の多い株に育てておかないと，小さいままで開花することになる．

(4) 栽　培

　12～3月出荷では6月に播種する．種子は1 ml 当たり約3,000粒位あるので生産目標数に応じて用意する．播種は微細なのでセルトレイまたは播種トレイなどを用いて微細種子の播き方（種子繁殖の項参照）にしたがって播種する．発芽適温は15℃前後がよく，次第に高温になる時期なので播種床の温度を下げるように注意する．播種および育苗用土はバーミキュライトやピートモスを配合した透水性がよく，しかも一定の水分を保つもので，調整播種用土やセル苗の播種用土を用いるのがよい．播種トレイに播いた苗は指でつまめる位の大きさになったら一度移植するか小鉢に上げる．特に夏季を越させるのに注意がいる．高温や強光を当てないこと，換気のよい遮光下で夏越しさせる．秋涼になると急速に発育する．著者(1968)の研究ではチッ素を欠くと生育は著しく劣るがリン酸もそれに近く，両成分とも適量を与えると生育開花は正常に回復する．カリは多用すると生育が落ちるのでやや少な目が適量と考えられる．著者は用土1l当たり成分でN = 0.20～0.31，P_2O_5 = 0.1～0.24，K_2 = 0.30～0.50 gを標準として算出している．現在は元肥として緩効性肥料を用土に加え，液肥を生育に応じて濃度，成分比を変えて与えている．10～11月に径15 cm鉢などの定植鉢に鉢替えして，他の種類も同様に秋から初冬まではなるべく低い温度で栽培し（無加温ハウスなど），出荷期に応じて加温室へ移動し加温して生育開花を促し目的時期に開花するようにさせる．この場合の温度は日中20～25℃，夜間は10～15℃で管理し，陽光は十分当てる．

(5) 出　荷

　鉢全体で花が10輪以上開花してからが出荷時期である．普通は鉢トレイやフラコンに詰めて出荷する．

(6) 病害虫防除

　1）軟腐病（*Erwinia aroideae*）

　夏季高温時の育苗期から中苗期に発生しやすい．茎播が水浸状になって萎れてべとべとになる．品種によって差が大きい．土壌消毒をするとともに発生したらヒトマイシン500倍液を2～3回散布して防ぐ．

図19.56　マラコイデス覆色品種「江戸小町」

2）灰色かび病（*Botrytis cinerea*）

茎，葉，花の全てに発生し，最初小斑点ができて広がり，黒褐色の病斑になる．患部にかびを生じ，ひどくなると器官は枯死する．低温多湿状態で発生が多いので換気を計り，灌水後の葉が早く乾く状態にする．薬剤による防除は他の花きに準ずる．

3）ウイルス（CMVなど）

葉が黄色と緑の濃淡のモザイク模様が出たり，萎縮が見られるようになるとウイルスである．アブラムシから接触伝染するので，媒体を防除するとともに発生株は処分する．

4）アブラムシ，ハダニ類

発生しやすい害虫で，他の花きと同様な方法で防除する．

19.13.2 プリムラ・オブコニカ（学名：*P. obconica* Hance., 和名：トキワザクラ，英名：Top Primrose）半耐寒性多年生

《キーワード》：鉢物

中国，湖北省原産で栽培種は欧州で改良されている．繊毛に覆われた広楕円形または卵形の葉を根出し，開花期には花茎を複数抽出し頂部に径3〜4cmの花を輪生する．花被は5裂して赤紫，濃桃，淡桃，藤紫，白色などの花色があり，ふつう開花期は12〜5月と長く開花する．低温にはかなり強く0℃位には耐える．茎葉にアルカロイドのプリミン（Primin）を含有しかぶれる人もいる．しかし今日的なセンスが受けて広く利用されるので冬季の施設鉢物としての栽培も多い．

(1) 育種と栽培の発達小史

1879年，英国のMaries, Charlesが中国湖北省で採種した種子を英国に送り，この種子から1880年にチェルシーで開花したことからこの花の歴史が始まっている．その7年後にアーレンズが品種改良を始め，3年後には大輪で八重に近い濃藤色や桃色のものを育成している（石井，1970）．さらに育種は英国からドイツに移って1904年にわい性で花の大きいGigantea系が作出され，20世紀前半には次々と品種が育成されて花色の幅も広がった．1964年には4倍体品種「ワイアストン・ワンダー（桃色大輪）」が発表され，わが国でも栽培されている．1973年ころドイツで濃紅桃色地の弁端に白のエッジが入る品種「ロート・アハト（Rote Achat）」が育成され，オブコニカの人気が浮上し，わが国でも1979年，「うつり紅」の品種名で発売され作付が増えている．F_1品種は1985年ころから育成され，最初にS＆G社が「F_1カルーセル」「F_1サンバ」などを発表し，1993年ころからロート・アハト系も含む「F_1ジュノー・シリーズ」（F_1 Juno series）が育成されている．オブコニカの欠点でもある"かぶれ"の原因のプリミンを含まない品種が育成され最近栽培されるようになった．オブコニカの花や草姿が現代の生活様式にマッチするため，室内，ショーウインドウの装飾に使われ，若い人達に好まれている．しかし，オブコニカは育種も採種も日本では行われていないのでドイツから種子を輸入している．

(2) 主な品種

［固定種品種］

「ロート・アハト（紅桃色に白のエッジ）」「デュープレス・サーモン（淡橙から濃橙に変化する）」など．

「F_1 品種」

「F_1 ジュノー・レッド・ピコティ（濃紅桃色に白エッジのうつり紅タイプ）」「F_1 ジュノー・ピンク（桃色）」「F_1 ジュノー・ブルー（藤紫色）」「F_1 ジュノー・レッドアンドホワイト（濃紅桃色に白のうつり紅タイプ）」など．

(3) 生態的特性

生育適温は15～20℃で25℃以上になると生育が抑えられる．低温にはかなり耐えるが，0℃近くになると生育は止まり，クロロシスを呈することがある．花芽の形成は播種後一定の幼若期を経過して苗齢が進むと分化されると考えられているが，五井ら（1968）の研究では20℃長日は20℃短日より早く開花し，30℃長日では開花したが，30℃短日では開花しなかった．このようにオブコニカは花成に対して量的長日植物の傾向が強い．夏季冷涼な欧州では長日下でもよく開花し出荷されている．

図19.57 オブコニカの人気品種「ロート・アハト」

(4) 栽 培

播種は12月で開花は3～4月，1～3月出荷には5～6月で，マラコイデスに準じて播種育苗すればよい．オブコニカの種子は1 ml約2,000粒位で1,000鉢生産には2 ml播く．栽培用土もほぼ同じでよいが，施肥管理はやや違う．オブコニカは施肥濃度に対して敏感でEC値も低く保つ．3成分に対する反応もNには敏感で，Nを欠いたり，不足すると葉が小さく黄化して生育自体が衰える．実際は用土に元肥を配合し，追肥は液肥を使用することが多いが，その算出施肥量の目安としては，用土1l当たり，成分でN＝0.06～0.12，P_2O_5＝0.05～0.10，K_2O＝0.06～0.20 g，となる．栽培温度も夏季はできるだけ冷涼に保つこと，冬季の加温温度はマラコイデスよりやや高く13～18℃位にする．オブコニカは栽培中時折クロロシスを起こす株が出る．養分バランスや冬季の温度不足などでF（鉄）やMg（マグネシウム）の吸収阻害を起こすことがあるから，同成分の補給や後者では栽培温度をやや高めることで回復できる．秋から冬季にかけての管理も他のプリムラ類はやや低温に遭わせてから加温するが，オブコニカはその必要はなく晩秋から加温室で管理する．

(5) 出荷と病害虫防除

オブコニカは花が半開状態の出荷では白く着色しにくいから本来の花色が鮮明に出た花が8～10輪位開花した時に出荷する．

病害虫もマラコイデスとほぼ同様な発生動向なので同項を参考にする．

[620] 各　論

19.13.3　プリムラ・ポリアンサとプリムラ・ジュリエ（学名：*Primula* × *polyantha*，*P. juliae*．，和名：クリンザクラ，ジュリアン，英名：Polyanthus Primrose，Julian hybrid）半耐寒性多年生

《キーワード》：鉢物，花壇

　現在，栽培されているポリアンサは欧州原産の *P.veris*，*P. elatior*，*P.vulgaris* などが長い間に交配されてできた交雑種であるから，ポリアンサ・ハイブリッドが正しい．倒卵形で翼が付いた葉柄をもつ葉を開心状に根出し，中央より数本の花茎を伸ばして頂部に散形状に5裂片の花を付ける．初期の花色は淡黄，淡桃，紫赤，クリームなどがあったが，最近の品種は鮮明な濃赤，濃桃，濃黄，濃紫，白色などがある．また，コーカサス地方原産のジュリエ種は小型な草姿でポリアンサに似た小輪花を付けるが，花茎はなく短縮茎から直接多数の小花柄を出して花を付ける．現在，栽培されているのはポリアンサとの交配によるジュリアン・ハイブリッドである．

（1）品種の発達と栽培小史

［ポリアンサとハイブリッド・ポリアンサ］

　すでに述べたようにポリアンサはベリス種，エラチオール種，ブルガリス種などの交雑によって育成された園芸種であるがその詳細は不明である．1629年，Parkinson, John の著書「Paradaisi in Sole」の中に "Pallido polyanthos" が出てきて，これがポリアンサだと見られている（岩佐 2000）．1752年に出版された「The Gardener Dictionary（Philip Miller 著）」には "Garden Primrose or Polyanthus" と明らかに記述されており，ポリアンサは当時栽培されていたことが伺える．その後，英国などで改良が行われ Grandiflora や Multiflora 系の多くの品種が生まれている．1950年代までの系統は在来系ポリアンサと著者は呼んで現在のハイブリッド・ポリアンサと区別している．この在来系ポリアンサは栄養繁殖系の宿根草として花壇や庭園用に植えられてきた．東京地方でも一度植え付けると越冬して年々春に開花し，株は分けつして大きくなるので数年に一度は株分けを必要とした．数本立つ花茎は高さ20〜25cm位に達した．株分け苗や開花した地掘苗をトロ箱に詰めて1970年ころまでは市場に出荷されていた．

　しかし，カリフォルニアの Reinelt, Frank は長年育種して花の直径が4〜5cmにもなる大輪で各色鮮明なパシフィック・ジャイアント系を1955年に発表し，たちまち世界に広まり従来のポリアンサ系と入れ替わってしまった．寒さにはやや弱く，戸外での越冬性が乏しいので鉢物として栽培されるようになった．このパシフィック・ジャイアント系は世界各種苗会社で育種が開始され，わが国ではサカタのタネが1972年にスーパージャイアント系として育成し数品種を発売した．その後ドイツのベナリー社，オランダのS＆G社，遅れてデンマークのデンフェルト社が育種して，多くの系統，品種が発売され鉢物として重要な地位を築いた．特に最近のハイブリッド・ポリアンサはアコウリス種（acaulis も vulgaris も同種である）の形質が強い，花茎が立ち上がらない系統，品種が主流で欧州ではプリムラ・アコウリス（*P.acaulis*），プリムラ・ブルガリス種（*P.vulgaris*）と呼んでいるが，わが国でもほとん花茎が伸びないアコウリス系であるが，花き業界ではポリアンサで通している．品種も赤，桃，紫，黄，白の他に目の黄色が大きく多様な

模様から複色に発達したもの,弁縁に黄色のエッジが入るもの,八重でバラ咲きになるものなど多様化している。企業育種の進んでいる中,わが国では民間のブリーダーとして宮崎県の松永一は広弁大輪の肥後ポリアンサや八重のバラ咲きを1890年ころ育成し,福島県の金沢美浩はコンパクトなポリアンサのマスコット・シリーズ(1993)を,愛知県安城の早川辰雄は「アコウリス・スーパー・メルヘン」「早川系ジュリアン」他「早川系F_1シリーズ」など多数の品種を育成している。このように最近は固定品種からF_1品種に代わっている。

[ジュリアン・ハイブリッド]

コーカサス原産の小型なプリムラの *P. juliae* を神奈川県の草野聡一はポリアンサのアコーリスタイプに交配して,1972年「ジュリアン・ハイブリッド」を発表しサカタのタネから発売された。この日本のブリーダーによる全く新しいタイプのプリムラは急速に世界に広がり各社が育成してそれぞれの系統を作出している。

このようなハイブリッド・ポリアンサやジュリアン・ハイブリッドの品種の育成は冬から春にかけての鉢物のトップの作付けを示している。

(2) 主な系統とシリーズ品種

最近の品種はシリーズごとに各花色別の品種が含まれる。

[ハイブリッド・ポリアンサ]

「F_1エィティ・シリーズ(花径4cmのコンパクトタイプ)」「F_1ジョカーシリーズ(花径4cmの複色タイプ)」「F_1ロメオ・シリーズ(花径5cmのアコウリスタイプ)」「F_1ヘラクレス・シリーズ(花径4cmコンパクトタイプ)」「肥後ポリアンサ・シリーズ(花径4cm特異な花色を含む)」など。

[ジュリアン・ハイブリッド]

「ジュリアン・ストレートカラー・シリーズ(単色および複色品種を含む)」「早川系ジュリアン・シリーズ(単色,複色を含む)」など。

(3) 生態的特性

生育適温は15～20℃で低温には強く夜間最低-3℃位でも生育する。しかし,高温には弱く30℃以上ではほとんど生育しない。生育開花に対する温度および日長の影響は五井ら(1968)によると20℃では短日より長日の方が開花は早く,20℃以上で育てた苗を15℃以下の自然低温に4週間遭わせたものと,遭わせないものをその後20℃の長日または短日で栽培すると,長日は低温遭遇に関係なく開花したが,短日では低温に遭わせたものだけが開花したと言う。すなわち長日適温条件下では苗齢が進むと花成するが,短日条件下では低温に遭遇

図19.58 在来系のポリアンサの開花状態(1955年撮影)

しないと花成しないことになる．このため早期開花させるには早く低温が訪れる高冷地などでの育苗が有効である．生態的特性はポリアンサもジュリアンもほぼ同様である．

(4) 栽　培

ハイブリッド・ポリアンサおよびジュリアン・ハイブリッドは種子で繁殖する．作型，栽培の要点もほぼ同様である．種子は系統，品種によって大きさがかなり違う．ふつう1ml当たり650〜850粒で，ジュリアンは1,000粒位ある．発芽適温は15〜20℃で，高温は発芽不良になる．また，光好性種子なので覆土はしないかごく僅かする．最近は自家播種の他セル苗や高冷地育苗苗を購入することも多い．播種や育苗はマラコイデスと同様でよい．育苗中の高温には十分注意することはすでに述べた．栽培用土や施肥管理もマラコイデスと同様でよいが，施肥量は他のプリムラとはやや異なる．施肥成分量の目安としては用土1l当たり$N = 0.10〜0.20$，$P_2O_5 = 0.10〜0.20$，$K_2O = 0.05$gとする．ジュリアンはこれよりやや減らしてもよい．

図19.59　ハイブリッド・ポリアンサの花

図19.60　ジュリアン・ハイブリッドの花

原則として鉢上げ，鉢替えには用土に元肥としてマグアンプKなどを3g/1l用土で配合し，追肥は液肥で与える．両種類ともシクラメンやポインセチアの年末出荷の後作として作付けることが多いが，12月出荷には早生品種を高冷地育苗した苗を10月下旬入手して栽培にかかる．前者の栽培では12月下旬までは戸外か（霜害には注意），無加温ハウスで冷涼にスタンバイさせた後，加温室に入室すると40〜60日で開花する．

(5) 出　荷

花が5〜8輪位開花してからトレイに詰めて出荷する．

(6) 病害虫防除

マラコイデス，オブコニカの病害虫を参考にする．

19.13.4 サクラソウ（俗称日本サクラソウ）（学名：*P. sieboldii* E.Morr. forma *spontanea* Takeda., 和名：サクラソウ, 英名：Siebold's Primrose）耐寒性多年生

《キーワード》：鉢物, 古典園芸植物

　日本，中国，朝鮮の山野に自生する耐寒性の強い宿根草で，草丈20cm位で，長柄で卵状長楕円形でやや鋸歯をもち，表面にしわをもつ葉を根生し，3月下旬，花茎を伸ばし頂部に花径3cmで5裂した花被の花を輪生し4月に開花する．自生種の花は桃，白などである．7〜8月には葉が枯れて休眠に入る．サクラソウは現在伝統的な愛好家以外にはほとんど栽培されていないが，江戸時代に日本固有の園芸種として発達し当時は広く愛好された植物なので，ここに述べない訳にはゆかない．サクラソウは自生状態でも形質に変異が多く，江戸時代の愛好家の興味をひく結果となり品種や栽培が独特に発達したもので，日本の園芸人として知識をもってもらいたい．

(1) 古典園芸植物としての発達小史

　江戸時代，サクラソウが流行したのは中期以降で，「花壇綱目（1681）」や「花壇地錦抄（1842）」には培養の記事はあったが，品種の記載はなかった．寛政年間以後，「桜草作伝法」や「桜草百品図」などに多くの品種が見られるようになった．江戸時代後期から明治にかけて花の付き方，花弁の形，花形，花色などきわめて変化に富んだ品種が育成されており，その花型の一部を図19.61に示しておく．明治から大正にかけて500種以上の品種があったといわれるが，石井勇義ら編の「最新園芸大辞典」(1970)の5巻にはサクラソウ235品種の特性が7ページに渡って記述されている．また，そのサクラソウの実際栽培は難しく当時の方法で現在も栽培され鉢も特別に焼いたサクラソウ鉢が使われている．開花時の観賞法も独特の小屋組花壇という，油障子下のひな段に決められた陳列方法で飾られる．これらの伝統は愛好家による「さくらそう会」や「浪華さくらそう会」などによって伝承されている．しかし，かつて育成された品種は現在ほとんど絶滅し，50〜60品種が保存されているに過ぎない．全く海外には見られないタイプのプ

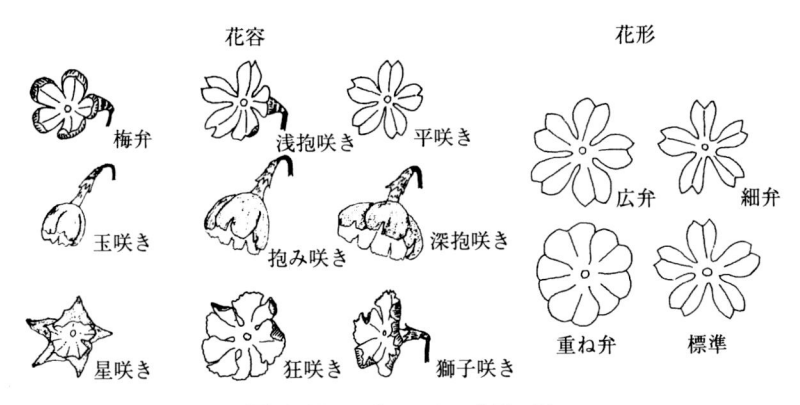

図19.61　サクラソウの花型の例

図19.62 伝統的な鉢や栽培法で開花させた
サクラソウの鉢

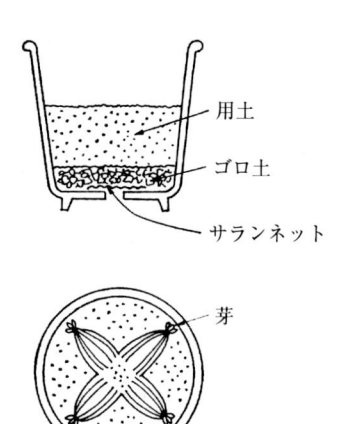

図19.63 芽分けしたサクラソウ
の苗の植え方
上：用土の入れ方
下：苗の並べ方

リムラなので是非紹介したいものである．

(2) 栽培の要点

　繁殖は株分け（芽分け）か根伏せで殖やすが，ふつうは前者による．地上部が枯れた休眠期の11月か2月に行う．株を掘り上げると，新しい地下茎が伸びてそれぞれに新芽が3～4本付いているから，先端の充実した芽を付けて手で外して分ける．図19.63のように鉢底にサランネットを敷き，その上にゴロ土を入れさらに栽培用土を入れる．栽培用土は赤土45％，腐葉土40％．川砂15％を配合したものを深さの半分位入れて平にならす．そこへ芽分けした根株を図のように芽を四隅に向けて横たえてから上に用土を再びかける．植付け後，十分灌水して日の当たる戸外の場所に鉢を縁まで埋め込んで越冬させる．冬季も極端に乾燥させないよう時折灌水する．3月上旬から発芽してくるので，中旬に一度元肥として腐熟させた油粕を薄く溶かした液肥で与える．花は早生品種で4月中旬から5月上旬が開花盛期となる．

参 考 資 料

1) 石井勇義他 1970. プリムラ属　最新園芸大辞典　第5巻. 誠文堂新光社，東京．
2) 岩佐吉純 1995. プリムラの育種の歴史. 平成7年度日種協育種技術研究会シンポジウム資料．
3) 五井正憲・塚本洋太郎 1968. プリムラ類の開花調節に関する研究（予報）. 園芸学会昭和43年春季大会発表要旨．
4) 半田洋一 1993. プリムラの生産・品種の変遷. 新花卉　No.143．
5) 鶴島久男 1972. 鉢花のプログラム生産. 誠文堂新光社，東京．
6) 田中　宏 1986. プリムラ. 阿部定夫他編著，花卉園芸の事典. 朝倉書店，東京．
7) 鈴鹿冬三 1979. 日本さくらそう. ひかりのくに（株），大阪．

19.14 ベゴニア類（属名：*Begonia* L., 和名：ベゴニア, 英名：Begonia）シュウカイドウ科, 不耐寒性または耐寒性多年生

《キーワード》：鉢物, 切り花, 花壇, 観葉植物, 室内植物

　ベゴニア属はオーストラリア以外の熱帯, 亜熱帯に広く分布し, その種は約2,000種におよぶ大グループである. 多くの種はブラジル中心の南米とボルネオ, マレーシア, タイなどの東南アジアから発見されている. 多汁質の草本または半低木で, 生態・形態とも著しく異なるものが多く, さらに自然交雑種も多く分類を困難にしている. しかも経済的な利用から趣味愛好的な利用までその範囲は極めて広い.

　ベゴニアの共通的な特色は, 葉面が中央主脈を軸に左右が非対象であること, 雌雄異花で, 同一花序中に両性花が存在することである. また葉の形状や色彩, 紋様など変化に富んだものが多い. 分類については：

1) 地下部の形態による分類
　①根茎ベゴニア (Rhizomatous Begonia) ベゴニア・レックス, ベゴニア・ボウエリーなど.
　②繊維根ベゴニア (Fiberous root Begonia) ベゴニア・センパフローレンス, 冬咲きベゴニアなど.
　③球根ベゴニア (Tuberous Begonia) 球根ベゴニアなど.

2) 園芸利用上の分類
　①花ベゴニア (Flowering Begonia)：草本性で花を観賞の対象とするもの.
　　a. 四季咲きベゴニア（ベゴニア・センパフローレンスなど）.
　　b. 冬咲きベゴニア（グロワードローレンやピーターソンなど）.
　　c. エラチオール・ベゴニア（リーガー・ベゴニアなど）.
　　d. 球根ベゴニア
　②観葉ベゴニア (Ornamental leaved Begonia)：草本性で葉を観賞の対象とするもの
　　a. レックス・ベゴニア
　　b. その他（ベゴニア・インペリアリス, ベゴニア・アイアンクロスなど）.
　③木立ち性ベゴニア (Erect stemed Begonia)：半低木性で花・葉を含めた草姿全体を対象とする.
　　a. 木立ち性ベゴニア（ベゴニア・メタリカ, ベゴニア・ルッツェルナなど）.
　　なお, ベゴニア・センパフローレンスは花壇用花きの項で述べる.

19.14.1 エラチオール・ベゴニア（学名：*B.* × *hiemalis* Fotsch. = *B.* × *elatior* Hort., 英名：Elatior Begonia, 和名：リーガー・ベゴニア, エラチオール・ベゴニア）

(1) 育種と栽培の発達

　エラチオール・ベゴニアは, 英国の Heal, J. が1883年に *B. socotrana*（ハスノハベゴニア）に *B. tuberhybrida*（キュウコンベゴニア）を交配して育成された交配種であるが, そ

の後，英国，オランダ，ドイツで育種が行われ，特にドイツのRieger, Ottoが1940年に発表した「シュバベンランド（Schwabenland）」は生産的な鉢物向きとして注目された．
　その後に育成された多数の同系品種も含めリーガー・ベゴニアと呼ばれている．オランダのワーグニンゲン大学のDoorenbos, J.らは放射線照射による突然変異育種でT－シリーズを育成している．最近ではデンマークなどのエラチオール・ベゴニアの苗専門業者や鉢物生産者，種苗会社のDaehnfeldt社なども品種を発表している．わが国では1970年ころから導入されて市場に出回るようになった．日長調節により周年出荷ができることと室内の鉢物として利用されるため一時栽培が増加したが，近年はやや減少している．わが国での栽培のネックは無病苗の安定供給が確立していないことである．

（2）主な系統と品種
　エラチオール・ベゴニアの品種は次の3系統に分けられる．

　1）シュバベンランド系
　花弁4枚の一重咲き大輪（花径5～7cm）で株立ち性，この系統の品種には「シュバベンランド・レッド（大輪，緋赤色の多花性）」「シュバベンランド・オレンジ（大輪橙色）」「シュバベンランド・イエロー（大輪，黄色）」「アイーダ（中輪，赤に白の縁どり）」「ジェティ（中輪で濃黄色に弁先が赤味）」などがある．

　2）アフロデイテ系
　八重咲きの中大輪で1花房に多数花を付け，茎はやや細く下垂性でハンギング・バスケット用品種であるが，わい性なので鉢物にも適する．「アフロデイテ・チェリー・レッド（中輪八重咲きで濃赤桃色多花性）」「アフロデイテ・マルコ（中輪八重咲き白色）」などの品種がある．

　3）ハイブリッド系
　前2系統に属さない形態のもので，高性，わい性，直立性，半下垂性など多くのものを含み，最近はこの系統が多く栽培される．特にデンマークでは小鉢向け品種が育成され生産の主流になっている．「バーコス（大輪八重，緋赤色わい性）」「ブレンダ（中輪半八重，緋赤色）」「ジュタ（中輪半八重，黄色）」「サンネ（中輪半八重，桃色）」「ウィン（中輪半八重，純白色）」などの品種がある．

（3）生態的特性
　自然状態では秋から冬にかけて開花し，その後休眠する性質がある．生育適温は18～22℃位で5℃以下では生育は停止し0℃以下では凍害を受ける．生育，開花は日長の影響を受け，花成に対しては量的短日性植物である．その反応は系統，品種によりやや異なるが，長日では生育は促され，開花もするが品質は良くない．12時間以下の短日では温度の低下とともに生育が止まるが，13時間前後の日長で適温が保たれれば生育と開花を持続する．

（4）栽　培
　エラチオール・ベゴニアは葉挿しか天芽挿しで繁殖する．最近は保護品種であること，無病な母株からの挿し穂なので，葉挿しの穂を購入することが多く，組織培養増殖による無病原種から由来の穂を入手する．現在はデンマークかオランダから穂が輸入されて

いる．挿し穂（葉柄を付けた葉）は15cm鉢に直接2～3本植えか，径10～12cmの小鉢は1本植えとする．寄せ植えする場合は穂の熟度の等しい穂を選んで挿す．用土は排水のよい調整用土を用い，直接挿した鉢は半日陰のミスト下で発根させてから栽培室へ移す．栄養生長させるため電照して16時間日長を保つ．発根すると挿し穂の切り口付近から萌芽して茎が伸び出す．直接挿し後80～90日位でシュバベンランド系では摘心するが，ハイブリッド系は分枝するので摘心はしない．この時期から日長を11～12時間にし，栽培温度を夜間15～18℃にして開花を促す．周年出荷には自然日長を確認しながら電照，遮光など日長管理を適確に行い開花調節する．栽培時期にもよるが直接挿しから開花までは110～120日位を要する．特に栽培中，葉を濡らさないことが病害予防上重要で，灌水はマット灌水，ひも灌水など底面給水はこの植物ではきわめて有効である．

図19.64 エラチオール・ベゴニアの種子系品種「カリズマ・スカーレット」

(5) 出　荷

エラチオール・ベゴニアはかなり開花させてから出荷する．冬季などの出荷には輸送中の低温には注意する必要がある．

(6) 病害虫防除

1) 斑点性細菌病（*Bacterium begoniae* Takimoto）

エラチオール・ベゴニアや球根ベゴニアなどに発生しやすく，防除しにくい病害である．葉に暗褐色の小斑ができて次第に拡大し，病斑部と健全部の境に水浸状の輪紋ができる．他の病害と併発することもあり，株全体に広がり枯死する．細菌によるので防ぎにくく，土壌消毒を事前に行う他，発生を見たら，罹病葉を除去し抗生物質剤を散布する．

2) 灰色かび病

他の花きと同様に防除する．

3) 葉枯れ線虫

ハガレセンチュウは栽培用土や挿し穂で侵入する．土壌消毒の徹底と無病苗の入手，栽培中に葉を濡らさないことなどに注意する．

19.14.2　球根ベゴニア（学名：*B. tuberhybrida* Voss，和名：キュウコンベゴニア，英名：Tuberous Begonia）

(1) 育種と栽培の発達

球根ベゴニアは18世紀後半から19世紀の初めにかけて南米のボリビア，ペルーなどで発見された *B. cinnabarina*，*B. rosaeflora*，*B. boliviensis* など数種が複雑に交配されて育成された園芸種である．1860年ころ英国で交配が行われ，1874年には八重咲きが育成され，その後，ドイツ，フランス，ベルギーなどで育種が盛んに行われて，図19.65のよう

な花型やその他多様な栄養繁殖系の系統，品種が育成されている．1920年ころから米国のカリフォルニアで球根生産や育種も行われたが，その後はベルギーが球根ベゴニアの球根生産と育種の中心になって現在に至っている．ベルギーのHaegeman, J.がまとめた「International List of Tuberous Begonia Names (1978)」には約1,500種の品種が記載されている．夏季高温で栽培が難しいわが国でも，長野県辰野の吉江清朗（故）は日本の気候に適する球根ベゴニアの育種を50年以上続け，多くの品種を作出した唯一の育種家である．

伝統的にベゴニア育種に力を入れているドイツのベナリー社はF_1の球根ベゴニア品種「ノンストップ・シリーズ」を1971年に発表して以来，増殖，栽培が簡単になり，播種から9〜10カ月で開花するので球根ベゴニアの栽培は大きく変わった．1988年には種子系ハンギング・タイプの「イルミネーション・シリーズ」も育成している．しかし，栄養系品種の奥深い多様性には及ばない．

(2) 主な系統と品種

[栄養系] 系統別に多くの品種があり，種子または球根で販売されている．
　カメリア咲き：八重ツバキに似た花型で大輪の「ラッフルド・カメリア」など多くの花色の品種がある．
　ローズ咲き：バラの半開時に似た花型の大輪品種．
　ピコティー咲き：花型は前2系統と同じだが弁縁の赤，桃，白などの覆輪がクッキリ入る．
　クリスパ咲き：大輪一重咲きで4弁のひだ弁をもつものもある．
　ムルティフローラ系：小型の小輪花を多数付ける品種群．
　ハンギング咲き：中，大輪で八重，一重咲きで茎が垂下するタイプで，さらに茎が細く分枝し小輪八重，半八重のさらに垂下するペンジュラ系品種もある．

[種子系] 固定種とF_1の種子が販売されている．
　固定種系品種：「イルミネーション・シリーズ（中，小輪八重咲きのハンギング・タイプで色別の各品種がある）」
　F_1品種：「F_1ノンストップ・シリーズ（中輪八重咲きの球根ベゴニアで色別の各品種がある）」「F_1ピンアップ（中輪一重咲きで白に弁縁が赤桃のエッジになる）」

(3) 生態的特性

高温性でありながら冷涼な温度で生育するので，その適温は15〜20℃である．日長に対しては12時間以下の短日になると生育が止まり地上部は枯れて休眠に入る．日長が14時間以上の長日では周年生育と開花を続ける性質がある．従って電照による長日処理や遮光による短日処理で開花調節も可能になる．実生苗は幼若期が短いので本葉2〜3枚でも日長に影響を受けるので冬季の育苗には注意を要する．休眠した球根は10〜12週間休眠を経過して覚醒するが，休眠打破には0〜2℃に2カ月以上の低温処理を必要とする．短日期に生育の継続や開花促進するための長日処理の電照には60Wの白熱電球を植物の上1m位に1m間隔に吊し深夜4時間照明で効果がある．

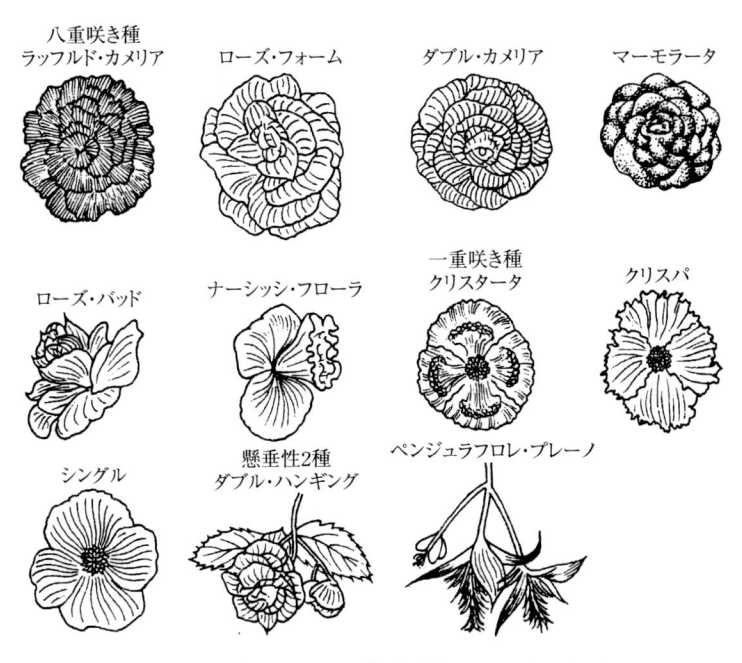

図19.65 球根ベゴニアの花型（武田，1968による）

八重咲き種
ラッフルド・カメリア　ローズ・フォーム　ダブル・カメリア　マーモラータ

ローズ・バッド　ナーシッシ・フローラ　一重咲き種 クリスタータ　クリスパ

シングル　懸垂性2種 ダブル・ハンギング　ペンジュラフロレ・プレーノ

（4）栽　培

　生産的には F_1 品種を含む種子系品種の播種から出発する．もちろんセル苗を購入して鉢上げすることもある．種子は微細なので整粒したペレットシードになっているから播種しやすい．播種方法はプリムラなどと同様な方法で播く．発芽適温は18〜25℃なのでこの温度を保つと7〜8日で発芽する．4〜6月に出荷するには9〜10月が播種期である．発芽後は短日にすると休眠に入るから10月から3月までは電照して長日を保つ．発芽苗は小さいから12月ころにセルトレイに植付け，さらに大きくなる2月ころに15cm鉢などの定植鉢に鉢替えする．用土はpH6.0前後の調整鉢物用土でよい．肥料は少な目で用土1ℓ当たり3g程度混合し，植付けてからは生育に応じて液肥を施用する．栽培温度は日中18〜22℃，夜間10〜15℃位に管理する．また，3月ころから日中の陽光

図19.66　ベルギー，ゲントの球根ベゴニアの球根生産の状況

の強い時期には白の寒冷紗などで日除けする.

(5) 出荷

大輪種では1鉢当たり2～3花が開花した時, 中, 小輪種のハンギング系では7～8輪以上開花した時に出荷する. 球根ベゴニアの最大の欠点は開花した花の落下であったが, 生長調節剤による落花防止がこの花の消費拡大に大きく貢献している. その方法は開花直前か当日, トマトトーン50倍液を小型噴霧器で花房に散布すると15日位は落花しない (田中, 1964).

19.14.3 冬咲きベゴニア (学名：*B.* × *cheimantha* T.H. Everett. 和名：クリスマス・ベゴニア, ハナベゴニア, 英名：Christmas begonia)

クリスマス・ベゴニアとかローレン・ベゴニアと言われて欧州では冬の鉢物として広く栽培されてきたが, わが国では温度や日長の関係で栽培が難しく普及していない. しかし, 最近は種子系品種が開発されて栽培が容易になったので鉢物として広がる日も近い.

(1) 育種と栽培の発達

フランス, ナンシーの有名な育種家ビクトール・ルモワンヌ (Victor Lemoine) がアラビア, ソコトラ島で1880年に発見された球根性の *B. socotrana* と, アフリカ, ケープ地方で1836年に発見された塊茎性小葉の *B. dregei* と交配して1891年, グロワール・ド・ローレン (Gloire de Lorraine) を作出し, たちまち英国, 米国, ドイツ, スカンディナヴィア各国でローレン系ベゴニアの育種が行われるようになった.

さらに他の原種も交配されローレン系ベゴニアは米国の Everett, T.H. によって1940年に現在の学名 *B.* × *cheimantha* と命名されている. 米国, オハイオ州の Peterson, J. A. は「グロワール・ド・ローレン」に「グロワール・ド・ソー」を交配して紅桃色中輪多花性で茎葉の紫赤色の品種「ピーターソン」を育成した. クリスマス・ベゴニアとして欧米では広く栽培され, わが国でも愛知県安城市の早川園芸が唯一の生産農園 (2000年現在) であった.

この他, 1937年ころ北欧で育成された「ゾルバッケン (Solbakken)」, 英国で育成されたといわれる「バイサ・シューネ (Weisser Schnee)」,「マリーナ (Marina)」などローレン系ベゴニアには多くの品種があったが, わが国ではほとんど生産されなかった.

しかし, ベナリー社は1975年, 播種から10～12カ月で開花するローレン・ベゴニアの F_1 品種「ラブミー (Love-me)」を発売した. 花はピーターソンに似て, 葉は緑葉である. 今後このような種子系品種の生産が伸びるものと期待される.

(2) 主な品種

栄養系品種は苗が販売されていないので母株を入手して自家増殖する他はない. 最近は育種が行われていないので, 古い品種を用いることになる.「ピーターソン (紅桃色中, 小輪, 紫赤葉)」「マリーナ (鮮紅色, 一重中輪)」「マリエッタ (紅色中輪, 小葉性)」など.

種子系では「F_1 ラブミー (桃赤色, 緑葉)」がある.

(3) 生態的特性

冬咲きベゴニアは15～20℃でよく生育し, 25℃以上の高温は生育を著しく抑える. 開花は短日で促されるが, 温度の影響も受ける. 10～15℃では日長に関係なく開花し, 25

℃以上では短日で開花するが，長日では開花しない．日長の温度限界は21～23℃位と考えられている．

(4) 栽　培

ピーターソンなどは葉挿しで殖やすが，F_1ラブミーは播種による．葉挿しは1～12月ころ，開花株の花の腋に出る直径2～3cmの葉を葉柄を付けて切り取り，ピートモスとパーライトを配合した用土を入れたトレイに葉柄を元まで挿す．やや半日陰の場所で日中25～30℃，夜間15～20℃保つと20日位で発根し，60日位で新芽を形成する．3月中旬ころ10cm鉢に上げ，6月ころ15cmの定植鉢に鉢替えする．9月ころに摘心して側枝の発生を促し，株全体を形よくするため1～2回伸びた茎を軽く整枝する．用土は鉢物用の調整土でよく，肥料も球根ベゴニアとほぼ同様な管理でよい．栽培期間の5～9月までは日中遮光して強光を遮る必要がある．

図19.67　球根ベゴニアのカーネーション咲きの花

種子系のラブミーは1～2月に播種し，発芽後は電照して4月まで長日条件下で育苗し，その後は日除け下で夏越し，8月下旬に摘心して11～12月に開花させる．

(5) 出　荷

球根ベゴニアに準ずるが，生長調節剤の処理は必要ない．

19.14.4　観葉ベゴニアと木立ち性ベゴニア

ベゴニアは原種も多く，園芸上複雑に分化しているが，花を観賞の対象としている花ベゴニアの他に葉の美しい種類や草姿全体を観賞対象とした観葉ベゴニアと木立ち性ベゴニアがある．これらは①レックス系ベゴニア，②根茎性，繊維根性観葉ベゴニア，③木立ち性ベゴニアに分けられそれぞれに多くの原種および交配種が含まれる．いずれも半日陰性なので栽培も遮光下で行い，利用は半日陰の室内で観賞する室内植物（Indoor plants）である．

(1) レックス系ベゴニア（学名：*B. rex* Putz.，英名：Rex Begonia，和名：オオバベゴニア）

1856年，インドのアッサム地方からSimon, J.によって偶然に英国に紹介された*B. rex* Putz.は，以来ドイツ，ベルギー，米国などで育種され多数の品種が育成されている．品種によって葉型や金属的な光沢や特異な斑紋の美しいものがあり，現在200以上の品種が育成されている．わが国へは明治末年に導入されているが，鉢物として栽培されるようになったのは1970年ころで市場にもかなり出荷されたが，最近は（2000年）どう言うわけか栽培が激減している．近い将来，再び栽培が広がることを期待している．レックス・ベゴニアはシュウカイドウや他の種とも種間交雑された品種もある．地を這うような根茎をもち，これから大葉を展開する．

[主な品種]

「メリー・クリスマス（銀白色地に緑の覆輪と紫赤色の脈目模様）」「アメリカン・ビューティ（赤紫色に濃紫の覆輪と斑入り）」「スパイラル・キング（銀白色地に緑と茶色の覆輪で葉の基部が渦巻状）」など．

[生態と栽培の要点]

繁殖は葉挿しで，葉脈の分岐点が発芽するので，この部分を付けて葉片を切断し川砂かバーミキュライトの挿し床に，斜めに葉を挿して25～30℃位保つと切り口から発根し，葉脈の分岐点から不定芽を出す．この時点で小鉢に鉢上げし，生育に応じて定植鉢に鉢替えする．栽培温度は20～25℃位を保ち半日陰で栽培する．肥料は薄い液肥を月2回位施用する．

（2）根茎，繊維根性観葉ベゴニア

主な種類として次のものを挙げる．

1）ベゴニア・インペリアリス（*B. imperialis* Lem.）

メキシコ原産の根茎種で全体に小型，葉は広卵形で表面は銀白色とモスグリーンの模様が入る美葉種である．小鉢向きで改良種にシルバージュウェル（Silver Jewell）がある．

2）アイアンクロス・ベゴニア（*B. masoniana* Irmscher.）

英名 Iron cross とも言い，中国南部原産で1952年欧州へ紹介され，わが国へは1960年導入されている．形態はレックス・ベゴニアに似て，葉はモスグリーンに茶褐色の太い模様が鉄十字に似ていることからアイアン・クロスの名がある．レックスとほぼ同様な鉢物として栽培される．

図19.68 冬咲きベゴニアの品種「ピーターソン」

図19.69 ベゴニア・レックスの品種「スパイラル・キング」

3）ベゴニア・ボウエリー（*B. boweri* R.Z.）

メキシコ原産の小柄な根茎種で，葉は緑色地に葉縁に茶褐色の模様が入り美しい．春，花柄を出して桃色の小花を付ける．変種のニグラマルガ（var. *nigramarga*）や交配種のクレオパトラ（Cleopatra）がある．

4）ベゴニア・フォリオーサ（*B. foliosa* H.B. & K.）

1825年にコロンビアで発見されたベゴニアで茎は基部から数本に分かれ細く軟らかく垂下して1.5～2cm位の小葉を密に付ける独特な草姿になる．小鉢やハンギング・バスケット向きである．

(3) 木立ち性ベゴニア

一般的に茎が太く直立して分枝するのでかなり立体的な草姿になる。種類によっては葉腋に美しい花房を付けるものもある。

1) ベゴニア・マクラータ
　　(*B. maculata* Raddl.)

ブラジル原産で葉はややゆがんだ長楕円形で金属的な光沢のある緑褐色，裏面は赤紫色を呈する．茎は直立して分枝する．花は淡桃色の小花である．

2) ベゴニア・メタリカ
　　(*B. metallica* G. Smith.)

図19.70　アイアンクロス・ベゴニア

ブラジル原産の木立ち性ベゴニアで全株粗毛を帯びる．葉は切れ込みのあるかえで葉で，カーキ色を呈し，裏面は紫赤色である．

3) ベゴニア・ルッツェルナ　(*B. lucerna* Hort.)

1885年に作出された交配実生種と言われる．高性で葉は先端が尖った銅緑色葉で，裏面は赤紫色になる．花房が大きく，多数の紅赤色の小花を付ける．

[栽培の要点]

何れも挿し芽で繁殖する．鉢上げ後は他のベゴニアとほぼ同じ手順で栽培するが，木立ち性でやや大株に仕立てるには2年位かかる．観葉ベゴニアは他のベゴニアと違いいつでも出荷できるのが特徴だが，母株からの増殖率は非常に低いので大量生産には向かない．

参 考 資 料

1) 石井勇義他編 1968. ベゴニア　最新園芸大辞典. 誠文堂新光社，東京.
2) 植村猶行 1980. ベゴニア属植物の原種の分布と特性. 新花卉 No.105.
3) Doorenbos, J.and R.A.H.Legro 1962. Breeding gloire de lorraine begonias. Meded,Landbhogesch, Wageningen 68.
4) 武田和男 1964. 球根ベゴニア　球根養成，切花，鉢栽培の新技術，誠文堂新光社，東京.
5) 鶴島久男 1972. ベゴニア，鉢花のプログラム生産 (2). 誠文堂新光社，東京.
6) 早川辰雄 1980. クリスマス・ベゴニアの品種と栽培. 新花卉 No. 105.
7) 茂見　浩 1980. 葉ものベゴニアの育種. 新花卉 No. 105.
8) 浜田　豊 1981. エラチオール・ベゴニア. ニュースレター，No. 85, 日本ベゴニア協会.

19.15　ポインセチア (学名 :*Euphorbia pulcherrima* Willd., 和名：ショウジョウボク，英名：Poinsettia) タカトウダイ科，不耐寒性低木

《キーワード》：鉢物，切り花

Euphorbia 属はアフリカ，インド，南米などに約 900 種を含む大きなグループで，ポインセチアの他欧州で施設切り花とされているフルゲンス (*E. fulgens*)，花壇利用一年生のショウジョウソウ (*E. heterophylla*)，ハツユキソウ (*E. marginata*) も含まれる．ポインセチアは 3～4 m になる低木で，葉は卵楕円形で 20～25 cm 長で，短日期に茎の先端に杯状花序 (cyathia) を付け，それを包む包葉 (bract, bract leaf) が赤色に着色する．現在は育種されて葉や包葉の形態も著しく変化しているが包葉を観賞対象としていることには変わりない．

(1) 育種と栽培の発達小史

ポインセチアは米国の初代メキシコ大使の Joel Robert Poinsett が 1825 年，メキシコの Taxc 付近で発見し米国へ送ったのに始まる．そのためこの植物の英名は彼の名をとってポインセチアと呼ばれるようになった．現在，世界の多くの国でポインセチアがクリスマスのシンボル・フラワーとして用いられているが，その理由は次のように考えられている．メキシコ・インディアンが古くからこの花の色素を薬用や顔料として用いていたのが，17 世紀キリスト教が入って同地のフランシスコ修道会の僧侶が，丁度この時期に咲いているポインセチアを生誕祭に用いたのが始まりと言われている (Ecke, P.Jr.1992)．20 世紀に入って営利生産用品種が育成されるようになったが大きく分けると米国と欧州の育種とに分けられる．

[米国の育種]

1902 年，ドイツから米国に渡りロスアンジェルス郊外で花き生産を始めた Ecke, Paul は 1906 年ころからポインセチアの栽培を始め，枝変わりを栄養繁殖して新しい系統，品種を選抜して 1923 年には品種「オーク・リーフ (Oak Leaf)」を発表している．その後「アルバート・エッキ (Albert Ecke)」「インディアナポリス・レッド (Indianapolis Red)」など，1940 年代まで多くの品種を育成するとともに，唯一のポインセチア専門農園として発展した．その後，子息の Ecke, Paul Jr. が受け継ぎ，さらに 1990 年ころからは Ecke, Paul 3ed と 3 代に渡り多くの品種を育成し，1960 年代から現在までエッキス系品種は世界のポインセチアの主流になっている．ポインセチアは最初赤色の包葉で出ると枝変わりで，桃色，白色，白に桃の斑入りのマーブルが出て色変わり品種が育成される特色がある．エッキス系では 1968 年に育成されたエッキポイント C-1 (赤色包葉)，1988 年に発表した「エッキスポイント・リロ (Eckespoint Lilo)」が代表的品種で 1992 年に発売した「エッキスポイント・フリーダム (Eckespoint Freedom)」はわが国のポインセチア作付けの 70％を占めた品種である．

このポール・エッキ・ポインセチア社 (Paul Ecke Poinsettias) は自社育成品種に加え，他の欧州育種家育成の品種の販売権も得て，世界にポインセチア苗を販売する企業に生長した．このように早くから苗販売企業の発達により，米国では 1960 年ころから各地にポインセチア生産農園が広まり，鉢花生産のトップになっている．ポインセチアは葉や包葉が落ちやすいのが欠点でエッキス系品種もこの点かなり改良されていたが，葉や包葉が落ちなく長持ちする画期的な品種を育成したのはオハイオ州の Mikkelsen, Jim である．1963 年に発表した「パウル・ミッケルセン (Paul Mikkelsen)」を初めミッケルセン・

シリーズ品種を育成している（育種の項，110頁参照）.

1980年以降，欧州でもドイツ，オランダ，ベルギー，デンマークでポインセチアの栽培が急速に伸びて苗の需要も増加した．ポインセチアの品種はほとんど保護品種なのでそれらの権利保護を管理する組織としてデンマークに PLA（Poinsettia Lisecee Association）が組織されている．

[欧州の育種]

1964年，ノルウェーの Hegg, Thormod はわい性でよく分枝し低温に強く長持ちする実生苗を発見して「アンネット・ヘッグ（Annet Hegg）」を発表した．この品種はたちまち欧州に広まった．また，この品種は枝変わりで次々と包色や性状のやや違う「アンネット系品種」が20品種以上生まれている（育種の項参照）．1970年代に入ってドイツの Gutbier, Gregory は交配実生から包葉の形がよく，包色の鮮明で分枝の多いわい性の「グットビーア V-10 アミー（Gutbier V-10Amy）」を1975年に，V-14を1978年，V-17を1982年に発表しグットビーア・シリーズとして欧州やわが国では多く栽培されている．さらにフランスの Gross, Eduard は1988年に「グロス・サプジビ（Gross Supjibi）」を発表している．これらはいずれもポール・エッキ社が販売権を得て世界に苗を販売している．1999年，ポール・エッキ社では包葉が多く特異な形態の赤色品種の「ウインター・ローズ（Winter Rose）」を発表して話題を呼んでいる．しかし，1990年以降，欧州では米国系ポインセチア品種に対抗して新しいブリーダーと販売会社が出てきている．ドイツではゼラニウムの苗会社のフィッシャー社（Fischer Geraniums）が「コルテッツ・シリーズ（Cortez Series）」や「ソノラ・シリーズ（Sonora Series）」など18品種を，デューメン社（Dummen Young Plants）が「レッド・フォックス・シリーズ（Red Fox Series）」など8品種を，オグレビー社（Oglevee Liid）が6品種をそれぞれ育成して販売しエッキ社に対抗してポインセチアも品種と苗販売の面で多様な時代を迎えている．

[海外およびわが国の栽培の発展]

米国では早くから育種が進んだこと，この花への好みが一致したこともあって鉢花トップの生産になった．欧州でもやや遅れて適応する品種が出現する1980年以降，ドイツ，オランダなどで栽培が増加し，遅れてデンマークの小鉢大量生産に及んでいる．栽培に関する研究も初期には，米国の研究機関で意欲的に行われ米国園芸学会誌に多数発表されているが，1985年以後はドイツで研究が進み，その詳細は Jennerich, Liebgard 編の「Poinsettia, 1995」（Taspo praxis Nr.5：Bernhard Thalacker Verlag Braunschweig 出版）にまとめられている．

わが国への渡来は1918年といわれるが，生産的な栽培は1960年以降で，最初は「カーデ

図 19.71 改良が進んだ品種
「グットビーア・V-14」

ィナル」など葉や包葉の落ちやすい品種で栽培には苦労した．1964年ころは東京近辺の生産者は10戸位であったが，1971年ころ改良保護品種を栽培したいという要望に，米国のEcke, Paul Jr.は契約栽培という形でわが国での生産を可能にした．1978年，わが国の新種苗法の改正により，植物特許同様に保護品種の権利が守られるようになってからポインセチアの栽培は急速に増加した．1984年には160名による日本ポインセチア協会が組織され，現在は300名以上になっている．生産量は年間100万鉢位と推定されている．

（2）主な品種

［赤系品種］

「フリーダム（Freedom）」「リロ（Lilo）」「アンネット・ヘッグ・デーバ（Annette Hegg Diva）」「グットビーア・V-17・アンジェリカ・レッド（Gutbier V-17 Angelika Red）」「カプリ・レッド（Capri Red）」「ノベルスター（nobelstar）」「ウインター・ローズ（Winter Rose）」など．

［桃色系品種］

「フリーダム・ピンク（Freedom Pink）」「ピンク・ペパーミント（Pink Peppermint）」「アンネット・ヘッグ・ホット・ピンク（Annette Hegg Hot Pink）」「カプリ・ピンク（Capri Pink）」など．

［白色系品種］

「フリーダム・ホワイト（Freedom White）」「グットビーア・V-10ホワイト）」「アンネット・ヘッグ・ホワイト（Annette Hegg White）」など．

［黄色系品種］

「レモン・ドロップ（Lemon Drop）」．

［マーブル系品種］

「フリーダム・マーブル（Freedom Marble」「グットビーア・V-10・マーブル（Gutobier V-10Marble）」など．

［複色系品種］

「ジングル・ベルス（Jingle Bells）」「モネ（Monet）」など．

（3）生態的特性

熱帯性なので生育適温は15～30℃位と見られるが，15℃以下になると生育は遅くなり，5℃以下になると品種によっては下葉が黄化する．花成は典型的な質的短日植物で，キクなどと同様に人工的な日長の調節で周年開花できる植物である．Post, K.（1952）によるとポインセチアの限界日長は12時間15分で，それより短くなると花芽が形成されるという．しかし，限界日長は温度とも関係しLarson, R.A.（1963）によると，品種間差はあるものの温度が高くなるほど限界日長は短くなる傾向を認めている．また，Hackett, W.P.ら（1967）の研究では品種Paul MikkelsenとBarbara Ecke Supremeの短日下での，花芽分化抑制のための日長延長の光中断の時間では，Barbara Ecke Supremeは1時間以上の光中断で分化が抑制されるが，Paul Mikkelsenでは4時間の光中断でも分化が抑制できなく，低温ほどその効果は低下するという．また，Larson, R.A.（1970）の研究では品種Eckespoint C-1 Redを9時間日長下で昼夜の温度を変えて栽培し開花への影響を次のよう

に見ている．それによると

　　昼温40℃＋夜温30℃：ではまったく開花しなかった．
　　昼温30℃＋夜温26℃：では草丈が高くなり，包葉が小さくなった．
　　昼温26℃＋夜温22℃：では丈が42cmと高く，包葉は最大になった．
　　昼温22℃＋夜温22℃：では包葉は大きく，丈は22cmと低くよい品質だった．
　　昼温12℃＋夜温18℃：では実験中開花しなかった．

　このように日長と温度が花芽形成や草丈，包葉のサイズに影響することも知っておくべきである．Freedomなど現在の品種は早生で分枝生態もやや異なるので9時間日長では昼温20℃＋夜温18℃位が適当と思われる．

(4) 栽　培

　ポインセチアは専作で周年生産することもあるが，クリスマス用出荷の作型が多い．この時期出荷に色々な仕立て方で生産することがポインセチア栽培のポイントになっている．すなわち，15cm鉢1本植え摘心栽培を標準とすると，中鉢，大鉢の数本寄植え仕立て，さらにはハンギングからスタンダード仕立て，また，9cm鉢のミニポット仕立てまである．これら仕立て方の違いで表19.3のように栽培のプログラムは違ってくる．

　ほとんど保護品種なので穂または発根苗を購入して栽培にかかる．穂で購入した場合はパーライトなどの挿し床に挿すか，定植鉢に直接挿し芽する．長距離輸送してきた穂は垂直に立てて水揚げしてから挿す．この時の水で病害が伝播するので水の清潔性には十分気をつける．挿し床の温度は20～25℃を保つと25日位で発根する．

　一鉢に数本寄せ植えする場合には熟度の等しい苗を組み合わせて植える．鉢上げ後は半日陰に7日位置き活着してから次第に日を強くしてしっかり育てる．摘心するには20～30日後，茎の先端をつまんで摘心する．古い品種は摘心後，2～4本位分枝するが，フリーダムやアンネット・ヘッグ系品種は多数分枝するのが特色である．5～7本立たせるが，時には多すぎるので，弱い茎は整理しなければならない．

　栽培用土は排水がよいとともに保水も重要でメトロミックス350などの市販用土や調整用土を用いる．元肥として用土1l当たりマグアンプKを5gほど混合し，以後は液肥で施肥管理するのがよい．液肥施用について「ポインセチア・マニュアル」によると，市販の液肥で16-4-12では水100lに312g，25-10-10では200g，自分で単肥配合して液肥施用を灌水2～3回置きに施用する場合は，硝酸アルミニウム72g，硝酸カルシウム120g，硝酸カリウム72g，リン酸25cc，モリブデン溶液（モリブデン酸アンモニウム240gを水10lに溶

図19.72　クリスマスディナーを飾るポインセチアの鉢

かしたもの) 12 cc を溶かして施用する．栽培温度は生態的特性で述べたものを目安に加減して管理する．各仕立て方で重要なポイントは短日にする時期である．この時期は自然短日期なので電照を停止すると自動的に短日になる．言い換えればいつまで電照するかということになる．その時期も表19.3に示しておく．従来の品種は栽培中に茎が伸び過ぎ草丈が高くなるためわい化剤処理は必要な技術であったが，最近の品種はわい性なこと，分枝が多く全体の伸びる速度が遅いことからほとんどわい化剤の必要はない．ただ小鉢仕立てはわい化剤の処理を必要とする．CCC 2,000～3,000 ppm の数回の葉面散布が最も効果が高い．

図19.73 アンネット・ヘッグ系品種「Annette Hegg Diva」

(5) 出　荷

ポインセチアの包葉は花序の花 (小さい豆粒状) が成熟するまで発育し続け，着色も進むので，未熟なままで出荷すべきではない．花序の最初の小花が成熟して花粉が出る直前が出荷適期である．また，年末出荷では出荷包装時やトラックへの積載時に寒風や低温に遭遇させないことである．

(6) 病害虫防除

1) 根腐れ病 (*Rhizoctonia solani*, *Thielaviopsis basicola* and *Pythium* spp.)

株が大きくなる加温期に入ると下葉から黄化して萎れ，株全体が萎凋する．根が腐れ，地上部は水浸状となる．土壌伝染性の病害で土壌消毒以外に防除法はなく．蒸気消毒の他クロールピクリン，ダコニールなどで予防する．

2) 茎腐れ病 (*Erwinia chrysanthemi*)

生育中の茎の一部や全体が突然に萎れる病害で，茎の維管束が侵され吸水できなくなる．バクテリアによるもので栽培温度が25℃以上の時に発生しやすく，土壌伝染性なのでこれも土壌消毒以外に適切な防除法はない．

3) 灰色かび病 (*Botrytis cinereae*)

包葉に茶褐色の小斑点を生じ拡大する．ひどくなると葉や株全体に広がる．商品価値を失うから発生を見たら早期に防除する．室内を乾燥させ，換気をよくして濡れた葉を早く乾かし，他の花き同様に薬剤で防除する．

4) オンシツコナジラミ
　　(*Trialeurodes vaporariorum*)

ホワイト・フライともいいポインセチアの苗に付

図19.74 話題の最新品種「ウインター・ローズ」

表19.3 ポインセチアの仕立て方による栽培スケジュールの例

仕立て方	鉢サイズ	1鉢の苗本数	摘心有無	挿し苗定植時	摘心時期	短日開始時期	目標草丈	開花出荷期
小鉢無摘心仕立	10.5cm鉢	1本	有	9/25	10/5	10/10	10cm	12/18
中鉢無摘心仕立（標準）	15.0cm鉢	1本	有	8/30	9/15	9/27	35cm	12/18
中鉢無摘心仕立	15.0cm鉢	3本	無	9/15	−	9/27	30cm	12/18
大平鉢無摘心仕立	21.0cm鉢	3本	無	9/1	−	9/20	60cm	12/10
大平鉢摘心仕立	21.0cm鉢	3本	有	8/20	9/5	9/20	50cm	12/10
超大鉢摘心仕立	30.0cm鉢	3本	有	8/10	8/30	9/20	70cm	12/10
超大鉢無摘心仕立	30.0cm鉢	5本	無	8/20	−	9/20	80cm	12/10
ハンギングバスケット仕立	30.0cm鉢	6本	無	9/10	−	9/20	25cm	12/10
スタンダート仕立	30.0cm鉢	1本	多有	6/10	数回	9/20	120cm	12/10

注）品種「フリーダム」を関東地方の栽培を想定した．
出荷期の12/18は家庭消費向け，12/10は業務用向けとした．

いて国内に侵入されたといわれる．小さい白色の体長1.5mm位の虫で，活発に飛び回り，葉の裏に付着して汁液を吸い，葉を枯死される．繁殖力旺盛で発生すると防除しにくい．人体に付着して移動する．発生初期にスプラサイド水和剤1,500倍液や，アクリテック乳剤500〜1,000倍液を数回散布して防除する．

5）その他

カイガラムシ類，ハダニ類も着生するので早期に防除する．

参 考 資 料

1) Ecke, Paul Jr. 1992. The poinsettia manual. Paul Ecke Poinsettias, U.S.A.
2) Hammer, Allen 1996. Poinsettia Primer. Grower Talks, April.
3) Hackett, W.P. and R.O.Miller 1967．A comparison of the influenced of temperature and light interruption during the dark period on floral initiation in poinsettia cultivars 'Paul Mikeelsen' and 'Barbara Ecke Supreme', Proc. Amer. Soc. Hor. Sci. Vol.91.
4) Larson, R. A. and R. W. Langhans 1963. The influence of temperature on bud initiation in poinsettia. Pro. Amer. Soc. Hor. Sci. Vol.82.
5) Larson, R. A. and R. W. Langhans1963. The influence of photoperiod on flower bud initiation in poinsettia, Ibid, Vol. 82.
6) 鶴島久男 1972．ポインセチア 鉢花のプログラム生産 (2)．誠文堂新光社，東京．
7) 鶴島久男 1970．最近のポインセチアとその新しい栽培 (1)〜(2)．農業および園芸 45 (11〜12)．
8) 鶴島久男 1975．ポインセチア生産の新技術 (1)〜(4)．農業および園芸 50 (1〜4)．
9) 鶴島久男 1994．ポインセチアの品種の発達と最新品種の動向．日本ポインセチア協会10周年記念誌．

19.16 ポット・カーネーション (学名:*Dianthus caryophyllus* L.、和名:ポット・カーネーション、英名:Dwarf Carnation, Potted Carnation)

《キーワード》:鉢物、寄せ植え、花壇

　ダイアンサス属およびカーネーションについては切り花の項で述べた．わい性カーネーションの来歴は明らかでないが、南フランスからイタリアにかけて古くから露地の花壇などに植えるボーダー・カーネーション（Boder Carnation）やアンファンド・ニース・カーネーション（Enfant de Nice Carnation）などから改良されたと見られる．半耐寒性の多年生であるが、栽培上では1～2年生として扱われてきた．現在のポット・カーネーションも種子系と栄養系があって、鉢物としては後者が多く栽培されている．特にわが国では母の日（Mother's Day：5月の第2日曜日）の特需用として栽培され、この日に間に合わせることが重要な技術になっている．ここでは栄養系のポット・カーネーションについて述べる．

(1) 系統と品種の発達小史

　欧州には前述のようなわい性のカーネーションがあったが、それほど重要視されていなかった．わが国では1970年ころから母の日にカーネーションの切り花を利用する習慣が定着して、ポット・カーネーションの需要も次第に増加してきた．わが国でポット・カーネーションの育種に早く取り組んだのはサカタのタネで、1970年に種子系F_1品種「ピカデリー」を、1986年には「F_1リリポット」を発表している．栄養系品種も1990年に発表した「フィリーング・シリーズ」を始めに「バンビーノ」「ルビーベル」などを出している．1991年には岩手県の橋本昌幸が、ポット・カーネーションに温室カーネーションを交配して育成した「ベイビー・ハート」を（株）ミヨシより発売した．さらに（株）キリンビールも1994年に「マザーレッド」や「ミス・ピンク」などを発売し、カリフォルニアのCFPC（Florida California Plant Co.,）で育成されたCFPC系シリーズも（株）住化から発売されてポット・カーネーションの品種は多様化している．

(2) 主な栄養系品種

　「ルビー・ベル（赤色八重中輪）」、「カレリア（濃桃色半八重中輪）」、「マザー・レッド（赤色八重中輪四季咲き）」、「ベイビー・ハート（鮮桃色大輪四季咲き）」、「バンビーノ（鮮桃色半八重小輪）」、「ナゲット（純黄色八重四季咲き）」など．

(3) 生態的特性

　生育適温は15～20℃で25℃以上は生育が衰える．大部分の品種は生育中期にやや低温を必要とし、その後の長日で開花する性質が強いが、温室カーネーションの血が入った品種は四季咲き性がある．幼苗期には夜間15℃を保って株の充実を図ってから昼間15～16℃、夜間10～12℃のやや低温に4～6週間合わせて開花を均一に早める．

(4) 栽　培

　"母の日"出荷を目標にした栄養系の栽培について述べる．苗はほとんど保護品種なので9月下旬から10月上旬に定植できるよう手配する．用土は赤土40％、ピート30％、バー

ミキュライト30％の配合にマグアンプKを用土1l 当たり5gの割合で混合したものを標準としたい。9cmポットに植付け1カ月後に摘心し，側芽が3〜4本出て4cmほど伸びたら再度摘心して側芽を立たせる。十分日に当て，12月上旬からごく僅かに加温して夜間7〜8℃位を2月上旬まで低温栽培し，その後は前作の出たハウスなどに移して昼間20〜23℃，夜間12〜15℃位の温度で生育させる。この入室時に12cmか15cm鉢に鉢替えする。"母の日"に間に合うかどうかは，2回目の摘心時期と，この加温栽培中の温度調節で加減することになる。鉢替え用土は鉢上げ用土に準ずるが側枝の発育が旺盛になる3月下旬ころからチッ素，カリ濃度400ppm程度の液肥を2回ほど施用し4月中旬以後は施肥はしない。草丈が伸び過ぎた時はわい化剤処理により抑制する場合もある。摘心後発生した側枝が5〜6cmほど伸びた時にボンザイ10ppmを灌注（30ml/鉢）するが遅れると効果はない。

図19.75 ポット・カーネーションの品種「ベイビー・ハート」

(5) 出 荷

"母の日"特需なので，開花が間に合わないと安値になる。出荷期に合わせ良質の鉢物に仕上げるには3〜4月の夜間温度管理が決め手になる。出荷の適期は一鉢当たり5〜7輪開花したものが標準で，仕入れ側の要望に合わせることである。

19.17 ニューギニア・インパチエンス (属名 :*Impatiens* L., 和名 :ニューギニア・インパチエンス, 英名 :New Guinea Impatiens) ホウセンカ科, 不耐寒性多年生

《キーワード》：鉢物，花壇

　この属は世界に約500種が分布するが，ニューギニア・インパチエンスは30年ほど前に発見された原種間の交雑により育成された最新の園芸種である。1970年，米国の農務省（USDA）とロング・ウッド・ガーデン（Long Wood Garden）の新種発見の合同探検隊のWinter, H.F.とHiggins, J.J.が，ニューギニアの標高2,000mの熱帯高原でインパチエンスの原種25種を採集した。この中の *I. herzogii*, *I. schlecter*, *I. lenearifolia*, *I. hawkeri* を交配して現在のニューギニア・インパチエンスが育成された。これらは染色体数が2n = 32で相互に交配が可能であった。

　初期の育種はアイオワ大学を始め，オハイオのMikkelsen, Jimやカリフォルニアの Ecke, Paulが行った。

(1) 育種と栽培の発達小史

　20世紀の後半に出現したこの新園芸植物に対して各ブリーダーや種苗企業は活発に育

種や育成品種の販売に傾注した．米国のMikkelsen社は1985年ころにSunshin Seriesを育成し，その後八重咲きのTwice As Nice Seriesを育成している．ドイツの栄養繁殖系花きの会社のキェンツラー社（Kientzler GmbH & Co.）は特にニューギニア・インパチエンスの育種に力を入れ，Tropical Series, Classic Series, Paradise Seriesなど多くの品種を1990年前後に育成販売している．これに続いてイスラエルのダンジガー社（Danziger "DAN" Flower Farm）も1991年に16品種を含むDancing Series，1993年には花，草姿とも小柄なMini Gini Seriesを育成している．また，米国のパン・アメリカン社（PanAmerican）は種子系ニューギニア・インパチエンスのF_1スペクトラ・シリーズ（Spectra Series）を1992年に育成し，ボール・フローラ・プラント（Ball Flora Plant）は1994年，大輪のセレブレーション・シリーズ（Celebration Series）の12品種を発表している．このように1990年から1995年にかけてニューギニア・インパチエンス（以下NGIとする）の育種競争になり多くの品種が育成されている．わが国でNGIの鉢物生産が始まったのは1990年以降で，一時，年末出荷のシクラメンやポインセチアの後作として急速に栽培が広がったが，2000年以後はやや減少している．出荷期は4〜7月で保護品種の購入苗を利用し，育苗期にはやや高温を必要とするのがネックかも知れない．

図19.76　ニューギニア・インパチエンスの交配育種の状況（コスタリカのLinda Vistaで）

（2）主な品種

NGIのシリーズ品種は何れも保護品種で，国内各社が販売権を得て生産者と契約して販売しているので，実際は選択したシリーズ品種内の色別品種を栽培することになる．例えば：

［パラダイス・シリーズ］

「ダーニア（Dunya：赤紫色）」「セレニア（Selenia：緋赤色）」「グレナダ（Grenada：濃鮭肉色）」「タヒチ（Tahiti：淡桃色）」「アルバ（Aruba：紫桃色）」「サモア（Samoa：白色）」など．

［セレブレーション・シリーズ］

「ディープ・レッド（Deep Red：濃赤色）」「ライト・サーモン（Light Salmon：淡鮭肉色）」「ローズ（Rose：ローズ色）」「ピュアー・ホワイト（Pure White：白色）」など．

［ミニ・ギニ・シリーズ］

「バーディ・ギニ（Birdy Gini：濃赤紫色）」「ミスティ・ギニ（Misty Gini：濃赤橙色）」「ミッキー・ギニ（Micky Gini：桃色に白目）」「ピンキー・ギニ（Pinky Gini：藤桃色）」

など.
(3) 生態的特性

生育は24℃位がよく，18℃以下になると苗の生育は鈍くなる．茎の伸長は25℃までは早くなるが，26℃以上になるとまた生育は鈍くなるので，23～26℃位が栽培の適温といえよう．昼夜とも20℃で栽培すると花のサイズは最大になるという．NGIの開花には日長の影響はないといわれ，植物に照射される光の総量の増加により開花が増加する．日中の光度は2,500～3,000燭光が最適で，3,000燭光以上の時は日除けを必要とする．強い光に当てると開花が遅れることがある（以上Erwin, J.ら，1992による）．

図19.77 ヒモ吸水によるニューギニア・インパチエンスの生産（北海道，加藤園芸）

(4) 栽　培

NGIの繁殖はF_1品種を除き挿し芽によるが，保護品種なので取り扱い種苗企業から挿し穂または挿し芽発根苗の購入により栽培が始まる．穂で購入した場合は自分でミスト下などで挿し芽する．ライセンス契約で1回増殖が認められている場合も挿し芽をする．ピートとバーミキュライト半々の挿し床用土に購入穂は一度切り戻して水揚げしてから挿し，萎れない程度に明るい条件下で，床温を20～25℃を保つようにすると20日位で発根する．セルトレイを利用して挿し芽をすると植替えが容易である．ふつう12～15cm鉢では1本植え，18～24cm鉢では2～3本植えとする．植付け後20～30日位で摘心する．栽培用土は鉢物用調整用土でよいがpH5.8～6.4位のものを用いる．肥料は特に低い要求量なので施肥濃度や施肥量は他の花きより少な目に与える．このため緩効性肥料や溶出調整肥料は使用しないで薄い液肥が最適である．この場合，チッ素濃度は100～150ppmの範囲とし，250ppm以上になると葉焼けや濃度障害を起こすことがある．

リン酸肥料は元肥として用土に配合し，チッ素とカリを150-0-150ppmとするか，200-0-200ppmの液肥を2～3週間置きに施用する．灌水は他の鉢物と変わりないが，後述のように葉を濡らすのはよくないので最近は省力も兼ねてヒモ吸水による底面灌水が多い．わが国での作付けはシクラメンやポインセチアの後作として栽培するので1～2月の冬季が育苗期になる．日中は20～25℃とするが，夜間は18℃以上加温を必要とする．しかし，成株では夜間は15℃位に下げる．出荷期を4月から7月の間にするには定植時期，摘心時期および栽培温度で調節する．草丈の調節はわい化剤のボンザイの30ppm散布が効果がある．しかし，2～3月の生育期にDIFを利用し昼間温度を夜間温度より高くすることにより草丈を抑制できる．この時期のDIF管理は容易である．

(5) 出　荷

最近はかなり開花させてから出荷する．標準の15cm鉢では7～8輪から10輪位開花し

て出す．しかし高温期にはやや堅目で出すことになる．
(6) 病害虫防除
1) 根腐れ病および茎腐れ病（*Pythium*, *Rhyzoctonia*, *Phytophthora* による病害）

株の一部や茎が急に萎れ，水浸状から黒変する．根を引き抜いて根端が白く腐っていれば根腐れ，根が健全であれば茎腐れ病である．土壌伝染性病害なので土壌消毒をする他，栽培環境を清潔に保ち，頭上灌水を避けることである．

2) 灰色かび病（*Botrytis cinerae*）

葉先が茶褐色に焼けたり，花に茶褐色の小斑点が生じ，商品価値を著しく低下させる．他の花きと同様な方法で防除する．

3) ウイルス

NGIでは TSWV（Tomato spotted wilt virus）と最近は INSV（Impatiens necrotic spot virus）が問題になっている．前者は葉が反転しリングスポットの病斑が現れ，黒変して株が枯死する．後者はごく最近，ペチュニアやユーストマなどにも伝染性をもつウイルスで詳細はまだ不明で TSMV との見分けも難しい．繁殖母株や挿し芽苗で伝播するので苗の購入時の注意と，これらのウイルスがスリップス（とりわけミナミキイロアザミウマ）による媒介なのでスリップス防除が決め手となる．もちろんアブラムシも同様に防除する．

4) スリップス

小さくて発見しにくいが生長点の葉のひきつれや萎縮，微小斑が見えたら疑うべきである．前述のようにウイルスの媒介をするので徹底的に防除する．バダンSG水和剤1,500倍液かトリガード乳剤1,000倍液を散布して防ぐ．

5) ダニ類

NGIはダニ類が付きやすい．特にシクラメンホコリダニは肉眼での発見は困難なので防ぐことが難しい．ケルセンやダニトロンなどのダニ剤を交互に散布して防ぐ他はない．

参考資料

1) Erwin, J., M. Ascerno, F.Pfleger and R.Helits 1992. New Guinia Impatiens Production. Minnesota Commercial Flower Growerd Association Bulletin Vol.41, No.3, May.
2) Lang, Harvey J. 1994. New Guinia Impatiens What are breeding giving them. Grower Talks, Oct.
3) 武田和男 1986. インパチェンス. 阿部定夫他編著. 花卉園芸の事典. 朝倉書店, 東京.

20. 花壇用花き

　ここでは花壇用花きを実用に即し一年生と多年生に分けて記述する．それは同じ花壇用花きでも花苗としての生産，販売と利用面でやや異なるからである．また花壇用花きという意味は花苗として生産販売する流れに重点を置いたためで，もちろん，同種類で鉢物や切り花にも利用するものがかなりあって，その栽培，利用にもできる限りこの中で触れている．また，花壇用苗を入手した消費者や造園企業が実際花壇に栽植するためのアドバイスもできるだけ述べたつもりである．何分にも花きは種類が多く，時代によって栽培種類が変わり，品種も常に育種，更新しているのでここではできるだけ最新のものを採用している．項目に取り上げた種類も限られた紙面では主なものに限定せざるを得なかったことをご理解頂きたい．

I. 花壇用一年生花き

20.1 インパチエンス（学名：*Impatiens walleriana* Hook. f., 和名：アフリカ・ホウセンカ，英名：Saltan Snapweed, Busy lizzie）不耐寒性多年生

《キーワード》：花壇，鉢物，コンテナ，ハンギング，花苗

　インパチエンス属はアジア，アフリカ，南北米から欧州までに約500種が分布し，日本にもツリフネソウ（*I. textori*）他4種が自生している．インパチエンス属の園芸種としては1970年ころまではホウセンカ（*I. balsamina*）が栽培され，品種も育成されてきたが，アフリカ・ホウセンカ（以下インパチエンスという）といわれる園芸種は *sultani* 種と，同じアフリカ原産の *holstii* との交配により育成されたもので，多様な品種の出現はたちまち世界の花壇用花きのトップ品目に踊り出た．しかし，わが国も主要花壇苗には違いないが，欧米ほどの人気はなく，地方に行くとまだホウセンカの花を見かけ，こちらの方が日本の風土に溶け込んでいる種類のようである．

［ホウセンカについて］

　インド，マレーシアの原産で高温性の一年生で多汁質の茎を直立し，鋸歯をもつ長被針形の葉を対生し葉腋に2～3の5弁花を付ける．草丈は40～50cmになる高性種と，30cm位のわい性種があり，開花は5月から降霜期まで連続する．品種には一重，八重，大輪八重などのカメリア咲きもある．また，丈は20～30cmで，茎の頂部に集まって咲く，頂天咲きわい性八重の品種も育成されている．品種として「カランボール・シリーズ（Caranbole series）」，「トムサム（Tom Thumb）」などがある．これらは春播きの花壇苗や鉢物として栽培されている．

(1) 育種と栽培の発達小史

　インパチエンスはアフリカ，ザンジバルで発見され，1880年，英国のキュー植物園に

表20.1　米国の花壇用花きにおける販売ベスト7におけるインパチエンスの位置（販売割合）

種　類	1988 %	1991 %	1991販売金額（百万ドル）	主力品種
1. インパチエンス	12.2	13.2	50.7	Accent, Super Elfin, Novette, Tempo
2. ゼラニウム（シード）	8.2	12.6	48.8	Orbit, Pint, Multibloom, Elite,
3. ペチュニア	9.7	11.5	44.0	Ultra, Falcon, Flash, Polo, Carpet,
4. マリーゴールド	7.4	7.8	30.0	Discovery, Inca, Bonanza, Hero,
5. ベゴニア	5.2	7.5	28.9	Olympia, Coktail, Oasis, Versity,
6. パンジー	3.4	7.2	27.7	Majestic, Imperial, Universal,
7. ビンカ	2.4	3.3	12.8	Cooler, Little, Pretty Series,

注：Floriculture Crops USA 1991 Summary より抜粋．

送られた *I. saltani* と，アフリカ東部で発見された *I. holstii* との交雑により育成された園芸種で欧州では *I. walleriana* Hook. f. の学名が与えられている．両種は非常によく似ているが，前種は緑葉で後者は銅葉である．育種の初期の記録は不明であるが，1955年，オランダの Sluis & Groot（現在の Syngenta Seeds）から最初の固定品種の「ベビー・シリーズ（Baby series）」が育成されて注目されたが，さらに同社は1964年，インパチエンスでは最初の F_1 品

図20.1　インパチエンスの育種の交配状況
（シカゴの PanAmerican Seed にて）

種の「インプ・シリーズ（Imp series）」を育成されたのに続いて各種苗会社が育種を開始した．米国のパン・アメリカン・シード社は1969年に「エルフィン・シリーズ（Elfin series）」を育成し，その後「F_1 スーパー・エルフィン・シリーズ（F_1 Super Elfin series）」に代わっている．これらの品種はコスタリカの有名な花きブリーダー，Hope, Claude の育成である．さらに1970年代から1980年代には他のブリーダーも花サイズ，花色および模様，斑入り葉やミニタイプなど変化に富んだ多くの品種を育成している．とくにオランダのS＆G社を中心に，米国ではパンアメリカン社やボジャー・シード社，ゴールドスミス社が多くの品種を育成している．わが国のサカタのタネも F_1 品種「スパーク・シリーズ（Spark series）」を1972年に発表している．八重咲きは早くから発見され，F_1 の八重咲きが米国のパン・アメリカン・シード社から「デュエット」や「ロゼット」が育成されていたが，均一多花性で小鉢から大鉢に仕立てられる栄養繁殖系の八重咲き品種「フェイスタ・シリーズ（Feista series）」が1995年に同社から発表され各地で栽培されている．このような育種を背景に花苗や鉢物としての生産や花壇栽植などは，1975年ころから欧米では盛んになり1990年ころピークになって，米国では表20.1のように長年トップで

あったペチュニアを抜いてインパチエンスがトップになっている．しかし，わが国では夏季の高温のためか欧米ほど生産や利用は伸びていない．

(2) 主な系統と品種

インパチエンスの主な品種は多数あって今なお毎年，品種は増えているので，ここにはシリーズ名とそれに属する品種数を表20.2に挙げておくにとどめる．海外品種は国内の種苗会社が取り扱うが，ここに示す全ての品種が輸入されて販売されているわけではない．花苗として生産するには同一シリーズの中で色別品種を選択して栽培することになる．同一シリーズでも到花日数，草丈などが品種によって微妙に違うので，この点をうまく調整して均一な状態で出荷できる技術が要求される．

(3) 生態的特性

熱帯性なので生育適温も20～25℃と高く，発芽適温も22～24℃位である．原種は半陰性であるが，現在の交配種は直射にも耐え，5,000～10,000 lux位が花や葉が最も美しくなる．熱帯高原の原産で高温乾燥では生育が弱る．特に平地の夏季高温では開花や生育不良になる．この点，高冷地や東北，北海道では夏季もすばらしい開花が期待できる．開花に対する日長は冬季の短日下でもよく開花するのでほぼ中性と思われる．土壌水分も極端な乾燥には耐えられないが，ハンギング・バスケットなどかなりの乾燥には耐えられる．

(4) 栽　培

花苗および鉢物としての栽培が基本であること．ふつう5～7月を出荷目標として栽培する．インパチエンスの種子は1mlで1,000～1,400粒位あるが現在はほとんどペレットシードになって1,000粒単位の販売になっている．インパチエンスの種子は遺伝的に発芽が不揃いなことが問題であったが，現在では解決してペレット化されているので，特定の品種を除いては発芽率，発芽勢とも非常によくなった．播種はセルトレイに機械播きか，手播きとする．用土はセル苗の播種用土を用いる．光好性種子なので覆土はしない．

表20.2　インパチエンスの主なシリーズと品種

区　分		シリーズ名	品種数	育成会社
F_1 一重咲き	大輪系	F_1 アクセント・シリーズ (Accent series)	24	Gold Smith
		F_1 テンポ・シリーズ (Tempo series)	17	Bodger
		F_1 インパルス・シリーズ (Impulse series)	19	Syngenta
		F_1 ブリッツ・シリーズ (Blitz 2000 series)	9	Syngenta
		F_1 インパクト・シリーズ (Impact series)	11	Sakata
		F_1 エキスポ・シリーズ (Expo series)	15	PanAmerican
		F_1 ノベット・シリーズ (Novette Star series)	6	Syngenta
	中輪系	F_1 トウィンクル・シリーズ (Twinkle series)	4	PanAmerican
		F_1 スーパー・エルフィン・シリーズ (Super Elfin series)	22	PanAmerican
F_1 八重咲き		F_1 デュエット (Duet)	1	PanAmerican
		F_1 ロゼット (Rosette)	1	PanAmerican
栄養系八重咲き		フェイスタ・シリーズ (Fiesta series)	8	PanAmerican

図20.2 インパチエンス初期のころの花壇栽植
（ドイツ，マンハイム，園芸博1975）

図20.3 インパチエンスのハンギング・バスケット（パン・アメリカン・シードのパックトライアルにて）

発芽適温は22～27℃位を保つと12～15日位で発芽する（ペレットシードでは数日早くなる）．発芽して子葉の展開に続いて本葉が展開し4～5枚になるまでに15～18日位かかる．この間，栽培温度は平均22～24℃を目標とし，元肥が混入されていない用土を用いている場合には，この時期薄い液肥を施用する．濃度はチッ素とカリが50～80ppm位を標準とする．本葉が大きくなってセルを覆うようになるとポット上げをする．花苗用には10.5cm鉢に鉢物調整用土を入れ，セル苗を植える．用土には元肥としてll当たりマグアンプKなら3g，またロング100なら2g位の割合で配合する．液肥の追肥をする場合は元肥を用土に加えず鉢上げ後7日目からチッ素，カリを250～300ppm濃度に希釈した液肥を出荷まで2～3回与える．インパチエンスは肥料に対しては敏感なので低濃度で継続的に施用するようにしたい．

鉢物やハンギング・バスケットは15cmまたは18cm鉢に前者は3本，後者は3または4本位植える．インパチエンスは幼苗期の生育はやや遅いが，鉢上げ後の生育は急速に進む．鉢上げしてから40～50日で出荷できる．出荷目標時期から逆算して播種期，鉢上げ時期のスケジュールを決定する．

セルトレイでの生育中に伸び過ぎたりした苗は早目にわい化剤処理が有効で，Bナイン300倍を散布す

図20.4 インパチエンスの花苗生産
（兵庫県，伊川谷花壇苗生産組合）

る．時には鉢上げしてから処理することもある．
(5) 出　荷
花苗としてはポット当たり2～3花開いた時にトレイ別に色分けで詰めるか，1トレイに何色か組み合わせて出荷する．鉢物やハンギング・バスケットではサイズによりかなり開花してから出荷する．
(6) 病害虫防除
1) 葉腐れ病（*Pseudomonas* sp.)

葉に紫斑の病斑が拡大し，その中に褐色の輪郭鮮明な小斑点ができて葉全体が枯れる．栽培用土の消毒を徹底する．

2) 茎腐れ病（*Rhizoctonia* sp.)

茎の基部が褐色水浸状になって腐れて株全体が萎れて枯れる．予防は前病と同様である．

3) ウイルス

TMSV（Tomato spotted wilt virus）は色々な病兆を示し被害の大きな病害である．葉に黒い小斑点が広がる．葉の葉脈に区切られた黒色の病斑が出る．葉に褐色輪紋状のリングスポットが出る．葉が黄化しリングスポットが出ることは何れもTMSVによる．スリップスにより伝播するのでスリップスを防ぐ．

4) スリップス

生長点の幼葉が萎縮したりひきつれるとスリップスが存在したと見る．防除については他の花きに準ずる．

5) オンシツコナジラミ

これも付きやすく，防除は他の花きに準ずる．

参　考　資　料
1) 西村元男 1999．インパチエンス，農業技術体系　花卉編　第8巻．農文協，東京．
2) Ewart, Lowell, C.1976. Impatiens, Edited John W. Mastalerz. Bedding Plan Pennsylvania Flower Growers.
3) 塚本洋太郎監修 1994．インパチエンス属　園芸植物大事典 (2)．小学館，東京．
4) 石井勇義編 1968．インパチエンス　最新園芸大辞典　第3巻．誠文堂新光社，東京．

20.2　コスモスと黄花コスモス (学名:*Cosmos bipinnatus* Cav.:*Cosmos sulphureus* Cav., 和名:アキザクラ, コスモスおよびキバナコスモス, 英名:Common Cosmos:Yellow Cosmos) キク科, 不耐寒性一年生

《キーワード》：切り花，鉢物，花壇，庭園，花苗

コスモス属は米国南部から中米に約26種が分布しているがその大部分はメキシコに自生している．多くは一年生で一部多年生もある．ダリア属の近縁種で羽状に分裂した葉を対生し，直立した茎は分枝し小花柄に頭状花を付ける．園芸上栽培されているのはコ

スモス（*C. bipinnatus*）とキバナコスモス（*C. sulphureus*）である．コスモスは現在，世界的に広まって米国では育種が進んでいるものの欧州ではほとんど顧みられない花である．わが国ではこの花の風情が日本的なことと，気候風土によく馴染むので「アキザクラ」ともいい特異的に親しまれ利用されている．

(1) 主な種の特性

1) コスモス（*C. bipinnatus* Cav.）

メキシコ原産の不耐寒性一年生で丈は2～3mになり，直立する茎には

図20.5　日本の原風景と錯覚するコスモスの咲く農村

2回羽状葉を対生し分枝した小花柄に径6～8cmの頭上花を付ける．花色は白，桃，紫桃で原種は秋の短日になる9～10月に開花する．改良された園芸種は花の大きさや花色もより多様な品種が多く育成されており，開花もほぼ周年開花させることができる．本種は1799年に欧州へ紹介されているが，わが国へは明治になって渡来している．

2) キバナコスモス（*C. sulphureus* Cav.）

メキシコ原産の不耐寒性一年生で丈は2m位になるが，茎はよく分枝して上開き型の草姿になる．葉は2～3回分裂する被針形の濃緑色で対生し，淡黄色または黄金色の径8～20cmの頭上花を8月下旬から降霜期まで開花する．キバナコスモスは1896年に米国へ紹介されているが，わが国には大正年間に入っている．

(2) 品種の発達小史

原種から選抜された従来の品種は短日性で8月下旬に開花し始めたが，早咲きで大輪の品種「センセーション」が1940年ころ米国で育成されている．さらに1942年には大輪で紅桃色に弁底が濃紅桃の蛇の目になる「ラディアンス（Radiance）」が米国で育成され，その後も淡桃色の「ピンキー（Pinkie）」や濃い紅桃色の「ダズラー（Dazzler）」，そして1964年には「ラディアンス」の4倍体品種「ベルサイユ（Versailles）」が育成されて現在までの切り花や鉢物の主力品種になっている．

欧州では1985年に舌状花が筒状になった「シーシェル・ミックス（紅，桃，白色の混合）」が発表され，わが国では，1989年，玉川大学の佐俣らが十数年かけて選抜した本種では初めての淡黄色品種「エロー・ガーデン」が発表されている（詳細は育種の項参照）．この品種は在来の開花性をもち秋の短日期にならないと開花しない．

キバナコスモスはコスモスよりも遅れて米国に入っているが，早くから品種が育成され，1930年代には「クロンダイク（Klondyke）」や「オレンジ・フロレ（Orange Flore）」などが生まれていた．1966年，岩手県の橋本昌幸は赤黄色で早咲きの「サンセット（Sunset）」を育成し，日本の民間育種家として最初の米国 AAS（All American Selections）の金賞を受賞している．その後サカタのタネも「ディアポロ（De Aporo）を1974年に発表

し，またわい性で花壇用の「サニー・ゴールド（濃黄色）」「サニー・レッド（紅赤色）」などが育成されている．

（3）主な品種
［コスモス］
　「ベルサイユ（Versailles：紅桃色に弁底濃色の蛇の目，早生）」「アーリー・ワンダー（Early wonder：大輪，赤，桃，白の混合早生）」「サイキ（Psyche：コラレット咲き半八重，混合色）」「シーシェル・ミックス（筒状花，各色混合早生）」「イエロー・ガーデン（Yellow Garden：淡黄色に弁底淡色の蛇の目晩生」など．

［キバナコスモス］
　「サンセット（Sunset：緋赤黄色早生）」「サニー・ゴールド（Sunny Gold：濃黄色）」「サニー・レッド（Sunny Red：朱赤色早生）」など．

表20.3　コスモス「ベルサイユ」の播種期別生育開花（群馬県園試，1981）

播種期月日	開花期月日	到花日数日	草丈cm
11.8	2.6	89	24.5
12.6	3.14	98	21.3
1.6	4.20	104	53.9
2.2	5.6	93	68.0
3.9	6.2	88	58.6
4.6	6.16	71	67.0
5.6	7.11	65	56.0
6.5	8.12	68	66.5
7.6	9.18	63	67.6
8.10	10.3	54	52.4
9.7	10.28	51	41.5
10.6	12.19	74	24.8

注：11～4月は温室で播種
　　10～4月は温室内（最低5℃）その他の月は露地栽培

（4）生態的特性
　生育適温は20℃前後であるが，0℃以下では凍害を受けて枯死する．しかし5～8℃位の低温では生育を続ける．開花については原種や初期の品種は質的短日性で秋の短日にならないと開花しなかったが，現在の品種は限界日長を10～12時間とする量的短日性で長日条件下でもやや日数はかかるが開花する（福岡園試，1980）．「ラディアンス」や「ベルサイユ」を4月中旬播種すると5月中下旬には花芽分化する（原島，1966）．また，これらの品種は高夜温（20℃）では12時間日長でも開花が促され，低夜温（5℃）では9時間の短日で開花が促された（群馬園試，1980）．品種「ベルサイユ」について播種期別の生育開花を見た実験結果は表20.3のようになる．

（5）栽　培
　種子は1dl当たり約6,000粒位ある．発芽適温は20℃位で9～10.5cmポット仕立ての花苗などは直接播きとする．切り花にはトレイにばら播きした苗を定植する．ポット植えの花苗は栽培時期にもよるが播種から開花までは70～90日かかるから逆算して播種期を決定する．ふつう花苗としての出荷期は3～5月なので12～3月の低温期になるハウスなどでは夜間5～8℃程度加温して栽培する．用土や施肥管理は他の花苗と同様である．花苗として出荷するには花蕾が肥大し開花直前の状態で出す．
　コスモスの切り花は無摘心の短期栽培なのでハウス内の床に密植する．平床に元肥として低度化成肥料をm^2当たり40gの割合でばら播き，床土とよく混合し，株間8×8cmか10×10cmで植付ける．摘心する場合は12×12cmか15×15cmで植付け，茎が15cm伸びた時に10cm位の部分で摘心する．摘心栽培では約20日位無摘心のものより遅れる．切り花は半開位の時に地際で切り取り，下葉を除去してから水揚げして品質別に10本か20本一束にして出荷する．

20.3 コリウス (学名:*Coleus blumei* Benth., 和名:キンランジソ, コリウス, 英名:Common Coleus) シソ科, 不耐寒性多年生

《キーワード》:鉢物, 花壇 (含むコンテナ), 花苗

コリウス属は熱帯, 亜熱帯アジア, アフリカ, オーストラリアなどに90種以上が分布している. その内園芸上で栽培されているのは本種とその変種の他1種位である. 本種は株全体は軟毛で覆われ, 直上する茎は角ばり, 楕円形で鋸歯をもつ葉を対生する. 葉は表面にひだがあり, 緑色の他に紫赤, 橙赤, 黄赤, 黄色などの多彩の模様が美しい観葉種である. やや半日陰性の植物であるが, 最近の品種はかなり陽光に強い. 園芸種は鉢物, 花壇苗, ハンギングやコンテナ植えに利用され, 品種は種子系が多いが, 最近は栄養系にも人気がでてきた. その中にはフィリピンやスリランカ原産の *C. rehnelteanus* A. Berger (コモンソウ) も含まれる.

(1) 育種と品種の発達小史

ブルメイ種は1837年, ジャワで発見され, 1851年に欧州へ紹介されているが, 英国のBauseが1866年最初に育種に着手したといわれる. しかし, 本格的な販売品種が育成されたのは米国のボール社で, 1950～1960年代に次々と品種を出している. いずれも種子系で最初は大葉で葉色が美しいラージリーブド・シリーズ (Large leaved series) を出し, 続いて多様な葉色のボールレインボウ・シリーズ (Ball Rainbow series) を出している. その後, ボール社は1965年ころ *blumei* 種の変種と見られる var. *laciniatus* から育成した葉縁が切れて波打つフリンジドタイプのシリーズを育成している. さらに葉が細く葉縁に切り込みや細かくカールするサリシフォリア・タイプ (Salicifolius Type : 柳葉系) やセイバー・シリーズ (Saber series) を育成している. これらはコスタリカの有名な育種家 Hope, Claudeの業績だといわれている.

栄養系品種の育成経過は不明であるが, 米国で栽培されており, わが国へは1970年ころに輸入されている. 美しい中葉種が多く, 挿し芽で容易に増殖できることと, 種子系は8月下旬ころには花穂を出すが, 栄養系は短日性が強く秋まで花穂を出さないので秋花壇やコンテナ植えにも利用できる.

同じ栄養系だが赤紫色の小さい美葉を多数付け, 地際から細かに分枝する通称"コバノコリウス"がある. 1914年, セイロン島 (現在のスリランカ) でドイツのRehneltが発見した小型の葉を多数付け, 多分枝した細い茎が地を這うように広がるもので, 後に *C. pumilus* Blanc. (syn. *C. rehneltianus* A. Berger) と命名された. 戦後, 導入され「戸越系」と

図20.6 コリウス, フリンジ系品種「フラメンコ」

いわれ花壇やハンギング・バスケットなどに利用されている"コバノコリウス"も同種だと思われる．

(2) 主な品種

[種子系品種]

　ラージリーブド系：「スカーレット・ジャイアント（赤紫色）」「ゴールデン・ジャイアント（黄色）」など．

　レインボウ系：「ウィンザー・ベルベッド（赤紫地に黄の覆輪）」「ウィンザー・ジェード（黄地に緑色覆輪）」など．

　フリンジ系：「ケアフリー・パステル（鮭桃地に緑覆輪）」など．

　柳葉系：「セイバー・スカーレット（赤紫地に緑覆輪）」など．

[栄養系品種]

　「ジグザク（中葉で赤橙地に黄の細い縁取り）」「ガイズデイライト（中葉で淡黄緑地に紫脈入り）」「戸越系（小葉で淡桃柴地に濃色覆輪）」など．

(3) 生態的特性

　熱帯原産なので生育適温は20～25℃で，5℃以下では落葉枯死する．このため冬季から春季にかけての低温には注意する．開花は短日に促される短日性植物で，種子系は限界日長が短いから8月中旬から花穂を出すが，栄養系は11月以後になるので寒さが来るまでは鉢物や花壇に利用できる．

　また，栄養系の挿し芽増殖では発根温度は20℃以上で10日位で発根するが，10℃以下になると発根日数がかかり，不均一な発根になる．幼苗期は強光にはやや弱いので夏季は遮光を必要とするが，成株ではその必要はない．

図20.7　栄養系小葉のコリウス「戸越系」

(4) 栽　培

　コリウスは種苗会社のカタログではコレウスと呼ぶものもある．一般に種子系は花苗，栄養系は鉢物として生産される．種子系は自家播種と購入セル苗による育苗がある．種子はレギュラーシードで1m*l*当たり2,000粒位ある．播種はトレイやセルトレイに他の花壇用花きと同じ播種方法でまく．種子は好光性なので覆土はしない．発芽温度はやや高めの20～22℃を保ち，

図20.8　コリウス，柳葉系品種の栽培状況

発芽まで8〜10日位かかる．播種後80〜120日で花苗として出荷できるから目標から逆算して播種期を決定する．3〜4月出荷には12〜1月に播種し冬季の低温期に育苗することになる．昼温は20〜25℃，夜温の加温は最低15℃とする．種子系は品種によって生育速度が微妙に違うので，花苗として各色を組み合わせて出荷するには播種日を4〜5日ずつずらして播く技能者もある．苗の本葉が4〜5枚位で花苗では10.5cmポット，鉢物では15cmプラスチック鉢に定植する．用土は他の花壇用または鉢物用用土でよい．コリウスは肥料が多いと葉の鮮明な発色が妨げられる．特にチッ素の多用は禁物で，他の花苗より施肥はやや控え目とする．元肥は用土1ℓ当たりマグアンプKを3gの割合で配合し，必要があれば薄い液肥の追肥をする．鉢物では定植後摘心して3〜4本立ちにする．また丈が伸び過ぎる予測が見られた時は早めにボンザイ200倍の茎葉散布が効果ある．花苗としてのコリウスはトレイに葉色を組み合わせて出荷することが多い．出荷期は他の花苗ほど適期の制約はないが，仕入れ側が好む葉色の組み合わせ，草丈の揃いも重要なポイントである．栄養系の鉢物は摘心後発生した茎立ちが揃うように仕立て，あまり伸び過ぎないうちに出荷する．栄養系品種も栄養がやや不足する位の方が葉色が鮮明になるので，出荷3〜4週間前から施肥はしない．コリウスは病害虫は少ないがダニ類やアブラムシ類が付くことがある．また，葉を食害するヨトウムシなども商品価値を失うから注意する．

20.4 セロシア類(属名：*Celosia* L., 和名：ケイトウ，英名：Cockscomb) ヒユ科，不耐寒性一年生

《キーワード》：切り花，鉢物，花壇，花苗

セロシア属はアジア，アフリカ，アメリカの熱帯，亜熱帯地域に約40種位が分布している．その内，花きとして数種が栽培されている．しかし，その種と品種分類には植物学的に異説があり，園芸辞典や技術書でも統一を欠いている．欧米では現在の栽培品種は全て *C. argentia*（ノゲイトウ）から育成されたことになっており，RHS編の「A-Z Encyclopedia Garden Plants (1996)」でもそれを踏襲している．しかし，切り花用ケイトウ品種の育種が特異に発達したわが国の品種群の形態に加えて，遺伝学者木原均の研究(1936)ではケイトウとノゲイトウは遺伝的に連携はなく，両種とも異なった原種から発達したという結果を踏まえここでは別種とした．

(1) 栽培種と系統

花き栽培されている種および変種と系統は次のようになる．

1) *Celosia cristata* L. (和名：ケイトウ，トサカケイトウ，英名：Common Cockscomb)

熱帯アジア，インド原産の不耐寒性一年生で，直立する茎は60〜90cm位になり縦に浅い稜が多数入る．葉は卵形または楕円被針形で互生し，茎および葉には黄緑色と赤紫色のものがあり，これは花色とも関係して遺伝関係も早くから研究されている．茎頂の花序は逆三角形に帯化したトサカ状で，朱赤，紫赤，黄色の集合花序を呈する．ケイトウはわが国では切り花用に多様な系統，品種が育成されて海外のケイトウ育種とは際だって違う．その一つが花序が玉状になる高性の久留米ケイトウで，玉ケイトウともいわ

れる系統である．ケイトウは花壇や鉢物用品種を含め重要な種類である．1570年に欧州に入っているが，わが国へも万葉集の時代にはすでに中国から入っていたようである．また，この他の系統として次の変種がある．

C.c. var. *childsii* Hort.（和名：ヤリゲイトウ，英名：Childsii Cockscomb）
集合花序がロウソクの炎状の形になり，品種によって大型から分枝した茎に多数付けるものなどがあり，園芸品種には切り花，花壇用に多くの品種があり，花色には赤，桃，黄色などがあって八千代ケイトウなどもこのグループである．

C.c. var. *plumosa* Hort.（和名：羽毛ケイトウ，フサゲイトウ，英名：Feather Cockscomb）
インド原産で欧州へは1928年と比較的新しい．茎はやや多く分枝し円錐のヤリ形の穂状の集合花序を付ける．花序はやわらかいのが特色，花色には赤，桃，黄色があり主に花壇用である．

2) *C. argentea* L.（和名：ノゲイトウ，英名：Feather Cockscomb）
インド，台湾，沖縄に自生する不耐寒性一年生で，英名もフサゲイトウと同じでこれに含める人もあるが，前述のように木原は別種としている．茎は直立分枝し，葉は線状または細長い被針形で花序は細いキツネの尾状を呈する．花色は銀白色を帯びた桃紫色や肌色である．ほとんど栽培されていなかったが，最近はアレンジメント素材として着目され，選抜品種も出て栽培化し，その傾向は欧州まで広がっている．品種「シャロン」などもこの種である．

（2）育種と栽培小史

熱帯アジア原産のケイトウは古くから中国や日本の文化とも関わってきた花である．中国では北宋時代（1127〜）の鶏頭図には赤と淡黄色のトサカケイトウが描かれており，わが国では万葉集（759年）に"から藍"を詠んだ歌があり，これがケイトウだといわれている．中国から渡来したケイトウは桃山時代には絵画に描かれ，その中の「鶏頭図（箱根美術館蔵）には赤から淡黄色まで変化のある高性のトサカケイトウが描かれている．以後，江戸時代まで絵画の主題にケイトウが出てくるが，欧州の美術には全く姿を現さないと塚本（1975）は述べている．しかし，ケイトウが花きとして本格的に育種され品種が育成されたのは1920年ころからで，米国でトサカ系のわい性品種の「エンプレス（緋赤，赤葉）が育成され鉢物，花壇用の他一部切り花栽培もされている（Post, K. 1952）．このころにはケイトウの遺伝研究（Emsweller, S.L. 1973）も行われ，1960年のボール社のカタロ

図20.9　トサカ系わい性ケイトウの育種
（デンマーク，オールセン・エンケ社，1975年）

グにはトサカ系の高性，わい性品種8品種，羽毛ケイトウ6品種が記載されている．その後，欧州でも育種が開始され，特に初期にはデンマークのオールセン・エンケ社（J.E.Ohlsens Enke：現在は Daehnfeldt 社に吸収）などがトサカ系の鉢物用品種の育種に力を注いでいた．その後，トサカ系の中性品種「ファイヤー・グロー（Fire Glow）」，わい性の「トレアドール（Toreador）」など有名品種が欧州で育成されている．近年はベナリー社もわい性トサカ系の「アミゴ・シリーズ（Amigo series）」や羽毛ケイトウの「グロリア・シリーズ（Gloria series）」を育成（1998）しており，オランダのキーフト社（Kieft Seeds）はトサカ系の切り花用品種のマーチン・シリーズ（Martine series）を2000年に育成し発表している．

わが国ではケイトウは早くから露地切り花として独自の育種が開始されている．終戦時，復員兵がビルマから持ち帰ったといわれる高性で花序が玉状になる緋赤色のトサカ系が選抜されて1949年，クルメケイトウ（久留米）として発売され，切り花用品種として全国的に広まった．1965年には緋赤と黄色に咲き分ける「クルメコロナ」（福岡県今村育成）が出て，さらに黄色や桃色品種が選抜されている．わが国独特のものにヤリケイトウ系の八千代ケイトウがある．これも戦後間もなく出てきた高性緋赤のローソク形の花である．これも切り花の作付けが多く，八千代系の品種「緋竜」「紅竜」やわい性の「金の鉾」なども育成されている．もちろん，花壇用のわい性品種もサカタのタネが「姫サンゴ・シリーズ」などを育成している．今までほとんど栽培を見なかったノゲイトウにもアレンジメント用に野生種から選抜された「シャロン（Sharon：淡桃色，緑茎葉）が1990年（株）ミヨシから発売されて以来，他社や海外でも育成されている．わが国ではかつてケイトウが仏花や生け花需要で多かったが，近年，これらの需要が減少し欧米のよ

図20.10　トサカ系切り花用品種「テリー・レッド」

図20.11　羽毛ケイトウの切り花用品種「ドリアン・イエロー」

うに花壇や鉢物栽培に移行しているのが現状である.
(3) 主な系統と品種
1) トサカケイトウ

［高性品種］

「マーチン・シリーズ (Martine series：赤，桃，黄，赤紫の4品種を含む，高性)」「麗炎 (濃緋赤色赤軸)」「ローズ・クイーン (ローズ色クルメ系青軸)」など.

［わい性品種］

「姫サンゴ・シリーズ」「アミゴ・シリーズ (Amigo series：玉に近いトサカで5色の品種を含む)」など.

2) ヤリケイトウ

［高，中性品種］

「改良八千代 (緋赤色，青軸高性)」など.

［わい性品種］

「きものシリーズ (各色別の11品種があり，丈15～20cm)」「グロリア・シリーズ (緋赤，橙，黄色の色別品種があり，丈は20cm)」など

3) 羽毛ケイトウ

［高，中性品種］

「センチュリー・シリーズ (赤，橙，黄色など色別5品種を含む)」「ドリアン・シリーズ (濃黄，淡黄，赤の3品種を含む)」など.

［わい性品種］

「キューピー・シリーズ (緋赤，橙，濃黄色の3品種を含む丈20cm)」など.

4) ノゲイトウ

「シャロン (Shaton：パステル淡桃色)」「ピア (Pia：濃桃色，赤紫の茎葉)」など.

(4) 生態的特性
　熱帯性なので低温には弱く，生育適温は23～25℃位である．生育開花に対する日長反応は基本的には量的短日植物であるが，種によってやや異なる．20℃で栽培した時，14時間日長下では花芽分化が促進され，着花節位が低くなり，それだけ開花は早くなる．16時間以上の日長では花芽分化が遅れ着花節位が高く高性になり，到花日数は短日の2～3倍かかる．特にクルメケイトウでは16時間以上の日長では開花しなかったというデータもある (福岡園試，1968)．羽毛ケイトウでは長日によって分枝が多くなる．すなわち，クルメケイトウでは6/10日播きでは茎長が70cm位になった (到花日数は65日位) が8/10日播きでは20cm位 (到花日数は50日位) になったという (福岡園試，1979)．しかし，最近のわい性品種は日長の長短にかかわらず低性を保つようになっている.

(5) 栽　培
　繁殖は種子で2ml当たり2,000粒，発芽にはやや高温で20～25℃で8～10日かかる．このため冬期から春期に播種するには播種，育苗ともやや高い温度を必要とする.
　低温短日期の播種では温度が低いと幼苗で花が出てしまうことがあるので20℃以上を保ちたい．また，露地で播種するには5月上旬以降でないと発芽しない．営利生産では施

設内で播種育苗する．

1) 鉢物，花苗栽培

鉢物はわい性品種のトサカケイトウや中性の羽毛ケイトウを中心にほぼ周年生産できるが，実際には8～10月の出荷が多い．花壇用花苗としては5～6月の出荷向け，花壇には6月から9月ころまでを観賞目的で植栽する．鉢物にはわい性品種を用い，育苗した苗を10.5 cmや12 cm鉢には1本植え，15～18 cm鉢では3本植えとする．用土は鉢物用調整用土か，赤土70％，ピートモスまたは腐葉土30％位の配合土に少量の化成肥料を配合するか，液肥の追肥で栄養管理する．鉢上げ後5～8月は露地で，それ以外の時期はハウス内で昼間20～25℃，夜間15～18℃位で管理する．

花壇苗はセルトレイなどで育苗したものを9～10.5 cmのポリポットに前記と同様な用土で植付け，開花したら出荷する．花苗としての出荷では花序がある程度発育して着色してきたら出荷できる．鉢物では花房が十分発育して本来の形状を保ち花序全体が着色した時点で色を組み合わせて出荷する．そのためふつう赤色40％，黄色40％，桃色品種20％位の割合で栽培する．

2) 切り花栽培

切り花にはトサカ系のクルメケイトウ品種，羽毛ケイトウ系の品種，ヤリケイトウ系の八千代タイプおよびノゲイトウの品種が栽培される．作付ける場合同一系統の色別品種を組み合わせる．ケイトウの切り花栽培には露地，施設栽培とも種子を直播き，自家播種，育苗苗の定植，購入セル苗利用の栽培がある．9～10月出荷には系統によりやや異なるが直播きでは5月中～下旬，育苗定植では6月中旬から7月上旬播種，8月中旬定植，セル苗の定植も同時期になる．トサカ系品種のクルメ系などは無摘心栽培がふつうだが，マーチン・シリーズなどは摘心して4～5本立ちとする．また，ヤリケイトウの八千代系も無摘心栽培である．羽毛ケイトウやノゲイトウの品種は摘心栽培となる．クルメや八千代などの無摘心栽培は到花日数も短く丈も高くなるが，肥料が多いと茎が太く切り花としては品質が低下するため，肥料はできるだけ控え目で栽培する．反対に摘心栽培は開花期が20日位遅れ，丈もやや低く，肥料が不足すると茎立ちによる品質差が生ずる．ケイトウの施肥量については著者の研究から1a当たり成分でチッ素2.2 kg，リン酸1.8 kg，カリ7.8 kgを標準に算出され，この成分を元肥と追肥に分けて施用することになる．トサカ系はカリ成分が不足すると花房が細くなるのでカリの施用割合が多くなっている．定植前にその半量を床にすき込んでおく．定植間隔はトサカ系のマーチン・シリーズを例にとると，摘心栽培では30×30

図20.12 量販店に出荷するケイトウ花苗の姿（3.5号鉢のバーコード付き）

cm，クルメ系や八千代系の無摘心栽培では 20×25 cm 位に定植する．「シャロン」などのノゲイトウ系は無摘心1本切りでは 10×10 cm，摘心栽培では 20×20 cm 位に定植する．摘心は苗が 8～10 cm 伸びた時に行い，発生する茎立ちは 4～5 本に制限して揃った茎を立てる．

切り花の採花と出荷は，花房がほぼ着色した時，地際から切り取り下葉を除いてから水揚げして，品質別に 10 本 1 束にして出荷する．

3）花壇栽培

花壇に植付けるには元肥をすき込んで整地し，わい性トサカケイトウなどは 20～25 cm 間隔，横に広がる中性の羽毛ケイトウは 25～35 cm 位の間隔で植付ける．前者は毛繊花壇や寄せ植え花壇に向き，後者は境栽花壇や宿根草との組み合わせの宿根花壇に利用される．

(6) 病害虫防除

1）立枯れ病（*Fusarium celosiae* Abe）

下葉に褐色の斑点ができ次第に円形または不正形の病斑になり枯れる．ひどくなると株全体が枯れる．トサカケイトウ，羽毛ケイトウなどに発生し，一株から周りの株も枯死する．土壌伝染性の病害なので植え付け前にクロールピクリンなどで土壌消毒をし，発生した圃場には植付けない．

2）疫病（*Phytophthora parasitica* Dast.）

茎に黒色を帯びた病斑を生じ，その部分から曲がって折れる．トサカ系，羽毛系のわい性品種などかかりやすい品種がある．土壌消毒をするとともに，発生株は除去しベンレートなどを灌注する．

3）その他の害虫

露地栽培ではアブラムシやヨトウムシなどの被害を受けるので，早目に発見して他の花き同様に防除する．

20.5 サルビア（属名：*Salvia* L. 和名：サルビア，英名：Sage）シソ科，不耐寒性または耐寒性多年生か半低木

《キーワード》：花壇，鉢物，切り花，花苗

世界の熱帯および温帯に約 500 種以上が分布し日本にも 10 種 3 変種が自生している．ここでは花きとして一年生の扱いをしている主な種類を取り上げ，庭園用やハーブとして栽培される宿根性サルビアは別項に記述した．花き栽培上一年生として栽培され主な種には次のものがある．

(1) 主な種類とその特性

1）*Salvia coccinea* L.（ベニバナサルビア，Texas Sage）

米国のテキサスからフロリダにかけて自生する半耐寒性の一年生または多年生で，丈は 40～60 cm 位になり，分枝直上する茎に細かい鋸歯をもつ長卵形で裏面に灰白色の毛をもつ葉を対生する．茎頂に穂状花序を付け小花は 8～10 輪位で濃い緋赤色のシソ科特有の小花を付ける．開花は 7～10 月で暖地では越冬する．ごく最近，鮭肉色や白色の品

種も育成されて栽培されるようになった．1772年に英国に紹介され，わが国には明治12年渡来している．

2) *S. farinacea* Benth.（ケショウサルビア，ブルー・サルビア，Mealycup Sage）

米国のテキサスからメキシコにかけて自生する丈夫な半耐寒性の多年生で園芸上では一年生として栽培する．四稜の茎は多数分枝し直立し，長被針形で表面は無毛の葉を密生し，茎葉全体は灰緑色を呈する．丈は50～70cm位になり，萼および花冠とも紫または白色の小花を20～30cmの花穂に付ける．開花期は5月から10月と長い．欧州では早くから栽培されてきたが，これもごく最近，新品種が育成され花苗としての栽培や花壇に多く見られるようになった．1847年に英国に紹介され，わが国へは昭和初年に入っている．

3) *S. horminum* L.（ムラサキサルビア，Joseph Sage）

欧州南部原産の不耐寒性の一年生植物で，分枝直立する茎に灰白色の軟毛に覆われる長楕円形の葉を付ける．花穂にはあまり目立たない青色に濃い脈模様の小花を付ける．丈は50～60cm位で開花は6～8月である．英国には1596年に入り，わが国へは明治中頃に渡来している．欧州では原産地が近いため早くから栽培されていた．

4) *S. splendens* Sello（サルビア，ヒゴロモソウ，Scarlet Sage）

ブラジル原産の種でふつうサルビアといえばこの種を指すほど一般的である．原種は丈100～130cmほどの不耐寒性の半低木性で，園芸上では春播き一年生として栽培する．四稜をもつ茎は直上分枝し，先の尖る長卵形の葉を対生する．茎葉は平滑で濃緑色を呈する．各茎頂には長い花冠を包む萼とも着色する小花を付ける穂状花序になる．育種が進んだ園芸種は花色も赤，橙，紫，桃，白色と多彩で，草丈もわい性から高性までの品種がある．花壇用の花苗や鉢物として広く栽培される重要な種類になっている．

(2) 品種の発達小史

これだけ発達した一年生サルビアの来歴や品種育成の記録がほとんどないのは，他の花きと違い本格的な育種が，19世紀後期から種苗企業で開始されたためと著者は推測している．ドイツ，ベナリー社の1893年のカタログには*coccinea*種の4品種と*horminum*種3種が記載されていて*splendens*種はない．多分，まだ品種が育成されていなかったのであろう．しかし，40年後の1938年には同社は*splendens*種の2品種を発表し，その一つは「Johannisfeuer」という品種で恐らく英名の「St. John's Fire」ではないかと推定している．現在も一部で栽培を見るわい性を代表する「セン

図20.13 スプレンデンス種の品種「ロイヤル・マウンテン」の毛せん花壇（ロンドン，ウィズリー）

ト・ジョンズ・ファイヤー」はかなり古い品種で，1950年代には米国の種苗カタログでも発売されている．晩生で高性品種「ボンファイヤー（Bonfire）」はさらに古い品種と見られ，この時期各社で販売されていた．その後，米国でよりわい性の「ファイヤー・ボール」や中性の「アメリカ」や「ファイヤー・ブランド」が育成されている．*splendens*種の濃紫色品種の「バイオレット・フレーム」も早くから育成されていたようである．1970年代には多くの品種が育成されているが，1990年代になると*splendens*種を中心に*coccinea*種や*farinacea*種などの育種も急速に行われた．*splendens*種は米国のボール社，オランダのノバルティ社，最近は米国のゴールド・スミス社が育種に力を入れている．この間，スプレンデンス種には4倍体品種「プロント（Pronto）」，F_1品種「ホット・パンツ（Hot Pants）」が1970年ころに米国で育成されているが，交配や採種に手間がかかりその後普及には至っていない．

コクシネア種についてはオランダのキィフト社（Kieft Seeds）が1994年ころに鮭桃色の「コーラル・ニンフ（Coral Nymph）」や緋赤色の「レディー・イン・レッド（Lady in Red）」を発表している．また，ファリナセア種は欧州で1960年ころから「ロイヤル・ブルー（Royal Blue）」などが育成され花壇用として栽培されてきたが，最近になって英国のフロラノ

図20.14 コクシネア種の品種「コーラル・ニンフ」

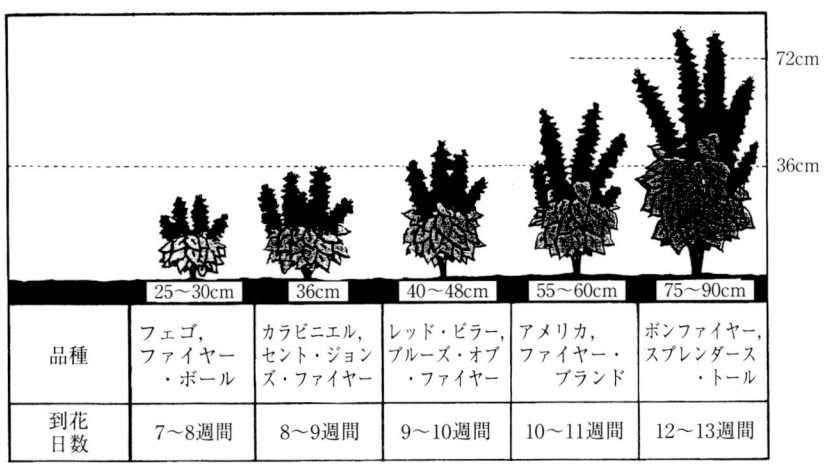

品種	フェゴ，ファイヤー・ボール	カラビニエル，セント・ジョンズ・ファイヤー	レッド・ビラー，ブルーズ・オブ・ファイヤー	アメリカ，ファイヤー・ブランド	ボンファイヤー，スプレンダース・トール
(草丈)	25〜30cm	36cm	40〜48cm	55〜60cm	75〜90cm
到花日数	7〜8週間	8〜9週間	9〜10週間	10〜11週間	12〜13週間

到花日数は4月1日播種から開花までの日数（米国，シカゴの例）

図20.15 サルビアの草丈別品種グループの例，Ball Red Bookの表の一部改変）

バ社（Floranova Seeds）から優れた花壇用シリーズ品種のビクトリア・シリーズやストラータ・シリーズの品種が1993年ころ発表されサルビアの主要品種になった．

（3）主な品種

スプレンデンス種は品種によって草丈や開花性によるグループが図20.15のようにあるので，花苗や花壇の目的によって選ぶ．

[スプレンデンス種]

<u>低性品種（25～35 cm）</u>：「フェゴ（Fuego：丈15 cmのコンパクトな緋赤色の早生種）」「カラビニエル・レッド（Carabiniere Red：丈25 cm，赤色）」「エンパイアー・パープル（Empire purple：丈30 cm，濃紫色）」「エンパイアー・ホワイト（Empire White：丈30 cm，白色）」「エンパイアー・ライト・サーモン（Empire Light Salmon）」など．

<u>中性品種（40～60 cm）</u>：「ホット・ジャズ（Hot Jazz：丈は40 cm，緋赤色）」「アメリカ（America：丈は60 cm，赤色）」など．

<u>高性品種（70 cm以上）</u>：「ボンファイヤー（Bonfire：丈は70 cm，緋赤色）」．

[コクシネア種]

「レディー・イン・レッド（Lady in Red：赤色）」「コーラル・ニンフ（Coral Numph：鮭桃色に白の花冠）」「スノー・ニンフ（Snow Nymph：純白色）」．

[ファリナセア種]

「ストラータ（Strata：花穂，萼は灰白色に花冠は紫青色）」「レア（Rhea：花穂，萼，花冠とも紫青色）」「シーラス（Cirrus：花穂，萼は灰白色に花冠も白色）」．

（4）生態的特性

各種とも生育適温は20℃位で，30℃以上になるとスプレンデンス種は花色が退色して弱るが，コクシネア種やファリナセア種はよく耐える．低温に対してもスプレンデンス

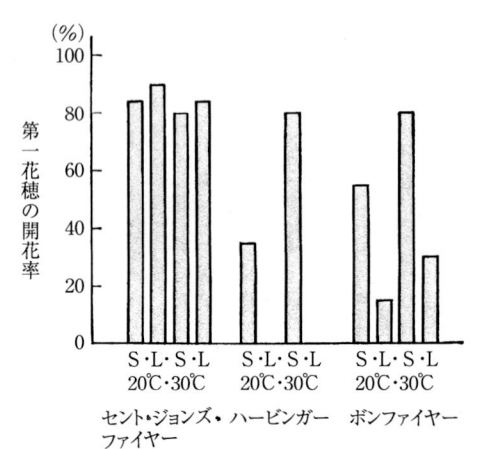

図20.16 サルビアの開花反応の品種間差 S：8時間日長，L：15～17時間日長，（佐世・鶴島，1966）

図20.17 サルビア・ファリナセアの品種「ストラータ」

種は0℃以下では凍害を受けるが，他の2種はやや耐える．開花に対してはファリナセア種はほぼ日長に対しては中間性で冬季温室内でも加温すれば開花するが，コクシネア種やスプレンデンス種は量的短日性で，後者は品種により反応に差がある．著者の実験(1966)ではスプレンデンス種の3品種について栽培温度を20℃と30℃，日長を短日(8時間)と長日(15～17時間)の組み合わせで栽培し，開花に対する影響を見た結果は図20.16のようになった．

「セント・ジョンズ・ファイヤー」は日長，温度に関係なく開花したが，「ハービンガー」では短日30℃では開花したが，短日20℃では開花率が低く，長日下では温度に関係なく開花しなかった．また「ボンファイヤー」は短日20℃ではやや開花し，短日30℃では開花率は高いが異常花が多かった．公園やテーマパークの花壇植えで夜間照明のある部分で不開花が問題になることがあるが，このような場所には「セント・ジョンズ・ファイヤー」タイプの品種を植える．

(5) 栽　培

種子はスプレンデンス種では20 ml当たり約2,400粒，ファリナセア種では10,000粒，コクシネア種では9,400粒位ある．発芽適温は各種とも20～23℃位の光好性で，発芽には14～16日位かかる．播種期が1～2月の冬季には，施設内の播種床や育苗室は15～20℃を保つ．花苗としての出荷期が4～6月と秋苗の9月にするには品種にもよるが，早生種では10～12週間さかのぼった時期に播種することになる．また，量販店などとの契約生産では各月日に契約数量の苗を出荷納品するには納期別の播種期の計画生産が必要となる．育苗管理も確実にしないと予定納期までに生産できない．このため種類の栽培マニュアルなどを作成して作業者に渡しておくようにしたい．

播種はセルトレイにセル用の用土を入れ，シーダーによる機械播きか，手播きにする．覆土はしないか，ごく薄く覆土する．播種後30～40日で本葉4～5枚の時に3号か3.5号ポットに鉢上げする．用土は花苗専用土か赤土50％，ピートモス30％，バーミキュライト20％の配合土1 l当たりにマグアンプK小粒を3gの割合で混入したものがよい．サルビアの肥料3成分の影響について著者が行った研究では，チッ素とリン酸に強く反応するのでリン酸成分の比率の高いマグアンプKが好適だからである．その後出荷までの5～6週間の間に2～3回の液肥を施用する．花穂が抽出して小花が2～3花開花した時期が出荷適期でラベルを付けて出す．

花苗生産では作業性を高めるため鉢上げ時にカゴトレイなどに詰めたまま栽培するので，出荷時，各鉢の揃いや不良株の差替えをし検品してから出す．

[花壇栽培]

サルビアを花壇に植付けるには，なるべくサルビアだけをまとめて植えるのが効果的である．サルビアの毛せん花壇やサルビアを中央に植える寄せ植え花壇，建物や植え込みをバックにしたボーダーなどにもよく利用される．他の種類との組み合わせた混植花壇も欧州では見かける．植付けには化成肥料(低度)を1 m^2 当たり50～80g位の割合で混入して撹拌整地し，ふつうは20～25 cm位の間隔に，広い花壇では25～30 cmの間隔に植付ける．開花初めの苗を植付けると60～80日以上観賞できる．

20.6 ジニア (属名:*Zinnia* L., 英名:Zinnia, Youth − and − Old − Age, 和名:ヒャクニチソウ) キク科, 不耐寒性一年生または多年生

《キーワード》:切り花, 鉢物, 花壇, 花苗

　ジニア属は南北アメリカ大陸に約15種が分布しているが, その内 *elegans* 種他数種が花きとして栽培されている. 特に *elegans* 種は花壇用に早くから育種されて多くの系統, 品種が育成され利用されてきたが, わが国では気候の関係もあり花苗としての栽培は多くはない. 現在, 栽培されている種とその性状を次に述べる.

(1) 主な栽培種

　1) *Zinnia elegans* Jacq.(和名:ヒャクニチソウ, 英名:Common Zinnia)

　メキシコ原産の不耐寒性一年生で, 春播きの草花として栽培されている. ふつうジニアといえば本種を指す. 硬く直立する茎は分枝し茎頂に花柄を伸ばして頭状花を付ける. 葉は先の尖る無柄の卵形で互生し粗毛をもつ. 原種は外側に舌状花が並び, 中央に筒状花が盛り上がる頭状花の舌状花は紫赤だが, 改良された園芸種は舌状花が集まった八重咲き, 花のサイズ, 舌状花の形状, 赤, 橙, 桃, 白, 黄色などの花色 (舌状花の色), 草丈の違いなど形質の違った多くの系統, 品種が育成されている. 開花は6月から降霜期までと長い. 欧州には1796年に入り, わが国へは1862年に米国から入ったといわれている.

　2) *Z. haageana* Regel (和名:メキシコヒャクニチソウ, 英名:Orange Zinnia)

　中南米原産の高さ30～40cm位になる不耐寒性一年生で, 茎はやや細く横に広がる. 葉はやや三角形で先が尖る. 茎頂にエレガンス種より小さい2.5～3.5cm位の花頭を付ける. 原種は一重で茶紅色の舌状花の弁先に黄色の爪模様が入る. 開花期は7～10月, 園芸種は八重咲き, 1862年に欧州に入り, わが国には明治末年に渡来している.

　3) *Z. linearia* Benth (和名:ホソバヒャクニチソウ, 英名:Creeping Zinnia)

　メキシコ原産の不耐寒性の一年生で丈は25～30cmになり, 細い茎は分枝して横に広がりそう性になる. 葉は細長い被針形で, 花は径3.5～4.0cmの一重咲きで橙黄色, 野生的で地表を覆うように広がり小花を多数付けるので庭園用に利用され, 園芸種もある. 1887年に欧州へ紹介されている.

(2) 系統, 品種の発達小史

　1757年に中央メキシコでドイツの植物学者ヨハン・ゴッドフリード・ツィン (Johann, Gottfried Zinn) が野生のジニアを発見し, これが現在の *Z. elegans* の原種になったといわれている. しかし, あまり顧みられず1850年ころインドで八重咲きの変異が発見され, 種子が英国に送られて1861年に英国の園芸週刊誌 "London Gardener's Weekly" に挿絵が掲載された. さらに1886年にはドイツで花径10cm以上の大輪種が発表されている. その後, ジニアの育種は米国に移り, 1890年, 当時の種苗会社ピーター・ヘンダーソン社 (Peter Henderson & Co.: 現在は Limagrain グループ) は数花色の八重咲きジニアを同社発行のハンドブックに載せている. 本格的にジニアの育種に取り組んだのはカリフォルニアのボジャー・シード社 (Bodger Seeds Ltd.) で, 20世紀初期には巨大輪八重咲き

の「カリフォルニア・ジャイアント（California Giant）」や「巨大輪ダリア咲きジニア（Dahlia Flowered Zinnia）」を育成している．有名な育種家ルーサー・バーバンク（Luther Burbank）もジニアの育種を行っていたが，彼の死後その種子を得た．当時米国最大の種苗会社バーピー（W. Atlee Burpee Co.）はジニアの育種を開始し，「ルーサー・バーバンク・ジニア（Luther Burbank Zinnia）」や「バーピー・ハイブリッド（Burpee Hybrid）」，さらに花弁が細くよれる「ジャイアント・カクタス・フラワード（Giant Cuctus Flowered Zinnia）」など育成しジニア育種の主流会社になった．巨大輪咲きは花径12〜15 cm，厚さ7〜10 cmに達する．大輪の F_1 品種を初めて育成したのもバーピー社の「ファイヤー・クラッカー（Fire Cracker）」で1963年であった．同社は中輪の切り花用ジニアとして花をカットすると側枝がすぐ伸びて再び切り花にできるという品種「カット・アンド・カム・アゲン・シリーズ（Cut and Come Again series）」も1945年ころに育成し，さらに小輪ポンポン咲きの「リリプト・シリーズ（Lilliput serries）」も発表している．花壇用の小輪わい性品種の育種をしたのはボジャー社で，1963年に小輪で丈が15〜20 cm位になる混合色の「サンベリナ（Thumbelina）」，その後色別の「バトン・シリーズ（Buttons series）」なども育成している．

図20.18　バーピー社当時の巨大輪カクタス咲き品種「ビッグ・スノーマン」（1955年ころ）

　セルパックや小鉢の花付きの苗として出荷できるような大輪わい性品種を育成したのもボジャー・シード社で「F_1 ピーター・パン（F_1 Petar Pan）」は1977年にAASの金賞を受賞している．その後，花苗ブームで1990年代に入ると花色別大輪わい性の F_1 品種「ドリーム・ランド（F_1 Dream-land）」やカクタス咲きの「F_1 ファイアリー・ランド（F_1 Firely-land）」を日本の（株）タキイが育成している．この他，タキイの大輪ダリア咲き F_1 品種「レッド・サン（Red Sun）」も1974年にAASで金賞を受け，ごく最近，サカタのタネも中輪多花性の種間雑種品種「プロフュージョン（Profusion）」で1999年のAAS金賞を受賞している．

(3) 主な品種

［高性大輪品種］

　「巨大輪ダリア咲きシリーズ（各色別の品種が含まれる）」「巨大輪カクタス咲きシリーズ（各色別の品種が含まれる）」「F_1 レッド・サン（巨大輪ダリア咲き，緋赤色）」など．

［高性中，小輪品種］

　「F_1 ラッフルス・シリーズ（各色別の品種がある）」「サンボー・シリーズ（中輪色別品種）」「ソンブレロ（中輪一重咲き赤桃に黄色覆輪）」「グリーン・エンビ（中輪八重咲き

淡緑色)」など.

[わい性大輪品種]

「F_1ピーター・パン・シリーズ（大輪各色品種）」「F_1ドリームランド・シリーズ（大輪各色別品種）」「F_1ファイアリーランド・シリーズ（大輪カクタス咲き各色別品種）」など.

[わい性中，小輪品種]

キューピッド・シリーズ（丈35cm, 中輪八重咲き各色別品種）」「バトン・シリーズ（丈35cm, 中輪の各色別品種）」など.

[その他の品種]

リネアリス系品種：「スター・シリーズ（小輪一重咲きでゴールド，オレンジ，ホワイトなどがある）」

交雑系品種：「プロフュージョン（中輪一重咲き赤紫色）」

(4) 生態的特性

0℃以下の低温では枯死し，5℃位では生育が止まり，15～25℃で順調に生育開花する．ジニアは開花に対して量的短日性といわれているが，正常に生育できる日長下では短日，長日いずれも開花する．短日（8時間日長）下では開花が促進されるが，花は小さく舌状花数が減少し丈も低く衰弱し，これに反し長日（16時間日長）では開花は遅れるが生育が旺盛になり花も大きく弁数も増える．長日下では25～30℃より18～20℃の方が開花数が多い．

(5) 栽　培（花苗としての）

ジニアの種子はやや大きく20ml当たり約200粒位ある．発芽適温は20～23℃で発芽には5～6日を要する．セルトレイを用いて機械播きか手播きをするが，シーダーによっては機械にかからないものがある．また，リネアリス種（アングスティフォリア種）は種子が小さく20mlで8,000粒位ある．花苗としてセルパック（カットパック）や3～3.5号のポリポットなどの出荷期は5～8月で，このための播種期は品種や栽培条件にもよるが80～90日前に播種することになる．セルトレイに播種して発芽した苗は日中18～22℃，夜間は10℃以上を保って育苗し，30～40日位でポットに上げる．播種やポット上げ用土，および肥料はサルビアに準ずる．ポット上げ後の管理もサルビアと同じでよい．ジニアはわい性品種でも育苗中に節間が伸びて草丈が目標より高くなることがあるので，その危険がある時は出蕾前にBナイン400倍液を1～2回散布して抑制する．

ポット苗は一番花が十分開いて花が大きくなった時点で鉢トレイなどに一色揃えて詰めるか，1トレイに色別に組み合わせて出荷する．この際，花のサイズ，草丈をなるべく揃えること．色の組み合わせは市場や受注先の希望に応じて調整する．このため作付けに当たって色別品種の生産数量割合の決定は重要である．

図20.19　花苗として出荷するジニア品種「ドリームランド」

20.7 ハボタン (学名 : *Brassica oleracea* L. var. acephala DC., 和名 : ボタンナ，葉牡丹，英名 : Ornamental Cabbage, Flowering Kale) アブラナ科，耐寒性多年生

《キーワード》：鉢物，花壇，切り花（花苗）

　*Brassica*属には中国，インド，アフリカなどに約10種が分布し，その内，ナタネ，ハクサイ，キャベツ，カブ，ダイコンなど野菜としての栽培種が多く，ハボタンは欧州原産のキャベツ（甘藍）の変種で葉が色彩をもつ観葉種である．太く直立する単茎の頂部に生長点を包むように葉群が密生し，一定の低温に遭遇して花芽が形成されると心葉が白や桃，紅桃色に着色する．江戸時代後期に欧州から導入されるとともに正月の生け花用としてわが国独自の品種が開発されてきた．生け花の衰退とともに減少したが，耐寒性のあるこの植物が冬季の花壇材料として見直され，花苗として復活するとともに適応する品種の育成と生産が進んだ．最近は欧米でも着目され鉢物や花壇苗として生産されるようになった．

(1) 系統，品種と栽培の発達小史

　"オランダナ"として欧州から導入されたこの植物が当時の園芸書にハボタンとして最初に現れたのは貝原益軒の「大和本草」(1708)である．その後，「地錦抄附録」(伊藤伊兵衛著，1733)や「草木図譜」(岩崎灌園著，1828)にも記載され，「仙花翁伝」(中山三巴著，1851)には培養法や生け花法まで解説されている．しかし，育種や栽培が本格的に行われるようになったのは昭和に入ってからのようである．東京では江戸時代から花壇苗の産地であった現在の江戸川区鹿骨地区で明治のころから，正月の生け花や寄せ植え材料としてハボタンが栽培され，年々採種して行く間に用途や栽培に向く系統の選抜が行われて，キャベツのような丸葉で白や桃色の美しい東京ハボタン（江戸ハボタン）が生まれている．一方，名古屋地方では葉が波状に縮れる縮緬系の名古屋ハボタン（チリメンハボタンともいう）が成立している．また，関西地方でも古い花壇苗産地，奈良県橿原地区で丸葉系の大阪丸葉ハボタンが育成されている．これらは昭和に入ってからは各種苗会社で本格的に育種が行われ，それぞれ営利生産に向く品種が発表されている．1972年（株）タキイがブラシカ属特有の自家不和合性を利用した最初のF_1品種「紅たか」など発表して以来，ハボタンもF_1の時代になった．特に（株）タキイはハボタンの育種には力を注ぎ，1976年には葉が美しく細裂した「くじゃく・シリーズ」とやや浅裂の「さんご・シリーズ」などを育成

図20.20　オランダのガーデンセンターに並ぶハボタンの鉢植え（1999年）

してハボタンのイメージを一新し，さらに小葉わい性で小鉢の花苗仕立てに向く品種「つぐみ」も育成しこの分野ではリードしている．

(2) 主な品種
[高性切り花用品種]
　固定種：「瀬戸の舞姫（丈70～80 cm，小さい丸葉の白色種）」「瀬戸の日の出（前種の紅葉種）」など．
　F_1種：「晴姿（丈80～90 cm，小さい丸葉で白に中心淡桃）」など．
[中性切れ葉品種]
　F_1種：「紅くじゃく（丈50～60 cm，葉が複雑に細裂する紅色種）」「白くじゃく（前種の白色種）」「紅さんご（丈50～60 cm，葉が浅く切れ込む紅色種）」「白さんご（前種の白色種）」など．
[花壇，鉢物用品種]
　F_1種：「紅はと（丸葉の小型わい性の紅色種）」「白はと（前種の白色種）」「紅かもめ（チリメン葉の小型わい性の紅色種）」「白かもめ（前種の白色種）」「つぐみ（丸葉の小型わい性種で白色の葉群の中央は紅色になる花苗ポット向き）」など．

(3) 生態的特性
　低温には強く－5℃でも耐えるが，葉の白色部分は凍害を受ける品種もある．生育適温は15～20℃位で高温では生育が衰える．葉の発色は一定の低温に遭遇してから発色するので，秋遅くまで気温が高い地方や施設内では当然発色する時期が遅れる．このため戸外で十分低温に遭わせて鮮明な葉色にする．生態的には低温により花芽分化すると発色し分化後は長日条件で開花する．ここでいう低温は15℃以下とみられる．最近は冬季に植えた株を春開花まで利用する花壇も見かける．

(4) 栽　培
　種子は20 ml当たり約2,000粒で1 a当たり40～60 ml位必要とする．発芽適温は22～25℃位で発芽は4～6日です．播種トレイに5 cm間隔のすじ播きするか，200穴のセルトレイに播種する．播種用土はセル苗用土か赤土と腐葉土を半々に混合して細かなフルイを通した用土を用いる．
　ハボタンは伝統的に正月用の生け花，寄せ植え，花壇用に使用するので12月上～中旬の，出荷に向けて栽培することになる．播種期はやや異なるものの，おおよそ播種，育苗の方法は同様である．切り花栽培は7月中～下旬，鉢物には8月上旬に播種する．花苗として3.5号ポットの出荷には8月中～下旬播きで間に合

図20.21　ハボタンの花苗生産
（大阪府八尾市，斉藤農場）

う．
[切り花栽培]

播種後20〜25日位で圃場に定植する．ふつう条植えにするので条間20cmの条を4本，通路を50cm位取り，各条には20〜25cm間隔に苗を植付ける．あらかじめ圃場には元肥を施用しておく．10a当たり8-7-6位の化成肥料を20〜30kg程度をすき込んでおく．ハボタンは株がよく締まり，葉色を鮮明に出すためには施肥はできるだけ控える．前作の残効なども十分考慮する．追肥は薄い液肥を施用するが9月下旬までで以後は全く施用しない．定植後，茎が伸び始めるので茎上部に葉を15枚位残し，下葉はかき取る．この作業は茎の伸長に応じて数回行い，茎は棒状になる．出荷時には発色葉の外側に14〜16枚位の緑葉を残してかき取り，地際から切り取り，品質別に10本1束にして出荷する．

[鉢物，花壇苗栽培]

鉢植えには9月上旬に4〜5号鉢に定植するが，花壇苗としては9月中旬ころにやや遅播きした苗を4号ポリポットに鉢上げする．用土は鉢物調整用土か赤土70％とピートモス30％の配合土に少量のマグアンプKを加えたものでよい．切り花用では下葉をかいて茎を伸ばすようにするが，鉢物や花苗はなるべく草丈を抑え，コンパクトな株に仕立てることが目標になる．このためには施肥や灌水もなるべく抑えることである．また，わい化剤の処理も有効である．定植前の育苗期の本葉5〜6枚の時にスミセブンの20〜30倍液を茎葉散布し，定植2週間後，ボンザイの2,000〜3,000倍液を灌注すると効果がある．露地の鉢やポット栽培では風などにより倒伏し茎曲がりになるので倒伏防止に密に配置するか，風避けのある場所で栽培するなどの工夫が必要となる．出荷する時も鉢トレイなどを利用して輸送する．

20.8 パンジーとビオラ (学名：$Viola \times wittrockiana$ Gams., 和名：サンシキスミレ，遊蝶花，英名：Pansy, Heart's ease) スミレ科，半耐寒性多年生

《キーワード》：花壇，花苗，切り花

パンジーは北欧原産の $V.\ tricolor$ を中心にいくつかの原種との交配により成立した園芸種で花壇用の一年生花きとして栽培されている．育種が進展して秋から初夏まで冬季の低温期も通して長期間開花するようになったため，20世紀末から21世紀にかけて世界的に花壇苗としての人気が高まり，わが国では花壇苗トップの生産になっている．英名のパンジーはフランス語のパンセ（Pansee：思索，思い）からきている．

(1) 種の成立と育種，栽培の発展小史

欧州に自生するパンジーの原種は"ハーツ・イーズ"といわれて古くから欧州人に愛好されてきた．塚本（1975）によるとルネッサンスの初めにパンジーが絵画に現れ，イタリアのジェラルド・ダビッド（1460〜1523）の聖母子図ではキリストの手にパンジーの原種が描かれているという．そして16世紀からパンジーが確立される19世紀まではしばしば絵画に登場している．

植物学的には1542年，ドイツで発刊されたブリュンフェルズの植物誌「Herbarum Vivoe

図20.22 パンジーの原種 V. lutea の花

図20.23 パンジーで異色の品種「バタフライ・ハイブリッド」

Eicones, Otho Brunfels」の中に原種の写生図が見られる．パンジーの育種を最初に始めたのは英国の Thompson, Willium で，1830年ころにはやや花が大きく花色が鮮明なショウ・パンジー（Show Pansy）を育成している．これには1840年に創立された Heart's ease Society が開く展示会で競い合うことがショウ・パンジー育成の背景にある．

フランス，ベルギー，ドイツでも育種が始まり，1855年にはフランスで花弁にブロッチの入る品種が育成され，これが英国に入ってファンシー・パンジー（Fancy Pansy）として広まった．スウェーデンのパンジー研究者 Wittrock, V.B. によれば現在のパンジーは tricolor 種を中心に V.lutea, V.altaica, V.calcarata や V.cornuta が交雑されて育成されたものと分析し，それまでの学名 V. tricolor L. var. hortensis DC. が彼を記念した V. × wittrockiana Gams. に変わっている．

20世紀に入ってスイスの Roggli, K. は大輪のロッグリー系またはスイス系パンジーを1915年に発表して一躍スイス系パンジーが有名になった．品種「モンブラン（Mt.Blanc：乳白単色，1927）」や「ラインゴールド（Rhinegold：濃黄色に黒のブロッチ，1935）」などは記録に残る品種である．これらはファンシーパンジーからの改良で大輪種だが遅咲き（春咲き）であった．やがて米国に渡り花径10cm以上になる巨大輪パンジーの「メープル・リーフ・ジャイアント（Maple Leaf Giant）」やカナディアン・ジャイアント（Canadian Giant）」などが育成されている．また，米国の Steele が育成した美しい波状弁，中間色のバタフライ・ハイブリッド（Butterfly Hybrid）は今なお異色の品種として栽培されている．わが国でも戦後，パンジーの育種に取り組んだ民間ブリーダーとして柳宗民や鈴木章がいる．特に鈴木章は，長年にわたり多くの固定品種を育成し，今でも鈴木系として販売している種苗会社がある．一方，欧州では中輪多花性で花壇に適するトリマドール系（Trimardeau）がフランスで1915年ころに育成され，ドイツでは耐寒性が強く冬咲きのヒエマリス系（Hiemalis）が1935年ころに，そしてオランダの S&G 社（現 Syngenta seed）は中輪単色で早咲きのクリア・クリスタル系（Clear Crystal）を1956年に発表し，この3

系統は花壇用パンジー（Bedding Pansy）として現在の冬咲き品種の親になっている．これまでの固定種品種に，初めて F_1 のパンジーを育成したのは日本の（株）坂田種苗（現，サカタのタネ）の「F_1 マジェスティック・ジャイアント（Majestic Giant）」で1966年であった．これ以後，世界の種苗各社は F_1 品種の育種に傾倒して現在300種以上の品種が販売されている．

分類上ではパンジーに入るが，*V. cornuta* を主体に育種した小輪多花性のグループをビオラ（Viola）またはタフテッド・パンジー（Tufted pansy）と呼んでいる．ビオラはパンジーより遅れて19世紀半ばに英国で育種が始まっている．スコットランドのブリーダー Grieve, James は1863年に *lutea* 種と *altaica* 種をショウ・パンジーに交配して周年開花性をもつコンパクトなビオラを育成した．その後も1877年には Stuart, Charles が花弁の基部に脈模様の入らないコンパクトなミニチュア系を育成している．ビオラは多年生の性質が強く英国では今も挿し芽で増殖する宿根性のビオラが保存され庭園用に植えられている．種子系のビオラはごく最近まで育種の進展がなかったが，1990年，（株）タキイが初めて F_1 のビオラ，ベイビー・シリーズを発表して以来，1995年ころから世界でビオラの育種が盛んになって，より多花性，多様な花色，周年開花性などの優れた品種が育成されている．

わが国へパンジーが入ったのは江戸時代の1864年であるが，花壇用花きとして本格的に栽培されるようになったのは戦後で，特に花壇苗の量販店ビジネスが伸びた1995年以降である．

表20.4 花き卸売市場に出荷される花壇苗のベスト5の種類（1997年）

種　類	数　量
パンジー	5,876,434
ペチュニア	1,355,922
ビンカ	1,292,789
マリーゴールド	1,230,477
サルビア	984,643

（フラワー・オークション・ジャパン調）

（2）主な品種

パンジーおよびビオラの品種は表20.5に示すように非常に多くあることがわかる．また，パンジーの育種に力を入れている種苗企業もわかる．海外の品種は国内の種苗会社が契約している品種が入手できるので，この表の品種が常に購入できるわけではない．また，ここに示したシリーズ品種の他に固定種で花色や花型のユニークな品種も多く，開花が遅いというだけで敬遠されている場合がある．

［わが国で多く栽培されている F_1 品種］

表20.5の内，実際に国内で栽培されている品種には次のものがある．

「F_1 デルタ・シリーズ」「F_1 ビンゴ・シリーズ」「F_1 インペリアル・シリーズ」「F_1 イオナ・シリーズ」「F_1 マキシム・シリーズ」「F_1 マンモス・シリーズ」「F_1 リーガル・シリーズ」など

［固定種だが特異な花色や花型の主な品種］

1) ブロッチが大きく花色が覆輪状になる品種：「ブルーニング（Bruning：Waters：黒地に白の覆輪）」など．
2) 花色が特徴的な品種：「パハラジャ（Padparadjia：濃いオレンジ色）」「F_1 インペリアル・アンティーク・シェード（Imperial Antique Shad：黒に黄色の細いふちどり）」

表20.5 内外各社が育種・販売しているパンジー，ビオラのシリーズおよび品種数の一覧（1997年現在）

シリーズ名	花のサイズ	育成販売会社	品種数	シリーズ名	花のサイズ	育成販売会社	品種数
[パンジー]							
Giant Forerruner	6 – 10cm	Benary	17	Aurea series	8 – 10cm	S & G	6
Swiss Giant S.	6 – 8cm	Benary	11	Ice Queen S.	9 – 10cm	S & G	12
Wesel Ice S.	6 – 8cm	Benary	8	F_1 Clear Sky	5 – 6cm	S & G	8
F_2 Padparadja	4 – 5cm	Benary	1	F_1 Skyline S.	5 – 6cm	S & G	9
F_2 Joker series	6 – 8cm	Benary	5	F_1 Delta series	8 – 9cm	S & G	18
F_2 Hallo Series	6 – 8cm	Benary	1	F_1 Roc Series	6 – 9cm	S & G	7
F_2 Premiere sereis	4 – 6cm	Benary	6	F_1 Majestic G. S.	9 – 10cm	Sakata	7
F_2 Bravissimo S.	6 – 8cm	Benary	1	F_1 Manmoth G. S.	8 – 9cm	Sakata	9
F_1 Fama series	7 – 9cm	Benary	11	F_1 Regal G. S.	7 – 8cm	Sakata	16
F_1 Atlas series	8 – 9cm	Bodger	6	F_1 Maxim series	5 – 6cm	Sakata	10
F_1 Happy Face S.	6 – 8cm	Bodger	6	F_1 New Crystal S.	5 – 6cm	Sakata	15
F_1 Glory series	6 – 8cm	Bodger	9	F_1 Ultima series	5 – 6cm	Sakata	3
F_1 Presto series	5 – 6cm	Bodger	9	F_1 Ultra G. S.	9 – 10cm	Takii	6
Banko series		Daehnfeldt	5	F_1 Iona series	6 – 8cm	Takii	7
Aalsmeer Giant		Daehnfeldt	3	F_1 Imperial S.	6 – 8cm	Takii	19
Hollander Giant		Daehnfeldt	6	F_1 Queen series	5cm	Takii	7
F_1 Universal series	5 – 6cm	Golsmith	20	F_1 Wink series	5cm	Takii	2
F_1 Accora series	8 – 9cm	Goldsmith	14	[ビオラ]			
F_1 Bingo series	8 – 9cm	PanAmer.	9	Early Smile S.	4cm	Sakata	8
F_1 Rally series	5 – 6cm	PanAmer.	11	Carpet series	2.5cm	Sakata	2
F_1 Armado series	6 – 8cm	PamAmwr.	10	F_1 Princess series	3cm	Sakata	4
F_1 Allegro series	5 – 6cm	PanAmer.	13	F_1 Alpine series	2.5cm	S & G	5
F_1 Melody series	5 – 6cm	PanAmer.	15	F_1 Baby series	2 – 3cm	Takii	5
Challenge S.	5 – 6cm	Nickerson	16	F_1 Sorbet series	2 – 3cm	Waller	13
Logal series	9 – 10cm	Nickerson	15	F_1 Skippy series	2 – 3cm	Waller	9

注：この他にも単独品種が多数ある．S & Gは現在のSyngenta Seed. DaehnfeldtはSakataに買収されている．

「リップリング・オーターズ（Ripplinges：微妙な中間色の混合）」「ジョーカー・シリーズ（Joker series：花色の組み合わせ模様が特色）」など．
 3）花型が美しい品種（オーキッド咲き）：「マスターピース（Masterpice：弁縁がフリル状の濃い中間色）」「シャロン・ジャイアント（Sharon Giant：波状弁の中間色）」など．
[主なビオラの品種]
「アーリースマイル・シリーズ」「プリンセス・シリーズ」「ソルベ・シリーズ」「F_1アルパイン・シリーズ」など．

(3) 生態的特性

パンジーおよびビオラは本来半耐寒性の多年生なので，冬季の－5℃位には十分耐えるが，高温にはやや弱く30℃以上では生育開花とも衰え，冷涼な環境が最適な植物である．特に発芽温度は低く，高温では発芽しない．従って生育適温は12～15℃位である．花成に影響する日長は原種や開花の遅いファンシーパンジーなどは量的長日植物とみられ，長日で開花がやや促進されるが，最近の品種はほぼ周年開花するので中性に近いものと思われる．

(4) 栽　培

　パンジーやビオラの種子はレギュラーシードで2mℓ当たり850～900粒位あるが，ほとんどペレットシードになって国内では1,000粒単位で販売されている．発芽温度は18～22℃で発芽期間は8～10日であるが，わが国の平地では播種期が丁度夏季高温期になり，発芽温度が25℃以上になると著しく発芽を阻害して全く発芽しないこともある．このため最近では播種トレイを8～10℃を保った発芽チェンバー（低温庫）などで発芽させるか，高冷地での播種育苗も行われている．また，セル苗を利用する例も増えている．ふつうは288穴のセルトレイを用い，セル用播種用土を入れたセルトレイにシーダーや手播きで播種し覆土する．プライミング処理されたペレットシードを利用すると少々の温度差にも影響されず，発芽日数も6～8日と早く，95％以上の均一な発芽が得られる．セルパックや3～3.5号ポットで出荷するには播種から12～14週間を必要とするから，出荷目標時期から逆算して播種期やセル苗納期を決める．秋出荷（10～11月）では播種，育苗が高温期になるので，これを回避するため苗冷蔵することもできる．6月上旬にセルトレイに播種した苗を7月下旬から9月中旬まで0℃の低温庫に貯蔵し，出庫後鉢上げして夏季の育苗管理を簡易化する栽培もある．

　以上はいずれも早咲きのF₁品種でのことで，固定種の遅咲き品種の「ショーカー・シリーズ」「パハラジャ」などは気温が下がる9～10月に播種し，2月ころからラベル付き苗（未開花のグリーン苗），3月以降は花付き株で出荷する．F₁品種とも栽培温度で出荷期が調節できるが，前述の期間は15～20℃位で管理した場合である．用土は花苗用のメトロミックスなどの調整用土の使用もあるが，赤土60％，ピートモス30％，バーミキュライト10％の配合土に1ℓ当たりマグアンプKを3g混入したものをベースにし，追肥はN：P：K＝10：5：8の液肥を800倍位で10～14日置きに1回位出荷半月前まで施用する．

　パンジーの出荷は一番花が開いたものをトレイに花色を組み合わせ，花の向きを一方向に揃えて詰めて出荷するのが卸売市場の習慣になっているのでこれに多くの労力を要する．最近は量販店では1トレイに10輪位開花した株があればよい

図20.24　遅咲きだが特異な花が人気のピコティー咲きの固定品種「ゴールデン・ピコティー」

図20.25　ラベル付きパンジー苗の出荷準備

ものもあり，開花前の苗に品種ラベルを付けて出荷する方法も増えている．
［花壇への植付け］

　秋から春にかけての花壇ではパンジーが主体になるから極めて重要である．パンジーは丈が20～25 cm位で毛織花壇が多い．パンジーだけで花色を組み合わせるパンジー花壇，他の種類と組み合わせる寄せ植え花壇やボーダー花壇に使用する．造園的にはきめの細かい花壇には$1 m^2$当たり$7 \times 7 = 49$株，やや粗い花壇では$1 m^2$当たり$6 \times 6 = 36$株を植えるのが一般的で，さらに広い花壇では$5 \times 5 = 25$株位を植える．しかし，デザインの外郭，種類との境は植栽間隔を詰めてラインを明確に表現する．植付けには予定地に$1 m^2$当たり化成肥料（低度）を$60 \sim 80 g$施用混入し，やや中高に平らに整地し水糸を張ってデザインをとり，それに沿って奥の方から手前に植えて十分灌水する．

（5）病害虫防除

　1）斑点病（*Septoria violae* Sacc.）

　葉に円形の斑点ができ，中央に黒褐色のつぶつぶが見られるようになり，次第に病斑が広がって葉は枯死する．発生すると防ぎにくいので生育後期にマンネブダイセン500倍液を散布して防ぐ．

　2）根腐れ病（*Thielavia basicold* Zopp.）

　株が急に萎れ，引っ張ると地際からもげるように取れる．根から侵入し導管を侵す土壌病害でクロールピクリンなどによる土壌消毒以外に防ぐ方法はない．

　3）灰色かび病（*Botrytis cinerea* Pers.）

　花，蕾，茎葉ともに侵し黒褐色水侵状に病斑が広がる．カビ胞子による伝染力が強く発生初期に他の花きと同様な薬剤で防除する．

　4）ハダニ類とアブラムシ

　これも発生しやすいので常に注意をし他の花き同様に防除する．

参 考 資 料

1) 石井勇義 1969. パンジー，最新園芸大辞典 第6巻. 誠文堂新光社，東京.
2) 池田幸弘 1998. パンジー，農業技術大系 花卉編 第8巻.農文協，東京.
3) 伊藤秋夫 1981. パンジーの最近の品種. 新花卉 No.112.
4) Ernst Benary 1995. 150 Years (1843 – 1993) of Creative Plant Breeding with Ernst Benary. Germany.
5) 清野 主 1966. パンジーの系統について. 新花卉 No.51.
6) 土屋照二 1996. パンジーの育種，昭和農業技術発達史 第6巻. 農文協，東京.
7) 羽毛田智明 1999. パンジー，ビオラ育種の歴史と品種・系統. 園芸新知識7月号.
8) 鈴木進・鈴木章 1984. すみれ パンジー. 農業図書，東京.
9) May, Morris 1998. Victorian Visions. The Garden May RHS.
10) Fuller, Rodney 1994. Viola and violettas. The Garden. June RHS.

20.9 バーベナ(学名:*Verbena* × *hybrida* Voss., 和名:ビジョザクラ, 英名:Garden Verbena) クマツヅラ科, 半耐寒性一年または多年生

《キーワード》:鉢物, 花壇苗, 花壇庭園, コンテナおよびハンギングバスケット

　バーベナ属はアメリカ大陸に大部分, アジア, 欧州に少数の原種が約230種分布し, わが国にも *officinalis* 種(クマツヅラ)の1種が自生する.

　栽培されているバーベナはこれらの原種間の交配によって育成された園芸種で種子系の秋播き一年生として花苗や花壇用に栽培されてきた. しかし, 1995年ころサントリー社がクリーピング・タイプの栄養系品種「タピアン」や「ハナテマリ」を育成して販売して以来, 一躍栄養系バーベナ(宿根バーベナ)が注目されるようになった. また, 数種の原種は欧州では古くから花壇や庭園用に栽培されてきたが, これもブームに乗って着目されるようになった.

(1) バーベナの園芸種と主な栽培原種

1) 園芸種(一年生バーベナ: *V.* × *hybrid* Voss.)

　現在のバーベナは多くの原種の交配により成立したといわれるが, Barber(1954)はブラジルからアルゼンチン北部に自生する *V. peruviana* と, ブラジル, チリ原産の *V. platensis* の2種から育成されたとしている. 全株は灰色の毛をもち, 細い茎はよく分枝し, 斜上開状に発育して散房花序に小花を多数付け, 初夏から秋まで開花する.

A. 種子系種

　今までのバーベナはこれに属し, 秋播きの半耐寒性一年生として扱う. 花苗として4～5月出荷には12～1月に播種する. 育種の来歴は明らかでないが, ドイツのベナリー社は1890年に「Mammut Firefly」なる品種を育成しており, 19世紀末から20世紀初めにかけて改良されたとみられる. 1980年代までは花壇用花きとしての種子売りが主で, そのため花が美しく, わい性コンパクトで花色の鮮明な「アメシスト(Amethyst)」や「ブレイズ(Blaze)」などが欧米で育成されている. しかし, 鉢物や花苗商品として生産されるようになると, パックや小さいポットで早く開花する品種の育種に変わり, 1993年にはS&G社がロマンス・シリーズ(Romance series), 1996年にはPan-American社が「クオーツ・シリーズ(Quartz series)など各社が花苗用のシリーズ品種を育成するようになった.

図20.26　バーベナ・ベノーサを主体に植えた花壇(パリ, チュルリイ公園)

B. 栄養系種

　種子系園芸種にも枝変わりなど,

突然変異による特異な花色の系統は従来も挿し芽などで殖やす栄養系品種の「キャンデイ・ストライプ (Candy Stripes)」や「ファンシー・パフェ (Fancy Pafait)」もあったが，サントリー社が1995年ころから園芸種にクリーピングな原種を交配して育成したと見られる「タピアン・シリーズ (Tapian series)」や「ハナテマリ・シリーズ (Hanatemari series)」を育成発表してバーベナが見直された．特に欧州ではドイツのキェンツラー社がこの2シリーズを販売したため，種苗各社を刺激し，Novarte社が「ベビーロン・シリーズ (Babylon series)」を発表し，その他の会社も「イサベラ」「クレオパトラ」などを育成している．これらは無病原株から挿し芽増殖した苗が流通している．

2）栽培原種（宿根性バーベナ）

欧州では早くから花壇などで栽培され品種が育成されているものもある．

A．バーベナ・テネラ（*V. tenera* Spring.）

ブラジルおよびアルゼンチン北部原産の多年生で，ネバリビジョザクラともいう．細く分枝した茎は地表を這い，細かく裂けた無毛の濃緑葉を対生し，茎の頂部に5弁の小花の散房花序を多数付ける．花色は藤紫，桃，白色で初夏から秋まで咲く．性質が強いので路側帯のグランドカバーや宿根園で利用される．「タピアン」も性状や葉はテネラ種に近い．繁殖は種子または株分け，挿し芽．ポット苗で販売される．欧州へは1832年に紹介されている．

B．バーベナ・エリノイデス（*V. erinoides* Lam.）

ブラジル，ペルー原産の多年生で草丈は30～40cm位でやや横繁性．葉は灰緑色で細かく切れ，花は紫紅色でテネラより大きい．寒さにはやや弱いが花壇用に栽培される．ベナリー社では1900年に選抜系"Alba"を販売している．繁殖は種子または株分け．

C．バーベナ・カナデンシス（*V. canadensis* Brit.）

メキシコ原産の半耐寒性の多年生で丈は20～40cm位で斜上に株は広がる．葉は鋸歯をもつ長楕円形で花は散房花序から穂状になる．花は紫紅色で花壇用として栽培され，繁殖は挿し芽．英国へは1774年に紹介されている．

D．バーベナ・ベノーサ（*V. venosa* Gill et Hook, syn. *V. rigida* K. Spreng.）

ふつう宿根バーベナと言えばこの種を指す．ブラジルからアルゼンチン北部の原産の耐寒性の多年生で丈は40～60cm位に直立し分枝は少ない．茎は4稜形で葉も浅い鋸歯をもつ長楕円形で先が尖る．茎葉には粗毛をもつ．長い花柄に短穂状に藤紫色の小花を付ける．開花は初夏から秋までで欧州ではほぼ伝統的に花壇に利用され，ロンドンやパリの宮殿の庭園や植物園の花壇では常に見られる花である．ベナリー社も1933年にベノーサ種の品種「Lilacina」を発売しており，現在も「Royal Purple」や「Polaria」などの品種がある．地下部に多数の吸枝を出すので繁殖は吸枝による．

(2)　主な品種

［主な種子系品種］

「ロマンス・シリーズ（Romance series：各色別の品種がある）」「クオーツ・シリーズ（Quartz series：各色別の品種がある）」「オブセッション・シリーズ（Obsession series：各色別の品種がある）」など．

［主な栄養系品種］

「タピアン・シリーズ（Tapian series：這性で各色別の品種がある）」「ハナテマリ・シリーズ（Hanatemari series：這性で各色別の品種がある）」「キャンディ・ストライプ（Candy Stripe：淡藤色に白のストライプ）」「ファンシー・パフェ（Fancy Pafait：紅桃色に大きい白目）」など．

（3）生態的特性

熱帯に近い原産であるが生育適温はそれほど高くなく15～20℃位である．低温に対しては種，系統により差があるがバーベナ園芸種は暖地では戸外で越冬するが，それ以外の地方は防寒，保温を必要とする．日照は多い方がよく，乾燥には強いが，低照度高湿はよくない．開花に対する日長は明らかにされていないが，冬季も加温室で開花するので量的短日性とみられている．

（4）栽　培

1）種子系

種子は20 ml当たり1,700粒位あるが，ペレットシードは1,000粒売りが多い．バーベナの種子は発芽が不揃いな上に発芽率が良くないことがあるので，発芽率や発芽揃いの良いペレットシードを勧めたい．発芽適温は20～24℃でそれ以下，以上でも発芽が悪くなる．3～4月に鉢物や花苗として出荷するには9～10月ころに播種する．また，5～6月出荷するには1～2月播きで間に合う．播種や育苗方法もパンジーなどと同様である．鉢物は12月中旬に一度摘心して数本立ちにし，1月下旬に5号鉢に鉢替えして3～4月に出荷する．花苗は無摘心で小鉢のまま育てるので伸び過ぎることもあり，わい化剤処理も必要となる．12月から1月にBナイン400倍液を1～2回茎葉散布する．花苗としての出荷もパンジーに準ずる．

図20.27　種子系バーベナの品種「スパークル」

2）栄養系

保護品種は苗で購入する他はない．非保護品種は母株を養成し，摘心をして開花を抑え，栄養芽を殖やし，茎頂を切って挿し芽をする．鉢上げ後一度摘心して苗を揃えてから

図20.28　栄養系バーベナの品種「ハナテマリ・レッド」

鉢替えし，栄養系は這性が多いので，さらに数回摘心して分枝させるとともに株を作りコンパクトな鉢物として出荷する．

20.10 ビンカ(学名:*Catharanthus roseus* G. Don. 和名：ニチニチソウ，ビンカ英名:Madagascar Periwinkle) キョウチクトウ科，不耐寒性多年生

《キーワード》：鉢物，花壇，花苗，コンテナ

　園芸上でビンカといっている花きはかつてツルニチニチソウ(*V. major*)など約12種を含む*Vinca*属であったが，現在，本種は分離されて*Catharanthus*属になっている(世界の植物18巻，1976)．ビンカはマダガスカル，ジャワ，ブラジル原産の半低木で高さ40〜60cmになり，葉は全縁の長楕円形で表面は光沢をもち葉身の白色の中脈がある．花は短い花柄に花径2.5〜3.5cmの5弁花を付ける．花色は濃桃，淡桃，白色があり中央に濃い目が入る．開花は6月から10月と長い．ビンカは1776年に欧州へ紹介され，わが国へは1881年に渡来している．花きとしてのビンカはマイナーな種類でわが国では以前夏の仏花に利用され，その後，花壇用の種子売りの他に苗の生産販売が僅かに行われていた．しかし，夏季高温下でも店頭や花壇で長期間観賞できる数少ない花きとして認められ，1990年ころから急速に花壇用花きとして注目されるようになった．

(1) 育種と品種の発達小史

　ビンカの初期の育成過程はあまり明らかではなく，高温性のため主に米国で育種が行われたようで，1963年のボール社のカタログには「ブライト・アイ」他7品種が記載されている．その後，1980年ころわい性品種の「カーペット・シリーズ」や「リトルシリーズ」が育成され，その後10年間はわが国も含めこれらの品種が栽培されてきた．特にカリフォルニアのデンフォルム社(Denholm Seed, 現在 Ball Seedに買収)やワーラー社(Waller Flower Seed)がビンカの育種に精力的に取り組んでいた．1992年，ワーラー社が大輪わい性で花色が鮮明，さらに均一な「トロピカーナ・シリーズ(Tropicana series)」を発表して衝撃を与えた．それに遅れて1993年パンアメリカンも中輪わい性の「クーラー・シリーズ(Cooler series)」を発表して対抗した．その後もワーラー社は「パシフィカ・シリーズ(Pacifficaseries)」と1998年にはクリーピング・タイプのメディタレニアン・シリーズ(Mediterranean series)を発表している．

(2) 主な品種

[普通品種]

　「クーラー・アプリコット(淡鮭桃色に濃い目)」「クーラー・ローズ(濃いローズ色)」「クーラー・ペパーミント(白色に濃桃色の目)」「パシフィカ・レッド(紅赤色)」「パシフィカ・フラッシュ(淡桃色に中心濃い紅)」「パシフィカ・オーキッド(濃い紫桃色)」など．

[這性品種]

　「メディテニアン・ライラック(濃い赤紫色)」「メディテニアン・アプリコット(淡鮭桃色の濃い目)」「メディテニアン・ホワイト(白色)」など．

(3) 生態的特性と栽培

　熱帯原産なので10℃以下の温度では生育が鈍く, 栽培温度は最低15℃以上で18～25℃位が生育適温である. このため播種, 育苗中の温度管理には十分注意する. 開花に対する温度や日長の影響は明らかでないが, ふつう6月から10月までは開花し, 加温すれば冬季間も開花するので量的短日植物とみられる. また, 低温や降霜には極めて弱い.

　ビンカは耐暑性が強く, 病害虫や不良環境に対する抵抗性もあるので, 夏季高温地帯の花苗生産や花壇植栽に好適で, 夏季の花苗や花壇植栽素材としては重要な種類である. 播種から花苗として出荷するまでは春季は13～14週間, 初夏では10～11週間要するので, 出荷目標期から逆算して播種期を決める.

　種子は10ml当たり3,300粒位あるが, 最近はペレットシードになって1,000粒単位で販売している. 播種は他の花壇用花きと同様にセルトレイか播種トレイを用いて播種する. 発芽適温は24～26℃位を保つと7～10日で発芽する. セルトレイのまま日中20～25℃, 夜間は最低15℃で管理する. 播種後35～45日位で花苗は3～3.5号鉢に植付け, 鉢物として生産するには5号鉢に2～3本植付け2～3節目で摘心しておく. 出荷は花苗では1～2輪開いた時, 鉢物では5～6輪開花した状態で出荷する. 花苗として出荷する際にはトレイ別の花色で出す場合と, 花色を組み合わせて詰める場合がある. また, 花苗や鉢物として生産する場合, 丈が伸び過ぎる時は, スミセブンの80～100倍液を1～2回茎葉散布して草丈を抑える.

〔花壇植付け〕

　ビンカは夏のコンテナやプランターに植付けることが多く, 花壇にも植えられる. 整地や肥料はバーベナと同様で植付け間隔はコンテナでは12～15cm位, 花壇には18～22cm位の間隔で植付ける.

図20.29　ビンカの品種「パシフィカ・ポルカドット」

図20.30　色を組み合わせて1トレイに詰めるビンカの花苗出荷準備 (札幌市, 北光園芸)

20.11 ベゴニア・センパフローレンス（学名:*Begonia semperflorens* Link et Otto.和名:シキザキベゴニア，英名:Perpetual Begonias）シュウカイドウ科，不耐寒性多年生

《キーワード》：鉢物，花壇，花苗，コンテナ

ベゴニア類については鉢物の項で述べたが，本種は花壇用花きとして重要なのでここに別項として取り上げた．現在，栽培されているセンパフローレンス種は以下に述べるような数種の交配によるヘテローシスの交配種なので，*B. semperflorens − cultroum* として区別すべきだという提案もある（Krauss, Helen K. 1945）．

(1) 交配種の成立と品種の発達小史

センパフローレンスの原種がブラジルで発見されて欧州に紹介されたのが1828年であった．1876年，本書でも再々出てくるドイツの育種家ハーゲ・ウント・シュミット（Haage und Schmidt）らが *B. schmidtiana* Regel（ヒメベゴニア，$2n = 26$）もブラジルで発見し，1890年代にはこの両種間の交雑が各地で行われ，中，高性のセンパフローレンス種からわい性で多花性の系統が育成された．フランスではこの種間雑種のベルサリエンシス（*B. versaliensis*，$2n = 33$ 不稔）が出て図20.31のように現在のセンパフローレンスのヘテローシス品種（$2n = 50〜51$，不稔）の成立に関与している．このシュミチアナ種との種間雑種にセンパフローレンスを戻し交配して小葉，わい性でコンパクトな新形質をもつグラシリス群（gracilis）が1898年にフランスで育成され，1906年にフランスのルモワンヌ（Lemoine, V.）はこのグラシリス群の品種「ルミノーサ（Luminosa：緋赤色，$2n = 68$）を発売している．このグラシリス群（$2n = 66〜68$）とセンパフローレンス（$2n = 34, 33, 32$）とが交雑されて現在のヘテローシス系 F_1 の品種群が図20.31に示す過程で現れることになるが，その先駆となったのは1910年，ドイツのベナリー社が育成発表した種間雑種の F_1 品種「プリマドンナ（Primadonna）」である．わい性コンパクトに育ち，多花性で耐暑，耐雨性にも強く不稔のセンパフローレンス・ヘテローシス品種群時代に変わり，以来ベゴニア・センパフローレンスと言えばこのヘテローシス F_1 を指すようになった．長期間，連続開花する花きで不稔性は結実した果

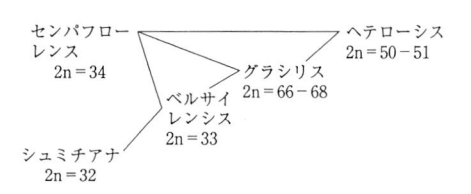

図20.31 ベゴニア・センパフローレンスのヘテローシス品種の成立経過
（最新園芸大辞典1巻，1968より）

図20.32 センパフローレンスの品種
「アンバサダー・ミックス」

実も付かず，花がらも脱落する，セルフ・クリーニング（Self cleaning）の特性にもなっている．ベナリー社は以後，ベゴニア育種のリーダーカンパニーとして現在まで多数の品種を育成し発表している．中でも1950年に発表した「ローテ・タウゼントシェーン（Rote Tausendschon）」は歴史に残る品種である．1970年代発売の品種「ウオッカ」「ジン」などのウイスキー・シリーズ，1980～1990年代には「ビジョン・シリーズ」や大輪の「オリンピア・シリーズ」など多くのシリーズを育成している．これに対し近年，デンマークのデンフェルト社，オランダのノバルティ社，米国のゴールドスミス社，パンアメリカン社もセンパフローレンスの育種に加わり「アンバーサダー・シリーズ」「バーシティ・シリーズ」「ビクトリー・シリーズ」「ロキシー・シリーズ」などが育成発売されている．また，特殊なものでは八重咲きがあり，1936年，ストックホルムで育成された「グスタフ・ルンド」などが有名だが，その後，欧米で育成されてわが国に導入された「ダブル・ピンク」「デコラ・ピンク」や「ファイヤー・キング」などがある．最近は種子系八重咲き品種「クイーン・シリーズ」もある．

(2) 主な品種

[大輪 F_1 品種]

「F_1 アンバーサダー・シリーズ（F_1 Ambasador series：緑葉大輪各色別品種）」「バーシティ・シリーズ（F_1 Varsity series：緑葉大輪各色別品種）」など．

[中，小輪 F_1 品種]

「F_1 オリンピア・シリーズ（Olympia series：緑葉中輪，赤，桃，白品種）」「アンブラ・シリーズ（Anbula Series：銅葉小輪各色別品種）」など．

[固定品種]

「ウイスキー・シリーズ（Whisky series：銅葉中大輪各色別品種）」「シェイラ（Sheila：緑葉緋赤色）」

[固定八重咲き品種]

「クイーン・シリーズ（Queen series：緑葉八重中輪，赤，桃，白品種がある）」．

(3) 生態的特性

不耐寒性であるが，5～8℃程度では生育が弱るが，0℃以下で凍害を受けて枯死する．生育適温は15～20℃位である．開花は一定の温度が保たれれば周年開花するのでほぼ日長については中性と思われる．播種して発芽した幼苗は一定期間，幼若期は栄養生長を続け，側芽を分枝するが成熟すると各葉腋に花芽を付ける．多年生なので株が成熟すると分けつして地下に芽を形成し株は大きくなる．

図20.33　センパフローレンスの苗生産
　　　　（兵庫県，伊川谷花壇苗生産組合）

花苗		鉢物	
出荷期	播種期	出荷期	播種期
3月～6月	11月～1月	2月～4月	9月～11月
7月～9月	3月～5月	5月～7月	12月～2月
		9月～11月	4月～6月

(4) 栽　培

　東京のFAJ(フラワーオークション・ジャパン)の1997年の取引統計では，花壇苗としてのベゴニア・センパフローレンスは出荷量では6位の90万ポットで，出荷ピークは5月になっている．この他鉢物としての生産もあって，周年開花性から播種期を変えて施設の空いた時期に出荷できる輪作上便利な種類になっている．

　センパフローレンスは微細種子で0.1 ml当たり3,500粒位あるが，現在はペレット・シードになって1,000粒単位で販売されている．従ってセルトレイに機械播きだけでなく手播きも容易になり，ペレットの色彩で播種した種子の有無，位置なども確認できる．セル用用土で播種も簡単にできる．また，セル育苗苗を購入して栽培することもできる．播種後の発芽温度は20～25℃を保つと14～18日で発芽する．しかし発芽苗は小さく15～20℃を目安に管理し，播種後7～8週間で花苗は3～3.5号ポット，鉢物では4～5号鉢に鉢上げする．用土は調整用土か，赤土70％に腐葉土30％の自家用土を用いる．他の花壇用花きと同様にマグアンプKを少量元肥として用土に混入しておく．播種期と出荷の関係は品種や栽培環境，シーズンにもよるがおおよそ以下のようになる．

　花苗としての出荷には花色，葉色別にトレイに詰める方法と，1トレイに花，葉色を組み合わせて詰め出荷する場合もある．契約栽培などでは小売側の発注による色別，数量で納期に出荷する．

　病害虫対策などはベゴニアの項を参照．

参考資料

1) Ewart, Lowell C. 1976, Shade Plants, Bedding Plants Edited by John W. Mastalerz, Pennsylvania Flower Growers. Penn.
2) 武田和男 1975. ベゴニア・センパフローレンスの育種. 新花卉 No.88.
3) ──── 1980. ベゴニア・センパフローレンス. 新花卉 No.105.
4) 山田益男 1998. ベゴニア・センパフローレンス. 農業技術体系　花卉編　第8巻 1.2年草. 農文協, 東京.

20.12　ペチュニア(学名:*Petunia hybrida* Vilm., 和名:ツクバネアサガオ, 英名:Common Garden Petunia) ナス科, 半耐寒性の多年または一年生

《キーワード》：花壇, 花苗, 鉢物, コンテナ, ハンギング

　ペチュニアは中南米に約40種が自生しその内の数種が交雑されて現在の園芸種が成立

している．さらに19世紀後半から現在まで世界中で育種され，きわめて多くの品種が育成され，長い間花壇用花きのトップを占めてきた．それだけに植物学的に種の分類や遺伝的解明は早くから研究され，さらに生態や栽培研究も広く行われてきたが，最近になって園芸種と野生種の交配品種や近縁種の園芸品種の出現により，再び原種の探索や遺伝資源としての解析が注目されている．

(1) 園芸種の成立と原種の再検索と遺伝的解析

1767～1769年に，フランスの植物学者Commersonが南米のラプラタ河流域探検の際にこの植物を発見した．現在の園芸種の元になった axillaris 種が1823年，violacea 種（= integrifolea）が1831年に英国に紹介されて1835年にはHerbert, Williumがこの2種間の交配を行っている．その後，他種とも交雑して現在 hybrida といわれている園芸種が育成されている．さらに種内の交配が重ねられて現在のような変化に富んだ系統や品種が開発されている．20世紀末に園芸品種に再び野生種と交配した「サフィニア」やペチュニア属（2n = 14）の近縁種のカリブラコア属（Calibrachoa, 2n = 18）の園芸品種「ミリオン・ベル」や「リリカシャワー」の育成は人々の目を再びペチュニア属および近縁種に関心を集めた．これよりやや前の1985年ころから，千葉大学園芸学部の安藤敏夫らは遺伝資源の分析評価と利用を目的にペチュニア自生地であるブラジル南部からアルゼンチン北部を多年に渡り野生原種の探査を行い遺伝的解析を行っている．その結果，P. bonjardinensis, P. altiplana など7新種を発見し，ペチュニア属と近縁種の種間交雑の親和性などの遺伝解析をして，遺伝資源の評価と利用を示唆する研究をまとめている．

(2) 育種と品種の発達小史

1879年には欧州で小輪わい性の「コンパクタ・ナナ」が育成され，カリフォルニアのMrs. Theodosia, Shepherd は1880年に巨大輪の「カリフォルニア・ジャイアント」を育成している．八重咲きのペチュニアは1885年にフランスで育成されたが，八重の出現率は50％位であった．1920年日本の坂田武雄（現サカタのタネの創設者）は種子から100％八重が出る「ビクトリア・ストレイン」を発表して一躍世界にその名を知らせる結果となった．この品種は1934年に米国のAASを受賞し，翌1935年には2,915gの種子を輸出している．

日本では八重咲きのペチュニアは今も目にすることは少ないが，欧米では人気が高い種類であった．ペチュニアの最初のF₁品種は米国のパーピー社が1949年に発表した小輪一重品種「F₁シルバー・メダル（Silver Medal）」で，翌年にはボール社が大輪一重咲き品種「F₁タンゴ（Tango）」を発表している．ペチュニアもベゴニア・センパフローレンスに次いで早くからF₁品種に代わった種類である．ペチュニアは1950年ころまでに，1. 大輪一重咲き品種（grandiflora single），2. 大輪八重咲き品種（grandiflora double），3.

表20.6 1960年代の世界のペチュニア品種数（Maatsch, R.1968による）

I.1 マルチフロラ	F_1	118種	27%
I.2 マルチフロラ・ダブル	F_1	20	5
I.3 マルチフロラ	F_2	13	3
II.1 グランディフロラ	F_1	209	48
II.2 グランディフロラ・ダブル	F_1	49	11
II.3 ペンジュラ	F_1	5	1
III.1 スーパービッシマ	F_1	22	5
合　計		436種	100%

小輪一重咲き品種（multiflora single），4.小輪八重咲き（multiflora double）などの系統別品種が育成されている．表20.6はドイツ，ハノーバー農工科大学のMaatsch, R.教授が1968年にまとめたものでは当時すでに500近い品種が育成されていた．

1970年代はペチュニアの花色パターンの改良が進んで，花に白のストライプの入る小輪一重の星咲き品種「グリッターズ」をサカタが育成し，その後バイカラー（二色咲き）や絞り咲き，弁縁の白覆輪のピコティータイプなどが出ている．1985年ころには花に脈状に模様が入るパターンの「マドネス・シリーズ」「ポロ・シリーズ」や「ファンタジー・シリーズ」が育成されている．1990年代には今までなかった黄色品種で小輪一重の「サマー・サン」や「イエロー・チャンピオン」などが育成され，1998年には大輪一重咲きの黄色品種「プリズム・サンシャイン」がFloranova社から発表されている．ペチュニアは第二次世界大戦後，米国の花壇苗産業の発展により栽培は急速に増大し1981年ころまではトップセールだったが，インパチエンスの登場で2位になったものの現在もその座を維持している．わが国も1990年代のガーデニングブームや量販店ビジネスの発達からペチュニアの花壇苗需要が増大し，さらにペレットシードの開発とセル成型苗生産システムの普及で，パンジーに次ぐ第2位の生産販売品目になっている．ペチュニアの育種についてかつては米国のバーピー社，ボール社とオランダのS＆G社，そして日本のサカタのタネなどが世界の育種をリードして

図20.34　ペチュニアの交配育種室（パンアメリカン社，シカゴ農場）

表20.7　栄養系品種「サフィニア」などの世界販売実績（千本）（サントリーのカタログ1997年より）

	日本	ヨーロッパ アメリカ オーストラリア
サフィニア	11,600	46,700
花手毬	4,200	2,200
タピアン	2,400	11,700
ミリオンベル	1,450	3,800
サマーウェーブ	770	320
計	20,420	64,720

図20.35　栄養系ペチュニア品種「サフィニア」

きたが，1990年以降は米国のゴールドスミス社，ボジャー社も加わり，さらに栄養系品種を育成した異業種大企業のサントリー社やキリンビール社，イスラエルのダンジガー社などがペチュニア・ビジネスに参入して急速に変化している．特にサントリーは京成バラ園芸（株）と共同で，クリーピングな野生原種を園芸種に交配して這性で長期間多くの花を咲かせるグランド・カバー・タイプの「サフィニア（Sufinia）」を開発し1989年に発表した．栄養繁殖系の挿し芽苗として販売し，オリジナルの紫赤色に加えて12色の品種が追加されている．丈夫で家庭で春から秋までほぼ花に埋まるほどに育つため，たちまち広まり，海外でも生産販売して表20.7のように世界的なシェアを占めた．同業種のキリンビールも栄養系ペチュニア「パープル・ウェーブ（Purple wave）」を育成し，1992年米国のAASを受賞している．サントリーがカラブリコア属から育成したミリオンベルも，この属の育種を各社が開始して多彩な花色の品種が育成され花壇苗として重要性を深めている．

（3）主な品種

ペチュニアは花壇用花きのトップクラスであるから，それだけに系統品種も多く生産の面でも，利用の面でも品種の選択は極めて重要である．また，販売や利用面で花色の組み合わせがポイントになる．同一シリーズ内の花色の選択，他シリーズも含めた色の組み合わせなどは生産者にとっても欠かせない戦略である．わが国では大輪一重系と小輪一重系が主体で，巨大輪や八重咲き品種は鉢物として一部に生産されているに過ぎない．また，栄養系品種は保護品種で苗生産者は権利者との契約栽培になる．国内で主に栽培されている系統，品種には次のようなものがあるが，世界で育成販売されているF_1シリーズは表20.8のようなものがある．

Ⅰ．種子系F_1品種

［大輪一重咲き品種（花径9〜10 cm）］
　「ドリーム・シリーズ」「ファルコン・シリーズ」「プライム・シリーズ」「ウルトラ・シリーズ」「タイタン・シリーズ」「ピコティー・シリーズ」「チャンピオン・シリーズ」「ビンゴ・シリーズ」「バカラ・シリーズ」など．
［中輪一重咲きF_1品種（花系7〜8 cm）］
　「マトネス・シリーズ」「ポロ・シリーズ」「フラッシュ・シリーズ」など．
［小輪一重咲きF_1品種（花径5〜6 cm）］
　「カーペット・シリーズ」「プライムタイム・シリーズ」「ファンタジー・シリーズ」など．

Ⅱ．固定種，その他の品種

「デュオ・シリーズ（小輪八重咲き）」「アバランチ・シリーズ（小輪一重咲きの這性品種」など．

III. 栄養系品種

「サフィニア・シリーズ」「カスケイディアス・シリーズ」「ウェーブ・シリーズ」「ボンフリー・シリーズ」「ミリオンベル・シリーズ」「リリカシャワー・シリーズ」など.

(4) 生態的特性

ペチュニアは系統，品種の違いの他に最近は近縁属のカリブラコア属の品種も含まれるがペチュニアの園芸種を中心に述べる．生育温度は低温にはかなり強く夜間－2～－3℃程度で越冬できる．しかし生育適温は18～22℃位で開花には20～25℃が適している．光に対しては十分な日照を必要とし，半日陰になると急速に生育開花が低下する．日長に対する開花反応は量的長日植物といわれているが，低温短日では基部から分枝し節間がつまったロゼット状の生育になり開花は遅れる．高温長日では分枝は少なく，節間が伸びよく開花する．生育がつまった良苗を生産するには育苗前半が低温短日で後半は中温中日の環境にするのがよく，鉢や花壇に植えてから高温長日で順調に開花することになる．春出荷の育苗では前半低温管理が決め手になる．ペチュニアはわが国では花壇に苗を植付け後梅雨に入り雨が花を腐らせたが，最近の品種は耐雨性になったことと，咲き終った花が脱落して雨で腐れ汚れが回避できるセルフ・クリーニング性も高くなっている．栽培土壌のpHは5.5～6.5位がよく，アルカリ性になるとクロロシスが起こる．ペチュニアは大気汚染に敏感なことが研究で明らかにされ，一部ではその指標植物に利用されている．特に二次汚染物質のオゾン（O_3）とパン（PAN）に白色品種が敏感で被害を受けやすい（大気汚染の項参照）．最近は大気汚染に対する関心が薄れてきたが，今後とも配慮しなければならない問題である．

(5) 栽培

1) 花壇苗の栽培

F_1の種子は0.5 ml当たり2,400粒位あるが，現在はほとんどペレットシードになって

表20.8 世界で育成，販売されているペチュニアF_1の主なシリーズ品種（1998年現在）

シリーズ名	花サイズ	品種数	育成販売会社	シリーズ名	花サイズ	品種数	育成販売会社
F_1 Celebrity Series	5 – 6cm	21	Bodger	F_1 Tart S.	5 – 6cm	7	PanAmerican
F_1 Madness S.	7.5cm	16	〃	F_1 Flash S.	7 – 9cm	15	S & G
F_1 Aladdin S.	7 – 9cm	12	〃	F_1 Polo S.	5 – 6cm	16	〃
F_1 Sonia S.	7 – 9cm	11	Benary	F_1 Prism S.	7 – 10cm	5	Floranova
F_1 Fantasy S.	2.5 – 4cm	8	Goldsmith	F_1 Titan S.	9 – 10cm	8	Sakata
F_1 Prim Time S.	5 – 6cm	29	〃	F_1 Falcon S.	8 – 10cm	19	〃
F_1 Ultra S.	7 – 9cm	18	〃	F_1 Hulahoop S.	7 – 8cm	8	〃
F_1 Frost S.	7.5 – 8cm	4	〃	F_1 Picotee S.	7 – 8cm	4	〃
F_1 Cloud S.	7.5 – 8cm	7	〃	F_1 チャンピオン S.	7 – 8cm	5	〃
F_1 Dream S.	7 – 9cm	7	PanAmercan	F_1 ビューティ S.	7 – 8cm	4	〃
F_1 Carpet S.	5 – 6cm	13	〃	F_1 バカラ S.	5 – 6cm	13	〃
F_1 Cascade S.	6 – 7cm	9	〃	F_1 ロンド S.	5 – 6cm	8	Takii
F_1 Daddy S.	7.5 – 10cm	6	〃	F_1 カーニバル S.	7 – 8cm	8	〃
F_1 Majic S.	7.5 – 9cm	18	〃				

1,000粒単位で販売されている．発芽適温は24～25℃で発芽日数は5～7日である．生産的にはほとんどがパックか小さいポットで出荷する花壇苗になっているので，栽培も花壇苗の需要期の3～5月が中心で，播種，育苗はそれに向けて行う．系統，品種によりやや違うが，おおよそ播種から花壇苗として出荷するまでの期間は12～13週間になる．さらに近年はセル成型苗の利用も多くシーダー播種やセルトレイに手播きするか，セル苗を購入して作付けるケースも増えている．セル苗を購入して栽培にかかると，出荷までの期間は6～7週間となるので，需要期が春に集中する花壇苗生産では施設利用度が向上する．たとえば3/20日に出荷目標とすると12/25日前後に播種し，セル苗の移植適期が2/10日ころになるからセル苗購入では2/10日から3/20日の60日間（約9週間）となる．植付けは出荷容器のセルパック，カットパックや3～3.5号のポリポットがふつうである．花壇苗の取引が市場出荷の他に量販小売店などとの委託や契約取引になると，納期や数量の厳守は重要なので，生産マニュアルの作成とスケジュールどおり生産できる管理技術が要求される．

栽培用土もセル用市販用土の他，パンジー用土とほぼ同様な自家配合土を用いる．この際，pHの高くないものを使う．肥料は著者の研究（1971）ではペチュニアはチッ素に敏感な種類で，欠乏すると急速に生育が落ち，多くなると生育が旺盛になるチッ素型の種類である．この研究の結果からペチュニアの肥料を換算すると，用土に配合する肥料成分は用土1ℓ当たりチッ素0.27g，リン酸0.10g，カリ0.12gの肥料を元肥および追肥に分けて施用することを勧めたい．現実にはセル苗栽培では同一ロットの作付けでは各種類とも同一用土，同一施肥なので，追肥の段階で上記成分を参考に液肥施用することになる．ペチュニア苗は出荷期に近づくと施設内が高温長日条件になりやすいので，品種によっては徒長しやすく草丈の抑制にわい化剤処理が必要となる．Bナインの250～300倍液を植付け1～2週間後の茎葉散布が最も有効である．

出荷は各容器に花が1花開いた時，また，グリーン苗ではそれより7～10日早く開花前にラベルを付けて鉢トレイなどに詰めて出荷できる．花色の組み合わせなどは出荷先によって違う．

2）花壇栽培

花壇には前記の苗を定植する．ふつうはパンジー花壇の後で4～5月に植付ける．ペチュニアは多様な系統，品種があるのでうまく使い分け，また組み合わせて植えることである．ペチュニアは丈が20～30cmなので毛氈花壇が多いが，寄せ植え花壇やボーダーにも効果的である．同一花壇には同一系統の花色を組み合わせる．元肥を混入した植付け予定地を平にならし，水糸やビニールひもでデザインに地割して苗を植えるが，大輪一

図20.36　最新の大輪一重咲き品種「ブルーレース」

重は25～30cm, 小輪一重は30～35cm間隔に植付け, 栄養系でクリーピング・タイプの「サフィニア」などは30～40cmに植えても1カ月位で地表をカバーする. 植付け後, 月1回位追肥をするが, この場合は低度化成肥料を1m^{2}当たり50gの割合で株間にばらまく.

(6) 病害虫防除

ペチュニアの苗生産ではクリーンなセル苗を短期に施設で生産するようになったので病害虫の発生や汚染度が低くなった. 管理が清潔であれば苗の栽培中に薬剤散布する機会も減少してくる. かかりやすい病害は灰色かび病 (*Botrytis cinerea*) や細菌性立ち枯病 (*Pseudomonas solanacearum*) があるが, 現在でも注意を必要とするのはウイルスである. 特にCMVとTMVでアブラムシ類により伝染する. アブラムシの防除を徹底するとともに, ピンチする指による伝播に注意する. また, 栄養繁殖系ではウイルスフリーの母株を利用することである. 栄養系品種「サフィニア」にCMVウイルスの抵抗性をもたせるためサントリーの研究陣はCMV-Y系の抵抗性遺伝子を導入してCMV抵抗性サフィニアを育成している (1994).

図20.37 ペチュニアの花苗生産

図20.38 ペチュニアの花壇
（カリフォルニアで）

参 考 資 料

1) Ando, T. and Goro Hashimoto 1993. Two new species of Petunia from southern Brazil, Botanical Journal og the Linnean Society, Ⅲ.
2) Ando, T., Y. Ueda and G. Hashimoto 1992. Historical Survey and Present of systematics in the Genus Petunia Jussieu, 千葉大学園芸学部学術報告第45号.
3) 塚本達也・安藤敏夫・倉田昌泰・G.Hashimoto, E.Narchesi 1996. ペチュニアの近縁属の遺伝資源解析, (第9報) Petunia integrifoliaの種内分類群間の交雑親和性. 園芸学会雑誌別冊'96.
4) 編集部 1998. 品目分析 "ペチュニア" はなみどり 3月号.
5) 大平和幸・芦刈俊彦・難波成任・久住高章 1994. CMV外被タンパク質遺伝子を導入したペチュニアの閉鎖系, 非閉鎖系温室における安全性評価. 育種学雑誌 第44巻 別冊2号.

6) 須田畯一郎 1996, ペチュニアの育種, 昭和農業技術発達史 第6巻. 農文協, 東京.
7) 武田和男 1975. ペチュニアの育種. 新花卉 No.88.
8) Weddle, C.L. 1976. Chapter 23 Petunia Bedding Plants, A Penn State Manual 2nd Edition, Pennsylvania Flower Growers

20.13 マリーゴールド(属名:*Tagetes* L., 和名:マンジュギク, 英名:Marigold)キク科, 不耐寒性の一年生または多年生

《キーワード》:花壇, 花苗, 鉢物, 庭園, 切り花

　Tagetes属はメキシコ, 米国南部, アルゼンチンにかけて約30種あるといわれるが, 花きとして栽培されているのは*electa*種, *patula*種, *tenuifolia*種の3種である. これらは一般にマリーゴールドと呼ばれ主要な花壇用花きとして早くから系統, 品種が発達し各国で広く栽培されている.

(1) 主な種類

1) アフリカン・マリーゴールド (学名:*Tagetes electa* L. 和名:マンジュギク, 英名:African Marigold)

　メキシコ原産の不耐寒性一年生で丈は50～90cm, 茎は直立し分枝は少ない. 葉は細かい鋸歯をもつ羽状全裂葉で独特の強い刺激臭をもち濃緑無毛である. 茎頂に付ける花頭は径5～12cmで, 花色は黄色から濃橙色である. 開花期は初夏から秋まで. 改良された園芸品種には丈の低いわい性種や花頭の小花が変化した多様な花型, 白色花など育種は進んでいる. 海外では高性種が切り花にされるが, 多くは花苗および花壇植栽に利用されている. 1596年に欧州へ導入されてからアフリカに渡り, 一部では野生化していたのでアフリカン・マリーゴールドの通称になったという. 本種は米国で育種が行われたのでアメリカン・マリーゴールドとも呼ばれる. わが国へは宝永年間 (1624～1643) に渡来している.

2) フレンチ・マリーゴールド (学名:*T. patula* L., 和名:クジャクソウ, 英名:French Marigold)

　メキシコ原産の不耐寒性一年生で, 茎は下部からよく分枝して丈は20～40cmになる. 羽状細裂する葉を対生し各茎頂には花径3～6cmの花頭を付け花色は黄色から橙色, 赤褐色までの単色と複色がある. 開花は温度さえあればほぼ周年開花する. 葉の特有な臭いもアフリカンより弱い. 本種も改良が進んで大輪種や種間交雑種もある. 花苗, 花壇用とも前種より多く利用されパックやポット苗生産では重要品目である. 欧州へは1573年に導入され, 初期にはフランスで育種されたのでフレンチ・マリーゴールドといわれる. わが国へは貞享元年 (1684) に渡来して孔雀草と呼ばれた.

3) シグネット・マリーゴールド (学名:*T. tenuifolia* Cav., syn. *T.signata*. 和名:ホソバクジャクソウ, 英名:Signet Marigold)

　メキシコ原産の不耐寒性一年生で丈は40～60cm位になり, 多数の細い茎を分枝し, 葉

は羽状に細裂して軟い．径2cm位の小さい花頭を多数付ける．花頭は5弁の舌状花の一重咲きで花色は橙から黄色があって基部に褐色の斑点が入る．初夏から秋に開花する．やや高温には弱く欧州で栽培が多く育種も行われている．わが国でも最近は花苗として生産がみられる．1797年に欧州へ紹介され，わが国へは明治年間に導入されている．

4) 園芸交雑種

 T. erecta（2n = 24）× *T. patula*（2n = 48）の種間交雑による3倍体 F_1 品種（Hybrid Triploid Marigold）が育成されている．両種の中間型の特性をもち，丈が低くよく分枝し花はフレンチ・マリーゴールドより大きく径6cm位で生育は旺盛開花期も長い．当初は採種量が少なく種子が高価だったが，最近はその点が改良されて利用しやすくなっている．

(2) 育種と系統，品種の発達小史

 マリーゴールドが発見されたのは16世紀であるが，植物学的に認定されたのは，*erecta* 種と *patula* 種が1761年，*tenuifolia* 種は1866年であった．初期にメキシコからスペインに入ったマリーゴールドが，アフリカ植民地に渡って野生化したこと，カレンジュラも"Marygold"と呼ばれていたため原産地や分布，同定にはかなり混乱があった．花壇用花きの多くが欧州で育種されたのに，このマリーゴールドは米国で徹底的に育種されたことは興味深い．1970年ころまでマリーゴールドの育種に力を注いで，品種の発達を進めたのはアトリー・バーピー社（W. Atlee Burpee Co.）である．特にアフリカン・マリーゴールドの育種を意欲的に行い，高性のカーネーションに似た花型で大輪のカーネーション咲き，筒状花が弁化したキク咲きなどの品種群を次々と育成した．白色のマリーゴールドを育成する目的で懸賞金10,000ドルをかけてカタログに該当種子を募ったのもバーピー社で1969年のことであった．

 しかしバーピー社のマリーゴールド育種への貢献は雄性不稔株を利用した一代雑種品種の育成で，1967年発表の F_1 品種「クライマックス（Climax）」がそれであった．

[アフリカン・マリーゴールドの雄性不稔系統利用による F_1 品種の育成]

 最初の突然変異で発見された雄性不稔株は（Male Steility：以下 MS という）は雌雄蕊をもつ筒状花を欠く舌状花だけの花頭の系統であったが，雄蕊だけの株を識別するのに労力を要し，その後，無弁型，単因子劣性の雄性不稔系統を得て，米国独特のマリーゴールド F_1 採種を行うようになった．その概要を伊藤（1975）は図20.39のように説明しているが，この系統でも MS の半数は正常株が出現するのでこれを抜き取る面倒があった．現在ではこの中の MS 株（aa）を組織培養増殖して利用するようになったので，F_1 採種は効率的にできるようになった．しかし，フレンチ・マリーゴールドは MS 系統が発見されていないので F_1 品種はない．

 バーピー社はフレンチ・マリーゴールドの育種も指導的に行い有名な「プチ・シリーズ（Petite series）」など多数を育成している．同社はさらに1969年，アフリカン・マリーゴールドとフレンチ・マリーゴールドの種間雑種の3倍体 F_1 品種「ヌーゲット・シリーズ（Nugget Series）」を発表したが，採種効率が悪く種子が高価なため普及しなかった．ごく最近になって英国のフロラノバ社（Floranova Seed）が育成した「ゼニス・シリーズ（Zenith series）」が育成されて再び見直されている．

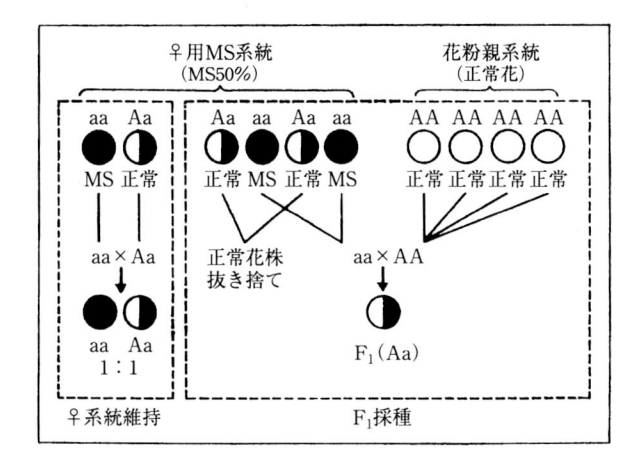

```
          ♀用MS系統                花粉親系統
          (MS50%)                 (正常花)
  ┌─────────────────────────┬──────────────────┐
  │  aa  Aa    Aa aa Aa aa   AA AA AA AA        │
  │  ●  ◐     ◐● ◐ ◐       ○ ○ ○ ○        │
  │  MS 正常   正常 MS 正常 MS  正常 正常 正常 正常 │
  │   │  │    ＼ ╳ ／          ＼ │ │ ／        │
  │   │  │                                       │
  │  aa×Aa    正常花株         aa×AA             │
  │            抜き捨て                           │
  │   │                         │                │
  │  ● ◐                       ◐                │
  │  aa Aa                     F₁(Aa)            │
  │  1：1                                         │
  │                                               │
  │ ♀系統維持        F₁採種                      │
  └──────────────────────────────────────────────┘
```

図20.39　アフリカン・マリーゴールドの雄性不稔系統 (MS) を使った F_1 採種体系図 (伊藤, 1975)

1980年ころから米国を中心に花壇苗生産が拡大して，セルパックやポリポット (日本) などによる取引の花苗ビジネスの活発化と，セル苗生産システムの出現によりマリーゴールドの育種の方向が大きく変わった．播種から短期間で均一に開花するセルパックやポット向け品種の育種に集約されてきた．そしてこの育種を意欲的に行うカリフォルニアのボジャーシード社 (Bodger Seeds Co.) とデンフォルムシード社 (Denholm Seed) にバトンタッチされた．特にボジャーはアフリカンのわい性の「F_1ディスカバリー・シリーズ (Discovery series)」や，フレンチの「リトル・ヒーロー・シリーズ (Little Hero series)」や「サファリ (Safari)」など，多数の品種を育成してマリーゴールドの育種では各社の中でも首位を占めている．デンホルムも「ボーイ・シリーズ (Boy series)」や「ボナンザ・シリーズ (Bonanza series)」を育成している．アフリカンのわい性 F_1 品種では播種から一番花が開花して，パックで出荷できるまでの期間は9〜11週間，フレンチでは8〜9週間の開花が育種目標になっている．現在はボジャー社以外のバーピー社とデンホルム社はボール社に吸収されており，1990年以降はゴールド・スミス社 (Gold smith) もアフリカン・マリーゴールドの育種を始めり，わい性 F_1 品種の「エクセル・シリーズ (Excel series)」やインカ・シリーズ (Inca series) を販売して，この3社がマリーゴールドの育種企業のリーダーになっている．シグネット・マリーゴールドだけは夏季涼しい欧州のデンフェルト社が育種をしている．

(3) 主な品種

[アフリカン・マリーゴールド]
1. 高性固定品種 (60〜80cm)：「レディ・シリーズ (Lady series：大輪橙色または黄色)」「パーフェクション・シリーズ (Perfection series：大輪橙色，黄色など)」など．
2. 高性 F_1 品種 (50〜70cm)：「F_1 ゴールド・コイン・シリーズ (F_1 Gold Coin series：大輪，橙色，淡黄色)」など．
3. 中，わい性 F_1 品種 (15〜30cm)：F_1 ディスカバリー・シリーズ (F_1Discovery series

：大輪中性，橙，黄色）」「F_1インカ・シリーズ（F_1Inca series：大輪中性橙色，黄金色，黄色）」など．

[フレンチ・マリーゴールド]
1. わい性八重咲き品種（草丈20～25cm）：サファリ・シリーズ（Safari series：大輪，黄橙，黄，複色）」「ヒーロー・シリーズ（Hero series：大輪，橙，黄色，複色）」「ボナンザ・シリーズ（Bonanza series：大輪丁字咲き，橙，黄，複色）」など．
2. わい性一重咲き品種（草丈20～25cm）：「ディスコ・シリーズ（Disco series：中輪，橙，黄，赤と橙複色）」「エスパナ・シリーズ（Espana series：中輪，黄色，覆輪，複色）」など．

[種間交雑品種]
1. 3倍体F_1品種：ナゲット・シリーズ（Nugget series：巨大輪，橙，赤橙，黄色）」「ゼニス・シリーズ（Zenith series：巨大輪，黄，橙赤色）」など．

[シグネット・マリーゴールド]
ジェム・シリーズ（Gem series：わい性小輪一重咲き，橙，黄金，黄色）

（4）生態的特性

不耐寒性なので気温が最低5℃位になると生育は停止し，0℃になると凍害を受けて枯死する．適温は15～20℃で十分な日照下で旺盛に生育し開花するが，30℃以上になると生育は鈍り開花も減少する．マリーゴールド3種は日長に対しては量的短日植物であるが，アフリカン・マリーゴールドとフレンチ・マリーゴールドは花芽形成にはあまり日長は影響されず，花芽の発育は日長と温度の影響を受ける．シグノネット・マリーゴールドは花芽分化も短日でやや促進される．日長および温度差の開花への影響はアフリカン・マリーゴールドとシグノネットでフレンチ・マリーゴールドが影響は少なく，適温が保たれればほぼ周年開花する．特に近年育種された品種はアフリカン，フレンチとも日長に対しては中性に近くなっている．

図20.40 カリフォルニア，デンフォルム社のフレンチ・マリーゴールドの育種検定

図20.41 わい性アフリカン・マリーゴールドF_1品種「ディスカバリー」

（5）栽　培

マリーゴールドの種子は細長く先端に尾羽状をもつ特異な形態で，そのま

まのレギュラーシード（Regular seed）では，自動播種機にかかりにくいので羽の部分を切除したディテールドシード（Detailed seed：わが国ではスリムシードといっている），それをさらにコーティングしたコーティングシード（Coating seed）がある．わが国では前2種の種子が販売されている．レギュラーシードは20ml当たり，フレンチで600粒，アフリカンで700粒位ある．スリムシードは20ml当たり，フレンチで1,000粒，アフリカンで1,200粒位になるが，現在は1,000粒単位で販売されている．

種子はセルトレイに播種機による自動播きか，手播きの1粒播きをするか，播種トレイにばら播きする．発芽温度は20～24℃，発芽日数は6～8日である．

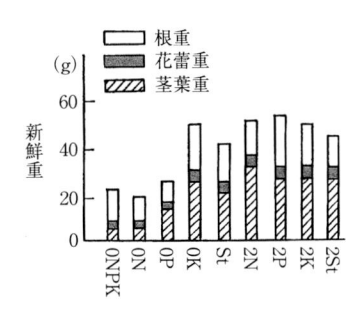

図20.42 フレンチ・マリーゴールドの生育開花に及ぼす肥料3成分の影響（鶴島ら，1971）

1）花壇苗栽培

鉢物・花壇苗の取り扱いトップの花き卸売市場のFAJ（フラワーオークションジャパン）の花壇苗取扱量でマリーゴールドは第4位（123万ポット，1997）で，わが国では主要な品目である．花壇苗としての出荷期は3～6月が中心になる．すでに述べたように品種によるがアフリカン・マリーゴールドのわい性品種では，播種から一番花が開花して出荷できるまでの期間は10～11週間，フレンチ・マリーゴールドで8～9週間なので，出荷目標期や契約生産などによる納期から逆算して播種，育苗することになる．苗の容器は3～3.5号のポリポットかセルパック，カットパックに植付ける．植付け用土は他の苗物と同様でよいが，肥料については著者らがフレンチ・マリーゴールドに対する3成分の影響を調べた研究（1971）では，図20.42のように3成分を欠く区では当然生育開花は劣るが，チッ素，リン酸を欠くと生育開花ともに劣り同成分を2倍量施用すると生育開花が目立ってよくなる．すなわちチッ素，リン酸に敏感に反応するグループでは特にリン酸施用が目立つ．このため用土に配合する元肥および追肥ともリン酸施用は欠かせない．この理由で元肥として用土にリン酸成分の高いマグアンプKを混入することは有効である．発芽後の発育は早いので2～3週間でセルトレイから鉢上げし，十分な日照と日中は18～23℃，夜間13～15℃位の温度管理で予定道理に開花する．伸び過ぎる時はわい化剤を処理するが，できれば

図20.43 フレンチ・マリーゴールド花壇苗生産状況（北海道，北光園芸）

温度管理だけで均一な生育開花をさせるようにしたい．マリーゴールドは一番花がほぼ完全に開花展開して状態を揃えて出荷するが，最近の品種はそのままで花サイズ，草丈が均一に仕上がる．ポットにはラベルを付け，出荷先に応じて1トレイ1色か組み合わせて詰める．

 2）花壇栽培

 花壇植栽には前記の花壇用苗として出荷されたものを植付けることになる．初夏から夏花壇ではペチュニア，サルビア，ビンカなどは常識的な組み合わせである．わい性アフリカン，フレンチとも草丈が20～25cm位なので毛織花壇や寄せ植え花壇に境栽花壇の周辺や前面植えに利用する．他の花壇用種同様，元肥をすき込んで平らにならしデザインに沿った地割をして植付ける．間隔はフレンチで18～25cm，わい性アフリカンでは18～22cm位に植える．

図20.44　フレンチ・マリーゴールドの花壇
　　　　　（ロスアンジェルス，ディズニーランド）

 3）切り花およびネマトーダ（線虫）防除栽培

 切り花にはアフリカンの高性品種を用いるがわが国では少ない．マリーゴールドを栽培するとその圃場のネマトーダが減少することはかなり以前から知られている．原因は究明されていないが，野菜など広い圃場のネマトーダを農薬を使わず作付けの合間に草姿の大きいアフリカン・マリーゴールドを栽培し，さらに茎葉を砕いてすき込むとさらに効果がある．神奈川県三浦郡の三浦大根産地が最初に実用化して大きな成果を上げている．現在，サカタのタネなどはネマトーダ駆除用マリーゴールド品種「アフリカン・トール」の種子を1dl単位で販売している

（6）病害虫防除

 マリーゴールドは葉に特有な臭いをもち，ネマトーダをも駆除するほどであるから，害虫も付きにくく，病害の発生も少なくほとんど農薬に頼ることはない．しかし戸外の花壇植えなどでは時おりダニ類の被害を受けることがある．葉裏に発生すると防除しにくいので，発生初期にダニ剤を散布して防ぐ．

参 考 資 料

1) 浅平　端　1975．1・2年草花の開花習性と開花調節．新花卉 No.88．
2) 石井勇義他編　1970．Tagetes L. 最新園芸大辞典　第6巻．誠文堂新光社，東京．
3) 伊藤秋夫　1975．ダイアンサス，マリーゴールド，ジニアの育種．新花卉 No.88．
4) Bemis, Dean 1998. Super performance with triploid marigolds, Grower Talks Fall.
5) Editers 1976. Early American Horticulture "Bicentennial Issue" Grower Talks July.

6) Goldsmith, G.A. and Allen Wilson 1976. Marigold, Chapter 24. Sun Plants. Bedding Plants Edited John W. Mastalerz, Pennsylvania Flower Growers.
7) 浜田　豊 1995. マリーゴールド　農業技術体系　花卉編　第8巻1，2年草. 農文協，東京.

II. 花壇用多年生花き（含球根）

20.14 アスチルベ（学名：*Astilbe* × *arendsii* Arends., 和名：アスチルベ，英名：Astilbe）ユキノシタ科，耐寒性多年生

《キーワード》：庭園・花壇，鉢物，切り花

　アスチルベ属は日本を中心とする東アジアに17種，米国大陸に14種が分布する．園芸上で栽培されるのはこれら原種間の種間交雑種から育成された品種で，それらを総括して× *arendsii* 種として扱われている．従来，宿根草を代表する種類として宿根園や花壇用花きとして栽培されてきたが，育種が進んで最近は花苗，鉢物，切り花として利用が広がり，主要な種類に近づいている．現在の園芸種成立に関与した主な野生種は以下のものがある．

（1）園芸種とその成立に関与した野生種

1）交雑園芸種

　日本原産の *A. astilboides*, *A. japonica*, *A. thunbergii* と中国原産の *A. chinensis* を交雑して育成した× *arendsii* 種の他，*A. simplicifolia* と× *arengsii* の交雑による *A.* × *crispa* Bergmans, *A. japonica* と *A. chinensis* の交雑種の *A.* × *rosea* Hort. があり，それぞれ品種が育成されているが栽培上では× *arendsii* 種として取り扱っている．

2）*A. astilboides* Lemoine

　日本原産で丈は1m位になり，葉は2〜3回羽状複葉で，小花を穂状花序に密に付け，花色は白色である．開花は7月．

3）*A. chinensis*（Maxim）Franch et Sav.

　中国北部から朝鮮半島に自生し丈は50〜60cmの多年生で全株褐色の毛で覆われる．葉は2回3出の羽状複葉で，花序は円錐花序で桃色の小花を付ける．開花は6月，園芸種の主要な交配親になっている．

4）*A. japonica* Miq.（アワモリショウマ）

　日本の近畿以西の山地に自生し，高さ40〜60cm，2〜3回3出複葉で若葉や葉柄は赤味を帯びる．円錐状の花穂の小花は白色，開花は6月である．

5）*A. shimplicifolia* Makino（ヒトツバショウマ）

　北海道から九州までの山地の岸壁などに自生し，高さ30〜40cmで，葉は長柄の深裂した長楕円形の単葉，花穂は粗に白色の小花を付け開花は6〜7月である．

6）*A. thunbergii* Miq.（アカショウマ）

　北海道から九州までの山地に自生し丈60〜90cmになる耐寒性多年生で葉は2〜3回3

出複葉で，茎は赤味を帯びる．花序は小花を密につけるピラミッド状の円錐花序で開花は6月である．

(2) 育種の発達小史

アスチルベ属の野生種が日本および中国から欧州へ紹介されたのは *thunbergii* 種の1878年など，ほとんどが19世紀末に紹介されたので育種は19世紀末から20世紀にかけて行われている．ドイツ，Ronsdorfで小さな農園を経営していたアレンズ（Arends, Georg）が19世紀末にアスチルベの育種を開始するまではほとんど育種は行われていなかった（Bloom, Adrian 1998）．彼は日本原産の *A. astilboides*，*A. japonica*，*A. thunbergii* と中国原産の *A. chinensis* との種間交配をして多くの品種を育成した．1904年には「ピーチ・ブロッサム（Peach Blossum）」と「クィーン・アレキサンドラ（Queen Alexandra）」のピンク2品種を発表しRHSの金賞を得て欧州の園芸界に衝撃を与えた．その後，英国のVeitch商会が中国から導入した *A. chinensis* var. *davidii* という高性のピンクの原種を交配して高性で花穂が羽状円錐形の藤桃色の「セレス（Ceres）」と鮮桃の「ピンク・パール（Pink Perle）」を1909年に発表した．これらは *A.* × *rosea* としている．紅赤色の品種は1930年に実生変異から「ファナル（Fanal）」を選抜し，さらに濃い鮮赤色の「フォイヤー（Feuer）」を1940年に育成している．これらの日本の原種を交配親になっているグループをアレンズは"Japonica-hybrid"と呼んでいる．彼はさらに丈の低い *A. simplicifolia* を交雑種に交配してわい性で花穂がコンパクトな「スプライト（Sprite）」なども育成し，これらは *A.* × *crispa* ともいう．アレンズは1967年逝去するまでの約50年間アスチルベの育種に意欲を注ぎ，70種以上を育成し，現在の品種の過半数を占め，× *rosea*，× *crispa* 以外の交雑園芸品種は× *arendsii* に含まれる．アレンズはアスチルベ以外にも *Phlox maculata* の品種「Alpha」「Omega」，*Sedum* の「Autumn Joy」，*Bergenia* の「Morgenrote」なども今も栽培されている品種も育成していることを付記しておく．

アスチルベの育種はアレンズの他にフランス，ナンシーの有名なブリーダー，ヴィクトール・ルモワンヌ（Lemoine, Victor），オランダのルイス（Ruys）なども行っており，アレンズの没後オランダのファンフェーン（Veen, Van）は *A. glaberrima* を交雑してさらに草丈40cm位のピンクのわい性で花穂もコンパクトな品種「Hennie Graafland」や「Willie Buchanan」などを育成し，英国のブロム（Bloomsは現在 Bressingham Gardensに吸収）はライラック・ピンクの「Sheila Haxton」や白色の「Snowdrift」などを育成している．これまでの品種は全て栄養繁殖系であったが，ドイツのベナリー社は1995年，種子系で前年播種して越冬後の翌年開花するわい性品種「Showster」を育成し栽培をより簡易化している．

(3) 主な品種

〔高性品種（80～100cm）〕

「ブレッシンガム・ビューティ（Bressingham Beauty：ピンク）」「ダイアモンド（Diamond：白色）」「アメシスト（Amethyst：藤桃色）」など．

〔中性品種（50～70cm）〕

「エリカ（Erica：桃色）」「ファナル（Fanal：濃い赤色）」「グラナート（Granaat：濃い

赤色）」「ヒアシンス（Hyacinth：藤色）」「ドイッチランド（Deutschland：乳白色）」「ヨーロッパ（Europa：単桃色）」「モントゴメリー（Montgomery：濃い赤色）」「カトレア（Cattleya：藤桃色）」など．
[わい性品種（30～40cm）]
「ヘニーグラフランド（Henny Graafland：藤桃色）」「ウイリアム・ブキャナン（William Buchanan：乳白色）」「スプライト（Sprite：濃い桃色）」など．

(4) 生態的特性

　低温には強いが，30℃以上の高温には弱い品種もある．冷涼な温度が適し生育適温は15～20℃位とみられる．アスチルベの開花には一定期間の休眠と低温遭遇が必要である．短日低温で地上部は枯れて休眠に入る．休眠を打破するには3℃以下の低温を12週間以上を必要とする．休眠，萌芽後の生育では長日条件で開花がやや促進される量的長日植物とみられる．従って秋季短日下での抑制栽培では電照が有効である．
　アスチルベは半陰性といわれるが現在の品種はかなりの強光にも耐えるが，生育には一定の湿度を必要とし，極端な乾燥には弱い．このため乾燥期には日除けをすることがある．また，栽培土壌は弱酸性がよく，アルカリ土壌では生育しにくい．

(5) 栽　培

　アスチルベの増殖は種子系以外は株分けによる．10月に地上部の茎葉を切除して株を掘り上げ4～5芽ほど付けてハサミなどで切り分ける．

　1）庭園や花壇栽培

　アスチルベを宿根園に植えるには品種により草丈や開花様相が違うので同一品種をある程度まとめて植えることを勧めたい．10月に株分け苗を予定地に25～30cm間隔に植付け冬季までに十分根を張らせておくことである．肥料は低度化成を1m^{2}当たり40g位の割合で施用する．植付け後には10月と3月に施用する．

　2）鉢物としての促成・抑制栽培

　季咲きの時期は高温期になり鉢物価値は低いの

図20.45　宿根園に植栽されたアスチルベ

図20.46　アスチルベの種子系品種「ショースター」

表20.9 アスチルベの促成における到花日数の品種間の違い（Beattie, D. J. ら, 1983）

花色	品　種	3月下旬～4月上旬植付けの場合		
		発蕾までの日数	開花までの日数	草丈(cm)
赤色	Etna	40	51	40
	Fanal	39	50	35
	Red Sentinel	41	55	33
桃色	Europa	38	47	40
	Federsee	39	54	40
	Mainz	43	55	40
	Rheinland	39	48	38
白色	Deutschland	37	47	46
	Gladstone	40	50	33

図20.47 オランダでのアスチルベの抑制栽培（11月ころの状態）

で，促成または抑制による秋，晩春出荷の鉢物としての栽培や，春から初夏にかけての花苗出荷としての栽培が増えている．鉢物には早生のわい性種を用いる．

［促成栽培の概要］

秋に根株が到着したら5℃に最低12週間低温貯蔵する．その後，根株を12～15cmのポリポットに鉢上げする．用土は赤土にバーミキュライト，ピートモスを各20％位配合してpH6～7にしマグアンプKを5g/lを加える．ハウス内のマット灌水ベッドに鉢を置き低面給水させ，日中は20℃前後，夜間は10℃程度を保てば品種にもよるが，6～8週間で開花して出荷できる．促成栽培の品種による到花日数の差異については表20.9のような研究結果がある．丈の伸び過ぎにわい化剤の効果がやや認められ，花房が抽台し始めた時に1週間おきにBナイン5,000ppm液を葉面散布するが，開花がやや遅れる欠点がある．鉢物としての出荷には花房が色づき始めた時に出す．

［抑制栽培の概要］

1月まで露地で低温休眠させた根株を掘り上げ，ミズゴケやピートモスなどの保湿材をパッキンにしてトレイなどに根株を詰め－2～－3℃に氷温貯蔵し，適当な時期に出庫して5℃で徐々に解凍してから鉢に植付ける．用土や肥料は促成と同じである．ふつう出荷期の2カ月前に出庫して植付ける．例えば10～11月に開花させるには8月下旬に出庫し，日除けや換気をはかりできるだけ涼しい条件で栽培し生育中は乾燥させない．氷温貯蔵は最大1カ年できる．また，冬季の場合は夜間10℃位に加温する．

［種子系品種の栽培概要］

種子系品種は6月ころに播種し，育苗して鉢上げする．秋までにできるだけ株を充実させて冬季は戸外に置いて自然低温に合わせてから，2月下旬ころ夜間10℃に加温したハウスに入れると5～6月に開花する．種子系はわい性種なので花苗用か鉢物とする．この

栽培では10cm鉢の花苗か，12cm鉢の鉢植えである．これ以上のサイズの鉢植えにするには早播きするか，もう一年据置する必要がある．

参 考 資 料

1) Beattie, D.J. and E.J.Holcomb 1983. Effects of chilling and photoperiod of forcing Astilbe. HortScience 18.
2) Bloom, Adrian. 1998. Aspiring elegance. The Garden July.
3) Bloom, Adrian. 1984. Guideline for forcing of Astilbe, Initally issued November 1984 as Holland flower-bulb technical services Bullet in No.12.
4) 小黒 晃 1997. アスチルベ，農業技術大系 花卉編 第9巻. 宿根草 農文協，東京．
5) 成沢 久 1983. アスチルベ，林角郎編 宿根草 下巻. 誠文堂新光社，東京．

20.15 オステオスペルマム（属名：*Osteospermum* L., 和名：ケープ・ディジー，英名：Cape Marigold）キク科，半耐寒性常緑多年生または半低木

《キーワード》：鉢物，花壇

　以前はディモルフォセカ属（Dimorphotheca）であったが現在はオステオスペルマム属になり，南アフリカ中心に約70種が分布しているといわれる．現在栽培されている園芸種は *O. barbarae*，*O. caulescens*，*O. ecklonis*，*O. fruticosum* および *O. jucundum* などの交雑により育成されたと思われる．*fruticosum* 種は1740年ころ英国の庭園で栽培されていたといわれるが，園芸種が育成されて栽培されるようになったのは30年ほど前からである．1969年ころ英国では数種の原種が栽培されていたが1970年，ケープタウンから「Nairobi Purple」が導入され，1975年にこれと「Prostratum」が交配されてピンクの「Cannington Roy」が育成されている．1970年代から1980年代にかけて英国を始めニュージーランド，米国で育種が行われている．
　1979年にはニュージーランドから花弁の先がスプーン状になる「Tauranga」が入っている．1990年代になるとオランダの Van Zanten & Co.が「White Fantasy」「Zulu」や「Tanga」などを育成して販売している．わが国へは1980年ころに入っていたが，海外育成品種の苗が販売されるようになったのは1995年以後である．オステオスペルマムは3〜4月の鉢物としての生産が多い．

(1) 主な品種

　「ナイロビ（Nairobi：やや青みを帯びた白で芯は紫）」「タンガ（Tanga：赤紫色で芯は紫）」「ヅル（Zulu：濃い黄色で芯も黄色）」「ピンク・ファンタジー（Pink Fantasy：赤紫色のサジ弁花で芯は灰色）」など．

(2) 栽　培

　繁殖は挿し芽が普通である．10月上〜中旬に親株の分枝した茎の先端を4〜5cmの長さに切りパーライトなどの挿し床に挿してミストを与える．25〜30日で発根するから鉢

上げする．鉢は12～15cm鉢で用土は鉢物用調整用土でよい．鉢上げ後は数回摘心して分枝を促すが，節間を伸ばさないようにする．生育適温は20～25℃位，冬季は施設内で夜間最低8℃位で栽培する．オステオスペルマムは短日で花芽が形成されて開花するが節間の詰まった発育をする．長日は開花が抑えられ節間が伸びる傾向がある．ふつう10月挿しで順調に栽培すれば3～4月に開花して出荷できる．栽培中，肥料は控え目にし，元肥として用土にマグアンプKを配合する他追肥は薄い液肥がよい．丈の伸びを抑えるには生育初期にわい化剤のCCCまたはボンザイを1～2回散布する．

20.16 カンナ (学名:*Canna generalis* Bauley., 和名:ダンドク，ハナカンナ，英名:Canna) カンナ科，不耐寒性常緑球根

《キーワード》：庭園・花壇，鉢物，コンテナ

　南米，東南アジア，アフリカに約50種が分布し，この内の数種が交雑されて現在の園芸種が育成され主に庭園や花壇に植えられてきた．カンナは早くから欧米で育種されて多様な品種が育成されているが，家庭の花壇の他に広い公共緑地や都市緑化などに使用されてきたが最近はやや減少している．この丈夫で開花期の長い球根植物は今世紀の環境を考えた修景用花きとして多く利用したいものである．

　カンナは地下の根茎を横に発育させて芽から太い茎を直立させ，頂部の円錐花序に大きな花を付ける．花は花弁状の萼片5と花弁3枚をもつ．花色は園芸種では赤，桃，橙，黄，白色の単色の他，絞りもある．カンナは春球根を植付け，萌芽後生育して6月から降霜期まで開花し，亜熱帯や温暖地方では周年開花する．葉は大きな長楕円形で先は尖り，緑葉と紫葉の他，斑入り葉もある．冬季の低温には弱いので寒冷地では掘り上げて貯蔵する必要があるが，最近は冬季温暖化にともない掘り上げしない地域も広がっている．

(1) 育種と品種の発達小史

　カンナの園芸種のもとになった原種 *indica* 種が欧州へ紹介されたのは1570年，*iridiflora* 種が1816年で，1848年にフランスのアンネ(Annee, M.)が *C. nepalensis* の実生選抜を始めている．さらに1863年には *C. iridiflora* × *C. warscewiczii* との交雑により *C. ehemanni* なる交配種が生まれている．この園芸種が元になって多くの育種家によって中性大輪のカンナの品種が育成され，フレンチ・カンナ(French Canna)と呼ばれ，これらのグループから現在の園芸品種ができている．さらにイタリアのナポリ付近でマダム・クロージー(Mme. Crozy)が1892年ころからフロリダ原産の *C. flaccida* に，ペルー原産の *C. iridiflora* を交配して花弁がランのように反転する，オーキッド咲きで高性の品種を育成しイタリアン・カンナ(Italian Canna)が生まれている．

　この2系統を中心に19世紀から20世紀にかけて欧米で多くの品種が育成されている．わが国へは江戸時代中期に渡来しており，当時の園芸書の「花壇地錦抄(1695)」や貝原益軒の「大和本草(1708)」にダンドクという名で記載されている．明治年間には欧州から園芸品種が輸入され第二次世界大戦後には球根の生産とともに育種も一部で行われた．東京都練馬区の細田梧楼はわい性カンナの育種に取り組んだ唯一のカンナのブリー

ダーであった．欧州から輸入されたわい性品種は草丈が60～80cmにもなることから彼は30～40cm位の極わい性品種を育成しようと交配選抜を重ねた．その結果，極わい性のアミイル・H・ロイス，S・H・ビューティー，旭光，ヴィーナスなど数多くの品種を育成している．何れも海外品種にないわい性中輪の優れた品種であったが，ウイルスに弱く，品種の維持が困難なため残念ながら現在ほとんど保存されていない．近年，タキイ種苗（株）は種子から7～8カ月で開花するわい性の種子系品種「トロピカル・シリーズ」を1990年ころに育成し1992年のAASで入賞している．一年生的な栽培の鉢物やコンテナ向けで，現在赤色，桃色品種が育成されている．

(2) 主な品種

フレンチ系やイタリアン系で早くから育成されたものの中から最新の品種を含めた主なものを表20.10に示す．

(3) 形態および生態的特性

カンナの球根は植付けると，主茎が発育伸長して葉6～7枚展開して花穂を抽出するが，その後，地下部では主茎基部の両側に新地下茎が発達し，それぞれの先に生ずる芽が伸び第二次主茎を抽出して第一次主茎に約30日遅れて伸び開花し，第二次主茎の基部に第三次主茎を形成するよう生育温度が保たれれば，連続的に地下茎と主茎の伸長および開花を繰り返す．しかし根茎には伸長しない副芽も存在し，自然状態の9月以後の低温短日条件に遭遇すると潜芽が増加する．カンナの地下茎と主茎の発達を夏から秋の4カ月間の

表20.10　カンナの主な品種の特徴

品種名	花色	花型	葉色	草丈（一次花茎）	耐寒性	結実性	染色体数（2n =）
[海外育成品種]							
バーバンク	黄色	中輪	緑色	高性(135)	やや強い	−	−
ユーレカ	乳白色	大輪	〃	中性(95)	〃	＋＋	−
ノコミス	濃赤色	大輪	紫色	高性(100)	弱い	〃	27
プレジデント	赤色	〃	緑色	中性(80)	やや強い	〃	−
アメリカンレッドクロス	緋赤色	〃	〃	中性(80)	弱い	〃	27
ベスビアス	黄色に赤小斑	極小輪	〃	中性(70)	〃	＋＋	−
キューピッド	淡桃色	中輪	〃	わい性(60)	〃	＋	−
ホルトディコック	濃赤色に淡黄の覆輪	〃	〃	中性(80)	〃	＋＋	−
インディアナ	橙赤色	〃	〃	高性(150)	やや強い	−	−
イエローキングハンバード	濃黄色に赤筋入り	〃	緑紫色	高性(130)	〃	−	27
カリフォルニア	明るいオレンジ色	〃	緑色	高性(110)	〃	＋＋＋	18
ワイオミング	橙色	大輪	紫色	高性(140)	強い	〃	−
[国内育成品種]							
白蓮	淡いクリーム色	〃	緑色	中性(70)	弱い	〃	18
右近	白に近い淡黄色	中輪	〃	中性(70)	〃	＋＋	−
アミイル・H・ロイス	鯨肉色をおびた桃色	〃	〃	わい性(45)	〃	＋	−
S・H・ビューティー	黄色地に赤の小斑天	小輪	〃	わい性(40)	〃	〃	−
[最新育成品種]							
リバティ・シリーズ	赤，黄，淡黄の各色	小輪	斑入り	わい性(45)	〃	〃	−
トロピカル・レッド	赤色	中輪	緑色	わい性(30)	〃	〃	−
トロピカル・ローズ	濃桃色	〃	〃	わい性			

注）結実性は細田梧楼氏の資料による．＋は結実，−は不稔．染色体数は島根農科大の吉田正温氏の研究による．また，リバティ・シリーズは原種よりの選抜種，トロピカル・シリーズは種子系品種で1992年のAAS受賞．

観察結果は図20.48のようになる.

熱帯性のカンナの生育適温は25～30℃位とみられ5℃以下では生育が停止し0℃以下では凍害を受けて枯死する.生育には十分な温度と日照を必要とし,開花は高温長日で促進される傾向がみられる.

(4) 栽　培

1) 栄養系品種の花壇栽培

カンナはふつう球根を分球して殖やす.湿ったオガクズなどに詰めて3～5℃で貯蔵した球根塊を3月下旬ころ取り出し,大きい主芽を2～3芽付けて根茎より切り分ける.露地の花壇などに群植するには,予定地に1m^{2}当たり堆肥2kg,化成肥料50g位の割合で元肥を管理機などで撹拌して深く鋤き込む.球根を40～50cm間隔に植え込み,芽の上に土が8～10cm位かかるようにする.また,カンナをボーダー状に列植するには列間を30～40cm,株間を35～40cmに植付ける.植付け後の管理は除草と追肥などである.球根の掘り上げは秋,うす霜が降りたら地上部を刈り取り,球根を掘り上げる.余分な土を落としてそのままの状態で地下穴や貯蔵庫に貯

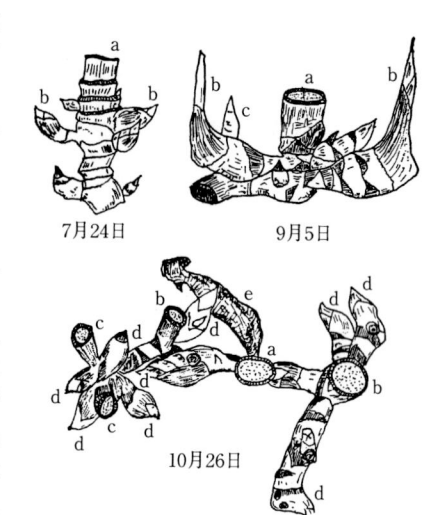

a 第一次主茎　b 第二次主茎　c 第三次主茎
d 新しい芽　e 古球

図20.48　カンナの根茎の発達過程
　　　　　（鶴島, 1963)

図20.49　カンナの代表的な品種
　　　　　「アメリカンレッドクロス」

図20.50　カンナの斑入り品種「バンコック」

蔵するか，深いプラスチックトレイなどに湿ったオガクズかピートモスをパッキンとして球根の間に詰め，小穴を開けたポリフィルムに包み，3〜5℃の暗黒所に貯蔵する．

   2）播種と管理

　種子系品種の鉢またはコンテナ栽培では種子を3月下旬ころに播種する．カンナの種子は大きく，硬実種子で水を吸収しにくいので，処理ずみでなければ，種皮をハサミなどで傷をつけて播種すると7〜10日位で発芽する．発芽温度は20〜25℃を保つ．発芽後も20〜25℃で管理するため施設内の二重トンネル内で育苗する．本葉が2〜3枚展開した時に5号鉢で1本，6号鉢で2本，コンテナでは数本の寄せ植えとする．用土は赤土3にピートモス1の割合で配合し元肥にマグアンプKと化成肥料を少量配合し，追肥は液肥とする．播種後，適温で栽培すると80〜90日で開花し，草丈は30〜40cm位である．

20.17 ギボウシ(属名:*Hosta* Tratt., 和名:ギボウシ，英名:Plantain Lily, Funkia)ユリ科，耐寒性落葉多年生

《キーワード》：庭園・花壇，鉢物，切り花，苗物

　日本，中国および韓国を含む東アジアに約20種以上が自生し，それらの変種も多い．ギボウシは日本では古くから栽培されてきたが，品種としての発達は進まず明治以後欧州へ紹介されてから急速に種類，品種への関心が深まり，自然の変異が多数発見され品種化したようである．わが国でも一部の好事家が収集するとともに紹介された欧米では園芸植物としての評価が高く，わが国より系統的な収集と育種が行われ発達している．ギボウシは庭園の植栽材料，グランドカバー用，鉢物観賞用，宿根花苗としての生産，ビジネスがこれから盛んになると思われる．

(1) 来歴および品種の発達

　ギボウシは日本を中心に約20の野生種が自生し，それらが多様に変化した多数の変種が存在することが特色である．ギボウシはこれらの自然変異個体を発見して品種名が付けられたものがほとんどで，交配選抜育種による品種の出現はごく最近のことである．わが国でギボウシが鉢植えとして観賞された最古の記録(1463年)は安土桃山時代，時の将軍足利義政だといわれている．しかし，その後は古典園芸の盛んな江戸時代にも「花壇地錦抄」や「広益地錦抄」などには数種が記載されているだけで，斑入り植物図譜に相当する「草木奇品家雅見」などにも記載がなく関心はなかったようである．日本に広く自生するギボウシは芽を食用とする山菜や，野菜として東北地方を中心に「うりっぱ」などと呼んで利用されてきたが，葉を観賞する園芸植物として野生の変種の探索収集や，交配育種が行われるようになったのは第二次大戦後のことである．ギボウシが欧州に紹介されたのは1789年ころ中国からであるが，その後シーボルト(Siebold)により，1830年ころわが国から「フクリンギボウシ」などが欧州へ渡り関心を高めその他の種も導入されている．ギボウシはその後，欧米で丈夫な上に草姿の形態，葉の形質や色彩が変化に富んでいて，庭園植栽やグランドカバーに適することが認められて育種や利用がわが国以上に発達した．米国ではAmerica Hosta Societyが設立され品種の収集から交配育種，苗生産が行われている．とくに米国，英国，オーストラリアなどで盛んに育成された新品

種がわが国へ輸入されている．わが国ではそれまで山草や盆栽として栽培されていたが，欧米に刺激されて生産園芸の作目として庭園用，グランドカバー用，売店の花苗用としての生産とビジネスが始まったのはごく最近である．野生変異の探索収集や交配育種をするブリーダーが現れているが，中でも静岡県の渡辺健二，山口県の広瀬嘉道などはわが国を代表するギボウシの育種，研究家である．

(2) 主な野生種と品種

1) *H. crispula* F. Maekawa（サザナミギボウシ）

自生地は不明であるが関西地方では古くから栽培されている．葉群の高さは20 cm位で，葉は長さ15 cmの長卵形で葉縁に黄白の覆輪が入る小型種である．葉縁に波状のしわをもつ．欧州へは1880年に紹介されている．本種に近い *H. kiyosumiensis* F. Maekawa（ハヤザキギボウシ）は関西から南関東に自生し，京都地方で栽培されており，長野県で発見された品種「信濃錦」などがある．

図20.51 オランダの'02フロリアード会場の宿根園に植えられたギボウシの品種見本（2002年）

2) *H. laneifolia* Engler var. *thunbergiana* Stearn（コバノギボウシ）

東北から九州までの広い山地に自生する小型のギボウシで葉は長楕円形から長卵形で小さく葉縁が波曲するものもある．葉の形態，色彩など同一自生地でも極めて変異が多く，それだけに早くから形態や葉の斑入りなど変化に富んだ変異個体から選抜された多くの品種があって，山野草や鉢物として栽培されてきた．花は白紫から紫色で開花期は8月，最近では旺盛な品種はグランドカバーにも使われるが，多くは性質が弱い．

品種には：「ブンチョウコウ（白覆輪で非常に小型）」「フクリンギボウシ（白覆輪で小型）」「カピタン（葉の基部は直立するが中部からは外反してややねじれ小型）」「キスジギボウシ（葉は小さく中央に黄色斑の小型種）」「キフクリンギボウシ（濃黄色の覆輪葉の小型種）」など．

3) *H. longipes* Matsumura（イワギボウシ）

関東から関西までの太平洋岸の山麓地帯に自生する．葉はやや大きい広卵形革質の暗緑色で葉脈が鮮明に入る．花穂に付く小花は白紫で美しい，大型種で栽培品種としては「御殿場錦（白の太い覆輪斑の美葉種の大型種で，御殿場地方で発見）」などがある．

4) *H. plantaginea* Ascherson var. *japonica* Kikuti et F. Maekawa（タマノカンザシ）

中国原産で江戸時代に渡来して栽培されているものと見られる．大きい長楕円形緑黄色の広葉で，9月ころに葉群から花茎を100 cm位に抽出して花穂に長さ10 cmほどのラッパ状の白花を付ける．ギボウシでは最も大輪で切り花としても栽培される．

5) *H. rectifolia* Nakai（タチギボウシ）

中国東北部から旧樺太，北海道から本州北部まで分布する．葉は幅広い長楕円形で葉身は60〜80cmで10本の脈が入る濃緑色である．花茎は100cmほど伸び，花は5cm長の濃紫色である．品種として「キンブチタチギボウシ（葉縁に白の細い覆輪）」「トノコタチギボウシ（葉に白粉を帯びる）」「津軽錦（細葉に白の縞斑入り，青森で発見）」など．

6) *H. montana* F. Maekawa（オオバギボウシ）

北海道中部から本州中部の太平洋岸の山地に分布し葉は長さ30〜40cmの濃緑色長卵形で白粉状を帯びる．開花は7月上旬．変種および品種がある．変種にはキフクリンオオバギボウシ（黄覆輪），品種には富士山麓の自生変種が多く，「金閣（黄色の中斑）」「朝光錦（黄色の中斑）」「富士錦（中斑が黄白色から白色に変わる）」「五本松覆輪（黄色覆輪）」など．

7) *H. sieboldiana* Engler（トウギボウシ）

山形から新潟，石川県の日本海岸の山地に分布するもので，本種は観賞価値の高い変異が多いため広く栽培されている．葉は長さ30〜40cmの長円形または長楕円形で幅広く脈筋をもち白粉を生ずる．根生して高さ70〜90cmの葉群を形成する．花は緑白色で5月下旬から6月下旬に開花する．中国原産と見られたためトウギボウシの名がある．欧州へは1830年に紹介されている．品種の「サガエ（寒河江：濃緑に濃黄色の覆輪の波状葉）」は海外にも知られた美葉種であったが，現在ではそれを越える海外の交配種が育成されている．この他「ダイオウギボウシ（葉が巨大で長さ50cm位）」などがある．

8) *H. tokudama* F. Maekawa（トクダマ）

山陰地方に自生し，トウギボウシとともに栽培されているややコンパクトな草型である．葉は長楕円形の暗灰緑色で白粉を帯びる．6月中〜下旬に開花する花は白色または淡紫色だが，主に葉を観賞する．欧州へは1860年に日本から渡っており，現在でも欧州で販売されている．品種には「アケボノトクダマ（緑色に黄色の中斑）」「キフクリントクダマ（黄覆輪）」「コアケホボノトクダマ（緑の縁どりに黄色葉）」など．

9) *H. undulata* Bailey（スジギボウシ）

栽培種と見られ来歴は不明である．葉は黄白色の中斑で境はややモザイク模様になる．葉は長さ20cm位で葉縁は波状で生育旺盛である．わが国では1950年ころから縁日の花苗や鉢物として売られ，家庭の庭や公園の花壇などに広く見られたギボウシで早くから園芸種として認められていた．欧州へは1830年ころに渡り，変種として「フクリンオハツキギボウシ（白覆輪葉）」などがある．

10) 園芸選抜および交配種

英国および米国ではわが国より育種が盛んでここ30年間に各地で多数の品種が生まれ，完

図20.52　トウギボウシの代表品種「サガエ（寒河江）」

全に園芸種化している．アメリカ・ギボウシ協会では1,000以上の品種が登録されており，英国のRHS発刊の園芸大辞典A～Zのホスタの箇所には120の品種が記載されているが，その内，わが国の品種の記載は僅か7品種である．海外品種の主なものは：「スノーカップ（淡黄覆輪，大葉大型種）」「フランシス・ウィリアムス（淡緑に黄覆輪，大型種）」「ウイド・プリム（鮮緑に淡黄覆輪，中型種）」「ジューン（黄色に緑の細覆輪，小型種）」「クレート・エクスペクテーション（淡黄色の中斑，小型種）」などがある．

(3) 生態的特性

ギボウシは耐寒性の強い宿根草であるが，生育適温は14～23℃で，この温度範囲では花や葉色は最高だが，29℃以上の高温になると斑入り品種では特有の色を失う．また，平均温度が26℃以上になるとロゼット状になる．自然日長が短くなると葉を枯らし休眠状態に入るがこれを覚醒させるには低温が必要となる．この休眠を打破するには5℃で6週間以上が必要である．開花に対する日長はギボウシが質的長日植物なので低温遭遇後発芽し，生育中は長日で開花が促進される．すなわちギボウシは日長13～14時間以上の日長で花芽の形成をすることになる．

(4) 栽　培

ギボウシは苗生産の他に鉢物生産，また庭園や花壇への植付けに利用される．

繁殖は株分けが主で，最近は貴重種の一部は組織培養増殖も可能になった．株分けは春か秋が適期で株を掘り上げて，地下のクラウン部分の芽を2～3芽つけて裂くように切り分ける．分けた根株は鉢植えでは5～6号鉢に小型種では2～3株，大型種では1株を植付ける．用土は赤土3に腐葉土1の割合に配合したものがよい．肥料は控え目とし，植付け時に元肥を与え，生育時には追肥として少量の化成肥料を与える．花壇などでは，春の萌芽前に元肥を与え，その後生育中に1～2回追肥を少量与える．特に鉢植えにした斑入りの小型種では肥料が多すぎると斑が無くなったり，鮮明さを欠くのでできる限り抑える．ギボウシは種類，変種，品種により性質がかなり異なるので注意する．

最近，ギボウシは鉢物として促成や抑制栽培するための開花調節の研究がミシガン大学のロイヤル・ハインズら（Royal Heins *et al.*）により発表され，日本語版（宿根草の開花調節：金賢恵ら訳，農文協，2001）でも紹介されているのでここでは省略する．

20.18　ハーディー・ゼラニウム（属名：*Geranium* L.，和名：フウロソウ属，英名：Hardy Geranium）フウロソウ科，耐寒性多年生

《キーワード》：庭園・花壇，鉢物，苗物

園芸上ではペラルゴニウム属を通常ゼラニウムと呼んでいるので，フウロソウ属の真称ゼラニウムと区別するため，このグループの英名ハーディー・ゼラニウム（Hardy Geranium）を採用した．ゼラニウム属は世界の温帯地方に約400種が分布し，わが国にもゲンノショウコ（*G. thunbergii*），エゾフウロ（*G. yesoense*），イヨフウロ（*G. shikokianum*）など10数種が自生している．この種類の多いハーディー・ゼラニウムは自然や人工交雑，種間交配で多数の品種が育成されているが，その経緯の記録や文献は極

めて少ない．Leislie, Alen によると，英国でも 20 世紀初めまでは観賞植物としてのゼラニウム属はほとんど関心がなかったが，1950 年ころから庭園用として栽培されるようになったといわれている（"The Garden" Aug. 1993）．わが国でもイングリッシュ・ガーデン・ブームの 1995 年ころ宿根草として認められ，苗の販売や庭園への植栽が見られるようになった．

(1) 主な種類と品種

ゼラニウム属の種類や品種について，かなり詳細に記述されている資料としては RHS の A Wisley Handbook の「Hardy Geranium」と The Hardy Plant Society の「Hardy Geranium for the Garden」を勧めたい．また，RHS編の「プラント・ファインダー」1998 年版にはゼラニウムの原種および変種が 149 種，種間交雑種を含む品種が 292 種の合計 441 種が掲載され種苗が販売されている現状に驚かされる．従って花，葉，草姿など種類，品種によってかなりの違いがある（図 20.53 参照）．ここでは一般に市販されている主な品種を含む種類について紹介する．

1) *G. cinereum* Cav.

地中海沿岸の山地に自生し，太い根茎から根生する葉は葉柄の先に基部まで 5～7 裂にさけた掌状葉で灰色の毛で覆われる．花は径 1.5 cm で紅紫色で開花は 6 月．品種には「バレリーナ（Ballerina：赤紫に濃い目入り）」「ローレンス・フラットマン（Lawrence Flatman：赤紫色に模様入り）」など．

2) *G. dalmaticum*

ユーゴスラビア南部からアルバニアにかけての原産．葉は 5 裂の掌状葉で，花は径 2～2.5 cm の傘型で淡桃色．地下茎が横に広がり草丈は 15 cm の小型な種類で庭園用の他鉢物にも利用される．品種には「ワーグレイブ・ピンク（Wargrave Pink：濃い網目模様の淡鮭桃色）」がある．

3) *G. macrorrhizum* L.

アルプス南部およびバルカン半島の山地に自生する太い根茎をもつ多年生で，葉は 5～7 裂の掌状葉で花茎は葉群が抜きでて，径 2.5 cm 位の紫桃または白色で中央が濃い色になる花を 6 月に咲かせる．生育が旺盛で品種も多く宿根草として栽培も多い．品種には「イングワーゼンス・バラエティ（Ingwersen's Variety：淡桃色，低性）」「ローフェルデン（Lohfelden：白地に桃の脈模様入り）」「ザコール（Czakor：濃い赤紫花）」など．

4) *G.* × *oxonianum*

（*G.endressii* × *G.versicolor*）の交雑種で，性質は強く，葉は明るい緑色に茶色のブロッチの入る 5 裂の掌状葉で，晩春

図 20.53　ハーディー・ゼラニウムの花の色々
　　　　　（ウイズリー・ハンドブック より）

から初夏にかけて径4cm位で濃い網目模様が入る桃色の花を付ける．丈は60～80cmになる大型で品種も多い．主な品種として「A. T. ジョンソン（A. T. Johnson：輝く赤色花）」「ハリウッド（Hollywood：赤色に紫脈目模様の大輪花）」「ローズ・クリアー（Rose Clair：濃桃色花）」など．

5) *G. sanguineum* L.

欧州からコーカサスにかけての原産で，太い根茎をもち，長い柄をもつ葉は基部まで7裂した掌状葉で表裏に長い毛をもつ．花は長い花柄に2～3輪付け，径2cm位の赤紫に濃色の脈目模様が入る．草丈は40～60cmのこんもりした草姿になる．品種も多く，わが国でもふつうゼラニウムと言えばこの種を指すほど一般的である．品種には「セドリック・モーリス（Cedric Morris：赤紫大輪花で丈60cm）」「マックス・フレイ（Max Frei：明るい赤紫花でコンパクト）」「ホールデン（Holden：淡桃色花に鮮緑葉）」など．

図20.54　ゼラニウム・サンギネウムの花

(2) 生態的特性

種や品種によってかなり異なるがサンギネウム種を代表として見ると，冬季は休眠し，耐寒性は強い．春，気温の上昇によって萌芽し発育して初夏に開花する．生育適温は17～23℃で冷涼な気候に適し25℃以上になると開花が遅れる．萌芽後の生育開花には低温が必要で0～5℃に6週間以上遭遇させる．開花に対する日長は量的長日植物なので，長日で開花が早まるが，短日でも温度があれば僅かに開花する．

(3) 栽　培

繁殖は株分けがふつうで，春，萌芽前に株を掘り上げ，芽を3～4芽つけて分割する．植付け場所は排水がよく，日の当たる場所から半日陰地でもよく，株間を25～30cm位に植付ける．肥料は緩効性のものを元肥として植付け時にm^2当たり100gほど混入しておき，追肥としては花後に同量を施用しておく．その他，病害虫も少なく管理を要しないのが特色である．ふつう宿根園では種類，品種ごとに10～20株まとめて植えるのがよい．

20.19　シュウメイギク（学名：*Anemone hupehensis* L. var. *japonica*(Thunb.)Bowles et Stenrn., 和名：シュウメイギク，キブネギク，英名：Japanese Anemone）キンポウゲ科，耐寒性多年生

《キーワード》：庭園・花壇，切り花，鉢物，苗物

基本種の*A. hupehensis*は中国原産であるが，それに近い変種のシュウメイギク（*A. h.* var. *japonica*：秋明菊）は本州，四国，九州に分布し，特に京都府貴船山に多くあったの

でキブネギクの名がある．日本に自生しているシュウメイギクも古くは中国から渡来し野生化したともいわれている．シュウメイギクを欧州へ紹介したのはロバート・フォーチュン（Robert Fortune）で，1844年に中国で発見し英国へ送っている．その後，ヒマラヤ原産の *A. vitifolia* との種間交雑が1847年に行われ，さらに南欧原産の *A. montana* などが交配されて現在の園芸種が生まれている．欧州ではフランスの Lemoine, Victor やドイツの Pfitzer がシュウメイギクの育種を盛んに行って多くの品種を育成している．特に Lemoine, V. は1908年，これらを"Japanese Anemone"として販売したため，この名が一般に普及したが学名の *A. japonica* は1910年，現在の *A. hupehensis* に改められている．わが国で栽培されているシュウメイギクはほとんど野生の *A. h.* var. *japonica* の変異個体から選抜したので品種名はないが，欧州の交配種は *A.* × *hybrida* で，強いて分ければ洋種シュウメイギクとなる．洋種シュウメイギクは欧州では庭園や花壇に広く利用され，わが国では最近変異系が鉢物として生産されるようになった．

（1）主な品種

欧州で育種された品種はプラント・ファインダーには原種および園芸品種を含め約140種が記載されている．ここでは主なものを挙げておく．

［var. *japonica* 系品種］

「プラエックス（Praecox：桃色を帯びた赤色）」「プライズ・ヘンリッヒ（Prinz Heinrich：濃いローズ色，半八重）」など．

［交配種］

「アンドレア・アトキンソン（Andrea Atkinson：クリーム白，大輪一重）」「クイーン・シャロット（Queen Charlotte：鮭桃色，大輪半八重）」「プリンス・ヘンリッヒ（Prinz Heinrich：桃赤色，大輪一重）」「パミナ（Pamina：濃いローズ色，花八重わい性）」など．

（2）生態的特性

シュウメイギクは冬季の低温下で休眠する．春気温の上昇により萌芽して生育を開始するが初期には根生葉を出し，6月ころから茎を伸長させて上部で長い花柄を分枝して先端に2〜3花の5弁花で中心にやや大きい雄蕊束を付ける．花色は濃桃，淡桃，白色で開花は9〜10月，交配種は花色の幅もあり，開花期も8月ころからと早い．生育適温は18〜20℃位で冷涼な気候を好む．短日低温で地上部は枯死し休眠に入る．翌年の生育には低温遭遇が必要である．5℃で6週間以上の低温を必要とする．開花に対する日長反応は質的長日植物で13時間以上の長日によって開花が誘導される．

（3）栽　培

繁殖は株分けと根挿しによる．株分けは増殖率が低いが翌年にはふつうに開花する．根挿しは増殖率はよいが開花する

図20.55　シュウメイギクの花

までに2～3年を要する．株分けは他の宿根草と同様に行うが，根挿しは株を掘り上げて太い根を長さ4～5cmに切断し，浅い平床に切断根をばら播き，その上に3cmほどの深さに土をかけておく．時期は花後か春3月ころがよい．半年ほどで各切断根から不定芽を数本発芽するので，さらに発芽苗を育苗床に移植して一年位養成すると定植できる苗になる．

庭園や花壇には株分け苗や根挿し苗を間隔30～40cm位に植える．シュウメイギクは自然風な植栽が適するから他の宿根草とうまく組み合わせて植える．

鉢植えは径18～20cm位の鉢に株分け苗を3～4株植付け戸外で栽培する．春に植えると秋に出荷できる．最近は秋の鉢物として好評のようだ．もっと交配種を鉢物として利用したい．ミシガン大学のグループは根株の低温処理と日長操作で開花調節する方法を研究結果から提案している．この面の利用も今後の鉢物としての課題である．

20.20 シルバープランツ類(銀葉植物類:Silver Plants)

この項では葉や茎が銀白色の多年生植物類の中で栽培の多い種類をまとめて述べることとする．花壇や庭園に植栽する植物は花の他に，葉や茎の色が多彩で観賞できるカラー・リーフ・プランツ(Color-leaf-plants)があるが，その中で銀白色や灰緑色の茎葉をもつグループをシルバープランツという．シルバープランツは庭園や花壇用の他コンテナやハンギング・バスケットの寄せ植え材料にも使われる．そのための花苗としても生産されている．

1) アサギリソウ(*Artemisia schmidtiana* Makino.)とその仲間

本州の中部以北から北海道の山地に自生する耐寒性の強いキク科の多年生で，全株銀白色で美しい．山野草の鉢物として利用されてきたが，日本原産のシルバープランツとして数少ない植物なので庭園や花壇にもっと利用したい．地際が分枝してブッシュ状になり，銀白色の2回細裂した羽状葉が密生する．草丈は20～30cm位になるが軽く刈り込むと形のよい株になる．開花は7～8月，繁殖は実生と挿し芽があり，挿し芽苗を鉢上げして一度摘心し側芽を出させると花苗として出荷できる．庭園や花壇への植栽は縁どりや全面植栽がよい．ヨモギの仲間でこの種の他にシロヨモギ(*A. stellieriana* Bess.)も日本原産の野生種であり，銀白色なので利用できる．

2) ブルー・フェスキュー(*Festuca glacilis* Miegev. syn. *F. ovina* L.和名:ギンシソウ，英名:Blue Fescue)イネ科

Festuca属には約100種が世界に分布するが，ふつう本種が栽培されている．欧州原産の耐寒性多年生で，草丈7～10cm針状の銀白色の葉を根生し直径8～10cm位の株になる．針状の葉は軟らかく太陽光に光って見事である．4～5月に芒のない小穂を出し，その後一次休眠して葉が枯れる．それ以外の時期は，冬季も銀白色で美しい．著者が初めてこの植物を見たのは1968年，ベルギーの公園であまりの美しさに驚いたものである．繁殖は9月ころ株を掘り上げて2～3芽ずつ付けて株分けし，15～18cm間隔に植えると翌春には銀白のグランドカバーになる．肥料などはごく控え目にしないと緑葉が濃くなって観賞価値を落とす．

3) ダスティーミラー（*Senecio cineralia* DC., 和名：シロタエギク，英名：Dusty Miller）キク科

セネオ属は顕花植物の中でも最も大きな属の一つで世界に約2,000種以上が分布するが，花きでも栽培されている種は多い．ダスティーミラーはシルバープランツの代表的なもので欧州では花壇用に広く利用されている．地中海沿岸地方原産で寒さに強い常緑の多年生．草丈は40～60cmになる半低木性で下部から分枝し，葉は粗く分裂した部厚い羽状葉で，茎葉とも白い細毛で覆われ株全体濃い銀白色を呈する．4～5月に花茎を伸ばし黄色の小花頭を多数付ける．銀白色の茎葉を観賞するので秋から春まで長期間利用する．特に冬季の花壇材料の乏しい時期にはダスティーミラーは重要な素材である．品種には「シルバー・ダスト（Silver Dust）」「ホワイト・ダイアモンド（White Diamond）」などがある．繁殖は種子によるが，挿し芽もある．種子からも容易に育苗できポット上げして花苗にして出荷するか，花苗を花壇に定植する．フランスなどでは毛織花壇に，低いベゴニア・センパフローレンスやアゲラータムとの混植をしてセンスある花壇を演出している．

図20.56　ブルー・フェスキュー

4) ヘリクリサム類（*Helichrysum* Mill.)

キク科，世界に約500種が分布すが，その内，花きではヘリクリサムといえば高性でかさかさしたドライフラワーのような花が咲く *H. bracteatum*（ムギワラギク）や，その変種の *H. b.* var. *monstrosum*（テイオウカイザイク）が切り花として広く栽培され，最近はわい性の鉢物用品種も育成されている．一方，銀葉種でややクリーピングな生育をもつ種類は欧州で利用されていたが，わが国でも人気がでてハンギング・バスケットやコンテナの寄せ植え材料として使われるようになった．銀葉種は数種あるが，ここでは2種について述べる．

・*Helichrysum petiolatum* DC.

南アフリカ原産の半耐寒性多年生で茎は細く，ほふく性でよく分枝し葉は長さ0.8～1.5cmの卵形で茎葉とも銀白色の短毛に覆われて美しい．本種には枝ぶりや葉のサイズ，形の違った系統品種があって使い分けられる．品種には普通種の他に「ライムライト（Limelight：黄白色の小葉）」「ラウンドアバウト（Roundabout：銀葉に細かい黄斑点）」など．繁殖は挿し芽．

図20.57　ヘリクリサム・ペティオラータム

・ *H. crispum*（L.）D.Don

南アフリカ原産で半耐寒性の多年生で，丈は30〜60cmになり，茎はやや太く立ち性で分枝し，無柄の卵形葉は部厚く小さく全株濃い銀白の細毛で覆われる．

いずれも繁殖は挿し芽で，茎の先端や途中を切った筒挿しでもよい．生長期で挿し床の温度があればいつでも挿し芽ができる．挿し芽苗は発根後ポリポットに上げて一度摘心して側枝が出れば花苗として出荷できる．花壇やコンテナ植えもこの苗を利用する．植付け後，1〜2度摘心すると多数の側枝を発生する．施肥はごく僅か与えればよい．

図20.58 ダスティーミラーを植えた花壇（パリ，チュルリイ公園）

5）サントリーナ（*Santolina chamaecyparissus* L., 和名：ワタスギギク，英名：Common Lavender Cotton）キク科

この属には欧州，アジアに約8種が分布しているが広く栽培されているのは本種である．欧州南部原産の常緑半耐寒性多年生である．高さ40〜60cmになり，下部から多数分枝し，葉はやや肉質で，線形灰緑色で茎上に4列に付き，茎葉の表面は細かい鎖状模様を呈する．関東以西では冬季も灰緑色で観賞できる．従来は山野草として扱われてきたが，最近では花壇や宿根園，コンテナの寄植え素材として利用され，花苗としても生産販売されるようになった．

6）スタッキイス（*Stachys byzantina* K. Koch L., 和名：ワタチョロギ，英名：Lamb's Ears）シソ科

スタッキイス属は世界の温帯地方に約200種が分布するが，花きとして栽培される種は本種である．コーカサスからイランにかけて分布し，高さ40cmほどになり茎を横に伸ばして広がる半耐寒性多年生である．わが国でもラムズイヤーといったほうが通りがよい．茎と共に長卵形のやや厚い葉は灰白色の毛で覆われる．

7月ころに花茎を抽出して花穂に桃紫の小花を付ける．欧州では広く利用されるが，わが国でも次第に植えられるようになった．品種に「オリンピカ（Olympica）」「シルバーカーペット（Silver Carpet）」などがある．繁殖は種子または株分けするが，生育は野生的で栽培は簡単である．

7）シルバー・レース（*Tanacetum vulgare* L. syn. *T. ptarmiciflorum*, 和名：ヨモギギク，英名：Silver Lace, Common Tansy）キク科

欧州，シベリア原産で草丈40〜60cmほどの常緑半耐寒性半低木で茎は少なく分枝しほぼ直立して細い．葉は繊細なレース状の羽状葉で茎葉とも灰白色の細毛で覆われる．播種または挿し芽で殖やした苗を幼苗時に1〜2回摘心をして丈を低く仕立てて鉢物，コン

テナや花壇に植付け，縁どりや，やや高くして花壇の中央などに植える．高温多湿の環境にやや弱く，立ち枯れが出ることがある．

20.21 宿根性サルビア (属名:*Salvia* L., 和名:宿根サルビア, 英名:Hardy Salvia) シソ科

《キーワード》：切り花，鉢物，庭園・花壇，ハーブ，香辛料，苗物

サルビア属は世界に約900種が分布し，その内，アメリカ大陸に約600種が分布している．中南米原産の不耐寒性の一年生または多年生の不耐寒性サルビア (Tender Salvia) は，一部育種されていわゆる通称サルビアとして，本書でも花壇用一年生花きの項で述べた．しかし多くの耐寒性種のサルビアは耐寒性サルビア (Hardy Salvia) として庭園や花壇，鉢物やコンテナ用に栽培されている．また，花苗やハーブ苗としての生産も行われている．

(1) 栽培種としての種類や品種の発達

早くは欧州南部に自生する *S.viridins* が1596年に英国に紹介されているが，その後，英国をはじめ欧州ではセージとして薬用，香辛料やハーブとして普及し，観賞用として栽培されるようになったのは20世紀に入って

図20.59 サルビア・エレガンス

からである．カリフォルニアを中心とする北米の原種について，Abrams, LeRoy らが同地方自生の17種についての分布や特性調査をして1939年にモノグラフを発表している．マダガスカル，カナリー島を含むアフリカ原産のサルビア59種については英国，エジンバラ植物園のI. C. Hedge が調査してまとめている．また，フランスやイタリアなど南欧の野生種についてはニースの植物園長のAlziar, Gabriel が1988年に60以上の種について調査した目録を発表している．このように宿根性サルビアの種や特性が明らかにされたのはごく最近である．しかし自生種からの選抜や交配による育種は19世紀末から行われており，*S.* × *jamensis* (*S. greggii* × *S. microphylla*) や *S.* × *sylvestris* (*S. nemorosa* × *S. pratensis*) などの種間雑種も生まれているが，園芸品種の育成はここ50年のことで，ドイツのKarl Foerster や Ernst Pagels などにより多様な品種が育成されているが，その来歴や記録は残されていない．

(2) 主な種類と品種

1) *Salvia elegans* Vahl (ハーブでは Pineapplescented Sage)

メキシコ原産の高さ1m近くになる半耐寒性の常緑半低木で，葉は卵形で長さ10cm位で欠刻をもち，パイナップルに似た香りをもつ．花穂には長さ4cmほどの赤色の花冠を粗に10花位付ける．開花は8月，品種には「スカーレット・パインアップル (Scarlet Pineapple：赤色)」などがある．主に宿根園などに植えられる．

2) *S. leucantha* Cav.（Velvet Sage）
　メキシコ原産の半耐寒性の常緑半低木で，茎の基部は木化し分枝した枝は長く伸び丈は90～120cmになる．葉は狭い被針形で浅い鋸歯をもつ灰緑色で，8～9月に赤紫のがくに白の花冠の小花を長い花穂に付ける．大きいブッシュ状の株になり庭園用とする他，最近は鉢物や花苗として生産されている．

3) *S. numorosa*
　欧州中部からトルコ，アフガニスタンにかけて自生する耐寒性の半低木常緑で，分枝する茎は直立して70～90cm位になり，8～9月に紫青色の萼に白または桃色の花冠の花穂を付ける．ドイツの育種家 Foerster, K. が多くの品種を育成して「アメシスト（Amethyst：萼は赤紫で花冠は桃色）」「ブリューゲル（Blauhugel：萼，花冠とも濃い紫）」や「シュネーゲル（Schneehugel：萼，花冠とも白）」などがある．

図20.60　サルビア・レウカンサの花

4) *S. officinalis* L.（Common Sage）
　南欧州原産の半耐寒性の常緑半低木で高さは60cm位になる．葉は長楕円形の灰緑色で表面はザラッぽい．花も桃から青まであって変種や品種があり，ハーブとして広く栽培される一方，庭園や花壇，またコンテナやハンギング・バスケットにも使われるようになった．品種には「エクストラクト（Extrakta：紫花）」「ベルグガルテン（Berggarten：幅広の葉の紫花）」「トリコロル（Tricolor：灰緑色の葉に白，紫の斑入り）」などがある．

5) *S. patens* Cav.（Gentian Sage）
　メキシコ原産の耐寒性の落葉多年生で，茎はあまり分枝せず直立して高さ50～80cmになり，葉は長楕円形で表裏に硬い毛をもち裏面は赤味を帯びる．花は花穂に長さ3cmほどの花を3～4輪付け，花冠は鮮青色で開花は8～9月である．宿根花壇に使われるが，寒冷地では冬季防寒が必要である．品種には「ケンブリッジ・ブルー（Cambridge Blue：大輪青色）」「オックスフォード・ブルー（Oxfod Blue：大輪濃青色）」などがある．

6) *S.* × *jamensis*
　交雑種でブッシュ状に生育し，丈60～90cmになる半耐寒性多年生で葉は長楕円形で鋸歯をもつ緑葉で花萼は赤，桃，橙，クリームなどがあり，品種によって開花期も夏秋から周年開花するものもある．このため花壇用や鉢物として栽培されている．品種には「ジェームス・コンプトン（James Compton：濃い赤色）」「ラ・ルナ（La Luna：クリーム・イエロー）」などがある．

7) *S.* × *sylvestris*
　交雑種で下部より多数分枝して直立し丈は60～80cmになる．半耐寒性の多年生で葉は品種により卵形，線形で毛をもつ．花は桃色がかった紫青だが品種によってやや違いがある．花壇やコンテナに使われ品種には「ブルー・クイーン（Blue Queen：紫青色）」「メ

イ・ナイト（May Night：大輪青色）」などがある．
(3) 生態的特性
　宿根性サルビアは原産地の異なる種や交雑種もあるので，生態的特性はかなり違いまとめて述べることはできない．また，生態的研究も残念ながら少ない．生育適温も違うが大体15〜25℃とみればよい．最低温度は種類によって違い，防寒することにより越冬できるもの，冬季は地上部が枯れて地下茎で越冬するものもある．開花性については他の宿根草のような低温要求はなく生育中の日長により花成が誘導されるようである．唯一の研究例のあるレウカンサ種では日長10時間以下の短日で花芽形成が誘導され，花芽の発育も短日で促進される．すなわち質的短日植物で，他の種もほぼ同様な傾向を示すものと思われる（Armitageら，1989）．

(4) 栽　培
　繁殖は種子と挿し芽によるが，原種や変種など大量の苗を必要とするには播種して育苗する．例えばオフィシナリス種の「トリコロル」などは播種による．しかし園芸品種は均一な個体を得るため挿し芽で殖やす．あらかじめ母株を摘心して多数の分枝をはかり，ふつう頂芽を切って挿し芽する．時期は5〜6月がよく，この時期に挿すと冬まで越冬できる苗になり，春，花苗として出荷できるポット苗にも仕立てられる．挿し芽後1.5カ月で鉢上げできる．用土は赤土2に腐葉土かピートモス1の割合に配合しマグアンプKを5g/用土 l を加えて使用する．鉢上げ苗は秋まで戸外で栽培するが越冬は苗が小さいので無加温か僅かに加温したハウス内で越冬させ，その間に摘心をしておく．花苗は3〜4月に各ポットにラベルを付けて出荷する．また，宿根園などに植えるには，その種類の草丈，株張り特性を知って植える位置や，植付け間隔を決める．植付けは春か秋がよい．花壇植えでは開花後，刈込むと種類によってはレウカンサのように再び開花するものもある．

参考資料

1) Armitage, A.M. and J.M.Laushman 1989. Photoperiodic control of flowering of *Salvia leucantha*, J. Ameri. Soc.Hort. Sci.114（5）．
2) Clebsch, Betsy 1997. A book of Salvias. Timber Press Porrtland Oregon.
3) Colborn Nigel 1997. Hardy Salvia, The Garden Nov.
4) Lloyd Christopher 1997. Tender Salvia. The Garden April.
5) Yeo, Christine 1995. Salvia Ⅰ and Ⅱ NCCPG National Collection Holder

20.22 トリトマ（属名：*Kniphofia* Moench．，和名：シャグマユリ，英名：Torch－Lily）ユリ科，耐寒または半耐寒性多年生

《キーワード》：切り花，鉢物，庭園・花壇
　南アフリカのケープタウンを中心に約70種が分布し，その多くは標高2,000m位の山

岳地に自生するため耐寒性の強いものが多い．根茎または紐状の多肉根を持ち，丈夫で長い V 字断面をもつ線状葉を根生して叢生状を呈する．7～8 月ころ葉群の中から太い花茎を抽出し上部に細長い筒状の花をビンブラシ形の穂状花序に付け，花色は紅橙色，橙色，黄色，淡黄色，または紅と黄色の複色などがあり．草姿，花穂も大型のものから小型のものまである．

トリトマは原種も *K. caulescens* や *K. rooper* などは園芸種に劣らない大花房で美しいものがあるのでそのまま栽培されているが，現在は選抜や交配品種が栽培され，庭園・花壇や切り花用として利用されている．

図 20.61　オオトリトマの品種「Ley End」ウイズリーガーデンで

(1) 育種と品種の発達

トリトマの野生種が英国をはじめ欧州に紹介されたのは 19 世紀末で比較的新しい．しかし，丈夫で耐寒性が強く，花房も大型で庭園などに利用しやすいためと，種間交雑がしやすいため，導入後間もなく英国やフランスの園芸家により育種が始まっている．初期にはフランスで育種が進んだが，その後は英国でトリトマの魅力に取りつかれたブリーダーの Bloom, Alan，Hadden, Norman，Chatto, Beth などが 20 世紀の初めにかけて多くの品種を育成している．現在，*K. uvaria* を中心に交配して育成された大型のウバリア・ハイブリッド (Uvaria hybrid)，わが国では"オオトリトマ"といわれる系統と，四季咲き性の強い *K. rufa* の選抜や小型の原種の *K. triangularis* との交雑から育成された，小型のガルピニ・ハイブリッド (Galpinii hybrid) で"ヒメトリトマ"といわれる系統に分かれそれぞれ品種が育成されている．前者は主に庭園用，後者は切り花および庭園用として利用されている．

RHS の「プラント・ファインダー」97～98 年版には原種 32，品種が 95 も記載され，いまなおこれらが英国では販売されている．また，ごく最近，ドイツのベナリー社は種子系トリトマ品種「フラメンコ (Flamenco)」を育成している．オオトリトマとヒメトリトマの中間型で赤，橙，黄，クリームの混合色で，播種後 22 週間で開花するというものである．

(2) 主な品種

[オオトリトマ]

「イブニング・トーチ (Evening Torch : 淡黄に橙色)」「オレンジ・トーチ (Orange Torch : 橙赤色)」「ロイヤル・スタンダード (Royal Standard : 赤黄色)」「アトランタ (Atlanta : 橙赤色)」など．

[ヒメトリトマ]

「リトル・メイド（Little Maid：淡桃から白色）」「ゴールドフィンチ（Goldfinch：黄色）」「エンチャントレス（Enchantress：赤味帯びた濃桃色）」など．

(3) 生態的特性

生育適温は18～25℃位とみれら低温，高温ともにかなり耐えるが冷涼な気候で花色は冴えるようである．耐寒性は種類，品種により－10℃から－20℃に耐えるものもある．寒冷地では地上部は枯れるが，温暖地では常緑となる．開花に対する温度および日長の影響は明らかでないが，経験上からは低温要求はなく，長日によって開花が促されるようである．原種は高地の砂れき地帯に自生しているので排水のよい場所でよく育つ．

図20.62 ヒメトリトマの品種「リトル・メイド」

(4) 栽　培

原種および種子系品種は種子繁殖によるが，多くの園芸品種は株分けで殖やす．3月または9月に茎葉を刈り取り，株を掘り上げて土を落し根茎または多肉根を付けて2～3茎ごとにハサミなどで切り分ける．トリトマは根株が大きくなると根も絡み合って実際は分けにくい作業である．庭園や花壇の植付けには堆肥や元肥をあらかじめ深くすき込んでおき，そこに株分けした苗をオオトリトマは50～60cm，ヒメトリトマは30～40cmの間隔で根がなるべく深く入るように植付ける．

花苗や切り花用に栽培しやすい種子系品種「フラメンコ」は7～9月開花させるには1～2月に播種する．この品種の種子は350粒/gで発芽率は75～80％である．発芽温度は20～22℃で播種トレイやセルトレイを使うとよい．セルトレイなどの苗は1.5～2カ月後に10cm鉢に上げ，花苗として出荷するにはそのまま，鉢物とするには4月中～下旬に5号鉢に2～3株まとめて植える．花苗をグリーン苗で出荷するには4～5月，開花株では7～8月，鉢物も開花初期の同期に出荷する．

20.23　フロックス類（属名：*Phlox* L., 和名：クサキョウチクトウ，英名：Phlox）ハナシノブ科，耐寒または半耐寒性一年生および多年生

《キーワード》：切り花，鉢物，庭園・花壇

フロックス属はシベリアの種を除き他の60種は全て北米に分布する．園芸上では茎が半直立する一年生の *P. drummondii* Hook. も鉢物や花壇用として品種が育成され，広く栽培されているが，ここでは宿根草の代表的存在の多年生フロックスについて述べる．多年生フロックスも花きでは茎が直立して草丈が60～120cm位になる，*P. paniculata* や *P. maculata* などの高性フロックス・グループと，低性で地表にほふくしたり，低いクッシ

ョンタイプに生育する P. subulata や P. divaricata などの低性フロックス・グループに分けられる．両者は形態，生態も違い，栽培や利用も異なるのでここでは分けて述べる．

(1) 高性フロックス・グループ

花き栽培上で重要な種および交雑種は次のものがある．

1) P. paniculata L. および近縁種と交雑種品種（Paniculata hybrid）

A. P. paniculata

オイランソウまたはクサキョウチクトウなどといって，わが国でも早くから庭園用として栽培されてきたが，米国のニューヨークやジョージア州に自生する耐寒性の強い多年生で，根生した茎は直立して丈60～120cm位になり，頂部に径2.5cmの5弁の小花を円錐またはピラミッド状の花序を付ける．花色は淡赤紫か白色だが，交配種は濃桃，淡桃，濃い赤藤，鮭肉色などの他，複色もある．開花期は7～9月，葉は楕円形被針状か長卵形で濃緑色で対生する．本属の中で最も育種が進み，paniculata 種の交配品種の他，maculata 種など種間交雑の paniculata hybrid 系品種もある．主に庭園・花壇用であるが，ハイブリッド系は四季咲き性が強く施設切り花栽培もできる．主な品種には「スピット・ファイヤー（Spit fire：鮭桃色）」「テノール（Tenor：淡赤色）」「ブライト・アイズ（Bright Eyes：桃色に赤目）」「ニッキィ（Nicky：紫色に濃紫の目）」「フジヤマ（Fujiyama：純白）」など．また，ハイブリッド系で開花調節できる品種には「ミス・キャンディ（Miss Candy：濃桃に濃い目）」「ミス・マアプル（Miss Marple：白に赤目）」「アイス・キャップ（Ice Cap：白色）」などがある．

B. P. maculata L. と品種

米国コネチカット州からノースカロライナ，ミズリー州に自生し，根生した茎は50～70cm位に伸び，茎葉の形態や花型，花序とも前種に似る．開花は6～7月でやや四季咲き性をもつ．花色は紫桃や白色である．庭園・花壇用の他切り花栽培もできる．現在の品種はドイツのアレンズが，P. maculata に P. calolina との交雑により育成した Maculata hybrid とも言ううどんこ病に弱いマクラータを改良したもので，品種には「アルファ（Alpha：桃色）」「オメガ（Omega：白色）」「デルタ（Delta：白に濃桃の目）」などがある．

C. P. carolina L.

北米中南部に自生する高さ1m位に直立する耐寒性の強い多年生で，葉は長被針形または長卵形で表面に毛をもち，直径2.5cmの花を円錐花序に付け花色は藤紫から桃色，開花期は6～9月で，種間雑種の片親に使われている．

本種から育成された品種には有名な「ミス・リンガード（Miss Lin-

図20.63　フロックス・パニキュラータの品種「ブライト・アイズ」

gard：白色に中心濃い紫）」「ビル・ベイカー（Bill Baker：桃色）」などがある．

D．*P.* × *arendsii* hort.

これもドイツの宿根草育種家アレンズ（G.Arends）が *P.paniculata* と *P.divaricata* の交配により育成された品種群で「ミス・マギー（Miss Maggy：藤桃色）」「ミス・ギル（Miss Gil：白色）」などがある．

2）育種と品種の発達小史

paniculata 種が 1732 年，*maculata* 種が 1740 年に欧州へ紹介されてから 1825 年ころにはこれらの種間雑種が育成されていたという．1824 年の英国ディクソン商会のカタログには斑入りの *P. suaveolens* variegata が記載されている（石井，1969）．その後，19世紀に入ってフランスやドイツで種間交配や品種育成が行われてより多様な品種が生まれている．とくにフランスのブリーダー，ビクトール・ルモワーヌ（Lemoine, V.）やドイツのアレンズ（Arends, G.）は19世紀末から20世紀初めにかけて多くの品種を育成している．アレンズは種間交雑 *P.* × *arendsii* の品種の他に paniculata 種の品種「ファナル（Fanal）」「グロリア（Glria）」や「ハヤジント（Hyazinth）」など多数の品種を育成している．また，*maculata* 種についても種間交配の他に今も広く栽培されている「アルファ（Alpha）」「オメガ（Omega）」「デルタ（Delta）」は彼の作出である．近年は周年開花性をもつ施設切り花用品種をオランダのバーテル（Bartels, G.）が育種してミス・シリーズを発売している．

図20.64 フロックス・マクラータの品種「オメガ」

3）生態的特性

栽培種は冬季，地上部は枯れて休眠状態に入る．春，気温の上昇とともに萌芽し根茎から発生した茎を直上してパニキュラータ種では8～9月，マクラータ種では6～7月に開花する．両種とも開花に低温は必要としないが，日長はやや長日の方が開花を促すという研究もある（浅野，1997）．生育温度はかなりの高温に耐えるが，ふつうは15～25℃位である．

4）栽　培

繁殖は株分けによるが，生産的な大量増殖には挿し芽をする．春，萌芽し直上する茎を途中で切り込むと切断部下から側枝を出すので，この先端を長さ7～8cmに切って水揚げしてからバーミキュライトやパーライトに挿すと，30日位で発根するので小鉢に上げる．切り花用にはこの苗を初秋に露地やハウス内の平床に25～30cm間隔で植付け，秋までに株をつくる．冬季は無加温とし萌芽後は自然日長で生育させる．花壇植えも秋に苗を予定地に切り花と同様な間隔で植付け，そのまま越冬させればよい．

四季咲き性品種は施設を利用して周年出荷できる．オランダの花き卸売市場（VBN）では7～8月の最盛期には約500万本（1996），11～2月でも100～200万本が出荷されている．挿し苗は1カ年養成するが，株分け苗はそのまま定植できる．栽培温度は日中20～

25℃，夜間は12〜15℃を保つ．植付け後3週間ころに基部4節位残して摘心すると2〜3本の茎立ちになり13週間後に開花して出荷できる．その後切り下から側枝が伸びてさらに13週間位で2番の切り花が収穫できる．冷涼な気候で生育開花するので，わが国では夏季を避け初夏および秋の収穫が適する．

（2）低性（ほふく性）フロックス・グループ

シバザクラなど地表をほふくして育つほぼ常緑の多年生で，高性の前グループ

図20.65　フロックス・スブラータの花

とは形態，生態ともに違い，花きとしての利用も異なる．一般にはシバザクラ（ハナツメクサ）が知られているが，これも種間交配による品種や，それ以外の種も栽培されている．

1）*P. subulata* および近縁種との交配種

A．*P. subulata* L. とその交配種

米国のニューヨーク，ミシガン，フロリダ州にかけて自生する耐寒性が強く，低性常緑でほふく性の多年生で，わが国ではシバザクラで親しまれているが，正しい和名はハナツメクサ，英名はモス・フロックス（Moss Phlox）である．多数の枝を密生し地表をほふくし，葉は革質の小さい長被針形の常緑で茎に密生し淡緑または濃緑を呈する．4月に径2cmで5弁のサクラの花状のピンク，藤色，白色などの花を一面に開花する．花壇の縁どりやグランドカバーに使われ，各地に名所も出現している．また，株分け苗や挿し苗も販売されている．わが国では色別で区別されているが，英国などでは品種で取引されている．「アマジング・グレース（Amazing Grace：桃色に濃い目入り）」「マジョリー（Marjorie：大輪桃色）」「シーエフ・ウイルソン（C.F.Wilson：やや濃いラベンダー）」などがある．

B．*P. divaricata* L.

カナダ東南部から米国東北部にかけて自生する耐寒性の半常緑で，横に広がるほふく枝とそれから発生する茎は細く直上して丈は20〜30cmほどになるクッションタイプである．葉は細い楕円形で淡灰緑色，直上した茎の先に径2〜3cmの花を粗い集散花序状に付ける．花色は淡藤色か白色で開花期は4月である．主にロックガーデンや山草鉢物に利用される．品種には「チャタホーチ（Chatahooche：藤青色）」や「ディルゴ・アイス（Dirgo Ice：淡青色）」などがある．

C．*P. × procumbens* hort.

P. stolonifera × *P. subrata* の交雑種で，ほふく枝は横に広がる植物で丈は10cm位の多年生で径2cmほどの紫花を集散花序に付け，開花は5〜6月で葉は細い逆槍形は灰緑色で草丈は10cm位になる．品種には「ミルストリーム（Millstream：濃い藤桃色）」「バリエガタ（Variegata：桃色花に葉が白覆輪）」など．

2) 品種の発達小史

わが国ではシバザクラは色別で扱われてきたが，*subulata*種が1790年に米国から欧州へ紹介されてから，英国やフランス，ドイツで育種され多くの品種が育成されている．1997～1998年版のプラント・ファインダーには*subulata*種の変種および品種49種が記載されている．これだけの品種育成過程はほとんど記録がないが，ドイツの有名な花き育種家アレンズ（Arends, V.）は*paniculata*種を含むフロックスの種について交配育種を行い*subulata*種の品種「Maischnee」「Ronsdorfer Schone」などを育成したことを彼の孫娘 Maubach, Anjaが発表している（The Garden Feb. 1996）．*subulata*種および近縁種の品種を多く扱っているのは青森県黒石市の黒石植物園（苗業者）がある．

3) 生態的特性

低温には強く*subulata*種は北海道でも常緑のまま越冬するが他の種の中には地上部を枯して越冬するものもある．生育適温は10～20℃位とみられるが，開花には低温とその後の長日が必要とみられるが実験的に確かめた例はない．多湿な地帯を除けばきわめて丈夫で植付け後は全く手がかからない．

4) 栽　培

シバザクラは株分けか挿し芽で殖やす．株分けは春か秋に株を掘り上げて株を裂くように分割する．花苗として春に出荷するには，9月上旬に茎頂を15cm位の長さに切り，3～4本を1束として露地の平床に切口をやや深く，手で強く押えて挿す．上に寒冷紗などをベタ掛けにして日除けし10日間は灌水して乾かさないようにすると発根する．露地育苗では冬までに液肥を2回位追肥してそのまま越冬させる．また，花苗として春に出荷するにはこの段階で小鉢に上げ冬季は無加温ハウスかごく僅か加温したハウスで越冬させ，春開花し始めたらトレイに入れて出荷する．花壇やグランドカバーとして植付けるには一度耕起して平にした予定地に株分け苗を20～25cm間隔に植付け，苗の部分を強く押え十分灌水すれば容易に活着する．また，シバザクラ以外の種でやや茎が立ち上がる種類を鉢植えにするには生育中に1～2回摘心して株の形を整えるようにすると草姿のよい鉢物になる．

20.24　ベロニカ類（属名：*Veronica* L., 和名：ルリトラノオ，クワガタソウ，英名：Speedwell）ゴマノハグサ科，耐寒または半耐寒性の一年生および多年生，低木

《キーワード》：切り花，鉢物，庭園・花壇，苗物

ベロニカ属は北半球の温帯地方に約300種が分布し，わが国にも20種が自生する．数本の茎を根生して直立しその先端に穂状花序または総状花序を付ける．茎長は80～120cmになるものから，地際で分枝して横に広がり丈が15～25cmになるクッションタイプの種類もある．栽培種類もごく一部であったが現在ではかなりの種が栽培されるようになっている．わが国では山草や庭園用として栽培されてきたが，最近では露地や施設切り花としての栽培も増え，海外で育成された品種も導入されて鉢物や花壇用花苗としての生産も広がっている．

(1) 主な栽培種と品種

野生の原種も栽培されてきたが,現在では欧州で育種された品種の苗が増殖販売されて栽培するようになってきた.

1) *Veronica longifolia* L.

欧州中部から北アジア,シベリア原産の耐寒性多年生で,根生する茎は直立し高さ60〜80cm位になり,葉は先が細く尖る長被針形で対生し,茎頂は細長い小花を密に付ける穂状花序になり,花色は藤青色,紫色から白色がある.開花期は7〜9月で欧州へは1731年に紹介されている.わが国で切り花栽培されているのは本種の変種や育成品種で欧州から導入されている.主な品種に「ブルー・リーゼン(Blue Risin:青紫色)」「スノー・リーゼン(Snow Risin:白色)」などがある.

2) *V. ornata* Monjuschko(トウテイラン:洞庭藍)

わが国の本州海岸地帯に自生する耐寒性の多年生で早くから山草の鉢物として栽培されてきた.直立する茎は30〜40cm位になり,葉は被針形で対生し茎葉は白色の綿毛で覆われたシルバープランツである.花穂は紫色で5〜6月に開花する.鉢物や花苗として生産,販売されている.

3) *V. prostrata* L.(syn. *V. teucrium* L.:ハイクワガタ)

中央アジアから南欧州にかけての原産で,高さ12〜15cm位になる低くグランドカバー状の草姿を呈し密に分枝した茎は一部が横に広がり,それより分枝した短い直立茎に総状花序に小花を付け開花時は草丈30〜40cmになる.葉は細い被針形で灰緑色の細毛で覆われる.花色は淡青紫色などで開花は5〜6月,ロックガーデンや宿根花壇に利用される.品種には「ブルー・フォンテン(Blue Fountain)」「ブルー・シーン(Blue Sheen)」などがある.

4) *V. spicata* L.(syn. *V. incana* L.)

欧州からアジア北部の原産で根茎をもつ耐寒性直立性の多年生である.根生する茎は丈40〜60cm位に伸び,葉は長被針形でやや厚く対生する.茎頂に分岐した長い穂状花序を付け,花色は鮮青紫色,鮮桃色や白色で6〜8月に開花する.ロンギフォリア種とともに切り花,鉢物,花壇などに利用され人気ある種なので多くの品種が育成され栽培されている.主な品種には「サラバンド(Saraband:青紫色)」「レッド・フオックス(Red Fox:濃い桃色)」「ウエンディ(Wendy:淡青色)」や「アイスクル(Icicle:白色)」などがあるが,1996年,ドイツのベナリー社が種子系品種「サイトシーイング(Sightseeing:青,桃,白の混合)」を育成してから栽培が容易になった.

図20.66 ベロニカ・スピカタの種子系品種「サイトシーイング」

(2) 育種と栽培の発達小史

18世紀に主要な種が欧州へ紹介され,前記のよう

に多くの品種が育成され，プラント・ファインダー（1997～1998年版）には約100品種以上が記載されているにもかかわらず育種家や育種過程についての記録は乏しい．前述のようにベナリー社がスピカタ種の種子系品種「サイトシーイング」を育成し1990年に発表している．欧州ではベロニカは早くから切り花として栽培されてきたが，わが国では一部で栽培されたに過ぎない．ロンギフォリア種やスピカタ種の品種が切り花栽培されるようになったのはごく最近で，その他の種についてもガーデン用として関心がもたれるようになった．米国，ミシガン大学のロイヤル・ハインズらも，宿根草の開花調節に関する一連の研究の中にベロニカを入れており，わが国でも茨城県園芸研究所の駒形ら（1999）が鉢物化の開花促進研究をしている．

図20.67 ベロニカ・プロストラータの低性品種「ブルー・シーン」

（3）生態的特性

　種や品種によって生態はかなり違うが，前述のようにベロニカについての生態研究は極めて少ない．ロイヤル・ハインズらのロンギフォリア種の品種「サニー・ボーダー・ブルー（Sunny Border Blue）」での研究結果では生育適温は15～21℃で，15℃で栽培すると開花まで12週間かかるが，21℃では8～9週間であった．この種の開花には低温要求があって5℃で10週間以上遭遇する必要がある．また，開花に対する日長の影響は中性である．低温経過のない母株から挿し芽で殖やした苗は低温処理しない限り開花しない．恐らくスピカタ種もこれに近い生態と考えられる．また，プロストラータ種など庭園用種も低温要求と日長反応はこれに近いと推定される．

（4）栽　培

　繁殖は種子系品種を除きほとんどは株分けか挿し芽で殖やす．庭園や花壇に植付けるには10月ころ地上部を切除して株を掘り上げ，3～4芽付けて株を分割して予定地に25～30cm間隔に植付ける．翌年初夏の開花は花立ちが少ないが，2年目には多くなり数年据置きできる．低性のプロストラータ種などは翌年には地表を覆うように満開になる．切り花や鉢物を栽培するには挿し芽で殖やす．生育旺盛な開花期前後に花芽を付けない茎を下部で摘心し側枝を発生させて，その頂部を8～10cmほどの長さに切って挿し芽する．発根苗をセルトレイに植付けハウス内や戸外で栽培し冬の自然低温に遭遇させる．露地切り花ではセルトレイの苗を11月下旬に露地畑に定植し越冬させて翌年の6～7月の季咲き開花になる．開花を早めるには露地の株を掘り上げて加温ハウス内に定植して温度管理を4月まで行うと5月ころに出荷できる．

　ロイヤル・ハインズらによるロンギフォリア種の鉢物の促成栽培では前述の挿し芽苗でセルトレイに植えた苗を3～5℃の低温庫に10週間以上低温処理してから出庫して5号鉢に鉢上げし，2週間後に摘心して夜間15～18℃，昼間20～25℃で栽培すると摘心後9

〜10週間で開花する．この場合わい化剤処理により草丈を低く抑えることが有効で，摘心後，2週間目位にボンザイ400倍散布で無処理より草丈が33％低くなるという（駒形1999）．しかしわい化剤処理は開花をやや遅らせ，品質が低下するので処理は最小限度にとどめたい．

20.25 ペンステモン（属名：*Penstemon* Schmidel., 和名：ツリガネヤナギ，英名：Penstemon, Beard Tongue）ゴマノハグサ科，不耐寒性または耐寒性多年生

《キーワード》：切り花，鉢物，庭園・花壇，苗物

　米国，メキシコ，東アジアに約250種が分布し，日本にもイワブクロ（*P. frutescens* Lamb.）が自生する．主に地際から分枝した茎は直立し丈は30〜80cmと低性から高性があり，茎頂に総状花序か円錐花序を付け，花色は赤，藤桃，赤紫，白色などで原種の他交雑品種などが切り花，鉢物，庭園・花壇用として栽培される．ペンステモンには観賞価値の高い種が多く，欧州では早くから栽培され育種されてきた．わが国ではあまり注目されていなかったが最近になってガーデニング素材として関心がもたれてきた．

（1）主な栽培種と園芸種の特性

1）*P. barbatus* Nutt.（ヤナギチョウジ）

　米国のコロラド州からニューメキシコ州にかけて自生する高さ60〜80cmになる耐寒性の多年生で，直立する茎に細い柳葉状の葉を付け茎頂には小花を穂状に付ける．小花は1短花柄に2〜3花付け花冠は赤色で6〜7月ころに開花する．野生的な感じのする花だがわが国では人気があり鉢物や庭園用に栽培される．欧州へは1794年に紹介され，わが国への渡来は大正年間である．

2）*P. campanulatas* Willd.（ツリガネヤナギ）

　メキシコ，グアテマラ原産の高さ40〜60cmになる多年生で基部から分枝した茎が直立し先が尖った被針形の葉を付け，茎の上部に長さ2.5cm位のラッパ状の花を穂状に付ける．花色は桃紫，紫青，白色など開花期は7〜9月で庭園用に利用される．欧州へは1794年に紹介され，日本には大正末期ころに渡来している．

3）*P. cobaea* Nutt.（ウスムラサキツリガネヤナギ）

　米国の中南部原産で，高さ60〜80cmになり茎には柔毛をもち，長心臓型の葉が茎を包み，花穂に付く花は基部は細く弁先が大きく，赤紫色筒白花で開花期は7〜9月，現在の交配種の親の一つになっている．

4）*P. digitalis* Nutt.（シロバナツリガネヤナギ）

　米国のダコタ州からテキサス州が原産で，高さ1.5mにもなる耐寒性の多年生で葉は長楕円形で縁に鋸葉をもつ．花序は長さ2.5cm位の白または淡紅色の筒状花を付ける．

図20.68　ペンステモン・バルバタスの花

欧州へは1776年に紹介され，わが国へは昭和初年に渡来している．

5) *P. isophyllus* B.L.Robinson.

メキシコ原産の高さ1.5～2mにもなる高性半低木状の多年生で直立する茎には短毛をもつ．葉は先が尖った長楕円形で，茎の上部の花穂にはトランペット形の桃または緋赤色の小花を付ける．現在の交配種の親になっている原種である．

6) *P. hartwegii* Benth.

メキシコの高原原産で高さ1m位になる半低木性の多年生で，茎は紫を帯び，葉は先の尖った被針形で無毛全縁で光沢をもつ．花は長さ5cmのラッパ状で弁端は大きく開く大輪で，筒は白く，開いた花弁は暗紫赤や濃緋赤色を呈する．現在の大輪交配種は本種が片親になっている．

7) *P. gloxinioides* hort.（交雑種：syn. *P. hybridus* hort.）

P. hartwegii × *P. cobea* の交配種といわれ草丈60～70cmになる高性種から30～40cmのわい性種まである．花冠は大きく花喉部分は広がり弁幅広く花色にはいろいろある．現在広く栽培されている品種を含めペンステモン・ハイブリッド（Penstemon hybrid）と呼ばれ耐寒性も強く，生育旺盛で開花数も多く切り花，鉢物，庭園用に利用されている．

8) その他

ペンステモンの多くの種の中には直立する中高性種の他にいわゆるわい性ペンステモン（Dwarf Penstemon）といわれるグループがあって，欧州ではロックガーデンや山草として利用されている．低性でマット状の発育をするものとして *P. procerus, P. hirsutus, P. ovatus, P. pinifolius* などで，変種や品種もある．さらに半低木性で低いブッシュ状の *P. cardwellii, P. davidsonnii* なども英国では種苗が販売されている．

(2) 育種と品種の発達小史

英国の庭園ではペンステモンの植栽は伝統的になっている．1837年ころのビクトリア女王時代に，北中米からペンステモンの原種がぞくぞくと紹介され英国の植物家の関心を高め，探検家ダビッド・ダグラス（Douglas, David）らは米国原種以外も探検して発見し命名している．1838年，グローグ・ドン（Don, Grorge）は「General History of Dichlamydeous Plants」に42種の種を記載している．1840年以降欧州ではペンステモンの種間交雑が盛んに行われている．最初に交雑育種に取り組んだのはしばしば登場するフランス，ナンシーの育種家ビクトール・ルモワンヌ（Lemoine, V.）で，やや遅れてビルモーラン（Vilmorin）である．その後19世紀末にはドイツのフィツアー（Pfitzer）も交雑育種を始めている．1897年，英国のスコティッシュ農園のカタログには170種の庭園用交配品種が記載されている．しかし，1910年にRHSのウィズリーでペンステモンの最初のトライアルを行って190の原種や園芸品種が出品され，このトライアルで各品種が同種異名が多く，混乱していたことをトニイ・ロード（Tony Lord, 1994）は述べている．それは19世紀末から20世紀初めにかけて，英国の多くの農園でペンステモンの育種が行われたことを物語っている．そして1960年代後半から1970年代初めに英国のシドウェル（Sidwell）などが高性大輪の交配品種を育種している．これらは欧州交配系ペンステモン（European hybrid penstemons）とよび細葉グループと広葉グループに分けている．ペンステ

[726] 各　論

Attractuve Penstemon flower shapes, see page 3：
'Maurice Gibbs','White Bedder'
'Evelyn','Catherine de la Mare','Papal Purple', *P. barbatus*
P. pinifolius'Mersea Yellow', *P. isophyllus*,'Raven','Hidcote pink', *P. pinifolius*'Wisley Flame'
P. heterophyllus'Burgundy','Andenken an Friedrich Hahn', *P. hartwegii albus*

図20.69　ペンステモンの花型の一部（David Way 著，Penstemons, 1996 より）

モンの園芸種の中には大輪の種子系品種も早くから育種されていて品種として「カウンテス・オブ・グラナダ（Countess of Granada：赤に白筒の大輪）」などがある．米国原産のペンステモンが欧州だけで育種が進んだわけではない．自生国，米国でも1949年，米国ペンステモン協会（American Penstemon Society）が設立されている．

(3) 主な品種

　ペンステモンは原種も含め交配園芸種など花形から草姿など変化に富んでいるから栽培の目的によって品種の選択は重要になる．RHSのプラント・ファインダー（1997～1998年版）には原種，変種を除き品種で約160種が記載されている．例えば花形の一部を示すと図20.69のようになる．ここでは交配種の品種を挙げておく．高性品種は茎立ちが少なく切り花や花壇のバックなどによいが，中低性品種は茎が細く多数分枝してブッシュ状になり鉢物花壇用に適する．

[大輪高性品種]

　「アリス・ハインドレイ（Alice Hindley：紫青色）」「チェスター・スカーレット（Chester Scarlet：濃い緋赤に白筒）」「バーグンディ（Burgundy：赤紫色）」など．

[中小輪高性品種]

　「ブルー・スプリング（Blue Spring：藤色小輪）」「ホワイト・シンフォニー（White Symphony：白色小輪）」「ベスビアス（Vesuvius：赤紫の白筒中輪）」「エトナ（Etna：赤に白筒中輪）」「フジヤマ（Fujiyama：白花で弁先淡桃のぼかし）」など．

[中小輪中低性品種]

　「ガーネット（Garnet：緋赤色中性）」「パープル・パッション（Purple Passion：赤紫

に白筒中性)」「パティオ・コーラル（Patio Coral : 淡桃に弁端濃い色小輪)」「ホワイト・ベッダー（White Bedder : 白色中輪中性)」「アップル・ブロッサム（Apple Blossom : 淡鮭肉色中輪中性)」など．

(4) 生態的特性

ペンステモンの冬季の耐低温性は種および品種により違いがある．茨城県園芸研究所の本図（1999）の耐寒性についての研究では barbatus, digitalis, など多くの原種は強いが，campanulatus, gracilentus などは枯死したという．生育適温は18～23℃位で，開花には低温の促進効果があり5℃に10週間以上の遭遇が必要である．ロイヤル・ハインズらの digitalis 種についての研究では無低温は開花まで100日かかるが，5℃3週間で85日，5℃15週間では50日で開花した．開花に対する日長は digitalis 種では日長に関係なく開花する中性植物で，他の種や交雑種もほぼ同様な傾向を示すと思われている．

図20.70　ペンステモンの交配品種

(5) 栽　培

ペンステモンは種子系品種や原種は種子繁殖できるが，園芸種は株分けか挿し芽で繁殖する．ふつう株分けが一般的で9月ころに株を掘り上げて3～4芽ずつ付けて株を裂くように分ける．庭園や花壇には株分け苗を品種により異なるが，25～30cm間隔に植付ける．植付け予定地には m^2 当たり堆肥2kg，化成肥料50g位をよく鋤き込んでおく．また露地切り花栽培するには，条間60cmの2または3条畝とし株間は25cm間隔に苗を植付ける．堆肥，肥料は庭園と同じである．さらに最近はミシガン大学のロイヤル・ハインズや茨城県園芸研究所の本図らのペンステモンの促成研究が行われ種類は限定されているが，施設を利用した促成栽培も可能になった．ロイヤル・ハインズらの研究では，digitalis 種を茎挿しで殖やした苗をセルトレイに植付けて2～3週間自然日長下で栽培してからトレイのまま，5℃で12週間低温処理（庫内で9時間日長の照明を必要）する．出庫後切り花栽培では加温室に定植し平均温度22℃で栽培し，冬季であれば電照して日長を16時間に調節すると約6週間で開花するという．鉢物ではさらに種類により草丈をわい化剤処理により抑える必要があるが，まだ，最適な薬剤と処理方法は確認されていない．

20.26 ヘルボラス（属名 : *Helleborus* L., 和名 : クリスマスローズ，英名 : Christmas Rose）キンポウゲ科，耐寒性常緑または落葉性多年生

《キーワード》：切り花，鉢物，庭園，苗物

地中海沿岸から西アジアにかけて約20種が分布するが，その内数種が園芸上で栽培さ

れている．欧州では古くから庭園で栽培されてきたが，わが国では一部の趣味愛好家に知られて栽培されるだけであったが，最近は英国の民間育種による多様な品種が輸入されるようになって，一般にも関心がもたれ，鉢物や苗物として生産されるようになった．1997年には日本クリスマスローズ協会が設立されている．

(1) 主な原種と園芸種

1) *Helleborus orientalis* Lam.

ギリシャ，トルコからコーカサスにかけて自生する根茎をもつ耐寒性常緑多年生で，根茎から根生する葉は革質で大きな掌状葉で7～8裂に深く裂け，裏面には浮き出た葉脈と毛をもつ．葉色は灰緑色から濃緑色がある．

花茎は根生し長さ30～40 cm上部で分岐し，径5～7 cmの5弁花を3～4花付ける．花色は緑，緑黄，黄，くすんだ桃，桃紫，紫紅，白色などがある．開花期は4～5月である．現在，ヘルボラスの品種として出回っているのは本種が多い．従来のヘルボラスは花が下向きに開花したが最近の品種は横向き，斜め上向きになっている．欧州へは1839年に紹介されている．

2) *H. niger* L. （クリスマス・ローズ）

本種が本当のクリスマス・ローズである．ドイツ，オーストリア，スイス，イタリアなどに自生する常緑耐寒性多年生で根茎は黒色，葉は根生し革質の掌状複葉の暗緑色，花茎は根生で高さ15～25 cm位になり単生から分岐した先に5弁白色の花を付ける．開花期が12～2月なのでこの名がある．多くの変種をもち欧州では切り花や鉢物として栽培されるが，わが国では愛好家以外は栽培が少ない．

3) *H. foetidus* L. （コダチクリスマス・ローズ）

西および中央欧州原産の常緑耐寒性で有茎性多年生で光沢をもつ掌状複葉を多数付ける．花茎も太く60～80 cmほどになり上部で多数分岐して多くの黄緑色の花を下向きに付けるのが特徴である．特殊な花なので主に庭園植栽用に使われる．

4) *H. argutfolius* （syn. *H.corsicus*, *H. lividus* subsp. *corsicus*）

コルシカ島原産の有茎の常緑多年生で全株無毛で花は黄緑色の花を茎頂に多数付ける．前種とともに有茎種の交配親になっている．

5) *H. hybridus* hort. （交配種）

orientalis 種を中心に他種とも交配されて，現在の品種はほとんど交配種の品種に変わりつつある．とくに近年，茎が立ち上がる交雑有茎種も広義にはこの中に含まれる．

(2) 主な品種と発達

orientalis 種が欧州へ紹介されたのは1839年で，育種が開始されたのは19世紀後半とみられる．英国

図20.71　ヘルボラスの最新交配種「ルーセ・ピンク」

を中心にドイツなどでナーセリーや民間の愛好家の間で種間雑種などの交配が行われ，花色，花形，葉など変化に富んだ品種の育種が現在行われ多様な品種が育成されている．とくに英国のヘレン・バラード（Helen Ballard），エリック・スミス（Eric Smith），エリザベス・ストラングマン（Elizabeth Strangman）などが品種の発展に貢献したヘルボラス・ブリーダーである．ヘレン・バラードは約50種以上のバラード系品種を育成している．Ashwood Nursery のジョン・マッシー（Gohn Massey）は密腺まで黄色の黄金色品種を育成している．この他にも八重咲きはロビン・ホワイト（Robin White）が育成してアネモネ咲きやピコティー咲きの出現につながった．

　ヘルボラスには実生から選抜した変異個体を株分けで増殖した系統が主で，花色や花形など変化に富んだ系統が多く出回っていて生産者の選択をやや難しくしていたが，最近育成された交配種は株分けによる増殖しかなくその増殖率が低いため愛好家用の域をでなかったが，最近は組織培養での増殖も可能になったため今後は生産も伸びるものと考えられる．また，オリエンタリス種の実生系から鉢物生産する生産者もでてきている．

　主な育成品種としては：「デッセンバー・ダウン（December Dawn：白に淡赤紫のぼかし）」「ペギー・バラード（Paggy Ballard：赤紫色）」「シトロン（Citron：淡黄緑色）」「アラバスター（Alabaster：乳白色）」「ポッターズ・ホィール（Potter's Wheel：純白色）」など．

（3）生態的特性

　生育には冷涼な温度がよいので適温は10～20℃位とみられる．開花に対する低温要求は明らかでないが，一定の低温が必要なようで根株を掘り上げて5℃の低温処理した実験でやや開花を早めたという．開花に対する日長も明らかにされていないが影響はなく栽培温度が開花促進に効果があるようである．

（4）栽　　培

　ヘルボラスは株分けで殖やす．他の宿根草に比べると分けつ芽の殖え方が少なく1～2年ではそれほど殖えないので，3年以上の株でないと分けられない．花後に株を掘り上げて2～3芽付けてハサミなどで切り分ける．葉の展開も少ないのでなるべく付けたまま分割する．庭園や花壇などの植付け予定地はあらかじめ起こして堆肥や有機質肥料などを鋤き込んでおき，25～30cm間隔に植付ける．鉢物も株分けした苗を15cm鉢に1株植付ける．オリエンタリス種は発育がやや早いので一年株でも鉢一杯になるが，ノイガー種などはやや遅いので2年位かかる．鉢物では戸外で5℃の自然低温に遭わせてから加温室に入れて日中15～25℃，夜間10～15℃で加温管理して3～4月に開花させて出荷する．

　実生系統を播種して栽培するには種子を低温処理してから播く，種子を－3℃に2カ月貯蔵してから播種すると3カ月で発芽する．種子を布袋などに入れ冬は戸外の土中に埋めて，自然低温に遭わせてから3月ころ播種すると5月ころに発芽し，10月ころには本葉3～4枚になるので小鉢にとり，初年度はハウス内で冬越しさせ，翌年秋に5号鉢に鉢替えしてそのまま戸外で越冬させ，できればもう1年養成すればオリエンタリス系では3～4月に数本の花が立つ．

20.27 ホイヘラ（属名：*Heuchera* L.，和名：ツボサンゴ，英名：Alum root）ユキノシタ科，耐寒性または半耐寒性常緑多年生

《キーワード》：切り花，鉢物，庭園・花壇，苗物

　北米，メキシコなどに約50種が自生する耐寒性の多年生で根茎をもつものもある．葉は根生し長柄の心臓円形に鋸歯をもつか掌状で緑色の他銅紫色や模様をもち，花茎は数本根生し，長さは種によって40cmから80cm位になるものがある．花茎には総状花序を付け，ツボ状の小花は赤，橙黄，桃，白色などがあり，開花は5～7月である．花きとして一般的ではなかったが，庭園や一部では切り花として栽培されてきた．わが国でも最近はホイヘラが知られるようになり，庭園や花壇に植えられ，切り花や鉢物にも栽培されるようになり，花きとして認知されるようになってきた．

(1) 栽培されている主な種と交配種

1) *H. cylindrica* Dougl. ex Hook.

　カナダ南西部から米国西海岸中部に自生する種で葉柄は密に毛をもち，葉は丸い心臓形で花茎は70cm位になり，花序は穂状の円錐花序で黄緑色からクリーム色の小花を付け開花期は初夏から真夏で，この時期は葉はない．

2) *H. micrantha* Dougl. ex Lindl. var. *diversifolia*

　カナダ南西部から米国西部原産で，根生する葉は大きく切れ込みの多い掌状で色は金属的な銅紫色で美しい．花穂は円錐花序に黄緑色か鮭桃色の小花を疎に付け開花期は5～6月．交配種の片親に使われている．

3) *H. sanguinea* Engelm.（ツボサンゴ）

　米国西南部からメキシコにかけて自生し，葉は根生し，長柄に円形浅裂のアイビー形の灰緑色の葉を付ける．花茎は数本根生して高さ30～50cmになり，先端は分岐してツボ状の赤色またはくすんだ桃色の小花を穂状に付ける．開花期は5月から7月でホイヘラ（ツボサンゴ）と言えば本種を指すほど切り花や庭園・花壇用に栽培されている．本種は1885年に欧州へ紹介され，わが国へは明治末に渡来している．現在の園芸品種はほとんど種間交雑による交配種で，その基本種が本種である．

4) *H.* × *hybrida* hort.（園芸交配種）

　現在，上記の野生種から選抜された品種の他に欧米で市販されている品種は次第に種間交雑種で *sanguinea* 種，*micrantha* 種，*cylindrica* 種などの交配から生まれたものが多くなっている．

図20.72　ホイヘラ・サンギネアの品種「ファイヤーフライ」

(2) 育種と品種の発展小史

ホイヘラの原種が欧州へ紹介された直後の1896年にはドイツの育種家ハーゲ・ウント・シュミッド（Haage unt Schmidt）は花色の変異を育種して濃緋赤色から桃色，淡黄色までの品種を作出している．その後20世紀に入って米国のアンドリュース（Andrews, D.M.）やケラー（Keller, J.B.）も選抜や交配して大輪花を育種している．近年，英国では花だけでなく冬季も葉を観賞できる観葉ホイヘラに関心が高いが，米国，オレゴン州のダン・ヘイムス（Heims, Dan）が育成した「チョコレート・ラッフルス（Choolate Ruffles：波状大葉で銅紫葉）」「タイガー・ストライプ（Tiger Stripe：銅葉に濃い斑点）」などが英国で試作されている．RHSのプラント・ファインダーには原種も含め約60種が掲載されている．

(3) 主な品種

[原種系品種]
「ファイヤーフライ（Firefly：赤花，灰緑葉）」「スノー・ホワイト（Snow White：白花，緑葉）」「パレス・パープル（Palace Purple：桃紫花，銅紫葉）」など．

[交配品種]
「ピーター・ムーン（Peter Moon：淡桃花，緑葉）」「オーキングトン・ジュエル（Oakington Jewel：桃色花，紫葉）」「パープル・ペチコート（Purple Petticoats：赤紫花，波状葉）」など．

(4) 生態的特性

ホイヘラはかなりの低温に耐えるが，寒冷地では地上部の葉は傷むが，温暖地では葉を付けたまま越冬する．生育適温は15～20℃位とみられるが，30℃以上の高温では生育がやや鈍る．開花には低温遭遇が必要であるが，三浦（1991）がsanguinea種で研究した結果によると，10℃以下の低温に30日以上遭わせると花芽分化し，分化後20℃以上で栽培すると約2カ月で開花することがわかった．開花に対する日長の影響はほとんどない．

(5) 栽　培

ホイヘラの園芸種は株分けで殖やすが最近では組織培養による苗も流通している．株分けは側芽の多い大株を掘り上げ，分枝ごとに2～3芽付けて木化した基の部分を付けて分割する．庭園や花壇植えは日当たりや排水のよい場所に20～25 cm間隔に植付ける．一度植付けると数年据置となる．

切り花の促成栽培ではサンギネア種の高性で早生（5～6月開花）のファイヤーフライなどの品種を選ぶ．10℃以下の自然低温に遭わせた株を12月から1月中旬に掘り上げて平均20℃（夜間最低15℃以上）で栽培すると2カ月位で開花するので3～4月に開花させることができる．

20.28　宿根性ロベリア（属名：*Lobelia* L.，和名：宿根ロベリア，英名：Lobelia）キキョウ科，耐寒性または半耐寒性多年生

《キーワード》：切り花，鉢物，庭園・花壇

世界各地に約360種が自生し，日本にもサワギキョウ（*L. sessilifolia*）が自生している．

ふつうロベリアというと南アフリカ原産の一年生のエリヌス種（L. erinus）を指すが，ここでは宿根性のロベリアについて述べる．わが国ではごく最近まで知られていなかったが，欧州では以前から庭園や花壇に広く植えられてきた．最近は種間交雑による育種も進んで F_1 品種まで育成されて花きとしての位置を高めてきた．現在，宿根性ロベリアとして栽培されている主な種およびこれらを交配して育成された園芸種には次のものがある．

（1）栽培されている主な種と園芸種および品種

1) *Lobelia cardinalis* L.（ベニバナサワギキョウ）

カナダ南部から米国のフロリダ州，テキサス州にかけて自生する耐寒性多年生で冬季は地上部は枯れるが，春根茎部から発芽し茎を数本直立させる．葉は先の尖る長楕円形で，茎の頂部に苞をもつ穂状の総状花序に5裂片花を付ける．花色は緋紅，濃桃，白色で開花期は7〜8月，草丈は80〜100cmになる．1626年英国に紹介されている．切り花や花壇に利用される．品種には「ローズ・ピンク（Rose Pink：濃い桃色）」「ジャイアント・スカーレット（Giant Scarlet：赤色大輪）」などがある．

2) *L. splendens* Willd.（syn. *L. fulgens* Willd.）

メキシコ原産の半耐寒性の多年生で直立する茎は60〜90cm位になり，*cardinalis* 種に似るが株全体に軟毛で覆われる．穂状の総状花序で花は緋赤色で開花期は8〜9月で前種よりやや遅い．

本種も切り花や花壇用に利用される．品種には「イルミネーション（Illumination：赤花，紫茎に濃緑葉）」がある．

3) 交配種

（1） *L.* × *gerardii* Chabannte et Goujon ex Sauv. *L. cardinalis* の品種「Queen Victoria」と *L. siphilitica* の交雑種，高さ150cmになる高性で生育旺盛，花色は桃色または赤紫色．

（2） *L.* × *speciosa* hort. *L. splendens*，*L. cardinalis*，*L. siphilitica* などの交雑による交配種で，花色も幅広く品種も多く，宿根性ロベリアとして栽培も多い．固定種の品種として「ブルー・ナイト（Blue Night：淡青紫色）」「ダーク・クルサダー（Dark Crusader：濃赤色花に銅紫葉）」「フラミンゴ（Flamingo：淡桃色花に緑葉）」などがある．ベナリー社が1988年から1990年にかけて発表した F_1 品種には「F_1 コンプリメント・シリーズ（F_1 Compliment series）」と「F_1 ファン・シリーズ（F_1 Fan series）」がある．前シリーズは丈が70〜80cmで切り花，花壇用．後種は丈が50〜60cmの中性種で分枝も多く鉢物や花壇に向く．

（3） *L.* × *vedrariensis* hort. *L. cardinalis*，*L. splendens*，*L. siphilitica* などを交雑により育成された交配種で丈は60〜80cm，花色は紫紅色である．

図20.73 宿根性ロベリアの F_1 品種「コンプリメント・シリーズ」

（2）生態的特性

L. × *speciosa* の F_1 コンプリメント・シリーズの開花誘

導には長日条件下では低温を必要としないが，短日条件下での栽培には低温に遭遇させないと開花しない（ハインズら）というから，量的長日植物のようである．長日は14時間以上の日長で短日下では電照によるが，光源は高圧ナトリウムランプが開花促進だけでなく品質改善効果もあるという．また，低温処理は5℃以下の温度に12週間以上遭遇させる必要がある．日長と温度の調節により開花調節ができることをロイヤル・ハインズらの研究や茨城県園芸研究所の駒形の研究からも示唆される．

(3) 栽　培

園芸品種は挿し芽により繁殖するが，F_1品種は種子から育苗する．ロベリアの種子は細かいが，セルトレイなどに2粒位ずつ播き覆土はしない．温度は21～25℃を保てば10～14日位で発芽する．その後は日中15～23℃，夜間13～15℃を保ち育苗する．本葉5～6枚になったら鉢上げし，切り花栽培では施設内に定植する．床植えでは20～25cm間隔に植付け，10cm位に生育した時に一度摘芯する．F_1品種では栽培温度が高いほど開花するまでの日数は短縮されるが，ふつうは時期にもよるが播種から開花までは12～15週間とみて計画を立てる．促成栽培の場合，3～4月出荷を目標とした栽培では10月ころ播種し，電照加温管理すれば3～4月に開花して切り花が出荷でき，その後，株を刈り込んでおくと再び茎が萌芽伸長して，2番花が9～10月ころに開花して出荷できる．

挿し芽で殖やす品種は春に萌芽した茎を低めに刈り込み，側枝の発生を促し，揃って発生した側芽が12～15cmほど伸びた時に先端を8cm位の長さに切り，水揚げをしてパーライトやバーミキュライトの挿し床に挿し，ミストを与えると30日ほどで発根するので鉢上げして，健全な苗に育ててから摘芯して花壇予定地などへ植付ける．間隔は25cm位がよい．この他，少量の場合は株分けした苗を植えることもある．切り花も同様だが花壇植えでは花色の組み合わせが重要なので品種の選択に注意する．

－本文完了－

総合項目索引

[ア]

アイス・チューリップ……447
アイビーゼラニウム………595
アキレア………………343
アスター……………318,369
アネモネ………………344
アサギリソウ……………710
アザレア………………550
アジサイ………………605
アジアティック・ハイブリッド
………………………512,513
アスチルベ……………695
アーチング栽培法………470
アトリウム………………56
アフリカン・マリーゴールド
………………………………689
アフリカ・ホウセンカ……645
アリウム………………345
アルケミラ……………346
アルストロメリア…………347
アルゼンチン…………18,439
アルパインハウス…………85
アンシミドール…………225
アンチジベレリン…………225
アレンジメント…………53,656
アロットメント……………55
アドバイザー………………77
RHS（英国王立園芸協会）
……………………50,73,436,
  437,486,505,509,512,707
ISO…………………………151
ISO認定……………………152
IPM…………………………241
青いバラ……………………463
相対取引……………………26

[イ]

後処理剤……………………328
暗発芽種子…………………177
暗黒老化……………………207
安全教育……………………283

イカダカズラ………………612
イースター・リリー………503
イセナデシコ………………434
イオンビーム………………116
イングリッシュガーデン
…………………………48,49,50
イスラエル……………………12
イタリア………………………11
イーコマース…………………75
イベント………………………72
イワトユリ…………………510
イワギキョウ………………558
インターネット…………75,313
インドアーグリーン…………56
インパチエンス……………645
インド…………………………14
EC……………………………156
生け花…………………6,7,52
家元制度………………………52
一年生花き……………………79
一代雑種（育種）……114,115
一代雑種品種…………114,580
委託生産……………195,583
異数性…………………………98
育種（開発）………36,97,119
育種家…………………………97
育種素材……………………118
遺伝資源（保存・収集）……120
遺伝的防除…………………240
遺伝性…………………………98

遺伝形質………………………97
遺伝子……………………98,108
遺伝子型………………………77
遺伝子工学…………………118
遺伝子組み換え………119,463

[ウ]

ウイズレイガーデン…………50
ウイルス……………………232
ウイルス検定………………208
ウイルスフリー（苗）……207
ウケユリ……………………506
ウニコナゾール…………225,613
羽毛ケイトウ………………655
植木……………………………86
上根…………………………514
うらごけ現象………………383

[エ]

エゾスカシユリ…………504,510
エゾリンドウ………………542
エリンジウム………………350
エラチオール・ベゴニア……625
エスレル……………………224
エチレン………………145,224
エチレン処理………………224
エチレン阻害剤……………455
エチレンクロロハイドリン
…………………………………395
エブ・アンド・フロー灌水
……………………………258,583
エライザ法…………………208
エリートクロン……………207
エリート認証………………210
エレクトロニクス………4,298
AAS………………73,650,665,701
エネルギー代謝率（RMR）…294

総合項目索引

エバースポーティング系……………………………109,423
エクアドル……………14
LCA……………151
L-システム……………313
MA貯蔵……………327
MPS認証（制度）……152,331
NAKB……………210
NFTシステム……………216
STS……………146,448,455
FOB価格……………31
F_1育種（エフワン）……36
F_1種子……………196
英国王立園芸協会（RHS）……50,73,436,437,486,509,512
栄養繁殖……………181
栄養繁殖系苗……………205
栄養診断……………169,170
栄養系苗……………206
栄養系ゼラニウム……590,593
液体肥料……………161,166
液肥施用……………167
液肥希釈装置……………264
塩基性置換容量……………157
塩類濃度……………156
枝変わり……………115
枝変わり品種……………115
延命剤……………327
園芸交配種……………434
園芸教育……………56
園芸学会……………41,43
園芸生産……………42
園芸療法……………52
園芸店……………31

［オ］

オイランソウ……………718
オオトリトマ……………716
オオムラサキツツジ……550
オキシペタラム……………352
オステオスペルマ……………699
オトメギキョウ……557,561
オーニソガラム……………352
オニユリ……………511
オリエンタル・ハイブリッド……………509
オールドローズ……………462
オトメユリ……………508
オートメーション（化）……4,299
オートメーション生産……12,299
オランジェリー……58,244
オープンガーデン……………51
オランダ……………9
オキシダント……………147
オゾン……………686
オゾン層保護……………148
温室……………5,244
温室村……………5
温風暖房……………253
温水暖房……………253
温度管理……………252
大型小売店……………32
大型量販店……………7,32
汚染物質……………147
卸売市場……………6,26

［カ］

ガーベラ……………354
ガクアジサイ……………605
カーネーション……………102,110,319,358
カノコユリ……………511
カラー……………367
カランコエ……………562
カリブラコア……………683
カリステフス……………369
カルセオラリア……………554
カルタムス……………373
ガーデンローズ……463,471
ガーデン・シクラメン……572
カワラナデシコ……………433
カンパニュラ……………556
カンナ……………700
カロチノイド……………102
カルス培養……………191
カラーサークル……106,107
カレンダーウイーク……213
ガーデニング……………47
ガーデニングブーム……72,688
ガーデンセンター……………32
カラーリーフ・プランツ……84
カラーチャート……………107
カンバン方式……………332
CAM植物……………133
観葉ベゴニア……………631
観葉ゼラニウム……………591
観葉植物……………56,84
外生エチレン……145,323
外的品質……………318
外的性内分泌撹乱物質……149
開花調節……………138
花き園芸……………1,2
花き園芸学……………1,42
花き生産……………4,15
花き産業……………2,4,8
花き研究……………42
花き卸売市場……………6,15
花き取引コード……………29
花き消費……………47
花き名称……………89
花序……………95
花色……………101,103
花色素……………101,103
花粉培養……………117
花文化……………1
花成……………126

総合項目索引 [737]

花成誘導 …………………130
花柱切断受粉 ……………505
花壇 …………………57〜70
花壇用花き ……………64,65
花壇苗 ………………………23
花壇植栽 ……………………69
花壇苗生産 …………6,23,222
花壇綱目 ‥2,413,503,509,510
花壇地錦抄 ……………………
　　2,376,413,509,511,623,703
家庭消費 …………………7,47
家庭園芸 ……………………50
学名 …………………………89
春日権現絵巻 ……………463
画像処理 ……338,423,426
化学肥料 …………………165
開発途上国（発展途上国）‥4,8
外植体 ………………………73
株分け ……………………190
塊根 …………………………82
塊茎 …………………………82
芽条変異 …………………115
隔離検疫（免除）…………506
冠婚葬祭 ……………………7
寒高冷地 ……5,21,22,453
緩速砂ろ過装置 …………218
潅水設備 …………………258
換気装置 …………………256
環状剥皮 …………………185
環境問題 …………………148
環境負荷 …………………149
環境ホルモン ……………149
韓国 …………………………16
管理サークル ……………334
貸鉢業 ………………………56
　　　　[キ]
キク …………………………375
キキョウ …………………374

キバナコスモス …………649
キヒラトユリ ……………511
キブネギク ………………708
ギボウシ …………………703
キリシマリンドウ ………543
キンギョソウ ……………388
黄花クンシラン …………568
球根ベゴニア ……………627
キュアリング ……………395
キリスト教 ……………53,54
キュー植物園 ……………246
休眠 ……………………123,395
休眠打破 ………………124,395
銀葉植物 ………………85,710
木子 …………………………394
宮廷園芸 ……………………4,57
供花 …………………………53
境栽花壇 ……………………62
共選共販 ………………………
　　　　5,6,21,275,335,384
機械ゼリ ……………………6,26
機械播種 …………………180
機械的障害 ………………324
拮抗作用 …………………164
切り花生産 …………………22
切り前 ……………………337
切花輸入 ……………………30
球根類 ………………………80
球茎 ……………………81,394
京都議定書 ………………148
菊譜百詠図 ………………375
　　　　[ク]
クジャクアスター ………400
グラジオラス ……………391
クサキョウチクトウ ……718
グロキシニア ……………565
クリスマス・ベゴニア …630
クリスマス・ローズ ……728

クンシラン ………………568
クルメケイトウ …………656
クラインガルテン（法）…… 55
グランドカバープランツ…… 87
クライマクテリック ……110
クーラー育苗 ……………537
グリーンアドバイザー…32,77
グリーン苗 ………………205
クリーンシード ……174,539
クリーンベンチ …………194
グリーンハウス・オートメーシ
　ョン ……………………299
クリーピング・タイプ ……685
クロールピクリン ……158,488
クロロシス ………………163
くん煙処理 ………………484
　　　　[ケ]
ケイトウ …………………654
ゲノム ………………………98
ゲノムライブラリー ……119
ケニア ………………………14
経営形態 …………………275
経営管理 …………………307
経営組織 …………………275
形質転換 …………………119
形質転換植物 ……………119
契約生産（販売）…………583
系統分離 …………………113
研究機関（組織）………42,43
研究者組織 …………………43
限界日長 …………………137
原々種 ……………………207
現代バラ …………………462
検定植物 …………………209
　　　　[コ]
コウシンバラ …………460,462
コスモス …………………649
コリウス …………………652

コニファー……………………87
木立ち性ベゴニア……………631
ゴミゼロ………………………151
コーティングシード…………174
コルヒチン………………116,451
コロンビア……………………13
コンベヤー……………………270
コンビニエンスストアー……33
コピグメント…………………104
コンメリニン…………………104
コンサルタント………………77
コンテナガーデン……………58
コンテナ栽培…………………447
コンピュータ（化）………4,306
コンピュータ……………306,309
コンピュータ・グラフィック
……………………………313
コンタミネーション…………194
高温処理………………………131
高冷地育苗……………………537
高冷地生産……………………22
高圧ナトリウムランプ
……………………………266,733
高性能種子……………………173
高温ロゼット…………………124
高山植物………………………85
高木……………………………86
交雑育種（法）………………114
交雑品種………………………114
固定品種………………………114
硬実種子………………………175
香料ゼラニウム………………598
厚生花壇………………………61
公共花壇………………………68
広益地錦抄……………………703
古事記…………………………2
古典園芸植物……………591,623
光周性……………………134,137

光合成……………………132,133
光量子束密度…………………139
国連環境会議…………………148
国際園芸博……………………72
個人出荷……………5,24,334,338
個選出荷……………………5,24
小売（業者,商）……………6,31
公園……………………………60,70

[サ]
サクユリ………………………509
サクラソウ……………………623
ササユリ………………………507
指定植物………………………37
食虫植物………………………86
サツキ…………………………550
サボテン………………………82
サルビア………………………659
サンダーソニア………………397
サントリーナ…………………712
サイコセル………………224,592
桜草作伝法……………………623
桜草百品図……………………624
細胞質遺伝……………………98
細胞融合………………………117
採種……………………………195
採穂……………………………211
挿し穂…………………………205
挿し芽苗………………………205
彩度……………………………107
最適化プログラム……………307
酸度……………………………155
殺虫剤…………………………234
雑種強勢…………………115,575
作物データーベース…………307
作物モデル………………311,312
作型……………………………212
作付……………………………212
作業研究……………………284〜288

作業管理………………………273
作業計画………………………279
作業改善……………284,294,332
作業プロセス…………………288
作業デザイン…………………288
作業強度………………………293
作業ロボット…………………300
作業労働コード………………281
先取り取引……………………27
雑種一代目……………………115

[シ]
シクラメン……………………572
シバザクラ……………………720
ジニア…………………………664
シネラリア……………………586
シャクヤク……………………412
シュウメイギク………………709
シュッコンアスター…………400
シュッコンカスミソウ………405
シュッコンリモニウム
……………………………534,536
シュッコンバーベナ…………676
シュッコンサルビア…………713
シュッコンロベリア…………736
シルバープランツ…85,711,722
シルバー・レース……………712
シヌアータ………………531,535,537
シロタエギク…………………711
シノニム………………………90
ジベレリン（処理）
………………223,369,551,552,613
シミュレーション
……………………310,312,329
シミュレーション・モデル
……………………………312
シグネット・マリーゴールド
……………………………692
C/N率…………………………185

総合項目索引 [739]

ジャスト・イン・タイム方式
　　………………………332
シュレーバー・ガルテン……55
C_3植物………………………133
C_4植物………………………133
CCDカメラ……………315,426
CA貯蔵………………………326
CCC……………………614,638
C＆F価格………………………31
JICA………………………18,19
JATAK…………………………18
JFTD……………………………31
JANシステム…………………29
自家不和合性………………100
色相……………………………107
色彩学…………………………106
質的形質………………………100
市民薄明………………………137
市民農園………………………55
刺繍模様花壇…………………63
種苗法…………………………37
種子生産……………23,37,195
種苗企業…………………23,34
種子春化作用…………125,537
種子繁殖……………………173
種子処理……………………174
種皮処理……………………174
種子の寿命…………………177
種子の貯蔵……………178,454
種間交雑……89,114,504,505
春化作用（処理）……125,130
臭化メチル…………………149
人工交配……………………196
社会園芸…………42,50,51,52
情報取引…………………28,75
硝酸性チッソ（窒素）………149
植物工場……………………299
植物生長調節物質（剤）……223

植物ホルモン………………223
植物園…………………………75
植物体春化作用……………125
植物栄養……………………161
植物命名規約…………………89
植物公園………………………75
植物遺伝資源………………120
植物特許………………………37
植物文化………………………4
植栽間隔……………………214
指標植物（検定植物）
　　…………………209,236
宿根草……………………49,80
宿根園…………………………49
趣味の園芸……………………49
芍薬花形帳…………………413
周年生産（開花）……………213
照度…………………………139
遮光装置……………………265
少品目多量生産………………11
仕立て方……………………220
所要労力……………………276
社会保障……………………282
職場環境……………………282
集中型作業…………………290
出荷容器……………………339
出荷用台車…………………341
質的（絶対）短日植物
　　…………………134,715
質的（絶対）長日植物………134
自然低温……………………131
自然日長……………………137
自発休眠……………………123
自動播種機……………199,200
自動移植機……………215,269
自動選花機…………………271
自動結束機…………………271
市場外取引……………………27

新品種保護（制度）…………37
［ス］
スイートピー（含宿根）……416
スズラン……………………421
スズランの日………………421
スモークツリー……………428
スカシユリ……………510,511
ストック……………………422
スターチス…………………531
スタッキイス………………712
スミセブン……224,669,679
スーパーマーケット……7,10,32
スペーシング……………221,553
スーパーL資金………………45
スリートーン………………456
スタンダード仕立て…615,637
水分ストレス………………143
水分張力（計）………………142
水質…………………………143
水質汚染……………………143
［セ］
セキチク……………………432
ゼラニウム…………………589
セロシア……………………654
セントポーリア……………600
セイタカアワダチソウ……430
セル成型苗トレイ…………202
セル成型苗システム………198
セリ取引………………………26
ゼロエミッション…………151
センサ………………………315
セルフ・クリーニング……686
生花小売店……………………31
生花専門店……………………31
生花通信配達組織……………31
生花市場……………………6,26
生物学的防除……………230,238
生物検定法…………………232

生物農薬……………………238
生殖生長……………………123
生理障害……………………168
生長調節剤…………………223
生長モデル…………………311
生産システム………………298
生産プロセス………………299
生産後処理……………………34
生体情報……………………315
清潔性………………………229
整形花壇（庭園）………………61
染色体…………………………98
染色体数………………………98
全米品種審査会（AAS）
　………………73,683,685,701
鮮度保持……………………321
施肥濃度……………………165
施肥管理……………………167
選別格付け…………………337
仙伝抄………………………413
仙花翁伝……………………667

[ソ]

ソリダゴ……………………429
ソリダスター………………429
そう性バラ…………………465
ソーラーシステム…………255
草本植物………………………79
草木奇品家雅見………2,84,703
草木図譜……………………667
草木錦葉集……………2,84,508
相対的（量的）長日植物…134
相対的（量的）短日性植物…134
総合的病虫害防除（IPM）
　………………………229,241
組織培養……………………190
組織培養苗
　………5,190,196,205,355,454
組織培養増殖……190,439,451

増殖母株……………………206
促成栽培……………… 213,698

[タ]

ダイアンサス………………432
タカサゴユリ………………507
ダスティーミラー…………711
タモトユリ…………………508
ダリア………………………435
ダンドク……………………700
ダイオキシン………………149
耐寒性サルビア大気…………144
大気汚染……… 146,147,690,691
体細胞雑種…………………117
耐病性………………………237
耐寒性…………………………79
除雄…………………………100
市場取引………………………26
他花受粉………………………99
脱春化（ディバーナリ）……537
多年性花き……………………80
炭酸ガス（CO_2）……… 144,148
炭酸ガス施用………………144
短日植物……………………134
短日処理……………………138
暖地……………………………5
暖房…………………………252
暖房装置……………………252
台湾……………………………16
多品目少量生産………………12
立て花（たてはな）……………52
棚持ち………………………321

[チ]

チドリソウ…………………528
チューリップ………………441
チューリップ狂時代………442
チェルシーショウ……………72
チオ硫酸銀…………………327

チオスルファト銀錯塩（STS）
　……………………………327
地球温暖化…………………148
地球サミット………………148
地球環境……………………148
地球温暖化防止会議（京都議定
　書）………………………148
地錦抄付録…………………667
知的所有権……………………38
長日植物……………………134
長日処理……………………138
中性植物…………………134,727
地方卸売市場………………6,26
中央卸売市場………………6,26
中山間地型生産地……………22
中国……………………………15
調整用土……………………203
頂芽優勢性…………………467

[ツ]

ツタバゼラニウム…………595
ツボサンゴ……………130,730
つるバラ…………………466,472
つぼみ切り…………………337
接ぎ木………………………184

[テ]

テッポウユリ……………503,515
デルフィニウム……………448
テンウィーク・ストック……422
ディモルフォセカ…………484
ディバーナリ…………125,492
ディブラー…………………269
デティルドシード…………693
テーマパーク…………………74
テンシオメータ……………142
DIF（ディフ）………129,204
パック・トライアル…………74
DNA…………………… 98,118
DIY……………………………30

総合項目索引 [741]

庭園樹 …………………… 86
底面吸水灌水 …………… 262
低温感応性 ……………… 131
低温処理 ………………… 132
低温障害 …………… 130,211
低温貯蔵 …………… 132,325
低温遭遇 ………………… 131
低温輸送 ………………… 325
低温要求 ………………… 131
低木 ……………………… 86
抵抗性育種 ………… 111～113
点滴灌水 ………………… 260
天敵 ……………………… 238
天敵利用 ………………… 238
天敵防除 ………………… 238
電気伝導度 ……………… 156
電照 ………………… 137,453
電照栽培 ………………… 138
電灯照明装置 …………… 265
電子商取引（イーコマース）・28

[ト]
ドイツスズラン ………… 421
トウギボウシ …………… 705
トウテイラン …………… 722
トコナツ ………………… 432
トサカケイトウ ………… 654
トリトマ ………………… 715
トルコギキョウ（ユーストマ）
　………………………… 494
トマトトーン …………… 630
ドイツ …………………… 10
トルフガーデン ………… 85
トレーサビリティ … 237,329
トリゾミック ……… 109,423
登録品種 ……………… 38,206
登録保護品種 …………… 38
特許権使用料（ロイヤルティー）
　………………………… 39

土壌消毒 ………………… 159
土壌診断 ………………… 168
土壌酸度 ………………… 155
土壌水分 ………………… 142
土壌三相割合 ……… 154,581
凍結貯蔵 …………… 132,520
動力噴霧器 ……………… 266
動作の研究 ……………… 284
都市近郊型生産地 … 5,21,22
等級基準 ………………… 339

[ナ]
ナショナル・トラスト …… 50
ナショナル・ガーデン・スキーム
　………………………… 51
ナショナル・プラント・コレクションズ
　………………………… 51
内生エチレン ……… 145,323
苗専門企業（業者）…… 36,199
苗生産 ……………… 176,199
苗生産システム（種子系）…199
苗生産システム（栄養系）…207
仲卸業者 ………………… 5,27
撫子培養手引草 ………… 432
長持ち品種 ……………… 110
内的品質 ………………… 319

[ニ]
ニオイゼラニウム ……… 598
ニューギニア・インパチエンス
　………………………… 641
日長調節 …………… 137,265
日系花き生産者 ……… 18,19
二年生花き ……………… 80
二重被覆装置 …………… 257
二次汚染物質 …………… 686
二度切り栽培 …………… 501
ニードル型自動播種機 … 200
庭木（植木）……………… 86

日本生花通信配達協会（JFTD）
　…………………………… 7,31
日本フラワーデザイン協会・53
日本インドアーグリーン協会
　………………………… 56
人間工学 …………… 284,294

[ネ]
ネリネ …………………… 457
ネアンデルタール人 ……… 1
熱帯高原 ……………… 13,21
熱収支 …………………… 252
粘着トラップ（害虫）…… 235

[ノ]
ノゲイトウ ……………… 655
ノズル灌水 ……………… 259
ノズル型自動播種機 …… 201
ノットガーデン ………… 64
農業法人 ………………… 275
農業改良事業（普及員）… 44
農業者認定制度 ………… 44
農園芸教育 ……………… 45

[ハ]
ハイドランジア ………… 605
ハイブリッド・リモニウム
　………………………… 534
ハカタユリ ……………… 507
ハシドイ ………………… 527
ハマナデシコ …………… 433
ハーディー・ゼラニウム…706
ハーブ ……………… 598,599
バーベナ ………………… 675
ハボタン ………………… 667
バラ ……………………… 460
パンジー ………………… 669
ハンギング・バスケット
　………… 73,597,642,647,648
ハイドパーク …………… 58
バイオテクノロジー … 4,117

パーソナル・コンピュータ（パソコン）……………………306
バーコード………………………29
ハンプトンコート………………58
パーティア（パーテレー・ド・ブローダリー）………………57
バケット輸送（容器輸送）…340
パットアンドファン冷房装置パラダイムシフト………………298
パートタイマー…………275,276
HACCP……………………………151
倍数性……………………98,116
白熱電灯………………………265
鉢上げ…………………………219
播種機…………………………200
配合土……………………152,153
鉢物用土………………………153
発芽勢…………………………173
発芽チェンバー………………180
発芽促進処理…………………185
発根苗…………………………211
発芽……………………………173
発芽率…………………………173
花文化……………………………1
花譜……………………………1,2
花き苗……………………205,669
花店（花屋）……………………6,7
花芽分化………………………126
花芽形成………………………125
花下がり…………………483,484
販売権…………………………634
葉組み…………………………583
母の日…………………………640

[ヒ]

ヒマワリ………………………474
ヒメヒマワリ………………475,480
ビオラ…………………………669
ビンカ…………………………678
ヒメユリ………………………509
ヒメトリトマ…………………715
ヒャクニチソウ………………664
ヒゲナデシコ…………………433
ビジョナデシコ………………433
ピートモス……………………157
ビトロ…………………………143
ビトロセレクション…………534
pH………………………………156
PFLP法…………………………118
PL法……………………………151
PLA……………………………635
Bナイン…………552,553,564,613,648,698
B-to-B…………………………28
B-to-C…………………………28
微量要素欠乏…………………168
微細種子………………………174
微動作…………………………284
病理検定…………………207,208
病理検定法……………………207
病虫害抵抗性……………111〜113
日比谷公園………………………60
日持ち性…………………110,111
日持ち保証………………329,330
標準用土………………………153
品質評価………………………320
品質評価基準…………………321
品質管理活動（QC活動）……332
品種保護……………………37,38
品種登録……………………37,38,39
品質管理………………………318
品質保持…………………321,327
品質保持剤………………321,327
品質保証…………………329,330
ひもかん水………………262,582
秘伝花鏡……………………413,503
氷温貯蔵……………132,447,518

標準建設物価表…………………68
肥料3成分……………………164
光飽和点………………………134
光補償点………………………133
光中断…………………………135
光公害…………………………139
光スペクトル…………………136
微量元素………………………161
盆栽………………………………2

[フ]

フウリンソウ…………………557
ブーゲンベリア………………611
フサケイトウ…………………655
プリムラ・オブコニカ………618
プリムラ・ジュリエ…………620
プリムラ・ポリアンサ………620
プリムラ・マラコイデス……615
フロックス……………………717
フリージア……………………482
ブーゲンベリア………………611
フィールド・トライアル……74
フレンチ・マリーゴールド
……………………………………692
ブルー・フェスキュー………710
不耐寒性サルビア……………713
冬咲きベゴニア………………630
斑入りゼラニウム………591,592
ファクトリー・オートメーション
……………………………………299
フィトクローム………………135
フィーダー型自動播種機……202
フィルムコーティング処理
……………………………………174
フィンガープリント法………118
フザリウム萎凋病……………111
フザリウム抵抗性………111,112

総合項目索引 [743]

ムービング・ベンチ（システム）
フラワーランドスケーピング
……………………61
フラワーショウ……………19
フラワーデザイン…………7,53
フラワーデザイナー………53
フラワーアレンジメント……53
フラワーネット………………215
フランス式庭園………………57
プライミング処理……………174
プラグシステム（セル成型苗システム）…………5,199〜206
プラグトレイ（セルトレイ）
……………………202
プラグ苗（セル苗）…………202
プラントハンター……………5,96
プラント・ファインダー
…………51,709,716,721,726
フラット・フィラー…………267
ブラインド………394,403,468
ブラスティング………………519
ブラジル………………18,438
フランチャイズチェーン……32
フラボノイド色素……………101
プリザベティブ………………327
フリー苗………………207,209
プール灌水……………………264
フロロセレクト………………73
プロトプラスト………………117
ブルヘッド……………………468
ブレーン・ストーミング……332
斑入り植物……………………2,84
不整形花壇……………………61
複合肥料………………………165
仏花……………………………53
分離育種法……………………113
分子生物学……………………117
分子育種………………105,117

分散型作業……………………290
分区園…………………………55

［ヘ］
ベゴニア………………………625
ベゴニア・センパフローレンス
……………………680
ペチュニア……………………682
ベニバナ………………………373
ベニバナサルビア……………659
ヘリクリサム…………………711
ベルジアン・アザレア
……………………550,551
ベル・フラワー………559,561
ヘルボラス……………………727
ペラルゴニウム………………594
ベロニカ………………………721
ベントネック…………………471
ペンステモン…………………724
ベラドンナ……………………450
ペンステモン・ハイブリッド
……………………725
ペンステモン咲き……………389
ヘテローシス…………………114
ベルサイユ宮殿………………2,57
ベルトコンベヤー……………272
ペレットシード
……………174,673,679,682
ベーサルシュート……468,470
閉鎖型循環システム…………250
閉鎖型施設栽培方式…………250
変異検定………………………207
変温管理………………………254
発芽チェンバー………………180
壁画………………………461,503
米国（U.S.A.）………………10

［ホ］
ポインセチア…………………633
ホイヘラ（ホイケラ）………730

ホウセンカ……………………645
ボタン…………………………412
ボタニカル・チューリップ
……………………441
ポット・カーネーション……640
ポット苗………………………205
ポット・フィラー……………268
ボーダー花壇…………………59
ボトム・ヒーティング（底熱加温）……………………182
ホーク球………………………398
ホームセンター………7,10,33
ボランタリーチェーン………32
ポリジーン……………………105
ポリエチレングリコール……174
盆栽
225,227,564,592,643,669
ポッティング・マシン
……………………221,268
ホワイト・ウォッシュ………604
ポスト・ハーベスト…………334
保護品種………37,38,626,637
盆栽……………………………2
本草学…………………………598

［マ］
マーガレット…………………485
マドンナ・リリー……503,507
マリーゴールド………………689
マイコプラズ様微生物………232
マイクロプロパーゲーション
……………………192
マット灌水……………261,582
マニア園芸……………………4,49
マレーシア……………………15
前処理（剤）…………………327
万葉集…………………………2,655

［ミ］
ミケルマスディジー…………401

ミニシクラメン……576,577	[ユ]	落花防止………226,615,630
ミニゼラニウム…………591	ユウギリソウ……………492	落蕾………………………419
ミヤコワスレ……………489	ユーストマ………………494	[リ]
ミスト繁殖………………183	ユーチャリス……………522	リシアンサス（ユーストマ）
実生苗……………………205	ユリ………………………502	………………………494
水ポテンシャル…………140	ユニバーシティ・ハイブリッド	リトル・デルフィニウム
[ム]	………………………451	………………………450,455
ムギワラギク……………711	UPOV条約……37,38,107	リモニウム………………531
無性生殖……………………99	雄性不稔株……100,196,690	リラ（ライラック）……525
無分枝性系………………422	雄性不稔系統（MS）……690	リンドウ…………………542
無病苗……………………624	優勢性………………………99	輪ギク……………………250
無菌播種…………………180	輸送…………………………25	リーガルユリ……………508
[メ]	輸送園芸地帯……………5,22	リーガー・ベゴニア……625
メタルハライドランプ…265	輸入切花（花き）………14,15	リサイクル…………150,340
メリクロン（苗）………191	輸入苗………………205,207	リファレンス・テスト…331
メンデルの法則……………98	有性生殖……………………99	リンケージ………………423
芽接ぎ苗…………………468	[ヨ]	リン酸吸収（係数）……156
明度………………………107	養液栽培…………………218	りん茎………………………81
[モ]	養液管理…………………218	りん茎球根…………………81
モモバキキョウ…………557	養液土耕（栽培）………167	流通機構……………………6
モスフロックス…………720	葉序…………………………96	流通革命…………………4,27
モッコウバラ……………460	幼若性……………………123	量的形質…………………100
毛せん花壇…………………63	洋式庭園……………………57	量的長日植物……134,697,723
模擬花壇……………………61	用土の三相割合…………154	量的短日植物………134,692
元肥………………………165	用土ミキサー……………267	量販店…………………4,6,32
木本植物……………………86	容器リサイクル法………150	立花（たてはな）…………52
[ヤ]	容器輸送……………340,410	[ル, レ]
ヤマユリ…………………504	予約相対取引………………27	ルーチンワーク…………283
ヤリケイトウ……………655	寄せ植え花壇………………62	レギュラーシード………202
ヤツシロソウ……………557	抑制栽培……………212,698	レギュラーチェーン………32
大和草本…………………667	[ラ]	レックス・ベゴニア……632
野草…………………………85	ライラック………………525	レックス・シクラメン…574
八重咲き…………………109	ラークスパー……………528	連棟温室…………………245
八重咲き株の鑑別………426	LAN………………………306	[ロ]
屋根開閉型温室…………248	RAPD法…………………118	ロベリア…………………731
ヤシ類………………………87	ライゾーム………………355	ロイヤルティー……………39
柳芽………………………381	ライセンス契約…………643	ロゼット（化）……124,453
	ラミネート（加工）……178	ロゼット回避……………126

ロゼット誘導 ……………125	ローリングベンチ …………251	労務管理 …………………279
ロックウール(耕) ……216,470	ローレン・ベゴニア ………630	[ワ]
ロックウール栽培 …………217	労働条件 …………………281	ワイルドフラワー …………56
ロックガーデン	労働時間 …………………281	ワシントン条約 ……………573
……………62,85,573,725	労働負担 …………………292	わい化剤 …………………224
ローテーション ……………213	労働報酬(賃金) ……277,281	わい化剤処理 … 224,226～228

人名索引

[A]

浅井啓太郎 ……………… 84
浅野義人 ……………… 505,506
浅野　昭 ………………559
浅田悦子 ………………118
浅見　均 ………………464
浅山英一 ………………424
阿部定夫 ………………512
阿部善三郎 ………………236
秋田　浩 ……………… 66
吾妻浅男 ……487,488,534,536
荒木石次郎 ……………… 5
荒木克弥 ……………… 18
有森祐子 ………………476
安藤敏夫 ……………120,683
アレンズ（Georg Arends）
　……………696,719,721
アンドレアス・ダーレ
（M. Andreas Dahl）………436
アンネ（M. Annee）………700
Abrams, LeRoy ………………713
Adams, D.C.……………145,523
Adgete, David………………589
Adonet, M.（アドネ）………354
Adriaan, Willen………………595
Aldrich, Robert A. ………288
Allen, R.C.………………607
Allwood ………………432
Alex, Cumming ………………406
Allard, H.A.………………134
Alzier, Gabriel ………………713
Annette, T.………………115
Angrlo, G.D.………………583
Armacost, Walter………………601
Armitage ………………715
Annevelink, B.………………309

[B]

ブリュンフェルズ
（Brunfels Otho）………669
ブスベクイウス
（Busbequius, A.）………442
Barber………………675
Bartels, G.………………452
Baulston, J.C.………………406
Bank, J.（Sir）………………606
Barton, L.V.………………454
Barrett, J.J.………………226
Behringer, charless………589
Bunt, A.C.………………319
Burbank, L.
（ルーサーバーバンク）
　………………392,665
Ballard, Helen………………729
Bartels, G.………………719
Baayen, R.P.……………112,113
Baker, K.F.………………153
Baker, H.G.………………534
Beach, G.………………161
Beattie, D.J.………………698
Bishop, Frank………………450
Bloody………………327
Blakey, D.………………309
Blasdale, W.C.………………574
Braukmann ………………575
Brundell, D.J.………398,399
Bragt, J.van.………523,524
Busbeq, A.………………526
Braoks, J.………………161
Behringer, Charless………589
Beal, A.C.…………392,417
Beddinghaus, M.………………392
Bode, F.………………593
Bougainville, L.A.C.………611
Bloom, Alan………………716
Butt, R.V.………………612

[C]

蝶野秀郷 ………………454
カスバートソン
（Franc G.Cathburtson）……417
カルビン教授 ………………133
フランシス・クパニー
（Francis Cupani）………416
Carpenter………………223
Casey, Christine ………………236
Cathy, H.M.………224,603
Chou, T.S.………………535
Choudhurie, H.C.………………534
Chu Irwin, Y.（朱耀源）……194
Claerk, Patrisia………………612
Cooper, A.J.………………216
Cooper, W.C.………………182
Coit, J.E.………………413
Cole, Silas………………417
Craig, R.………117,590,592
Crocker, W.………………145
Criley, R.A.………551,613
Cohen ………………223
Commerson………611,683
Corbineau, F.………………212
Comber, H.F.（コンバー）
　………………506
Ciarcia, B.M.………………601

[D]

ダイアナ妃 ……………… 53

人名索引 [747]

ダビッド・ダグラス (Dauglas, David) ……725
ダン・ヘイムス (Dan Heims) ……730
Davidson, O. ……161
De Haan ……577
Denny, F.E. ……395
Doorn, van ……329
Doorenbos, J. ……577,626
de Reffeye ……313

[E]

海老原 廣 ……606
エリオット (Elliott B.) ……59,63
エリザベス・ストラングマン (Elizabeth Strangman) ……729
エリック・スミス (Eric, Smith) ……729
Ecke, Paul ……634
Ecke, Paul Jr. ……634,635
Ecke, Paul 3ed ……634
Emsweller, S.L. ……388,528,655
Engelhard, A.W. ……534
Erikson (Mrs) ……616
Erwin, J. ……643
Everett, T.H. ……630

[F]

福羽逸人 ……60,244,486
藤島昇吉 ……505
福田兵衛 ……495
藤田政良 ……424,425
船越桂市 ……320,328
藤沢一博 ……613
フィリップ二世 ……436
フランシスコ・ヘルナンデス ……436
Fang, W. ……307
Fenicchia, Ricard ……526
Fischhoff, D.A. ……240

Fischer, Arnord ……602
Franklin, J.H. ……528
Fred, Treseder ……437
Foerster, Karl ……714

[G]

ゴッホ (Vincent van Gogh) 475
Garner, W.W. ……134
Gutbier, Gregory ……635
Gould, R. ……450
Griffith, J.Buck ……590
Gross, Eduard ……635
Grimmer, W.W. ……281
Grieve, James ……671
Gould, R. ……450
Garbaldi, A. ……112
Golsberry, K.L. ……144
Gilbreth, F. ……285,286

[H]

橋本貞夫 ……226
橋本昌幸 ……73,108,640,650
橋本 康 ……299
萩屋 薫 ……443
早川辰雄 ……576,621,630
林 孝三 ……104
林 勇 ……469,471
長谷酔華 ……432
春山行夫 ……476,526
原 幹博 ……335
久松 完 ……120
菱沼軍次 ……576,617
人見角一 ……544
平野英一 ……41
広瀬巨海 ……458
広瀬嘉道 ……84,704
平尾秀一 ……457,568,569
坊田 繁 ……424
堀海鉄雄 ……495
本多静六 ……60

細田梧楼 ……700
細谷 毅 ……469
ビンセント・セルバンテス ……436
ハリソン (Harrison, R.E.) ……368
ヘレン・バラード (Helen Ballard) ……729
ホセ・カバニリエス ……436
ロイヤル・ハインズ (Heins Poyal) ……129,205,312,706,723,727,733
Haage und Schmidt ……574,586,680,731
Hackett, W.P. ……613,614,636
Hanchey, R.H. ……603
Harazy, A. ……534
Haegeman, J. ……628
Hannan, J. ……135,140,142,365
Haddan, Norman ……716
Heims, Dan ……731
Heddewig ……432
Herbert, Willium ……392,683
Herklotz, A. ……602
Hentig, W.u.von ……210
Heinz, K.M. ……240
Hegg, Thormond ……635
Hakansson, B. ……307
Higgins, J.J. ……641
Hichcock, A.E. ……185
Holttum, R.E. ……612
Hoff, R. ……394
Hope, Claude ……646,652
Heursel, J. ……553
Hedge, I.C. ……713
Harington, J.F. ……178
Harrison, R.E. ……368,458
Hall, O.G. ……594

人名索引

[I]

石井長次郎 …………………… 41
石井勇義 ……… 358,589,618,623
石田　明 ………………………490
石川高史 ………………………383
池田幸弘 ………………………202
池田英夫 ………………………218
池坊専応 ……………………… 52
井田　彰 ………………………495
井野喜三郎 ……………………360
今井満行 ………………………544
伊藤東一 ………………………377
伊藤貞作 ………………………… 5
伊藤秋夫 ………………………690
伊藤伊兵衛 ……………………667
伊藤健二 ………………………384
板木利隆 ………………………216
岩崎潅園 ………………………667
岩谷喜代二 ……………………480
岩佐吉純 ………………………620
磯江影敏 ………………………377
犬塚卓一 …………………… 5,244
印東昭彦 ………………………323

[J]

ジョージ・フォーレスト ……616
James, Sherard ………………589
Jennerich, Liebgard …………635
Joel Robert Poinsett …………634
Johann, Gottfried Zinn ………664
Jeffreys, A.J. …………………118

[K]

貝原益軒 …………………… 1,667
賀集九平 ……………………… 19
鹿毛哲郎 ………………… 105,576
川田穣一 ……………… 378,379,385
川上敏子 ………………………602
川畑寅三郎 ……………………353
神田多喜男 ……………………275
神田正輝 ………………………523
金沢美浩 …………………… 577,621
熊沢三郎 ………………………212
草野聡一 ………………………621
久保田宗次郎 …………………544
黒川　浩 ………………………424
空海 ……………………………413
小井戸直四郎 …………………377
小杉　清 ………………………126
小西国義 ……………… 224,382,437
小森谷　慧 ……………………458
小山博美 ………………………398
小林　隆 ………………………496
小玉孝司 ………………………161
小原章男 ………………………134
小田切芳直 ………………… 510,544
小沢酔園 ……………………… 60
鴨下金三 ………………………443
鴨下栄吉 ………………………482
後藤弘爾 ………………………108
近藤忠雄 ………………………104
近藤万太郎 ……………………177
駒形智幸 …………………… 583,723
谷（Koku Kou）………………426
菊地秋雄 ………………………… 2
岸本早苗 ………………………118
北村四郎 ………………………378
木原　均 ………………………654
木村喜久夫 ……………………408
木村保種 ………………………360
金賢恵 …………………………706
勝谷範敏 …………………… 452,559
加藤俊博 ………………………170
ケラー（Keller, J.B.）…………731
ケンフェル（Kaempfer）……413
クリスピン ……………………475
Kam, Handel …………………574
Kiplinger, D.C. ………………161
Koranski, D. …………………176
Key, Hazel ……………………598
Kelway, James ………………450
Klapproth ……………………575
Krauss, H.K. …………………680
Kuhlen, H. ……………………605
Knudson, L. …………………180
Kusey, W.E. ……………… 406,408
Kolensnikov …………………526

[L]

李白 ……………………………462
ライオネル・ロスチャイルド
　………………………………458
リンネ（Carolus Linnaeus）… 89
ルイ 14 世 ………………… 58,475
ルモワンヌ・ビクトール
（Lemoine, Victor）……………
　450,526,595,630,680,696
Luther Burbank（バーバンク）
　………………………… 392,665
Lysenko, T.D.（ルイセンコ）
　………………………………125
Langdon, Charles ……………450
Lawrence, W.J.C. ……………437
Lawrens, G.H. ………………531
Langhe ………………………574
Larson, R.A. …………………636
L'Heritier ……………………565
Libert-Darimon ……………526
Lieth, H. ………………………312
Lindenmayer, A. ……………313
Lieberman ……………………145
List, R.J. ………………………137
Lynch, I. ………………………354
Lentz, W. ……………………307
Leonard, A. …………………526
Legro, R.A.H.（レグロ）
　……………………… 451,452,577

人名索引 [749]

Laurie, A. ·······248,393,463
Lawrence, W. ··············437
Lentz, W. ·····················307
Leislie, Alen ················707
[M]
松井紀潔 ················19,250
松川時晴 ············ 355,360,
　　　　　　490,491,516
松尾英輔 ························51
松尾多恵子 ······· 162,426,500
松尾真平 ······················437
松永　一 ······················621
松田聖子 ······················523
牧野富太郎 ··················375
豆田菊美 ······················544
丸山一徳 ······················576
三浦泰昌 ·········364,578,582
三宅　勇 ······················348
三好靭男 ······················434
水野豊造 ······················443
水野逸斎 ························84
溝口正也 ······················591
宮島郁夫 ··············105,578
宮沢文吾 ······················413
宮本仁郎 ······················407
明道　博 ······················505
村崎公明 ······················572
森島啓子 ························43
森田喜平 ············ 5,244,464
森源次郎 ······················571
森　衛郎 ······················569
本図竹司 ······················727
メンデル（G.J.Mendel）······98
メルヒャーズ（Melchers）··117
マクシモウイツ
　（C.J.Maximouicz）······375,605
マリー・アントネット ····461
Masson ························586

Massante, M. ·········176,567
Maatsch, R. ··370,578,587,683
Massey, Gohn ···········729
Mains, E.B.（マインズ）······388
Maubach, Anja·················721
Marirs, Charles··········618
Meyer, P. ····················105
Melnyk, Alex·········· 286,294
Muller, Phillip·········· 574.621
Muller, F.····················533
Morin, R. ····················573
Morel, G. ····················191
McKenzie ····················368
Mikkelsen, Jim ········634,641
Murashige, T. and F. Skoog
　······························191
[N]
中曽根和雄 ··················360
中曽根尚次郎 ··············495
中島礼一 ······················476
中野明正 ······················168
中山三巴 ······················667
中山昌明 ······················578
西村　進 ·········360,495,504
西山松之助 ····················52
根本　久 ······················241
ニコラス・モナルデス
　（Nicolas Monardes）······475
ノビオ（G. Nobbio）···111,360
ノートン（Norton, B.S.）·····436
Nicolas van Kamp········574
Nichols, R. ··················145
Novak, J.R. ····················51
Norris, C.A.··········· 457,458
Norman, Hadden ·······717
Newell, J.····················153
[O]
大沢勝次 ······················119

大久保良治 ··················348
大森照彦 ······················559
大野宝作 ······················360
大川　清 ·······119,137,318,
　　　356,415,496,498,500,515
小田切芳直 ··········505,544
岡田正順 ·······126,380,383
小野崎　隆 ··········113,366
[P]
ピーター・スミターズ
　（Smithers, Peter）·········569
ペニングスフェルト
　（Penningsfeld, F.）·········
　　161,165,169,418,553,
　　571,581,593,604,608
Post, K.（ケネス・ポスト）
　············· 8,137,261,393,
　　423,424,563,588,594,617,636
Parkinson, John（ジョン・パーキンソン）············· 573,624
Patrisia, Clarke············612
Peterson, J.A.···············630
Petiver, James··············599
Pfitzer·························709
Pierik, R.L.M.···············523
Pierre, Pereau-Leroy········116
Phillip, Muller··············574
Poinsett, J.R.················634
Pridham, A.M.S.··········413
Prince, Willium············598
Prusinkiewicz, A.·········313
Puustjarvi, V. ··············157
Powell, P.A. ················240
[Q, R]
ロバート・フォーチュン
　（Robert Fortune）······5,97,709
Reeds, J.······················594
Richard, Sander··········586

人名索引

Reinelt, Frank······620
Renardo, W.······259
Riegar, Otto······626
Runger, W.······558,559
Reyngoud, J.L.······398,399
Ross, Davids······288
Roh, Mark S.······496
Roggli, K.······670

[S]

最相葉月······463
坂本正次······262,576,583,606
佐々木尚友······587
佐俣淑彦······105,650
佐本啓智······214,408
清水基夫······505,509,510,515
鈴木省三······463,465
鈴木政一······495
鈴木清次······594
鈴木　章······670
種樹金太······84
須田　晃······583
杉本光穂······315
杉山　晋······31
瀬戸尭穂······544
千田昭弘······490
染葉半佐衛門······569
坂田武雄······683
坂西義洋······570
澤田みどり······52
シュレーバー
(Moritz Schreber)······55
ジョージ・フォレスト······615
シーボルト (ph.V. Siebold)
······97,508,510,605,703
シラスコール (Silas Cole)
······417
ジョセフィーヌ······461

サーヒン (Kees Sahin)
······476,529
セント・ポール
(Walter Saint Paul)······601
Saunders, A.P.······413
Sachs, R.M.······321
Schmid, J.C.······594
Seal, J.L.······535,536
Seeley, G.H.······161
Simons, Arjen······329
Simon, J.······631
Shanks, J.B.······224,607,608
Sherard, James······589
Sidwell······725
Skoog, F.······223
Smith, Elmer D.······377
Smith, Sam······589
Stuart, Charles······671
Steele······670
Stoffert, G.······219,269,293,580
Sweet, Robert······590,598

[T]

高橋武市······480
武田恭明······124,358,408,537
武田和義······118
武田和男······566,629
滝沢久寛······505
高村武二郎······578
辰野金吾······60
田中豊秀······136
田中　宏······1,212
嶽野公男······572
辻村常助······5
土屋孝夫······224
塚本洋太郎
······395,462,503,529,655,669
塚田晃久······496,499

鶴島久男 (著者)
······65,142,164,308,
578,579,587,608,617,663,693
椿　真由巳······478,479
角田ミサ子······275
寺田寅彦······475
寺西致知······463
徳増　智······597
豊国秀夫······542
土倉竜次郎······360
ツタンカーメン王······503
ツンベリー (Thunberg, K.P.)
······97,512,605
Tammen, James······590
Tariano (タリアノ)······523
Tayama, H.······202
Treseder, Fred······437
Tournefort······574
Truffaut, A.······606
Thompson, Willium······670
Theodosia, Shepherd······683
Turing, A.M.······306

[U]

植松盾次郎······402,570,571
上原　繁······544
宇田　明······327
兎長春······109
ウイリアム・アウイン
(Willium Unwin)······417
ウッドコック (Woodcock)・88
Urdahl, W.A.······523

[V]

ゴッホ (Vincent van Gogh)
······475
Vallet······573
Vanderbilt, N.F.······450
Veitch, J.G.······509
Veen, van······696

人名索引 [751]

Veen, H. 146,327
[W]
渡辺公敏 262
渡辺健二 704
渡部 弘 610
ウイリアム（William）......359
Wellensiek, S.J. 575,577
Wendland, Herman 601
Went, F.W. 182
White, Robin 729
Wilson, E.H.（ウイルソン）
......506
Winter, H.F. 641
Wittrock, V.B. 670
Walther, Ott 586
Wallace, R.M. 504
Wilde, E.I. 448

Whealy, C.A, ...590
Wang, P.J. 535
Woodify, L. 504
[Y]
安田 斎 104
谷田部元照 606
山口 隆 113,366
山口節男 499
薮田・住木 223
山岡昭美 332
山本和博 321
山手義彦 378
山脇和秀 438,439
柳沢 甫 495
柳 宗民 670
柳下良美 118
横井政人 66,84,103,318,370

横田禎二 470
吉池貞蔵 544,545
吉江清朗 628
吉村公三郎 437,480
ヨハン・ゴッドフリード・ツィン
（Johann Godfried Zinn）......664
ユーゴー・ド・フリス
（H.de Vries）......99
Yeats, J.S. 504
[Z]
Zimmerman, P. 186
Zimmer, K. 617
Zvolanek, A.Z. 417

注）外国人名は原典に従ったので原名表記のほかカナ表記やfamily nameだけの表記もある。

学名索引

[A]
Achillea filipendulina ········343
A. millefolium ················343
A. ptarmica ···················343
Anemone coronaria ············344
A. × flugens ··················345
A. blanda ·····················345
A. hupehensis ············345,709
A. h. var. japonica ············709
A. × hybrida ··················709
A. pulsatilla ··················345
A. buchrica ···················345
Alchemilla mollis ··············347
A. alpina ·····················347
A. conjuncta ··················347
Allium albo-pilosum ··········346
A. caeruleum ·················346
A. gigantium ··················346
A. rosenbachianum ············346
Antirrhinum majus ············388
A. molle ······················388
A. pulverulentum ··············388
Alstromeria aurantiaca ·······348
Artemisia schmidtiana ········710
A. stelliriana ·················710
Argyranthemum callechrysum
·····························485
A. foeniculaceum ··············485
A. frutescens ·················485
A. gracile ····················486
A. haemotomma ···············486
A. maderense ·················486
Aster ageratoides ············400
A. alpinus ····················401
A. condifolius ·················401

A. dumosus ···················401
A. ericoides ··················401
A. novae-angliae ·············401
A. novi-belgii ················401
A. pilosus ····················402
A. tataricus ··················402
Astilbe × arendsii ············696
A. astilboides ·················696
A. chinensis ··················696
A. ch. var. davidii ·············696
A. × crispa ···················696
A. japonica ···················696
A. rosea ······················696
A. thunbergii ·················696

[B]
Begonia boliviensis ···········627
B. boweri ····················632
B. cinnabarina ················627
B. × cheimantha ·······630,631
B. foliosa ····················633
B. lucerna ···················633
B. × hiemalis ················625
B. imperialis ··················632
B. maculata ··················633
B. metallica ··················633
B. socotrana ···········625,630
B. semperflorens ··············680
B. schmidtiana ···············680
B. rosaeflora ·················632
B. rex ·······················631
B. tuberhybrida ···············627
B. versaliensis ················680
Bougainvillea globra ··········611
B. g. var. sanderiana ·········612
B. × buttiana ·················612

B. peruviana ·················611
B. spectabillis ················612
Brassica oleracea var. acephala
·····························667

[C]
Canna flaccida ···············700
C. generalis ··················700
C. iridiflora ··················700
C. nepalensis ·················700
Calceolaria. × herbeohybrida
·····························554
C. purpurea ··················554
C. integriflora ················555
C. rugosa ····················555
Calabrachoa spp. ·············687
Catharanthus roseus ·········678
Callistephus chinensis
······················318,369
Calthamus tinctorius ·········373
Campanula carpatica ·········556
C. cochlearifolia ··············558
C. fragilis ···················556
C. isophylla ··················557
C. garganica ·················558
C. glomerata ·················556
C. lasiocarpa ·················558
C. medium ···················557
C. persicifolia ················557
C. pilosa var dasyantha ······558
C. portanschlagiana ··········557
Catharanthus roseus ·········678
Celosia argentia ··············656
C. cristata ···················654
C. c. var. childsii ·············655
C. c. var. plumosa ···········656

学名索引 [753]

Clivia miniata ⋯568	D. c. var. lacinatus ⋯434	G. sikokiana ⋯543
C. m. var. aurea ⋯568	D. c. var. semperflorens ⋯434	G. thunbergii ⋯544
C. gardenii ⋯568	D. caryophyllua ⋯358,640	G. triflora ⋯542
C. nobilis ⋯568	D. deltoides ⋯433	G. t. var. japonica ⋯543
Coleus blumei ⋯652	D. japonicus ⋯433	G. verna ⋯544
C. b. var laciniatus ⋯653	D. knappii ⋯433	G. lutea ⋯542
C. rehnelteanus ⋯652	D. plumarius ⋯433	G. yakushimensis ⋯543
Cosmos bipinnatus ⋯650	D. superbus var. longicalycinas	G. yakumontana ⋯544
C. sulphureus ⋯651	⋯434	G. zollingeri ⋯544
Consolida ajacis ⋯528	Dendranthema grandifrorum	Geranium cinereum ⋯707
Convallaria majalis ⋯421	⋯375	G. dalmaticum ⋯707
C. keiskei ⋯421	[E]	G. macrorrhizum ⋯707
Cotinus coggrgria ⋯428	Eustoma grandiflorum ⋯494	G. × oxonianum ⋯707
Cyclamen cilicium ⋯572	Eucharis grandiflora ⋯522	G. sanguineum ⋯708
C. c. var. cilicium ⋯572	E. amazonica ⋯522	G. shikokianum ⋯706
C. coum ⋯573	Eryngium alpinum ⋯351	G.thunbergii ⋯706
C. neapolitanum ⋯572	E. giganteum ⋯351	G. yesoense ⋯706
C. repandium ⋯573	E. planum ⋯351	Gerbera jamesonii ⋯354
C. purpurescens ⋯572	E. × oliverianum ⋯351	G. hybrida ⋯354
[D]	Euphorbia fulgens ⋯634	Gladiolus cardinales ⋯391
Dahlia coccinea ⋯435	E. heterophylla ⋯634	G. floribundas ⋯392
D. × cultorum ⋯435	E. marginata ⋯634	G. × colvillei ⋯392
D. juarezii ⋯435	E. pulcherrima ⋯634	G. × nanas ⋯392
D. merckii ⋯436	[F]	G. gandavensis ⋯392
D. pinnata ⋯436	Festuca glacilis ⋯710	G. grandis ⋯392
Delphinium cardinale ⋯449	Freesia refracta ⋯482	G. psittacinus ⋯392
D. consolida ⋯449	F. armstrongii ⋯482	Gypsophila elegans ⋯405
D. cheilanthum ⋯449	[G]	G. manginii ⋯405
D. elatum ⋯449	Gentiana asclepiadea ⋯543	G. paniculata ⋯405
D. grandiflolum ⋯449	G. aqua ⋯543	G. repens ⋯405
D. nudicaule ⋯449	G. algida ⋯543	Gymnaster savatierii ⋯489
D. zalil ⋯449	G. glauca ⋯543	[H]
D. × cultorum ⋯449	G. jamesii ⋯543	Helianthus annuus ⋯474
D. × belladonna ⋯450	G. hexaphylla ⋯543	H. argophyllus ⋯474
D. × ruysii ⋯450	G. makinoi ⋯543	H. debilis ⋯475
Dianthus alpinus ⋯433	G. montana ⋯543	H. veitchii ⋯675
D. barbatus ⋯360,433	G. nipponica ⋯543	H. mariesii ⋯675
D. chinensis ⋯358,433	G. scabra var. buergeri ⋯543	H. decapetalus ⋯475

H. × *multiflorum* ·············475
H. salicifolius ··············475
Heliopsis scabra············480
Helichrysum bracteatum······711
H. b. var. *monstrosum*········711
H. crispum ················712
H. petiolatum ··············711
Helleborus argutfolius········728
H. foetidus ················728
H. hybridus ················728
H. orientalis ···············728
H. niger··················728
Heuchera cylindrica··········730
H. × *hybrida* ··············730
H. micrantha var. *diversifolia*
·························730
H. sanguinea ··············730
Hosta crispula ·············704
H. laneifolis var. *thunbergiana*
·························704
H. longipes················704
H. kiyosumiensis············704
H. montana ···············705
H. rectifolia················705
H. plantagines var. *japonica*
·························704
H. sieboldiana ·············705
H. tokudama···············705
H. undulata ···············705
Hydrangea macrophylla subsp.
 forma hortensia············605
H. m. subsp. *typica* var. *otaksa*
·························605
H. m. subsp. *serrata* var.
 thungergii················605
H. m. subsp. *serrata* var.
 alboglosa················605

H. m. sub. *serrata* var.
 japonica ················605
H. m. typica var. *azisai*·······605
H. m. var. *otakusa* ··········605
H. oamacha···············605

[I]
Impatiens balsamina ·········645
I. hawkeri ················641
I. holstii··················646
I. lenearifolia··············641
I. schlecter ···············641
I. sultani ·················646
I. walleriana···············646

[K]
Kalanchoe beharensis········562
K. bolssfeldiana ············562
K. laxiflora················562
K. marmorata ·············562
Kniphofia caulecsens·········716
K. rooper·················716
K. triangularis ·············716
K. uvaria ·················716

[L]
Lathyrus latifolius············416
L. odoratus················416
Lillum alxandrae ······· 506,508
L. auratum ···············509
L. a. var. *platyphyllum* ·······509
L. amabillis ···············512
L. brownii var ··············507
 colchesteri ···············510
L. candidum ···············507
L. cernnum ···············512
L. concolor················509
L. callosum ···············512
L. dauricum ···············510
L. × *elegans*···············510
L. formosamum ············507

L. henryi ·················512
L. hosonii·················510
L. kaponicum ··············507
L. longiflorum··············507
L. lancifolium ··············511
L. leichtlinii ···············511
L. l. var. *maximowiczii* ·······511
L. maculatum ··············510
L. m. var. *bukozanense*·······510
L. medeoloides··············512
L. nobilissinum··············508
L. regale ·················508
L. rubellum ···············508
L. speciosum···············511
L. tenuifolium ·············512
Limonium altaica············531
L. aurea·············· 533,534
L. bellidifolium ·············531
L. bonduellii ···············532
L. dumosum ··············532
L. gmerenii················532
L. japonicam ··············531
L. latifolium················532
L. perigrinum ········· 532,534
L. perezii ·················532
L. serotinum ··············534
L. sinensis·················533
L. sinuatum ···············533
L. tataricum ···············533
L. vulgare ················533
Lobelia cardinalis············732
L. erinus ·················732
L. gerardii·················732
L. sessilifolia ··············731
L. speciosa·················732
L. splendens ···············732
L. siphilitica ···············732
L. × *vedrariensis*············732

[M]
Mathiola incana ··············422
M. i. var. annua ··············422
[N]
Nerine bowdenii ··············457
N. flexuosa ··············457
N. humilis ··············457
N. sarniensis ··············458
N. unduluta ··············458
[O]
Osteospermum barbarae ·····699
O. caulescens ··············699
O. ecklonis ··············699
O. fruticosum ··············699
O. jucundum ··············699
Ornithogalum arabicum ······353
O. dabium ··············353
O. pyramidale ··············353
O. sandersiae ··············353
O. thyrsoides ··············353
O. umbellatum ··············353
[P]
Paeonia albiflora ··············412
P. lactiflora ··············412
P. officinaris ··············412
P. suffruticosa ··············412
P. s. var. hiberniflora ·········412
Pelargonium cordatum ······594
P. cucullatum ········ 589,594
P. capitatum ··············599
P. denticulatum ··············599
P. × domesticum ··············594
P. × fragrans ··············599
P. grandiflorum ··············594
P. graveolens ··············598
P. × hortorum ··············589
P. inquinans ··············589
P. odoratissimum ··············599

P. peltatum ··············595
P. quecifolium ··············599
P. radula ··············599
P. tomentosum ··············599
P. zonale ··············589
Penstemon barbatus ··········724
P. campznulatas ··············724
P. cobaea ··············724
P. digitalis ··············724
P. frutescens ··············724
P. isophyllaus ··············725
P. hartwegii ··············725
P. gloxinioides ··············725
P. procerus ··············725
Petunia axillaris ··············683
P. altiplana ··············683
P. bonjardinensis ··············683
P. hybrida ··············682
P. violacea ··············683
Pericallis × hybrida ··········586
Phlox × arendsii ··············719
P. calolina ··············718
P. divaricata ··············720
P. drummondii ··············717
P. maculata ··············718
P. paniculata ··············718
P. × procumbens ··············720
P. stolonifera ··············720
P. sublata ··············720
P. suaveolens ··············719
Platycodon grandiflorum ·····374
Primula amoena ··············615
P. acaulis ··············621
P. auricula ··············615
P. elatior ··············620
P. hirsuta ··············616
P. japonica ··············616
P. juliae ··············620

P. obconica ··············618
P. malacoides ··············615
P. × polyantha ··············620
P. sieboldii ··············623
P. veris ············ 615,620
P. vulgaris ············ 615,620
[R]
Rhododendron indicum ······550
R. mucronalum ··············550
R. obtusum ··············550
R. oomurasaki ··············550
R. simsii ··············550
Rosa banksiae ··············460
R. centifolia ··············460
R. chinensis ··············460
R. damascena ··············461
R. gallica ··············460
R. multiflora ··············461
R. rugosa ··············461
R. centifolia ··············461
[S]
Saintpaulia ionantha ··········600
Salvia coccinea ··············659
S. elegans ··············713
S. farinacea ··············660
S. horminum ··············660
S. leucantha ··············713
S. × Jamensis ··············714
S. numorosa ··············714
S. officinalis ··············714
S. patens ··············714
S. splendens ··············660
S. × sylvestris ··············714
S. viridins ··············713
Sandersonia aurantica ········397
Santolina chamaecyparissus
 ··············712
Senecio cineralia ··············711

S. cruentus ···················586
S. heritieri ····················586
Sinningia speciosa ···········565
Solidago altissima ···········430
S. canadensis ·················430
S. serotina ····················430
S. virga-aurea ················430
S. v. var. asiatica ············430
Stachys byzantina ············713
Syringa vulgaris ··············525
S. × chinensis ················525
S. persica ·····················525
S. reticulata ··················525
S. yunnanensis ···············525

[T]

Tagetes electa ················689
T. patula ······················689

T. tenuifolia (signata) ······689
Tanacetum vulgare ···········712
Tulipa × gesneriana ·········441
T. greygii ·····················445
T. fosteriana ··················445
T. kaufmaniana ···············445
Trachellium caeruleum ······492
Tweedia caeruleum ··········352

[V]

Verbena × hybrida ··········675
V. canadensis ·················676
V. erinoides ···················676
V. peruviana ··················675
V. tenera ······················676
V. venosa ·····················676
Veronica longifolia ···········722
V. ornata ·····················722

V. prostrata ···················722
V. spicata ·····················722
Viola altaica ···················670
V. calcarata ···················670
V. cornuta ····················670
V. lutea ························670
V. tricolor ·····················669
V. × wittrockiana ············669

[Z]

Zantedeschia aethiopica ······367
Z. elliottiana ··················367
Z. rehmannii ··················367
Z. pentlandii ··················368
Zinnia elegans ················664
Z. haageana ··················664
Z. linearis ·····················664

— 終 り —

| JCLS | 〈㈱日本著作出版権管理システム委託出版物〉 |

2008　　　　　　　　2008年11月25日　第1版発行

最新
花き園芸ハンドブック

著者との申
し合せによ
り検印省略

	著作者	鶴島　久男
©著作権所有	発行者	株式会社　養賢堂 代表者　及川　清
定価 13,650 円 (本体 13,000 円) 税 5%	印刷者	猪瀬印刷株式会社 責任者　猪瀬泰一

〒113-0033　東京都文京区本郷5丁目30番15号
発行所　株式会社 養賢堂　　TEL 東京 (03) 3814-0911　振替00120
　　　　　　　　　　　　　　　FAX 東京 (03) 3812-2615　7-25700
　　　　　　　　　　　　　　　URL http://www.yokendo.com/

ISBN978-4-8425-0446-9　C3061

PRINTED IN JAPAN　　　　　製本所　株式会社三水舎

本書の無断複写は、著作権法上での例外を除き、禁じられています。
本書は、㈱日本著作出版権管理システム(JCLS)への委託出版物です。
本書を複写される場合は、そのつど㈱日本著作出版権管理システム
(電話03-3817-5670、FAX 03-3815-8199)の許諾を得てください。